Paris

Cofondateurs : Philippe GLOAGUEN et Michel DUVAL

Directeur de collection et auteur
Philippe GLOAGUEN

Rédacteurs en chef adjoints
Amanda KERAVEL
et Benoît LUCCHINI

Directrice de la coordination
Florence CHARMETANT

Directrice administrative
Bénédicte GLOAGUEN

Directeur du développement
Gavin's CLEMENTE-RUIZ

Conseiller à la rédaction
Pierre JOSSE

Direction éditoriale
Hélène FIRQUET

Rédaction
Isabelle AL SUBAIHI
Emmanuelle BAUQUIS
Mathilde de BOISGROLLIER
Thierry BROUARD
Marie BURIN des ROZIERS
Véronique de CHARDON
Fiona DEBRABANDER
Anne-Caroline DUMAS
Éléonore FRIESS
Géraldine LEMAUF-BEAUVOIS
Olivier PAGE
Alain PALLIER
Anne POINSOT
André PONCELET
Alizée TROTIN

Responsable voyages
Carole BORDES

2019

hachette

TABLE DES MATIÈRES

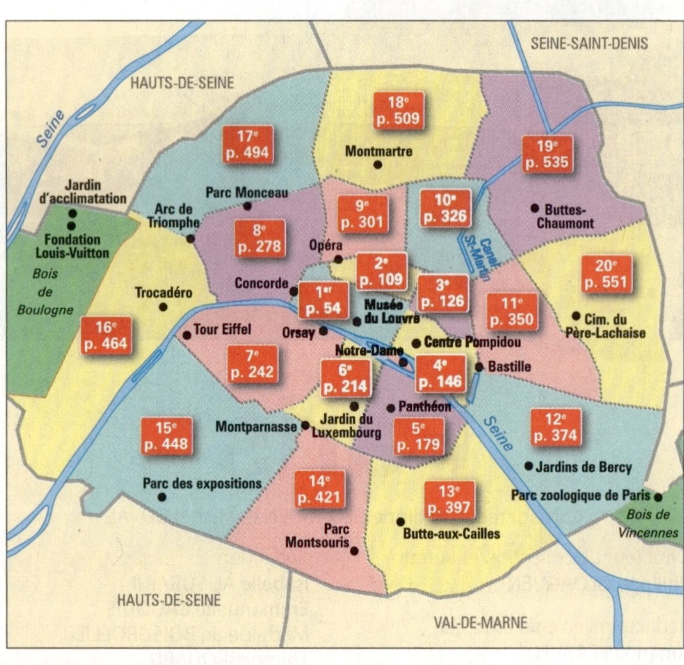

PRÉAMBULE

ARRIVER – QUITTER 34

BON À SAVOIR AVANT LE DÉPART 38

Important : dernière minute

Sauf rares exceptions, le *Routard* bénéficie d'une parution annuelle à date fixe. Entre deux dates, des événements fortuits (formalités, taux de change, catastrophes naturelles, conditions d'accès aux sites, fermetures inopinées, etc.) peuvent modifier vos projets de voyage. Pour éviter les déconvenues, nous vous recommandons de consulter la rubrique « Guide » par pays de notre site • *routard.com* • et plus particulièrement les dernières ***Actus voyageurs.***

Recommandation à ceux qui souhaitent profiter des réductions et avantages proposés dans le *Routard* par les hôteliers et les restaurateurs.

À l'hôtel, pensez à les demander au moment de la réservation ou, si vous n'avez pas réservé, **à l'arrivée.** Ils ne sont valables que pour les réservations en direct et ne sont pas cumulables avec d'autres offres promotionnelles (notamment sur Internet). Au restaurant, parlez-en **au moment** de la commande et surtout **avant** que l'addition soit établie. Poser votre *Routard* sur la table ne suffit pas : le personnel de salle n'est pas toujours au courant et une fois le ticket de caisse imprimé, il est souvent difficile de modifier le total. En cas de doute, montrez la notice relative à l'établissement dans le *Routard* de l'année et, bien sûr, ne manquez pas de nous faire part de toute difficulté rencontrée.

LA RÉDACTION DU ROUTARD

(sans oublier nos 50 enquêteurs, aussi sur le terrain)

Thierry, Anne-Caroline, Éléonore, Olivier, Alizée, Pierre, Benoît, Alain, Fiona, Emmanuelle, Gavin's, André, Véronique, Bénédicte, Jean-Sébastien, Mathilde, Amanda, Isabelle, Géraldine, Marie, Carole, Philippe, Florence, Anne.

La saga du *Routard* : en 1971, deux étudiants, Philippe et Michel, avaient une furieuse envie de découvrir le monde. De retour du Népal germe l'idée d'un guide différent qui regrouperait tuyaux malins et itinéraires sympas, destiné aux jeunes fauchés en quête de liberté. 1973. Après 19 refus d'éditeurs et la faillite de leur première maison d'édition, l'aventure commence vraiment avec Hachette. Aujourd'hui, le *Routard*, c'est plus d'une cinquantaine d'enquêteurs impliqués et sincères. Ils parcourent le monde toute l'année dans l'anonymat et s'acharnent à restituer leurs coups de cœur avec passion.

Merci à tous les routards qui partagent nos convictions : liberté et indépendance d'esprit ; découverte et partage ; sincérité, tolérance et respect des autres.

NOS SPÉCIALISTES PARIS

Amanda, Mathilde et Marie : quand l'une arpente les routes bretonnes en quête de la meilleure pâte à crêpes, l'autre explore le bocage normand à coups de gorgées de cidre, pendant que la troisième chausse ses skis pour dégoter le meilleur refuge alpin. La curiosité, l'enthousiasme et la gourmandise sont leur meilleur sonar, que complètent deux décennies d'expérience à user leurs semelles sur les routes de l'Hexagone. Un trio complice et indépendant qui essaie, entre deux voyages, de garder la ligne.

Éléonore Friess : de ses escapades au coin de la rue ou un peu plus loin, la benjamine de l'équipe ne veut pas perdre une miette. Elle explore le monde à la recherche de rencontres joyeuses, de beaux panoramas, de fêtes inoubliables ou simplement d'un bon petit plat. Depuis l'école de journalisme, son calepin et sa curiosité ne la quittent plus.

Cédric Fischer : grandir entouré de voyageurs, ça donne la bougeotte ! Mais peu importe la destination. Pour lui, le voyage, c'est d'abord les rencontres... surtout hors piste autour d'une spécialité locale (capital !) et d'un bon cru (tout aussi vital !). L'appel de la route, ce fut en stop dès le lycée et à la fac d'histoire, puis avec le *Routard* depuis 2000.

Jean Tiffon : depuis 15 ans, ses escapades quotidiennes à vélo dans la capitale lui ont permis de connaître Paris sur le bout des doigts. Ce qui le fait descendre de selle ? Une nouvelle cantine asiatique, un bar qui déborde sur le trottoir ou un bâtiment à l'architecture savante. D'abord éditeur de guides de voyage, il a décidé de passer de l'autre côté du miroir pour partager ses découvertes de routard.

Carole Fouque : elle est entrée au *Routard* en 1997. Sa passion des terroirs et des produits authentiques a nourri son amour des voyages, l'incitant à repousser toujours plus loin les frontières de sa curiosité gourmande. Depuis près de 20 ans, éclectique et hédoniste dans l'âme, elle prend plaisir à partager ses belles découvertes avec les lecteurs.

Pictogrammes du Routard

Établissements

- Hôtel, auberge, chambre d'hôtes
- Camping
- Restaurant
- Terrasse
- Spécial Burger
- Brunch
- Faim de nuit
- Pizzeria
- Boulangerie, sandwicherie
- Glacier
- Pâtisserie
- Café, salon de thé
- Café, bar
- Bar musical
- Club, boîte de nuit
- Salle de spectacle
- Boutique, magasin, marché

Infos pratiques

- Office de tourisme
- Poste
- Accès Internet
- Hôpital, urgences
- Adapté aux personnes handicapées

Sites

- Présente un intérêt touristique
- Point de vue
- Plage
- Spot de surf
- Site de plongée
- Recommandé pour les enfants
- Inscrit au Patrimoine mondial de l'Unesco

Transports

- Aéroport
- Gare ferroviaire
- Gare routière, arrêt de bus
- Station de métro
- Station de tramway
- Parking
- Taxi
- Taxi collectif
- Bateau
- Bateau fluvial
- Piste cyclable, parcours à vélo

Tout au long de ce guide, découvrez toutes les photos de la destination sur • *routard.com* • Attention au coût de connexion à l'étranger, assurez-vous d'être en wifi !

Le *Routard* est imprimé sur un papier issu de forêts gérées.

I.S.B.N. 978-2-01-626704-2

1 Musée de l'Orangerie
2 Jeu de paume
3 Forum des Halles
4 Église St-Germain-l'Auxerrois
5 Square du Vert-Galant
6 Sainte-Chapelle et Conciergerie
7 Centre Pompidou (Beaubourg)
8 Mémorial de la Shoah
9 Hôtel de Sully
CLICHY
LEVALLOIS-PERRET
NEUILLY-SUR-SEINE
Seine
17e
17e p. 494
8e p. 278
8e
16e p. 464
16e
7e
7e p. 242
6e p. 214
15e
15e p. 448
14e
14e p. 421
Musée Jean-Jacques Henner
Parc Monceau
Musée Nissim-de-Camondo
Musée de la Vie romantique
Gare St-Lazare
Opéra
Jardin d'acclimatation
Fondation Louis-Vuitton
Arc de Triomphe
PL. CH. DE GAULLE
Musée Jacquemart-André
Obélisque de Louxor
Musée des Arts décoratifs
Musée Guimet
Musée Yves Saint-Laurent
PL. DE LA CONCORDE
Jard. des Tuileries
Louvre
Palais de Chaillot
Musée d'Art moderne
Bois de Boulogne
Cité de l'Architecture et du Patrimoine
Musée de l'Homme
Musée du quai Branly
ESPLANADE DES INVALIDES
Musée d'Orsay
Maison de Balzac
Tour Eiffel
Invalides
Saint-Germain-des-Prés
CHAMP DE MARS
Musée Maillol
Musée Rodin
Église Saint-Sulpice
Jardin du Luxembourg
Musée Bourdelle
Parc André-Citroën
Gare Montparnasse
DENFERT-ROCHEREAU
Catacombes
BOULOGNE-BILLANCOURT
ISSY-LES-MOULINEAUX
VANVES
MALAKOFF
MONTROUGE
Bd Bessières
Av. de Clichy
Av. de St Ouen
Boulevard Berthier
Bd des Batignolles
Bd Malesherbes
Bd Haussmann
Bd G. St Cyr
Av. de la Grande Armée
Av. Foch
Av. des Champs-Élysées
Av. Victor Hugo
Av. Kléber
Bd Lannes
Av. Bosquet
Bd Suchet
Bd Exelmans
Avenue de Versailles
Bd de Grenelle
Bd Garibaldi
Bd Pasteur
Bd du Montparnasse
Vaugirard
Raspail
R. de la Convention
R. de Vouillé
Rue
Bd Victor
Bd Lefebvre
Rue d'Alésia
Bd Brune
0 1 2 km

Site inscrit au Patrimoine mondial de l'Unesco
NORD
ST-OUEN
AUBERVILLIERS
PANTIN
LE PRÉ-ST-GERVAIS
LES LILAS
BAGNOLET
MONTREUIL
VINCENNES
ST-MANDÉ
CHARENTON-LE-PONT
IVRY-SUR-SEINE
18e p. 509
19e p. 535
9e p. 301
10e p. 326
2e p. 109
3e p. 126
1er p. 54
4e p. 146
11e p. 350
20e p. 551
5e p. 179
12e p. 374
13e p. 397
MONTMARTRE
Sacré-Cœur
Parc de la Villette
Bassin de la Villette
Canal Saint-Martin
Parc des Buttes-Chaumont
Gare du Nord
Gare de l'Est
Musée des Arts et Métiers
Palais-Royal
Saint-Eustache
Musée de la Chasse et de la Nature
Musée Picasso
PLACE DES VOSGES
Maison de Victor Hugo
Atelier des Lumières
Cimetière du Père-Lachaise
PL. DE LA RÉPUBLIQUE
PL. DE LA BASTILLE
PL. DE LA NATION
Monnaie de Paris
Rives de la Seine
Notre-Dame
Saint-Paul-Saint-Louis
Opéra-Bastille
Musée de Cluny
Institut du monde arabe
Panthéon
Jardin des Plantes
Mosquée de Paris
Grande Galerie de l'Evolution
Gare d'Austerlitz
Gare de Lyon
Parc de Bercy
Cinémathèque française
Parc zoologique de Paris
Bois de Vincennes
Manufacture des Gobelins
PL. D'ITALIE
CHINATOWN
Parc Montsouris
PT NEUF
Boulevard Ney
Bd MacDonald
Bd Ornano
Bd Barbès
Bd de la Chapelle
Bd de Rochechouart
Clichy
Rue de Flandre
Avenue Jean Jaurès
Bd Sérurier
Bd de la Villette
Bd de Magenta
Rue La Fayette
Rue de Belleville
Bd de Belleville
R. du Fg du Temple
Av. de la République
Boulevard Voltaire
Av. Gambetta
R. Belgrand
Bd Mortier
Bd Davout
Bd de Ménilmontant
Bd de Charonne
Cours de Vincennes
R. du Fg St Antoine
Avenue Diderot
Avenue Daumesnil
Bd de Reuilly
Bd Poniatowski
Rue de Rivoli
Bd de Sébastopol
Bd St Michel
St Germain
Bd de Port-Royal
Bd Arago
Bd Auriol
Bd A. Blanqui
Avenue d'Italie
Rue de Tolbiac
Bd Masséna
Bd Kellermann
Jourdan
18e
9e
10e
19e
2e
20e
3e
11e
1er
4e
6e
5e
12e
13e

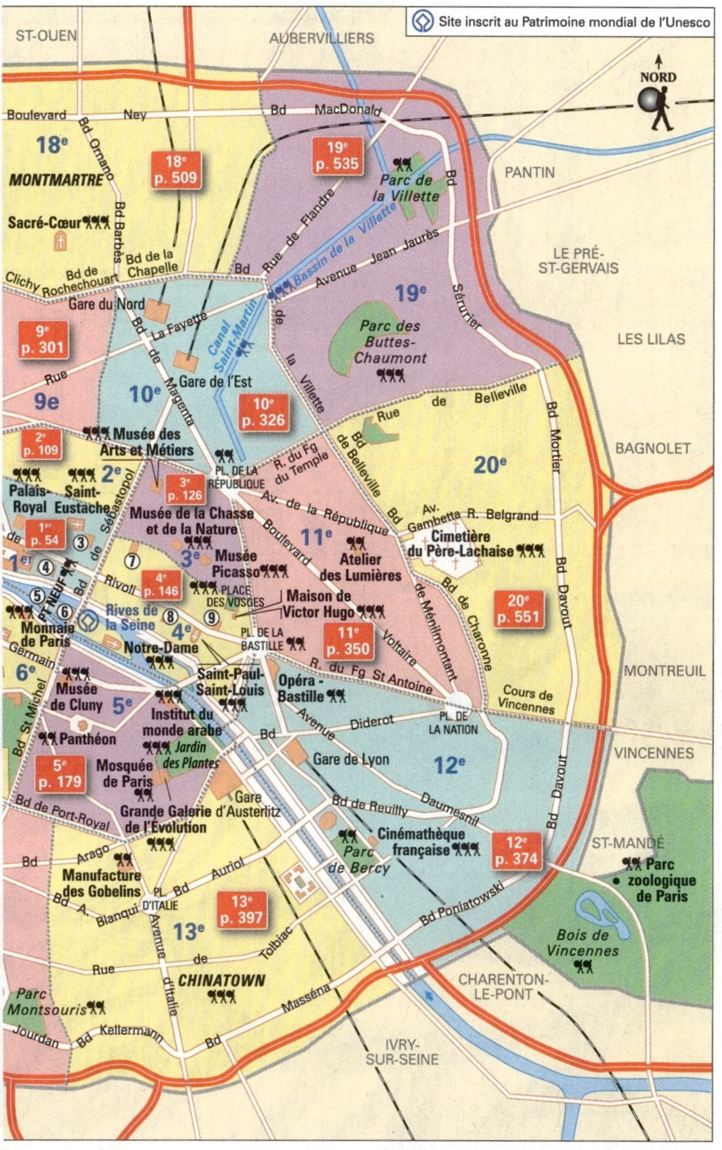

PARIS

Œuvre de M. Chat, quai de Valmy

« Ajouter deux lettres à Paris : c'est le paradis. »
Jules Renard

« Paris vaut bien une messe ! » : le roi Henri IV y a gagné sa couronne, avant d'y perdre la vie… « Paris outragé !… Mais Paris libéré ! » : le général de Gaulle l'a prononcé avec une émotion que l'on éprouve encore… Paris est histoire, d'abord. Paris, où l'on a pris la Bastille, où l'on préfère mourir debout, au mur des Fédérés, plutôt que de vivre à genoux. Paris, la ville du baron Haussmann, capitale du « progrès ». Paris des années Charleston, où l'on s'étourdit, comme pour oublier la Grande Boucherie. Et Paris la peur, la délation, les rafles. Paris la honte. Puis, à nouveau, **Paris est une fête.** Paris swingue. Juliette Gréco et Jean-Paul Sartre. Et le joli mois de mai à Paris : Sorbonne occupée et barricades. Paris étonne. Paris chante. « Il est 5 heures, Paris s'éveille… »
Notre-Dame, le Louvre, la tour Eiffel, les Invalides, la place de la Concorde, l'Arc de Triomphe, le Sacré-Cœur sur la butte Montmartre… Immédiatement identifiés, ces « monuments » sont désirés, courus et… très fréquentés. Ils sont Paris, mais Paris, bien sûr, ne se limite pas à eux. Accumulations de strates, depuis la **ville gallo-romaine** avec les thermes de Cluny et les arènes de Lutèce, **médiévale** avec la Sainte-Chapelle, **classique** avec les belles demeures du Marais, « **Napoléon III** » avec le musée d'Orsay et le pont Alexandre-III, **moderne** avec les grands magasins ou résolument **contemporaine** avec le Centre Pompidou, la Cité des sciences, la Fondation Louis-Vuitton, et tous ces quartiers qui sortent de terre… Prenez le temps de découvrir Paris tel qu'il est aujourd'hui. De **bourgeoise,** à l'ouest, et **populaire,** à l'est, la capitale reste « **bourgeoise bohème** » en son cœur. La municipalité entend rééquilibrer, retisser, si cela est encore possible, le tissu urbain déchiré. La Cité de la Musique, l'Institut du monde arabe, la Fondation Cartier, le musée du quai Branly ou, plus récemment, la Philharmonie et la Fondation Louis-Vuitton, déjà, ont apaisé ceux qui étaient fâchés avec l'architecture contemporaine. Et ce n'est pas fini puisque des chantiers d'envergure sont en cours dans la capitale. Attention, ça bouge !

Les arènes de Lutèce

NOS COUPS DE CŒUR

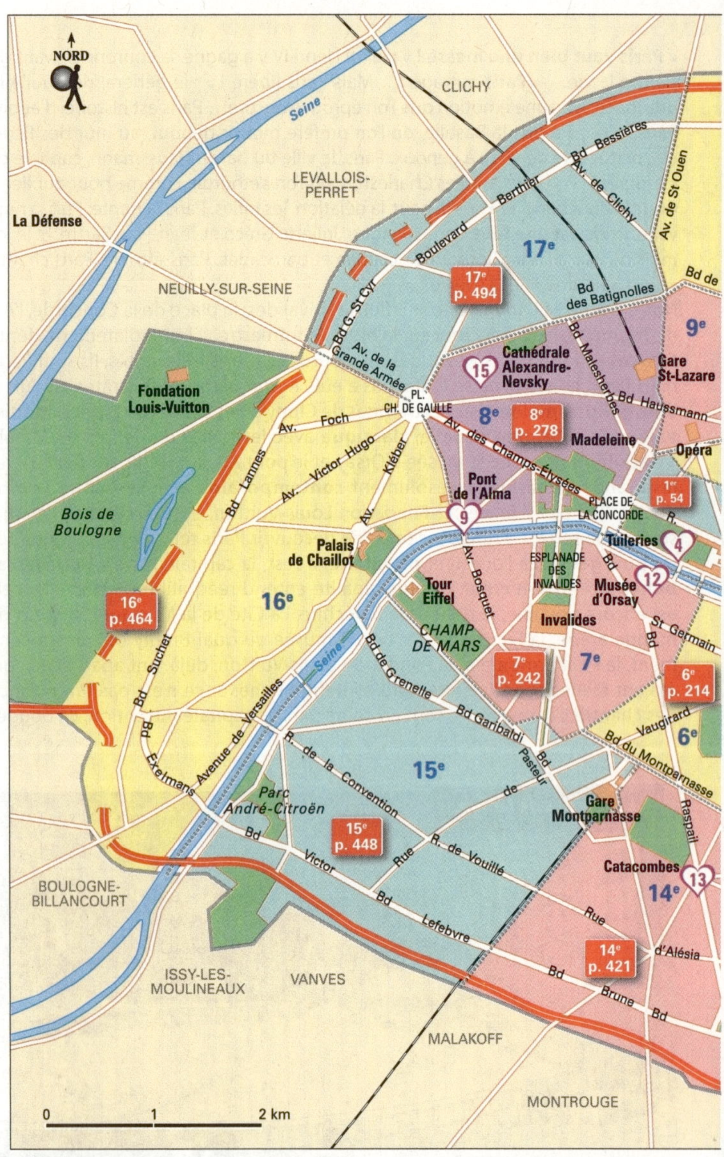

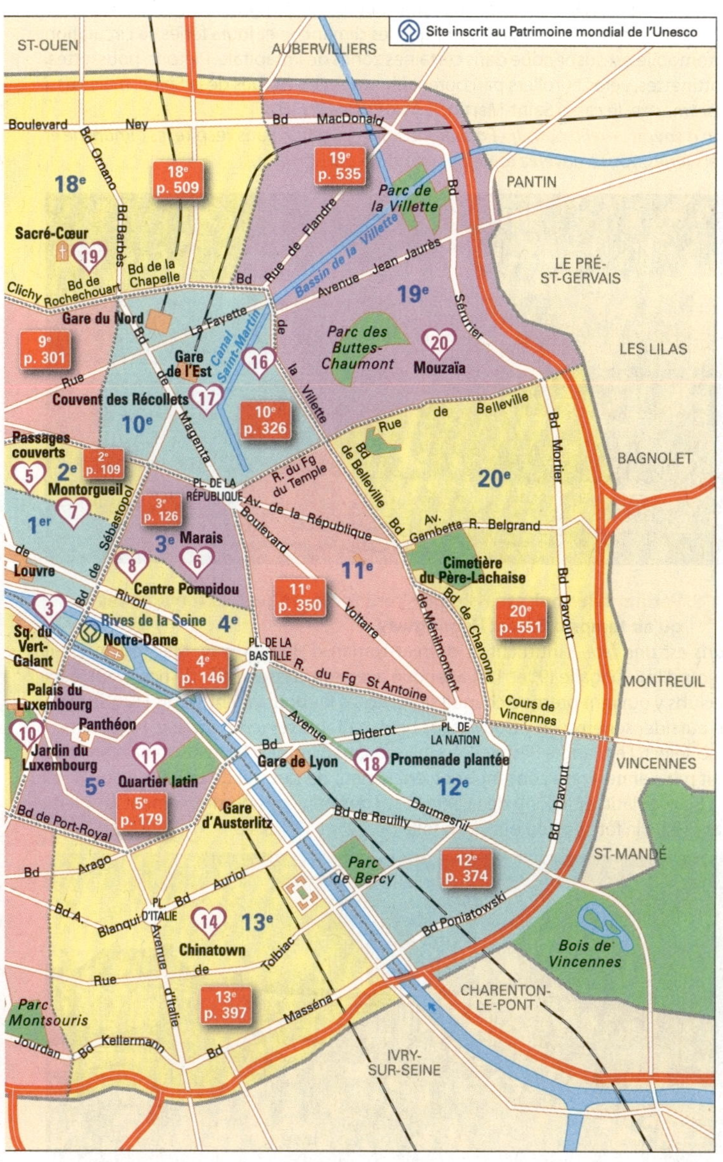

Site inscrit au Patrimoine mondial de l'Unesco
ST-OUEN
AUBERVILLIERS
PANTIN
LE PRÉ-ST-GERVAIS
LES LILAS
BAGNOLET
MONTREUIL
VINCENNES
ST-MANDÉ
CHARENTON-LE-PONT
IVRY-SUR-SEINE
18e p. 509
19e p. 535
9e p. 301
10e p. 326
2e p. 109
3e p. 126
11e p. 350
20e p. 551
4e p. 146
5e p. 179
12e p. 374
13e p. 397
Sacré-Cœur
Gare du Nord
Gare de l'Est
Couvent des Récollets
Passages couverts
Montorgueil
Louvre
Marais
Centre Pompidou
Rives de la Seine
Notre-Dame
Sq. du Vert-Galant
Palais du Luxembourg
Panthéon
Jardin du Luxembourg
Quartier latin
Gare d'Austerlitz
Gare de Lyon
Promenade plantée
PL. DE LA RÉPUBLIQUE
PL. DE LA BASTILLE
PL. DE LA NATION
PL. D'ITALIE
Parc de la Villette
Bassin de la Villette
Canal Saint-Martin
Parc des Buttes-Chaumont
Mouzaïa
Cimetière du Père-Lachaise
Parc de Bercy
Bois de Vincennes
Chinatown
Parc Montsouris

1 Enfourcher un Vélib' et profiter des nombreuses pistes cyclables pour flâner là où vous mèneront vos coups de pédales.

Découvrir Paris à vélo, voilà une bonne idée. Quelque 3 500 vélos sont en libre-service dans environ 300 stations (une tous les 300 m grosso modo) de la capitale et de la proche banlieue. Noter que les dimanche et jours fériés, la circulation automobile est suspendue dans certaines zones de la capitale. Piétons, poussettes, trottinettes, vélos et rollers parcourent librement les berges de la Seine, mais aussi Montmartre, le canal Saint-Martin… À vos vélos ! *p. 51*

Bon à savoir : *• velib.paris.fr • Pour profiter de l'opération* Paris respire *les dimanche et jours fériés, vous trouverez toutes les infos sur • paris.fr •*

© Patrice Hauser

2 Vérifier si les nuits parisiennes sont toujours aussi extravagantes qu'au temps d'Ernest Hemingway.

Paris est une fête, s'intitulait le dernier roman d'Hemingway. Mais qu'en est-il aujourd'hui ? Pigalle (9e et 18e) a renoué avec son passé festif : de nouveaux bars et clubs y ouvrent presque chaque semaine. Le faubourg Saint-Denis (10e) se pose en outsider sérieux : on y trouve tous types d'établissements, du rade rugissant au club sélect. Le triangle Bastille-République-Oberkampf (11e) reste un bastion de la nuit parisienne. Forte concentration également de clubs et de boîtes de nuit dans le Quartier latin et le long de la Seine : sur des péniches ou simplement les pieds dans l'eau, la fête est toujours plus folle (7e, 12e et 13e). *p. 46*

© Heintz Jean/emis.fr

③ **Savourer un pique-nique et profiter de l'animation du fleuve au bout du square du Vert-Galant.**

À l'extrémité de l'île de la Cité, telle la proue d'un navire, se blottit le square du Vert-Galant, du surnom donné à Henri IV, qui passait pour un homme vigoureux auprès des femmes… Un lieu de rendez-vous très apprécié des pêcheurs et des amoureux. C'est là aussi un point idéal d'observation du va-et-vient des bateaux-mouches sur le fleuve. Derrière le square, un escalier débouche sur le Pont-Neuf. *p. 107*

© Gérard Labriet/Photononstop

4 **Par temps clair, découvrir la perspective qui s'offre à vous des Tuileries jusqu'au quartier d'affaires de la Défense.**

Arriver par l'arc de triomphe du Carrousel et se placer en haut des marches qui mènent aux Tuileries : devant vous se déroule le fameux axe de Paris. Le bassin rond parsemé de petits voiliers aux couleurs vives, puis le Grand Couvert, planté de vénérables platanes, l'Orangerie et le Jeu de paume, la place de la Concorde avec l'obélisque de Louxor au bout doré, suivis par les Champs-Élysées, l'Arc de Triomphe et la Grande Arche au loin… Derrière vous, la perspective s'achève sur la pyramide du Louvre. *p. 91*

***Bon à savoir :** en profiter pour faire un tour à l'Orangerie afin d'admirer* Les Nymphéas *de Monet. • musee-orangerie.fr •*

©Arnaud Frich/Onlyfrance.fr

5 **Se concocter un petit itinéraire à travers les passages couverts, où flotte encore le parfum d'une autre époque.**

Dans un Paris sans trottoirs ni électricité, le passage dallé et éclairé est un véritable confort au début du XIXe s, qui voit éclore ces villes en miniature où foisonnent restaurants, cafés, théâtres, boutiques à la mode… Une vingtaine de passages se nichent du côté des Grands Boulevards, majoritairement situés dans les 2e et 9e arrondissements. Puis Paris oublia ses passages. Aujourd'hui, certains connaissent une 2de jeunesse : la galerie Vivienne, un joyau du genre, avec ses élégantes boutiques ; le passage Choiseul, typique ; le passage des Panoramas, avec son dédale de galeries ; le passage du Grand-Cerf et sa spectaculaire hauteur sous verrière ; le passage des Princes, le petit dernier aux jolis lampadaires… *p. 121, 122*

***Bon à savoir :** attention, certains passages sont fermés le dimanche.*

6 **Flâner au milieu des superbes hôtels particuliers du Marais, sans faire l'impasse sur les boutiques à la mode !**

C'est dans le sud du 3e arrondissement que, du XVIe au XVIIe s, la noblesse se fit construire de splendides hôtels particuliers. Suivre les rues de Turenne, Payenne et des Francs-Bourgeois. Parmi les demeures les plus remarquables, l'hôtel de Soubise, l'hôtel Carnavalet ou l'hôtel Salé, où est logé le musée Picasso ; sans parler de la magnifique place des Vosges. Restaurés grâce à Malraux, occupés par des galeries et des musées, éclairés à la nuit tombée, ces hôtels particuliers donnent au quartier son caractère aristocratique. *p. 136, 172*

***Bon à savoir :** le dimanche, les boutiques du côté de la rue des Francs-Bourgeois sont ouvertes. Tant mieux !*

7 Profiter de l'animation du quartier piéton et commerçant de Montorgueil.

Rues-marchés extrêmement vivantes, les rues Montorgueil et des Petits-Carreaux étaient autrefois empruntées par les mareyeurs apportant, aux Halles, poissons et langoustes depuis les côtes de la Manche et de la mer du Nord. Nombreux commerces et vieilles boutiques avec boiseries à l'intérieur, amusantes peintures et quelques belles façades originales. Puis prendre la rue Marie-Stuart, qui borde la rue Montorgueil, et arriver au magnifique passage du Grand-Cerf. *p. 124*

Bon à savoir : *pour les gourmands, une adresse incontournable au décor 1804, au nº 51 de la rue Montorgueil, la pâtisserie* Storher.

© Kiev Victor/Shutterstock

8 Découvrir au détour d'une rue les tubulures colorées du Centre Pompidou, et profiter des collections permanentes et des belles expos qui y sont proposées.

Un inextricable amoncellement de métal, kaléidoscope de couleurs éclatantes éclaboussant les vieilles pierres du quartier. Chacune de ces couleurs a d'ailleurs un sens : le bleu indique les mouvements de l'air, le vert ceux de l'eau, le jaune ceux de l'électricité, et le rouge symbolise la sécurité. Détenteur de la plus grande collection d'art moderne et contemporain en Europe, le musée réunit toutes les formes et les éléments de la culture moderne de façon extraordinairement accessible. *p. 156*

Bon à savoir : *au 6ᵉ étage, vue magnifique sur Paris. • centrepompidou.fr •*

Architectes : Renzo Piano et Richard Rogers © Gardel Bertrand/hemis.fr

9 **Sauter dans un bateau-mouche du pont de l'Alma et embrasser du regard bien des bijoux de la capitale.**

Avec ses 13 km de Seine, progressivement conquis et domestiqués en quelque 2 000 ans d'histoire, on peut dire que la plus belle avenue de la capitale, c'est son fleuve. Faire une croisière traditionnelle pour découvrir les plus grands monuments vus de l'eau, ou emprunter le Batobus, cette navette fluviale bien plus charmante que le métro. Le soir, rien de plus romantique que de dîner sur un bateau-mouche en traversant la Ville Lumière. *p. 294*

Bon à savoir : *plusieurs compagnies de bateaux se partagent le gâteau des balades sur la Seine ; toutes suivent le même parcours. • bateaux-mouches.fr • batobus.com •*

© Perousse Bruno/hemis.fr

10 **Participer à une course de petits voiliers sur le bassin du jardin du Luxembourg.**

L'un des plus beaux jardins parisiens, romantique à souhait avec ses allées ombragées et ses parterres à la française. Le Luxembourg a toujours été un lieu privilégié pour les écrivains, les étudiants et… les amoureux. On y vient pour lire ou prendre le soleil, devant l'Orangerie ou autour du bassin central. Les rendez-vous amoureux se donnent à la sublime fontaine Médicis. On peut prendre des cours d'horticulture et d'apiculture, et les enfants sont toujours ravis par le vieux manège, le guignol et les balades à poney. *p. 233*

Bon à savoir : *les amateurs d'échecs pourront venir s'installer avec leurs pions à l'une des tables-plateaux d'échecs.*

© Rieger Bertrand / hemis.fr

11 Déambuler au milieu des étudiants du Quartier latin, avant d'aller profiter du Jardin des Plantes.

Même si l'on n'est pas étudiant, on peut remonter le boul'Mich', faire la queue devant les cinémas de la rue Champollion, fréquenter les cafés… Cependant, mieux vaut partir à la recherche des ruelles qui ont gardé leur charme d'antan : étroite rue du Chat-qui-Pêche, médiévales rues Saint-Séverin et de la Montagne-Sainte-Geneviève, pittoresque rue Mouffetard. Sans oublier la charmante église Saint-Julien-le-Pauvre avec son petit square ombragé. *p. 190*

Bon à savoir : *entamer ensuite l'une des plus belles promenades parisiennes, au Jardin des Plantes, pour y découvrir les grandes serres, la ménagerie et la Grande Galerie de l'Évolution. • mnhn.fr •*

© Mattes René

12 **S'enthousiasmer devant les collections du musée d'Orsay, puis filer au bord de l'eau et déambuler le long des berges réservées aux piétons et aux cyclistes.**

Dans son fabuleux écrin, Orsay est l'un des plus beaux musées du monde. Il permet d'embrasser en un seul lieu tout l'éventail de la création artistique de 1848 à 1914 : sculpture, peinture, architecture, arts décoratifs et graphiques, et photographies. C'est aussi un musée interdisciplinaire, qui renvoie à la littérature, à la musique et à la vie quotidienne de cette époque. Son mérite est de pouvoir confronter l'art officiel avec les courants novateurs qui bouleversèrent l'histoire de l'art. Allez buller ensuite sur les bords de Seine (rive gauche ou rive droite), spot devenu incontournable les soirs de week-end. *p. 269*

© Mattes René/hemis.fr

13 **Plonger dans les entrailles parisiennes et arpenter les catacombes, curieusement décorées d'ossements !**

Au XVIIIe s, dans un souci d'assainissement de la capitale, on déplaça les restes de quelque 6 millions de Parisiens dans les galeries des anciennes carrières souterraines. On peut en visiter une petite partie : 2 km sur les 350 km de galeries que renferme le sous-sol parisien. À l'entrée de l'ossuaire, une inscription avertit : « Arrête, c'est ici l'empire de la mort. » Commence alors une promenade délicieusement macabre entre fémurs empilés et frises de crânes… *p. 443*

***Bon à savoir :** • catacombes.paris.fr • Beaucoup de monde, beaucoup d'attente ; y aller dès l'ouverture ou peu de temps avant la fermeture.*

S'imprégner de culture asiatique en visitant le Chinatown le plus grand d'Europe.

Venez donc voir, dans cette partie du 13e, comment les Asiatiques ont subtilement détourné l'horreur du béton en y insufflant une vie et une activité démentes : les avenues de Choisy et d'Ivry, avec leurs restaurants, chinois ou vietnamiens ; les supermarchés *Paris Store* et *Tang Frères,* avec leur alimentation exotique, véritables cavernes de Marco Polo ; les galeries marchandes des Olympiades, avec leur succession d'étonnantes boutiques de CD, derniers imports DVD, karaokés, librairies, vêtements… Et le soja qui pousse par tonnes dans bien des caves du 13e ! *p. 418*

Bon à savoir : *même* McDo *s'est fondu dans le décor en arborant une forme de pagode !*

© Daniel-Thierry/Photononstop

15 **S'offrir un voyage à… Byzance en assistant à l'un des offices de la cathédrale Alexandre-Nevsky.**

Surprenante cathédrale construite dans le style byzantino-moscovite en 1861 ; ses 5 bulbes dorés dotés de flèches s'élèvent à près de 50 m dans le ciel parisien. Le nombre 5 est symbolique : la flèche centrale représente le Christ, et les 4 autres les évangélistes. À l'intérieur, placez-vous sous le dôme central pour bien observer la conception cruciforme de l'édifice, qui rappelle la croix grecque. *p. 297*

Bon à savoir : *chaque samedi soir et dimanche, les fidèles d'origine russe se réunissent. Noël est fêté le 7 janvier, et Pâques est célébré avec faste. On se croit alors presque à Moscou.*

© Guy Christian/hemis.fr

© Gardel Bertrand/hemis.fr

16 Se fondre dans la vie débordante autour du canal Saint-Martin, l'un des paysages urbains les plus pittoresques de Paris.

Le canal Saint-Martin, long de 4,5 km, est l'un des lieux les plus charmants de Paris et l'un des moins connus. Il a de tout temps inspiré poètes, écrivains et artistes. Plusieurs dizaines de péniches transportaient sable et charbon chaque jour. Depuis 1990, les Parisiens ont redécouvert le canal, ses 9 écluses, ses rives plantées d'arbres et ses ponts métalliques. Cafés avec terrasse, petites brocantes, boutiques de fringues, galeries d'artistes fleurissent tout du long. *p. 347*

Bon à savoir : *balade plaisante à 2 le soir en été ou en famille le dimanche.*

Méditer et savourer un verre en fin de journée dans le petit jardin du couvent des Récollets.

Longtemps laissé en déshérence, ce bel ensemble de constructions hétéroclites fut un couvent au XVIIe s, une caserne pendant la Révolution, un hospice pour « incurables », et un hôpital militaire jusqu'en 1968. Rénové, il abrite aujourd'hui un centre pour artistes et chercheurs étrangers et, dans l'ancienne chapelle, une association professionnelle d'architectes. Le cloître est accessible au public, et l'on a une vue de l'harmonieuse façade arrière depuis le jardin donnant sur le canal. *p. 346*

***Bon à savoir :** sur place, un café permet de profiter de la belle cour arborée en été (en hiver, tlj sauf dim-lun ; en été, tlj sauf lun).*

18 **Déambuler à pied, en poussette, à rollers, à trottinette ou à vélo le long de la Promenade plantée, sur le tracé de l'ancienne ligne de chemin de fer Bastille – Saint-Maur (4,5 km).**

Excellente idée que d'avoir repris le tracé de cette ancienne ligne de chemin de fer pour y aménager, depuis la gare de Lyon, une promenade pédestre traversant tout le 12e arrondissement ! 2 parties distinctes : l'axe longeant l'avenue Daumesnil, perché sur l'ancien viaduc transformé en jardin, puis l'axe Vivaldi (cyclo-pédestre), à niveau de rue ou en tranchée, avec quelques tunnels. *p. 385*

19 **Impensable de manquer Montmartre avec le Sacré-Cœur, la place du Tertre, ses rues pentues et pavées… Sans oublier sa vie de quartier et sa vie nocturne. Bref, l'âme de Paris !**

Si la vue sur Paris depuis le Sacré-Cœur et la vision de la place du Tertre se méritent au lever du jour, les flancs nord de la Butte s'arpentent à pied, par une nuit de pleine lune : extraordinaire voyage hors du temps, dans un Paris qui semble n'avoir pas changé depuis le XIXe s. Mais il y a aussi l'attachant cimetière de Montmartre avec ses rues et passages avoisinants. Les Abbesses, naguère enclave populaire et authentique, n'en finissent pas de jouer la carte de la modernité branchée. *p. 524*

20 Découvrir le petit quartier de la Mouzaïa, au pied des Buttes-Chaumont.

Il fait bon se perdre par ici à la saison des fleurs. Les ruelles ont pour nom « villas » et se succèdent, envahies par la glycine, le lilas et les rosiers. La villa Amalia est l'une des plus belles : enfilade de petits jardins fleuris bordés de vieux réverbères et d'arbres. Dans la villa de Fontenay, les rosiers débordent sur la voie de passage et forment comme une tonnelle. La villa Émile-Loubet est d'un charme tout provincial, et la villa de Bellevue a les toits de ses maisons superposés en escalier. Dans la villa Laforgue, verdure à perte de vue. *p. 541*

***Bon à savoir :** finir par une sieste au superbe parc des Buttes-Chaumont.*

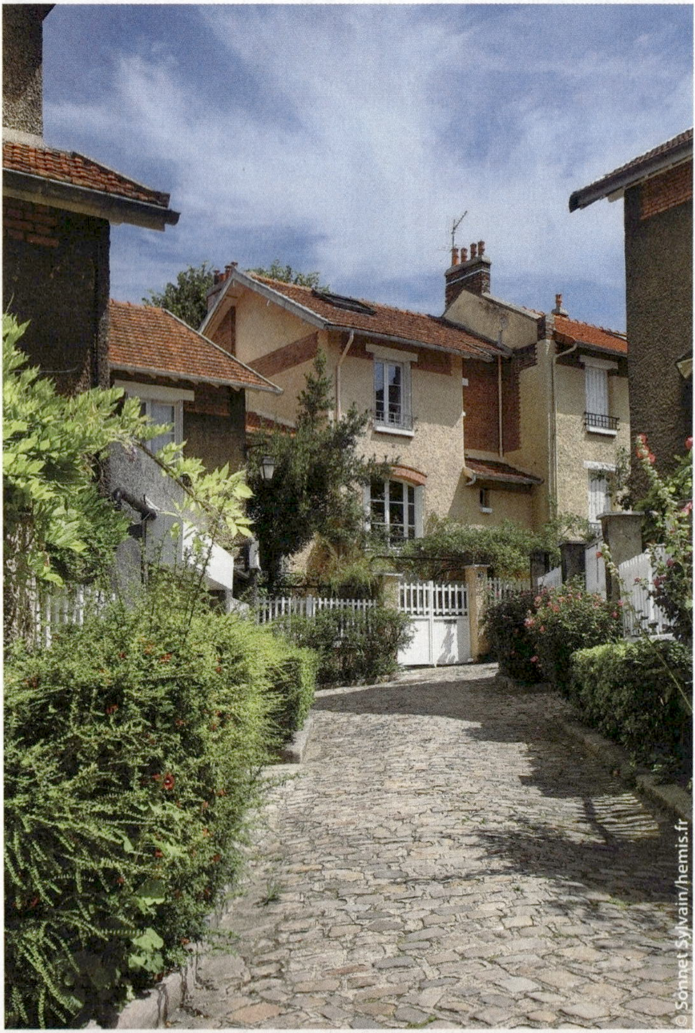

© Sonnet Sylvain/hemis.fr

Les maisons colorées de la rue Cremieux

ITINÉRAIRES CONSEILLÉS

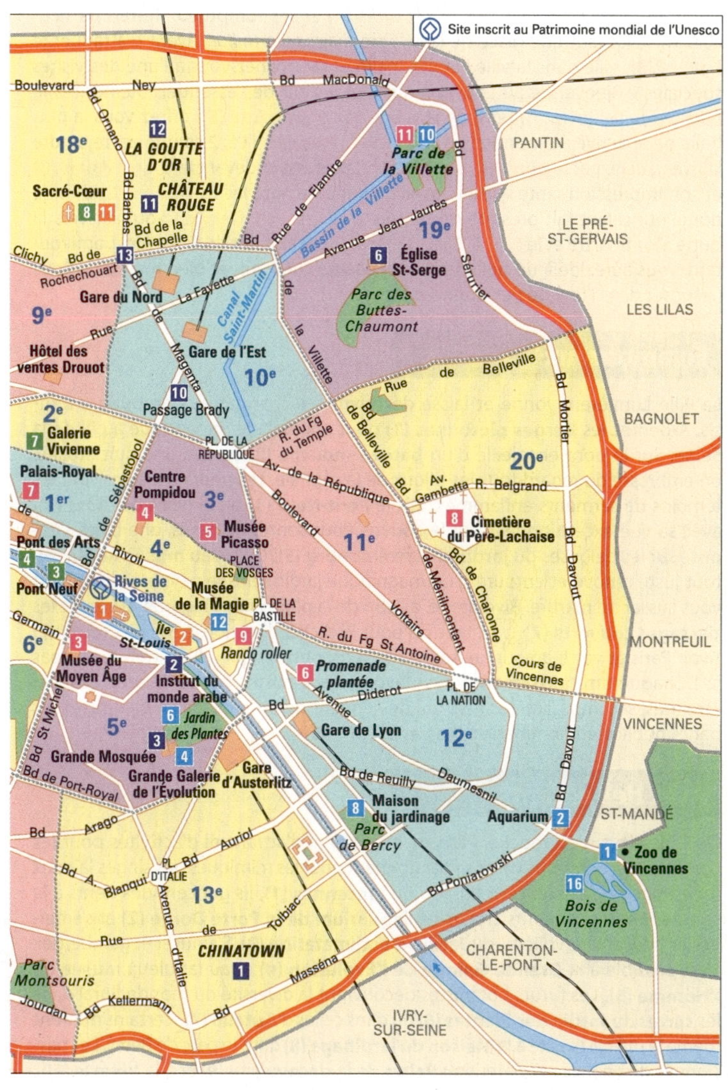
Site inscrit au Patrimoine mondial de l'Unesco
18e
La Goutte d'Or
Château Rouge
Sacré-Cœur
Gare du Nord
9e
Hôtel des ventes Drouot
Gare de l'Est
10e
Passage Brady
2e
Galerie Vivienne
Palais-Royal
1er
Centre Pompidou
3e
4e
Musée Picasso
Place des Vosges
Pont des Arts
Pont Neuf
Rives de la Seine
Musée de la Magie
Pl. de la Bastille
Île St-Louis
Rando roller
6e
Musée du Moyen Âge
Institut du monde arabe
Jardin des Plantes
5e
Grande Mosquée
Grande Galerie de l'Évolution
Gare d'Austerlitz
Pl. de la République
11e
Promenade plantée
Gare de Lyon
Pl. de la Nation
12e
Maison du jardinage
Parc de Bercy
Aquarium
Zoo de Vincennes
Bois de Vincennes
Parc de la Villette
Bassin de la Villette
Canal Saint-Martin
19e
Église St-Serge
Parc des Buttes-Chaumont
20e
Cimetière du Père-Lachaise
Pl. d'Italie
13e
Chinatown
Parc Montsouris
Pantin
Le Pré-St-Gervais
Les Lilas
Bagnolet
Montreuil
Vincennes
St-Mandé
Charenton-le-Pont
Ivry-sur-Seine
Boulevard Ney
Bd MacDonald
Bd Ornano
Bd Barbès
Bd de la Chapelle
Bd de Rochechouart
Clichy
Rue La Fayette
Bd de Magenta
Rue de Flandre
Avenue Jean Jaurès
Bd de la Villette
Bd Sérurier
Rue de Belleville
Bd de Belleville
Bd Mortier
Bd Davout
Av. Gambetta
R. Belgrand
R. du Fg du Temple
Av. de la République
Boulevard Voltaire
Bd de Ménilmontant
Bd de Charonne
Bd de Sébastopol
Rue de Rivoli
R. du Fg St Antoine
Cours de Vincennes
Bd Diderot
Avenue Daumesnil
Bd de Reuilly
Bd St Michel
Bd de Port-Royal
Bd Arago
Bd Auriol
Bd A. Blanqui
Avenue d'Italie
Rue de Tolbiac
Bd Masséna
Bd Kellermann
Bd Jourdan
Bd Poniatowski
Germain

Les essentiels

Paris offre un éventail de visites aussi large qu'un quiz à choix multiples ! Cela dit, parce que Paris vaut bien une messe, commencez par **Notre-Dame (1),** majestueuse et reconnaissable à ses 2 tours, ses gargouilles valant le coup d'œil. Continuez la balade vers l'**île Saint-Louis (2)** et ses somptueux hôtels particuliers en savourant une glace de la célèbre maison *Berthillon*, avant d'attaquer le **Louvre (3),** ville dans la ville ! Soyez malin et raccrochez-vous à l'une des visites spéciales « Bienvenue au Louvre » qui font le tour des essentiels. Remontez le **jardin des Tuileries (4)** puis, de la **place de la Concorde (5),** offrez-vous la plus belle perspective au monde : les **Champs-Élysées (6)** ! Là, 2 solutions : rejoindre la rive gauche par le **pont Alexandre-III (7)** en passant devant le **Grand Palais (8)** et son impressionnante verrière avec en ligne de mire les **Invalides (9),** dont le dôme étincelant fait presque de l'ombre à la… **tour Eiffel (10)** ; ou filer vers la butte Montmartre et le **Sacré-Cœur (11),** point culminant de Paris. Ainsi, ami routard, vous aurez déjà un bel aperçu des beautés de Paris, et bien mérité de vous (re)poser dans l'une de nos bonnes adresses.

En amoureux

La Ville Lumière rayonne et laisse découvrir ses charmes aux amoureux transis. Arpentez les **berges piétonnes (1)** pour une balade romantique au fil de la Seine. Sur le pont ensoleillé d'un **bateau-mouche (2)** ou par une nuit étoilée, on embrasse du regard tous les bijoux de la capitale. Les ponts parisiens sont les témoins de serments enflammés, tels le **Pont-Neuf (3)** ou le **pont des Arts (4),** avec sa vue exceptionnelle sur le Louvre. Pour conter fleurette, une halte s'impose sur les pelouses du **jardin du Luxembourg (5).** Quant au **musée Rodin (6),** tout juste rénové et entouré d'un magnifique jardin (entrée payante), il ne peut vous laisser de marbre. Rive droite, à l'abri de la pluie et des regards, arpentez les **passages couverts (7)…** Et, tant pis pour le cliché, direction le **Sacré-Cœur (8)** ! Avoir Paris et votre amoureux(se) à vos pieds, c'est unique ! Mais n'en restez pas là ! Chaque arrondissement vous dévoilera ses portes cochères propices aux étreintes, ses impasses cachées qui deviennent de doux pièges à baisers, et ses bancs publics, en hommage à Brassens.

Avec des enfants

Qu'il fasse beau ou moche, Paris ne manque ni d'attraits ni d'activités pour les bambins. Les apprentis vétos se passionnent pour les mimiques des singes laineux (tiens, une ressemblance ?) au **zoo de Vincennes (1),** ils grincent des dents à la vue des impressionnants crocos de l'**aquarium de la Porte Dorée (2)** et s'émerveillent devant les volières du **Jardin d'acclimatation (3).** S'amuser et gamberger, c'est possible à la **Grande Galerie de l'Évolution (4)** et au fabuleux **musée de l'Homme (5).** Les futurs botanistes découvrent la diversité du monde floral dans les **serres du Jardin des Plantes (6)** ou dans celles d'**Auteuil (7)** ; certains mettent même la main à la pâte à la **Maison du jardinage (8)** dans le parc de Bercy. Les passionnés de sciences s'éclatent au **Palais de la découverte (9)** et à la **Villette (10** ; Cité des sciences, Cité de la musique…). Spéléos en herbe (parents claustro, s'abstenir), descendez dans les **catacombes (11)** pour découvrir un monde parallèle. Tout comme au **musée de la Magie (12),** qui donne les clés de tours impressionnants. Ils sont plutôt perchés ? Prenez de la hauteur à la **tour Eiffel (13),** cette vénérable Grande Dame qui offre un panorama capital ! Ou proposez-leur un survol dans le **ballon de Paris (14).** Enfin, ils sont infatigables et vous êtes sur les rotules : offrez-vous une balade au fil de l'eau sur un bateau-mouche ou en barque sur le **lac du bois de Boulogne (15)** ou sur celui **du bois de Vincennes (16).** Et n'oubliez pas que la plupart des musées parisiens proposent des visites (et des ateliers) adaptées aux chérubins. Bref, Paris est une fête !

Budget serré

Visiter Paris sans se ruiner, c'est possible ! À commencer par les musées de la Ville de Paris, dont les collections permanentes sont gratuites pour tous, toute l'année. Une aubaine pour se faire un marathon culturel en commençant par le **Petit Palais (1),** le musée des Beaux-Arts de Paris. On se replonge dans les grands courants artistiques du XXe s en passant au **musée d'Art moderne de la Ville de Paris (2).** Le 1er dimanche du mois, la liste s'allonge encore puisque les musées nationaux sont eux aussi gratuits : **musée du Moyen Âge (3), Centre Pompidou (4), musée Picasso (5)** et bien d'autres… On peut aussi profiter librement des parcs et jardins, emprunter la **Promenade plantée (6),** flâner entre les colonnes de Buren au **jardin du Palais-Royal (7)** ou se perdre au **cimetière du Père-Lachaise (8).** Pour les plus sportifs, la **rando roller (9)** du dimanche après-midi est une bonne occasion de se dégourdir les jambes en sillonnant Paris. Si le soir venu vous voulez goûter à l'effervescence parisienne, passez au **Kiosque Théâtre (10)** acheter des places de spectacle (avec 50 % de réduction pour le jour même). En été, c'est cinéma en plein air au **parc de la Villette (11).** Enfin jetez un œil à l'agenda, beaucoup de festivals et d'animations dès les beaux jours, et nul besoin de dépenser un rond.

Paris exotique

À Paname, tous les continents sont représentés. Certaines communautés sont ancrées depuis si longtemps qu'elles dessinent des quartiers colorés où l'on oublie, pendant quelques instants, qu'on est à Paris. Pour vous plonger dans l'ambiance, un tour à **Chinatown (1)** s'impose. On file ensuite à la découverte des pays arabes en parcourant le surprenant **Institut du monde arabe (2).** Puis on se retrouve autour d'un thé à la menthe et de pâtisseries à la **Grande Mosquée (3).** Le musée idéal pour un tour du monde ? Le **musée du quai Branly (4),** qui réunit totems polynésiens, costumes hmong, terres cuites éthiopiennes, coiffes et orfèvrerie amérindiennes… Quelques pas plus loin, la **nouvelle cathédrale orthodoxe russe (5)** vous propulse à Moscou. Tout comme la secrète **église Saint-Serge (6),** rue de Crimée. Retour en Asie : on s'initie à la cérémonie du thé à la **Maison de la culture du Japon (7)** et on visite le **musée des Arts asiatiques Guimet (8)** ou le **musée Cernuschi (9),** dédié à la Chine et à l'île du Soleil-Levant. Plus au nord, le **passage Brady (10),** sorte de *Little India* avec ses échoppes débordantes d'épices. Le **marché de Château-Rouge (11)** est, quant à lui, le lieu idéal pour se fournir en produits africains. Pour finir, le quartier de la **Goutte-d'Or (12)** offre un joyeux brassage d'accents, de couleurs et de saveurs d'Afrique, d'Asie et d'Europe, tout comme le **marché de Barbès (13),** qui se tient sous la ligne de métro aérien les mercredi et samedi.

Le Centre Pompidou

LU SUR routard.com

Mai 68 au Quartier latin en 2018 : 50 ans après !
(tiré du reportage de Jean-Philippe Damiani d'après le Routard Paris balades)

En 1968, la France gaulliste est un cocktail explosif d'archaïsme et de modernité. Modernisée grâce à la démocratisation de l'école, la société française est archaïque par bien des aspects : patriarcat et machisme dans la famille, bureaucratie et autoritarisme dans l'entreprise. La jeunesse, excédée par la rigidité de « la France de papa », est prête à s'embraser.

C'est l'occupation de la fac de Nanterre le 22 mars 1968 qui met le feu aux poudres. Dans la foulée est créé le « mouvement du 22 mars », dont l'un des animateurs est Daniel Cohn-Bendit. Le 2 mai, le recteur fait fermer Nanterre. Le lendemain, la police évacue la Sorbonne et les étudiants dressent des barricades dans le Quartier latin. Pendant un mois, ils résistent contre les matraques et gaz lacrymogènes des CRS. Mais, surtout, ils mettent l'imagination au pouvoir. Car Mai 68 est une révolte joyeuse, qui invente de nouvelles utopies, de nouvelles solidarités et va accoucher de la France moderne. De l'université, la révolte gagne la France entière avec une grève générale qui débouche sur des avancées sociales. Le parti gaulliste aura beau remporter largement les législatives de juin, la France ne sera plus jamais la même...

Le Quartier latin s'est bien embourgeoisé, mais les lieux de Mai 68 sont toujours là 50 ans plus tard. Voici quelques-uns des plus emblématiques.

– **La Sorbonne** (place de la Sorbonne, 5e arrondissement) **:** c'est de la vieille Sorbonne – fondée au XIIIe s – que part la révolte du Quartier latin, le 3 mai. C'est aussi ici, dans le grand amphithéâtre, qu'ont lieu les débats, les AG, les réunions des étudiants qui occupent la fac (ils ne sont pas les seuls !), réinventent le monde et résistent à la police.

– **Place Edmond-Rostand** (6e arrondissement) **:** le célèbre slogan « sous les pavés, la plage » est né ici. En déterrant les pavés de la place pour dresser des barricades, les manifestants découvrent au-dessous du sable blond !

– **Rue Gay-Lussac** (5e arrondissement) **:** épicentre de la mobilisation étudiante, cette rue haussmannienne bien large n'était pas très indiquée pour dresser des barricades. Dans la nuit du 10 au 11 mai, la rue est le cadre d'une lutte homérique entre étudiants et CRS. Le surlendemain, le pouvoir recule : la Sorbonne est rouverte et les étudiants arrêtés libérés.

– **Le théâtre de l'Odéon** (place de l'Odéon, 6e arrondissement) **:** occupé à partir du 15 mai, il est transformé en un forum permanent sur le théâtre populaire, la création dans la société de consommation et la révolution par l'art. Un des hauts lieux de Mai 68.

ARRIVER – QUITTER

RENSEIGNEMENTS AÉROPORTS

• Pour la carte des liaisons Paris-aéroports, voir le cahier couleur en fin de guide.

✈ ***Roissy-Charles-de-Gaulle*** *(aérogares 1, 2 et 3) :* ☎ *39-50 (0,35 €/mn).* Informations touristiques aux points infos Paris – Île-de-France :

– terminal 2C portes 12 et 14 niveau « Départs » ;
– terminal 2D porte 7 niveau « Départs » ;
– terminal 2E porte 8 niveau « Départs » ;
– terminal 2F portes 8 et 11 niveau « Départs » ;
– terminal 1 porte 34 niveau « Arrivées » ou porte 2 niveau « Départs ».

✈ ***Orly-Sud et Orly-Ouest :*** ☎ *39-50 (0,35 €/mn).* À Orly-Sud, informations touristiques 7h15-21h45 à la porte K ; à Orly-Ouest, à la porte A.

■ ***Aéroports de Paris :*** ☎ *39-50 (0,35 €/mn).* • *parisaeroport.fr* •

▲ **AIR FRANCE**

Rens et résas au ☎ *36-54 (0,35 €/mn ; tlj 6h30-22h), sur* • *airfrance.fr* •, *dans les agences Air France et dans ttes les agences de voyages. Fermées dim.*

Air France propose à tous des tarifs attractifs toute l'année. Pour consulter les meilleures offres du moment, allez directement sur la page « Nos meilleurs tarifs » sur • *airfrance.fr* •

Flying Blue, le programme de fidélité gratuit d'Air France-KLM, permet de gagner des miles en voyageant sur les vols Air France, KLM, Hop ! et les compagnies membres de *Skyteam,* mais aussi auprès des nombreux partenaires non aériens *Flying Blue...* Les miles peuvent ensuite être échangés contre des billets d'avion ou des services (surclassement, bagage supplémentaire, accès salon...) ainsi qu'auprès des partenaires. Pour en savoir plus, rendez-vous sur • *flying blue.com* •

▲ **HOP !**

Rens et résas sur • *hop.com* • *air france.fr* •, *via les canaux de ventes Air France; dans ttes les agences de voyages, ainsi qu'aux centres d'appel au* ☎ *36-54 (0,35 €/mn ; tlj tte l'année) ou au* ☎ *0892-70-22-22 (0,35 €/mn ; tlj tte l'année).*

➢ Pour Paris, vols directs depuis Agen, Ajaccio, Aurillac, Bastia, Biarritz, Bordeaux, Brest, Brive, Calvi, Castres, Clermont-Ferrand, Figari, Lannion, Lorient, Lyon, Marseille, Montpellier, Mulhouse-Bâle, Nantes, Nice, Pau, Perpignan, Quimper, Rennes, Rodez, Strasbourg, Tarbes-Lourdes, Toulon et Toulouse.

Comment aller à Roissy et à Orly ?

Toutes les infos sur notre site • *rou tard.com* • à l'adresse suivante : • *bit. ly/aeroports-routard* •

EN TRAIN

Pour préparer votre voyage

– ***E-billet :*** réservez, achetez et imprimez votre e-billet sur Internet.
– ***M-billet :*** plus besoin de support papier, vous pouvez télécharger le code-barres de votre voyage correspondant à votre réservation directement dans votre smartphone, à l'aide de l'application *SNCF Direct*.
– ***Billet à domicile :*** commandez votre

billet par Internet ou par téléphone au ☎ *36-35 (0,40 €/mn, hors surcoût éventuel de votre opérateur)* ; la SNCF vous l'envoie gratuitement à domicile sous 48h, en France.

Pour voyager au meilleur prix

La SNCF propose des tarifs adaptés à chacun de vos voyages.

➢ ***Prem's :*** des petits prix disponibles toute l'année, jusqu'à 90 jours avant le départ. Billets non échangeables et non remboursables (offres soumises à conditions). Impossible de poser des options de réservation sur ces billets : il faut les payer immédiatement.

➢ ***Les tarifs Loisirs :*** billets échangeables et remboursables. Pour bénéficier des meilleures réductions, pensez à réserver vos billets à l'avance (les réservations sont ouvertes jusqu'à 90 jours avant le départ) ou à voyager en période de faible affluence.

➢ ***Les cartes de réduction :*** pour ceux qui voyagent régulièrement, profitez de réductions garanties tout le temps avec les cartes *Enfant +, Jeune, Jeune 18-27, Week-end* ou *Senior +* (valables 1 an).

Renseignements et réservations

– ***Internet :*** ● *oui.sncf* ●
– ***Téléphone :*** ☎ *36-35 (0,40 € TTC/mn).*
– Également dans les gares, les boutiques SNCF et les agences de voyages agréées.

Un autre moyen de réserver

▲ **TRAINLINE**
Résas et paiements sur ● *trainline.fr* ● *et sur mobile avec l'application* Trainline *pour iPhone et Android. Et pour répondre à vos questions :* ● *guichet@trainline.fr* ●
Une nouvelle façon simple et rapide d'acheter vos billets de train sur le Web, mobile et tablette. Réservez vos billets pour voyager en France et dans plus de 20 pays européens. Consultez les tarifs et les horaires dans une interface claire et sans publicité. Trainline compare les prix de plusieurs transporteurs européens pour vous garantir le meilleur tarif.

EN BUS

▲ **FLIXBUS**
Rens : ☎ *01-76-36-04-12.* ● *flixbus.fr* ●
FlixBus et ses bus verts offrent le plus grand réseau longue-distance d'Europe. Présent partout en France et dans une vingtaine de pays du continent, FlixBus propose un service accessible à tous les budgets. Wifi gratuit et prises électriques à chaque siège. Chaque voyageur peut transporter jusqu'à 2 bagages, et annuler/modifier jusqu'à 15 mn avant le départ.

➢ Paris accessible depuis plus de 200 villes françaises et européennes.

BON À SAVOIR AVANT LE DÉPART

ABC de Paris

- ***Nombre d'habitants :*** 2 228 409 hab., plus de 12 millions en Île-de-France.
- ***Densité de population :*** 21 129 hab./km².
- ***Nombre de touristes :*** plus de 30 millions/an (les Américains en tête).
- ***Boulevard périphérique :*** 35 km.
- ***Immobilier, prix moyen au m² :*** autour de 9 000 €/m² en 2017.
- ***3 000 jours de tournage de cinéma/an.***
- ***Notre-Dame :*** 14,3 millions de visiteurs/an.
- ***Louvre :*** musée le plus visité au monde (8 à 9 millions de visiteurs par an), 15 000 personnes/j. passent devant ***La Joconde.***
- ***Catacombes :*** 300 km de galeries souterraines.
- ***Nombre de stations de métro :*** 303.
- ***La Seine court sur 13 km dans la capitale, sous 37 ponts.***
- ***2e ville la plus « likée » sur Facebook (3 millions).***
- ***200 églises.***
- ***Gare du Nord :*** 1re gare européenne en terme de trafic.
- ***Événement :*** les J.O. de 2024 vont s'y dérouler.
- ***Traversée de Paris :*** compter 2h15 sur un axe nord-sud.

ADRESSES ET INFOS UTILES

Adresses utiles

Office de tourisme et des congrès de Paris : *29, rue de Rivoli, 75004. • parisinfo.com • Ⓜ Hôtel-de-Ville. Mai-oct (sauf 1er mai), tlj 9h-19h ; nov-avr, tlj 10h-19h.* Nombreuses infos sur leur site internet. Documentation variée et gratuite (plans, guides, brochures).

Autre bureau gare du Nord : *18, rue de Dunkerque, 75010. Ⓜ Gare-du-Nord. À proximité des voies internationales 7 et 9. Tlj 8h30-18h30. Fermé 1er janv, 1er mai et 25 déc.*

Kiosque Théâtre : *face au 15, pl. de la Madeleine, 75008. Ⓜ Madeleine. Autres guichets : parvis de la gare Montparnasse, 75015, Ⓜ Montparnasse-Bienvenüe ; et terre-plein central de la pl. des Ternes, 75017, Ⓜ Ternes. • kiosqueculture.com • Tlj sauf lun 12h30-19h30 (15h45 dim). Fermé dim tte l'année pour le Kiosque Ternes, seulement dim d'été pour la Madeleine et Montparnasse.* Permet d'obtenir 50 % de réduction pour les spectacles (théâtres, cafés-théâtres et cabarets) du jour même. Arriver avant l'ouverture des guichets si l'on veut absolument voir un spectacle, surtout le week-end. Également *Paris Museum Pass*, tickets *Batobus, Open Tour, Bateaux Parisiens.*

Kiosques Jeunes : *10, passage de la Canopée, 75001. ☎ 01-72-63-49-49. • paris.fr • Ⓜ Châtelet. Mar-sam 11h-19h. Également 101, quai Branly, 75015, ☎ 01-43-06-15-38, Ⓜ Bir-Hakeim, mar-ven 13h-18h ; et à la Goutte-d'Or, dans le hall du centre musical Fleury, 1, rue Fleury, 75018, ☎ 01-42-62-47-38,*

Ⓜ *Barbès-Rochechouart, mar-ven 11h-19h.* 3 Kiosques Jeunes qui proposent des places de spectacle (théâtre, concerts, manifestations sportives…) à tarif réduit. Donnent également beaucoup d'invitations. Billetterie et centre d'information. Seul impératif : avoir moins de 30 ans.

– Et de nombreux sites internet pour obtenir des places de spectacle, concerts, théâtre… à prix réduit : *● billetreduc.com ● ticketac.com ● ticketmaster.fr ●,* etc.

■ ***Consignes :*** possibilité de déposer vos bagages dans des consignes implantées près des zones touristiques (Marais, Saint-Germain-des-Prés, Opéra, gares du Nord et de l'Est…). Infos, résa et localisation sur *● citylocker.fr ● 10-15 €/j.* Également chez des commerçants ou particuliers avec *● holibag.io ●* et *● nannybag.com ● Compter 4 € pour 4h, 12 €/j.*

Carte d'adhésion internationale aux auberges de jeunesse (carte FUAJ)

Cette carte vous ouvre les portes des 4 000 auberges de jeunesse du réseau *HI-Hostelling International* en France et dans le monde. Vous pouvez ainsi parcourir 90 pays à des prix avantageux et bénéficier de tarifs préférentiels avec les partenaires des auberges de jeunesse *HI.* Il n'y a pas de limite d'âge pour séjourner en auberge de jeunesse. Il faut simplement être adhérent.

Renseignements et inscriptions

– ***En France :*** *● hifrance.org ●*
– ***En Belgique :*** *● lesaubergesdejeunesse.be ●*
– ***En Suisse :*** *● youthhostel.ch ●*
– ***Au Canada :*** *● hihostels.ca ●*

Si vous prévoyez un séjour itinérant, vous pouvez réserver plusieurs auberges en une seule fois en France et dans le monde : *● hihostels.com ●*

Carte internationale d'étudiant (carte ISIC)

La carte internationale d'étudiant (ISIC) prouve le statut d'étudiant dans le monde entier et offre plein de réductions (billets d'avion spécial étudiants, hôtels et auberges de jeunesse, assurances, cartes SIM internationales, location de voiture, loisirs…).

Renseignements et inscriptions

– ***En France :*** *● isic.fr ● 13 € pour 1 année scolaire.*
– ***En Belgique :*** *● isic.be ●*
– ***En Suisse :*** *● isic.ch ●*
– ***Au Canada :*** *● isiccanada.com ●*

Santé, urgences

■ ***SAMU :*** *☎ 15.*
■ ***Pompiers :*** *☎ 18.*
■ ***Police ou gendarmerie :*** *☎ 17.*

– Le **112,** numéro d'urgence européen, peut être composé en cas d'accident, d'agression ou de détresse, à partir d'un téléphone fixe ou portable, sans crédit, avec n'importe quel opérateur européen. Il permet de se faire localiser et aider, tout en améliorant les délais d'intervention des services de secours.

■ ***Urgences médicales de Paris :*** *☎ 01-53-94-94-94.*
■ ***SOS Dentaires :*** *☎ 01-43-37-51-00.*
■ ***Pharmacies ouvertes tous les jours 24h/24 :*** *une quinzaine de pharmacies parisiennes sont ouv 24h/24. Liste complète sur ● parisinfo.com ●*

BUDGET

Recommandation à ceux qui souhaitent profiter des réductions et avantages proposés dans le *Routard* par les hôteliers et les restaurateurs

À l'hôtel, pensez à les demander au moment de la réservation ou, si vous n'avez pas réservé, **à l'arrivée.** Ils ne sont valables que pour les réservations en direct et ne sont pas cumulables avec d'autres offres promotionnelles (notamment sur Internet). Au restaurant, parlez-en **au moment** de la commande et surtout **avant** que l'addition ne soit établie. Poser votre *Routard* sur la table ne suffit pas : le personnel de salle n'est pas toujours au courant et une fois le ticket de caisse imprimé, il est souvent difficile de modifier le total. En cas de doute, montrez la notice relative à l'établissement dans le *Routard* de l'année et, bien sûr, ne manquez pas de nous faire part de toute difficulté rencontrée.

Hébergement

D'une manière générale, nous indiquons des fourchettes de prix allant de la chambre double la moins chère en basse saison à celle la plus chère en haute saison. Ce qui implique parfois d'importantes fourchettes de prix, pas toujours en adéquation avec la rubrique dans laquelle l'établissement est cité. Le classement retenu est donc celui du prix de la majorité des chambres et de leur rapport qualité-prix.

Hôtels

- ***Très bon marché :*** moins de 50 €.
- ***Bon marché :*** de 50 à 80 €.
- ***Prix moyens :*** de 80 à 120 €.
- ***Chic :*** de 120 à 160 €.
- ***Plus chic :*** de 160 à 200 €.
- ***Beaucoup plus chic :*** au-delà de 200 €.

Restaurants

Notre critère de classement est le prix du 1er menu servi le soir (hors boissons). Les notions de « Prix moyens » ou « Plus chic » n'engagent donc que les prix, pas le niveau de confort. Autrement dit, certains restos chic proposant parfois d'intéressantes formules au déjeuner pourront malgré tout être classés dans la rubrique « Plus chic ». Ne boudez donc pas cette rubrique !
Enfin, parce qu'on n'a pas toujours envie de se poser au resto au déjeuner et que les adresses de formules « à emporter » ont fleuri ces dernières années, nous les avons classées dans la rubrique « Sur le pouce », en tête de la rubrique « Où manger ? ». Le ticket moyen, dans ces établissements, peut varier de très bon marché à... bon marché.

Restos (sans le vin)

- ***Sur le pouce :*** sandwicheries et plats à emporter.
- ***Très bon marché :*** moins de 20 €.
- ***Bon marché :*** de 20 à 30 €.
- ***Prix moyens :*** de 30 à 40 €.
- ***Chic :*** de 40 à 50 €.
- ***Plus chic :*** plus de 50 €.

FÊTES ET MANIFESTATIONS RÉGULIÈRES

Quelle que soit la saison, il se passe toujours quelque chose à Paris, un concert en plein air, un défilé, un festival de quartier. Les initiatives sont nombreuses, et pour ne rien manquer, consultez • *timeout.fr/paris* • *quefaire.paris.fr* •

Janvier-février

– ***Paris Face cachée :*** le dernier week-end de janvier ou le 1er de février, pendant 72h, des lieux secrets, privés, insolites de Paris et sa banlieue sont à découvrir. Un aéroport, une confiserie, on ne sait jamais pour quoi on signe : c'est ça l'aventure ! *Attention : résa obligatoire en ligne, dès janv, sur • parisfacecachee.fr •*
– Pour célébrer le ***Nouvel An chinois,*** de nombreuses festivités se déroulent dans le 13e (le quartier chinois, eh oui !), notamment un grand défilé avec dragons, musique et costumes traditionnels.
– ***Carnaval de Paris :*** le dimanche avant Mardi gras, départ en début d'après-midi de la place Gambetta. Une des seules fêtes populaires vivantes traditionnelles et authentiquement parisiennes. Il n'y a pas que Rio qui a son carnaval ! La vedette du cortège est une superbe vache de race limousine nommée Pimprenelle. • *carnaval-paris.org* •

Mars

– Les amoureux des mots se donnent rendez-vous, durant une quinzaine de jours, au ***Printemps des poètes*** *(• printempsdespoetes.com •).*

Avril

– ***Marathon de Paris :*** le 1er ou 2e dimanche. Ce sont 42,195 km à parcourir des Champs-Élysées à l'avenue Foch, de la Bastille aux Tuileries. • *schneiderelectric parismarathon.com* •
– ***Foire du Trône :*** l'une des plus anciennes foires, datant du Moyen Âge, se tient en avril-mai sur la pelouse de Reuilly *(Ⓜ Porte-de-Charenton).* Grand huit, train fantôme, barbe à papa, manèges diaboliques, loteries multiples, etc. C'est une grande fête populaire typiquement parisienne. • *foiredutrone.com* •
– ***Musique côté jardins*** (jusqu'en octobre) : 7 festivals (Kiosques en musique, Jazz à la Villette, les Pestacles...) proposent des concerts, certains gratuits, dans les kiosques à musique et les espaces verts. Programme sur • *paris.fr* •

Mai, juin, juillet et août

– ***Foire du Trône :*** lire plus haut.
– ***Nuit européenne des musées :*** un samedi soir autour de la mi-mai, un rendez-vous nocturne (jusqu'à 1h) et gratuit pour découvrir ou redécouvrir notre patrimoine artistique, ainsi que les manifestations exceptionnelles qui sont programmées dans certains musées. • *nuitdesmusees.culturecommunication.gouv.fr* •
– ***Danser au clair de lune :*** une véritable institution sur les quais de Seine – quai Saint-Bernard précisément, dans le 5e –, en contrebas de l'université de Jussieu et de l'Institut du monde arabe. Quelques petits amphithéâtres au ras de l'eau qui se transforment le soir venu (et dès l'après-midi le week-end) en pistes de danse enfiévrées de juin à septembre : initiations, démonstrations, piste ouverte pour danseurs confirmés et débutants, tango argentin, rock, danses bretonnes, danses de salon, capoeira... Au milieu d'un doux mélange d'aficionados en tout genre et bon enfant. En théorie, du mercredi au dimanche, mais attention à la météo. Renseignements sur • *quefaire.paris.fr* •
– Les ***Pestacles*** (tous les mercredis de juin à septembre au Parc floral) initient les enfants et ados à toutes les formes de musiques. Programme en ligne sur • *lespestacles.fr* •

– ***Paris Jazz Festival :*** concerts tous les week-ends de juin et juillet au Parc floral. Programme : ☎ *01-48-76-83-01.* • *parisjazzfestival.fr* •

– La ***Goutte-d'Or en fête,*** le dernier week-end de juin, met à l'honneur la diversité ethnique et culturelle de ce quartier du 18e au travers de nombreux concerts et animations. Ambiance festive et familiale. • *gouttedorenfete.wordpress.com* •

– ***Gay Pride ou Marche des fiertés :*** le défilé annuel des gays, lesbiennes, bi et trans, où l'on peut admirer les chars couleur arc-en-ciel et suivre le cortège de danseurs vibrant sur des rythmes endiablés. • *gaypride.fr* •

– ***Fête*** (ou faites) ***de la Musique*** (le 21 juin), selon la formule consacrée. L'été commence bien ! • *fetedelamusique.culturecommunication.gouv.fr* •

– ***Paris Plage :*** sous les pavés, la plage... De mi-juillet à mi-août, entre le pont des Arts et le pont de Sully rive droite, ainsi que le long du bassin de la Villette, entre le pont de Bercy et le pont de Tolbiac rive gauche, plus de 3 km de Croisette parisienne avec transats, palmiers, jeux d'eau, brumisateurs, animations gratuites et sports en tout genre. Un bassin de baignade pour les enfants et d'aquagym pour les grands mis en place. Accès gratuit.

– ***Paris quartier d'été :*** de mi-juillet à mi-août. Un festival qui investit presque exclusivement des lieux de plein air, le temps d'un concert, d'un spectacle de danse, d'une projection de film, voire de manifestations inclassables. Certains événements sont gratuits. • *quartierdete.com* •

– ***Festival de cinéma en plein air à la Villette :*** une trentaine de films sont projetés tous les ans, du mercredi au dimanche de fin juillet à fin août, sur la prairie du Triangle, à la tombée de la nuit *(rens : ☎ 01-40-03-75-75 ou • villette.com • ; Ⓜ Porte-de-Pantin).* Gratuit si on ne loue pas de transat ; pensez alors à apporter le vôtre (ainsi qu'une couverture pour les plus frileux), sinon la forêt de transats devant vous vous gênera pour voir l'écran. La plupart des spectateurs arrivent tôt, le temps de partager saucisson, jaja et autres réjouissances avant la projection.

Septembre

– ***Journées du patrimoine :*** le temps d'un week-end, les portes habituellement closes des fleurons du patrimoine et de la culture vous sont ouvertes – hôtels particuliers, ministères, ambassades, France Télévisions, etc. • *journeesdupatrimoine.culturecommunication.gouv.fr* •

– ***Fête des Jardins :*** en principe, le week-end suivant les Journées du patrimoine, les jardiniers, paysagistes, conférenciers et animateurs de la Ville de Paris répondent à toutes les questions du public sur les parcs et jardins de Paris, sur l'histoire du patrimoine végétal... Programme complet des animations (musicales, poétiques et théâtrales) disponible dans les mairies d'arrondissement début septembre.

– ***Techno Parade :*** pour les amateurs de musique électronique, défilé, chars et techno ! • *technoparade.fr* •

Octobre

– ***Nuit blanche :*** le 1er samedi. Nuit blanche permet d'accéder aux monuments, lieux insolites et créatifs de la capitale, revisités par des artistes contemporains. Certaines lignes de métro sont ouvertes toute la nuit, d'autres le sont aux heures habituelles, puis relais bus. *Rens (tte la nuit) :* ***Paris Info Mairie,*** *☎ 39-75 (0,05 €/mn).* • *quefaire.paris.fr* •

Décembre

– ***Patinoires de plein air :*** au 1er étage de la tour Eiffel (jusqu'en février) ; place de l'Hôtel-de-Ville (jusqu'en mars), accès gratuit mais location de patins payante *(compter 6 €)* ; au Jardin d'acclimatation (jusqu'en mars), accès et patins : *7 €.*

– Et pour ceux qui ont conservé leur âme d'enfant, ne pas manquer d'aller admirer les ***illuminations et vitrines de Noël*** des grands magasins (*Printemps* et *Galeries Lafayette*) boulevard Haussmann.

HÉBERGEMENT

ATTENTION : pendant les manifestations importantes (salons, événements sportifs, etc.), de nombreux hôtels affichent très tôt complet. Renseignez-vous longtemps à l'avance si vous comptez trouver un moyen d'hébergement à ces dates.
Nous utilisons comme prix de référence celui d'une chambre double, mais de nombreux hôtels proposent des chambres familiales à un tarif souvent très intéressant. Posez-leur la question.
Un conseil : pensez à réserver ! Lorsque vous êtes sûr de vos dates, téléphonez ou, mieux, envoyez un e-mail ou une lettre de réservation avec un chèque d'acompte (environ 30 % du montant total). Les problèmes de réservations mal enregistrées ou carrément oubliées sont légion. Éventuellement, téléphonez avant votre arrivée pour vous assurer qu'elle a bien été prise en compte, et assurez-vous par la même occasion que l'établissement que vous avez choisi accepte les chèques et/ou les cartes de paiement. Cela vous évitera certaines surprises. Attention, la plupart des hôtels n'incluent pas la taxe de séjour dans leurs tarifs. Elle varie entre 0,20 et 1,50 € par jour et par personne. Enfin, hors saison, n'hésitez pas à négocier.

Location d'appartements, de chambres de bonne et de chambres d'hôtes

■ ***Agence Loc'Appart :*** *75, rue de la Fontaine-au-Roi, 75011. ☎ 01-45-27-56-41 (lun-jeu 10h30-13h, 14h-19h ; ven 9h30-13h, 14h-18h). • contact@locappart.com • locappart.com • Ⓜ Goncourt ou République. Réception sur rdv seulement. Loc à partir de 3 nuits min. Compter 100-180 €/nuit selon type d'appart et nombre de pers ; la formule comprend le ménage avt et après votre passage, les frais de dossier et l'accueil par une correspondante.* Cette agence de professionnels, qui fait ses preuves depuis plusieurs années, propose au cœur de Paris des studios et des appartements plus grands (de 1 à 6 personnes).

■ ***2BINPARIS-Bed&Breakfast :*** *☎ 01-76-60-74-75 (lun-ven 9h-17h30). • 2binparis.com • Résas à partir de 2 nuits min, par tél ou sur Internet (disponibilité et résa en ligne). Doubles 60-140 €/pers et par nuit, petit déj compris. Paiement par CB, Paypal ou virement.* Une agence qui propose 150 chambres d'hôtes sélectionnées avec soin dans les différents arrondissements parisiens. 3 catégories de *B & B* selon le confort.

■ ***Alcôve & Agapes :*** *07-64-08-42-77 (lun-ven 10h-12h). • bed-and-breakfast-in-paris.com • Résa en ligne. Doubles 90-200 €, petit déj inclus. Sdb généralement privative.* Réseau de plus d'une centaine de chambres parisiennes soigneusement sélectionnées pour leur cachet, mais surtout pour l'accueil, toujours personnalisé : maisonnette avec jardin, atelier d'artiste, hôtel particulier, appartement à la vue imprenable... Petits plus possibles : visite de la ville, cours de cuisine, dîner aux chandelles, garde d'enfants...

■ ***France Lodge Locations :*** *2, rue Meissonnier, 75017. ☎ 01-56-33-85-85 (apparts) ou 80 (chambres). • francelodge.fr • Lun-ven 10h-18h. Chez l'habitant, compter 56-95 € ; en chambre d'hôtes (avec ou sans sdb privée), compter 64-110 € (supplément de 10 € pour 1 seule nuit), petit déj inclus ; loc d'apparts à partir de 630 €/sem pour un studio et de 700 €/sem pour un 2-pièces... Frais d'inscription 10 € (au lieu de 15 €) sur présentation de ce guide.* Depuis plus de 20 ans, *France Lodge Locations* propose des locations d'appartements meublés et des chambres d'hôtes à Paris, pour un séjour convivial et économique.

■ ***Good Morning Paris :*** *43, rue Lacépède, 75005. ☎ 01-47-07-28-29. • goodmorningparis.fr • Chambres pour 2 pers 80-164 €, petit déj compris.* Mêmes prestations. L'agence propose aujourd'hui 130 chambres disséminées dans tous les quartiers de la capitale. Également des chambres ou suites « charme et caractère », plus chères évidemment. Formules découverte « culture » ou « gastronomie », et chambres écodurables.

Échange d'appartements

L'échange de maisons ou d'appartements est un système qui fait de plus en plus d'adeptes. Si ça vous tente, certains organismes (inscription gratuite ou payante) proposent de vous aider à organiser vos vacances. *• homelink.fr • trocmaison.com •*

MARCHÉS

Pour les curieux, un détour par les marchés, surtout ceux qui sont spécialisés, s'impose. Voici un échantillon de ces authentiques lieux de vie des quartiers, classés selon leurs particularités.

– ***Bio :*** *bd Raspail (6ᵉ), dim 9h-15h (très cher) ; bd des Batignolles (8ᵉ), sam 9h-15h ; pl. Brancusi (14ᵉ), sam 9h-15h.*

– ***Fleurs :*** *pl. Louis-Lépine et quais alentour (4ᵉ), tlj 8h-19h30 ; pl. de la Madeleine (8ᵉ), lun-sam 8h-19h30 ; pl. des Ternes (17ᵉ), tlj sauf lun 8h-19h30.*

– ***Food Market :*** *bd de Belleville, sur le terre-plein central, entre les stations de métro Ménilmontant et Couronnes. 2 jeu/mois à partir de 18h. Rens • foodmarket.fr •* Une idée vivante et originale qui consiste à faire son marché et manger sur place (ou à emporter) sur de grandes tablées, en plein air. Une vingtaine de stands de toutes nationalités, façon *food truck,* tenus par des cuistots professionnels. Cuisine fraîche et ambiance festive.

– ***Livres :*** *sq. Georges-Brassens (15ᵉ), sous les anciennes halles aux chevaux, rue Brancion, tte l'année, w-e 9h-18h.* Un riche déballage.

– ***Oiseaux :*** *pl. Louis-Lépine et quais alentour (4ᵉ), dim 8h-19h.*

– ***Puces de Clignancourt :*** *terre-plein situé à l'angle du stade Bertrand-Dauvin (18ᵉ), entre la rue Binet et le bd périphérique, sam-lun 7h-19h30 ; également rue Jean-Henri-Fabre (18ᵉ), sam-lun 8h-18h30.*

– ***Puces de Montreuil :*** *av. de la Porte-de-Montreuil (20ᵉ), sam-lun 7h-19h30.* Brocante et vêtements.

– ***Puces de Vanves :*** *av. de la Porte-de-Vanves et rue Marc-Sangnier (14ᵉ), w-e 7h-19h30.* Puces, vieux papiers de collection, vêtements, square aux artistes...

– ***Timbres :*** *au rond-point des Champs-Élysées (8ᵉ), jeu, w-e et j. fériés 9h-19h.*

Détails et horaires de tous les marchés existants – y compris alimentaires – sur *• paris.fr •*

MUSÉES – VISITES GUIDÉES

– De nombreuses associations proposent des visites guidées de quelques monuments de Paris, non accessibles au public pour certains. Des guides privés et des conférenciers organisent également des itinéraires de (re)découverte de Paris. Dates, horaires, points de rendez-vous et prix sont indiqués dans *L'Officiel des spectacles* (ou sur le site *• offi.fr •*), sur le site du Centre des monuments nationaux *(• monuments-nationaux.fr •)* ou en tapant « visites guidées Paris » ou « visites conférences Paris » sur Internet.

– ***Les musées de la Ville de Paris :*** le musée d'Art moderne, le Petit Palais – Musée des Beaux-Arts, le musée Bourdelle, la maison de Balzac, le musée Cernuschi... Tous ces musées sont fermés le lundi. Plus d'infos sur le site *• parismusees.paris.fr •* **Bon à savoir : la visite des collections permanentes des musées de la Ville de Paris est gratuite pour tous.**

– ***Les musées nationaux :*** toujours **gratuits** pour les moins de 26 ans résidents de l'Union européenne, et pour tous le 1ᵉʳ dimanche de chaque mois. Jour de fermeture : le lundi ou le mardi selon les musées. Au choix : la Cité de l'Architecture, les Arts asiatiques Guimet, les musées Delacroix, Gustave-Moreau, Rodin, le Louvre (*attention,* gratuit le 1ᵉʳ dimanche du mois d'octobre à avril), l'Orangerie, Orsay, le musée du quai Branly, le musée de la Légion d'honneur et des Ordres de chevalerie, le musée du Moyen Âge (thermes de Cluny)... Toute la liste des musées sur *• rmn.fr •*

– Les ***monuments nationaux*** sont également accessibles **gratuitement** aux moins de 26 ans et à tous le 1er dimanche de chaque mois, mais seulement du 1er novembre au 31 mars. Sont concernés : l'Arc de Triomphe, la chapelle expiatoire, la Conciergerie, le musée des Plans-reliefs, le Panthéon, la Sainte-Chapelle, les tours de Notre-Dame, le château de Vincennes et la basilique-cathédrale de Saint-Denis.

■ ***Visites Spectacles :*** *☎ 01-48-58-37-12. • visites-spectacles.com • Programme consultable sur le site. Durée : 1h30. Billet : 17-27 € (tarif public sans réduc). Réduc de 20 % pour les lecteurs de ce guide avec le code promo « GDR2019 ».* Des visites théâtralisées animées par des comédiens à la découverte de l'Opéra, des jardins de Versailles et de différents quartiers de Paris (Montmartre, les passages couverts, l'île de la Cité, le Quartier latin, le Marais). Spectacles vivants et familiaux, truffés d'anecdotes. Également des visites-enquêtes animées par un comédien : prévoir 2h.

■ ***Ciné-Balade :*** *06-37-24-49-75. • info@cine-balade.com • cine-balade.com • Programme et résa sur le site. Durée : env 2h30. Tarif : 14 €.* Juliette Dubois vous guide à travers le Paris des plus grands chefs-d'œuvre du 7e art, de Montmartre au Marais en passant par Belleville. Des balades guidées qui raviront les cinéphiles, truffées d'anecdotes sur les coulisses des films de Woody Allen, Truffaut ou encore les frères Lumière. Une belle manière de redécouvrir la capitale, accompagné des extraits de films que Juliette montre sur sa tablette. Plusieurs balades possibles, à réserver sur le site.

Un tuyau : les musées la nuit !

Pour visiter zen, prévoyez, en plus de l'éventuel achat d'un billet coupe-file – quand il existe – , une visite en nocturne. En hiver, la nuit ajoutera une délicieuse note d'exception à votre virée.

Voici, au fil des arrondissements, la liste des principaux musées et sites fermant au moins une fois par semaine (souvent le jeudi) entre 21h et 23h.

1er : le musée du **Louvre** jusqu'à 22h les mercredi et vendredi, et les expos temporaires du **musée des Arts décoratifs** jusqu'à 21h le jeudi.

3e : le **musée des Arts et Métiers** jusqu'à 21h30 le jeudi, le **musée de la Chasse et de la Nature** jusqu'à 21h30 le mercredi, et les expos temporaires du **musée d'Art et d'Histoire du Judaïsme** jusqu'à 21h le mercredi.

4e : le **musée national d'Art moderne (Centre Pompidou)** jusqu'à 21h du mercredi au lundi (expos temporaires jusqu'à 23h le jeudi).

7e : la **tour Eiffel** jusqu'à 23h45 (0h45 de début juillet à fin août), le **musée du quai Branly** jusqu'à 21h du jeudi au samedi, le **musée de l'Armée** jusqu'à 21h le mardi d'avril à septembre, le **musée Maillol** jusqu'à 20h30 le vendredi, et le **musée d'Orsay** jusqu'à 21h45 le jeudi.

8e : l'**Arc de Triomphe** jusqu'à 22h30 (23h d'avril à septembre), et le **musée Jacquemart-André** jusqu'à 20h30 le lundi en période d'expo temporaire.

16e : le **musée Marmottan-Monet** jusqu'à 21h le jeudi, la **Cité de l'Architecture** jusqu'à 21h le jeudi, le **musée d'Art moderne de la Ville de Paris** jusqu'à 22h le jeudi pour les expos temporaires, le **Palais Galliera** jusqu'à 21h le jeudi, et la **Fondation Louis-Vuitton** jusqu'à 23h le 1er vendredi de chaque mois.

Voir également les nocturnes dans les grands musées proposant d'importantes expositions temporaires : le **musée des Beaux-Arts** (Petit Palais), la **Fondation Cartier** pour l'art contemporain, le **Jeu de paume...**

NOCTAMBULES

« Paris est une fête », ainsi s'intitule le roman d'Ernest Hemingway. Dans les années 1920, la capitale jouissait alors d'une belle réputation pour ses nuits extravagantes. Qu'en est-il aujourd'hui ? L'âge d'or de la nuit parisienne est-il derrière elle ?
Il est vrai que d'autres métropoles européennes – Berlin ou Londres – ont supplanté la Ville Lumière. Tarifs prohibitifs, sélection drastique à l'entrée, ambiance m'as-tu-vu : la nuit parisienne affiche quelques défauts. Mais en déambulant dans les rues, à l'écart des coins touristiques, on découvre des bars, terrasses, jardins cachés, boîtes et autres *roof tops* qui enivrent les fêtards jusqu'au petit matin.

Carte du Paris nocturne

Tous les quartiers ne sont pas égaux passé 22h. L'animation se concentre dans quelques coins bien circonscrits, même si on trouve toujours des exceptions. Depuis quelque temps, le nord et l'est de la capitale semblent de véritables réverbères pour les oiseaux de nuit, qui y affluent dès l'apéro. Pigalle (9e et 18e) a renoué avec son passé festif : de nouveaux bars et clubs y ouvrent chaque mois. Le faubourg Saint-Denis, le proche canal Saint-Martin (10e) et les rues alentour récoltent les faveurs des artistes branchés du coin. Alors qu'un peu plus haut on recherche le dépaysement au bord du sympathique bassin de la Villette (19e), ou une ambiance un poil plus populaire dans les troquets de Belleville et Ménilmontant (20e). Le triangle Bastille-République-Oberkampf (11e), et ses enfilades de bars, reste un bastion de la nuit parisienne, surtout pour une clientèle estudiantine. Quant au 13e, les noctambules l'apprécient pour ses péniches, bars et boîtes le long de la Seine. En été, avec les transats et les larges terrasses les pieds dans l'eau, la fête est toujours plus folle !

PERSONNES HANDICAPÉES

La marque Tourisme et Handicap

Créée par le secrétariat d'État à la Consommation et au Tourisme en partenariat avec les professionnels du tourisme et les associations représentant les personnes handicapées, elle permet d'identifier les lieux de vacances (hôtels, campings, sites naturels, etc.), de loisirs ou de culture (musées, monuments, etc.), mais aussi des offices de tourisme, accessibles aux personnes en situation de handicap. Cette accessibilité, visualisée par un pictogramme correspondant aux 4 types de handicap (moteur, visuel, auditif et mental), garantit accueil, accessibilité, confort et une utilisation des services proposés avec un maximum d'autonomie dans un environnement sécurisant.

Pour connaître la liste des sites labellisés par départements : • *tourisme-handicaps.org* •

Par ailleurs, dans notre guide, nous indiquons par le logo ♿ les établissements qui possèdent un accès ou des chambres pouvant accueillir des personnes handicapées. Certaines adresses sont parfaitement équipées selon les critères

les plus modernes. D'autres, plus simples, plus anciennes aussi, sans répondre aux normes les plus récentes, favorisent l'accueil des personnes handicapées en facilitant l'accès à leur établissement, tant sur le plan matériel que sur le plan humain. Évidemment, les handicaps étant très divers, des lieux accessibles à certaines personnes ne le seront pas pour d'autres. Appelez donc auparavant pour savoir si l'équipement de l'hôtel ou du resto est compatible avec votre niveau de mobilité.
Malgré les combats menés par les nombreuses associations, l'intégration des personnes handicapées à la vie de tous les jours est encore balbutiante en France. Il tient à chacun de nous de faire changer les choses. Une prise de conscience est nécessaire, nous sommes tous concernés.

Transport et handicap

– Pour faciliter le transport des personnes handicapées : ***Infomobi*** (☎ 0810-64-64-64, prix d'un appel local ; ● infomobi.com ●). C'est un service d'information destiné aux personnes handicapées, qui rend compte de l'accessibilité des transports collectifs.
■ ***Pam75 :*** ☎ 0810-0810-75 (0,06 €/mn) ou 01-70-23-27-32. ● pam75.info ● Ce service de transport, réservé aux Parisiens en situation de handicap, fonctionne tous les jours (sauf le 1er mai) 6h-minuit (2h les vendredi et samedi), et 7h-20h pour les réservations, sur toute l'Île-de-France. La personne transportée prend en charge environ 30 % du coût réel du service. Il faut compter 8 € pour une course de moins de 15 km, 12 € pour une course de 15-30 km. Réductions selon le jour et l'heure du déplacement.
■ ***Taxis G7 Access :*** ☎ 01-47-39-00-91. ● taxisg7.fr ● Les *Taxis G7* proposent le service « Access » aux personnes à mobilité réduite résidant à Paris et en Île-de-France. Une centaine de véhicules adaptés sont mis à disposition tous les jours 24h/24. Le prix est sensiblement le même que pour une course ordinaire, à ceci près que le compteur d'approche est plus élevé.

SITES INTERNET & BLOGS

● **routard.com** ● Le site de voyage nº 1, avec plus de 800 000 membres et plusieurs millions d'internautes chaque mois. Pour s'inspirer et s'organiser, près de 300 guides destinations actualisés, avec les infos pratiques, les incontournables et les dernières actus, ainsi que les reportages terrain et idées week-end de la rédaction. Partagez vos expériences avec la communauté de voyageurs : forums de discussion avec avis et bons plans, carnets de route et photos de voyage. Enfin, vous trouverez tout pour vos vols, hébergements, voitures et activités, sans oublier notre sélection de bons plans, pour réserver votre voyage au meilleur prix.
● **parisinfo.com** ● Le site de l'office de tourisme offre une mine d'infos pratiques et culturelles sur la capitale. Voir aussi la rubrique « Adresses et infos utiles » plus haut.
● **offi.fr** ● Site partenaire de *L'Officiel des spectacles,* célèbre guide des sorties culturelles à Paris.
● **paris.culture.fr** ● Cette excursion virtuelle vous plonge au cœur du Paris antique : topographie et vie quotidienne d'alors n'auront bientôt plus de secrets pour vous. Vous pourrez même partir sur les traces de ce Paris enfoui grâce à l'itinéraire de balade proposé en ligne.
● **quefaire.paris.fr** ● Le site de la Ville de Paris pour dénicher les bons plans. Propose toutes les semaines un agenda d'activités, concerts, expos selon différents thèmes : « enfants », « gratuit », « à vélo », etc.
● **exponaute.com** ● Comme son nom l'indique, toute l'actu des expos parisiennes, mais pas seulement. Très bien fait.

• ***evene.lefigaro.fr*** • Pour ne rien rater de la vie culturelle à Paris. Cinéma, arts, théâtre, musique... tout est là.
• ***parismomes.fr*** • Toute l'actu culturelle pour les schtroumpfs.
• ***ciwy.paris*** • Une communauté de Parisiens offre gratuitement aux visiteurs de passage une découverte du Paris qu'ils aiment, en fonction de leurs centres d'intérêt (concert dans un café, balade thématique, pique-nique partagé dans un parc...).
• ***greeters.paris*** • Pour rencontrer un Parisien qui, comme tous les – désormais nombreux – *greeters* à travers le monde, propose de faire découvrir bénévolement son quartier ou le Paris qu'il aime.
• ***parismuseescollections.paris.fr*** • Toutes les collections des musées de la Ville de Paris, de l'archéologie à l'art moderne, pour préparer vos visites. Propose des parcours thématiques, des expositions virtuelles, rappelle les expos en cours et à venir.
• ***fr.eatwith.com*** • En quelques clics, on choisit son hôte en fonction du menu et du prix proposé. Rien de tel qu'un repas chez l'habitant, un cours de cuisine ou un tour de marché pour faire des rencontres et prendre le pouls d'une ville. *Réduc de 10 € avec le code « LEROUTARD19 » pour min 90 € sur votre 1re résa.*
• ***www.passagesetgaleries.org*** • Le site de l'association Passages & Galeries est une mine d'infos pour qui veut en savoir plus sur l'histoire des passages couverts et se concocter un itinéraire de balade. Très intéressant.
• ***paris-pittoresque.com*** • Photos, gravures et chroniques anciennes ressuscitant le Paris d'autrefois, ses métiers, ses us et coutumes, pour sentir et imaginer la vie de la capitale de la fin du XIXe s. Design du site vieillot et pas engageant, dommage.
• ***lamuse.fr*** • Un site pour toute la famille, qui offre un large choix de sorties parisiennes (spectacles, concerts, expos...), mais aussi des activités sympas pour les plus jeunes.
• ***timeout.fr/paris*** • L'actu culturelle et les coups de cœur de la rédaction, pour profiter d'un Paris qui bouge ! Théâtre, bars, balades, shopping...
• ***vincentgarreau.com*** • Une carte d'identité ingénieuse et interactive de la capitale, au fil des stations de métro ; ludique et intéressant.
• ***creativefrance.fr*** • Pourquoi ne pas articuler votre virée parisienne autour d'une activité (ré)créative ? Art floral, cuisine, artisanat, assemblage de vin, photo, ateliers d'écriture... Beaucoup de choix, pour adultes et pour enfants.
• ***pariszigzag.fr*** • Un blog vivant, varié et récompensé « Meilleur blog sur Paris ». Coups de cœur et petites histoires parisiennes.
• ***mercialfred.com*** • (pour les hommes) et • ***mylittleparis.com*** • (pour les femmes). 2 sites qui offrent un concentré des meilleurs bons plans branchés et adresses parfois originales de la capitale.
• ***boutique.paris.fr*** • Pour prolonger la durée d'une virée parisienne, et (s')offrir un mug, un sac ou une coque de smartphone estampillés « Paris ».
• ***paris-bise-art.blogspot.fr*** • Reportages photos forts en anecdotes pour découvrir la face cachée de Paris. Le design reste sommaire, mais l'insolite est au rendez-vous !
• ***terresdecrivains.com*** • Entrer dans l'intimité de la littérature, aller à la rencontre d'écrivains célèbres en découvrant leurs résidences, leurs ateliers ainsi que les sites privilégiés de leurs errances.
• ***paristique.fr*** • Florilège d'anecdotes sur les rues, boulevards, squares, impasses, etc. de Paris. Sous la forme d'une carte interactive joliment dessinée.

TRANSPORTS

Renseignements utiles

■ ***Stations-service ouvertes 24h/24 :*** ***Esso,*** *2-6, rue Louis-Blanc, 75010.* ☎ *0800-77-42-52.* ***Total,*** *rue de la Légion-Étrangère (au niveau du périph'), 75014.* ☎ *01-58-14-06-01.* ***Total,*** *quai d'Issy-les-Moulineaux,*

75015. ☎ *01-53-78-05-01.* ***Total,*** *2, av. de la Porte-de-Saint-Cloud, 75016.* ☎ *01-47-43-46-01.* ***Esso,*** *85, rue de la Chapelle, 75018.* ☎ *01-40-05-13-35. Plus de stations sur les sites* • *total.fr* • *esso.fr* •

■ ***Renseignements et vente SNCF :*** ☎ *36-35 (0,40 €/mn ; service Ligne directe).* • *sncf.com* •

■ ***Renseignements RATP :*** ☎ *34-24 (en sem 7h-21h, w-e et j. fériés 9h-17h).* • *ratp.fr* • Le métro fonctionne jusqu'à 2h15 les vendredi et samedi (1h les autres jours).

Se déplacer dans la capitale

Nombreuses possibilités de tickets à tarifs intéressants adaptés aux visiteurs de passage. On peut se les procurer dans les stations de métro et du RER, mais aussi dans certains bureaux de tabac.

Quelques précisions sur les formules les mieux adaptées aux visiteurs de passage

– ***Paris Visite :*** • *ratp.fr* • (rubrique « En visite à Paris »). Pour visiter Paris et sa région, carte nominative et coupon couvrant au choix les zones 1 à 3 ou 1 à 5 (permet d'utiliser l'Orlyval). Ce coupon, valable 1, 2, 3 ou 5 jours consécutifs, autorise un nombre de voyages illimité dans la limite des zones choisies, sur l'ensemble du réseau RATP et SNCF Île-de-France. Exemple de tarifs des zones 1 à 3 : 12 € pour 1 jour, 19,50 € pour 2 jours, 26,65 € pour 3 jours et 38,35 € pour 5 jours ; réduction enfants (de 4 à 11 ans). *Paris Visite* permet d'obtenir des réductions sur 14 grands sites touristiques. Application mobile *Next Stop Paris* conçue par la RATP pour visiter facilement Paris en transport en commun ; gratuite.

– ***Mobilis :*** pratique et bon marché, *Mobilis* est un forfait valable 1 journée (de minuit à minuit) qui couvre au choix les zones 1-2, 1-3 et jusqu'à 1-5. Le coupon 1 et 2 zones coûte 7,50 € ; il est amorti au 4e trajet. Ce forfait peut être acheté à l'avance. Il permet un nombre illimité de voyages dans la limite des zones choisies, utilisable sur les réseaux RATP et SNCF Île-de-France, sauf aéroports Charles-de-Gaulle et Orly. Contrairement à *Paris Visite, Mobilis* ne permet pas de réduction sur les sites touristiques.

– Les ***tickets t+*** s'achètent à l'unité ou par carnets de 10 (tarifs dégressifs) et permettent de voyager sur l'ensemble du métro, dans le RER (dans Paris), dans les bus (Paris et banlieue, sauf Orlybus et Roissybus), dans les tramways et dans le funiculaire de Montmartre, correspondances comprises (métro/métro, métro/RER, RER/RER dans Paris ou bus/bus, bus/tram et tram/tram) pendant 2h. Tarif : 1,90 € l'unité (accès à bord 2 €) ou 14,90 € le carnet ; réduc.

– ***Ticket Jeunes Week-end*** est un forfait réservé aux jeunes de moins de 26 ans. Valable un samedi, un dimanche ou un jour férié, il permet d'effectuer un nombre illimité de voyages sur les zones 1-3, 1-5 ou 3-5 en métro, RER, bus, tramway et SNCF Île-de-France. Exemple de tarif des zones 1 à 3 : 4,10 €.

– ***Forfait Navigo mois ou semaine :*** le *pass Navigo Découverte* est vendu 5 € et nécessite une photo d'identité. Il peut ensuite être chargé sur les distributeurs ou au guichet avec un forfait valable 1 semaine (du lundi au dimanche, 22,80 €) ou 1 mois (du 1er au dernier jour du mois, 75,20 €) pour un nombre illimité de voyages.

En car, en autobus... ou en métro

• Pour le plan du métro de Paris, voir le cahier couleur en fin de guide.

– 47 lignes de bus ***Noctilien*** circulent tous les jours de l'année de 0h30 à 5h30, pour les couche-tard ou les lève-tôt. Plus d'infos sur • *vianavigo.com* • ou au ☎ *34-24.*

– Certaines ***lignes de bus régulières*** permettent de visiter Paris de long en large. Par exemple : les Champs-Élysées avec le 73, la Seine via la Concorde et le Louvre avec le 72, ou encore Paris du nord au sud en passant par l'Opéra, l'île de la Cité et le boulevard Saint-Michel avec le 21, etc. On peut également faire le tour de Paris avec le ***métro aérien,*** en allant de Nation à Charles-de-Gaulle-Étoile par Denfert-Rochereau avec la ligne 6 ou de Charles-de-Gaulle-Étoile à Nation par Barbès-Rochechouart avec la ligne 2.

Foxity : *☎ 01-42-96-07-97. • foxity.com • Tour complet tlj 9h10-19h15. Tarifs : 17-22 € ; réduc.* Autocars panoramiques avec audioguides en 9 langues.

Paris City Vision : *2, rue des Pyramides, 75001. ☎ 01-44-55-60-00. • pariscityvision.com • Ⓜ Pyramides, Palais-Royal-Musée-du-Louvre ou Tuileries. 3 à 5 départs/j. selon saison ; se renseigner (se présenter 30 mn avt le départ). À partir de 17 € plein tarif pour le tour de 1h45 ; surveiller les promos sur le site.* Autocars panoramiques avec audioguides en 11 langues. Proposent d'autres excursions, à Versailles par exemple.

– ***Open Tour :*** *13, rue Auber, 75009. ☎ 01-42-66-56-56. • paris.opentour.com • ♿ Tlj 9h-18h (22h avr-oct). Pass journalier adulte 33 € (37 et 41 € pour 2 et 3 j.) ; 17 € 4-15 ans.* Plusieurs formules pour combiner le tour en bus avec une balade sur la Seine en bateau-mouche, un musée... Les bus touristiques verts à double étage circulent dans Paris sur 4 lignes différentes. Le *pass* permet de monter et de descendre librement. Audioguide en 10 langues.

À pied

– ***Topoguides « Paris à pied »*** *(de la Fédération française de randonnée) : 64, rue du Dessous-des-Berges, 75013. Infos : ☎ 01-44-89-93-90/93. • ffrandonnee.fr • Ⓜ Bibliothèque-François-Mitterrand. Lun-ven 10h-12h30, 13h30-18h.* Pour les amateurs de randonnées, la capitale possède plusieurs sentiers de grande randonnée, parfaitement balisés de marques blanc et rouge (GR®) ou jaune et rouge (GRP®). *Paris à pied* (réf. VI75, 16,40 €) ; *Parcs et jardins de Paris à pied* (réf. VI12, 15,40 €) ; un autre topoguide propose 12 randonnées à thème dans la capitale : *Quartiers et histoire de Paris à pied* (réf. VI14, 12,90 €). Ces topoguides, outre des cartes précises, apportent des commentaires historiques détaillés sur les quartiers traversés. Ils sont en vente dans toutes les grandes librairies parisiennes, par correspondance ou à la boutique de la Fédération.

À rollers

Voici 2 parcours organisés, vraiment sympas.

➢ Pour les plus expérimentés, le vendredi (sauf en cas de pluie), le rendez-vous est donné à l'initiative de *Pari-roller (• pari-roller.com •),* à 21h30 pour un départ à 22h, place Raoul-Dautry (l'esplanade entre la gare et la tour Montparnasse). On sillonne les rues de Paname selon un itinéraire qui varie chaque semaine. Un véritable plaisir pour jouir de Paris sans les voitures, qui attendent plus ou moins patiemment la fin du – long – convoi ! Le périple demande tout de même une certaine endurance si l'on veut faire le tour complet (25 km en 3h) et s'adresse aux patineurs confirmés. Excellente ambiance.

➢ Pour ceux qui voudraient rouler un peu plus tranquillement, l'association Rollers & Coquillages *(• rollers-coquillages.org •)* propose tous les dimanches, à 14h30, un parcours d'environ 3h, qui change chaque semaine. Rendez-vous devant le magasin de location de rollers *Nomades* (voir ci-dessous). Ambiance très sympa. On trouve de tout : des bandes de copains, de jeunes couples, des familles... Encadrée par des pros et sécurisée par la brigade de police à rollers, cette randonnée est vraiment ouverte à tous.

Pour se procurer le matériel

■ ***Nomades :*** *37, bd Bourdon, 75004. ☎ 01-44-54-07-44. • nomadeshop.com • Ⓜ Bastille. Mar-ven 11h-13h30, 14h30-19h30 ; sam 10h-19h ; dim 12h-18h (seulement loc, fermé en hiver). En sem, loc de rollers pour 8 €/j. ou 5 € la ½ journée ; w-e, 9 €/j. ou 6 € la ½ journée.* Dispense aussi des cours.

À vélo, à scooter et à moto

– ***Vélib' Métropole :*** le nouveau service de vélos en libre-service, disponible 24h/24 dans la capitale et dans une soixantaine de communes du Grand Paris, propose des vélos mécaniques (verts) et électriques (bleus). Malgré des retards de mise en service, on compte déjà près de 700 stations accessibles sur les 1 400 annoncées, et 7 000 vélos en service sur les 20 000 prévus. Plusieurs formules d'abonnement sont proposées. Pour les utilisateurs occasionnels, 2 *passes* au choix : journalier (***V-découverte*** ; *5 €*) ou hebdomadaire (***V-séjour*** ; *15 €*), chacun permettant de louer jusqu'à 5 vélos ; 1re demi-heure gratuite pour les vélos mécaniques. Possibilité de louer sans abonnement (***V-libre*** ; *1 € la demi-heure pour les vélos mécanique, 2 € pour les vélos électriques*). Pour les grands usagers, formules ***V-plus*** *(3,10 €/mois, 1re demi-heure gratuite pour les vélos mécaniques ; réduc)* et ***V-max*** *(8,30 €/mois, 1re heure gratuite pour les vélos mécaniques, 30 mn pour les vélos électriques ; réduc).* Infos et abonnements sur *• velib-metropole.fr •* ou sur l'application *Vélib'*.

– Les accros de la petite reine peuvent participer à la ***randonnée à vélo*** organisée tous les vendredis soir et le 3e dimanche de chaque mois par l'association Paris Rando Vélo *(• parisrandovelo.fr •).* Départ le vendredi à 22h (retour vers 0h30) et le dimanche à 11h devant l'Hôtel de Ville (4e arrondissement). Rendez-vous 30 mn à l'avance. Le parcours de la balade change toutes les semaines. Attention, elle peut être annulée en cas de pluie.

■ ***Paris à vélo c'est sympa ! :*** *22, rue Alphonse-Baudin, 75011. ☎ 01-48-87-60-01. • parisvelosympa.com • Ⓜ Richard-Lenoir ou Saint-Sébastien-Froissart. Fermé mar en hiver ; horaires d'ouverture restreints nov-mars.* Des balades à vélo dans la capitale avec un guide.

■ ***Location de vélos :*** ***Gepetto & Vélos,*** *28, rue des Fossés-Saint-Bernard, 75005. ☎ 01-43-54-19-95. • gepetto-velos.com • Ⓜ Cardinal-Lemoine. Mar-sam 9h-19h, dim (sauf en hiver) 10h-19h. Compter 10 € la ½ journée.*

■ **Location de scooters**

– *Cityscoot : • cityscoot.eu • Tlj 7h-minuit. Compter 0,20-0,28 €/mn. Création d'un compte en ligne, max 48h pour validation puis résa via l'appli. Casques et charlottes dispos dans le coffre. Offre spéciale Routard : 20 mn de loc gratuite avec le code « ROUTARD2019 » (au moment de l'inscription).* Plus de 1 600 scooters électriques sont disponibles en libre-service dans toute la capitale. Pas de station, l'appli vous aide à repérer l'engin, à l'emprunter, et vous le garez où vous voulez. Il suffit d'avoir plus de 18 ans, le permis B ou le BSR et une carte bancaire ; pour le reste, on espère que vous savez conduire ! Stages d'initiation gratuits.

– *Scoot Company : 26, av. de la Grande-Armée, 75017. ☎ 01-43-80-54-81. • scoot-company.com • Ⓜ Argentine. Loc à la journée sur présentation de ce guide : 29 €/j. pour un 50 cc, assurance incluse.*

– *Free Scoot : 63, quai de la Tournelle, 75005. ☎ 01-44-07-06-72. • freescoot.com • Ⓜ Maubert-Mutualité. Tlj sauf dim 9h-13h, 14h-19h. Congés : 3 sem en août et vac de Noël. À partir de 65 €/j. pour un 50 cc, assurance et équipement compris ; tarif dégressif.* Dès que les beaux jours reviennent, les deux-roues sont plus demandés.

■ ***Retro Tour :*** *☎ 01-85-39-07-07. • retro-tour.com • Compter 89-169 € selon formule choisie ; « Retro by night » 209 € pour 2. Réduc de 10 € sur présentation de ce guide.* Seul ou à 2, confortablement installé dans le side-car ou à cheval derrière un motard, on se laisse balader au gré des ruelles pour un itinéraire thématique (architecture, *street art*, incontournables, etc.) et personnalisable. Ces pilotes passionnés de l'art de vivre parisien ne sont pas avares d'anecdotes. Décalé et original !

En tram

Le T3 (a et b) relie le pont du Garigliano (15e) à la porte de la Chapelle (18e) – jusqu'à la porte d'Asnières à partir de novembre 2018 – via la porte de Vincennes. La ligne T2 dessert le parc des expositions (porte de Versailles) et va jusqu'à Bezons via Issy-les-Moulineaux... *Pour plus d'infos : • tramway.paris.fr • ou ☎ 34-24.*

En taxi

Important : sachez que la desserte des aéroports relève d'une tarification forfaitaire.

– Pour Roissy-CDG : depuis la rive gauche 55 € ; depuis la rive droite 50 €.

– Pour Orly : depuis la rive gauche 30 € ; depuis la rive droite 35 €.

Le week-end, le soir et le matin entre 8h et 9h30 les jours de pluie, vous risquez de ne pas être seul à attendre un taxi à la station. Armez-vous alors de patience ou bien remontez la file pour essayer de vous joindre à une personne mieux placée, ça marche !

Quelques menues infos :
– montant de la prise en charge : 4 € maximum, selon le lieu ;
– montant minimum d'une course, suppléments inclus : 7,10 € ;
– tarif A : du lundi au samedi 10h-17h en zone parisienne ;
– tarif B : du lundi au samedi 17h-10h, dimanche 7h-minuit et jours fériés en zone parisienne, ainsi que du lundi au samedi 7h-19h dans les départements des Hauts-de-Seine, de Seine-Saint-Denis et du Val-de-Marne ;
– tarif C : dans les autres cas de figure.

Voilà pour le principal ; maintenant, n'oubliez pas que le 2e bagage, le 5e passager, la réservation, etc. génèrent des suppléments.

LE PÉRIPHÉRIQUE, UNE IDÉE ALLEMANDE

Le projet date de l'Occupation. Il s'agissait surtout d'isoler Paris des banlieues rouges et contestataires. Dès 1943, on commença les travaux vers la porte de Vanves. Ils furent vite abandonnés, car les Allemands avaient besoin de ciment pour ériger le mur de l'Atlantique.

– Pour joindre un taxi à la borne la plus proche, un numéro unique : *☎ 01-45-30-30-30.* Sinon, quelques numéros de sociétés de taxis : ***G7*** *(☎ 01-47-39-47-39),* ***Alpha Taxis*** *(☎ 01-45-85-85-85).*

En bateau

Avec ses 13 km de Seine, progressivement conquis et domestiqués en quelque 2 000 ans d'histoire, on peut dire que la plus belle avenue de la capitale, c'est son fleuve. Plusieurs compagnies de bateaux se partagent le gâteau des balades sur la Seine ; toutes suivent le même parcours.

Batobus : *☎ 0825-05-01-01 (0,15 €/mn). • batobus.com • Tlj 10h-21h30 (19h sept-mars, 17h en sem nov-mars) ; un bateau ttes les 25-40 mn env. Forfait journée illimité 17 € ; tarifs réduits : 11 € détenteurs de pass Navigo, carte étudiant..., 8 € moins de 15 ans.* Les navettes desservent

9 escales : Invalides (pont Alexandre-III), tour Eiffel, musée d'Orsay (quai de Solférino), Saint-Germain-des-Prés (quai Malaquais), Notre-Dame (quai de Montebello), Jardin des Plantes (quai Saint-Bernard), Hôtel de Ville (quai de l'Hôtel-de-Ville), Louvre (quai du Louvre) et Champs-Élysées (port des Champs-Élysées).

Bateaux Parisiens : *port de La Bourdonnais, 75007. ☎ 0825-01-01-01 (0,15 €/mn). • bateauxparisiens.com • Ⓜ Bir-Hakeim. Près de la tour Eiffel, sur la rive gauche. Embarquement tte l'année au pied de la tour Eiffel dès 10h30 ; tarifs : 15 € adulte, 7 € moins de 12 ans, gratuit moins de 4 ans. Avr-oct, embarquement également au pied de Notre-Dame, quai de Montebello, rive gauche, dès 11h (avr-août) ou 14h20 (sept-oct) ; mêmes tarifs.* Pour une croisière traditionnelle commentée, complétée par un audioguide individuel en 14 langues (également une version adaptée aux enfants). Une excellente prestation. Balade de 1h. Avantage de cette compagnie : la proximité de la tour Eiffel, d'où l'on peut ensuite observer du 3e étage le parcours effectué (voir « La tour Eiffel », dans le 7e arrondissement).

Bateaux-Mouches : *port de la Conférence, 75008. ☎ 01-42-25-96-10. • bateaux-mouches.fr • Ⓜ Alma-Marceau.*

– Voir aussi plus loin, dans le 1er arrondissement, « Bateaux-vedettes du Pont-Neuf ».

La Guêpe Buissonnière, Le Martin-Pêcheur et Le Canotier : *☎ 01-42-40-96-97. • pariscanal.com •* Balades sur le bassin de la Villette et le canal Saint-Martin (voir textes sur le canal Saint-Martin dans le 10e arrondissement et sur le quartier de la Villette dans le 19e arrondissement).

Canauxrama : *13, quai de la Loire, 75019. ☎ 01-42-39-15-00. • canauxrama.com • Départs à 9h45 et 14h30 (plus 18h ven-sam mai-sept) tlj du port de l'Arsenal, face au 50, bd de la Bastille (12e arrondissement ; Ⓜ Bastille). Arrivée env 2h30 plus tard au bassin de la Villette, 13, quai de la Loire (19e arrondissement ; Ⓜ Jaurès). Également des départs du bassin de la Villette (mêmes horaires). Résa indispensable. Prix : 18 € ; réduc ; gratuit moins de 4 ans.* Propose des balades guidées sur le canal Saint-Martin à bord des bateaux *Arletty* et *Marcel Carné.* Balade sympa, instructive et pleine d'humour.

1er ARRONDISSEMENT
LE LOUVRE • LE PALAIS-ROYAL • LA PLACE VENDÔME

• Pour le plan du 1er arrondissement, voir le cahier couleur en fin de guide.

Départ logique de toute balade parisienne, hier comme aujourd'hui, le 1er arrondissement est traversé par la rue de Rivoli, long trait d'union entre le quartier des Halles – dont le vaste chantier de réaménagement vient de s'achever –, le Louvre, le Palais-Royal et le jardin des Tuileries, et par l'avenue de l'Opéra, qui relie la Comédie-Française au palais Garnier. C'est l'un des plus riches de la capitale. Riche en histoire : il abrite la Conciergerie et la Sainte-Chapelle, le palais des rois susnommé, ci-devant plus grand musée du monde. Riche en contrastes : il draine la foule bruyante et colorée des Halles, mais aussi la clientèle élégante et... fortunée de la rue Saint-Honoré et de la place Vendôme. Il offre aussi des coins plus secrets, à découvrir en flânant, principalement autour du jardin du Palais-Royal, avec ses poétiques galeries et passages. Et, toute nouvelle dans le paysage de l'arrondissement, on peut faire escale à la Fondation Pinault. On peut également y contempler un sacré paysage urbain qui laisse littéralement émerveillé : du pont des Arts, qui enjambe la Seine, le regard embrasse, entre autres, la pointe de l'île de la Cité et le Pont-Neuf, le quai de la Mégisserie, l'église Saint-Germain-l'Auxerrois et le Louvre, on y revient toujours.

Où dormir ?

Très bon marché

🏠 ***Auberge BVJ Paris Louvre*** *(plan couleur C2,* ***1****)* **:** *20, rue Jean-Jacques-Rousseau, 75001. ☎ 01-53-00-90-90. • bvjhostel.com • Ⓜ Louvre-Rivoli ou Palais-Royal-Musée-du-Louvre. Ouv 24h/24. Lit en dortoir à partir de 19 €/pers, petit déj, draps et couvertures compris ; double env 49 €/pers. Check out à 9h30. Aucune carte des AJ exigée. CB refusées.* Idéalement située au cœur de Paris, cette grande AJ simple et fonctionnelle ne fait pas dans la fantaisie mais a l'avantage d'offrir une bonne capacité avec 200 lits en chambres basiques de 2 à 10 personnes. Confort correct, douches et sanitaires communs bien tenus. Si vous souhaitez rester en groupe, précisez-le au moment de la réservation. En revanche, pas de cuisine à dispo. Si c'est complet, le *BVJ* gère également un hôtel du même style dans le Quartier latin, autre quartier chic de Paris.

Prix moyens

🏠 ***Résidence Le Petit Châtelet*** *(plan couleur D2,* ***6****)* **:** *9, rue Saint-Denis, 75001. 📱 06-76-11-81-58. • le-petit-chatelet.com • Ⓜ Châtelet. Résa* *conseillée. Apparts pour 4-6 pers 140-230 €/nuit ou 700-1 330 €/sem.* Une adresse stratégique, charmante (c'est un petit immeuble typique du vieux Paris) et très commode. Les propriétaires de cet ancien hôtel l'ont transformé en 6 appartements modernes, tout confort (salles d'eau irréprochables, double vitrage...) et impeccables pour qui souhaite un peu d'autonomie (cuisines tout équipées). Les pièces à vivre donnent sur la rue animée, mais les chambres (sauf bien sûr pour le studio et les lits d'appoint) sont sur l'arrière, au calme. Plusieurs ont même la clim, et celui du dernier étage dispose d'une petite terrasse. Idéal donc, d'autant que la déco ne manque pas de cachet, avec poutres et pierres apparentes pour certains. En revanche, pas d'ascenseur. Excellent accueil.

Hôtel du Cygne *(plan couleur D2,* ***10****) : 3, rue du Cygne, 75001. ☎ 01-42-60-14-16. • hotelducygne.fr • Ⓜ Étienne-Marcel ; RER A, B et D : Châtelet-Les Halles. Congés : dernière sem de juil-3 sem en août. Doubles env 125-150 € ; petit déj 8 €. Promos. Un petit déj/pers offert sur présentation de ce guide.* Au cœur d'un quartier en ébullition, on aime beaucoup ce petit hôtel convivial, aux chambres pas bien grandes et un peu datées pour certaines, mais propres, confortables, et souvent agrémentées de poutres (l'immeuble date du XVIIe s). Toutes sont équipées de double vitrage ; préférer tout de même celles sur cour. Salon élégant et cosy pour une pause entre 2 balades. Accueil très sympa.

Chic

Hôtel Londres Saint-Honoré *(plan couleur B1,* ***8****) : 13, rue Saint-Roch, 75001. ☎ 01-42-60-15-62. • hotellondressthonore-paris.com • Ⓜ Tuileries ou Pyramides. Plusieurs parkings autour de l'hôtel. Doubles 155-165 € ; petit déj 11 €. Réduc de 10 % sur le prix de la chambre hors promos pour tte résa en direct de 3 nuits min sur présentation de ce guide.* Face à l'église Saint-Roch, dans une ancienne maison bourgeoise, un charmant hôtel, sympathique comme tout, familial, dans un quartier chic et hautement touristique. Réception à l'étage, où se situe également l'ascenseur (du moins à l'interpalier). Chambres classiques et confortables (double vitrage, minibar, AC). À noter que les « standard » du dernier étage sont mansardées pour certaines. Petit salon cosy pour se poser après la balade. Accueil charmant.

Timhotel Le Louvre *(plan couleur C2,* ***3****) : 4, rue Croix-des-Petits-Champs, 75001. ☎ 01-42-60-34-86. • timhotel.com • Ⓜ Louvre-Rivoli ou Palais-Royal-Musée-du-Louvre. ♿ Doubles env 270-300 € ; petit déj-buffet 13,50 €. Promos fréquentes. Un petit déj/chambre offert sur présentation de ce guide.* Vraiment à deux pas – pour ne pas dire un – du Louvre, des Halles et du Palais-Royal. Stratégique, donc. Construit autour d'une petite cour intérieure, avec une salle de petit déjeuner-buffet au rez-de-chaussée, sous verrière. Chambres fonctionnelles d'un bon confort, en cours de rénovation. Évitez toutefois celles du rez-de-chaussée, trop sombres. Clim et ascenseur. Accueil pro et souriant.

Hôtel Saint-Roch *(plan couleur B1,* ***9****) : 25, rue Saint-Roch, 75001. ☎ 01-42-60-17-91. • hotelsaintroch-paris.com • Ⓜ Tuileries ou Pyramides. Doubles env 149-159 € ; petit déj 11 €. Réduc de 10 % sur le prix de la chambre hors promos pour tte résa en direct de 3 nuits min sur présentation de ce guide.* Les chambres sont simples, petites et sans fioritures, voire un peu datées pour celles qui n'ont pas encore été rénovées, mais dans l'ensemble, le rapport qualité-prix reste très correct compte tenu de la situation stratégique de cet établissement convivial. Quelques chambres mansardées au dernier étage (les nos 61 et 62), plus spacieuses et plus charmantes que les autres. Ascenseur. Accueil très sympa.

Hôtel Odyssey *(plan couleur C1,* ***4****) : 19, rue Hérold, 75001. ☎ 01-42-36-04-02. • hotelodysseyparis.com • Ⓜ Louvre-Rivoli ou Sentier. Doubles env 89-300 € ; petit déj 14 €.* C'est d'abord et surtout un concept, fruit de l'imagination du célèbre designer Ora-Ïto ! Les chambres futuristes aux allures de vaisseau spatial ne laissent pas indifférent, surtout dans les « cocons » à l'éclairage insolite, qui plairont aux amoureux avec leurs salles de bains ouvertes. Une originalité qui compense l'exiguïté des lieux. Bar sophistiqué tout en courbes et couleurs chaudes, où l'on sert de bons cocktails. Excellent accueil.

1er

Plus chic

Crayon Hôtel *(plan couleur C2, **7**) : 25, rue du Bouloi, 75001. ☎ 01-42-36-54-19. • hotelcrayon.com • Ⓜ Louvre-Rivoli ou Palais-Royal-Musée-du-Louvre. Doubles env 160-200 €.* Cet hôtel intimiste s'est forgé sa personnalité à coups de crayon ! Pari gagné, c'est une vraie bonne humeur *arty* qui se dégage des murs colorés bardés de dessins. Côté confort et art de vivre, rien ne manque dans la trentaine de chambres toutes différentes, qui jouent la carte du cocooning avec des meubles astucieusement chinés, customisés et adaptés à la petite superficie des pièces. On aime l'ambiance bohème, chaleureuse et conviviale, et le service qui reste pro. Calme absolu, literie de qualité et, cerise sur le gâteau, un diffuseur de parfum (de votre choix) pour éveiller les sens. En revanche, le petit déj se résume ici à une version express (comprendre « continental » !).

Hôtel Crayon Rouge *(plan couleur C2, **5**) : 42, rue Croix-des-Petits-Champs, 75001. ☎ 01-42-36-54-19. • hotelcrayonrouge.com • Ⓜ Palais-Royal-Musée-du-Louvre. Doubles env 160-399 €.* Après le succès du *Crayon Hôtel* (voir ci-dessus), voici... le *Crayon Rouge,* lui aussi à deux pas de la place des Victoires. Ambiance fifties pimpante et colorée dans les 17 chambres (seulement !) au mobilier patiemment chiné. Beaucoup de charme malgré l'exiguïté de certaines chambres. Et un confort tout à fait contemporain. Quant au petit déj, c'est le concept du « comme à la maison » : chacun se compose son menu dans la cuisine ouverte commune. Très convivial, comme l'accueil !

Snob Hotel *(plan couleur D2, **12**) : 84, rue Saint-Denis, 75001. ☎ 01-40-26-96-60. • snobhotelparis.com • Ⓜ Les Halles ou Rambuteau. Doubles env 100-409 € ; petit déj 12 €.* Bien que situé au cœur de l'action, le *Snob* se révèle être une enclave sereine, un établissement intimiste et chaleureux où l'on reprend des forces entre 2 virées. Il faut dire que les chambres sont au top : confort irréprochable, et une déco chic, décontractée et un brin décalée qui ne laisse pas indifférent (en noir et blanc pour certaines, tendance végétale pour d'autres). Quant à l'accueil, il est aux petits soins.

Hôtel Le Relais des Halles *(plan couleur D2, **2**) : 26, rue Pierre-Lescot, 75001. ☎ 01-44-82-64-00. • relaisdeshalles.com • Ⓜ Les Halles. ♿ Doubles 149-340 € ; petit déj 15 €. Un petit déj/pers offert sur présentation de ce guide.* Très jolie adresse que ce petit hôtel cosy stratégiquement situé, où l'accueil est tout sourire et personnalisé, et les chambres soignées, décorées dans un style parisien élégant, et parfaitement équipées dès la 1re catégorie (douches à l'italienne, clim, minibar...). Du calme à revendre : un vrai cocon pour les amoureux.

Hôtel Le Relais du Louvre *(plan couleur C2, **11**) : 19, rue des Prêtres-Saint-Germain-l'Auxerrois, 75001. ☎ 01-40-41-96-42. • relaisdulouvre.com • Ⓜ Louvre-Rivoli ou Pont-Neuf. Doubles 155-290 € ; petit déj 15 €. Parking payant.* Un petit hôtel intimiste et séduisant avec son enseigne de relais de poste, ses poutres du XVIIIe s, son mobilier de style élégant et ses rideaux fleuris. Cette ancienne imprimerie n'a sacrifié ni charme ni caractère en se modernisant. 18 chambres (plus 3 suites) chaleureuses et pimpantes, de taille raisonnable pour Paris. Nous, on préfère celles avec vue directe sur les mystérieuses gargouilles de Saint-Germain-l'Auxerrois. La chambre avec patio privé est, dans un autre genre, également propice aux confidences. Difficile de trouver plus romantique... Accueil très sympathique.

Où manger ?

Sur le pouce

|●| ***Le Stube*** *(plan couleur C1,* ***20****) : 31, rue de Richelieu, 75001. ☎ 01-42-60-09-85. Ⓜ Palais-Royal-Musée-du-Louvre ou Pyramides. Mar-sam 11h30-22h30. Formules déj 15-18,50 € ; en-cas et plats 6-15 €.* Dans cette petite enclave germanique à deux pas du Louvre, on savoure, sur le pouce ou confortablement installé au resto, une choucroute garnie avec une saucisse artisanale, une *Currywurst* ou encore des harengs Bismack. Côté liquides, une Beck's, un verre de pinot gris de Baden ou un Fritz-Cola feront bien l'affaire. Pour conclure (ou pour le goûter), beau choix de pâtisseries traditionnelles : strudels, forêts-noires... Accueil fort sympathique.

|●| ***Corn'R*** *(plan couleur B1,* ***21****) : 21, rue des Pyramides, 75001. 07-50-15-93-17. Ⓜ Pyramides. Lun-ven 11h-15h. Congés : août. Formules 13-16 €.* La Maison de l'Aquitaine a confié son snack pimpant à un chef originaire du Sud-Ouest. Et quitte à se lancer dans l'aventure, Julien Duboué a développé une cuisine originale autour du maïs Grand Roux basque, une variété méconnue travaillée sous différentes formes. Qu'il s'agisse d'un boulgour, d'un risotto de poisson (pardon, d'un « maïsotto » !), d'une polenta sucrée ou salée, ou de gnocchis à l'effiloché de chevreuil, tout est bon, soigné et bio. Cadre basique avec quelques tables et des micro-ondes pour réchauffer son plat.

|●| ***Boco*** *(plan couleur B1,* ***26****) : 3, rue Danielle-Casanova, 75001. ☎ 01-42-61-17-67. Ⓜ Pyramides. Tlj sauf dim 8h30-22h (11h-18h sam). Menu déj en sem env 11 € ; plats 8-12 €.* L'attrait de ce concept réside dans les partenariats obtenus avec plusieurs grands chefs, dont les recettes sont conditionnées en verrines. Le tout élaboré avec des produits frais, des entrées jusqu'aux desserts. Parfait pour un déjeuner rapide et gourmand dans une salle moderne et colorée. Et comme l'affaire tourne bien, la « famille Boco » s'est agrandie *(rue des Mathurins dans le 8e).*

|●| ***Claus, La Table du Petit Déjeuner*** *(plan couleur C2,* ***22****) : 14, rue Jean-Jacques-Rousseau, 75001. ☎ 01-42-33-55-10. Ⓜ Louvre-Rivoli. Lun-ven 8h-17h, sam-dim et j. fériés 9h30-17h. Résa fortement conseillée, surtout pour le brunch sam. Formules 17,50-32 € ; plats env 14-15 €, gâteaux 3-7 €.* D'un côté de la rue, une adorable épicerie fine-pâtisserie avec de superbes produits à emporter : soupes, sandwichs, gâteaux et autres victuailles. De l'autre, un petit salon de thé mignon comme tout, ouvert en continu, avec une sélection de bons plats du jour le midi. Déco vraiment sympa, avec à l'étage une petite salle très cosy et des banquettes confortables qu'on peine à quitter ! Les pâtisseries sont extra.

Très bon marché

|●| ***Kunitoraya*** *(plan couleur C1,* ***28****) : 1, rue Villedo, 75001. ☎ 01-47-03-33-65. Ⓜ Bourse ou Palais-Royal-Musée-du-Louvre. Tlj sauf mer ; service 12h-15h30 (16h30 w-e), 19h-22h30. Udon 10-20 €.* C'est très branché. Ce qui signifie que c'est toujours bondé, et pas donné. Cela dit, LE spécialiste des *udon,* ces fameuses nouilles japonaises épaisses à la farine de blé, fait bien les choses. Tout est préparé sur place et cuisiné à l'instant : bonne élasticité, bonne température du bouillon, bonnes saveurs. Quant aux tempura, ils sont également intégralement réalisés à la commande. Une expérience intéressante, mais pas idéal pour un tête-à-tête amoureux : mieux vaut être préparé à manger au coude-à-coude sur des tables communes, dans une salle étroite à la déco brute de décoffrage façon New York.

|●| ***La Cantine des Tsars*** *(plan couleur C2,* ***29****) : 21, rue du Roule, 75001. ☎ 09-82-44-48-48. Ⓜ Louvre-Rivoli. Tlj sauf dim 11h30-15h (16h sam), 18h-22h. Pas de résa. Menus déj 12-16 € ; carte env 15 €.* Dans cette rue où les restos font voyager, celui-ci nous transporte dans l'intimité d'une cuisine russe. Juste quelques tables, mais un

cadre pimpant et des formules qui tournent autour du plat phare, les *pelmeni,* ces raviolis farcis au porc ou à l'agneau. Simple et délicieux ! Comme le *bortsch* ou les *pirojki,* ils sont faits par la maman, qui s'active aux fourneaux. En salle, accueil charmant du fils. *NOUVEAUTÉ.*

Ravioli Nord-Est *(plan couleur D2,* ***30****) : 115, rue Saint-Denis, 75001. ☎ 09-81-17-19-08. Ⓜ Les Halles ou Étienne-Marcel. Tlj sauf dim 11h30-15h, 18h-23h (en continu jeu-sam). Formules 9-12 €.* Grillés ou à la vapeur, les raviolis se déclinent ici en une dizaine de versions, toutes bien préparées, pleines d'arômes et juteuses à souhait. Parfait pour un en-cas sur le pouce (ça tombe bien, le cadre basique n'incite pas à jouer les prolongations). Un must dans sa catégorie !

Higuma *(plan couleur B1,* ***23****) : 32 bis, rue Sainte-Anne, 75001. ☎ 01-47-03-38-59. Ⓜ Pyramides. Tlj 9h30-22h. Fermé 1er janv, 14 juil et 25 déc. Menus 11-14 € ; carte 8-11 €.* C'est une cantine basique et sans charme, où les employés du quartier débarquent en masse pour se sustenter rapidement et copieusement. Au programme, bols de bouillon variés qui ne vous laissent pas sur votre faim, bons raviolis grillés, ou encore de généreuses nouilles sautées à la commande. À déguster au comptoir, face aux cuistots en action, ou dans les 2 salles embaumant le graillon. Parmi les moins chers du coin !

Bon marché

Salon du Fromage Hisada *(plan couleur C1,* ***27****) : 47, rue de Richelieu, 75001. ☎ 01-42-60-78-48. Ⓜ Pyramides ou Palais-Royal-Musée-du-Louvre. Tlj sauf dim-lun ; service continu 12h-18h (dernière commande). Fermé 1er janv et 25 déc. Formules sandwichs à emporter 8-10 € ; menu 28 € ; plateaux 3-10 fromages 12-28 € ; 3 fromages + verre de vin 16 €. Apéritif maison offert sur présentation de ce guide.* L'accueillante Mme Hisada affiche fièrement son diplôme de maître fromager. Au rez-de-chaussée, la minuscule fromagerie traditionnelle où sont également vendus des produits d'épicerie fine à emporter. À l'étage, le « salon » où sont servis de beaux plateaux de fromages, ainsi que des plats du jour, des salades et des en-cas comme des quiches maison. Un bon plan pour le quartier. Mais le plus fun, c'est de participer le 3e samedi du mois au repas avec fromage à volonté pendant 70 mn chrono *(compter 30 € avec un verre de vin).* Avis aux voraces !

Au Petit Bar *(plan couleur B1,* ***24****) : 7, rue du Mont-Thabor, 75001. ☎ 01-42-60-62-09. Ⓜ Tuileries. Tlj sauf dim et j. fériés ; service 12h-15h, 19h-20h. Congés : août. Plat 11,50 €.* Caché derrière le luxueux hôtel *Meurice,* un minuscule bistrot de quartier comme on n'en fait plus, un vrai résistant dans un secteur très huppé. Et la gentillesse est au rendez-vous. Papa est à la caisse, maman en cuisine et les fistons au service. Clientèle de fidèles où se côtoient employés du quartier, prolos venus en amis et jeunes branchés égarés, le tout dans une ambiance de cantine vieille école. Tout ce petit monde s'entasse autour des quelques tables qui en ont vu d'autres, pour goûter une omelette ou le plat du jour, pas très copieux mais simple et bon, servis dans des assiettes vintage ! Venir tôt ou tard car la salle est vite pleine.

Au Vieux Comptoir *(plan couleur D2-3,* ***36****) : 17, rue des Lavandières-Sainte-Opportune, 75001. ☎ 01-45-08-53-08. Ⓜ Châtelet. Tlj sauf dim-lun ; service 12h-15h, 19h-22h45. Congés : 2 sem en août. Plat du jour le midi 15 € ; autres plats 18-28 €.* Dans ce joli petit bistrot d'angle, l'accueil est une qualité naturelle. On s'y sent tout de suite à l'aise, d'autant que le cadre rustique est charmant et que la cuisine est savoureuse, dans un registre traditionnel classique. Avec un bon petit verre conseillé avec justesse par la maison, vous ne ferez guère monter l'addition.

Le Comptoir de Tunisie *(plan couleur C1,* ***32****) : 30, rue de Richelieu, 75001. ☎ 01-42-97-14-04. Ⓜ Pyramides ou Palais-Royal-Musée-du-Louvre. Lun-ven 12h-14h. Formule 18 €. Couscous ts les mer et ven, sur place ou à emporter.* Un concept vraiment sympa et dépaysant, dans un secteur traditionnellement investi par les cantines japonaises. Chaque jour, en fonction du marché et de l'inspiration, le menu propose de savoureuses spécialités comme la *mloukhia,* de l'agneau cuit dans la jarre, ou de la daurade avec sa *tastira,* cuisinés uniquement avec des produits issus d'une ferme biologique tunisienne et servis dans de la vaisselle traditionnelle. Fait également épicerie fine et salon de thé l'après-midi. Décor soigné et chaleureux, à mi-chemin entre la salle à manger cosy et la belle boutique. Accueil charmant. Une belle initiation avant le départ !

|●| ***Bistrot Victoires*** *(plan couleur C1,* ***47****) : 6, rue La Vrillière, 75001. ☎ 01-42-61-43-78. Ⓜ Bourse ou Palais-Royal-Musée-du-Louvre. Tlj 12h-23h. Plats 11-14 € ; brunch dim (12h-16h) 16 €. Vin au verre 3,20 €.* À deux pas de la place du même nom, ce petit bistrot Belle Époque est une aubaine, autant pour son atmosphère vivante que pour sa cuisine honorable, servie généreusement et surtout à prix démocratiques pour le quartier. Le cadre, lui, nous plonge dans un roman de Maupassant avec ses belles boiseries sombres, ses grands miroirs et son antique comptoir en étain. Carte courte mais efficace. Une pépite dans sa catégorie.

|●| ***La Fresque*** *(plan couleur D2,* ***41****) : 100, rue Rambuteau, 75001. ☎ 01-42-33-17-56. Ⓜ Étienne-Marcel ou Les Halles. Tlj sauf dim ; service 12h-15h30, 19h-minuit. Congés : 2 sem autour du 15 août. Formule déj 16 € ; carte env 20 €. Apéritif maison ou café offert sur présentation de ce guide.* Un bistrot de quartier sympa, avec terrasse le long des halles, installé dans la boutique d'un ancien marchand d'escargots : antiques carreaux de faïence blancs et luminaires Art déco, fresques colorées, longues tables en bois, etc. Le midi, une formule rapide mais consistante. Tous les jours, des entrées qui tiennent la route, 4 ou 5 plats, et toujours une assiette végétarienne (excellente tourte aux légumes en l'occurrence). Ambiance très animée.

|●| ***Joe Allen*** *(plan couleur D2,* ***38****) : 30, rue Pierre-Lescot, 75001. ☎ 01-42-36-70-13. Ⓜ Étienne-Marcel. Tlj 12h-minuit. Formule déj 16 € ; carte env 30 €.* Ouvert en 1972, tenu et fréquenté par des Américains (toujours bon signe), c'est LE resto *US* historique de Paris, QG des expats les soirs d'élection ou pour les grosses fêtes comme Thanksgiving ou Halloween. Hors mode, *Joe Allen* reste fidèle à son style *old New York* : murs de brique placardés de vieilles affiches de Broadway et écrans TV vissés au-dessus du comptoir. On y sert une honnête *comfort food* (cuisine de tous les jours) traditionnelle et maison, arrosée de Brooklyn Lager ou d'un verre de vin de Coppola.

|●| ***La Mousson*** *(plan couleur B1,* ***39****) : 9, rue Thérèse, 75001. ☎ 01-42-60-59-46. Ⓜ Pyramides ou Palais-Royal-Musée-du-Louvre. Tlj sauf dim 12h-14h30, 19h-22h30. Congés : 3 sem en août. Résa conseillée. Menus 9,95-13,90 € (midi), puis 17,90-22,90 € ; carte env 25 €.* Dans une rue calme, un petit resto de spécialités cambodgiennes (khmères). Le cadre est simple et convivial, la musique rappelle les bords du Mékong, et vous dégusterez une cuisine joliment parfumée, accompagnée de vin de palme ou de gingembre. C'est copieux sans jamais être trop relevé. *Autre maison dans le 15e.*

Prix moyens

|●| ***Les Artizans*** *(plan couleur D2,* ***33****) : 30, rue Montorgueil, 75001. ☎ 01-40-28-44-74. Ⓜ Les Halles. ♿ Tlj ; service 12h-23h. Menu 35 € ; carte 14-25 € ; pâtisserie env 8 € (5,80 € à emporter).* On connaît plein de bons bistrots. On connaît aussi de fameux salons de thé-boulangeries. Là, on découvre le concept gourmand du bistrot-gâteaux, fruit d'une association – bienfaitrice – entre un chef cuisinier (Patrick Canal) et un chef pâtissier (Mathieu Mandard). Dans un joli décor de carreaux ciment et tables en bois, on savoure, à toute heure (important de le préciser), une cuisine de marché fraîche, colorée et savoureuse. Mais surtout de vraies pâtisseries élaborées sur place par le chef pâtissier, « champion de France du dessert ». En vitrine, on lorgne sur les traditionnels éclairs au chocolat (ou autres parfums),

babas au rhum et millefeuilles montés à la minute, ou sur les créations du moment. Généreux... et diablement bon.

Olio Pane Vino *(plan couleur C1,* ***42****)* **:** *44, rue Coquillière, 75001. ☎ 01-42-33-21-15. Ⓜ Louvre-Rivoli. Lun-sam 12h-14h, plus jeu-sam 19h30-22h30. Résa conseillée. Le midi en sem, menu 16,50 € ; carte 30-35 €.* Petit resto transalpin au cadre à la fois sobre et chaleureux, que les habitués apprécient pour ses plats du jour frais et soignés. Excellents produits importés d'Italie, et toujours plusieurs choix de pâtes cuites parfaitement al dente. Accueil sympa.

Yahmi *(plan couleur D3,* ***46****)* **:** *25, av. Victoria, 75001. ☎ 01-45-08-09-51. Ⓜ Châtelet. Tlj sauf dim 12h30-15h30, 18h-22h30. Carte env 30 € le soir.* Le QG des gens de théâtre (l'entrée du Châtelet est à deux pas) est aussi une table orientale réputée tenue par 2 sœurs, l'une en cuisine, l'autre à l'accueil. Spécialités traditionnelles à dominante marocaine ; tajines, couscous, pastillas, *briouats* fins et savoureux. Tout comme la fine semoule fondante à souhait. Le tout servi dans un cadre élégant et contemporain, aux murs peints à la chaux et aux lumières tamisées. Dans le petit coin épicerie, sélection de produits pointue. Une belle adresse. *NOUVEAUTÉ.*

Zen Restaurant *(plan couleur B2,* ***48****)* **:** *8, rue de l'Échelle, 75001. ☎ 01-42-61-93-99. Ⓜ Pyramides ou Palais-Royal-Musée-du-Louvre. Tlj midi et soir. Le midi, formules et menus 12-20 € ; le soir, menus 30-38 €.* Dans le quartier du Palais-Royal, ce restaurant un poil élégant grouille de monde à midi. Clientèle nippone et parisienne, soucieuse de déjeuner rapidement pour un excellent rapport qualité-prix. Dans l'assiette, les classiques de la cuisine japonaise : *ramen* (bols de nouilles), *donburi* (bol de riz garni), makis, sushis, tempura, et des suggestions plus originales, comme les boulettes de racines de lotus, sauce kumquat et foie gras... Le soir, la carte est plus élaborée et l'addition grimpe vite si on se laisse aller à goûter différents petits plats *(izakayas)*, comme le veut la tradition japonaise. Difficile de s'arrêter, c'est ludique et délicieux !

Nodaïwa *(plan couleur B2,* ***49****)* **:** *272, rue Saint-Honoré, 75001. ☎ 01-42-86-03-42. Ⓜ Pyramides. Tlj sauf dim ; service 12h-14h30, 19h-22h. Congés : 1re quinzaine d'août. Menus 22-85 € ; carte 35-45 €.* Ce minuscule resto monomaniaque est l'antenne parisienne d'un restaurant réputé de Tokyo qui, depuis le XVIIIe s, ne sert que de l'anguille. Déco sobre et raffinée, ikebana et petites estampes. L'anguille, d'une exquise délicatesse, est préparée selon un processus complexe : d'abord grillée, elle est ensuite cuite à la vapeur, puis de nouveau grillée pour obtenir un résultat à la fois fondant et caramélisé. Servie avec une sauce sur un lit de riz avec consommé chaud et légumes salés (c'est le *kabayaki*), ou encore en sushi, elle fond littéralement dans la bouche.

De chic à plus chic

Zébulon *(plan couleur C2,* ***44****)* **:** *10, rue de Richelieu, 75001. ☎ 01-42-36-49-44. Ⓜ Palais-Royal-Musée-du-Louvre. ♿ Tlj sauf dim ; service 12h-14h, 19h30-22h. Congés : août. Formules déj 25-30 € ; le soir, menu-carte 50 € ; menu dégustation 65 € ; carte env 60 €.* Derrière la Comédie-Française, ce lumineux *Zébulon* déploie son ample salle façon loft entre les rues de Richelieu et Montpensier. Carrelage ancien d'un côté, plancher aux larges lattes de l'autre, œnothèque en déco, piano à la disposition des clients : le cadre est réjouissant ! La formule déjeuner permet déjà de se faire une belle idée de l'inventivité du chef pour un prix fort sage. Avec tact et mesure, il mêle quelques touches japonisantes à sa délicate cuisine d'inspiration française. De ses passages chez les ténors de la gastronomie, à *L'Ambroisie* ou chez Bras, il a tiré de fort belles leçons !

Odette, l'Auberge Urbaine *(plan couleur D2,* ***31****)* **:** *25, rue du Pont-Neuf, 75001. ☎ 01-44-88-92-78. Ⓜ Châtelet ou Pont-Neuf. Tlj 12h30-14h (brunch dim 12h30-15h), 19h-22h. Formule déj en sem 24-30 € ; carte 40-60 €.* L'empire Rostang s'est étoffé d'une nouvelle adresse, pensée comme une auberge urbaine. Il y a bien une grande table d'hôtes pour rappeler l'auberge, mais pour le reste, c'est surtout très urbain : décor soigné tout en courbes sensuelles, recoins très cosy façon lounge, et, dans les assiettes, une cuisine de saison moderne, légère et inspirée, servie en portions réduites pour faciliter le partage et la dégustation (à moins de se laisser tenter par les « belles pièces » au format plus généreux !). Tout est délicieux, jusqu'aux madeleines servies encore tièdes avec le café ! Excellent accueil, pro et décontracté.

|●| ***La Régalade Saint-Honoré*** *(plan couleur C2, **34**) : 106, rue Saint-Honoré, 75001. ☎ 01-42-21-92-40. Ⓜ Louvre-Rivoli. Tlj 12h15-14h30, 19h15-23h. Menu 41 €.* Pas évident d'y dégotter une table au débotté ! Il faut dire que la salle en longueur n'est pas bien grande, avec ses banquettes colorées qui tranchent sur les murs bruts (décorés quand même du bœuf en costard !), et que le menu-carte a ses adeptes. Bien équilibré, très court, il ne s'encombre pas d'une litanie de plats et préfère donner l'avantage aux produits de saison. Et les grands classiques qui ont fait le succès de la maison campagnarde (terrine, riz au lait) côtoient de belles assiettes, généreuses et inventives, et des plats de rôtisserie. Service tout sourire.

|●| ☂ ***L'Absinthe*** *(plan couleur B1, **35**) : 24, pl. du Marché-Saint-Honoré, 75001. ☎ 01-49-26-90-04. Ⓜ Tuileries ou Pyramides. Tlj sauf sam midi et dim ; service 12h-14h15, 19h-22h30 (23h ven-sam). Résa conseillée. Formules 32-35 € ; menu 45 €.* Ce bistrot chic de la famille Rostang est dirigé par Caroline, la fille. Décor élégant mêlant sobriété et éléments chinés délicieusement vintage, le tout prolongé par une belle terrasse. Ardoise de suggestions classiques revisitées, ce qui donne dans l'assiette du bon, du neuf, du créatif. Tout est à base de produits frais, parfois transcendé par quelques touches asiatiques. Le vendredi, c'est gratin de macaronis (au homard quand même !). Et en dessert, un incontournable : les petits pots de crème au chocolat en hommage au paternel. Service un peu long en cas d'affluence.

|●| ***Ellsworth*** *(plan couleur C1, **51**) : 34, rue de Richelieu, 75001. ☎ 01-42-60-59-66. Ⓜ Palais-Royal-Musée-du-Louvre ou Pyramides. Tlj sauf lun midi ; service 12h30-14h30, 19h-22h30 ; dim brunch seulement 11h30-15h. Résa conseillée. Formules déj en sem 20-26 € ; le soir, plats 6-27 €.* Un long comptoir, une salle en enfilade, à l'ombre de la statue de Molière. Déco minimaliste en bois clair, presque intimiste en soirée. Cuisine délicate, servie en formules au déjeuner et sous forme de tapas le soir. Viandes ou poissons, crus ou cuits, accompagnements colorés et craquants, les assiettes sont copieuses, alléchantes à l'œil et savoureuses en bouche. Alliances originales (poulet frit au lait fermenté, glace au malt sorbet cacao, encornet chorizo) et service jovial en v.o. (le patron est américain). Carte des vins (possibles au verre) ouverte sur le monde. Très fréquenté par les Anglo-Saxons, parfait pour réviser son anglais !

|●| ***Macéo Restaurant*** *(plan couleur C1, **50**) : 15, rue des Petits-Champs, 75001. ☎ 01-42-97-53-85. Ⓜ Bourse, Pyramides ou Palais-Royal-Musée-du-Louvre. Tlj sauf sam midi et dim ; service 12h-14h15, 19h30-22h45. Menus 35 € le midi, 40 € le soir ; carte env 50 €.* Au *Macéo,* c'est d'abord le décor qui en impose, chic, aux larges volumes, et fier de son passé prestigieux (pas mal de célébrités s'y sont attablées !). Mais la cuisine vaut aussi le détour, inventive, moderne et de saison. De quoi se régaler, d'autant que la carte des vins est un must dans son genre.

|●| ☂ ***Champeaux*** *(plan couleur D2, **37**) : la Canopée, Forum des Halles, 75001. ☎ 01-53-45-84-50. Ⓜ Les Halles. Tlj 12h-minuit (1h jeu-sam) ; service 12h-14h30, 19h-22h30 (en continu sam-dim). Formule déj 28 € ; menu 34 € ; carte env 40 €.* Alain Ducasse a installé sa brasserie à l'entrée de la Canopée ondoyante, face à l'église Saint-Eustache. Son architecture adopte le même credo que le centre commercial métamorphosé : l'ouverture ! Larges vitres en arrondi pour jouir de l'extérieur, volumes imposants, long bar, déco et mobilier design... Le cadre est réussi, l'animation continue sans cacophonie, et les plats, à défaut d'être copieux, tiennent les promesses d'une brasserie très parisienne : enlevés mais chers. Le soufflé, qui tient le haut du pavé, est aussi décliné en version sucrée. En zieutant le monumental

tableau d'affichage (oui, le même que dans les gares !) qui annonce les sorties du four à la minute, vous éviterez peut-être les 20 mn d'attente réglementaires pour ce plat irrésistible.

|●| ***Le Soufflé*** *(plan couleur A1,* ***25****)* ***:*** *36, rue du Mont-Thabor, 75001. ☎ 01-42-60-27-19. Ⓜ Concorde. Tlj sauf dim et j. fériés ; service 12h-16h, 19h-22h. Congés : 3 sem en août. Formule déj en sem 29 € (avec boisson) ; menus 37-46 € ; carte 40-45 €.* Un petit resto connu de longue date pour ses bonnes spécialités de soufflés : une douzaine de versions salées et autant pour le sucré se partagent la vedette ! Pour les fans, il y a même un menu tout soufflé. Sinon, on peut se laisser tenter par quelques plats traditionnels de viande ou de poisson. Une adresse conviviale, au cadre classique gentiment désuet, très prisée par les touristes des grands hôtels alentour.

|●| ***Les Fines Gueules*** *(plan couleur C1,* ***45****)* ***:*** *43, rue Croix-des-Petits-Champs (angle rue La Vrillière), 75001. ☎ 01-42-61-35-41. Ⓜ Palais-Royal-Musée-du-Louvre, Bourse ou Pyramides. Tlj 12h-14h30 (15h w-e), 19h30-22h30 (23h ven-sam). Formules déj en sem 19-23 € ; plats 18-26 €.* Un resto-bar à vins de poche à la déco monacale. Ici, on va droit au but : la qualité, garantie par des produits en provenance des meilleurs producteurs. Résultat, on se pâme d'aise devant des plats aussi basiques que le tartare au couteau de bœuf charolais. Aucun tape-à-l'œil, mais un bon tour de main en cuisine. Vins bio de petits propriétaires à déguster au verre, accoudé au bar en zinc.

Bars à vins

|●| 🍷 ***Le Rubis*** *(plan couleur B1,* ***55****)* ***:*** *10, rue du Marché-Saint-Honoré, 75001. ☎ 01-42-61-03-34. Ⓜ Pyramides ou Tuileries. Tlj sauf dim et le soir des j. fériés 7h-2h. Congés : 2 sem en août. Plats du jour 17-24 € ; carte env 30 €.* Le voilà, le Paris canaille, avec ses joyeux sires, ses petits plats bien tradis et costauds, ses vins « en direct de la propriété » qu'on s'arrache... C'est la vie, la vraie, celle qu'on croyait disparue à jamais dans ce quartier huppé. En été, il y a tant de monde entassé sur les vieilles banquettes qu'on déguste dehors, accoudé aux tonneaux.

|●| 🍷 ***Le Garde-Robe*** *(plan couleur C2,* ***57****)* ***:*** *41, rue de l'Arbre-Sec, 75001. ☎ 01-49-26-90-60. Ⓜ Louvre-Rivoli. Tlj sauf sam midi, dim et lun midi ; service 12h-15h, 17h-23h. Le midi, formule et menu 15,50-19 € ; carte env 25 €.* À deux pas du Louvre, un caviste attentionné qui anime un joli petit espace tout en longueur, mi-boutique, mi-resto. Planches de charcuterie ou de fromages, plats du jour soignés... que du frais et du bon. Vins bio essentiellement.

|●| 🍷 ***Willi's Wine Bar*** *(plan couleur C1,* ***59****)* ***:*** *13, rue des Petits-Champs, 75001. ☎ 01-42-61-05-09. Ⓜ Palais-Royal-Musée-du-Louvre ou Louvre-Rivoli. ♿ Tlj sauf dim 12h-minuit ; service 12h-14h30, 19h-23h. Résa conseillée. Formule déj en sem 25,80 € ; menu 36 € le soir ; brunch sam 25,80 €.* Derrière les jardins du Palais-Royal, cette excellente adresse au cadre sobre et agréable est bien connue des amateurs de vin. Certains viennent même de loin pour goûter quelques flacons devenus rares (le patron a de formidables allocations !). Le bien-boire fait donc dans l'exception, mais le bien-manger n'est pas en reste : chaque jour, le chef concocte une savoureuse cuisine du marché, élaborée avec de bons ingrédients et joliment présentée. La formule au comptoir vaut le coup : un plat servi avec un verre de bon vin. Impec pour un repas rapide. Une adresse bien conviviale mais il faut prendre la précaution de réserver.

|●| 🍷 ⛱ ***À la Cloche des Halles*** *(plan couleur C2,* ***58****)* ***:*** *28, rue Coquillière, 75001. ☎ 01-42-36-93-89. Ⓜ Louvre-Rivoli ou Les Halles. Lun-ven 7h30-minuit, sam 10h-16h. Congés : 3 sem en août. Formules déj en sem 16,90-21 € ; assiette de charcuterie ou de fromages et plat du jour 12-16 €.* Une cloche qui, du temps

des Halles, annonçait le début et la fin des marchés surplombe la façade. Aujourd'hui, les habitués se retrouvent toujours avec plaisir dans ce petit bistrot à l'ancienne pour profiter, dans une ambiance sans chichis, d'honnêtes menus du jour ou de solides assiettes de charcuterie, accompagnés d'un petit verre de derrière les fagots.

Restaurants de nuit

À la Tour de Montlhéry, Chez Denise *(plan couleur C-D2,* ***66****)* : *5, rue des Prouvaires, 75001. ☎ 01-42-36-21-82. Ⓜ Louvre-Rivoli, Châtelet ou Les Halles. Tlj sauf sam-dim ; service 12h-15h, 19h30-5h. Congés : de mi-juil à mi-août. Plats 23-28 €.* L'un des plus anciens restos de nuit de Paris, bondé à toute heure. Même si le train n'apporte plus les légumes depuis Montlhéry, l'endroit a conservé de cette époque son beau zinc à l'entrée, sa caisse hors d'âge, son perco qui en a vu d'autres et sa salle patinée. Atmosphère ! Habitués de toujours, touristes et noctambules s'y restaurent dans un joyeux brouhaha. Les plats de tradition sont servis en quantités plus que généreuses, qu'il s'agisse des rognons de veau ou de l'andouillette AAAAA, le tout accompagné de frites maison de préférence aux petits légumes. Du solide, quoi ! L'accueil est du même tonneau, franc et direct. Aux murs, nombreux dessins et affiches de Raymond Moretti, dont on retrouve le trait jusque sur les sets de table. Ça vaut le coup d'œil !

La Poule au Pot *(plan couleur C2,* ***67****)* : *9, rue Vauvilliers, 75001. ☎ 01-42-36-32-96. Ⓜ Louvre-Rivoli ou Les Halles. Tlj sauf lun 19h-5h (depuis 1935 !). Toujours beaucoup de monde : résa conseillée. Menu 40 € ; plats 23-30 €.* Cette belle et vieille institution prend un petit coup de jeune sous la houlette de Jean-François Piège, le nouveau propriétaire ! Cela dit, dans ce décor immuable d'affiches anciennes, de lumières rétro ménageant une certaine intimité et d'innombrables plaques dorées incrustées dans les boiseries portant les noms des célébrités venues y manger, pas question de toucher aux valeurs sûres de la tradition française, avec notamment la fameuse poule au pot qui justifie l'enseigne. Le tout généreux et répondant aux exigences du grand chef (excellents fournisseurs).

Au Pied de Cochon *(plan couleur C-D2,* ***65****)* : *6, rue Coquillière, 75001. ☎ 01-40-13-77-00. Ⓜ Louvre-Rivoli ou Les Halles. ♿ Tlj 24h/24. Carte env 50 € ; plateaux de fruits de mer 29,90-140 €.* Tout le monde connaît le *Pied de Cochon*. Depuis 1947, cette vénérable institution a bâti sa réputation sur ses horaires hors normes et sur sa carte de brasserie pléthorique. Aujourd'hui encore, la soupe à l'oignon gratinée se défend bien, de même que l'andouillette AAAAA, ou encore la Tentation de saint Antoine, plat qui réunit museau, oreilles, pieds et queue de porc grillés. Rien de gastronomique ici, mais des plats de tradition simples et convenables, bien en adéquation avec un cadre archi-classique tout en moulures et dorures. En revanche, les prix n'ont rien de populaire, et s'offrir un repas dans ce monument nécessite d'alléger le petit cochon ! Accueil pro et sympathique.

Où boire un thé ? Où boire un chocolat ?

Angelina *(plan couleur B1,* ***82****)* : *226, rue de Rivoli, 75001. ☎ 01-42-60-82-00. Ⓜ Tuileries. Tlj 7h30 (8h30 w-e et j. fériés)-19h (19h30 w-e). Chocolat à l'ancienne servi en pot 8,20 € (quand même !) ; petits déj (tlj jusqu'à 11h45) 20-29,50 € ; brunch (tlj jusqu'à 15h) 39,50 € ; tea time (15h-18h30) 20 €.* C'est le resto-salon de thé emblématique du cœur de Paris ! Créé au début du siècle dernier par un confiseur autrichien qui l'a baptisé ainsi en l'honneur de sa petite-fille, il possède un beau décor avec fresques, moulures et petites tables rondes en marbre, à la fois chic et désuet. Touristes et gourmands y viennent pour le plus onctueux des chocolats, le « chocolat africain », noyé sous une aérienne crème Chantilly. Le breuvage est si réputé que les queues débordent sur le trottoir ! Autre must immuable, le traditionnel mont-blanc (meringue, crème de marron et chantilly) ou les gourmandises concoctées par Christophe Appert.

Où prendre un bon 4-heures ?

Claus, l'Épicerie du Petit Déjeuner *(plan couleur C2,* ***22****) : 15, rue Jean-Jacques-Rousseau, 75001. ☎ 01-42-33-93-23. Ⓜ Louvre-Rivoli. Tlj 9h-18h. Gâteaux 3-7 €.* Une adorable épicerie fine-pâtisserie qui fait aussi salon de thé (voir plus haut la rubrique « Où manger ? »).

Le Stube *(plan couleur C1,* ***20****) : 31, rue de Richelieu, 75001. ☎ 01-42-60-09-85. Ⓜ Palais-Royal-Musée-du-Louvre ou Pyramides. Mar-sam 11h30-22h30. Café viennois 3,50 €, soda 3,90 € ; pâtisseries 4-4,60 €.* Envie d'une pause sucrée ? Vous goûterez dans cette petite enclave germanique de délicieuses pâtisseries : strudels, tartes façon crumble pavot-griotte ou rhubarbe-framboise, sablés noix-caramel... à accompagner d'un bon chocolat chaud. Voir ci-avant la rubrique « Où manger ? ».

Où boire un verre ?

Le Café Marly *(plan couleur B-C2,* ***90****) : 93, rue de Rivoli, 75001. ☎ 01-49-26-06-60. Ⓜ Palais-Royal-Musée-du-Louvre ou Louvre-Rivoli. Tlj 8h-2h (cuisine jusqu'à 0h30). Pour déjeuner ou dîner, résa préférable. Café 5 € ; soda 7 € ; apéritifs 8-21 €.* Le décor est somptueux (dorures et mobilier contemporain), mais ce qui motive vraiment la visite, c'est la vue imprenable sur la cour du Louvre depuis la terrasse sous la galerie. Profitez de ce lieu magique – aux 1ers ou aux derniers rayons du soleil surtout – pour boire un verre (en dehors des heures de repas) face à la pyramide !

Le Fumoir *(plan couleur C2,* ***88****) : 6, rue de l'Amiral-de-Coligny, 75001. ☎ 01-42-92-00-24. Ⓜ Louvre-Rivoli. Tlj 11h-2h (1h dim).* Ambiance mode garantie dans ce vaste et beau café stratégiquement situé sur la place du Louvre. Le coin salon-bibliothèque très cosy et la vue sur la place encadrée par de longs rideaux justifient à eux seuls le détour. Une occasion de goûter aux excellents cocktails.

Où sortir ?

Sunset & Sunside Jazz Club *(plan couleur D2,* ***95****) : 60, rue des Lombards, 75001. ☎ 01-40-26-46-60. • sunset-sunside.com • Ⓜ Châtelet. Tlj 17h-2h (4h ven-sam). Happy time 16h-20h30. Entrée : 10-30 € (selon programmation) ; réduc étudiants. Cocktails 6-10 € ; bières 3-6 €.* Le *Sunset*, temple du jazz depuis plus de 30 ans, s'est offert une 2de salle, le *Sunside*, au rez-de-chaussée. Dès 20h, le *Sunside* vous invite à (re) découvrir les classiques du jazz, avec une programmation très liée à l'actualité. On écoute religieusement, sur des banquettes ou des chaises en bois, une musique bien léchée, serrés comme dans un cabaret digne des films de Cassavetes. Au sous-sol, généralement à partir de 21h, la petite cave carrelée (un peu comme une station de métro) du *Sunset* résonne au son du jazz tendance électro world. Ambiance très chaleureuse. À noter, jazz & goûter le dimanche à 16h, un concept insolite qui cartonne !

♩ ***Le Duc des Lombards*** *(plan couleur D2,* ***97****) : 42, rue des Lombards, 75001. ☎ 01-42-33-22-88. • ducdeslombards.com • Ⓜ Châtelet. ♿ Lun-sam, plus parfois dim. Concerts de jazz tlj à 19h30 et 22h30. Congés : 10 j. en août. Entrée : 25-35 € (entrée gratuite et conso obligatoire ven-sam à partir de minuit) ; consos à partir de 6 €. Restauration pdt les concerts. Entrée libre pour les jam-sessions ven-sam à partir de 23h30 (conso obligatoire).* Le top du jazz mondial se donne rendez-vous au *Duc,* comme on va au *Blue Note* ou au *Village Vanguard* à New York. Il suffit de dire Phil Woods, Bireli Lagrene, Wynton Marsalis, et on opine du chef avec respect. Ce sont eux que vous viendrez écouter ici. La qualité acoustique du lieu n'autorise que la perfection, et son exiguïté ne permet aucune approximation. *Showcases,* découvertes de jeunes artistes, jam-sessions, promotions sur Internet pour des tarifs réduits, complètent intelligemment cette programmation de qualité. Incontournable !

♩ ⛱ ***Baiser Salé*** *(plan couleur D2,* ***98****) : 58, rue des Lombards, 75001. ☎ 01-42-33-37-71. • lebaisersale.com • Ⓜ Châtelet. Tlj 16h-6h. Concerts de jazz au 1er étage à 19h et 21h30 (entrée selon artistes : 10-25 €) ; jam-session organisée dim-lun (soirée gratuite). Au bar du rdc, consos 3-15 € ; elles sont obligatoires lors des soirées gratuites.* Au même titre que ses voisins de la très swingante rue des Lombards, *Baiser Salé* fait partie des lieux mythiques des amateurs de jazz de la capitale... et d'ailleurs. Les murs et les cœurs vibrent à l'unisson sur des rythmes tantôt classiques, tantôt expérimentaux (soul, fusion et autre *hard bop* sont les bienvenus). Le lundi soir, une jam-session permet aux nouveaux talents de s'exprimer. Pas mal de stars ont débuté ici !

1er

À voir

LE MUSÉE DU LOUVRE *(plan couleur B-C2)*

• Plan *p. 66-67*

★★★ Ⓜ *Palais-Royal-Musée-du-Louvre.*

En 1981, François Mitterrand, président de la République, décida que le Louvre serait entièrement consacré à la culture et à l'art. Le ministère des Finances, installé dans l'aile nord du palais, fut alors transféré à Bercy. En 1989, une pyramide de verre jaillit de terre pour couvrir l'entrée et donner ainsi accès aux différentes parties du Grand Louvre. Très contestée à l'époque, et pourtant si belle dans sa transparente pureté, la pyramide de Pei, architecte sino-américain, a l'énorme mérite de diffuser la lumière du jour. Le vitrage est un véritable tour de force technologique, la fabrication d'un verre totalement incolore et non réfléchissant étant interrompue depuis des dizaines d'années. Grâce à cette absolue transparence, les pierres du palais environnant, vues de l'intérieur de la pyramide, gardent leur couleur miel. Elle coûta 75 millions de francs, ce qui en fait l'une des toitures les plus chères du monde. L'aile Richelieu a ouvert ses portes en 1993, tandis que la totalité du département des Antiquités égyptiennes et une partie du département des Antiquités grecques, étrusques et romaines, tous 2 répartis entre la Cour carrée et l'aile Denon, ont été réaménagés. En 2000, le long du quai François-Mitterrand, ex-quai des Tuileries, a été ouvert le pavillon des Sessions, « antenne » du musée du quai Branly, qui présente une sélection d'objets d'Afrique, d'Asie, d'Océanie et des Amériques. Avec son ambitieux projet « Pyramide », le Louvre a réorganisé ses capacités d'accueil pour s'adapter aux visiteurs qui affluent chaque année et dont beaucoup ne parlent pas le français. Il fallait bien ça !

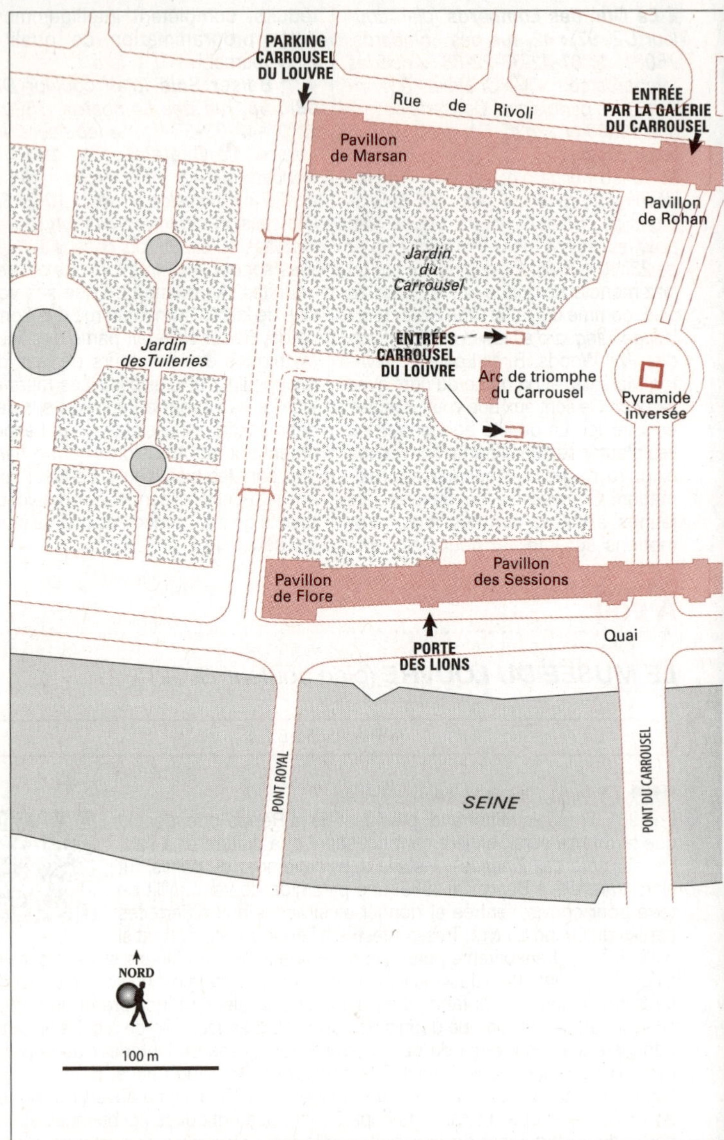
PARKING CARROUSEL DU LOUVRE
Rue de Rivoli
ENTRÉE PAR LA GALERIE DU CARROUSEL
Pavillon de Marsan
Pavillon de Rohan
Jardin du Carrousel
Jardin desTuileries
ENTRÉES CARROUSEL DU LOUVRE
Arc de triomphe du Carrousel
Pyramide inversée
Pavillon des Sessions
Pavillon de Flore
Quai
PORTE DES LIONS
PONT ROYAL
SEINE
PONT DU CARROUSEL
NORD
100 m

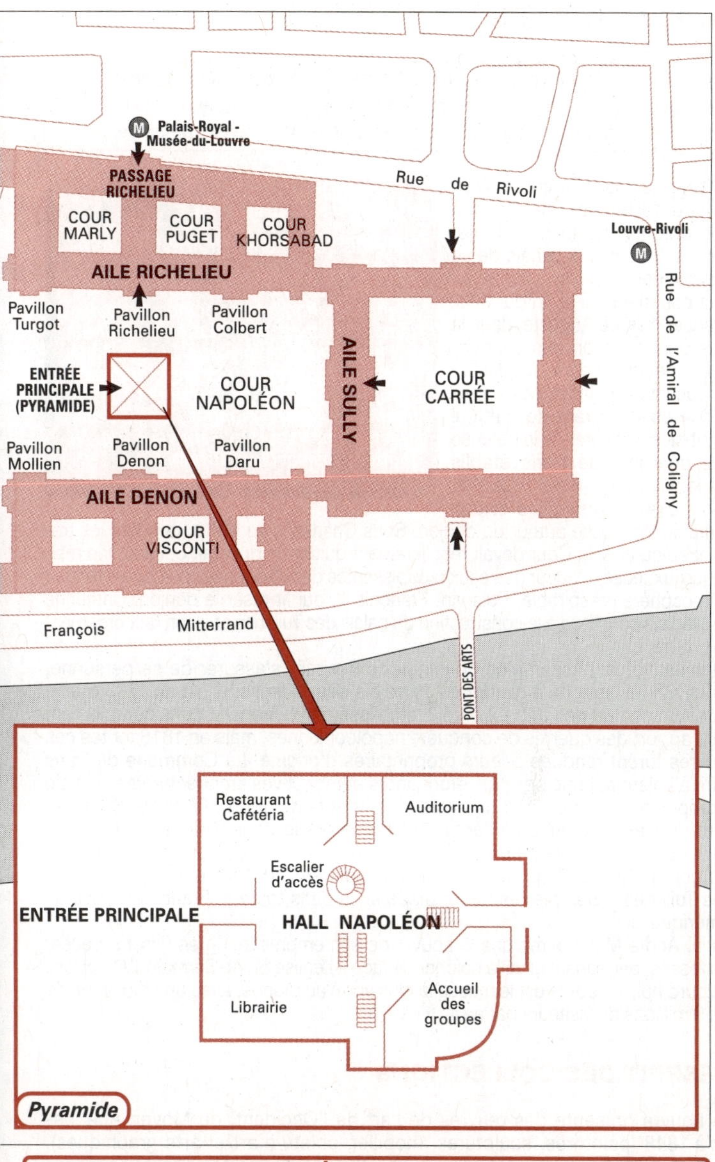

LE MUSÉE DU LOUVRE

UN PEU D'HISTOIRE

• Si cela peut vous être utile, n'hésitez pas à vous référer à l'arbre généalogique simplifié des rois de France de la rubrique « Histoire » du chapitre « Hommes, culture, environnement » en fin de guide.

À l'origine, le Louvre n'était qu'une forteresse destinée à la protection de la rive droite. Depuis, il ne cessa jamais de se transformer.
Tout commença à la fin du XIIe s, lorsque Philippe Auguste, dans la plus pure tradition des conquérants, décida d'offrir Jérusalem aux dévots du Christ. Mais, prudence oblige, avant de partir, il fallait bien s'assurer de la défense des quartiers de Paris établis sur la rive droite. À cet effet, il fit construire des murailles et une véritable forteresse autour du donjon. Sous Charles V, au XIVe s, pendant les travaux de curage, la Cour devait régulièrement quitter ce qui était devenu une résidence luxueuse. L'odeur des eaux croupissantes dans les fossés du Louvre rendait l'atmosphère irrespirable. Puis vint François Ier, qui fit raser le donjon. Catherine de Médicis contribua à la construction du palais des Tuileries et à son raccordement au Louvre.
À l'initiative de l'Assemblée constituante désirant s'assurer de sa personne, Louis XVI fut assigné à résidence au palais des Tuileries. C'est en 1793 que le Muséum central des arts fut créé. L'établissement s'enrichit considérablement par l'apport des guerres de conquête napoléoniennes, mais en 1815 toutes ces œuvres furent rendues à leurs propriétaires d'origine. La Commune de Paris offrit à l'histoire l'une des plus étonnantes perspectives architecturales : la Voie triomphale. Une vue sans obstacle de la statue de Louis XIV par le Bernin et l'arc du Carrousel jusqu'à l'actuelle Grande Arche de la Défense en passant par l'obélisque de la place de la Concorde et l'Arc de Triomphe. Comment les communards s'y prirent-ils ? Ils incendièrent, tout simplement, le palais des Tuileries... Ses pierres furent dispersées dans toute la France et jusqu'en Amérique.
Enfin, André Malraux marqua le Louvre de son empreinte, en en faisant creuser les fossés, dégageant ainsi la colonnade face à l'église Saint-Germain-l'Auxerrois. Aujourd'hui, le Louvre est le musée le plus visité au monde, avec une moyenne de 8 à 9 millions de visiteurs par an !

NOURRITURE ROYALE

Autrefois, on mangeait très différemment selon sa naissance. Les paysans devaient se contenter de légumes, comme le chou, et de racines, enfouies dans la vulgaire terre. La chasse étant un monopole seigneurial jusqu'à la Révolution, le roi et les seigneurs s'empiffraient de gros gibiers et de volatiles. À trop manger de viande, l'aristocratie souffrait souvent de la goutte, sans savoir pourquoi...

L'ESPRIT DES COLLECTIONS

Le Louvre présente des œuvres de l'art de l'Occident, du Moyen Âge jusqu'à 1848 (peintures, sculptures, mobilier, objets d'art et arts graphiques), et des civilisations qui l'ont précédé et influencé (antiquités orientales, égyptiennes, grecques, étrusques et romaines), ainsi qu'un département consacré aux arts de l'Islam. À ces collections s'ajoute une intéressante section consacrée à l'histoire du Louvre et de ses collections dans le pavillon de l'Horloge (aile Sully). Sont également présentés dans le pavillon des Sessions près de 110 chefs-d'œuvre des arts d'Afrique, d'Asie, d'Océanie et des Amériques.

RENSEIGNEMENTS PRATIQUES POUR LA VISITE DU LOUVRE

– ***Accès :*** *entrée principale par la pyramide (cour Napoléon ; plan Musée du Louvre).* Ⓜ *Palais-Royal-Musée-du-Louvre. Du métro, accès direct à la galerie marchande Carrousel-du-Louvre. Bus nos 21, 24, 27, 39, 48, 68, 69, 72, 81 et 95. Batobus : tte l'année sauf janv (☎ 0825-05-01-01 ; 0,15 €/mn). Parc de stationnement souterrain : Carrousel-Louvre, accès par l'av. du Général-Lemonnier (7h-23h). Autre solution (pour les piétons) : les 2 escaliers situés de part et d'autre de l'arc de triomphe du Carrousel.* **Bon plan :** entrer par la galerie marchande *(99, rue de Rivoli),* moins de monde en principe.

– ***Renseignements :*** *☎ 01-40-20-53-17 (banque d'information). Visites-conférences et ateliers : ☎ 01-40-20-52-63. Informations auditorium : ☎ 01-40-20-55-00 ou 55. Visites en groupe : ☎ 01-40-20-57-60 (groupes autonomes) ou 51-77 (visite avec un conférencier du musée). • louvre.fr • ♿ Pour les visiteurs handicapés, accès spécifique et prioritaire à la pyramide, accès aux collections par l'ascenseur de l'aile Sully.*

– ***Horaires :*** *tlj sauf mar et certains j. fériés 9h-18h (nocturnes jusqu'à 22h mer et ven). Fermeture des caisses à 17h45 (21h45 mer et ven) ; évacuation des salles 30 mn avt la fermeture. Expos temporaires et Louvre médiéval accessibles aux mêmes horaires.* IMPORTANT : pour ceux que la foule gêne, le Louvre est très calme les mercredi et vendredi après 17h et jusqu'à 21h45 (non seulement c'est bon à savoir quand on connaît la cohue de certaines matinées, mais il y a quelque chose en plus avant la fermeture : une atmosphère un peu magique, surtout quand la nuit est tombée...).

– ***Ouverture des salles :*** certaines salles sont régulièrement fermées (pour travaux, entretien, ou en raison de l'indisponibilité du personnel...) ; il est possible de connaître les salles ouvertes en téléphonant au *☎ 01-40-20-53-17,* sur le site *• louvre.fr/horaires-et-tarifs/calendrier-d-ouverture-des-salles#tabs •,* ou enfin sur place en se procurant le tableau des ouvertures et fermetures des salles à la banque d'accueil (hall Napoléon).

– ***Tarifs :*** *accès gratuit aux collections permanentes pour les moins de 26 ans, les pers handicapées, les chômeurs... Sinon, billet sur place : 15 € (musée + expos temporaires). Gratuit pour ts le 1er dim de chaque mois oct-avr et 14 juil. Distributeurs automatiques de tickets (également en espèces ou par CB) disponibles sous la pyramide. Vente en ligne de billets horodatés : • ticketlouvre.fr • ; 17 € (on attend moins longtemps). Billet valable tte la journée, même si l'on sort momentanément du musée ! Des guides multimédias (parcours interactifs) en 7 langues (y compris en langue des signes française) sont en loc aux entrées Denon, Sully et Richelieu (5 €).*

– ***Expos temporaires :*** le billet horodaté donne accès aux collections permanentes et à toutes les expos temporaires, ainsi qu'à l'exposition du hall Napoléon.

– ***Personnes handicapées et poussettes :*** prêt de fauteuils roulants et de poussettes contre le dépôt d'une pièce d'identité.

S'ORIENTER DANS LE MUSÉE

Le musée se divise en 3 vastes ailes : ***Denon*** (au sud), ***Sully*** (à l'est) et ***Richelieu*** (au nord), ordonnées autour du hall Napoléon (sous la pyramide).

Pour s'y retrouver, il existe un système de couleurs thématiques, correspondant chacune à l'un des 8 départements du musée (qui peuvent toutefois empiéter sur 2 ailes et différents niveaux) : les *Antiquités orientales* ; les *Arts de l'Islam* ; les *Antiquités égyptiennes* ; les *Antiquités grecques, étrusques et romaines* ; les *Peintures* ; les *Sculptures* ; les *Arts décoratifs* ; les *Arts graphiques.* La sélection d'objets des *Arts d'Afrique, d'Asie, d'Océanie et des Amériques* est à part.

Mais compte tenu de l'***immensité du Louvre*** et de l'ampleur des collections, ces repères de couleur ne suffisent pas ! Si l'on recherche des œuvres en particulier, il faut se référer à la numérotation des salles. Pour se repérer efficacement, mieux vaut ***d'abord viser un secteur*** (les peintures françaises, par exemple), puis sur place ***se référer aux panneaux d'orientation*** indiquant l'emplacement des salles, et ne surtout pas hésiter à ***interroger les agents d'accueil,*** qui connaissent le musée comme leur poche ! Autre astuce : préparer sa visite en consultant au préalable le tableau de correspondance des salles affiché sur le site internet.

OÙ MANGER ? OÙ BOIRE UN VERRE ?

Gardez en tête qu'il est bien sûr interdit de manger dans les salles du musée.

Si vous avez un creux, vous pouvez toujours aller faire un tour au ***Café Mollien*** (aile Denon, 1er étage, terrasse en été), au ***Café Richelieu – Angelina,*** rue de Rivoli (aile Richelieu, 1er étage, terrasse en été), aux ***cafés de la pyramide*** et au ***Café Grand Louvre.*** Également ***Le Café Marly,*** avec sa terrasse chic (voir plus haut notre rubrique « Où boire un verre ? »), et de nombreux cafés-restaurants dans le jardin des Tuileries.

UNE VISITE « AU PAS DE COURSE » POUR NOS LECTEURS PRESSÉS

Qu'on se le dise, impossible de tout voir en un jour... Alors, à moins d'avoir 2 jours devant soi, mieux vaut s'organiser et prévoir une visite thématique, en fonction de ses centres d'intérêt (voir ci-après le paragraphe « Visite(s) approfondie(s) du musée du Louvre »). Le Louvre organise d'excellentes visites groupées, sous l'égide de conférenciers, et sur réservation préalable (obligatoire pour les cycles ; • *fnac.fr* •). Parmi les thèmes proposés : la peinture italienne à la Renaissance, la peinture française de David à Delacroix, l'art grec, les antiquités égyptiennes... Sinon, un itinéraire ultra-synthétique, *Bienvenue au Louvre,* permet de découvrir une sélection de chefs-d'œuvre majeurs *(résa le jour même à la billetterie sous la pyramide ; prévoir 15 € et 1h30 ; tlj à 11h30 et 14h30).*

VISITE(S) APPROFONDIE(S) DU MUSÉE DU LOUVRE

Les principaux départements du musée ont été développés, et n'ont été retenues que les pièces marquantes. Impossible ici, bien sûr, d'établir un catalogue exhaustif. La subjectivité entre alors bien évidemment en ligne de compte... Il faut néanmoins savoir que le musée met à la disposition de ses visiteurs, dans de nombreuses salles, des documents détaillant l'histoire du palais ainsi que les œuvres exposées.

Voici l'ordre de nos visites : antiquités grecques, étrusques et romaines, antiquités égyptiennes, peintures françaises, peintures de l'Europe du Nord, peintures italiennes et espagnoles, sculptures italiennes et nordiques, arts de l'Islam, sculptures françaises, arts décoratifs, antiquités orientales et, enfin, arts d'Afrique, d'Asie, d'Océanie et des Amériques.

Mais au préalable, pour les amateurs d'histoire et d'architecture, le pavillon de l'Horloge propose une intéressante introduction retraçant l'histoire du palais depuis la nuit des temps... jusqu'à aujourd'hui.

Le Louvre, la ruée vers l'art

Le circuit proposé ici prendra au moins 2h, à condition bien sûr que vous n'ayez pas trop de difficultés à vous repérer et sachant qu'il n'est pas tenu compte des œuvres exposées dans les salles que vous allez traverser. Par ailleurs, certaines salles étant fermées par roulement, il sera parfois nécessaire de prendre des raccourcis (donc demandez en arrivant à l'accueil le calendrier des ouvertures/fermetures des salles).

– ***Le pavillon de l'Horloge (salles 132 à 137, 600, 900 et 901).*** Les moins pressés ont tout intérêt à rejoindre le pavillon de l'Horloge, aile Sully. Dédiée à l'histoire du Louvre, de ses collections, et à ses grandes missions actuelles, c'est une excellente introduction pour mieux comprendre la complexité d'un musée de cette envergure. Le début de la visite est spectaculaire quand on découvre les vestiges très imposants et insoupçonnés depuis l'extérieur des fondations du château de Philippe Auguste. Disséminés le long des anciens fossés, des panneaux en relief (très ludiques !) et des reconstitutions vidéo permettent de suivre pas à pas l'évolution du palais. Une évolution architecturale, mais aussi esthétique, qu'on aborde dans une salle bien conçue où une grande maquette interactive et différents éléments de décor (chapiteaux, clé de voûte...) illustrent bien les métamorphoses successives du Louvre. Puis, après avoir longé les bases du donjon décidément impressionnant – il servit de prison avant de protéger le trésor royal, cœur financier du royaume –, on parvient à la salle Saint-Louis, où est évoqué le thème du château comme lieu de pouvoir, ainsi que de création artistique (de nombreux artistes logeaient et travaillaient dans son enceinte). Là encore, la présentation moderne et interactive est réjouissante. Parmi les pièces exposées, ne ratez pas le casque de Charles V... découvert par hasard au fond d'un puits ! On enchaîne à l'étage pour s'intéresser désormais au musée, aux œuvres exposées et à leurs emplacements (pas inutile pour repérer ses préférées !).

Mais le plus intéressant se cache dans la dernière salle, au niveau 2, où l'on découvre enfin les coulisses du Louvre. On y détaille les missions du musée, qu'il s'agisse de la conservation des œuvres, de leur étude ou de l'acquisition de nouvelles pièces (qui nécessite la réunion d'un comité scientifique pour définir le besoin des collections et le mode de financement adopté). C'est la face cachée du musée, pleine de détails savoureux. On apprend par exemple que la cour Napoléon comprend 650 000 pavés ! On se demande bien à qui a échu la corvée de les compter...

En sortant de la salle Saint-Louis, tournez à gauche et accédez au rez-de-chaussée par l'escalier Henri-II (dû à Pierre Lescot) à la magnifique voûte à caissons (aussi dénommée Grand Degré).

– ***La salle des Cariatides (salle 348).*** Entrez dans la superbe salle des Cariatides, due à Pierre Lescot (1546-1550), les sculptures féminines qui soutiennent la tribune des musiciens étant l'œuvre de Jean Goujon. Salle de bal sous Henri II, les rois « de droit divin » y guérissaient les fameuses écrouelles – abcès d'origine tuberculeuse –, et Henri IV y siégea sur un « tribunal » avant d'être mis en bière et exposé au chagrin des foules (Ravaillac était passé pas loin...). Molière y interpréta devant le Roi-Soleil ses *Précieuses ridicules...* On y abrita des antiques, et elle accueillit, après la Révolution, les 1res séances de l'Institut. Belle vue sur la Cour carrée depuis les fenêtres, à l'est.

– ***Les appartements d'été de la reine.*** À droite de la cheminée, sortez de la salle, puis tournez à droite vers la rotonde de Mars, qui précède, au rez-de-chaussée de la Petite Galerie, les modestes appartements d'été d'Anne d'Autriche, mère de Louis XIV, dus à l'architecte Louis Le Vau. Du nord au sud : le grand salon, l'antichambre (salle des Saisons), le vestibule (salon de la Paix), le grand cabinet, la chambre de parade et le petit cabinet... La décoration, somptueuse, n'a rien à envier à celle du palais qui allait surgir d'un marécage et qui ne s'appelait pas encore Versailles. Bonaparte fit exposer dans les galeries aménagées les œuvres « empruntées » en Italie par les armées révolutionnaires (une bonne partie d'entre elles ont été rendues depuis !).

– ***La cour du Sphinx (salle 419).*** Prenez à droite la suite de pièces donnant sur la Seine, afin d'atteindre, sur la droite toujours, la cour du Sphinx. Couverte d'une verrière en 1934, l'aile est ornée d'un élégant fronton dû à Le Vau.

– ***L'escalier Daru.*** Empruntez la galerie ouest qui longe la cour, afin de rejoindre le pied de l'escalier Daru, en haut duquel nous attend la *Victoire de Samothrace*. Construit par Lefuel, l'architecte de Napoléon III, et portant le nom d'un ministre de ce dernier, il a pris la place de l'escalier du musée Napoléon, dont subsiste, à droite, le vestibule (architectes : Percier et Fontaine). À gauche, quelques marches, et l'on accède, au 1er étage, à la rotonde et à la galerie d'Apollon.

– ***La rotonde et la galerie d'Apollon.*** La 1re était la salle d'audience de Louis XIV, avant d'abriter l'Académie de peinture et de sculpture, jusqu'à la Révolution. Quant à la galerie elle-même, elle est somptueuse. Commandé en 1663 par Louis XIV à Le Brun, ce superbe décor réalisé à sa propre gloire restera inachevé quand, en 1678, le roi s'installera à Versailles. La galerie tiendra alors lieu d'atelier aux élèves de l'École royale (trop dur !), puis de lieu d'exposition. On découvre ici le thème de la course du Soleil, dans le temps et dans l'espace (si vous en avez sous la main, prenez des jumelles). Le plafond est un chef-d'œuvre auquel nombre d'artistes renommés ont contribué, dont Le Brun et plus tard Delacroix. Voyez, sur les murs, les portraits en tapisserie des grandes personnalités de l'époque. L'architecture même de la galerie (plus cintrée du côté opposé aux fenêtres) a été conçue pour utiliser la lumière – qui n'entre que par l'est – de la manière la plus flatteuse possible. Histoire d'une rencontre au sommet de la mythologie grecque et de l'histoire de France...

La galerie abrite les bijoux de la Couronne, un prestigieux trésor constitué par les rois de France depuis François Ier. Le trésor était composé de biens inaliénables, autrement dit dont les souverains ne pouvaient disposer en biens propres.

Après la galerie d'Apollon et à nouveau la rotonde, gagnez, à droite, le Grand Cabinet du roi (devinez lequel).

– ***La salle Henri-II (salle 662).*** Dos aux fenêtres, entrez dans la salle Henri-II, formée de la réunion de l'antichambre et de la garde-robe du roi (dues à Pierre Lescot). Son plafond a été décoré, en 1953, d'une somptueuse composition de Georges Braque, *Les Oiseaux*. Accédez ensuite à la salle des Bronzes antiques.

– ***La salle des Bronzes antiques (salle 663).*** Conçue elle aussi par Pierre Lescot (1551-1553), elle fut remaniée sous la Restauration pour accueillir les sessions des Chambres, avant de retrouver son volume originel et d'abriter les collections d'antiques de Napoléon III, puis les bronzes depuis 1938. Ne surtout pas manquer le plafond peint par Cy Twombly (1928-2011), artiste américain de renommée internationale. Une œuvre monumentale de 400 m² commandée par le Louvre dans le cadre de sa politique d'art contemporain. S'il faut y voir un sens, disons que le ciel bleu « Giotto » fait avantageusement écho aux oiseaux de la salle précédente, tandis que les ronds et noms grecs des sculptures répondent à la vocation de cette salle. Impressionnant.

– ***La galerie Campana (salles 651 à 656).*** Œuvre de Fontaine, l'ensemble de 9 salles qui longent le fleuve abrita un temps les collections de peintures françaises : le décor évoque donc la France, son histoire (bien sûr) glorieuse, ses souverains (forcément) généreux, protecteurs des arts et des lettres... Réaménagée par Lefuel, l'architecte de Napoléon III, elle abrite depuis la fabuleuse collection de vases grecs rachetée par ce dernier au marquis ruiné, Gianpietro Campana. Depuis les fenêtres, splendide vue sur la Seine, l'île de la Cité, le pont des Arts et, sur la rive gauche, la façade de l'Institut, que l'on doit à Le Vau. Retraversez le salon des Sept-Cheminées, le Grand Cabinet du roi, la rotonde d'Apollon, passez devant la *Victoire de Samothrace* et, après quelques marches, atteignez le vestibule Percier.

– ***La Grande Galerie (salles 710, 712 et 716).*** Décidée au départ par le bon roi Henri comme partie de son « Grand Dessein » architectural, cette galerie dite « du Bord-de-l'Eau » permettait de relier le Louvre au palais des Tuileries de Catherine de Médicis (300 ans plus tard, celui-ci devait brûler, réponse tragique de la Commune de Paris à la féroce répression versaillaise...). Le roi (toujours de droit divin) y guérit aussi les écrouelles (voir encadré). Choisie pour abriter le Muséum royal, elle fut ouverte au public le 10 août 1793, en pleine Révolution, par décision de la Convention, sous l'appellation de Muséum central des arts. Son aménagement, complété par Percier et Fontaine sous l'Empire, sera achevé par Lefuel sous Napoléon III. Il faut savoir, pour l'anecdote, que, de la fin du XVIIe s jusqu'en 1806, son entresol était occupé par de nombreux ateliers et logements d'artistes, de même d'ailleurs qu'une partie du palais, la Cour carrée notamment. Au milieu de la Grande Galerie, tournez à droite pour entrer dans la salle de la Joconde.

LES ROIS GUÉRISSEURS

Pendant 8 siècles, on a cru que les rois de France avaient le pouvoir surnaturel de guérir les écrouelles (ganglions tuberculeux au niveau du cou) en touchant les sujets malades au front. La cérémonie avait lieu 4 fois par an au Louvre. Ce don confirmait le caractère divin de la royauté et étayait son pouvoir absolu. Louis XVI toucha 2 400 malades au lendemain de son sacre. Ça ne lui porta pas chance...

– ***La salle de la Joconde et le salon Denon (salles 711 et 701).*** Réalisée par Lefuel, la salle de la Jaconde était destinée à accueillir les séances législatives sous Napoléon III. Dépouillée de son décor, elle abrite *Les Noces de Cana* de Véronèse et le tableau le plus célèbre du monde (devinez lequel !). On s'y photographie donc beaucoup. À l'opposé de la Grande Galerie, le salon Denon, du nom du 1er directeur du musée sous Napoléon, a conservé, lui, son décor d'origine, exaltant le mécénat d'État de la France... Tournez à gauche dans la salle Mollien.

– ***La salle Mollien (salle 700).*** Décorée sous le Second Empire comme la salle Daru qui lui fait pendant, elle aboutit au palier supérieur de l'escalier Mollien. Le décor allégorique de ce dernier rend hommage aux arts. À droite, la terrasse du café du même nom, agrémentée de statues d'hommes célèbres, domine la cour Napoléon. Descendez l'escalier Mollien, jusqu'au rez-de-chaussée, et accédez à la galerie Michel-Ange.

– ***La galerie Michel-Ange et le vestibule Denon (salle 403).*** Construite au XIXe s et servant d'accès à la salle des États, au 1er étage, elle possède un sol en marbre somptueux qui met en valeur les sculptures italiennes, notamment *Les Esclaves* de Michel-Ange. Le vestibule Denon, ancienne entrée principale du musée, dessert, à l'opposé, la galerie Daru, qui abrite des sculptures grecques et romaines. Tournez à droite dans le vestibule et, après avoir descendu quelques marches, accédez à la salle du Manège.

– ***La salle du Manège (salle 165).*** Aménagée pour le prince impérial par Lefuel, cette salle aux belles proportions et à la décoration singulière communiquait avec les anciennes écuries et la cour par un escalier... en fer à cheval. Depuis une tribune, l'impératrice Eugénie, non sans fierté, pouvait assister aux évolutions équestres de son impérial rejeton... Empruntez les escaliers, vers la pyramide.

– ***La cour Marly.*** Cette cour, également conçue par Lefuel, qui prit la succession de l'architecte de Napoléon III, Visconti, fut couverte par l'architecte de la pyramide, Ieoh Ming Pei, et inaugurée en 1993. La sculpture française y est naturellement mise en valeur, tant par la disposition en paliers que par l'éclairage zénithal et naturel. Montez vers les *Chevaux de Marly* et, à gauche, prenez l'escalier du Ministre (rampe et lustre réalisés par Christofle), qui conduisait aux appartements privés.

– ***Les appartements Napoléon-III.*** Luxueusement meublés et décorés, aux plafonds richement peints, les appartements Napoléon-III, inaugurés en 1861, illustrent le luxe inouï d'une époque où petit et grand salons, « salon-théâtre », petite et grande salles à manger constituent l'ordinaire d'un ministre d'État, qu'un de ses lointains successeurs n'abandonnera qu'à contrecœur, en 1989, afin que puisse se réaliser le projet d'un Grand Louvre voulu par François Mitterrand dès 1981. Quittez la salle à manger par l'office, à droite, et, en traversant les collections d'objets d'art du Premier Empire, atteignez le remarquable escalier Lefuel, à double volée. Au rez-de-chaussée, repassez par la cour Marly afin de regagner le hall Napoléon, sous la pyramide.

– ***La pyramide.*** Celle-ci, qui marque depuis son inauguration, en 1989, année du bicentenaire de la Révolution française, la nouvelle entrée du musée, est à elle seule une prouesse technique de verre et d'acier, dont la conception audacieuse, due à Ieoh Ming Pei, par sa transparence même, constitue une véritable œuvre d'art. À remarquer, la statue équestre de Louis XIV, à côté de la pyramide. Elle est située dans l'axe exact des Champs-Élysées. Conclusion : le Louvre n'est pas du tout dans l'alignement Concorde – Champs-Élysées – Arc de Triomphe.

Antiquités grecques, étrusques et romaines

Entresol (Denon)

– ***Salles d'Orient méditerranéen :*** autour des arts de l'Islam et de la cour Visconti (voir plus loin), 9 salles consacrées à l'Orient méditerranéen dans l'Empire romain (OMER), du Ier s av. J.-C. au IVe s apr. J.-C. À cette époque, cette zone, découpée en plusieurs régions (de l'Asie Mineure – actuelle Turquie – à l'Égypte), est unifiée par un système politique (l'Empire romain) et une langue commune, le grec. Le circuit présente les différents aspects – religieux, culturels, artistiques – de ces civilisations locales aux traditions anciennes et au passé prestigieux ayant assimilé les éléments de culture gréco-romaine.
Le circuit, un poil alambiqué du fait de la disposition des salles sur 2 niveaux, est organisé de façon thématique. Le mieux est de suivre la numérotation. Signalons enfin la présence de panneaux explicatifs clairs et synthétiques, et de supports numériques qui, malgré l'absence de cartes géographiques, complètent bien la visite. Celle-ci commence par les salles d'art funéraire dans l'Égypte romaine et la somptueuse collection de ***portraits du Fayoum*** (salle 183) – peintures sur bois d'une finesse technique et d'une modernité saisissantes (remarquer l'expression et la profondeur des traits) – fixés à l'aide de bandelettes sur les sarcophages, à l'emplacement de la tête, et peints du vivant de la personne. Beaux ***masques funéraires, linceuls peints*** et ***momies.*** Également des ***sarcophages sculptés*** (salle 181), en pierre ou en plomb, témoins de pratiques funéraires, et des éléments du ***sanctuaire d'Héliopolis*** au Liban, sans doute l'un des plus grands du monde romain au IIe s av. J.-C. Les salles 180 et 181 sont dévolues à la ***statuaire*** (ex-voto de terre cuite phéniciens, figurines égyptiennes d'Harpocrate et divinités) et au ***mobilier de culte*** (culte de la déesse Mithra et de Cybèle, 1re divinité d'Orient à être introduite à Rome au IIIe s avant notre ère).
La visite se poursuit au sous-sol avec les ***tissus*** (fragments de tentures) et ***mosaïques*** du IIIe au VIe s apr. J.-C. (salle 186). Avant de descendre dans la cour Visconti, observez du balcon la ***mosaïque de l'église Saint-Christophe*** découverte au XIXe s sur le site de Qabr Hiram au Liban. Remarquer l'incroyable bestiaire de la nef latérale nord.
Retour à l'étage pour la présentation des ***arts et monuments de la vie publique*** (salle 179) avec de fines et élégantes statues d'hommes drapés d'époque, et de sublimes objets, témoins de techniques déjà très évoluées dans les arts du feu : ***faïences*** (vaisselle et objets d'un bleu vif magnifique), ***céramiques,*** lampes à huile en terre cuite ou en cuivre, et ***verreries*** dans un état de conservation épatant. Ne pas manquer la salle 178 consacrée aux tissus d'ameublement, avec notamment une belle mise en lumière du ***voile d'Antinoé,*** longue tenture décorative évoquant la vie de Bacchus, exhumée de la nécropole du même nom en moyenne Égypte. Dans la salle 176, vitrines de ***parures et bijoux,*** et superbes portraits de femmes richement vêtues datant seulement du IIe s apr. J.-C. ! Le dernier espace de l'exposition (salle 177) est consacré à l'***empire de Méroé*** (Nubie préchrétienne), IVe-XIIe s apr. J.-C.

Rez-de-chaussée (Denon et Sully)

– ***Salle d'Olympie (salle 407) :*** on y trouve 3 des 12 sculptures qui représentaient les travaux d'Hercule dans le temple de Zeus à Olympie (le massacre des oiseaux du lac Stymphale, la lutte contre le taureau de Crète et le combat contre le berger Eurytion). Maquette explicative.

– ***La rotonde de Mars (salle 408) :*** noter le superbe plafond ouvragé (anciens appartements d'Anne d'Autriche).
– ***Salles 339 à 346 :*** les salles consacrées à l'art grec classique et hellénistique (2 galeries parallèles) ont été entièrement rénovées.
Dans l'une, les collections sont présentées selon un parcours géographique qui permet de mesurer l'étendue et le rayonnement du monde grec, alors unifié par la langue : vases, bijoux, éléments d'architecture... Des objets présentés dans leur contexte, et un voyage qui nous mène de l'Italie du Sud à l'Asie Mineure en passant par le Proche-Orient. Ne pas manquer l'*amphore panathénaïque* (salle 343) illustrant l'art de la Grèce classique ; ce type d'amphore contenait l'huile offerte aux vainqueurs des différentes compétitions athlétiques. Également un bien beau diadème provenant d'Italie du Sud, au décor végétal exubérant (salle 342).
Dans l'autre galerie, on trouve les répliques romaines de chefs-d'œuvre disparus de la sculpture grecque classique illustrant le thème des dieux et héros grecs. Autant de répliques qui « compensent » la disparition des sculptures originales, initialement réalisées dans des matériaux fragiles. Un peu plus loin, des indications sur les vêtements de l'époque, et sur les sculpteurs qui ont marqué leur temps, comme Praxitèle et Lysippe. On s'intéresse d'autant mieux à l'une ou à l'autre de ces sculptures qu'on peut déambuler entre elles ou en faire le tour.
À l'intersection de ces 2 galeries se découpe la silhouette restaurée de la *Vénus de Milo.* Celle-ci, *La Joconde* et la sculpture *Victoire de Samothrace* attirent à elles seules 80 % des visiteurs ! Il fallait donc lui trouver un emplacement adapté à la circulation et à la contemplation du flot de ses admirateurs. Découverte en 1820 sur l'île de Milo, la *Vénus* illustre la perfection sculpturale. Qui est-elle ? A-t-on retrouvé ses bras ? Quelle position pouvaient-ils avoir ? Quelques infos tout autour sur la sculpture et ses mystères, le parti pris des restaurateurs successifs ou la façon dont on a pu la dater, mais les siècles ont emporté la plus large part de son mystère...
– ***Salle des Cariatides (salle 348) :*** cette salle fut richement décorée par Jean Goujon et servit pour des mariages princiers et des fêtes royales. C'est l'une de nos salles préférées. Pour son superbe cadre Renaissance d'abord, pour la qualité des œuvres qui y sont exposées ensuite. Là aussi, copies romaines d'œuvres à jamais disparues. Parmi les pièces les plus significatives, on trouve le *Gaulois blessé, Artémis* (dite Diane de Versailles), *Les Trois Grâces, Silène portant Dionysos enfant, Hermès attachant sa sandale.* Mais notre coup de cœur va au curieux et très troublant *Hermaphrodite endormi...,* dont le matelas, bien postérieur, est dû au Bernin...
– Retour aux appartements d'Anne d'Autriche, après la rotonde. ***Salles 409 à 418 (la 415 n'est pas accessible),*** période romaine. Sarcophages sculptés. Les ***salles 420, 421 et 423*** sont consacrées à la période étrusque : urnes en albâtre de Volterra, sarcophages en terre cuite, monuments funéraires de Chiusi, miroirs en bronze gravés, vases à figures rouges, céramiques à figures noires, remarquables petits bronzes, orfèvrerie, etc. Au milieu, le célèbre *sarcophage dit « des Époux »,* où le couple sourit pour l'éternité.
– ***Cour du Sphinx (salle 419) :*** on y découvre la sculpture de *La Melpomène* récemment restaurée, une œuvre découverte à Rome, des bas-reliefs de Thasos et des mosaïques.

1er étage (Sully)

Suite et fin des antiquités grecques et romaines avec, entre autres, le *trésor de Boscoreale.*
En haut du grand escalier trône la célèbre *Victoire,* statue du IIe s av. J.-C. découverte dans l'île de Samothrace. Elle symbolisait vraisemblablement une victoire navale (figurant la proue d'un navire).
– ***Salle des Verres antiques (salle 661) :*** dans l'ancien Grand Cabinet du roi, présentation de la collection de verres grecs et romains.
– ***Salle Henri-II – Orfèvrerie romaine (salle 662) :*** le *trésor de Boscoreale* occupe la majeure partie de la salle. C'est un ensemble très important d'argenterie et de

mobilier d'une villa pompéienne, dissimulé dans une citerne probablement lors de l'éruption du Vésuve (en 79 apr. J.-C.). Immense richesse décorative, qui semble curieusement tenir davantage de la Renaissance que de l'influence hellénistique. Au plafond, *Les Oiseaux,* vaste composition de Georges Braque... de 1953.
– ***Salle des Bronzes (salle 663) :*** on aime beaucoup la présentation des objets (fond de granit, éclairage discret), qui les met remarquablement en valeur. Nombreux miroirs ornementés ou gravés. Ne pas manquer l'adorable petit groupe avec Bacchus, un satyre jouant de la flûte et des danseuses. *Apollon de Lillebonne,* belle statue en bronze doré découverte en Seine-Maritime.
Revenez sur vos pas et tournez à gauche, pour aborder l'ancien musée Charles-X et la galerie Campana.
– ***Ancien musée Charles-X (salles 646 à 649) :*** collection de figurines en terre cuite, de stuc et de bois, étendue dans 4 salles. Les figurines étaient le plus souvent trouvées dans des tombes, mais leur fonction religieuse a évolué au fil du temps vers une dimension plus esthétique.
– ***Galerie Campana (salles 651 à 656) :*** *fermée ven.* Présentation des vases de céramique grecs dans 9 salles, dont 1 salle thématique et 3 salles d'étude. Cette collection est l'une des plus riches du monde, tant en quantité qu'en qualité. Œuvres d'art et en même temps documents, ces vases permettent de mieux comprendre la vie quotidienne en Grèce antique. Les thèmes les plus utilisés pour les illustrer sont le sport, les activités sociales, les dieux et les mythes. On en trouve avec des motifs géométriques ou orientalisants, à figures noires ou à figures rouges.

Antiquités égyptiennes

Le département des Antiquités égyptiennes, avec ses 4 200 m², constitue l'un des plus grands musées « égyptiens » au monde, avec ceux du Caire et de Berlin. Ce sont 30 salles en tout qui ont été réaménagées en s'inspirant des partis pris de Champollion : au rez-de-chaussée, circuit thématique ; à l'étage, circuit chronologique. À commencer par le Nil, cette promenade de 4 000 ans s'efforce de retracer la vie quotidienne de l'Égypte ancienne. Nombreux textes explicatifs qui accompagnent le superbe travail de mise en scène des œuvres, ainsi que des panneaux historiques sur les salles elles-mêmes. La disposition, résolument moderne, offre 2 niveaux de lecture pour capter l'attention du visiteur, qu'il soit élève de 6e ou archéologue.

Le parcours thématique (Sully, rez-de-chaussée)

À partir du hall Napoléon, sous la pyramide, prenez les escaliers mécaniques, direction Sully. Traversez le Louvre médiéval et arrivez devant le grand *Sphinx de Tanis,* un des plus beaux par ses qualités plastiques ***(salle 338).***
– Prenez ensuite l'escalier sur la gauche. À l'entrée du département, *grand écriteau présentant le projet de restauration de la chapelle funéraire du Mastaba d'Akhéthétep* ***(salle 337).***
– ***Salle 336 :*** le Nil, le fleuve nourricier, voie de navigation et de communication. Modèles réduits de bateaux du Moyen Empire et figurines d'animaux.
– ***Salle 333 :*** les travaux des champs ; le mastaba d'Akhethétep. Bas-reliefs polychromes de toute beauté. Le reste de la salle est consacré à l'agriculture.
– ***Salle 332 :*** élevage, chasse et pêche. Le repas des Égyptiens. Insolite « menu idéal du mort », composé des mets les plus délectables.
– ***Salle 335 :*** l'écriture et les scribes. Tout sur ces rouages essentiels de l'administration égyptienne, qui possédait un sens élevé de l'organisation, l'inventaire et les décomptes. Vitrine consacrée aux poids et mesures, et surtout étonnante vitrine de palettes et matériel de scribes.
– ***Salle 334 :*** matériaux et techniques. Artistes et artisans. Belle statue en bronze du dieu Horus les bras tendus.

– ***Salle 331 :*** la maison et le mobilier. Des objets domestiques retrouvés dans certaines tombes nous permettent aujourd'hui d'admirer le décor quotidien des Égyptiens.
– ***Salle 330 :*** la parure. Bijoux, pierres semi-précieuses, vêtements, soins du corps. Quelques pièces remarquables : le collier aux poissons, le collier de Pinedjem, la bague d'Horemheb. Collection exceptionnelle d'objets de toilette. Ravissantes cuillères (à fard ?). Au fond, une vitrine de vêtement en lin plissé.
– ***Salle 329 :*** les loisirs, instruments de musique et jeux. Preuve que les Égyptiens ne manquaient pas de distractions.
– ***Salle 327 :*** le parvis du temple, l'allée des Sphinx (on se croirait à Karnak !). On en trouve 6 en calcaire, provenant des fouilles du Serapeum.
Attention : le grand escalier mène au 1er étage directement à la salle 641 de la présentation chronologique. Il est donc déconseillé de l'emprunter si l'on désire découvrir l'ensemble du circuit.

– ***Salle 324 :*** le temple. Mise en place des plus grandes sculptures pour donner une idée de ce qu'était un temple égyptien. Portiques, colonnes et statues de rois et divinités comme Sekhmet. *Colosses de Séthi II et de Ramsès II,* mais aussi belle *tête d'Aménophis III.* Reliefs en grès qui évoquent le dieu Montou. Dans la ***salle 325,*** les chapelles, la chambre des ancêtres et le zodiaque de Dendéra richement gravé et décoré.
Retour à la galerie Henri-IV pour descendre à la crypte d'Osiris ***(salle 323).*** Ce dernier connut un sort tragique et devint roi du monde des morts. Magnifique sarcophage de Ramsès III en granit rose. Mythologie et rites entourant l'enterrement royal sont illustrés dans les vitrines attenantes.
– ***Salle 321 :*** les sarcophages, sortes de monde en miniature, censés protéger le mort dans son voyage vers l'au-delà.
– ***Salle 322 :*** la momie. Embaumement et enterrement. Réalisée afin d'éviter la disparition matérielle du corps et assurer sa survie.
– ***Salle 320 :*** les tombes. Elles étaient garnies d'un certain nombre d'objets quotidiens.
– ***Salle 319 (temporairement fermée au public) :*** le *Livre des Morts,* l'équipement funéraire. La longueur de la salle permet de montrer entièrement le *Livre des Morts* de Hornedjitef (plus de 20 m).
– ***Salle 317 :*** les dieux et la magie. Fort belle statue guérisseuse. Objets et textes reflétant l'importance de la magie dans la vie quotidienne. Statuettes présentant les différentes divinités et leurs attributions.
– ***Salle 318 (temporairement fermée au public) :*** animaux et dieux, animaux sacrés, Serapeum de Memphis. Admirer l'étonnante vitrine de momies d'animaux. Du taureau de Montou au crocodile de Sobek, ils représentaient tous des dieux. Superbe statue du taureau Apis.
Maintenant, revenez quelques pas en arrière pour emprunter l'escalier du Nord et rejoindre le parcours chronologique.

Le parcours chronologique (Sully, 1er étage)

Une grande frise chronologique donne une idée de la longévité de la civilisation égyptienne. Près de 3 000 ans séparent Chéops de Cléopâtre et des derniers pharaons. Double principe de visite : d'abord présentation d'une sélection d'œuvres et, parallèlement, galeries plus denses pour les amateurs, les chercheurs ou tout simplement les curieux.
– ***Salle 633 :*** la fin de la préhistoire. L'époque de Nagada (vers 4000-3100 av. J.-C.) voit apparaître les 1ers hiéroglyphes. L'un des chefs-d'œuvre de cette période est le *poignard du Gebel el-Arak.* Beaux vases peints et en pierre dure.
– ***Salle 634 :*** l'époque thinite (vers 3100-2700 av. J.-C.). Les 2 premières dynasties. Intéressante *stèle du Roi-Serpent,* symbole de l'unification de l'Égypte et de la naissance de l'écriture. Objets de mobilier en ivoire ravissants ainsi que des vases colorés.
– ***Salle 635 :*** l'Ancien Empire (vers 2700-2200 av. J.-C.). C'est la période faste des rois puissants, où l'on construit les 1res pyramides. Fort belle tête du roi Didoufri

coiffée du « némès ». Mais on y trouve surtout le célèbre *Scribe accroupi.* Attitude suggestive, superbe visage aux yeux expressifs en cristal de roche, polychromie. La très colorée stèle représentant Nefertiabet devant son repas d'éternité, ainsi que le couple de Raherka et Merséankh frappent par leur grande finesse.
– ***Salle 636 :*** vers 2033-1710 av. J.-C., le Moyen Empire. Élégante porteuse d'offrande, ainsi que 2 grandes statues en bois : le chancelier Nakhti et le gouverneur de province Hapydjefaï. Dans les vitrines, jolies faïences, comme cet hippopotame bleu. Plus loin, statuettes des rois et stèles.
– ***Salle 637 :*** le Nouvel Empire (de la reconquête à Aménophis III, 1550-1353 av. J.-C.). Cette salle permet de constater l'évolution du style, de l'archaïsme un peu raide de la *statue du prince Iâhmès* aux sensuels *Portraits du roi Aménophis III.* Superbe coupe d'or du général Djéhouty et statuettes du scribe Nebméroutef, d'une grande finesse.
– ***Salle 638 :*** le Nouvel Empire, période d'Akhenaton et Néfertiti (1353-1337 av. J.-C.). Beau colosse d'Akhenaton (aussi appelé Amenophis IV) contre le mur latéral. Surtout, on y trouve, parmi les musts du Louvre, un buste en quartzite rouge (probablement la reine Néfertiti), la tête (minuscule) d'une princesse et la statuette du couple royal se tenant par la main.
– ***Salle 640 :*** le Nouvel Empire, autour du règne de Toutânkhamon (1337-1295 av. J.-C.). Celui-ci a favorisé un retour aux formes politiques et culturelles traditionnelles, après les bouleversements dus à Akhenaton. Extraordinaire tête d'homme en calcaire peint, délicate statuette de femme nue en ivoire, ainsi qu'une majestueuse statue du dieu Amon.

ET ON LUI COUPA LA TÊTE !

Dans l'aile Sully, au 1er étage, salle 640, admirez la grande statue en dorite noire du dieu Amon protégeant Toutânkhamon. Le jeune pharaon a la tête coupée. En effet, le peuple égyptien voulut se venger de son père Akhénaton, qui choisit d'abandonner les dieux égyptiens en proclamant un dieu unique.

Ensuite, on pénètre dans celles qui furent les 1res salles d'égyptologie, créées en 1827 par Champollion.
– ***Salle 641 :*** le Nouvel Empire, au temps des Ramsès (1295-1069 av. J.-C.). Les pharaons. L'apogée des XIXe et XXe dynasties est marquée par une richesse architecturale inégalée. Splendide fragment de pilier peint représentant Séthi Ier et la déesse Hathor, à la coiffure de disque solaire cerné de cornes de vache.
– ***Salle 642 :*** le Nouvel Empire, au temps des Ramsès. Princes et courtisans. Très fine statuette en pierre d'Amon et de son épouse Mout. Bijoux provenant du Serapeum de Memphis. Pectoraux en or incrustés de faïence. Stèles de scènes humoristiques.
– ***Salle 643 :*** 1069-404 av. J.-C. C'est la période de la 1re domination perse. En face, *statue de Karomama,* le plus beau bronze égyptien, tout incrusté d'or et d'argent. Ravissant bijou en or figurant la triade Osiris-Isis-Horus.
– ***Salle 644 :*** des derniers pharaons d'Égypte à Cléopâtre (404-30 av. J.-C.). Beau torse de Nectanebo Ier. Cercueil en « cartonnage » doré de Tachéretpaânkh.

Peintures françaises

Le parcours commence dans l'aile Richelieu, au 2e étage, pour se poursuivre (toujours au 2e étage) dans l'aile Sully, ainsi qu'au 1er étage dans l'aile Denon, où sont exposés les grands formats du XIXe s.
Près de 200 œuvres, des primitifs à Poussin, sont visibles dans les salles de l'***aile Richelieu*** conçues par I. M. Pei.
– ***Salle 835 :*** le *Portrait de Jean le Bon,* peint vers 1350. Le 1er portrait français conservé du XIVe s.
– ***Salle 833 :*** la célèbre *Pietà de Villeneuve-lès-Avignon,* sommet de l'art chrétien au pathétique poignant.

– ***Salle 820 :*** la peinture française paraît ressusciter vers le milieu du XVe s, au travers d'importantes écoles régionales. 1res influences de la Renaissance dans le *Charles VII* de Jean Fouquet.
– ***Salles 821 et 822 :*** les peintres de portrait du XVIe s représentés par les Clouet, peintres de cour de père en fils. Portrait de François Ier.
– ***Salles 823 et 824 :*** l'arrivée d'artistes italiens (Léonard de Vinci, Rosso, le Primatice) en France bouleverse le cours de la peinture française, qui passe de l'art médiéval au maniérisme. *Diane chasseresse* et *Gabrielle d'Estrées et une de ses sœurs* (au geste ambigu qui doit faire référence à la naissance d'un bâtard d'Henri IV) sont représentatives de cette école de Fontainebleau.
– ***Salles 825 et 826 :*** un quart de l'œuvre de Nicolas Poussin est présenté au Louvre, ce qui permet de suivre l'évolution de cet artiste-philosophe du XVIIe s – de ses 1res années romaines *(Les Bacchanales)* aux tableaux de la maturité *(Autoportrait)* et aux œuvres de la fin de sa carrière *(Les Saisons, Apollon et Daphné).*
– ***Salle 827 :*** un autre artisan génial de la lumière, Claude Gellée, dit « le Lorrain », avec *Port de mer au soleil couchant.* Pas la peine de chercher des références géographiques, tous ces ports sont imaginaires.
– ***Salles 828 à 831 :*** peintures françaises du XVIIe s.
Le circuit des peintures françaises se poursuit dans l'***aile Sully.***
– **Salle Watteau (salle 917) :** avec le célèbre *Pierrot,* dit *Gilles,* personnage énigmatique entre candeur et gravité, *Pèlerinage à l'île de Cythère, Nymphe et Satyre...* Puis Nicolas Lancret, Nicolas de Largillierre et son insolite *Étude de mains,* de Troy et les peintres de Louis XV, Van Loo, Boucher, Lemoyne.
– Dans le *Déjeuner de chasse* de Jean-François de Troy ***(salle 919),*** notez l'insouciance de vivre de l'aristocratie. Peint en 1737 (au loin la Révolution se prépare !).
– De Chardin, *Le Buffet* et *La Raie* (où le chat est le seul élément vivant ; ***salle 920***) ou *L'Enfant au toton.* Puis Pierre Subleyras, réhabilité, et Oudry.
– Grande salle ***(salle 924)*** avec *Christ devant Pilate* par de Troy, mais surtout la *Madeleine au pied du Christ* de Subleyras. Puis Restout et Vien (ce dernier était plus célèbre que Fragonard à l'époque !).
– ***Salles 925 et 926 :*** portraits, pastels et miniatures du XVIIIe s.
– ***Salle Boucher (salle 927) :*** avec *L'Enlèvement d'Europe, Les Forges de Vulcain* (charme et fraîcheur réjouissants).
– ***Salle 928 :*** il y a déjà du Renoir dans le visage triste de *L'Oiseau mort.* Dans *L'Accordée du village,* Greuze met en scène le petit peuple (Diderot applaudira). Justement, voici le célèbre *Diderot* de Fragonard.
– ***Salle Fragonard (salle 929) :*** on ne le présente plus, mais vous serez étonné par son *Grand prêtre Corésus,* plein de lourde théâtralité avec sa lumière irréelle.
– ***Salles 931 et 932 (salle Greuze) :*** pas mal d'œuvres d'Hubert Robert, le grand peintre des ruines, dont *La Malédiction paternelle* au message moralisant et sa suite logique, *Le Fils puni.*
– ***Salle 933 :*** Élisabeth Vigée-Lebrun, qui réalisa un superbe portrait d'Hubert Robert.
– ***Salles 934 et 935 :*** avec François-André Vincent, Regnault... Beaucoup d'académisme, ainsi que chez Pajou, Lagrenée... Ils annoncent la froide manière de David. Pourtant, dans *Madame Charles-Louis Trudaine,* tableau inachevé, son style tranche par sa modernité et sa touche vibrante. *Intérieur d'une cuisine* de Martin Drölling, artiste peu connu. Mais on aime beaucoup la profusion de détails, l'intimité de la scène (la poupée à terre, la coquille d'œuf cassé, l'enfant et le chat). Une douce lumière nimbe le tout.

COUP DE CHANCE... PAS POUR TOUS

Le paysagiste Hubert Robert s'est rendu célèbre en peignant les ruines de Rome. Il travailla aussi pour le compte de Marie-Antoinette au Trianon, ce qui lui valut d'être emprisonné sous la Terreur. Il échappa miraculeusement à la guillotine, au détriment d'un homonyme, malencontreusement exécuté à sa place...

– D'autres moins connus aussi, comme Pierre-Paul Prud'hon ***(salle 936),*** auteur de *Monsieur Vallet* (délicieux de naturel, coiffure pas peignée, pose nonchalante). Puis vient Boilly ***(salle 938),*** peintre de la vie provinciale.
– ***Salle Ingres (salle 940) :*** *E. Bochet, La Baigneuse,* le fameux *Louis-François Bertin,* symbole de la bourgeoisie assise et triomphante. Grand souci du détail. Noter le reflet de la fenêtre sur le dossier de la chaise ! Dans *Le Bain turc,* il reprend à près de 50 ans de distance le célèbre dos de *La Baigneuse...*
– ***Salle Géricault (salle 941) :*** *Scène de déluge* et son *Officier de chasseur à cheval,* plein de fougue lyrique, de flamboyance. D'Ary Scheffer, *La Mort de Géricault,* justement. Beaucoup de chevaux dans l'œuvre de Géricault (étonnez-vous qu'il soit mort d'une chute de cheval !). D'Horace Vernet, *La Barrière de Clichy,* toile affligée des 3 péchés de la peinture de cette 1re moitié du XIXe s : académisme, conservatisme, patriotisme désuet... Vite, vite, les romantiques et les impressionnistes !
– ***Salle Delacroix (salle 942) :*** comme pour Géricault, ses grandes œuvres *(Femmes d'Alger...)* sont restées au 1er étage de Denon. Ici, vous trouverez néanmoins *L'Assassinat de l'évêque de Liège, Léon Riesener,* le fameux autoportrait (air mystérieux, regard appuyé, expression même vaguement inquiétante), *Frédéric Chopin, Noce juive dans le Maroc* (sic)...
– Puis l'***école de Barbizon*** : *Folles filles* de Narcisse Diaz de La Peña ***(salle 945).***
– Les dernières salles sont un peu particulières, puisqu'elles présentent les ***œuvres des donateurs*** Thomy Thiéry et Moreau-Nélaton. Une des conditions de la donation était que les œuvres restent ensemble, d'où le caractère hétéroclite des présentations.
Une chance : ces collections proposent beaucoup de **Corot,** près d'une centaine ***(salles 949, 950 et 951).*** Dans *Velléda* (de 1868), notez au crépuscule de la vie de l'artiste le visage très mélancolique, sur fond de bruine et de paysage hivernal. D'autres chefs-d'œuvre : *Zingara au tambour basque, Jeune fille grecque à la fontaine, Souvenir de Castelgandolfo* (lumière italienne douce et agréable), *Femme à la perle, Souvenir de Mortefontaine* (belle touche légère, tremblée, ambiance vaporeuse). Corot n'aurait-il pas été influencé par les 1ers clichés photographiques, qui étaient très souvent flous ? Enfin, un de nos préférés, *La Dame en bleu,* dont on aime le naturel de la pose. Quelques éléments dans le coup de pinceau annoncent l'impressionnisme.

BRAVO COROT !

Assez fortuné, Corot avait le cœur sur la main et aidait ses amis comme Millet ou Daumier. Il accepta de signer des « faux Corot » pour secourir même des faussaires dans le besoin. Au total, il peignit 3 000 tableaux dont 10 000 se trouvent aux États-Unis.

– De l'autre côté du palier, la ***donation Hélène et Victor Lyon (salle 903)*** réunit une petite collection éclectique d'œuvres du XVe au XXe s, parmi lesquelles on remarque des compositions de Boudin, Sisley, Renoir, Pissarro ou encore Jongkind.
– Quant à la ***collection Beistegui,*** elle est située au 1er étage, dans la salle des Sept Cheminées. Tableaux de portraitistes des XVIIIe et XIXe s. Notamment *La Marquise de Solana,* chef-d'œuvre de Goya, ou le *Bonaparte* de David, inachevé.
– Enfin, ceux qui souhaitent relier ce large panorama de la peinture du XIXe s aux grandes œuvres de la même époque rejoindront la ***salle Daru 702,*** la ***salle Denon 701*** et la ***salle Mollien 700,*** dans l'aile Denon, au 1er étage. Ces salles en enfilade proposent, entre autres, les immenses peintures françaises de la 2de moitié du XVIIIe s et de la 1re moitié du XIXe s.
Murat, roi de Naples et *Les Pestiférés de Jaffa* d'Antoine-Jean, baron Gros. Célèbre *Radeau de la Méduse* de **Géricault** (1819), illustration macabre d'une tragédie historique : en 1816, une flotte, avec la *Méduse* à sa tête, quitte la France pour aller occuper le Sénégal, avec colons, savants et militaires à bord. Le navire sombre, et les canots sont réquisitionnés par le capitaine pour les gros bonnets, laissant

150 personnes se réfugier sur un radeau. Une embarcation de fortune qui sera retrouvée 13 jours plus tard, les 15 rescapés ayant dévoré leurs semblables après avoir bu leur sang et leur urine. L'artiste passa 16 mois sur le tableau. Le public fut choqué par le réalisme des corps et les tons verdâtres. Extraordinaire tension dramatique rendue par les corps épuisés se soulevant progressivement de la gauche vers la droite, à la vue du bateau salvateur. Si les personnages portent des chaussettes, c'est que Géricault avait du mal à peindre les pieds !
Puis les plus fameux ***Delacroix*** : *La Liberté guidant le Peuple, Dante et Virgile, Les Massacres de Scio, Femmes d'Alger, La Prise de Constantinople* et, notre préféré, *La Mort de Sardanapale.* La fin de ce roi assyrien, qui fit égorger toutes ses femmes et ses chevaux avant de se suicider (quelle obligeance !), est évoquée ici avec violence et volupté tout à la fois, grâce aux tons rouges, or, bruns, noirs, et au maelström de courbes et de rondeurs qui emportent littéralement le tableau.

La *Jeanne d'Arc* d'***Ingres.*** On a de la peine à croire que cette œuvre est de lui tant elle se révèle incroyablement académique. Un peu plus loin, découvrez plutôt *La Grande Odalisque.* Ingres cherche ici la perfection (obsédé par Raphaël). En y regardant de plus près, un expert a révélé la présence de 3 vertèbres supplémentaires qui ajoutent de la lascivité à la pose. On est au-delà du réel ! Puis *Œdipe* et le portrait de *Mademoiselle Rivière.*
De ***David,*** *Madame Récamier,* le conformiste *Serment des Horaces* (on dirait du Vernet) et le très célèbre *Sacre de Napoléon. Paris Match* n'aurait pas fait mieux pour immortaliser l'événement... Au-delà des symboles politiques (par exemple, Napoléon se couronne lui-même avant de couronner Joséphine, un rôle habituellement réservé au pape), on sait que le peintre a pris quelques libertés vis-à-vis de la réalité : la mère de l'Empereur était absente, elle apparaît pourtant dans les tribunes, surplombée par David lui-même !

Peintures de l'Europe du Nord (Pays-Bas, Flandres, Allemagne)

– ***Salles 817 à 819 :*** les primitifs des Pays-Bas bourguignons, notamment le triptyque de *La Famille Braque* de Van der Weyden et l'admirable *Vierge au chancelier Rolin* de Jan Van Eyck. L'artiste fut l'un des 1ers à utiliser la peinture à l'huile. Noter le lumineux et exquis paysage urbain au fond, censé représenter la ville idéale. Plus loin, la série des Memling, un peintre d'origine allemande, avec *Portrait d'une dame âgée,* portant le hennin, coiffe typique de cette époque. L'*Allégorie chrétienne* de Jan Provost est un curieux tableau d'érudition, où Dieu est figuré par un œil unique et une main contenant l'Univers.
– ***Salles 803 à 815 :*** les peintres flamands du XVIe s et du début du XVIIe, et une petite sélection de dessins présentés par roulement. De Hans Sebald Beham, illustrateur natif de Nuremberg, un plateau de table peint, d'inspiration italienne, qui conte l'histoire du roi David avec une multitude de détails. Plusieurs chefs-d'œuvre : *Les Mendiants* de Brueghel l'Ancien, *La Tireuse de cartes* de Lucas Van Leyden, la très célèbre *Nef des fous* de Jérôme Bosch, satire anticléricale où sont mises en accusation l'ivrognerie et la gloutonnerie. Ne pas manquer non plus *Les Trois Grâces* de Lucas Cranach.
Salle 814, le *Saint Jérôme dans le désert* de Joachim Patinir, un sujet religieux traditionnel, prétexte à nous montrer d'admirables paysages. De Quentin Metsys, le célèbre *Peseur d'or et sa femme,* une scène de genre destinée à démontrer la vanité des choses. D'un peintre resté anonyme, un *Loth et ses filles,* qui batifolent alors que la ville est détruite par le feu divin.
Également, ne négligeons pas l'école allemande, avec des œuvres de Dürer (son admirable *Autoportrait* où le chardon illustrerait la fidélité envers sa fiancée), Cranach, aux visages féminins très reconnaissables, avec un portrait de *Magdalena Luther...* Et la récente acquisition des *Trois Grâces,* véritable trésor pictural. Et les portraits de Holbein, dont ceux de l'humaniste *Érasme* et d'*Anne de Bretagne,*

la 4e épouse d'Henri VIII. On détaille avec gourmandise la foisonnante fresque du *Jugement de Pâris et destruction de Troie* de Mathias Gerung. Le banquet des dieux y est plutôt croquignolet.
Le maniérisme italianisant se déploie, ***salle 811,*** avec *David et Bethsabée* de Jan Massys, au personnage central à l'opulente beauté, qui n'a rien à envier aux Vénus du Titien.
Salle 812, *Les Mendiants* de Brueghel l'Ancien, avec de curieux culs-de-jatte affublés de queues de renard ; privilège des estropiés ou proverbe oublié ? Certains y voient une protestation contre la présence des Espagnols en Brabant.
La ***salle 803*** est occupée par les fils et les suiveurs de Brueghel. De son fils Jan, dit de Velours, la fougueuse *Bataille d'Issus,* qui vit Alexandre écraser Darius, roi des Perses. Les costumes sont du XVIe s et les Perses sont plutôt turcs. Le même nous donne à admirer un *Paradis terrestre* où les fauves se prélassent dans un environnement bucolique.
Salle 804, on a un faible pour les 2 fiers portraits d'Henri IV de Jan Pourbus le Jeune, l'un en costume noir, l'autre en armure. On arrive ensuite aux grands espaces transversaux.
– ***Salles 800 et 802*** (encadrant la ***galerie Médicis***)***:*** les grands formats flamands du XVIIe s. Les compositions tourbillonnantes de Rubens nous offrent le spectacle de personnages mythologiques aux chairs généreuses. Un épisode méconnu illustre bien le genre : *Ixion, roi des Lapithes,* sombre histoire de jalousie où Zeus et Héra n'ont pas le beau rôle.
Ne pas rater ensuite la galerie Médicis ***(salle 801)*** avec les 24 toiles de Rubens racontant dans un style apologétique grandiloquent la vie de Marie de Médicis. L'épisode le plus connu, *Le Débarquement de Marie de Médicis au port de Marseille* (tableau IX), inspira de nombreux artistes français.
Le plan du tableau XIII, *Le Couronnement de Marie,* fut repris par David pour celui de Napoléon. Fille du grand-duc de Toscane, Marie de Médicis, assimilée par Rubens à la déesse Junon, est devenue reine de France en 1600 en épousant Henri IV, qui se retrouve, lui, sous les traits de Jupiter. Devenue veuve en 1610 par la faute de Ravaillac, elle assure la régence du royaume au nom du jeune roi Louis XIII jusqu'en 1617. En 1622, elle passe commande à Rubens de ces 24 toiles, destinées à orner son palais du Luxembourg. La série est incomplète, 2 toiles étant à Florence. Ce chef-d'œuvre de l'art baroque n'a jamais été égalé, tant dans ses dimensions (près de 300 m^2 de toile) que dans sa manière de traiter un sujet historique mêlant réalisme et fantastique dans un décor tournoyant d'un dynamisme époustouflant. À noter que (ce n'est pas raconté dans ces épisodes) Marie sera forcée à l'exil par Richelieu en 1630, se réfugiera chez les ennemis de la France à Bruxelles, sera déchue de son titre de reine et finira tristement sa vie à Cologne en 1642, dans la maison de son artiste favori, Rubens...
– ***Salle 855*** (après l'escalier Lefuel)***:*** d'autres chefs-d'œuvre de Rubens. *La Kermesse,* aux accents nettement bruegéliens, où la fête se transforme en bacchanale, mais aussi le délicieux portrait de sa 2e femme, *Hélène Fourment,* et de nombreuses esquisses.
– Après Rubens, dans la ***salle 853,*** on découvre son élève Antoon Van Dyck, portraitiste élégant de la cour d'Angleterre (voir notamment le fameux *Charles Ier*). Mais n'oublions pas David Teniers, le spécialiste du genre rustique *(Cabaret près d'une rivière).*
– On retrouve Van Dyck ***salle 850,*** avec le double portrait des jeunes et fringants *Duc de Bavière* et *Cumberland,* et celui de *James Stuart.*
– ***Salle 848 :*** Jacob Jordaens fait dans la truculence avec le célèbre *Le roi boit.* À ses côtés, un autre peintre brillant, l'Anversois Gerard Seghers.
– ***Salle 846 :*** on découvre la palette pleine de vivacité de Frans Hals, le peintre de Haarlem, portraitiste hors pair dont la technique influencera beaucoup plus tard Courbet et Manet. Voir sa truculente *Bohémienne* et le guilleret *Bouffon au luth.*
– ***Salle 844 :*** dévolue à Rembrandt. On apprécie particulièrement l'*Autoportrait à la tête nue,* le *Philosophe en méditation,* avec un escalier en colimaçon supposé

représenter les méandres de la pensée, les *Pèlerins d'Emmaüs,* et surtout l'inoubliable *Bethsabée au bain,* dont le modèle, sa propre femme, est peinte dans sa beauté et ses imperfections avec une tendresse égale. Dans un autre style, le *Bœuf écorché* sera repris bien plus tard par Chaïm Soutine.
– ***Salle 843 :*** consacrée au portrait (œuvres de Ferdinand Bol et de Jacob Van Loo).
– ***Salle 841 :*** paysage délicat d'Aelbrecht Cuyp.
– ***Salle 840 :*** *Nature morte aux fruits* d'Abraham Mignon, où l'on décèle les signes de précarité et de destruction malgré l'apparente profusion vitale.
– ***Salle 839 :*** on retient la délicatesse des petites compositions de Gérard Dou, qui reflètent les préoccupations de la vie quotidienne.
– ***Salle 838 :*** paysages de Frans Post, notamment d'Amérique du Sud.
– ***Salle 837 :*** au milieu de toiles de Pieter de Hooch et de Gérard Ter Borch, les spécialistes des intérieurs, le plus fameux et le plus rare d'entre eux, avec 2 compositions majeures, Johannes Vermeer, peintre des espaces clos et intimes : *La Dentellière* (magnifique travail sur le coussin) et *L'Astronome,* qui reprend la thématique du savant sage ou savant fou.

L'ASTRONOME

Cette œuvre de Vermeer (aile Richelieu, 2e étage, salle 837) était la préférée de Hitler. Pour lui, elle symbolisait le génie scientifique allemand (même si Vermeer était hollandais !). Volée par les nazis en 1940, elle fut restituée à la fin de la guerre.

1er

Peintures italiennes et espagnoles

Elles se répartissent dans et autour de la Grande Galerie (partie est), Denon, 1er étage, à droite de l'escalier où trône la *Victoire de Samothrace.*
En préambule, il faut se rappeler qu'à la Renaissance l'Italie est morcelée et que chaque prince, chaque duc, chaque famille régnant sur une ville tient à avoir à sa cour les meilleurs artistes pour faire étalage de sa puissance et de sa splendeur. Les œuvres sont donc présentées selon leur provenance géographique, et leurs thématiques sont assez diversifiées.
La production artistique de cette fin de Moyen Âge et du début de la Renaissance est considérable et influence durablement toute la peinture européenne des siècles suivants. Florence et la Toscane donnent le ton en privilégiant le dessin, Venise se spécialise dans la couleur, et Rome profite au XVIe s d'un généreux mécénat pontifical pour asseoir sa primauté sur les autres régions. À la suite des guerres italiennes de François Ier, Fontainebleau devient un centre de diffusion artistique majeur, attirant à la cour du roi de nombreux artistes qui, tel Léonard de Vinci, ne sont pas uniquement des peintres, mais aussi des architectes, des orfèvres, des sculpteurs, des poètes, et même des savants.
– On entame le parcours chronologique par les peintures des XIIIe, XIVe et XVe s. Les fresques de Botticelli, sur les parois des salles qui conduisent au Salon carré ***(salles 706 et 707),*** sont splendides. L'artiste y crée un type de beauté féminine au physique gracieux, aux longs cheveux blonds ondulés, aux robes fluides, le tout dans un registre de couleurs pastel des plus délicat.
– Le ***Salon carré (salle 708)*** présente les « primitifs » florentins : Giotto, Fra Angelico, Uccello. La *Vierge à l'Enfant* de Cimabue, tout en gardant une partie de la tradition hiératique byzantine, innove en humanisant les visages et en ébauchant un début de mouvement qu'on peut observer dans le genou en avancée de l'ange, au 1er plan. Dans le retable de *Saint François d'Assise recevant les stigmates,* Giotto organise pour la 1re fois dans l'art occidental un décor naturel où figure une perspective. On entre avec lui dans la 3e dimension.
Dans la même salle, la *Bataille de San Romano* de Paolo Ucello est un des 3 panneaux (les autres sont à Florence et Londres) commandés par Cosme de Médicis pour décorer son palais de Florence. Il figure le combat que se sont livré les Siennois et les Florentins en 1432. La profondeur est obtenue dans cette composition

par le foisonnement et l'imbrication des pattes des chevaux, des lances et des armures. Cette œuvre aux formes géométrisées a beaucoup fasciné les peintres cubistes au début du XXe s.
De Botticelli, le *Portrait de jeune homme* à la moue dédaigneuse révèle un souci d'expression psychologique. Ne manquez pas de lever les yeux pour admirer le plafond de la salle.
– Dans la ***salle des Sept-Mètres (salle 709),*** à droite, à l'entrée de la Grande Galerie, les petits formats : Pisanello, dont la *Princesse d'Este* garde encore une facture « gothique » par sa présentation en profil de médaille, alors que le décor de fleurs et de papillons annonce déjà la Renaissance. En revanche, le portrait de *Sigismond Malatesta,* condottiere de Rimini, marque le nouvel individualisme puisque ce profil de médaille est accentué par une série de détails anatomiques précis : yeux globuleux, bouche mince, nez cassé, qui confèrent à l'ensemble la puissance et la violence contenue à la hauteur de la réputation du personnage.

– Autres portraits dans la ***Grande Galerie (salle 710).*** Le *Vieillard et un jeune garçon* de Ghirlandaio : on est aussitôt attiré par le nez énorme, hideux, repoussant, que le peintre a placé, comme par malice, au centre de la toile afin que le regard soit comme aspiré par l'incongruité de la représentation. Pourtant, ce nez déformé et la verrue du front ne suggèrent en rien une âme laide : le regard du vieillard est bienveillant, presque ému, et se porte sur le jeune homme avec une tendresse évidente. Sans doute un grand-père et son petit-fils. Du Pérugin, un *Saint Martin* semble connaître l'extase mystique malgré les flèches qui lui percent le corps. Sur le mur opposé, de Mantegna, une série de 5 tableaux aux sujets mythologiques : dans *Minerve chassant les vices,* le personnage de l'Ignorance a l'air particulièrement stupide. Suit à gauche un autre quintette de Léonard de Vinci, parmi les plus intéressants de sa production : la *Belle ferronnière* à l'identité incertaine pourrait être, selon certaines sources, une favorite de François Ier. Le *Saint Jean-Baptiste* intrigue tout autant, on ne peut pas dire que cet androgyne passablement païen corresponde à la représentation traditionnelle du prophète. On pourrait imaginer que son geste étrange (annonçant l'avènement du Christ) signifie : « Vous allez voir ce que vous allez voir ! » Mais cela n'engage que nous ! Autre énigme chère à Leonardo, celui de la *Vierge aux rochers* : cette composition célèbre le mystère de l'Incarnation à travers les figures de Marie, du Christ et de saint Jean. Baignés d'une douce lumière, les personnages sont installés dans un paysage rocailleux, ce qui pour l'époque est complètement novateur, avec de plus une étonnante multiplication des sources lumineuses, des reflets et des brouillards lointains. Cette iconographie nouvelle a connu un succès immense, attesté par la foison de copies contemporaines du tableau. Placée en hauteur, la *Délégation vénitienne à Damas* de l'atelier de Bellini témoigne de la vitalité du commerce de la Sérénissime avec l'Orient.
– Dans la ***salle de la Joconde (salle 711),*** si vous constatez un attroupement où crépitent les flashs, c'est bien sûr la célébrissime *Joconde* qui attire tous les regards. Bonne chance pour vous en approcher !
Derrière une vitre blindée, ***La Joconde,*** portrait de Mona Lisa, épouse d'un marchand de soie florentin, Francesco Del Giocondo, considéré comme un chef-d'œuvre par Léonard de Vinci lui-même. Il ne voulut jamais le donner au mari qui l'avait commandé et l'emporta avec lui à Amboise quand François Ier lui demanda de venir en France. Le roi l'acheta d'ailleurs à la mort du peintre. Quant au fameux sourire de la belle, une neurologue de Harvard affirme qu'il ne serait que le résultat de notre système de vision.

LA JOCONDE VOYAGEUSE

Pendant la dernière guerre, le célèbre tableau faisait partie des 50 œuvres prestigieuses qui quittèrent Paris pour fuir les bombardements. Elle fit 3 allers-retours à Chambord. Au total, 5 446 caisses quittèrent les musées. Paris ne fut jamais bombardé. En revanche, en juin 1944, 2 avions américains s'écrasèrent à proximité du château... Ouf !

En substance, le phénomène (du sourire) disparaît si l'observateur fixe la bouche. Autre sujet d'étonnement : elle n'a pas de sourcils ! À l'époque cette épilation était à la mode. Le tableau, peint sur un panneau de peuplier, est protégé dans un caisson climatisé, étanche, éclairé par une source lumineuse antireflet et suspendu en hauteur. Rien que ça !

UN DANGEREUX RÉCIDIVISTE

En 1573, Véronèse peindra Les Noces de Cana *et se fera convoquer devant le tribunal de l'Inquisition, qui n'avait pas apprécié l'œuvre. Résultat, le tableau est rebaptisé et porte alors le nom de* Repas chez Lévy, *pour ne pas avoir à associer une référence biblique à la présence de ripailleurs grossiers et fêtards.*

La salle est aussi consacrée aux grands formats de l'école vénitienne, dont *Les Noces de Cana* de Véronèse sur le mur qui fait face à Mona Lisa. Avec ses 67 m^2 (!), c'est la plus grande peinture du Louvre. L'épisode des *Noces* que relate Véronèse en le plaçant dans un contexte de festin vénitien est paradoxalement une œuvre destinée au réfectoire du couvent bénédictin de San Giorgio Maggiore à Venise, où des moines austères prennent leurs repas sans avoir le droit de regarder ! Le thème est biblique : c'est le moment où le Christ change l'eau en vin. Curieusement, à part l'homme qui scrute au 1er plan sa coupe d'un regard étonné, nul ne prête attention au miracle. Mieux, l'indifférence est générale alors même que se déroule l'impensable. Par ce choix, le peintre a confiné le Christ dans un rôle presque mondain, dont la présence ne revêt qu'une importance anecdotique. Détail aggravant : le sablier qui se trouve sous le Christ symbolise la corruption temporelle, donc sa mort prochaine. En plus, au-dessus du Christ, sur l'axe médian, 3 bouchers découpent l'agneau (mystique) mais sans suggérer sa résurrection, donc sa divinité ! Le scandale fut considérable à l'époque, et les tribunaux de l'Inquisition n'ont pas manqué d'épingler l'artiste. Il faut dire que les Vénitiens avaient la réputation de croire *énormément* en saint Marc, *assez* en Dieu et *peu* ou *pas du tout* au pape...

– Tout aussi riche est la collection des Raphaël dans la ***Grande Galerie.*** On retiendra ce magnifique portrait de la vice-reine de Naples, *Doña Isabel de Requesens,* qui renvoie l'image d'une beauté aristocratique pleine de fougue juvénile où la carnation des joues rappelle le pourpre de la robe d'apparat.

Autour de l'élégant *Portrait de Baldassare Castiglione,* un diplomate au regard plein d'humanisme, prototype de l'honnête homme de la Renaissance, on retrouve les œuvres des élèves du maître d'Urbino.

La *Diseuse de bonne aventure* du Caravage est un tableau de genre où l'on s'aperçoit à peine du larcin de la gitane qui subtilise sa bague au jeune gandin tout en lui lisant les lignes de la main. Toujours du Caravage, *La Mort de la Vierge* fut certainement le plus scandaleux de ses tableaux, puisqu'il prit comme modèle une prostituée, le ventre gonflé, retrouvée noyée dans le Tibre. Ce qui ne plut pas du tout à l'Église...

La suite de la galerie charrie son lot de sujets religieux et mythologiques qui, par leur facture maniériste et leurs thématiques, reflètent de plus en plus l'influence de l'Espagne et de Rubens sur la peinture italienne, avant de verser (à de rares exceptions) dans l'affadissement de l'hyperclassicisme. Véronèse, Tintoret et Titien portent au pinacle la suprématie de la peinture vénitienne. Pour le foyer romain, on remarquera la *Galerie de vues de la Rome moderne* de Panini, et les plus petits formats comme Gentileschi, d'inspiration caravagesque.

– Quant aux autres écoles régionales, elles sont représentées dans les ***Petits Cabinets,*** où l'on se réjouit d'assister aux *Joies du carnaval* grâce à Tiepolo.

– En fin de parcours, les peintres espagnols ferment la marche : on trouve là quelques Gréco, dont une *Descente de Croix* avec un christ complètement extatique, et un *Saint Louis* à qui on donnerait bien l'aumône. Côté portrait, la *Marie-Anne d'Autriche* de Vélasquez a l'air bien rébarbative, et une *Exposition du corps de saint Bonaventure* de Zurbarán par son austérité morbide achève de vous plomber le moral ! On finit par se réconcilier avec l'Espagne grâce au personnage facétieux du *Pied-bot* de Ribera et à celui de la *Marquise de Santa Cruz,* qui nous fait les yeux doux au-dessous de sa mantille, mais il est vrai qu'elle est d'origine autrichienne.

Sculptures italiennes et nordiques

Dans l'aile Denon, on trouve à l'entresol les sculptures nordiques du XIIe au XVIe s et italiennes du XIe au XVe s. Au rez-de-chaussée, la suite des sculptures italiennes jusqu'au XIXe s. Les célèbres *Esclaves* de Michel-Ange y trônent. Quelques pièces troublantes à ne pas manquer : *Psyché ranimée par le baiser de l'Amour* de Canova, la jolie *Nymphe au scorpion* de Bartolini.

Arts de l'Islam

Le pavillon des Arts de l'Islam de la cour Visconti tranche avec le néoclassicisme de la cour du XVIIe s par son architecture avant-gardiste, notamment son toit de verre transparent ondulant, véritable tapis volant conçu par Rudy Ricciotti. Et ce nouvel espace de 2 800 m² n'est pas de trop pour déployer l'une des plus riches collections d'art islamique au monde, trop longtemps marginalisée. Près de 15 000 œuvres, complétées par les 3 500 dépôts de l'Union centrale des arts décoratifs, sont ainsi présentées sur 2 niveaux. Origine géographique (de l'Espagne à l'Inde en passant par le Maghreb, l'Iran...) ou historique (du VIIe au début du XIXe s), matériaux ou techniques utilisés : la diversité et la richesse de la collection sont évidentes. Céramiques, miniatures, textiles, verres, éléments d'architecture... La variété des œuvres reflète la diversité du monde arabo-musulman.
Commencez par le rez-de-cour, espace ouvert et lumineux qui présente les œuvres datant du VIIe au XIe s, comme de magnifiques faïences irakiennes du IXe s ou de belles sculptures animalières. Ensuite, dirigez-vous vers le parterre (au sous-sol), pour admirer des pièces couvrant la période XIe-XVIIIe s, et notamment une superbe collection de tapis et de carreaux de céramique iraniens et ottomans. Un parcours chronologique et géographique permet aux visiteurs de découvrir l'évolution de cet art et de mieux contextualiser les œuvres. Ainsi, différents outils permettent une meilleure compréhension du monde islamique : textes, installations multimédias, textes lus en arabe, en persan ou en turc... Et maintenant, à vous d'en profiter !

Sculptures françaises

Les sculptures françaises se trouvent au rez-de-chaussée de l'aile Richelieu, dans et autour des 2 grandes cours couvertes. À l'entresol, de la ***salle 104,*** appelée crypte Girardon, on accède aux cours Puget et Marly à leur niveau le plus bas, ce qui permet d'avoir une vue en contre-plongée (à la Eisenstein !) sur les sculptures monumentales.
– À droite, la ***cour Puget,*** avec de nombreuses sculptures de plein air du XVIIe au XIXe s. Au niveau médian, le *Milon de Crotone* par Puget, où Milon, athlète présomptueux, demeure prisonnier du tronc qu'il voulait fendre...
– À gauche, la ***cour Marly,*** avec les *Chevaux* de Coustou, qui ont quitté Marly pour la Concorde, puis celle-ci pour le Louvre...
– Gagnez la terrasse supérieure de la cour Marly, puis allez à gauche. Le parcours chronologique débute dans le vestibule. Pour la partie médiévale ***(salles 200 à 210),*** chaque salle est organisée autour d'une œuvre ou d'une thématique (les Vierges à l'Enfant, les retables, les gisants...).
– Les salles des époques Renaissance et classique s'organisent autour d'un sculpteur et de son œuvre : Jean Goujon, Germain Pilon. À partir de la ***salle 224,*** le circuit continue autour de la cour Puget, et il faut repasser par

la crypte Girardon. On peut y voir Pigalle *(Mercure attachant ses talonnières)*, Houdon, Chaudet (*La Paix* et *L'Amour*)...
– La petite galerie de l'Académie ***(salle 219)*** regroupe les « morceaux de réception » des sculpteurs à cette dernière au cours du XVIIIe s. Parfois, le morceau de réception d'un sculpteur représentait l'œuvre majeure de toute une vie...

Arts décoratifs

Les collections du département des arts décoratifs sont réparties au 1er étage entre les ailes Richelieu (Moyen Âge, Renaissance, XVIIe s), Sully (XVIIe et XVIIIe s) et de nouveau Richelieu (XIXe s, Restauration, monarchie de Juillet et appartements Napoléon-III).

Du Moyen Âge à la Renaissance

– *Richelieu, 1er étage :* arts mérovingien, carolingien, byzantin, roman et gothique.
– Dans les 1res salles en enfilade, noter la *patène de Charles le Chauve,* qui provient du trésor de Saint-Denis, les *vases de Suger* et la *Vierge de Jeanne d'Évreux* en argent doré. On trouve même l'épée de Charlemagne, « Joyeuse » de son petit nom, qu'évoque *La Chanson de Roland.* Très richement décorée, elle a aussi une haute valeur symbolique, puisqu'elle fut utilisée lors du sacre de nombreux rois de France (entre autres Louis XIV).
– ***Salles 508 et 509 :*** les tapisseries appelées mille-fleurs (les plus rares sont à fond rose) constituent l'une des productions les plus séduisantes de la fin du Moyen Âge.
– ***Salle 510 :*** une admirable sélection d'émaux de Limoges du XVIe s. *La Résurrection* de Léonard Limousin se trouve dans la salle 529.
– ***Galeries 507 et 516 :*** 2 séries de tentures très célèbres y sont mises en valeur, *Les Chasses de Maximilien* (12 pièces illustrant des épisodes de chasse dans les forêts du Brabant chaque mois de l'année), réalisées à Bruxelles vers 1530 d'après les cartons de Bernard Van Orley, et *L'Histoire de Scipion* (8 tapisseries tissées aux Gobelins de 1688 à 1690). Remarquable armure d'Henri II.
– ***Salles 523 et 525 :*** trésor, tentures et manteaux de l'ordre du Saint-Esprit.
– ***Salle 521 :*** terres vernissées de Bernard Palissy, qui, contrairement à ce que la légende prétend, n'aurait pas brûlé tous ses meubles pour les faire cuire...
– ***Salle Mazarin*** (***salle 601,*** à la jonction de l'aile Sully) ***:*** évocation des collections royales sous Louis XIII et Anne d'Autriche.

Le XVIIIe s

Une trentaine de salles abritent les objets d'art des règnes de Louis XIV à Louis XVI. Meubles, décors peints, orfèvrerie, porcelaine, tapis, instruments scientifiques... autant de chefs-d'œuvre de l'artisanat, de la production manufacturière et de la décoration intérieure provenant principalement des collections royales et princières, qui font honneur aux talentueux artisans de l'époque : Riesener, Carlin, Cressent, Boulle, Oudry, les faïenceries de Meissen ou de Sèvres... ces grands noms qui ont permis le rayonnement des arts décoratifs dans toute la bonne société européenne.
Sous le règne de Louis XIV, la monumentalité et la richesse des pièces d'apparat – meubles, tapis... – et des espaces sont avant tout destinées à impressionner, à servir le prestige du monarque absolu. Forme et ornementation font référence à la Rome antique.
Puis, après la Régence, vient le règne de Louis XV, durant lequel se développe une excellence à l'usage de l'intimité et de la sociabilité, plus sensuelle. Le décor se fait délicat, voire précieux, et illustre l'exotisme alors très en vogue : singeries, chinoiseries... Le mobilier s'adapte aux dimensions plus intimistes des pièces (apparition du boudoir...) et aux nouveaux usages. Le style rocaille se déploie ainsi durant une majeure partie du XVIIIe s, jusqu'au néoclassicisme, prédominant sous

le règne de Louis XVI : les lignes droites prennent alors le pas sur le galbe, et les motifs cannelure ou lyre antiques sur les arabesques.
Plusieurs « *period rooms* » ponctuent le parcours et permettent de replacer les œuvres dans le contexte de l'époque, tandis que des vitrines thématiques offrent une autre approche. Lambris et étoffes ont été redisposés, ou, plus souvent, complétés ou reconstitués. Une poignée d'écrans multimédias proposent de courtes vidéos – sans son – bien faites. Dommage toutefois qu'aucune information écrite autre que les cartels n'ait été prévue.

Le XIXe s et les appartements Napoléon-III

– Voir, dans les ***salles 551 à 557*** consacrées au XIXe s, la *chambre de Mme Récamier.* Également, salle 557, le *serre-bijoux* de l'impératrice Joséphine et, salle 555, une belle collection de *porcelaines.*
– Les ***salles 558 à 564*** sont consacrées à la Restauration et à la monarchie de Juillet.
– Les ***appartements Napoléon-III*** (le clou de la visite) furent aménagés par l'architecte Lefuel pour loger le ministre Fould, qui ne les habita jamais... Règne de l'or et de l'illusion pour ce palais de style Louis XIV, caractéristique du Second Empire. La galerie d'introduction dessert le salon de famille et le salon-théâtre, qui pouvait accueillir jusqu'à 265 spectateurs. Le salon de famille ***(salle 543)*** sert de transition entre les grands et les petits appartements. La pièce la plus vaste et la plus somptueuse reste le Grand Salon. Noter le splendide lustre en cristal de Baccarat, la peinture du plafond réalisée par Maréchal et les meubles capitonnés aux noms évocateurs de « confidents » ou d'« indiscrets ». Dans la petite salle à manger ***(salle 547),*** une charmante peinture en trompe l'œil. La grande salle à manger ***(salle 548)*** est d'un style nettement plus sévère.
– Pour en terminer avec le département des arts décoratifs, passez, à l'occasion d'une visite aux peintures italiennes, dans la ***galerie d'Apollon*** (Denon, 1er étage, ***salle 705***). Là se trouve la collection de pierres dures et de joyaux de Louis XIV, ainsi que le trésor des rois de France. Magnifiques pierres taillées et objets en cristal de roche.

Antiquités orientales

– Au rez-de-chaussée, dans l'aile Richelieu autour de la cour Khorsabad ***(salles 227 à 230 et 233 à 236),*** sont situées les œuvres mésopotamiennes et, plus loin, celles d'Iran ***(salles 231, 232, 304 et 305).***
– L'***aile Sackler*** (Sully, rez-de-chaussée) abrite les antiquités orientales à la suite du circuit de l'Iran. On y trouve, superbement mises en valeur, plus de 2 000 œuvres en provenance d'empires déchus comme celui de Babylone. Ne pas manquer l'un des musts des antiquités orientales : la statue découverte à Aïn Ghazal (Jordanie), datant du VIIe millénaire av. J.-C. et prêtée au Louvre par le royaume hachémite. Haute de 1,05 m, elle est caractéristique de la culture néolithique précéramique. Curieux : elle présente une attitude moderne, décontractée, une légère ironie dans l'expression.
La 1re salle est consacrée à l'Iran de l'âge du fer : terres cuites, mors de chevaux ornés de motifs gravés. Ensuite, extraordinaire décor du palais de Darius Ier, à Suse, avec des frises magnifiques représentant des chasseurs et des animaux, et le fameux chapiteau de l'Apadana (7 m de haut). De l'Iran achéménide, on passe à l'époque parthe et à ses statuettes d'albâtre.
– Autour de la cour Khorsabad, des objets qui datent du IIe millénaire av. J.-C. : la *stèle des Vautours,* les innombrables statuettes de Goudéa, la statue d'Ebih II aux yeux incrustés de lapis-lazuli, une stèle en basalte où sont gravées les 1res lois de l'humanité (le fameux *Code d'Hammourabi* dans la ***salle 227***), etc.

Arts d'Afrique, d'Asie, d'Océanie et des Amériques

– **_Le pavillon des Sessions :_** _mêmes horaires que le reste du musée ; entrée avec le même billet. Accès par la porte des Lions (sauf en nocturne) ou visite à la suite du reste des collections du Louvre, après les peintures espagnoles et italiennes. Pas de vestiaire._

Le lieu doit son nom (au départ « pavillon des États ») à l'usage pour lequel il avait été initialement prévu : accueillir les sessions parlementaires. Il ne le fera jamais et abrite aujourd'hui une sélection d'œuvres du musée du quai Branly, sorte de vitrine de ce musée au sein du Louvre. Ici sont présentées 120 œuvres magistrales, par aire géographique, de l'ouest vers l'est.

D'abord l'*Afrique,* avec des œuvres de la période Nagada II (Égypte, Ve-IVe millénaire av. J.-C.), une sculpture nok du Nigeria ou encore le dieu Gou du Bénin. Puis l'*Asie,* mais plutôt l'Asie des peuples sans écriture que celle des grands empires. Vient ensuite l'*Océanie,* avec des objets provenant aussi bien de Mélanésie et de Polynésie que des îles Carolines ou de la célèbre île de Pâques. Les *Amériques* enfin, fort bien représentées, aussi bien pour le Nord que pour le Sud.

Pour conclure la visite, un espace multimédia permet d'accéder à de plus amples informations sur les objets et sculptures présentés.

LE QUARTIER DU PALAIS-ROYAL

Le musée des Arts décoratifs (plan couleur B2)

Entrée au 107, rue de Rivoli, 75001. ☎ 01-44-55-57-50. • madparis.fr • Ⓜ Palais-Royal-Musée-du-Louvre ou Tuileries. ♿ (par le n° 105). Tlj sauf lun 11h-18h (21h jeu pour les expos temporaires seulement). Un billet unique permet l'accès aux collections permanentes et aux expos temporaires (sauf celles présentées dans la nef). Entrée : 11 € ; tarif réduit : 8,50 €. Expos temporaires régulières dans la nef, liées aux arts décoratifs : 11 € ; tarif réduit : 8,50 €. Pass Rivoli : 15 € ; tarif réduit : 11,50 €. Billet valable tte la journée ; audioguide gratuit. Noter encore le pass MAD : 19 € ; tarif réduit : 15 €. Celui-ci, valable 4 j., inclut les expos temporaires et l'entrée au musée Nissim-de-Camondo (8e). Gratuité des collections permanentes (et des expos temporaires autres que celles de la nef) pour les moins de 26 ans. Riche calendrier de manifestations : visites guidées, ateliers pour enfants, conférences... consulter le site. Également une jolie boutique et une librairie complète sur le monde des arts.

Le musée des Arts décoratifs (collections d'arts décoratifs, design, mode et textile, publicité, art graphique) appartient au MAD, qui chapeaute également le ***musée Nissim-de-Camondo*** (8e arrondissement), la ***bibliothèque,*** les ***Ateliers du Carrousel*** et l'***école Camondo*** (14e arrondissement). Cette association fut créée à la fin du XIXe s par des industriels, des collectionneurs et des professionnels qui voulaient marier l'art et l'industrie.

L'aile du pavillon de Marsan, dont la nef offre un superbe volume, constitue un écrin à la mesure du patrimoine qu'elle abrite.

Mobilier, tapisseries, sculptures, bijoux, arts de la table, jouets... créés avec des matériaux aussi variés que le bois, le papier, l'or et l'argent, la porcelaine, le verre ou le plastique, témoignent de la richesse des arts décoratifs du Moyen Âge à nos jours. Mais alors, quel est le point commun des quelque 700 000 objets qui constituent les collections ? Tous sont le fruit à la fois du désir et de la nécessité, de l'imagination au service du beau et de l'utile tels qu'on les concevait à différentes époques suivant le contexte politique, les progrès techniques et l'évolution des goûts. Chacun des objets présentés a donc été soigneusement sélectionné. Le musée occupant près de 9 000 m^2, il vous faudra faire des choix, à moins d'y consacrer une journée de visite. Et surtout, munissez-vous du plan du musée, ce n'est pas superflu.

L'agencement des collections est chronologique, mais si vous préférez une visite thématique, c'est possible aussi : vous découvrirez alors la ***galerie des Bijoux*** (superbe ; lire plus bas). On rencontre aussi ponctuellement, au fil des salles, quelques sujets traités sous un angle thématique comme celui de l'évolution du fauteuil au XVIIIe s ***(salle 26).***

Une dizaine de « *period rooms* » jalonnent le parcours qui va du Moyen Âge jusqu'à la période Art déco. On y découvre la reconstitution d'un salon, d'une chambre, voire d'un appartement entier, avec son mobilier et ses bibelots ; autant de pièces représentatives d'un habitat à une période donnée : chambre à coucher du XVe s (le lit est court et généreusement fourni en oreillers, parce qu'alors on évite à tout prix la position allongée, réservée aux défunts), cabinet doré de l'hôtel de Rochegude à Avignon (1725), appartement privé de Jeanne Lanvin... Une initiative qui rythme intelligemment le parcours, tout en synthétisant de façon pédagogique ce qui a défilé sous nos yeux.

Arrêtez-vous donc devant la tapisserie *Le Festin du seigneur* (Bruxelles, début XVIe s, ***salle 8***), qui à elle seule en dit long sur les usages alors liés aux repas. Observez comment, à l'époque, on s'installait à la table dressée (au sens propre) : les convives sont tous assis du même côté, pour mieux profiter du spectacle des troubadours et faciliter le service ; une tranche de pain rassis (ou « tranchoir ») fait office d'assiette et, si les plats sont nombreux, l'usage veut qu'on ne se serve que de ceux qui sont face à soi. Fi donc, le chevreuil qui nous fait de l'œil... ce sera pour le voisin ! Un peu plus loin, on découvre d'étonnants tableaux marquetés (portraits, natures mortes), réalisés selon la technique italienne de l'*intarsia,* ancêtre de la marqueterie. Si leur fabrication est contemporaine de la création de la tapisserie du *Festin,* on ne trouve de notion de perspective que sur les tableaux italiens. La Renaissance sonnait à nos portes.

Voyez aussi, au fil des salles, la mutation de certains meubles au rythme de l'évolution des modes de vie : le coffre-banc par exemple, qui gagnera un dossier pour devenir la cathèdre, avant de donner naissance, bien plus tard, au vertugadin, dont l'assise est adaptée aux robes à paniers du XVIIIe s. De la même manière, la sédentarisation progressive de la bourgeoisie et de l'aristocratie permettra peu à peu de dissocier les fonctions d'assise et de rangement. Les meubles se sont d'ailleurs taillé la part du lion dans les collections exposées : l'occasion d'observer, en fonction de la mode, les meubles les plus représentatifs d'une époque comme le gracieux bonheur du jour (petit meuble féminin d'écriture, dont le nom fait référence à l'occupation favorite des dames du monde au XVIIIe s) ou la commode (voyez justement la superbe et imposante commode double à armoires d'encoignure de la salle des frisages). En chemin, ne ratez pas le charmant fauteuil cabriolet dit à coiffer, d'époque Louis XV.

Le contexte économique et politique se reflète aussi dans les arts décoratifs : ainsi Louis XV voulait-il que les manufactures françaises percent le secret de la perfection de la porcelaine de Meissen (Saxe) ; la culture du Levant a aussi suscité l'engouement de la bonne société dès les 1ers échanges de la France avec l'Extrême-Orient : porcelaines chinoises importées, mais aussi influences chinoises dans les arts décoratifs français, comme dans ces *Scènes de la vie chinoise* de Boucher dans le cabinet des laques (pêche au pélican, petites pagodes qui se glissent dans le paysage...) ou dans le bestiaire oriental apprivoisé par les artisans européens.

Ne manquez pas le ravissant *cabinet des Fables* (1750) provenant de l'hôtel de Mme Dangé, place Vendôme. Une récente restauration ayant permis de redécouvrir les scènes rocaille du XVIIIe s partiellement masquées par les interventions de l'administration militaire, il a été décidé de conserver certains des panneaux remaniés au XIXe s. Un parti pris (en soi éloquent) qui nous offre un bon exemple de l'évolution du (bon) goût.

À cet égard, la place dévolue aux arts décoratifs du XIXe s, longtemps mal aimés, est aujourd'hui bien plus étoffée... Et pourtant, les dragons de la dernière salle XIXe s (entre autres) n'ont vraiment pas un physique facile !

On poursuit du côté de l'Art nouveau : un courant toujours aussi surprenant plus d'un siècle après... Mais quel regard nouveau ce mouvement apporte-t-il alors ? Le fait de considérer que la forme (du meuble, de l'objet) est décor en soi ; un décor qui puise largement dans les volutes et les rondeurs de Dame Nature. Et puis, bien sûr, l'utilisation de matériaux industriels tels que le métal. Dommage que les 2 salles consacrées à cette période ne soient pas au même étage.
Quant au département moderne et contemporain, il est en travaux à l'heure où nous bouclons ces lignes ; travaux qui devraient s'achever à l'automne 2018. À vous donc de découvrir le résultat de cette refonte !
Gardez un peu d'énergie pour découvrir, si vous ne l'avez pas encore fait, la richesse de la *galerie des Bijoux,* qui offre un panorama de l'histoire du bijou et de la joaillerie du Moyen Âge à nos jours. Des pièces rares sont exposées, parfaitement mises en valeur dans des écrins de velours noir, et on peut lire d'intéressantes explications relatives aux techniques et matériaux utilisés (qu'est-ce qu'un camée, d'où vient le nom du strass...). Admirer les créations d'inspiration végétale de René Lalique, joyaux de l'Art nouveau, ainsi que celles d'autres grands noms de la création : Georges Braque, Jean Lurcat, ou même Calder. À voir aussi, la donation Dubuffet (niveau 2) et, pour ceux qui ont une âme d'enfant, la galerie des Jouets (niveau 2 toujours).
Les Arts décoratifs conservent des ***collections exceptionnelles de mode et de textiles*** parmi les plus riches au monde, ainsi qu'un ***formidable fonds d'affiches, de films et d'objets publicitaires,*** de Toulouse-Lautrec à Jean-Paul Goude.

Le jardin des Tuileries *(plan couleur A-B2)*

Ⓜ Tuileries. Jardin ouv dernier dim de mars-dernier sam de sept, tlj 7h-21h (23h juin-août) ; le reste de l'année, tlj 7h30-19h30. Avr-oct, visite guidée gratuite w-e et j. fériés à 15h30 ; rdv au pied de l'arc de triomphe du Carrousel ; durée : 1h-1h15. Toilettes publiques à droite de l'entrée du jardin (au niveau du métro Tuileries). Fête foraine juil-août.
Pourquoi « Tuileries » ? Parce que la terre argileuse du sol servait à fabriquer des tuiles. On y a même longtemps trouvé une manufacture. Cette ancienne décharge publique fut rachetée par Catherine de Médicis pour y aménager un parc de plaisance. Embelli par Le Nôtre un siècle plus tard, le jardin à la française devint vite très populaire.
Au fil du temps, le jardin des Tuileries a toujours suscité le désir, la passion, l'amour, autrement dit l'érotisme dans son aspect le plus large. Peut-être sont-ce les arbres, les faunes, les statues ? À la veille de la Révolution, le dimanche, les familles bourgeoises au grand complet venaient y prendre l'air. On y louait des chaises pour les dames fatiguées. Entre familles, on se saluait gravement, lentement... Mais à travers ces cérémoniaux pompeux, les filles et les garçons, eux, échangeaient des regards aussi furtifs que brûlants... Sous le Directoire s'y pavanaient les incroyables et les merveilleuses.

DU RIFIFI AUX TUILERIES

C'est dans les ruelles de ce quartier que Marie-Antoinette se perdit, en juin 1791, alors qu'elle devait fuir Paris. Son retard lui fit manquer l'escorte du duc de Fersen et provoqua son arrestation à Varennes.

Les Tuileries, vieilles de plus de 400 ans, se sont offert un beau lifting pour le XXIe s. Vous entrez par la grille d'Honneur, place de la Concorde. Aux 2 angles, les pavillons du Jeu de paume et de l'Orangerie. De part et d'autre, des groupes sculptés qui évoquent les fleuves et les saisons. La *Renommée* et *Mercure* ont été apportés de Marly en 1719. En face, le fameux axe de Paris continue, en partant de la Défense, droit vers la pyramide, avec un léger écart de perspective de 2 m autour de l'arc de triomphe du Carrousel, mais peu le remarquent... Le Louvre tourne avec la Seine !

Entre les quinconces de marronniers sont aménagés cafés et buvettes dans un style discret. Le bassin rond s'anime à partir de 15h grâce aux évolutions des petits voiliers aux couleurs vives, affrétés par un groupe de passionnés de navigation. Le sol stabilisé presque blanc est un merveilleux réflecteur de la lumière solaire ; malheureusement, le vent le disperse facilement et on le retrouve jusque dans les musées. Des actions anti-poussière et un plan de revégétalisation sont en cours aux Tuileries.

LE PLUS GRAND BANQUET DU MONDE

En 1900, pour l'Expo universelle, on invita les 20 277 maires de France à un déjeuner organisé par Potel et Chabot dans le jardin des Tuileries. Des tables furent dressées sur 7 km. Le repas comportait 6 plats (donc 125 000 assiettes !), 2 400 faisans, 2 t de saumon et 3,5 t de bœuf. À l'époque, on buvait sacrément : 50 000 bouteilles, donc 2,5 l par personne (et aucun point retiré !). Les ordres étaient transmis aux maîtres d'hôtel par des cyclistes. Le repas se déroula, sans aucun heurt, en 1h25.

Les nombreuses statues (une centaine !) des XVIIIe et XIXe s ont été rénovées en 1990. En signature, on y trouve souvent le nom de Coustou. Un projet du Fonds national d'art contemporain a financé, en 1998, l'installation d'une quarantaine de sculptures de grands artistes contemporains, d'Alberto Giacometti à Jean Dubuffet en passant par Louise Bourgeois et Roy Lichtenstein, ou encore Henry Moore. Les originaux les plus précieux sont maintenant à l'abri au musée du Louvre. Ces œuvres, disséminées à travers le parc, invitent à le parcourir au gré d'une promenade thématique liée à l'art plastique.

Les opulentes femmes en plomb de Maillol ont trouvé une disposition homogène dans le jardin du Carrousel parmi les 12 rangées d'ifs taillés qui y forment un labyrinthe de 6 ha. Pour y parvenir, dépassez les petits fossés creusés au XIXe s pour éloigner la foule de l'ancien château, et montez les 12 marches de la terrasse des Tuileries, toujours en direction de la pyramide du Louvre.

Au milieu de cette perspective, l'arc de triomphe du Carrousel, de style romain et prétentieux, construit en 1808 en l'honneur des victoires (Austerlitz surtout) du non moins prétentieux Napoléon. On lui pardonne, car il était à la hauteur... Inspiré par l'arc de Septime Sévère à Rome, ses belles colonnes de marbre rose racontent la campagne de 1805. Les chevaux, sculptés par Bosio, sont les copies des originaux dérobés aux Vénitiens par Napoléon. Les Vénitiens les avaient volés à Constantinople. Mais leur voyage ne s'arrêta pas là puisque Louis XVIII les restitua finalement à Venise, où une copie trône désormais au-dessus du porche de la basilique Saint-Marc ; les originaux se trouvent au musée Marciano, à l'intérieur de la basilique. Ce nom de Carrousel est resté en souvenir du carrousel donné à Paris en 1662 par Louis XIV à l'occasion de la naissance du Dauphin.

Entre les 2 pavillons de Marsan et de Flore s'étendait le fameux château des Tuileries, construit sous Catherine de Médicis à partir de 1563 et incendié sous la Commune en 1871. De Napoléon Ier à Napoléon III, ce fut la résidence des souverains français.

Quant aux enfants, ils s'amusent sur les aires de jeux, poussent les bateaux dans le bassin, ou font une promenade à poney.

***Le musée de l'Orangerie** (plan couleur A2) : à l'angle du quai des Tuileries et de la pl. de la Concorde, dans le jardin des Tuileries. ☎ 01-44-77-80-07 ou 01-44-50-43-00. • musee-orangerie.fr • Ⓜ Concorde. Bus nos 24, 42, 52, 72, 73, 84 et 94. Tlj sauf mar 9h-18h. Fermé 1er mai, mat du 14 juil et 25 déc. Entrée : 9 € ; réduc ; gratuit moins de 26 ans et pour ts le 1er dim de chaque mois. Audioguide : 5 €. Café sur place.*

La clarté de l'espace d'exposition rend un bel hommage au maître de l'impressionnisme, qui n'avait pas manqué de patriotisme en offrant à l'État *Les Nymphéas,* au lendemain de la signature de l'Armistice (1918) en l'honneur des 1,7 million de soldats français qui laissèrent leur vie dans les combats. À cette période, Monet veut rompre avec les codes académiques et insuffler « l'illusion d'un tout sans fin, d'une onde sans horizon et sans ravage ». L'Orangerie, exposée est-ouest, séduit Monet. Après avoir traversé une passerelle où s'alignent quelques panneaux retraçant l'histoire du projet, on pénètre dans le « pronaos », une antichambre vide souhaitée par Claude Monet pour se mettre en condition, aujourd'hui ouverte d'un côté sur les jardins des Tuileries et de l'autre sur la Seine. La nature, la lumière et l'eau, les 3 thèmes récurrents des *Nymphéas.* Puis on entre véritablement dans le sanctuaire. Dans ces 2 vastes salles elliptiques (elles forment le 8 de l'infini), sur 2 m de hauteur et près de 100 m linéaire, se déploie un paysage d'eau jalonné de nymphéas, de branches de saules, de reflets d'arbres et de nuages. En commençant par la salle du fond et en revenant sur ses pas, on suit les évolutions de l'œuvre dont les couleurs et les jeux de lumière obéissent au cycle du Soleil. Manifestation tardive et longtemps jugée déroutante d'un impressionnisme auquel la monumentalité et l'absence de toute figure humaine confèrent un caractère abstrait, cet immense ensemble mural est la somme de toute une vie d'artiste. Poursuivi pendant 12 ans, de 1914 à 1926, il puise dans l'univers familier de Monet : le « jardin d'eau » de sa propriété de Giverny, entouré d'arbres et orné de plantes aquatiques, devant lequel, 30 ans durant, le peintre posa son chevalet pour en sonder les rythmes changeants. La visite se poursuit au sous-sol avec les chefs-d'œuvre de l'extraordinaire collection Walter-Guillaume. Paul Guillaume était un marchand d'art visionnaire et autodidacte. Sa collection personnelle, complétée après sa mort par sa veuve Domenica (remariée à l'industriel Jean Walter, d'où les 2 noms), réunit 146 tableaux EXCEPTIONNELS de la fin du XIXe au début du XXe s. Intéressant : quelques maquettes et la reconstitution du bureau de Walter permettent de se faire une idée des goûts de ces esthètes, et de la manière dont ils présentaient leurs œuvres. 3 portraits de Guillaume : un de Modigliani, un de Derain et un autre de Van Dongen, peint 10 ans après. Le collectionneur partageait avec son client, le docteur Barnes, son goût pour les peintures de Renoir. Vous en verrez plusieurs, dont *Jeunes filles au piano,* une version d'étude beaucoup moins conventionnelle que celle exposée au musée d'Orsay ; remarquez la densité des chevelures, propres à Renoir. Très beau *Paysage de neige,* très rare dans la production de ce peintre de la joie de vivre. À côté du *Bouquet,* une *Nature morte* de Cézanne, dont la recherche des couleurs et des volumes est très novatrice. En prenant du recul devant *Le Rocher rouge,* belle perspective du chemin. Et puis quelques superbes Picasso, notamment une *Grande baigneuse* qui signe son retour au classicisme après le cubisme, une *Grande nature morte* et *La Femme au tambourin,* les seuls tableaux du mouvement cubiste ici présentés, une foule de Derain, le peintre fétiche de Paul Guillaume (délicieux paysages de Provence), et encore des œuvres de Matisse, Utrillo et Soutine. Concernant Soutine, l'Orangerie abrite la plus grande collection européenne du peintre lituanien avec 22 toiles ! Les aménagements de l'Orangerie ont permis de dégager l'identité historique et l'originalité esthétique de la collection, qui la rendent sans équivalent dans les autres musées de Paris. Une pépite !

Le Jeu de paume *(plan couleur A1)* **:** *1, pl. de la Concorde, 75008. ☎ 01-47-03-12-50. • jeudepaume.org • Ⓜ Concorde. Au coin de la rue de Rivoli. Mar 11h-21h, mer-dim 11h-19h. Fermé lun et certains j. fériés. Entrée : 10 € ; tarif réduit : 7,50 € ; gratuit étudiants et moins de 26 ans le dernier mar du mois. Visite commentée incluse dans le prix du billet mer et sam à 12h30.* Un beau centre d'art consacré à l'art moderne et contemporain qui abrite exclusivement des expositions temporaires de haut vol dans le domaine de la photographie, de l'image, de la vidéo, du cinéma et des nouveaux médias. Librairie de qualité au rez-de-chaussée et auditorium au sous-sol proposant des conférences, des colloques, des films de cinéastes indépendants ainsi que des programmations thématiques.

Le Palais-Royal *(plan couleur C2)*

☎ 01-47-03-92-16. • palais-royal.monuments-nationaux.fr • Ⓜ Palais-Royal-Musée-du-Louvre. Jardin ouv tlj 8h-20h30 (22h30 avr-sept). GRATUIT. Visites guidées du jardin et des galeries organisées par le Centre des monuments nationaux (• lecmn.fr/visitesconferences • ; compter 10 €).

Ce lieu, dont l'occupation remonte à l'époque romaine, fut probablement la 1re station thermale de Paris. On a en effet retrouvé dans le sous-sol une villa et de vastes bassins ! Le bâtiment actuel fut l'ancien palais du cardinal de Richelieu. Il s'appelait d'ailleurs Palais-Cardinal. Il n'en reste que la galerie des Proues en façade sur la cour d'honneur. Louis XIV y vécut pendant ses 1res années. Il jouait au roi et à la reine dans les communs du palais avec la fille d'une servante qu'il appelait « la reine Marie ». Puis Henriette de France (veuve de Charles Ier d'Angleterre) y logea. Durant la régence de Philippe II d'Orléans (dit « le Gros »), il abrita de célèbres soupers libertins. Son fils, Louis-Philippe-Joseph, futur Philippe Égalité, à court d'argent, réduisit le jardin et fit construire, sur 3 côtés, des boutiques et des appartements de rapport. 3 nouvelles rues prirent le nom des cadets d'Orléans : Valois, Montpensier et Beaujolais, et les jardins du Palais-Royal furent ouverts à la foule parisienne.

En 1786, construction du Théâtre-Français (actuelle ***Comédie-Française***), à la splendide salle avec ses soirées dédiées aux grands classiques. À l'intérieur, célèbre buste de Voltaire par Houdon et le fauteuil dans lequel Molière eut un malaise fatal en jouant *Le Malade imaginaire.* Un tuyau : si vous n'avez pas de place pour un spectacle, 65 places à visibilité réduite sont mises en vente 1h avant le lever du rideau, à un prix défiant toute concurrence *(compter 5 €),* rue de Montpensier, à l'angle de la rue de Richelieu.

À la fin de l'Ancien Régime, le Palais-Royal était très vivant et mal famé. Les tripots y abondaient ; sous les galeries, cafés et salles de jeux attiraient la foule. Le plus fameux, le *Café de Foy,* offrait même de l'eau-de-vie des îles (du rhum). Sur ordre du duc d'Orléans, la police avait l'interdiction d'entrer dans l'enceinte du palais. Chamfort habita là. Diderot y flânait... Jan Potocki y croisait Mme de Staël. Fragonard y mourut... en mangeant une glace ! Dans cette ruche aux 31 tripots, les esprits fermentaient. C'est ici que Camille Desmoulins, le 12 juillet 1789, perché sur une chaise au *Café de Foy,* appela le peuple de Paris à prendre les armes après le renvoi du ministre libéral Necker. Charlotte Corday acheta le couteau qui frappa Marat chez *Badin,* l'une des boutiques du palais. Sous un chapiteau, on présentait des pièces licencieuses, plus loin un prêtre commentait Rousseau. Bref, on rigolait sec.

En 1815, les Russes et les Prussiens, vainqueurs de Napoléon, y auraient joué... et perdu au

DRÔLE DE FAÇON D'AMUSER LA GALERIE !

Autrefois, les prostituées occupaient carrément les galeries de ce royal palais. La police y était interdite d'accès. Quantité de guides décrivaient en détail les belles et leurs tarifs. « Marie, grande blonde, teint livide, dents gâtées... 3 livres. En marchandant, 1 livre 4 sols. » Une demoiselle du bas pavé sûrement. Celle-ci est déjà un ton au-dessus : « Julie, brune assez jolie, gros tétons, faisant de tout... 6 livres. »

LA VEUVE « QUI CLÔT »

Surnom de Marthe Richard, née à Blamont (Lorraine). Résistante, espionne, conseillère municipale, Marthe Richard se dépensa sans compter pour fermer les 1 500 bordels qui prospéraient en France. Faut dire que bon nombre d'établissements gagnèrent très bien leur vie avec l'armée allemande. La loi fut votée en avril 1946. Marthe Richard exigea aussi la destruction des fiches de prostitution... notamment la sienne, rédigée en 1905 pour racolage notoire.

« trente-et-quarante » la totalité des dommages de guerre payés par la France ! Dans les années 1830, les suicides de joueurs ruinés étaient si nombreux qu'ils obligèrent Louis-Philippe à chasser filles et tripots.

Aujourd'hui, le Palais-Royal s'est bien plus qu'assagi ! L'enclos de verdure n'accueille plus que les touristes, les nourrices, les enfants et les salariés du coin, et est assailli les dimanches ensoleillés par les flâneurs. Il reste un rare privilège pour ceux qui résident au-dessus de ce calme jardin en plein cœur de la ville. Colette y mourut en 1954, et Jean Cocteau y vécut longtemps. C'est dire si l'adresse est prisée ! Sous les arcades qui l'entourent, des boutiques très chic, bien sûr.

LE CANON DES BEAUX JOURS

Au milieu de la pelouse du Palais-Royal se tient un canon méridien offert en 1786 par un certain Rousseau, horloger dans la galerie avoisinante. Placé sur le méridien de Paris, il tonnait à midi pile grâce au soleil et à une loupe qui ne fonctionnait que... lorsqu'il faisait beau. La détonation permettait de régler les horloges. Volé en 1998, il a été remplacé par une réplique.

1er

Le Palais-Royal abrite aussi le Conseil d'État *(visite à l'occasion des Journées du patrimoine)* et son grand escalier d'honneur, ainsi que le Conseil constitutionnel, garant, entre autres, du résultat des élections.

Et dans la cour, les fontaines de Pol Bury et les colonnes de l'artiste Buren ; on aime... ou pas.

La place Vendôme *(plan couleur B1)*

Très bel ensemble architectural de la fin du règne de Louis XIV. Cette place octogonale, type même de la place royale, est entourée de façades d'ordre corinthien élevées par Jules Hardouin-Mansart.

Son histoire est un vrai feuilleton, qui rend compte de façon parfois bouffonne des changements politiques au cours du temps. Sur le modèle de la colonne Trajane à Rome, Napoléon fait ériger la colonne Vendôme, haute de 43,50 m, dont le fût, constitué de 98 tambours de pierre, est entouré d'une chape coulée à partir des canons russes et autrichiens pris à la bataille d'Austerlitz. On peut y voir, s'enroulant sur 280 m en spirale jusqu'au sommet, la représentation de quelques scènes de batailles. Chaudet fond une statue en bronze de l'Empereur en *Caesar Imperator,* et la place au sommet. Chute de l'Empire et... chute programmée de la colonne. Mais ses fondations en porphyre étant enfouies à 9 m sous terre, rien ne l'abat. Pour finir, le peintre Courbet organisa sur la place l'une des plus spectaculaires manifestations de la Commune. Le 16 mai 1871, devant plus de 100 000 Parisiens, la colonne et la statue de l'Empereur s'écroulèrent sur le lit de fumier qu'on leur avait préparé tout exprès... Les Versaillais, qui approchaient déjà, firent payer chèrement la chute de ce symbole du despotisme : Mac Mahon décida en 1873 de faire reconstruire la colonne Vendôme aux frais du peintre (plus de 323 000 francs). Jeté en prison, Courbet voit toutes les toiles de son atelier saisies, mais obtient de payer près de 10 000 francs par an pendant 33 ans. Exilé en Suisse, il meurt avant d'avoir réglé la 1re traite. Napoléon, lui, avait déjà retrouvé son piédestal !

SACRÉMENT DISTRAIT

Quand Hemingway revint en 1956 à l'hôtel Ritz, le personnel lui apporta 2 malles qu'il avait oubliées depuis... 29 ans ! Il y retrouva des notes, des carnets et un manuscrit qui deviendra l'un de ses plus célèbres romans, Paris est une fête.

Après ces nombreux rebondissements, la place a finalement repris son appellation d'origine, du nom du duc de Vendôme, fils naturel d'Henri IV et de Gabrielle d'Estrées, qui y avait son hôtel.

Sur la place, vous croiserez les élégantes de la jet-set en tournée shopping chez les grands joailliers français et étrangers, comme *Boucheron, Cartier, Mauboussin,* ou encore *Chaumet,* installé au n° 12, dans l'appartement où Chopin est mort en 1849. Jouxtant le ministère de la Justice se trouve le mythique hôtel *Ritz,* où le célèbre écrivain américain Fitzgerald séjourna souvent et rédigea *Un diamant gros comme le Ritz.* C'est aussi au *Ritz* que séjournait Lady Di avant l'accident fatal du tunnel du pont de l'Alma.

L'EXIL DE COCO CHANEL

Pendant la guerre, elle dénonça les origines juives des Wertheimer, propriétaires de la maison Chanel. D'ailleurs, elle vivait officiellement avec un officier nazi. Pas étonnant qu'elle ait préféré s'exiler dès 1944 à Lausanne, pendant 10 ans. Elle y est enterrée mais sans pierre tombale, en toute discrétion.

1er

Donnant sur la place Vendôme, la ***rue de la Paix*** *(plan couleur B1),* qui mène à la place de l'Opéra, se situe à l'emplacement du couvent des Capucines, détruit à la Révolution. Y étaient enterrés Louvois, ministre de Louis XIV, et la marquise de Pompadour.

Et puisque vous êtes dans le secteur, passez donc par la ***place du Marché-Saint-Honoré*** *(plan couleur B1).* Le bel immeuble tout de vitres vêtu est une création de l'architecte Ricardo Bofill pour la banque *BNP-Paribas.* La grande halle vitrée au fronton triangulaire rappelle l'architecture des passages couverts du XIXe s, nombreux dans le quartier. Réussi, non ?

L'église Saint-Roch *(plan couleur B1) : à l'angle des rues Saint-Roch et Saint-Honoré (n° 284).* Avec sa façade de style baroque, c'est une des plus jolies – et vastes – églises parisiennes, qui est aussi traditionnellement la paroisse des artistes. Le futur Louis XIV posa la 1re pierre en 1653, à l'emplacement d'une chapelle Sainte-Suzanne, patronne des maraîchers. Faute de fonds, on organisa une loterie pour poursuivre la construction. En 1719, le financier Law fit également un don pour payer la toiture. Comme quoi on peut passer pour un escroc et tremper dans une affaire d'eau bénite. Les grenouilles de bénitier de l'époque purent, du perron de l'église, observer le funeste cortège des charrettes qui se rendaient de la Conciergerie à la place de la Révolution : Charlotte Corday, Marie-Antoinette, Robespierre... C'est au pied de l'église Saint-Roch que Napoléon Bonaparte, le 5 octobre 1795, fit canonner les royalistes qui avaient voulu marcher sur la salle de la Convention, aux Tuileries ; après trois quarts d'heure de mitraille, 300 insurgés gisaient sur les marches de l'église. Bonaparte y gagna le surnom de « général vendémiaire ». Quelques inhumés célèbres : André Le Nôtre, Pierre Corneille, l'amiral Duguay-Trouin, Denis Diderot, l'abbé de L'Épée, Vauban...

LA 1re FÉMINISTE

La rue Saint-Honoré a hébergé une célèbre figure de la Révolution : Olympe de Gouges. Elle défendit l'abolition de l'esclavage. Embastillée à la fin de l'Ancien Régime, elle obtint l'instauration d'une loi sur le divorce. Elle publia également une Déclaration des Droits de la femme et de la citoyenne *: « Si la femme a le droit de monter à l'échafaud, elle doit avoir également celui de monter à la Tribune. » Fouquier-Tinville la prit au mot lorsqu'elle s'opposa à Robespierre et Marat, et l'envoya à la guillotine en 1793.*

La fontaine Molière (plan couleur C1) : *à l'angle des rues de Richelieu et Molière.* Construite dans le genre monumental par Visconti, tout près de l'emplacement de la maison où, en 1673, mourut le grand comédien et auteur (Molière, pas Visconti !), alors qu'il venait de jouer *Le Malade imaginaire.*

Le quartier qui borde le Palais-Royal abrite aussi son lot d'anciens ***passages,*** comme ceux qui zigzaguent entre la rue de Montpensier et la rue de Richelieu.
En cours de route, on saisit quelques belles images : rue de Montpensier, le superbe agencement du ***théâtre du Palais-Royal,*** à la façade étrange, baroque, avec son escalier de secours très SoHo et, à l'intérieur, le riche décor dans les tonalités rouge carmin, vieux rose, tamisées par les lumières.
À côté, rue de Beaujolais, donnant sur le Palais-Royal, le restaurant du ***Grand Véfour,*** né en 1784 sous le nom de *Café de Chartres.* Au 1er étage, les salons recevaient Marat, Desmoulins... Il devint par la suite le rendez-vous du Tout-Paris artistique et politique : Victor Hugo, Lamartine, George Sand, Mac Mahon y avaient leur rond de serviette. Plus tard, Cocteau, Guitry, Giraudoux, Colette, Aragon, Malraux, Sartre, Beauvoir feront partie des habitués. La décoration est tout bonnement somptueuse : les rideaux de dentelle et les tringles de cuivre, les plafonds en glace peints d'arabesques, les céramiques, moulures dorées, etc. Une richesse incroyable !
On se glisse ensuite derrière le resto pour rejoindre le passage du Perron, sur la gauche. Festival de lumières et de couleurs entre les marchands de boîtes à musique et de jouets, et l'antiquaire.
Sortir rue de Beaujolais par un élégant petit escalier, tourner à droite ; 30 m plus loin, sur la gauche, on rattrape le passage des Pavillons, très court, biscornu, qui nous projette rapidement dans le trafic de la rue des Petits-Champs, presque en face de l'entrée de la galerie Vivienne (voir le 2e arrondissement).

DRÔLES DE BINETTES

On doit à un artisan de la rue des Petits-Champs l'expression « avoir une drôle de binette ». Y habitait un certain Binet, perruquier de son état, qui devait avoir beaucoup d'imagination puisqu'on disait de ses clients portant ses postiches : « Voici encore une drôle de perruque Binet ! » L'usage a fait le reste.

La galerie Vero-Dodat (plan couleur C2) : *2, rue du Bouloi, ou 19, rue Jean-Jacques-Rousseau, 75001. Ⓜ Louvre-Rivoli. Tlj sauf dim et j. fériés 7h-22h.* Incontestablement l'une des plus belles galeries de Paris ! De style néoclassique avec des ornements en cuivre, de la fonte, des miroirs, du marbre, des globes de lumière... Également des trompe-l'œil colorés aux plafonds (représentant Hermès et Apollon), un dallage à damiers, et de délicates devantures boisées encore préservées. Son histoire vaut également le détour : ancien hôtel particulier où serait né le cardinal de Richelieu (1585), l'endroit devint célèbre à la mort d'Antoine de Dreux d'Ambray, empoisonné par sa fille, la marquise de Brinvilliers. Le lieu servit ensuite de terminus pour toutes les diligences de France, avant d'être l'un des tout 1ers endroits éclairés au gaz dans la capitale. L'année 1826 marque la transformation en passage « Vero et Dodat », les noms d'un charcutier (Vero) et d'un financier (Dodat) du quartier. En son temps, la tragédienne Rachel, courtisée par Alfred de Musset, y vécut ; et on raconte par ailleurs que ce serait le dernier endroit où Gérard de Nerval vint prendre un café avant de se donner la mort. Aujourd'hui, il est peuplé de beaux magasins : tissus, galeries d'art, librairies, luthier, antiquaires, cafés... Mais c'est surtout déserte, le soir, qu'on aime la découvrir.

La place des Victoires (plan couleur C1) : construite en 1686 par le maréchal de La Feuillade, en l'honneur des victoires remportées par Louis XIV. Une 1re statue du Roi-Soleil y trôna jusqu'à ce qu'elle soit fondue par les révolutionnaires en 1792. La statue équestre actuelle date de 1822. La belle place a conservé son harmonieuse ordonnance, malgré le percement de la rue Étienne-Marcel.

LE QUARTIER DES HALLES (*plan couleur C-D2*)

LA NAISSANCE DES HALLES

Le « ventre de Paris », cher à Émile Zola, remonte à plus de 800 ans maintenant, lorsque Philippe Auguste fit édifier les 1res Halles. De siècle en siècle, elles prirent de l'importance. Tout autour furent édifiés de splendides hôtels particuliers, des artisans et commerçants s'installèrent, et les pauvres s'intégrèrent au processus avec la célèbre cour des Miracles (lire les infos mentionnées sur la rue du Caire, dans le 2e arrondissement) qui se créa à la lisière du quartier. Sur la cour des Miracles se dressait un pilori où l'on exposait les commerçants malhonnêtes, les blasphémateurs, les proxénètes...

LES INNOCENTS

Les Halles cohabitèrent longtemps avec le fameux cimetière des Innocents (à peu près à l'emplacement de l'actuelle fontaine des Innocents). Enserré entre de hauts murs, exigu, il fallut rapidement avoir recours aux fosses communes : un trou d'une dizaine de mètres de profondeur, dans lequel on empilait les cadavres recouverts d'une mince couche de terre, laissé à ciel ouvert. Chiens et porcs n'avaient aucun mal à dénicher leur pitance. Pendant 5 siècles, les habitants du quartier et les négociants des Halles vécurent dans une odeur de mort parfois insupportable. Le cimetière recevait les corps de 22 paroisses, et une intense activité y régnait en permanence : camelots, écrivains publics, badauds, nécrophiles, voleurs, prostituées... La terre était réputée faire fondre les chairs en moins de 9 jours. Vers 1780, les quelque 2 millions de corps enterrés depuis 7 siècles avaient surélevé le cimetière de 2 m par rapport au niveau de la rue ! L'effondrement d'une fosse commune dans les caves d'une maison voisine (ses habitants faillirent mourir asphyxiés) provoqua la fermeture définitive du cimetière.
Un édit de Louis XVI attribua le terrain au marché aux herbes et aux légumes (sic) qui se tenait juste à côté. Les ossements furent chargés dans des tombereaux et versés dans les carrières de la Tombe-Issoire (les actuelles catacombes, place Denfert-Rochereau ; voir le 14e arrondissement).

LE VENTRE DE PARIS

C'est au XIXe s que les Halles prirent un grand essor et acquirent une place considérable. La halle aux vins déménagea à Jussieu. En 1851, Napoléon III chargea l'architecte Victor Baltard de construire des pavillons en dur pour abriter les marchandises.
Ce dernier avait pris soin de cacher la structure de fer qu'il avait prévue pour supporter les « parapluies » voulus par Napoléon III, l'empereur ayant imposé « du fer, rien que du fer ! ». Il faut dire qu'à l'époque le fer avait mauvaise réputation : ça faisait trop « usine » ! Ces pavillons très aérés, offrant un maximum de lumière et d'une conception pratique et rationnelle, servirent pourtant de modèles dans maints pays.
Il convient aussi de rappeler que, de tout temps, le quartier présenta une galerie de truculents personnages, représentatifs de l'extraordinaire animation qui y

CLOCHARD

Autrefois, une cloche annonçait la fin du marché des Halles. À ce moment précis, les victuailles qui traînaient encore sur les étals pouvaient être récupérées par les mendiants. Le clochard était celui qui attendait le son de la cloche.

régnait. Les marchands des diverses catégories possédaient leurs propres rites, coutumes, langages, etc. Les mille petits métiers liés à l'activité des Halles complétaient le tableau, sans oublier les tenanciers de cafés, d'hôtels borgnes, les ribaudes, clochards, voleurs, marginaux de toutes sortes. Et puis on y entendait un langage haut en couleur. S'y mêlait l'argot introduit par les types louches, certains fraîchement décarrés de taule, qui, la nuit, venaient se refaire une santé financière en déchargeant les cageots. Cette langue reflétait la vie, la réalité du carreau : *une salade* pour une embrouille, *occupe-toi de tes oignons, c'est pas tes oignons, je t'ai vendu des haricots qui voulaient pas cuire, que tu me fasses la tronche.* Et tant d'autres...

Puis vint le moment où les Halles ne permirent plus de nourrir une ville en expansion continue, où le volume des affaires et le stockage des marchandises s'amplifiaient d'année en année, au point limite de l'asphyxie. Paris délibérément sacrifié à l'automobile, la paralysie du centre-ville et ses répercussions sur le trafic global ne pouvaient que condamner les Halles. Leur arrêt de mort fut signé en 1962 et définitivement exécuté en 1969, lorsque le marché de Rungis prit le relais. Les fameuses halles de Baltard cédèrent alors la place à un centre commercial sans âme. « En rasant les Halles, on a craché dans le cercueil de Paris », écrivit René Fallet...

AIL CALORIFIQUE !

En hiver, les maraîchers bretons qui vendaient leur ail aux Halles portaient de gros pulls amoureusement tricotés par leur épouse. Tout le monde connaissait ces vêtements si populaires chez les « marchands d'ail ». Très tôt, on les appela... chandails.

LE NOUVEAU QUARTIER DES HALLES

Animé, vivant pratiquement jour et nuit, le quartier a retrouvé des couleurs depuis l'aboutissement d'un gigantesque chantier lancé en 2010. Le nouveau Forum est désormais relié à la Bourse de commerce par un cours de 22 m de large, lequel va même au-delà du Forum, jusqu'à la rue Lescot. Et c'est justement pour prolonger le cours jusque-là que le Forum est surmonté d'un toit qui fait l'effet d'un nuage de verre et d'acier, ou d'une raie manta en plein effort – la « canopée » –, s'élevant jusqu'à 14 m de haut ; bon, sa couleur vaguement jaune, une étanchéité douteuse et une transparence moins franche que prévue ne font pas l'unanimité... Néanmoins, l'endroit est vraiment agréable, et il faut saluer la prouesse technique. La salle d'interconnexion métro-RER a été repensée pour faciliter les déplacements de quelque 540 000 voyageurs par jour. Un vent de modernité – mais pas de folie – a soufflé sur l'ancien ventre de Paris. Pas facile cela dit de rénover une telle fourmilière : 37 millions de visiteurs par an (dans le centre commercial), 33 salles de cinéma, quelque 8 000 locaux commerciaux... Et tout autour, des jardins pour accueillir les badauds.

Petite balade dans le quartier

Surtout, levez les yeux pour ne pas manquer sculptures d'angle, beaux balcons en fer forgé, frises, cariatides, mascarons, etc.

****** ***La rue Saint-Honoré*** *(plan couleur C-D2)* **:** du Palais-Royal à la rue des Halles, elle présente de nombreuses maisons anciennes et boutiques pittoresques. Elle fut l'une des plus commerçantes de Paris. Pour les négociants, il s'agissait d'être le plus près possible de l'animation des Halles. Sous la Terreur, la charrette des condamnés l'empruntait quotidiennement.

Au n° 182, le bâtiment du *ministère de la Culture et de la Communication* est paré d'une étonnante résille métallique conçue par les architectes Soler et Druot.

Pour les historiens, c'est à ce carrefour que démarra la Fronde en 1648 (une émeute y éclata à la suite d'une augmentation des impôts).
Au nº 31 de la rue du Pont-Neuf, on aperçoit le buste de Molière à l'emplacement de la maison qui l'aurait vu naître. Au nº 47 habita Lavoisier (il dut prendre la charrette au passage). Il découvrit l'oxygène et proposa l'édification du mur des fermiers généraux. C'est l'une des raisons qui le firent condamner à mort.

LES FEMMES LUI DISENT MERCI

Herminie Cadolle (1845-1926) fut une couturière engagée dans la Commune. Elle dut s'exiler à Buenos Aires. En 1898, elle eut l'idée de créer le soutien-gorge en coupant le corset en 2 pour libérer le ventre. Elle revint à Paris, patronne et riche. La maison Cadolle existe toujours au 255, rue Saint-Honoré (près de la rue Cambon).

La rue de la Ferronnerie *(plan couleur D2)* **:** au XVIIe s, elle prolongeait la rue Saint-Honoré et était fort étroite. C'est là que, le 14 mai 1610, Henri IV fut assassiné, au nº 8, tout près d'une auberge qui portait le nom prédestiné *Au Cœur Couronné Percé d'une Flèche*. Aujourd'hui, c'est une rue piétonne bordée de boutiques, où personne ne remarque jamais la dalle au-dessus des colonnades qui indique le lieu du régicide. L'actuel immeuble, longtemps l'un des plus longs de Paris, date de 1669. Une certaine Jeanne Bécu, plus connue sous le nom de Mme du Barry (future maîtresse de Louis XV), travailla dans l'une des boutiques de mode qui l'abritait comme trottin, c'est-à-dire bonne à tout faire. C'est alors que sa vie galante commença.

IL S'APPELAIT RAVAILLAC

Ce pauvre Henri IV n'eut pas de chance : cela faisait 50 ans qu'un roi précédent avait commandé l'élargissement de la rue de la Ferronnerie, mais les travaux ne furent jamais réalisés. Résultat : le carrosse royal bloqué par les embouteillages, Ravaillac passe à l'acte. Curieux personnage que ce Ravaillac : ultracatholique, il considère que la politique d'Henri IV (d'origine protestante) n'est qu'une attaque contre le pape. Il quitte alors Angoulême pour Paris, où il assassinera le roi (avec un nontron, couteau qui existe toujours).

La fontaine des Innocents *(plan couleur D2)* **:** la seule d'époque Renaissance subsistant à Paris, œuvre de Jean Goujon, sur un dessin de Pierre Lescot. Au début, elle n'avait que 3 faces, car elle était adossée à l'église attenante au cimetière des Innocents. Fin XVIIIe s, quand le cimetière fut supprimé, l'église démolie et le terrain livré aux Halles, on la déplaça et une 4e face fut habilement sculptée dans le style des 3 autres. Lorsque les fruits et légumes intégrèrent l'un des pavillons Baltard, la fontaine voyagea une dernière fois vers son emplacement actuel.

La rue Saint-Denis *(jusqu'à Étienne-Marcel ; plan couleur D2)* **:** l'une des plus anciennes de Paris. Les charrettes menant les condamnés au gibet de Montfaucon y passaient obligatoirement. C'était aussi la « voie royale » par laquelle les souverains faisaient leur entrée triomphale à Paris après leur couronnement (et aussi celle qu'ils empruntaient pour être inhumés à la basilique Saint-Denis). Prétexte à de grandes réjouissances où le vin et le lait coulaient des fontaines. Les fenêtres se louaient fort cher pour assister aux défilés. Un dicton disait : « Qui descend gaiement remonte tristement. »
La rue Saint-Denis fut aussi, de tout temps, une rue commerçante très animée. Une foule énorme et colorée s'y pressait. Montreurs d'ours et trouvères émerveillaient les badauds. Les rues perpendiculaires et alentour témoignent toutes de l'activité des professions et corporations qui y officiaient. Aujourd'hui subsistent

encore les rues des Lombards (prêteurs sur gages originaires de Lombardie), de la Verrerie, de la Cossonnerie (les « cossons », revendeurs ou intermédiaires), de la Grande-Truanderie, des Orfèvres, de la Coutellerie, des Lavandières-Sainte-Opportune, des Déchargeurs (manutentionnaires des Halles), des Juges-Consuls (l'ancien tribunal de commerce), etc. Puis, quand les Halles émigrèrent à Rungis, les petits commerces reconquirent les anciennes mûrisseries à bananes et autres remises à diables.

FAIRE LA PIROUETTE

Au Moyen Âge, un pilori était installé rue Pirouette – aujourd'hui disparue –, à l'angle de la rue Rambuteau. Attachés, les condamnés étaient retournés toutes les demi-heures, sous les crachats du public. La torture n'existe heureusement plus, mais l'expression est restée.

La rue du Jour *(plan couleur D2)* **:** c'est l'ancien chemin de ronde de l'enceinte de Philippe Auguste. Charles V s'y était fait construire un logis, appelé le Séjour du Roi. Le nom « rue du Séjour », puis « du Jour », fut gardé.

L'église Saint-Eustache *(plan couleur D2)* **:** l'une des plus belles églises parisiennes aux imposantes dimensions : 100 m de long pour 43 m de large et 33 m de hauteur à la croisée du transept.
Saint-Eustache reprend le plan et les proportions de Notre-Dame. Comme pour cette dernière, il faudra plus d'un siècle pour l'achever. Sa façade, faute d'argent, ne sera terminée qu'au milieu du XVIIIe s, dans le style classique. Les flancs, toute la structure et l'intérieur sont en style gothique. Le décor est Renaissance.
C'était par excellence la paroisse de la noblesse de robe. Quelques paroissiens célèbres fréquentèrent les lieux. Pour leur baptême : Richelieu (en 1586) et Jeanne Poisson, future marquise de Pompadour (en 1721). Louis XIV y fit sa 1re communion en 1649, et Lully s'y maria en 1662. Une messe à la va-vite y fut célébrée le 21 février 1673 pour un certain Jean-Baptiste Poquelin, officiellement tapissier de métier (Molière, alors comédien, ne pouvait bénéficier d'un service religieux).
Saint-Eustache possède, en outre, une remarquable acoustique. Il n'est d'ailleurs point besoin d'être croyant pour apprécier les concerts d'orgue qui s'y tiennent ou les chœurs de la grand-messe du dimanche (le dimanche à 11h, grand-messe avec grand orgue et chœur de Saint-Eustache ; 18h, grand orgue, suivi d'une messe ; également le samedi à 18h).
À l'intérieur, remarquables vitraux et nombreuses œuvres de très grande qualité. En partant vers la gauche (de l'entrée rue du Jour), on découvre au-dessus de la porte le *Martyre de saint Eustache* par Simon Vouet et une belle *Adoration des mages* de l'école de Rubens. Ne pas manquer aussi la touchante sculpture moderne et naïve *Le Départ des fruits et légumes du cœur de Paris* (1969) de Raymond Mason. Témoignage poignant de ce que dut être l'exode des commerçants vers Rungis. Dans les chapelles du chœur, on trouve successivement l'*Extase de Madeleine* de Manetti et *Les Disciples d'Emmaüs* (école de Rubens). On y décèle encore l'influence du Caravage. Également le tombeau de Colbert par Coysevox, etc. Au-dessus de l'autel, très belle Vierge due à Pigalle. Vitraux du chœur du XVIIe s. Certains avancent que les cartons étaient de Philippe de Champaigne. Vitrail curieux près de la porte de sortie du chœur, offert par la corporation de la charcuterie, avec leurs saints patrons André et Antoine. Les grandes orgues alignent pas moins de 7 000 tuyaux. Étonnante croisée d'ogives de 33,50 m de hauteur. L'ensemble possède une unité de style rare. Piliers richement ciselés. Lourdes et majestueuses clés de voûte pendantes du chœur et du déambulatoire. Autour de Saint-Eustache, certains cafés ouvrent à 4h30, et les petits blancs coulent à flots, tandis que les noctambules viennent y prendre un petit noir.

La collection Pinault-Paris *(ex-Bourse de commerce ; plan couleur C2)* **:** à cet emplacement s'élevait l'hôtel de la Reine, construit pour Catherine de Médicis.

Rasé, il fut remplacé au XVIIIe s par une halle au blé à laquelle succéda la rotonde actuelle en 1889, dans le style néoclassique. La rue de Viarmes, de forme semi-circulaire, aligne des immeubles précédés de colonnes doriques. Le bâtiment circulaire va retrouver un nouveau souffle et accueillir une partie de la collection d'art contemporain de François Pinault, qui devrait ouvrir au public début 2019. La reconversion du site a entre autres été confiée au prestigieux architecte japonais autodidacte Tadao Ando, couronné par le prix Pritzker, qui a déjà collaboré avec l'homme d'affaires pour sa collection vénitienne. Un nouveau cylindre viendra s'insérer comme une 2de peau, dans lequel les œuvres seront présentées. L'espace d'expo permanent sera complété par des expositions thématiques ou monographiques, un restaurant et un auditorium.

FUNESTE PRÉSAGE

La mystérieuse colonne cannelée qui s'élève sur le côté de la Bourse est le dernier vestige de l'hôtel de la Reine (démoli en 1748). Construite pour assouvir la passion astrologique de Catherine de Médicis, elle était l'observatoire de Ruggieri, son astrologue. Aux deux tiers de la colonne, on peut même distinguer les lettres C et H (d'Henri II) entrelacées. Après la Saint-Barthélemy, paniquée par la sorcellerie et les funestes prédictions de Ruggieri (« Vous mourrez près de Saint-Germain »), la reine s'installa à Saint-Eustache. Or, le 8 janvier 1589, enrhumée, elle fit venir son confesseur, lui demanda son nom avant de rendre son dernier soupir. Il s'appelait Julien... de Saint-Germain !

Le Forum des Halles (plan couleur D2)

Surplombé par la récente « canopée » qui permet à la lumière naturelle de pénétrer, le Forum abrite un conservatoire, une bibliothèque, un centre hip-hop et d'innombrables boutiques de chaîne, des fast-foods et des cinémas. Les cinéphiles avertis y trouveront d'ailleurs le ***Forum des images,*** un lieu qui rassemble la ***bibliothèque du cinéma François-Truffaut,*** des ***salles de cinéma*** (festivals, cycles thématiques, débats et cours de cinéma) et une ***salle des collections*** proposant un incroyable choix de films numérisés qui ont un lien avec Paris, la ville la plus filmée au monde *(● forumdesimages.fr ●).*

VERS LE CHÂTELET

★★★ ***Saint-Germain-l'Auxerrois*** *(plan couleur C2)* **:** *pl. du Louvre, 75001.* Ⓜ *Louvre-Rivoli.* On a d'abord l'impression de voir double (tiens, se dit-on, 2 églises pour le prix d'une) avant de saisir que celle de gauche est en fait la mairie du 1er arrondissement. Une curieuse idée de l'architecte ! Bref, l'église véritable date du XIIe s et fut la paroisse des rois. Chef-d'œuvre du gothique. Admirer le superbe porche flamboyant du XVe s. La nef est d'une grande richesse sculpturale. Les œuvres du portail ne manquent pas d'humour. Noter le diablotin qui tente de souffler le cierge que tient sainte Geneviève – patronne de Paris – dans la main (le cierge a disparu). Intéressante diversité architecturale : portail Renaissance, clocher roman et porche gothique flamboyant. Les rois de France fréquentent l'église au XIVe s. La cloche de la tour eut le triste privilège de donner le signal du massacre de la Saint-Barthélemy. Molière s'y maria, et de nombreux artistes et architectes y furent enterrés. La Révolution la transformera en grenier à fourrage avant que Baltard et Lassus lui donnent son aspect actuel. Sur les contreforts, terminés par des clochetons, l'un des plus riches bestiaires que l'on connaisse : bêtes de toutes sortes, loups, ours, chiens, oiseaux monstrueux, griffons... Aux gargouilles, d'autres scènes mystérieuses impliquant des animaux.

À l'intérieur, quelques œuvres dignes d'intérêt. À gauche, en entrant, un retable flamand du XVIe s, extraordinaire, taillé dans la masse. La chapelle de droite, dite paroissiale, propose autel et retables gothiques, fresques et statues intéressantes du XIIIe au XVe s. Noter également le banc d'œuvre royal et la chaire, superbement sculptés, et le beau buffet d'orgue du XVIIe s. Et si vous êtes dans le coin au bon moment, ne manquez pas le carillon des 38 cloches du beffroi de la mairie du 1er arrondissement, tous les jours 13h30-14h.

Le quai de la Mégisserie *(plan couleur C-D3)* **:** Ⓜ *Châtelet ou Pont-Neuf.* Paradis des fleurs, des plantes grasses et des animaux. Spectacle gratuit : concert des perruches, veuves à collier d'or, saxons chanteurs, canaris et autres rossignols. Nombreux animaux : chiens, chats, lapins, écureuils, mais aussi d'autres bien plus exotiques... Pour info, un mégissier est un tanneur de petites peaux. Les amateurs de verdure peuvent traverser le pont au Change ou le pont Notre-Dame, pour rejoindre, sur l'île de la Cité, la place Louis-Lépine, où se tient tous les jours sauf le dimanche (jour du marché aux oiseaux) un marché aux fleurs.

1er

La place du Châtelet *(plan couleur D3)* **:** l'endroit de Paris le plus bouleversé. Rien ne rappelle la sinistre prison du Châtelet avec ses tours et ses cachots (à l'emplacement du théâtre du même nom ; plan sur la façade de l'immeuble de la Chambre des notaires), rasée au début du XIXe s, ni la Grande Boucherie et son animation : les étals des bouchers, les échoppes – c'était le plus ancien marché de la rive droite. En 1860, lors des grands travaux haussmanniens, furent construits les 2 grands théâtres qui bordent la place.

L'ÎLE DE LA CITÉ

(partie 1er arrondissement ; plan couleur C-D3)

Il fait bon flâner dans l'île de la Cité. Malgré l'afflux régulier de milliers de touristes qui, tous les jours, s'empressent de visiter ses monuments, on ne peut s'empêcher de penser à cette petite tribu, celle des *Parisii,* qui, voilà plus de 2 000 ans, vivait paisiblement sur cet espace restreint auquel les bras de la Seine offraient une protection naturelle. L'île se partageant entre 2 arrondissements, Notre-Dame est abordée dans le 4e arrondissement.
Les 3 monuments suivants constituent un ensemble unique en Europe, symbolisant les 3 fonctions royales : judiciaire, temporelle et religieuse.

DES INGÉNIEURS QUI N'AVAIENT PAS FROID AUX YEUX !

En 1908, on décida de faire passer le métro sous la Seine, entre Saint-Michel et Cité (ligne 4). Le sol, trop boueux, était impossible à creuser. On décida alors de le geler à - 24 °C. Il fallut donc installer une usine à glaçons sur les quais. 10 mois furent nécessaires pour avancer de 14 m. Cette incroyable prouesse technique fut couronnée de succès.

La Sainte-Chapelle *(plan couleur D3)* **:** *8, bd du Palais, 75001.* ☎ *01-53-40-60-80.* • *sainte-chapelle.fr* • Ⓜ *Cité, Saint-Michel ou Châtelet. Bus n°s 21, 27, 38, 85 et 96. Entrée juste à gauche des grilles du Palais de Justice. Avr-sept, tlj 9h-19h (21h30 mer de mi-mai à mi-sept) ; oct-mars, tlj 9h-17h ; fermeture des caisses 30 mn avt (pas d'accès lun-ven 13h-14h15). Fermé certains j. fériés. Entrée : 10 € ; réduc ; gratuit moins de 26 ans. Acheter votre e-billet sur* • *ticket.monuments-nationaux.fr* • *donne droit à l'accès coupe-file. Audioguide : 3 €. Possibilité de billet jumelé avec la Conciergerie : 15 €. Billet triple : Sainte-Chapelle + Conciergerie + HistoPad : 20 €. Beaucoup de monde !*

Un joyau de l'architecture gothique rayonnante, malheureusement coincé entre les murs austères du Palais de Justice. Que cela ne vous empêche pas d'apprécier ce témoignage inestimable et unique de l'art médiéval, édifié par Saint Louis pour y placer la Couronne d'épines et un fragment de la Vraie Croix. Ce gigantesque reliquaire, sans doute l'œuvre la plus parfaite du Moyen Âge, fut achevé en 1248. Louis IX, futur Saint Louis, dut marchander avec son cousin, l'empereur de Byzance, pendant 2 ans pour obtenir ces reliques, aujourd'hui à Notre-Dame. À visiter de préférence un jour de grand beau temps (et si possible le matin), quand le soleil illumine les vitraux fraîchement restaurés. Les voilà désormais parés pour affronter le XXIe s ! L'appli *Vitraux Sainte-Chapelle* vous permet de comprendre les... 1 113 vitraux du bâtiment !

SAINT LOUIS LE MAL NOMMÉ

Louis IX (oui, Saint Louis !) eut une attitude ignoble vis-à-vis des juifs. Il fit brûler des Talmuds sur la place de Grève (aujourd'hui place de l'Hôtel-de-Ville) et obligea les juifs à porter visiblement un signe distinctif, une rouelle (pièce d'étoffe ronde) jaune, sur leurs vêtements. La couleur, symbole de l'or, sera copiée par les nazis.

À l'extérieur, aucun arc-boutant ne vient consolider les murs, et tous les architectes vous confirmeront que c'est une véritable prouesse technique. Le bâtiment comprend 2 chapelles superposées, dont le niveau supérieur communiquait autrefois directement avec les appartements royaux. La Sainte-Chapelle est aussi chapelle palatine. On ne pouvait y pénétrer que sur invitation du roi. Chaque Vendredi saint, celui-ci y présentait les reliques à ses hôtes, en habit de sacre.
Lors de la Révolution, la Sainte-Chapelle servit de grenier à grains et de lieu de stockage des archives, mais fort heureusement on ne toucha presque pas aux vitraux.

La chapelle basse

Son plafond est bas car la hauteur sous voûtes correspondait au rez-de-chaussée du palais, réservé aux serviteurs. Elle servait de paroisse aux soldats et au personnel du palais. Le contraste est d'autant plus frappant quand on grimpe ensuite dans la partie haute. Au XIXe s, lors de la grande campagne de restauration, on lui restitua son décor peint du Moyen Âge, les inondations régulières ayant largement détérioré les fresques. Dans l'abside à gauche, la plus ancienne peinture murale de Paris, une fresque du XIIIe s figurant l'Annonciation. Sur les colonnes, alternance de fleur de lys et de tours, armes de Blanche de Castille, la mère de Saint Louis. Un scandale : qui a osé installer cette horrible boutique de souvenirs dans un endroit si splendide ?
En grimpant l'escalier à vis, on monte vers la lumière...

La chapelle haute

Lieu de culte de la famille royale et reliquaire monumental censé évoquer la Jérusalem céleste, elle est éclairée par une extraordinaire série de vitraux hauts de 15 m (et larges de 4,50 m dans la nef !), que rythment des faisceaux de fines colonnettes. En tout, plus de 600 m² de verrières ! Les proportions, admirables de justesse, lui donnent toute son harmonie. Tous les supports structurels ont été reportés à l'extérieur pour accentuer l'impression de légèreté. Ces grandes verrières, que sublime la moindre irruption de lumière, représentent plus de 1 000 scènes de l'Ancien et du Nouveau Testament. C'est le triomphe symbolique de la lumière sur les ténèbres. Pour en suivre la chronologie, commencez par la 1re verrière à gauche quand vous êtes dos à la rose. Les vitraux se lisent en commençant par le bas et de la gauche vers la droite, jusqu'au sommet. La tonalité des couleurs et la finesse du trait en font la plus ancienne et la plus belle bande dessinée qu'on connaisse : la Genèse, l'Exode, les rois d'Israël, la Passion du Christ au-dessus de l'autel où étaient présentées les reliques, et lui faisant face à l'autre bout, dans la grande rose, plus tardive (XVe s et de style flamboyant), l'Apocalypse. Quant au roi Saint Louis, il apparaît sur la façade sud comme l'égal des rois d'Israël. Une dimension christique pas si étonnante quand on sait qu'en 1248, date d'achèvement de la chapelle, le monarque s'apprêtait à partir en croisade. Noter les dominantes de bleu et de rouge, sur les verrières du XIIIe s, et observer l'organisation de la décoration : sur les soubassements, un décor végétal et terrien (chaque chapiteau de colonnette est orné de motifs végétaux différents), au-dessus, l'humain avec la vie des saints et des martyrs, puis, au plafond, la voûte céleste étoilée. Adossées aux retombées des voûtes, les statues des 12 apôtres, piliers de l'église.

Le Palais de Justice *(plan couleur C-D3)* **:** *bd du Palais, 75001. ☎ 01-44-32-50-00. Ⓜ Cité. Pour assister à un procès, s'y rendre à 8h30 ou à 12h30. Fermé dim. Éviter mar ap-m, mer mat et jeu ap-m, le Palais est alors envahi par les groupes scolaires. GRATUIT.*

En attendant le transfert d'une partie de ses activités, le Palais regroupe à lui seul un quart de l'activité judiciaire française. Il vous suffira de pousser la porte d'une des nombreuses chambres correctionnelles pour pouvoir assister à l'un des milliers de procès où s'agitent, avec parfois beaucoup de talent, avocats, magistrats et greffiers (vacances judiciaires pendant une bonne partie de l'été).
Plus calmement, on pourra déambuler dans la salle des pas perdus et admirer la 1re chambre (dorée, avec plafonds à caissons), qui fut sans doute la chambre de Saint Louis. Dans la salle des pas perdus, sur la sculpture de l'avocat Berryer, à droite du personnage représentant le Droit, on aperçoit une petite tortue, signe de la célérité de la Justice ! Sous la Révolution, le Tribunal révolutionnaire siégea dans la Chambre dorée (1re chambre du tribunal civil). C'est ici que le fameux Fouquier-Tinville envoya Marie-Antoinette et bien d'autres à l'échafaud. Si les défenseurs avaient leur mot à dire au début de l'institution du Tribunal, très rapidement celui-ci se cantonna à un rôle de guichet d'inscription pour la guillotine. Quand on entrait à la Conciergerie, on avait peu de chances d'en ressortir d'un seul tenant (entre 1793, date de création du Tribunal révolutionnaire, et 1795, 2 700 personnes ont été condamnées à mort). C'est de la cour de Mai (cour centrale du Palais) que partaient les charrettes pour l'échafaud.
Mais bientôt, ce n'est plus en ces murs historiques qu'on découvrira toute l'activité judiciaire, puisqu'une nouvelle « Cité judiciaire » vient de sortir de terre, porte de Clichy, dans le 17e arrondissement ; un bâtiment-tour conçu par Renzo Piano pour abriter, entre autres, le TGI (tribunal de grande instance). Le projet prévoit que seule la cour d'appel reste sur l'île de la Cité.

La Conciergerie *(plan couleur D3)* **:** *2, bd du Palais, 75001. ☎ 01-53-40-60-80. • paris-conciergerie.fr • Ⓜ Cité ou Châtelet. Tte l'année, tlj 9h30-18h ; fermeture des caisses 30 mn avt. Entrée : 9 € ; gratuit moins de 26 ans. Possibilité de billet jumelé avec la Sainte-Chapelle (visite dans la même journée) : 15 €. Acheter votre e-billet sur • ticket.monuments-nationaux.fr • donne droit à l'accès coupe-file. HistoPad (une tablette tactile permettant de découvrir chaque salle en réalité virtuelle : l'effet est aussi saisissant que ludique !) : 5 €.*

L'occupation du site est ancienne, puisqu'on y installa dès l'époque romaine le palais des gouverneurs, utilisé notamment

CONCIERGE, UNE CHARGE PRESTIGIEUSE

La Conciergerie tient son nom de son « concierge », ou gouverneur du Palais, nommé par le roi avec pouvoirs de basse et moyenne justices, qui percevait les loyers des boutiques installées au rez-de-chaussée du Palais. Une fonction qu'on peut décliner au féminin puisque Isabeau de Bavière (femme de Charles VI) l'a occupée en son temps ! Plus tard, lorsque l'édifice fut partiellement transformé en prison, le gouverneur perçut également le loyer des cachots et du mobilier qu'ils renfermaient !

par la suite par Clovis. Mais ce sont les Capétiens qui initièrent les 1ers travaux (987-1328) pour en faire le siège du pouvoir royal, avant que les rois ne s'installent à la fin du XIVe s au Louvre, sur la rive droite, plus à l'abri des débordements du peuple parisien. C'est dès cette époque que le bâtiment va être affecté aux fonctions judiciaires.
À côté des salles gothiques du XIVe s (édifiées sous Philippe le Bel), des locaux furent transformés en prison et reçurent nombre de personnages illustres. Presque tous les héros ou les victimes de la Révolution (les derniers ayant été auparavant les 1ers, comme Danton et Robespierre) passèrent par ici avant de perdre la tête : la plus célèbre pensionnaire fut Marie-Antoinette, mais Ravaillac et Montgomery – qui tua Henri II accidentellement – y séjournèrent également. Au XIXe s, la Conciergerie continue d'accueillir des prisonniers célèbres, comme Cadoudal et le futur Napoléon III à la suite du coup d'État manqué d'août 1840.

L'extérieur

La vue la plus intéressante se situe sur le fleuve, côté Châtelet. De ce château, ce qui frappe, ce sont les jolies tours. Leur simplicité donne de la majesté à cette partie des bords de Seine. Autrefois, les 4 tours avaient les pieds dans l'eau. De gauche à droite : au coin du quai, la tour de l'Horloge, élevée au XIVe s, abrite la toute 1re horloge publique de France – le mécanisme fonctionne ; la tour de César, élevée sur des fondations romaines ; la tour d'Argent, qui conservait le trésor royal ; et enfin la tour Bonbec, appelée ainsi car on y soumettait les accusés à la question (la torture) pour les faire parler...

L'intérieur
Entrée par le bd du Palais.

La visite comprend 2 parties : les salles gothiques (celles des Gens-d'Armes et des Gardes) et les salles révolutionnaires.
– *Les salles gothiques :* on y accède par l'impressionnante *salle des Gens-d'Armes,* la plus grande salle gothique civile actuellement conservée en Europe. Ces espaces gothiques monumentaux possèdent de très belles voûtes sur croisées d'ogives. L'ensemble était autrefois éclairé, côté sud, par des baies qui ont été occultées depuis. Sur 2 piliers de la salle des Gens-d'Armes, on peut voir le niveau atteint par la Seine en 1910. Des renforts furent ajoutés au XIXe s sous certaines voûtes suite à la construction d'un escalier juste au-dessus, dans la salle des pas perdus. Cette salle servait de réfectoire au personnel de Philippe le Bel. Par l'escalier en colimaçon (ajouté au XIXe s), on gagne les cuisines et leurs cheminées colossales aménagées à chaque angle (intéressante vidéo montrant une reconstitution en 3D du palais installée dans l'une d'entre elles). En redescendant, au fond à droite, la *salle des Gardes* et ses beaux piliers sculptés au XVe s avec un accès direct à la tour de César où résidait le directeur de la prison *(fermée au public).* Elle se prolonge par la rue de Paris (couverte). Cette rue, tout comme la salle des Gardes, était utilisée comme dortoir par les « pailleux », les prisonniers pauvres qui dormaient sur la paille. Les plus riches, les « pistoliers », qui pouvaient se le payer, louaient une cellule avec un lit. La justice de classe a d'ailleurs persisté jusqu'à la Révolution. La rue fut surélevée au XVe s, ce qui explique son niveau par rapport à la salle des Gens-d'Armes.
– *Les salles révolutionnaires : au bout de la rue de Paris.* Édifiées au XVIIIe s, après l'incendie qui ravagea plus de la moitié de la partie médiévale. Histoire de se mettre tout de suite dans l'ambiance, on attaque la visite par le couloir des prisonniers, où s'alignent les reconstitutions du

L'HÔTEL GARNI LE PLUS RENTABLE DE LA VILLE

Les prisonniers déboursaient des sommes substantielles pour obtenir un peu de confort durant leur détention. Mais pendant la Révolution, rares étaient ceux qui séjournaient plus de quelques jours... alors qu'il avait fallu payer au mois !

greffe, du bureau du directeur et de la salle de la toilette où le bourreau préparait les condamnés (rien ne manque, jusqu'aux ciseaux et aux touffes de cheveux ! Brrrr...). Puis on enchaîne avec un intéressant rappel historique sur la période comprise entre 1789 et 1799 (notez en passant l'épaisseur des portes des cellules), avant de s'intéresser au quotidien de la Conciergerie pendant la Révolution (maquette animée, collections de clés, de serrures...). La visite se poursuit à l'étage par la salle des Noms, où l'on peut consulter la biographie de quelques-unes des 4 000 personnes jugées entre 1793 et 1795, et par des expositions sur l'évolution de la justice à cette période, de plus en plus répressive dans un contexte de guerre civile et de conflit avec les puissances étrangères. Mais le clou de la visite, c'est probablement la chapelle expiatoire de Marie-Antoinette aménagée dans son ancienne cellule, ainsi que les nombreuses reliques pieusement préservées dans la vitrine de la chapelle voisine (sa chemise, une boucle de cheveux...). C'est ici que la reine passa plus de 2 mois avant son exécution, en 1793. On poussa la parodie de procès jusqu'à forcer son fils Louis XVII à témoigner contre sa mère pour... inceste. Comble du hasard ou intention malveillante, moins de 1 an plus tard, Robespierre, l'un de ses plus ardents accusateurs, devait occuper le cachot d'à côté. Pour terminer, petit détour par la cour des femmes, dont l'un des angles était fermé par des grilles qui permettaient aux condamnés masculins de faire leurs adieux à leurs épouses. Un lieu chargé d'histoire, où l'on prend la mesure des complexités d'une période de transition difficile, qui incita certains révolutionnaires à prendre des mesures d'exception au nom de la défense de la jeune République.

Bateaux-vedettes du Pont-Neuf *(plan couleur C3)* **:** *embarcadère au sq. du Vert-Galant, 75001. ☎ 01-46-33-98-38. • vedettesdupontneuf.com • Ⓜ Pont-Neuf. Tlj, ttes les 30-45 mn env, 10h30-22h (22h45 en saison). Tarifs : 14 € ; 7 € moins de 12 ans ; gratuit moins de 4 ans. Achetez vos billets sur Internet, c'est moins cher !* Connaissez-vous l'origine du mot « bateau-mouche » ? Les moteurs de ces embarcations imaginées par un constructeur naval lyonnais en 1860 étaient tout simplement fabriqués à la Mouche, un quartier au sud de Lyon.

Le square du Vert-Galant *(plan couleur C3)* **:** à l'extrémité de l'île de la Cité, telle la proue d'un navire. « Vert-Galant », du surnom donné à Henri IV, qui passait pour un homme vigoureux auprès des femmes... Un lieu de rendez-vous très apprécié des pêcheurs, des amoureux et des gens de la cloche. Derrière le square, un escalier débouche sur le Pont-Neuf. 2 élégantes maisons Louis XIII, de pierre et de brique, donnent accès à la ***place Dauphine,*** appréciée des joueurs de pétanque. Seules les maisons des nos 14 et 26 conservent l'aspect primitif des demeures de l'époque. Une petite place charmante et agréable, mais sachez que si vous rêvez d'y acheter un appartement, il faudra débourser en moyenne 20 000 € du mètre carré !

LE LANGAGE DES STATUES ÉQUESTRES

Si une seule patte est levée, le cavalier est mort suite à ses blessures de guerre. Si le cheval a les 2 membres avant levés, son maître est mort au combat. Mais si les 4 membres touchent terre, c'est une mort naturelle. Une jolie règle qui permet de décrypter bien des statues parisiennes ! Elle souffre toutefois quelques exceptions, sinon ce ne serait pas drôle...

Le Pont-Neuf *(plan couleur C3)* **:** comme son nom ne l'indique pas, c'est le plus vieux pont de Paris. Lorsque la 1re pierre fut posée, le 31 mai 1578, Henri III, vêtu de noir, tenait un chapelet aux grains en forme de têtes de mort en ivoire et pleurait. Il venait d'assister à l'enterrement de ses mignons favoris, décédés à la suite d'un duel. D'où son nom initial : le pont des Pleurs. Il ne fut achevé qu'en 1607. Bâti à l'origine pour améliorer le transit entre le Louvre et l'abbaye de Saint-Germain, c'est le 1er pont sans maison, et le 1er à inaugurer des trottoirs. Lieu de grand passage, il devint un endroit très à la mode, très gai, et on y vit des marchands, des cracheurs de feu, des dompteurs d'ours ; également de nombreux arracheurs de dents – lesquels faisaient de leur art un véritable spectacle (improbables accoutrements, mise en circulation de la dent arrachée...) –, des chansonniers : on était « toujours sûr d'y rencontrer, à n'importe quelle heure, un moine, un cheval blanc et une putain », des marchands d'encre... On y exécutait les prisonniers par pendaison ou décapitation, et il était du plus grand chic de venir s'y battre en duel. C'est là qu'est né l'art des chansonniers parisiens, ces critiques féroces de la vie politique.

En 1818, le Napoléon de la place Vendôme est déboulonné, et son bronze est utilisé pour la refonte de la statue d'Henri IV (balayée par la Révolution), sur le terre-plein central. Le fondeur Mesnel, farouche bonapartiste, avait placé une petite statue de l'Empereur à l'intérieur d'un des bras du roi !

Aujourd'hui, c'est le plus long pont de Paris.

Les bouquinistes : dès les 1res années après l'achèvement du Pont-Neuf apparaissent les bouquinistes, qui y élisent domicile. À l'époque, les livres étaient tellement chers que le marché de l'occasion se développa dès 1539 (date à laquelle François Ier dissout la corporation des imprimeurs). Pour contrôler les colporteurs d'écrits, parfois illicites, on décide, au XVIIe s, de les fixer dans les environs du Pont-Neuf. D'aménagements en réglementations, leurs « boîtes » de rangement apparaissent. Au tournant du XVIIIe s, il est acquis qu'elles ne seront plus remises en cause. Pourtant, aujourd'hui, on n'en trouve plus directement sur les ponts. Très demandés, les emplacements constitués de 4 boîtes de 2 m peintes en vert bouteille s'étendent sur plus de 3 km, rive gauche comme rive droite. On peut ainsi encore dénombrer 240 bouquinistes (représentant près de 300 000 ouvrages : livres, gravures, affiches, estampes...), qui sont tenus d'ouvrir boutique 4 jours par semaine quel que soit le temps ! C'est la plus grande librairie à ciel ouvert. En même temps, c'est la seule.

2e ARRONDISSEMENT
LA BIBLIOTHÈQUE NATIONALE • LES PASSAGES • LE SENTIER • LE QUARTIER DE LA PRESSE • LA BOURSE

• Pour le plan du 2e arrondissement, voir le cahier couleur en fin de guide.

Autrefois, l'arrondissement était le siège d'une importante activité économique, centrée sur la Bourse, le textile et la presse. En témoignent encore les imposants immeubles de la rue Réaumur. Aujourd'hui, cet arrondissement vit principalement autour de la mode et des activités qui s'y rattachent. D'un côté, la fébrilité des étroites et sombres rues du quartier du Sentier. De l'autre, la froide élégance des maisons de couture de la place des Victoires. De la presse, dont les rédactions et les imprimeries parsemaient les rues du quartier du Croissant, il ne reste que quelques immeubles ayant changé d'affectation, comme celui du *Figaro,* et l'AFP, place de la Bourse. Cette dernière, qui survécut à Mai 68, a dû céder devant l'informatique, et elle n'est plus désormais qu'un système de cotations et d'échanges virtuels.

Fini le brouhaha du palais Brongniart et sa fameuse corbeille... Ne restent aux alentours que de désuètes boutiques d'agents de change. On y achète de l'or, on y vend des pièces et des médailles. Mais les vraies richesses sont dans les précieux manuscrits de la Bibliothèque nationale et... dans les passages. Atmosphère insolite, mystère, poésie. Difficile, aussi, de ne pas mentionner la rue Saint-Denis et autres rues des amours tarifées. Les « filles » sont toujours là : la rénovation immobilière et la « piétonnisation » d'une partie du périmètre n'ont pas réussi à les chasser.

CE QUE FEMME VEUT...

Lorsque les 2 dirigeants lyonnais du Crédit agricole Henri Germain et Arlès Dufour décident en 1876 de s'installer à Paris, leurs femmes posent 2 conditions : leur installation dans le quartier des grands magasins d'une part, et la construction d'un immeuble qui pourra être reconverti en grand magasin en cas de faillite de la banque d'autre part. C'est ainsi qu'un splendide édifice est construit au 16, rue du Quatre-Septembre (actuel siège du journal Les Échos*), surmonté d'une verrière de 21 m de haut, réalisé par les ateliers de Gustave Eiffel, et toujours visible aujourd'hui.*

Où dormir ?

Bon marché

Appihotel *(plan couleur D2, 4) : 158, rue Saint-Denis, 75002. ☎ 01-42-33-35-16. • appihotel.com • Ⓜ Réaumur-Sébastopol. Doubles avec lavabo (w-c et douche sur le palier) 60 €, avec douche et w-c 80 €.* En plein centre de Paris, un hôtel *low-cost* sympathique qui fait le bonheur des petits budgets. Certes, il n'y a pas d'ascenseur et les chambres se révèlent toutes simples, mais elles sont bien tenues et d'un confort suffisant. Il y a même une courette commune à l'étage pour prendre l'air en terrasse ! Accueil très arrangeant.

Prix moyens

Hôtel Vivienne *(plan couleur C1,* ***5****) : 40, rue Vivienne, 75002. ☎ 01-42-33-13-26. • hotel-vivienne.com • Ⓜ Grands-Boulevards, Richelieu-Drouot ou Bourse. Doubles 90-150 € ; petit déj 12 €.* Cet hôtel familial à taille humaine est idéalement placé à deux pas du musée Grévin, du théâtre des Variétés et d'une myriade de passages et de galeries. Les chambres, sobres, propres et lumineuses, offrent un bon niveau de confort. Les moins chères ont les w-c sur le palier. Aux 5e et 6e étages, jolie vue sur Paris. Quelques chambres avec petite terrasse (les plus chères). Un bon rapport qualité-prix. Accueil sympathique et dynamique.

De chic à plus chic

États-Unis Opéra Hôtel *(plan couleur A1,* ***7****) : 16, rue d'Antin, 75002. ☎ 01-42-65-05-05. • hotel-etats-unis-opera.com • Ⓜ Quatre-Septembre, Opéra ou Pyramides ; RER A : Auber. Doubles 140-270 € ; petit déj 15 €. Promos fréquentes.* Ce bel établissement stratégiquement situé est impeccablement tenu et très confortable (salon élégant à l'accueil, chambres tout confort joliment rénovées dans un style classique). Le personnel est aux petits soins, très professionnel. Superbe bar au rez-de-chaussée, style manoir anglais, tout en boiseries... et orné d'étonnants portraits qu'on vous laisse découvrir. Une excellente adresse.

Timhotel Palais-Royal-Louvre *(plan couleur B2,* ***2****) : 3, rue de la Banque, 75002. ☎ 01-42-61-53-90. • timhotel.fr • Ⓜ Bourse ou Palais-Royal. Doubles env 109-300 €.* Dans un quartier on ne peut plus romantique, et quasiment au-dessus de la superbe galerie Vivienne. Les chambres, classiques et sans surprise, sont petites mais d'un bon niveau de confort. Celles sur rue du dernier étage disposent d'un mini-balcon et offrent une belle vue sur les toits de Paris (réserver à l'avance). La façade et les mosaïques Art déco du sol de l'entrée donnent un charme désuet à l'hôtel. Accueil pro et souriant.

Hôtel Bonne Nouvelle *(plan couleur D1,* ***1****) : 17, rue Beauregard, 75002. ☎ 01-45-08-42-42. • hotel-bonne-nouvelle.com • Ⓜ Bonne-Nouvelle ou Sentier. Doubles 140-200 € ; petits déj 8-10 €.* Tenu par des gens charmants, ce petit hôtel de quartier a opéré sa mue avec succès : ses chambres, certes pas immenses, ont été rénovées dans un style sobre et moderne. Un bon point de chute, d'autant que l'emplacement est stratégique (une rue tranquille proche de tout).

De plus chic à beaucoup plus chic... et tendance

Lyric Hotel *(plan couleur B1,* ***3****) : 2, rue de Gramont, 75002. ☎ 01-83-73-58-00. • lyrichotelparis.com • Ⓜ Quatre-Septembre. Doubles à partir de 250 €.* *Business* (entendez « classiques ») ou *exécutive,* les chambres sont toutes aménagées sur le thème de la danse : parquets clairs, miroirs, voilages décorés de ballerines, papiers peints avec partitions... mais l'ensemble est surtout d'inspiration contemporaine, avec un confort au top. Aucune fausse note dans cet hôtel impeccable et, cerise sur le gâteau, doté d'une petite piscine et d'un spa en accès libre. Ça, c'est du luxe !

Hôtel Edgar *(plan couleur D1,* ***8****) : 31, rue d'Alexandrie, 75002. ☎ 01-40-41-05-19. • edgarparis.com • Ⓜ Réaumur-Sébastopol ou Sentier. ♿ Doubles à partir de 140 € ; petit déj express 9 €, buffet 18 €.* Un étonnant boutique-hôtel installé dans un ancien atelier de confection, comme il y en a tant dans le quartier. Seulement 13 chambres, chacune personnalisée dans un style terriblement *arty* par des stylistes, artistes, photographes, tous amis proches ou membres de la famille. Beaucoup de cachet, plus près de la chambre d'hôtes que de l'hôtellerie classique. Difficile de faire plus branché, mais l'ambiance reste très cool et l'accueil sympathique. Pour ne rien gâcher, très bonne table sur place, spécialisée dans le poisson (voir la rubrique « Où manger ? »).

Hôtel France d'Antin *(plan couleur A1,* **6***) : 22, rue d'Antin, 75002. ☎ 01-47-42-19-12. • francedantin.com • Ⓜ Opéra, Quatre-Septembre ou Pyramides. Résa conseillée. Doubles env 310-340 € ; petit déj 15 €.* Un petit 4-étoiles alliant classe et convivialité : tapisseries, tons beiges et vert sombre pour les beaux marbres et les fauteuils du hall d'accueil, salle voûtée en sous-sol, avec pierres apparentes, où l'on a aménagé un fumoir cosy. Les chambres, élégantes et classiques, sont d'un excellent confort. Mention spéciale pour celles des 2e et 5e étages qui disposent d'un petit balcon, pour les mansardées du dernier étage et pour celles situées à l'angle, car elles gagnent en luminosité. Accueil sympathique et très arrangeant.

The Hoxton *(plan couleur C1,* **9***) : 30-32, rue du Sentier, 75002. ☎ 01-85-65-75-00. • thehoxton.com • Ⓜ Bonne-Nouvelle. ♿ Doubles 99-... 500 €, petit déj succint en chambre inclus. Carte env 40 €.* Derrière la magnifique façade du XVIIIe s ornée de mascarons, l'enchaînement de terrasses couvertes et de cours à ciel ouvert est bluffant. Dès la réception pavée surmontée d'une verrière et qui précède un jardin d'hiver, on en a plein la vue. Dans un nouveau bâtiment, 4 tailles de chambres, avec vue sur cour en option, et une déco design flirtant volontiers avec les fifties. Une refonte totale, qui a néanmoins préservé quelques éléments comme les escaliers ou la mosaïque d'époque. Entre l'animation du bar, du resto *Rivié* et du bar à cocktails le soir (voir plus loin *Jacques'*, dans la rubrique « Où boire un verre ? »), l'hôtel est vivant à toute heure. *NOUVEAUTÉ.*

2e

Où manger ?

Sur le pouce

BollyNan *(plan couleur C2,* **15***) : 12, rue des Petits-Carreaux, 75002. ☎ 01-45-08-40-51. Ⓜ Sentier ou Les Halles. Tlj sauf dim 11h-23h30. Formules à emporter plat + dessert ou boisson 9,50-10,50 € ; naans 2-4 €, sur place ou à emporter.* Quoi de meilleur qu'un naan préparé et cuit sur commande dans un vrai *tandoor* (four en terre), comme en Inde, sous vos papilles alléchées ? À base de farine bio, nature, au fromage, à l'ail, ou version sucrée au Nutella. Également des « nanwichs », galettes garnies faites à la minute. Le comptoir propose aussi des plats à composer soi-même, le tout délicatement épicé. Excellent lassi et bière indienne. Petite terrasse sur la rue piétonne, salle voûtée au sous-sol. Accueil gentil tout plein.

Grillé *(plan couleur B1,* **16***) : 15, rue Saint-Augustin, 75002. ☎ 01-42-96-10-64. Ⓜ Richelieu-Drouot ou Bourse. Lun-ven 12h-16h (21h mer-ven). Kebab 8,90 €, frites 3 €.* Agneau, veau ou bœuf du boucher star Hugo Desnoyer, dans un *take away* sans fioritures (néons au plafond, azulejos bleu et blanc aux murs). Le tout est roulé dans une galette de farine blanche et d'épeautre bio cuite sous vos yeux, relevé de coriandre et de 4 sauces au choix. La version chic et savoureuse du kebab. À déguster sur le pouce ou sur la petite terrasse abritée.

Rice & Fish *(plan couleur D2,* **17***) : 16, rue Greneta, 75002. ☎ 01-42-36-63-72. Ⓜ Réaumur-Sébastopol. Lun-sam 12h-15h, plus jeu-sam 19h30-23h. Congés : août. Formules déj 10-15 €. Edamame offert sur présentation de ce guide.* Un petit bar à sushis pas comme les autres. Le chef manie le sushi et le maki avec dextérité, et il réalise avec son équipe des gourmandises d'une belle fraîcheur. Impossible de réserver (sauf pour les soupes à partir de 6 personnes), il faut donc arriver tôt si l'on veut avoir la chance de goûter les bonnes petites formules dans cette salle d'une dizaine de couverts.

Bonnes bières japonaises et... addition toute douce. Juste à côté, au nº 22, la maison a ouvert un bar à grillades. Concept tout aussi bon et sympa.

Joyeux *(plan couleur B1, **18**) : 23, rue Saint-Augustin, 75002. Ⓜ Quatre-Septembre. Mar-sam 8h-19h. Menus 9-13 € ; carte env 12 €.* À côté du passage Choiseul, un *coffee shop* pimpant et atypique, qui emploie des jeunes ayant un handicap mental, au service comme en cuisine. À l'ardoise, soupes, sandwichs, salades et plats simples, préparés avec des produits frais et servis avec un sourire rayonnant. Quant aux bénéfices, ils sont reversés à des associations caritatives. Une adresse qui réchauffe le cœur ! *NOUVEAUTÉ.*

Les Petits Rolls de Paris *(plan couleur C2, **19**) : 112, rue Montmartre, 75002. 06-59-79-54-76. Ⓜ Bourse. Lun-ven 8h30-18h, sam 10h-18h. Congés : Noël-Jour de l'an. Formules 9,90-18,90 €. Expresso offert sur présentation de ce guide.* Oubliez le régime, car les « petits » *rolls* ne font pas dans le *light* : en version classique, montagnarde ou selon la suggestion du jour, il s'agit d'une tranche de viande roulée dans la panure et garnie de fromage, façon cordon-bleu. Et bien sûr des frites maison à la crème de comté pour accompagner la bête (il y a aussi de la salade, des soupes ou des purées pour les frileux). Délicieux ! Mais gardez de la place pour les Fi'loutes, des brioches garnies elles aussi de toutes sortes de gourmandises ! À emporter, ou à dévorer dans une salle pimpante et cosy.

Juicerie *(plan couleur B1, **22**) : 2, rue de la Michodière, 75002. ☎ 09-81-87-78-10. Ⓜ Quatre-Septembre. Lun-ven 8h30-19h, sam 11h-16h. Formules 14,90-15,90 € ; salade ou sandwich env 8 €.* Les cagettes de légumes en déco annoncent la couleur : dans cette petite échoppe lumineuse, on privilégie le frais, le léger et le bio. Mais faire maigre ne signifie pas s'ennuyer ! Les jus pressés artisanalement à froid sont originaux, les sandwichs sont goûteux, et les salades sont aussi colorées que bonnes. Parfait pour un repas rapide, sain et gourmand, installé au comptoir immaculé en compagnie des clients fidèles (sans surprise surtout féminins !).

Les Bols de Jean *(plan couleur B1, **20**) : 2, rue de Choiseul, 75002. ☎ 01-44-76-00-58. Ⓜ Quatre-Septembre. Lun-ven 11h30-15h30 (plus 18h30-21h30 mer-ven), sam 11h30-21h30. Pains 9-14 €.* Jean Imbert, qui tient un resto gastronomique dans le 16e *(L'Acajou)*, s'est associé avec le fameux boulanger Kayser pour créer un pain surprise à sa façon. Lorsqu'on soulève le chapeau, on découvre la garniture du jour, qui évolue au gré des saisons : bœuf, risotto, veau en blanquette... Quant au pain, moelleux à souhait, on le dévore avec les doigts à la fin du repas. Très ludique ! En revanche, les quelques places assises façon snack sont vite prises d'assaut aux heures de pointe.

Blend *(plan couleur C2, **21**) : 44, rue d'Argout, 75002. ☎ 01-40-26-84-57. Ⓜ Étienne-Marcel, Sentier ou Les Halles. Tlj 12h-23h. Formules déj en sem 15-19 € ; burgers 9-14 €.* Le secret d'un hamburger gourmet, c'est la qualité des ingrédients et le *blend* (mélange de différents morceaux de bœuf : persillé, maigre, tendre, etc.), la fusion des saveurs. Cette petite cantine branchée prend ça très au sérieux. La viande de bœuf est fournie par l'artisan-boucher Yves-Marie Le Bourdonnec. Et tout est maison, du pain brioché au ketchup en passant par les frites, tradi ou de patate douce (hmm la sauce à l'ail qui va avec). Souvent plein, mais le service est rapide.

Frenchie to go *(plan couleur C-D2, **23**) : 9, rue du Nil, 75002. ☎ 01-40-26-23-43. Ⓜ Sentier. Lun-ven 8h30-16h30, sam-dim 9h30-17h30. Congés : 2 sem en août. Sandwichs, plats 7,50-18 €.* Un espace agréable pour s'attabler (ou pas) et goûter à la version *street food* de Gregory Marchand. Les produits viennent des mêmes fournisseurs qu'au gastro voisin. Rien n'est laissé au hasard dans la qualité. Les sandwichs sont copieux, et les petits plats, ou autres brownies, tout autant. Si vous êtes en fonds, goûtez la cuisine gastro *(résa indispensable au ☎ 01-40-39-96-19 ; menus 48 € le midi, 78 € le soir)*, formidable. Beau succès aussi au bar à vins juste en face !

Très bon marché

Mûre *(plan couleur C1,* ***25****) : 6, rue Saint-Marc, 75002. Pas de tél. Ⓜ Grands-Boulevards ou Bourse. Lun-sam 8h30 (11h sam)-17h ; service 11h45-15h30. Congés : 1re quinzaine d'août et dernière sem de déc. Formules en sem 10,90-13,90 € ; brunch sam 24 €.* Tout bon, tout bio, voilà le credo de cette minuscule adresse bio-bobo à dominante végétale, pour un petit déjeuner, un déjeuner ou un goûter savoureux. Les chanceux s'installeront dans les canapés moelleux, les autres sur des tabourets hauts. Déco colorée. Dans l'assiette, c'est bien frais : tous les produits (bio) proviennent directement de leur ferme cultivée en permaculture (à côté de Paris) ! Hyper pratique à tout moment de la journée, sur place ou à emporter.

Casa Picaflor *(plan couleur D2,* ***27****) : 5, rue Tiquetonne, 75002. ☎ 09-81-77-32-00. Ⓜ Étienne-Marcel ; RER A et B : Châtelet-Les Halles. Lun-jeu 17h30-minuit, ven-sam 18h-1h (cuisine ferme à 23h). Formule 15 €. CB refusées.* Succursale restauration rapide du restaurant *El Picaflor,* situé près du Jardin des Plantes, cette « *cantina peruana* » tranquille propose des spécialités andines : *tamales* de poulet, tripes à la péruvienne, poulet sauce fromage, *empañadas* façon péruvienne... ainsi que des produits aussi bien péruviens – bières, *aguardiente, pisco,* farine de maïs, piments secs, etc. – que provenant des pays environnants (vins du Chili, *yerba maté* d'Argentine, etc.). On peut aussi consommer certains plats sur place.

Le Camion qui fume *(plan couleur C1,* ***28****) : 168, rue Montmartre, 75002. ☎ 01-84-16-33-75. Ⓜ Grands-Boulevards. Tlj 12h-23h. Menus burger-frites-boisson 13,90-14,90 €.* Le fameux *food truck* du *Camion qui fume* a maintenant son resto en dur, plutôt son fast-food d'ailleurs. Finies les queues légendaires et la sauce maison qui vous coule sur les pieds. Si le cadre n'est pas transcendant (industriel basique), les burgers sont toujours de compétition, et on les savoure assis, ce qui change tout. Qualité des produits, cuisson de la viande (*juicy* comme il faut) et des frites, association des saveurs : un sans-faute dans cette catégorie de prix.

Crêperie Bisou *(plan couleur C1,* ***29****) : 62-64, passage des Panoramas, 75002. ☎ 09-62-50-35-28. Ⓜ Grands-Boulevards. Tlj sauf lun et dim soir ; service dim-lun 12h-15h (16h dim), mar-sam en continu 12h-22h30. Formule déj 14 € ; carte env 20 €.* Dans un décor clair et dépouillé qui signe le renouveau de la crêperie traditionnelle, on déguste justement des crêpes d'un nouveau genre. Si la « complète » figure en bonne place, les autres propositions cassent définitivement les codes avec des ingrédients d'une qualité et d'une fraîcheur indiscutables. Présentation recherchée. Rayon desserts, quelques pépites comme cette « Olala ! » qui en dit long, et des glaces Geronimi, un excellent glacier corse. *NOUVEAUTÉ.*

Blün *(plan couleur B1,* ***30****) : 17, rue Saint-Marc, 75002. ☎ 09-81-22-33-47. Ⓜ Bourse ou Grands-Boulevards. Lun-ven 12h-16h, plus jeu-ven 19h-22h. Formules déj 13,90-15,20 € ; carte 15-20 €. Café ou thé offert sur présentation de ce guide.* Une petite crêperie nouvelle génération, originale et accueillante, à la façade pimpante qui contraste avec la déco scandinave en salle. Les galettes et crêpes sont préparées à base de farines bio, avec ou sans gluten, et garnies de produits frais cuisinés maison. Mais la vraie curiosité ici, ce sont les blün, des galettes de sarrasins roulées et servies comme des *wraps* en version salée ou sucrée. Malin et bon ! En revanche, ils ne sont servis que le soir. Une chouette adresse, à l'image de sa jeune équipe.

Bon marché

Le Bougainville *(plan couleur B2,* ***34****) : 5, rue de la Banque, 75002. ☎ 01-42-60-05-19. Ⓜ Bourse. Tlj sauf dim et lun soir ; service 12h-15h, 19h-22h30. Plat du jour env 15 € ; formule déj 19 € ; carte env 30 €.* Le long de la célèbre galerie Vivienne, découvrez ce bistrot hors du temps, offrant dans un cadre sans chichis une solide cuisine de terroir aux accents aveyronnais. Beaucoup de monde le midi. Préférez la salle du fond, avec ses banquettes de moleskine, moins bruyante que celle du comptoir où les fidèles prennent l'apéro. Bon choix de plats (blanquette, bœuf gros sel, poulet fermier rôti, tendre rôti de cochon fermier...), le tout servi généreusement ; viandes grillées et recettes plus légères en été. Ici, pas de tralala, pas besoin d'épater la galerie (Vivienne), service souriant et alerte. Un vrai bistrot comme on les aime !

|●| ***Le Mesturet*** *(plan couleur B1,* ***33****) : 77, rue de Richelieu, 75002. ☎ 01-42-97-40-68. Ⓜ Bourse ou Quatre-Septembre. ♿ Tlj 12h-23h non-stop. Formules 11-12 € au bar, 26-31,50 € au resto. Apéritif maison offert sur présentation de ce guide.* Ce bistrot au cadre classique et chaleureux a calé ses horaires d'ouverture sur ceux du palais Brongniart ! Dès le matin, il mouline avec des formules petit déj, il frôle la surchauffe le midi, il continue de servir jusqu'au soir les estomacs décalés et il ferme ses portes vers minuit pour refaire sereinement les stocks. Une affaire qui roule, où l'on travaille en famille dans la bonne humeur : en salle, la mère et le fils veillent au grain, tandis qu'aux fourneaux le père cuisine des plats traditionnels goûteux avec de bons produits du terroir. Belle carte des vins et desserts irrésistibles ! Plus cosy le soir. Super accueil.

|●| ***Mémère Paulette*** *(plan couleur C2,* ***37****) : 5, rue Paul-Lelong, 75002. ☎ 01-42-36-26-08. Ⓜ Sentier ou Bourse. ♿ Tlj sauf lun midi, sam midi et dim ; service 12h-13h30, 20h-21h45. Congés : 2 sem en août. Formules 22-24 € le midi, 32 € le soir.* Avec ses poutres au plafond et ses tables habillées de toile cirée, cette mini-auberge rustique détonne dans le quartier. On est à deux pas de la Bourse et de la très *fashion* place des Victoires, et la *Mémère,* elle, reste arc-boutée sur ses copieux plats de terroir, ses viandes tranchées épais et ses tarifs sans dérives. Et si on n'a plus faim, on peut remplacer le dessert par un digeo. Très convivial ! Les amateurs de vins, eux, iront directement chez *Pépère Jean,* le bar attenant, pour ses multiples références (plus de 200), pleines de pépites.

|●| ☂ ***La Grille Montorgueil*** *(plan couleur C2,* ***38****) : 50, rue Montorgueil, 75002. ☎ 01-42-33-21-21. Ⓜ Les Halles ou Étienne-Marcel. Lun-mer 12h-15h, 19h-minuit ; jeu-dim service continu jusqu'à minuit. Fermé à Noël. Formule déj en sem 16,90 € ; plats 15-17 €.* Ce bougnat plus que centenaire, joliment rénové à l'identique, propose une honnête cuisine classique de bistrot. Le comptoir en zinc, qui ondule gentiment depuis 1904, fut le décor de scènes de *Gueule d'amour,* avec Jean Gabin. Aux beaux jours, agréable petite terrasse ensoleillée.

|●| ***Clasico Argentino*** *(plan couleur C1,* ***40****) : 6, passage des Panoramas, 75002. ☎ 09-80-97-76-62. Ⓜ Grands-Boulevards. Tlj 12h (11h w-e)-23h. Formules déj 14-19 € ; menus 23-39 €.* Un de ces p'tits restos monomaniaques, qui propose ici des *empañadas (4 €),* ces merveilles de petits chaussons fourrés, à se damner... La pâte maison, dorée au four, renferme de généreuses garnitures : fromage et oignons, viande hachée, poulet, thon, épinards, etc. En dessert, impossible de faire l'impasse sur la glace au *dulce de leche,* cet incontournable vendu au rayon épicerie, comme les fameux *alfajores. Autres adresses au 56, rue de Saintonge et au 8, rue du Pas-de-la-Mule (3e), 46, rue Madame (6e), 22, rue Henry-Monnier (9e), 27, rue de Cotte (12e) et 25, rue Pierre-Demours (17e).*

|●| ***Le Dénicheur*** *(plan couleur D2,* ***35****) : 4, rue Tiquetonne, 75002. ☎ 01-42-21-31-01. Ⓜ Étienne-Marcel. Tlj sauf sam midi et dim-lun 12h-15h, 18h30-minuit ; dim brunch 12h-16h. Congés : 2e et 3e sem d'août. Formule déj 13 € ; carte 16-20 €. Café offert le midi ou 1 verre de vin du moment offert le soir sur présentation de ce guide.* Tout petit troquet rigolo comme tout, avec sa déco de bric et de broc mêlant mobilier vintage et toutes sortes de bibelots chinés. Ambiance sympa et relax donc, à l'image d'une cuisine sans façon, familiale et copieuse et de la sélection de vins naturels. Idéal pour les petites bourses ou pour se retrouver entre copains.

|●| ***Le Gavroche*** *(plan couleur B1,* ***39****) : 19, rue Saint-Marc, 75002. ☎ 01-42-96-89-70. Ⓜ Richelieu-Drouot ou Bourse. Tlj sauf sam midi et dim ; service 12h-15h, 19h-1h. Formule déj 24 € ; plat env 17 €.* Derrière sa devanture discrète recouverte de réclames, ce bistrot au charme vintage séduit

les habitués avec sa belle sélection de beaujolais vendus au verre, à la ficelle ou en bouteille. Pour aller avec, des plats solides de terroir comme le pied de porc pané, le filet de bœuf sauce vigneronne ou les andouillettes. Simple, goûteux, et servi dans la bonne humeur. Le midi, c'est une vraie ruche, mais c'est plus relax le soir !

|●| ***La Cevicheria*** *(plan couleur C2,* ***42****) : 14, rue Bachaumont, 75002. ☎ 09-80-88-58-05. Ⓜ Sentier. Tlj 12h-23h30. Formule déj en sem 16 € ; plat env 15 € ; carte 25-33 €.* Cette adresse chic n'a a priori rien d'un restaurant péruvien, dehors comme dedans : l'ambiance et le décor branchés sont bel et bien parisiens. Mais la carte, elle, ne trompe pas : cocktails et tapas aux notes sud-américaines pour commencer. Les appétits crudivores, amateurs de ceviches et autres *tiraditos,* saliveront devant de belles assiettes, avec néanmoins un léger arrière-goût de trop peu au regard des prix. Mais la combinaison tient la route, d'autant que le tout est servi avec sourire et détente.

Prix moyens

|●| ***L'Apibo*** *(plan couleur C2,* ***46****) : 31, rue Tiquetonne, 75002. ☎ 01-55-34-94-50. Ⓜ Étienne-Marcel ; RER A, B et D : Châtelet-Les Halles. Tlj sauf lun midi, sam midi et dim 12h-14h, 19h30-22h30 (23h ven-sam). Formules déj 20-30 € ; le soir, formule 30 € et menu 39 €.* Anthony Boucher, jeune chef talentueux, ne s'embarrasse pas d'intitulés ronflants et se contente d'annoncer sobrement les ingrédients travaillés : le saumon, le cabillaud... Une fausse simplicité qui cache une cuisine créative, fruit de son expérience et de ses voyages. Au déjeuner, il suffit de piocher parmi la carte très restreinte : 2 entrées, 2 plats, 2 desserts et basta ! Cette petite adresse a de sacrés atouts : une petite salle chaleureuse, un accueil d'une très grande gentillesse, une belle cuisine inventive à prix abordable et une petite terrasse aux beaux jours. Carton plein !

|●| ***Noglu*** *(plan couleur C1,* ***36****) : 16, passage des Panoramas, 75002. ☎ 01-40-26-41-24. Ⓜ Grands-Boulevards ou Richelieu-Drouot. Lun-ven 12h-14h30, plus mar-sam 19h30-22h30 ; sam brunch 11h-15h. Plats 19-24 € ; carte env 40 €. Noglu,* comprendre « no gluten », est un concept : Frédérique Jules, intolérante au gluten et au lactose, connaît bien les contraintes d'un régime sans et propose des plats sans aucun aliment allergène... mais qui ont quand même du goût ! Le tout servi dans un resto de poche (grande table d'hôtes au rez-de-chaussée, petite salle à l'étage et une poignée de tables dans la galerie). Juste en face, l'épicerie où sont vendus petits pains, sandwichs et gourmandises à emporter. Branché et pas donné, mais sympa.

|●| ***Pollop*** *(plan couleur C2,* ***43****) : 15, rue d'Aboukir, 75002. ☎ 01-40-41-00-94. Ⓜ Sentier. Lun-ven 12h15-14h15, plus mar-sam 20h-22h30. Formules déj 19-22 € ; le soir, formule et menus 31-35 €.* L'étroite salle-couloir et la pièce bibliothèque du fond sont habillées d'un costume de bistrot contemporain, au design nordique délicat. Le piano est occupé par un chef qui joue une cuisine légère et goûteuse, raffinée et « asiatisante », au rapport qualité-prix épatant le midi. À noter, le savant travail sur les émulsions. Une carte courte, un repas frais et un service gentil comme tout.

|●| ***Daroco*** *(plan couleur B2,* ***48****) : 6, rue Vivienne, 75002. ☎ 01-42-21-93-71. Ⓜ Bourse ou Pyramides. Tlj 12h-minuit ; service 12h-15h, 19h-minuit. Résa conseillée. Repas 30-35 €.* Un lieu superbe, autrefois atelier de Jean-Paul Gaultier, où la lumière zénithale et la hauteur cathédrale (qui autorise une belle mezzanine) reflètent l'esprit des lieux : branchitude et dolce vita à la parisienne. Jeunes et moins jeunes, Italiens en goguette, amoureux de l'Italie... accourent pour les savoureuses pizzas cuites au feu de bois ou pour une excellente *pasta al dente.* Une carte courte mais avec des produits de 1re qualité ! Accueil survolté mais toujours chaleureux et professionnel.

|●| ***Restaurant Circonstances*** *(plan couleur C1,* ***44****) : 174, rue Montmartre, 75002. ☎ 01-42-36-17-05. Ⓜ Grands-Boulevards. ♿ Tlj sauf sam-dim et le soir lun-mar ; service 12h-14h30, 19h-23h15. Congés : 3 sem en août.*

Formule déj 23 € (plat + verre de vin + café) ; le soir, menus 31-45 €. Une belle adresse à deux pas des Grands Boulevards. Pour rejoindre sa table dans la salle chic et sobre, on passe d'abord devant le comptoir derrière lequel le chef et son équipe s'activent en cuisine. Ça donne envie ! Cet ancien de chez Guy Savoy et Alain Dutournier a quitté le monde des gastros pour créer ce lieu où une vraie terrine à l'ancienne fait patienter avant le plat. Pas mal de costumes-cravates le midi, qui cèdent la place aux amoureux en soirée.

|●| ***La Marée Jeanne*** *(plan couleur C2,* ***45****) : 3, rue Mandar, 75002. ☎ 01-42-61-58-34. Ⓜ Sentier ou Étienne-Marcel. ♿ Tlj sauf dim-lun ; service 12h-14h30, 19h-22h30. Formule déj en sem 19 € ; plats 21-28 € ; carte env 45 €.* Embarquez sur cette *Marée Jeanne* bobo-cool pour un beau voyage iodé. Le cadre bleu outremer et les effluves marins et parfumés se dégageant suavement de la cuisine ouverte répondent à un concept branché : la « bistronautique »... Jolie présentation des mets, à base de produits d'une grande fraîcheur et de fines associations de saveurs inédites. Cuisine suivant l'arrivage, la saison et l'humeur de la mer, bien sûr. C'est d'ailleurs pourquoi le week-end la carte se résume à de délicieuses tapas et aux coquillages, comme ces excellentes huîtres en version « retouchée » ou carrément « haute couture », dixit la carte. Bienvenue à Montorgueil-les-Flots !

|●| ***Silk & Spice*** *(plan couleur C2,* ***47****) : 6, rue Mandar, 75002. ☎ 01-44-88-21-91. Ⓜ Étienne-Marcel. ♿ Tlj sauf sam midi et dim 12h-14h, 19h30-22h30. Fermé 1er janv et 24-25 déc. Formule déj 20 € ; menu classique 33 € ; menu découverte 58 € ; carte 40-50 €.* L'endroit idéal pour une escapade exotique. Quand l'élégance de la soie se marie au charme discret des épices, on obtient ce lieu de pierre, baigné d'une douce lumière tamisée. Cuisine thaïe raffinée, un peu relevée. Des currys, bien évidemment, mais aussi des plats sautés au wok, spécialités du chef. Belle sélection de vins, servis au verre. Service délicat.

Chic

|●| ☂ ***Restaurant Moderne*** *(plan couleur C1,* ***49****) : 40, rue Notre-Dame-des-Victoires, 75002. ☎ 01-53-40-84-10. Ⓜ Bourse. ♿ Tlj sauf sam-dim ; service 12h-14h, 19h30-22h30. Congés : 3 sem en août. Formules 29-36 € ; menu dégustation 45 € ; carte 36-50 €.* Moderne, cette adresse l'est d'abord par son décor : belle salle en longueur où les bouteilles sont disposées avec art. La cuisine est tout aussi soignée, de saison et bien dans son époque. Le chef propose le soir « L'Instinct moderne », un menu composé de 6 bouchées préparées selon le marché du jour et l'inspiration du moment. Idéal pour un tête-à-tête gourmand, surtout sur la jolie terrasse aménagée dans une cour intérieure. Belle carte des vins.

|●| ☂ ***A Noste*** *(plan couleur B1,* ***24****) : 6 bis, rue du Quatre-Septembre, 75002. ☎ 01-47-03-91-91. Ⓜ Bourse ou Opéra. ♿ Bar à tapas tlj 12h-23h (22h dim) ; resto tlj sauf dim 12h-14h, 19h-22h. Tapas de 6 à... 19 € à la truffe ! Au resto gastro à l'étage, menus 29-38 € le midi, 49-60 € le soir ; brunch dim 39 €.* Bienvenue « chez nous » *(a noste)* ! Le nom traduit bien la convivialité des lieux. À commencer par l'assiette, constituée au déjeuner d'un choix de généreuses tapas landaises à partager (ou pas !) entre amis sur de hautes tables d'hôtes. Le canard est le produit star (nems, cœurs, tartare, foie gras et de délicieux croustillants de polenta au magret fumé), mais le cochon, les chipirons grillés ou le croquant *fish and chips* assurent tout autant. Formidables planches de desserts servis, là encore, sous forme de tapas. À l'étage, au gastro, la cuisine ne renie pas ses origines, mais elle se veut plus raffinée, les présentations à l'assiette soignées, dans un élégant décor épuré et aux tables bien espacées. Service parfait.

|●| ***Racines*** *(plan couleur C1,* ***50****) : 8, passage des Panoramas, 75002. ☎ 01-40-13-06-41. Ⓜ Grands-Boulevards. Lun-ven 12h-14h30, 20h-22h30. Congés : 3 sem en août. Résa conseillée. Carte 45-50 €.* Ne pas se fier à l'enseigne « Marchand de vin », c'est bien d'un bistrot dont il s'agit. Le chef

sarde, Simone Tondo (ex-*Gazzetta*), a investi les 4 m² de la cuisine de ce bistrot de poche. Il mixe traditions sarde et française, avec des produits de saison de 1re qualité. La carte est courte, la cuisine spontanée et pleine de goût. Pensez à réserver, c'est très petit !

|●| ***Brasserie Gallopin*** *(plan couleur C1,* ***51****) : 40, rue Notre-Dame-des-Victoires, 75002. ☎ 01-42-36-45-38. Ⓜ Bourse ou Grands-Boulevards. ♿ Tlj ; service 12h-15h, 19h-23h. Résa impérative. Formules 22-29 € ; carte 45-60 €.* Un des piliers de la Bourse depuis 1876. 4 familles se sont succédé pour développer et préserver ce magnifique patrimoine de la vie parisienne, avec son bar en acajou, ses lambris et ses lustres fin XIXe s, ses cuivres bien astiqués et sa grande verrière fleurie. Les serveurs virevoltent sanglés dans leur tablier façon Belle Époque, les soupières en argent sont rutilantes. Cuisine classique de brasserie, donc, d'une belle qualité et pleine de goût. Seul bémol : le niveau sonore assez élevé, comme souvent dans ce genre d'établissement.

|●| ☂ ***Edgar*** *(plan couleur D1,* ***8****) : 31, rue d'Alexandrie, 75002. ☎ 01-40-41-05-69. Ⓜ Sentier ou Strasbourg-Saint-Denis. ♿ Tlj sauf dim soir 12h-14h30, 19h30-22h30 (23h ven-sam) ; sam-dim brunch 12h-15h. Fermé 23-26 déc, 30 déc-1er janv et le midi 5-26 août. Plats 17-22 € le midi, 18-26 € le soir ; brunch 27 €. Cocktails 10-14 €.* Un bar à cocktails avec une belle et paisible terrasse déployée sur la placette, un intérieur stylé années 1950 scandinave, cosy le soir, et une formule maligne, tendance et percutante : des entrées et plats à partager, ainsi que de savoureuses suggestions tournées vers la mer. Bon et frais. Pour changer, on peut aussi traverser la place et s'offrir une pizza à pâte fine (qui a levé pendant 3 jours !) au *Baretto,* l'autre enseigne de la maison. C'est enfin un très beau boutique-hôtel avec des chambres toutes différentes signées par 20 artistes de la famille du propriétaire.

|●| ***Aux Lyonnais*** *(plan couleur B1,* ***52****) : 32, rue Saint-Marc, 75002. ☎ 01-42-96-65-04. Ⓜ Bourse, Quatre-Septembre ou Richelieu-Drouot. Tlj sauf sam midi et dim-lun ; service 12h-14h, 19h30 (19h ven-sam)-22h. Congés : août et 1 sem à Noël. Résa indispensable. Formules dej 28-34 € ; menu 35 € ; carte 50 €.* Un bouchon historique traditionnel plus que centenaire (cadre rétro superbe), tenu par un proche d'Alain Ducasse. La carte reprend les grands classiques lyonnais tels que ravioles, rognons, quenelles. Les produits sont frais et les prix accessibles. Dommage que les vins alourdissent tant l'addition !

Plus chic

|●| ***La Bourse et la Vie*** *(plan couleur B2,* ***55****) : 12, rue Vivienne, 75002. ☎ 01-42-60-08-83. Ⓜ Bourse. Tlj sauf sam-dim 12h-14h, 19h-22h. Résa indispensable ! Plats 27-32 € ; carte env 50 €.* Une dizaine de tables à touche-touche, dans un décor classieux de vieux bistrot avec moulures repeintes et grands et vieux miroirs. Ici, l'Américain Daniel Rose célèbre la tradition française : tous les classiques du genre (merlan à l'aïoli, huîtres gratinées, poireaux vinaigrette, pot-au-feu, etc.) sont servis copieusement et sans chichis sur des tables sans nappe, mais à chaque fois avec une petite touche de fantaisie. Les desserts n'échappent pas au filet du chef. Quant aux vins, ils font partie des meilleurs. Rien que du bon donc, jusqu'à l'accueil aux petits oignons, mais mieux vaut avoir la bourse bien garnie !

|●| ***Vivre Opéra Garnier*** *(plan couleur A-B1,* ***56****) : 3, rue de la Michodière, 75002. ☎ 01-58-22-89-90. Ⓜ Quatre-Septembre. Tlj sauf dim-lun et sam midi 12h-14h30, 19h-22h15 (à partir de 22h, plats en direct). Congés : août. Résa conseillée. Formules déj en sem 24-29 € ; menus 41-98 €.* Vivre ? Prenons le temps, en effet, de goûter, de savourer, car ici tout est bon. La cuisine, moderne et soignée, est élaborée avec des ingrédients de petits producteurs (et amis) triés sur le volet. Délicieux ! Quant au vin, il est sélectionné avec précision et conseillé avec passion. Alors on se détend, et on profite d'un beau moment dans un cadre chaleureux, dans la petite salle du rez-de-chaussée ou dans la jolie cave prolongée par un salon cosy, avec ses bouquins et son tourne-disque.

Où boire un verre ?

La Jaja *(plan couleur C2,* ***67****) : 56, rue d'Argout, 75002. ☎ 09-52-12-41-01. Ⓜ Sentier. Tlj sauf mar-sam 17h-2h.* Ce microbar ressemble à un joyau dans son écrin. Entre moulures dorées rococo, fresque baroque au plafond et imposants miroirs, l'esprit de Serge Gainsbourg rôde, sous des notes électro-rock ! Les trentenaires décontract' et branchés se pressent au comptoir circulaire à l'heure de l'apéro et débordent joyeusement sur la terrasse et la rue piétonne. DJ du jeudi au samedi, idéal pour une « préchauffe » entre amis !

Hero *(plan couleur D1,* ***61****) : 289, rue Saint-Denis, 75002. ☎ 01-42-33-38-01. Ⓜ Strasbourg-Saint-Denis. Tlj 12h-14h30, 19h-23h. Fermé 24-25 déc et 31 déc-1er janv. Cocktails 8-14 € ; food 3-18 €. Tt verre doit être accompagné d'une commande de nourriture (licence).* Ici voisinent sans tapage *street food* et cocktails exotiques, inspirés par les saveurs du pays du Matin calme : la Corée. Vous aurez ainsi le plaisir de goûter au *yangnyeom,* une spécialité de poulet grillé à accompagner d'un subtil breuvage au *makgeolli* ou au *soju* (alcools de riz). Ces merveilles peuvent se déguster au comptoir du rez-de-chaussée avec les sympathiques mixologistes, comme dans la salle sobre à l'étage, organisée autour d'un évier central pour se rincer les mains. Une curiosité !

Lockwood *(plan couleur C1,* ***66****) : 73, rue d'Aboukir, 75002. ☎ 01-77-32-97-21. Ⓜ Sentier. ♿ Lun-sam 18h-2h, brunch sam-dim 10h-16h. Fermé lun soir mai-sept. Cocktails 13-14 €.* Le *Lockwood,* c'est l'exemple parfait de la reconversion progressive du quartier du Sentier, voué autrefois à la confection. Dans cette belle adresse, on fête l'*aperitivo* comme à Turin à la sortie des bureaux (buffet offert à 18h). Mais le clou du spectacle intervient à partir de 19h30, au sous-sol : dans un réseau de magnifiques caves voûtées, on déguste des cocktails inventifs et suaves, sur fond de jazz lascif ou de folk illuminé. Plats à partager *(sauf lun)* et brunch le week-end.

Mabel *(plan couleur C2,* ***68****) : 58, rue d'Aboukir, 75002. ☎ 01-42-33-24-33. Ⓜ Sentier. Tlj sauf dim 19h-2h (minuit lun-mer). Rhums à ts les prix ; cocktails 13-15 €. Grilled cheese 6-8,50 €.* Plus besoin d'embarquer sur un voilier pour faire la Route du rhum ! Ce fameux bar relax et cosy, pourtant bien caché derrière une échoppe de *grilled cheese* (pratique en cas de faim subite !), vous servira d'esquif pour votre périple. On teste ici sa connaissance du rhum en compagnie de Joseph Akhavan, maître en la matière. Qu'il soit issu de vesou ou de mélasse, blanc ou vieilli en fût, de tradition anglaise, française ou espagnole, vous trouverez sans mal celui qui vous ressemble : le bar en possède plus de 100 différents ! La carte des cocktails est évidemment remarquable et s'attache à montrer l'extrême subtilité des goûts et des saveurs.

Harry's Bar *(plan couleur A1,* ***60****) : 5, rue Daunou, 75002. ☎ 01-42-61-71-14. Ⓜ Opéra. Lun-sam 12h-2h, dim 16h-1h. Cocktails à partir de 14 €.* C'est le QG des Américains à Paris depuis 1911, et des célébrités comme Hemingway y avaient leurs habitudes. Le bar est également devenu célèbre pour l'organisation de ses votes fictifs la veille de l'élection présidentielle aux États-Unis. Il s'est rarement trompé depuis 1924... mais n'avait pas vu venir Trump ! Dans un décor de moleskine rouge et de boiseries, la clientèle, plutôt sage en début de soirée, tombe la veste au fil des heures et des verres... grâce à un choix de boissons vertigineux : plus de 200 cocktails (le fameux bloody mary a été créé ici !) et près de 300 whiskies. Idéal aussi pour finir la nuit, d'autant qu'il y a un super piano-bar planqué au sous-sol.

Danico *(plan couleur B2,* ***69****) : 6, rue Vivienne, 75002. Ⓜ Bourse ou Pyramides. Tlj 18h-2h. Cocktails 10-16 €.* Intimiste et convivial, c'est le bar chic et hype du fameux resto *Daroco.* Les amateurs de cocktails s'y régalent de créations originales préparées avec dextérité. Décor classieux, transcendé par la vue sur la superbe galerie Vivienne.

Dédé la Frite (plan couleur C1, **70**) : 135, rue Montmartre, 75002. ☎ 01-40-41-99-90. Ⓜ Grands-Boulevards ou Bourse. Lun-sam 7h30-2h, dim 9h-minuit. Snacks 3-8 €. Un repaire sûr du quartier des Grands Boulevards qui a ses adeptes et ses convertis. Bières, vins et snacks sont servis généreusement (très bonnes frites, Dédé !), en terrasse (sur 2 rues différentes) ou dans la grande salle colorée et datée façon bistrot parigot. Idéal pour l'apéro ou avant de sortir dans les clubs du quartier. Ambiance très relax.

Avek (plan couleur D2, **63**) : 21, rue Saint-Sauveur, 75002. 📱 06-60-27-10-90. Ⓜ Sentier. Lun-sam 18h-2h. Happy hours jusqu'à 21h. Cocktails 6-12 €. Dans une ruelle calme du très animé quartier Montorgueil, une excellente adresse pour un bon cocktail, en début comme en fin de soirée. Les poutres apparentes et la lumière douce invitent aux confidences quand la foule n'assaillit pas le comptoir ou qu'un DJ n'officie pas. Attention, ce bar très prisé pourrait rapidement devenir votre QG !

Experimental Cocktail Club (plan couleur D2, **65**) : 37, rue Saint-Sauveur, 75002. ☎ 01-45-08-88-09. Ⓜ Sentier ou Réaumur-Sébastopol. Tlj 19h (20h dim)-2h (4h ven-sam). Cocktails à partir de 13 €. Derrière un lourd rideau de velours, on pénètre dans ce « laboratoire » soyeux et raffiné, tout en poutres et pierres apparentes. On y distille d'excellents cocktails à la manière de scientifiques. La carte suit les saisons et change donc très souvent. Une raison de plus pour revenir.

Jacques' (plan couleur C1, **9**) : 30-32, rue du Sentier, 75002. ☎ 01-85-65-75-75. Ⓜ Grands-Boulevards. Au fond de la cour, au 1er étage. Tlj 18h-1h (2h ven-sam). Cocktails 12-15 €. L'hôtel *The Hoxton*, débarqué du Londres le plus branché (voir plus haut « Où dormir ? »), possède plusieurs bars recommandables. Vaste lounge dans le *lobby*, qui déborde dans le patio quand il fait beau, mais aussi un long comptoir installé au fond du resto (bruyant). Notre préféré, c'est toutefois le *Jacques'*, un bar à cocktails intime, caché en haut d'un majestueux escalier. La déco est fleurie, inspirée par Jacques Majorelle et sa villa marrakchie. Côté breuvages, belle carte tout en subtilité, qui change avec les saisons et l'humeur des accueillants barmen. *NOUVEAUTÉ.*

Forvm Classic Bar (plan couleur C2, **64**) : 29, rue du Louvre, 75002. ☎ 01-42-65-37-86. Ⓜ Sentier. ♿ Mar-jeu 18h-1h, ven-sam 18h-2h. Congés : 2 sem en août. Cocktails 13-16 €. Après plus de 80 ans de bons et loyaux services, le mythique *Forvm* a quitté le quartier de la Madeleine pour renaître à Montorgueil. Mais il n'est pas parti les mains vides : il a embarqué l'intégralité de son superbe décor ! Belles boiseries, comptoir patiné et ventilo sont au rendez-vous, de même que les créations liquides de la maison, que l'ont doit à plusieurs générations de barmen. Fan de whiskys rares, vous êtes également au bon endroit ! Un monument de la mixologie parisienne.

Les Cariatides (plan couleur D2, **62**) : 3, rue de Palestro, 75002. ☎ 01-42-36-19-72. Ⓜ Étienne-Marcel. Tlj 18h-4h (5h ven-sam). Happy hours 18h-22h. Cocktails 7-12 €. Un petit bar atypique. On se sent vite à l'étroit, mais l'équipe y assure une convivialité bon enfant. Bons cocktails et rhums arrangés. Priorité ici aux concerts de jeunes talents, aux one-man-show et aux spectacles en tout genre, dans la petite salle voûtée au sous-sol.

Le Truskel (plan couleur C1, **71**) : 12, rue Feydeau, 75002. ☎ 01-40-26-59-97. • facebook • Ⓜ Bourse ou Grands-Boulevards. Tlj sauf dim-lun 19h-5h. Consos 3-8 €. C'est une adresse hybride entre le pub, la petite salle de concerts à tendance folk et le mini-*dancefloor* au pied levé. Les enfants du rock et de la pop-rock de tous âges, en majorité des 20-35 ans, se retrouvent pour y écouter live et DJs, sauf lorsqu'il s'agit de commenter les retransmissions sportives !

Où sortir ? Où danser ?

Le Rex Club *(plan couleur C1,* ***80****)* ***:*** *5, bd Poissonnière, 75002. ☎ 01-42-36-10-96. Ⓜ Bonne-Nouvelle. ♿ Mer-sam minuit-7h. Entrée : 5-20 € selon programmation. Consos 6-15 €.* Le Rex est une référence parisienne en matière de musique électro, et cela fait 30 ans que ça dure ! Une longévité due à sa programmation de qualité, toutes tendances confondues : techno, house, drum'n'bass, minimal, etc. Avec un seul mot d'ordre : l'underground ! Les clubbers de 18 à 35 ans, voire plus selon la programmation, partagent la même passion de l'électro et la même admiration pour les DJs renommés : Laurent Garnier, qui a débuté ici, Derrick May, Lil Louis, Rolando, Ricardo Villalobos, Ben Klock... Tous apprécient la qualité du *sound system,* le meilleur de Paris !

2e

À voir

La Bibliothèque nationale de France, site Richelieu *(plan couleur B1-2)* ***:*** *58, rue de Richelieu, 75002. ☎ 01-53-79-59-59. ● bnf.fr ● Ⓜ Bourse ou Palais-Royal-Musée-du-Louvre. Départements spécialisés du site Richelieu ouv seulement aux chercheurs et étudiants accrédités. Pour les autres, visite guidée seulement : jeu à 15h30 et sam à 17h30 ; sur résa au ☎ 01-53-79-49-49 ; 3 € ; durée : 1h30. Pour la salle Labrouste, visite sam à 18h30 seulement ; sur résa au ● info-bibliotheque@inha.fr ● ; congés : 1 sem en sept ; GRATUIT.* Depuis le transfert des imprimés sur le site François-Mitterrand (voir « La Bibliothèque nationale de France, site François-Mitterrand » dans le 13e arrondissement), seules les prestigieuses collections spécialisées demeurent à Richelieu : 530 000 manuscrits occidentaux et orientaux, les estampes et photographies (12 millions d'images), les monnaies et médailles (530 000 pièces), plus de 2 millions de pièces, recueils et partitions de musique. Un trésor formidable ! Mais pour s'en approcher, il faut impérativement se joindre aux visites guidées. Quant à la superbe salle de lecture Labrouste, elle mérite également le détour pour découvrir une prodigieuse superstructure constituée de 9 coupoles de verre soutenues par de minces colonnes de fer, le tout élégamment rehaussé de fresques. Le « quadrilatère Richelieu » est le berceau historique de la Bibliothèque nationale de France, installée là depuis le début du XVIIIe s.

BALADE SOUS LES VERRIÈRES

Le duc d'Orléans, père du futur souverain Louis-Philippe, fut le 1er, en 1786, à lotir le jardin de son palais royal pour toucher le loyer de ses boutiques ; il allait donner des idées aux spéculateurs de l'époque... Dans un Paris sans trottoirs ni électricité, le passage dallé posé entre les échoppes est un véritable confort. Protégés de la boue et de la pluie par les verrières qui le surplombent dès 1792, boutiques et cafés connaissent un véritable succès.

La Restauration et la monarchie de Juillet verront éclore 24 de ces villes en miniature, invention du luxe industriel naissant, qui pousseront toujours plus haut leur ciel de verre vers la lumière. Toujours plus beaux et modernes, les passages évoluent (le bois fait place à la fonte, le gaz fait ses 1res apparitions), on s'y bouscule, on s'y amuse et on y consomme pas mal. Les 1ers véritables restaurants s'y distinguent, on joue aux dames ou aux dominos dans les cafés, on se rend au théâtre, au bal ou dans les estaminets pour boire de l'absinthe. Dans la foule se mêlent pickpockets et bourgeois, poètes et théâtreux, fausses ouvrières et vraies laborieuses. Ce nouveau lieu de vie s'exporte et, très vite, toute l'Europe voit fleurir des passages.

La généralisation des trottoirs, la refonte des vieux quartiers, l'ouverture des grands magasins ont sonné le glas de cet univers clos où manquaient l'espace et

la verdure. Paris oubliera ses vieux passages, trop sombres et trop étroits. Aujourd'hui, fort heureusement, les embouteillages ont ramené les piétons sur les trottoirs, et certains passages connaissent une seconde jeunesse. Tous ne sont d'ailleurs pas commerciaux, certains n'étant que d'insolites voies de communication entre 2 rues.
– ***Attention,*** certains sont fermés le dimanche.

La galerie Vivienne *(plan couleur B2)* **:** *on y entre par la rue Vivienne (au n° 6), par la rue des Petits-Champs (au n° 4) ou par la rue de la Banque (au n° 5), 75002. Ⓜ Bourse. Tlj 7h30-20h30.*
Un joyau du genre. On la découvre s'élançant avec un parterre coloré en mosaïque où se succèdent d'élégantes boutiques parisiennes : salon de thé, magasins d'antiquités, boutiques d'art, caviste-bar à vins, librairie ancienne côtoient les commerces haut de gamme des créateurs de mode comme Jean-Paul Gaultier ou Yuki Torii.
Passage préféré des Parisiens jusqu'au Second Empire, aux décorations ocre et aux références mythologiques (caducée de Mercure, corne d'abondance... cherchez les autres !), c'est un lieu plein de cachet et très lumineux, qui ravira les promeneurs. On y croisera facilement quelques personnalités et, pourquoi pas, le fantôme de Vidocq, ancien bagnard qui deviendra chef de la Sûreté de la capitale (!) et qui vécut au n° 13 pour assurer la surveillance du passage (élégant escalier avec rampe en fer forgé). En sortant par la rue de la Banque (au n° 5), on trouve l'immeuble où mourut le navigateur Antoine de Bougainville – 1er Français à faire le tour du monde –, dont une célèbre fleur rapportée du Brésil porte le nom.

➢ Vous croiserez également la ***galerie Colbert*** *(plan couleur B2 ; entrée par la rue Vivienne ou la rue des Petits-Champs),* qui offre une très belle perspective avec une petite statue d'Eurydice posée sous la rotonde. Elle abrite des salles de cours d'universités parisiennes, et la salle Roberto-Longhi où se tiennent parfois des expos temporaires gratuites.

➢ Par la rue de la Banque, rejoindre la mignonne ***place des Petits-Pères*** *(plan couleur B2),* où se trouvait, pendant la Seconde Guerre mondiale, le commissariat aux questions juives, triste administration de la politique de Vichy (voir la plaque historique). De l'autre côté, admirez l'*église Notre-Dame-des-Victoires,* ornée de quelque 36 000 ex-voto et qui a la particularité d'abriter un cénotaphe de J.-B. Lully et le tombeau de Jean Vassal, dernier secrétaire de Louis XIV.

Le passage Choiseul *(plan couleur B1-2)* **:** *il débute par une élégante façade au 23, rue Saint-Augustin et se termine au 40, rue des Petits-Champs, protégé par une structure de fer. Ⓜ Quatre-Septembre. Tlj 7h (8h dim)-20h.* Terriblement décrit par Céline (il y grandit au n° 64 et au n° 67) dans *Mort à crédit* sous le pseudo de « passage des Berezinas ». Ouvert en 1824, ce passage bien vivant avec verrière et marquise abrite petites boutiques sans grand charme, galeries d'art et restos. On y trouve le théâtre des Bouffes-Parisiens, dont Offenbach fut le célèbre directeur. 2 sorties latérales, une côté impair sur la discrète rue Dalayrac et, presque en face, une autre, plus dérobée, au niveau du n° 52, où l'on accède par un petit couloir sur la rue Sainte-Anne, avec, à l'angle, l'*hôtel Baudelaire,* où le poète séjourna en 1854. C'est au n° 23, chez l'éditeur Alphonse Lemerre, que Verlaine publia ses 1ers vers.

Le passage des Princes *(plan couleur B1)* **:** *entrée par les nos 97, 99 ou 101 de la rue de Richelieu ou par le 5, bd des Italiens, 75002. Ⓜ Richelieu-Drouot. Lun-sam 8h-20h.* Dernier-né des passages de Paris (1860), on y admire le joli dallage quadrillé, la longue verrière aux armatures Art déco, les teintes ocre et la belle série de lampadaires. Dommage qu'une grande enseigne de jouets l'ait entièrement envahi, distillant sa musique commerciale. La cour, ravalée de haut en bas, avec sa fontaine rectangulaire et moderne, est calme, propre et discrète, bien agréable pour une petite halte dans ce quartier dynamique. Le passage est aussi le point de départ d'une visite des galeries couvertes du quartier, riche en anecdotes et en rebondissements orchestrée par l'équipe de *Visites Spectacles* (voir « Musées – Visites guidées » dans le chapitre « Bon à savoir avant le départ » en début de guide).

Le passage des Panoramas *(plan couleur C1)* **:** *11, bd Montmartre, 75002. Ⓜ Grands-Boulevards. Tlj 6h-minuit.* Les panoramas circulaires, qui faisaient « voyager » nos aïeux – une des peintures d'origine représentait le retrait des troupes anglaises de Toulon ! –, ont donné leur nom à ce passage, construit en 1800, qui mêlait à la fois l'ambiance bourgeoise des galeries de bois du Palais-Royal et celle, plus populaire, des boulevards. La Nana de Zola en fit son passage de prédilection. En 1817, c'est le 1er lieu public de la capitale équipé de l'éclairage au gaz. Multiples sorties possibles *(11, bd Montmartre ; 151, rue Montmartre ; 6-8, rue Saint-Marc ; 50, rue Vivienne).*

2e

FlyView *(plan couleur A1)* **:** *30, rue du 4-Septembre, 75002. Ⓜ Opéra. ☎ 01-83-62-12-36. Horaires des séances et réservations sur ● flyview360.com ● Tarif unique : 15 € (12 € sur présentation de ce guide, ou avec le code ROUTARD2019 sur Internet) ; forfait famille (2 adultes/2 enfants) : 50 €. Mesurer 1,20 m min (env 7 ans). Compter 30 mn, dont 15 mn d'expérience de vol.* FlyView est une expérience de réalité virtuelle qui offre un survol de Paris en vision immersive à 360°. La porte s'ouvre d'abord sur un terminal d'aéroport, avec tableau d'affichage des vols au départ, carte d'embarquement et escalator. Une fois embarqués, on plaque son dos contre un Jetpack monté sur vérins déclenchant vibrations, mouvements et accélérations, coiffé d'un casque. Prêts pour le décollage ? Pfiouuuu… on s'envole à la verticale, façon fusée, avant de faire irruption dans le ciel parisien, escorté par un léger souffle d'air pour compléter l'immersion. On approche une vingtaine de monuments de la capitale sous des angles inhabituels, parfois en musique. Les sensations sont au rendez-vous, même si, bémol qui devrait être corrigé au fil des améliorations technologiques (peut-être déjà fait à l'heure où vous lisez ces lignes) : la qualité des images est encore décevante.

La tour Jean-sans-Peur *(plan couleur D2)* **:** *20, rue Étienne-Marcel, 75002. ☎ 01-40-26-20-28. ● tourjeansanspeur.com ● Ⓜ Étienne-Marcel. Visite libre (5 € ; 3 € sur présentation de ce guide) mer-dim 13h30-18h. Visite guidée (8 €) w-e à 15h (5 pers min) ou sur rdv. Parcours-jeu enfants.* Un peu à l'écart des passages, une tour du XVe s qui constitue l'un des rares vestiges du Paris féodal civil. Édifiée en 1411, elle est le dernier témoignage de l'hôtel de Bourgogne, construit de part et d'autre de la muraille de Philippe Auguste. On peut y découvrir un bel escalier à vis, terminé par une voûte sculptée végétale unique en France, et les chambres hautes, dont une restituée dans son état originel et dans laquelle on trouve les plus vieilles latrines parisiennes (adossées à une cheminée, donc chauffées !) ; parcours muséographique sur l'histoire, l'architecture et la vie quotidienne au début du XVe s. Galerie sur le Paris médiéval. Expos temporaires sur la vie au Moyen Âge.

➢ Par la rue Française, rejoindre la ***rue Tiquetonne*** et l'agréable quartier semi-piéton de Montorgueil, où l'on découvre, au no 10, une curieuse enseigne : *L'Arbre à Liège.*

Le passage du Grand-Cerf *(plan couleur D2)* **:** *Ⓜ Étienne-Marcel. Lun-sam 8h30-20h30.* Entre la rue Dussoubs et la rue Saint-Denis, un très beau passage, élevé en 1825 sur l'emplacement de l'hôtellerie du même nom, qui servit de relais de poste jusqu'à la Révolution.

À PROPOS DE MENDIANTS !

En 1668, le lieutenant La Reynie nettoya la cour des Miracles en 24h, promettant que les 6 derniers mendiants encore présents seraient pendus sur place. « Bonne nouvelle ! », s'écrièrent les braves gens. Depuis, le quartier garda ce nom ! Connaissez-vous l'origine du mot « argot » ? Il vient d'un groupe de mendiants possédant son langage et ses propres lois, qui avait surnommé son chef « le Rajot » (d'où le mot « argot »). Chaque soir, on lui remettait un pourcentage sur la recette, et le reste était transformé en ripailles et beuveries.

La rue du Caire *(plan couleur D1-2)* **:** Ⓜ *Réaumur-Sébastopol.* Le Caire, Aboukir, Alexandrie... bienvenue dans la Petite Égypte ! C'est après l'expédition de Bonaparte, en 1798, que tout le quartier fut rebaptisé de noms égyptiens. C'est à cet endroit que se tenait, au XVIIe s, la célèbre ***cour des Miracles,*** dans le passage du Caire (lire plus bas). Celle-ci devait son nom au fait qu'au soir venu « les aveugles voyaient clair... les estropiés retrouvaient l'usage de leurs jambes ». On y trouvait des milliers de faux mendiants, tire-laine, « vendangeurs de coste » (pickpockets de l'époque), soldats déserteurs ou filles de joie... On y élisait un roi et une reine, surnommés Rolin-Trapu et Catin Bon-Bec. Il y avait une bassine devant une statue de saint dérobée dans une église et, lorsque les gueux passaient devant, ils étaient obligés d'y jeter une pièce... d'où l'expression « cracher au bassinet ».

La place du Caire *(plan couleur D1)* **:** Ⓜ *Sentier.* Ici commence véritablement le ***Sentier,*** le royaume du prêt-à-porter. C'est toute une atmosphère pendant la journée, où grouillent chariots, scooters, klaxons et autres diables. Le quartier est, en revanche, d'un calme désertique la nuit et le week-end. Sur la place se trouve la plus belle entrée du ***passage du Caire*** *(lun-ven 7h-18h30),* bordée par un immeuble d'inspiration égyptienne. Son dallage proviendrait en partie d'anciennes pierres tombales, celles des sœurs dont le couvent se trouvait à l'emplacement du passage. Au XIXe s, c'était le quartier des imprimeurs et des fabricants de chapeaux de paille. Le passage en lui-même n'est qu'une succession de grossistes qui se regardent en chien de faïence dans un dédale de couloirs abrités qui rejoignent la place et la rue du Caire, la rue d'Alexandrie et la rue Saint-Denis. Intéressant pour capter une ambiance méridionale teintée d'une touche basmati ; mais peu de ventes au détail, il faut négocier sec !

De la rue d'Aboukir (beau mur végétalisé, à l'angle avec la rue des Petits-Carreaux), rejoindre la rue de Cléry jusqu'au no 87, où vous remonterez les 14 marches de l'escalier qui constituent à elles seules la plus petite rue de Paris. Avec 5 m de long, elle ne possède ni chaussée, ni trottoirs, ni numérotation, et ses fenêtres sont aveugles, mais elle est formée de cet escalier qui lui donne ce nom : ***rue des Degrés.***

2e

LE QG DES « BORDELIÈRES »

La rue Saint-Denis *(plan couleur D1-2)* **:** ancienne voie romaine, elle fut la 1re rue pavée de Paris. Entre la rue de Turbigo et la porte Saint-Denis, cette rue a toujours été l'épicentre de la prostitution parisienne. Déjà, au XIVe s, le prévôt de Paris, Aubriot, notant que les prostituées s'habillaient de façon très voyante, édicta une ordonnance « interdisant les ceintures dorées, les collets renversés et les plumes de geai dans les robes ».
L'enceinte de Charles V intégra ces rues qui portèrent des noms sans équivoque : rue Trace-Putain (transmuée par l'usage en Transnonain, 1er nom de la rue Beaubourg), rue Gratte-Cul (l'actuelle rue Dussoubs), rue Tire-Boudin, puis Tire-Putain (rue

AUX INNOCENTS LES MAINS PLEINES !

Avec la rue Saint-Denis, le cimetière des Innocents était l'un des lieux de prédilection de ces dames pour le racolage. Les prostituées constituèrent toujours un casse-tête pour les autorités. Charlemagne tenta en vain de les chasser. Saint Louis les rejeta hors de l'enceinte de Philippe Auguste. De cette époque vient le mot « bordel ». En effet, les prostituées se construisirent extra-muros des baraques en « bords » (terme pour « planches »), et les clients ne tardèrent pas à appeler « bordes » ces maisons, et « filles bordelières » celles qui y logeaient.

Marie-Stuart), etc. Les ancêtres d'Irma la Douce s'appelaient Alix la Maigriotte, Paule la Bien Fêtée, Hélène la Brette, Lucette aux Yeux Pers...
Très organisées, elles avaient leurs réjouissances annuelles sous l'égide de leur patronne, sainte Madeleine, bien sûr, avec procession et tout. Cette organisation fait toujours ses preuves. Il est curieux de noter comme l'histoire se répète : écartées quelque temps du centre au Moyen Âge, les prostituées revinrent quand les Halles gagnèrent en importance, constituant une grande part du folklore local.

***Les rues des Petits-Carreaux et Montorgueil** (plan couleur C1-2)* **:** rues-marchés extrêmement vivantes, autrefois empruntées par les mareyeurs apportant, aux Halles, poissons et langoustes depuis les côtes de la Manche et de la mer du Nord. Le prolongement de ces 2 rues, la *rue Poissonnière,* est un témoin explicite de ce passé. Nombreux commerces et vieilles boutiques. *Pharmacie Moderne* au 7, rue des Petits-Carreaux, avec ses boiseries à l'intérieur ; au no 10, à l'entresol, amusante peinture *Au Planteur.* Quelques façades originales comme celle du restaurant *Au Rocher de Cancale,* au no 78 de la rue, décrit dans *La Comédie humaine* et fréquenté en leur temps par Balzac, Stendhal, Théophile Gautier et Alexandre Dumas. Pour les gourmands, une adresse incontournable, au no 51 de la rue Montorgueil, qui a su garder son décor depuis 1804 : la pâtisserie *Storher,* du nom du pâtissier polonais qui accompagna Marie Leczcinscka lors de son mariage avec Louis XV. Religieuses, puits d'amour, financiers... des noms évocateurs. Sur la gauche, une pharmacie arbore une amusante enseigne d'apothicaire.

LE QUARTIER DE LA PRESSE

Il y eut d'abord, sous la Révolution française, à l'emplacement du ***passage du Caire,*** l'imprimerie d'Hébert, directeur du célèbre brûlot *Le Père Duchesne.* Puis le passage lui-même abrita, au Second Empire, de nombreux lithographes et imprimeurs. Au 100, rue Réaumur, *L'Intransigeant* s'installa dans un nouvel immeuble en 1924. *France-Soir* lui succéda par la suite, avant d'abandonner les lieux en 1988. Dans le quartier ne subsiste plus que l'AFP, place de la Bourse.
À l'angle de la rue du Croissant et de la rue Montmartre, le café-resto *Le Croissant,* où fut assassiné, le 31 juillet 1914, Jean Jaurès, fondateur de *L'Humanité* et partisan de la paix. Une grande plaque de marbre rappelle l'événement, qui fut l'un des détonateurs du début du conflit. La 1re boucherie mondiale commencera quelques jours plus tard.

LE TUEUR ASSASSINÉ

Après avoir tiré une balle dans la tête de Jean Jaurès le 31 juillet 1914 à Paris, le nationaliste français Raoul Villain n'alla pas au front, lui qui était belliciste. En effet, il fut emprisonné durant toute la Première Guerre mondiale (il ne connut donc pas l'horreur des combats). Ensuite, il sera acquitté, et Mme Jaurès condamnée à payer les frais du procès, les jurés estimant qu'un Jaurès vivant aurait privé la France de sa victoire ! Ironie du sort, ce Villain fut à son tour assassiné à Ibiza, en 1936, par un républicain espagnol.

***La rue Réaumur** (plan couleur C-D1-2)* **:** elle doit à un concours d'architecture – lorsque les contraintes haussmanniennes portant sur l'homogénéité des façades furent levées – quelques-uns des plus beaux exemples de l'art du fer à Paris. Qu'il adopte les formes végétales de l'Art nouveau, comme au no 118, qu'il se fasse moderne à force de simplicité, comme au no 124, ce matériau ouvrait d'immenses possibilités. Ces immeubles étant destinés, pour la plupart, à abriter des ateliers textiles, les baies vitrées sont nombreuses pour laisser entrer la lumière naturelle. Au no 100, à l'angle de la rue Saint-Denis, l'immeuble qui abritait autrefois la rédaction de

France-Soir. Dans le hall se trouve une inscription relative à l'ancienne cour des Miracles (lire plus haut le paragraphe sur la rue du Caire).
Vous trouverez sûrement moins d'intérêt à la ***Bourse*** *(plan couleur B-C1),* temple des affaires, construite dans un style pseudo-grec froid et lourd.

Rex Studios *(plan couleur C1)* **:** *1, bd Poissonnière, 75002. • legrandrex.com • Ⓜ Bonne-Nouvelle. Parcours audioguidé et interactif de 45 mn, tte l'année mer et sam-dim, ainsi que j. fériés et tlj pdt vac scol (ttes zones) ; départs ttes les 5 mn 10h-18h (dernier départ). Entrée : 11 € ; 9 € moins de 26 ans. Avec film du moment (2D ou 3D, petite ou grande salle – hors spectacle de Noël et « Féerie des eaux ») : 17,50 € ; 15,50 € 14-18 ans ; 13 € moins de 14 ans. À partir de 6 ans.* Classé Monument historique en 1981, le *Rex* abrite la plus grande salle de cinéma d'Europe (2 650 places), dont le fabuleux décor Art déco mêlant palais vénitien, minaret et voûte bleue étoilée n'a pas bougé depuis sa création... Un mythe qui ouvre ses coulisses à la visite, prétexte à une présentation ludique de la création cinématographique ! Guidée par une voix off, la visite scénarisée s'ouvre par un rappel historique, avant de passer derrière l'écran et de découvrir la face cachée du grand cinéma. On traverse une ancienne cabine de projection parfaitement reconstituée, on découvre des images d'archives, puis on entre dans le bureau du directeur. Mais la surprise, c'est de participer au tournage d'un petit film, avec bruitages et petits effets spéciaux, pour finir sur une projection très spéciale : celle de vos débuts sur grand écran. Sympa en famille.

LE *REX* À L'AVANT-GARDE

1er cinéma atmosphérique, le Rex *fit sensation le jour de son inauguration, en 1932 : pensez donc, une salle gigantesque, un immense écran (plus de 1 t) et, au-dessus des têtes, un plafond constellé d'étoiles. En plus, au sous-sol se trouvaient un commissariat de police (!), une infirmerie, ainsi qu'un chenil et une nurserie pour soulager les spectateurs de leurs... paquets ! Un système novateur de ventilation de l'air (localisé au niveau des pieds des fauteuils) permettait même aux spectateurs de fumer.*

3e ARRONDISSEMENT
LE HAUT MARAIS
• LE QUARTIER DU TEMPLE

• Pour le plan du 3e arrondissement, voir le cahier couleur en fin de guide.

Actif et embouteillé dans sa partie nord, autour du passionnant musée des Arts et Métiers, l'arrondissement livre sa vraie nature plus vers le sud, dans le fameux quartier du Marais. Loti à partir du XIIe s par les moines templiers sur d'anciens marécages, c'est là qu'entre le XVIe et le XVIIe s la noblesse se fait construire de splendides hôtels particuliers, avant d'émigrer aux abords du Louvre, puis à Versailles. Parmi les plus remarquables, l'hôtel de Soubise, qui abrita les Archives nationales, l'hôtel Carnavalet et son musée (fermé jusqu'en 2020), ou encore l'hôtel Salé, qui abrite le musée Picasso ; sans parler de la sublime place des Vosges, ex-place Royale ! Le Marais était en ruine et menacé de destruction au début des années 1960, lorsque André Malraux, alors ministre de la Culture, ordonna sa sauvegarde au nez des pelleteuses. Rachetées par la Ville, ses belles demeures furent restaurées et abritent aujourd'hui administrations et musées, mais aussi galeries, boutiques de fringues... Si la rue de Bretagne, avec ses traditionnels commerces de bouche et son fameux marché des Enfants-Rouges, demeure la grande rue de ce « village » aujourd'hui très gentrifié, il y a aussi foule, le dimanche surtout, dans les boutiques à la mode du côté de la rue des Francs-Bourgeois...

Où dormir ?

De bon marché à prix moyens

Hôtel Paris France *(plan couleur B1, **5**) : 72, rue de Turbigo, 75003. ☎ 01-42-78-00-04. • paris-france-hotel.com • Ⓜ Temple ou République. ♿ Doubles 99-147 € ; petit déj 6 €. Parking payant.* Cet excellent 2-étoiles cumule les bons arguments : la réception et les salons de style ne manquent pas de classe, tandis que les chambres modernes et colorées se révèlent nickel et confortables. Elles profitent même d'une belle vue sur les toits de Paris depuis les étages élevés (le 7e, joliment mansardé, est accessible à pied depuis le 6e étage). Accueil sympa. Un bon rapport qualité-prix.

Hôtel de Roubaix *(plan couleur A1, **2**) : 6, rue Greneta, 75003. ☎ 01-42-72-89-91. • hotel-de-roubaix.com • Ⓜ Arts-et-Métiers ou Réaumur-Sébastopol. Doubles 110-135 € ; petit déj 8 €.* Dans une rue assez peu passante, on est séduit par la déco ludique de cet hôtel familial qui joue à fond la carte de la B.D. Dans les parties communes comme dans les chambres, des lithographies donnent de la couleur aux murs ! Côté confort, c'est classique, très convenable (un brin vieillissant pour les salles de bains et les moquettes des couloirs). Excellent accueil.

Hôtel Américain *(plan couleur C2, **4**) : 72, rue Charlot, 75003. ☎ 01-48-87-58-92. • paris-hotel-americain.com • Ⓜ Filles-du-Calvaire. Doubles 90-110 € ; petit déj 8 €.* Hôtel moderne d'une trentaine de chambres fonctionnelles, propres et régulièrement rénovées, toutes de bon confort. Un bon rapport qualité-prix en haute saison, et l'assurance de ne pas être « pris pour un Américain » ! Accueil familial gentil et accommodant.

De chic à plus chic

Hôtel École Centrale *(plan couleur B1, **11**) : 3, rue Bailly, 75003. ☎ 01-48-04-77-76. • hotelecolecentrale.fr • Ⓜ Arts-et-Métiers. Doubles 90-250 € ; petit déj 12 €.* Dans une rue tranquille aux portes du Marais, un hôtel familial dont la réception est habillée de... fresques champêtres ! La salle de petit déj est en revanche plus orientale, tandis que les chambres colorées et confortables se révèlent toutes différentes (les plus chères avec balnéo). Beaucoup de personnalité donc, à l'image de l'accueil pro et cordial. Une bonne adresse.

Austin's Arts et Métiers Hôtel *(plan couleur B1, **10**) : 6, rue Montgolfier, 75003. ☎ 01-42-77-17-61. • austinsamhotel.com • Ⓜ Arts-et-Métiers. ♿ Doubles 100-190 € ; petit déj 10 €.* Un hôtel chaleureux, d'excellente tenue et de bon confort. Chambres agréables de taille parisienne (comprendre petites), à la déco très classique et sans extravagance, si ce n'est des poutres apparentes dans certaines. Rapport qualité-prix très correct.

Hôtel Jacques de Molay *(plan couleur B2, **12**) : 94, rue des Archives, 75003. ☎ 01-42-72-68-22. • hotelmolay.fr • Ⓜ Temple ou Arts-et-Métiers. Doubles 150-300 € ; petit déj 13 €.* Ce petit hôtel de charme, situé au cœur du Marais, porte le nom du grand maître templier. Mais rien de médiéval ici : poutres et vieilles pierres se marient désormais à une belle déco contemporaine. Chambres élégantes, tout confort et impeccablement tenues. Jolie verrière qui surplombe la salle de petit déjeuner, salle de musculation et sauna : autant d'atouts de choix. Accueil pro.

Hôtel du Vieux Saule *(plan couleur B2, **6**) : 6, rue de Picardie, 75003. ☎ 01-42-72-01-14. • hotelvieuxsaule.com • Ⓜ République ou Filles-du-Calvaire. ♿ Doubles 130-235 € ; petit déj-buffet 12 €. Parking payant.* Bel hôtel discret à la façade fleurie en saison. Une vingtaine de chambres un peu exiguës mais tout confort, dont les couleurs changent avec les étages. Petit déj servi dans une cave voûtée du XVIe s, entièrement relookée. Petit espace détente avec sauna, baignoire balnéo-hammam et coin fitness. Bon rapport qualité-prix.

Hôtel Les Tournelles *(plan couleur C3, **9**) : 30, rue de Turenne, 75003. ☎ 01-42-72-73-47. • lestournelles.com • Ⓜ Chemin-Vert ou Saint-Paul. Parking public payant rue Saint-Antoine. Doubles 140-285 € ; petit déj 13 €.* À deux pas de la place des Vosges, un petit hôtel élégant à l'ambiance conviviale, à l'image des salons cosy où l'on se pose entre 2 balades. Dans l'escalier, poutres d'origine. Une vingtaine de chambres, de taille raisonnable et décorées dans un esprit cette fois résolument contemporain, dans les tons roses ou bleu-vert. Tout confort et double vitrage. Pour une plus grande intimité, blottissez-vous dans les chambres mansardées du 5e étage, avec vue sur les toits (accessibles à pied depuis le 4e étage).

Très chic... et tendance

Hôtel du Petit Moulin *(plan couleur B2, **8**) : 29-31, rue de Poitou, 75003. ☎ 01-42-74-10-10. • hoteldupetitmoulin.com • Ⓜ Filles-du-Calvaire ou Saint-Sébastien-Froissart. ♿ Résa impérative. Doubles 220-380 € ; petits déj 10-16 €. Parking payant. Un petit dej/pers offert sur présentation de ce guide.* En plein Marais, ce bâtiment du XVIIe s (réception dans une ancienne boulangerie dont on a conservé la pittoresque devanture 1900) a été métamorphosé par le créateur de mode Christian Lacroix. Classe et charme sont au rendez-vous ! Moins d'une vingtaine de chambres, toutes résolument différentes, aménagées avec des matériaux élégants, des tissus soignés, des couleurs vives et du mobilier hétéroclite pour une atmosphère fortement personnalisée. Entre le kitsch, le zen et le chic, cette adresse intimiste joliment habillée comblera les amoureux qui ont des sous !

Hôtel Georgette (plan couleur A2, **7**) : *36, rue du Grenier-Saint-Lazare, 75003. ☎ 01-44-61-10-10. • hotelgeorgette.com • Ⓜ Rambuteau ou Étienne-Marcel. Doubles 130-300 € ; petit déj 10 €.* Un petit hôtel aux allures de musée d'art moderne (si près de Beaubourg !), où l'on pourrait faire la sieste devant un tag géant, dans un espace cosy où l'art se fait op, pop, et plus fou encore si vos moyens le permettent. Si les chambres dites « *classic* » ne le sont pas vraiment, apportant confort, jeux optiques, esprit vintage, couleurs flashy et contrastes vitaminés pour les jours gris, les plus chères vous donneront une autre idée du luxe, abordant le land art dans l'une, un esprit plus graphique dans l'autre. Bon voyage dans le temps pictural !

Jules et Jim Hôtel (plan couleur B2, **13**) : *11, rue des Gravilliers, 75003. ☎ 01-44-54-13-13. • hoteljulesetjim.com • Ⓜ Arts-et-Métiers, Rambuteau ou Temple. Doubles 210-400 € ; petit déj 20 €.* On passerait presque devant sans le remarquer ! Une vingtaine de chambres au design épuré, avec douche à l'italienne, et balcon pour celles qui donnent sur la cour. Pour un court séjour, 2 chambres pas bien grandes, au 8e étage, donnent sur les toits du vieux Paris ! Celles surnommées « Himacs » sont lovées dans un cocon, dont les portes coulissantes s'ouvrent sur la salle de bains et la baie vitrée. Côté cour, adorable bar ouvert aux non-résidents.

Où manger ?

Sur le pouce

Les stands du marché des Enfants-Rouges (plan couleur B2, **17**) : *39, rue de Bretagne, 75003. Ⓜ Filles-du-Calvaire. Tlj sauf lun 8h-20h30 (17h dim). Plats ou formules du jour 13-15 €.* C'est la cantine préférée des amoureux du quartier, qui viennent avant le service humer les parfums se dégageant des différents stands pour voir ce qui se prépare de bon. Sous la grande halle du marché couvert, l'un des plus vieux de Paris, vous avez le choix des régions et des nationalités. Juste quelques tables par-ci par-là, ou des comptoirs où s'accouder en bonne compagnie. Vous êtes plus Japon que burger, végétarien que libanais, italien qu'antillais ? Explorez !

Taeko (plan couleur B2, **17**) : *39, rue de Bretagne, 75003. ☎ 01-48-04-34-59. Ⓜ Filles-du-Calvaire. Tlj sauf lun 11h30-18h (17h sam, 16h dim). Plats 12-15 €.* Cantine japonaise installée sous la grande halle du marché des Enfants-Rouges, dans une sorte de grand box en métal cylindrique. Bentos savoureux à prix sages garnis d'ingrédients crus ou cuits, dans lesquels on plonge les baguettes avec délice. Service rapide et attentionné, comme à Tokyo.

Ruisseau Burger Joint (plan couleur A2, **47**) : *22, rue Rambuteau, 75003. ☎ 01-43-70-02-21. Ⓜ Rambuteau. Tlj 12h-22h30. Menus 12-13 € ; brunchs dim 18-20 €.* La viande est limousine, le pain est maison et les frites sont préparées en 2 cuissons, comme il se doit. N'en jetez plus ! Ici, le burger n'est pas un pis-aller mais une préparation soignée dont les associations gourmandes permettent de se régaler à moindre coût, et sans y passer la moitié de la journée. En même temps, la microsalle façon couloir boisé n'est pas désagréable, mais elle n'incite pas non plus à prolonger les agapes. Accueil jeune et très sympa. *NOUVEAUTÉ.*

Pontochoux (plan couleur C2, **43**) : *18, rue du Pont-aux-Choux, 75003. ☎ 09-86-70-77-00. Ⓜ Filles-du-Calvaire. Tlj sauf lun 11h30-19h30 (18h dim). Plats 12-13 €.* Taeko, du resto éponyme du marché des Enfants-Rouges, élargit notre conception de la cuisine japonaise avec le curry. Servi après avoir mijoté pendant des heures, il est accompagné de viande (poulet frit, porc pané, bœuf – voire en version végétarienne), de petits légumes (radis noirs, chou vert, jeunes pousses...) et de riz. Délicieux ! Accueil sympa, mais attendez-vous à patienter en période d'affluence (l'échoppe se résume à 8 places et quelques tabourets sur le trottoir !). Sinon, reste l'alternative à emporter. *NOUVEAUTÉ.*

|●| **Saucette** (plan couleur A2, **22**) : *30, rue Beaubourg, 75003. ☎ 09-67-89-32-73. Ⓜ Rambuteau. Tlj sauf dim-lun 12h-15h, 18h-22h30. Formules 13,50-14,50 € ; plateaux à partager 16-24 €.* Ouvrir un resto monomaniaque autour de la saucisse alors qu'on nous vend du *healthy* et du *light* à tout bout de champ, le concept est audacieux. C'est pourtant le pari que s'est lancé l'équipe : réhabiliter la saucisse ! La vraie, la bonne, qu'elle soit sélectionnée chez les meilleurs producteurs ou confectionnée sur place. La carte invite à un tour de France de ce patrimoine culinaire, servi en sandwich façon hot dog ou en planches dégustation, à travers des intitulés tordants (de la Socis Reding à la Sisisse Impératrice en passant par la Socis Huster). Plusieurs accompagnements possibles, mais la saucisse-écrasée de pomme de terre a quelque chose de diablement régressif. En terrasse ou dans la petite salle tout en brique à l'ambiance jeune et relax, on est assuré de passer un bon moment !

|●| **Neighbours** (plan couleur C3, **20**) : *89, bd Beaumarchais, 75003. 📱 07-67-99-99-91. Ⓜ Saint-Sébastien-Froissart ou Chemin-Vert. Tlj 8h30 (9h30 w-e)-18h. Soupes et quiches 7,50-8,50 €, plats 11,50-12,50 €.* Discret mais stratégiquement situé, ce petit local pimpant au mobilier rétro est une bonne halte à toute heure. Le matin, granola ou *carrot cake* permettent de commencer la journée en fanfare, tandis qu'au déjeuner quiches et plats du jour sans frontière (du genre effiloché de porc, haricots rouges et *foccacia* maison) font mieux que caler un petit creux. Quant au café, spécialité de *Neighbours,* il est toujours au top. Et si l'inspiration survient pendant la dégustation, il y a quelques crayons pour pondre un dessin qu'on ira punaiser aux toilettes ! *NOUVEAUTÉ.*

|●| **Kitchen** (plan couleur A2, **25**) : *74, rue des Gravilliers, 75003. ☎ 09-52-55-11-66. Ⓜ Arts-et-Métiers. Lun-ven 8h-15h, sam-dim 8h-16h. Congés : 2 sem en août et Noël-lun suivant le Jour de l'an. Compter 15 € ; plats 7-14 €, sandwichs 7-8 €.* Un bastion new-yorkais grand comme un mouchoir de poche. Bon plan pour le petit déj : muesli, cookies, pancakes, muffins et autres douceurs *gluten free.* À moins que tout ça ne fasse office de dessert... Pour le déjeuner, *veggie stew* (riz complet, légumes, graines germées et sauce du jour), *futomaki* au radis japonais ou à la mangue, bagels, soupes, salades... À déguster sur de grandes tables dans une ambiance relax. Très bon, bio et bobo en diable !

3e

De bon marché à prix moyens

|●| **Gigi** (plan couleur C2, **21**) : *4, rue de la Corderie, 75003. 📱 07-83-58-75-30. Ⓜ République ou Temple. Tlj sauf lun 12h-22h30 (17h dim). Fermé 2 semaines en août. Formules déj en sem 9,90-14,90 € ; carte 15-20 €. Vins au verre à partir de 5 € et cidre 3 €.* Le nom fait référence à la crêperie *Gigi* dans *Les bronzés font du ski* ! Devanture toute blanche, terrasse avec tables communes et chauffage. À l'intérieur, on peut manger en tête à tête mais l'ambiance reste tout aussi chaleureuse, jeune et relax. À l'apéro, on se régale d'un assortiment de minicrêpes en bouchées. Puis on poursuit avec les délicieuses galettes, classiques ou aux préparations plus élaborées. Les crêpes dessert ne sont pas en reste ! Belle sélection de cidres d'artisans et de vins nature.

|●| **Breizh Café** (plan couleur B2, **18**) : *109, rue Vieille-du-Temple, 75003. ☎ 01-42-72-13-77. Ⓜ Filles-du-Calvaire, Saint-Sébastien-Froissart ou Saint-Paul. Tlj 11h30 (10h w-e)-23h (22h dim). Résa impérative. Galettes env 7-15 €.* Une crêperie célèbre, où les gourmands investissent en masse la salle au cadre sobre et tendance pour se régaler de galettes top niveau. Ici, le beurre est griffé Bordier, les charcuteries sont artisanales, les

ingrédients sont bio, et les cidres fermiers sont triés sur le volet (comme le très fameux Bordelet). Suggestions à l'ardoise qui sortent des crêpières battues. On comprend.

Máncora Cebicheria *(plan couleur B1,* ***46****) : 16, rue Dupetit-Thouars, 75003. ☎ 01-43-48-47-65. Ⓜ Temple. Tlj sauf lun midi 12h-14h30 (15h w-e), 19h-22h30 (23h w-e). Formules déj en sem 16-22 € ; plats 10-16 € ; carte 24-32 €. Attention, pas de résa.* Ce petit restaurant péruvien flanqué d'une conviviale terrasse fait voyager : ambiance hispanique chaleureuse, musique de fond et banquettes colorées. Un service vivant pour vous guider dans la carte, réduite oui, mais synonyme de fraîcheur. Si les ceviches sont à l'honneur, *anticuchos* et *causas* sont aussi proposés sous forme de tapas à partager ou en accompagnement. Cuisine copieuse, fine et relevée à souhait (papilles sensibles, s'abstenir !).

BigLove Caffè *(plan couleur C2,* ***23****) : 30, rue Debelleyme, 75003. ☎ 01-42-77-41-53. Ⓜ Filles-du-Calvaire ou Saint-Sébastien-Froissart. Tlj 12h-14h30 (16h30 w-e), 19h-22h30. Pas de résa. Plats 13-21 €.* À voir les files d'attente qui s'allongent avant même l'ouverture, on devine que ce *caffè* archi-branché ne fait pas les choses à moitié. Il fleure bon le (ré) confort et la convivialité, et nous transporte quelque part, à mi-chemin entre trattoria napolitaine et épicerie d'un autre temps, grâce à un savant amoncellement de sachets d'épices, pots de légumes secs, conserves qui grimpent le long des murs et jambons de Parme en suspension. C'est beau mais c'est bon aussi, qu'il s'agisse des pâtes ou des belles pizzas sans gluten, pour suivre la tendance du moment. Jolie sélection de cafés torréfiés sur place dans une superbe machine Belle Époque. Service sympa.

Goku Asian Canteen *(plan couleur C1-2,* ***24****) : 27, bd du Temple, 75003. ☎ 01-56-58-08-53. Ⓜ République. ♿ Tlj sauf dim soir et lun 12h-15h, 19h-23h. Congés : 1er janv et 2 sem en août. Plats env 11-14 € le midi, 14-20 € le soir ; repas env 25 € ; brunch dim 25 €. Digestif maison offert sur présentation de ce guide.* C'est l'histoire de 2 potes, l'un d'origine asiatique, l'autre pas, fous de ce que l'Asie du Sud-Est propose à sa table. Ils se sont mis en tête de reproduire, avec succès, les morceaux choisis de l'art culinaire de toute la région, sans se cantonner à un pays. On navigue entre nems, bo bun, *bibimbap,* viandes marinées et grillées à la thaïe, yakitoris, poulet à la coréenne... La carte s'envole d'un pays à l'autre avec allégresse, et l'atterrissage des papilles se fait en douceur. Le pancake thaï conclut avec délice cette escapade orientale dans ce petit resto jeune et relax au cadre sobre.

The Broken Arm *(plan couleur B1-2,* ***19****) : 12, rue Perrée, 75003. ☎ 01-44-61-53-60. Ⓜ Temple. Mar-sam 9h-18h ; service 12h-15h30. Petites assiettes à partager 7-12 €.* D'un côté, une boutique façon showroom de créateur ; de l'autre, le coin resto (séparé par une porte vitrée), façon *coffee shop* scandinave, dont les grandes ouvertures, sur le square du Temple, inondent l'ensemble de lumière. Les fashionistas adorent et s'y régalent de petites assiettes de saison, gourmandes et *healthy,* comme on dit. Une halte très agréable dans l'univers branché du quartier. Bien aussi pour un bon petit déj ou un 4-heures.

Il Prezzemolo *(plan couleur C2,* ***26****) : 13, rue Commines, 75003. ☎ 01-42-77-79-25. Ⓜ Filles-du-Calvaire ou Saint-Sébastien-Froissart. Tlj sauf dim 12h30-14h30, 19h30-23h. Pizzas 10-16 €, plats 12-25 € ; carte 25-30 €.* Salle sobre pour ce bon resto italien de quartier, concoctant de délicieuses pizzas bien garnies, mais aussi des pâtes maison et quelques plats classiques de la Botte. Prix raisonnables ; la preuve : le midi, l'entrée ou le dessert est offert avec le plat ! Accueil sympa en italien.

Divin'Art *(plan couleur B1,* ***28****) : 4, rue Borda, 75003. ☎ 01-42-71-01-64. Ⓜ Arts-et-Métiers. ♿ Lun-sam 11h-23h. Carte env 15 €. Vin au verre 4 €.* En salle ou sur la très agréable terrasse (tranquille... et chauffée !), on se régale de bonnes galettes de sarrasin, élaborées avec des produits de qualité et des œufs bio. Des recettes iodées,

3e

comme la saumon fumé et fondue de poireaux, ou divinement sucrées, à la farine de froment, comme la crème de citron maison ou la crème de marron. Service charmant et attentionné.

La Maison Plisson *(plan couleur C3,* ***29****) : 93, bd Beaumarchais, 75003. ☎ 01-71-18-19-09. Ⓜ Saint-Sébastien-Froissart ou Chemin-Vert. Lun 9h30-21h, mar-sam 8h30-21h, dim 9h30-20h. Fermé 1er janv et 25 déc. Pas de résa. Formule déj en sem 24 € ; carte 25-35 €.* À la fois magasin d'alimentation générale, salon de thé et resto, *La Maison Plisson* répond à tous les critères du concept du bien-manger. Autrement dit, une carte courte de plats simples traditionnels, élaborés à partir de produits frais de saison et de qualité. Le service est efficace à l'intérieur comme en terrasse, dans les grandes vérandas (ce qui permet un bon turnover). Excellents jus de fruits frais et bonnes viennoiseries et pâtisseries pour le petit déj ou le goûter. Impossible de repartir sans remplir son panier, l'épicerie mitoyenne est aussi pointue dans sa sélection.

Les Caves de Saint-Gilles *(plan couleur C3,* ***39****) : 4, rue Saint-Gilles, 75003. ☎ 01-48-87-22-62. Ⓜ Chemin-Vert. Tlj 8h-2h30. Formules déj 16-20 € ; tapas env 5-16 €.* Une bodega espagnole en bordure du Marais avec déco typique d'affiches de corrida et murs d'azulejos. Tapas chaudes et froides à toute heure, charcuterie ibérique, poissons, calamar, et seiches *a la plancha*, et paella le week-end. Vins de Catalogne, de Navarre et de Galice. Un classique dans sa catégorie.

La Briciola *(plan couleur C2,* ***30****) : 64, rue Charlot, 75003. ☎ 01-42-77-34-10. Ⓜ Filles-du-Calvaire ou République. Tlj sauf dim 12h-14h30 (15h sam), 19h30-23h (23h30 ven-sam). Congés : 2 sem mi-août et 1 sem pdt les fêtes de fin d'année. Plats env 10-15 €.* Une adresse discrète où les habitués venus en voisins investissent les tables en formica bien agencées. Côté cuisine, c'est du bon et de l'authentique, avec quelques *antipasti* en entrée, suivis d'un choix de pizzas garnies de produits bien frais ou de bons petits plats italiens. Vins de toute l'Italie et bon *vino della casa.*

Prix moyens

Café Ineko *(plan couleur B2,* ***40****) : 13, rue des Gravilliers, 75003. ☎ 09-67-87-23-10. Ⓜ Arts-et-Métiers. Mar-sam 10h-15h, puis salon de thé jusqu'à 17h. Carte 25-35 €.* Paisible, lumineux et joliment champêtre, le *Café Ineko* est une enclave de sérénité au cœur d'une rue animée. Dans ces conditions, difficile de ne pas se sentir à l'aise sur la terrasse de poche (couverte), sous la verrière, ou à la table d'hôtes, d'autant que l'accueil est aussi efficace que souriant. Reste à piocher sur l'ardoise archi-courte parmi des plats de saison frais et soignés, qui ne font pas dans l'esbroufe mais traduisent le respect d'ingrédients top niveau. Tout est délicieux, de même que les desserts bien gourmands au goût de revenez-y ! C'est d'ailleurs ce que l'on fera pour le goûter. *NOUVEAUTÉ.*

L'Aller-retour *(plan couleur C1,* ***32****) : 5, rue Charles-François-Dupuis, 75003. ☎ 01-42-78-01-21. Ⓜ République ou Temple. Tlj sauf le midi sam-dim ; service 12h-14h30, 19h30-23h. Formule déj 11,40 € ; plats 14-24 € ; carte env 30 €.* Une petite adresse qui dépote dans la bonne humeur le midi, plus cosy le soir avec ses lumières douces et son fond de musique jazzy. Attention, végétariens, passez votre chemin, car ici, c'est un repaire de viandards ! La bidoche, sélectionnée et travaillée avec soin, est servie, si on le désire, avec de vraies frites maison. Et un bon choix de vins. On s'est régalés !

Le Café des Musées *(plan couleur C3,* ***48****) : 49, rue de Turenne, 75003. ☎ 01-42-72-96-17. Ⓜ Chemin-Vert. Tlj 8h (9h w-e)-22h30 (23h ven-sam) ; service 12h-14h30 (16h dim), 19h-22h30. Formules déj en sem 19,50-21 € ; menu 28 € ; carte env 35 €.* Carrelages et boiseries rétro rappellent que ce beau café est en place depuis 1924. Un classique, donc, à l'image d'une carte de tradition... élaborée avec maestria par une équipe de Japonais ! Dans leur cuisine ouverte, les chefs se sont approprié les recettes de toujours en insistant sur la qualité des ingrédients et la présentation. Quant au bœuf bourguignon, il est parfait : viande fondante, carottes caramélisées, jus bien dense... *Arigato ! NOUVEAUTÉ.*

Le Progrès (plan couleur C2, **31**) : *1, rue de Bretagne, 75003. ☎ 01-42-72-01-44. Ⓜ Saint-Sébastien-Froissart ou Filles-du-Calvaire. Tlj ; service 12h-minuit. Plats 14-20 €. Café offert sur présentation de ce guide.* Une institution locale ! Ce bistrot de quartier typique, avec ses vieilles chaises, son lustre des *seventies* et son horloge de grand-mère, est un incontournable pour les habitués de toujours et les néobobos. Un conseil : commandez dès l'arrivée ! Cuisine généreuse de saison, bonnes viandes et, surtout, accompagnements très réussis : le patron a fait ses classes chez Robuchon ! Huîtres selon l'arrivage. Bons desserts maison. Service sympa. Une adresse devenue branchée, mais dont les prix restent raisonnables.

Soma (plan couleur B2, **38**) : *13, rue de Saintonge, 75003. ☎ 09-81-82-53-51. Ⓜ Filles-du-Calvaire. Tlj sauf dim-lun ; service 12h-14h30, 19h30-23h. Formule déj 20 € ; carte env 40 €.* Cette enclave franco-japonaise au cadre chaleureux façon bistrot fait toujours salle comble. Certes, le lieu est riquiqui et très couru, mais ce qui fidélise vraiment les amateurs, ce sont les plats savoureux préparés en direct par le chef. Ceux qui s'installent au comptoir central profitent d'ailleurs du show ! Le midi, la grande assiette du type bento, avec soupe et café, est une affaire. *NOUVEAUTÉ.*

Chez Nénesse (plan couleur B2, **33**) : *17, rue de Saintonge, 75003. ☎ 01-42-78-46-49. Ⓜ Filles-du-Calvaire. Tlj sauf sam-dim et j. fériés ; service 12h-14h30, 20h-22h30. Congés : août et Noël-Jour de l'an. Ardoise 15-20 € le midi ; le soir, carte 40-45 €.* Rétro à souhait, ce bistrot convivial est un vrai résistant dans un quartier en ébullition. Son carrelage qui court au sol, ses nappes à carreaux et son bar en formica n'ont guère bougé depuis des lustres, ignorant les modes. Dans l'assiette, cuisine française évidemment de tradition, copieuse et réussie. Une vieille institution. Accueil familial sympa.

Au Bascou (plan couleur B1, **35**) : *38, rue Réaumur, 75003. ☎ 01-42-72-69-25. Ⓜ Arts-et-Métiers. Tlj sauf sam-dim ; service 12h-14h30, 19h45-22h30. Congés : août et 1 sem à Noël. Résa conseillée. Formules déj 19-25 € ; menu dégustation 60 € ; plats env 18-29 €.* Petite adresse discrète, avec au fond de sa longue salle de bistrot chic, la cuisine suspendue au-dessus, comme pour veiller à ses hôtes. Le jeune chef, au parcours déjà prestigieux, propose une cuisine de tradition modernisée, très maîtrisée et réussie. En saison, de bons plats de gibier étoffent la carte, pour le plus grand plaisir de nos papilles. Accueil efficace.

Chez Janou (plan couleur C3, **37**) : *2, rue Roger-Verlomme, 75003. ☎ 01-42-72-28-41. Ⓜ Chemin-Vert ou Bastille. Tlj midi et soir. Résa impérative. Formule déj en sem 16 € ; carte 30-40 €.* Un petit coin de Provence perdu dans ce bout de Marais tranquille ! Bel intérieur chaleureux, façon bistrot à l'ancienne coloré ; le tout flanqué d'une adorable terrasse sur une placette. Dans l'assiette, cuisine traditionnelle, ensoleillée et parfumée. Bonne sélection de vins et, pour les amateurs, des dizaines de pastis à la carte. Bref, une formule alléchante pour un succès fou !

L'Ambassade d'Auvergne (plan couleur A2, **36**) : *22, rue du Grenier-Saint-Lazare, 75003. ☎ 01-42-72-31-22. Ⓜ Rambuteau. ♿ Tlj 12h-14h, 19h30 (19h ven-dim)-22h (21h30 dim). Formule déj 22,50 € ; menu 33 € ; plats 17-32 € ; carte env 50 €.* Un classique depuis des lustres. Dans cette vieille auberge rustico-chic, le cochon vient de Haute-Loire, l'agneau allaiton de l'Aveyron, le veau du Ségala et le canard de Limagne (Puy-de-Dôme). C'est donc une Auvergne de tradition que la carte invite à découvrir, bien escortée par une carte de vins mettant à l'honneur le terroir local. Un peu plus de simplicité dans l'accueil et tout serait parfait.

Chic

Les Enfants Rouges *(plan couleur B2,* ***41****) : 9, rue de Beauce, 75003. ☎ 01-48-87-80-61. Ⓜ Filles-du-Calvaire ou Temple. Tlj sauf mar-mer et jeu midi ; service 12h-14h, 19h-22h. Résa conseillée. Menus 38 € le midi en sem, 50 € le soir ; menu dégustation 75 €.* Un petit bistrot discret tenu par un chef japonais talentueux ayant fait ses classes au *Comptoir du Relais,* du chef Yves Camdeborde. Celui-ci élabore une cuisine de marché créative mixant astucieusement les traditions culinaires françaises et japonaises. Pensez à réserver, la salle n'est pas bien grande.

Les Chouettes *(plan couleur C2,* ***42****) : 32, rue de Picardie, 75003. ☎ 01-44-61-73-21. Ⓜ Filles-du-Calvaire. ♿ Tlj ; service 12h-14h30, 19h-23h. Formule déj en sem 19,50 € ; plats 19-32 € ; carte env 40 € ; brunch dim 34 €.* Ce qui fait la différence, c'est le cadre hors norme. Impressionnant par ses volumes, son ossature métallique et les étages en coursives (conservés de l'ancien *Café Rouge*), le décor d'esprit Art déco, recherché jusque dans les moindres recoins, avec ses cheminées et ses fauteuils en velours confortables qui donnent envie de s'y attarder, est à lui seul un attrait. Dans l'assiette, bonne cuisine actuelle et de saison, mais pas donnée. Belle terrasse aux beaux jours, et accueil très agréable toute l'année.

Dessance *(plan couleur B2,* ***44****) : 74, rue des Archives, 75003. ☎ 01-42-77-23-62. Ⓜ Arts-et-Métiers, Rambuteau ou Filles-du-Calvaire. Tlj sauf lun-mar 12h-14h30 (16h30 w-e), 19h-22h30 et bar à desserts à partir de 22h. Congés : sem du 15 août. Résa conseillée le soir. Formules déj en sem 22-26 € et dégustation 4 salées-2 sucrées 38 € ; menus 36-55 €.* Le cadre contemporain et minimaliste, qui fait la part belle au large comptoir en granit, est en adéquation avec la cuisine résolument conceptuelle : « la gastronomie du sucré », élaborée à partir du sucre naturel des fruits, légumes et végétaux de saison. Les papilles savourent des textures contrastées et les saveurs naturellement salées ou sucrées de ces aliments, le tout minutieusement dressé (les assiettes sont de vraies œuvres d'art). Également des accords avec des boissons originales faites maison, alcoolisées ou non. Un surprenant voyage gustatif.

Plus chic

Elmer *(plan couleur B1,* ***34****) : 30, rue Notre-Dame-de-Nazareth, 75003. ☎ 01-43-56-22-95. Ⓜ Arts-et-Métiers ou Temple. ♿ Tlj sauf sam midi et dim-lun 12h15-14h15, 19h30-22h30. Congés : août. Formules déj 25-29 € ; le soir, carte 50-60 €.* Une salle moderne à la sobriété très tendance, avec de grandes tables d'hôtes en chêne et chaises assorties, un carrelage polychrome et une vue imprenable sur la cuisine ouverte : le décor est planté ! Le chef, Simon Horwitz, a travaillé chez les grands (Gagnaire, Grébaut), avant de voguer vers l'Australie, l'Asie et le Pérou. Sa cuisine, créative et ambitieuse, reflète tous ces apprentissages. Il sublime le produit en le travaillant sans le dénaturer, et il innove, comme avec cette poire de terre, qu'il a découverte au Pérou. Enfin, dans un registre convivial et généreux, on peut aussi se laisser tenter par les belles pièces à partager (cochon, agneau). Quant à l'apéro ou au digeo, on le prendra pour changer dans le bar à vins-caviste d'*Elmer* installé juste en face. Un bon complément !

Auberge Nicolas Flamel *(plan couleur A2,* ***45****) : 51, rue de Montmorency, 75003. ☎ 01-42-71-77-78. Ⓜ Rambuteau ou Arts-et-Métiers. Tlj 12h-14h30, 19h-22h30. Formules déj en sem 20-25 € ; menus 42-60 € ; carte env 48 €.* Le plus vieux restaurant de la capitale serait né en 1407, quand Nicolas Flamel, qui a levé les secrets de la pierre philosophale, décide d'ouvrir une auberge pour les indigents. On pénètre donc avec un brin d'émotion dans cette vénérable maison ayant gardé tout son cachet, ses poutres de guingois et sa pierre apparente. Des tables décemment espacées, de beaux miroirs, des nappes immaculées, tout participe à l'ambiance romantique. Dans l'assiette, de la créativité sans débordements hasardeux et des présentations qui font mouche ! On cède volontiers à « l'alchimie de saveurs » !

Bars à vins

Le Barav *(plan couleur C1,* **51***) : 6, rue Charles-François-Dupuis, 75003. ☎ 01-48-04-57-59. Ⓜ République ou Temple. Tlj sauf dim 17h (12h sam)-minuit (23h cuisine). Congés : 2 sem en août. Plats 11-15 €.* On aime beaucoup ce petit bar à vins caché à l'angle d'une rue tranquille du haut Marais. Petite salle lumineuse vite pleine comme un œuf et quelques tables en terrasse où la fête se prolonge. Planches de charcuterie ou de fromages à base de bons produits du terroir. On fait son choix à la cave voisine (excellente sélection) et on paie un petit droit de bouchon pour consommer la bouteille sur place. Accueil sympathique et souriant.

NordMarais *(plan couleur B1,* **50***) : 39, rue Notre-Dame-de-Nazareth, 75003. ☎ 01-42-74-37-36. Ⓜ République ou Temple. ♿ Tlj sauf dim 17h-2h. Plats env 10-17 €.* Déco chaleureuse, coin bibliothèque, chaises d'école et tables de bois, les 25-35 ans se sentent à l'aise au *NordMarais,* aussi bien pour y descendre une bonne bière que pour profiter d'une cuisine concoctée à base d'ingrédients de qualité. Le chef propose de bonnes assiettes fromages-charcuterie, des soupes, mais aussi de bons burgers accompagnés de frites maison. Une affaire qui tourne.

Où prendre un bon 4-heures ?

Pâtisserie Meert *(plan couleur B3,* **60***) : 16, rue Elzévir, 75003. ☎ 01-49-96-56-90. Ⓜ Saint-Paul. Mar-sam 10h30-19h30 ; dim 11h-13h, 14h-18h30.* La fameuse pâtisserie lilloise a sa succursale dans la capitale. Ambiance style bonbonnière du XVIIIe s, où s'alignent chocolats, pâtes de fruits, macarons, biscuits et autres douceurs à emporter. Mais c'est surtout pour ses fameuses gaufres à la vanille de Madagascar (vendues bien chères) que les Parisiens et visiteurs de passage viennent s'y approvisionner. Miam, miam !

Jacques Genin *(plan couleur C2,* **61***) : 133, rue de Turenne, 75003. ☎ 01-45-77-29-01. Ⓜ Filles-du-Calvaire. Tlj sauf lun 10h30-19h. Chocolat chaud 7 €, pâtisseries 6,50-9 €.* Une boutique de luxe où les chocolats, les pâtes de fruits et autres douceurs sont présentés comme des œuvres d'art. Autant le savoir d'entrée, les prix battent des records ! Mais on est ici chez un « fondeur en chocolat »... Tout un programme ! Les (fines) gueules sucrées se damnent pour le paris-brest, un must ! Sans oublier le fameux chocolat chaud, à déguster dans le très chic salon de dégustation, enfoncé dans un fauteuil en cuir.

Où boire un verre ?

Candelaria *(plan couleur C2,* **65***) : 52, rue de Saintonge, 75003. Ⓜ Temple ou Filles-du-Calvaire. Taqueria ouv tlj 12h-22h30 (23h30 jeu-sam) ; bar tlj 18h-2h. Fermé 1er janv, 24-25 et 31 déc. Cocktail env 12 €. Tacos du jour env 3,80 €.* Un endroit qu'on adore, tout droit sorti des quartiers chic de Mexico. Après avoir mangé au coude-à-coude dans une microsalle quelconque de délicieux tacos et goûté à une bière mexicaine, on pousse la petite porte du fond... pour tomber dans un cocktail-bar secret et apaisant. On vous conseille « La Guêpe Verte », une subtile mixture à base de tequila, agave, piment, citron, concombre et coriandre. Épicé et original.

La Mina *(plan couleur B2,* **70***) : 14, rue Charlot, 75003. ☎ 01-42-72-49-12. Ⓜ Saint-Sébastien-Froissart. Mar-sam 19h-2h. Cocktails 12-16 €.* Planquée dans les entrailles du resto *Carbon,* un repaire branché pour viandards invétérés, *La Mina* épate la galerie avec des créations spectaculaires réalisées par des mixologistes chevronnés. Ça vaut la descente ! Et pour charbonner peinard, la jolie petite salle voûtée est même prolongée par un fumoir. On n'est pas à la mine ! *NOUVEAUTÉ.*

🍷 ***Little Red Door*** *(plan couleur C2,* ***66****) : 60, rue Charlot, 75003. ☎ 01-42-71-19-32. Ⓜ Temple ou Filles-du-Calvaire. Tlj 18h-2h (3h ven-sam). Cocktails 13-16 €.* C'est un aller simple pour Brooklyn qui vous attend dans ce *speakeasy* planté au cœur du Marais. Une fois passé la *little red door* (on vous laisse découvrir !), vous vous installerez confortablement dans un profond sofa ou au bar. Très créatifs, les cocktails s'imposent parmi les meilleurs de la capitale. La musique soul et hip-hop vous transportera un peu plus vers les rues de New York, tout comme le décor *casual chic* tout de brique, pierre et tentures. Une belle adresse.

🍷 ⛱ ***Bar de l'hôtel Jules et Jim*** *(plan couleur B2,* ***13****) : 11, rue des Gravilliers, 75003. ☎ 01-44-54-13-13. Ⓜ Arts-et-Métiers, Rambuteau ou Temple. Tlj 8h-2h.* Pour vivre heureux, vivons cachés ! Si l'hôtel est discret, son bar l'est encore plus, planqué au fond d'une cour intérieure. En terrasse, lorsque le soleil réchauffe les tables, le petit déj est un moment de bien-être relax loin des foules. L'hiver et en soirée, c'est la véranda qui attire, avec sa cheminée, à moins de se réfugier dans la salle cosy tout en pierre, parquet et mobilier cosy. Idéal pour un tête-à-tête autour d'un bon cocktail. *NOUVEAUTÉ.*

🍷 ***Le Parisien*** *(plan couleur A1,* ***67****) : 337, rue Saint-Martin, 75003. ☎ 01-42-72-11-33. Ⓜ Strasbourg-Saint-Denis. Lun-ven 8h-2h, sam 10h-2h, dim 10h-18h.* Un bar branché à la déco design réussie, entre rétro-futurisme seventies et bar à sushis où l'on discute volontiers avec ses voisins. Le lieu vit toute la journée, du petit noir matinal jusqu'à l'apéro, en passant par un déj rapide ou un dernier verre. On y grignote des petits plats de bistrot voyageurs : assiette de jambon ibérique, saumon mariné au fenouil, salades, sandwichs toastés... Accueil sympa.

🍷 ***La Perle*** *(plan couleur B3,* ***68****) : 78, rue Vieille-du-Temple, 75003. ☎ 01-42-72-69-93. Ⓜ Saint-Paul ou Saint-Sébastien-Froissart. Tlj 7h (8h w-e)-2h.* Un bar de quartier sans prétention mais qui a furieusement la cote ! Le principe est simple : les *beautiful people* branchés ou les bandes de copains commandent au comptoir une bière pas chère ou un cocktail très abordable et, l'été venu, refont le monde debout sur le trottoir ! *La Perle,* c'est un peu le pendant hétéro du *Cox,* fameux bar gay de la rue des Archives, à deux pas.

🍷 ⛱ ***Café Charlot*** *(plan couleur B2,* ***69****) : 38, rue de Bretagne, 75003. ☎ 01-44-54-03-30. Ⓜ Filles-du-Calvaire. Tlj 7h-2h.* Ouvert sur l'artère principale du haut Marais, juste en face du marché des Enfants-Rouges, c'est le bistrot des gens du quartier à toute heure. Carrelage blanc aux murs qui rappelle que l'endroit fut autrefois une boulangerie. Terrasse branchée sur l'animation de la rue, blindée à l'heure de l'apéro.

Où sortir ? Où danser ?

♪ ***La Gaité Lyrique*** *(plan couleur A1,* ***75****) : 3 bis, rue Papin, 75003. ☎ 01-53-01-51-51. • gaite-lyrique.net • Ⓜ Réaumur-Sébastopol. Mar-sam 12h-21h, dim 12h-18h, plus différents concerts/sem.* Cet ancien théâtre inauguré en 1862 a réussi sa reconversion après avoir été fermé pendant 20 ans. Ne vous fiez pas à sa superbe façade aux colonnes de marbre très classiques : c'est devenu un temple de la culture numérique, visuelle et musicale, et des nouvelles technologies. Il propose concerts, projections, centre de ressources, conférences, expos, etc. C'est du pointu !

🍷 ♪ ***Maison Sage*** *(plan couleur B1,* ***77****) : 15, bd Saint-Martin, 75003. • maison-sage.com • Ⓜ République. Mer-sam 20h-2h (4h jeu, 5h ven-sam). Bière artisanale 5 € ; cocktails 10-12 €.* Venir à la *Maison Sage,* c'est s'inviter chez des potes dans un immense appart parisien. Des canap' confortables, des recoins pour se poser et discuter, un fumoir (pour une fois) cosy et agréable, et partout des objets de récup à faire pâlir les adulescents : flipper, jeux vidéo... Pour corser le tout, un DJ, des expos et des concerts. Seule ombre au tableau, le physio à l'entrée est parfois un peu difficile à convaincre.

À voir

LE HAUT MARAIS

Suite logique du 4e arrondissement, il s'étend grosso modo de la rue des Francs-Bourgeois à la rue de Bretagne.

Le musée Carnavalet, Histoire de Paris (plan couleur B-C3) : *16, rue des Francs-Bourgeois, 75003. ☎ 01-44-59-58-58. • carnavalet.paris.fr • Ⓜ Saint-Paul ou Chemin-Vert. Bus nos 29, 69, 76 et 96. L'ensemble du musée est **fermé** pour travaux jusqu'en 2020. Seuls la librairie, la cour Louis-XIV et un espace qui présente le projet du futur musée restent accessibles au public.* Installé dans 2 beaux hôtels particuliers des XVIe et XVIIe s, dont l'hôtel Carnavalet où vécut Mme de Sévigné durant une vingtaine d'années, le musée fut ouvert en 1880. C'est l'un des plus beaux musées parisiens par son cadre, ses proportions et, surtout, par la valeur de ses collections. Il est en train de se refaire une beauté, on attend avec impatience sa réouverture !

3e

Les hôtels de la rue du Parc-Royal et de la rue Payenne (plan couleur B-C3) : une succession unique de magnifiques demeures des XVIIe et XVIIIe s ; et, la nuit, l'une des balades les plus romantiques qui soient. ***Au no 4,*** l'hôtel Canillac, l'un des rares dont le portail demeure, en principe, ouvert dans la journée. Avant le second porche, sur la gauche, ne pas manquer l'escalier Louis XIII avec une pièce unique : la rampe en bois massif tout en entrelacs et fleurons ; un vrai petit trésor ! ***Au no 8,*** ancien hôtel Duret-de-Chevry rénové. ***Aux nos 10 et 12,*** 2 autres belles façades. En prenant juste à gauche la rue Payenne, voici, ***au no 11,*** l'hôtel de Marle, qui abrite aujourd'hui l'Institut suédois, ouvert au public *(mar-dim 12h-18h ; GRATUIT).* Là, dans une salle au 1er étage, subsiste un beau plafond en bois à la française, dominant un curieux poêle à bois rococo en céramique surmonté d'un énorme palmier abritant l'évacuation... Et, juste en face, dans le petit square George-Cain, voir la gracieuse *Île-de-France,* statue de Maillol, bomber le torse.

La rue de Turenne (plan couleur C2-3) : l'un des principaux axes verticaux du Marais, bordé de nombreux anciens hôtels particuliers et de vénérables demeures. Une curiosité : ***au no 67,*** vestiges d'une grande boucherie qui occupait tout le bas de l'immeuble. Là, 3 têtes de bœufs-consoles supportent le balcon, surplombant une barre à crocs qui servait à suspendre la viande... La rue de Turenne est aujourd'hui bien connue pour ses boutiques de prêt-à-porter masculin.

Le musée Cognacq-Jay (plan couleur B3) : *8, rue Elzévir, 75003. ☎ 01-40-27-07-21. • museecognacqjay.paris.fr • Ⓜ Saint-Paul ou Chemin-Vert. Tlj sauf lun et certains j. fériés 10h-18h (dernière entrée 17h30). GRATUIT (expos temporaires payantes : env 6-8 €, réduc). Visioguide : 5 €. Visites-conférences et, pour les enfants mer et sam, visites-animations, ateliers et séances de contes sur résa.*

Un admirable musée consacré à la collection d'Ernest Cognacq, un homme au parcours étonnant : orphelin à 11 ans, il interrompt ses études pour vivre de petits métiers en province, avant de se fixer à Paris. Plusieurs embauches malheureuses en tant que vendeur, création d'une 1re affaire qui fait faillite. Il entreprend alors de vendre ses marchandises sur le Pont-Neuf, en face de l'emplacement de l'ancienne pompe de la Samaritaine, avant d'ouvrir en 1870 une boutique du même nom qui deviendra l'une des plus fameuses enseignes de la capitale (aujourd'hui fermée et en cours de reconversion). Bien plus tard, il se mettra à collectionner des œuvres du XVIIIe s, aujourd'hui rassemblées dans l'hôtel Donon. Sur plusieurs étages reliés par un bel escalier Louis XIV, peintures, dessins, mobilier, porcelaines et toutes sortes d'objets aussi précieux que délicats (piluliers, adorable pistolet à parfum pour les galantes...) sont présentés selon une muséographie originale que l'on doit en partie à Christian Lacroix. Ses tapis thématiques valent le coup d'œil ! Remarquez par ailleurs la très belle collection de portraits de Maurice Quentin de La Tour, saisissants de naturel et de vivacité. Tout aussi intéressantes, des œuvres de Boucher, Fragonard, Chardin, Canaletto, Tiepolo, ou encore Guardi. Les différentes salles, souvent ornées de boiseries d'époque et de cheminées élégantes, sont également meublées de pièces rares, comme une petite table mécanique marquetée de fleurs indiennes, une rangée de faux bouquins, ou ce lit « à la polonaise » qui a appartenu à la Couronne, puis à Cambacérès... Incontournables porcelaines de Meissen, émaillées et colorées : les scènes, humoristiques et légères, empruntent souvent leur sujet au théâtre. Rigolote série d'amours représentés dans des activités humaines. Avant de partir, pensez à grimper jusqu'aux combles pour admirer la charpente.

À l'angle de la rue des Francs-Bourgeois et de la rue Vieille-du-Temple, la ***maison de Jean Hérouet*** *(plan couleur B3),* trésorier de Louis XII, demeure médiévale très caractéristique avec sa magnifique tourelle d'angle en encorbellement du début du XVIe s. Fines ciselures gothiques.

Le musée d'Art et d'Histoire du Judaïsme *(plan couleur A2)* **:** *hôtel de Saint-Aignan, 71, rue du Temple, 75003. ☎ 01-53-01-86-53. Ⓜ Rambuteau ou Hôtel-de-Ville. Mar-ven 11h-18h (fermeture des caisses à 17h15), sam-dim 10h-18h. Pour les expos temporaires (les autres salles sont alors fermées), nocturne mer jusqu'à 21h et w-e jusqu'à 19h. Fermé 1er janv, 1er mai, ainsi que pour les fêtes de Rosh Ha Shanah et de Kippour. Entrée, avec audioguide : 10 € ; 7 € sur présentation de ce guide ; gratuit moins de 26 ans. Mallette pédagogique (pleine d'activités !) gratuite pour les familles. Visites guidées, cinéma, lectures, contes, conférences, concerts, centre de documentation, librairie...*

Ce magnifique hôtel particulier date du XVIIe s. Des restaurations très soignées ont permis de reconstituer l'escalier d'honneur, coiffé d'une calotte avec peinture en trompe l'œil, et de redécouvrir des fresques oubliées dans l'ancienne salle à manger du duc (aujourd'hui librairie du musée).

C'est donc un hôtel de Saint-Aignan plein de panache qui accueille depuis 1998 le beau musée d'Art et d'Histoire du Judaïsme. Élégant, pédagogique et doté d'équipements de qualité, il regroupe les collections Strauss-Rothschild du musée de Cluny et celles de l'ancien musée d'Art juif, ainsi que des dons et prêts prestigieux... Le parcours chronologique, géographique et thématique retrace l'histoire des juifs du Moyen Âge à nos jours, tout en valorisant le patrimoine et les traditions culturelles et artistiques des différentes communautés selon leur lieu d'implantation : objets ashkénazes et séfarades, mobilier de culte (chandeliers, lampes de Hanouca, ou encore une délicate arche sainte de 1472), costumes somptueux, stèles funéraires médiévales découvertes au cœur de Paris, et quelques curiosités comme une rare cabane démontable du XIXe s utilisée pour Soukkot, et un ruban de lanterne magique composé de 65 vignettes réalisées par Sam Ringer, père de la chanteuse Catherine... Et puis des toiles de Chagall, de Soutine et de Kikoïne, des sculptures de Lipchitz, etc., témoignant de la présence juive dans l'art du XXe s. Bien entendu, une place particulière est faite à l'histoire des juifs en France, avec notamment des archives et des objets se rapportant à l'affaire Dreyfus (dans la cour d'honneur, une réplique de la fameuse statue du sculpteur moderne Tim représente le capitaine avec la raideur d'un certain général...). Voir aussi le mur de la cour intérieure recouvert de petites plaques portant les noms des émigrés juifs qui vivaient ici, dans cet hôtel, pendant la Seconde Guerre mondiale (les dates indiquées correspondent à celles des rafles) ; œuvre émouvante de Christian

Boltanski. Bref, un lieu riche et très complet qui permet une meilleure compréhension de la culture – ou plutôt des cultures – juive(s).

La rue des Francs-Bourgeois (plan couleur B-C3) : à cheval sur les 3e et 4e arrondissements, elle est bordée de part et d'autre de prestigieux hôtels particuliers. Afin de vous éviter de changer sans cesse de chapitre au gré des numéros pairs et impairs, nous avons traité les 2 côtés de la rue dans le 4e arrondissement, à l'exception de l'hôtel de Soubise (voir plus loin), qui fut longtemps le dépositaire des Archives nationales.

***Le musée national Picasso** (plan couleur B3) : hôtel Salé, 5, rue de Thorigny, 75003. ☎ 01-85-56-00-36. • museepicassoparis.fr • Ⓜ Saint-Sébastien-Froissart ou Saint-Paul. Tlj sauf lun 10h30 (9h30 w-e et j. fériés)-18h (17h15 dernière entrée). Fermé 1er janv, 1er mai et 25 déc. Entrée : 12,50 € ; tarif réduit : 11 €. Audioguide : 5 € ; réduc. Résa et achat de billets sur Internet vivement conseillés pour un accès rapide ! Pdt les 2-3 sem qui séparent 2 accrochages, 2 niveaux sont fermés au public et le tarif réduit est appliqué.*

PICASSO, BOURREAU DES CŒURS

Il vécut avec 9 femmes mais n'en épousa que 2. Olga fut abandonnée dans un institut sans que son mari ne vienne la voir une seule fois. Marie-Thérèse se pendit dans son garage. Jacqueline se tira une balle dans la tête. Son fils Paulo mourut alcoolique. Son petit-fils Pablito n'eut pas le droit d'assister à l'enterrement ; il se suicida à 24 ans en avalant de l'eau de Javel.

Attention, l'accrochage évolue régulièrement en fonction des thèmes d'exposition : « Picasso chefs-d'œuvre » (4 septembre 2018-13 janvier 2019) ; « Picasso comics » (de mi-novembre 2018 à mi-mars 2019) ; « Picasso et Calder » (19 février-25 août 2019). Également une riche programmation culturelle.

Ce superbe hôtel fut construit au XVIIe s pour Pierre Aubert de Fontenay, financier ayant fait fortune en levant la gabelle (impôt sur le sel de triste mémoire). Ironiquement, le bon peuple parlait donc de l'hôtel « salé ». On peut aujourd'hui accéder aux combles et à la charpente d'origine ainsi qu'aux salles voûtées du sous-sol, l'un des plus beaux hôtels particuliers du Marais dévoile les œuvres de Picasso (1881-1973), artiste protéiforme et prolifique qui déclara, à propos de sa pointure : « Quand j'étais enfant, je dessinais comme Raphaël ; mais il m'a fallu toute une vie pour apprendre à dessiner comme un enfant ».

On est immédiatement saisi par la beauté du bâtiment, du grand escalier d'honneur (une prouesse architecturale à double volée de marches), des moulures et boiseries qui intègrent naturellement les dernières rénovations. Espaces décloisonnés, murs blancs épurés, corniches et décrochages, escaliers hélicoïdaux aux parois métalliques, jeux de lumière – essentiellement naturelle –, lustres enfin et mobilier imaginés par Diego Giacometti (le frère du sculpteur)... Le mélange d'ancien et de moderne constitue un merveilleux écrin à la plus grande collection publique au monde d'œuvres de Picasso. Près de 5 000 œuvres sur tous types de supports, destinées à être exposées par roulement et selon différentes thématiques qui invitent à porter un regard nouveau sur son travail. Une façon de rappeler que Picasso n'était pas seulement un grand peintre, mais aussi un sculpteur, un céramiste, un graveur, un illustrateur...

UNE LOI SOLIDAIRE

Les collections nationales comptaient très peu d'œuvres de Picasso, hormis celles offertes. Le peintre vieillissant, et ses œuvres étant inabordables, l'Etat vote en 1968 la loi créant la dation en paiement, permettant aux héritiers de payer les droits de succession en œuvres. Par ce biais, l'État enrichit ses collections publiques. Avec Picasso, il a tiré le gros lot !

un génie ! Un génie qui savait aussi reconnaître ses pairs et les apprécier à leur juste valeur. Le 3e étage est d'ailleurs dédié à sa collection personnelle d'œuvres réalisées par Gauguin, Matisse, Cézanne, Kees van Dongen, ou encore Chardin et Corot, pour n'en citer que quelques-uns.
Pendant la visite, ne pas manquer de jeter un œil par les fenêtres du 2e étage, côté jardin : la vue est l'une des plus belles de Paris !
Pour finir, la terrasse géniale du café planqué à l'étage ou le paisible jardin invitent à prolonger agréablement le plaisir. Un musée incontournable !

Le musée des Archives nationales – Hôtel de Soubise *(plan couleur B3)* **:** *60, rue des Francs-Bourgeois ou 58, rue des Archives, 75003. ☎ 01-40-27-60-96. • archives-nationales.culture.gouv.fr • Ⓜ Rambuteau ou Hôtel-de-Ville. Tlj sauf mar et j. fériés 10h (14h w-e)-17h30. Entrée : 5-8 € avec expo (3-5 € sans) ; réduc ; gratuit moins de 26 ans et pour ts le 1er dim de chaque mois. Visite guidée (1h30) de l'hôtel sur résa le 1er sam de chaque mois à 14h30 : 8 €. Concerts classiques payants sam à 18h ; concerts baroques gratuits 1 mer/mois à 12h30 (infos : ☎ 01-40-20-09-32 ; • jeunes-talents.org •).*
Superbe hôtel particulier bordé, côté rue des Francs-Bourgeois, par une succession d'aristocratiques demeures datant des XVIIe et XVIIIe s. Par le portail en demi-lune apparaît l'immense et magnifique cour d'honneur en fer à cheval, flanquée d'une galerie de colonnes. La façade de l'édifice, ornée de sculptures de Robert Le Lorrain, est un chef-d'œuvre d'équilibre et d'élégance. 3e
Du XVIe au XVIIe s, l'hôtel est occupé par la famille de Guise, qui, dit-on, y fomenta la Saint-Barthélemy. En 1808, Napoléon y installe ses archives impériales, puis l'édifice est agrandi sous Louis-Philippe et jusqu'en 1873 (bâtiments des grands dépôts ; *fermé au public sauf Journées du patrimoine*) pour y accueillir l'ensemble des archives de la nation depuis le haut Moyen Âge. Ainsi naissent les Archives nationales.
Au cours de son histoire, l'hôtel de Soubise est largement remanié intérieurement pour accueillir les rayonnages des archives. En 1867, il est transformé en musée et retrouve un peu de faste et d'authenticité grâce aux restaurations successives...
– ***Au rez-de-chaussée,*** l'appartement du prince se déploie en enfilade. D'abord la sobre *antichambre* (ancienne salle de lecture des archives) expose par roulement, en raison de leur grande fragilité, une sélection de documents originaux anciens provenant des réserves. Puis vient la *chambre* avec ses 2 colonnes, entre lesquelles se trouvait un lit monumental. De là, accès au *petit cabinet* des livres intimiste et charmant. Ensuite, le *salon ovale,* dominé par des bas-reliefs en stucs évoquant les allégories des arts et des sciences, précède le *grand cabinet,* meublé notamment d'une paire de précieux globes du XVIIe s.
– ***Au 1er étage,*** accessible par l'escalier d'honneur, voici l'appartement de la princesse, bien plus fastueux. Dans la *salle d'assemblée,* on s'attarde devant les reproductions de documents historiques portant d'illustres signatures : Charlemagne, Louis XIV, Napoléon Ier... Puis magnifique *chambre d'apparat,* tout en dorure, conservée dans son état d'origine. Vient alors le *salon,* lumineux et orné d'un cycle peint de Charles Natoire évoquant l'histoire de Psyché. Ensuite, la vraie chambre à coucher de la princesse, plus modeste ; là où elle dormait réellement. Enfin, une dernière salle où s'alignent différents modèles de boîtes et de registres, qui donne un aperçu de ce que fut le rangement des archives dans les lieux...

Les jardins des Archives nationales : *accès par le 58, rue des Archives, le 11, rue des Quatre-Fils ou le 60, rue des Francs-Bourgeois, 75003. Ⓜ Rambuteau ou Hôtel-de-Ville. Tlj 8h-17h (20h fin mars-fin oct).* L'endroit rêvé pour se poser un peu au calme, avec un sandwich ou un bouquin, après avoir arpenté le quartier. Une succession de jolis petits jardins si inattendue qu'on n'en devine pas l'existence de l'extérieur !

Le musée de la Chasse et de la Nature *(plan couleur B2)* **:** *hôtel de Mongelas, 62, rue des Archives, 75003. ☎ 01-53-01-92-40. • chassenature.org • Ⓜ Hôtel-de-Ville ou Rambuteau. ♿ Tlj sauf lun et j. fériés 11h-18h (21h30 mer).*

Entrée : 8 € ; réduc, notamment sur présentation de ce guide ; gratuit moins de 18 ans et demandeurs d'emploi, et pour ts le 1er dim du mois.

Présenté d'une part dans un superbe hôtel particulier du XVIIe s, œuvre de François Mansart sauvée in extremis par Malraux, et d'autre part dans l'hôtel voisin, dit « de Mongelas », le musée s'adresse à tous les amateurs de la nature. Dans un esprit d'ouverture et de dialogue, il présente des œuvres inspirées par le rapport de l'homme à son environnement, et notamment ses relations avec les animaux. Il fut créé par François et Jacqueline Sommer, riches industriels de la 2de moitié du XXe s, amateurs de chasse, qui y installèrent leur fondation pour la chasse et la nature. Sujet controversé de nos jours, la chasse est vieille comme l'humanité : que ce soit pour se nourrir (et se vêtir), pour se mesurer avec la nature, pour s'approprier la force animale, pour magnifier son courage devant le danger et se préparer aux métiers de la guerre, les différents objets présentés nous le rappellent de manière spectaculaire.

Intelligemment agencée, la succession de ravissants salons et cabinets évoque la riche demeure d'un amateur éclairé, à la manière des cabinets de curiosités du XVIIIe s. Les thèmes animaliers, conçus autour de figures emblématiques (le sanglier, le cerf et le loup, la... licorne, le cheval, l'oiseau de proie, les chiens...), sont illustrés par des animaux naturalisés, des tableaux (on notera au passage de fameuses signatures : Rubens et Jan Brueghel – double collaboration autour de la figure de Diane –, Lucas Cranach, Franz Snyders, Desportes, Oudry ou Chardin), des trophées... L'aspect scientifique n'a pas été négligé, grâce à de très réussis secrétaires à tiroirs pleins de... secrets. Les vitrines regorgent de trésors : modèles rarissimes de carabines et de fusils de différentes époques, tromblons aux formes étonnantes, arquebuses aux crosses délicatement nacrées, autant d'objet luxueux qui rappellent que la chasse a longtemps été le privilège d'une aristocratie désœuvrée (c'est la Révolution qui étendra le droit de chasse). Impressionnant, l'ours blanc, dressé sur ses pattes arrière ! Fascinante, la salle des Trophées et sa galerie de bêtes, au plafond peint par Lorjou, et dont le sanglier albinos émet, à la demande du gardien, des sons inquiétants, les 2 lions majestueux, les 2 gorilles... Au dernier étage, la cabane de François Sommer, reconstituée, évoque une vie de passion. 2 salles d'expositions temporaires, au rez-de-chaussée et au 2e étage, viennent compléter un attrayant et édifiant parcours. À noter, les nocturnes qui proposent chaque mercredi lectures, concerts, projections-débats et performances. Le regard que l'on porte sur la chasse en sort peut-être changé.

Le passage Molière *(plan couleur A2)* **:** *commence au niveau du 82, rue Quincampoix, et rejoint la rue Saint-Martin.* Ⓜ *Rambuteau.* On y trouve le *théâtre Molière,* qui dépend de la Maison de la poésie et propose, comme son nom l'indique, surtout de la poésie ou des textes littéraires ; le bâtiment a connu divers avatars, mais il abritait déjà un théâtre en 1792. Sous la Révolution, ce passage s'appelait passage des Sans-Culottes. L'un de ceux qu'on aime le plus pour son vieux charme tranquille et son côté provincial, sa rigole centrale et ses gros pavés, ses petites galeries, les gros buissons poussant sur les balcons. De grosses grilles montent la garde à chaque entrée.

La rue du Temple *(plan couleur B1-2)* **:** un curieux mélange que tous ces grossistes en bijoux, sacs à main et autres accessoires de pacotille, environnés de beaux hôtels particuliers. ***Au nº 71,*** l'hôtel de Saint-Aignan, siège de la municipalité de 1795 à 1800, puis mairie de l'ancien 7e arrondissement. Il abrite aujourd'hui le musée d'Art et d'Histoire du Judaïsme (lire plus haut).

La maison de Nicolas Flamel *(plan couleur A2)* **:** *51, rue de Montmorency, 75003.* Ⓜ *Rambuteau.* Construite en 1407, ce qui en fait, dit-on, la plus ancienne maison de Paris. Elle fut restaurée au XVIIIe s, et les éléments pseudo-gothiques de la façade sont, bien sûr, postérieurs à la date de construction.

Nicolas Flamel, grand universitaire du XVe s, est réputé pour avoir inventé la pierre philosophale, dont la propriété est de transformer le métal en or et de produire l'élixir de longue vie. Le 1er tome de la série *Harry Potter* tourne en grande partie autour de la recherche de cet éminent alchimiste dont la quête a manifestement traversé les siècles... On retrouve ici ses initiales, N et F, sur les 2e et 5e piliers. Pour la petite histoire, Flamel hébergeait les ouvriers nécessiteux moyennant un loyer assez particulier : il leur fallait réciter 2 prières quotidiennes pour les trépassés !

Itinéraire des « belles provinces » de France (plan couleur B-C2)

Voici une balade un peu en dehors des sentiers battus. Là, il n'y a plus d'hôtels particuliers spectaculaires, mais seulement de vieilles ruelles pittoresques, dont la plupart ont des noms de province. Et, au hasard d'une porte ouverte, on entrevoit de belles cours privées fleuries avec des pignons accrocheurs, des escaliers tarabiscotés...

➢ Empruntez la ***rue Charlot,*** qui ne rend pas hommage à un célèbre acteur de cinéma mais porte le nom d'un obscur financier du XVIIe s.

➢ À l'angle de la rue du Perche se dresse la ***cathédrale Sainte-Croix des Arméniens.*** Installée dans un ancien jeu de paume, elle fut un couvent de capucins, puis une chapelle très fréquentée par Mme de Sévigné. Grille en fer forgé, vieille fontaine avec margelle dans une petite cour paisible. Porche refait par Victor Baltard. À l'intérieur, belles peintures, remarquables boiseries dans le chœur, et un *Saint François d'Assise* de Germain Pilon. Pour les découvrir, allez à la messe du dimanche à 11h, ou assistez à l'un des nombreux concerts classiques ou de musiques du monde qui y sont donnés.

➢ Toujours en remontant la rue Charlot, prendre à gauche la ***rue Pastourelle,*** dénommée ainsi depuis 1330. Un peu plus loin, encore sur la gauche, voici la ***ruelle Sourdis*** (fermée par une porte en fer le soir). Même aspect qu'il y a 4 siècles, avec ses maisons en encorbellement, son caniveau central et ses grosses bornes en pierre qui évitaient aux piétons d'être écrasés par les roues des charrettes.

➢ À l'angle des ***rues de Beauce*** et ***Pastourelle,*** noms gravés dans la pierre : « rue de Beausse et rue d'Anjou » (ancien nom). La rue de Beauce est étroite mais elle n'a pas conservé, comme la ruelle de Sourdis, son aspect médiéval. Avant d'arriver rue de Bretagne, empruntez la minuscule ***rue des Oiseaux*** pour gagner le marché des Enfants-Rouges voisin.

➢ Véritable artère du haut Marais avec ses commerces de bouche, la ***rue de Bretagne*** est toujours très animée, d'autant qu'au no 39 elle offre l'accès au fameux ***marché des Enfants-Rouges,*** l'un des plus vieux marchés couverts de Paris (1615), qui porte le nom d'un orphelinat voisin dont les enfants étaient reconnaissables à leurs vêtements rouges. Sur place, plusieurs bonnes adresses pour grignoter (voir « Où manger ? » plus haut).

➢ Dans la ***rue de Poitou,*** à l'angle de la rue de Saintonge, ne manquez pas la vieille devanture d'une boulangerie avec céramiques et glaces peintes. Au no 64 résida Robespierre, de 1789 à 1791. Un peu plus loin, au 8, ***rue Saint-Claude,*** jetez un œil à l'étonnante boutique d'Alain, l'un des derniers maîtres barbiers de Paname. Son salon *(ouv mar-sam)* est un vrai petit musée : moustache Guillaume II, à la hongroise ou en brosse, blaireaux, bols à raser et coupe-choux n'auront plus de secrets pour vous !

LE QUARTIER DU TEMPLE

Ce sont les moines templiers qui rendirent le terrain marécageux habitable et cultivable. Si le nom d'une rue, d'un boulevard, d'un faubourg ou d'un square s'acharne à en rappeler le souvenir, il ne reste rien de la présence des templiers et de la fameuse tour d'où partit Louis XVI pour l'échafaud. À la veille de la Révolution, le quartier du Temple était encore une ville dans la ville, une sorte de zone franche de 12 ha pour artisans et gens endettés. L'enclos du Temple (dont on peut voir des vestiges au 17, rue de Picardie et au 73, rue Charlot) se composait d'un donjon, d'une église et d'une prison, ainsi que du palais du Grand Prieur. La famille royale y séjourna, après quoi le palais fut désaffecté. Louis XVI y resta pendant toute sa détention, et Louis XVII, âgé de 10 ans, y mourut. Napoléon fit détruire le palais et le donjon, sûrement par superstition. Autour du beau square du Temple, on trouve beaucoup de choses intéressantes à voir.

LA MALÉDICTION DES TEMPLIERS

Philippe IV le Bel fit disparaître le riche ordre des Templiers en 1314 afin de récupérer leurs biens. Juste avant de brûler sur le bûcher, le grand maître Jacques de Molay prédit que pape et roi seraient victimes d'une malédiction. De fait, le pape Clément V mourut 1 mois plus tard, suivi de peu par le roi. Quant aux 3 fils du souverain, ils n'eurent pas de descendance, et la lignée des Capétiens s'éteignit. Et toc !

➢ Autour des rues Volta, des Vertus et des Gravilliers vit toujours une vieille population de quartier, mais qui se gentrifie d'année en année. La ***rue des Vertus*** *(plan couleur B2)* évoque le commerce qui s'y déroulait ! Dans ce coin vit la plus ancienne communauté chinoise de Paris : pour remplacer les ouvriers partis se battre au front, dès 1916, le gouvernement fit venir 37 000 sujets de la province du Shandong, au nord-est de la Chine. Certains restèrent après guerre et firent souche dans le 3e arrondissement. Aujourd'hui, ils rachètent peu à peu les commerces et prennent la succession des artisans juifs et arméniens installés dans la maroquinerie ou le textile.

La ***rue Volta*** *(plan couleur B1-2)*, adorablement sombre pour honorer l'inventeur de la pile électrique, recèle, au nº 3, l'une des plus vieilles maisons de Paris. Avec ses colombages, celle-ci date probablement de la fin du XIIIe s et présente certaines caractéristiques typiques du Moyen Âge. Elle est constituée de 2 anciennes boutiques (avec une margelle de pierre de part et d'autre de la porte) qui, en l'absence de vitres, se fermaient avec des volets horizontaux, celui du bas servant de comptoir, d'où l'expression « trier sur le volet » ! Construits en colombages, les étages mesurent à peine 2 m de hauteur. Après le XIVe s, il fut interdit d'utiliser le bois pour bâtir les murs des maisons, par crainte des incendies...

Le musée des Arts et Métiers : « le Louvre des techniques » *(plan couleur A1)*

60, rue Réaumur, 75003. ☎ 01-53-01-82-00. • arts-et-metiers.net • Ⓜ Arts-et-Métiers. Bus nos 20, 38, 39 et 47. Tlj sauf lun, 1er mai et 25 déc 10h-18h (21h30 jeu). Entrée : 8 € ; tarif réduit : 5,50 € ; gratuit moins de 26 ans et pour ts jeu 18h-21h30, ainsi que le 1er dim du mois. Audioguide : 5 € (4 parcours différents selon temps disponible, dont parcours enfants et « parcours rapide » de 30 objets phares). Visites guidées gratuites : tlj à 14h45 pour tt public (un focus de 1h30 sur certains objets), dim à 11h pour les familles (parcours réduit de 1h). Café sur place.

Fondé en 1794 par l'abbé Grégoire, le fameux prêtre jureur (du nom de ces religieux qui avaient prêté serment au nouvel ordre social issu de la Révolution), le Conservatoire national des arts et métiers a été créé afin de réunir « tous les outils et machines nouvellement inventés ou perfectionnés, en promouvoir la démonstration et l'enseignement pour former de bons artisans et leur permettre de perfectionner l'industrie nationale ».
C'est l'abbaye Saint-Martin-des-Champs qui est choisie, en 1798, pour abriter ce formidable projet. L'église devient alors le temple d'une nouvelle religion : le progrès. Tout au long des XIXe et XXe s, les collections ne cessent de s'accroître au rythme des nouvelles découvertes. Les vastes bâtiments conventuels, restaurés, conservent leur intégrité, et leur aménagement, renforcé de matériaux contemporains, offre un remarquable cadre aéré pour présenter les quelque 4 000 pièces, témoins privilégiés du génie de l'esprit humain.
La visite, impressionnante et ludique, se décline autour de 7 collections.

Niveau 2

1re collection, les ***instruments scientifiques*** : tout ce qui permet, depuis le XVIIe s, de diviser en unités, de compter, de peser, de prévoir ou d'évaluer le temps, l'espace, la température, etc. Depuis les godets-unités, les étalons et pesons destinés au commerce, jusqu'au microscope, en passant par la machine à calculer de Pascal (1642), la sphère céleste de Burgï ou les cadrans solaires. Également une belle reconstitution du labo de Lavoisier avec ses gazomètres et ses balances de précision. Magnifique section des horloges avec l'atelier de Ferdinand Berthoud, concepteur d'horloges de marine capables de déterminer la longitude en mer.
Ne manquez pas la vitrine consacrée à l'histoire du mètre qui, comme chacun sait, n'est que la 1/10 000 000 partie de l'arc du méridien terrestre entre le pôle et l'équateur ! On découvre aussi que la lentille de Fresnel, qui équipe tous les phares du monde, fut construite par un certain M. Soleil, le bien nommé !
Sont aussi présentés là une cinquantaine d'objets récents illustrant les champs majeurs de la recherche contemporaine : les lasers, le microscope à balayage électronique (précieux pour la détection du cancer) et la matière molle popularisée par la technique des écrans à cristaux liquides. Le cyclotron du Collège de France, construit en 1937, a été une découverte capitale pour l'étude de la matière. Vient ensuite le 1er modèle de supercalculateur Cray-2 de 1985. Une 5e partie complète cette section : la robotique avec le véhicule destiné à l'exploration du sol des planètes, fabriqué par Alcatel. On se penchera avec respect sur les maquettes de modèles géométriques en fil, sur lesquels ont sué des générations d'élèves ingénieurs.
Viennent ensuite les ***matériaux*** : c'est d'abord la collection des textiles, avec le superbe métier à tisser de Vaucanson (1748) et la maquette de la *Mule-Jenny,* qui révolutionna l'industrie des filatures de coton. Puis le papier (maquette d'usine de 1830), le verre (vitrine avec les chefs-d'œuvre de Gallé), la céramique, la porcelaine et les techniques d'émaillage. Sans oublier l'acier, avec la maquette de l'aciérie *Martin* à Saint-Étienne (1912). Quand la chimie vient au secours de la physique, on invente les matériaux composites modernes : les 1res matières plastiques faites de polymères synthétiques, comme la bakélite. Retrouvez en fin de collection un espace entièrement dédié aux matériaux utilisés dans la production des emballages alimentaires.

Niveau 1

On commence avec la ***construction,*** des charpentes de bois à l'apparition du béton et du ciment. Maquette de la construction d'un immeuble rue de Rivoli, avec utilisation d'une locomobile à vapeur pour actionner les treuils. Les ponts et

leurs techniques sont évoqués sur une mezzanine : ponts tournants, ponts haubanés, ponts de chemin de fer dupliqués dans tout l'empire colonial français, il ne manque plus que le viaduc de Millau !
Toute une longueur du bâtiment est occupée par la ***communication,*** qui s'articule autour de plusieurs thèmes : à gauche, tout ce qui concerne l'écrit, les arts graphiques et l'imprimerie avec les 1res presses à bras (voir la rotative de Marinoni qui imprimait plus d'un million d'exemplaires du *Petit Parisien* au début du XXe s) ; à droite, l'audiovisuel (ses débuts avec la lanterne magique), puis la photographie (la chambre de Daguerre, le « fusil » de Marey – 1882 – destiné à l'observation des oiseaux, les débuts du cinéma avec un prototype des frères Lumière, et le projecteur Pathé-Kok et son célèbre coq peint sur le boîtier). Le prolongement : la TV avec l'évocation de la 1re émission en France en 1931 et le 1er récepteur couleur de Schneider (1960). Le son ensuite, avec le phonographe d'Edison ; la communication à distance, avec le télégraphe à aiguille aimantée de Wheatstone et Cooke, et les 1ers appareils et centraux téléphoniques. Enfin, les techniques modernes dont une maquette du satellite *Telstar* : appareils photo, caméras, enregistreurs, tourne-disques (le *Teppaz* des teenagers des sixties !), magnétoscopes, DVD...
On poursuit avec la section ***énergie,*** de l'énergie animale ou naturelle (vent, eau) jusqu'au nucléaire. Maquette de la machine de Marly (qui alimentait en eau les bassins du parc de Versailles), les roues à aubes et la machine élévatoire à vapeur de Papin. L'évolution de l'électricité depuis la pile de Volta, les lampes à incandescence jusqu'à la dynamo de Zénobe Gramme ; des innovations capitales, comme le moteur Diesel, les éoliennes et la centrale nucléaire. Les préoccupations écologiques contemporaines sont illustrées via un modèle de maison bioclimatique.
L'étage se termine sur la ***mécanique*** et les corps de métiers touchant à l'artisanat de précision et aux débuts de la mécanisation. Des engrenages, des leviers, des roulements à billes, mais aussi l'outillage de la petite mécanique : les serrures ouvragées (la machine à guillocher fabriquée pour Louis XVI), les pièces d'horlogerie et, surtout, les sphères de buis, d'ivoire ou d'ébène, chefs-d'œuvre de finesse de François Barreau. Et des machines-outils magnifiques, comme le tour à tailler des vis de Senot.
À mi-parcours de la section, faites un crochet par le fabuleux ***théâtre des Automates,*** où un petit film vous présente les pièces exposées dans la salle. Boîtes à musique, tableaux animés (collection de Marie-Antoinette), tous objets magiques et merveilleux. À l'âge de l'électronique, ce sont les puces et les robots qui donnent aux machines souplesse et facilité d'emploi. Programmée, la machine devient capable d'effectuer des tâches de plus en plus spécialisées. La présence de l'homme n'est plus requise que pour l'entretien et la réparation.

Niveau 0

Dernière section, celle des ***transports*** : d'abord, les bateaux à voile et les chevaux, avant que le chemin de fer ne prenne le relais et que l'automobile ne s'impose. Des pièces exceptionnelles : l'authentique fardier de Cugnot (1770), énorme engin patibulaire considéré comme le 1er véhicule véritablement automobile (à vapeur) surplombé ; au-dessus de l'escalier, l'aéroplane original de Clément Ader inspiré de la morphologie de la chauve-souris (c'est avec cet engin délirant qu'il réussit l'exploit de faire décoller un appareil motorisé plus lourd que l'air en 1890 !). Puis les locomotives : celle de Stephenson (1833) et celle de Mallet (1876), immortalisée par Monet à la gare Saint-Lazare. Une étonnante collection de deux-roues, du grand-bi au Solex ; le quadricycle Peugeot de 1893 avec les 1res roues caoutchoutées, un exemplaire de la Ford T,

LE SAVIEZ-VOUS ?

Des rails ont été installés à l'intérieur du musée pour acheminer les objets lourds demandés par les professeurs jusqu'aux amphithéâtres. Ils sont encore visibles dans le musée.

des tramways et des maquettes de paquebots. Plus récent : une maquette en coupe de la ligne de métro nº 14 et celle de l'hydroptère de 1997 reprenant les techniques de l'aéronautique pour la navigation.
Et pour finir en beauté, l'***église Saint-Martin-des-Champs,*** entièrement restaurée, qui marie son chevet du XIIe s à une polychromie néogothique du XIXe s. Au centre du chœur, le pendule de Foucault, qui apporta en 1855 la preuve expérimentale de la rotation de la Terre *(démonstrations tlj à 12h et 17h).* Dans la nef sont présentées au gré d'une immense structure haut perchée des pièces de grande dimension ; une passerelle permet de s'en approcher de très près : le magnifique coupé Hispano-Suiza (1935) avec une cigogne chromée sur la calandre, la voiture à hélice de Leyet (1921) ou la Renault F1 de Prost (1983) ; aussi des avions, dont celui de Blériot (1re traversée de la Manche), modèle d'exécution de la statue de la Liberté de Bartholdi et, enfin, une réalisation actuelle comme le moteur Vulcain d'*Ariane 5.*
Vous trouverez également dans le musée un centre de documentation ouvert à tous et une boutique-librairie.

Fondation Henri-Cartier Bresson *(plan couleur B2)* **:** *79, rue des Archives, 75003. ☎ 01-56-80-27-00. • henricartierbresson.org • Tlj sauf lun 11h-19h. Entrée : 9 € ; tarif réduit : 5 €.* ***La fondation devrait emménager en octobre 2018 à cette adresse.*** 3e
Créée selon la volonté du célèbre photographe, de sa femme et de sa fille, la fondation préserve son œuvre et offre des expos temporaires d'œuvres de Cartier Bresson ou d'autres photographes.

Le Carreau du Temple *(plan couleur B1-2)* **:** *4, rue Eugène-Spuller, 75003. • carreaudutemple.eu • Ⓜ Temple.* Sous cette belle structure métallique, avec verrière lumineuse et ferronneries en arabesque, s'étendait un vieux marché de la « nippe ». Le Carreau perpétuait la tradition de la foire qui se tenait là au Moyen Âge. Tout au long du XIXe s, les Parisiens fauchés venaient déjà s'habiller ici. Le succès du marché était tel que, pour attribuer les places aux vendeurs, il fallait tirer au sort. Le bâtiment actuel remplaça vers 1900 une structure type Baltard, construite sous Napoléon III. Une grande partie de l'argot concernant les vêtements date d'ailleurs du Carreau du Temple de cette époque : un habit est une « pelure », une chemise une « limace »... Le Carreau, aujourd'hui rénové, livre un espace baigné de lumière très réussi. Au menu : un agenda culturel (spectacles vivants, ateliers créatifs, projections...), des salons, un espace sportif...

4e ARRONDISSEMENT

LE CENTRE POMPIDOU • LE QUARTIER SAINT-GERVAIS-SAINT-PAUL • NOTRE-DAME • L'ÎLE SAINT-LOUIS • LA PLACE DES VOSGES

- Pour le plan du 4e arrondissement, voir le cahier couleur en fin de guide.

Peu étendu, cet arrondissement abrite néanmoins de nombreuses richesses. Remontant le cours du temps, il réunit l'art moderne et le gothique flamboyant, le Centre Pompidou et Notre-Dame, Matisse et Victor Hugo. Et au milieu coule la Seine... Unie à l'île de la Cité, comme une vaste péniche immobile, l'île Saint-Louis, avec ses hôtels particuliers, son harmonie et son atmosphère. Sur la terre ferme, solidement ancré, l'Hôtel de Ville, témoin de l'histoire, de ses tragédies comme de ses moments de liesse. Lui faisant face, le *BHV Marais* (ex-*Bazar de l'Hôtel de Ville*), où l'on déniche « tout pour la maison », disait la publicité... ; et c'est toujours vrai.

Non loin, on aborde, délimités par une frontière invisible, le Paris gay, qui concentre une pléiade de boutiques, bars et boîtes tendance, et le quartier juif historique, témoin de toutes les émigrations, ayant survécu depuis le Moyen Âge contre vents et marées, rafles de la police de Vichy et pelleteuses des promoteurs.

Plus loin, conduisant à la Bastille, dans un dédale de rues au tracé sinueux, les demeures aristocratiques du quartier Saint-Paul, à découvrir au cœur de la nuit. Une fois la rue Saint-Antoine franchie, l'admirable hôtel de Sully et, par un passage secret, la place des Vosges, trait d'union avec l'élégant 3e arrondissement.

L'HOMME QUI PARLAIT AUX CHEVAUX

En 1855, Xavier Ruel était camelot et vendait de la bonneterie rue de Rivoli, dans de grands parapluies. Un jour, apercevant une calèche tirée par des chevaux emballés, il se jeta sur l'attelage et réussit à arrêter leur course effrénée. À l'intérieur, il découvrit Eugénie de Montijo, épouse de l'empereur. Pour le remercier, Napoléon III lui donna suffisamment d'argent pour qu'il s'offrît le bâtiment qui deviendra le Bazar de l'Hôtel de Ville (BHV).

Où dormir ?

Bon marché

Auberge de jeunesse MIJE Fourcy (plan couleur C2, **1**) : *6, rue de Fourcy, 75004. ☎ 01-42-74-23-45. • mije.com • Ⓜ Saint-Paul ou Pont-Marie. Resto le soir seulement ; service 18h-21h30. Congés : août pour le resto. Compter 33,50-35,50 €/pers en dortoir (60 € pour une simple, 82 € pour une double), petit déj et draps compris. Menu du soir 12,50 €.* Cet ancien hôtel particulier du XVIIe s abritait l'une des maisons closes les plus célèbres de Paris, fermée en 1946. Rénové, il accueille aujourd'hui une jeunesse bien saine, tout étonnée de se retrouver dans cette immense demeure stratégiquement située entre la place des Vosges et l'île Saint-Louis. Terrasses intérieures et petite cour fleurie où il fait bon lézarder. Chambres basiques de 1 à 10 lits avec lavabo et douche (et certaines avec mezzanine) ; 204 places au total. Toilettes communes à l'étage. Restaurant dans une belle salle à manger voûtée avec pierres apparentes, commun aux 3 AJ *MIJE* du Marais.

Auberge de jeunesse MIJE Le Fauconnier (plan couleur C2, **3**) : *11, rue du Fauconnier, 75004. ☎ 01-42-74-23-45. • mije.com • Ⓜ Saint-Paul ou Pont-Marie. Resto le soir seulement ; service 18h-21h30. Congés : août pour le resto. Compter 33,50-35,50 €/pers en dortoir (60 € pour une simple, 82 € pour une double), petit déj et draps compris. Menu du soir 12,50 €, proposé à la* MIJE Fourcy. Ancien hôtel du XVIIe s, superbement rénové. Porte d'entrée imposante en bois sculpté. À l'intérieur, un magnifique escalier avec rampe en fer forgé. En été, on prend le petit déj dans la cour pavée. Chambres de 1 à 9 lits ; 131 places au total. Toutes les chambres, certes très simples, sont néanmoins équipées d'une bonne literie et de petites salles de bains avec lavabo et douche. Toilettes dans le couloir. Excellent accueil.

Auberge de jeunesse MIJE Maubuisson (plan couleur B2, **2**) : *12, rue des Barres, 75004. ☎ 01-42-74-23-45. • mije.com • Ⓜ Hôtel-de-Ville, Saint-Paul ou Pont-Marie. Resto le soir seulement ; service 18h-21h30. Congés : août pour le resto. Compter 33,50-35,50 €/pers en dortoir (60 € pour une simple, 82 € pour une double), petit déj et draps compris. Menu du soir 12,50 €, proposé à la* MIJE Fourcy. Idéalement située, dans l'une des parties piétonnes du Marais, cette AJ occupe une magnifique maison médiévale avec encorbellement, colombages, pignons en dents de scie, etc. Parties communes pleines de cachet, avec des portes style gothique et de vieux meubles en bois massif. Chambres simples et sans prétention de 1 à 7 lits (99 places au total) avec salle de douche et lavabo ; w-c sur le palier.

4e

Chic

Grand Hôtel du Loiret (plan couleur B1-2, **6**) : *8, rue des Mauvais-Garçons, 75004. ☎ 01-48-87-77-00. • hotel-du-loiret.fr • Ⓜ Hôtel-de-Ville. ♿ Doubles 130-160 € ; petit déj 9 €.* Un hôtel de taille moyenne classique, dont les chambres ont été rénovées dans un style moderne et fonctionnel. Pas immenses, et pas toujours parfaitement insonorisées, elles sont néanmoins très convenables, d'un bon rapport qualité-prix et propres ; certaines salles de bains sont toutefois vraiment petites. Les chambres du 7e étage offrent une vue qui embrasse tout Paris, du Panthéon au Sacré-Cœur en passant par Beaubourg et Notre-Dame.

Hôtel de Neuve (plan couleur C2, **13**) : *14, rue Neuve-Saint-Pierre, 75004. ☎ 01-44-59-28-50. • hoteldeneuveparis.com • Ⓜ Saint-Paul. ♿ Doubles 120-250 €.* Des chambres dont la rénovation est récente et la déco soignée. L'ensemble est bien cosy et la localisation parfaite, dans un quartier animé et une rue bien calme. À savoir, le petit déj se prend dans le coquet petit espace réception (arrangé comme un salon) ; ça plaît, ou pas. Accueil attentionné. *NOUVEAUTÉ.*

Hôtel de la Bretonnerie (plan couleur B1, **5**) : *22, rue Sainte-*

Croix-de-la-Bretonnerie, 75004. ☎ 01-48-87-77-63. • hotelparismaraisbretonnerie.com • Ⓜ Hôtel-de-Ville. Doubles 140-200 € ; petit déj 15 € (inclus dans le prix pour une résa en direct). Un bel hôtel qui a su conserver, avec ses longues poutres, ses pierres de taille d'époque et son escalier ancien, tout le charme d'autrefois. Ensemble soigné. Petit déj servi dans la salle voûtée. Les chambres « charme » sont particulièrement spacieuses. Les « classiques », bien que plus petites, bénéficient elles aussi de tout le confort et d'une déco élégante. Baignoire dans les salles de bains. Pas de clim ; préférer une chambre côté cour en été. Depuis le dernier étage, vue sur les toits de Paris.

Hôtel Émile (plan couleur C2, **7**) **:** *2, rue Malher, 75004. ☎ 01-42-72-76-17. • hotelemile.com • Ⓜ Saint-Paul. Doubles 130-200 €, petit déj compris.* Une trentaine de chambres pour ce charmant hôtel où le noir et le blanc se mélangent bien dans des chambres graphiques à souhait. Des rideaux aux moquettes en passant par le carrelage blanc typique du métro, le style est sobre et contemporain. Tellement contemporain que la réception est pour le coup assez clinique (on vous y sert le petit déj sur un tabouret haut ou en vitrine...) ! La suite, au dernier étage, permet d'embrasser les toits de Paris. À savoir : les salles de bains des chambres doubles (pas de *twins*) sont ouvertes ; avis aux amoureux !

Hôtel de Nice (plan couleur B2, **10**) **:** *42 bis, rue de Rivoli, 75004. ☎ 01-42-78-55-29. • hoteldenice.com • Ⓜ Hôtel-de-Ville. Attention, entrée discrète entre 2 terrasses. Résa conseillée. Doubles avec clim 110-250 € ; petit déj 10 €. 1er petit déj offert sur présentation de ce guide.* Une atmosphère conviviale, une déco à l'ancienne et très colorée, un accueil personnalisé et souriant, bref un établissement cosy et authentique qui donne envie de prolonger son séjour. Les propriétaires, autrefois antiquaires, ont gardé le goût des beaux objets, disséminés dans les chambres. Salles de bains petites mais impeccables, l'hôtel est bien entretenu. Petit salon bonbonnière (très rouge !), où l'on prend aussi le petit déj. En été, préférez les chambres donnant sur la jolie place du Bourg-Tibourg.

Hôtel Beaubourg (plan couleur B1, **15**) **:** *11, rue Simon-Lefranc, 75004. ☎ 01-42-74-34-24. • hotelbeaubourg.com • Ⓜ Rambuteau ou Hôtel-de-Ville. Doubles et suites 95-180 € ; petit déj 10 € (inclus pour tte résa en direct). Souvent des bons plans de dernière minute (jusqu'à 95 € la nuit).* Les chambres sont confortables et décorées dans un style floral ou coloré, coquet. Les plus élégantes sont parées de poutres et de ravissantes toiles de Jouy. La petite rue est étonnamment calme, et le nom de l'hôtel n'est pas usurpé puisque, de l'entrée depuis l'hôtel, on voit les tubulures de Beaubourg. Un bon rapport qualité-prix pour ce quartier.

Spéria Bastille (plan couleur D2, **11**) **:** *1, rue de la Bastille, 75004. ☎ 01-42-72-04-01. • hotelsperia.com • Ⓜ Bastille. Doubles 110-200 € ; petit déj 13 €.* Situation stratégique et déco moderne pour cet hôtel super clean et fonctionnel. Chambres sans surprise, toutes rénovées dans un style conventionnel impeccable. Certaines ont des salles de bains spacieuses, d'autres des poutres. Espace salon-réception et salle de petit déj (pas dans une cave pour une fois) lumineux et agréables.

Plus chic

Hôtel Jeanne-d'Arc, Le Marais (plan couleur C2, **4**) **:** *3, rue de Jarente, 75004. ☎ 01-48-87-62-11. • hoteljeannedarc.com • Ⓜ Saint-Paul, Bastille ou Chemin-Vert. ♿ Résa impérative 3 mois à l'avance en saison. Doubles 98-215 € ; familiales ; petit déj 12 €.* À deux pas de la belle et animée place Sainte-Catherine, un petit hôtel familial, bien tenu, avec pas mal de charme et un accueil agréable. Les chambres, jolies et confortables, ont conservé un style sobre et classique quand d'autres ont adopté des tons et un esprit bien plus actuels. Ascenseur et clim.

Hôtel Saint-Louis (plan couleur B2, **14**) **:** *75, rue Saint-Louis-en-l'Île, 75004. ☎ 01-46-34-04-80. • saintlouisenlisle.*

com • Ⓜ Pont-Marie. Doubles 170-230 €. Hôtel de charme, dans le genre chic et bourgeois. Accueil agréable et chambres pas très spacieuses mais confortables, joliment rénovées avec cachet : pierres apparentes, poutres, gravures, beau dallage à l'ancienne. Bon rapport qualité-prix compte tenu de son emplacement. Petit déjeuner servi dans une jolie salle voûtée (au sous-sol). Une belle adresse pour cocooner en amoureux.

Hôtel Saint-Louis Marais *(plan couleur C2,* ***12****) : 1, rue Charles-V, 75004. ☎ 01-48-87-87-04. • saintlouismarais.com • Ⓜ Bastille ou Sully-Morland. Doubles 175-225 € ; petit déj 13 €. Parking payant.* On s'y sent comme dans une vieille maison de famille. Il y a peu de chambres, pour préserver l'intimité des hôtes. Celles sous les combles sont bien charmantes, les autres pleines de caractère avec leur dallage à l'ancienne et leurs poutres patinées. Entièrement rénovées, elles sont dotées de salles de bains – pour une fois de bonne taille pour la capitale – impeccables avec douches à l'italienne. Double vitrage. Petit déj servi dans une belle cave voûtée.

Hôtel Caron de Beaumarchais *(plan couleur B2,* ***9****) : 12, rue Vieille-du-Temple, 75004. ☎ 01-42-72-34-12. • carondebeaumarchais.com • Ⓜ Hôtel-de-Ville ou Saint-Paul. Doubles 130-250 € ; petit déj 13 €. 1 ticket pour 1 balade en bateau sur la Seine offert sur présentation de ce guide.* Le bâtiment a été rénové et joliment décoré sur des modèles du XVIIIe s pour rendre hommage à l'auteur du *Mariage de Figaro,* qui habita dans cette rue. D'emblée, le pianoforte, la table de jeu, la harpe et les tableaux donnent l'impression d'entrer dans le salon d'une élégante plutôt que dans la réception d'un hôtel. La décoration et l'aménagement des chambres – certaines vraiment petites – sont aussi douillets que soignés. Nombreuses antiquités, très beaux tissus, confort irréprochable. L'ensemble a un petit supplément d'âme.

4e

Où manger ?

Sur le pouce et très bon marché

L'As du Fallafel *(plan couleur C1,* ***20****) : 34, rue des Rosiers, 75004. ☎ 01-48-87-63-60. Ⓜ Saint-Paul. Tlj sauf sam 11h30-minuit (15h en hiver, 20h en été ven). À partir de 6,50 € (8,50 € en salle).* L'adresse incontournable pour déguster l'authentique falafel. Qu'est-ce qu'il met dedans, *L'As* ? C'est indiqué, suffit de lire : pois chiches, choux rouge et blanc, crème de sésame, aubergine, concombre, un chouia de harissa. Vous aimez ? Sinon, bonnes assiettes aussi variées et colorées, et très bon *shawarma* à l'agneau. Bon, mieux vaut le savoir : que ce soit à emporter ou pour s'attabler, presque à toute heure, mieux vaut être prêt à faire la queue dehors en attendant son tour ! Comptoir de vente à emporter au n° 44 de la même rue (moins de monde).

Thaï Spices *(plan couleur C2,* ***34****) : 5-7, rue de l'Ave-Maria, 75004. ☎ 01-42-78-65-49. Ⓜ Sully-Morland ou Pont-Marie. Tlj sauf sam midi et dim. Le midi, formules 8,90-14,90 € (côté snack, sans résa) et menu 19 € (côté resto) ; carte env 40 €.* Derrière la façade recouverte de lierre, 2 salles à l'atmosphère différente mais à la cuisine commune, distillant les saveurs raffinées de la Thaïlande. Ambiance informelle d'une part, avec quelques tables en bois et des mange-debout. À l'ardoise, les formules impeccables et pas ruineuses emportent tous les suffrages. Mais pour une immersion au royaume de Siam, on pioche à la carte des spécialités parfumées, présentées avec le plus grand soin. Forcément plus cher, mais on n'est lésé ni sur le cadre ni sur la qualité. Une belle adresse !

Breakfast in America *(plan couleur C2,* ***33****) : 4, rue Malher, 75004. ☎ 01-42-72-40-21. Ⓜ Saint-Paul. Tlj 8h30-23h. Formule déj en sem 8,95 € (réservée aux étudiants avec carte) ; menu 10,95 € ; plusieurs petits déj max 10 € ; brunch dim 16,95 €.* Craig, un Américain étudiant en cinéma tombé amoureux de Paris, a eu l'idée d'ouvrir ce *diner* typique années 1950, et propose des burgers convenables pour une poignée d'euros à une clientèle d'étudiants, de jeunes et de touristes... surtout américains. Le lieu est agréable, le service souriant – à l'américaine – et les prix vraiment attractifs.

Bon marché

La Mangerie (plan couleur C2, **22**) : *7, rue de Jarente, 75004. ☎ 01-42-77-49-35. Ⓜ Saint-Paul. Lun-sam 18h-1h. Tapas à partager 11-16 €, planches 12,20-14,80 €.* Un fond de décor réjouissant, avec des objets de récup détournés de leur utilisation pour faire place à l'humour. Et un accueil chaleureux, qui devient vite familier si on se laisse prendre au jeu. On coche soi-même sa commande sur la feuille-menu. Belle carte de tapas aussi savoureuses qu'originales. Profitez des jours de match (il y a moins de monde !) pour vous faufiler dans ce lieu qui cartonne, à la tombée de la nuit.

Homies (plan couleur C-D2, **28**) : *26, rue Beautreillis, 75004. ☎ 09-80-41-05-40. Ⓜ Bastille, Saint-Paul ou Sully-Morland. Tlj sauf dim-lun 12h-15h, 19h-1h. Formules déj en sem 15-20 € ; le soir, tapas min 12 €, cocktail 13 €. Apéritif maison offert sur présentation de ce guide.* Que du « frais maison » (c'est leur credo), entre chaises néo-industrielles, coussins colorés moelleux et cagettes. On y sirote des cocktails créatifs, qu'on éponge de tapas du monde (inclassable : du ceviche à l'os à moelle en passant par les *gyozas*). Plus intime à midi, lorsque le très court menu décline un poisson, une viande et une proposition végétarienne, suivi d'un dessert aussi régressif que savoureux (*hmm,* le Twix maison !). Petite carte des vins bien choisie, avec un vrai choix au verre, et quelques tables sur le trottoir.

Au Bougnat (plan couleur B2, **26**) : *26, rue Chanoinesse, 75004. ☎ 01-43-54-50-74. Ⓜ Saint-Michel-Notre-Dame ou Cité. Lun-ven 12h-15h, 18h30-22h ; sam-dim 12h-22h. Menus du jour sauf dim 15,90-19,90 € ; menus-carte 24-29 € ; plat 18 €.* Ce petit bistrot parisien traditionnel, caché à deux pas du parvis de Notre-Dame, est LA bonne affaire sur cette très touristique île de la Cité. On entre par le petit bar, où flotte une atmosphère conviviale d'habitués autour du zinc. Cuisine simple et généreuse.

Schwartz's Deli (plan couleur C1, **27**) : *16, rue des Écouffes, 75004. ☎ 01-48-87-31-29. Ⓜ Saint-Paul ou Hôtel-de-Ville. Tlj ; service lun-ven 12h-15h, 19h30-23h, sam-dim 12h-17h, 19h-23h30 (23h dim). Congés : 1er-21 août. Plats 13-24 €.* Un *deli* qui fait la joie de tous. On y retrouve les plats typiques qui font la popularité des recettes américaines et kasher : burgers bien épais et juteux (dont un au foie gras) servis généreusement avec des frites, copieux sandwichs au pastrami, savoureuse assiette saumon fumé-bagel (spécialité de la maison). Seul bémol : l'attente (pas de résa possible), mais grâce à une organisation optimale, on vous dégotte une table rapidement. Service rapide et enjoué. *Autres adresses dans le 16e (7, av. d'Eyleau) et dans le 17e (22, av. Niel).*

Prix moyens

Au Bourguignon du Marais (plan couleur C2, **35**) : *52, rue François-Miron, 75004. ☎ 01-48-87-15-40. Ⓜ Saint-Paul. Fermé dim-lun. Service 12h-22h. Formules 20-25 €.* Dans un cadre de brasserie impeccablement tenue, on découvre une jolie carte d'incontournables bourguignons (œufs en meurette, bœuf bourguignon, escargots...) complétée par des plats de brasserie traditionnels, très soigneusement présentés. Mais le plus important c'est qu'on se régale ! Et les becs sucrés ne resteront pas sur leur faim car les desserts sont tout aussi réussis. Jolie carte de vins bourguignons, *of course,* sur laquelle on est bien guidé par des serveurs agréables et pro. Terrasse.

Cucina Napoletana (plan couleur D2, **23**) : *6, rue Castex, 75004. ☎ 01-44-54-06-61. Ⓜ Bastille. Tlj sauf sam midi, dim et lun midi ; service 12h-14h30, 19h-22h30. Congés : août,*

Noël et Jour de l'an. Antipasti à partir de 12 €, plats 19-28 € ; carte env 35 €. Les rayonnages de cette petite enclave napolitaine sont garnis de quelques gourmandises pour qui voudrait en profiter pour faire ses emplettes, et la dizaine de tables garantit une atmosphère conviviale. Les *antipasti* respirent le soleil de la Campanie, les pâtes (spécialité de la maison, à commander pour 2 ou 3) sont divines, et la *mozzarella di bufala campana* succulente. Carte de vins issus de l'agriculture biologique ou biodynamiques alléchante mais pas donnée (cependant, beaucoup de vins au verre).

Le Bistrot de l'Oulette *(plan couleur D2, **32**) : 38, rue des Tournelles, 75004. ☎ 01-42-71-43-33. Ⓜ Chemin-Vert ou Bastille. Tlj sauf dim ; service 12h-14h30, 19h-23h. Congés : 2e et 3e sem d'août. Résa conseillée. Formules déj 17-28 € (vin et café compris) ; menu-carte 36 €.* Un petit resto de quartier au cadre chaleureux et sans façon, très apprécié pour sa cuisine du Sud-Ouest simple et gourmande. Bonne ambiance, garantie par les nombreux habitués.

Brasserie Bofinger *(plan couleur D2, **24**) : 5-7, rue de la Bastille, 75004. ☎ 01-42-72-87-82. Ⓜ Bastille. ♿ Lun-sam 12h-15h (15h30 sam), 18h30-minuit ; dim service continu 12h-23h. Formules déj sauf dim 26-32 € ; choucroutes à partir de 20 € ; plateaux de fruits de mer 30-140 €.* Cette célèbre brasserie inaugurée en 1864 et transformée en 1919 offre un décor qu'apprécient les nombreux touristes et les Parisiens, sensibles à l'esthétique de la belle verrière et du salon du 1er étage, décoré par Hansi, et au virevoltant service en noir et blanc. Si on en a plein la vue, la cuisine est en revanche inégale. Mais que l'on soit d'ici ou d'ailleurs, on sacrifie à la sacro-sainte choucroute paysanne, la Spéciale, et aux plateaux de fruits de mer.

Chic

L'Ours Blanc *(plan couleur B1, **30**) : 6, rue Geoffroy-l'Angevin, 75004. ☎ 01-40-27-93-67. Ⓜ Rambuteau. Mer-sam 18h-23h, dim 18h30-23h. Une vingtaine de places seulement : réserver. Carte env 42 €. Apéritif maison offert sur présentation de ce guide.* C'est l'histoire d'un ex-attaché parlementaire passionné de cuisine depuis l'enfance qui, CAP de l'école Ferrandi en poche et apprentissage accompli dans de belles maisons, s'est installé ici, loin de la bureaucratie parlementaire ! Son petit *Ours Blanc,* au cadre très sobre, est une très belle surprise. Dans sa cuisine de poche ouverte sur les tables (à touche-touche), cet amoureux des produits élabore une très courte carte en respectant le cycle des saisons, la provenance et la fraîcheur des produits, souvent bio. Quant à l'assiette, elle ravira vos papilles.

Le Métropolitain *(plan couleur C2, **29**) : 8, rue de Jouy, 75004. ☎ 09-81-20-37-38. Ⓜ Pont-Marie ou Saint-Paul. Tlj sauf dim 12h-14h, 19h30-22h. Formule déj plat du jour + café gourmand 19 € ; menu 36 € (pour l'ensemble de la table). Vins au verre à partir de 6 €.* Un décor métro-rétro aux murs de céramique blanche et banquettes de bois, donnant sur une petite cour verdoyante à l'arrière (avec un cerisier et un néflier dont les fruits peuvent arriver dans vos assiettes !), vous dégusterez une cuisine de saison inventive à la présentation festive. Une explosion de couleurs et de saveurs qui ravit autant les yeux que le palais. À savoir : accès aux toilettes inconfortable (escalier en colimaçon raide et très étroit).

Monjul *(plan couleur B1, **31**) : 28, rue des Blancs-Manteaux, 75004. ☎ 01-42-74-40-15. Ⓜ Hôtel-de-Ville ou Rambuteau. Tlj sauf dim-lun ; service 12h-14h, 20h-22h (22h30 ven-sam). Formules déj en sem 22,50 € ; menu-carte 37,50 €.* En plein cœur du Marais, Julien nous accueille dans une salle tout en longueur (et une autre au sous-sol), entre murs de pierre et mobilier chiné. Une cuisine colorée et ludique, mélange créatif de saveurs et de textures, du sucré-salé, de l'*espuma* pour le côté aérien, presque moléculaire, sans perdre le goût des produits ni oublier le jeu d'épices incessant. Réjouissant !

Bars à vins

Le Coude Fou (plan couleur B1, **40**) : *12, rue du Bourg-Tibourg, 75004. ☎ 01-42-77-15-16. Ⓜ Hôtel-de-Ville. Tlj sauf dim soir et lun 12h-14h45, 19h30-23h30 ; service bar à partir de 15h. Résa préférable le soir. Formules et menus 15,50-18,50 € le midi.* L'un des plus vieux bars à vins de Paris, aux murs patinés de pittoresques fresques colorées et naïves. La carte relativement courte et régulièrement renouvelée joue plutôt la tradition (entrecôte sauce au bleu, blanquette de saumon). Ici, pas d'embrouille, tout est fait maison. Enfin, côté flacons (vins au verre, qu'on se rassure), on mise à fond sur le naturel, et de toutes les régions de France. Bref, ce *Coude Fou* est un petit coup d'foudre !

Le Bubar (plan couleur D2, **42**) : *3, rue des Tournelles, 75004. ☎ 01-40-29-97-72. Ⓜ Bastille. Tlj 19h-2h. Verres de vin à partir de 5 €.* Un bar à vins convivial, meublé de façon hétéroclite et spécialisé dans les crus étrangers. Savoureuses assiettes de charcuterie et de fromages. Bonne sélection musicale, tendance blues, jazz. Un vrai lieu de vie, impeccable pour discuter entre amis ou avec son voisin.

La Tartine (plan couleur C2, **41**) : *24, rue de Rivoli, 75004. ☎ 01-42-72-76-85. Ⓜ Hôtel-de-Ville ou Saint-Paul. Tlj 8h-minuit. Fermé 24 déc au soir et 25 déc. Tartines chaudes 6-10 €, assiettes de charcuterie 12-20 € (pour 1 ou 2 pers), salades à partir de 12 €.* On aime bien le côté rétro de ce vieux bar à vins rénové : grands miroirs, plafond ouvragé, banquettes et tables de bistrot nous projettent dans un autre temps, à l'abri de l'agitation de la rue de Rivoli. Impeccable pour se restaurer d'une tartine de pain Poilâne ou d'un plat classique de brasserie, accompagné d'un bon verre de vin. Petite terrasse aux beaux jours.

Où boire un thé ? Où prendre un bon 4-heures ?

Le Loir dans la Théière (plan couleur C2, **50**) : *3, rue des Rosiers, 75004. ☎ 01-42-72-90-61. Ⓜ Saint-Paul. Tlj 9h-19h30. Tartes salées et plats du jour 10-14,50 € ; formule 13 € l'ap-m (thé + une tarte ou un gâteau) ; brunch w-e 22,50 €.* Mieux vaut le savoir : on trouve souvent la queue à la porte de ce salon de thé à la déco hétéroclite. Les épaisses tourtes aux épinards *(pascualina)* ou les tartes salées donnent à elles seules envie d'y revenir. Côté sucré, c'est tout aussi bon et copieux, comme la tarte pommes-noix-cannelle ou celle au citron et son impressionnante meringue. Quelques salades également et une bonne sélection de thés. Dommage qu'on se sente parfois un peu poussé à la consommation... ou vers la sortie pour laisser la place : la rançon du succès ?

Comme à Lisbonne et Tasca (plan couleur B2, **52**) : *37, rue du Roi-de-Sicile, 75004. 07-61-23-42-30. Ⓜ Hôtel-de-Ville ou Saint-Paul. Tlj sauf lun 11h-19h (repas jusqu'à 15h au Tasca). Pasteis de nata à emporter 2 € pièce (3 € sur place !) ; formule déj au Tasca 13,90 €.* Une minuscule échoppe pour (re)découvrir le plaisir de croquer dans ces *pasteis de nata,* petits flans crémeux, tout ronds, tout tièdes et saupoudrés de cannelle. Exactement comme au Portugal ! On peut y poser une fesse pour prendre un café ou carrément s'installer pour une pause déj *(formule 15 €)* au *Tasca,* le bistrot de poche de la maison à la courte carte, juste à côté : soupes, salades, sandwichs chauds et conserves de poissons. Coin épicerie avec plein de bons produits lisboètes.

L'Éclair de Génie (plan couleur C2, **51**) : *14, rue Pavée, 75004. ☎ 01-42-77-85-11. Ⓜ Saint-Paul. Lun-ven 11h-19h30, sam-dim 10h-19h30. Compter 6 € la pièce.* Le bon génie de l'éclair se nomme Adam, Christophe de son prénom, et on ne compte plus le nombre de ses conquêtes qui traversent tout Paris pour venir se perdre dans cette petite

4e

rue du Marais. Il faut reconnaître que l'éclair au caramel au beurre salé ou le génial framboise-griotte-dragée forcent l'admiration, même s'ils sont peu copieux. Une bonne raison d'y retourner ? L'offre régulièrement renouvelée, saisons obligent. Et bonne nouvelle : on peut désormais s'y attabler.

Pâtisserie Yann Couvreur *(plan couleur C1,* ***53****) : 23 bis, rue des Rosiers, 75004. 06-05-97-63-01. Ⓜ Saint-Paul. Tlj 10h-20h.* Le médiatique chef pâtissier *(Topchef, Meilleur Pâtissier)* vient d'ouvrir sa 2e pâtisserie. Des viennoiseries, des pâtisseries (paris-brest, tarte au citron, éclair moka-anis, baba-amande...), dont certaines, comme le millefeuille, sont dressées minute à partir de midi. Une poignée de places assises sous forme de bar le long de la vitrine, mais pas bien agréable car on est vraiment dans le passage et en vitrine. Allez plutôt déguster votre gourmand butin dans le ravissant petit jardin dont la discrète entrée se trouve au nº 10 de la rue des Rosiers. *NOUVEAUTÉ.*

Sacha Finkelsztajn *(plan couleur C1,* ***53****) : 27, rue des Rosiers, 75004. ☎ 01-42-72-78-91. Mer-jeu 10h-19h, ven-dim 10h-19h30. CB acceptées à partir de 20 €.* Depuis 1946, cette pâtisserie-traiteur yiddish sert gourmands et nostalgiques dans cette jolie boutique jaune ; gâteaux traditionnels – plutôt roboratifs – au pavot, cheese-cakes et autres strudels. Autant de spécialités inspirées de la tradition culinaire juive ashkénaze originaire de Pologne, de Russie, d'Autriche, de Hongrie. 4 petites tables hautes. *Également une succursale, à 50 m de là, au 24, rue des Écouffes.*

4e

Où manger une glace ?

Berthillon *(plan couleur B2,* ***60****) : 31, rue Saint-Louis-en-l'Île, 75004. ☎ 01-43-54-31-61. Ⓜ Pont-Marie. ♿ Mer-dim 10h-20h. Congés : fin juil-fin août. Compter 3, 4,50 et 6 € le cornet de 1, 2 ou 3 boules de glace à emporter ; bien plus cher sur place ! CB acceptées à partir de 15 €.* Une vieille institution parisienne ! Plus de 60 ans au compteur, et les glaces et sorbets sont toujours délicieux : les classiques (fraise des bois, caramel au beurre salé, marron glacé...), d'autres plus audacieux (yaourt au *yuzu*, sésame noir, ananas rôti au basilic frais), et une indétrônable vanille. Au salon de thé, les coupes glacées ne sont pas tristes (mais elles sont forcément chères) !

Pozzetto *(plan couleur B2,* ***61****) : 39, rue du Roi-de-Sicile, 75004. ☎ 01-42-77-08-64. Ⓜ Saint-Paul ou Hôtel-de-Ville. Tlj 12h15-23h30. Fermé 25 déc. Coppette à partir de 4,90 €.* Cette adresse 100 % italienne nous régale de *coppette* copieuses et façonnées à la spatule. Les parfums *fior di latte, gianduja* ou pistache sont à tomber ! Les sorbets aux fruits amadoueront les gourmands plus attentifs à leur ligne ! Choix restreint mais gage de qualité. Chocolat chaud cher et décevant en revanche. Quelques tables pour la dégustation (attention, le prix des glaces est majoré). Autre adresse à deux pas *(16, rue Vieille-du-Temple),* où l'on trouve quelques options salées.

Une Glace à Paris *(plan couleur B1,* ***62****) : 15, rue Sainte-Croix-de-la-Bretonnerie, 75004. ☎ 01-49-96-98-33. Ⓜ Hôtel-de-Ville ou Saint-Paul. En été, tlj 10h-22h30 (23h ven-dim) ; en hiver, horaires restreints. 2 boules à partir de 3,80 € ; plateau de dégustation (5 boules) 8 €.* Une adresse pour les becs sucrés en goguette dans le Marais. 2 pâtissiers renommés ont eu la bonne idée de s'associer pour concocter des glaces dignes de nos voisins transalpins. Des ingrédients soigneusement choisis, des parfums judicieusement associés, et le tour est joué ! Fait aussi salon de thé et propose des pâtisseries glacées à emporter ou à déguster sur place.

Où boire un verre ?

Bar Demory Paris *(plan couleur B1,* ***70****) : 62, rue Quincampoix, 75004. ☎ 09-81-12-53-06. Ⓜ Rambuteau ou Châtelet-Les Halles. ♿ Tlj sauf dim*

18h-2h (4h ven-sam). Congés : 3 premières sem d'août. Bière 4 € ; pinte 6,50 €. Après avoir lancé l'excellente bière parisienne Demory, quelques fous de la cervoise ont ouvert cette brasserie (vitrine de la marque) en plein cœur de Paris. Outre la bière maison, qui se décline en 5 « cuvées », on trouve ici, chaque mois, plusieurs bières invitées issues de microbrasseries du monde entier. Pour rester dans le ton, des cocktails délicats réalisés avec de la bière. Hot dogs et excellentes saucisses maison.

L'Étoile Manquante *(plan couleur C1,* ***71****) : 34, rue Vieille-du-Temple, 75004. ☎ 01-42-72-48-34. Ⓜ Saint-Paul ou Hôtel-de-Ville. Tlj 9h-2h ; service 12h-1h15. Salades et assiettes froides 11-14 €.* Sur les murs ocre s'alignent une énorme pendule pour scander le temps, des sculptures, des moulages de mains, des dizaines de petits miroirs, le tout surmonté d'un plafond-constellation façon anneaux de Saturne (manque l'étoile !). Un service plutôt sympa, des grignotes simples et assez copieuses (ne pas manquer les glaces 100 % nature, aux parfums saisonniers) : parfait pour une pause conviviale.

Le Sherry Butt *(plan couleur C2,* ***75****) : 20, rue Beautreillis, 75004. ☎ 09-83-38-47-80. Ⓜ Saint-Paul. Mar-sam 18h-2h, dim-lun 20h-2h. Cocktail env 13 €.* Un bar à cocktails raffiné mais pas guindé. Dans un décor de pierre brute et sous un toit de verre, vous goûterez à des philtres étonnants, tous créés pour *Le Sherry Butt,* tels que le très rafraîchissant « Kaizoku » (liqueur de *yuzu,* aquavit – eau-de-vie de céréales –, citron jaune et sirop d'orgeat) ou le tropical « Pêché Mignon » (*cachaça,* liqueur de prune japonaise, citron jaune et sirop d'aneth relevé d'une pointe de vinaigre).

Le Petit Fer à Cheval *(plan couleur C1,* ***71****) : 30, rue Vieille-du-Temple, 75004. ☎ 01-42-72-47-47. Ⓜ Saint-Paul ou Hôtel-de-Ville. Tlj 9h-2h ; service 12h-1h15. Plat du jour env 12 € en sem.* Dans ce vénérable établissement de 1903, rien n'a changé, ou presque. Ce bistrot de quartier 100 % parigot a conservé ses vieux bancs en bois provenant des anciens wagons de métro et son bar original en forme de... fer à cheval. On y déguste encore de bons petits ballons piochés parmi la sélection vineuse de la maison. Petit bout de terrasse bien sympa.

La Belle Hortense *(plan couleur C1,* ***72****) : 31, rue Vieille-du-Temple, 75004. ☎ 01-48-04-71-60. Ⓜ Saint-Paul ou Hôtel-de-Ville. ♿ Tlj 17h (13h sam-dim)-2h.* Un bar littéraire qui joue la carte conviviale. Rencontres fréquentes garanties, mais avec des écrivains cette fois. Programme des lectures, notamment de poésie. Demandez à voir la cave du patron, elle vaut le détour. Dégustations tous les mois. Expos de photos, dessins ou peinture, et coin librairie.

Maria Loca *(plan couleur D2,* ***73****) : 31, bd Henri-IV, 75004. ☎ 01-42-77-51-95. • michael@marialoca.com • Ⓜ Bastille ou Sully-Morland. Mar-sam 18h-2h. Demi 4 € ; cocktails 10-13 €. Snacks 6-10 €.* Un petit coin de Brésil et d'Amérique du Sud perdu sur un boulevard peu avenant, entre Bastille et l'île Saint-Louis. Point fort de *Maria Luisa* : la création de cocktails à la demande *(compter 13 €).* La canne à sucre est à l'honneur, en particulier la cachaça et le rhum (belle carte), spécialités de la maison, mais on peut tout aussi bien goûter un cru brésilien. Outre la classique et ici délicieuse caïpirinha, goûtez aux merveilles maison telles que le « Golden parachute » (base mojito avec sirop d'orgeat maison et champagne). Pour les petites faims, quelques grignotes sud-américaines vous attendent : *pão de queijo,* guacamole, tartines, plat éthique du jour. Musique assez forte.

Le 1905 *(plan couleur C2,* ***80****) : 25, rue Beautreillis, 75004. ☎ 01-42-72-64-94. Ⓜ Saint-Paul. À l'étage du resto Vins des Pyrénées. Tlj 18h-2h. Cocktail 12 €.* Faites comme les habitués, entrez dans le superbe resto *Vins des Pyrénées* et grimpez le petit escalier en fer, au fond à gauche. Surprise, vous voici dans un *speakeasy* secret au joli décor Années folles ! Appliques rétro, boiseries patinées, lumière tamisée, un cadre idéal pour déguster des cocktails classiques mais efficaces, qui font référence à quelques buveurs mythiques, comme Fitzgerald ou Hemingway. Agréable terrasse secrète en été et confortable fumoir. On a en revanche été moins convaincus par le resto... *NOUVEAUTÉ.*

🍷 ***The Auld Alliance*** *(plan couleur C2,* ***79****) : 80, rue François-Miron, 75004. ☎ 01-48-04-30-40. Ⓜ Saint-Paul. Lun-ven 15h-2h, sam-dim 12h-2h. Happy hours en sem jusqu'à 21h. Pintes à partir de 5 €.* Le 1er pub écossais de Paris. La mousse (à la pinte) vient d'Édimbourg, et le whisky, boisson phare des Écossais, est largement présent à travers une sélection de plus de 100 malts en provenance de là-haut. Aux murs, les blasons des grandes familles ainsi que des tableaux représentant des scènes de bataille pour l'indépendance, pleines de fureur. Le soir, quelques snacks : *fish & chips,* haggis... et brunch le week-end *(service continu 12h-22h).* Compétition de billard tous les jeudis et plusieurs écrans TV pour suivre les grands événements sportifs. *NOUVEAUTÉ.*

🍷 ***Les 3 W Kafé*** *(plan couleur C2,* ***77****) : 8, rue des Écouffes, 75004. ☎ 01-48-87-39-26. Ⓜ Saint-Paul. Mer-dim 19h-3h (4h jeu, 6h30 ven-sam). Happy hours 19h-21h.* Voilà une sympathique adresse de filles qui aiment les filles, mais pas du tout ghetto (les garçons ne sont pas refoulés s'ils sont accompagnés). Entre pierres apparentes et bar en pavés de verre, l'endroit est sans prétention ni génie mais chaleureux, et une clientèle 20-40 ans vient gazouiller ou s'échauffer en *before* le week-end. Soirées à thème.

🍷 ***Résistance*** *(plan couleur B1,* ***76****) : 16, rue Sainte-Croix-de-la-Bretonnerie, 75004. ☎ 01-43-48-14-88. Ⓜ Saint-Paul ou Hôtel-de-Ville. Tlj 17h (12h w-e)-2h. Cocktail (servi à partir de 17h) 13 €.* Une adresse pétillante au décor sobre et déco, et à l'atmosphère cosy, où boire de bons cocktails, en apéro ou pour finir la soirée ; de jolies créations mettant souvent à l'honneur les spiritueux hexagonaux. Et de quoi grignoter, salé ou sucré. Poussez la porte même s'il vous semble ne pas voir de place : il y a une autre salle au sous-sol.

🍷 ***L'Imprévu Café*** *(plan couleur A-B1,* ***78****) : 9, rue Quincampoix, 75004. ☎ 01-42-78-23-50. Ⓜ Châtelet. Tlj 15h-1h (2h w-e).* Un endroit chaleureux et sans prétention où se donner rendez-vous au cœur de Paris. Le lieu est propice autant aux longues discussions qu'aux rencontres fortuites. L'ambiance de chacune des 4 salles est aussi hétéroclite que le mobilier, dans un esprit ludique et coloré. Très sympa.

🍷 ⛱ ***Le Stolly's*** *(plan couleur C2,* ***74****) : 16, rue Cloche-Percé, 75004. Ⓜ Saint-Paul ou Hôtel-de-Ville. Tlj 16h30-1h30. Fermé 1er janv et 24-26 déc. Demi 3 € ; happy hours 17h-20h : pinte 5,50 € ; cocktail 6 €.* Dans ce petit troquet british au zinc en bois et aux poutres et pierres apparentes, on vous accueille avec le sourire. Petite terrasse en haut des marches dans une minirue piétonne, en retrait de la rue de Rivoli. Pour les amateurs de ballon rond et ovale, grosse ambiance les soirs de match. Marais *straight* et cool.

4e

Où sortir ?

🍷 ⚭ ⛱ ***Le Double Fond*** *(plan couleur C2,* ***86****) : 1, pl. du Marché-Sainte-Catherine, 75004. ☎ 01-42-71-40-20. • doublefond.com • Ⓜ Saint-Paul. Terrasse + bar ouv mer-dim à partir du milieu de l'ap-m (plus le mar l'été). Spectacles à 21h jeu-sam ; pour les enfants sam-dim à partir de 16h30 (14h30 sam). À noter : moins de spectacles pdt les vac d'été. Programmation des spectacles sur le site internet. Entrée : 25-30 €.* Antre de la magie en *close up,* c'est-à-dire « de près », déclinée de 2 manières : les « klip-poupes », des numéros de prestidigitation humoristiques réservés à des groupes attablés, et le spectacle proprement dit, dans la cave, où l'on s'assoit autour d'une table. En terrasse, les animateurs vous font profiter avec le sourire de leur science funambulesque, qui renoue avec l'esprit du music-hall et du café-théâtre.

🍷 ♪ 🕺 ***Le Marcounet*** *(plan couleur B-C2,* ***82****) : port des Célestins, quai de l'Hôtel-de-Ville, 75004. 📱 06-60-47-38-52. • peniche-marcounet.fr • Ⓜ Pont-Marie ou Hôtel-de-Ville. Sur l'ancienne* *voie Georges-Pompidou, au pied du pont Marie. Printemps-été, tlj 10h-2h ; automne-hiver, tlj 18h-2h (11h-minuit avec brunch le midi 24 €). Concerts tlj ou presque (gratuits ou payants selon les cas).* Aux beaux jours, les quais, fleuris, prennent des airs de guinguette où l'on vient boire un verre, grignoter quelques tapas, écouter de la musique, attablé à une terrasse montée avec des tablettes. Chaque soir, un concert gratuit est proposé pendant l'été, tandis que le dimanche un bal swing fait tourner les têtes (et les jupes !). Quand le temps est moins clément, l'humeur reste au beau fixe, avec des concerts de jazz, de rock, de pop, de folk, etc., au coin du feu. On peut aussi se contenter de boire un verre de vin (nature) sur le ponton couvert et profiter de la vue sur l'île Saint-Louis... Un lieu rare et convivial, dédié à la musique « live ».

À voir

LE CENTRE POMPIDOU *(BEAUBOURG ; plan couleur B1)*

☎ 01-44-78-12-33. • centrepompidou.fr • Ⓜ Rambuteau, Hôtel-de-Ville ou Châtelet ; RER A, B et D : Châtelet-Les Halles. Bus nos 21, 29, 38, 47, 58, 69, 70, 72, 74, 75, 76, 81, 85 et 96. ♿ Pour les pers handicapées moteur et pour le public aveugle et malvoyant, accès par la rue du Renard, à l'angle de la rue Saint-Merri. Prêt de fauteuils roulants (sur présentation d'une carte d'identité) au vestiaire, niveau 0. Ttes les activités dans les espaces sont accessibles aux visiteurs handicapés ou à mobilité réduite.

4e

UN PEU D'HISTOIRE

Objet de vives critiques lors de sa construction en 1977 par Renzo Piano et Richard Rogers, pour son architecture originale et colorée au cœur du vieux Paris, le Centre fait maintenant partie du paysage urbain et culturel parisien et a depuis longtemps trouvé sa vitesse de croisière et un public fidèle séduit par son côté ludique, vivant, ouvert à toutes les formes d'expression artistique contemporaines. Le Centre abrite un exceptionnel musée national d'Art moderne, dont la collection compte plus de 100 000 œuvres, ce qui en fait l'une des 2 premières au monde pour l'art moderne et contemporain. Elle fait l'objet de présentations régulièrement renouvelées et dévoile les œuvres récemment acquises. Le Centre Pompidou présente aussi chaque année plusieurs grandes expositions temporaires d'envergure (thématiques ou monographiques). On y trouve également (non détaillés dans ces pages) une grande et riche bibliothèque ouverte à tous (BPI), l'Institut de recherche et de coordination acoustique/musique (IRCAM), des salles de spectacle et de cinéma, et un espace réservé au jeune public (expositions, ateliers). Il propose aussi des cycles de conférences et une riche programmation de débats et de spectacles sur les arts visuels dans une perspective pluridisciplinaire.

HORAIRES

Tlj sauf mar et 1er mai 11h-21h (fermeture des caisses à 20h) ; nocturne jeu jusqu'à 23h pour les expos temporaires du niveau 6 (fermeture des caisses à 22h). Afin d'éviter la foule, venir en fin de journée ou acheter son billet en ligne sur le site internet *• billetterie.centrepompidou.fr •*

TARIFS

Billet unique pour le musée et les expos temporaires (« Musée et expositions ») : 14 € ; tarif réduit : 11 € ; gratuit moins de 18 ans et demandeurs d'emploi ; gratuit sauf expos temporaires 19-26 ans et pour ts le 1er dim de chaque mois. Billet valable le jour même pour une seule entrée au musée d'Art moderne et pour l'ensemble des expositions du Centre Pompidou. Accès à la vue panoramique du 6e étage seulement : 5 €. Appli gratuite. Rens : ☎ 01-44-78-14-63 ; ou sur place : niveau 0, tlj sauf mar 11h-19h.

RENSEIGNEMENTS

– Pour les manifestations du Centre, les collections du musée national d'Art moderne et la documentation : ☎ *01-44-78-12-33 ou 01-44-78-42-02.* • *centrepompidou.fr* •
♿ Pour le public handicapé : ☎ *01-44-78-49-42.* • *handicap.centrepompidou.fr* •

ACCUEIL

Il se situe au niveau 0. En entrant, on est accueilli par le portrait de l'initiateur du Centre, Georges Pompidou.
Le forum s'étend sur 3 niveaux (- 1, 0 et 1).
Au fond, la billetterie et les vestiaires (gratuits sur présentation d'un titre d'entrée).
À ce niveau 0, une boutique de design. À droite, la librairie.
Au niveau -1, la galerie photo (accès gratuit).
Au niveau 1, à gauche, la salle de cinéma 1 et la Galerie des enfants sur une mezzanine *(ouv 11h-19h).* À droite, le *Café Mezzanine* et une galerie d'expos temporaires.

Le musée national d'Art moderne (MNAM) : *visite guidée du musée sam-dim à 14h et 16h ; 4,50 € en plus du billet « Musée et expositions » ; durée : 1h30. Visite gratuite le 1er dim de chaque mois à 16h. Visites guidées des expos, selon programmation, mer-jeu à 19h, sam-dim à 15h et 17h. Programme complet des visites sur le site internet :* • *centrepompidou.fr* • *Riche programmation enfants, ados, familles.*
Détenteur de la plus grande collection d'art moderne et contemporain en Europe, le musée est en mouvement perpétuel. Les collections riches de près de 100 000 œuvres ne peuvent être exposées simultanément, et les accrochages changent régulièrement (tous les 18 mois environ). L'objectif du musée est de regrouper toutes les formes artistiques présentes dans la collection à travers des salles thématiques ou monographiques. Certaines salles sont ainsi consacrées à l'architecture, au design, ou même à l'art sonore et au multimédia.
Le ***niveau 5*** présente l'***art moderne*** des années 1905 aux années 1965. L'actuelle présentation renoue avec les œuvres emblématiques des collections et propose une traversée des grands mouvements qui ont structuré l'art moderne pendant cette période. S'appuyant sur ces grands jalons historiques, le parcours s'attache ainsi à restituer les grandes étapes de l'histoire de l'art moderne dans toutes ses composantes plastiques et pluridisciplinaires, tout en mettant en évidence la richesse et les apports multiples qui en font la complexité. La collection moderne comprend des ensembles d'œuvres majeures de toutes les grandes figures de l'art moderne et issues des mouvements fondateurs de la modernité : Henri Matisse, Pablo Picasso, Georges Braque, Constantin Brancusi, Robert et Sonia Delaunay, Fernand Léger, Raoul Dufy, Juan Gris, Marcel Duchamp, Henri Laurens, Jean Arp, Vassili Kandinsky, Frantisek Kupka.
Le ***niveau 4*** est lui entièrement consacré aux ***collections contemporaines*** : l'occasion de mettre en valeur les donations et les œuvres acquises de 1965 à nos jours. Les années 1970 et 1980 sont notamment dépeintes à travers différentes installations, à l'instar de *Dream Passage with Four Corridors* (1984) de Bruce Nauman ou *Das Figur-Grund Problem in der Architektur des Barock* (1985) de Reinhard Mucha. Le parcours se poursuit jusque dans les années 1990 et 2000, portant son attention

sur les nouvelles pratiques, notamment celles de l'« esthétique relationnelle ». De grandes œuvres-repères conservées par le musée national d'Art moderne constituent l'ossature du parcours, comme le *Magasin* (1958-1973) de Ben, la *Salle blanche* (1975) de Marcel Broodthaers, *Réserve* (1990) de Christian Boltanski ou *Precious Liquids* (1992) de Louise Bourgeois. Les nouvelles acquisitions sont mises en avant.

Le ***6e niveau*** abrite, sur 3 100 m², les grandes ***expos temporaires.*** N'hésitez pas à aller y faire un tour pour profiter d'une des plus belles vues sur les toits de Paris. Vous êtes ici au centre de la Ville Lumière, ni trop près ni trop loin, juste assez pour reconnaître, admirer et détailler les monuments emblématiques de la capitale.

Les restos : au niveau 1, on trouve le *Café Mezzanine.* Les utilisateurs de la BPI trouveront un *kiosque de restauration rapide* au 2e niveau. Le fin du fin consiste sans doute à aller au *Restaurant-café Georges* du 6e niveau *(☎ 01-44-78-47-99 ; tlj sauf mar 12h-2h),* dès qu'il fait beau, pour profiter de la terrasse offrant un splendide panorama sur les toits de Paris. À partir de 21h, accès autonome en ascenseur par la porte Rambuteau. L'étonnante déco a été conçue par le cabinet Jakob-MacFarlane : d'immenses coques en aluminium qui évoquent soit des cocons de larves, soit, pour ceux qui auraient la dent dure, de gigantesques molaires creuses. Superbe, mais aussi très branché et cher *(club-sandwich 19 €, plats 25-40 €).* On peut également se contenter d'y boire un verre *(7-15 €).*

4e

L'atelier Brancusi : *entrée sur la piazza. Tlj sauf mar 14h-18h. GRATUIT.* Né en 1876 en Roumanie, Constantin Brancusi a vécu dans la capitale de 1904 jusqu'à sa mort en 1956. C'est l'un des sculpteurs les plus importants du XXe s, et la majeure partie de son œuvre a été réalisée dans son atelier du 15e arrondissement. Dans son testament, il a légué celui-ci à l'État français. Mais ce n'est qu'en 1997, à l'occasion du 20e anniversaire du Centre, qu'il a été reconstruit à l'identique sur la piazza. On y trouve près de 140 sculptures, presque 90 socles qui sont autant d'œuvres d'art, ainsi que des dessins et de nombreux tirages photographiques.

LE QUARTIER BEAUBOURG

Prolongement de celui des Halles, à la frontière du Marais, il propose son treillis de ruelles étroites pour échapper rapidement à la raffinerie. Au sud, les rues de La Reynie, Quincampoix, des Lombards, de la Verrerie (vouées à la restauration des touristes), et l'Hôtel de Ville.

La rue Quincampoix *(plan couleur A-B1)* **:** longtemps l'une des plus pittoresques de Paris. Le nord de la rue se balade dans le 3e arrondissement. Nombreuses belles demeures et hôtels particuliers.
Au-dessus du nº 27, à l'angle de la rue Aubry-le-Boucher, jolie façade en trompe l'œil. Jusqu'aux années 1970, les belles demeures de la rue abritèrent les mottes de beurre et les poireaux des mandataires des Halles, ainsi qu'un certain nombre de maisons de passe légendaires. On pouvait joindre le plaisir à l'esthétique en admirant au passage les superbes escaliers à balustres en bois. La rénovation a révélé toute la richesse des façades : encorbellements, pignons, mascarons, balcons de fer forgé, portes monumentales cloutées. Superbe promenade architecturale.

L'église Saint-Merri *(plan couleur B1)* **:** *entrée sur les rues Saint-Martin et de la Verrerie.* Date du milieu du XVIe s. Le flanc nord présente une belle architecture gothique flamboyant. Remarquer sur ce porche le démon sculpté qui prit la place de Dieu sous la Révolution française. Le côté sud-est est parasité, comme cela arrivait souvent dans le passé, par des maisons. Tout autour, les rues Saint-Martin (la plus ancienne de Paris avec la rue Saint-Jacques), de la Verrerie, du Cloître-Saint-Merri et des Juges-Consuls alignent de vieilles demeures et de beaux hôtels particuliers. À l'intérieur de l'église, jolie série de piliers que l'absence de chapiteaux effile. Remarquable sobriété décorative. Nef très profonde, tout comme le chœur. Quelques belles boiseries et vitraux dans les chapelles des 1res travées.

– 2 rues plus haut, noter que la rue Geoffroy-l'Angevin a intégralement conservé son pittoresque tracé médiéval. La ***rue du Temple*** *(plan couleur B1),* dans sa partie 4e arrondissement, propose de charmantes échappées. Au 41, rue du Temple, pénétrer dans la cour de l'ancienne auberge *L'Aigle d'Or,* la dernière survivante à Paris des grandes compagnies de diligences pour la province. Jolies façades. Le bâtiment du fond est occupé par le *Café de la Gare* (excellents spectacles, publicité faite de bon cœur !)... Les autres abritent différents cours de danse. À l'angle de la rue Sainte-Croix-de-la-Bretonnerie, curieuse tourelle d'angle datant de 1610.

La ***rue Saint-Merri*** *(plan couleur B1),* dans laquelle débouche le cul-de-sac du Bœuf, n'a pratiquement pas changé d'apparence depuis le Moyen Âge : gros pavés, ruisseau central. Une anecdote : Voltaire avait protesté contre le maintien du terme « cul-de-sac » et écrit au préfet de police d'alors : « Je trouve qu'une rue ne ressemble ni à un cul, ni à un sac. Je vous prie de vous servir du mot impasse qui est noble, sonore et intelligent. »

La tour Saint-Jacques *(plan couleur A1)* **:** étape importante du pèlerinage de Saint-Jacques-de-Compostelle. Elle connut d'ailleurs un drôle de destin. On raconte qu'en 1382 l'alchimiste Nicolas Flamel y changea du mercure en argent, ou du moins le fit croire à la population. Puis elle fut ajoutée au XVIe s à une église plus ancienne. Elle aida la science, puisque Pascal s'y livrait à des expériences sur la pression atmosphérique ; sa statue est d'ailleurs visible entre les piliers du 1er niveau. On s'en servit aussi de tour de guet pour surveiller le départ d'éventuels incendies. L'église fut démolie à la Révolution, mais le proprio, sentimental, conserva la tour. Celle-ci, bien seulette, fut louée par un armurier qui fabriquait ses plombs de chasse en laissant tomber des gouttes de plomb dans le vide. Ingénieux, non ? Récemment rénovée, elle ne manque pas d'allure et elle est accessible, en principe, de juin à octobre *(ven-dim 10h-21h30 ; résa sur place lun ; 10 €, réduc ; rens : ☎ 01-83-96-15-05),* mais beaucoup d'amateurs et peu d'élus ! On réserve son billet sur le site • *desmotsetdesarts.com* • Après avoir gravi 300 marches, on découvre une bien belle vue sur la capitale.

L'Hôtel de Ville *(plan couleur B1-2)* **:** *siège de la Mairie de Paris. ☎ 01-42-76-50-49. Ⓜ Hôtel-de-Ville, bien sûr ! Visites individuelles suspendues jusqu'à nouvel ordre.* Incendié lors de la Commune de Paris, l'Hôtel de Ville fut reconstruit dans un style néo-Renaissance encore plus grandiloquent que le précédent. À l'intérieur, c'est un parfait chef-d'œuvre du style pompier. Fresques, dorures, bois précieux et lustres de cristal s'y entassent dans une véritable obsession décorative. Des expos temporaires concernant le plus souvent Paris (évidemment !) se tiennent ici régulièrement *(29, rue de Rivoli et 5, rue Lobau ; ☎ 01-42-76-43-43 ou • quefaire.paris.fr • paris.fr • pour connaître le sujet de l'expo ; tlj sauf dim et j. fériés 10h-18h30 ; GRATUIT).*

La ***place de l'Hôtel-de-Ville*** *(plan couleur B1-2)* s'appela jusqu'au milieu du XIXe s place de Grève (parce qu'elle descendait en pente douce vers la Seine). C'est aussi l'origine du mot « grève » : port actif également, la place de Grève concentrait tous ceux qui cherchaient du travail ; marchant de long en large, ils « faisaient la grève » en attendant.

LA MAIN DU DESTIN

Vendeuse au BHV, Juliette Binoche faisait souvent les paquets. En se frottant les yeux avec ses mains (sales), elle attrapa une conjonctivite. Le lendemain, elle fit un casting. Avec ses yeux rougis et larmoyants, Jean-Luc Godard l'embaucha aussitôt pour son film Je vous salue Marie.

La Commune de Paris (de 1789 à 1795) y siégea. Sorte de 3e pouvoir, elle reçut ici le roi, le 17 juillet 1789, pour lui remettre la cocarde tricolore. En septembre 1793, les sans-culottes vinrent demander l'institution de la Terreur. Pendant toute la Révolution, l'Hôtel de Ville fut en effervescence. Robespierre s'y réfugia avant d'être arrêté à son tour.

C'est là que se déroulaient toutes les grandes exécutions capitales. Des condamnés célèbres y perdirent la tête, y furent roués, s'y balancèrent au bout d'une corde ou s'y firent couper en morceaux : Ravaillac, la Brinvilliers (fameuse empoisonneuse), le bandit Cartouche, Damiens (qui tenta de tuer Louis XV), Fouquier-Tinville (accusateur public du tribunal révolutionnaire).

Le 25 août 1944, le général de Gaulle y célébra la libération de Paris devant 200 000 personnes (Pétain en avait réuni autant quelques mois auparavant – ça devait d'ailleurs, pour beaucoup, être les mêmes !).

PARIS *LIBERADA*

Le 24 août 1944, le général Leclerc ordonne au capitaine Dronne d'aller à Paris, en éclaireur. Arrivé à la porte d'Italie, avec ses 3 half-tracks, il se dirige vers l'Hôtel de Ville insurgé. Les soldats seront accueillis par Léo Hamon du Conseil national de la Résistance. Dans ses Mémoires, ce dernier évoquera sa stupéfaction d'accueillir les 1ers soldats français qui ne parlaient... qu'espagnol. C'était des républicains qui avaient fui l'Espagne franquiste !

4e

Le cloître des Billettes *(plan couleur B1)* **:** *22-26, rue des Archives, 75004. On peut le visiter dans le cadre des expos temporaires ; en général, tlj sauf lun 11h (14h dim)-19h (dans la mesure où il y a une expo).* Dernier cloître médiéval à Paris (édifié en 1427), avec de belles arcades à voûtes flamboyantes. L'église des Billettes, qui abrite le cloître aujourd'hui, date du XVIIIe s. Vous avez des chances de la visiter lors des concerts ou petites expos qui s'y tiennent régulièrement. À la fin du XIIIe s, l'usurier Jonathas prêta de l'argent à une pauvre femme. Comme elle était incapable de le rembourser, il lui demanda de lui apporter une hostie le jour de Pâques. Il s'acharna alors sur l'hostie, la taillada, mais elle se mit à saigner et à virevolter dans l'air. De rage, il la plongea dans un chaudron d'eau bouillante qui se changea en sang et déborda dans la rue. Une voisine courageuse portera l'hostie au curé de Saint-Jean-en-Grève. Jonathas, lui, pour de vrai, sera écartelé en place de Grève. On ne rigolait pas avec ça ! Un couvent fut édifié ensuite, puis une église.

La maison de Jacques Cœur *(plan couleur B1)* **:** *40, rue des Archives, 75004.* Aujourd'hui, elle abrite une école communale. Lors d'un ravalement, on découvrit avec étonnement que sous l'enduit qui la recouvrait complètement se cachait un ensemble de briques rouges, briques noires en losanges, traces de moulures et de fenêtres à meneaux. Cela permit de dater la maison du XVe s et d'en trouver le propriétaire : Jacques Cœur, grand argentier – gestionnaire des dépenses du royaume – du roi Charles VII. Cela en fait l'une des plus anciennes maisons de Paris.

LE QUARTIER SAINT-GERVAIS-SAINT-PAUL

Sud du Marais, séparé de la partie nord par la rue Saint-Antoine et la rue de Rivoli c'est le quartier qui, en 2 décennies, a subi le plus de changements sociologiques, puisqu'il a pratiquement perdu toute son atmosphère populaire et beaucoup de vieilles maisons. Une superbe promenade architecturale.

L'église Saint-Gervais-Saint-Protais *(plan couleur B2)* **:** *pl. Saint-Gervais, derrière l'Hôtel de Ville.* Dédiée à l'origine à une corporation des marchands de vin, elle est devenue celle de l'aristocratie du Marais. Bien plantée sur son tertre qui lui épargne les risques d'inondations, on y accède par un grand escalier. Façade classique et sévère superposant les 3 ordres grecs : dorique, ionique et corinthien. À l'intérieur, superbe voûte élancée du XVIe s. Triple nef de style gothique flamboyant, buffet d'orgue du XVIIIe s comprenant 2 400 tuyaux – parmi les dernières orgues de cette époque subsistant à Paris. S'y sont succédé 8 générations de Couperin (dont le fameux François) qui habitaient une maison attenante, en quelque sorte à proximité de leur outil de travail ! Toutes les chapelles présentent des fresques, tableaux, sculptures ou vitraux du XVIIe s. À l'entrée du chœur, stalles du XVIe s avec des scènes amusantes sous les sièges ; au XVIIe s, un rabot censeur est venu assagir les plus osées. Derrière le chœur, chapelle de la Vierge avec une clé de voûte pendante, de 2,50 m de diamètre. Vitraux magnifiques, un christ en croix du XIXe s et une grille ouvragée du XVIIe s. En 1918, lors du Vendredi saint, un obus de la Grosse Bertha provoqua l'effondrement d'une partie de la voûte, tuant 51 personnes.

La balade dans le quartier commence, bien sûr, par le superbe immeuble du XVIIIe s s'étendant du 2 au 14, ***rue François-Miron*** *(plan couleur B-C2)*, sur le flanc gauche de Saint-Gervais. Aux balcons, sous lesquels on rendit la justice pendant des siècles, élégantes ferronneries en forme d'orme. À quelques mètres sous les pavés, on a aussi mis au jour une rare nécropole mérovingienne (IVe-VIIe s apr. J.-C.). Au no 82, un bel hôtel avec balcon à consoles, ferronneries. Aux nos 11-13, 2 maisons à colombages parmi les plus anciennes de Paris : « À l'enseigne du faucheur » et « À l'enseigne du mouton ». Restaurées en 1967, elles dateraient du XIVe s. 4e

La ***rue de l'Hôtel-de-Ville*** *(plan couleur B-C2)* a été restaurée dans sa plus grande partie. Anciennement rue de la Mortellerie, de 1212 au XIXe s – inscription gravée dans la pierre au no 95 (les *mortelliers* étaient les ouvriers maçons et gâcheurs de mortier). Après la grande épidémie de choléra de 1832, qui décima Paris, les habitants survivants, trouvant que le nom de leur rue était trop morbide, obtinrent son changement en celui de l'Hôtel-de-Ville. Nombreuses maisons en encorbellement. Au no 84 (piliers sculptés), siège des Compagnons du devoir du tour de France, la plus ancienne corporation et gardienne des traditions du pays. Au no 62, à l'angle avec la rue des Barres, un restaurant occupe une ancienne boulangerie : grille extérieure ouvragée et plafond de céramique.

Le Mémorial de la Shoah *(plan couleur B2)* **:** *17, rue Geoffroy-l'Asnier, 75004. ☎ 01-42-77-44-72. ● memorialdelashoah.org ● Ⓜ Saint-Paul ou Pont-Marie. Tlj sauf sam, j. fériés et fêtes juives 10h-18h (22h jeu). GRATUIT. Salle de lecture, centre multimédia, espace dédié aux expos temporaires (entrée gratuite) et librairie. Également un auditorium où plusieurs manifestations hebdomadaires sont programmées (lectures, conférences, projections de films...) ; entrée : 5 €, réduc. Livret d'accompagnement payant destiné aux enfants (la muséographie les protège des photos les plus violentes) et ateliers pédagogiques (6 €) pdt les vac scol. Visite guidée gratuite dim à 15h. Une suggestion : commencer par la visite du musée d'Art et d'Histoire du Judaïsme, qui n'est pas très loin (voir dans le 3e arrondissement).*

Comprendre le passé pour éclairer l'avenir, telle est la vocation du Mémorial de la Shoah, à la fois lieu de mémoire, musée, centre de documentation et d'éducation ; un lieu de vie et d'échange intégré à la vie quotidienne, où se croisent groupes scolaires, grand public, familles de victimes et historiens. Dès 1943, dans la France occupée, Isaac Schneersohn décidait avec 40 représentants d'organisations juives de mettre en place une structure qui rassemblerait des preuves de la persécution des juifs : ainsi naquit le Centre de documentation juive contemporaine (CDJC). En 1956 fut inauguré le Mémorial du martyr juif inconnu, abritant un parvis (espace de transition entre la vie quotidienne et le lieu de mémoire) et une crypte (tombeau symbolique de 6 millions de juifs morts sans sépulture). En face du tombeau, la porte d'un baraquement d'un camp d'internement français.

L'actuel Mémorial de la Shoah est issu du remodelage des 2 institutions préexistantes. Le « mur des Noms » porte les patronymes de 76 000 juifs déportés de France entre 1942 et 1944. En un seul regard, il fait prendre la mesure de toute l'horreur de la Shoah, que l'on retrouve dans l'exposition permanente au sous-sol. Avec plusieurs millions de pages de documents d'archives, une bibliothèque de 36 000 ouvrages et 220 000 documents photographiques, c'est le plus grand centre de recherche en Europe sur la Shoah. On retrouvera, entre autres, les archives de la Gestapo, celles ayant trait à la persécution des juifs de France, dont les listes originales des convois de déportation, des témoignages de la Fondation Spielberg et des documents datant du procès de Nuremberg.
Depuis 2006, dans l'allée des Justes, à l'extérieur du bâtiment, 3 376 noms de Français sont gravés sur des plaques de bronze et constituent le « mur des Justes ». Depuis 1963, plus de 24 000 personnes dans le monde ont été reconnues « Juste parmi les Nations ».
– ***L'exposition permanente :*** à ne pas manquer. À l'aide d'outils multimédias, elle aborde l'histoire de la présence des juifs en France depuis le IVe s, date du début de la diaspora. Elle décrit de manière détaillée l'alternance des époques où les juifs furent acceptés ou rejetés au sein de la population française, jusqu'à leur expulsion en 1394. Excellent film introductif sur les origines de l'antijudaïsme et de l'antisémitisme. La religion hébraïque et la culture juive sont illustrées par une multitude de documents visuels et de notices historiques explicites. La Révolution française, en assimilant les juifs comme citoyens français à part entière, permet à de nombreux juifs de considérer la France comme un pays d'accueil idéal où ils peuvent prospérer en toute liberté, même si l'affaire Dreyfus vient, au tournant du XXe s, exacerber les sentiments antisémites d'une partie de la population. Au sein de la communauté juive (on dit « israélite » à partir de Napoléon) apparaissent des figures remarquables qui contribuent au progrès de la société française et au rayonnement de sa culture : Albert Kahn, Tristan Bernard, Henri Bergson, Jacques Offenbach, Sonia et Robert Delaunay, Sarah Bernhardt, Max Jacob, Marcel Proust, André Citroën, Léon Blum, Georges Mandel...
À la montée du nazisme, la France devient une véritable terre de refuge pour tous les juifs victimes des lois de Nuremberg. Ils pensent y trouver un abri jusqu'à la défaite française de 1940 face aux armées allemandes. L'avènement du régime de Vichy et la collaboration de l'État français et de sa police jetteront une tache indélébile sur l'histoire de France. La déportation des juifs de France commence en mars 1942, quelques mois avant la trop célèbre rafle du Vél'd'Hiv.
La Shoah proprement dite (le meurtre de masse planifié par les nazis) fait l'objet d'une description détaillée, et souvent terrible en raison de l'impact que peuvent avoir certains documents photographiques ; il convient de l'épargner aux trop jeunes enfants. Parallèlement à ce volet français sont décrits la montée du nazisme en Allemagne et les moments forts de l'histoire européenne de l'époque.
Toute cette partie ne nécessite aucun commentaire, les documents exposés, jusqu'à la fin de la guerre et à la découverte des camps d'extermination, parlent d'eux-mêmes. On termine la visite par un émouvant mur de photographies d'enfants juifs de France exterminés au nom de la folie des hommes.
Et n'hésitez pas à vous renseigner sur les conditions de visite du Mémorial de la Shoah de Drancy (93).

L'hôtel de Beauvais *(plan couleur C2) : 68, rue François-Miron, 75004.* Ⓜ *Saint-Paul. Accès à la cour lun-ven 9h-17h.*
À notre avis, le plus bel édifice du quartier. Abrite aujourd'hui la cour administrative d'appel. Date du XVIIe s. Cet hôtel fut offert à Catherine de Beauvais, surnommée Cateau la Borgnesse, femme de chambre de la reine Anne d'Autriche, pour la remercier d'avoir déniaisé le jeune Louis XIV à 16 ans. On raconte que la mère de celui-ci, Anne d'Autriche, en fut folle de joie, elle qui avait dû vivre pendant tant d'années avec un mari impuissant (Louis XIII, peu porté sur le sexe).

En 1660, à Paris, lors de l'entrée triomphale de Louis XIV avec sa jeune épouse, Marie-Thérèse, il y avait du beau linge aux balcons de l'hôtel : Anne d'Autriche, la reine d'Angleterre, Turenne, Mazarin et, bien sûr, Cateau la Borgnesse, qui ne dut pas manquer de faire un clin d'œil de connivence au roi. On raconte qu'elle collectionna par la suite les archevêques. Mozart séjourna en ces lieux, qui appartenaient alors à l'ambassadeur de Bavière.

À gauche, un superbe escalier en pierre, avec chapiteaux corinthiens et plafond sculpté. La cour, de forme ovale, est entourée de pilastres et colonnes ioniques avec un balcon au milieu, surmonté d'une curieuse lucarne. Sur les façades, des mascarons de pierre, figurant un bélier (son nom de jeune fille était Catherine Bélier) ou un lion (le pouvoir). Limité par les constructions tout autour, l'architecte tira le meilleur parti de la situation.

QUAND LA RUE SE DÉ-CHAÎNE !

Un peu d'histoire : les anneaux qui surmontent les grosses bornes, à l'entrée de certaines rues, n'étaient pas destinés à attacher les chevaux mais à tendre des chaînes en travers des rues. Au Moyen Âge, les rois craignaient beaucoup les émeutes parisiennes ; aussi, en cas de trouble, ils essayaient ainsi de réduire la liberté de circulation des piétons et des cavaliers.

– Toujours rue François-Miron, des nos 72 à 78, belles façades du XVIIIe s. Tous les immeubles ont été superbement rénovés.

4e

La Maison européenne de la Photographie *(plan couleur C2)* **:** *5-7, rue de Fourcy, 75004. ☎ 01-44-78-75-00. • mep-fr.org • Ⓜ Saint-Paul ou Pont-Marie. Tlj sauf lun-mar et j. fériés 11h-19h45. Entrée : 9 € ; tarif réduit : 5 € ; gratuit moins de 8 ans.* Depuis 1996, l'hôtel Hénault de Cantobre, un bel hôtel particulier restauré, présente d'intéressantes expositions temporaires de photographies anciennes ou contemporaines en tirages originaux (Salgado, Depardon, Newton, Parr, Klein y ont été exposés), ainsi qu'une bibliothèque, une vidéothèque et une librairie : une référence à Paris sur le sujet, qui satisfera les amoureux de la petite bobine argentique. Bien se renseigner sur le programme des expositions, des rencontres et des projections.

L'hôtel de Sens *(plan couleur C2)* **:** *1, rue du Figuier, 75004. ☎ 01-42-78-14-60. Ⓜ Pont-Marie. Tlj sauf dim-lun ; expos temporaires mar-sam 13h-19h. GRATUIT.* L'un des derniers témoignages de l'architecture civile médiévale, transformé en bibliothèque spécialisée dans les arts et les arts décoratifs. On en découvre la façade et la cour intérieure. L'hôtel de Sens fut construit sur ordre de l'archevêque de Sens : son aspect ressemble à la fois à un hôtel et à une forteresse. Il rappelle à bien des égards les châteaux forts : tourelles d'angle à poivrières, échauguettes, et une tour avec balcon ajouré et encorbellement. Entre 1689 et 1743, ce fut le siège des « messageries, coches et carrosses de Lyon et Franche-Comté », puis on l'utilisa comme conserverie, fabrique de confitures... L'édifice possède de superbes fenêtres, lucarnes ouvragées, et surtout un remarquable porche gothique doté d'une belle voûte. En fait, l'archevêque mourut avant de l'habiter. En revanche, ses successeurs le louaient. C'est ainsi qu'à son retour de captivité après sa répudiation par Henri IV la reine Margot résida dans cet hôtel. Elle y collectionnait les cheveux de ses amants pour s'en faire des perruques (pas bien nette, la fille).

La muraille de Philippe Auguste *(plan couleur C2)* **:** à côté du lycée Charlemagne, la destruction des maisons de tout un côté de la rue des Jardins-Saint-Paul a au moins permis la mise au jour d'une portion très importante de l'enceinte de Philippe Auguste et de la poterne Saint-Paul. L'espace laissé libre fait la joie des gamins du quartier, qui ont tôt fait d'y élire leur terrain de jeux. 2 tours et une longue muraille de 70 m. En fait, l'expansion de Paris fut si rapide à l'époque que les nouvelles maisons utilisèrent la muraille comme point d'appui, ce qui la préserva. Au nº 12, jolie fontaine.

Le village Saint-Paul *(plan couleur C2)* **:** *entre le quai des Célestins, la rue Saint-Paul et la rue Charlemagne. Tlj sauf mar 11h-19h (21h 1er jeu de chaque mois).* Construits sur les anciens jardins de Charles V, les immeubles insalubres du XVIe s et les fontaines ont fait peau neuve. Les jolies petites cours intérieures à l'abri de la circulation sont devenues un rendez-vous de balade prisé du quartier. Une chine bien organisée et bourgeoise a pris le relais de la petite chine sauvage. Plus de 80 designers, antiquaires et galeristes y ont ouvert leurs portes, faisant de ce microcosme un lieu de shopping prisé des portefeuilles bien fournis ! Selon les heures, l'ensemble peut manquer un peu d'animation. Quelques petits restos avec d'agréables terrasses.

Jolie maison rénovée, à l'angle des rues Charlemagne et Eginhard. Encore plus belle la nuit, quand la lumière met en valeur les tons chauds de la pierre. Dans la petite ***rue Eginhard*** en coude, gros pavés, ruisseau axial et vestiges de fontaine ancienne dans un cul-de-sac.

L'église Saint-Paul-Saint-Louis *(plan couleur C2)* **:** *par la rue Saint-Paul, rejoindre la rue Saint-Antoine. Tlj 8h-20h. Visite guidée (gratuite) les 1er, 2e et 4e dim de chaque mois à 15h.* Église des jésuites, édifiée en 1627 dans le style dit « jésuite », voulue par Louis XIII. Possède une belle façade à 3 étages surmontée de colonnes corinthiennes. La nouveauté réside dans l'apparition d'un dôme. Richelieu en posa la 1re pierre, offrit les magnifiques portes sculptées et y dit la 1re messe. Bossuet y prononça des sermons célèbres, et le prédicateur Bourdaloue y attirait les foules (il y est d'ailleurs enterré). Les nobles, dont Mme de Sévigné, envoyaient leurs valets plusieurs heures à l'avance occuper les meilleures places. Dans des écrins, on avait entreposé les cœurs de Louis XIII et Louis XIV. Pendant la Révolution, un « patriote » les vola pour fabriquer de la teinture... L'intérieur est très lumineux : pilastres à chapiteaux corinthiens, voûte de la nef en anse de panier. Nette influence du baroque italien. Plafonds sculptés et coupole haute de 55 m, ce qui fut considéré à l'époque comme un grand exploit technique. Tambour de la coupole peint en trompe l'œil. Très réussi. On y voit notamment Clovis, Charlemagne, Robert le Pieux, Saint Louis... Les 2 grands bénitiers en coquillage à l'entrée furent offerts par Victor Hugo, qui fréquentait cette paroisse en voisin. Au-dessus de l'arcade menant à la sacristie, *Le Christ au jardin des Oliviers* de Delacroix. En face, *Saint Louis recevant la couronne d'épines du Christ.* Dans le transept gauche, une peinture montre Louis XIII faisant cadeau de l'église.

– Pour sortir de l'église, nous conseillons d'emprunter la porte latérale (à gauche en regardant l'autel) et de rejoindre la rue Saint-Paul par le pittoresque ***passage Saint-Paul*** *(plan couleur C2).* Il n'a pratiquement pas changé d'aspect depuis le XVIIIe s. Les vieilles bornes qui protégeaient les piétons des carrosses montent toujours la garde. Sortie du passage au 45, rue Saint-Paul.

La ***rue Saint-Antoine*** *(plan couleur C-D2)* possède encore de nombreuses vieilles maisons ou hôtels intéressants. Cette ancienne voie gallo-romaine était l'axe est de la ville. À l'ouest, on trouvait la rue Saint-Honoré, au nord la rue Saint-Martin, et au sud la rue Saint-Jacques. Au nº 133, splendide balcon en ferronnerie, soutenu par des chimères.

La rue Saint-Paul *(plan couleur C2)* **:** « l'artère du quartier ». Elle existait déjà en 1350 sous ce nom. À partir de maintenant, vous allez aborder un ensemble de rues architecturalement homogènes et relativement épargnées. À l'angle de la rue des Lions-Saint-Paul, une tourelle quadrangulaire du XVIe s. Dans cette maison habitait un médecin réputé, partisan de la saignée. Il eut pour patient Louis XIII lui-même, qu'il saigna 47 fois en une année ! On comprend mieux son manque d'entrain au lit.

À l'angle des rues Saint-Paul et Neuve-Saint-Pierre, pan de mur de l'***ancienne église Saint-Paul,*** détruite après la Révolution. Ce qui reste est un vestige de la tour-clocher. Ici se trouvait aussi le ***cimetière Saint-Éloi.*** Fermé en 1791 pour permettre la construction de bâtiments, il ne fut pas déplacé. Si bien que sous vos pieds, des occupants aussi illustres que le Masque de fer, Jean Nicot (mort en 1600, dont le nom donna le mot « nicotine »), François Rabelais (mort en 1553) et Madeleine Béjart (maîtresse et non moins belle-mère de Molière) hantent encore les lieux.

LE MYSTÈRE DE L'HOMME AU MASQUE DE FER

Il est l'un des prisonniers les plus fameux de l'histoire de France. Le point de départ de l'affaire, en 1703, est la mort, au terme d'une longue captivité à la Bastille, d'un prisonnier dont nul ne connaissait le nom ni le motif d'incarcération. Il aurait été enterré sous le nom de Marchiali. L'Homme au masque de fer est devenu, sous la plume de Voltaire, un symbole de l'absolutisme monarchique.

Le musée de la Magie et le musée des Automates *(plan couleur C2)* **:** *11, rue Saint-Paul, 75004. ☎ 01-42-72-13-26. • museedelamagie.com • Ⓜ Saint-Paul ou Sully-Morland. Mer, w-e et certains j. fériés 14h-19h ; pdt petites vac scol (zone C), tlj 10h30 (14h w-e)-19h. Entrée : 14 € ; 10 € 3-12 ans. Sur présentation de ce guide, une entrée enfant offerte pour une famille composée de 2 adultes et 2 enfants.*

Avis aux prestidigitateurs amateurs ! Niché dans des caves voûtées du XVIe s, ce musée abrite une collection unique au monde, rassemblée en 1993 par Georges Proust, parent du célèbre Marcel. En tout et pour tout, plus de 3 000 objets et documents, allant de 1870 à 1970, y sont présentés. Illusions d'optique, appareils de physique amusants et boîtes à secrets, objets truqués aussi célèbres que la femme sciée, d'autres utilisés pour le spiritisme, affiches... Tous les curieux seront ravis. Un historique de la magie et des grands noms qui ont marqué cet art ponctue le voyage. Un art qui touchait toutes les couches de la société et s'exposait dans la rue, les fêtes de village ou les cabinets de curiosités, avant que Robert-Houdin ne monte sur les planches en 1845 pour offrir le 1er véritable spectacle de magie.

Un spectacle de prestidigitation de 20 mn est d'ailleurs proposé au cours de la visite et met la perspicacité des visiteurs à l'épreuve *(ttes les 30 mn ; dernier à 18h30).* N'hésitez pas, Cocteau lui-même vous y invite : « Homme aux mille mains, je forme des vœux pour que votre art se lègue, parce qu'il s'adresse à ce que le monde conserve en lui de meilleur : l'enfance. »

Une collection d'automates anciens et contemporains est également présentée, que l'on peut animer soi-même. Amusants ces automates populaires, cibles de fêtes foraines, déclenchant une animation cocasse (Ah la belle-mère, elle en prend pour son grade !). D'une certaine façon, c'est un peu magique aussi...

La rue des Lions-Saint-Paul *(plan couleur C2)* **:** tout au long de cette rue, nombreux hôtels dignes d'intérêt. Au n° 11, maison où vécut Mme de Sévigné toute jeune mariée et où – faute de mieux – elle passa son temps à écrire. Sa fille, Mme de Grignan, destinataire de bon nombre de ses fameuses lettres, y naquit.

La rue Charles-V *(plan couleur C2)* **:** voir, au n° 12, l'hôtel de la marquise de Brinvilliers, la célèbre empoisonneuse du XVIIe s, qui s'exerça sur des patients de l'Hôtel-Dieu et sur ses domestiques avant d'éliminer sa 1re victime, son père, afin d'obtenir la fortune familiale. Elle fut décapitée place de Grève, actuelle place de l'Hôtel-de-Ville. Dans la cour à gauche, vaste cage d'escalier avec superbe rampe en fer forgé. Jardin intérieur. La porte est malheureusement presque toujours fermée, mais la façade demeure intéressante.

La rue Beautreillis *(plan couleur C2)* **:** tout le charme provincial d'une ancienne rue de Paris.

À l'angle de la rue du Petit-Musc et de la rue Saint-Antoine, l'***hôtel de Mayenne*** *(plan couleur D2),* de 1612 (aujourd'hui école des Francs-Bourgeois), et, un peu plus loin, rue Saint-Antoine, à l'angle de la rue Castex, l'***église réformée Sainte-Marie.*** Son dôme est considéré comme une esquisse de celui des Invalides. En face, Beaumarchais et, toute proche, la colonne de la Bastille.

La ***rue du Petit-Musc*** *(plan couleur C-D2)* a peu de chose à voir avec le parfum du même nom : il s'agit d'une corruption de l'expression « pute y muse », ce qui donne une idée du type d'activités qui y avait cours du temps du port des Célestins. Adorable maison de la fin du XVIIIe s, à l'angle avec la rue de la Cerisaie. Une profusion de sculptures, guirlandes et fruits, atlantes et clocheton parent le magnifique hôtel Fieubet (XVIIe s) – à l'angle du quai des Célestins –, édifié sur les plans de Jules Hardouin-Mansart et fortement remanié au milieu du XIXe s. Le nom de la rue rappelle qu'un roi avait fait planter dans le coin 1 000 cerisiers.

4e

Le Pavillon de l'Arsenal *(plan couleur C3)* **:** *21, bd Morland, 75004. ☎ 01-42-76-33-97. • pavillon-arsenal.com • Ⓜ Sully-Morland. Mar-dim 11h-19h. GRATUIT. Visite guidée gratuite de l'expo permanente sam-dim à 17h ; résas : • infopa@pavillon-arsenal.com • Conférences, visites guidées, ateliers... Tt le programme sur le site internet.*
Ce bâtiment, surmonté d'une verrière caractéristique de la fin du XIXe s, est dédié à l'architecture et à l'urbanisme, et plus particulièrement à l'histoire récente de Paris et de la métropole parisienne.
Au rez-de-chaussée, une belle exposition permanente intitulée « Paris, la métropole et ses projets ». Elle retrace l'évolution de la métropole au travers des siècles, son actualité et ses perspectives d'évolution selon différentes échelles, le tout grâce à des maquettes, des films, des plans et de très belles photos.
Au cœur de l'exposition, une maquette numérique interactive aux dimensions exceptionnelles (40 m²) permet de comprendre ce territoire selon différentes échelles. Ainsi, chacun peut, par une navigation simple géographique, thématique ou par mots-clés, rechercher l'ensemble des projets ou réalisations, découvrir les futures infrastructures du Grand Paris ou plus simplement ce qui va se passer à côté de chez lui.
Aux 1er et 2e étages, de grandes expositions temporaires (6 par an) offrent une lecture plus thématique de l'architecture et de l'urbanisme parisiens. Petite librairie spécialisée sur Paris et l'architecture contemporaine. En face du pavillon, un curieux bronze intitulé *L'Homme aux semelles devant* rend hommage à Arthur Rimbaud.
Et pour info, puisque vous êtes là, sachez que le boulevard Morland reprend le tracé d'un ancien bras de la Seine – le bras de Grammont –, qui délimitait l'île Louviers au nord ; ce bras fut comblé en 1844.

L'ÎLE DE LA CITÉ
(partie 4e arrondissement ; plan couleur A-B2)

Cette autre moitié de l'île, sise dans le 4e arrondissement, a été quasiment rayée de la carte par Haussmann, qui y installa sa préfecture de police et son moche tribunal de commerce. Heureusement, il y a la merveilleuse Notre-Dame, le monument le plus visité de France (2 fois plus que la tour Eiffel) avec 14,3 millions de visiteurs par an, soit une moyenne de 39 000 personnes par jour !

La cathédrale Notre-Dame (plan couleur A-B2)

Pl. du Parvis-Notre-Dame, pl. Jean-Paul-II, 75004. Rens : ☎ 01-42-34-56-10. • notredamedeparis.fr • Ⓜ Cité ou Saint-Michel ; RER B et C : Saint-Michel-Notre-Dame. Tlj 8h-18h45 (19h15 w-e). Messes en sem à 8h, 9h, 12h et 18h15, sam à 8h, 9h, 12h et 18h30, dim à 8h30, 10h, 11h30, 12h45 et 18h30. ATTENTION, pdt les différents offices, le silence est évidemment de rigueur, et seuls les collatéraux sont accessibles. Visite guidée (contribution libre) de la cathédrale lun-ven à 14h et 15h (sauf le 1er ven de chaque mois et ven du carême), sam-dim à 14h30 ; rens à l'accueil pour les visites en langues étrangères ; rdv sous l'orgue ; durée : 1h-1h30. Audition d'orgue gratuite presque ts les sam à 20h ; les organistes viennent du monde entier. Nombreux concerts. Audioguide : 5 €. Boutique.

La 1re approche se fait généralement par la place du Parvis. Ce parvis n'était pas aussi vaste au Moyen Âge : d'étroites rues le bordaient, et les constructions bouchaient la vue que les passants avaient sur l'édifice. C'est une fois de plus Haussmann qui finit de dégager les maisons et les rues. On peut aujourd'hui voir au sol la délimitation de l'emprise des anciens bâtiments d'habitation, de chapelles et de l'ancien Hôtel-Dieu.

Près de 2 siècles furent nécessaires à la construction de l'édifice. Au milieu du XIIe s, l'évêque de Paris, Maurice de Sully, décida de bâtir une prestigieuse cathédrale. À l'époque, de récentes découvertes architecturales permirent de faire entrer davantage de lumière dans les édifices ; c'est ce qu'on a appelé le gothique. Des architectes anonymes, puis Jean de Chelles et Pierre de Montreuil (celui de la Sainte-Chapelle) furent chargés de diriger les travaux. Vers 1340, l'édifice était achevé. On pense qu'alors la cathédrale était peinte à l'intérieur et à l'extérieur jusqu'au niveau des rois de Juda.

Bien entendu, de nombreux événements ont rythmé sa longue histoire : parmi les plus marquants, l'arrivée de la Couronne d'épines en 1239 rapportée par Saint Louis, le procès de réhabilitation de Jeanne d'Arc, le mariage entre Marguerite de Valois et Henri de Navarre. Pendant la Révolution, les cloches furent fondues, et les rois de Juda sur la façade décapités. Les révolutionnaires les avaient pris pour... les rois de France ! Puis le sacre de Napoléon en 1804. Enfin, la messe de Libération en août 1944, au cours de laquelle le général de Gaulle – qui chanta, faux paraît-il, un *Magnificat* – échappa à son 1er attentat. Et la venue des papes Jean-Paul II et Benoît XVI...

L'extérieur

En observant attentivement, mais avec un peu de recul, la façade ravalée, vous verrez qu'elle est constituée de 3 parties distinctes, tant du point de vue horizontal que vertical – tout un symbole ! Dans le sens de la verticalité, les différentes parties illustrent la Trinité (le Père, le Fils et le Saint-Esprit), alors que dans l'autre sens, c'est l'humanité qui est évoquée dans la tripartition. L'intersection de ces 2 axes illustrant l'Incarnation de Dieu. Et pour ce faire, les architectes ont utilisé le cercle (la rosace) et le carré : ce dernier évoque l'humanité (les 4 points cardinaux, les 4 éléments...), tandis que le cercle représente Dieu, dont le règne n'a ni début ni fin ; et c'est l'inscription du cercle dans le carré qui illustre l'Incarnation de Dieu. Si ça ne vous semble pas tomber sous le sens, ce n'est pas pour autant tiré par les cheveux ! À l'époque, l'architecture est un art de célébration, et on est alors bien loin de l'art pour l'art.

La façade principale est composée de 3 gigantesques portails : du Couronnement de la Vierge (à gauche), du Jugement dernier et de sainte Anne (mère de Marie). Sur le tympan de ce dernier portail, Vierge en majesté, romane, hiératique, qui surplombe les linteaux ; elle proviendrait de l'église primitive.

Sur le portail de la Vierge, remarquable tympan. Les statues des ébrasements des portails sont de Viollet-le-Duc. Sur le portail du Jugement dernier, on reconnaîtra facilement les démons de l'Enfer (à gauche du Christ) et le Paradis (à droite). Sur le portail Sainte-Anne, de style gothique, encore des anges, des saints et des rois. Au-dessus, la galerie des Rois, en rang d'oignons. Les 28 rois de Juda et d'Israël furent décapités et brisés par les révolutionnaires en 1793. Viollet-le-Duc les fit refaire dans le style du XIXe, sans oublier, au passage, de doter l'une des statues – saint Thomas – de ses propres traits ! Il n'y a pas si longtemps, on retrouva les têtes originales dans les sous-sols d'une banque de la chaussée d'Antin. Elles sont aujourd'hui exposées au musée de Cluny.

ON IRA TOUS AU PARVIS

Pour faciliter la compréhension des lectures évangéliques, les bénédictins commencèrent à en mimer les scènes devant les cathédrales. Apogée de cette pratique très populaire : l'histoire du Salut des hommes où la façade de l'église représentait le Paradis, d'où le nom de « parvis » qui en découla pour désigner le lieu de ces rites.

Au-dessus de la galerie des Rois, la rosace, d'une étonnante pureté. Son diamètre de près de 10 m prouve l'audace des architectes de l'époque. On a peine à imaginer, il y a plus de 7 siècles, les artisans grimpés sur d'incroyables échafaudages pour édifier, pierre à pierre, ce château de dentelle. Ce sont les plants de roses orientales (rose de Damas...), rapportés des 1res croisades, qui ont été à l'origine de l'engouement de l'Occident pour leur parfum, leur symbolique (amour, pureté...), tant dans la vie profane que religieuse. Au-dessus, une série d'arcades accentue l'impression de légèreté.

Devant la cathédrale, une étoile de bronze figure le centre de Paris. C'est aussi de là que sont calculées, depuis le Moyen Âge, les distances reliant les différentes villes de France à la capitale.

Les tours

*Accès par l'angle de la rue du Cloître-Notre-Dame, 75004. Rens : ☎ 01-53-10-03-41. Oct-mars, tlj 10h-17h30 ; avr-sept, tlj 10h-18h30 (23h ven-sam juil-août) ; fermeture des caisses 45 mn avt. Fermé 1er janv, 1er mai et 25 déc. **Attention,** la résa est obligatoire, et le jour même ; télécharger l'appli* Jefile *(utilisable à partir de 7h30) ou utiliser les bornes au pied des tours (à partir de 9h15). Entrée : 10 € ; tarif réduit : 8 € ; gratuit moins de 26 ans. Parfois un peu d'attente en haut des tours, pour réguler la circulation des flux de visiteurs.*

Surplombant cet ensemble majestueux des XIIe et XIIIe s, les tours abritent, pour l'une, les 2 bourdons, dont l'un, Emmanuel de son petit nom, est une énorme cloche de 13 t (le battant pèse, à lui seul, 500 kg) qui requérait la force de 16 hommes quand elle était activée par des cordes (jusqu'au XIXe s) ; dans l'autre tour, 8 nouvelles cloches reconstituent le paysage sonore du XVIIIe s. Les tours sont accessibles par des escaliers de 400 marches au total. Vous parviendrez, grâce à eux, sur la plateforme de la tour sud, offrant à vos yeux ébahis une vue splendide sur la flèche et tout Paris. Les gargouilles d'évacuation des eaux, aux têtes grimaçantes de Viollet-le-Duc, donnent un brin d'humour à l'édifice. Également des chimères (animaux hybrides fantastiques), œuvres de l'architecte et installées à partir de 1850, censées protéger la cathédrale des esprits mauvais. La flèche, haute de 45 m, c'est-à-dire à 96 m au-dessus du sol, fut rétablie dans les années 1850, toujours par le même

RIEN N'EST PARFAIT !

Si vous comptez les statues des saints à la base de la tour gauche, vous en trouverez 10. En revanche, en bas du clocher droit, on n'en compte que 9. Pourquoi, alors que cette façade est un chef-d'œuvre de symétrie ? Parce que, selon les bâtisseurs de cathédrale, rien n'est parfait sur Terre. La perfection n'existe qu'au Ciel...

Viollet-le-Duc. Elle est entièrement constituée de chêne recouvert de plomb et pèse près de 750 t. À son sommet, un coq boule contient les reliques de sainte Geneviève et de saint Denis, ainsi qu'un morceau de la couronne d'épines. À sa base, les statues des 12 apôtres exécutées en cuivre repoussé, par le sculpteur Geoffroy-Dechaume. Observez bien l'apôtre Thomas : Viollet-le-Duc lui a donné ses propres traits.
Un coup d'œil sur le parvis de la cathédrale : le tracé clair indique l'emprise des constructions pré-haussmanniennes.

L'intérieur

L'ampleur de la nef saisit d'emblée. Sa pureté ne peut laisser indifférent. D'énormes piliers supportent la charge, relayés à l'extérieur par de gracieux arcs-boutants. Observez d'ailleurs bien les piliers : ils portent parfois la signature d'un artisan ; ceux-ci devaient, chaque soir, indiquer le travail qu'ils avaient effectué pour se faire payer et marquaient donc la pierre de leur empreinte (voir, par exemple, l'avant-dernier pilier droit avant le transept ; mais ouvrez vos mirettes, il y en a beaucoup d'autres !).
Au Moyen Âge, il y avait une sacrée vie dans la cathédrale : les animaux y circulaient librement, on y conservait des barriques de vin, on y concluait des affaires...
Dans les chapelles latérales ont été placées les œuvres que la confrérie des orfèvres – les Mays – avait pour habitude d'offrir le 1er mai au cours des XVIIe et XVIIIe s. 4e
Le transept abrite de belles verrières et des rosaces du XIIIe s, admirables de finesse. Dans le croisillon sud, une discrète plaque au sol rappelle qu'en 1886 Paul Claudel, touché par la foi, s'est converti ici. Le chœur a été modifié au début du XVIIe s pour accueillir le vœu de piété fait par Louis XIII à la Vierge. À propos du chœur, il est, comme dans la majorité des églises, « orienté » vers l'est, en direction de la lumière qui se lève, symbolisant le Christ sauveur.
Et puisque vous voilà arrivé dans le transept, découvrez les rosaces nord et sud. La rose nord illustre l'Ancien Testament, l'attente de la venue du Christ, avec, au centre, la Vierge et l'Enfant, cette scène figurant le lien entre l'Ancien et le Nouveau Testament. Juges, prophètes et rois entourent la Vierge. Les personnages de la claire-voie représentent les rois de Juda, dont descend Jésus. La grande majorité des verres sont d'origine. La rose sud (côté Seine), davantage remaniée, illustre le Nouveau Testament, avec des représentations d'évangélistes, apôtres, martyrs et anges qui entourent le Christ. Juste en dessous : représentation des 16 prophètes (XIXe s) ; regardez bien les 4 du centre, chacun a un petit personnage juché sur ses épaules : ce sont les évangélistes, qui s'appuient moralement sur les prophètes, l'Ancien Testament. Cette rosace est la plus grande d'Europe !
Le mur de clôture du chœur (détruit dans sa partie occidentale), initialement destiné à isoler les chanoines en prière du bruit de la foule, dépeint, au nord, les scènes de la vie du Christ et, au sud, les apparitions du Christ ressuscité. Il remonte au XIVe s. La partie sud est assez différente, et pour cause, puisqu'une cinquantaine d'années la sépare du pan nord. Outre l'évolution des traits, le pan nord est sculpté en haut-relief alors que la technique utilisée pour la partie sud, plus tardive, est celle de la ronde-bosse (les sculptures se désolidarisent du fond). Louis XIII ayant fait un vœu à Notre-Dame, son fils Louis XIV le matérialisera en commandant une pietà. Sur la droite et la gauche apparaissent donc les 2 rois Louis XIII et Louis XIV.

LE SAINT-CHRÊME

Depuis des siècles, l'Église dispose de son parfum. Cette huile sacralisée par l'évêque est fabriquée à Notre-Dame. On l'utilise pour les baptêmes, confirmations, ordinations des prêtres et autrefois... couronnements royaux. Le secret de fabrication ? 85 % d'huile d'olive et 15 % d'essence de géranium.

– **Le trésor :** *après le transept sud, sur la droite en entrant. Tlj 9h30-18h. Horaires modifiés lors des grandes cérémonies. Droit d'entrée : 4 € ; réduc.*
La couronne d'épines du Christ est conservée dans un reliquaire présent dans la chapelle axiale. L'anneau de jonc tressé de 21 cm de diamètre, protégé par un cylindre de cristal et d'or, est sorti dans la cathédrale tous les vendredis de carême et le 1er vendredi de chaque mois de 15h à 16h. Outre cette fameuse relique, Notre-Dame possède également un morceau de la Vraie Croix et l'un des 3 clous. Sinon, la plupart des pièces présentées sont postérieures à la Révolution. Ciboires, crucifix, ostensoirs et calices en bronze doré ou vermeil et pierres précieuses, pour la majeure partie, sont utilisés pour le culte.
Mais Notre-Dame, c'est aussi pléthore de coins et recoins malheureusement inaccessibles au public. Juste pour l'anecdote, sachez par exemple que l'incroyable charpente de chêne est constituée de 1 400 arbres (on l'appelle d'ailleurs « la forêt »), que Viollet-le-Duc s'est représenté non seulement au beau milieu de la galerie des Rois, mais aussi sur la flèche de la cathédrale (on l'aperçoit d'ailleurs du quai de la Tournelle), en toute simplicité ! Et tant d'autres encore...

LA COURONNE DU CHRIST ? SACRÉ... MENT CHÈRE

Saint Louis décida de l'acheter à un croisé qui l'avait dérobé lors du sac de Constantinople. Le roi mit 135 000 livres sur la table. Pratiquement une année de revenu du royaume de France ! Un achat d'autant plus hasardeux que d'autres villes proclament la posséder (ou au moins des fragments) : Munich, Pise, Bologne ou Trèves. Personne n'a d'ailleurs eu le droit d'examiner la relique au carbone 14.

4e

La Crypte archéologique de l'île de la Cité *(plan couleur A-B2)* **:** *7, pl. Jean-Paul-II, parvis Notre-Dame, 75004.* ☎ *01-55-42-50-10.* • *crypte.paris.fr* • ♿ *Tlj sauf lun et j. fériés 10h-18h (fermeture des caisses à 17h30). Fermé 1er janv et 1er mai. Entrée : 8 € ; tarif réduit : 6 € ; gratuit jusqu'à 18 ans inclus. Audioguide : 5 €. Visites guidées sam-dim à 16h (7 €, 5 € tarif réduit). Pas de toilettes.* Située sous le parvis (eh oui, autrefois, le niveau du sol était plus bas !), on peut y découvrir les vestiges (les plus anciens remontent au IIIe s) résultant de fouilles du cœur historique de Paris. Si Lutèce s'est initialement développée du côté de la montagne Sainte-Geneviève (actuel 5e arrondissement), l'île, rempart naturel contre les invasions extérieures, devint rapidement le centre de la ville. Ruines gallo-romaines, caves de l'antique rue Neuve-Notre-Dame... Une balade sur l'île à travers les siècles. La scénographie propose à la fois des images de synthèse interactives, un parcours sonore, ainsi que la mise en place de tablettes pour une meilleure lecture de l'ensemble. Expositions temporaires régulières.

La place Louis-Lépine *(plan couleur A2)* **:** on y trouve le marché aux fleurs, qui s'y tient du lundi au samedi de 8h à 19h30 ; le dimanche, c'est le jour du marché aux oiseaux.

Le square de l'Île-de-France *(plan couleur B2)* **:** *derrière Notre-Dame, au bout de l'île. Juste à la sortie du sq. Notre-Dame.* À l'origine, c'était un îlot séparé, appelé à la fin du XIIIe s « la Motte aux Papelards », puis « le terrain », où s'étaient accumulés gravats et déchets du chantier de construction de Notre-Dame. Il abrite maintenant le ***Mémorial des martyrs de la déportation*** *(♿ ; tlj sauf lun 10h-19h – 17h oct-mars ; GRATUIT).* La crypte hexagonale imaginée par Georges-Henri Pingusson s'ouvre sur une galerie où 200 000 pointes de cristal symbolisent les 200 000 morts de la déportation. De part et d'autre de la crypte, 2 étroites galeries renferment la terre des différents camps et sont décorées de poèmes de Desnos, Aragon, Éluard, Sartre et Saint-Exupéry. Sur les quais de Seine, tout autour, en été, on bronze.

Le pont de l'Archevêché *(plan couleur B2)* **:** ce pont offre une vue superbe sur l'arrière de Notre-Dame. Une balade idéale pour les amoureux.

Les ***rues des Ursins, Chanoinesse et de la Colombe*** *(plan couleur B2)*, rescapées des massacres haussmanniens, donnent encore une petite idée de l'atmosphère de l'île de la Cité autrefois. Au 16, rue Chanoinesse vécut Racine (ainsi qu'au 7, rue des Ursins). Au n° 26, dans le passage menant aux bâtiments intérieurs, on note par terre, de-ci, de-là, des vestiges de pierres tombales avec inscriptions gothiques s'effaçant tout doucement. Dans la petite rue de la Colombe, une bande de pavés marque l'emplacement de l'ancienne enceinte gallo-romaine de la ville.

LES BOUTIQUES DE SATAN

Au XIXe s, rue Chanoinesse, la boutique d'un barbier jouxtait celle d'un charcutier. Le 1er rasait gratis les indigents. Un jour, on aperçut un chien tenant un fémur entre ses crocs ; c'est alors qu'on découvrit que le barbier tranchait la gorge des sans-famille. La viande était ensuite transformée en pâtés par le charcutier. Tous 2 furent pendus. À l'emplacement des boutiques, on trouve aujourd'hui le garage de la police.

L'ÎLE SAINT-LOUIS *(plan couleur B-C2-3)*

L'île Saint-Louis a une histoire étonnante. D'abord nommée « île Notre-Dame », elle fut scindée en 2 par un canal vers 1360 (sur l'actuelle rue Poulletier), pour entrer dans l'enceinte de Charles V. Les 2 parties de l'île restent en friche, fréquentées par les lavandières et les amoureux jusqu'au début du XVIIe s. Là, le canal est comblé, l'île se couvre d'hôtels particuliers côté quais (plus prestigieux !) et, à partir de 1725, se nomme « île Saint-Louis » (autrement appelée « île aux palais »). Son seul monument public est l'église du même nom, que l'on aperçoit de loin grâce à une grosse horloge suspendue comme une enseigne au-dessus de l'artère principale, la rue Saint-Louis-en-l'Île. On pourrait supposer que les habitants de cette île, les Ludoviciens, dont les appartements s'arrachent à coup de millions, jouissent encore d'une atmosphère de village, avec ses petits commerces et son absence de monument. Eh bien, il semble que les boutiques d'objets d'art et autres produits du terroir attirent nombre de badauds, touristes ou Parisiens, du moins dans l'artère principale. Au début du XXe s, un groupe d'amis, de joyeux drilles, proclamèrent l'indépendance de l'île, et la dotèrent d'une constitution !
Les quais sont plus calmes et révèlent une exceptionnelle unité des façades – par exemple sur les quais d'Anjou et de Bourbon – qui datent toutes ou presque du XVIIe s. Malheureusement, toutes les portes des hôtels particuliers étant équipées de digicodes, inutile de décrire les cours, escaliers ou autres détails architecturaux. Heureusement, nombreuses sont les jolies façades quai d'Anjou et de Bourbon. Alors à vous de musarder le nez au vent (et en l'air !).

Au 1, ***quai d'Anjou,*** l'***hôtel Lambert*** *(plan couleur C3)*, du nom de son 1er propriétaire, conseiller du roi Louis XIII, est sans doute la plus belle demeure parisienne. Depuis quelques années, l'hôtel appartient à la famille de l'émir du Qatar, qui a entrepris une importante campagne de travaux ; mais, alors que les 3 ans de travaux touchaient à leur fin, un énorme incendie se déclara, dévastant une grande partie de la noble demeure... Nouveau chantier donc, qui vient de prendre fin ; une partie de la façade de l'hôtel se découvre de nouveau aux yeux des promeneurs.
Au 3, quai d'Anjou, *hôtel de Louis Le Vau,* architecte talentueux et malin qui réalisera bien d'autres projets sur l'île et lui donnera son style. Son balcon est le plus long de l'île. Au n° 5, petit *hôtel de Marigny* (belle grille en fer

forgé). Au no 7, siège du *Syndicat des maîtres boulangers de Paris.* Dans le hall d'entrée, à droite, d'intéressants commentaires historiques et une collection de vieux pétrins. Daumier vécut au no 9.
Ne pas manquer également l'***hôtel de Lauzun,*** là aussi l'un des plus beaux de l'île. Édifié en 1656 (et attribué à Le Vau !), on peut y découvrir de magnifiques boiseries et plafonds peints *(rares visites guidées seulement ; • billetreduc.com •).*

La rue Saint-Louis-en-l'Île *(plan couleur B-C2-3)* **:** peu de beaux édifices à part l'*hôtel de Chemizot,* au no 51. Remarquable par sa façade : portail surmonté d'un tympan sculpté, balcon en fer forgé porté par des chimères ; au-dessus, fronton triangulaire ornementé.

L'église Saint-Louis-en-l'Île *(plan couleur C2-3)* **:** construite en 1644 à partir d'un projet de Le Vau. Intéressant décor intérieur. À côté de l'entrée, chapelle des fonts baptismaux avec 8 scènes de la vie du Christ sur bois (école flamande, XVIe s). *Baptême du Christ* par Stella. En suivant le côté gauche (vers le chœur), *Saint Jean et saint Pierre guérissant un paralytique* par Van Loo. Côté droit, dans la chapelle Sainte-Thérèse, jolies faïences italiennes du XVIIe s (au milieu, l'*Adoration des bergers*). Dans la chapelle Saint-Vincent-de-Paul, *Sainte Vierge* dans un médaillon attribuée à Canova. Dans la chapelle de la Communion, au-dessus de l'autel, *Les Pèlerins d'Emmaüs* par Coypel. Enfin, dans la 3e chapelle, splendide bas-relief en bois doré et polychrome, *La Mort de la Vierge* (XVIe s, école flamande).

Le long du ***quai de Béthune*** *(plan couleur B-C3),* on peut déambuler devant d'élégants hôtels. Au no 24 vécut et mourut le président Georges Pompidou. Aux nos 22 et 20, des hôtels jumeaux. Aux nos 18 et 16, *hôtel de Comans* ou *de Richelieu,* qui en fut propriétaire.

LE VIEUX QUARTIER JUIF ET LE QUARTIER GAY. LA PLACE DES VOSGES

Délimité à l'ouest par la rue des Archives, au nord par la rue des Francs-Bourgeois, et au sud par la rue de Rivoli et la rue Saint-Antoine. C'est le cœur du ***Marais,*** le Marais animé et aujourd'hui bourgeois. Le coin des petits restos sympas. Sachez que dans ce périmètre, presque toutes les boutiques sont ouvertes le dimanche, et les promeneurs y sont d'ailleurs nombreux.

La rue Sainte-Croix-de-la-Bretonnerie *(plan couleur B1)* **:** le cœur battant du Marais. L'un des coins, avec la rue Vieille-du-Temple, massivement investis par les gays. La bannière arc-en-ciel y flotte à tous les vents. Cette communauté, qui a toujours eu bon goût et su venir habiter dans les plus beaux quartiers, a ainsi contribué à rendre vie à celui-ci, déserté par les artisans et par les commerces de proximité à cause des loyers trop élevés. Au bout du compte, c'est l'un des coins les plus animés du Marais. Nombreux petits restos, vieux bars chaleureux ou *néon-bars* animés, cafés-théâtres, boutiques *trendy.*

En face de l'église part la ***rue Aubriot*** *(plan couleur B-C1),* l'une des voies du Marais qui ont conservé le plus de caractère.

Le Crédit Municipal de Paris (anciennement **Mont-de-Piété** *; plan couleur C1)* **:** *55, rue des Francs-Bourgeois, 75004. ☎ 01-44-61-64-00. • creditmunicipal.fr • Ⓜ Hôtel-de-Ville ou Rambuteau. Tlj sauf dim 9h-17h. Voir le calendrier des ventes sur le site. GRATUIT.*
Le Crédit Municipal de Paris exerce son activité principale de prêt sur gage depuis le XVIIe s. C'est aujourd'hui un établissement public de crédit et d'aide sociale rattaché à la Ville de Paris, qui propose aussi des plans d'épargne solidaire ou du microcrédit personnel. Héritier du Mont-de-Piété créé en 1637 pour lutter contre les usuriers, le Crédit Municipal est aussi familièrement appelé « Ma Tante ».

La petite histoire veut que le prince de Joinville, fils de Louis-Philippe, ait gagé une montre que sa mère lui avait offerte, pour éponger une dette de jeu. Aux interrogations de la reine Marie-Amélie qui s'étonnait de ne pas la voir à son poignet, le prince répondit qu'il avait oublié sa montre « chez sa tante ».
Aujourd'hui encore, dans les moments difficiles, c'est là que plusieurs centaines de personnes viennent chaque jour « mettre au clou » bijoux et objets de valeur. Si ce qu'on apporte est de qualité, on obtient un prêt équivalent à 50 % de la valeur de l'objet avec un taux d'intérêt variable. Le prêt sur gage dépanne notamment les 10 % de Français qui n'ont pas accès aux crédits bancaires classiques en leur accordant un prêt immédiat. Derrière chaque guichet, dans les arrière-boutiques, des commissaires-priseurs estiment immédiatement les biens gagés. Assez poignant... Environ 93 % des objets gagés sont récupérés par leur propriétaire. Les objets gagés dont le prêt n'a pas été remboursé à échéance du contrat sont finalement mis en vente aux enchères à l'hôtel des ventes de l'établissement – où les bonnes affaires ne manquent pas.
Les anecdotes sur ce lieu haut en couleur foisonnent, comme l'histoire de la Castiglione, maîtresse de Napoléon III, qui, pour maintenir un niveau de vie digne de son rang, gageait discrètement certains de ses bijoux. Elle comptait alors le directeur parmi ses amis, et celui-ci l'autorisait à « emprunter » ses bijoux gagés le temps d'une soirée, avant qu'ils ne retrouvent leur place à la réouverture des bureaux...
Un patrimoine architectural intéressant : 5 cours ceinturées de bâtiments en pierre de taille – dont l'une (celle avec la verrière) a pour architecte un élève d'Eiffel –, un escalier Directoire, l'une des tours vestiges de l'enceinte de Philippe Auguste – qui faisait alors partie des fortifications entourant Paris (une tour tous les 70 m)... Baissez les yeux sur les pavés où a été reproduit le tracé de l'emplacement de l'enceinte. Une curiosité à droite en arrivant : une étuve à matelas datant de 1886, qui permettait de désinfecter les objets de literie avant qu'ils ne soient stockés dans les magasins. Le Crédit Municipal de Paris conserve dans ses magasins plus de 1,3 million d'objets d'art, soit 3 fois plus que le Louvre !

Le bâtiment de la boutique UNIQLO *(plan couleur C1)* **:** *39, rue des Francs-Bourgeois, 75004.* Une fois n'est pas coutume, c'est dans une boutique de vêtements qu'on vous propose de faire un crochet ! Pas pour les vêtements eux-mêmes, mais plutôt pour découvrir le superbe cadre qui les abrite. L'ancienne usine de la Société des cendres, édifiée au milieu du XIXe s – les grands bourgeois avaient alors quitté le Marais pour le faubourg Saint-Germain, et le quartier avait été livré à l'industrie –, a été superbement rénovée. « Laveur de cendres », un métier méconnu qui consistait à traiter les déchets des bijoutiers et joailliers par combustion et tamisage, pour en extraire l'or, l'argent ou encore le platine. Le sous-sol était occupé par un haut-fourneau et des meules. Mais c'est le site dans son ensemble qui vaut le détour : du bâtiment de façade – sorte d'hôtel particulier qui abritait les bureaux – aux superbes volumes qu'on découvre en entrant, et notamment une charpente métallique et sa verrière. Très réussi.

La rue Vieille-du-Temple *(plan couleur B-C1-2)* **:** elle existait déjà au XIIIe s sous le nom de Vieille-Rue-du-Temple. Bordée tout le long de vénérables demeures et hôtels particuliers. À noter principalement, au n° 47, l'*hôtel Amelot de Bisseuil,* dit « des ambassadeurs de Hollande », du XVIIe s. Tympan sculpté et l'une des plus belles portes du Marais avec ses médaillons et têtes de Méduse. Beaumarchais y habita le temps d'écrire *Le Mariage de Figaro* et d'organiser le trafic d'armes pour les insurgés américains pendant la guerre d'Indépendance. Il se ruina à demi dans l'affaire, les insurgés, après leur victoire, ne lui ayant jamais payé ces armes ! Possibilité d'admirer la cour intérieure.
Passons ensuite tranquillement devant l'hôtel de Soubise (voir les Archives nationales dans le 3e arrondissement) pour enfiler la rue de la Perle (appelée rue Crucifix-Maquereau au XVIe s, du fait de la concentration de prostituées autour d'une croix qui s'y trouvait).

La rue du Roi-de-Sicile *(plan couleur B-C2)* **:** rue qui musarde, tout en décrochements et avancées, et méprisant le terme « frappé d'alignement ». Aujourd'hui, la rue du Roi-de-Sicile possède encore quelques anciennes devantures de boutiques et ateliers, comme le nº 30 (maison à pignons et grille ancienne) et l'ancienne boucherie chevaline à l'angle de la rue Vieille-du-Temple (décorée en mosaïque).

Le vieux quartier juif *(plan couleur C1-2)* **:** la **rue des Rosiers** en est l'épicentre. Difficile de l'imaginer, mais il fut un temps où la rue méritait bien son nom, grâce à ses jardins abondamment fleuris de roses. C'est aujourd'hui l'un des coins les plus attachants et les plus vivants du Marais, d'autant que la rue est piétonne. Elle a retrouvé son caniveau central, qui faisait office d'égout à ciel ouvert au Moyen Âge. Inutile de préciser que ça ne sentait pas... la rose.
Au nº 4, jolie façade classée de l'ancien *Hammam Saint-Paul* ; juste à côté, une curieuse *école de travail.* Bizarre comme nom ? Ce fut l'un des quartiers où se concentrèrent les juifs au XIIe s. Comme au Moyen Âge il leur était interdit de pratiquer la plupart des métiers et charges « nobles » (enseignants, avocats...), ils devinrent, ainsi que les Lombards, commerçants ou prêteurs sur gages. Puis ils furent expulsés du quartier à la fin du XIVe s. À la veille de la Révolution, la communauté s'était un peu reconstituée et comptait quelques centaines de membres dans le Marais (on a retrouvé des *stibels,* pièces réservées à la prière). Jusqu'à la fin du XIXe s, la place Saint-Paul était surnommée « place aux Juifs ». Il est peu probable qu'en 1900 on doive à une coïncidence le changement de la rue aux Juifs en rue Ferdinand-Duval, alors que la France était en plein délire antisémite après l'affaire Dreyfus.

TENIR LE HAUT DU PAVÉ

Au Moyen Âge, le caniveau central des rues faisait office d'égoût à ciel ouvert. C'est pourquoi les bourgeois marchaient le plus loin possible de celui-ci, dans la partie la plus haute de la chaussée. Ainsi naquit l'expression « tenir le haut du pavé » ! L'encombrement du caniveau donna même naissance à un petit métier de gagne-misère : le passeur de ruisseau, lequel, grâce à une planche amovible, aidait les bourgeois à traverser en échange d'une pièce.

Au XXe s, le quartier vit sa population augmenter avec l'arrivée des juifs ashkénazes de Russie et de Pologne fuyant les pogroms, puis ceux chassés par les persécutions nazies. À ce sujet, il convient de rappeler l'une des pages les plus noires de l'histoire de notre pays : la rafle du Vél'd'Hiv (le Vél'd'Hiv, détruit en 1959, se trouvait dans le 15e arrondissement, à l'angle du boulevard de Grenelle et de la rue Nélaton). Dans la nuit du 16 juillet 1942, les juifs du quartier des rues des Rosiers et de Saint-Paul furent arrêtés par la police française. Les autorités allemandes avaient précisé que les enfants au-dessous de 14 ans ne devaient pas être emmenés. Cependant, la police française fit preuve d'un zèle particulier et arrêta tout le monde, en direction du Vélodrome d'Hiver, avant la déportation vers les camps de la mort.
Aujourd'hui, les juifs séfarades, rapatriés d'Afrique du Nord, sont venus renforcer la vieille communauté ashkénaze. Les snacks à falafels (délicieux sandwichs) se mêlent désormais aux vieilles boutiques ashkénazes avec inscriptions traditionnelles en hébreu, boutiques casher, etc. Malheureusement, la roue tourne et les plus vieilles enseignes sont remplacées par des boutiques de fringues, parfois très chères ! Les petits commerces ferment de plus en plus.
Malgré tout, l'esprit communautaire a préservé le quartier de la désertification du reste du Marais et lui a conservé son caractère. Ici, tout le monde se connaît, et la rue des Écouffes, en été, prend le visage d'une place méditerranéenne.
Les rues du quartier sont bordées de nombreuses vieilles maisons pittoresques. Flânant rue des Hospitalières-Saint-Gervais, vous vous interrogerez peut-être sur l'origine des 2 têtes de taureau d'inspiration égyptienne ornant l'école qui se trouve entre les nos 6 et 10. Elles indiquaient l'ancien pavillon de boucherie

du marché des Blancs-Manteaux. On peut encore distinguer, aux n°s 6 et 10, les inscriptions « École primaire de jeunes israélites » (dont tous les enfants furent déportés...). Au niveau du n° 10 justement, on trouve la discrète entrée d'un *joli jardin* bien au calme. Réunion de plusieurs jardins d'hôtels particuliers, et donc bordé par de jolies façades. Bien agréable de pouvoir se poser dans un quartier où l'on marche beaucoup tant il y a à voir, et qui regorge de bonnes petites adresses sucrées ou salées (voir plus haut) qui proposent parfois exclusivement de la vente à emporter.

La rue Pavée *(plan couleur C1-2)* **:** elle porte ce nom depuis 1450 parce qu'elle fut l'une des 1res rues pavées de Paris. Au n° 22, à l'angle de l'hôtel Lamoignon, on devine un vestige de pan de mur et une plaque. Ici s'élevaient les prisons de la Force, aménagées en 1780. Celle de la Petite-Force accueillait les filles de mauvaise vie, et celle de la Grande-Force les hommes endettés. Lors des massacres du 2 septembre 1792, 60 personnes y furent assassinées, dont la princesse de Lamballe. Sa tête, plantée sur une pique, fut présentée à la reine. Les Girondins y séjournèrent également. Au n° 12, derrière une porte à code (encore), belle cour encadrée par un hôtel du milieu du XVIIe s où habita Tronchet, l'avocat de Louis XVI. Sur la droite, petit escalier du XVIIIe s porté par une poutre de maintien et façade en encorbellement. À gauche, encore un bel escalier monumental. Au n° 10, une synagogue réalisée par Guimard au début du XXe s. L'architecte a choisi une façade convexe pour donner une impression de largeur dans cet espace très étroit, et la forme des fenêtres, associées 2 à 2, rappelle les tables de la Loi. On peut parfois jeter un coup d'œil à l'intérieur le matin ou le soir lors des offices (sauf le samedi), selon le niveau d'alerte du plan *Vigipirate* *(se renseigner au secrétariat, ☎ 01-48-87-21-54)* ; les aménagements intérieurs sont aussi de l'architecte. Dommage que, sur place, on ne nous donne aucune info sur les rites, etc.

L'hôtel de Lamoignon *(plan couleur C1)* **:** *24, rue Pavée, 75004. Ⓜ Saint-Paul. L'un des plus anciens hôtels de Paris (1585) abrite aujourd'hui la* ***Bibliothèque historique de la Ville de Paris*** *: ☎ 01-44-59-29-40. Accès à la cour seulement, tlj sauf dim et j. fériés 10h-18h. Expos temporaires.*
Cet hôtel fut construit entre 1585 et 1590 pour Diane de France, duchesse d'Angoulême, fille naturelle du roi Henri II. À la mort de celle-ci, il échoit à son neveu, Charles de Valois. Parmi les habitants prestigieux de l'hôtel : Guillaume de Lamoignon, 1er président du Parlement de Paris, Lamoignon de Malesherbes et Alphonse Daudet.
À l'angle de la rue Pavée et de la rue des Francs-Bourgeois, une échauguette, tourelle carrée qui permettait d'observer les 2 rues dans leurs 4 directions. Dans la cour, façade à pilastres corinthiens, 1er exemple parisien d'ordre colossal ; décoration à têtes de lion, arcs, flèches et carquois, qui rappelle la passion de Diane de France pour la chasse.

La rue des Francs-Bourgeois *(plan couleur C1)* **:** *à cheval sur les 3e et 4e arrondissements. Prendre la rue Pavée pour rejoindre la rue Vieille-du-Temple.*
Une curiosité : certaines boutiques de mode ont conservé leurs anciennes devantures, témoignages du caractère populaire du quartier autrefois. Ainsi, ***au n° 7,*** ancienne boucherie dont on note les crochets qui courent en haut le long de la devanture. ***Au n° 23,*** une ex-boulangerie au décor typique : panneaux extérieurs figurant des moulins à farine. De même ***au n° 29,*** boulangerie avec beau plafond mouluré et peint...
Succession d'hôtels aux façades toutes originales : ***au n° 31,*** l'*hôtel d'Albret* (siège de la direction des Affaires culturelles de la Ville), avec sa porte sculptée, ses lions au tympan et son balcon ouvragé. Datant de 1550 (façade sur rue de 1700), il abritait une fabrique de luminaires au XIXe s. C'est là qu'eut lieu la 1re rencontre de la Montespan et de la veuve Scarron... ***Au n° 37,*** l'*hôtel de Coulanges* (aujourd'hui Maison de l'Europe). ***Au n° 26,*** l'*hôtel de Sandreville* (avec façade Louis XVI). ***Au n° 39,*** voici une *maison* du XVIIe s logeant une curieuse « société des Cendres »,

doublée d'un étonnant bâtiment industriel avec cheminée et verrières de 1866, magnifiquement reconverti en boutique de vêtements UNIQLO (voir plus haut). Un formidable témoignage du fort passé industriel de ce quartier... ***Au nº 30,*** l'*hôtel d'Almeyras* affiche un beau portail et une alliance harmonieuse de la pierre et de la brique rouge.

Aux nos 34-36 s'élevait, au XIVe s, une « maison d'aumône », un petit hospice qui abritait des pauvres, « francs » de toute contribution financière. Ces « francs bourgeois » donnèrent leur nom à la rue, brièvement rebaptisée « rue des Francs-Citoyens » pendant la Révolution.

Au nº 38, pittoresque *passage des Arbalétriers.* C'est ici que Louis d'Orléans, frère du roi Charles VI, aurait été assassiné par les hommes de main de Jean sans Peur, duc de Bourgogne. Tout du long, maisons en encorbellement. Atmosphère délicieusement médiévale.

La place du Marché-Sainte-Catherine *(plan couleur C2)* **:** *entre la rue de Sévigné et la rue de Turenne.* Édifiée à l'emplacement de l'ancien prieuré et de l'ancienne église Sainte-Catherine, démolis en 1783. Mignonne place piétonne joliment dallée, occupée par des terrasses de restos et cafés. Donne aussi sur la rue de Jarente, elle-même bordée de belles cours et d'une vieille fontaine.

L'hôtel de Sully *(plan couleur C2)* **:** *62, rue Saint-Antoine, 75004. ☎ 01-44-61-21-50. • hotel-de-sully.fr • Ⓜ Saint-Paul ou Bastille. Aujourd'hui* ***Centre des monuments nationaux.*** *Cour et jardin ouv tlj 9h-19h. Librairie (magnifique plafond décoré) richement documentée sur Paris et, plus largement, sur le patrimoine français (☎ 01-44-61-21-75 ; tlj sauf lun 13h-19h). Intéressantes visites-conférences proposées dans Paris sur résa. Sur place, découverte possible des appartements restaurés de la duchesse de Sully : 10 € plein tarif ; dates des visites guidées – le w-e uniquement – sur le site • lecmn.fr/visitesconferences • (sinon, visite virtuelle également proposée sur • hotel-de-sully.fr •).*

Prestigieux hôtel du quartier, construit en 1624 dans le plus pur style Renaissance pour Sully, ancien ministre d'Henri IV. 2 entrées au choix : par la place des Vosges (c'est celle que l'on préfère !) et sa petite porte dérobée à l'angle sud-ouest de la place, qui s'ouvre sur un jardin à la française pour nous transporter comme par magie dans un autre temps et loin de la pollution parisienne. Sinon, plus simplement, par la cour d'honneur rue Saint-Antoine, au portail de toute beauté, richement sculpté. Dans cette cour, des lucarnes maçonnées avec volutes, des niches avec sculptures représentant les 4 éléments, ainsi que les 4 saisons (2 se trouvent côté jardin).

Pour accéder à la 2e cour, on traverse le bâtiment central. Dans la librairie, levez les yeux et découvrez d'incroyables poutres peintes. Escalier Renaissance avec médaillons, décoré de mascarons. Dans le jardin, un petit cadran solaire et l'orangerie, destinée autrefois à protéger les arbres exotiques. Les hivers étaient rudes alors et il n'était pas rare qu'on débite le vin... à la hache. Les amateurs de 7e art reconnaîtront le décor extérieur de certaines scènes des *Liaisons dangereuses* version américaine avec Glenn Close, Michelle Pfeiffer et John Malkovich.

La place des Vosges *(plan couleur C-D2)* **:** la plus belle place de Paris, à notre avis. C'est aussi la 1re fois qu'un souci d'urbanisme faisait obéir tout un ensemble à un plan unique – jusqu'ici, on pouvait construire à peu près n'importe comment, n'importe où, ce qui donne leur côté fantaisiste aux vieilles rues du Moyen Âge. Sur cette place tirée au cordeau, Victor Hugo ironisa : « Quand on pense qu'on la doit au coup de lance de Montgomery ! »

La mort d'Henri II sonna le glas moins d'une époque que d'un quartier, puisque la reine, Catherine de Médicis, prit en horreur cet énorme palais où le roi tomba pour la gloire, et elle le fit détruire. Henri IV profita donc de cet emplacement inespéré pour commander la construction de la place Royale (ancien nom de la place des Vosges) dans un style très proche de celui de la Renaissance. Elle fut inaugurée 2 ans après sa mort, à l'occasion du mariage de Louis XIII et d'Anne d'Autriche, en 1612. D'une ordonnance parfaite (108 m de côté), entourée d'une quarantaine de pavillons sur arcades, construits avec un grand raffinement de tons : toits bleus très pentus en ardoise d'Angers, arcades et encadrements de fenêtres en pierre blanche et brique rouge. Pour certains bâtiments (côté sud notamment), il ne s'agit que d'un enduit imitant la brique ! Le souverain a eu la folie des grandeurs, mais le portefeuille n'a pas suivi... Les pavillons du Roi et de la Reine, au nord et au sud, sont un peu plus élevés que les autres. Sous le règne de Louis XIII, époque durant laquelle la place connut son plus grand succès, le jardin central n'existait pas. L'espace était libre, et fêtes et tournois y étaient régulièrement organisés.

IL L'A EU DANS L'ŒIL !

Un grand tournoi fut organisé le 30 juin 1559 rue Saint-Antoine, au cours duquel Henri II affronta de nombreux adversaires qu'il vainquit. Pour parachever sa victoire, il voulut combattre Montgomery, le capitaine de sa garde. Et ce fut la tragédie. La lance brisée de ce dernier ne lui pénétra pas dans le buffet (Henri II !) mais dans l'œil. Bien que soigné par le célèbre Ambroise Paré, Henri II mourut après 10 jours d'agonie à l'hôtel des Tournelles ; agonie durant laquelle on se hâta de décapiter tous les condamnés à mort pour récupérer leur tête et tenter des expériences qui auraient pu servir à soigner le roi !

La statue équestre de *Louis XIII,* au centre de la place, est une médiocre copie du XIXe s de la statue originale de bronze, qui fut fondue pendant la Révolution (la statue actuelle a dû être renforcée par un pilier sous le cheval !).

4e

Au-dessus de l'arc monumental de la rue de Béarn, le *pavillon de la Reine,* à frontons arrondis et triangulaires, ce qui lui donne du rythme. Fleur de lys au sommet des pointes de la toiture. Sous Louis XIII, toute la cour voulait y habiter. Quand celle-ci partit pour Versailles, grands bourgeois, financiers et riches marchands l'occupèrent à leur tour. C'est toujours une adresse prestigieuse. Profusion de portes sculptées, escaliers monumentaux, rampes splendides, cours et jardins intérieurs. Au no 21 (parmi tant d'autres), jolie cour verdoyante, ancien hôtel de Richelieu, où le cardinal habita avant que le Palais-Cardinal ne fût achevé (l'actuel Palais-Royal).

À la Révolution, elle s'appela place de l'Indivisibilité, pour finir par prendre le nom de place des Vosges, en l'honneur du 1er département français qui paya ses impôts en 1800. Il faut dire que personne ne les avait payés depuis la Terreur.

Plusieurs personnalités habitèrent cette prestigieuse place, dont Victor Hugo de 1832 à 1848 ; au no 8, Théophile Gautier et Alphonse Daudet ; à côté, Francis Blanche, qui vivait dans les combles du palais de la Reine ; sans oublier Simenon. Sous les arcades, belles boutiques, antiquaires et salons de thé. Une vraie fête pour les yeux. Le jardin central est un lieu de promenade familiale et dominicale très apprécié.

★★★ *La maison de Victor Hugo* *(plan couleur D2)* **:** *6, pl. des Vosges, 75004. ☎ 01-42-72-10-16. ● maisonsvictorhugo.paris.fr ● Ⓜ Bastille, Saint-Paul ou Chemin-Vert. Bus nos 20, 29, 65, 69, 76 et 96. ♿ (parcours tactile pour les malvoyants et visites en langue des signes). Tlj sauf lun et j. fériés 10h-18h. GRATUIT (expos temporaires payantes, gratuites jusqu'à 18 ans).*

Située dans l'hôtel de Rohan-Guéménée, transformée en musée en 1902, année du centenaire de la naissance de l'écrivain. Victor Hugo vécut au 2e étage de cette demeure de 1832 à 1848. Il y écrivit tous ses grands drames, dont *Marie Tudor* et *Ruy Blas,* des recueils poétiques (notamment *Les Chants du crépuscule* et *Les Voix intérieures*) et une grande partie des *Misérables.* Parmi ses visiteurs, on peut citer Lamartine, Vigny, Dumas, Liszt et Théophile Gautier.

Au 1er étage, expositions temporaires sur Hugo, son œuvre et son époque. Au 2e étage, la visite est organisée selon les 3 « chapitres » de la vie de l'écrivain :

avant, pendant et après l'exil. L'antichambre et le salon rouge rassemblent des souvenirs de son enfance et des années qui précédèrent son départ de France. Le salon chinois et la salle à manger, d'inspiration médiévale (rapportés intégralement de la maison de Juliette Drouet à Guernesey), offrent un aperçu du talent d'Hugo comme décorateur délirant et de son goût pour la brocante : vous pourrez d'ailleurs vous essayer au jeu des gardiens de la maison, qui consiste à retrouver partout, gravées, sculptées ou peintes, les initiales « V. H. » et « J. D. ». Dans le cabinet de travail, vous pourrez admirer le buste de Rodin, et dans le salon du retour d'exil, le célèbre portrait d'Hugo peint par Bonnat en 1879. La visite s'achève dans la chambre à coucher (reconstituée) où il mourut, avenue Victor-Hugo (ex-avenue d'Eylau, déjà renommée avenue Victor-Hugo de son vivant), dans le 16e arrondissement.
Bibliothèque de recherche accessible sur rendez-vous. Organise aussi des visites-conférences, des séances de contes et des ateliers *(rens auprès du secrétariat).*

5e ARRONDISSEMENT
LE QUARTIER LATIN • LA CONTRESCARPE • LA MOUFF' • LE JARDIN DES PLANTES

• Pour le plan du 5e arrondissement, voir le cahier couleur en fin de guide.

Délimité à l'ouest, d'un trait d'un seul, par le « boul'Mich' » et à l'est par le Jardin des Plantes, cet arrondissement a une longue histoire. La Gaule romaine nous a laissé ses thermes et ses arènes (celles de Lutèce) ; le Moyen Âge, l'église Saint-Séverin et l'hôtel des abbés de Cluny. Les flancs de la montagne Sainte-Geneviève ayant été dédiés depuis le XIIe s à l'enseignement, on y parlait couramment le latin. Le nom de « quartier latin » en est resté. De ce quartier couvert de collèges, habité de doctes professeurs et d'*escholiers* frondeurs, il reste principalement comme témoignage architectural... la chapelle de la Sorbonne. Autres témoins, les 82 noms qui ont été donnés aux rues de l'arrondissement en référence à la religion et à la science. La Révolution française, elle, consacrera son temple laïque, le Panthéon des grands hommes. Les étudiants des années 1960 manifestèrent beaucoup dans ce quartier : contre la guerre d'Algérie, les attentats de l'OAS, la guerre du Vietnam, la répression policière... Aujourd'hui, les étudiants étudient, fréquentent les facultés de Censier et de Jussieu, déambulent le long du boul'Mich' et de ses boutiques, font la queue dans les cinémas de la rue Champollion, animent le quartier de la Mouff' et de la Contrescarpe, remplissant les cafés ou les allées du Jardin des Plantes.

Où dormir ?

Très bon marché

🏠 ***Young and Happy Hostel*** *(plan couleur B3, **1**) : 80, rue Mouffetard, 75005. ☎ 01-47-07-47-07. • youngandhappy.fr • Ⓜ Monge ou Censier. À partir de 30 €/pers en dortoir (de 2-10 lits) et double 70 € ; petit déj 6 €. TV et cuisine communes. Bar.* Dans un bâtiment pittoresque du XVIIIe siècle avec son escalier en colimaçon, une AJ tout ce qu'il y a de plus simple et propre, avec une équipe jeune et joviale. Rue assez bruyante (on est au cœur de Mouffetard !), mieux vaut le savoir, mais des dortoirs donnent sur une cour. Douches et sanitaires sur le palier (pas toujours à l'étage) ou dans la chambre pour le bâtiment réservé aux dames. Jolie cave voûtée où se poser pour boire un verre, avec un petit coin cuisine. Consigne, baby-foot, laverie... Prisée des Anglo-Saxons, cette formule est sans nul doute la plus économique du quartier.

De bon marché à prix moyens

🏠 ***Port-Royal Hôtel*** *(plan couleur B3, **2**) : 8, bd Port-Royal, 75005.*

☎ 01-43-31-70-06. • hotelportroyal.fr • Ⓜ Gobelins ; RER B : Port-Royal. Résa conseillée. Doubles avec lavabo (douche 2,50 € aux 2e et 6e étages) 68 €, avec douche et w-c ou bains 95-100 € ; petit déj-buffet 8 €. Dans la même famille depuis 1931, ce joli petit hôtel a tout pour plaire, à commencer par une excellente tenue et des prix plus que modérés. Les chambres à la décoration simple mais variée, le patio gravillonné où l'on peut prendre son petit déj aux beaux jours donnent même un certain charme désuet à l'endroit. Tout est pensé afin que vous passiez un bon séjour. Les chambres avec baignoire, un peu plus chères, ont une double porte qui permet une meilleure isolation phonique. Double vitrage côté rue, ascenseur. Excellent accueil.

Hôtel Marignan *(plan couleur zoom, **3**) : 13, rue du Sommerard, 75005. ☎ 01-43-54-63-81. • hotel-marignan.com • Ⓜ Maubert-Mutualité ou Saint-Michel. Doubles 81-133 €, petit déj inclus ; familiales.* Dans une rue calme, l'*Hôtel Marignan* est le rendez-vous des routards depuis un bail. Dans une ambiance mi-hôtel, mi-auberge de jeunesse, on se sent ici comme chez soi. D'ailleurs, lave-linge, micro-ondes, frigo sont à disposition. Une trentaine de chambres plus ou moins spacieuses, avec lavabo, mais douche et toilettes sur le palier pour certaines. Elles sont propres et confortables, et elles ont été rafraîchies tout en conservant leurs moulures au plafond. Celles du 6e étage (sans ascenseur) conviendront aux sportifs... Toujours du passage, une adresse internationale et pittoresque, mais un accueil parfois pressé.

Hôtel du Commerce *(plan couleur zoom, **6**) : 14, rue de la Montagne-Sainte-Geneviève, 75005. ☎ 01-43-54-89-69. • commerceparishotel.com • Ⓜ Maubert-Mutualité. Ouv tte l'année, tlj 24h/24. Doubles 62-88 € (accès gratuit aux douches communes), 128 € avec sdb privée ; familiales ; pas de petit déj.* Une adresse agréable, en plein Quartier latin. Chambres simples, ce qui est largement compensé par les prix pratiqués, plutôt contenus pour le coin. Seulement 2 douches au rez-de-chaussée, pour 12 chambres doubles et 3 triples, mais elles sont modernes et impeccables. En revanche, le ménage n'est pas fait systématiquement pour les courts séjours. 2 chambres possèdent tout le confort (douche, w-c, TV et clim). Un atout : la mise à disposition d'un espace pour préparer son petit déj (frigo, distributeur de boissons chaudes...). Bon accueil.

Hôtel de Senlis *(plan couleur A2, **7**) : 7-9, rue Malebranche, 75005. ☎ 01-43-29-93-10. • hoteldesenlis.fr • Ⓜ Cluny-La Sorbonne ; RER B : Luxembourg. ♿ Doubles 89-109 € ; familiales ; petit déj 8 €.* À deux pas de l'agitation du Panthéon et du jardin du Luxembourg, cet hôtel bénéficie du calme d'une rue classée. Autour d'une courette, où l'on peut prendre le petit déj dès les beaux jours, s'ordonnent d'agréables et vastes chambres. Sous de jolies poutres apparentes, certaines sont classiques et les autres, fraîchement rénovées, sont plus contemporaines, avec douche à l'italienne. Une adresse qui a su garder des prix modérés pour le quartier.

Hôtel des Nations Saint-Germain *(plan couleur C2, **9**) : 54, rue Monge, 75005. ☎ 01-43-26-45-24. • desnationssaintgermain.com • Ⓜ Place-Monge ou Cardinal-Lemoine. ♿ Doubles 115-160 € ; petit déj-buffet 12 €. Un petit déj/pers ou café offert sur présentation de ce guide.* Tout en motifs géométriques et en couleurs acidulées, on retrouve le peps des années 1950 dans cet hôtel juste rénové. Accueil aussi soigné que la décoration. Les chambres, dans le même ton, sont douillettes et parfaitement équipées (clim, double vitrage, minibar). Préférez celles avec baignoire, la salle de bains y est plus spacieuse.

Chic

Hôtel Saint-Jacques *(plan couleur zoom, **13**) : 35, rue des Écoles, 75005. ☎ 01-44-07-45-45. • paris-hotel-stjacques.com • Ⓜ Maubert-Mutualité ou Cluny-La Sorbonne. Résa conseillée (et à confirmer par e-mail). Doubles 95-270 € ; petit déj-buffet 14 € (offert la 1re nuit pour tte résa en direct). 10 % sur le prix de la chambre pour* *tte résa sur leur site internet sur présentation de ce guide.* Un hôtel de charme en plein cœur du Quartier latin, installé dans un immeuble XIXe très stylé avec ses fresques et son bel escalier qui servit pour le tournage du mythique *Charade* avec Audrey Hepburn et Cary Grant. Vastes chambres tout confort, fonctionnelles et climatisées. Certaines ont un balcon et la vue sur le Panthéon (dont les *deluxe,* somptueuses). Accueil délicieux.

Hôtel Devillas *(plan couleur D3,* ***15****) : 4, bd Saint-Marcel, 75005. ☎ 01-43-31-37-50. • hoteldevillas.com • Ⓜ Saint-Marcel ou Gare-d'Austerlitz. ♿ Doubles 110-180 € ; petit déj-buffet 13 €. Parking payant.* À la lisière du 13e arrondissement, sur un axe passant à proximité de la gare d'Austerlitz et du Jardin des Plantes. Chambres confortables, fraîchement rénovées avec des couleurs douces, et bien équipées (double vitrage, clim). On choisira parmi une quarantaine, entre celles sur courette (la no 101 par exemple) et celles sur rue (la no 105), plus lumineuses et avec double vitrage. Pour être au calme, vous savez lesquelles demander...

Hôtel des Grandes Écoles *(plan couleur B2,* ***11****) : 75, rue du Cardinal-Lemoine, 75005. ☎ 01-43-26-79-23. • hotel-grandes-ecoles.com • Ⓜ Cardinal-Lemoine ou Place-Monge. ♿ Résa nécessaire longtemps à l'avance. Doubles 145-190 € ; petit déj 10 €. Parking payant.* Un vrai coup de cœur. La campagne à Paris, tout simplement incroyable ! Situé dans une impasse privée à deux pas de la place de la Contrescarpe, cet hôtel est en fait une délicieuse maison de caractère du XIXe s, avec jardin verdoyant et cour pavée. Charme désuet et tranquillité garantis. On loge soit dans le bâtiment principal, soit dans les bâtiments qui entourent l'impasse et le jardin. Les chambres sont soigneusement tenues et arrangées avec goût. Accueil souriant. Dès les beaux jours, on peut prendre le thé dans le jardin, même si l'on n'est pas client de l'hôtel. De surcroît, on apprécie les prix justes, qui ne font pas le grand écart d'un jour à l'autre.

Hôtel Best-Western Quartier Latin Panthéon *(plan couleur C2,* ***8****) : 71, rue Monge, 75005. ☎ 01-43-31-25-64. • timhotel.fr • Ⓜ Place-Monge. ♿ Doubles 120-265 € ; petits déj 7-13 €.* À quelques mètres de la rue Mouffetard et des arènes de Lutèce, cet hôtel entièrement rénové abrite des chambres plutôt petites mais bien équipées : liseuses, clim réversible, coffre-fort, belles salles de bains, bonne literie, double vitrage, ascenseur... Même un hammam (sans supplément) pour se délasser. Une oasis de luxe dans ce quartier, étudiant le jour et fêtard la nuit.

Plus chic

Hôtel Atmosphères *(plan couleur zoom,* ***16****) : 31, rue des Écoles, 75005. ☎ 01-43-26-56-02. • hotelatmospheres.com • Ⓜ Maubert-Mutualité. ♿ Doubles 150-320 € ; petit déj-buffet 16 €.* Cet hôtel aux allures de loft new-yorkais ou de galerie d'art accorde une belle place aux photos de Thierry Des Ouches, toutes à vendre. Dans le hall, dans les couloirs ou dans les chambres aux pierres apparentes : Paris sous toutes ses coutures. Les chambres, spacieuses et confortables, déclinent plusieurs atmosphères : nature, monuments, *Paris by night...* Reste à choisir. Joli patio, salle de fitness et sauna ne rendent cet hôtel-galerie d'art que plus appréciable.

Hôtel du Levant *(plan couleur zoom,* ***12****) : 18, rue de la Harpe, 75005. ☎ 01-46-34-11-00. • hoteldulevant.com • Ⓜ Saint-Michel ou Cluny-La Sorbonne ; RER B ou C : Saint-Michel-Notre-Dame. ♿ Doubles 190-220 €, petit déj-buffet inclus ; familiales. 10 % sur la chambre en août sur présentation de ce guide.* Dans la même famille depuis un siècle, cet hôtel a gardé le charme qui fait sa réputation, et il vous réconciliera avec le quartier célèbre pour ses sandwicheries grecques. L'accueil est personnalisé, l'atmosphère douce et cosy, et les chambres décorées avec élégance et originalité. Elles sont toutes pimpantes mais certaines sont petites ; se renseigner.

Hôtel Design Sorbonne *(plan couleur A2,* ***10****) : 6, rue Victor-Cousin, 75005. ☎ 01-43-54-58-08. • hotelsorbonne.*

5e

com • Ⓜ *Cluny-La Sorbonne ; RER B : Saint-Michel-Notre-Dame ou Luxembourg. Entrée sous le porche. Ouv tte l'année. Doubles 250-390 € ; familiales ; petit déj-buffet 14 €. Réduc fréquentes sur le site internet.* En face de l'antique Sorbonne, au fond d'une calme courette. C'est frais, acidulé, un crime de lèse-majesté parfaitement organisé. Les vieux tableaux ont été repeints en rose bonbon, vert pomme ou bleu ciel, les tentures rafraîchies et les chambres, entièrement rénovées mais petites, ont carrément viré de siècle, avec iMac à bâbord (TV, webcam, musique à disposition) et chaise Louis XVI redécorée à tribord. Accueil sympa de surcroît.

Hôtel Henri IV *(plan couleur zoom,* ***14****)* ***:*** *9-11, rue Saint-Jacques, 75005. ☎ 01-46-33-20-20. • henri4hotel.com • Ⓜ Cluny-La Sorbonne ; RER B ou C : Saint-Michel-Notre-Dame. ♿ Ouv tte l'année. Doubles 150-260 € ; triples ; petit déj 13 €.* À deux pas de Notre-Dame, hôtel raffiné : tableaux et mobilier anciens, cheminée du XVIIe s, gravures, tomettes, boiseries et azulejos portugais dans le chaleureux salon, où est aussi servi le petit déj... Les chambres, équipées de la clim, sont douillettes avec leurs couleurs apaisantes. On choisit soit le calme absolu des chambres sur cour, soit la vue plongeante sur l'église Saint-Séverin de celles donnant sur la rue. Les doubles portes garantissent une bonne insonorisation.

Hôtel La Lanterne *(plan couleur zoom,* ***17****)* ***:*** *12, rue de la Montagne-Sainte-Geneviève, 75005. ☎ 01-53-19-88-39. • hotel-la-lanterne.com • Ⓜ Maubert-Mutualité. ♿ Doubles 210-340 €, avec terrasse et vue 290-450 € ; petit déj 17 €.* Une adresse de charme, au style contemporain, qui égrène les lanternes et soigne les jeux de lumière. Atmosphère feutrée, depuis les chambres cosy toutes déclinées dans un camaïeu gris-taupe, réveillé par quelques touches colorées, jusqu'à la piscine et sa jolie cave voûtée du XIIe s. Également un hammam et une douche sensorielle. Une préférence pour l'une des chambres qui donnent sur le petit bout de jardin ou pour celles du 5e étage qui ont de petites terrasses et une bien jolie vue sur les toits de Paris.

5e

Très chic... et tendance

The Five *(plan couleur B3,* ***20****)* ***:*** *3, rue Flatters, 75005. ☎ 01-43-31-74-21. • thefivehotel.com • Ⓜ Les Gobelins. Ouv tte l'année, 24h/24. Doubles 165-265 € ; suites ; petit déj 15 €. Réduc fréquentes sur Internet.* Dans une rue minuscule, un hôtel qui sort suffisamment du lot pour faire oublier que les chambres sont un peu exiguës. Place au design et aux lumières étudiées ! Les chambres supérieures scintillent de mille loupiotes avec un ciel de lit qui, pour l'occasion, n'a jamais si bien porté son nom. L'ambiance et la déco mélangent couleurs flashy, métal et jeux de lumière. Les amoureux ne seront pas gênés par les lits de 140 cm de large, propices aux étreintes langoureuses. Clim en cas de coup de chaud... Accueil plein d'attentions, comme les pétales de rose déposés sur le lit. Également une suite au rez-de-chaussée avec jacuzzi sur la terrasse. Ne pas manquer la *Love Capsule,* le self-bar couleur rouge passion réservé aux clients de l'hôtel. Tout un programme !

Seven Hotel *(plan couleur B3,* ***21****)* ***:*** *20, rue Berthollet, 75005. ☎ 01-43-31-47-52. • sevenhotelparis.com • Ⓜ Port-Royal. ♿ Doubles env 167-427 €, mais promos conséquentes (jusqu'à 50 % du tarif) très régulières ; petit déj 21 € (quand même !). Chèques refusés. Parking payant.* Impossible de rester insensible à la déco hors norme de cet établissement contemporain intimiste, au charme glamour : on dort en lévitation, on fait ses ablutions dans une baignoire suspendue... à moins d'opter pour les douches ouvertes, éclairées par des myriades d'étoiles. Fabuleux et onirique ! Mais si vous en avez les moyens, ce sont les suites délirantes qui vous laisseront le souvenir le plus impérissable : toutes différentes, aménagées avec audace et pleines de surprises. Étonnant. En bas, le bar lounge et son patio sont accessibles à tous.

Sélect Hôtel Rive Gauche *(plan couleur A2,* ***18****)* ***:*** *1, pl. de la Sorbonne, 75005. ☎ 01-46-34-14-80. • selecthotel.fr • Ⓜ Cluny-La Sorbonne ; RER B : Luxembourg. ♿ Ouv tte l'année. Doubles avec douche ou bains 200-300 € ;*

petit déj 15 €. Une architecture résolument contemporaine très réussie, depuis le salon avec la cheminée au gaz et les sculptures animalières d'Orlinski, jusque dans les chambres, spacieuses, climatisées et toutes rénovées. Tons mats et déco très design, où ont été intégrées les poutres d'origine et la pierre. Beaucoup de cachet aussi du côté de la réception, qui s'articule autour d'un puits de lumière. La vue sur la prestigieuse Sorbonne ou sur la place est un atout incontestable. Personnel discret et attentionné.

Où manger ?

Sur le pouce

Filakia *(plan couleur C2,* ***26****)* **:** *31, rue Linné, 75005. ☎ 01-42-21-42-88. Ⓜ Jussieu. Lun-ven 11h30-15h, 18h30-22h30 ; sam en continu. Formules 12-16 €.* Il est loin le temps où les étudiants du quartier remontaient vers Saint-Michel pour avaler sans prétention un « grec » entre 2 cours ! Tout comme le jambon-beurre en son temps, le *souvlaki* retrouve ici ses lettres de noblesse. Garnis de poulet, de poisson ou de bœuf et de produits frais, accompagnés de sauces maison et de délicieuses frites, ces incontournables sandwichs traditionnels sont un petit bout de Grèce en plein cœur de Paris. Également des desserts maison. Atmosphère joyeuse et accueillante.

Très bon marché

Le Coup de Torchon *(plan couleur A2,* ***29****)* **:** *187, rue Saint-Jacques, 75005. ☎ 01-46-33-22-93. Ⓜ Cluny-La Sorbonne ; RER B : Luxembourg. Tlj sauf sam midi et dim ; service 12h-14h, 19h-22h. Congés : août. Menus 13,90 € (2 plats ; le midi)-15,90 € (3 plats) ; carte env 25 €.* Un caboulot de poche avec ses 2 salles superposées sorties d'une autre époque. Pas de coup de bambou sur les prix du menu-carte, qui restent incroyablement sages vu le quartier. Pas de grand miracle non plus dans l'assiette – les plats restent très simples –, mais une cuisine traditionnelle honnête et sans surprise, certes pas toujours copieuse mais servie rapidement et avec le sourire.

Le Reflet *(plan couleur A1,* ***30****)* **:** *6, rue Champollion, 75005. ☎ 01-43-29-97-27. Ⓜ Cluny-La Sorbonne. Lun-sam 11h-2h, dim 15h-minuit ; service 12h (18h dim)-22h45. Congés : 3 sem en août et 10 j. à Noël. Petits plats ou croques 7-13 € ; plats du jour 9-11 €.* Dans un décor 7e art en attendant la prochaine séance, jeunes et moins jeunes cinéphiles, qui ont leurs habitudes dans les salles environnantes, dévorent quelques tartines, des entrées façon petits plats (pommes de terre farcies au fromage, croque avec salade verte) ou carrément un plat. Il n'est pas non plus interdit d'y refaire le film au comptoir ou dans le gros canapé après la dernière séance, sous l'œil bienveillant d'Orson Welles...

Crêperie Pot O'Lait *(plan couleur C3,* ***36****)* **:** *41, rue Censier, 75005. ☎ 09-83-26-76-80. Ⓜ Censier. Tlj 11h-14h30, 19h-22h30. Formule déj 13,90 € ; galettes et crêpes 2,90-12 €. Café offert sur présentation de ce guide.* À deux pas du Jardin des Plantes, une crêperie à la déco fraîche et marine (matez le phare au centre de la salle !) et aux affiches publicitaires rétro. Bon rapport qualité-prix pour des galettes et des crêpes qui honorent autant le terroir que la mer. Les enfants sont les bienvenus. Bon accueil et terrasse aux beaux jours (et des plaids pour les frileux).

Au Vietnam *(plan couleur C3,* ***40****)* **:** *41, rue du Fer-à-Moulin, 75005. ☎ 01-45-35-61-09. Ⓜ Gobelins. Tlj sauf dim 12h-14h30, 19h-22h30. Résa préférable. Menus 14 € (midi)-19,50 € ; carte env 20 €.* Au Vietnam... ou tout comme, tant la cuisine se veut fraîche et authentique. Les *phó* (extra) et autres grands classiques traditionnels tiennent le haut de l'affiche : plats complets à base de riz ou nouilles sautées, spécialités à la vapeur, fruits de mer, le tout auréolé d'un doux parfum de citronnelle. Le bo bun est une valeur sûre. Service familial adorable dans une agréable salle lumineuse.

La Petite Bretonne *(plan couleur B2,* ***31****) : 48, rue Mouffetard, 75005. ☎ 01-43-31-45-15. Ⓜ Place-Monge. Mar-ven 12h-15h, 19h-23h ; sam-dim 11h-23h (22h dim). En sem, formules 13,50 € le midi (avec boisson), 14 € le soir (sans boisson) ; carte 17-20 €. Crêpes à emporter.* C'est dans une petite salle en longueur, colombages d'un côté et pierres apparentes de l'autre, que Francis et Héléna ont jeté l'ancre. Ces anciens de la rue du Montparnasse (le QG des Bretons) n'ont rien changé à leurs recettes. Sous nos yeux, ils tournent, retournent, enveloppent et proposent des galettes doubles, fort généreuses, et ils recommencent pour les froments. Des crêpes goûteuses mais sans chichis, ainsi que des salades, des glaces et, ce qui ne gâche rien, des prix raisonnables. Bon accueil.

Quartier Latin *(plan couleur B2,* ***27****) : 1, rue Mouffetard, 75005. ☎ 01-40-51-04-61. Ⓜ Place-Monge. Lun-sam 12h-15h, 19h-23h30 ; dim 10h30-23h. Formules 10 € (midi en sem)-15 € ; carte 18-20 €. Digestif maison offert sur présentation de ce guide.* Dans la faune de la rue Mouffetard, une halte italienne reposante avec terrasse aux beaux jours. Vue directe sur les cuisines. Plats traditionnels : risotto aux cèpes, toutes sortes de pâtes, penne, *rigatoni* et autres tagliatelles (aux saint-jacques, miam !), en passant par de belles pizzas... et le pain, maison. Au sous-sol, salle voûtée pour un dernier verre. Un bon rapport qualité-prix pour le coin.

Foyer Vietnam *(plan couleur C3,* ***41****) : 80, rue Monge, 75005. ☎ 01-45-35-32-54. Ⓜ Place-Monge ou Censier-Daubenton. Tlj sauf dim ; service 12h-14h, 19h-22h. Congés : août. Phó env 10 €, 4 nems env 4 € ; plateau-repas complet 12 € ; carte env 17 €.* C'est une cantine traditionnelle vietnamienne (gestion associative) où les plats sont préparés par un chef vietnamien. On y est servi par des étudiants... vietnamiens et par des bénévoles. Soutenu par l'ambassade et le centre culturel du... Vietnam. Une initiative à encourager ! Une partie des bénéfices sert à financer des projets associatifs et humanitaires pour aider les étudiants vietnamiens. Le foyer accueille aussi des expos et propose livres et jeux de société.

Bon marché

Le Bar à Iode *(plan couleur C1,* ***32****) : 34, bd Saint-Germain, 75005. ☎ 01-43-29-99-21. Ⓜ Jussieu ou Maubert-Mutualité. Mar-sam 12h-14h30, 19h-22h30. Formules déj en sem 16-21 € ; le soir, entrée 8 €, plat 16 €.* Resto-caviste tout en longueur ; tables avec chaises hautes, coloris évoquant la Côte d'Opale ou la Bretagne. Le lieu où partager entre copains et sans chichis un plateau de fruits de mer, où déguster une soupe de poissons, où se tartiner des rillettes de thon, où se régaler d'une bonne friture croustillante ou d'un poisson entier accommodé de manière originale. Le tout à prix raisonnables pour la qualité. Une découverte au verre : le tariquet des côtes de Gascogne. *Autre adresse au 18, rue Jean-Macé, dans le 11e.*

La Bête Noire *(plan couleur A3,* ***42****) : 58, rue Henri-Barbusse, 75005. 06-15-22-73-61. RER B : Port-Royal. Mar 8h-17h, mer-ven 8h-23h, sam-dim 9h-18h. Plats du jour 12-15 € ; part de cake 4 €.* À deux enjambées du Luxembourg, cette sympathique petite échoppe est une halte toute désignée pour un déjeuner équilibré ou un goûter. L'ardoise change 2 ou 3 fois par semaine et se limite à 2 plats : l'un végétarien, l'autre à base de viande. On apprécie la générosité des assiettes garnies de produits de qualité, les couleurs, les sauces (celle au yaourt et aux herbes notamment) et le bon goût du fait maison. Il serait dommage de passer à côté des excellents cakes maison de Maria, la charmante propriétaire maltaise, avant de conclure par un café torréfié. *NOUVEAUTÉ.*

Les Arènes *(plan couleur C2,* ***34****) : 16, rue Linné, 75005. ☎ 01-43-31-76-15. Ⓜ Jussieu. Tlj sauf dim 7h30-2h ; service 12h-14h30, 19h30-22h30. Happy hours 17h-20h. Congés : 2 sem en août et 1 sem à Noël. Formules déj 18,90 € en sem, 19,90 € sam ; plats 15-22 €. Demi 2,30 € ; verres de vin à partir de 4 €. Apéritif maison offert sur présentation de ce guide.* Une bonne brasserie des abords du

5e

Jardin des Plantes, où les rues portent immanquablement des noms de scientifiques. Arnaud et Myriam, jeune couple déjà rompu aux services endiablés, ont fait appel à un chef passé par de grandes cuisines. Le résultat ? Une adresse attachante et honnête pour une cuisine bistrotière de très bon aloi. Une belle affaire dans ce coin touristique de Paris.

|●| **Han Lim** *(plan couleur B2,* ***43****) : 6, rue Blainville, 75005. ☎ 01-43-54-62-74. Ⓜ Place-Monge. Tlj sauf lun et mar midi ; service 12h-14h30, 19h-22h30. Congés : 2e et 3e sem d'août, et dernière sem de déc. Formules déj 14-15 € ; menus barbecue 19,50-21 € ; carte 25-30 €. Café offert sur présentation de ce guide.* Clientèle en partie coréenne (plutôt bon signe). Menu intéressant le midi, comprenant potage au pot-au-feu, fruits de mer sautés (bulots et seiches), riz et assortiment de légumes coréens, et dessert, ou barbecue coréen à prix raisonnable. Très bonnes grillades de bœuf mariné sur brasero, crêpe à la ciboule et excellent poulet farci à l'ail.

|●| ⛱ **Chez Gladines** *(plan couleur B1,* ***28****) : 44, bd Saint-Germain, 75005. ☎ 01-46-33-93-88. Ⓜ Maubert-Mutualité. ♿ Tlj ; service continu 12h-23h (23h30 ven-sam). Fermé Noël et Jour de l'an. Plat du jour 10,50 € ; formule déj en sem 13,50 € ; carte env 20 €.* La cantine du Sud-Ouest, avec déco années 1970, formica du sol au plafond et banquettes bien replètes. Service jovial avec l'accent. Foie gras maison, cassolette d'escargots ou encore grosses salades servies dans des saladiers comme chez mamie. Sans oublier les assiettes de patates au jambon de pays, au cantal, au bleu... De quoi se faire plaisir pour pas cher. Terrasse (chauffée en hiver).

Prix moyens

|●| **Hugo & Co** *(plan couleur C2,* ***44****) : 48, rue Monge, 75005. ☎ 09-53-92-62-77. Ⓜ Cardinal-Lemoine. Tlj sauf sam-dim. Résa sur le site internet. Carte seulement, 35-40 € ; plats 16-19 €.* Les gastronomes connaissent peut-être déjà la maison mère dans le 7e, *Tomy & Co,* qui ne désemplit pas. Le chef rempile ici, version bistrot moderne et chaleureux, avec des plats de saison et tous horizons, habilement tournés. La joue de bœuf snackée est diablement fondante, le porc fermier est pané et le merlu servi en mode *fish & chips.* En entrée, les assiettes « à partager » sont futées. Quant aux petites madeleines au *lemon curd,* elles aussi se partagent volontiers, et s'accordent à merveille avec le café. Accueil charmant, ce qui ne gâche rien. *NOUVEAUTÉ.*

|●| **Restaurant Lilane** *(plan couleur C3,* ***38****) : 8, rue Gracieuse, 75005. ☎ 01-45-87-90-68. Ⓜ Place-Monge. Tlj sauf sam midi et dim-lun ; service 12h-14h, 19h-22h. Congés : août et fêtes de Noël. Formules déj 20-24 € ; le soir, menus 31-36 €.* Bonne pioche que ce discret restaurant installé en retrait de la rue Monge, sobrement décoré dans les tons chocolat, avec un éclairage tamisé ; on s'y sent tout de suite bien. L'impression se confirme avec une cuisine de bistrot allégée, joliment enlevée et élégamment présentée. La carte offre une palette de plats assez complète entre poissons et viandes. Au dessert, un soufflé chaque mois différent. Vins de propriété servis au verre. Accueil tout sourire.

|●| ⛱ **Le Pré Verre** *(plan couleur zoom,* ***59****) : 8, rue Thénard, 75005. ☎ 01-43-54-59-47. Ⓜ Maubert-Mutualité ou Cluny-La Sorbonne. Tlj sauf dim-lun ; service 12h-14h, 19h30-22h30. Congés : 23 déc-1er janv. Formule déj 16,50 €, verre de vin et café compris ; menus 28-35 €. Apéritif maison offert sur présentation de ce guide.* Un chef vif et créatif, l'efficacité du service, les bons produits, les vins nature et l'intéressant menu au déjeuner drainent toujours les foules... On y déguste de bons petits plats élaborés (comme le cochon de lait fondant, choux croquants et épices) et les prix savent rester sages... On regrettera cependant les suppléments aux menus et les tables un peu serrées. Bonne sélection de vins du mois au tableau noir.

|●| ⛱ **Les Papilles** *(plan couleur A2,* ***53****) : 30, rue Gay-Lussac, 75005. ☎ 01-43-25-20-79. Ⓜ Cluny-La Sorbonne ; RER B : Luxembourg. Tlj sauf*

5e

dim-lun 12h-14h, 19h-22h30. Congés : fin juil-début août et dernière sem de déc. Formule déj en sem 28 € ; menus 35 € (midi)-38 € ; carte env 35 €. Café offert sur présentation de ce guide. La vedette, ici, c'est le vin, même si ce n'est pas à proprement parler un bar à vins. Plutôt un bistrot-épicerie, avec un mur recouvert de casiers où l'on peut choisir sa bouteille et la boire à table, moyennant un droit de bouchon de 7 €. Côté assiettes, optez pour le menu du jour car les produits sont nickel, et oubliez la carte, qui fait vite grimper l'addition. Seul regret : le plat unique du menu, qui peut tout à fait ne pas plaire à tout le monde ! Accueil authentique et chaleureux.

Kokoro *(plan couleur C2,* ***39****) : 36, rue des Boulangers, 75005. ☎ 01-44-07-13-29. Ⓜ Cardinal-Lemoine ou Jussieu. Tlj sauf lun midi et sam-dim ; service 12h-14h, 19h30-22h (1 seul service). Congés : 3 sem en juil. Menus 19,50-25 € le midi, 34 € le soir.* Derrière la façade jaune citron, une petite salle discrète surmontée d'une mezzanine. Avant de grimper, coup d'œil sur la cuisine ouverte, qui en dit long sur l'application des chefs. 2 choix au menu : priorité au frais, au fait maison (y compris le pain) et en avant le talent ! Une créativité qui réveille les papilles sans être outrancière, voilà l'éclair de génie. Les desserts sont eux aussi sublimes. La femme d'un des chefs, pâtissière, distille en finesse quelques bonnes idées empruntées à son pays d'origine : le Japon. Bravo Sakura !

ChantAirelle *(plan couleur B2,* ***52****) : 17, rue Laplace, 75005. ☎ 01-46-33-18-59. Ⓜ Cardinal-Lemoine ou Maubert-Mutualité ; RER B : Luxembourg. Tlj sauf sam midi, dim et lun soir ; service 12h-14h, 18h45-22h30. Congés : 1er-18 août. Formules déj (2 ou 3 plats) 21-27,30 €, avec un verre de vin ; menu 29,90 € ; carte env 40 €. Assiettes de dégustation de fromages d'Auvergne offerte sur présentation de ce guide.* Une ambassade de la Haute-Loire tenue par un défenseur pur et dur des produits de son terroir. Des spécialités rustiques qui font chaud au cœur : chou farci Yssingeaux à l'ancienne, *pounti* auvergnat... Cuisine copieuse et roborative. Excellent pain, carte des eaux d'Auvergne et petits vins locaux. Cadre agréable et montagnard. Belle et reposante terrasse de jardin.

El Picaflor *(plan couleur C2,* ***54****) : 9, rue Lacépède, 75005. ☎ 01-43-31-06-01. Ⓜ Place-Monge. Mar-sam 19h-1h (dernière commande à 22h30), plus ven-dim 12h-15h. Résa conseillée. Menus 22,50 € le midi, 28 € (sauf ven-sam)-40 € le soir ; menu dégustation (pour 2) 56 €/pers.* Ce « Colibri » (eh oui, *Picaflor...*) propose bien des spécialités du Pérou. Accueil et cadre chaleureux. À la carte : *aji de gallina,* ceviche (poisson mariné), *chupe de camarones* (soupe parfumée aux crevettes) et le mystérieux *quinoa atamalada...* Également un menu végétarien. Nombreuses spécialités : *rocoto relleno* (piment farci à la viande) « comme au pays ». Desserts à base de *lucuma* (fruit exotique péruvien) comme le *capricho de lucuma.*

Bon Vivant *(plan couleur C2,* ***35****) : 7, rue des Écoles, 75005. ☎ 01-43-26-51-34. Ⓜ Jussieu ou Cardinal-Lemoine. Tlj 9h-2h. Sandwich 6 €, plats du jour 16-20 €, planches 12-16 € ; carte env 30 €.* « Bonjour, comment ça va ? » Le ton est donné, vous êtes ici comme à la maison, mais on va prendre soin de vous ! Pour les petites bourses et les plus pressés, un sandwich frais et créatif au comptoir suffira, mais le plat du jour, copieux, vaut le détour. Que des bons produits, soigneusement sélectionnés pour une cuisine de terroir inventive qui vous réserve des surprises, et seulement des bonnes, promis ! Belle carte des vins et conseils avisés. Très sympa aussi à l'apéro, autour d'une planche de charcut' artisanales.

Chic

Kitchen Ter(re) *(plan couleur C1,* ***56****) : 26, bd Saint-Germain, 75005. ☎ 01-42-39-47-48. Ⓜ Cardinal-Lemoine ou Maubert-Mutualité. Tlj sauf dim-lun 12h15-14h30, 19h15-22h30. Congés : 3 premières sem d'août. Menus déj en sem 26-30 € ; le soir et sam, carte 45-50 €.* 3e adresse parisienne pour William Ledeuil, un chef imprégné des saveurs asiatiques. Dans ce nouveau lieu clair et chaleureux, décoré d'œuvres d'art des années 1950, le chef invente la « trattoria asiatique ». Il met ici en valeur les pâtes, fabriquées en France, à Cucugnan, avec des céréales connues ou oubliées. Il n'oublie pas l'Asie pour autant, dont les condiments et autres bouillons bien relevés rythme viandes, poissons et fruits de mer. Assiettes terriblement graphiques et savoureuses. Accueil souriant et enjoué. Terrasse. *NOUVEAUTÉ.*

Chez Léna et Mimile (plan couleur B3, **57**) : *32, rue Tournefort, 75005. ☎ 01-47-07-72-47. Ⓜ Censier-Daubenton ou Place-Monge. Tlj 12h-14h (14h30 sam-dim), 19h-22h30. Plat du jour (midi en sem) 10,50 € ; carte 40-45 €. Kir vin blanc offert sur présentation de ce guide.* Inondée de soleil, la terrasse en surplomb de la place donne tout son charme à l'endroit. De plus, la circulation étant quasi inexistante, son bruit ne couvrira pas vos doux mots d'amour... À préférer donc par beau temps. Quant à la cuisine, elle est très convenable (bonne pièce de bœuf au beurre d'herbes, par exemple) et s'aventure même dans le registre moléculaire.

Mavrommatis, Le Restaurant (plan couleur C3, **58**) : *42, rue Daubenton, 75005. ☎ 01-43-31-17-17. Ⓜ Censier-Daubenton. Mar-sam 19h-22h30, plus 12h-14h15 ven-sam. Congés : 3 dernières sem d'août. Menus à partir de 44 € ; carte 65-78 €.* La gastronomie grecque dans un cadre de maison athénienne du début du XXᵉ s. Délicieuses spécialités helléniques et méditerranéennes, que l'on peut déguster en terrasse dès les beaux jours. Artichauts façon Constantinople, trilogie d'agneau, bar sauvage. Fin et excellent.

5e

Bars à vins

Grains Nobles (plan couleur zoom, **60**) : *8, rue Boutebrie, 75005. ☎ 01-75-57-89-07. 06-65-58-39-05. Ⓜ Saint-Michel ou Cluny-La Sorbonne. Mar-sam 19h-23h ; le midi sur résa. Assiette gourmande 20 € ; menus 39-73 €. Vins au verre.* Bar à vins au cadre ravissant alliant sans complexe vieilles pierres, mobilier contemporain et expos de tableaux modernes (et au sous-sol, beau caveau voûté pour les dégustations). Formules astucieuses : vins au verre servis en 4, 8 et 12 cl, respectivement à partir de 1, 2 et 3 € (bien plus, bien sûr, pour les grands crus). Cela permet de goûter un certain nombre de vins sans attenter au portefeuille. Pour accompagner, de très bons plats élaborés. Périodiquement, des dégustations de très grands vins (résa obligatoire). Possibilité d'acheter son coup de cœur sur place de 15h à 23h (sans droit de bouchon). Une adresse exceptionnelle !

Le Porte-Pot (plan couleur zoom, **61**) : *14, rue Boutebrie, 75005. ☎ 01-43-25-24-24. Ⓜ Cluny-La Sorbonne ou Saint-Michel. Tlj sauf dim-lun 18h30-22h30. Happy hours 18h30-20h30. Congés : 2 sem autour du 15 août et Noël-Nouvel An. Formule 18 € ; plats 13-22 €, assiette de charcuterie ou de fromages 15 € ; carte env 30 €. Verre de vin offert sur présentation de ce guide.* Un petit bar à vins qui fait la part belle aux vins du sud de la France, avec une prédilection pour les vignerons qui travaillent en biodynamie ou font des vins naturels sans souffre. Même soin côté restauration où les produits sont scrupuleusement sélectionnés (charcuterie, viande, pain...) avec une petite carte de tradition régionale qui change à chaque saison. Ambiance décontractée au zinc. Salle plus intime au sous-sol. Soirée jazz tous les jeudis.

Café de la Nouvelle Mairie (plan couleur B2, **62**) : *19, rue des Fossés-Saint-Jacques, 75005. ☎ 01-44-07-04-41. Ⓜ Cardinal-Lemoine ou Place-Monge ; RER B : Luxembourg. Lun-ven 8h-minuit non-stop ; service 12h-14h30, 20h-22h30 (apéros dînatoires ven). Congés : 3 sem en août et 1 sem à Noël. Plats 11-22 €. Verres de vin 4-8 €.* Ambiance néorétro pour ce bar à vins un peu jazzy, avec vieux zinc et chaises de bistrot bien patinées dans des teintes sobres et élégantes, où se bouscule une clientèle de fidèles heureux de boire un bon vin de pays choisi avec soin par le patron. Belle terrasse en été.

Au Doux Raisin *(plan couleur B2, **63**) : 29, rue Descartes, 75005. ☎ 01-43-29-31-13. Ⓜ Cardinal-Lemoine ou Place-Monge. Tlj 10h-1h. Plusieurs formules vin-mets 16-28 € ; carte env 30 €. Digestif maison offert sur présentation de ce guide.* Ce bar à vins convivial rend hommage aux délires alcoolisés du cinéma français des années 1950-1960 et propose des dégustations, entre autres, de crus de Bourgogne et de vins biodynamiques, agrémentées de petits plats qui tiennent chaud, comme des gratins, des terrines, des tartines de pain Poilâne, des planches de fromages et de charcuterie, ou des salades bien garnies. De quoi arpenter la Contrescarpe le cœur plein d'allégresse.

Cave Mavrommatis *(plan couleur B3, **64**) : 49, rue Censier, 75005. ☎ 01-45-34-64-95. Ⓜ Censier. Lun-jeu 12h-15h ; ven-sam 12h-15h, 18h-22h. Congés : 2e et 3e sem d'août. Formules déj 11-15 € ; planches 10-14 €, mezze 4-10,50 €. Ouzo offert sur présentation de ce guide.* Juste à côté du traiteur du même nom, une toute petite salle et 2 tables en terrasse pour goûter à quelques-uns des 80 cépages grecs, en accompagnant chaque verre de délicieux *mezze*. Pas de panique, on vous guidera avec le sourire dans votre dégustation.

Où boire un café ou un thé ?
Où prendre un bon 4-heures ?

5e

Dose, Dealer de Café *(plan couleur B3, **70**) : 73, rue Mouffetard, 75005. ☎ 01-43-36-65-03. Ⓜ Place-Monge. ♿ Lun-ven 8h-18h, sam-dim 9h-19h. Congés : 8-25 août. Boissons 2-4,50 € ; menu goûter 5 € ; pâtisseries 1,50-4,50 €.* Expresso, allongé, *macchiato*, brésilien... vous prendrez bien une petite dose de kawa ? Le joli cadre aux murs de céramique grise, l'accueil sympa comme tout de Grégoire et Baptiste, les gourmandises (financiers, cookies, muffins et yaourts) invitent à poser une fesse dans ce quartier bien vivant dévolu à la jeunesse estudiantine. Petite terrasse.

Le Café Maure de la mosquée de Paris *(plan couleur C3, **71**) : 39, rue Geoffroy-Saint-Hilaire, 75005. ☎ 01-43-31-18-14. Ⓜ Jussieu ou Place-Monge. Tlj 9h-minuit. Thé à la menthe et pâtisseries à partir de 2 €.* Avec ses colonnes, ses arcades, ses belles faïences et son patio, *Le Café Maure* vous transporte instantanément dans les jardins de l'Alhambra. Hélas, victime de son succès, ce havre de paix s'est transformé peu à peu en usine à touristes (prise d'assaut le week-end) en quête d'exotisme.

Shakespeare & Co Café *(plan couleur zoom, **72**) : 37, rue de la Bûcherie, 75005. ☎ 01-43-25-95-95. Ⓜ Saint-Michel. Tlj 10h-18h (19h30 ven-dim).* La mythique librairie *Shakespeare & Company* lance son café littéraire en plein cœur du Quartier latin ! Au programme, du café torréfié dans le 18e *(Café Lomi)*, du thé pour s'accorder un *afternoon tea* digne de ce nom, de savoureux bagels et des pâtisseries version *US* de chez *Bob's Bakery*... Une excellente adresse dans un coin qui en manque cruellement. Ne ratez surtout pas la librairie attenante, qui fait partie de l'histoire littéraire parisienne...

Odette *(plan couleur zoom, **73**) : 77, rue Galande, 75005. ☎ 01-43-26-13-06. Ⓜ Cluny-La Sorbonne ; RER B et C : Saint-Michel-Notre-Dame. Tlj 12h (10h w-e)-19h30. Compter 1,90 € le chou et 9,90 € les 6.* Des p'tits choux, des p'tits choux... encore des p'tits choux ! Vous l'aurez compris, le chou ici est roi. Confectionné tous les matins dans les cuisines du sous-sol, il est fourré comme il se doit d'une onctueuse crème pâtissière aromatisée : chocolat, caramel, pistache, praliné... et, plus exotique, thé vert. À consommer avec un bon chocolat chaud ou une coupe de champagne dans le salon cosy à l'étage ou sur la petite terrasse, avec vue unique sur Notre-Dame de Paris ! Sinon, jolies boîtes à emporter. Ah, ne cherchez pas Odette, c'est la grand-mère du patron : elle vit en Bretagne !

Sugar Plum *(plan couleur B2,* ***74****) : 66, rue du Cardinal-Lemoine, 75005. ☎ 01-46-34-07-43. Ⓜ Cardinal-Lemoine ou Place-Monge. Tlj sauf lun 12h-19h. Thés bio et cafés 2,20-5 € ; gâteaux 3-4,80 €.* Plus vous mangerez, plus vous grossirez et plus vous serez lourd et difficile à kidnapper ! Telle est la devise de la maison. Pour votre sécurité, vous n'aurez qu'à choisir entre *cream cake, pecan pie,* brownies au beurre de cacahuètes et autres créations. On ajoute un *tchaï* ou un jus de fruits pressés sous vos ordres pour faire passer le tout. Mais on est si bien ici qu'on reprendrait bien encore quelque chose...

Où manger une glace ?

Gelati d'Alberto *(plan couleur B2,* ***55****) : 45, rue Mouffetard, 75005. ☎ 01-77-11-44-55. Ⓜ Place-Monge. Tlj 12h-minuit (2h en été). Congés : nov-fév. Compter 3,50 € pour 2 parfums, 4,50 € pour 3 et 5,50 € pour 4.* Alberto fabrique chaque matin une quarantaine de parfums : les classiques (citron, framboise...), les gourmands (crème caramélisée, Nutella, macarons...) et les originaux (laissez-vous tenter par le yaourt ou le coquelicot). La forme sympathique des glaces réchauffera tous les cœurs, elles se savourent pétale par pétale. Très bon rapport qualité-prix-accueil. Pour les insatiables, les glaces sont aussi vendues au litre. *Autre adresse au 12, rue des Lombards (4e).*

5e

Où boire un verre ?

Le Verre à Pied *(plan couleur B3,* ***80****) : 118 bis, rue Mouffetard, 75005. ☎ 01-43-31-15-72. Ⓜ Censier-Daubenton. Tlj sauf lun 9h-22h (16h dim). Demis 2,60-3,80 € au bar, 3-3,80 € en salle. Formule déj en sem 16,50 € ; plats du jour 13 € le midi, 16 € le soir ; assiettes de charcuterie ou fromages 7-18 €.* Vieux bistrot inchangé depuis 1914-1918, avec un comptoir si étroit qu'un verre y tient à peine. Carrelage, poêle antique en fonte, tables de café classiques... Habitués, journalistes et artistes s'y côtoient fraternellement dans une atmosphère très Marcel Carné. La meilleure table ? Celle des dinosaures. Expos temporaires de peintres ou de photographes.

La Petite *(plan couleur B2,* ***81****) : 53, rue Lacépède, 75005. ☎ 01-43-37-88-37. Ⓜ Place-Monge ou Cardinal-Lemoine. Tlj 8h-2h. Pintes env 6-8 € (happy hours tlj 17h-21h). Brunch tlj (11h-16h) 18,50 €.* On a le béguin pour la pittoresque place de la Contrescarpe, sur laquelle débordent les tables de ce bar, repaire de bons vivants. Sous les stores, de larges terrasses, chauffées en hiver, et un joyeux brouhaha jusque dans les 2 petites salles à la touche rétro, avec un amusant écran animé intégré dans le mur. Pour accompagner la belle sélection de bières artisanales, ti-punchs, cocktails et vins au verre, on pioche dans une planche de charcuterie et de fromage ou une pizza à partager. *NOUVEAUTÉ.*

Le Piano Vache *(plan couleur B2,* ***82****) : 8, rue Laplace, 75005. ☎ 01-46-33-75-03. Ⓜ Cardinal-Lemoine ou Maubert-Mutualité. Tlj sauf dim 18h (19h juil-août)-2h. Pintes 5-6 € ; cocktails 6-7 €.* Ce temple du rock'n'roll, aux murs tapissés d'affiches, de graffitis et de photos d'identité d'illustres inconnus, débordant d'objets hétéroclites, accueille concerts de jazz manouche, soirées *blind test,* blues ou punk rock. Atmosphère décalée et excentrique pour ce QG d'étudiants de tous âges. Pas de carte ni de prix affichés, il faut vous rendre au comptoir pour commander ce qui vous chante. Côté cocktails, on vous conseille le

« Diable Rouge », spécialité de la maison. Le piano et la vache sont bien là, à vous de les trouver !

Le Café Léa *(plan couleur B3, **83**) : 5, rue Claude-Bernard, 75005. ☎ 01-43-31-46-30. Ⓜ Censier-Daubenton. Tlj 8h30 (9h dim)-2h. Assiettes 9,90 € ; brunchs dim 16,60-20 €.* Un sympathique café toujours animé, où les jeunes (et moins jeunes) du coin ne manquent jamais de passer, du petit noir du matin au dernier mojito. Une alternative rafraîchissante aux usines à bières du quartier Mouffetard, avec sa grande baie vitrée et ses chaises dépareillées. Quelques tartines et *mezze* à partager entre copains.

Le Pantalon *(plan couleur A2, **84**) : 7, rue Royer-Collard, 75005. • facebook • Ⓜ Cluny-La Sorbonne ; RER B : Luxembourg. Tlj 17h30-2h. Pinte de Licher 3 €.* Ce repaire d'étudiants, fait de bric et de broc (et même d'un pantalon !), offre une déco conçue comme une ruelle par le patron et des étudiants des Beaux-Arts. Les plus observateurs iront faire un tour au fond : étonnant ! Bon à savoir, les bières sont moins chères quand on reste au comptoir à se faire des copains.

Où sortir ?

Solera *(plan couleur A3, **92**) : 283, rue Saint-Jacques, 75005. 07-77-60-63-93. • facebook • Ⓜ Censier-Daubenton ; RER B : Port-Royal. Mar-sam 17h-2h. Cocktails 10-12 €. Assiettes à partager 9-14 €.* À l'ombre du Val-de-Grâce et de son dôme, un bar à cocktails chaleureux où l'on aime passer quelques heures, entre copains ou en amoureux. Le joli cadre Art déco-tropical accueille un mixologiste chevronné qui revisite les classiques et met en scène de véritables « cocktails-spectacles » : demandez l'« Artiste », un rafraîchissement parfumé à l'aide d'une lampe d'Aladin (!). Le week-end *(jeu-sam)*, de bons DJs font monter la température. Une belle surprise dans ce coin peu vivant de la rive gauche.

Caveau de la Huchette *(plan couleur zoom, **90**) : 5, rue de la Huchette, 75005. ☎ 01-43-26-65-05. • caveaudelahuchette.fr • Ⓜ Saint-Michel. Tlj 21h-2h30 (jusqu'à l'aube jeu-sam). Entrée : 13 € dim-jeu, 15 € ven-sam et veilles de fête ; étudiant 10 €. Consos à partir de 6 €.* C'est une institution parisienne pour les danseurs « à l'ancienne », hors des modes. À tel point qu'elle servit de décor à l'une des scènes finales du film *La La Land.* Les étudiants, les nombreux touristes et les quadras ou quinquas parisiens viennent écouter les plus grands jazzmen américains ou européens. Ça swingue dans la cave aux pierres apparentes, et on peut même prendre des cours tous les jours en semaine de 19h à 21h.

La Lucha Libre *(plan couleur zoom, **91**) : 10, rue de la Montagne-Sainte-Geneviève, 75005. ☎ 01-43-29-59-86. • laluchalibre.fr • Ⓜ Maubert-Mutualité. Tlj sauf dim-mar 17h-2h. Congés : Noël-Jour de l'an. Happy hours 17h-21h mar-mer, 17h-20h jeu-ven : pinte de bière ou Coca 3,50 € ; cocktail 6,50 €. Carte env 12 €.* Voici une adresse au concept original puisque c'est probablement le seul bar au monde équipé d'un vrai ring de catch ! Totalement dédiée à la *lucha libre* (ou lutte libre mexicaine), cette *cantina*-bar colorée sert de généreux cocktails et accueille les 1er et 3e vendredis du mois des matchs de catch professionnel. Ambiance explosive et public déchaîné garantis. Tous les soirs, *open-ring* ouvert à tous : un habit en mousse permet d'envoyer ses amis dans les cordes. Le ring se fait également *dancefloor,* et l'ambiance y est tout aussi chaude. *Ay Caramba !*

À voir

LE QUARTIER LATIN

Jusqu'à la Révolution, on y parlait le latin. D'où ce nom, qu'il prit au XIXe s. Un quartier étudiant, toujours très animé, comme il se doit.

Le Quartier latin vit largement du souvenir de son université et de ses étudiants turbulents, bien que la vieille Sorbonne n'ait plus depuis longtemps le rôle central qu'elle eut jadis. Alors que beaucoup de ses rues ont été livrées aux restos touristiques, aux fast-foods et aux cafés plus réputés pour l'escalade de leurs prix que pour la chaleur de leur accueil, quelque chose d'indéfinissable fascine encore.

POURQUOI L'EXPRESSION « LA FIN DES HARICOTS » ?

Autrefois, dans les collèges et universités, la nourriture était frugale. On mangeait surtout des haricots, le légume des pauvres et des nécessiteux. Quand on annonçait la fin des haricots, cela signifiait qu'il n'y avait plus rien à manger. Par extension, l'expression indique que c'est la fin de tout, rien ne va plus.

Question promenades, tous les petits secteurs historiques qui composent le Quartier latin possèdent leur charme, leurs caractéristiques propres, sans qu'il soit facile d'en définir les frontières : où commencent et finissent Saint-Michel, le Luco, la Maub', la Mouff' ?

UN PEU D'HISTOIRE

Abélard (oui, celui d'Héloïse), théologien et philosophe du XIIe s, vint le 1er coloniser la montagne Sainte-Geneviève en emmenant avec lui ses étudiants de l'île de la Cité à la suite d'une querelle avec l'évêque de Paris. Celui-ci imposa malgré tout qu'on y parle et qu'on y enseigne en latin. Puis le Quartier latin se couvrit de collèges. Robert de Sorbon en créa un en 1253 pour les étudiants pauvres et lui laissa son nom.

Le Quartier latin garde toujours le souvenir du 1er poète moderne, François Villon, tout à la fois étudiant et brigand, fréquentant indifféremment les plus grands professeurs de la Sorbonne et les « Coquillards », bande de malfaiteurs notoires. Véritable lutin, paillard, frondeur, il eut maille à partir plus d'une fois avec les chevaliers du guet et fut sauvé par 2 fois de la potence par le roi.

La Sorbonne s'opposa aux nouveaux courants philosophiques. D'abord aux jansénistes, puis aux philosophes du XVIIIe s. Dans les années 1960, elle ne sentit pas plus le malaise de l'université (critique de l'enseignement traditionnel, du mandarinat, manque de débouchés). La crise éclata en mars 1968 à la faculté de Nanterre (fermée le 2 mai), puis à la Sorbonne le jour suivant. La vieille université n'avait évidemment rien vu venir. La police osa violer, pour la 1re fois, les franchises universitaires en arrêtant les étudiants dans son enceinte même. La suite, on la connaît : manifestations, répression, nuit des barricades des 10 et 11 mai (400 blessés, des centaines d'arrestations).

Le Quartier latin vécut encore quelques années d'agitation et de bouillonnement créateur, puis retomba en léthargie complète jusqu'à nos jours.

➢ Agréable ***balade à pied*** *(plan couleur zoom)* à la recherche des belles portes et façades sculptées des maisons anciennes et hôtels particuliers. Il n'existe pratiquement plus de petits commerces traditionnels et d'artisans. Cependant, c'est l'un des rares quartiers de Paris, avec le Marais, qui n'aient pas subi trop d'attentats architecturaux depuis Haussmann. En partant de la fontaine, place Saint-Michel, vous êtes immanquablement aspiré par les rues étroites de l'îlot Saint-Séverin : ***rue de la Huchette, rue de la Harpe, rue Saint-Séverin*** (pour l'anecdote, le « saint » fut gratté à la Révolution), ***rue Xavier-Privas.*** 10 restos au mètre carré, une foule énorme les soirs d'été, mélange de touristes et d'étudiants : question animation, on y trouve son compte. Question bouffe, c'est autre chose ! La rue de la Huchette porte le même nom depuis 800 ans. Au Moyen Âge, elle était déjà célèbre pour ses auberges, mais aussi pour ses coupeurs de bourse. Au no 10 vécut un jeune homme qui s'appelait Bonaparte. Marrant : passez donc dans l'une des plus petites rues de Paris, la ***rue du Chat-qui-Pêche*** (20 m de long et 1,50 m de large), qui donne à la fois sur la rue de la Huchette et le quai Saint-Michel.

L'église Saint-Séverin *(plan couleur zoom)* **:** *lun-sam 11h-19h30, dim 9h-20h30. Nombreux concerts.* Édifiée au XIIIe s sur la chapelle de l'ermite saint Séverin (6e), elle a été en grande partie détruite pendant la guerre de Cent Ans. Du XIIIe s, il ne reste que la tour et le portail. À droite, sur le flanc, festival de gargouilles. En angle droit dans le petit jardin, une partie du dernier charnier de Paris du XVe s. Cela donne une idée de ce que fut celui des Innocents (lire, dans le 1er arrondissement, le paragraphe qui lui est consacré, dans le quartier des Halles). Le reste, reconstruit au XVe s, est de style gothique flamboyant. À l'intérieur, magnifique déambulatoire, flamboyant toujours, et superbe buffet d'orgue datant de Louis XV ; malheureusement, il dissimule le plus beau vitrail de l'église. Les 1res colonnes des travées sont surmontées de chapiteaux, les autres pas, ce qui indique clairement les 2 étapes de construction (XIIIe et XVe s). Beau triforium (galerie de circulation creusée dans un mur) aux baies élancées et fines. Les amateurs de belle ouvrage pourront s'absorber dans la contemplation du pilier central du déambulatoire, dit « pilier tors ». Des nervures qui s'y enroulent rayonnent les arcs de la voûte, avec une souplesse, une aisance superbes. Du grand art. Quant aux vitraux, intéressante série d'apôtres dans les 3 premières travées (XIVe s). Ceux de l'abside datent du XVe s. Tout au fond, la petite chapelle du Saint-Sacrement est bien surprenante : toute ovale et baignée de lumière.

La ***rue du Petit-Pont*** et la ***rue Saint-Jacques*** *(plan couleur zoom),* qui la prolonge, suivent le tracé de l'ancienne voie gallo-romaine. On peut dire d'elles qu'elles furent les 1res rues de Paris, et même de Lutèce. Le boulevard Saint-Germain, qui les coupe, fut percé, ainsi que le boulevard Saint-Michel, sous Napoléon III.

5e

PÉAGE AU PETIT PONT

Pendant tout le Moyen Âge, ce pont qui donnait accès à l'île de la Cité était payant. Une tradition permettait aux troubadours, jongleurs ou acrobates de le traverser gratuitement à condition de faire une démonstration de leur talent aux gens d'armes. Certains dompteurs utilisaient des singes. D'où l'expression « payer en monnaie de singe »... quand on ne paie pas.

Le musée national du Moyen Âge, thermes et hôtel de Cluny *(plan couleur zoom)*

24, rue du Sommerard, 75005. ☎ 01-53-73-78-00 ou 16. ● musee-moyenage.fr ● Ⓜ Cluny-La Sorbonne. Tlj sauf mar 9h15-17h45. Fermé 1er mai. Entrée : 8 € (9 € expo temporaire) ; tarif réduit : 6-7 € ; gratuit moins de 26 ans, chômeurs et pour ts le 1er dim de chaque mois. Visites-conférences sam-dim et pdt vac scol. Visites thématiques de 1h-1h30 (plein tarif : 3,50-6,50 € en plus de l'entrée du musée au tarif réduit, réduc). Ateliers enfants de 2h (8-10 €). Régulièrement, concerts de musique médiévale. Audioguide gratuit (1 € pour les visiteurs bénéficiant de gratuité). ***Attention,*** *LE MUSEE EST EN TRAVAUX JUSQU'EN 2020 ; seule une partie du musée reste ouv à la visite ; rens sur le site internet.* À l'intersection des boulevards Saint-Michel et Saint-Germain, face à la Sorbonne, le musée prend place dans 2 bâtiments adjacents qui figurent parmi les plus beaux du vieux Paris. En effet, plusieurs édifices se mêlent ici, au travers des époques : tout d'abord, les thermes gallo-romains, datant des Ier et IIe s, dont les ruines reflètent assez peu la grandeur d'antan, unique ensemble préservé de la Lutèce antique avec les arènes de la rue Monge et l'hôtel de Cluny édifié à la fin du XVe s.

Un nouveau bâtiment d'accueil, réalisé par l'architecte Bernard Desmoulin, vient d'être inauguré. Cette extension contemporaine enrichit d'une nouvelle strate historique l'ensemble architectural que constitue le musée. Le musée abrite un ensemble exceptionnel de sculptures, peintures, vitraux, pièces d'orfèvrerie et tapisseries, dont la célèbre *Dame à la licorne,* et d'intéressantes expos temporaires. La muséographie est en cours de refonte ; l'hôtel médiéval des abbés de Cluny est entièrement inaccessible jusqu'en 2020. Durant cette période de travaux, on pourra toujours découvrir avec certitude : le frigidarium (salle froide des thermes ; elle est sans doute la plus grande salle sous voûte gallo-romaine de France), une salle présentant les trésors du musée, et les tapisseries dites « de la Dame à la Licorne ». Pour le reste, nous ne pouvons donner davantage de précisions à l'heure où nous bouclons ces pages.

La Sorbonne *(plan couleur A-B1-2)* **:** *angle rue des Écoles et rue Saint-Jacques. Entrée par la cour d'honneur, rue de la Sorbonne. Attention, en raison du plan Vigipirate, les locaux universitaires ne se visitent pas et les vigiles ne laissent passer que les étudiants inscrits (présentation d'une carte d'étudiant obligatoire). Sinon visite guidée de 1h30 des bâtiments historiques (« palais académique de la Sorbonne » et chapelle) 1 sam/mois sur résa bien à l'avance au ☎ 01-40-46-23-39 ou • visites.sorbonne@ac-paris.fr • ; 15 €, réduc. Accueil des visites et infos à la boutique (10, rue de la Sorbonne).* Au Moyen Âge, lorsque Robert de Sorbon crée le collège, les cours avaient lieu en plein air et on y enseignait uniquement la théologie. Conséquence de la Révolution, la Sorbonne est fermée en 1791 et transformée en atelier d'artistes jusqu'à sa réouverture, sous la Restauration. Les beaux bâtiments du XVIIe s, devenus trop petits, furent remplacés à la fin du XIXe s par ce chef-d'œuvre impérissable de 20 000 m^{2}. Ne subsiste que la grande chapelle édifiée selon la volonté de Richelieu en 1634 dans le style classique (comme Saint-Paul-Saint-Louis, dans le Marais). À l'intérieur, superbe tombeau de Richelieu en marbre blanc qui a survécu de justesse aux destructions révolutionnaires grâce à Alexandre Lenoir. La chapelle n'est ouverte qu'à certaines occasions (expos temporaires, Journées du patrimoine et visites guidées). Lieu symbolique des révoltes de Mai 68, ce temple de la connaissance est aujourd'hui le siège de plusieurs établissements universitaires et accueille plus de 120 000 étudiants, 2,5 millions de livres et bien d'autres trésors comme le portrait du cardinal par Philippe de Champaigne (que l'on peut admirer à l'occasion des Journées du patrimoine). Dans le grand amphithéâtre, *Le Bois sacré,* fresque de Puvis de Chavannes, domine les cérémonies. Dans la cour, les statues de Victor Hugo et de Pasteur, sacrément peinturlurées en Mai 68. En 2006, les émeutes anti-CPE ont été bien plus dévastatrices et traumatisantes, alors ne soyez pas étonné que la Sorbonne ferme désormais à la moindre manifestation. Sachez aussi que la coupole de la Sorbonne abrite un observatoire auquel on peut toujours accéder sur réservation, pour profiter d'explications et faire quelques observations du système solaire si le ciel est dégagé *(rens :* ***Société astronomique de France,*** *☎ 01-42-24-13-74 ; séances en principe 2 fois/sem ; sur résa, s'y prendre min 1 mois à l'avance ; 5 pers max : compter 10 € pour les 2h).* En tout cas, la vue sur Paris est superbe !

Le Panthéon *(plan couleur B2)*

Entrée rue Soufflot, 75005. ☎ 01-44-32-18-00. • pantheon.monuments-nationaux.fr • Ⓜ Maubert-Mutualité ou Cardinal-Lemoine ; RER B : Luxembourg. Tlj 10h-18h (18h30 avr-sept) ; fermeture des caisses 45 mn avt. Fermé 1er janv, 1er mai et 25 déc. Visite : 9 € ; réduc ; gratuit moins de 26 ans ressortissant de l'UE. L'achat d'un e-billet sur • ticket.monuments-nationaux.fr • Donne droit à un billet coupe-file. Audioguide : 3 €. Livret-jeu famille gratuit.

Un peu d'histoire

Le Panthéon connut une curieuse histoire. D'abord église voulue par Louis XV à la suite d'un vœu, sa réalisation est confiée à Soufflot. L'église, en forme de croix

grecque, manque de financements. Des loteries sont organisées. L'édifice sera terminé en 1790. Pendant la Révolution, on le transforme en « temple » destiné à accueillir les grands hommes de la liberté : Mirabeau (qui fut le 1er « locataire »), Voltaire, Jean-Jacques Rousseau... Les régimes se suivant et ne se ressemblant guère, Mirabeau est remplacé par Marat, qui, ensuite, devra déguerpir. Ses restes seront jetés dans les égouts.
Au début du XIXe s, l'édifice redevient église, puis Panthéon de 1831 à 1852, puis de nouveau église. En 1885, à l'occasion des funérailles nationales de Victor Hugo, son statut est fixé définitivement. Gambetta, Jean Jaurès, Émile Zola, Braille, Jean Monnet, l'abbé Grégoire, Monge, Condorcet, Victor Schœlcher (qui abolit l'esclavage dans les colonies) et Jean Moulin l'y rejoignirent. Le transfert des cendres de ce dernier fut l'occasion d'un des discours les plus célèbres de Malraux. Parmi les derniers arrivés : Pierre et Marie Curie, André Malraux, Alexandre Dumas (c'est son nègre qui a dû hurler !). Et en 2015, ce sont Aimé Césaire, Germaine Tillion, Geneviève de Gaulle-Anthonioz, Pierre Brossolette et Jean Zay qui ont fait leur entrée. La parité est toujours loin d'être respectée au royaume des grands hommes (tiens, tiens !)...

La crypte

Par des allées perpendiculaires à l'artère centrale, on rejoint les tombeaux des grands hommes. On en compte actuellement 74. Plan à l'entrée. La froideur de cette galerie glace un peu les sangs. Si les tombeaux de Voltaire, Rousseau, Jaurès et Hugo se trouvent aisément, la sépulture de Jean Moulin est moins évidente à dénicher. À la grande rotonde centrale, prendre à droite. Il est en compagnie de Pierre et Marie Curie, Condorcet, l'abbé Grégoire, Jean Monnet, Malraux... Tout un couloir est occupé par d'illustres inconnus (à part Lagrange, Bougainville et quelques autres). Ne soyez pas étonné : ils ont été nommés, pour la plupart, sous le Premier Empire. Grands commis de l'État, notables de grandes familles, juges, financiers et autres piliers du système qui se retrouvent ici plus pour les services qu'ils ont rendus à la bourgeoisie que pour une œuvre de portée universelle ! Dumas, Hugo et Zola sont dans la même pièce, ils doivent avoir des choses à se raconter ! Enfin, en compagnie de Jaurès et de Schœlcher, une simple plaque rend quand même hommage à Toussaint Louverture, leader de la lutte antiesclavagiste en Haïti (et mort déporté en France en 1803), et à Louis Delgrès, autre grand lutteur contre la colonisation des Antilles (mort en 1802 au combat). Et, depuis peu, ce sont les Justes de France qui ont fait leur entrée au Panthéon. « Juste », en référence au Talmud, qui qualifie ainsi la bienveillance qu'un non-juif peut témoigner à l'égard d'un juif (voir encadré). Une plaque est désormais apposée en leur mémoire.

LES JUSTES DE FRANCE

Qui sont ces 3 376 Justes de France (aujourd'hui 24 356 à travers le monde) à qui l'on a décerné une médaille gravée de ces mots : « Qui sauve une vie sauve le monde tout entier » ? Des hommes et des femmes, notables, fonctionnaires, simples citoyens, curés, et même tout un village – Le Chambon-sur-Lignon, en Haute-Loire – qui risquèrent leur vie pour venir en aide à des juifs pourchassés pendant l'Occupation. Grâce à leur courage, ce sont près des deux tiers des juifs de France qui ont survécu aux nazis.

5e

La grande nef

On remonte ensuite vers la nef. Une ancienne chapelle contient une maquette du Panthéon réalisée par l'architecte Rondelet, le successeur de Soufflot. De là, vue partielle sur l'édifice. Sur le flanc droit, la célèbre fresque *Sainte Geneviève ravitaillant Paris,* de Puvis de Chavannes. L'architecture intérieure est assez lourde et prétentieuse. Série de colonnes à frise qui soutiennent des voûtes arrondies. L'absence de nef dans les bas-côtés est comblée par une corniche et une balustrade, assez austère. Au centre du monument oscille le pendule de Foucault, expérience scientifique installée par Léon Foucault en 1851.

LE PENDULE DE FOUCAULT

Physicien et astronome, Léon Foucault entreprend une expérience dans la cave de son appartement parisien. Louis Napoléon Bonaparte, ayant eu connaissance des travaux du scientifique, lui demande de réaliser son expérience dans un lieu prestigieux ; ce sera le Panthéon. Cette sphère de 47 kg, suspendue à un fil de 67 m, prouve la rotation de la Terre sur elle-même. Malgré l'impression d'optique, la sphère ne pivote pas. Elle oscille toujours dans le même plan. C'est le cadran et donc la Terre en dessous qui tournent sur eux-mêmes.

Coupole impressionnante, haute de 83 m. Mais c'est de l'extérieur que le dôme prend toute son ampleur. Murs peints par différents artistes à la fin du XIXe s, mais ils n'étaient point de valeur égale. La *Mort de sainte Geneviève* de Laurens surpasse les autres (même Puvis !). Remarquable composition théâtrale autour de la sainte agonisante, superbe travail sur les corps, sur les ombres. Grand sens de la composition et beau travail sur la lumière également dans le *Sacre de Charlemagne par Léon III.* Dans le chœur, sculpture monumentale et pompeuse du début du XXe s, en hommage à la Convention.

Un escalier mène ensuite à la tribune d'où l'on jouit d'une belle vue plongeante sur l'église. L'escalier à vis rejoint une 1re terrasse extérieure qui fait le tour de la colonnade. Ceux qui veulent prendre encore de la hauteur poursuivront par la coursive jusqu'à la coupole, qui offre un panorama complet sur Paris et l'une des plus belles vues sur le Quartier latin. Cette partie est ouverte uniquement de début avril à fin octobre.

5e

🚶 ***La place de l'Estrapade*** *(plan couleur B2)* **:** *à deux pas du Panthéon, elle est bordée par la rue des Fossés-Saint-Jacques.* L'estrapade était un châtiment que l'on faisait subir aux soldats déserteurs ou voleurs. Pieds et poings liés, le supplicié était précipité du haut d'une potence, sans toucher le sol et jusqu'à dislocation des membres. Louis XVI – toujours à la pointe du progrès en ce domaine – supprima ce supplice d'origine italienne et le remplaça par la chaîne pour les forçats condamnés à travailler pour le royaume. Au 3, rue de l'Estrapade, la maison où vécut Diderot de 1747 à 1754, quand il dirigeait l'*Encyclopédie.*

🚶🚶🚶 ***L'église Saint-Étienne-du-Mont*** *(plan couleur B2)* **:** *derrière le Panthéon. ☎ 01-43-54-11-79. Lun 18h30-19h30 ; mar-ven 8h45-19h45 ; sam-dim 8h45-12h, 14h30-19h45.*

Elle annonce le charmant quartier de la Montagne-Sainte-Geneviève. Commencée sous Louis XII en 1510, l'église fut achevée sous Louis XIII en 1626. Elle fut bâtie à l'emplacement d'une ancienne abbaye où l'on priait sainte Geneviève, qui prit la défense des habitants de Lutèce lors de l'invasion d'Attila et de son armée barbare. Ses prières, dit-on, sauvèrent la cité. L'église fut reconstruite au XVIe s. Ce nouvel édifice prit le nom de Saint-Étienne-du-Mont. Dans la tour Clovis du lycée Henri-IV, dernier vestige de l'église abbatiale, Arago et Dulong se livrèrent, au XIXe s, à de nombreuses expériences scientifiques.

La façade, pleine de charme, mélange les styles avec bonheur : influences italienne et gothique, et formes antiques. Elle se présente en 3 parties, chacune en retrait sur la précédente. Sur le tympan, *Martyre de saint Étienne.* Le clocher complète gaiement le tableau. Intérieur gothique avec une belle voûte flamboyante et une ravissante clé pendante à la croisée de transept. Noter la curieuse coursive entre les piliers. Le clou de l'église : le *jubé* (arche) séparant le chœur de la nef et

datant de 1530. C'est le seul qui subsiste à Paris. De style Renaissance. Grande finesse d'exécution. Escalier à vis de chaque côté et superbe balustrade ajourée. Le mot « jubé » vient sans doute de la formule qu'on y prononçait : « *jube, domine, benedicere* » (daigne, Seigneur, me bénir). Incroyable, de nombreux paroissiens réclamèrent sa suppression au XVIIIe s, car il empêchait de voir le chœur. Heureusement, cela ne se fit jamais. Et puis encore un beau buffet d'orgue surmonté d'angelots du XVIIe s et d'un Christ ressuscité. Admirer également la chaire en bois sculpté du XVIIe s, avec son Samson supportant le tout. Dans la chapelle de la Vierge, derrière le chœur, un caveau accueille les dépouilles de Pascal et de Racine. Dans le bas-côté droit, chapelle avec les reliques de sainte Geneviève. Tombeau de pierre avec châsse en cuivre doré. Ne pas rater la *chapelle des Catéchismes* (on passe devant la sacristie) et le *cloître des Charniers.* Vous y découvrirez de superbes vitraux du XVIIe s. Est-ce le fait d'être à hauteur des yeux, on dirait presque de la peinture par la finesse de touche des personnages. En particulier dans *L'Arche de Noé, Le Vaisseau de l'Église* (noter aussi le joli rendu de la mer). À côté, *La Multiplication des pains,* fort belle composition. Plus loin, le très symbolique et mystique pressoir. Dans la salle des Catéchismes, sur la droite, fresques de Giacometti *(La Pentecôte...).*
– En sortant par la rue Clovis, au no 3, petit bout de l'enceinte de Philippe Auguste (visible également dans la cour du no 7).

Pour rejoindre la place Maubert, retour au Moyen Âge par la ***rue de la Montagne-Sainte-Geneviève*** *(plan couleur B1-2),* l'une des plus anciennes de Paris, bordée de nombreuses maisons basses. La potence, la roue et le bûcher y étaient supplices courants, place Maubert.

Le musée de la Préfecture de Police *(plan couleur zoom)* **:** *4, rue de la Montagne-Sainte-Geneviève, 75005 (dans l'hôtel de police, au 3e étage). ☎ 01-44-41-52-50. Ⓜ Maubert-Mutualité. Lun-ven 9h30-17h, 3e sam du mois 10h30-17h. GRATUIT. Visites guidées possibles : • pp-cabinet-smac-accueil-musee@interieur.gouv.fr •*

DE LA TRAÇABILITÉ DU POULET

Mais pourquoi les flics sont-ils surnommés « poulets » ? En 1871, Jules Ferry installe la préfecture de Police à l'emplacement de l'ancien marché aux volailles de Paris...

Un musée méconnu qui comblera les passionnés d'histoire(s) et d'objets insolites... Une scénographie simple mais récemment repensée, présentée de façon thématique, de l'Ancien Régime et la création de la préfecture de Police jusqu'aux débuts de la police scientifique.
Mannequins en uniforme (la police aussi a ses modes), manuscrits et lettres, estampes, affiches, etc., autant de supports qui évoquent l'histoire de la police de Paris depuis le XVIIe s. La création de la lieutenance de police sous la monarchie, celles de la garde nationale sous la Révolution, de la fonction de préfet de police sous l'Empire, des sergents de ville en 1829, en sont quelques-unes des principales étapes chronologiques. Nombreux documents exposés dans les vitrines : le registre d'écrou de Ravaillac, des lettres de cachet, l'affaire du Collier de la reine, le décret de comparution de Louis XVI devant la Convention, l'ancien bagnard Vidocq, devenu mouchard puis chef de la Sûreté, l'incendie de la préfecture de Police pendant la Commune, les attentats anarchistes, la bande à Bonnot, l'assassinat de Jaurès, les célèbres affaires criminelles (Landru, Petiot), l'ingéniosité du préfet Lépine, instigateur du concours éponyme et de ce musée...
C'est la cohabitation entre l'histoire (admirez l'authentique couperet de la guillotine qui a tant officié pendant la Révolution), les faits divers (très jolie collection de pièces à conviction du chef de sûreté Gustave Macé) et les anecdotes (l'origine des différents sobriquets dont les policiers ont été affublés...) qui rend la visite de ce musée passionnante. Tout à trac : des chaussures cache-billet, l'ancêtre du gilet

pare-balles, un nécessaire pour créer de faux papiers, des armes en os de mouton, quelques bombes artisanales et une reproduction de la machine infernale de Fieschi. Dans un autre registre, on y découvre aussi l'inventaire des saisies effectuées au camp de Drancy, qui précéda la déportation vers Auschwitz des juifs arrêtés par des policiers français lors de la rafle du Vél'd'Hiv. Sont également évoqués les policiers qui se battirent dans et avec la Résistance, sauvant l'honneur d'une police compromise avec l'occupant nazi.

UNE POLICE PARISIENNE GAULLISTE ?

Malgré quelques résistants, la police parisienne a notoirement collaboré avec l'occupant, surtout en organisant la rafle du Vél'd'Hiv de 1942. Le 19 août 1944 (les Américains étaient aux portes de Paris), des policiers se rebellent contre les Allemands à la préfecture, faisant 167 morts dans les rangs policiers. Oubliant ce passé collaborationniste, de Gaulle décernera la Légion d'honneur à la police parisienne ! On épura la moitié des effectifs, qui furent d'ailleurs vite réintégrés...

La ***rue Maître-Albert*** *(plan couleur zoom)* existe depuis le XIIIe s et elle a toujours été en coude. Au n° 7, la plus belle demeure de la rue (XVIIe s). ***Rue de la Bûcherie,*** ancienne faculté de médecine du XVe s avec sa rotonde. La rue tient son nom du port aux bûches (le bois arrivait à Paris sur des radeaux), et donc des marchands de bois, qui travaillaient là jusqu'au XVIe s. ***Rue de l'Hôtel-Colbert,*** quelques superbes hôtels particuliers (notez qu'elle s'appelait avant « rue des Rats », détail révélant que la Maub' ne fut pas toujours un quartier à la mode).

Retour par la ***rue Galande*** *(plan couleur zoom),* où subsistent de vieilles maisons intéressantes. À noter, le ciné *Studio Galande,* qui a respecté le style du quartier.

5^e

– La rue Saint-Julien-le-Pauvre offre également un alignement d'élégants hôtels fort bien restaurés.

L'église Saint-Julien-le-Pauvre *(plan couleur zoom)* **:** bâtie sur un lieu de sépultures mérovingiennes avec les pierres qui n'ont pas été utilisées pour la construction de Notre-Dame, elle a été le siège des assemblées universitaires avant la création de la Sorbonne et a même servi de grenier à grains pendant la Révolution. Depuis 1170, l'église, l'une des plus anciennes de Paris, a reçu bien des coups, comme en témoigne le mur moignon devant l'entrée. La façade actuelle date du XVIIe s. À droite, dalle de la voie romaine Paris-Orléans. Mais l'intérieur possède un côté attendrissant, presque intime. Intéressant chœur aux voûtes gothiques. L'iconostase qui barre le chœur (œuvre d'un artiste syrien de 1890) et les icônes indiquent que l'église est de rite grec melkite catholique (on n'en compte que 2 en France, la 2de, Saint-Nicolas-de-Myre, se trouve à Marseille), ce qui explique qu'il n'y ait aucune statue ni instrument de musique. Belle pierre tombale du XVe s sur le côté droit et chapiteaux remarquables du XIIe s dans le chœur, avec figures monstrueuses (harpies) et feuilles d'acanthe. Liturgies – en période ordinaire – les mardi et jeudi à 12h15 et le dimanche à 11h, en grec, en arabe ou en français. Des concerts y sont régulièrement organisés.
– Dans le ***square*** attenant, un arbre de 400 ans, le plus vieux de Paris (et ça se voit !), un robinier, dit « faux acacia », et quelques vieilles pierres qui proviennent de Notre-Dame.

– Vers Saint-Michel, les anglicistes ne manqueront pas de passer, rue de la Bûcherie, à l'extraordinaire ***librairie Shakespeare & Co*** : hors du temps, l'escalier qui craque, et en haut de chaleureux fauteuils, le piano d'où s'échappent parfois quelques notes selon l'humeur des clients... N'hésitez pas à faire une pause au café littéraire attenant (voir plus haut « Où boire un café ou un thé ? Où prendre un bon 4-heures ? »).

LA CONTRESCARPE. LA MOUFF'

À l'orée du Quartier latin, des petits coins pleins de charme et particulièrement vivants. Leur visage s'est cependant profondément modifié, là aussi. Certaines rues et placettes ont perdu leur caractère villageois avec le départ de ceux qui ne pouvaient plus supporter les nouveaux loyers, mais il subsiste encore çà et là quelques petites épiceries et librairies d'occasion bien sympathiques.

Par la **rue des Écoles,** à la hauteur de la rue Saint-Jacques, allez place Marcellin-Berthelot. Vous remarquerez au passage la masse imposante du **Collège de France** *(plan couleur B1-2),* fondé par François Ier, qui voulait une université où l'on puisse enseigner et apprendre en français. Les plus grands intellectuels y enseignèrent – Ampère, Champollion, Bergson, Paul Valéry, Roland Barthes, Pierre Bourdieu, Michel Foucault, Pierre Boulez, Emmanuel Le Roy Ladurie... Une exception, et de taille : Einstein, qui refusa le poste qu'on lui offrait. Pour le « punir », il n'est pas une rue, pas une placette, ni même un gymnase qui porte son nom dans la capitale ! Si vous vous sentez une âme d'érudit, consultez le programme : les enseignements sont accessibles à tous et gratuits *(● college-de-france.fr ●)* !
Enfilez ensuite la *rue de Lanneau,* l'une des plus anciennes de Paris, et la *rue de l'École-Polytechnique* (« l'X » a déménagé depuis bien longtemps déjà), qui débouche sur la *placette Larue,* très animée dès l'*happy hour.* Puis rejoignez la **rue Monge,** partant du métro Cardinal-Lemoine, et remontez la rue du même nom. Jetez un œil, au no 49, sur le bel hôtel particulier construit en 1701 pour Charles II Lebrun, auditeur à la Cour des comptes et élève d'Hardouin-Mansart. Watteau y demeura les dernières années de sa vie (de 1718 à 1721) et Buffon s'y installa en 1766. Au no 65, la masse imposante du *collège des Écossais* (1662). Dans sa chapelle se trouvait une urne avec le cerveau du roi d'Angleterre Jacques II (Jacques VII pour les Écossais), mort en France en 1701. Le bâtiment fut transformé en prison sous la Terreur.
Au croisement de la **rue Clovis,** remarquez le mur d'enceinte de Philippe Auguste. Mesurant à l'origine 6 à 9 m de haut pour 3 m de large à la base, il n'en reste que de très rares vestiges. Au no 75, l'adorable *hôtel des Grandes Écoles* dans un environnement quasi champêtre. Plus haut, au no 74, vécut Hemingway avec sa femme Hadley, de 1921 à 1923. Il y écrivit *Paris est une fête.*
Par la rue Thouin, faites un crochet par la **rue Descartes** : au no 39, l'immeuble où, en 1896, mourut Verlaine, qui y louait une chambre pour travailler.

La place de la Contrescarpe *(plan couleur B2)* **:** une des places les plus mignonnes de Paris, très animée surtout en soirée. Toutes les maisons ont été restaurées, avec plus ou moins de bonheur. Prendre un verre au *Café Delmas,* en terrasse, reste une option agréable. Au no 1 (ou non loin !), Rabelais, Ronsard, Du Bellay et leurs copains de la Pléiade venaient disserter sur les subtilités de la langue française... Levez les yeux : même si les commerces ont disparu, quelques enseignes préservées témoignent encore du caractère populaire du quartier. Ainsi, au no 3 de la place, une ancienne *maison de la Pomme de Pin.*

La rue Mouffetard *(plan couleur B2-3)* **:** la « Mouff' », nommée ainsi en raison de la puanteur (la *mofette*) qui provenait des ateliers installés sur les rives de la Bièvre (tanneurs, tripiers... y résidaient), est une longue et étroite rue en pente. Ancienne voie romaine, donc l'une des plus vieilles de Paris, qui garde encore une animation de village. Malgré les rénovations et les échoppes- fast-foods subsistent vieilles enseignes, noms de rues, petits passages et courettes. Au no 6 de la rue, pittoresque enseigne de boucher datant du XVIIIe s, avec 2 bœufs bien gras. Au no 12, il est rappelé que la maison fut fondée en 1748. Au no 14, l'ancienne épicerie spécialisée dans la vente de cafés *Au Nègre Joyeux* avec son enseigne-tableau qui vient d'être restaurée ; ça a quand même une autre gueule que « supermarché » ! De nombreuses interprétations du tableau qui se sont révélées erronées ont circulé. L'enseigne représente en fait une servante blanche servant du café à un homme noir. À l'angle, la petite fontaine édifiée par Marie de Médicis (1671) qui régulait le débit d'eau nécessaire aux jardins du Luxembourg. Tout au long de la rue, vénérables maisons anciennes, à la restauration parfois très léchée. Le nº 23 abritait le « cabaret du chiffonnier » avant de devenir mairie pendant la Commune. Au nº 53, on a découvert en 1938 un trésor caché par Louis Nivelle, écuyer, conseiller du roi, constitué de 3 351 pièces d'or, la plupart à l'effigie de Louis XV. L'ensemble avait à cette date une valeur de plus de 16 millions d'anciens francs ! Au nº 69, au-dessus du bar, un bois sculpté représente un chêne magnifique, généreux, splendide. À cet endroit, de 1844 à 1880, s'est tenu un bal réputé autant que mal famé. On y dansait la « chaloupeuse », l'ancêtre – prétendent certains – de la java.

Le bas de la rue Mouffetard, jusqu'au niveau de la rue Jean-Calvin, est occupé par un marché quotidien de primeurs et par des commerces de proximité destinés aux habitants du quartier : bouchers, fromagers, boulangers..., mais aussi par quelques bars et cafés. Pour profiter de l'activité trépidante, arriver tôt le matin, et de préférence le samedi. Les vendeurs remballent vers 13h30. À l'angle de la rue Daubenton, une maison joufflue semble prête à craquer. Au nº 122, l'enseigne de la *Bonne Source* date d'Henri IV ; elle annonce l'existence d'un puits là où se trouvait autrefois un marchand de vin.

UN ROI RECONNAISSANT

Henri IV descendait la rue Mouffetard vers le bourg Saint-Médard lorsque sa monture, effrayée par le bruit, s'emballa. N'écoutant que leur courage, les riverains stoppèrent le royal canasson. Très heureux de s'en sortir indemne, Henri IV accorda alors aux marchands le droit de commercer tout le long de la rue Mouffetard.

Au nº 134, au-dessus d'un fromager, admirer la superbe façade tout en arabesques végétales et en représentations animales. Décorée selon le procédé du sgraffite (ciment sculpté et rehaussé de décors d'inspiration baroque) par Adhigeri au XVIIᵉ s, c'est elle qui a valu à l'édifice son classement.

Tout en bas, la charmante ***église Saint-Médard*** *(plan couleur B3 ; entrée par le 41, rue Daubenton, par une porte à colonnes).* Sa construction s'est étalée sur 2 siècles. Elle fut interrompue par les guerres de Religion, et particulièrement lors du *Tumulte de Saint-Médard,* une dispute entre protestants et catholiques qui entraîna le saccage de l'église par les Réformés en 1561. Son cimetière fut, au XVIIIᵉ s, le théâtre de crises d'hystérie et de convulsions autour de la tombe d'un janséniste à qui le peuple attribuait le don de favoriser les guérisons. Les autorités firent fermer le cimetière et, en 1732, quelqu'un écrivit sur un mur : « De par le Roi, défense à Dieu de faire miracle en ce lieu. »

Les arènes de Lutèce *(plan couleur C2)* **:** *rues Monge et de Navarre (entrée par la rue de Navarre). Tlj 8h (9h w-e)-21h30 (17h30 en hiver, 19h30 ou 20h30 à la mi-saison).* Situées au centre d'un jardin public et datées de la fin du Iᵉʳ siècle de notre ère, elles furent mises au jour lors du percement de la rue Monge, en 1869. Mais il y avait longtemps déjà que l'on soupçonnait leur existence, sans avoir cependant pu mettre la main sur les pierres élevées par les Gallo-Romains. Une partie fut néanmoins détruite jusqu'à ce qu'une vaste mobilisation – menée notamment par Victor Hugo –, puis une souscription publique viennent les sauver définitivement en 1917. Leur taille modeste prouve que Lutèce, à l'époque, avait beaucoup moins d'importance qu'une ville comme Arles, bien que les 35 degrés de gradins aient pu accueillir jusqu'à 17 000 personnes (soit davantage que la population des *Parisii* de l'époque) ; on a retrouvé, sur certains gradins, les noms de ceux qui avaient des places réservées. Au niveau du sol, de petites ouvertures voûtées, les « *carceres* », sortes de loges qui permettaient de garder les bêtes sauvages, et aux gladiateurs de se préparer. Elles servent aujourd'hui de terrain de jeux aux enfants du quartier et aux boulistes. Ils l'ont échappé belle : les arènes faillirent une nouvelle fois être rasées en 1980 pour faire place à un lotissement ! Ce fut l'objet d'une polémique passionnée entre promoteurs et défenseurs du vieux Paris. Agréables espaces verts tout autour de ce petit havre de paix.

Par la petite ***rue des Boulangers*** (à angle droit depuis le XIVe s, quelques jardins intérieurs), on atteint la ***place Jussieu*** et l'entrée du ***campus scientifique Pierre-et-Marie-Curie*** *(plan couleur C2)*. Nous ne reviendrons pas sur l'opportunité de la grande tour Zamanski (du nom du 1er recteur de l'université), ni sur les choix, controversés, de l'architecte Édouard Albert concernant la structure régulière des bâtiments, que l'on appelle « le gril ». Jussieu est aujourd'hui la plus grande « usine à matière grise » parisienne : plus de 50 000 chercheurs, professeurs, étudiants et employés administratifs y travaillent.

BONJOUR L'ARNAQUE !

Grâce à Pierre et Marie Curie, le radium bénéficia d'une énorme notoriété. D'ailleurs, des charlatans commercialisèrent des crèmes au radium pour combler les rides dès 1934. On se rendit compte de l'effet dangereux de ces soins en 1937. Heureusement que les doses étaient bien trop faibles pour avoir un effet nocif...

AUTOUR DU JARDIN DES PLANTES

La mosquée de Paris *(plan couleur C2-3)* **:** *pl. du Puits-de-l'Ermite, 75005. ☎ 01-45-35-97-33. Ⓜ Place-Monge ou Jussieu. Tlj sauf ven et le mat des j. de fêtes musulmanes 9h-12h, 14h-18h. Entrée de la mosquée et visite guidée : 3 € ; tarif réduit : 2 € ; gratuit moins de 8 ans. 15-20 mn d'attente entre 2 départs de visite.*

La mosquée fut construite de 1922 à 1926 par 3 architectes français et plusieurs centaines d'artisans maghrébins, dans un style hispano-mauresque, sur un terrain offert par la France en reconnaissance des sacrifices des dizaines de milliers de musulmans morts dans les tranchées lors de la Première Guerre mondiale. Son minaret carré est d'ailleurs caractéristique du Maghreb (à l'inverse des minarets circulaires du Moyen-Orient).

En entrant, superbe cour d'honneur à la végétation luxuriante et aux fontaines glougloutantes où il fait bon déambuler. Plafonds en bois de cèdre du Liban. Précédant la mosquée, grand patio à arcades sculptées, céramiques et dalles de marbre. Au centre, l'ancienne fontaine aux ablutions. La salle de prières (interdite aux visiteurs mais on peut l'apercevoir par les portes ouvertes) est somptueusement décorée : grandes portes en bois sculpté et ciselé, tapis anciens et coupoles richement ornées. Au fond, le mihrab indiquant la direction de La Mecque et une chaire (minbar), utilisée lors du prêche du vendredi. Visite également de la bibliothèque et de la salle d'honneur.

La mosquée comprend également un hammam (mais on ne le recommande pas), un resto et un salon de thé (voir la rubrique « Où boire un café ou un thé ? Où prendre un bon 4-heures ? » plus haut).

DES MUSULMANS SAUVÈRENT DES JUIFS

Dès 1942, le recteur Si Kaddour ben Ghabrit de la mosquée de Paris cacha des juifs. Certains mangeaient régulièrement à la grande mosquée, sûrs qu'on n'y servait pas de porc. On y distribuait aussi de faux papiers pour échapper aux rafles. Une attitude héroïque, malheureusement un peu oubliée. Respect.

➢ Pour les plus curieux, ne pas manquer, au 5, rue Geoffroy-Saint-Hilaire, l'ancien pavillon de surveillance du marché aux chevaux (de 1760). Autre témoignage de cette importante activité au XIXe s, l'inscription en façade au nº 11 (avec sa tête

de cheval) : « Marchands de chevaux, poneys, etc. ». La rue de l'Essai évoque… l'essai des montures qui précédait les transactions. Pour retrouver l'ambiance, (re) lire *Les Misérables,* de Victor Hugo.
Pour terminer, les cinéphiles ne manqueront pas de se rappeler l'inénarrable *Traversée de Paris,* où le trio Gabin-Bourvil-de Funès trafique au marché noir chez « Jambier : 25, rue Poliveau ! »…

Le Jardin des Plantes *(Muséum national d'histoire naturelle ; plan couleur C-D2-3)*

• Plan *p. 202-203*

Entrée à l'angle des rues Cuvier et Geoffroy-Saint-Hilaire (M Jussieu) ou pl. Valhubert (M Gare-d'Austerlitz), à l'angle des rues Geoffroy-Saint-Hilaire et Buffon, 75005. ☎ 01-40-79-56-01. • mnhn.fr • Jardin ouv tlj 7h30-20h en été et 8h-17h30 en hiver. Tarif variable selon ouverture des sites ; gratuit moins de 26 ans pour les collections permanentes des galeries. Sinon, nous vous signalons l'existence de la carte annuelle de la Société des amis du Muséum (40 € adulte ; 25 € enfant et étudiant), qui permet d'accéder gratuitement à ts les sites du Muséum.
L'une des plus belles promenades parisiennes et l'une des plus riches en découvertes.
L'entrée principale du jardin se trouve place Valhubert et permet de profiter de la perspective des parterres avec en ligne de mire la Grande Galerie de l'Évolution. Royal !
Si vous entrez par la porte de la Pitié, en face de la fontaine Cuvier, vous apercevrez sur votre gauche le grand amphithéâtre, et la maison de Cuvier à côté. À droite, le « labyrinthe », butte ombragée, fraîche et paisible, avec de très vieux arbres, dont un cèdre du Liban planté en 1734. Ce jardin fut aménagé sur un monceau d'ordures qu'on recycla et transforma en jardin paysager… un souci d'écologie avant l'heure !

HONTE À CUVIER !

En l'honneur du grand spécialiste d'anatomie animale, on érigea une fontaine à l'angle des rues de Linné et Cuvier, représentant notamment un crocodile qui tourne complètement la tête. Heureusement que l'anatomiste était mort alors, car la morphologie du crocodile ne lui permet pas de tourner la tête ainsi, les vertèbres cervicales de l'animal étant bloquées. Peut-être le sculpteur a-t-il voulu se venger du racisme inouï dont Cuvier fit preuve à l'encontre des Noirs.

5e

Un peu d'histoire

C'est à Guy de La Brosse et Jean Héroard, médecins de Louis XIII, que l'on doit l'idée de ce jardin (en 1635) destiné aux étudiants en médecine et en pharmacie de l'époque, pour l'étude de l'herboristerie. De fait, c'est l'un des plus vieux musées d'histoire naturelle du monde. Le souverain créa un « droguier du roi » où l'on stockait toutes les substances médicamenteuses, puis un cabinet des curiosités. En 1714, on y édifia la toute 1re serre chaude de France dont on ait trace, pour protéger un précieux pied de café offert à Louis XIV par le bourgmestre d'Amsterdam. Buffon, intendant du jardin du roi pendant un demi-siècle sous Louis XV et Louis XVI, véritable père des sciences naturelles, en fit doubler la superficie au XVIIIe s.
De nombreux naturalistes et botanistes français y travaillèrent : Tournefort, les Jussieu, Geoffroy Saint-Hilaire, Lamarck, Lacépède, Cuvier… Véritable jardin

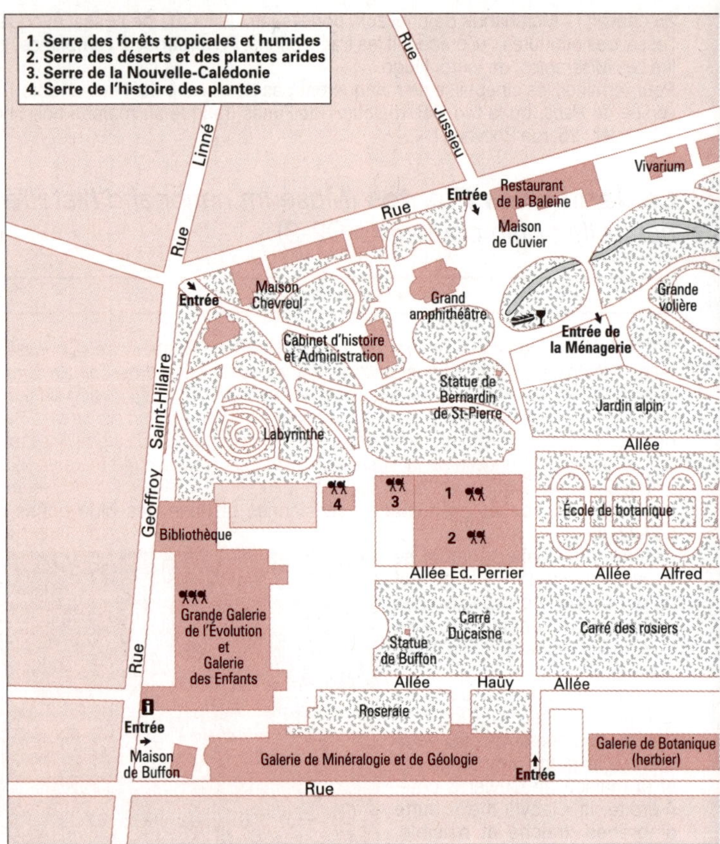

expérimental, nombre de voyageurs explorateurs ou missionnaires y rapportèrent des plants ou des graines. Nicot y planta du tabac. Des Antilles, on fit venir un cacaoyer.
Dans un pavillon de la rue Cuvier, Becquerel découvrit la radioactivité en 1903. Rien à voir avec *Le Savant fou* que Tardi dessina au début des aventures en B.D. d'Adèle Blanc-Sec, album mythique qui reconstitue avec humour et nostalgie le petit monde du Jardin des Plantes d'avant la guerre de 1914.
Aujourd'hui, dans des galeries diversement intéressantes, le Muséum national d'histoire naturelle abrite des collections d'une immense richesse. Côté jardin proprement dit, on trouve plus de 8 000 espèces présentées dans 11 jardins différents. Pour vous aider à vous repérer dans ce jardin extraordinaire, des guides sont en vente, et des fiches-parcours sont distribuées dans les points d'accueil.

La ménagerie

Accès par le 57, rue Cuvier et par le jardin. ☎ 01-40-79-56-01. • zoodujardindesplantes.fr • ♿ (en partie). Tlj 9h-17h en hiver et 9h-17h30 ou 18h en été (18h30

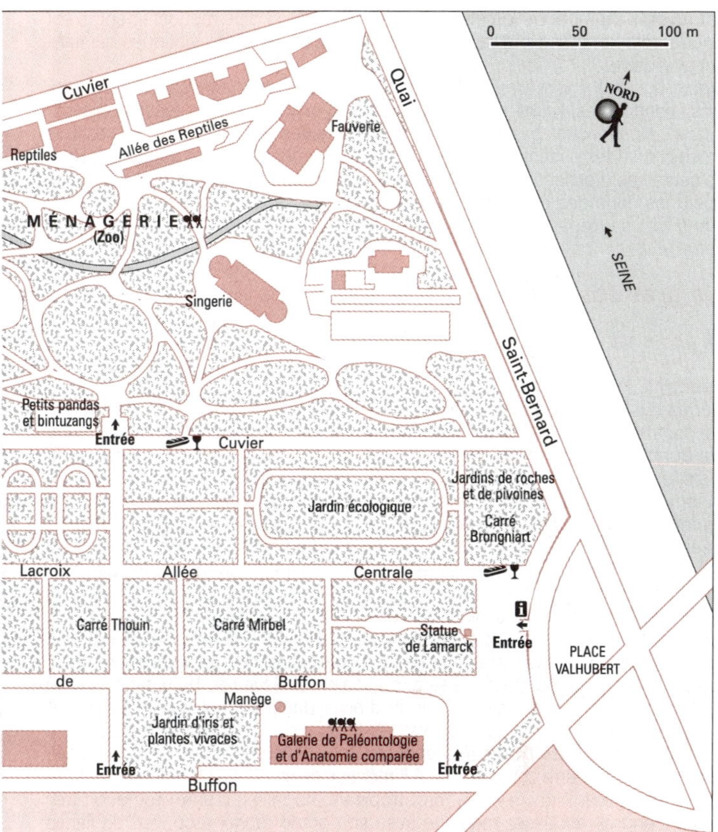

LE JARDIN DES PLANTES

dim et j. fériés avr-sept). Entrée : 13 € ; tarif réduit : 10 €. Un plan est fourni à la caisse, avec le nom de ttes les bébêtes. Buvette et snack à l'intérieur.

La ménagerie est le plus ancien zoo public du monde. Fondée en 1793 dans le dessein de donner « aux philosophes, aux artistes et aux hommes de sciences une matière à penser et à créer », elle accueillit dans sa 1re année les pensionnaires des collections de Versailles et des forains de Paris privés du droit d'exhiber des animaux sauvages dans les rues de la capitale. Parmi les plus célèbres, Zarafa, la girafe offerte par le vice-roi d'Égypte à Charles X et qui connut un franc succès lors de sa remontée depuis Marseille ; une véritable « girafomania » se répandit dans la capitale : tabatières, papiers peints, assiettes

DE L'EXOTISME DANS LES ASSIETTES

Lors du siège de Paris en 1870 par les Prussiens, les Parisiens avaient tellement faim que presque tous les animaux de la ménagerie furent mangés. Ils figuraient d'ailleurs en bonne place sur les menus des grands restaurants !

5e

sont revêtus du motif de la célèbre girafe ; désormais, plus modestement, c'est Nénette, maman orang-outan, et plusieurs espèces de félins asiatiques qui tiennent la vedette.
Aujourd'hui, on y voit singes, félins, vigognes, tortues, dromadaires, gaurs, porcs-épics, mangoustes, yacks, reptiles, pandas roux, oryx d'Arabie, oiseaux tropicaux, un tapir... Ne manquez pas le vivarium, qui montre des serpents, des mygales, des caméléons et des phasmes (insectes qui se confondent avec des végétaux). Bref, des centaines d'espèces (dont 30 % rares et menacées dans leur habitat naturel) hébergées dans des bâtiments classés de style Art déco, et que la ménagerie entend bien sauvegarder.

Les grandes serres

Accès par le jardin. ☎ 01-40-79-54-79 ou 56-01. Tlj sauf mar, 1er janv, 1er mai et 25 déc 10h-17h en hiver et 10h-18h (18h30 dim et j. fériés) en été. Entrée : 7 € ; tarif réduit : 5 €.
4 serres du Jardin des Plantes invitent à un voyage dans l'univers de la biodiversité, comme on dit aujourd'hui. Autant de voyages à l'autre bout du monde sans faire augmenter notre bilan-carbone ! Tout au long de la visite, on découvre la diversité du monde végétal et ses étonnantes capacités d'adaptation à l'environnement, grâce à une scénographie qui déroule le long d'une liane en acier des informations claires et précises sous forme d'animations interactives. La 1re serre est édifiée en 1714. Au fil des années, d'autres serres sont construites, dotées d'améliorations techniques permettant de mieux contrôler la température et l'humidité des collections de plantes rares et exotiques que les naturalistes rapportent de leurs voyages lointains. Les serres jumelles qui abritent aujourd'hui la flore de Nouvelle-Calédonie et l'histoire des plantes datent de 1834. Elles sont à l'époque les plus hautes serres du monde à être construites en verre et en métal. La plus grande et la plus haute (la serre tropicale) est élevée en 1936 dans un style Art déco en remplacement du 1er jardin d'hiver dans lequel les plantes étaient cultivées en pleine terre et non en pots.
– ***La serre des forêts tropicales et humides :*** belle entrée Art déco avec ses piliers en pâte de verre et ses grilles. À l'intérieur, on se trouve plongé dans l'atmosphère chaude et humide de la forêt tropicale, au milieu d'une végétation très dense. L'endroit est assez magique avec son grand rocher recouvert de lianes géantes, du haut duquel on peut admirer la serre dans son ensemble. Dans ce milieu touffu et imposant, on découvre de nombreuses plantes utiles à l'homme dans divers domaines. Particulièrement instructif, le parcours des plantes ressources comme le caféier, le vanillier ou la pervenche de Madagascar aux vertus anticancéreuses.
– ***La serre des déserts et des plantes arides :*** peut-être moins spectaculaire en raison de sa présentation plus linéaire, mais très intéressante. On y découvre des plantes provenant des milieux arides de notre planète (moins de 300 mm d'eau par an), et les différents types de stratégies qu'elles développent pour résister à la sécheresse, mais aussi au soleil. Passionnant tant d'un point de vue botanique que d'un point de vue esthétique ; un festival de formes et de textures assez surprenantes. On y apprend par exemple que les plantes « succulentes » ne sont pas bonnes à manger mais sont des plantes riches en liquide ou « suc » (comme les cactus) qui stockent l'eau dans leurs feuilles, tiges ou racines.
– ***La serre de la Nouvelle-Calédonie :*** elle abrite une collection spécifiquement dédiée à cet archipel océanien, qui a la caractéristique d'abriter 76 % d'espèces végétales endémiques, c'est-à-dire qui n'existent nulle part ailleurs. La diversité de cette flore si spécifique est présentée à travers 5 milieux : la forêt humide, la forêt sèche, le maquis minier, la savane et la mangrove. Dans chaque milieu, certaines plantes sont plus spécifiquement commentées, et l'exposition insiste sur la fragilité de cette zone aussi exceptionnelle que menacée.

– ***La serre de l'histoire des plantes :*** on y accède (toujours avec son ticket) indépendamment des autres. On entre ici dans le domaine de la paléobotanique. L'objectif est plus didactique puisqu'il s'agit de nous faire comprendre selon un parcours chronologique l'histoire des plantes terrestres, celle d'une adaptation à des milieux changeants depuis la sortie des eaux il y a 430 millions d'années, jusqu'à l'apparition des fleurs. Un parcours dans le temps un peu complexe, visuellement moins spectaculaire (pas de plantes à fleurs, plus de pièces fossiles), mais qui complète fort intelligemment la visite des 3 autres serres.

L'école de botanique

Accessible aux mêmes horaires que le jardin. 3 000 espèces de plantes classées par genres, par familles, à découvrir sous l'œil paternel d'un vieux pin de Corse planté en 1774. Autour d'une table d'orientation sur laquelle est gravé un arbre de l'évolution des plantes terrestres, la scénographie met en évidence les relations entre diversité, classification et évolution des végétaux. 4 massifs illustrent en nature des concepts évolutifs (l'adaptation, la diversité, la convergence...). On y trouve par exemple des plantes « divariquées », venues de Nouvelle-Zélande, dont l'architecture étrange leur évitait d'être broutées par des autruches géantes... Également 2 parcours botaniques, l'un pour les adultes et l'autre pour les enfants.

Le jardin alpin

Accessible aux mêmes horaires que le jardin lui-même. GRATUIT. Groupées par régions géographiques, plus de 2 000 espèces venant des Alpes, des Pyrénées, de Corse, de l'Himalaya... vivent ici grâce aux différents microclimats obtenus en fonction de leur place dans le jardin (c'est assez étonnant !). On y trouve également des arbres d'importance historique, notamment le pistachier mâle qu'utilisa Sébastien Vaillant pour démontrer, en France, la sexualité chez les végétaux. Balade très agréable à travers les allées.

Le jardin écologique

Visites guidées seulement ; rens : ☎ 01-40-79-56-01. Accompagné par un botaniste, on peut découvrir la flore et les arbres qui poussent naturellement en Île-de-France. Une oasis de biodiversité en plein Paris.

La galerie de Minéralogie et de Géologie

• galeriedemineralogieetgeologie.fr • Tlj sauf mar 10h-17h (18h w-e et j. fériés avr-sept). Fermé 1er janv, 1er mai et 25 déc. Entrée : 7 € ; tarif réduit : 5 €.

On peut y découvrir l'expo permanente « Les trésors de la Terre ». Les 1ers minéraux – ou « solides naturels » – sont apparus dans le Système solaire il y a, ouhhhh... 4,6 milliards d'années ! Le Muséum détient l'une des plus belles collections, dont l'origine remonte au règne de Louis XIII. Son droguier contenait des minéraux à partir desquels étaient concoctés des onguents, auxquels on prêtait des vertus pharmaceutiques...

Différents thèmes sont abordés dans l'exposition « Les trésors de la Terre », de la formation des minéraux à leur usage par l'Homme. Pas besoin d'être calé dans le domaine pour s'émerveiller : spectaculaires dimensions des cristaux géants, flamboyance des couleurs, superpositions de textures, fluorescence, formes parfois étonnamment délicates ou géométriques, dont on peine à croire qu'ils n'ont pas été taillés par la main de l'Homme. La main de l'Homme, justement, a su tirer partie de la beauté de ces minéraux, qui sous la main de l'artisan se muent en bijoux ou en objets d'arts décoratifs (ne ratez pas les superbes plateaux de table en marqueterie). Enfin, un éclairage sur la nature des météorites. Un parcours jalonné par des écrans tactiles, qui explique certains aspects de façon pédagogique.

Pour compléter la visite, la ***collection de minéraux de l'université Pierre-et-Marie-Curie*** présente 1 400 échantillons de minéraux plutôt spectaculaires *(4, pl. Jussieu, 75005 ; ☎ 01-44-27-52-88 ; rdc du patio 14 ; tlj sauf mar 13h-18h ; fermé avr-juil ; entrée : 6 €, réduc, gratuit moins de 10 ans).*

La galerie de Botanique

10-18, rue Buffon, 75005, ou accès par le jardin. Au rdc. Tlj sauf mar 10h-17h (18h w-e et j. fériés avr-oct). Fermé 1er janv, 1er mai et 25 déc. Entrée comprise dans le billet couplé Itinéraire botanique *qui donne accès aux serres (7 €, tarif réduit 5 €).*
Le plus vieux – 450 ans – et le plus vaste herbier au monde, riche de 8 millions de spécimens, a retrouvé une nouvelle jeunesse, et un espace de présentation est aujourd'hui consacré à quelques-unes de ses plus belles planches dans la galerie de Botanique, elle aussi entièrement rénovée. Les amateurs de botanique pourront regretter que si peu de planches du fameux herbier soient présentées, mais les néophytes apprécieront la pédagogie, la beauté et la variété des vitrines. Un joli dépaysement.
Tout a commencé par le « jardin des plantes médicinales » voulu par Louis XIII, à vocation pédagogique (un aspect médical toujours prégnant aujourd'hui, puisque plus de 50 % des médicaments ont encore un lien avec la nature, et notamment les plantes, chimiquement synthétisées ou pas).
Puis ce sont les naturalistes-voyageurs qui, à partir du siècle des Lumières – souvent dans le cadre d'expéditions ou de guerres (science et pouvoir politique sont liés) –, sont venus étoffer l'herbier. À cela se sont ajoutés des legs.
Une poignée de panneaux colorés et introductifs nous invitent à entrer progressivement dans le monde végétal : comprendre pourquoi les botanistes s'intéressent aussi à une partie du monde bactérien, (re)découvrir les modes de reproduction des plantes, les plantes à graines et plantes à fleurs...
Puis on découvre les méthodes de collecte, de conservation et de classification.
Une superbe vitrine présente les fruits, parfois spectaculaires et en tout cas étonnants.
Des illustrations naturalistes et de moulages de végétaux en cire étoffent les explications.
Les enjeux de l'étude des plantes et de leurs graines sont aujourd'hui toujours multiples, et ce dans différents domaines : médical bien sûr, mais aussi dans les domaines de la chimie, de l'industrie ou de l'alimentation. Tout cela est expliqué.
Quant à l'herbier, après avoir été manipulé, soigné, reclassé et numériquement sauvegardé, il dort désormais paisiblement, juste de l'autre côté de la cloison vitrée, quand il n'est pas dérangé par les délicates manipulations d'un chercheur...

La galerie de Paléontologie et d'Anatomie comparée

2, rue Buffon, 75005, ou accès par le jardin. Ⓜ Austerlitz. Tlj sauf mar 10h-18h. Fermé 1er janv, 1er mai et 25 déc. Entrée : 9 € ; tarif réduit : 6 €. Le w-e, pas mal de monde.
Ces galeries, chefs-d'œuvre de l'architecture métallique de la fin du XIXe s, furent édifiées en vue de l'Expo universelle de 1900 pour présenter les collections d'anatomie et de paléontologie, et notamment les squelettes des grands dinosaures. Science développée par Cuvier et Geoffroy Saint-Hilaire, l'anatomie comparée a permis une meilleure compréhension des parties du corps des animaux, et a fourni des méthodes d'analyse et de classement à la future théorie de l'évolution. Vous trouverez ici des milliers de squelettes actuels et fossiles, les herbivores, les carnivores, les mammifères marins, le fameux cœlacanthe, les dinosaures marchant à 2 ou 4 pattes, les représentants des périodes glaciaires, les hommes préhistoriques... Bref, plus de 600 millions d'années d'histoire de la vie. Un plan permet de se retrouver dans ce labyrinthe d'ossements.

Parmi les derniers spécimens arrivés, vous verrez *Carnotaurus* (son nom résume bien la nature terrifiante de ce dinosaure carnivore), *Pteranodon* prenant son envol comme dans la B.D. de Tardi, ou encore *Cynthiacetus,* un ancêtre des baleines.

La Grande Galerie de l'Évolution *(plan couleur C2-3)*

36, rue Geoffroy-Saint-Hilaire, 75005, ou accès par le jardin. Ⓜ Jussieu ou Censier-Daubenton. Tlj sauf mar et 1er mai 10h-18h. Entrée (expo permanente) : 10 € ; tarif réduit : 7 € ; gratuit moins de 26 ans. Accès expo temporaire + expo permanente : 12 € ; tarif réduit : 9 €. Service de billetterie en ligne : • billetterie.mnhn.fr •

Un musée incontournable, une superbe galerie de zoologie rénovée par 2 des architectes (Paul Chemetov et Borja Huidobro) du ministère des Finances de Bercy, et le résultat est vraiment réussi.

Petit retour en arrière : en 1635, le Jardin royal des plantes médicinales, inauguré sous Louis XIII, accueille les 1res collections, vite développées grâce aux voyageurs naturalistes qui rapportent de leurs expéditions des animaux et des végétaux jusqu'alors inconnus. En 1793 (alors que le mot « royal » n'est pas franchement à la mode !), un décret de la Convention interdit les ménageries des forains et des anciens domaines royaux, dans lesquelles on trouvait des locataires aussi prestigieux qu'un rhinocéros indien offert à Louis XV en 1770.

Dans cette galerie, un seul thème : l'évolution. Le message est clair : faire prendre conscience aux visiteurs de la biodiversité et de la responsabilité de l'homme envers la nature. C'est pourquoi seuls les animaux permettant cette démonstration sont présentés au public. Les autres spécimens se trouvent encore dans la zoothèque, réservée aux scientifiques, située en sous-sol devant la galerie. Dans la galerie, c'est le visuel qui prime, au détriment de légendes individuelles plus explicatives. On tapote beaucoup sur les bornes interactives, et un spectacle sonore et visuel recrée le cycle jour/nuit et différentes ambiances, sans oublier les courts-métrages. Aller à la médiathèque vous permet d'approfondir la visite. Le parcours est divisé en 3 actes : « La diversité du vivant », « L'évolution de la vie » et « L'homme, facteur d'évolution ».

TAXIDERMIE ET SYSTÈME D

Installé dans la ménagerie de Versailles, le rhinocéros offert à Louis XV mourut en 1793. Les naturalistes se mirent alors au boulot avec les moyens du bord : 4 pieds de table pour les pattes et 2 fonds de tonneau pour le thorax. Sur cet assemblage, on posa le cuir dépigmenté de l'animal, revivifié grâce à de la peinture à l'huile. Du coup, le pachyderme ressemble plus à un meuble Louis XV qu'à un rhinocéros d'Asie. Depuis, il a été consolidé et rafraîchi, et reste le 1er rhinocéros naturalisé au monde. Il est aujourd'hui exposé au dernier étage de la galerie. Impossible à rater !

Sous-sol

Consacré aux expositions temporaires.

Rez-de-chaussée : la diversité du monde du vivant en milieu marin

Des origines communes aux spécificités de chacun. Un impressionnant squelette de baleine vous accueille dès l'entrée. Les 2 petits os qui semblent flotter sous la colonne vertébrale, survivances d'un bassin et des membres inférieurs, sont la démonstration qu'antérieurement la baleine était un organisme terrestre. Un peu plus loin à gauche, découvrez le détail des micro-invertébrés (méiofaune) qu'abrite le sable de nos plages : on passe au milieu de grains de sable grossis 800 fois (ce qui ne donne plus vraiment envie de lézarder sur la plage !). Réplique du narval

(au fond, à gauche), un mammifère marin chassé pour son impressionnante dent torsadée et rapporté du Spitzberg par le duc d'Orléans lui-même. Et ce squelette de rorqual, tout aussi impressionnant. Un peu plus loin, vous pourrez lire pourquoi certaines zones maritimes sont riches en matière vivante alors que d'autres en sont totalement dépourvues.
Le musée s'enorgueillit d'exposer pour la 1re fois au monde un spécimen de calmar géant comme dans son milieu naturel. Animal mythique des récits de marins et des légendes scandinaves (le *Kraken*) – les scientifiques eurent peu de preuves de son existence jusqu'à la fin du XIXe s –, ce calmar n'a pas fini de nous dévoiler les secrets de son mode de vie. À l'exception de quelques spécimens échoués, en très mauvais état, conservés dans le formol, les seules traces observées étaient celles (parfois énormes) laissées par les ventouses de ses tentacules sur la peau des cachalots, leur ennemi intime. On pense que les plus grands spécimens atteignent 18 m et pèsent jusqu'à 2 t... Wheke (prononcez « ouéké ») – nom maori qu'on lui a donné – est une jeune femelle de 6,50 m de long qui a eu le malheur de se retrouver emprisonnée dans un filet de pêche dérivant à plus de 600 m de profondeur au large de la Nouvelle-Zélande. Offert au Muséum, ce céphalopode a bénéficié d'une nouvelle technique de naturalisation – la plastination –, qui consiste à déshydrater le corps à basse température et à injecter dans son enveloppe une résine plastique durcissante. Il a fallu aussi reconstituer certaines parties de son corps, comme les yeux, le bec et les ventouses, qui avaient mal résisté au séjour dans le formol. Après plus de 2 ans de soins cosmétiques, la jeune dame a reçu une nouvelle pigmentation luisante rose crevette qui lui donne cet air frais et pimpant pour se présenter à ses nombreux admirateurs.
On rejoint le 1er niveau en passant devant des spécimens de l'Antarctique, survolés par des albatros.

1er niveau : la diversité du monde vivant en milieu terrestre

Plus de 3 000 spécimens issus de l'Arctique, de la savane africaine, du désert saharien et des forêts tropicales d'Amérique. Les adaptations à la vie aux pôles ou dans la savane se consultent sur une borne interactive. L'éléphant qui précède le cortège africain conduit tout ce beau monde, la larme à l'œil, vers un avenir incertain.
Juste avant d'accéder à la salle de découverte, sur la droite, on voit la nacelle du duc d'Orléans. Juché sur un éléphant et parti à la chasse d'une tigresse, le duc ne s'attendait sans doute pas à ce face-à-face aussi mémorable. En un bond, l'animal se jeta sur la nacelle ducale, un coup de fusil cassa le rebord sur lequel était agrippé le fauve, qui tomba. Affolé, l'éléphant s'enfonça au pas de charge dans la jungle, son altesse accrochée à la croupe du pachyderme. Le lendemain, un peu secoué, il finit par abattre la tigresse. La scène est aujourd'hui immortalisée à la galerie.
Toujours à propos d'éléphant, on ne peut passer sous silence l'arrivée remarquée de Siam, ce fameux éléphant qui a même eu droit à une pleine page dans *Le Monde*. En effet, ce pachyderme d'Asie, mort en 1997, le même jour que son dresseur (!), est une véritable star. Il fut d'abord artiste au sein du cirque *Knie* en Suisse (vidéos à l'appui), avant d'enchaîner avec une carrière cinématographique et de terminer une vie bien remplie au Parc zoologique de Paris. Un destin qui n'en finit pas, puisque le voici aujourd'hui de nouveau sous les feux de la rampe. Quelques chiffres : après dépouillage, le tanneur partit avec une peau de 600 kg sous le bras (qui, une fois traitée, n'en faisait plus que 160), laquelle fut conservée 3 ans dans un congélateur avant que les taxidermistes ne s'attellent à l'ouvrage. La fixation des 80 kg de défenses (1,80 m de longueur) nécessita même l'intervention d'un serrurier ! Et puis ce furent aussi plus de 1 000 épingles et un nombre infini de points de couturière pour rendre à cet animal toute sa vérité. Stupéfiant ! Penchez-vous sur le menton (si, si !) des 2 hippopotames qui talonnent l'éléphant : alors qu'ils étaient devenus imberbes suite au traitement de leur peau, le taxidermiste leur a avantageusement rendu leur virilité en y substituant des poils... de balayette !

Également au 1er niveau : la ***médiathèque.*** Attention, quand on y accède depuis la galerie, on ne peut plus revenir dans le musée. Mieux vaut donc y faire un tour après la visite. Autre entrée (gratuite) par le 36, rue Geoffroy-Saint-Hilaire. Et même un snack pour les petites faims.

3e niveau : l'évolution de la vie

On arrive au cœur de la démonstration : comment les animaux ont évolué depuis l'aube des temps et ont pu s'adapter sans cesse à leur environnement. Après être passé devant le rhinocéros de Louis XV, voici un peu de théorie : quelques infos sur les origines et les acteurs de la théorie de l'évolution, avec, à l'appui, une petite saynète animée et commentée. Puis on aborde la reproduction, la sélection naturelle, un petit coup d'histoire moléculaire, avant de découvrir l'évolution de la vie depuis les 1res espèces aquatiques (on sait maintenant, avec certitude, que la vie est d'origine aquatique) jusqu'aux différentes espèces terrestres. On déambule devant un parterre de petites bébêtes nageantes et rampantes. Il représente la progression de la sortie de l'eau. L'étage est ensuite consacré à la génétique pour expliquer comment, par mutation de leur ADN, les animaux sont parvenus à s'adapter à leur environnement. La nature établit ensuite sa sélection. Comme la phalène, ce papillon qui vit sur les bouleaux et change de couleur selon sa situation. Il est blanc lorsque l'arbre est couvert de lichen et noir quand le végétal pousse à proximité des zones industrielles. Depuis l'aube des temps, l'évolution biologique s'est ainsi poursuivie... jusqu'à l'apparition de l'homme. Habile transition pour descendre au 2e niveau.

« PEIGNER LA GIRAFE »

Une girafe fut offerte par le vice-roi d'Égypte à Charles X en vue d'apaiser les relations entre les 2 pays. Débarquée à Marseille en 1826, elle traversa la France à pied pour rejoindre le souverain. Atir, un palefrenier égyptien chargé du précieux animal, passait son temps à la nourrir, la brosser, la nourrir, la brosser... histoire de s'occuper. D'où l'expression « peigner la girafe », qui signifie avoir une activité qui ne sert pas à grand-chose.

2e niveau : l'homme facteur d'évolution

Cet étage présente les processus successifs qui ont conduit l'espèce d'un million d'individus dans les débuts à plus de 7 milliards aujourd'hui. Présente également les conséquences des actions de l'homme sur l'environnement et l'évolution des espèces : domestication, sédentarisation, introduction d'espèces dans de nouveaux milieux, pollution, surexploitation et destruction des forêts, transformation des paysages.
La ***salle des espèces menacées et disparues,*** ou en passe de l'être, est cachée dans un recoin de la galerie. On la localise grâce au dodo placé à l'entrée. Le dodu dodo, que ses courtes ailes empêchaient de voler, vivait sur l'île Maurice. Il a disparu au cours du XVIIIe s avec l'arrivée d'explorateurs et de marins qui raffolaient de sa chair. Le moulage présenté ici a été façonné en 1901, à partir du tableau d'un peintre hollandais.
On pénètre ensuite dans une grande et splendide salle tamisée, sorte de coffre-fort de la mémoire animale et végétale. On y trouve des pièces uniques au monde, témoins naturalisés d'une époque presque révolue, comme ce cheval de Przewalski venu d'Asie centrale et témoin des frasques de Gengis Khan, offert par Nicolas II. Aujourd'hui, l'espèce a été réintroduite en Lozère, sur le causse Méjean. On trouve, au rang des espèces disparues, le loup de Tasmanie, comparé à un vampire car il buvait le sang de ses proies : kangourous, wallabies ou autres moutons. Le dernier représentant de l'espèce est mort en 1936. Sans oublier la tortue des Seychelles, dont on découvre l'un des 3 exemplaires naturalisés dans

le monde, éteinte au début du XIXe s ; l'œuf d'æpyornis, animal malgache mystérieux disparu au XVIIe s ; ou le cerf de Schomburgk (c'est le seul spécimen naturalisé au monde). En tout, 120 spécimens pour se souvenir de la richesse naturelle et de l'action souvent destructrice de l'homme sur son environnement.
La visite se termine sur une question qui reste en suspens : de cette action de l'homme sur son environnement résulte une réduction de la biodiversité et, surtout, une orientation de cette biodiversité. Comment peut-on aujourd'hui trouver un équilibre entre exploitation d'une part et développement et maintien d'un certain équilibre de l'écosystème d'autre part, le tout concentré autour d'une concrétion à la César, avec tous nos déchets ?
La Grande Galerie de l'Évolution transmet un message éducatif pour que cette réunion animale et végétale ne devienne pas une vaste arche de Noé. Message reçu !
– ***Le cabinet de Réalité virtuelle :*** *mer, w-e et vac scol, séances ttes les 40 mn 10h30-12h30, 14h10-17h30. Résa exclusivement sur Internet. Entrée : 5 €. Séances de 30 mn dont 15 mn de navigation.* Après s'être équipé d'un casque et de manettes, on navigue en immersion dans l'univers de quelque 450 espèces emblématiques actuelles ou fossiles, découvrant les relations de parenté, l'origine de la vie...

La Galerie des Enfants

Dans le bâtiment de la Grande Galerie de l'Évolution, au 1er étage. ♿ Tlj sauf mar 10h-18h. Fermé 1er mai, 25 et 31 déc. Résa conseillée (jour et horaire de visite) sur le site • galeriedesenfants.fr • Entrée couplée avec la Grande Galerie : 12 € adulte ; 9 € enfant. Entrée couplée avec la Grande Galerie + expo temporaire : 14 € adulte ; 11 € enfant. Ateliers gratuits mer et w-e. Un espace dédié aux 6-12 ans qui permet de découvrir en famille et de façon ludique les questions liées à la biodiversité et aux problèmes environnementaux. 4 zones – la ville, la rivière, la forêt tropicale et la planète –, délimitées par la couleur du sol, sont à parcourir. Ici, on a le droit de ramper sous les tables pour regarder les poissons, de voter pour les repas de la cantine et de toucher à tout. D'ailleurs, n'oubliez pas de caresser le chat violet ! On observe les insectes à la loupe, on essaie de reconnaître les odeurs et les empreintes, bref on apprend en s'amusant, et même les grands se prennent au jeu.

Les parterres

De la place Valhubert, où vous pourrez vous informer au pavillon d'accueil *(tlj 10h-17h),* magnifique perspective sur les parterres bordés d'allées de platanes taillés « en plateaux-rideaux ». De mai à octobre, on peut y admirer les plus jolies fleurs de la capitale.

🚶 ***Le quai Saint-Bernard*** *(plan couleur C-D1-2)* **:** on se baignait ici aux XVIIe et XVIIIe s. Les riches se déshabillaient dans leur carrosse, les pauvres comme ils pouvaient ; mais tous se baignaient nus. Aujourd'hui, on s'y promène le long des quais aménagés, au milieu des œuvres contemporaines du ***musée de Sculptures en plein air.*** Le chemin qui serpente dans ce petit parc permet de découvrir une trentaine de sculptures modernes et contemporaines, œuvres de Brancusi, César, Zadkine pour les plus illustres. Remarquez notamment *La Grande Fenêtre,* face à la Seine, du Cubain Augustin Cárdenas, et *Demeure I,* d'Étienne-Martin, forcément mise en parallèle avec les immeubles environnants.

L'Institut du monde arabe (IMA ; plan couleur C1)

🚶🚶🚶 *1, rue des Fossés-Saint-Bernard, pl. Mohammed-V, 75005. ☎ 01-40-51-38-38. Rens (répondeur) : ☎ 01-40-51-38-11. • imarabe.org • Ⓜ Jussieu, Cardinal-Lemoine ou Sully-Morland. Tlj sauf lun 10h-18h (19h w-e et j. fériés, 21h30 ven). GRATUIT. Accès payant pour le musée (voir plus loin) et certaines expos ; gratuit moins de 26 ans. L'Institut comprend un musée, une bibliothèque, plusieurs salles d'expo, un auditorium, un espace jeunes, un resto et une cafétéria. Le rdc accueille une librairie-boutique (livres, affiches, CD, objets d'artisanat). L'IMA propose également des spectacles, du cinéma, des activités familiales et des débats.*

Un grand concours fut lancé en 1981 pour réaliser cet incroyable édifice. Jean Nouvel, Gilbert Lezenes, Pierre Soria et l'équipe d'Architecture Studio remportèrent le gros lot. Pas facile de trouver une forme moderne s'intégrant dans la courbure du quai Saint-Bernard et évoquant le monde arabe ! Le résultat est là. Verre, aluminium et béton : les 3 matériaux des années 1980 ont été utilisés à merveille. La façade sud est une réussite, utilisant le meilleur des techniques modernes pour donner une marque arabisante à l'édifice : plusieurs centaines de diaphragmes, mus par une cellule photoélectrique en fonction de l'intensité lumineuse, évoquent les moucharabiehs. Le bâtiment nord, effilé comme une lame de couteau, décrit une courbe délicate. Entre les 2, une faille, étroite et profonde. La jonction se fait par une passerelle qui évoque la rencontre entre 2 cultures. L'Institut du monde arabe appartient désormais au patrimoine de la modernité architecturale.

Ce superbe édifice a pour but d'explorer les multiples facettes de la culture arabe. Créé à l'initiative de la France et de 19 États arabes (il regroupe aujourd'hui les 21 États membres de la Ligue des États arabes), l'IMA a connu, depuis plus de 20 ans, d'importants succès, notamment avec les expositions « Delacroix, le voyage au Maroc », « Osiris », « Jardins d'Orient » ou encore « Chrétiens d'Orient ».

Le musée

Début de la visite au 7e étage. Entrée : 8 € ; réduc ; gratuit moins de 26 ans. Visite guidée mar-ven à 15h, ainsi que sam-dim à 16h30 : 12 € ; réduc. Pass combiné pour l'expo temporaire et le musée. 5e

Le musée présente différentes facettes de l'« identité arabe », un sujet vaste et complexe, tant du point de vue chronologique, puisqu'elle s'est constituée dès 1500 av. J.-C. – bien antérieurement à l'émergence de l'islam donc –, que géographique, du Maghreb au continent indien.

Le parti pris muséographique ? Un travail de refonte mené en association avec des spécialistes de disciplines complémentaires, comme l'archéologie, les beaux-arts, l'anthropologie, et une présentation des œuvres articulée autour de plusieurs thèmes (l'Arabie, berceau d'un patrimoine commun, le sacré et les figures du divin, les bijoux et parures, la transmission des savoirs et le quotidien) sans souci chronologique.

Témoignages de la présence de communautés polythéistes, juives et chrétiennes, vêtements du quotidien ou cérémoniels, équipement de touareg, céramiques, tapis, instruments de mesure scientifiques ou de musique, œuvres contemporaines. Très franchement, en l'absence de présentation des différentes thématiques (encore à venir), on perd un peu le fil... D'autant que, probablement par souci d'esthétisme, les cartels sont peu lisibles... Alors autant mettre de côté l'aspect pédagogique pour profiter de ce bain culturel. Au fil des salles, on se laisse bercer par la poésie déclamée en arabe, on s'initie à l'apprentissage de la langue et de ses sonorités, et on découvre le son du rebab. Au terme du parcours, on se dit qu'on a pu admirer de beaux témoignages de ces « ailleurs ».

Le resto ***Le Ziryab*** *(☎ 01-55-42-55-42 ; 9e étage)* offre une vue exceptionnelle sur Paris. Terrasse, décor raffiné et atmosphère chaleureuse. Spécialités libanaises (de chez *Noura,* traiteur libanais) au resto comme au café littéraire du rez-de-chaussée.

Le collège des Bernardins *(plan couleur C1) : 20, rue de Poissy, 75005. ☎ 01-53-10-74-44. • collegedesbernardins.fr • Ⓜ Cardinal-Lemoine. Lun-sam 10h-18h. GRATUIT. Visites guidées tlj à 16h : 6 € ; tarif réduit : 3 €. Certains événements sont payants.* Fondé par les cisterciens au XIIIe s, l'ancien collège a formé les moines européens pendant 4 siècles avant de devenir successivement une boucherie, un dépôt de sel puis... une caserne de pompiers (après le goupillon, la lance !). L'unique bâtiment subsistant du collège des Bernardins constitue aujourd'hui le plus vaste édifice civil médiéval de la capitale. Les architectes Wilmotte et Baptiste n'ont pas boudé les technologies modernes, lesquelles côtoient ainsi 7 siècles d'histoire en toute harmonie. Ce sont aujourd'hui 5 000 m² et de superbes volumes qui abritent une structure assez unique en son genre, lieu d'échanges sur l'Église et la société, avec l'homme pour objet. La nef est aussi blanche et épurée qu'au Moyen Âge : rien ne devait distraire les moines. Riche programmation : conférences, débats, échanges culturels, formations, mais aussi tout un aspect artistique avec des expos ou des concerts, parfois dans le grand auditorium sous les toits (superbe) mais surtout dans la nef. Également un café *(fermé w-e).* Derrière celui-ci, on accède à la sacristie qui, malgré son style gothique flamboyant, a seulement servi d'habitation au lieutenant de l'ancienne caserne. Remarquez d'ailleurs la porte au plafond.

Vous pouvez compléter votre visite du Quartier latin en vous rendant au Val-de-Grâce par l'ancestrale ***rue Saint-Jacques.*** Nombreuses maisons anciennes et invitation à parcourir les rues alentour, comme la rue des Fossés-Saint-Jacques ou la rue Royer-Collard, qui a conservé son tracé original.

– Le ***Val-de-Grâce*** *(plan couleur A-B3),* ancienne abbaye du XVIIe s, est depuis 1793 un hôpital militaire. Son dôme rappelle celui de Saint-Pierre de Rome. Pour l'anecdote, c'est Louis XIV, fils d'Anne d'Autriche, qui, à l'âge de 7 ans, posa lui-même la 1re pierre. C'est pour remercier le Ciel de sa naissance que la reine décida d'entreprendre la construction de cet édifice d'une fastueuse richesse, dessiné par François Mansart et qui symbolise la Nativité. Mais, au lendemain de la Fronde, il illustre aussi la puissance religieuse, politique et militaire de la royauté. À l'intérieur, 4 scènes de la vie du Christ, peintes par Philippe de Champaigne, et, sur la voûte de la coupole, la fresque de Pierre Mignard qui rassemble pères de l'Église, apôtres, prophètes et martyrs autour de la Trinité. L'accès à l'église est possible à l'occasion de la messe dominicale de 11h, mais aussi par le musée du Service de santé des armées (voir plus loin). Également des auditions d'orgue *(accès libre)* le 1er dimanche de chaque mois à 17h30 d'octobre à juin et des concerts gratuits certains samedis à 18h30 (programme sur • *valdegrace.org* •).

– Il y avait jadis beaucoup de couvents dans le quartier, comme en témoignent encore les noms des rues : des Ursulines, des Feuillantines...

– ***L'ex-rue des Marionnettes :*** au 277, rue Saint-Jacques débute un passage pavé bordé de bornes anticarrosses et de vénérables demeures, qui se termine en cul-de-sac. En fait, c'est l'ancienne *rue des Marionnettes,* supprimée lors de la restructuration du quartier, vestige discret et intact du tracé urbain médiéval.

Le musée du Service de santé des armées *(plan couleur A3)* **:** *1, pl. Alphonse-Laveran, 75005. ☎ 01-40-51-51-92. RER B : Port-Royal. Bus nos 21, 27, 38, 83 et 91. Mar-jeu et sam-dim 12h-18h. Entrée : 5 € ; réduc (2,50 € sur présentation de ce guide). Pas de visites guidées.* Ce surprenant (et intéressant) musée est installé dans le magnifique cloître des bénédictines, au flanc de l'église du Val-de-Grâce. La présentation des collections aide le visiteur à mieux comprendre les fondements et les vocations multiples de la médecine aux armées. Le parcours didactique s'amorce dans les anciennes cuisines des bénédictines, par la belle collection du Dr Debat de pots de pharmacie – majoliques à décor polychrome –, de flacons en verre soufflé et de mortiers en bronze, ainsi que de nombreux instruments médicaux aussi sympathiques que des trépans ou des scies à amputation... Peintures, sculptures, dessins, ouvrages techniques, planches anatomiques, mannequins en uniforme et maquettes illustrent les différentes missions de la médecine aux armées : le secours aux blessés sur le champ de bataille et leur évacuation vers les hôpitaux de l'arrière, la prévention des maladies tropicales au temps des colonies (évoquée par les figures emblématiques de Calmette et Yersin, fondateurs d'écoles de médecine et d'instituts Pasteur), la lutte contre les endémies, et l'actuelle aide humanitaire avec les soins aux populations sinistrées.

De nombreux objets insolites suscitent la curiosité : les effrayants masques à gaz ou les éprouvants moulages en cire des « gueules cassées » de la grande boucherie de 1914-1918, le caisson hyperbare de la médecine subaquatique et la tête de fusée *Véronique,* de la médecine aérospatiale, chargée d'effectuer des expériences biologiques. Si l'art de faire la guerre s'est nourri de découvertes terrifiantes, la chirurgie réparatrice et la psychiatrie, entre autres, ont accompli d'incontestables progrès grâce à la médecine militaire. Ne négligez pas de jeter un coup d'œil par les fenêtres au fil de votre visite, car l'ensemble architectural est superbe. Vous pouvez ensuite visiter l'église du Val-de-Grâce (voir le détail plus haut).

6e ARRONDISSEMENT
ODÉON • SAINT-GERMAIN-DES-PRÉS

• Pour le plan du 6e arrondissement, voir le cahier couleur en fin de guide.

Rival de son voisin 5e, cet arrondissement, où le mètre carré est le plus cher de la capitale, est fort bien pourvu en lieux d'enseignement. École alsacienne, lycée Stanislas, Institut catholique de Paris, facultés de pharmacie, de médecine, de droit : il y a aussi là un côté plus net, moins désordonné – allez, disons-le : plus bourgeois. À l'image d'une partie de cet arrondissement qui glisse vers la tranquille prospérité de son autre voisin, le 7e. Comme pour démentir ce propos, l'École des beaux-arts, qui fut un haut lieu de la contestation étudiante. En fait, l'image de l'arrondissement, c'est d'abord un espace vert, le jardin du Luxembourg, qui en occupe une large partie, et un espace mental, Saint-Germain-des-Prés, qui court après un souvenir. On se presse toujours à la terrasse du *Flore* ou aux *Deux Magots.* Et librairies ou marchands de disques ont été de plus en plus remplacés par des commerces de luxe.

À quelques dizaines de mètres du boulevard Saint-Germain, il est pourtant possible de cheminer à pied, le nez en l'air ou collé aux vitrines, dans le calme périmètre de l'église Saint-Sulpice et du théâtre de l'Odéon, ou derrière l'église Saint-Germain, jusqu'à y trouver la délicieuse place Furstenberg et son musée Delacroix. Et puis, pas bien loin, quai de Conti, déambuler dans les cours (ou, mieux, visiter le superbe musée) de la Monnaie réhabilitée. Le vrai luxe est là...

Où dormir ?

Prix moyens

Hôtel Stella *(plan couleur C2,* **1***)* **:** *41, rue Monsieur-le-Prince, 75006. ☎ 01-40-51-00-25. • hotel-stella.info • Ⓜ Cluny-La Sorbonne. Résa vivement conseillée. Doubles avec douche et w-c 85-95 € ; familiales ; pas de petit déj.* Un petit hôtel discret et vieillot, comme on n'en trouve (malheureusement ?) plus guère, mais bien placé, propre et fonctionnel. L'escalier qui mène à la réception annonce la couleur : dans cette bâtisse ancienne, les poutres et les colombages sont apparents, et la hauteur sous plafond imposante. Tout cela, combiné à des prix doux, compense l'absence de TV ou d'ascenseur. Une adresse pratique où l'on ne se sent pas à l'étroit. Accueil assez brut mais au final adorable.

Hôtel de Nesle *(plan couleur zoom,* **5***)* **:** *7, rue de Nesle, 75006. ☎ 01-43-54-62-41. • hoteldenesleparis.com • Ⓜ Odéon ou Pont-Neuf. Doubles 85-130 € ; pas de petit déj. Parking payant. Café offert sur présentation de ce guide.* Un petit hôtel original qui, dès le hall, est un voyage dans le temps avec son capharnaüm d'objets hétéroclites. Les chambres sont tout aussi surprenantes, chacune avec une thématique différente amusante et des fresques murales colorées. Toutes possèdent une douche, mais certaines (les moins chères) ont encore les w-c dans l'escalier. Agréable jardin intérieur, pittoresque et joliment fleuri dès les beaux jours, pour se poser.

De prix moyens à chic

Hôtel Michelet-Odéon *(plan couleur C2,* ***3****) : 6, pl. de l'Odéon, 75006. ☎ 01-53-10-05-60. • hotelmicheletodeon.com • Ⓜ Odéon ; RER B : Luxembourg. ♿ Doubles 100-155 € ; familiales ; petit déj 12 €.* Eh bien, il est possible de dormir sur cette élégante place sans pour autant se ruiner ! Que l'on choisisse une chambre avec vue plongeante sur le théâtre ou que l'on préfère être côté rue de Condé, avec ses hôtels particuliers, on profite d'une belle adresse aux couleurs sobres et apaisantes. On a un petit faible pour les chambres nos 6, 16, 26 et 38, qui bénéficient de 2 fenêtres en angle qui leur confèrent du caractère, ou pour celles qui donnent sur le théâtre (petite précision pour les amoureux : seules quelques chambres sont dotées d'un grand lit). Évidemment, l'espace étant compté à Paris, elles ne sont pas bien grandes. Notre meilleure adresse à Saint-Germain !

La Villa des Princes *(plan couleur zoom,* ***7****) : 19, rue Monsieur-le-Prince, 75006. ☎ 01-46-33-31-69. • villa-des-princes.com • Ⓜ Odéon. Doubles 129-149 € ; petit déj 11 €.* Idéalement placé entre le Luxembourg et le boulevard Saint-Germain, ce bel immeuble en pierre de taille datant du XVIIe s est un boutique-hôtel tout ce qu'il y a de plus séduisant, pratiquant pour le quartier des prix on ne peut plus doux. 11 chambres pas très grandes (voire petites) mais bien agencées, à la déco sobre et contemporaine.

Hôtel Jardin Le Bréa *(plan couleur B3,* ***8****) : 14, rue Bréa, 75006. ☎ 01-43-25-44-41. • hoteljardinlebrea.com • Ⓜ Vavin. Doubles 119-219 €. Promos sur leur site.* Inutile de fantasmer sur le jardin, il s'agit tout au plus d'une courette, d'un minuscule patio ! Pour le reste, ce beau 3-étoiles tient toutes ses promesses. Avec ses 23 chambres alliant charme anglais et confort douillet, il a tout pour plaire. Si vous aimez prendre vos aises, mieux vaut en privilégier une de catégorie supérieure. À Paris, la surface est un luxe !

Hôtel de Sèvres *(plan couleur A2,* ***10****) : 22, rue de l'Abbé-Grégoire, 75006. ☎ 01-45-48-84-07. • hoteldesevres.com • Ⓜ Saint-Placide, Sèvres-Babylone ou Rennes. ♿ Doubles 110-260 € ; appart 4 pers ; petit déj-buffet 14 €. Promos intéressantes sur leur site. 10 % sur le prix de la chambre janv-fév, juil-août et nov sur présentation de ce guide.* Dans cette rue tranquille du vieux 6e romantique, superbe hôtel de charme. Dans un décor d'une fort élégante sobriété, il dispose de chambres d'excellent confort et d'un bel appartement de style contemporain. Si vous le pouvez, privilégiez les catégories supérieures, à peine plus chères. Salon très accueillant avec thé et café à disposition, et patio relax (c'est la campagne à Paris avec ses pierres apparentes et son auvent à l'ancienne). En prime, la *Bulle de Sèvres,* un agréable espace détente et balnéo (en sus). Accueil affable. Notre meilleure adresse dans cette catégorie.

Grand Hôtel des Balcons *(plan couleur C2,* ***9****) : 3, rue Casimir-Delavigne, 75006. ☎ 01-46-34-78-50. • balcons.com • Ⓜ Odéon ; RER B : Luxembourg. ♿ Doubles 165-199 € ; familiales ; petit déj-buffet 12 €. Un petit déj/chambre offert sur présentation de ce guide.* Décoration intérieure style Art nouveau avec vitraux 1900, luminaires, paravent, miroirs et boiseries, que l'on ne retrouve pas dans les chambres, plus classiques, sobrement contemporaines, claires, et même spacieuses pour certaines. Salles de bains refaites avec douche à l'italienne. Accueil aimable et efficace dans cet hôtel familial de bonne tenue. Un bon rapport qualité-prix.

Hôtel La Parizienne *(plan couleur A3,* ***17****) : 33, bd du Montparnasse, 75006. ☎ 01-45-48-75-64. • hotel-laparizienne.com • Ⓜ Montparnasse-Bienvenüe. ♿ Doubles 109-289 € ; petit déj 15 €. Promos sur leur site.* Un hôtel *girly* sur le thème de l'escapade parisienne, avec partout des illustrations amusantes signées Marta Fonfara, représentation de la femme parisienne dynamique. Les chambres, aux noms évocateurs, « Curieuse »,

« Audacieuse », « Radieuse » ou « Capricieuse », se distinguent et excellent par leur originalité et leur glamour ! On peut leur reprocher un manque de volume, mais il est compensé par un espace optimisé, un design élégant et un confort maximal. Agréable bar un brin cocotte, et produits frais et bio pour un petit déj tonique. Personnel féminin aux petits soins, de vraies copines !

Hôtel du Dragon *(plan couleur B2, **12**) : 36, rue du Dragon, 75006. ☎ 01-45-48-51-05. • hoteldudragon.com • Ⓜ Saint-Germain-des-Prés ou Sèvres-Babylone. Congés : 14 juil-28 août. Doubles 100-150 € ; petit déj 10 €. Un petit déj/chambre offert sur présentation de ce guide.* Avec sa modestie et des prix plutôt sages pour le quartier, on se doute que l'hôtel n'a rien d'un palace. Mais on craque pour son côté suranné, ses vieilles poutres, son atmosphère d'antan qui rappelle le vieux Paris. L'adresse, évidemment, fait fureur auprès des touristes américains, pourtant habitués à un confort haut de gamme (il n'y a pas d'ascenseur). D'autant plus que les chambres sont coquettes, toutes refaites, et qu'elles offrent des prestations tout à fait honorables. Très bon accueil et ambiance familiale.

Hôtel Mayet *(plan couleur A2, **14**) : 3, rue Mayet, 75006. ☎ 01-47-83-21-35. • mayet.com • Ⓜ Duroc. Doubles 109-244 € ; petit déj 13 €.* Cet hôtel allie le confort d'un hôtel 3 étoiles à une déco jeune et branchée : hall lumineux avec 2 fresques murales façon *street art*. Une adresse fraîche, même si certaines chambres sont vraiment très petites. Propose également un appartement bien équipé, tout aussi moderne et design, dans un autre bâtiment de cette rue calme. Très bon confort général et bon accueil.

Plus chic

Hôtel des Marronniers *(plan couleur zoom, **11**) : 21, rue Jacob, 75006. ☎ 01-43-25-30-60. • hoteldesmarronniers.com • Ⓜ Saint-Germain-des-Prés. Doubles 129-269 € ; familiales ; petit déj-buffet 15 €. Un petit déj/chambre offert sur présentation de ce guide.* Au fond d'une cour, un endroit au style Napoléon III plein de cachet. Derrière, un jardinet avec sa belle terrasse joliment aménagée et sa petite véranda lumineuse et confortable, où l'on prendra le petit déj ou un thé. Déco un peu « cocotte du Second Empire », on adore ! Toutes les chambres, aux toiles tendues de couleurs vives, sont de véritables – petits – nids d'amour ; celles qui ont un numéro finissant par 1 ou 2 donnent sur le clocher de Saint-Germain. Accueil à la hauteur du lieu. Idéal pour un week-end romantique.

Hôtel Danemark *(plan couleur B3, **16**) : 21, rue Vavin, 75006. ☎ 01-43-26-93-78. • hoteldanemark.com • Ⓜ Vavin. Doubles 195-220 € ; petit déj 11 €. Promos sur leur site.* Un petit hôtel cosy, à la façade discrète en bois bleu, d'une quinzaine de chambres confortables, avec une literie d'excellente qualité (couette en duvet naturel). Déco agréable et sobre, avec souvent de belles pierres apparentes. De style différent, toutes les chambres sont coquettes ; celles situées sur l'arrière bénéficient d'un peu plus d'espace. Dès l'entrée dans le hall, on se sent bien, presque comme chez soi, et au calme. Patron accueillant et très doux.

Hôtel du Danube *(plan couleur B1, **15**) : 58, rue Jacob, 75006. ☎ 01-42-60-34-70. • hoteldanube.fr • Ⓜ Saint-Germain-des-Prés. Doubles 180-250 € ; familiales ; petit déj 13 €. Un petit déj/pers offert sur présentation de ce guide.* Dans un décor Napoléon III, une quarantaine de chambres réparties dans 2 bâtiments. Entre les 2, un patio pour prendre son petit déjeuner les jours de beau temps. Chambres spacieuses, à la déco un peu chargée, avec salon personnalisé, guéridon en acajou, fauteuils et beaux tissus. Les chambres (sauf les standard), plus contemporaines (notamment les nos 2, 6, 10, 15 et 19), sont particulièrement grandes. Une adresse au charme classique.

Hôtel Legend *(plan couleur B3, **13**) : 151 bis, rue de Rennes, 75006. ☎ 01-45-48-97-38. • legendhotelparis.com • Ⓜ Montparnasse-Bienvenüe. Doubles env 130-250 € ; petit déj 16 €.* Sur la grouillante rue de Rennes, la façade discrète se déploie en hauteur. Un immeuble en pierre de taille d'un classique bon teint qui contraste avec des chambres aux luminaires design, en accord avec le mobilier contemporain. Dans ce cocon convivial, on fait abstraction du bruit de la rue. Les sceptiques choisiront une chambre sur cour et les amoureux s'offriront peut-être l'une des chambres thématiques du 5e étage, ou la suite « Dreamcatcher ». Matelas à mémoire de forme représentatifs du confort top niveau. Quant à la terrasse lilliputienne, elle ajoute un soupçon de charme. Accueil enjoué. *NOUVEAUTÉ.*

Très chic

Apostrophe Hôtel *(plan couleur B3,* ***19****) : 3, rue de Chevreuse, 75006. ☎ 01-56-54-31-31. • apostrophe-hotel.com • Ⓜ Vavin ou Raspail. Doubles 109-290 €, jusqu'à 350 € avec balnéo en hte saison ; petits déj 8-14 €. Un petit déj/pers offert sur présentation de ce guide.* La façade ornée de feuillages stylisés annonce la couleur : ici, la déco n'est pas un passe-temps mais une passion. Tout est soigné et original. Quelques citations écrites à l'envers (à lire dans le miroir !), des caractères d'imprimerie en relief, ou bien carrément des graffitis suffisent à donner une atmosphère unique à chacune des chambres. Bien sûr, certaines d'entre elles sont assez petites, mais c'est Paris, et le niveau de confort compense largement cet inconvénient. Excellent accueil.

Hôtel Le Clos Médicis *(plan couleur C2,* ***20****) : 56, rue Monsieur-le-Prince, 75006. ☎ 01-43-29-10-80. • hotelclosmedicisparis.com • Ⓜ Odéon ; RER B : Luxembourg. Doubles 109-345 € ; familiales ; petit déj-buffet 13 €. Promos sur leur site.* Une belle demeure du XVIIIe s construite pour la famille Médicis. Les 38 chambres sont soignées, avec une décoration tendance, certaines en duplex ou avec terrasse. L'accueil y est professionnel et plein d'attentions. En été, terrasse dans une courette fleurie pour prendre le petit déj ou un verre le soir venu, à moins que vous ne préfériez, pour vous reposer entre 2 balades, le petit salon cosy avec cheminée et banquettes, impeccables pour siroter un thé ou un café.

Hôtel Louis II *(plan couleur zoom,* ***21****) : 2, rue Saint-Sulpice, 75006. ☎ 01-46-33-13-80. • hotel-louis2.com • Ⓜ Odéon. Doubles 225-250 € ; petit déj 15 €. Promos très intéressantes sur leur site.* Voici un bel immeuble du XVIIIe s et sa vingtaine de chambres personnalisées. Grand confort. Leur charme réside dans le mobilier ancien et les poutres apparentes, mais aussi dans une rénovation réussie qui a su allier des coloris frais et modernes à une collection de miroirs néobaroques. Chambres pas bien grandes mais plutôt lumineuses. Esprit familial, accueil très aimable, étonnamment peu guindé pour un 4-étoiles.

Spécial coup de folie

La Belle Juliette *(plan couleur A2,* ***24****) : 92, rue du Cherche-Midi, 75006. ☎ 01-42-22-97-40. • hotel-belle-juliette-paris.com • Ⓜ Vaneau ou Saint-Placide. Snack-resto tlj 16h (14h dim)-minuit (21h dim). Doubles 190-550 € ; petit déj 22 €. Promos conséquentes très régulières. Parking payant.* La belle Juliette, c'est Juliette Récamier, l'amie de Mme de Staël et intime de Chateaubriand. Cet hôtel romantique lui rend hommage : la décoration féminine est raffinée, privilégiant le charme d'antan dans les superbes chambres au confort douillet (les amoureux privilégieront les « romantiques » avec méridienne et salle de bains ouverte), et l'atmosphère propre aux causeries dans les beaux salons élégamment meublés et réchauffés par des feux de cheminée. Idéal pour profiter d'un *tea time* ou d'un grignotage italianisant sur la belle terrasse. Une adresse pour se ressourcer et se faire dorloter (l'espace bien-être, avec hammam, piscine et massages, n'est pas le moindre de ses atouts !). Accueil charmant.

Villa Madame *(plan couleur B2,* ***25****) : 44, rue Madame, 75006. ☎ 01-45-48-02-81. • hotelvillamadameparis.com • Ⓜ Saint-Sulpice ou Rennes. Doubles 272-337 € ; triples ; petit déj-buffet 22 €. Apéritif maison offert sur présentation de ce guide.* Cette adresse raffinée tient plus de la demeure de charme : un accueil personnalisé, peu de chambres pour préserver l'intimité des hôtes, et une déco contemporaine très chic, dans un registre chaleureux (dans les salons) avec de nombreuses œuvres d'art et des rayonnages garnis de livres. Quand il fait beau, direction l'adorable jardinet aménagé dans une cour intérieure. Irrésistible ! Quant aux chambres, elles se révèlent tout aussi soignées et de très bon confort. Un vrai cocon.

Hôtel des Académies et des Arts *(plan couleur B3,* ***23****) : 15, rue de la Grande-Chaumière, 75006. ☎ 01-43-26-66-44. • hotel-des-academies.com • Ⓜ Vavin. ♿ Doubles 122-322 € ; familiales ; petit déj 16 € (inclus pour tte résa directe sur leur site internet) ou à la carte. 1er petit déj offert pour 1 pers sur présentation de ce guide.* C'est la coqueluche des magazines de déco, et on comprend pourquoi. La rénovation de cet hôtel de quartier, qui, en son temps, a vu défiler tout Montparnasse, de Modigliani (qui avait son atelier au dernier étage) à Foujita en passant par Picasso, est un modèle du genre. Les nouveaux propriétaires en ont fait un petit hôtel de charme et ont su concilier tendance et originalité. Les teintes sont chaudes et actuelles, le confort on ne peut plus moderne. Surtout, ils ont fait appel au peintre Jérôme Mesnager et à la sculptrice Sophie de Watrigant pour décorer et mettre en scène l'espace de la façon la plus ludique qui soit. C'est ainsi que l'on retrouve les *Corps blancs* de Jérôme Mesnager déclinés à l'infini. Flottant, volant, escaladant, tels des équilibristes fantasmagoriques, ils sont partout.

Où manger ?

Sur le pouce

Cosi *(plan couleur zoom,* ***30****) : 54, rue de Seine, 75006. ☎ 01-46-33-35-36. Ⓜ Mabillon. Tlj 12h-23h. Sandwichs 6,50-9 €, salades 7,50-10 € ; menus salade ou sandwich + boissons + dessert 10,50-13,50 €.* Cadre et musique de circonstance, très *cosi (fan tutte),* pour soigner l'entrée en scène de la diva des lieux. Le pain sort du four sous vos yeux. Plusieurs formules, du « Naked Willi », à base de ricotta et légumes rôtis, à la « Perfide Albion », qui s'accommode naturellement de rosbif, tomates confites à la coriandre et oignons rôtis. Également les traditionnels crumbles et tiramisù. À déguster au 1er étage. Vins au verre.

L'Épi Malin *(plan couleur A2,* ***31****) : 4, rue Dupin, 75006. ☎ 01-45-49-22-53. Ⓜ Sèvres-Babylone. Lun-ven 10h-19h30. Congés : 3 sem en août. Formules 15-19 €.* La « petite » adresse du bistrot-gastro *L'Épi Dupin* est de celles qui comblent les faims pressées – mais exigeantes – pour une poignée d'euros. Sur place ou à emporter, les plats répondent à la même éthique qu'à la maison mère, juste en face. Cuisine du moment maligne et inventive. Les plats bio changent tous les jours au gré des approvisionnements du marché. Vins à prix caviste. Accueil souriant. Un vrai bon plan et une mention spéciale pour l'onctueux baba au rhum généreusement imbibé !

Comptoir Poilâne *(plan couleur B2,* ***32****) : 8, rue du Cherche-Midi, 75006. ☎ 01-45-48-45-69. Ⓜ Sèvres-Babylone ou Saint-Sulpice. Lun-sam 8h30-19h, dim brunch 9h-15h30. Tartines à partir de 11,50 €. Café d'orge offert sur présentation de ce guide.* L'annexe plutôt chic de la boulangerie *Poilâne,* où l'on vient de loin pour se régaler de tartines et d'une cuisine autour des céréales. Original, frais et goûteux, dans un cadre contemporain.

La Crêperie des Canettes – Pancake-Square *(plan couleur zoom,* ***33****) : 10, rue des Canettes, 75006. ☎ 01-43-26-27-65. Ⓜ Mabillon ou Saint-Germain-des-Prés. Tlj sauf dim ; service 12h-16h (18h sam), 19h-23h. Congés : août et Noël-Jour de l'an. Tarifs resto avec 10 % de réduc à emporter : galettes complètes à partir de 8 €.* Envie d'une bonne crêpe mais pas le temps de poser une fesse ? À l'entrée du resto, dans son bocal, le crêpier réalise de belles crêpes en bande régulière. Pas donné pour de la vente à emporter, mais la qualité est bien là. Et dans la salle à la déco marine, on se serre à chaque repas.

🍽 ☕ ☂ ***L'Heure Gourmande*** *(plan couleur zoom, **48**) : 22, passage Dauphine, 75006. ☎ 01-46-34-00-40. Ⓜ Odéon ou Mabillon. Entrée du passage au niveau du 30, rue Dauphine ou du 27, rue Mazarine. Tlj 11h30-19h (15h lun). Large choix de thés 6-7 € ; pâtisseries 4,80-8 €. Café offert sur présentation de ce guide.* Si ce salon de thé reste une halte bucolique du Quartier latin, c'est grâce à son emplacement dans un passage confidentiel aux pavés disjoints... et à son chocolat à l'ancienne. Et quand l'été approche, qu'il est bon de se retrouver en tête à tête en terrasse, autour d'une tarte salée ou d'une petite douceur ! *NOUVEAUTÉ.*

Très bon marché

🍽 ***Candelma*** *(plan couleur zoom, **50**) : 73, rue de Seine, 75006. ☎ 09-83-71-33-93. Ⓜ Mabillon ou Odéon. Tlj 12h-14h30, 19h-23h ; brunch w-e 12h-22h. Résa possible et préférable sur le site. Formule déj en sem 15 € ; carte 15-20 €.* Passionnée de voyages et de bons produits (farines bio, cidres et jus de fruits de fournisseurs éco-responsables), *Candelma* nous transporte aux quatre coins du monde dans sa jolie petite crêperie de 2 étages. « Namaste », « Mamma Mia », « La pêche était bonne »... autant de sélections goûteuses et généreuses, aux pâtes fines et bien cuites. Quelques végétariennes pas ennuyeuses et des sucrées pas bâclées. Intéressante carte de cidres. Excellent accueil. On adore !

🍽 ***Sfizio*** *(plan couleur B2, **26**) : 8, rue Notre-Dame-des-Champs, 75006. ☎ 09-54-96-00-38. Ⓜ Saint-Placide. ♿ Tlj sauf dim et lun soir 11h30-15h30, 18h30-22h30. Formule 13,50 € ; plats 8-12 €.* Le plus important ici, c'est la machine à pâtes en bonne place dans la cuisine ouverte. Chaque jour, l'équipe de Marco Rossi utilise une farine bio italienne pour réaliser 5 ou 6 sortes de pâtes fraîches, qui seront cuites à la demande et accommodées avec la sauce de son choix (préparée en direct avec des ingrédients de petits producteurs). Délicieux ! Et copieux ! Avec une limonade maison et un bon dessert (maison aussi), on ne regrette pas d'avoir fait une halte sur les banquettes ou les tables hautes de ce petit local chaleureux et convivial.

🍽 ☂ ***Au Pied de Fouet*** *(plan couleur zoom, **35**) : 3, rue Saint-Benoît, 75006. ☎ 01-42-96-59-10. Ⓜ Saint-Germain-des-Prés. Tlj sauf dim 12h-14h30, 19h-23h. Pas de résa. Carte env 20 €. Apéritif maison offert sur présentation de ce guide.* Une réplique zinc pour zinc de leur 1re adresse rue de Babylone. Même gouaille, même bonne humeur et même cuisine canaille, à choisir à l'ardoise. Ici aussi, on a l'impression de courber l'échine pour monter en mezzanine... Comme les aubaines sont plutôt rares dans le quartier, on y prend vite ses habitudes.

🍽 ☂ ***Quartier Vavin*** *(plan couleur B3, **34**) : 18, rue Vavin, 75006. ☎ 01-43-26-67-47. Ⓜ Vavin ou Notre-Dame-des-Champs. Tlj 7h30 (8h30 dim)-minuit ; service continu 11h30-23h30. Formule déj en sem 18 € ; tapas 8-13 € ; carte env 27 €.* Une belle brasserie d'angle, où la clientèle, à l'image de ce quartier chic et étudiant (la fac d'Assas est toute proche), remplit les tables du matin au soir. Cadre sympathique en salle, qui rivalise avec la vaste et agréable terrasse. Côté cuisine, des classiques de brasserie bien troussés, du bœuf d'Aubrac jusque dans les burgers, des planches et de belles salades. Côté douceurs, tartes maison et glaces *Berthillon.*

🍽 ***Kodawari Ramen*** *(plan couleur zoom, **46**) : 29, rue Mazarine, 75006. ☎ 09-70-91-12-41. Ⓜ Odéon ou Mabillon. Tlj 12h-14h30, 18h30-22h30 (23h ven-sam). Ramen 12-14 €.* Ce resto populaire est la reconstitution « vintage » d'un *yokocho* (boui-boui) du quartier de Shinjuku à Tokyo. On se croirait dans un film néoréaliste d'Ozu des années 1960. Vieilles affiches déchirées de prévention des accidents, câbles pendouillant au plafond, murs sombres, tôles ondulées, lanières en plastique transparent à l'entrée... On ne sert que des soupes *(ramen)* faites avec des nouilles maison, dans de gros bols. Courte carte, mais rien que du bon et du frais. On peut manger au bar ou sur de petites tables posées sur des caisses de bière Kirin, laquelle est servie en bock.

Service rapide, attentionné et diligent. Prix très sages pour la qualité.

Bon marché

Le Petit Vatel *(plan couleur zoom, **36**) : 5, rue Lobineau, 75006. ☎ 01-43-54-28-49. Ⓜ Mabillon ou Odéon. Tlj sauf dim soir et lun 11h30-14h30, 18h30-minuit. Congés : 22 déc-6 janv. Formule déj en sem 16 € ; menu à partir de 18 € ; carte env 30 €. Verres de vin à partir de 3,50 €.* Cette adresse de poche est tenue par une sympathique chef qui a égayé l'ensemble tout en conservant des prix cléments. Essayez la terrine maison, les farcis ou les plats mijotés ; le bon rapport qualité-prix vous semblera encore plus évident. Attention, peu de tables. Certaines en terrasse aux beaux jours.

Café de la Tourelle *(plan couleur C2, **37**) : 5, rue Hautefeuille, 75006. ☎ 01-46-33-12-47. Ⓜ Odéon ou Saint-Michel. Tlj sauf dim 12h-13h30, 19h-21h. Congés : 3 premières sem d'août. Formule déj 16 € ; menus-carte 19-23 €.* Dans l'une des plus anciennes maisons du quartier, vieille de 5 siècles, avec, à l'angle, une magnifique tourelle en encorbellement, se niche un resto familial, inchangé depuis des décennies. La clientèle d'employés et d'habitués pioche dans une carte succincte et sans artifice, à l'image de la petite salle aux allures de bistrot parigot d'antan. Service rapide pour une halte reconstituante midi et soir, autour d'une cuisine traditionnelle, maison et intemporelle, avec des pommes grenaille en accompagnement d'une andouillette ou d'un foie de veau. Accueil particulièrement gentil.

Eggs & Co, Barista Café *(plan couleur zoom, **38**) : 11, rue Bernard-Palissy, 75006. ☎ 01-45-44-02-52. Ⓜ Saint-Germain-des-Prés. Tlj sauf mer 10h-17h (18h w-e ; dim brunch seulement). Pas de résa le w-e. Carte 9-22 € ; brunchs 22-31 €. Parking payant.* Une adresse de poche dédiée à l'œuf sous toutes ses formes (mais toujours fermier !) : brouillé, en omelette, au plat, Bénédicte, à la coque... Ambiance maison de campagne, décor champêtre (et bas de plafond !) au 1er étage côté basse-cour ou mezzanine, service enjoué et décontracté, assiettes copieuses et goûteuses. Pour les affamés, l'œuf s'accompagne de saumon, d'un steak (très bon burger), de truffe, de légumes... Idéal pour le déjeuner ou le brunch.

La Lozère *(plan couleur C2, **39**) : 4, rue Hautefeuille, 75006. ☎ 01-43-54-26-64. Ⓜ Saint-Michel ou Odéon. Tlj sauf dim-lun 12h-14h, 19h30-22h. Congés : 1 sem en avr, de mi-juil à fin août et Noël-Jour de l'an. Formule déj 19 € ; menus 23,90-28 €. Café offert sur présentation de ce guide.* Bonnes spécialités régionales dans un cadre rustique. À la carte, entre autres, pâté caussenard au genièvre, agneau de Lozère, entrecôte fleur d'Aubrac, ou encore le fameux aligot de l'Aubrac. En face du resto se trouve l'espace tourisme et son épicerie fine lozérienne proposant des produits du terroir et d'artisanat.

Prix moyens

Breizh Café *(plan couleur zoom, **52**) : 1, rue de l'Odéon, 75006. ☎ 01-42-49-34-73. Ⓜ Odéon. Tlj 11h30-23h. Résa préférable. Formule déj 19,80 € ; le soir, carte 20-40 € selon appétit !* Après Cancale, Paris (dans le Marais) et Tokyo, le Breton Bertrand Larcher plante ici une nouvelle crêperie version gastro. Ingrédients de haute qualité (jambon blanc artisanal, beurre Bordier, œufs et saumon bio irlandais...) et créativité constituent la recette du succès de ses crêpes, certaines présentées en *rolls*, façon sushi, sur ardoise. La sélection du marché met en avant les produits de saison comme les langoustines en provenance du Guilvinec. Service sympathique et empressé. Cidres fermiers exceptionnels. Cette crêperie d'un nouveau genre fait déjà le plein, malgré des prix qui dépassent le budget des étudiants du quartier. *NOUVEAUTÉ.*

Niébé *(plan couleur B3, **53**) : 16, rue de la Grande-Chaumière, 75006. ☎ 01-43-29-43-31. Ⓜ Vavin. Tlj sauf dim-lun, midi et soir. Menus déj 17-22 € ; le soir, carte env 35 €.* Le *niébé* est un haricot sec originaire d'Afrique, qui a migré en Amérique latine et dans le sud des États-Unis *(black eyed pie)*, où il est devenu un

6e

ingrédient incontournable de la cuisine afro-américaine. Aux commandes ici, 2 femmes : Joséphine Kodiani, qui a longtemps travaillé dans un restaurant africain de Paris et qui orchestre le service en salle avec bonne humeur, et Rosilène Vittorino, ex-chef à l'ambassade du Brésil, en cuisine. À elles 2, elles incarnent ce métissage formidable dans une carte qui mêle judicieusement leurs origines : *babaganoush* d'aubergines africaines, mafé de bœuf, feijoada, *bacalhau, bobo di camarão* (gambas sautées)... La plupart des plats sont également proposés en version vegan. Un coup de cœur ! *NOUVEAUTÉ.*

La Cantine du Troquet *(plan couleur A2,* ***40****) : 79, rue du Cherche-Midi, 75006. ☎ 01-43-27-70-06. Ⓜ Vaneau ou Saint-Placide. Tlj sauf sam-dim ; service 12h-14h30, 19h-22h45. Congés : août. Plats 17-22 € ; carte env 40 €.* Et de 4 ! Le pétulant Christian Etchebest a planté le décor de sa 4e cantine dans une salle chaleureuse aux murs de pierres apparentes. À l'entrée, les recalés (pas de résa possible) prennent l'apéro en attendant qu'une table se libère. Au bout, une cuisine de poche d'où sortent les plats qui ont fait la renommée du chef bistronomique : terrine de boudin, oreilles de cochon grillées, cabillaud croûte de chorizo et haricots blancs, échine de cochon Ibaïona... accompagnés de grosses frites maison, pour finir par l'inénarrable riz au lait ! Simple et efficace. Service adorable.

Desi Road *(plan couleur C1,* ***41****) : 14, rue Dauphine, 75006. ☎ 01-43-26-44-91. Ⓜ Saint-Michel ou Odéon. ♿ Tlj sauf lun 12h15-14h, 19h30-22h (22h30 ven-sam).* Thali *en formule déj 18 € ; autres* thali *24-28 € ; carte env 30 €. 1 naan/pers offert sur présentation de ce guide.* Joli bistrot chic d'inspiration indo-british, petit frère de *MG Road* dans le Marais. Le concept est réussi et vient casser cette image triste et convenue de la gastronomie indienne en France. La carte, elle aussi, se veut atypique : le chef, né et formé à Delhi, prépare d'authentiques *thalis,* ces plateaux ronds de métal sur lesquels sont disposées des coupelles avec différentes spécialités à partager (ou pas !) : *dal,* curry de viande ou de poisson et autres recettes savoureuses. Formule végétarienne possible, vegan également. Produits de choix, épices savamment dosées. Une belle leçon d'exotisme ! Lassis et cocktails à la demande.

L'Altro *(plan couleur B1,* ***43****) : 16, rue du Dragon, 75006. ☎ 01-45-48-49-49. Ⓜ Saint-Germain-des-Prés. Tlj 12h-14h30 (15h sam-dim), 19h-22h30 (23h jeu, 23h30 sam). Congés : 1 sem autour du 15 août, Noël et Nouvel An. Formules déj en sem 17-22 € ; le soir, carte env 40 €.* La bande des *Cailloux* (voir dans le 13e) a remis le couvert dans un style industriel branché. Carreaux blancs aux murs, tables en bois brut foncé, mezzanine et grosse horloge de gare : le ton est donné. De la salle, vue sur les coulisses où les cuistots s'affairent devant un bel alignement de bocaux de pâtes. Et ici, c'est toute la botte italienne qui se retrouve dans votre assiette... et dans votre verre. Malgré les portions congrues et le service un peu longuet, on reviendra avec plaisir.

Le Bistrot Buci Mazarine *(plan couleur zoom,* ***44****) : 82, rue Mazarine, 75006. ☎ 01-43-54-02-11. Ⓜ Odéon. Tlj sauf dim-lun 12h-14h, 19h-22h30. Congés : août. Menus 19-28 € ; carte 37-48 €. Vins au verre à partir de 5 €.* Alain Dutournier, chef du *Carré des Feuillants* (entre autres !), a mis en place une jeune équipe efficace et dynamique, qui propose une carte courte aux accents du Sud-Ouest. Rapport qualité-prix imbattable, excellente carte des vins, goûteuse cuisine landaise et personnel serviable font de ce lieu un endroit diablement agréable. Bon point pour le vin, servi au verre.

6e

Bouillon Racine *(plan C2,* ***51****) : 3, rue Racine, 75006. ☎ 01-44-32-15-60. • bouillonracine@orange.fr • Ⓜ Cluny-la-Sorbonne. Ouv tlj 12h-23h (service continu). Congés : 15 j. début août. Formule déj 16,90 € ; menu-carte 35 €.* Une institution plus que centenaire du Quartier latin, qui a aussi servi de cantine pour le personnel de la Sorbonne avant de retrouver son lustre d'antan ! Magnifique, le décor Art nouveau nous plonge dans le faste et l'ambiance Belle époque : sol en mosaïque, miroirs peints, boiseries ciselées, motifs floraux... Pas de trompe l'œil dans l'assiette, les plats traditionnels de saison fleurent bon le terroir, et le menu du jour ne dupe personne. Une belle adresse ! *NOUVEAUTÉ.*

Anima *(plan couleur A2,* ***63****) : 78, rue du Cherche-Midi, 75006. ☎ 01-40-47-90-41. Ⓜ Saint-Placide, Rennes ou Vaneau. ♿ Tlj 12h-14h30, 19h30-23h. Pizzas 14-16 € ; carte 30-50 €.* Après son *Caffè Stern,* David Lahner met un 2d pied dans la Botte. Bar en marbre veiné, énorme four à pizzas en mosaïques et chefs italiens maîtrisant le sujet. Le lieu fait le buzz dans le quartier. Outre les bonnes pizzas, le *vitello tomato* ne laisse pas indifférent, et le poulpe poêlé, absolument délicieux, nous a donné envie d'y retourner. *NOUVEAUTÉ.*

Anicia *(plan couleur A2,* ***45****) : 97, rue du Cherche-Midi, 75006. ☎ 01-43-35-41-50. Ⓜ Vaneau ou Saint-Placide. ♿ Tlj sauf dim-lun ; service 12h-14h, 19h-22h. Résa indispensable. Formule déj 30 € ; menu 49 € ; menu dégustation 59 € ; carte env 70 €.* Anicia est l'ancien nom du Puy-en-Velay. Le chef (François Gagnaire, mais rien à voir avec Pierre), originaire de cette région, se plaît à mettre son terroir en lumière : la lentille bien sûr, les salaisons, les légumes, le caviar même... Mais pas seulement. Sa créativité puise dans tous les registres (plantes exotiques) et tous les terroirs, pourvu que le produit soit de saison et naturel. Avec quelques trouvailles végétariennes. La carte des flacons est synthétique et bien pensée. Le cadre est épuré et feutré, le service attentionné (ouf, un seul service ici, on ne vous met pas la pression), le chef fait son petit tour en salle pour cueillir les impressions. Un vrai gastro à prix encore doux.

Café Trama *(plan couleur A2,* ***49****) : 83, rue du Cherche-Midi, 75006. ☎ 01-45-48-33-71. Ⓜ Saint-Placide ou Sèvres-Babylone. Tlj sauf dim-lun ; service 12h-14h15, 19h-22h15. Congés : 3 sem en août. Résa conseillée. Carte seulement, 31-65 €.* Un café chic et sobre, à l'image du quartier, tenu par Marion Trama et son père, Alain, en cuisine. La carte, courte, n'en impose pas mais sait mettre en avant l'essentiel : la qualité des fournisseurs, l'excellence des produits : rillettes de Cédric Vinter, tartare de bœuf de Desnoyer, pain *Poujauran...* C'est bon, frais et servi en toute simplicité. Accueil souriant.

Le Parc aux Cerfs *(plan couleur B3,* ***47****) : 50, rue Vavin, 75006. ☎ 01-43-54-87-83. Ⓜ Vavin. Tlj 12h-14h15 (14h30 ven-dim), 19h30-22h15 (23h ven-sam). Formule déj 24 € ; menus 31-36 € le midi, 33-40 € le soir. Apéritif maison offert sur présentation de ce guide.* Un décor élégant, sobrement rétro, avec, dans la salle du fond, un bel escalier en fer forgé et une verrière donnant sur une petite cour lumineuse, très calme, où l'on peut s'installer aux beaux jours. Cuisine bourgeoise sympathique, gourmande et légère. Très bon rapport qualité-prix au déjeuner.

Fish, la Boissonnerie *(plan couleur zoom,* ***50****) : 69, rue de Seine, 75006. ☎ 01-43-54-34-69. Ⓜ Mabillon. Tlj ; service 12h30-14h30, 19h-22h45. Congés : 1 sem en août et 1 sem fin déc. Formule déj 16,50 € ; menus 26-29 € ; carte env 45 €.* Ne soyez pas trop surpris si vous entendez que la plupart des clients *speak English* : les patrons sont tout simplement anglo-saxons, ce qui ne les empêche pas de connaître nos vignobles mieux que pas mal de *Frenchies.* De la vallée du Rhône au Languedoc-Roussillon, de la Provence à la Loire, on boit ici en majesté... et en essayant de raison garder. Les assiettes ? Sudistes, ensoleillées et plébiscitées par une grosse foule. Mêmes proprios qu'en face (*Semilla, Cosi* et *Freddy's*).

Chic à plus chic

Le Bon Saint-Pourçain *(plan couleur B2,* ***55****) : 10 bis, rue Servandoni, 75006. ☎ 01-42-01-78-24. Ⓜ Saint-Sulpice ou Saint-Placide. Tlj sauf dim-lun ; service 12h-14h15, 19h30-22h15. Résa indispensable. Carte seulement, env 60 € ; plats 25-30 €.* Le nom de cette vieille institution de quartier respire la tradition. Tradition dans l'assiette, où les classiques bistrotiers alimentent une ardoise en perpétuel renouvellement (pas rare que les plats changent en milieu de service) ; tradition dans le service, charmant, blagueur, sans jamais oublier d'être pro !

On adore. Aux fourneaux, devant vous, officie un jeune chef bourré de talent qui maîtrise ses cuissons et ses assaisonnements à merveille. Vu le peu de tables, résa indispensable, vous l'aurez compris.

|●| **Semilla** *(plan couleur zoom,* ***56****) : 54, rue de Seine, 75006. ☎ 01-43-54-34-50. Ⓜ Mabillon ou Saint-Germain-des-Prés. Tlj 12h30-14h30, 19h-23h (22h dim). Résa conseillée. Formules déj en sem 34-40 € ; carte 40-65 €.* C'est dans un décor néo-industriel que Drew Harré et Juan Sanchez ont fait le pari d'ouvrir leur 4e adresse parisienne et d'y installer Éric Trochon (MOF 2011) aux commandes d'une grande cuisine ouverte sur la salle principale, bien agréable – mais préférer tout de même la salle du fond, plus calme. Cuisine de marché bien dans son époque et assiettes créatives. Un régal total pour cette bonne graine (*semilla* en espagnol) de gastro à prix contenus, qui s'est propagée à côté, sous la forme d'un bar à tapas ouvert en continu. Au comptoir de *Freddy's,* l'ambiance est informelle et les produits triés sur le volet, comme les vins au verre qui accompagnent les délicieuses tapas. Service pro et avenant.

|●| **Le Timbre** *(plan couleur B3,* ***59****) : 3, rue Sainte-Beuve, 75006. ☎ 01-45-49-10-40. Ⓜ Notre-Dame-des-Champs ou Vavin. Tlj sauf dim-lun et mar midi ; service 12h-13h45, 19h30 (19h sam)-21h45. Congés : fin juil-fin août. Résa indispensable. Formules déj 24-28 € ; menus le soir 37-55 €.* Un mouchoir de 24 places seulement et de petites tables à touche-touche. Alors, si l'adresse n'est pas le lieu idéal pour se susurrer des mots doux, elle reste un excellent choix pour goûter une cuisine fine et inventive, et ce dès le menu du jour, chaque semaine différent. Bons produits travaillés avec soin. On appréciera par ailleurs la gentillesse de l'accueil de madame et on profitera de ses bons conseils de sommelière.

|●| **Blueberry** *(plan couleur zoom,* ***68****) : 6, rue du Sabot, 75006. ☎ 01-42-22-21-56. Ⓜ Saint-Germain-des-Prés. Tlj sauf dim-lun ; service 12h-14h30 (12h30-15h sam), 19h30-22h30 (23h ven-sam). Congés : fin juil-fin août et à Noël. Résa indispensable. Formule déj en sem 24 € ; menus 25-28 € ; makis 15-18 € ; carte env 50 €.* Un restaurant japonais haute couture. De vraies spécialités venues du Soleil-Levant : sushis, alcool de prune, saké et purée de pommes de terre. La marque de fabrique de la maison reste les makis aux noms délicieusement amusants : « Little Miss Yuzu » (*tataki* de saumon mariné au *yuzu,* framboise, mangue) ou encore « Rackham le Rouge » (tempura de gambas, thon mariné, truffe, œufs de poisson volant et ciboulette thaïe). L'ensemble est raffiné, original, et réveille les palais sensibles aux saveurs aigres-douces. Cadre élégant et moderne. Service adorable.

|●| ⛱ **La Méditerranée** *(plan couleur C2,* ***54****) : 2, pl. de l'Odéon, 75006. ☎ 01-43-26-02-30. Ⓜ Odéon ; RER B : Luxembourg. Tlj 12h-14h, 19h30-23h. Fermé à Noël. Formule déj 29 € ; menu 36 € ; carte 45-60 €. Apéritif maison offert sur présentation de ce guide.* Jadis, écrivains, cinéastes et peintres avaient leur table à *La Méditerranée,* d'Orson Welles à Aragon en passant par Picasso, Chagall, Man Ray ou Jean-Louis Barrault. Remise à flot après un toilettage discret – il ne fallait surtout pas toucher au décor des maîtres (Vertès, Bérard et Cocteau) –, *La Méditerranée* a retrouvé sa figure de proue face au théâtre de l'Odéon. À la carte, tendance grand bleu, avec quelques plats de viande pour contenter les carnivores. Pour les adeptes de la vie parisienne.

|●| ⛱ **L'Épi Dupin** *(plan couleur B2,* ***57****) : 11, rue Dupin, 75006. ☎ 01-42-22-64-56. Ⓜ Sèvres-Babylone. Tlj sauf sam-lun ; service 12h-15h, 19h-23h. Congés : 3 premières sem d'août. Résa impérative quelques j. à l'avance pour le 1er service du soir. Formule déj 30 € ; menu 42 € ; menu dégustation 56 €.* François Pasteau, ancien élève, entre autres, de Robuchon, affiche complet midi et soir. La raison du succès : un menu peaufiné par des trouvailles quotidiennes, qui propose chaque jour un choix de 5 entrées, 5 plats et 5 desserts, plus les suggestions du jour. Bons desserts. Service efficace. Malin comme

tout, le chef a ouvert en face un comptoir de vente à emporter (voir plus haut dans « Sur le pouce »).

KGB *(plan couleur C1,* ***60****) : 25, rue des Grands-Augustins, 75006. ☎ 01-46-33-00-85. Ⓜ Saint-Michel ou Odéon. Tlj sauf dim-lun ; service 12h15-14h, 19h15-22h. Congés : 3 sem en août, Noël et Jour de l'an. Formule déj en sem 36 € ; menus découverte 55-66 € ; carte (en sem seulement) env 50 €.* *KGB,* pour *Kitchen Galerie Bis.* Le célèbre restaurant de William Ledeuil est, à l'image de Saint-Germain, un rendez-vous d'artistes. Cuisine de partage, pour revenir aux sources, ouverte sur (tout) le monde, et sur l'Asie en particulier. On joue avec les « Zors-d'œuvre », avant de s'intéresser à ce qui se passe dans les marmites : respirez, en saison, la blanquette de joue de veau, girolles et jus thaï, humez les crevettes et moules de bouchot, coco et citronnelle, avant de piquer avec la fourchette et de goûter à l'air du temps.

Le Christine *(plan couleur C1,* ***58****) : 1, rue Christine, 75006. ☎ 01-40-51-71-64. Ⓜ Saint-Michel ou Odéon. Tlj sauf le midi sam-dim 12h-14h30, 18h30-23h. Fermé 25 déc. Formules déj 24-29 € ; le soir, menus 39-50 € ; carte env 45 €.* Un resto au cadre contemporain chaleureux, tenu par un tandem parfait : un chef talentueux au piano et son adjointe, une jeune fille elle aussi douée. Cuisine française traditionnelle qui s'autorise quelques clins d'œil amusants et parfaitement maîtrisés. Ici, on ne rigole pas avec les cuissons et la qualité des produits. La salle du fond est plus calme. Service bien attentionné.

Boucherie Roulière *(plan couleur zoom,* ***61****) : 24, rue des Canettes, 75006. ☎ 01-43-26-25-70. Ⓜ Saint-Sulpice ou Mabillon. Tlj ; service 12h-14h30, 19h-23h30 (minuit ven-sam). Carte et ardoise env 40 €.* L'enseigne donne le ton : le propriétaire, boucher à Tours, met un point d'honneur à servir une viande de 1er choix. Et la salle en longueur, avec ses tables en bois et son carrelage en damier, joue la convivialité. La cuisine classique aux portions généreuses et le service attentionné ont séduit les aficionados de bonne viande. Pas de menu, dommage... Également quelques poissons, et des vins de propriétaires pour accompagner le tout.

Le Procope *(plan couleur zoom,* ***62****) : 13, rue de l'Ancienne-Comédie, 75006. ☎ 01-40-46-79-00. Ⓜ Odéon. Tlj en continu 12h-minuit (1h jeu-sam). Menus Procope 21,90 € (midi sauf dim)-28,50 € ; menus Philosophe 31,50-38,50 € (tlj à partir de 19h) ; carte env 50 €.* Le plus ancien café de la capitale. En 1686, un certain Francesco Procopio dei Coltelli vint d'Italie ouvrir un troquet à Paris, y introduisant un breuvage nouveau appelé à un fulgurant succès : le café. La proximité de l'ancienne Comédie-Française en fit d'emblée un lieu littéraire et artistique. Au XVIIIe s, les philosophes s'y réunissaient, et l'*Encyclopédie* naquit ici d'une conversation entre Diderot et d'Alembert. Beaumarchais y attendait le verdict de ses pièces jouées à l'Odéon. Danton, Marat et Camille Desmoulins y prirent des décisions importantes pour la Révolution. Et Napoléon y laissa son bicorne pour honorer ses dettes de repas. Plus tard, Musset, George Sand, Balzac, Huysmans, Verlaine et bien d'autres aimaient à s'y retrouver. Aujourd'hui, *Le Procope* garde son rôle de lieu de rencontres et dispose même d'une table présidentielle. Cuisine traditionnelle de brasserie et recettes ancestrales comme la tête de veau en cocotte, dans un lieu historique !

Plus chic

Le Comptoir *(plan couleur zoom,* ***64****) : 9, carrefour de l'Odéon, 75006. ☎ 01-44-27-07-50. Ⓜ Odéon. Lun-ven 12h-18h, 20h30-23h ; w-e 12h-23h en continu. Résa obligatoire le soir en sem. Carte, le midi seulement, env 30 € ; le soir, menu unique 60 €.* Star incontestée de la bistronomie pour en être le chef de file, et star des écrans de télé dans le rôle de juré de *MasterChef,* Yves Camdeborde anime avec passion ses fourneaux. Le midi, il sert une cuisine de brasserie améliorée avec quelques entrées, de bons plats à base de produits de 1re qualité : souris d'agneau, brandade de morue, boudin blanc... Le soir, changement de décor : les nappes blanches sont de la fête (mais les tables restent à touche-touche), et les plats plus élaborés. Le menu unique, sans le vin, change tous les jours et prend des allures gastronomiques, tout en conservant l'accent béarnais qui fit le succès de *La Régalade,* son 1er bistrot.

Quinsou *(plan couleur B2,* ***65****) : 33, rue de l'Abbé-Grégoire, 75006. ☎ 01-42-22-66-09. Ⓜ Saint-Placide. Mar soir-sam 12h30-13h30, 19h30-21h30. Menus déj 35-48 €.* Atmosphère scandinave, très épurée, avec luminaire design et mélange savant de bois, de métal et de verre pour cette table d'Antonin Loubet, ancien de chez Michel Bras. Cuisine française, heureusement revisitée et savamment orchestrée, tout en étant décontractée. Les assiettes sont des œuvres d'art ! Les saveurs et les textures se télescopent. Service souriant, même avec l'affluence. Au fait, le *quinsou* est un petit oiseau du Sud. Nous, on piaffe d'impatience d'y retourner !

Brasserie Lipp *(plan couleur zoom,* ***66****) : 151, bd Saint-Germain, 75006. ☎ 01-45-48-53-91. Ⓜ Saint-Germain-des-Prés. Tlj 12h-1h (dernière commande à 0h45). Fermé 25 déc. Résa conseillée. Choucroute env 25 € ; carte env 50 €.* Presque une légende. Le vieux décor (grands miroirs, jolis panneaux en céramique, fresques qui s'estompent), sorti tout droit des années 1900, est classé Monument historique et Lieu de mémoire, excusez du peu ! L'atmosphère est plutôt relax, et les acteurs, auteurs, vedettes de la chanson font naturellement partie du paysage. Les plats immuables sont parfois décevants, et malheureusement le prix de la bière maison est assez prohibitif. L'accueil, quant à lui, est inégal, à la parisienne !

H Kitchen *(plan couleur A2,* ***67****) : 18, rue Mayet, 75006. ☎ 01-45-66-51-57. Ⓜ Duroc. Tlj sauf dim midi et soir. Menus-carte 23-27 € le midi, 58 € le soir.* Une petite adresse discrète comme tout, une salle d'une sobriété presque réfrigérante et une carte minimaliste... La surprise est bien là, dans l'assiette, copieuse et créative, largement influencée par l'Italie et le Japon. Étonnant mais toujours bon, et produits de grande qualité. Une découverte très intéressante au déjeuner, plus coûteuse le soir. Service sincèrement adorable.

L'Alcazar *(plan couleur zoom,* ***69****) : 62, rue Mazarine, 75006. ☎ 01-53-10-19-99. Ⓜ Odéon. ♿ Tlj 12h-15h, 19h-2h. Sur le « balcon », bar tlj sauf dim-lun à partir de 19h. Congés : 1er-28 août. Le midi, formules et menu 26-40 € ; le soir, carte env 45 € ; copieux brunch vegan dim 41 €.* On se souvient tous du mythique cabaret des années 1970, chanté en son temps par Jacques Brel (un ancien jeu de paume en réalité !) et transformé il y a bientôt 20 ans en brasserie chic et branchée. Spacieux et lumineux grâce à son puits de lumière, le cadre, mêlant matières nobles et matériaux bruts (vaisselle chinée, argenterie et végétation luxuriante), est idéal pour un déjeuner gourmand à base de recettes dans l'air du temps et de bons produits labellisés. Ambiance plus animée le soir, surtout au balcon où se retrouvent clubbers chic pour soirées animées par la crème des DJs. Expo photos.

6e

Bars à vins

L'Avant-Comptoir et L'Avant-Comptoir de la Mer *(plan couleur zoom,* ***64****) : 3, carrefour de l'Odéon, 75006. ☎ 01-44-27-07-97 et 01-42-38-47-55. Ⓜ Odéon. Tlj 12h-23h. Hors-d'œuvre, tapas, pintxos chauds ou froids env 4-12 €.* Yves Camdeborde a ouvert ces 2 lieux gourmets et atypiques, accolés à son *Comptoir* (voir la rubrique « Où manger ? »), véritables repaires de gourmands qui s'y pressent à toute heure. 2 zincs, 2 couloirs, où l'on joue des coudes pour commander son verre, attraper son assiette. Le concept est le même : pas de table, pas de chaise, ni même de tabouret ! Et la même impression de se trouver dans le métro à l'heure de pointe, un jour de grève... Mais qu'on se rassure, nul besoin d'arborer une carrure de rugbyman pour défendre son bout de gras. Ici, tout se passe dans la joie et la bonne humeur. D'un côté, des saveurs marines, de l'autre, des saveurs plus cochonnes (en fait, des saveurs mêlées, comme souvent au Pays basque). Dans les 2 cas, les meilleurs pains, beurres, huîtres, charcuteries, vins, en provenance des meilleurs artisans, des meilleurs fournisseurs. Et autant de bouchées parfaites, à partager, à multiplier. Bon sang ne saurait mentir !

La Grande Crèmerie *(plan couleur zoom,* ***75****) : 2, rue Grégoire-de-Tours, 75006. ☎ 01-43-26-09-09. Ⓜ Odéon ou Mabillon. Tlj à partir de 18h pour l'apéro et de 19h30 pour le dîner, jusqu'à minuit (23h w-e). Congés : août et pdt les fêtes de fin d'année.* Murs de pierre brute, poutres ancestrales et douce déco industrielle et épurée, l'endroit a beaucoup de cachet. Idéal pour grignoter avant ou après le ciné dans une ambiance branchée mais reposante (ça change !). Ici, rien de chaud, rien de cuisiné (hormis la purée au beurre !), mais des charcuteries, des poissons fumés, des fromages, prétextes à déguster un bon vin naturel, spécialité de la maison.

La Crèmerie *(plan couleur zoom,* ***76****) : 9, rue des Quatre-Vents, 75006. ☎ 01-43-54-99-30. Ⓜ Odéon. Tlj sauf dim et lun midi 11h-14h30, 18h-22h30. Résa conseillée. Assiettes 10-25 €. Verres de vin à partir de 7 €, bouteilles à partir de 18 € (à emporter).* Cette « cave à manger » installée dans une ravissante et minuscule crèmerie datant de 1880 propose, comme son nom l'indique, toutes sortes de merveilles de gueule à boire et à manger... Bons crus, bons produits, à partager entre potes ou en amoureux, avant le théâtre ou après le ciné. Vu les prix, les gourmands prendront garde à ne pas exploser l'addition. Le problème, c'est que tout est si bon (à commencer par l'accueil) et que l'on s'y sent si bien que l'on s'y attarde volontiers...

Chez Nous *(plan couleur C1,* ***77****) : 10, rue Dauphine, 75006. ☎ 01-43-26-42-69. Ⓜ Odéon ou Pont-Neuf. Tlj 11h-2h. Congés : 2 sem mi-août. Plats 6-14 €. Verres de vin 5-7 €.* À deux pas du Pont-Neuf, installez-vous au comptoir de ce bar à vins jeune et pétillant. Les flacons sont savamment sélectionnés par Robin et Arthur, les sympathiques patrons de l'établissement : ces derniers privilégient des crus de petits producteurs, bio ou nature. Assiettes simples mais goûteuses à partager, pour révéler toute la complexité des vins. Ce *Chez Nous* sera bientôt votre chez-vous.

Etna *(plan couleur zoom,* ***78****) : 33, rue Mazarine, 75006. ☎ 01-46-34-84-52. Ⓜ Odéon. Tlj sauf dim-lun 18h30-2h. Plats 5-16 €. Verres de vin nature à partir de 7 €.* Au cœur de Saint-Germain, un bar à vins élégant qui vous fera découvrir la délicatesse et parfois la folie des vins nature(ls). Pas de carte, on vous conseille en fonction de vos goûts : Vincenzo, le sommelier, écume les vignobles pour vous satisfaire... Sans sulfites, la fête est plus folle ! Pour accompagner vos découvertes, de très belles assiettes de tapas, qui jonglent habilement entre terre et mer.

Où manger une glace ?

Grom *(plan couleur zoom,* ***80****) : 81, rue de Seine, 75006. ☎ 01-40-46-92-60. Ⓜ Odéon. En hiver, tlj 13h (12h dim)-22h30 (minuit jeu-sam) ; en été, tlj 12h (11h dim)-23h (minuit jeu-sam). Pots 3,70-7,50 €.* Si vous aimez les *gelati*, rendez-vous chez *Grom*, le célèbre glacier de Turin, membre du mouvement *slow food* et adepte des produits bio de qualité. Parfums savoureux et texture parfaite. Difficile d'ailleurs de choisir parmi les différentes crèmes glacées, les sorbets ou les granités... tout est bon ! Essayez donc la *pistacchio* ou la *gianduja*, et laissez-vous fondre de plaisir. En hiver, également des chocolats chauds.

Glacier Pierre Geronimi *(plan couleur B2,* ***81****) : 5, rue Férou, 75006. ☎ 01-42-38-00-67. Ⓜ Saint-Sulpice. Mar-dim 9h30-19h30. Compter 4,50-13,10 € (1-3 boules, sur place) ; brunch dim 39 €.* Pierre Geronimi est une star en Corse, son île natale, où se trouve la maison mère. Heureux Parisiens que nous sommes, ce maître artisan glacier a posé ses bacs à glace à deux pas de Saint-Sulpice. Le péché de gourmandise sera vite pardonné ! Dans son élégant salon de thé, lumineux et contemporain, on cède donc à la gourmandise à toute heure. Une intéressante déclinaison de sorbets créatifs (myrte, népita, farine de châtaigne, moutarde, betterave) côtoie des parfums plus classiques et exquis, à emporter ou à consommer sur place. Également des desserts glacés divins en plus des cakes et cookies qui nous font de l'œil sur le comptoir. Bien vus les sorbets salés qui accompagnent les salades du jour (tomate cœur-de-bœuf, poivron, betterave, herbes fraîches). Rafraîchissant dans tous les cas !

Où boire un thé ? Où prendre un bon 4-heures ?

13 a Baker's Dozen *(plan couleur C2,* ***85****)* **:** *5, rue de Médicis, 75006. ☎ 01-73-77-27-89. Ⓜ Saint-Germain-des-Prés. Tlj sauf dim-lun 9h30-18h ; sam brunch. Résa indispensable (surtout pour le déjeuner). Compter 20-25 €.* La fidèle clientèle estudiantine et anglo-saxonne de Laurel, Américaine de Caroline du Sud, se retrouve le midi et le week-end, dans une ambiance animée et chaleureuse, autour de délicieuses salades, plats américains régionaux revus à la sauce parisienne (œufs Benedict sur lit de légumes...), généreuses tourtes et colossales parts de gâteau (brownies, *carrot cakes,* scones...). Bon choix de thés. Et accueil *so cool.*

Mamie Gâteaux *(plan A2,* ***86****)* **:** *66, rue du Cherche-Midi, 75006. ☎ 01-42-22-32-15. Ⓜ Vaneau ou Sèvres-Babylone. Mar-sam 11h45-18h. Formules tartes salées 11,50-16 €, verre de vin compris. Pas de résa.* Il flotte un charme potache et régressif dans ce sympathique salon de thé-brocante. Un choix succinct de tartes salées, évidemment maison et du jour, accompagnées de crudités. Quelques salades d'une grande fraîcheur également, un crumble de légumes et de savoureuses tartes et pâtisseries à lorgner au comptoir avant de se décider. Un bon plan dans le quartier. D'ailleurs, il y a souvent du monde au déjeuner, mais aussi du roulement, donc peu d'attente. *NOUVEAUTÉ.*

Laouz *(plan couleur zoom,* ***87****)* **:** *20, rue Dauphine, 75006. ☎ 01-42-03-41-61. Ⓜ Odéon. Tlj sauf lun 11h-20h. Pâtisseries 2,10-2,60 €. Thé à la menthe offert sur présentation de ce guide.* Baklavas, *dziriette, kaab, kindelette, makrout, tcharek...* aux effluves d'amande, de cannelle, de fleur d'oranger, de gingembre, de *yuzu,* de rose ou de jasmin... Les grands classiques algériens sont remis au goût du jour avec art et finesse (textures onctueuses, arômes subtils, jamais saturés en sucre) sous forme de petites bouchées colorées délicatement présentées sous vitrine. Quelques tables sur place pour la pause sucrée accompagnée d'un thé, ou pour une pause déj (galettes et feuilletés généreusement fourrés). *Autre boutique au 136, rue Saint-Honoré (1er).*

6e

Cafés historiques

Le Sélect *(plan couleur B3,* ***92****)* **:** *99, bd du Montparnasse, 75006. ☎ 01-45-48-38-24. Ⓜ Vavin. Tlj ; service bar 7h-2h (3h w-e). Cocktails à partir de 14,30 €.* Rendez-vous des artistes (ou de ceux qui s'en donnent le look), *Le Sélect* fut, entre 1923 et 1935, l'un des bars phares de la vie artistique française. L'endroit est le repaire des habitués jusque tard dans la nuit. Vous pourrez toujours traquer la piste d'un futur peintre génial autour d'un cocktail.

La Closerie des Lilas *(plan couleur C3,* ***93****)* **:** *171, bd du Montparnasse, 75006. ☎ 01-40-51-34-50. Ⓜ Vavin ; RER B : Port-Royal. Tlj 11h-1h30 ; service 12h-0h30. Cocktail env 17,50 €. Steak tartare (l'un des meilleurs de Paris) 21,50 € ; menus 30-38 € ; carte env 50 €.* Ancienne guinguette et relais de diligences, c'est aujourd'hui une belle brasserie. Le mouvement parnassien fréquenta *La Closerie,* de même que le firent

Verlaine, Baudelaire... Plus tard, les surréalistes reprirent le flambeau. Et tant d'autres dont on retrouve les noms gravés sur les tables : Max Jacob, Modigliani, Lénine... sauf Hemingway ! Lui, il possède sa plaque de cuivre sur le comptoir du célèbre bar américain qu'il vit naître dans les années 1925, et qu'il ne quitta plus. Il y écrivit *Le soleil se lève aussi.* Décor superbe et chaleureux. Bar en chêne clouté de cuivre. Tables massives et cirées. Sol en mosaïque. Sur les murs, vieilles glaces et lambris. Fréquenté aujourd'hui par une clientèle assez mélangée d'intellos, de bourgeois ultrachic, d'hommes d'affaires, de journalistes et d'écrivains. Au bar, sur les hauts tabourets de cuir rouge, la note grimpe quand même assez vite ! Si vous désirez manger, le resto est très cher ; mieux vaut aller en brasserie, au « bateau », comme on dit. Moins cher, plus relax et plus de monde, bien sûr ! Ambiance piano-bar. Grande terrasse couverte.

Le Café de Flore *(plan couleur zoom,* ***90****)* **:** *172, bd Saint-Germain, 75006. ☎ 01-45-48-55-26. Ⓜ Saint-Germain-des-Prés. Tlj 7h30-1h30. Café 4,60 €, bières à partir de 10 €, verres de vin à partir de 9 €. Restauration à la carte 19-38 €.* Un grand café chargé d'histoire ! Sur ses tables vénérables s'est accoudé plus d'un illustre personnage. Tout a commencé en 1890. Depuis, au *Café de Flore,* poètes, éditeurs, écrivains, intellectuels et artistes de tout poil se côtoient et se succèdent. C'est ici qu'Apollinaire a fait germer le surréalisme, que Sartre, Simone de Beauvoir et Prévert se chauffaient au même poêle. Puis ce fut au tour d'Hemingway et de Camus de fréquenter les lieux... L'histoire du *Flore,* comme celle de ses voisins la *Brasserie Lipp* ou *Les Deux Magots,* s'est forgée au XXe s. Aujourd'hui encore, ce monstre sacré ne désemplit pas.

6e

Les Deux Magots *(plan couleur zoom,* ***91****)* **:** *6, pl. Saint-Germain-des-Prés, 75006. ☎ 01-45-48-55-25. Ⓜ Saint-Germain-des-Prés. Service continu tlj 7h30-1h. Café 4,80 € ; verres de vin à partir de 7,50 €. Salade env 19 € ; assiettes 19-25 € ; carte env 45 € le midi, 60 € le soir.* Son nom, *Les Deux Magots,* a pour origine l'enseigne d'un magasin de nouveautés qui occupait le même emplacement au XIXe s. Le café qui lui succède conserve son nom, la décoration et les statues, les fameux magots. Au XXe s, *Les Deux Magots* deviennent un des QG emblématiques de l'intelligentsia germanopratine. Il faut dire que la position privilégiée de sa terrasse-jardin, ouverte d'avril à octobre, en face de l'église Saint-Germain, en fait un lieu éminemment stratégique pour côtoyer le monde des arts, des lettres, de la mode, du spectacle et de la politique. Nul besoin de rappeler que Jean-Paul Sartre, Simone de Beauvoir et bien d'autres y avaient leur table. Le prix des Deux Magots y est décerné depuis 1933. Nombreux sont ceux qui viennent y prendre un petit déj tout à fait parisien, avec un chocolat chaud à l'ancienne. Pour déjeuner, carte de brasserie assez classique à prix soutenus, et le soir, carte qui se renouvelle au gré des saisons. Groupes de jazz les jeudis soirs.

Où boire un verre ?

Chez Georges *(plan couleur zoom,* ***100****)* **:** *11, rue des Canettes, 75006. ☎ 01-43-26-79-15. Ⓜ Saint-Germain-des-Prés. Tlj 18h (15h sam)-2h. Congés : août et fin d'année. Bière en bouteille 5 € ; verre de vin 15 cl 4 €. Planches de fromages, de saucisse ou de pâté-rillettes à partir de 8 €.* Des générations de tabagiques et d'intellos fumeux ont patiné murs et plafond. Ancien cabaret où débutèrent bien des chanteurs (portraits aux murs), les lieux n'ont guère changé depuis plus de 60 ans, et on aime bien ce vieux comptoir Art déco de 1928 et le sourire de Nicolette derrière. Certains soirs, il peut se passer quelque chose, parfois trois fois rien, en fonction de la clientèle, de la proportion de touristes, des événements... Le week-end, c'est souvent plein comme un œuf de jeunes qui se ruent dans la vieille cave voûtée où crépite un feu aux 1ers frimas. On n'y refait plus trop le monde, mais ça reste joyeux, convivial et bruyant. Sympathiques expos temporaires.

🍷 ***Cubana Café*** *(plan couleur B3,* ***97****) : 47, rue Vavin, 75006. ☎ 01-40-46-80-81. Ⓜ Vavin. Tlj 11h-4h (5h w-e) ; service continu 11h-minuit (1h jeu-sam). Happy hours 16h-20h. Carte très variée : tapas et salades, plats... ; plat du jour avec café 13,80 € ; menus 37-54 €.* Un resto-bar où l'on grignote sur des classiques latinos en tête à tête avec le *caballero* de son choix ou, mieux encore, avec les Che Guevara de la *casa.* La déco est un savant méli-mélo de bagues de cigares, de photos, d'affiches et de slogans révolutionnaires égratignés à même les murs ocre. Fumoir à l'ancienne et cave à cigares où l'on trouve des cigares... cubains.

🍷 ⛱ ***Au Petit Suisse*** *(plan couleur C2,* ***99****) : 16, rue de Vaugirard, 75006. ☎ 01-43-26-03-81. Ⓜ Odéon ; RER B : Luxembourg. Lun-ven 6h30-2h ; service 12h-23h30. Fermé 25 déc. Jus de fruits 4,90 € ; bières à partir de 4,90 €. Sandwich env 5 €, salades à partir de 11,20 €, tartes à partir de 6,50 € ; plats 10-18 €.* Un petit bistrot typique, l'un des plus anciens de Paris, avec une jolie mezzanine à l'intérieur et une petite terrasse agréable aux beaux jours, à deux jets de pierre du jardin du Luxembourg. Jadis point de convergence des gardes suisses de Marie de Médicis, s'y mélangent aujourd'hui, dans une ambiance bon enfant, touristes et Parisiens. Petite restauration (salades, charcuterie auvergnate, croque au pain de campagne, plat du jour, vins de propriété) à des prix plus que modestes pour le coin.

🍷 ***Eden Park Pub*** *(plan couleur zoom,* ***102****) : 10, rue Princesse, 75006. ☎ 01-43-26-02-96. Ⓜ Mabillon ou Saint-Sulpice. Tlj sauf dim-lun 17h (14h sam)-2h. Happy hours 17h-20h. Demi 4,50 € ; cocktail 10 €.* Installé rue Princesse, une ruelle médiévale de Saint-Germain que l'on qualifie parfois de « rue de la soif » parisienne, ce pub se distingue par son animation et sa déco traditionnelle soignée, toute de bois et de cuivre. La star ici ? Le ballon ovale, que l'on vénère sans distinction de langue ou d'origine. Pour les vrais fans, sachez que le bar est fréquenté par de nombreux joueurs du Stade Français ou du Racing 92. L'occasion d'un toast ou d'un selfie avec votre idole ?

🍷 ⛱ ***Le Bar du Marché*** *(plan couleur zoom,* ***103****) : 75, rue de Seine, 75006. ☎ 01-43-26-55-15. Ⓜ Mabillon. À l'angle de la rue de Buci. Tlj 8h-2h. Café 1,20 € au comptoir, 2,30 € en salle ; demis à partir de 2,70 € au comptoir, 4,40 € en salle.* Les serveurs, casquette vissée et démarche canaille, se la jouent apaches de Ménilmuche. Avec l'aisance (et l'arrogance !) de vieux pros, ils zigzaguent entre les tables remplies d'une clientèle bigarrée incluant touristes et titis, posant mousse, cahoua, Viandox devant le solitaire en séance de matage à la terrasse (parfaite pour suivre l'animation du marché) ou devant une Américaine en corvée de cartes postales. Y a d'la joie, un peu à l'image de l'immense affiche des Frères Jacques scotchée sur la glace.

🍷 ⛱ ***La Palette*** *(plan couleur zoom,* ***104****) : 43, rue de Seine, 75006. ☎ 01-43-26-68-15. Ⓜ Odéon. Tlj 8h (10h dim)-2h. Boisson env 6 €. Plats du jour à partir de 16 € ; pâtisserie 8 € ; brunch dim 21 €.* Un élitisme bon teint, composé de marchands d'art, d'artistes, de poètes, ou encore de quelques étudiants. Les affaires se concluent autour d'un verre de saint-émilion ou de brouilly, en dégustant une « guillotine » (morceaux de jambon de pays ou de fromage sur pain Poilâne). Plafond tout stucs et moulures, grandes glaces, céramiques. Les tables sont installées dehors dès les 1ers rayons de soleil. Atmosphère animée, très parisienne, dans ce qui reste une institution du quartier.

6e

🍷 ⛱ ***Le 10 Bar*** *(plan couleur zoom,* ***95****) : 10, rue de l'Odéon, 75006. ☎ 01-43-26-66-83. Ⓜ Odéon. Tlj sauf dim 17h-2h. Fermé 24-25 et 31 déc, et 1er janv. Verre de vin env 5 € ; sangria 5 € (pichets 14-40 €) ; bières 6-7 € ; cocktail 8 €. Digestif maison offert sur présentation de ce guide.* Jérôme, le patron, et son équipe essaieront sans doute de vous faire boire la sangria maison dans ce petit rade improbable du quartier de l'Odéon. On y écoute, dans des sièges défoncés et sous des lambris de galion, des standards de jazz ou de rock, dans la cave couverte d'affiches jaunies d'opéra-comique et de cinéma. Beaucoup de charme.

Café de la Mairie *(plan couleur zoom, **96**) : 8, pl. Saint-Sulpice, 75006. ☎ 01-43-26-67-82. Ⓜ Saint-Sulpice. Lun-sam 7h (8h sam)-minuit, dim 9h-23h.* Son décor, digne d'un film de Sautet, fut immortalisé dans *La Discrète,* un des films qui révélèrent Fabrice Luchini au grand public. On aime bien ce troquet hors mode, assez cher, certes, mais à l'esprit bien parisien... Terrasse très agréable avec vue imprenable sur Saint-Sulpice. Un classique germanopratin. Les habitués y avalent leur petit noir, debout, accoudés au comptoir en marbre et formica, à côté du présentoir à œufs durs. Rien ne manque, pas même les banquettes en moleskine ! Sauf peut-être le sourire du serveur...

Tiger *(plan couleur zoom, **98**) : 13, rue Princesse, 75006. ☎ 01-84-05-81-74. Ⓜ Mabillon ou Saint-Germain-des-Prés. Tlj sauf dim-lun 18h30-2h. Cocktails 12-16 €.* Un grand bar de la rue Princesse, qui tranche avec ses voisins : ici, ni rugby ni pintes, mais d'excellents cocktails, servis avec maestria dans un joli loft couvert de mosaïques. Le gin est l'alcool roi – à accompagner avec le tonic maison, extra –, mais rien ne vous empêche de le détrôner en commandant un classique ou un verre de vin.

Où sortir ?

Cavern Café *(plan couleur C1, **111**) : 21, rue Dauphine, 75006. ☎ 01-43-54-53-82. • lecavern.com • Ⓜ Odéon ou Pont-Neuf. Tlj sauf dim-mar 18h-2h ou 3h (6h ven-sam). Happy hours 17h30-20h30. Congés : 3 sem en août. Aux bars du rdc et du sous-sol, demi 3,50 € après 22h30, alcool 8 €.* Voilà un endroit qui a la pêche. Un concert live tous les soirs, dans des styles très différents : blues, funk, soul, rock, jazz, électro, etc. Sur scène passent souvent des musiciens pros (le guitariste d'Higelin par exemple) qui viennent se produire tranquillement dans cette petite salle. Tous les mercredis soir, bœuf dans une ambiance cool et pas frime.

6e

À voir

LE QUARTIER DE L'ODÉON

De l'autre côté du boulevard Saint-Michel, entre Luxembourg et Seine, un quartier qui a su se créer une personnalité. Transition douce vers Saint-Germain-des-Prés, le Quartier latin y conserve cependant un orteil avec l'institut d'anglais et la fac de médecine Descartes. Magasins de fringues aussi nombreux que du côté de la Sorbonne. S'il y a autant de monde que rue de la Huchette, surtout le soir, la rue Saint-André-des-Arts et les ruelles adjacentes (passage de Rohan, rue de Buci, rue Dauphine...) ont néanmoins conservé une certaine élégance, malgré les lourdes pressions mercantiles.

À partir de la fontaine Saint-Michel, un petit quartier pittoresque, l'***îlot Saint-André-des-Arts*** *(plan couleur C1-2),* invite à faire une petite balade dans ses ruelles médiévales. Vous noterez, au hasard de votre promenade, de-ci, de-là, des vestiges du passé, une tourelle d'angle, des portes basses, des balcons en fer forgé. Belles façades rue Saint-André-des-Arts. Pittoresque passage de l'Hirondelle qui mène à la rue Gît-le-Cœur. Rue Séguier, rue Christine, beaux hôtels particuliers. La rue Suger conserve un charme tout provincial. Au nº 1 de la rue Danton s'élève la 1re maison en béton armé (1898), œuvre de l'architecte François Hennebique, l'inventeur de ce matériau.

La cour du Commerce-Saint-André et la cour de Rohan *(plan couleur zoom) : accès par la rue Saint-André-des-Arts.* La 1re, édifiée en 1776, offre une image intéressante du vieux Paris avec ses maisons basses usées et patinées.

Au n° 8, l'ancienne imprimerie de Marat d'où sortait *L'Ami du peuple.* Ce bel ensemble architectural a été rénové. Au n° 9, on construisit la 1re guillotine dans l'atelier du menuisier Tobias Schmidt. De là, charmante succession de courettes bordées d'élégantes demeures bourgeoises du XVIe s. Un portail ouvre sur la cour de Rohan, à l'arrière de la brasserie *Le Procope...* Dans l'une des boutiques (un salon de chocolat très surfait) subsiste sur plusieurs étages une tour intacte du rempart de Philippe Auguste. Impressionnant ! Le tout possède un étrange charme provincial.

PAUVRE DOCTEUR GUILLOTIN

Le docteur Guillotin, député du tiers état à l'Assemblée constituante, protesta jusqu'à sa mort (1814) contre l'usage abusif de son nom. Il se contenta de proposer la célèbre machine à l'Assemblée ; c'est un certain docteur Louis qui se chargea de la mettre au point, d'où son 1er nom de « louison ». Finalement, on ne retint que « guillotine », parce que ça rimait avec machine et que ça arrangeait les chansonniers de l'époque.

De l'Odéon au jardin du Luxembourg
(plan couleur C2)

Le ***carrefour de l'Odéon*** est l'un des plus animés de Paris. Danton occupait une maison à l'emplacement exact de sa statue. Dans le coin habitaient beaucoup de révolutionnaires de 1789. Marat fut assassiné dans le secteur.

La ***rue Monsieur-le-Prince,*** qui s'appelait jadis rue des Fossés (car elle suivait l'enceinte de Philippe Auguste), abrite beaucoup de belles demeures. Le prince en question était le prince de Condé. Au n° 4, portail superbe de l'hôtel de Bacq (1750). Vieilles demeures aux nos 13, 15, 19 et 21. Au n° 14 habita le compositeur Saint-Saëns, et au n° 54 Blaise Pascal. Il y écrivit la plupart de ses *Pensées* et quelques *Provinciales.* On ne vous cite pas tous les autres. Pratiquement chaque maison a sa plaque. 6e

La ***rue de l'École-de-Médecine*** s'appela autrefois rue des Cordeliers, puis rue Marat ; s'y trouvait déjà au Moyen Âge la confrérie des chirurgiens. C'est dans l'ancien *couvent des Cordeliers,* du n° 15 au n° 21, que Danton fonda son club en 1790.

Le musée d'Histoire de la médecine *(plan couleur C2)* **:** *12, rue de l'École-de-Médecine, 75006. ☎ 01-76-53-16-93. • parisdescartes.fr/culture/musee-d-histoire-de-la-medecine • ♿ Tlj sauf jeu, dim et j. fériés (de mi-juil à fin août, tlj sauf w-e) 14h-17h30. Fermé Noël-Jour de l'an. Entrée : 3,50 € ; 2,50 € sur présentation de ce guide ; réduc.* Le Petit Guide du visiteur *(1,50 €) vaut le coup.*

Le musée est abrité au 2e étage (accès fléché) du beau bâtiment de l'université Paris-Descartes. Au 1er étage, ne pas manquer le célèbre tableau *Une leçon clinique à la Salpêtrière,* représentant Charcot et tous les grands « pontes » de l'époque. Dans une vaste salle de caractère du début du XXe s sont présentés, de façon chronologique et thématique, tous les instruments importants liés à la pratique médicale : collyre gaulois, coffret à scalpels qui servit pour l'autopsie de Napoléon, trépan de Bichat, stéthoscope de Laennec... Belle sélection de forceps (impressionnant !), de scalpels, d'instruments de trépanation et autre nécrotome (bistouri servant à ouvrir les corps lors de l'embaumement)... Parmi les pièces de choix : le bistouri de Félix, qui opéra avec succès Louis XIV d'une fistule anale (importante, cette opération, puisqu'elle entraîna la reconnaissance de la chirurgie et sa séparation de la corporation des barbiers, à laquelle elle appartenait jusqu'alors). Important aussi, un mannequin anatomique en bois de tilleul entièrement démontable, commandé par Bonaparte lors de la campagne d'Italie et destiné à l'École de santé. Et à proximité de ce superbe mannequin justement, une petite table pour le moins étrange réalisée par un médecin et offerte à Napoléon III...

Souvent de bien beaux objets en tant que tels (bois précieux, ivoire...), parfois curieux pour les yeux du néophyte ; et justement, vraiment dommage que la présentation manque de dessins nous éclairant sur l'usage de tel ou tel instrument.

Le musée de Minéralogie de l'École des mines de Paris *(plan couleur C3) : 60, bd Saint-Michel, 75006. ☎ 01-40-51-91-39. • musee.mines-paristech.fr • RER B : Luxembourg. ♿ (prévenir avt). Mar-ven 13h30-18h ; sam 10h-12h30, 14h-17h ; dernière entrée 30 mn avt la fermeture. Fermé dim-lun et j. fériés. Entrée : 6 € ; 3 € sur présentation de ce guide ; réduc ; gratuit moins de 12 ans. Billet couplé avec la galerie de Minéralogie du Jardin des Plantes et la collection de minéraux de l'université Pierre-et-Marie-Curie (voir le 5e arrondissement).* Fondé en 1794 par un arrêté du Comité de salut public, ce musée présente la 4e plus riche collection de minéraux au monde. Assez confidentiel, il faut se faufiler dans les couloirs de l'École des mines et, à l'étage, sonner à une porte. Un charme incontestable pour un lieu qui reste encore bien vivant puisque cet inventaire des minéraux de la planète est mis au service de l'industrie. Dans la belle galerie (d'une centaine de mètres !), dont les baies s'ouvrent sur le jardin du Luxembourg (façade classée du ci-devant hôtel de Vendôme), sont exposées dans des vitrines à l'ancienne des collections de roches, minerais, gemmes et météorites, résultat de 250 ans de collecte, achats et dons. Parmi les 100 000 échantillons qu'abrite le musée, 4 500 sont exposés, dont les joyaux de la couronne de France : 150 gemmes (améthystes, émeraudes, topazes). L'intérêt et la beauté de ces minéraux satisfera autant les scientifiques qu'il séduira les néophytes. À signaler, les plus beaux spécimens, réellement spectaculaires, exposés dans les salles de l'entrée. Expositions temporaires.

BEAUTÉ FATALE !

L'or pigment était très prisé au Moyen Âge, très recherché car il simulait l'or à la perfection. Dommage que beaucoup de peintres, à l'époque, n'aient pas pris plus de précautions dans la préparation (manuelle et expérimentale) de leurs couleurs, cela leur aurait évité de lécher leur pinceau et de tomber raide mort ! Ce pigment étant connu sous l'appellation chimique de « sulfure d'arsenic »...

L'Odéon – Théâtre de l'Europe *(plan couleur C2) : • theatre-odeon.fr •* Il fut construit en 1782 dans le style antique, alors en vogue à l'époque, et inauguré par Marie-Antoinette. Il connut une occupation mémorable en mai 1968. Les casques romains utilisés lors des représentations théâtrales protégèrent plus d'un crâne étudiant sur les barricades, et Jean-Louis Barrault s'y fit gentiment chahuter. À l'intérieur, beau plafond d'André Masson. En saison, un bar-resto (ouvert à tous) recouvre la place de sa magnifique terrasse. Un décor aussi sublime que romantique à la nuit tombée.

– Maisons classées tout autour de la place. Au no 2 habitait l'un des héros de 1789 qui nous est le plus sympathique : Camille Desmoulins. Au no 1, on trouvait jadis l'ancien *Café Voltaire,* haut lieu littéraire pendant 150 ans. Les Américains de la génération perdue s'y retrouvaient (Scott Fitzgerald, Hemingway, Sinclair Lewis...). Dans le quartier, vous trouverez partout de superbes hôtels particuliers des XVIIe et XVIIIe s (en particulier rue de Condé, rue de Tournon, etc.). Au no 5 de la rue de Tournon, une voyante avait un client sombre et famélique : Bonaparte. Au no 17, c'est là, à son domicile, que Gérard Philipe est mort.

ET MERDE !

Cette expression bizarre est toujours employée chez les comédiens pour souhaiter bonne chance. Autrefois, les spectateurs arrivaient en calèche. La quantité de crottin devant le théâtre était évidemment proportionnelle à l'affluence. Donc un signe de succès pour le spectacle !

LE JARDIN ET LE PALAIS DU LUXEMBOURG
(plan couleur B-C2-3)

Le jardin du Luxembourg

Appartenant au Sénat, c'est l'un des plus beaux jardins parisiens, romantique à souhait avec ses allées ombragées, ses pelouses et ses parterres à la française. En plein milieu du Quartier latin, le Luxembourg a toujours été un lieu privilégié pour les écrivains, les étudiants et... les amoureux. S'il pouvait parler, ce serait sans doute le témoin le plus précieux de la vie historique et littéraire de la France. Ainsi, Rousseau et Diderot se promenèrent dans des jardins que Watteau avait déjà peints dans sa jeunesse, imités en cela par David, et aussi par Delacroix. Si la Révolution fut insensible aux côtés initiatiques du lieu, le XIXe s vit Baudelaire, Chateaubriand, Chopin, Lamartine, Musset ou encore George Sand en faire leur endroit de prédilection. Les personnages des *Misérables* de Victor Hugo fréquentèrent aussi beaucoup les jardins, tout comme Balzac, qui, dit-on, se promenait le long des grilles en robe de chambre, un chandelier à la main. Puis ce fut au tour de Gide, enfant, de tomber en admiration devant les sculptures, tandis que Sartre créait un spectacle de marionnettes... avant d'y rencontrer Simone de Beauvoir. Ensuite vinrent la guerre et les rendez-vous clandestins des résistants qui croisèrent Kessel, Modigliani et Zadkine. Gérard Philipe y venait pour relire ses textes, Rilke pour rêver, Hemingway pour apprendre la peinture, Lénine pour voir la chaisière dont il était tombé amoureux. Enfin... chacun d'entre eux avait une bonne raison ! Aujourd'hui, on y vient pour lire, étudier, draguer gentiment ou prendre le soleil dès les 1ers beaux jours, devant l'Orangerie ou autour du bassin central.

AU DIABLE VAUVERT...

Du temps de Saint Louis s'élevait, au sud du jardin, une bâtisse maudite appelée le château de Vauvert. Repaire d'une bande de brigands, on y voyait d'étranges lumières et on disait le lieu hanté, évidemment. C'est ainsi que se forgea l'expression « aller au diable vauvert ».

À voir

À gauche de l'entrée par la place Edmond-Rostand, les rendez-vous amoureux se donnent près de la superbe ***fontaine Médicis,*** entourée de platanes. Elle date de 1624 ; au XIXe s, elle a été déplacée et complétée par des sculptures. Le plus charmant endroit du quartier pour conter fleurette.

Du côté de la rue Guynemer, vous trouverez une réplique de la statue de la Liberté de Bartholdi, l'original ayant déménagé au musée d'Orsay. Nombreuses autres statues à découvrir au cours d'une promenade pleine de surprises. Celles des ***reines de France*** agrémentent les terrasses qui surplombent le bassin dans lequel s'ébattent des carpes et que sillonnent depuis toujours des maquettes de voiliers (fabuleux souvenir d'enfance, non ?). Petit kiosque et buvette en plein air.

À faire

– Resto, buvettes, boulodrome, kiosque à musique, on trouve des tas de choses étonnantes dans ce jardin également propice au farniente. Pour les sportifs, jogging, tai-chi, tennis... Pour les curieux, possibilité de suivre des *cours d'horticulture* et *d'apiculture* dans le verger du jardin qui renferme 600 variétés de pommes et de poires, dont certaines rarissimes.

– Pour les enfants (et ceux qui le sont restés), le fameux ***guignol,*** increvable avec ses *Trois Petits Cochons* notamment *(programme et horaires :*

☎ 01-43-26-46-47 ; ● marionnettesduluxembourg.fr ● ; spectacles mer, sam-dim et tlj pdt vac scol (zone C) ; entrée : 6,40 € ; pour être bien placé, venir 30 mn avt). À côté, parc de jeux *(payant !)* pour les enfants. Ces derniers peuvent aussi faire une promenade à poney, de la balançoire, manger une barbe à papa ou faire voguer les mythiques voiliers sur le grand bassin. Le ***manège,*** dessiné par Charles Garnier (l'architecte de l'Opéra), a plus d'un siècle et tourne toujours.

– Vous serez aussi surpris d'apprendre que le jardin abrite un terrain de ***jeu de longue paume.*** Bien sûr, on n'y joue plus avec le creux de la main, contrairement à ce que son nom indique, mais avec une raquette. C'est de ce jeu que provient l'expression « jeu de mains, jeu de vilains », en référence à ceux qui n'avaient pas les moyens d'acheter une raquette pour jouer. D'ailleurs, ce sport est considéré comme « roi des jeux et jeu des rois ».

– Les amateurs d'échecs pourront venir avec leurs pions s'installer à l'une des tables-plateaux d'échecs... ou s'intéresser aux parties en cours si les places sont prises.

Le palais du Luxembourg

Commandé par Marie de Médicis, qui s'ennuyait au Louvre après la mort d'Henri IV, il abrite aujourd'hui le ***Sénat.*** L'architecte s'inspira du palais Pitti, à Florence, ville dont la reine était originaire. Rubens le décora de tableaux retraçant la vie de Marie de Médicis (ils sont aujourd'hui au Louvre). L'aile est du palais abrita la 1re collection de peintures accessible au public (1750). Le palais servit de prison pendant la Révolution. Un certain nombre d'occupants célèbres y furent incarcérés, parmi lesquels David. On dit que, l'ayant reconnu comme étant le professeur de son fils, son geôlier accepta de lui fournir des pinceaux.

VOUS AVEZ DIT « DISCRIMINATOIRE » ?

En 1932, le Sénat français rejeta la proposition de loi ouvrant l'accès de la profession d'avocat aux femmes, au prétexte qu'elles étaient « congénitalement incapables de garder un secret et donc pas en mesure d'exercer les fonctions nécessitant la discrétion »...

Avec l'activation du plan Vigipirate, la possibilité d'assister aux séances est suspendue jusqu'à nouvel ordre.

Les groupes politiques sont situés dans l'hémicycle selon leur tendance, la gauche à gauche et la droite à droite (ça, c'est de l'info !), et les centristes... au milieu ! Tout ça par rapport au président, bien sûr.

En ressortant du côté de la rue de Vaugirard, on peut découvrir, au nº 36 (sous l'arcade, près de la porte cochère), l'un des derniers mètres étalons destinés à l'usage de tous. Il fut placé à hauteur d'homme à la Révolution, quand on a adopté le système métrique. Un peu plus loin, au 4, rue de Tournon, à droite du porche, une inscription, « MACL », qui signifiait « Maison assurée contre l'incendie ». Cette abréviation, fréquente au XVIIIe s, fut vite détournée par les Parisiens pour devenir « Marie-Antoinette cocufie Louis ».

L'EMBONPOINT N'EXCLUT PAS LE CONFORT

Lorsqu'un nouveau sénateur est élu, on lui réclame ses mensurations exactes afin de lui confectionner un siège sur mesure dans l'hémicycle.

Le musée Zadkine (plan couleur B3) : *100 bis, rue d'Assas, 75006. ☎ 01-55-42-77-20. ● zadkine.paris.fr ● Ⓜ Vavin ou Notre-Dame-des-Champs ; RER B : Port-Royal. Tlj sauf lun et j. fériés 10h-18h. GRATUIT (sauf expos temporaires). Audioguide : 5 €, et livret d'accompagnement à la visite gratuit. Pour les visites* *guidées (individuels, groupes et malvoyants), résa nécessaire par e-mail auprès du musée : • action-culturelle.bourdelle-zadkine@paris.fr •*

Au fond d'une impasse discrète, loin de l'agitation urbaine, à l'arrière de la faculté de droit d'Assas, voici un jardin secret et une charmante demeure du XIXe s. Ce musée est installé dans la maison – avec jardin et ateliers – qu'habita Ossip Zadkine de 1928 jusqu'à sa mort en 1967. Né à Vitebsk (Biélorussie), l'artiste séjourne d'abord en Angleterre, où il fait l'apprentissage du bois. Maître de la taille directe et l'un des représentants majeurs de l'école de Paris, Zadkine fut une figure célèbre du Montparnasse des années 1920-1930. Ami de Guillaume Apollinaire, Blaise Cendrars, Henry Miller et Max Jacob, il fréquenta Braque, Chagall, Kessel, Modigliani...

– ***Le grand atelier :*** des murs blancs, une verrière qui laisse pénétrer la lumière du jour, des sculptures bien exposées... voici l'enchantement qui commence sous vos yeux. *Vendanges,* œuvre sculptée dans du bois d'orme, *Sainte Famille,* où les yeux en amande du personnage évoquent l'influence russe, *Maternité* (1919), qui rappelle les idoles des Cyclades... Quant à la *Tête aux yeux de plomb* (1919, le regard était naguère incrusté de plomb) et à la *Vénus Cariatide,* elles dénotent un primitivisme et une influence venue de Modigliani... Ne surnommait-on pas Zadkine à ses débuts le « sculpteur nègre » ?

– ***L'espace attenant à la maison :*** à côté de *Rebecca ou la Grande Porteuse d'eau* (1927), une haute sculpture en plâtre, *La Belle Servante* en calcaire à gros grains, influencée par le cubisme.

– ***La maison :*** étonnante *Tête de femme* (1924), très proche par son style et sa facture de l'art antique égyptien. Dans un coin, *L'Accordéoniste,* autre sculpture « cubiste » influencée par Picasso. Zadkine jouait de l'accordéon et considérait que le corps humain était l'égal d'un instrument de musique... Ici, une charmante petite véranda ouvre sur le jardin. Admirables sculptures acéphales en ébène représentant *Déméter ou Pomone* et un *Torse-violoncelle.* L'une des salles est consacrée aux œuvres décoratives de Zadkine, comme cet *Oiseau d'or* (1924) qui n'est pas sans évoquer le style de Constantin Brancusi (sculpteur d'origine roumaine), qui habitait aussi Montparnasse.

– ***Le jardin :*** secret, discret, verdoyant et paisible, poétique et inspiré, cet adorable petit jardin est parsemé de plusieurs œuvres, dont une émouvante sculpture qui servit de projet au *Monument aux frères Van Gogh* érigé à Zundert (Pays-Bas) en 1964. À Auvers-sur-Oise, depuis 1961, on peut voir un autre monument à Van Gogh réalisé par Zadkine.

– ***L'atelier du jardin de Zadkine :*** il n'existait pas en 1928, il fut construit en 1950. Il abrite notamment une 2de *Déméter ou Pomone* (sans tête), une remarquable sculpture sur bois que Zadkine a d'abord peinte en blanc avant de gratter la peinture pour faire apparaître la texture brute du bois. C'est son style, sa manie, sa méthode esthétique. Zadkine avait une obsession artistique, une constante : sculpter des torses sur bois, sur plâtre, sur pierre, sur granit... Il resta fidèle à ce thème pendant 50 ans.

SAINT-GERMAIN-DES-PRÉS (plan couleur zoom)

De Sade à Simone de Beauvoir en passant par Boris Vian, Saint-Germain affiche une personnalité bien à lui. Certes, la frontière est difficile à marquer, mais ce quartier possède une histoire et une culture différentes à bien des égards de celles du Quartier latin. Pour les inconditionnels, qui voudraient renouer avec l'esprit germanopratin, il ne reste plus guère que le *Manuel de Saint-Germain-des-Prés,* de Boris Vian, paru en Livre de Poche, qui retrace l'âge d'or des années d'après guerre à Saint-Germain.

UN PEU D'HISTOIRE

L'enceinte de Philippe Auguste (qui passait à hauteur de la rue de l'Ancienne-Comédie) délimitait en 1200 le Quartier latin du faubourg Saint-Germain. Mais toute l'histoire de Saint-Germain-des-Prés tourna d'abord autour de son abbaye.

De 555 (date à laquelle saint Germain, évêque de Paris, construisit la 1re basilique) à la Révolution, l'abbaye ne cessa d'étendre son rayonnement intellectuel.
Puis, aux XVIIIe et XIXe s, les bourgeois, la noblesse de robe et les éditeurs du faubourg Saint-Germain régnèrent en maîtres avant de céder la place aux intellectuels du XXe s. « Ça n'a jamais été un vrai quartier, on n'y trouvait ni putains ni marchands de cacahuètes », disait Jacques Prévert avant de le quitter pour s'installer à Montmartre. Boris Vian le définissait comme une île, dernier havre de la création et du non-conformisme. Pour tous, il y soufflait en tout cas un vent de liberté !

QUAND PARIS FAISAIT LA FOIRE

La foire de Saint-Germain connut un vif succès au Moyen Âge : jeux de hasard, acrobates, montreurs d'animaux, cracheurs de feu attiraient beaucoup de monde. On pouvait y voir, pour la 1re fois, un rhinocéros en payant 24 sols. Henri IV venait jouer de l'argent et perdait. Il demanda même à Sully de lui prêter 3 000 écus car, dit-il, « les marchands me tiennent au cul et aux chausses ».

Le Flore recueille, à la fin des années 1930, les turbulents qui se font vider des *Deux Magots.* C'est la bande des frères Prévert, rejointe en 1939 par « Jean-Sol Partre » (selon Vian) et Simone de Beauvoir, qui assurent l'animation intellectuelle du quartier. L'Occupation sera paradoxalement un riche moment de la vie de Saint-Germain. En effet, les Allemands y sont très peu présents. Poètes et écrivains se réunissent devant des assiettes aux trois quarts vides, mais phosphorent dur. L'hiver, Simone de Beauvoir arrive toujours la 1re au *Flore* pour être sûre d'avoir une place près du poêle. Sartre y retrouvait l'atmosphère d'un club anglais. Des fiestas rassemblent tout le monde pour écouter en sourdine du jazz, lire des poèmes, jouer de petites pièces.
À la Libération, la vie culturelle jaillit au grand jour, et c'est l'âge d'or. Selon Nimier, à cette époque, « on ferma les bordels et on ouvrit Saint-Germain ». Le quartier est alors colonisé par une jeunesse qui, après les jours sombres de la guerre, cherche à s'éclater. Vian note ironiquement : « On s'y rue parce que là s'élaborent des œuvres dont parle le monde entier et pour voir peintres et intellectuels, mais eux n'y sont déjà plus ! » C'est l'époque des caves aussi : *Le Lorientais* puis *Le Tabou,* découvert par Juliette Gréco et Boris Vian. Le be-bop fait fureur. La presse invente de prétendues orgies et fabule sur les excès des « rats des caves » et autres « zazous » : danses hystériques, accoutrements excentriques, mœurs, graffitis et poésie existentialistes. Dans cette période émergent Mouloudji, les Frères Jacques, Yves Robert, le mime Marceau et, bien sûr, Juliette Gréco, muse des caves, toute de noir vêtue. Léo Ferré fait aussi ses débuts.

SAD DAY

Jim Morrison, le chanteur des Doors, mourut le 3 juillet 1971, à 27 ans, d'avoir trop bu (et non d'une overdose), dans les toilettes du Rock & Roll Circus *(aujourd'hui* Le Wagg*, 62, rue Mazarine). Afin d'éviter le scandale, on le transporta chez lui, 17, rue Beautreillis, où on l'installa dans sa baignoire pour faire croire à une noyade ou à une crise cardiaque. Il est aujourd'hui enterré au Père-Lachaise.*

Même si la mémoire de cette époque s'est singulièrement effritée, il en reste cependant quelque chose. Et *Les Deux Magots* sont là pour nous le rappeler opportunément. N'ont-ils pas écrit sur leur menu qu'ils sont bien « le rendez-vous de l'élite intellectuelle » ? *Le Flore* et *Lipp* ne sont pas en reste.

L'église Saint-Germain-des-Prés *(plan couleur zoom)* **:** la plus ancienne des églises parisiennes. Depuis que le fils de Clovis rapporta un bout de la Croix, une église a toujours présidé en ces lieux. Entre le VIIIe et le XIIIe s, l'abbaye rayonne et s'agrandit sans cesse. Elle devient un important lieu d'érudition. Il ne reste pas grand-chose de la grande abbaye, véritable ville dans la ville, qui prospéra jusqu'à la Révolution. Elle faillit bien nous arriver intacte puisque, à l'aube du XIXe s, elle était encore debout et qu'elle avait relativement bien passé la tourmente révolutionnaire. Elle servit alors de prison d'État et hébergea à ce titre Mme Roland, Charlotte Corday et Brissot en 1793. Malheureusement, en 1802 furent démolis la chapelle de la Vierge, le cloître, le chapitre, etc. Du XIIe s subsistent la grande tour et le chœur. Le presbytère sur la droite date du XVIIIe s. À l'intérieur de l'église, quelques fresques « salonnardes » du XIXe s. Leur application froide et prétentieuse contraste avec la simplicité naïve et spontanée des chapiteaux romans. Nef gothique, après avoir été romane. Chœur et déambulatoire du XIIe s. Dans ce dernier, Boileau repose. À gauche de l'église, petit square avec une sculpture de Picasso en hommage à Apollinaire et ruines de la chapelle de la Vierge. Le palais abbatial, belle demeure de pierre et de brique de style Louis XIII, s'élève à l'angle de la rue de l'Abbaye et du passage de la Petite-Boucherie, et abrite des départements de l'Institut catholique de Paris.

La petite place de Furstenberg et les rues environnantes *(plan couleur zoom)* **:** ancienne cour d'honneur de l'abbaye Saint-Germain-des-Prés, c'est aujourd'hui l'une des plus jolies places de Paris. Les paulownias donnent, au printemps, de belles fleurs bleues ou mauves, et les réverbères confèrent à l'ensemble une atmosphère gentiment romantique.
Quelques rues pittoresques autour : *rues Cardinale* (en coude et bordée de vieilles maisons), *de l'Échaudé, de Bourbon-le-Château. Rue de Seine,* beaux hôtels particuliers, parfois sur petite cour avec façades couvertes de lierre. *Rue Jacob,* il suffit de regarder les plaques pour connaître tous les gens illustres qui y vécurent. Tout le quartier est le royaume des galeries d'art.

Le musée national Eugène-Delacroix *(plan couleur zoom)* **:** *6, rue de Furstemberg, 75006. ☎ 01-44-41-86-50. • musee-delacroix.fr • Ⓜ Mabillon ou Saint-Germain-des-Prés. Tlj sauf mar 9h30-17h30 (fermeture des caisses à 17h) ; nocturne 1er jeu de chaque mois jusqu'à 21h. Fermé 1er janv, 1er mai et 25 déc. Entrée : 7 € ; réduc ; gratuit moins de 26 ans et pour ts le 1er dim de chaque mois. Billet jumelé Louvre-Delacroix : 15 € (valable le même jour uniquement si acheté au musée Delacroix, et aussi le lendemain si acheté au Louvre).* 6[e]
Au cœur de l'une des places les plus romantiques de Paris, le musée occupe l'appartement et l'atelier qu'Eugène Delacroix (1798-1863) avait aménagés en 1857 et qu'il occupa jusqu'à la fin de sa vie, pour se rapprocher de l'église Saint-Sulpice, dont il était chargé de décorer la chapelle des Saints-Anges. C'est là qu'il réalisa ses dernières œuvres. L'ensemble du musée a été récemment rénové. Pour la petite histoire, la place constituait l'avant-cour du palais abbatial de Saint-Germain-des-Prés, et les immeubles qui la bordent étaient les communs (logement des domestiques et garage pour les calèches).
Dans le salon, la chambre et la bibliothèque de Delacroix sont exposées des œuvres du maître et de son entourage. L'ensemble est sobre, mais quelques meubles et objets personnels, comme sa table à peinture, laissent deviner un peu de son intimité. À l'arrière, l'atelier et le ravissant jardin – où l'on vous invite à faire une pause en fin de visite – ont été conçus selon les plans mêmes de Delacroix. Dans les vitrines de l'atelier, peintures, dessins, estampes, manuscrits, témoignent de la richesse artistique du travail de Delacroix. L'accrochage des nombreuses œuvres tourne régulièrement, mais parmi les œuvres présentées de façon pérenne, voir la saisissante *Académie d'homme* et l'émouvante *Éducation de la Vierge,* inspirée lors d'un séjour à Nohant auprès de George Sand, ou encore la *Madeleine au Désert,* œuvre préférée de Charles Baudelaire.

Le marché de Buci *(plan couleur zoom)* **:** bien que principalement situé rue de Seine, on dit quand même « le marché de Buci ». Les terrasses de la rue de Buci, entre « Seine » et « Comédie », sont particulièrement recherchées dès les beaux jours. Autour de vous, sirotant tranquillou, c'est plutôt gauche caviar germanopratine. Excellents commerces de bouche, rue de Buci, et, surtout, le marché ferme tard.

La rue des Saints-Pères (plan couleur B1-2) **:** à l'angle de la rue Jacob, un chef-d'œuvre mussolinien mâtiné de stalinisme, la fac de médecine. Seule chose remarquable : la belle porte en bronze du sculpteur Paul Landowski, celui-là même qui sculpta le christ du Corcovado, à Rio de Janeiro.
En face de la faculté de médecine, à côté de Sciences Po, au n° 30 de la rue des Saints-Pères, vous pouvez encore contempler une enseigne sur le fronton d'une boutique Directoire : « Debauve et Gallais, fabricants de chocolats fins et hygiéniques ». C'est la boutique d'un apothicaire qui s'était acoquiné avec un confiseur pour mêler, en 1800, la fameuse pâte brune du chocolat à des poudres curatives de sa fabrication !

➢ ***Vers les quais*** *(plan couleur C1)* **:** *reprendre le bd Saint-Germain à gauche, avt de redescendre vers les quais par la rue Mazarine et la rue Dauphine.* Au bout de la *rue de Nesle,* à l'angle avec l'impasse de Nevers, splendide maison toute ventrue. Pendant la dernière guerre, Picasso travaillait dans son atelier du 7, rue des Grands-Augustins. C'est là qu'il a peint sa célébrissime toile *Guernica,* en noir et blanc, signe de deuil. L'*impasse de Nevers,* percée au XIIIe s, est toujours bordée de maisons anciennes. Elle bute sur un vestige de l'enceinte de Philippe Auguste.

GUERNICA OU LE CRI DU PEINTRE

Le 26 avril 1937, l'aviation allemande Condor pilonne la ville de Guernica, foyer des libertés basques, selon la technique du « tapis de bombes » (une 1re dans l'histoire militaire). Ce massacre de 2 000 civils fait l'effet d'un électrochoc. En protestation contre cette barbarie, Picasso peint cette toile considérée depuis lors comme son chef-d'œuvre. Un photographe allemand, admirant un jour le tableau, lui posa la question : « C'est vous qui avez fait ça ? » Picasso répondit : « Non, c'est vous. »

6e

Monnaie de Paris-11 Conti *(plan couleur C1)* **:** *11, quai de Conti, 75006. ☎ 01-40-46-56-66. • monnaiedeparis.fr • Ⓜ Saint-Germain-des-Prés. Ouv mar-dim 11h-19h (11h-21h mer). Fermé 1er jan, 1er mai, 25 déc. Tarif plein musée 10 €. Tarif plein musée + expo 14 €. Réduc. Plusieurs formats de visites et ateliers.* On vous le dit tout de go, c'est une superbe réhabilitation qui est dévoilée quai de Conti ! Commandée par Louis XV à l'architecte Jacques-Denis Antoine pour donner un prestigieux écrin à la fabrication des monnaies et médailles du royaume, la construction de ce palais fut l'un des chantiers majeurs de la ville au XVIIIe siècle. Le bâtiment néo-classique s'élève en face du Palais Royal, avec un voisinage tout aussi prestigieux : l'Académie française d'un côté, Notre-Dame de l'autre... Que de symboles ! L'ancien coffre-fort de la Couronne a opéré sa transformation, pour devenir aujourd'hui un ensemble culturel constitué d'un espace d'expos temporaires d'art contemporain, du restaurant 3 étoiles de Guy Savoy, et d'un musée dédié au métal et aux savoir-faire. L'aménagement de l'aile Mansart, avec un jardin contemporain, un concept store et des commerces liés aux savoir-faire hexagonaux, viendra compléter cet ensemble.
On peut tout à fait se contenter de déambuler dans les différentes cours conçues comme une véritable balade architecturale, mais il serait dommage de faire l'impasse sur le Musée du 11 Conti !
Le projet a relevé le défi de maintenir l'activité des ateliers tout en ouvrant les portes de la Monnaie de Paris (dernière usine en activité de la capitale) au grand public.
L'esprit du musée, transversal, se situe à la croisée de différentes disciplines : histoire, histoire de l'art, sciences, techniques, sociologie ou encore économie, et peut intéresser tout un chacun ; nul besoin d'être numismate ! Le musée offre une vision complète du rôle et des enjeux liés à la monnaie dans les différentes civilisations, et un panorama des procédés de fabrication des monnaies à travers les âges. Le parcours est servi par une muséographie réussie, à la fois interactive et sensorielle (manipulations, vidéos, diffusion de sons...) et la présentation de riches collections,

ponctuées par des baies vitrées permettant de jeter un œil sur les ateliers de ciselure, patine, fonderie, gravure, où officient toujours quelque 150 artisans (sauf le week-end). Un intéressant film (12 min) retrace le processus complet de fabrication des monnaies courantes dans l'usine de Pessac. Et bien sûr, le cheminement vers la sortie mène à la bien belle boutique, aménagée dans l'ancienne fonderie, qui met à l'honneur la création contemporaine, et les partenariats de la Monnaie de Paris (Petit Prince, Van Cleef, Guy Savoy...). Des médailles et des pièces de monnaie, bien sûr, mais pas seulement : on y trouve également des bijoux, de la papeterie... Les salons d'honneur surplombant la Seine, en façade, accueillent quant à eux les expos temporaires d'art contemporain déjà évoquées, principalement axées autour des thématiques des femmes artistes, et de la sculpture.
Et, cerise sur le gâteau, le ***Café Frappé*** *(● frappe.bloom-restaurant.fr ●),* sobre et cosy, offre une escale bien sympa, avec une terrasse ensoleillée et au calme, dans la Cour de la Méridienne, isolée du tumulte des rues voisines.

En continuant, on arrive à l'***Institut de France*** *(plan couleur C1),* bel ensemble architectural construit par Louis Le Vau (1663), couronné de sa fameuse coupole du collège des Quatre-Nations en l'honneur des 4 provinces nouvellement conquises par Louis XIV (Artois, Alsace, Cerdagne et Pignerol – aujourd'hui dans le Piémont). La coupole atteint une hauteur minutieusement calculée de 44 m, le point culminant du Louvre se situant à 45 m... Aujourd'hui, l'Institut, devenu le lieu de rencontre des plus grands savants de la République, abrite une bibliothèque réservée aux académiciens et aux chercheurs, ainsi que la ***bibliothèque Mazarine,*** la plus ancienne bibliothèque publique de France, riche d'ouvrages anciens. L'Institut, qui doit son existence à Mazarin, construit avec une partie de sa fortune personnelle, regroupe les 5 Académies : les Inscriptions et Belles-Lettres, les Sciences, les Beaux-Arts, les Sciences morales et politiques et, enfin, les 40 (en principe) « immortels » de l'***Académie française,*** autrement appelée « le Parlement des savants ». Créée en 1635 par Richelieu, la noble institution, dont la tâche principale est de défendre la langue française, a accepté en 1980, après plus de 3 siècles de réflexion, une femme dans ses rangs : Marguerite Yourcenar ; habitant alors aux États-Unis, elle ne mit jamais les pieds aux réunions hebdomadaires mais conserva son siège. D'autres (rares) suivront. Chaque jeudi, les académiciens se réunissent pour élaborer l'actualisation du dictionnaire. Il faut compter une cinquantaine d'années pour que la mise à jour soit complète. Pour la petite histoire, l'uniforme vert (couleur de l'Empire et celle qui évoque la sagesse) est tellement coûteux – car brodé à la main dans de prestigieuses maisons – que ceux qui veulent prendre la parole – et doivent alors obligatoirement le porter – peuvent emprunter celui qui aurait été légué à l'Institut par un illustre prédécesseur. Les broderies représentent des feuilles d'olivier (la sagesse) et des feuilles de chêne (la longévité). Devant l'Institut, la ***passerelle du Pont-des-Arts*** *(plan couleur C1),* 1er pont en fer de Paris, refuge des romantiques, des peintres et des amoureux, mène au Louvre. Fragilisée par de répétitifs accidents de péniche, elle a été remplacée par l'actuelle passerelle en 1984. Elle a ensuite été fragilisée par tout autre chose : des milliers de « cadenas d'amour » ; ceux-ci ont été enlevés à cause de leur poids, qui menaçait les structures du pont.
À noter qu'à l'est de l'emplacement de l'Institut se trouvait l'ancienne *tour de Nesle.* Au XIVe s, les 3 belles-filles de Philippe le Bel y recevaient leurs amants pendant qu'on formait leurs époux au métier de roi.
Un peu plus loin se trouve la célèbre ***École des beaux-arts,*** avec une entrée rue Bonaparte et une autre quai Malaquais.

La rue Visconti *(plan couleur B-C1)* **:** *entre la rue de Seine et la rue Bonaparte.* On a un petit faible pour cette rue étroite bordée presque entièrement de maisons et d'hôtels du XVIe s, percée en 1540. Y vivaient une majorité de protestants (dont Bernard Palissy), ce qui lui avait valu le surnom de Petite Genève.

L'église Saint-Sulpice et ses alentours *(plan couleur zoom)* **:** *entrée par la porte latérale, rue Palatine, 75006. Visite guidée gratuite de l'église dim à 14h30,*

6e

visite des cryptes les 2e et 4e dim de chaque mois à 15h et visite des parties hautes (façades hors tours) le 4e sam de chaque mois à 14h. Inscription au ☎ 01-42-34-59-98 ou par e-mail : • acf-ss@pssparis.net • Concerts réguliers (orgue chaque w-e) • pss75.fr/saint-sulpice-paris •
En arrivant devant l'église, on devine encore sur le fronton l'inscription « Le peuple français reconnaît l'Être suprême et l'immortalité de l'âme », datant de 1793-1794, époque où l'église est devenue un temple de la Raison. Massive, voire lourde, celle-ci présente peu d'intérêt, si ce n'est le son du célèbre orgue Cavaillé-Coll. Avec 7 étages de machinerie et 8 600 tuyaux, c'est l'un des plus grands du monde. À entendre tous les dimanches avant, pendant et après la messe de 10h30 ! Quelques anecdotes tout de même : la tour sud (de droite), inachevée à cause de la Révolution, était équipée, jusqu'en 1850, d'un télégraphe Chappe afin de communiquer avec Toulon. Baudelaire et Sade furent baptisés dans cette église. Camille Desmoulins – avec Robespierre pour témoin – et Victor Hugo s'y marièrent chacun. À l'intérieur, 2 très belles peintures murales de Delacroix, dont *La Lutte de Jacob avec l'Ange* (1re chapelle à droite en entrant). Une impression de puissance, de force ; pas étonnant, puisque Delacroix aurait voulu se représenter lui-même aux prises avec les forces de sa création passionnée. Traversant l'église à la hauteur du chœur, encastrée dans le sol, une ligne de cuivre est une « méridienne », orientée précisément nord-sud, faisant partie d'un « gnomon » (cadran solaire primitif), instrument astronomique qui a servi à étudier les mouvements de l'axe de rotation de la Terre et qui, accessoirement, donnait l'heure de midi et la date ! Près de l'entrée, 2 gigantesques bénitiers, qui sont en fait les 2 valves d'un spectaculaire coquillage océanien offert à François Ier par la république de Venise. Devant l'église, la grande ***fontaine des Orateurs-Sacrés,*** dite « des Quatre-Points-Cardinaux », puisque Fléchier, Massillon, Fénelon et Bossuet, dont les statues ornent la fontaine, furent évêques mais jamais cardinaux ! Les – autrefois nombreuses – boutiques d'objets du culte autour de la place ont presque disparu. Elles avaient donné naissance à l'expression « goût saint-sulpicien » pour désigner quelque chose de franchement ringard.

Au no 36 de la rue Saint-Sulpice, sur le flanc de l'église, il y avait un bordel célèbre, *Chez Miss Beety.* De là à imaginer le genre de clientèle... Pourtant, cet établissement ainsi que *Chez Alys,* au no 15, accueillaient des prêtres, comme le note Alphonse Boudard, auteur d'un ouvrage documenté sur le sujet.
La petite ***rue des Canettes*** part de la place et rejoint la rue du Four. Très ancienne (elle fut ouverte au XIIIe s), elle aligne quelques belles vieilles demeures. On pense qu'elle tient son nom du superbe bas-relief sur la façade du no 18, qui représente 3 canettes batifolant dans l'eau.
La ***rue Guisarde*** et la ***rue Princesse*** possèdent également de vieilles maisons. Au no 13 de cette dernière vécut le peintre Chardin.

Mundolingua *(plan couleur B2)* **:** *10, rue Servandoni, 75006. ☎ 01-56-81-65-79. • mundolingua.org • Tlj sauf j. fériés 10h-19h. Entrée : 7 € ; réduc ; gratuit moins de 4 ans.* D'où viennent les langues ? Comment produisons-nous des sons ? Le cerveau d'un bilingue est-il plus développé ? Comment le vin impacte-t-il le discours ? Toutes les réponses se trouvent dans ce petit musée consacré aux langues, à leurs origines, leur histoire et leur fonctionnement. D'apparence foutraque mais hyper documenté et entièrement conçu par Mark Oremland, un linguiste néo-zéolandais passionnant ! Nombreux ateliers, quiz, écrans tactiles, têtes sonores, et une équipe de passionnés disponible pour apporter des clés souvent nécessaires...

La rue du Cherche-Midi *(plan couleur A-B2)* **:** *débute au carrefour Croix-Rouge, qui fut un temps très populaire.* Ancienne voie romaine, son nom actuel aurait pour origine la présence d'un cadran solaire. Bordée d'élégants hôtels particuliers avec d'intéressantes cours. Une des rues les plus chic et les plus recherchées du quartier. Au no 18, jolie façade décorée XVIIIe s. Au no 19, enseigne de la même époque. À l'angle du boulevard Raspail, hommage à François Mauriac.

Au n° 40, bel hôtel de 1710 qui appartint à Rochambeau, vainqueur de la bataille de Yorktown (guerre d'Indépendance américaine). En 1831 y mourut l'abbé Grégoire, émancipateur des juifs et des Noirs pendant la Révolution, fondateur du conservatoire des Arts et Métiers. Au coin de la rue de l'Abbé-Grégoire précisément, hôtel où Laennec (inventeur du stéthoscope) vécut (inscription ancienne « rue des Vieilles-Thuilleries »). Au n° 86, tout au fond, pittoresque fontaine figurant Jupiter.

LE SEXE DU CENTAURE

À l'angle de la rue du Cherche-Midi et de la rue de Sèvres, vous ne pouvez pas manquer l'imposant centaure de César. L'animal, mi-homme, mi-cheval, fut sculpté en souvenir de Picasso. Il a l'avantage d'avoir 2 sexes, un devant et un derrière, ce qui est effectivement bien pratique, d'autant que celui de devant possède une roulette !

L'hôtel Lutétia *(plan couleur B2)* **:** *45, bd Raspail, 75006. Ⓜ Sèvres-Babylone. À l'angle de la rue de Sèvres.* Un hôtel fabuleux construit en 1910 à l'initiative de Mme Boucicaut (femme du fondateur du *Bon Marché*) pour y héberger ses clients. Certaines sculptures de la façade sont du sculpteur Paul Belmondo (le père de Jean-Paul). Alexandra David-Néel y descendait au retour de ses voyages en Orient. De Gaulle et Yvonne y passèrent leur nuit de noces. Le général resta très fidèle à l'hôtel, ce qui lui permit d'y rencontrer lors d'un baptême... le maréchal Pétain. Pendant la Seconde Guerre mondiale, l'hôtel fut réquisitionné par l'armée allemande. La propriétaire fit alors murer la cave, qui renfermait les meilleurs vins, jusqu'au jour où un officier tomba sur un ancien menu qui proposait d'excellents vieux crus. Tout le personnel fut interrogé pour savoir où étaient passés ces trésors... sans succès. En 1945, le *Lutétia* hébergea les déportés revenant des camps de concentration. Les chambres furent transformées en infirmerie. Les listes, affichées sur le trottoir, permettaient aux familles de retrouver les leurs... ou pas. Le *Lutétia* a rouvert au printemps 2018. Il est donc à nouveau possible d'admirer sa superbe façade de style Art nouveau et un décor intérieur griffé Jean-Michel Wilmotte.

– Et puisque vous êtes là, profitez-en pour jeter un œil à la boutique *Hermès,* attenante à l'hôtel, rue de Sèvres : elle a été aménagée dans l'ancienne piscine du palace, style Art déco. Superbe !

AU BONHEUR DES DAMES

En 1865, après avoir été vendeur sur les marchés, Boucicaut décide d'ouvrir son magasin de nouveautés, Le Bon Marché. *Une 1re : les vêtements sont confectionnés en série dans les ateliers du 2e étage ; on peut les voir et les toucher, et les prix sont désormais affichés. 20 ans plus tard, Jules Jalusot, employé zélé, s'installe rive droite et ouvre le* Printemps, *1er magasin électrisé. Son génie : l'officialisation des soldes chaque année au 15 janvier.*

7e ARRONDISSEMENT

LA TOUR EIFFEL • LE MUSÉE DU QUAI BRANLY • LES INVALIDES • LE FAUBOURG SAINT-GERMAIN • LE MUSÉE D'ORSAY

• Pour le plan du 7e arrondissement, voir le cahier couleur en fin de guide.

Le 7e arrondissement se cache derrière de hauts murs et de lourdes portes. Ce sont le plus souvent celles des ministères, des ambassades et des institutions internationales. Mais ses musées et monuments, eux, ne se cachent pas. À commencer par le musée d'Orsay, qui a élu domicile... dans une gare. Les Invalides, qui abritent le musée de l'Armée, se voient de loin, avec leur dôme doré à l'or fin et leur belle esplanade, dans l'axe du pont Alexandre-III. Quant à la tour Eiffel, risque-t-on de la manquer ? Si la plupart des touristes l'abordent depuis le Trocadéro, elle n'est pas mal non plus depuis les jardins du Champ-de-Mars, familière et pourtant surprenante. Autrement discret, le superbe musée Rodin, dont le jardin, parsemé de statues du maître, est un havre accueillant. Le musée du quai Branly apporte, lui, sa nécessaire touche d'exotisme et de modernité... Le périmètre de la rue de Sèvres et de la rue du Bac offre ses magasins de décoration et de vêtements, son *Bon Marché,* avec sa fabuleuse épicerie. On vit bien, dans le 7e...

Où dormir ?

Prix moyens

☗ ***Hôtel Kensington*** *(plan couleur B2,* ***2****) : 79, av. de La Bourdonnais, 75007. ☎ 01-47-05-74-00. • hotel-kensington.com • Ⓜ École-Militaire. Doubles sur rue ou sur cour 99-150 € ; petit déj-buffet 9,50 €.* Cette adresse a su rester simple jusque dans ses prix, son principal intérêt. Accueil très aimable et de bon conseil, pour des chambres modestes mais propres et sans surprise. Préférez celles sur cour, plus calmes et parfois un peu plus grandes, ou celles avec vue sur la tour Eiffel (mais côté rue) pour le même prix.

☗ ***Hôtel de la Tulipe*** *(plan couleur B1,* ***5****) : 33, rue Malar, 75007. ☎ 01-45-51-67-21. • hoteldelatulipe.com • Ⓜ La Tour-Maubourg ; RER C : Pont-de-l'Alma. ♿ Doubles 105-230 € ; petit déj 11 €. Appart pour 4 pers 189-414 €.* Cet établissement de charme propose une vingtaine de chambres toutes différentes, certaines vraiment petites, décorées aux couleurs du Sud. 10 d'entre elles donnent sur une verdoyante cour-patio, aussi agréable qu'inattendue. Même s'il n'y a pas d'ascenseur, préférez celles aux étages, plus lumineuses. Coup de cœur pour celle qui occupe le pigeonnier, idéale pour roucouler en amoureux.

Chic

Hôtel du Champ-de-Mars *(plan couleur zoom,* ***9****) : 7, rue du Champ-de-Mars, 75007. ☎ 01-45-51-52-30. • hotelduchampdemars.com • Ⓜ École-Militaire. Parking : Place-Joffre. Doubles 120-190 € ; petit déj 10 €.* Charmant établissement. Dès la porte franchie, le bon goût nous est offert avec cette réception jolie comme tout, à la fois classique et chaleureuse. La décoration des chambres, de style british, aux couleurs fraîches, est également intemporelle, avec une touche personnalisée dans chacune. L'entretien soigné et le calme en font une adresse au bon rapport qualité-prix.

Plus chic

Hôtel Le Pavillon *(plan couleur B1,* ***1****) : 54, rue Saint-Dominique, 75007. ☎ 01-45-51-42-87. • hotel-le-pavillon-paris.fr • Ⓜ La Tour-Maubourg. Doubles 150-180 € ; superbe petit déj-buffet 14 €.* Niché au fond d'une petite impasse, ce *Pavillon*-là est une perle. Il y règne un esprit champêtre et joyeux que l'on trouve en arrivant sur cette petite terrasse au mobilier coloré, dans l'accueil aussi enjoué qu'attentionné et dans les 15 chambres labellisées *Green Spirit.* Matériaux choisis pour leurs qualités environnementales, économies d'énergie... Toutes les chambres sont lumineuses, calmes et surprenantes, mais gros coup de cœur pour les duplex. Un vrai bon plan dans un arrondissement qui n'en compte pas tant !

Cler Hotel *(plan couleur zoom,* ***8****) : 24 bis, rue Cler, 75007. ☎ 01-45-00-18-06. • clerhotel.com • Ⓜ École-Militaire. Réception au 1er étage. Doubles 150-350 € ; petit déj 12 €.* Au cœur de la rue la plus commerçante et cosmopolite du 7e, un hôtel familial vraiment atypique d'esprit chic-parisien. 26 chambres toutes lumineuses et identiques. Celles du 6e ont vue sur la tour Eiffel ; celles du 5e, sur le haut seulement, mais sans le supplément de prix ! Boiseries et parquets blonds, éclairages tamisés, mobilier contemporain, salles de bains design (douches à effet de pluie) et tout le confort (épaisses literies, matériaux luxueux, domotique...). Parties communes vastes et agréables, ouvertes par de larges baies vitrées sur une terrasse intérieure. Excellent accueil.

Hôtel du Cadran *(plan couleur zoom,* ***4****) : 10, rue du Champ-de-Mars, 75007. ☎ 01-40-62-67-00. • cadranhotel.com • Ⓜ École-Militaire. Doubles 150-300 €, triples à l'annexe Cadran Colors, à 50 m (16, rue Valadon) ; petit déj-buffet 13 €. Offres régulières sur le site internet.* Un boutique-hôtel contemporain dans le quartier le plus animé du 7e ! Une quarantaine de chambres toutes sur le même modèle. La seule différence, justifiée par la taille (de chambre et de lit !), réside dans le prix. Belle luminosité à tous les étages et calme absolu. Mais la véritable originalité ici, c'est la présence d'une boutique-bar à chocolats, où l'on peut déguster un grand cru (30 sortes de chocolats) ou un macaron face à la cheminée. Accueil vraiment charmant.

Hôtel d'Orsay *(plan couleur C1,* ***12****) : 93, rue de Lille, 75007. ☎ 01-47-05-85-54. • espritdefrance.com • Ⓜ Solférino ou Assemblée-Nationale ; RER C : Musée-d'Orsay. ♿ Résa conseillée. Doubles 180-360 € ; petit déj-buffet 18 €.* Superbe façade classique du XVIIIe s avec niches et sculptures, littéralement à deux pas du musée d'Orsay. Une élégance que l'on retrouve dans les chambres, particulièrement spacieuses, meublées d'ancien (tableaux d'époque chinés), à la fois stylées et modernes. Certaines avec poutres. Produits de toilette dans les salles de bains, superbe salle de petit déjeuner sous verrière, salon cosy, et atmosphère décontractée chic. Grand standing mais prix encore très raisonnables pour cet hôtel classé en 4 étoiles. Accueil du même standing !

Hôtel Verneuil *(plan couleur D1,* ***10****) : 8, rue de Verneuil, 75007. ☎ 01-42-60-82-14. • hotel-verneuil-saint-germain.com • Ⓜ Rue-du-Bac ;*

RER C : Musée-d'Orsay. Doubles 190-290 € ; petit déj 18 € (12 € en formule express). Un véritable hôtel de charme, à deux pas de Saint-Germain. Les architectes se sont habilement accommodés de cette vieille bâtisse et ont conçu des chambres au confort à la fois cosy et moderne, toutes personnalisées et avec de jolies salles de bains d'inspiration rétro. Différentes gammes dont le prix varie en fonction de la taille : les *club* et *deluxe* s'avèrent très intéressantes en basse saison. Parties communes élégantes et feutrées qui invitent à paresser devant la cheminée lors de séjours hivernaux...

Où manger ?

Sur le pouce

Stands de la Grande Épicerie de Paris (plan couleur C-D2, **20**) : *38, rue de Sèvres, au rdc, 75007. Ⓜ Sèvres-Babylone. Lun-sam 8h30-21h, dim 10h-20h.* L'épicerie du *Bon Marché* est un écrin luxueux où l'on trouve les sélections de produits les plus pointues de la capitale... Ce que l'on sait moins, c'est qu'un bataillon de commis et de cuisiniers œuvre en sous-sol, sous la houlette d'un MOF... Dans les rayons, salades variées, fruits frais découpés, sandwichs, jambons tranchés à la main (Iberico, pata negra), plats régionaux et du monde à emporter pour un pique-nique sur les pelouses du parc Catherine-Labouré voisin (rue de Babylone). Quelques stands (tout à la truffe, espagnol, japonais...) proposent un service à l'assiette (plats et formules), sur des tables hautes ou au comptoir, pour une déjeunette rapide, fraîche et hautement qualitative.

7e

Très bon marché

Au Pied de Fouet (plan couleur C2, **21**) : *45, rue de Babylone, 75007. ☎ 01-47-05-12-27. Ⓜ Saint-François-Xavier, Vaneau ou Sèvres-Babylone. Tlj sauf dim et j. fériés ; service 12h-14h30, 19h-23h. Pas de résa possible. Plats du jour 8,90-13,90 € ; carte 20-22 €. Apéritif maison offert sur présentation de ce guide.* Ancien relais de diligences minuscule, avec zinc, nappes à carreaux, banquettes en moleskine... et des prix imbattables. Inchangé depuis la nuit des temps. L'image vivante du vieux bistrot parigot tel qu'on l'aime et qui n'existe pratiquement plus. La cuisine se fond à merveille dans le décor.

Bar-brasserie Aux PTT (plan couleur zoom, **23**) : *54, rue Cler, 75007. ☎ 01-45-51-94-96. Ⓜ École-Militaire. Lun-sam 11h30-21h (7h-23h pour le bar), dim 8h-14h. Congés : août. Menus 16-20 € ; carte env 20 €.* Un petit bistrot de quartier bien agréable pour se retrouver après avoir fait son marché ou lors de retransmissions d'événements sportifs (foot, tennis, Tour de France). Mais tout son intérêt réside dans la dégustation d'huîtres du Cotentin, à savourer sur place, les vendredi et samedi d'octobre à mars, avec un verre de vin, en terrasse (chauffée) ou à l'intérieur.

Bon marché

Diner Bedford (plan couleur zoom, **24**) : *12, rue du Champ-de-Mars, 75007. ☎ 09-83-85-06-53. Ⓜ École-Militaire. Tlj ; service continu 12h-23h. Burgers 9-18 €.* Un vrai *diner* américain au pied de la tour Eiffel. Burgers, hot dogs, bagels, *eggs, salads.* Des intitulés de la carte au contenu de l'assiette (ou du panier pour les burgers), tout semble made in USA. Burgers fondants et juteux (le pain, fameux, vient de chez Rachel, l'Américaine qui fournit la capitale en buns), des œufs Bénédicte que tout le monde s'arrache, et un cheesecake comme à New York. Sympa de voir débouler ce genre d'adresse dans le quartier ! D'ailleurs, ça cartonne, et le service reste souriant !

Au Babylone (plan couleur C2, **28**) : *13, rue de Babylone, 75007. ☎ 01-45-48-72-13. Ⓜ Sèvres-Babylone. Tlj sauf dim et j. fériés ; service le midi* *seulement, 11h30-14h30. Congés : août. Menu 25 € comprenant entrée, plat, fromage ou dessert et boisson ; à peine plus cher à la carte ; plats 14,50-17,50 €.* Bonne cuisine de ménage. Petite adresse où, assis sur l'une des banquettes de moleskine, on aime toujours déjeuner, et qui ne change pas.

O'Brien's *(plan couleur B1,* ***22****) : 77, rue Saint-Dominique, 75007. ☎ 01-45-51-75-87. Ⓜ Invalides ou La Tour-Maubourg. Tlj 12h (17h dim)-2h. Burgers 14-17 € ; formule déj 19,50 €.* Ce pub animé est blindé tous les soirs (voir la rubrique « Où boire un verre ? »). Ce qui se sait moins, c'est qu'un jeune chef talentueux travaille en cuisine uniquement à base de produits frais. Carte simple et efficace : burgers, bagels, grillade du jour, curry de la semaine, tapas et salade (la bo bun revisitée est formidable). Gros avantage : le service en continu. Le tout dans un cadre cosy, aux tables espacées et aux fauteuils bien confortables. Un bon tuyau à garder entre nous !

Al Dente *(plan couleur C-D2,* ***27****) : 38, rue de Varenne, 75007. ☎ 01-45-48-79-64. Ⓜ Rue-du-Bac ou Sèvres-Babylone. Tlj sauf dim-lun 12h-14h30, 19h45-22h30. Congés : dernière sem de juil-3 premières sem d'août et 1 sem à Noël. Compter 35-40 € selon vos goûts et votre appétit ; pizzas 13-17 €. Digestif maison offert sur présentation de ce guide.* 2 petites salles agréables à la déco chic et dépouillée, actuelle et de bon goût. Les gens du quartier y ont leurs habitudes. Cuisine essentiellement italienne, élaborée avec des produits d'excellente qualité et d'une grande fraîcheur. Les plats de pâtes sont délicieux, les pizzas également. Au verre, un vin des Abruzzes, blanc ou rouge, d'un très bon rapport qualité-prix. Ne soyez pas surpris si vous trouvez une certaine ressemblance entre le patron et Vincent Lindon, c'est normal... ils sont frères !

Le 20 *(plan couleur C1,* ***25****) : 20, rue de Bellechasse, 75007. ☎ 01-47-05-11-11. Ⓜ Solférino. Tlj 12h-15h30, 19h-23h (23h30 jeu-sam). Congés : à priori 15 j. en août. Formule déj 19 €, verre de vin ou café compris ; carte env 25 €.* Néobistrot revu à l'ancienne. Caricatures au-dessus des banquettes en moleskine rouge. Formule du jour d'un bon rapport qualité-prix. Dans les assiettes, de la bonne cuisine française : filet de bœuf et frites maison, terrine de foie gras et confiture d'oignons, moelleux au chocolat...

Marzo *(plan couleur D2,* ***26****) : 5, rue Paul-Louis-Courier, 75007. ☎ 01-43-35-08-05. Ⓜ Rue-du-Bac. Tlj 12h-14h30 (15h w-e), 19h30-23h. Fermé Jour de l'an et Noël. Résa indispensable.* Antipasti *9-18 €, pizzas 13-21 € ; compter 28 € avec un dessert et un verre de vin.* Et une pizza, une ! À la mozzarella de bufflonne ou au jambon de Toscane et roquette, à la ricotta et aux champignons de Paris, ou blanche (c'est-à-dire sans sauce tomate) à la crème d'artichaut, elles sont à la fois moelleuses et croustillantes. Quel est donc le secret ? La farine, pardi, ainsi que la confection de la pâte à « maturation » lente, et une cuisson au four à bois tournant, pour plus d'homogénéité. Bons *antipasti* et desserts. Le service est quelquefois débordé, mais il reste sympa. Seul souci, le niveau de décibels, parfois assourdissant.

Prix moyens

Le Café de Mars *(plan couleur B2,* ***32****) : 11, rue Augereau, 75007. ☎ 01-45-50-10-90. Ⓜ École-Militaire. Tlj sauf dim-lun 12h-14h30, 19h30-23h. Congés : 3 sem en août et 10 j. à Noël. Formules 23 € (midi en sem)-26 € ; carte env 36 €.* Cette bonne vieille enseigne de quartier, relookée depuis, est idéale au déjeuner pour qui traîne ses guêtres dans le quartier ; plutôt réservée à la clientèle locale le soir. Sur l'ardoise, une poignée de suggestions revisite astucieusement la tradition, comme l'onglet mariné à la bière et au soja. Parmi les outsiders, on apprécie le cheeseburger suivi d'une bonne part de gâteau au chocolat (aérien en bouche bien que archi-calorique). Plats végétariens, vins au verre, délicieux pain de chez *Poujauran,* et avec ça, service gentil tout plein. Ambiance jazzy le samedi midi.

Les Soufflés du Récamier *(plan couleur D2,* ***34****) : 4, rue Récamier, 75007. ☎ 01-45-48-86-58.*

Ⓜ Sèvres-Babylone. Tlj 12h-23h en continu. Soufflés salés 19,50-22,50 €, soufflés sucrés 10-15 € ; carte 35-40 €. Niché au fond d'une impasse piétonne, *Le Récamier* est une pépite bien gardée des gens de lettres. Éditeurs, écrivains et autres célébrités dissertent autour de généreux plats du marché et d'incontournables soufflés qui ont donné à la maison ses lettres de noblesse. En version salée ou sucrée, ils sortent du four gonflés à bloc, onctueux et aériens, savoureux et généreux tout à la fois. Les soufflés sucrés, petit ou grand format, sont servis même à 16h ! Belle terrasse au calme (pas de voitures dans cette impasse) aux beaux jours et service impeccable.

Les Cocottes *(plan couleur B1,* ***29****) : 135, rue Saint-Dominique, 75007. ☎ 01-45-50-10-28. Ⓜ École-Militaire. Tlj ; service continu 12h-23h. Résa en sem 12h-19h ; pas de résa le soir et les w-e et j. fériés. Formules 23-28 € (midi en sem), puis 35 € ; cocottes 17-31 € ; carte env 40 €. Sélection de vins au verre 5-11 €.* Déco très contemporaine – avec son long bar en inox brossé et ses tables et tabourets hauts – mais très chaleureuse pour ce 3e resto de la galaxie Constant dans la même rue. Les plats sont servis dans des cocottes individuelles. Des cocottes à la fois simples et délicieuses, teintées de ce qu'il faut de créativité pour ne pas s'en lasser. Les aficionados seront ravis d'apprendre que *Les Cocottes* ont pondu une annexe rive droite *(2, av. Bertie-Albrecht, 75008 ; ☎ 01-53-89-50-53).*

Chez Graff *(plan couleur C2,* ***33****) : 62, rue de Bellechasse, 75007. ☎ 01-45-51-33-42. Ⓜ Solférino. Tlj sauf dim ; service 12h-14h30, 19h30-23h. Congés : 3 sem en août et 1 sem à Noël. Formules déj en sem 24-28 € ; plat env 20 € ; le soir, carte env 36 €.* Proprio et sommelier, Thomas propose un cadre au design chaleureux de bistrot contemporain, et aux teintes et matériaux dans l'air du temps. Dans l'assiette : bavette Angus, caille-purée de panais, haricots coco et cèpes, ou encornets lait de coco et piment d'Espelette ; quelques touches exotiques du chef nippon qui orchestre les plats. Manifestement, les produits sont bons, et pas éteints par la préparation. Et comme ici on emboîte le pas aux saisons, la carte évolue un peu toutes les semaines. Côté vins, c'est au tableau noir que ça se passe. Service rapide et sympathique. Carton plein !

Pottoka *(plan couleur B1-2,* ***39****) : 4, rue de l'Exposition, 75007. ☎ 01-45-51-88-38. Ⓜ École-Militaire. Tlj 12h15-14h30, 19h30-22h30. Congés : août et 4 j. à Noël. Résa indispensable. Le midi en sem, formules et menus 23-28 € ; menu-carte 37 € ; menu dégustation 65 €.* Sébastien Gravé est un chef plein d'allant qui élabore une cuisine de marché inspirée, mêlant judicieusement inconditionnels régionaux et plats de toujours, revus et corrigés sauce *Pottoka*... Le gâteau basque est une merveille qui ne plombera pas (trop) l'addition, mais la balance à coup sûr ! Même chef, même cuisine à la *Peña de Pottoka* mitoyenne, qui offre la possibilité aux groupes de potes de se retrouver autour d'une grande table d'hôtes, et aux couples d'avoir un peu plus d'intimité qu'à la maison mère. En tout cas, le « petit cheval basque » (sens de *pottoka*) tient bon le galop : depuis, le chef a ouvert un autre *Pottoka*... à Bayonne !

Marcel *(plan couleur C2,* ***43****) : 15, rue de Babylone, 75007. ☎ 01-42-22-62-62. Ⓜ Sèvres-Babylone. Tlj ; service continu 10h-22h45 (18h30 sam-dim) ; brunch le w-e. Résa préférable en sem. Plats 17-22 €, salades 14-18 € ; carte env 30 €.* Le très chic 7e n'a pas échappé à la vague new-yorkaise avec cette cantine au décor loft industriel. La carte, elle aussi bien étudiée, claire et appétissante, propose le meilleur des USA dans l'assiette : *Ceasar* ou *cobb salad, crab cakes, fish & chips, BBQ ribs,* hot dogs, club-sandwichs, cheese-cakes, *key lime pie*... Frites fameuses et délicieux pancakes à l'heure du goûter. On a (presque) tout goûté et tout approuvé. De plus, service gentil tout plein.

Chic

Bistrot Belhara *(plan couleur zoom,* ***30****) : 23, rue Duvivier, 75007. ☎ 01-45-51-41-77. Ⓜ École-Militaire. Tlj sauf dim-lun 12h-14h30, 19h-22h30. Congés : 3 sem en août.*

Résa indispensable. Formule déj en sem 15 € ; autres formules 24-35 € le midi, 41 € le soir ; menus dégustation 48-58 €. Quelle surprise que ce bistrot de poche, au charme rétro ! Du fond de la salle, derrière ses fourneaux, Thierry Dufroux, formé à grande école, élabore une cuisine bistrotière maligne, aux présentations soignées. Les plats déclinés sur ardoise suivent les tendances du marché, avec une forte connotation basque, comme pour rappeler les origines du chef. Un travail impeccable, raffiné, presque haute couture (ris de veau incroyables, riz au lait aux fruits secs formidable), qui fait le bonheur de la clientèle bourgeoise du quartier, toujours fidèle. Service attentionné.

|●| ☂ ***Le Petit Varenne*** *(plan couleur C2,* ***40****) : 57, rue de Bellechasse, 75007. ☎ 01-42-73-60-72. Ⓜ Solférino ou Varenne. Tlj sauf dim 12h-14h30, 20h-22h45. Congés : 3 sem en août et 10 j. à Noël. Formules déj en sem 28-32 € ; carte 45-50 € ; plats 22-23 €.* Jamais deux sans trois ! Voici donc le dernier-né d'une trilogie ancrée dans ce très chic quartier parisien, rondement menée par un patron présent et accueillant. Version plus chic (on est en face de Matignon !), au décor bistrotier bleu profond, mais pas pompeuse, même si la clientèle semble sortir tout droit des bureaux du Premier ministre ! Priorité est donnée aux bons produits de saison cuisinés avec talent (excellents fonds de sauce, cuissons parfaites) et présentés avec art. Pas de doute, le bistrot se la joue gastro. Desserts un poil en dessous, dommage... La carte des vins vise haut, mais des 1ers prix sans faute et quelques-uns servis au verre. Au final, une excellente adresse. On vote pour !

|●| ***L'Affriolé*** *(plan couleur B1,* ***37****) : 17, rue Malar, 75007. ☎ 01-44-18-31-33. Ⓜ et RER C : Invalides. Tlj sauf dim-lun 12h15-14h30, 19h15-22h30. Congés : 3 sem en août. Formule déj 25 € ; menu-carte le soir 39 €.* Thierry Vérola propose une cuisine délicieuse et innovante, avec une préférence pour le poisson. Les menus changent tous les 2 mois, l'ardoise plus souvent. En dessert, les gourmands seront comblés. Quelques petites attentions fort sympathiques dès le 1er menu. Accueil très prévenant.

|●| ***Racines des Prés*** *(plan couleur D2,* ***45****) : 1, rue Gribeauval, 75007. ☎ 01-45-48-14-16. Ⓜ Rue-du-Bac. Tlj sauf sam midi et dim ; service 12h-14h, 19h30-22h30. Congés : quelques j. en déc. Formules déj 32-36 € ; plats 21-35 € ; carte env 55 €.* Ce récent bistrot bien dans son temps joue l'atout séduction avec son élégante déco Rive gauche, en même temps qu'il sert une partition bistrotière de haute volée, sous la houlette d'un chef issu de cuisines étoilées. La carte concise traduit un savoir-faire évident en faisant la part belle aux traditionnelles recettes de terroir. La présentation soignée met en appétit, tandis que l'excellence des produits, de saison (bien sûr !), fait le reste. Bonne petite sélection de vins au verre.

Plus chic

|●| ☂ ***La Fontaine de Mars*** *(plan couleur B1,* ***41****) : 129, rue Saint-Dominique, 75007. ☎ 01-47-05-46-44. Ⓜ École-Militaire. ♿ Tlj ; service 12h-15h, 19h30-23h. Fermé 1er janv, 24-25 et 31 déc. Résa conseillée. Plat du jour 22 € ; carte env 50 €.* L'institution vénérable de ce coin du 7e s'est agrandie, offrant plus d'intimité et d'élégance. De jolies nappes bistrot, de belles assiettes, des verres prêts à en découdre et une cuisine traditionnelle de saison réussie, celle qui vous fait venir et revenir. Très belle sélection de vins. Personnel prévenant et sympa. Obama l'a vérifié lui-même !

|●| ***Thoumieux*** *(plan couleur B1,* ***42****) : 79, rue Saint-Dominique, 75007. ☎ 01-47-05-79-00. Ⓜ La Tour-Maubourg. Tlj 12h30-14h, 19h-23h ; brunch dim. Formules déj en sem 22-29 € ; carte un bon 50 €.* Cette vénérable enseigne, ouverte dans les années 1920, est aujourd'hui une brasserie chic tendance, au cadre classieux. Aux côtés de classiques bistrotiers d'excellente facture (tartare, burger, ris de veau...), servis avec art et manière dans la grande tradition par une armada de serveurs, figurent des plats bien plus créatifs à base d'ingrédients nobles (homard, caviar, truffe et cèpes en saison). Ne pas zapper le pain maison et les excellents desserts,

en provenance de la boulangerie *Thoumieux,* juste en face. Les prix du soir, littéralement stratosphériques (pas de menu), nous incitent à recommander cette adresse au déjeuner. Également un resto gastronomique à l'étage.

Où boire un thé ? Où boire un café ? Où prendre un bon 4-heures ?

Coutume Café *(plan couleur C2,* **50***) : 47, rue de Babylone, 75007. ☎ 01-45-51-50-47. Ⓜ Sèvres-Babylone. Tlj 8h30-17h30 (9h-18h le w-e) ; petit déj et déj 9h-15h45. Carte 5-17 €.* Un *coffee shop* et torréfacteur, ouvert aux beaux jours sur la rue, dans une grande salle au design industriel, parquet patiné et large comptoir avec rangée de percolateurs. La maison propose des dégustations de cafés filtres, à accompagner d'une pâtisserie maison. Également des formules déj aux assiettes surprenantes et créatives. Du coup, la clientèle féminine très B.C.B.G. du *Bon Marché* et du *Conran Shop* voisins se bouscule aux heures de pointe – mais poliment, 7e oblige !

Karamel *(plan couleur B1,* **53***) : 67, rue Saint-Dominique, 75007. ☎ 01-71-93-02-94. Ⓜ Invalides ou La Tour-Maubourg. Tlj 8h30-20h. Formules petit déj, déj et goûter ; pâtisseries 6-8 €.* Pas besoin de s'étendre sur le fil rouge de cette pâtisserie-salon de thé au décor aussi contemporain que cosy... Le *Karamel* offre de belles perspectives de déclinaisons, que le chef normand Nicolas Haelewyn renouvelle au fil des saisons. Les lève-tôt seront heureux d'attaquer la journée en se régalant de généreuses viennoiseries au beurre d'Isigny. Mais ce serait dommage de repartir sans avoir goûté les pâtisseries ! Et, en promenant son regard au-delà du présentoir, on réalise que le danger ne s'arrête pas là : hypnotiques rangées de caramels (orange confite, cacahuète grillée...), tablettes de chocolat, cro(a)quantes, pâtes à tartiner (passion, praliné)... Petite carte salée sur le pouce pour compléter le plaisir. Un régal.

Où manger une glace ?

Martine Lambert *(plan couleur zoom,* **60***) : 39, rue Cler, 75007. ☎ 01-40-62-97-18. Ⓜ École-Militaire. Avr-sept, tlj 10h-minuit ; oct-avr, mer-dim et tlj pdt vac scol zone C 10h-19h30 (14h dim). Cornets 1 boule 3,50 €, 2 boules 5,80 €, 3 boules 8,50 €.* Déjà bien connue des Deauvillais, Martine Lambert a installé ses bacs à glaces dans cette minuscule échoppe débordant sur la rue. Les sorbets sont élaborés avec des fruits bio, qui entrent à 70 % dans la conception des parfums. Quant aux glaces onctueuses et légères, elles sont fabriquées avec du bon lait de Normandie ! Excellents desserts glacés aussi, dont le Succulent *(5,20 €),* recouvert de noisettes et d'amandes grillées.

Où boire un verre ?

O'Brien's *(plan couleur B1,* **22***) : 77, rue Saint-Dominique, 75007. ☎ 01-45-51-75-87. Ⓜ Invalides ou La Tour-Maubourg. Lun-sam 12h-2h, dim 17h-2h. Happy hours 17h-20h en sem. Pinte env 8,60 € (6,80 € pdt l'happy hour).* Ce pub, tenu par un Gaulois et sa femme irlandaise, a réussi son pari. C'est bondé en permanence. Rien d'étonnant à cela, l'arrondissement manquant singulièrement de lieux tout à la fois jeunes et vivants. À la carte : Guinness, Kilkenny, Cider, blanche... à la pression, et Corona, Carlsberg, Becks en bouteille. Pour les p'tits creux, sachez que c'est aussi un bon resto (voir la rubrique « Où manger ? »).

Le Café du Marché (plan couleur zoom, **71**) : *38, rue Cler, 75007. ☎ 01-47-05-51-27. Ⓜ École-Militaire. Tlj 17h-minuit. Plat du jour 13,50 €, salades 13 €.* Terrasse sympathique pour profiter, en toute saison, de l'animation marchande de la rue piétonne. Cela suffit amplement pour que l'on ait envie de se poser un instant devant un verre.

L'Éclair (plan couleur zoom, **72**) : *32, rue Cler, 75007. ☎ 01-44-18-09-04. Ⓜ La Tour-Maubourg. Tlj 7h30-1h30. Verres de vin 4,50-8,90 € ; cocktails 11,50-16 €. Plats 11-15 €.* Il porte bien son nom ce café où se retrouvent les trentenaires chic du quartier puisqu'il électrise cette rue piétonne calme et tranquille. Sous les loupiotes à l'ancienne de la terrasse, on sirote l'un des nombreux cocktails originaux et bien dosés de la maison. À l'intérieur, sous la lumière tamisée et le lierre grimpant au plafond, les barmen s'amusent à jongler avec les bouteilles derrière le bar. Le service est plus irrégulier. Dommage.

Rosa Bonheur sur Seine (plan couleur C1, **73**) : *37, quai d'Orsay, 75007. • Facebook • Ⓜ Invalides. Presque au pied du pont Alexandre-III, direction l'Assemblée nationale. Mer-dim 12h-2h. Congés : env 20 déc-10 janv. Verre de vin env 4 € ; cocktail 10 €.* Les filles du *Rosa Bonheur* (voir la rubrique « Où boire un verre ? » dans le 19e arrondissement) ont pris leurs aises sur les magnifiques berges de Seine, rendues aux piétons depuis le musée d'Orsay jusqu'au pont de l'Alma. Elles ont emménagé sur une jolie barge avec de grandes verrières. Leur devise ? *Fluctuat nec mergitur !* Au moindre rayon de soleil, on peut aussi s'étaler sur la terrasse à quai pour déguster un bon rosé ou une bière fraîche, et grignoter un hot dog fumant. L'une des plus belles vues sur Paris et le Grand Palais vous attend. Parfait en été, mais vous ne serez évidemment pas seul à avoir eu la bonne idée de venir ici.

Où sortir ?

Club des Poètes (plan couleur C1, **80**) : *30, rue de Bourgogne, 75007. ☎ 01-47-05-06-03. • poesie.net/cdp.htm • Ⓜ Assemblée-Nationale, Invalides ou Varenne. Mar et ven-sam, dîner à 20h30, spectacle à 22h ; plus mar-ven 12h-14h30 mais pas toujours avec poésie ! Congés : août. Dîner 20 € (entrée, plat et dessert). Si on ne dîne pas, on paie la 1re conso 5 €, les suivantes sont à 3 € pour les jus de fruits et 5 € pour les cocktails. Un livre de poésie offert sur présentation de ce guide.* Amis de la poésie, bonsoir ! Jean-Pierre Rosnay, ex-M. Poésie de la télé, réunit avec gentillesse sa famille d'étudiants tourmentés et de ministres venus en voisins autour d'un programme où cohabitent Victor Hugo, Rimbaud, Aragon et Vian, sans oublier Villon. Objectif : rendre la poésie « contagieuse et inévitable ». Dans ce doux décor d'auberge campagnarde, chacun déclame ses œuvres et celles des grands disparus. Tous les mardis, soirées d'audition et de découverte, avec des poètes contemporains inconnus... du moins pour l'instant !

7e

À voir

LA TOUR EIFFEL (plan couleur A1)

☎ 0892-70-12-39 (0,34 €/mn). • toureiffel.paris • Ⓜ Bir-Hakeim, Trocadéro ou École-Militaire ; RER C : Champ-de-Mars-Tour-Eiffel. Bus nos 42, 69, 72, 82 et 87. (pour les 1er et 2e étages). Visite tlj sans exception 9h30-23h45 (9h-0h45 début juil-fin août) pour les 1er, 2e et 3e étages (sommet), dernier accès à 22h30 ; hors hte saison, les escaliers ferment à 18h30 (dernier accès à 18h). Mieux vaut monter en ascenseur et descendre par l'escalier si ça vous amuse. Possibilité de résa en ligne. Accès par ascenseur pour les 1er et 2e étages : 16 € ; pour le

3e étage : 25 €. Accès par l'escalier (jusqu'au 2e étage) : 10 € ; 5 € 12-24 ans ; 2,50 € 4-11 ans. Billet sommet (escaliers + ascenseur) : 19 € ; 9,50 € 12-24 ans ; réduc ; gratuit moins de 4 ans. Application iPhone Tour Eiffel, le guide officiel de visite *gratuite. Pour des raisons de sécurité, il est interdit de passer les caisses avec des objets tranchants. Les sacs passent aux rayons X.*

– *Au 1er étage, à 57 m :* le *Restaurant 58 Tour Eiffel,* un coin restauration rapide et l'espace muséographique dédié à la « dame de fer » (livre-jeu dispo à l'accueil pour les plus jeunes). Grâce à un plancher en verre, on peut y expérimenter la sensation de vide à 57 m de haut. Spectaculaire !

– *Au 2e étage, à 115 m :* animation digitale interactive et célèbre grand resto gastronomique *Jules-Verne (menu 105 € le midi en sem).*

– *Au 3e étage, à 276 m :* une galerie supérieure ouverte, d'où la vue est époustouflante. Longues-vues à pièces. Maquette du sommet tel qu'il se présentait en 1889. Panorama jusqu'à 60 km de Paris par temps clair ; le meilleur moment : 1h avant le coucher du soleil. À cet étage, on a reconstitué un bureau de Gustave Eiffel, que l'on voit en compagnie de Thomas Edison (l'inventeur du phonographe), venu lui offrir son appareil. Bar à champagne *(tlj 12h-17h15, 18h-22h45 ; coupes 13-22 €).*

UN PEU D'HISTOIRE

Si la Tour écrivait ses Mémoires... nous connaîtrions tous les secrets, scandales et métamorphoses de plus d'un siècle. Mais évoquons déjà son extraordinaire histoire et sa naissance, qui couronne l'épopée industrielle du XIXe s. Tous les bons manuels rendent hommage à l'ingénieur Gustave Eiffel... En fait, l'histoire est moins simple qu'il n'y paraît (voir encadré).

Avant l'inauguration officielle de l'Exposition universelle, Gustave Eiffel organisa une fête plus intime pour les ouvriers du chantier le 31 mars 1889. À cette occasion, il gravit les 1 710 marches de la Tour (montée en 26 mois !) pour planter le drapeau tricolore au sommet de son invention. Puis la Tour accueillit ses 1ers visiteurs le 15 mai 1889. Ayant le droit de propriété sur elle pendant 20 ans, son constructeur fonda dès 1888 la Société de la tour Eiffel. Toujours en avance sur son temps, la Tour fut dotée en 1907 d'une horloge géante de 6 m de haut, affichant l'heure en chiffres lumineux. En 1909, elle faillit être détruite... mais fut sauvée par la télégraphie sans fil (TSF), qui lui permit de donner l'heure au monde entier (1910). Par la suite, elle participa à la Défense nationale pendant la guerre, indiqua la force du vent, la pression atmosphérique, puis reçut les antennes de TV. Elle émet notamment aujourd'hui 6 chaînes françaises, les chaînes de la TNT et environ 30 stations de radio.

Elle fut critiquée, traitée de « chandelier creux » ou de « squelette disgracieux », selon Guy de Maupassant. L'écrivain Joris-Karl Huysmans en parlait plus vertement : « On ne peut se figurer que ce grillage infundibuliforme soit achevé, que ce suppositoire vulgaire et criblé de trous restera tel. » Pourtant, la tour Eiffel conquit de nombreux artistes : Seurat, le Douanier Rousseau, Utrillo ; d'autres l'ont chantée, comme Mistinguett, Trenet, Dutronc. Et pas seulement des artistes d'ailleurs, puisqu'aujourd'hui la tour Eiffel est le monument payant le plus visité au monde !

LES VÉRITABLES INVENTEURS DE LA TOUR

Contrairement à Guillotin, qui n'a jamais revendiqué la paternité de la création qu'on lui attribue, Eiffel était fier de l'œuvre qui rendit son nom célèbre, et dont il n'est pas le créateur... En effet, ce sont 2 ingénieurs des ateliers de Gustave Eiffel, Kœchlin et Nouguier, qui conçoivent l'idée d'une très haute tour de fer. Eiffel leur achète le brevet, remanie un peu le projet et le présente à l'Exposition universelle. Sur 107 projets présentés, il remportera le 1er prix, financera le projet, et son nom sera pour toujours associé à la Tour.

Dans l'axe des 4 points cardinaux, 4 massifs de maçonnerie servent d'appui aux 4 pieds et à la tour de 324 m (antennes comprises). Poids total : 10 100 t (moins quelques kilos, rachetés par César pour ses sculptures), dont 60 t de peinture supplémentaire à chaque campagne de restauration (19 en tout !). Du 1er étage au sommet, elle est repeinte en moyenne tous les 7 ans, enfin si l'on peut dire, car le chantier dure 18 mois. Mais le chantier qui vient de commencer en 2018 devrait cette fois durer 3 ans (c'est que, sur toute une surface de la Vieille Dame, il va carrément falloir décaper... 19 épaisseurs de peinture !). 3 couleurs dégradées du plus clair (en haut) au plus foncé. Ça permet ainsi d'accentuer la perspective et l'impression d'élancement et de hauteur qu'on a du sol. Savez-vous que le sommet fuit le soleil et, par dilatation, s'écarte jusqu'à 18 cm de sa position initiale, alors que sous l'effet du vent elle ne bouge que de 6 ou 7 cm ?

La Tour a aussi ses aventuriers : en 1912, Reichelt, « l'homme-oiseau », avec ses ailes artificielles, ne plana malheureusement pas mais fit dans le sol gelé un trou de 35 cm de profondeur. Marc Gayet, récidivant avec un parachute, et bossu de surcroît, perdit bien sa bosse car, détail technique, le parachute ne s'ouvrit pas, la soie étant trop humide. D'autres aventures sont plus souriantes, telle celle du journaliste qui descendit à bicyclette par l'escalier du 1er étage, mais fut, à son arrivée triomphale, inculpé par la préfecture de Police en tant que « provocateur d'attroupement ». En août 1944, Sarniguet, un capitaine de l'armée, vint à l'insu des Allemands hisser le drapeau tricolore au sommet de la Tour fermée au public durant la guerre. Des escrocs ont aussi réussi à tirer profit de la « dame de fer », comme cet homme qui, en 1925, a réussi à vendre la Tour à un ferrailleur ! Qui dit mieux ?

UN ESCROC DE HAUT VOL

En 1925, Victor Lustig, faux aristocrate autrichien, réussit à vendre la tour Eiffel à un ferrailleur parisien. La victime, une fois attrapée dans les filets, ne porta pas plainte de peur d'être ridiculisée. Faut dire que la proie s'appelait monsieur Poisson ! Ce même escroc parvint aussi à arnaquer Al Capone, ce qui était courageux.

Gustave Eiffel, qui vécut jusqu'à 91 ans, avait raison de dire : « Je devrais être jaloux de la Tour, elle est plus célèbre que moi. » Une phrase plus que jamais d'actualité aujourd'hui, puisque la Tour reçoit près de 7 millions de visiteurs chaque année !

– Une curiosité si vous regardez en direction du musée du quai Branly (juste à côté de la tour Eiffel, au nord-est, également le long de la Seine) : on peut découvrir une commande publique d'art aborigène peinte à l'aide de 172 pochoirs sur 700 m^2 du toit du musée. Une œuvre de Lena Nyadby, qui est en fait le détail de l'un de ses tableaux, agrandi 46 fois. Et si vous voulez en découvrir plus sur les arts aborigènes, vous savez où vous rendre !

Le Champ-de-Mars *(plan couleur A-B1-2)* **:** entouré de vignes au XVe s, il était occupé par des maraîchers cultivant des légumes pour les Parisiens. Au XVIIIe s, on l'utilisa comme terrain de manœuvres pour les élèves de l'École militaire. Il fallut agrandir le champ avec une partie de l'île aux Cygnes et assécher un bras de la Seine. L'île actuelle fut créée artificiellement pour les Parisiens, qui se sentaient spoliés.

En 1790, au cœur de la Révolution, on y célèbre la fête de la

TUBERCULE DÉFENDU

En 1785, le Champ-de-Mars eut une affectation surprenante : ses fossés furent utilisés par Parmentier, qui y cultiva la pomme de terre. L'anecdote rapporte que les plantations avaient été entourées de clôtures pour inciter les Parisiens à s'intéresser à ce féculent inconnu. Il entraîna la convoitise, le vol et la consommation. Publicité garantie !

Fédération. Un an plus tard, Bailly, 1er maire de Paris, fait tirer sur les manifestants qui réclament la déchéance de Louis XVI.
Devenu aujourd'hui lieu de sociabilité incontournable les soirs de week-end (surtout en été) autour d'un pique-nique ou d'un verre.

L'École militaire *(plan couleur B2)* **:** construite en 1752 sur les plans de Jacques-Ange Gabriel, l'école est une idée de Mme de Pompadour pour initier à l'art militaire 500 gentilshommes pauvres. « Approuvé, le projet, approuvé, petite bien-aimée, puisque vous le voulez absolument », lui écrit Louis XV. Bonaparte y fut élève du roi en 1784. Il quitta l'institution 1 an plus tard, à 16 ans, avec le grade de sous-lieutenant et la mention : « [...] Il ira loin si les circonstances le favorisent. »

LE MUSÉE DU QUAI BRANLY – JACQUES-CHIRAC *(plan couleur A1)*

Accès par le 218, rue de l'Université ou par le 37, quai Branly, 75007. ☎ 01-56-61-70-00 (infos). • quaibranly.fr • Ⓜ Alma-Marceau ou Bir-Hakeim ; RER C : Pont-de-l'Alma. Bus nos 42, 62, 63, 72, 80 et 92. Parking payant. ♿ (entrée par le 222, rue de l'Université). Mar-mer et dim 11h-19h, jeu-sam 11h-21h. Fermé lun (sauf pdt petites vac), 1er mai et 25 déc. Entrée musée : 10 € ; réduc. Expos temporaires : 10 € ; réduc. Combiné musée + expos : 12 € ; réduc et divers passes ; gratuit moins de 26 ans. Audioguide : 5 € ; réduc. Nombreuses visites guidées thématiques, à partir de 8 €/pers (rens à l'accueil et programme sur le site internet).
N'hésitez pas à vous offrir une visite guidée ou l'audioguide, très bien fait, histoire d'avoir en tête quelques clés de compréhension des civilisations d'Asie, d'Afrique, d'Océanie et des Amériques, pour certaines disparues. Également : un resto au dernier étage, une cafét' au rez-de-chaussée, une très bonne librairie spécialisée, un salon de lecture, une médiathèque et de nombreuses manifestations culturelles.

UN PEU D'HISTOIRE

7e

Ce grand projet architectural et muséographique a fait couler beaucoup d'encre. Initié en 1998 par Jacques Chirac et inauguré en 2006, ce sera LE grand chantier de ses mandats présidentiels. L'ambition ? Donner à voir les arts premiers non plus comme des objets d'étude anthropologique ou ethnologique, mais comme des œuvres d'art, tout simplement.
Après des mois d'une polémique sans issue sur le nom à adopter (« Arts premiers », « Arts primitifs » : mais par rapport à quoi ? à qui ?), on a opté pour une appellation géographique du musée, qui a permis au projet de suivre son cours et d'intégrer les arts vivants et contemporains.
Pour son architecte, Jean Nouvel, le défi était de taille : ne pas imposer de style architectural occidental à un musée qui allait abriter des collections non occidentales, sans pour autant verser dans une parodie d'architecture tribale. Un exercice de funambule réussi pour cet ensemble qui épouse judicieusement la courbe de la Seine, complété par un jardin qui ne connaît ni pesticides ni herbicides, aménagé par Gilles Clément.

LA MUSÉOGRAPHIE

D'emblée, le visiteur est frappé par la richesse et la diversité des collections. Différentes aires géographiques s'organisent de part et d'autre d'une allée adaptée aux personnes handicapées, la « Rivière », et la couleur du sol en authentique lino vous renseigne sur le continent que vous êtes en train de découvrir. Le long de cette « Rivière » – un muret tendu de cuir naturel et ponctué par des bornes

interactives –, films et documentaires viennent compléter l'exposition. Un parcours très libre, aucun cheminement n'étant imposé, ni au sein de chaque aire géographique ni d'un continent à l'autre. Seule une carte, à l'entrée de chaque zone continentale, resitue un peu la section. Mieux vaut donc avoir quelques notions de géographie.
Lorsqu'on débouche de la rampe d'accès, l'Océanie (et sa carte) se trouve sur la droite. C'est là que nous entamons notre visite : on longe d'abord la rue de l'Université, puis on poursuit en tournant autour de la « Rivière » dans le sens des aiguilles d'une montre. Essayer de se repérer sur les cartes et, surtout, bien faire attention à la couleur du lino, histoire de ne pas changer de continent par étourderie (risque de voyage culturel trop rapide) !

L'OCÉANIE

Le plus vaste continent du monde englobe la Mélanésie (Papouasie/Nouvelle-Guinée, îles Salomon, Vanuatu, Nouvelle-Calédonie) – de *mélasse,* « noir » –, la Polynésie, la Micronésie (peu représentée ici), l'Australie et l'Insulinde (Sud-Est asiatique insulaire). La majorité des objets présentés est d'origine mélanésienne, la France ayant été à l'initiative de plusieurs grandes expéditions d'exploration comme celle de Dumont d'Urville ou, plus récemment, celle de *La Korrigane* (début XXe s).
Plusieurs préoccupations semblent communes aux différents peuples de l'aire culturelle du Pacifique, malgré leurs considérables différences. Par exemple, l'initiation des jeunes garçons, avant qu'ils n'aient le droit d'accéder à la maison des hommes. En Mélanésie, où chacun pouvait, tout au long de sa vie, acquérir divers « pouvoirs spirituels et politiques » en fonction de ses capacités (financières, mentales, artistiques, etc.), les objets rituels étaient élaborés pour chaque occasion : des appuis-tête, des frontons de maison d'initiation et d'étranges personnages de la société secrète *Iniet* de Nouvelle-Bretagne, sorte de grand escogriffe doté de 7 doigts à chaque main et d'un pied en zigzag. Ou encore ces masques du Vanuatu qui se caractérisent par l'utilisation de dents de cochon, dents dont les courbes plus ou moins accentuées symbolisent le grade acquis dans les « pouvoirs ». Alors qu'en Polynésie, où le pouvoir – spirituel – se transmettait de façon héréditaire au sein d'une même lignée, on trouve quelques objets anciens transmis de génération en génération.
Récurrente aussi, la symbolique des ancêtres : superbes totems en palétuvier et flûtes qui portent la voix des anciens. Et la question d'avoir ou pas le mana, une puissance invisible qui peut revêtir différents aspects ; celle d'un fluide contenu dans les objets et les êtres vivants selon la croyance polynésienne, par exemple. La tête est d'ailleurs souvent réputée en être le siège, ce qui expliquerait qu'elle ait été l'objet de prises de guerre par les Océaniens.
L'Australie est bien représentée aussi. Dans la chambre des écorces, une belle collection de peintures sur écorces d'eucalyptus datant des années 1960. Les motifs et figures traditionnels aborigènes trouvent leur écho dans une collection de toiles contemporaines : preuve, s'il en était besoin, de la persistance des savoir-faire et des symboliques de cette riche culture. 2 installations multimédias, « boîtes à musique », complètent ce parcours et invitent le visiteur à s'immerger au cœur des sonorités de cet autre monde.
Ce continent s'achève avec l'Insulinde (en gros, l'Indonésie et les Philippines), passerelle entre les cultures océanienne et asiatique : un panel de somptueuses parures, de sculptures en pierre et de textiles précieux entre autres.

L'ASIE

Si la diversité culturelle d'une zone géographique aussi vaste ne peut être résumée sur quelques dizaines de mètres carrés, il n'empêche que les belles pièces abondent et que les explications ne sont pas en reste. On découvre les décors superbes et les matières insolites des costumes et textiles des populations asiatiques, ainsi que des pochoirs japonais aux motifs épurés, puis on part à la rencontre du bouddhisme villageois, des traditions chamaniques sibériennes et des différentes expressions des mythes et des rites en Inde, avant de découvrir la vie nomade des cavaliers des steppes d'Asie centrale, le langage de la parure et la symbolique des armes au Moyen-Orient, jusqu'à la civilisation du désert en Arabie.

Le point fort de la collection réside dans la grande variété des textiles, présentés dans une enfilade de grandes vitrines centrales, épine dorsale du parcours muséographique proposant un voyage à travers le continent d'est en ouest. Le visiteur ne pourra que béer d'admiration devant la richesse des costumes hmong du sud de la Chine, du nord du Vietnam et du nord du Laos, en chanvre teinté à l'indigo aux riches décors réalisés à partir de réserves en cire (batik). Dans la société hmong traditionnelle, il était d'usage que, tous les ans, la femme hmong fabrique un costume à chacun des membres de sa famille, qu'il portera jusqu'à l'année suivante. Un costume de fête peut demander jusqu'à 4 ans de travail. Pas loin, une vitrine abrite des outils, principalement liés à la culture du riz et de la vannerie. À quelques milliers de kilomètres plus à l'ouest, les costumes et les voiles des femmes indiennes, surprenant de variété avec leurs broderies multicolores, la pureté de la soie sauvage côtoyant la complexité de décors en ikat (fils de soie teint avant tissage). En suivant la route du fil de soie ikatée, on arrive dans les plaines d'Asie centrale parcourues par les nomades des steppes aux lourds manteaux de soie et aux habitations en feutre de laine. Nous sommes là dans le royaume du cheval, monture, allié, sacrifice par excellence aux esprits depuis la nuit des temps. C'est bien ici que le cheval a été domestiqué pour la 1re fois, et les enfants mongols, cavaliers intrépides, apprennent à monter avant même de savoir marcher !

Vient ensuite l'espace consacré aux cultures du Proche-Orient, où les Bédouins (de *badw,* « les gens du désert », ceux qui vivent hors des villes) tiennent une place importante. Voyez le superbe palanquin syrien qui, arrimé sur un chameau, transportait femmes et enfants dans leurs déplacements. Originaires du centre de l'Arabie, les Bédouins se sont dispersés par vagues successives à travers le Proche-Orient et l'Afrique du Nord, liant leur expansion à celle de l'islam des 1ers siècles, avant de se sédentariser au début du XXe s. Dans les profondeurs désertiques, les mariées bédouines ont longtemps arboré, en symbole marital, un voile de visage alourdi de monnaies et richement brodé. À proximité sont présentés des costumes traditionnels colorés et brodés ; plus loin, des amulettes et des ex-voto chrétiens et musulmans témoignent de la survivance d'anciennes croyances héritées de l'Antiquité. Également des armes, des parures féminines et des figures d'ombre. Autant d'objets qui témoignent de la diversité culturelle et religieuse du Proche-Orient, région qui sert de transition avec l'Afrique.

L'AFRIQUE

Les collections sont présentées selon un parcours géographique : depuis les rives méditerranéennes jusqu'à la côte orientale en passant par les régions occidentales, équatoriales, centrales et australes.

En parallèle, une approche thématique, particulièrement mise en valeur par les fameuses « boîtes suspendues » que le visiteur aperçoit d'abord sur la façade côté Seine. Une fois à l'intérieur, ces boîtes se révèlent être de véritables petits cabinets d'exposition, chacun doté de son atmosphère particulière. L'une invite à la découverte de l'art du tapis marocain, une autre initie aux masques de l'Afrique forestière dont le fameux masque Krou qui inspira Picasso, une 3e à la peinture éthiopienne, etc.

Chaque visiteur construit ici son propre chemin, mêlant géographie et thématique. Voici tout de même quelques suggestions d'exploration.

Notre regard a changé sur ces sociétés qu'on a longtemps crues sans histoire parce qu'elles n'écrivaient pas leur passé dans la pierre ou sur le papier. D'abord l'Afrique septentrionale, vaste espace délimité à l'est par l'Égypte, au nord par la Méditerranée, à l'ouest par l'océan Atlantique et au sud par le grand désert du Sahara au-delà duquel commence le véritable monde africain.

En 1er lieu, une vitrine totem aborde l'histoire millénaire de cette région au travers d'objets dont les plus anciens datent du Néolithique. Dans un autre espace, un ensemble exceptionnel de poupées de représailles ainsi qu'un étonnant mannequin d'Achoura en bourre de palmier. Enfin, 2 vitrines évoquent la richesse et la diversité de l'art vestimentaire dans le monde citadin et rural. Également des textiles brodés, des poteries rurales, des armes, des lampes de synagogue, mais surtout une cascade de bijoux dont se paraient les femmes rurales de la tête aux pieds !

En Afrique subsaharienne, tissages, masques et de nombreuses sculptures ont un rôle culturel majeur et sont autant de supports qui tiennent lieu de parole et d'écriture.

L'essentiel des œuvres africaines exposées date des XIXe et XXe s. Quelques focus historiques ponctuent le parcours et invitent à découvrir l'Afrique précoloniale : des terres cuites des civilisations nok, sao ou djenné à la peinture des chrétiens d'Éthiopie. Entre ces 2 séquences, on découvre de grands moments de l'histoire de l'Afrique : les mouvements migratoires et artistiques en pays dogon à travers sa statuaire du XIe au XIXe s ; l'histoire de la traite des esclaves, du vaudou et du mécénat royal à Abomey (actuel Bénin) du XVIIe au XVIIIe s ; ou encore l'art de cour pluriséculaire du royaume de Bénin (Nigeria).

Dans la plus grande « boîte » (15 m de surplomb au-dessus du jardin), dédiée aux masques dogon (actuel Mali), les représentations d'animaux, de femmes ou d'hommes traduisent le haut degré d'abstraction des croyances dogon. On peut se plonger dans le fonctionnement de la société de masques, un rouage essentiel de ces croyances, et en apprendre un peu plus sur les 2 cérémonies majeures qui ponctuent leur vie : le *dama,* ou levée de deuil, est régulièrement organisé pour inciter l'âme des défunts errant entre le monde des vivants et celui des morts à définitivement choisir le « camp » des morts ; il pourra ainsi devenir un ancêtre. Quant aux cérémonies du *sigi* (tous les 60 ans), elles traduisent le renouvellement du cycle de la vie, mais elles rappellent aussi le moment où la mort est apparue chez les Dogon.

On change de pays pour explorer la très belle collection Harter (il la légua au musée à la seule condition qu'elle soit intégralement présentée...), constituée essentiellement de pièces venues du Cameroun. La sculpture est un art de cour, qui peut apporter la fortune à un artiste reconnu ; certains rois ont d'ailleurs revendiqué l'œuvre d'artistes ou sont devenus eux-mêmes de grands artistes. Faites donc le tour de la superbe statue de la reine Bamiléké, en bois recouvert de raphia et de perles de verre de Bohême ou de Venise (révélatrices des échanges commerciaux existants).

Un peu plus loin, une boîte est consacrée aux croyances rencontrées dans la région du Congo et à l'importance accordée aux statuettes magiques et protectrices Minkisi (sing. : Nkisi), sollicitées par l'intermédiaire du devin du village pour remédier à toutes sortes de problèmes (santé, famille...). L'abondance de clous témoigne du nombre important de consultants venus voir le devin ainsi que de la popularité et de l'efficacité de la statue !

LES AMÉRIQUES

Dernier continent du parcours, il est subdivisé en 2 grandes parties : la 1re dédiée aux peuples amérindiens rencontrés par les Européens, de la conquête espagnole à nos jours ; la 2de portant sur les civilisations précolombiennes, vieilles de plusieurs millénaires.

Chez les Indiens d'Amérique du Nord, la vie s'articule autour de la guerre, de l'élevage de bisons et de nombreux rituels. Toujours chez les Indiens, mais en Amazonie cette fois, on découvre des sociétés dépourvues de chef (comme chez les Aborigènes d'Australie), qui vivent en symbiose avec l'univers animal et végétal qui les entoure. L'art est donc lié à la personne vivante, d'où l'importance des peintures corporelles et des parures. Leur nudité est toute relative puisqu'ils se considèrent habillés par leurs peintures corporelles, et même davantage : les peintures, différentes selon les âges de la vie et leur place dans la communauté, leur permettent de construire leur corps. De la même manière, les plumes remplissent une fonction sociale d'individualisation. La forme solaire des coiffes (réservées aux hommes), la plus répandue, atteste de l'importance accordée au soleil. Un florilège de couleurs éblouissantes, qui dissimule une ruse : quand, pour une coiffe d'exception, la couleur recherchée n'existe pas naturellement, hop, les Indiens plument l'oiseau et l'enduisent d'une mixture à base de pigments naturels ; à la repousse, les plumes seront, comme par magie, de la couleur souhaitée !
La production artistique des Amérindiens des Andes et de Méso-Amérique est à l'image de leur cosmologie, très élaborée. Là, nombreuses poteries à usage funéraire et représentations de dieux aztèques, incas et mayas : le Serpent à plumes, des déesses liées à la fertilité, à la beauté, à l'eau... Voyez aussi, chez les Mayas, l'importance accordée au *pok-ta-pok,* un jeu de balles rituel opposant 2 équipes qui doivent se renvoyer une balle en caoutchouc (matière sacrée chez les Mayas) sans qu'elle touche le sol. La trajectoire de la balle correspondait à la course du soleil.

Du détroit de Béring à la Terre de Feu

Les collections amérindiennes sont présentées par grandes aires culturelles. Plusieurs séquences rythment ce parcours, du nord au sud. L'Arctique et la côte nord-ouest sont principalement illustrés par des masques de l'Alaska, des masques et des figurines du Groenland, et des productions inuit en ivoire. Au pied du mât de l'Ours, masques et récipients de la Colombie britannique voisinent avec vanneries, ceintures et coiffes des Indiens de Californie. Hérités des collections des rois de France, peaux peintes, *wampums,* calumets, armes, productions en perles provenant de la région des Grands Lacs et de la vallée du Mississipi sont les témoins des contacts entre Amérindiens et Français aux XVIIe et XVIIIe s.
Parallèlement, une sélection de costumes et de masques festifs de Bolivie illustre le syncrétisme religieux dans le monde andin. En vis-à-vis, les objets mexicains évoquent la place de l'homme dans l'univers, et les chatoyantes parures de l'Amazonie sont l'illustration d'un art de la plume fascinant, associé aux peintures corporelles. Quelques armes et massues, à l'image du casse-tête tupinamba ramené en France au milieu du XVIe s, révèlent l'ancienneté des collections guyanaises et brésiliennes. Le sud de l'Amérique méridionale est évoqué par des pièces d'argenterie hispano-créoles et indigènes, par ses textiles et par la peinture sur cuir, associés à d'imposantes sculptures rituelles des Mapuche du Chili.

L'Amérique avant l'arrivée des Européens

De nombreuses cultures se sont succédé, pendant plusieurs millénaires, à l'intérieur des grandes aires culturelles : la Caraïbe, l'Amérique centrale, la Méso-Amérique et les Andes. La présentation de cette séquence est chronologique et culturelle, allant – dans le sens de la visite – des cultures les plus récentes aux plus anciennes. Les 1res sont représentées par les Tainos des Grandes Antilles, les Aztèques du Mexique et les Incas du Pérou, celles qui subirent de plein fouet la confrontation avec les colons européens. Puis on se plonge dans les civilisations précolombiennes de la Méso-Amérique et des Andes : des Olmèques aux Mayas en passant par Teotihuacan d'un côté ; de Paracas, Mochica et Nazca aux cultures inca et muisca de l'autre. Pour illustrer ces temps précolombiens, statues,

céramiques, œuvres en pierre représentant généralement des divinités, ainsi que des objets en bois, en métal, en orfèvrerie, en textiles et en plumes.
– Voilà un rapide tour d'horizon de ce musée unique ! Et pour prolonger la visite, pourquoi ne pas faire un tour au pavillon des Sessions, antenne du musée du quai Branly au musée du Louvre, où sont exposés une centaine de chefs-d'œuvre supplémentaires ?

ET DIEU LUI PARLA

La nouvelle cathédrale orthodoxe du quai Branly est née de la volonté de Poutine. Et pourtant, lors de sa période KGB, il était chargé de la répression antireligieuse. En 1996, sa datcha brûle et il sauve sa fille de justesse. Dans les cendres, il découvre sa croix de baptême intacte. Depuis, il ne manque aucun office et construit des églises.

Le Centre spirituel et culturel orthodoxe russe *(plan couleur B1)* **:** *à l'angle du quai Branly et de l'av. Rapp, 75007.* Mené par Jean-Michel Wilmotte, cet ensemble coiffé de 5 bulbes recouverts de feuille d'or mat abrite un espace culturel ainsi que la cathédrale orthodoxe de la Sainte-Trinité *(tlj 15h-19h).*

LES INVALIDES *(plan couleur B-C1-2)*

☎ 0810-11-33-99 (prix d'un appel local). Ⓜ Invalides, Varenne ou La Tour-Maubourg ; RER C : Invalides. Bus nos 28, 49, 63, 69, 82, 83, 87, 92 et 93. Tlj 10h-17h (18h avr-sept). Fermé 1er janv, 1er mai et 25 déc, ainsi que le 1er lun de chaque mois (sauf juil-sept).

Cet ensemble monumental est l'un des plus aérés de Paris. La grille d'entrée ouvre sur des parterres. Certains (un peu plus loin) étaient autrefois cultivés par les soldats invalides. Imaginez ici les petits carrés de légumes et les Parisiens se promenant le dimanche et discutant avec les vieux soldats. C'était cela, l'idée de Louis XIV en 1670 : accueillir dignement les vieux soldats qui l'avaient servi et ne pas les couper du monde. Au bout de l'imposante esplanade (500 m de longueur, 250 m de largeur), l'hôtel et la grande église du Dôme, et l'église des soldats. Dans la cour d'honneur, cherchez l'œil-de-bœuf entouré de 2 pattes de loup : « le loup voit... », c'est-à-dire Louvois, qui fut chargé de superviser la construction des Invalides. Libéral Bruant est le responsable du plan de l'hôtel et de la petite église (celle des soldats) ; quant à Mansart, il est l'architecte du Dôme.

TENTATIVE DE SÉDUCTION

En 1940, après la débâcle de notre armée, Hitler essaya de se créer une bonne image auprès des Français. Eh oui ! l'Aiglon était enterré à Vienne, près de sa famille maternelle. Le Führer fit transférer ses cendres aux Invalides, auprès de son père. La cérémonie, totalement contrôlée par l'armée allemande, n'incita aucun Français à changer d'avis sur le dictateur du Reich.

L'hôtel des Invalides *(plan couleur C2)* **:** *visite tlj 9h-19h. Accès libre à la cour d'honneur et aux galeries, mais pas aux musées.* Les vieux soldats invalides y étaient soignés gracieusement à partir du règne de Louis XIV. À cette époque, l'hôtel reçut jusqu'à 4 500 pensionnaires. Depuis le début du XXe s, l'administration militaire et les musées ayant occupé progressivement les bâtiments (le gouverneur militaire de Paris y siège toujours, par exemple), il n'en reste guère qu'une centaine, ainsi qu'un secteur hospitalier public. La façade nord de 195 m (100 toises du châtelet, unité de mesure de l'époque) offre une ligne très pure. Le portail est magnifique. Imposante cour d'honneur où ont lieu les grandes cérémonies militaires ; le « dernier poilu », Lazare Ponticelli, y a reçu un hommage solennel en mars 2008. De part et d'autre, les bâtiments abritant les *musées de l'Armée, des Plans-reliefs* et *de l'Ordre de la Libération* ; au sous-sol, l'*Historial Charles-de-Gaulle.*

Au fond, l'***église des soldats*** : *visite 10h-16h45 (17h45 en été), sauf lors de cérémonies religieuses importantes. Entrée libre.* L'église Saint-Louis, celle des soldats, dégage une froideur toute militaire ; la seule décoration de la longue nef consiste en une centaine de drapeaux pris à l'ennemi, issus, pour la plupart, des conflits coloniaux des XIXe et XXe s (les trophées plus anciens furent brûlés en 1814 dans la cour, afin qu'ils ne tombent pas entre les mains des ennemis). L'édification de l'église du Dôme débute en 1677 sous la direction de Jules Hardouin-Mansart : le but était au départ de réaliser une église qui permette aux pensionnaires de l'hôpital et au roi d'entendre la même messe mais en entrant par des accès différents, étiquette oblige. D'où les églises jumelles, celle dite « du Dôme » (voir plus loin) et l'église Saint-Louis. L'église du Dôme offre d'ailleurs un bel exemple de l'architecture classique. Son lanternon culmine à 101 m.

LES PRÉMICES DE LA RÉVOLUTION

Louis XVI avait massé d'importantes troupes autour de Paris. Pour se défendre, le peuple de Paris récupéra des milliers de fusils aux Invalides, le 13 juillet 1789. Une rumeur prétendait que des munitions étaient cachées à la Bastille. La suite est connue.

Le musée de l'Armée *(plan couleur B2)*

☎ 01-44-42-38-77 ou 0810-11-33-99 (prix d'un appel local). • musee-armee.fr • Avr-oct, visite tlj 10h-18h (21h mar avr-sept) ; nov-mars, tlj 10h-17h ; fermeture des caisses 30 mn avt. Église du Dôme ouv oct-juin, le 1er lun de chaque mois. Fermé 1er janv, 1er mai et 25 déc. Le ticket (12 € ; tarif réduit 10 € ; gratuit moins de 18 ans et moins de 26 ans ressortissants ou résidents de l'UE, hors visites guidées ; gratuit pour ts le 14 juil) donne accès au musée de l'Armée, à l'église du Dôme (tombeau de Napoléon Ier), au musée des Plans-reliefs, à l'Historial Charles-de-Gaulle et au musée de l'Ordre de la Libération. Guide multimédia (disponible en 8 langues) : 6 € ; 4 € moins de 26 ans. Visites-conférences, visites-contes, ateliers pédagogiques, expos temporaires et saison musicale (oct-juin) dans le Grand Salon et l'église Saint-Louis (☎ 01-44-42-54-66).

Pour vous faciliter la compréhension de l'évolution des armes et des équipements militaires, nous avons pris le parti de la progression chronologique, mais chaque grand département peut se visiter séparément.

NAPOLÉON STÉRILE ?

L'impératrice Joséphine ne lui ayant donné aucun héritier, Napoléon s'est cru un moment stérile... Pourtant, il eut un 1er fils illégitime, Léon, né d'une liaison fugace avec Éléonore Denuelle, puis un autre, Alexandre, avec Marie Waleska... L'impératrice avait alors 46 ans. Napoléon, désormais sûr de ses talents de géniteur, divorce et décide d'épouser en 1810 Marie-Louise, fille de l'empereur d'Autriche. Elle lui donna un fils, le roi de Rome (connu également sous le nom de l'Aiglon), que son père ne connut pratiquement pas...

Département ancien : les salles des Armes et Armures (aile Occident)

L'une des plus belles collections du genre après celles de Madrid et de Vienne. Les salles proposent un parcours chronologique sur 2 500 m² retraçant les grandes étapes de l'histoire militaire française du XIIIe au XVIIe s, auquel s'ajoutent des parcours thématiques consacrés à la chasse, aux joutes et aux tournois ou aux armures orientales. Pièces uniques et fascinantes, l'armement et les armures anciennes sont souvent de véritables œuvres de joaillerie plus précieuses pour leur décoration que pour leur mécanisme ou leur efficacité.

– ***Salle médiévale :*** armes, épées, masses d'armes du XIVe s. Magnifique épée de connétable, armes de la guerre de Cent Ans (1340-1453). Armures de toutes formes, et casques de formes et de noms (crapauds, salades, armet, bacinet, barbute) souvent fantaisistes.

– ***Salle des Collections de la Couronne :*** elle est aménagée dans un ancien réfectoire décoré de peintures murales de Joseph Parrocel restaurées, illustrant les batailles des guerres de Hollande sous Louis XIV. On peut y voir l'armure équestre gigantesque de François Ier (il faisait 1,95 m !), gravée et dorée, au riche décor floral, réalisée à Innsbruck en 1539, et l'épée d'Henri IV, avec les signes du zodiaque gravés sur la lame. Curieux pistolet à 3 canons... Les armures confectionnées à l'intention de Louis XIII, à divers âges, donnent une idée de sa croissance. Ce fut le dernier roi à porter l'armure. 2 superbes armures japonaises offertes à la cour de France au début du XVIIe s.

– ***Galerie de l'Arsenal :*** 2 500 pièces des XVe-XVIIIe s. Sa réserve derrière les vitrines recrée l'ambiance des arsenaux du passé. On y distingue les pièces d'armement défensif (les armures) et offensif, comme les armes d'hast (lances), les armes blanches (épées), les armes de jet (arbalètes) et les armes à feu (arquebuses). Le harnachement des chevaux est également exposé. Immense couleuvrine (1500) venant de Rhodes et incroyable canon d'ornement, chef-d'œuvre de fonderie, coulé à l'occasion d'un mariage princier (couples enlacés sur les poignées). Plusieurs bombardes aussi, dont la plus grosse au monde (1480). Rien que le boulet en granit pesait 261 kg, mais sa portée était de 200 m maximum.

– ***Salle Chasse, Joute et Tournois :*** armes de chasse depuis la préhistoire... Épées, dagues, poignards, arbalètes finement ornementées, fusils à crosse en os ou ivoire gravé. Les armures de tournoi étaient autant utilisées pour les parades que pour les tournois. Au XIVe s, les tournois se transforment en joutes opposant 2 chevaliers de part et d'autre d'une lice. Ces duels se font plus rares à partir de 1559, lorsque Henri II est mortellement blessé lors d'un assaut avec le comte Montgomery.

– ***Cabinets orientaux :*** armes et costumes chinois des XVIIe et XVIIIe s. En face, la ***Salle japonaise*** : magnifiques armures et selles richement décorées. Les fascinantes armures des samouraïs étaient fabriquées en laque, en acier et en soie. Leur structure était constituée de lamelles, souvent laquées et reliées par des cordons. Cabinet ottoman, le casque-turban du sultan Bajazet II (1481-1512), fils de Mehmet II, le conquérant de Constantinople.

– ***Cabinet des Grands Fusils :*** remarquable collection de pistolets à rouet, hallebardes et mousquets à mèche. On notera la richesse du décor en nacre des crosses de mousquet. Très curieux poignard-crucifix.

– ***Salle de l'Europe :*** dans un des réfectoires. Créations des grands armuriers italiens, allemands et français. Pièces de toute beauté : armures polychromes, casques aux formes étranges comme la bourguignotte au griffon. Impressionnante armure équestre du comte-électeur palatin Otto Heinrich (1533).

Département moderne : de Louis XIV à Napoléon III (aile Orient)

Ne pas manquer, avant de franchir l'entrée, de visiter l'ancien réfectoire Vauban, décoré de peintures murales retraçant les batailles de la guerre de Dévolution (1667-1668) en Flandre et en Franche-Comté. Il présente également un imposant cortège de cavaliers du Consulat au Second Empire.

La chronologie de ce département (de 1643 à 1870) s'articule, dans un parcours en carré, autour de 5 grandes batailles emblématiques ayant impliqué les armées de terre françaises : Rocroi (1643), Fontenoy (1745), Austerlitz (1804), Waterloo (1815) et Sedan (1870), et pas que des victoires, on le verra ! Soit un peu plus de 2 siècles au cours desquels les hommes se sont parés de costumes chatoyants pour mourir au combat... Chacune de ces grandes batailles bénéficie d'un traitement multimédia remarquable permettant d'en suivre le déroulement.
Au fil des salles, à chaque étape, on passe alternativement par une illustration, côté droit, des pouvoirs en place et des politiques militaires avec un panorama des forces en présence, et, côté gauche, par le contexte purement militaire dans son rapport avec la Nation.
Ainsi, en vrac, est abordée pour les XVIIe et XVIIIe s la vie au sein des forces armées : le recrutement des soldats (la plupart du temps du racolage) ou le traitement des déserteurs, la place des mercenaires (le rôle des fameux gardes suisses). On y constate l'évolution des uniformes et les 1ers signes distinctifs permettant d'identifier les grades et les hiérarchies. Beaucoup d'armes, d'uniformes, de drapeaux, de trophées, de harnachements de cavalerie, etc. Longue liste des campagnes de Turenne, déjà propriétaire d'un régiment à l'âge de 14 ans ! Déploiement des fortifications de Vauban, qui était non seulement un ingénieur, mais aussi un économiste d'avant-garde pour avoir rédigé un « Traité de la dîme royale » préconisant un impôt à répartir entre toutes les couches de la société !
Avec Fontenoy éclate sur le théâtre de la guerre de succession d'Autriche la figure glorieuse du maréchal Maurice de Saxe, Allemand au service de Louis XV. Avec l'épisode de la guerre d'Indépendance américaine sont évoquées les figures de Rochambeau à la bataille de Yorktown, et surtout du marquis de La Fayette, dont le sabre de commandant de la Bastille nous permet de faire la transition vers la Révolution. Les guerres de la République (1792-1795) contre l'Autriche et ses alliés, avec ses soldats en haillons, sont malgré tout jalonnées de victoires : Valmy, Jemappes, Fleurus. À leur issue, la France s'est dotée d'une armée de 450 000 hommes pour à peine 28 millions d'habitants. C'est la plus puissante d'Europe. Elle combat l'ennemi extérieur qui menace d'un côté et réprime férocement les révoltes vendéennes de l'autre. À Toulon, un jeune capitaine d'artillerie fait parler la poudre et provoque l'étincelle de sa fulgurante ascension. Devenu Premier consul, il se distingue en Italie à la tête d'une fougueuse armée. Superbe plan-relief de la fameuse bataille du pont de Lodi. Sous le général en chef (habit de général porté à Marengo) se profile déjà l'homme d'État. Mais avant d'accomplir son impérial destin, Bonaparte lance son expédition d'Égypte avec 300 navires, 40 000 soldats et 15 000 marins : sabre de mamelouk, somptueux harnachement ottoman, le contenu des vitrines est éblouissant.
Chapitre suivant : en 1805, la Grande Armée, forte de 150 000 fantassins, 40 000 cavaliers et 350 canons, fonce sur Vienne à raison de 40 km par jour. Le 2 décembre, le soleil de la gloire se lève sur Austerlitz, 3 empereurs s'affrontent. Russes et Autrichiens sont vaincus, Napoléon s'empare de Vienne, l'Angleterre reste seule face au désir de conquête du maître de l'Europe. La cour impériale déploie ses fastes : maréchaux et généraux s'affublent de tenues extravagantes, l'industrie du luxe prospère à l'occasion du couronnement de l'Empereur des Français. La toile d'Ingres représentant Napoléon sur le trône impérial et la présence, dans une vitrine, du grand collier de la Légion d'honneur en attestent. Portrait de Roustan, le fidèle mamelouk qui dormait devant sa porte. Touchant : une vitrine où se tient, fier sur ses pattes, Vizir (1800-1825), le cheval arabe de Bonaparte naturalisé. Il a tout de même atteint l'âge de 25 ans et survécu à son maître ! L'épopée napoléonienne est somptueusement illustrée par les uniformes chamarrés et les équipements des campagnes de Prusse, de Pologne, d'Autriche... Redingote, chapeau, tente et lit de camp spartiate sont entrés dans la légende.

Puis vient le temps des revers : révolte espagnole, désastreuse campagne de Russie avec le terrible tableau de la bataille de la Moskowa, abdication à Fontainebleau : sur le tableau de Delaroche, on voit un Napoléon abattu et bouffi. Puis la courte aventure des Cent-Jours avec le retour de l'île d'Elbe, le débarquement sur le rivage du golfe Juan à la tête de 1 600 hommes, et le vol de l'Aigle qui, de clocher en clocher, vient s'embourber dans la plaine de Waterloo le 18 juin 1815. La cuirasse du carabinier Fauveau percée de part en part par un boulet est un terrible témoin de cette bataille où mourront 25 000 Français.

À WATERLOO, NAPOLÉON A MAL AUX FESSES

Diminué par une crise d'hémorroïdes qui l'empêchait de monter en selle, et abruti par la forte dose de laudanum que ses médecins lui avaient administrée, Napoléon ne put engager cette bataille cruciale en bonne condition. Il sortit tardivement du sommeil et ne lança la bataille que tard dans la matinée. Ces quelques heures perdues permirent à Blücher de gagner à temps le champ de bataille pour venir épauler les Anglais et défaire l'armée française. Petites causes, grands effets...

Avec la Restauration réapparaissent les fastes un peu surannés de l'Ancien Régime : buste de Louis XVIII, manteau de cérémonie de l'ordre du Saint-Esprit de l'impopulaire Charles X, puis révolution de Juillet, règne de Louis-Philippe, le roi citoyen qui organise le retour des cendres de Napoléon Ier de Sainte-Hélène en 1840. Les armées ont été réorganisées sur le modèle ancien, les titres comptent plus que le mérite pour gravir les échelons de la hiérarchie militaire. Campagne de Belgique avec l'expédition du général Gérard venu faire le siège d'Anvers pour réduire le dernier bastion tenu par les Hollandais à la suite de l'indépendance belge de 1830. Révolution de 1848 et coup d'État du prince Napoléon le 2 décembre 1851 (date anniversaire d'Austerlitz !). Portrait de Garibaldi et règne de Napoléon III avec les 1res photos de l'histoire. Le nouvel empereur a repris les aigles comme emblèmes en souvenir de son oncle. Guerres en Italie (costume de zouave) : Magenta, Solferino, la guerre s'est industrialisée, et les pertes humaines au cours des batailles sont de plus en plus effroyables. Henri Dunant crée la Croix-Rouge.

LA CASTIGLIONE

On la surnommait « la plus belle femme du siècle ». Elle fut envoyée par Cavour, père-fondateur de l'Italie, pour séduire Napoléon III afin de le convaincre de favoriser l'unité italienne. Sitôt dit, sitôt fait. Elle devient la maîtresse de l'empereur à 18 ans (lui en avait 47 !). Et Napoléon III devint bizarrement un grand défenseur de l'unification de l'Italie.

La fin du parcours se précise avec l'inutile conflit voulu par Bismarck pour consolider l'unité allemande. En 1870, malgré les neutralités russe et britannique, Napoléon III se laisse piéger en Lorraine, Bazaine est enfermé dans Metz, et la capitulation à Sedan sonne le glas du Second Empire. Gambetta fuit en ballon un Paris encerclé. Le Reich est proclamé à Versailles, et l'Alsace et la Lorraine deviennent allemandes. Début des projets de revanche...

Salles du département des 2 guerres mondiales (étages de l'aile Occident)

Entrée par la cour d'honneur, côté Occident.

3 500 m², 3 niveaux et 7 séquences sont consacrés aux collections et à l'histoire des années 1871-1945 : de la défaite de Sedan à la bombe d'Hiroshima.

– La ***salle Alsace-Lorraine*** dresse le bilan de la guerre perdue contre l'Empire allemand. La IIIe République organise l'armée de conscription en préparant les Français à la « revanche » dès l'école avec les bataillons scolaires. Évocation des guerres coloniales, levée des troupes de l'Empire : les uniformes des zouaves et des tirailleurs sénégalais, la chaise à porteurs de Gallieni et la cantine de campagne de Lyautey avec son monocle vissé au képi illustrent les joyeusetés de la *Coloniale*.

– En parallèle, ***salle Joffre,*** la montée des périls se précise avec les crises qui précèdent Sarajevo en 1914 : guerre des Boers, Fachoda, Tanger, Agadir et l'affaire Dreyfus. Les vitrines d'uniformes russes, anglais, japonais, italiens, autrichiens et allemands annoncent la déflagration de 1914, rendue inévitable par le jeu des alliances militaires. Avec son pantalon garance, son képi et ses boutons dorés, le soldat de l'armée française apparaît bien anachronique pour la guerre qui va se dérouler dans la boue des tranchées. Une superbe carte lumineuse des combats qui mènent à la bataille de la Marne explique clairement le rôle joué par les taxis parisiens, réquisitionnés sur ordre du général Gallieni. Sur la plaque du taxi exposé, vous remarquerez que la compagnie dont il dépend, *G7,* est toujours en activité de nos jours.

– La ***salle des Poilus*** restitue les conditions de vie des combattants qui s'enterrent pour 4 ans sur un front long de 756 km, qui va de la mer du Nord à la Suisse. Évocation de la vie dans les départements occupés, développement des techniques de camouflage, adoption du casque Adrien et de l'uniforme bleu horizon. Mais aussi la brutalisation de la guerre avec les gaz de combat et le bombardement des grosses pièces d'artillerie qui mutilent à jamais les corps et les âmes. Touchante échappatoire à la terrible vie des tranchées, l'artisanat naïf à partir de douilles de cuivre et la correspondance des poilus pourtant censurée par la hiérarchie.

– La ***salle Foch*** traite de la guerre sous-marine et aérienne, des théâtres d'opérations extérieures (Dardanelles, Balkans) et de l'arrivée, en 1917, des forces américaines, encore peu aguerries. Un bel hommage est rendu aux troupes coloniales. Novembre 1918 voit la fin des combats, armistice, défilé de la victoire et bâtons de maréchal pour Pétain, Joffre et Foch. L'entre-deux-guerres débute avec le bilan des hostilités qui laisse une nation épuisée ; anciens combattants et gueules cassées tentent de se réinsérer tant bien que mal dans une vie civile où le pacifisme a gagné les consciences. Traité de Versailles, occupation de la Ruhr, expos coloniales, construction de la ligne Maginot, montée des fascismes, guerres d'Abyssinie et d'Espagne, et remilitarisation mènent aux accords de Munich et à la 2e tragédie du siècle.

– La ***salle Leclerc*** débute en septembre 1939 avec la drôle de guerre et poursuit avec l'attaque des nazis vers l'ouest en 1940, la débâcle, les réfugiés, Dunkerque et l'armistice avec l'Occupation, la France de Vichy et de la Révolution nationale chère à Pétain. Photo légendaire d'Hitler devant la tour Eiffel.

– ***La salle Juin :*** le parcours se dédouble sur la période juin 1940-juillet 1943 et traite, d'une part, du conflit et de sa mondialisation – le *Blitz* sur Londres et la bataille d'Angleterre, l'opération *Barbarossa* à l'Est, la bataille de l'Atlantique, Pearl Harbor, Bir-Hakeim, Midway, Guadalcanal, Stalingrad, la guerre sous-marine, en parallèle avec la France occupée, les camps d'internement, la Milice, la rafle du Vél'd'Hiv, LVF, la tragédie de Mers el-Kébir et l'empire colonial administré par Vichy, l'occupation de la zone non occupée, le sabordage de la flotte à Toulon – et, d'autre part, de l'évolution des Forces françaises libres, de leur naissance en 1940 à leur transformation ultérieure (France combattante). À remarquer, les maquettes (échelle 1/2) des terribles V1 et V2 dans l'escalier.

– De juillet 1943 jusqu'à 1945, ***salle de Lattre,*** l'histoire des armées françaises réunies s'inscrit plus largement dans la chronologie générale de la guerre sur l'ensemble de la planète. Avec les épisodes qui jalonnent ce parcours : El-Alamein, la Tunisie, la participation de l'escadrille *Normandie-Niémen* en Russie, les débarquements en Afrique du Nord, en Sicile, *Monte Cassino* et les goumiers marocains, les figures héroïques de la Résistance, Jean Moulin, les actes de sabotage, les maquis du Vercors, la Corse (1er département libéré), l'effort de guerre américain et la construction en masse des *Liberty ships,* l'héroïsme de l'armée Rouge, le mur de l'Atlantique, les débarquements de Normandie et de Provence, la libération de

Paris et de Strasbourg jusqu'au franchissement du Rhin, les bombes alliées sur le Reich, l'occupation de l'Allemagne et les capitulations successives de l'Allemagne et du Japon après Hiroshima, les procès de Nuremberg. Un regret peut-être, l'absence, dans cette évocation, des « débordements » de la Libération. Le bilan terrifiant de la guerre : au moins 50 millions de morts (dont 30 millions de civils). Plus de 26 millions pour la seule URSS, 6 millions pour la Pologne et l'Allemagne, 580 000 pour la France... Sans compter le bilan matériel et économique, dont un tableau terrible est présenté et se résume en un chiffre hallucinant : 1 milliard de francs par jour.

– Les ***Cabinets insolites*** mettent en lumière des collections d'objets inattendus et parfois même un peu oubliés. Le 1er espace est consacré aux figurines historiques, petits soldats de plomb et de papier, et aux modèles réduits de pièces d'artillerie. Une vitrine entière est consacrée au système Gribeauval, qui a complétement réorganisé l'artillerie française. Un 2d cabinet présente une large sélection d'instruments de musique militaire principalement à vent et à percussion.

En conclusion, les moyens vidéo et multimédias utilisés font du musée de l'Armée un espace muséographique moderne. On forme le vœu que, dans le futur, les guerres coloniales comme celles du Maroc, d'Indochine et d'Algérie, et les conflits dans lesquels les armées françaises ont été engagées (Tchad, Congo, Golfe, Serbie) seront traités avec le même souci de rigueur historique.

L'Historial Charles-de-Gaulle

Entrée par la galerie de l'Orient. Les horaires de diffusion du film biographique sont annoncés à l'endroit où l'on récupère l'audioguide (gratuit et indispensable à la visite du lieu).

Architecturalement parlant, cet espace muséal est organisé sur près de 2 500 m^2 comme une réplique en creux du dôme des Invalides. Après les 2 grandes figures historiques de Louis XIV et de Napoléon, il retrace l'itinéraire d'un homme qui a épousé le destin de la France jusqu'à l'incarner pendant plus de 30 ans.

Ni mémorial ni musée au sens traditionnel du terme, l'Historial est d'abord un lieu de transmission de la connaissance avec le parti pris muséal de privilégier l'image et le son, à travers des dispositifs interactifs. De Gaulle est le 1er chef d'État français dont le parcours a été entièrement photographié et filmé. Le matériel exposé constitue un monument audiovisuel à la hauteur de son parcours. Aucun objet exposé donc, les commentaires d'un audioguide à infrarouges illustrent le propos.

Le cœur de l'Historial est constitué d'une salle où est projeté, sur 5 écrans, un film biographique de 25 mn. Ce magnifique montage d'images est en soi une synthèse de ce qu'on peut détailler au fil du parcours chronologique de la salle. On y accède par 3 portes, puisant dans chaque alcôve les clés de décryptage des 3 figures patrimoniales du général : l'homme du 18 Juin, le libérateur d'août 1944 et le fondateur de la Ve République.

On suit alors le fil rouge d'une destinée hors pair qui débute en 1890 à Lille, dans une famille de petite noblesse de robe, où le service de la France – teinté de monarchisme – et la religion servent de piliers. Si la défaite de 1870, l'humiliation de Fachoda et l'affaire Dreyfus constituent des motifs de révolte ou de revanche sur le cours de l'histoire, l'esprit de résistance d'un Gambetta et les réalisations qui contribuent à la grandeur de la France forgent déjà chez le jeune Charles les certitudes de son avenir. Une scolarité chez les jésuites d'Antoing en Belgique lui imprime le goût des lettres et de la belle langue. C'est tout naturellement à travers Saint-Cyr et les 1ers combats de 1914, les blessures et la captivité, puis les missions en Pologne et au Liban, et les intrigues de cabinet que se trace un sillon qui déviera rarement de sa trajectoire : celui d'un militaire d'exception, visionnaire, courageux et souvent ombrageux, qui se muera en théoricien prophétique de la guerre moderne et, ensuite, à 49 ans, en rebelle à la croisée des chemins de l'histoire. À Londres, ce roc inébranlable incarnant par son verbe radiodiffusé toute la

légende de la France libre refuse de subir l'histoire en s'efforçant de maintenir sa patrie dans le concert des nations souveraines, puis en œuvrant pour son redressement économique une fois les armes déposées. Dans chacune de ses actions publiques transparaît aussi le souci de s'inscrire dans une légalité sans faille, celle des institutions, quitte à en proposer de nouvelles (de tendance républicaine « musclée ») quand les anciennes s'avèrent inopérantes.
Tel un Cincinnatus des temps modernes, c'est aussi l'homme de Colombey, qui accepte la retraite dans la simplicité et la traversée du désert après la défaite électorale, mais qui se tient prêt à reprendre les rênes de la nation lorsque celle-ci est engluée dans les guerres postcoloniales. Architecte de la grandeur nationale, de la décolonisation (tardivement), partisan de la voie médiane entre les 2 superpuissances, avec la constitution d'une force de frappe indépendante, c'est aussi l'orateur planétaire dont les discours sont attendus (ou redoutés) par les peuples des quatre coins du monde. Au bout de ce parcours, c'est une société française que la prospérité retrouvée porte plus à la consommation et à l'hédonisme qu'à l'austérité que l'homme de 80 ans n'appréhende plus avec la même clairvoyance, et qui le renvoie à l'occasion d'un référendum biaisé. À sa mort en 1969, à Notre-Dame de Paris, là où le général de 1944 n'a pas daigné baisser la tête lors d'une fusillade des derniers combats, 80 chefs d'État lui rendent un dernier hommage. En 2006, une émission de France 2 le plébiscite comme « le plus grand Français de tous les temps ».

LE GÉNÉRAL EN AMÉRIQUE

En 1967, lors de sa visite à Montréal, de Gaulle prononce cette phrase restée célèbre : « Vive le Québec... libre ! » Son but n'est pas de provoquer un clash entre le Québec et le Canada, mais plutôt de regonfler les « Français du Canada » face aux voisins anglo-saxons. Dans la foulée, il déclare : « Je leur ai fait gagner 30 ans » puis, pour répondre aux critiques : « Il y a 3 catégories de gens que cela embête : les diplomates – on s'en occupe –, les journalistes – on s'en fout, ils n'écrivent pas l'histoire – et puis les Anglo-Saxons – et eux ne m'ont jamais aimé, alors... »

Le musée des Plans-reliefs

☎ 01-45-51-92-45. • museedesplansreliefs.culture.fr • Oct-mars, tlj 10h-17h ; avr-sept, tlj 10h-18h. Fermé les 1er lun oct-juin et certains j. fériés.
Installé sous les combles de l'hôtel des Invalides depuis 1777. Sachez tout d'abord que le plan-relief, qui est une maquette de place forte, fut créé à l'initiative de Louvois (secrétaire d'État à la Guerre de Louis XIV) au XVIIe s pour remédier aux imperfections de la cartographie de l'époque et pouvoir analyser précisément l'environnement d'un lieu (collines, plaines...), afin de défendre et d'attaquer les points stratégiques. D'ailleurs, ils devinrent vite une preuve de puissance royale : si on les montrait fièrement aux hôtes de marque, ils n'en relevaient pas moins du secret-défense du royaume. La collection, qui comprend plus de 100 plans-reliefs conçus entre 1668 et le dernier quart du XIXe s, a été classée Monument historique en 1927.
Avant d'entrer dans le vif du sujet, on explique aux visiteurs les techniques de fabrication (et de restauration) de ces grandes maquettes de bois : ce n'est pas rien, dans la mesure où les plus grandes mesurent 130 et 160 m^2. Le clou, bien sûr, ce sont les 28 maquettes de villes fortifiées exposées, depuis les façades atlantiques et bretonnes (Le Mont-Saint-Michel ou Oléron) jusqu'aux rives méditerranéennes (Antibes, et même Saint-Trop', qui fut fortifié avant de devenir un bastion people !), en passant par les fortifications des Pyrénées (Villefranche-de-Conflent). Visite dans une douce pénombre. Au-delà des aspects militaires, c'est aussi un très intéressant musée de la mémoire des villes, de la géographie

humaine et physique, de la sociologie de l'habitat. On voit clairement le passage de la ville fortifiée médiévale à la citadelle et son architecture en bastion, uniquement à usage militaire, qui se protège à la fois de l'extérieur et de la ville elle-même. Tout au fond, un Mont-Saint-Michel, tel qu'on pouvait le découvrir au XVIIe s.
Activités pédagogiques pour les 6-14 ans.

Le musée de l'Ordre de la Libération

Le musée présente l'histoire des Compagnons de la Libération. L'Ordre, 2d ordre national après la Légion d'honneur, a été créé durant la dernière guerre mondiale par le général de Gaulle pour récompenser les personnes ou les collectivités militaires et civiles qui se sont illustrées dans l'œuvre de la libération de la France. 1 038 hommes et femmes, 5 communes françaises et 18 unités militaires ont reçu la croix de la Libération. Charles de Gaulle, fondateur et grand-maître de l'Ordre, occupe une place centrale dans le musée, qui détient une collection unique d'objets personnels lui ayant appartenu. L'exposition permanente comporte 3 espaces (« France libre », « Résistance intérieure » et « Déportation ») et présente 2 000 pièces et documents qui illustrent le parcours de ces résistants de la 1re heure que sont les Compagnons.

Le Dôme

Visite en réalité augmentée avec tablette, dispo au comptoir du Dôme : 5 €.
Construit par Hardouin-Mansart, c'est l'un des plus majestueux monuments de la France classique ; l'édifice est, en effet, parfaitement en harmonie avec sa raison d'être, ce qui fut très rarement le cas sous Louis XIV – Versailles, impossible à chauffer, en est le meilleur exemple. Cette église au plan en croix grecque permettait au roi d'entendre la même messe que ses soldats sans les côtoyer de trop près. Et si l'architecture du tombeau est franchement mastoc, l'église, quoique solennelle, est réussie.
La décoration intérieure vaut davantage le coup d'œil que le fameux ***tombeau de Napoléon,*** qui a plus une valeur symbolique qu'esthétique. Il faut quand même savoir que les restes de Napoléon reposent dans... 6 cercueils ! Un en fer-blanc, un autre en acajou, puis un en plomb, doublé d'un autre en plomb ; pour finir, un cercueil d'ébène protégé, bien sûr, par un cercueil de chêne aujourd'hui détruit. Napoléon repose les pieds vers l'autel. Commandé à Visconti, le tombeau, ceint d'une couronne de laurier et gravé des victoires de l'Empire, fut achevé en 1861.
Comme le Dôme est devenu nécropole militaire, on trouve dans les chapelles latérales de nombreux monuments funéraires renfermant les sépultures de maréchaux célèbres : Turenne, Vauban, Foch, ou encore Lyautey, ainsi que les 2 frères de Napoléon, Joseph et Jérôme.

AUTOUR DES INVALIDES

Le musée Rodin *(plan couleur C2)*

77, rue de Varenne, 75007. ☎ 01-44-18-61-10 ou 11. • musee-rodin.fr • Ⓜ Varenne. Tlj sauf lun 10h-17h45 ; fermeture des caisses 30 mn avt. Le parc ferme à la tombée de la nuit en hiver. Réservez vos billets en accès prioritaire sur le site internet. Entrée (avec accès au jardin) : 10 € ; réduc ; gratuit moins de 18 ans ; collections permanentes gratuites moins de 25 ans et pour ts le 1er dim de chaque mois oct-mars. Audioguide (dont parcours enfant) : 6 € !

Le majestueux hôtel Biron offre une sélection d'œuvres du maître déployées selon une muséographie entièrement repensée, chronologique puis thématique. L'ensemble est sublimé par les jeux de lumière sur la matière. Une approche qui privilégie le rapport direct aux sculptures (pas de textes explicatifs), une plongée dans les œuvres, en somme fidèle à l'esprit de Rodin, qui, de son vivant, ne transmettait pas d'enseignement aux jeunes sculpteurs mais leur proposait plutôt de partager un moment de travail. Toujours dans l'idée de placer le visiteur au plus près du processus créatif de Rodin, des esquisses de plâtre ou de terre cuite sont désormais présentées en regard de l'œuvre achevée. Des œuvres enrichies par l'exposition de tout ce qui nourrissait l'artiste : sa collection de peintures et ses sculptures antiques, ainsi que des espaces consacrés à son entourage : Camille Claudel bien sûr, le peintre Eugène Carrière...
Au fil des 18 pièces, on découvre de superbes volumes, de spectaculaires boiseries, trumeaux et cheminées, de vastes fenêtres... Un écrin dans lequel Rodin a travaillé, recevant modèles vivants et admirateurs. Le sculpteur s'y sentait tellement bien qu'en 1916 il propose à l'État une donation de ses œuvres et collections à la condition que l'hôtel devienne un musée pour les abriter. Le musée ouvrira ses portes en 1919, 2 ans après la mort de Rodin, qui signe là sa dernière œuvre.
Rodin cherchait à se rendre maître des jeux d'ombre et de lumière selon la matière qu'il avait entre les mains et les formes qui y naissaient. La lumière joue un rôle majeur dans la perception de son art. Mais, même si un système d'éclairage de pointe a été mis en place (autorégulé automatiquement en fonction de l'intensité de la luminosité extérieure), rien ne vaut de découvrir le musée un jour de beau temps, tant le bâtiment est inondé de lumière naturelle à travers ses superbes ouvertures donnant sur le jardin.
De courtes animations très bien conçues consacrées au processus de fonte à la cire perdue et à la taille du marbre font office d'introduction, avant de découvrir le travail de jeunesse de Rodin (années 1860).
Au fil des salles, on ressent ce qui fait, loin de l'académisme, la singularité et la grande modernité de son œuvre. De ses sculptures émanent puissance et vie, grâce à l'expressivité de chaque membre du corps, comme l'homme de *L'Âge d'airain* (1877), dépouillé de tout attribut, que Rodin juge parasites. Une œuvre qui attira l'attention sur le sculpteur. Un intérêt doublé de suspicion. N'aurait-il pas moulé directement son modèle vivant ? Dorénavant, pour lever toute ambiguïté, Rodin sculptera des œuvres plus grandes que nature... Pour le sculpteur, le langage du corps prime, reflétant des sentiments presque palpables, parfois au détriment de la beauté. Un parti pris qui a suscité l'indignation, comme celle qui a accueilli *Celle qui fut la belle Heaulmière* (1887), qualifiée de « chose horriblement belle » par Jules Renard : une sculpture qui évoque sans fard le vieillissement des chairs. Rodin met en scène le vivant dans son individualité et non pas le symbole.

LES BOURGEOIS DE CALAIS, UNE ŒUVRE CONTROVERSÉE

Les officiels qui avaient passé commande à Rodin en 1885 rêvaient d'une statue – comme il y en avait partout – héroïquement dressée sur un piédestal. Rodin voulut au contraire que le passant soit confronté à la souffrance de ces hommes pendant la guerre de Cent Ans en posant la statue à même le sol. Avec raison, puisque ce groupe de 6 personnages grandeur nature n'en a que plus de puissance évocatrice.

Une autre singularité de l'œuvre de l'artiste réside dans son travail de fragmentation (buste sans bras...), d'agrandissement, d'assemblage de matériaux et de variation, initié au cours de ses années de jeunesse. Autant d'expériences et de techniques qui lui permettent de constituer un répertoire infini de formes, dans une grande liberté des lignes et des mouvements.

Et la découverte des œuvres du sculpteur se poursuit en plein air, dans le beau jardin, qui abrite 30 bronzes monumentaux et autant de marbres. Au terme de la visite, la magie a opéré, et on se dit qu'on passerait bien « la nuit au musée »...
Et pour combler le petit creux provoqué par la visite, cafétéria sur place.

Le Café du Musée : *☎ 01-45-55-84-39. Tlj sauf lun. Plat du jour 15 € ; sandwichs, salades, tartes salées 6-12 €.* Pourquoi ne pas admirer les œuvres du maître en déjeunant à la cafétéria ombragée située dans le parc du musée ? Jardin, terrasse. Extra aux beaux jours.

Le Bon Marché *(plan couleur C-D2)* **:** *rue de Sèvres, 75007. Ⓜ Sèvres-Babylone. À l'angle de la rue du Bac.* Le 1er grand magasin de la capitale, ouvert en 1838. La charpente métallique est d'Eiffel. M. Boucicaut racheta l'enseigne et inventa l'entrée libre sans obligation d'achat, l'affichage des prix, le principe de l'échange et du remboursement, et les 1ers soldes, ce qui fut une véritable révolution. C'est également d'ici que partit le 1er catalogue de vente par correspondance. A inspiré Émile Zola pour son livre *Au Bonheur des Dames.* Pour le besoin de celui-ci, il n'a pas hésité à interroger le personnel. Marques chic et tendance. Il y a encore quelques années, au 1er étage, le rayon soutanes approvisionnait les congrégations du coin. Aujourd'hui, *Le Bon Marché* a bien changé ! Avant de partir, faites donc un tour au rez-de-chaussée, à la fameuse *Grande Épicerie,* qui vaut le coup d'œil, et pourquoi pas un peu plus (voir plus haut la rubrique « Où manger ? »).
– Dans le square juste en face, une énorme statue représente Mme Boucicaut (symbole de la bonté et de la charité !) en train de « nourrir ses pauvres ».

Le jardin Catherine-Labouré *(plan couleur C2)* **:** *29, rue de Babylone, 75007. Ⓜ Sèvres-Babylone ou Saint-François-Xavier.* Autrefois potager de cloître, c'est aujourd'hui un véritable verger. À l'entrée, derrière les jeux d'enfants, une rangée de cerisiers ; le long des allées, des pommiers ; sur la pergola à droite, des pieds de vigne et, tout au long, une double haie de noisetiers et de groseilliers.

La rue du Bac *(plan couleur D1-2)* **:** elle porte un nom de circonstance qu'elle doit au bac qu'on pouvait emprunter à son extrémité nord pour franchir la Seine. Cette voie servait à acheminer les pierres des carrières de Montrouge pour la construction des Tuileries. Elle devint très vite le lien entre les rives droite et gauche.

7e

La chapelle Notre-Dame-de-la-Médaille-Miraculeuse *(plan couleur C-D2)* **:** *140, rue du Bac, 75007. ☎ 01-49-54-78-88. • chapellenotredamedelamedaillemiraculeuse.com • Ⓜ Sèvres-Babylone. Chapelle ouv tlj 7h45-13h, 14h30-19h (en continu mar). Messes lun-sam à 8h, 10h30 et 12h30 (mar également à 15h30 et 17h15 ; sam, également messe anticipée à 17h15), dim à 8h, 10h et 11h30. Visite libre entre les offices. Fermé 3 sem en janv.* C'est là que la Vierge est apparue à une religieuse, Catherine Labouré, le 27 novembre 1830, lui demandant de faire frapper une médaille. « Ceux qui la porteront avec confiance, lui dit-elle, jouiront d'une protection toute spéciale de la Mère de Dieu. » Depuis, la chapelle ne désemplit pas. Il y passe environ 2 460 000 personnes chaque année. Décoration de la chapelle intéressante. Dans des châsses vitrées, le corps intact de sainte Catherine (à droite), les reliques de sainte Louise (fondatrice des Filles de la Charité) et de saint Vincent de Paul (dont le cœur se trouve à droite dans le chœur, dans un reliquaire). On vient du monde entier pour y prier et y trouver des médailles miraculeuses, dont le dessin a été suggéré à Catherine par l'apparition de la Vierge.

Si d'aventure vous poussiez votre balade rue du Bac au-delà du boulevard Saint-Germain, attardez-vous un peu au nº 46, devant l'étonnante ***boutique Deyrolle,*** fondée en 1831 et dernier taxidermiste de Paris (tous les animaux sont morts de manière naturelle). Superbe magasin en bois, à l'ancienne, qui avait dû fermer il y a quelques années, à la suite d'un incendie majeur qui avait ravagé une partie des collections ainsi que le mobilier d'origine. Aujourd'hui, la restauration terminée, le magasin expose à nouveau ses collections et articles de luxe. Chapeau bas ! On y trouve aussi les célèbres « planches Deyrolle », suspendues aux murs de nos écoles pendant 150 ans. Elles avaient pour but d'enseigner aux élèves l'instruction civique, la géographie, les animaux, les plantes ou le corps humain. Et contribuaient aussi à lutter contre certains fléaux (l'alcoolisme, par exemple). Les plus belles planches ont été assemblées dans 2 superbes livres, *Leçons de choses* (tomes I et II), publiés chez Michel Lafon.

Avis aux fans de Serge Gainsbourg : si vous continuez votre chemin vers la Seine, n'oubliez pas de passer devant le 5 bis, ***rue de Verneuil*** *(plan couleur D1)*, où vivait l'artiste. La façade de sa maison est décorée en permanence de dessins et de poèmes, tous dédiés à la mémoire de « l'homme à la tête de chou », disparu le 2 mars 1991. Émouvant, même si l'on n'est pas un fan de la 1re heure (ni de la dernière).

LE FAUBOURG SAINT-GERMAIN

Entre l'esplanade des Invalides et le boulevard Saint-Germain s'étend le quartier des ministères et des ambassades. Ils occupent la plupart des grands hôtels particuliers construits ici dans la 1re partie du XVIIIe s, quand le Marais était sur le déclin. Sur près de 200 ha, on en trouve au moins 150. En semaine, on peut éventuellement apercevoir des cours et des jardins. Le week-end, tout est fermé, le quartier est mort. Seule la rue du Bac, commerçante sur une partie de son tracé, reste animée. Superbe fontaine du XVIIIe s, au 59, rue de Grenelle. Au 57, rue de Varenne, l'***hôtel Matignon*** *(plan couleur C2)*, où est installé le Premier ministre.

Un peu de socio : une petite étude des privilégiés qui s'enferment derrière les porches du faubourg se révèle assez fascinante, parce qu'on y retrouve côte à côte, et en bon voisinage, des membres de toutes les classes qui ont successivement dominé la vie politique ou économique depuis 3 siècles. Si les énarques et autres hauts fonctionnaires se contentent d'un 5-pièces avenue Rapp ou avenue Bosquet, quelques milliardaires se sont offert leur petit hôtel. Avant eux, les ministères républicains s'étaient installés sous les lambris royaux ; entre le boulevard Saint-Germain et les Invalides, pas moins d'une douzaine de ministères et un ballet incessant de voitures à cocarde. Tout ce monde se connaît et se reçoit. Enfin, les derniers habitants d'un quartier dont, curieusement, les grandes sociétés sont absentes sont les héritiers de grandes familles de France ; plusieurs dizaines d'entre eux habitent encore, après quelques révolutions et pas mal de problèmes, les hôtels que leurs ancêtres firent construire voilà 200 ou 300 ans...

Le musée Maillol – Fondation Dina-Vierny *(plan couleur D2)* **:** *61, rue de Grenelle, 75007. ☎ 01-42-22-59-58. • museemaillol.com • Ⓜ Rue-du-Bac. Bus nos 63, 68, 69, 83 et 84. Ouv en période d'expo temporaire tlj 10h30-18h30 (20h30 ven). Entrée : 13 € ; 11 € sur présentation de ce guide.* Ce musée fraîchement rénové est le résultat d'une extraordinaire passion : celle de Dina Vierny pour l'art, et pour Aristide Maillol en particulier. Elle fut d'ailleurs le modèle privilégié de l'artiste, comme on peut le constater tout au long de la visite (ainsi que de Matisse, Dufy, Bonnard...). Les sculptures de Maillol et ses tableaux (il fut d'abord peintre dans la mouvance des Nabis avant de se consacrer à la sculpture) sont présentés dans un superbe hôtel particulier orné, sur la façade extérieure, de la *fontaine des Quatre-Saisons* de Bouchardon (XVIIIe s). Tous les ans, 2 grandes expos mettent l'art moderne et contemporain à l'honneur, en lien avec la collection permanente et la figure d'Aristide Maillol.

LE MUSÉE D'ORSAY *(plan couleur D1)*

62, rue de Lille, 75007. Infos générales : ☎ 01-40-49-48-14 ou 00. • musee-orsay.fr • Ⓜ Solférino ; RER C : Musée-d'Orsay. Entrée par le parvis, 1, rue de la Légion-d'Honneur.
Dans son fabuleux écrin, Orsay est l'un des plus beaux musées du monde, en toute simplicité. Musée complet, il permet d'embrasser en un seul lieu tout l'éventail de la création artistique de 1848 à 1914 : sculpture, peinture, architecture, arts décoratifs et graphiques, et photographie. C'est aussi un musée interdisciplinaire, qui renvoie à la littérature, à la musique et à la vie quotidienne du Second Empire et des débuts de la IIIe République. Son mérite est de pouvoir y confronter l'art officiel et académique avec les courants novateurs qui bouleversèrent l'histoire de l'art. On peut y suivre pas à pas la démarche des peintres et des sculpteurs qui, à l'avènement du XXe s, provoquèrent la plus grande révolution esthétique depuis la Renaissance. Des expositions temporaires y sont régulièrement présentées pour souligner les contextes historique, économique et social de cette période artistique foisonnante d'une richesse exceptionnelle.

UN PEU D'HISTOIRE

L'intérieur du bâtiment, bien que construit à la fin du XIXe s, est nettement du style « 1900 éclectique, rococo, Napoléon III », plus proche d'un palais que d'une gare. Les trains y arrivaient tractés électriquement pour éviter fumée et suie. Construite à l'occasion de l'Exposition universelle afin d'acheminer les visiteurs le plus au centre possible, elle ne fonctionna que jusqu'en 1939, et à la Libération, elle servit de centre d'accueil pour les prisonniers des camps. Sauvée de la démolition, elle est inscrite à l'inventaire des Monuments historiques. L'idée d'y créer un musée prit corps en 1977, et François Mitterrand l'inaugura en 1986.
Le musée a récemment fait peau neuve au terme d'un vaste chantier, alors courez-y !

RENSEIGNEMENTS PRATIQUES

Horaires d'ouverture et tarifs

Tlj sauf lun 9h30-18h (21h45 jeu) ; fermeture des caisses 45 mn avt. Résas et vente à l'avance sur • digitick.com • ticketmaster.fr • Entrée : 14 €, qui donne accès aux collections permanentes et temporaires ; tarif réduit : 11 € ; gratuit moins de 26 ans et pour ts le 1er dim de chaque mois.
– Il y a 2 entrées : l'entrée A (côté Seine), pour les visiteurs sans billet, est souvent archiblindée. Ceux qui sont munis de billet se présentent à l'entrée C (à l'opposé, côté rue de Lille). Sans préachat de billet, il est toujours possible de s'en procurer au kiosque à journaux, en contrebas des marches de l'esplanade. Pour l'exposition en cours, les billets sont sans horaire et ne tiennent pas compte des flux. Certains jours, vous risquez de faire la queue longtemps !
– Le mardi est un jour d'affluence, la plupart des musées, dont le Louvre, étant fermés. Les mercredi et vendredi sont plus calmes. Reste la nocturne le jeudi, surtout entre 18h et 20h, pour profiter au mieux des œuvres.
– Visites générales guidées *(durée : 1h30)*. Et nombreuses visites thématiques : par artistes, par genres, etc. Programme détaillé à l'accueil ou sur Internet.
– Il existe un passeport Orsay-Rodin *(18 €)*, qui sert aussi de coupe-file, ainsi qu'un billet Orsay-Orangerie *(18 €)* pour une visite dans chaque musée dans les 3 mois.

Où manger ? Où boire un verre ?

🍴 ***Le Restaurant :*** *au niveau 2 du musée. ☎ 01-45-49-42-33. ♿ Accès par le musée. Déj tlj sauf lun 11h45-14h45 ; salon de thé tlj sauf lun et jeu 15h-17h30 ; formule dîner (67 €) jeu 19h-21h30. Formule déj 22-32 € ; menu-enfants jusqu'à 10 ans 7,90 € ; plats 17-23 €.* Cadre classé, luxueux (plafond peint, panneaux peints, dorures), pour une cuisine correcte, à vocation gastronomique et à prix raisonnables.

🍸 ***Le Café Campana :*** *au niveau 5.* Un espace créé de toute pièce au bout de la galerie impressionniste et griffé par les frères Campana : tulipes dorées au plafond, chaises tréflées et guirlandes de buisson de métal orangé sur fond de grande horloge. Carte de brasserie, salades.

🍸 On trouve aussi, au fond de la nef, le ***Café de l'Ours*** : jolie vue d'ensemble sur les sculptures, mais bruyant. Petite restauration.

À VOIR

Nous n'allons pas énumérer ici tout ce qu'il y a à voir : chaque pièce, pour ainsi dire, est un chef-d'œuvre ! Indispensable : prendre à l'accueil le plan du musée, indiquant clairement la disposition des salles ainsi que les grandes lignes de leur contenu.

Attention, les collections du musée étant en cours de réaménagement à l'heure où nous publions, certaines œuvres peuvent temporairement être retirées de l'exposition et certaines salles peuvent être fermées au public. Il est préférable de consulter le plan interactif, réactualisé tous les jours sur le site du musée, pour éviter les mauvaises surprises.

Présentation des collections

La peinture

Chronologiquement, les collections s'intercalent entre celles du Louvre (avant 1848) et celles du Centre Pompidou (après 1914). Elles débutent avec des artistes encore marqués par l'Antiquité et le courant académiste, imposés lors des Salons annuels qui donnaient accès aux commandes officielles.

Épaulés par une critique conformiste, Jean-Léon Gérôme, Alexandre Cabanel et William Bougereau cadenassèrent le « système des Beaux-Arts ». Pourtant, les prémices d'une révolution discrète s'annonçaient, sous le pinceau d'artistes héritiers du classicisme, comme Ingres ou les paysagistes de l'école de Barbizon, et surtout de Courbet, figure majeure du réalisme. Parallèlement à la colonisation, l'appel au voyage s'illustra par l'école des Orientalistes. Avec Manet, Degas et Monet en fer de lance, les impressionnistes révolutionnèrent définitivement la peinture par une recherche nouvelle de la représentation de la lumière. Ces collections impressionnistes, constituées au fil des généreuses donations et des acquisitions, sont parmi les plus riches au monde. Énumérer les noms de Bazille, Renoir, Sisley, Cézanne, Pissarro, Caillebotte, Morisot... suffit pour s'en convaincre.

« Encore plus loin dans la couleur » fut le leitmotiv des postimpressionnistes comme Seurat, Signac et Cross, puis des Nabis, qui poussèrent davantage encore les recherches jusqu'à l'apothéose avec Gauguin, Van Gogh et Toulouse-Lautrec. N'oublions pas de citer dans l'intervalle le courant symboliste, qui, rejetant l'inspiration par la nature, ne s'adresse pas au regard de l'homme, mais à l'imagination et à la force de l'esprit.

La sculpture

Bénéficiant de la manne des commandes publiques, la sculpture a considérablement gagné en visibilité dans la 2de moitié du XIXe s. Du souffle romantique au nouveau stylisme en vogue au tournant du XXe s, la collection de sculptures emprunte les nombreuses voies où se sont illustrés des artistes majeurs, dont les œuvres jalonnent les terrasses et l'allée centrale. Elle s'amorce dès l'entrée avec un *Jean-Léon Gérôme exécutant les gladiateurs* (tout un programme !), et se termine en apothéose avec *Les Quatre Parties du monde* de Carpeaux, commandées par le baron Haussmann pour la fontaine du jardin du Luxembourg. À noter, à l'extérieur, les 6 statues féminines accompagnées d'animaux, représentant les 6 continents (il y a 2 Amériques).

EN HOMMAGE À VICTOR SCHŒLCHER

La statue de Carpeaux représente les continents en dehors de l'Océanie. Il rend, par ce biais, un hommage à l'abolition de l'esclavage prônée par Victor Schœlcher, le député abolitionniste : l'Afrique porte à la cheville la chaîne brisée des esclaves.

L'architecture

Tout au fond de la grande allée, un espace permanent lui est affecté avec, sous une dalle de verre, la maquette du quartier de l'Opéra et celle du bâtiment du Crédit lyonnais avec sa verrière en cristal.

Les arts décoratifs

Ils sont loin d'être les parents pauvres du musée. Un espace leur est même entièrement dédié. On y découvre la section des Nabis après 1900 et les variations sur l'Art nouveau en provenance de plusieurs pays d'Europe.

Rez-de-chaussée

L'***allée centrale*** constitue la voie royale du musée : les marbres, les plâtres, les bronzes et les onyx scandent l'espace en une majestueuse progression graduée. Les échappées latérales de la nef permettent de visiter des petites salles en enfilade où les œuvres sont présentées par thèmes ou écoles. Au centre de la galerie, impossible de manquer l'expressif *Ugolin* de Carpeaux devant l'immense tableau de Couture, *Les Romains de la décadence,* une dénonciation de la monarchie incarnée par le regard sévère des 2 philosophes à droite de la composition. Présenté au Salon de 1847, ce tableau marque le point de départ chronologique des collections.

– Commençons par le côté droit de l'allée centrale ***(salles 1 à 3)*** avec les ***grands classiques*** et les ***romantiques,*** à qui les impressionnistes doivent beaucoup. Quelques « officiels » reconnus : le maître Ingres, avec notamment *La Source,* incontestablement influencé par Raphaël ; *La Naissance de Vénus,* de Bouguereau (que J. K. Huysmans, dans sa féroce critique, qualifiait de « baudruche mal gonflée, faite de chair molle de poulpe » – Bouguereau régnait en maître absolu sur les choix du Salon, et ses adversaires ne l'épargnaient pas !) ; ou la *Réception du Grand Condé à Versailles,* de Jean-Léon Gérôme.

À l'arrière, la ***galerie Lille,*** héberge les maîtres du ***symbolisme*** : Puvis de Chavannes – que Dalí appelait « Pubis de Cheval » –, qui a influencé jusqu'à Picasso et Matisse, ou encore les magnifiques *Orphée* et *Galatée* de Moreau, foisonnant de paillettes dorées.

– ***Salle 68 :*** les ***Nabis*** avant 1900. Le mot « nabi » viendrait de *nevi'im,* un mot hébreu qui signifierait « prophète » ou « illuminé ». Le mouvement fut fondé par Paul Sérusier, opposé à l'académisme encore dominant au début du XXe s. Les Nabis cherchèrent des voies spirituelles au contact de philosophies nouvelles teintées d'Orient, d'ésotérisme et de théosophie, et utilisèrent de grands à-plats de couleurs pures comme « sorties du tube ». On retrouve dans leur peinture une influence très nette de l'école de Pont-Aven et de Paul Gauguin. Autour de Sérusier, Vallotton *(Madame Bernheim),* Vuillard *(Le Passeur),* Denis, Roussel, Ranson et Bonnard *(Maison de Misia).*

En poursuivant à droite de l'allée centrale ***(salle 11),*** tableaux de Tissot et de l'***école de Paris,*** puis, ***salle 13,*** Degas avant 1870, dont les courses hippiques sont un des thèmes de prédilection. Le paisible Douanier Rousseau nous donne une surprenante évocation de la guerre.

Et pour clôturer en beauté : Toulouse-Lautrec, en ***salle 10,*** avec ses illustrations grand format de *La Vie parisienne,* en compagnie des panneaux décoratifs de Vuillard sur le thème des *Jardins publics.* Une curiosité : l'audacieux vitrail réalisé par Tiffany à partir d'un carton de Toulouse-Lautrec, intitulé *Au nouveau cirque, papa Chrysanthème.*

– Retour vers l'allée centrale, côté gauche : la ***Galerie Seine*** et ***les salles 4 à 6***, abritent toute l'***école de Barbizon*** de la ***collection Chauchard*** : Corot, Millet, Daubigny, Théodore Rousseau nous sensibilisent, dans un registre un peu nostalgique, aux beautés de la nature qui disparaît petit à petit avec la révolution industrielle. Le monde agricole est exalté avec le célébrissime *Angélus* et *La Bergère et son troupeau,* tous 2 de Millet, et surtout le puissant *Labourage nivernais* de Rosa Bonheur, avec des bœufs écumant sous l'effort.

On trouve Daumier en ***salle 4,*** où l'extraordinaire talent du caricaturiste est mis en valeur par une habile scénographie de la série des *Parlementaires,* statuettes de terre crue décorées à l'huile.

– Dans la ***salle 14,*** Manet nous offre son *Olympia* en majesté, elle qui fit tant de scandale par son modèle dont le cou, entouré d'un lacet coquin, révèle l'immoralité de la prostituée. Considéré comme « inachevé » aux yeux du jury, le tableau fut refusé par le Salon de 1865 : regardez bien le bouquet, il est composé de taches de couleurs et, en cela, *Olympia* peut être considéré comme le véritable début de l'impressionnisme.

– La ***salle 7*** est affectée aux grands formats académiques de Salon. On y trouve la *Divina Tragedia* de Chenevard et un bien fade *Été* de Puvis de Chavannes. Y sont exposés également les grands formats de Courbet. 3 œuvres maîtresses : *Un enterrement à Ornans,* tableau-manifeste du mouvement réaliste, démoli par la critique en 1850 qui se demandait comment « il était possible de peindre des gens aussi affreux » ; *L'Atelier du peintre,* œuvre onirique malgré elle, et plusieurs compositions à la gloire des cervidés dont le poignant *Hallali du cerf*.

7e

– Dans la ***galerie des peintures de Salon dédiées à l'histoire,*** on notera l'engouement pour le drame romantico-médiéval avec la *Mort de Francesca de Rimini et de Paolo Malatesta* de Cabanel... Regardez bien : l'assassin se dissimule derrière le rideau !

– À l'arrière, les ***salles 15 et 16*** mettent en scène l'***orientalisme,*** reflet d'un véritable engouement pour l'Orient, l'Afrique et l'Asie. Ces compositions sont souvent de grande taille, comme celle de Charles-Émile de Tournemine qui nous entraîne boire le café – turc, bien sûr – en Anatolie, avant de nous émouvoir du bain des éléphants d'Afrique au couchant. Fascination des déserts avec Léon Bailly et ses *Pèlerins allant vers La Mecque,* et avec Guillaumet, qui nous convie à la *Prière du soir* dans un campement du Sahara baigné dans la lumière aveuglante du désert.

– Les ***salles 22 et 23*** sont dédiées aux ***arts décoratifs*** au Second Empire, reflétant par leurs fastes la prospérité économique de la bourgeoisie enrichie par la banque et le négoce. On y remarque une étonnante armoire de cèdre, sertie de bronzes et cuivres inspirés par la Gaule antique, avec, au sommet, le casque d'Astérix !

– Du rez-de-chaussée, empruntez les escalators qui mènent directement au 5e niveau, pour vous plonger dans l'univers des impressionnistes. À la fin de ce parcours, on redescendra pour aborder les galeries et terrasses du niveau médian.

Niveau supérieur

L'***impressionnisme*** fit son entrée dans l'histoire de l'art en 1874, lors de la 1re exposition organisée autour des œuvres de Monet, Renoir, Degas, Cézanne,

Pissarro, Sisley et Morisot. Ceux-ci se distinguaient de leurs prédécesseurs essentiellement par une nouvelle façon de peindre leurs « impressions », forcément subjectives, face aux changements du monde qui les entourait. À coups de touches rapides, de cadrages décentrés, de couleurs claires, ils restituaient les variations des saisons, le décor urbain parisien, les bals et les cafés, les lieux de loisirs ou d'industrie, ce qui les opposait forcément à la peinture officielle, solennelle et trop « léchée ». La reconnaissance vint des critiques, comme Zola, ou d'audacieux marchands, comme Paul Durand-Ruel, partisans déclarés de cette modernité dans l'art. 8 expositions furent montées jusqu'en 1888, puis de nouvelles tendances virent le jour, mais ce fut cette vision non réaliste du monde qui fit, ensuite, le lit de l'art moderne.
On est emporté par le tourbillon de chefs-d'œuvre qui se bousculent : à défaut de tout décrire, voilà quelques-uns de nos coups de cœur.
– ***Salles 29 à 32 :*** 2 ans avant l'*Olympia,* Manet s'était déjà fait quelques ennemis en exposant le *Déjeuner sur l'herbe,* que Napoléon III avait jugé indécent. Le sujet fut violemment controversé, mais la nouvelle technique à la touche large et l'absence de la perspective chère aux classiques attirèrent l'attention. *Le Balcon* du même Manet détourne étrangement les conventions du portrait – même sa belle-sœur, la jolie Berthe Morisot, assise, semble perplexe. De Fantin-Latour, l'*Atelier aux Batignolles,* avec Manet aux pinceaux devant son chevalet. Et de Monet, l'incontournable *Déjeuner sur l'herbe.* Puis, *Les Coquelicots,* aux taches rouges disproportionnées accentuant l'impression visuelle, et *Les Dindons,* grand format décoratif avec les volatiles dans une lumière rasante (Monet en élevait à Giverny). *La Liseuse* de Renoir et *La Lecture* de Manet offrent 2 variations sur un même thème. Un quintette de paysages de Sisley, cet Anglais amoureux fou de la France, côtoie l'*Orchestre de l'opéra* et la *Classe de danse* de Degas, dont les cadrages sont très influencés par la photographie. Noter également, de Manet, le beau portrait aux yeux noirs de *Berthe Morisot,* sa belle-sœur, également peintre.
On ne peut passer sous silence le célébrissime *Bal du Moulin de la Galette* de Renoir, dont la restauration et le nouvel éclairage révèlent tous les détails : on voit nettement ces petites touches de vert sur les vêtements des danseurs, restituant admirablement le jeu de la lumière filtrée par le couvert du feuillage. Cela procure au spectateur une impression de fête mêlée de joie de vivre. La *Balançoire* relève de la même démarche. De Manet, un portrait de *Georges Clemenceau* jeune, le futur Tigre, qui restera toute sa vie un indéfectible ami des peintres. Avec la *Rue Montorgueil* bruissant de drapeaux tricolores et la *Gare Saint-Lazare* dans les volutes de vapeur des locomotives, Monet excelle dans la restitution des ambiances urbaines de son Paris. Pour clôturer la salle en beauté, dans les *Raboteurs de parquet,* dans un surprenant cadrage large et à contre-jour, Caillebotte se penche sur le labeur ouvrier.

LE PETIT RAT DE DEGAS

Cette sculpture d'une jeune fille de 14 ans, 1re sculpture « habillée » connue, rappelle aussi que Degas était fasciné par ces jeunes danseuses. D'origine modeste et mineures, elles étaient la proie de « riches protecteurs » qui les attendaient à la fin du spectacle. Moyennant quelques subsides et soupers fins, on n'hésitait pas à abuser d'elles. On prétendait vivre à la « Belle Époque »…

– ***Salle 33,*** 2 vitrines consacrées à Degas : d'un côté, des petits bronzes de danseuses, de l'autre, ses chers chevaux.
– Au milieu de la ***salle 34,*** le bronze de Rodin, *L'Âge d'airain,* la statue qui le rendit célèbre à l'âge de 37 ans. Réalisée à Bruxelles, elle provoqua un scandale : on l'accusa d'avoir fait un moulage de plâtre sur un modèle vivant, un soldat belge !
Le paysage est un des thèmes de cette salle avec notamment 3 évocations des beautés de l'hiver par Monet, et ***La Bergère*** de Pissarro.

– ***Salle 35 :*** grande amie de Degas, l'Américaine Mary Cassatt *(Jeune fille au jardin)* excelle dans le portrait, notamment celui des enfants, qui deviendra son thème de prédilection.

– ***Salle 36 :*** début de la fin de la période impressionniste. Pendant que Monet célèbre la fin de l'été avec une des ses *Meules,* Cézanne développe, avec *Pommes et oranges* et *Table de cuisine,* son goût marqué pour les natures mortes, où il excellera toute sa vie. Renoir en majesté expose ses variations sur la chair généreuse des fraîches jeunes filles qui ne se départissent jamais de leur petit minois aux yeux rieurs, qu'elles soient au piano, au bain, à leur toilette ou alanguies sur des coussins. Monet, lui, se noie dans les ***Bras de Seine*** près de Giverny.

– Les ***salles 70 à 72*** sont consacrées aux ***postimpressionnistes.*** En plus d'une partie de ses bois sculptés à Tahiti et aux Marquises, Gauguin tient la vedette avec sa *Belle Angèle* et ses *Meules jaunes,* qui répondent aux chauds coloris de la *Moisson au bord de mer* d'Émile Bernard.

Ensuite, si on a déjà été saupoudré du mélange subtil des coloris par la salle précédente, là c'est carrément l'explosion ! Avec Van Gogh, maître incontesté de la couleur, on s'en met plein les mirettes : son *Arlésienne* ne fait pas longtemps attendre le flot des émotions esthétiques. L'extraordinaire *Portrait de l'artiste,* peint à Saint-Rémy, où Vincent interroge anxieusement son image, à la fois lucide et tourmenté, sur fond de volutes d'un bleu-vert intense. Le bon docteur Gachet, l'ami des peintres, se révèle plein de compassion en le soignant à Auvers, mais l'hallucinante vision dramatique de *L'Église d'Auvers-sur-Oise* annonce sa fin de vie dramatique. La *Nuit étoilée,* malgré l'intensité du firmament, apaise les angoisses par la présence presque discrète d'un couple d'amoureux. Il est temps de se reposer dans sa *Chambre à Arles* entre les murs lilas, les draps citron et la couverture écarlate, tellement connue qu'on oublie parfois de la regarder attentivement et d'en découvrir toutes les nuances.

VAN GOGH NE SE SERAIT PAS SUICIDÉ

En 2011, une nouvelle biographie du peintre a évoqué l'hypothèse que sa mort pourrait avoir été accidentelle. Van Gogh aurait été blessé d'un coup de fusil involontaire provoqué par un duo d'adolescents qu'il connaissait bien. Le peintre aurait alors décidé d'endosser la responsabilité de l'incident pour les protéger. Van Gogh n'aurait donc pas cherché activement à mourir mais, face à cette issue, il l'aurait acceptée « pour l'amour de son frère, pour lequel il était un poids financier ».

7e

Galeries du niveau médian

– Côté Seine, à partir de l'entrée, les ors et les pompes de la IIIe République avec la *Salle des fêtes* ***(salle 51),*** agrémentés de sujets allégoriques dans la plus belle tradition du style pompier.

– La ***salle 54*** accueille le legs de la dotation Meyer : Bonnard, Cézanne, Manet et Vuillard y cohabitent sans trop se bousculer.

– Les ***salles 55, 56, 58 et 59,*** consacrées au ***naturalisme*** et au ***symbolisme,*** nous confrontent aux sujets illustrant le monde du travail : œuvres remarquables (même si trop académiques ou outrageusement lyriques pour certaines de l'école symboliste). Citons *La Paye*

POMPE FUNÈBRE

En 1899, le président Félix Faure meurt à l'Élysée dans les bras de sa jolie maîtresse Mme Steinheil, suite à une fellation particulièrement appliquée. La statue lascive et nue de la demi-mondaine se trouve salle 58 (niveau médian), après avoir été cachée au public pendant bien des années.

des moissonneurs de Léon Lhermitte, étonnante de réalisme, et l'immense *Rêve* d'Édouard Detaille, qui nous montre, près d'un champ de bataille, un bivouac à la belle étoile, où les soldats sont visités par un songe d'où surgissent leurs aïeux de la Grande Armée... Dans un décor urbain flamand, le monumental triptyque *Âges de l'ouvrier* de Léon Frédéric. Au rayon « curiosités », la toile du cortège préhistorique *Caïn* de Cormon, inspirée du récit de Victor Hugo. ***Salle 59,*** les éphèbes alanguis du Belge Deville donnent une idée ambiguë de l'enseignement de Platon, et un kitschissime *Chevalier aux fleurs* de Rossegrosse nous montre, dans la veine préraphaélite, un chaste Parsifal insensible au charme de filles dont les corps sont à peine masqués par des fleurs.

POURQUOI « POMPIER » ?

L'utilisation du mot « pompier » est apparue au XIXe s pour tourner en dérision l'art académique, par allusion aux casques brillants des personnages des grandes compositions pompeuses, rappelant ceux des sapeurs-pompiers.

– Les ***salles 57 et 60*** sont dédiées à la ***collection Kaganovitch*** : *Le Baiser* de Daumier et le flamboyant *Restaurant de la Machine à Bougival* de Vlaminck. Sur la terrasse, côté Seine, ne pas passer trop rapidement les œuvres de Camille Claudel et de Rodin.
– ***Salles 61 à 66,*** consacrées à l'***Art nouveau*** en France, en Belgique, en Italie et en Espagne : boiseries d'inspiration floralede la salle à manger de Charpentier et meubles en marqueterie d'Émile Gallé et de Majorelle. Vitraux et meubles de Guimard, chef de file de l'école de Nancy, puis, pour l'Art nouveau belge, le mobilier de chambre de Serrurier-Bovy, l'écritoire et le fauteuil aux lignes « coup de fouet » de l'architecte Henri Van de Velde.
– Les ***Salles 67 à 72*** sont réservées aux expositions temporaires.
– Sur la ***terrasse du fond de nef,*** les œuvres majeures de Rodin : *Ugolin* et le plâtre monumental de *La Porte de l'Enfer.*
– De l'autre côté du niveau médian, dans la galerie Françoise Cachin, les sculptures de Degas, Maillol, Bourdelle et Bartholomé font concurrence au hiératique *Balzac,* qui provoqua un scandale digne de l'affaire Dreyfus.
– Le ***pavillon Amont,*** ancienne salle des machines de la gare, complètement réaménagé, s'étale sur 5 niveaux et présente, aux niveaux 2, 3 et 4, les arts décoratifs et l'Art nouveau international des années 1900
– Au ***niveau 5,*** dans le ***Salon de l'Horloge*** qui rejoint la galerie impressionniste, on peut conclure la visite par quelques statuettes en bronze de Degas et admirer la Seine et le Louvre depuis la vitrine de l'horloge.

7e

MANIAQUERIE

Pierre Bonnard était ultra-perfectionniste. Il se baladait dans les musées, observant ses œuvres accrochées aux murs. À la moindre imperfection, il sortait ses pinceaux pour quelques retouches. On imagine assez bien les foudres des gardiens !

AUTOUR DU MUSÉE D'ORSAY

Le musée de la Légion d'honneur et des Ordres de chevalerie (plan couleur D1) : *2, rue de la Légion-d'Honneur, 75007. ☎ 01-40-62-84-25. • legiondhonneur.fr • Ⓜ Solférino ; RER C : Musée-d'Orsay. ♿ Mer-dim 13h-18h (dernière entrée à 17h30). Fermé certains j. fériés. GRATUIT. Audioguide gratuit.*
Occupe, en face du musée d'Orsay, le bel hôtel de Salm, incendié sous la Commune mais dont subsistent les superbes façades XVIIIe. Belle cour à colonnades néoclassique (au 64, rue de Lille). Par la variété et la qualité des documents exposés, c'est autant un musée d'histoire qu'un musée de société.

Rappelons que l'ordre de la Légion d'honneur fut créé en 1802 par Bonaparte, alors Premier consul, pour récompenser le talent, le courage et le dévouement au service de la Nation. Les admirateurs de Napoléon pourront y retrouver de nombreux objets lui ayant appartenu (pistolets, épée, cuirasse, grand collier, son portrait par Gros). Vitrines consacrées aux ordres de chevalerie (Toison d'or, Malte et Saint-Sépulcre), aux ordres royaux (Saint-Lazare, Saint-Michel, Saint-Esprit) et décorations françaises du XVIe au XXe s, Médaille militaire, ordre national du Mérite. Importante exposition d'ordres étrangers, dont certains encore décernés de nos jours. Nombreux objets d'art, tableaux, tapisseries exposés dans des salles fraîchement restaurées, enrichies de nouvelles œuvres et d'écrans pédagogiques qui permettent de mieux comprendre l'histoire et le fonctionnement des décorations. On peut s'amuser à parcourir la base de données pour découvrir qui sont les décorés de la Légion d'honneur et de l'ordre national du Mérite.

ET POURQUOI PAS LA SAINT-NAPOLÉON ?

L'Empereur, qui n'avait peur de rien, l'institua dès 1805. Il choisit le 15 août, sa date de naissance, qui était aussi celle de la fête de la Vierge. Le pape Pie VII faillit en avaler sa tiare. Évidemment supprimée par Louis XVIII, cette fête fut rétablie par Napoléon III.

À noter que, lors de son investiture, le président de la République se voit présenter le grand collier au titre de grand maître de la Légion d'honneur, qui est ensuite exposé toute l'année au musée.

L'Assemblée nationale *(plan couleur C1) : 33 bis, quai d'Orsay, 75007. ☎ 01-40-63-60-00. • assemblee-nationale.fr • Ⓜ Assemblée-Nationale ou Invalides. Différentes possibilités de visites : guidées quand l'Assemblée siège ; libres quand l'Assemblée ne siège pas. Pour réserver, prendre contact avec un député. Se présenter min 15 mn avt, muni d'une carte d'identité. Tenue correcte exigée. L'accès à l'Assemblée est bien évidemment gratuit, puisque c'est la maison de ts les citoyens ! Possibilité d'assister aux séances en s'inscrivant sur le site (max 10 pers pour les questions au gouvernement, 30 pers pour les autres séances).*

Notre chère Assemblée arbore sa pompeuse colonnade depuis Napoléon, greffée sur un hôtel particulier du XVIIIe s pour faire pendant à la Madeleine.

Depuis 1798, le palais Bourbon héberge la « représentation nationale », à savoir les députés. Au fil des soubresauts de l'histoire, l'hémicycle du Directoire a subi de nombreuses transformations pour pouvoir accueillir les séances de l'Assemblée. C'est une petite ville de 3 000 habitants, avec son bureau de poste, son kiosque à journaux, sa boutique, son coiffeur... Les passionnés de la chose politique auront donc tout intérêt à se présenter aux heures de travail des députés pour assister à une séance publique (en général les mardi, mercredi et jeudi d'octobre à juin). Pour cela, on rappelle qu'il est préférable d'avoir obtenu au préalable une carte d'invitation d'un député, en s'adressant à lui par écrit (la liste des députés est disponible sur le site internet de l'Assemblée nationale). Les séances de questions au gouvernement sont les plus courues, car souvent les plus animées.

Et si vous êtes devant l'Assemblée, faites donc quelques pas vers l'ouest (à droite) pour découvrir le superbe hôtel de Lassay (début XVIIIe s), aujourd'hui résidence du président de l'Assemblée nationale.

Le 7e arrondissement possède également quelques superbes exemples d'***Art nouveau*** appliqué à l'architecture. L'Art nouveau, né en réaction à l'académisme des formes à la fin du XIXe s, s'inspira largement de l'art japonais. Au 29, avenue Rapp, une porte et son encadrement d'un foisonnement et d'une exubérance proches du délire. Voir la jolie nymphette au sein menu qui provoque les passants... Le monument le plus photographié du 7e après la tour Eiffel est dû à l'architecte Jules Lavirotte. Vous pouvez également aller voir le 3, square Rapp, et le 12, rue Sédillot. Si l'Art nouveau vous intéresse particulièrement, allez voir aussi certains immeubles du quartier d'Auteuil, dans le 16e sud.

LA TÉLÉVISION FRANÇAISE, UNE CRÉATION ALLEMANDE

Les 1ers studios furent installés au 15, rue Cognacq-Jay, dans le 7e. La télévision commença à émettre véritablement en 1943, grâce à l'occupant germanique. Les programmes étaient destinés à distraire les soldats allemands dans les hôpitaux. Ces studios sont toujours utilisés aujourd'hui.

Le Parc Rives de Seine *(plan couleur B-C-D1) :* *Point infos : mar-dim 12h-19h au port de Solférino, à l'ouest de la passerelle Léopold-Sédar-Senghor.* C'est le long de la rive gauche que 2,3 km de déambulation piétonne au fil de l'eau sont aménagés, en 2013, du pont de l'Alma au musée d'Orsay. 4 ans plus tard, une autre portion des berges, rive droite, est inaugurée. Ce nouveau parcours s'étend du Pont-Neuf au pont de Sully, ainsi que le long du bassin de l'Arsenal. Le Parc Rives de Seine s'étend, au total, sur près de 7 km de promenade reliant la tour Eiffel à la Bastille et couvre 10 ha. Plusieurs stations Vélib' et toilettes à disposition.

8e ARRONDISSEMENT
L'ÉTOILE • LES CHAMPS-ÉLYSÉES • LE PARC MONCEAU • LA CONCORDE • LA MADELEINE

• Pour le plan du 8e arrondissement, voir le cahier couleur en fin de guide.

Cet arrondissement est celui des beaux quartiers : magasins luxueux, maisons de haute couture, prestigieuses galeries de peinture, restaurants cossus... plus ou moins proches du fleuron parisien, les Champs-Élysées ! Délimitée à l'ouest par l'Arc de Triomphe et à l'est par la place de la Concorde, la plus célèbre avenue attire les touristes du monde entier, qui se mêlent à une importante clientèle d'affaires. Tout autour des « Champs », des pâtés d'immeubles à l'architecture hautaine abritent des bureaux et encore des bureaux, ainsi que le siège de grandes entreprises. L'impact sur les prix est évidemment ravageur, et le moindre restaurant inabordable...

À la lisière de la place de la Concorde (où, malgré son nom, on a tout de même guillotiné un roi !), des jardins abritent les Grand et Petit Palais, des théâtres, un marché aux timbres, et même un guignol, non loin de la résidence du président de la République et du ministère de l'Intérieur.

Plus au nord, un poumon de verdure, dévolu aux enfants sages : le parc Monceau, adorable jardin à l'anglaise, dans ce goût Napoléon III si caractéristique de l'arrondissement. Tout près, le boulevard Haussmann, qui tire un trait depuis le quartier animé de la gare Saint-Lazare jusqu'à la géométrique et spectaculaire place de l'Étoile.

Où dormir ?

Auberge de jeunesse

Auberge de jeunesse Adveniat *(plan couleur B3, **1**) : 10, rue François-Ier, 75008. ☎ 01-77-45-89-10. • adveniat-paris.org • Ⓜ Champs-Élysées-Clemenceau. ♿ Ouv tte l'année. En dortoirs et chambres 2-6 lits, 36 €/pers, avec petit déj. Carte de membre Adveniat exigée (5 €).* Une AJ si près des Champs-Élysées, c'est providentiel ! Cette maison chrétienne accueille jeunes et moins jeunes, croyants ou non, et compte près de 80 lits (plus en été) répartis en une trentaine de chambres et dortoirs sobres et fonctionnels, tous pourvus de douche et w-c (sauf pour les chambres supplémentaires en été). Les draps sont inclus, mais pas les serviettes de toilette. Une laverie et une cuisine bien équipée sont à la disposition des hôtes, ainsi qu'une consigne à bagages. On peut se détendre dans le salon avec piano-bar, TV, bibliothèque et terrasse donnant sur le jardin, ou en faisant une partie de baby-foot. Un bon plan.

Prix moyens

Hôtel d'Argenson *(plan couleur C2,* ***3****) : 15, rue d'Argenson, à l'angle du bd Haussmann, 75008. ☎ 01-42-65-16-87. • hotel-argenson.com • Ⓜ Saint-Augustin ou Miromesnil. Congés : août. Résa conseillée. Doubles 120-150 € ; petit déj 8 € (servi en chambre). Petit dej offert par pers/nuit sur présentation de ce guide (sauf juin et j. de l'An).* Cet établissement familial est une petite perle dans son genre. D'abord, l'accueil est sympa comme tout ; ensuite, la façade typiquement haussmannienne cache en réalité des chambres rénovées au goût du jour. Ici ou là, quelques moulures et cheminées subsistent, mais dans l'ensemble, à quelques salles de bains près, tout est désormais plus sobre et moderne. Préférez celles qui donnent sur le boulevard Haussmann, plus spacieuses, et dont certaines ont un petit balcon. Pas d'inquiétude à avoir question bruit : elles ont toutes une double fenêtre en plus du double vitrage. Un très bon rapport qualité-prix.

Hôtel Bellevue *(plan couleur D2,* ***2****) : 46, rue Pasquier, 75008. ☎ 01-43-87-50-68. • hotelbellevue-paris8.fr • Ⓜ Saint-Lazare. Doubles 105-135 € ; petit déj 7 €.* Hôtel très bien situé, à deux pas de Saint-Lazare et proche de la Madeleine, tenu au cordeau par 2 sœurs depuis un bon demi-siècle ! Fonctionnel et tout confort, les chambres ayant été actualisées dans un style sobre et moderne. Vue agréable du 7e étage (ascenseur). Double vitrage efficace et clim. Les chambres de la catégorie supérieure, à peine plus chères, sont plus spacieuses. Un point de chute efficace.

Hôtel Cervantes *(plan couleur C-D1,* ***4****) : 19, rue de Berne, 75008. ☎ 01-43-87-55-77. • hotelcervantesparis.com • Ⓜ Rome. Doubles 80-200 € ; petit déj-buffet 12 €. Promos sur Internet.* Dans une rue calme, un hôtel haussmannien rénové dans un esprit contemporain tenu par une équipe souriante. Entrée lumineuse et très agréable grâce à la jolie véranda et à la terrasse couverte, chauffée en hiver. Les petites chambres aux couleurs acidulées sont accueillantes, mais celles qui donnent sur l'arrière peuvent ressentir les vibrations du train (qui passe tout près). Dans chacune, des lignes modernes à l'image des excellentes prestations (minibar, plateau de courtoisie, clim, coffre...). L'un des bons rapports qualité-prix du quartier, surtout à l'occasion des promos.

De chic à plus chic

New Orient Hôtel *(plan couleur C1,* ***5****) : 16, rue de Constantinople, 75008. ☎ 01-45-22-21-64. • hotelneworient.com • Ⓜ Villiers, Europe ou Rome. Parking à proximité. Doubles 100-220 € ; petit déj continental 9 € ou petit déj-buffet 13 €.* Derrière son entrée surmontée d'une jolie marquise, un charmant hôtel où l'on se sent vite comme à la maison. Les chambres, classiques et élégantes, sont personnalisées avec du mobilier chiné amoureusement par les sympathiques propriétaires. À noter qu'un grand nombre d'entre elles possèdent un petit balcon bien agréable. Salles de bains pas bien larges mais modernes. Une adresse d'un bon rapport qualité-prix, tenue par une équipe tout sourire, qui lutte efficacement face aux grosses chaînes voisines.

Hôtel d'Albion *(plan couleur C2,* ***6****) : 15, rue de Penthièvre, 75008. ☎ 01-42-65-84-15. • hotelalbion.net • Ⓜ Miromesnil. Doubles 80-210 € ; petit déj 13 €.* Le charme est au rendez-vous dans cette adresse discrète et conviviale, à l'image du salon accueillant ou des petites chambres couleur pastel. Confort à la hauteur. À noter, l'agréable courette décorée de refuges pour oiseaux, idéale pour prendre le petit déj dès que le soleil pointe son nez ! Aux 4e et 5e étages, les chambres mansardées sont cosy. Si l'on ajoute un accueil amical et un entretien impeccable, on a là un excellent rapport qualité-prix hors saison.

Hôtel Augustin *(plan couleur C2,* ***7****) : 9, rue Roy, 75008. ☎ 01-42-93-32-17. • astotel.com •*

Ⓜ Saint-Augustin. À l'angle de la rue Laborde. Doubles 185-280 € ; petit déj 10 € (inclus pour tte résa par Internet). Stratégiquement situé, cet hôtel pimpant arbore des couleurs franches dans le salon à l'esprit scandinave. Dans les couloirs comme dans les chambres, l'amusant coup de crayon d'un artiste japonais apporte une touche de fantaisie aux murs ! Spacieuses, design et fonctionnelles, ces dernières sont d'ailleurs très agréables, et les salles de bains impeccables. Les plus chanceux bénéficieront même d'un balcon. Accueil pro, à l'image du contenu du minibar offert, ainsi que du buffet de boissons non alcoolisées et de gâteaux laissé à la disposition des hôtes dans la salle du petit déj (une délicate attention dont les clients peuvent aussi profiter dans les autres établissements du groupe à Paris).

Arioso Hotel *(plan couleur C2,* ***8****) : 7, rue d'Argenson, 75008. ☎ 01-53-05-95-00. • arioso-hotel.com • Ⓜ Miromesnil. Doubles env 150-250 € ; petit déj 17 €. Promos sur Internet. Petit déj offert sur présentation de ce guide.* Une jolie bâtisse du XIXe s entièrement relookée en hôtel au charme intemporel. Les amoureux trouveront là un nid romantique et harmonieux, un salon bourgeois et une cour joliment aménagée. Les chambres, très classiques, offrent un confort au diapason, même si, à nos yeux, la 4e étoile n'est pas vraiment justifiée. Préférez celles avec balcon dans les étages élevés si vous en avez les moyens. En revanche, ce ne sont pas les plus grandes.

Timhotel Opéra-Madeleine *(plan couleur D2,* ***9****) : 113, rue Saint-Lazare, 75008. ☎ 01-43-87-53-53. • timhotel.fr • Ⓜ Saint-Lazare. En face de la gare Saint-Lazare. Doubles 75-239 € ; petit déj-buffet 13,50 €. Tarifs très variables, consulter le site.* Son principal atout, c'est son emplacement stratégique. Pour le reste, cet hôtel dont la réception est située au 1er étage dispose de chambres convenables de bon confort, arrangées dans un style actuel aux tons gris. Surtout intéressant à l'occasion des promos.

Très chic... et tendance

Hôtel Amastan *(plan couleur B2,* ***10****) : 34, rue Jean-Mermoz, 75008. ☎ 01-49-52-99-70. • amastanparis.com • Ⓜ Saint-Philippe-du-Roule ou Franklin-D.-Roosevelt. Doubles 170-250 € ; petits déj 14-16 €.* L'équipe jeune et dynamique donne le ton, garantissant à la fois une ambiance décontractée et un service très pro. On se sent donc tout de suite à l'aise dans cet hôtel à taille humaine, presque confidentiel, dont le salon cosy est prolongé par la table haute de la salle de petit déj, largement ouverte sur un adorable patio fleuri. Quant aux chambres, elles sont sobres et élégantes, dans un esprit contemporain design, et bien sûr high-tech. Le top, quoi ! *NOUVEAUTÉ.*

Idol Hôtel *(plan couleur C1,* ***15****) : 16, rue d'Édimbourg, 75008. ☎ 01-45-22-14-31. • idolhotel-paris.com • Ⓜ Europe ou Liège. Doubles 170-250 € ; petits déj 14-16 €.* Il y a la guitare suspendue, la platine et ses vinyles à dispo dans la salle de petit déj, et dans les chambres thématiques et colorées, un super système son pour faire pulser les décibels ! Bonnes vibrations garanties dans ce petit hôtel chic et rétro, très cosy (salles de bains ouvertes pour les amoureux et balnéo dans les plus chères). Et entièrement relooké autour de l'univers de la musique. Et comme l'équipe connaît bien la chanson, l'accueil est aux petits oignons. *Ohhh yeah ! NOUVEAUTÉ.*

Hôtel Cristal-Champs-Élysées *(plan couleur A-B2,* ***11****) : 9, rue Washington, 75008. ☎ 01-45-63-27-33. • hotel-le-cristal.com • Ⓜ George-V. Doubles 210-350 € ; petit déj 18 € (inclus selon date de résa). Petit dej offert par chambre/nuit sur présentation de ce guide.* L'immeuble quelconque dissimule en réalité un hôtel épatant, conçu par le designer Mattia Bonetti, qui a su conjuguer admirablement les contrastes : dans le hall, la géométrie se fait ludique ; les couleurs acidulées des fauteuils tranchent avec le blanc du marbre ; les cristaux de Madagascar rompent avec le soyeux des matières. Les chambres sont des cocons chic et cosy (les plus chères avec balnéo) à 100 m des Champs-Élysées. Accueil parfait.

🏠 ***Hôtel Le Marianne*** *(plan couleur B2,* ***12****) : 11, rue Paul-Baudry, 75008. ☎ 01-45-04-30-30. • lemarianne.com • Ⓜ Saint-Philippe-du-Roule ou Franklin-D.-Roosevelt. ♿ Doubles env 200-250 € ; petit déj 19 €. Parking payant.* L'élégance contemporaine de cet hôtel contraste avec la classique façade haussmannienne. Le propriétaire, grand amateur d'art, distille sans parcimonie des touches personnelles dans la déco qui échappe au luxe conformiste et ennuyeux. 3 catégories de chambres qui donnent toutes envie de roucouler dans des lits aussi larges que longs ! Et pour le petit déj, direction une jolie salle pimpante prolongée par une verrière. Accueil charmant.

🏠 ***Hôtel du Ministère*** *(plan couleur C2,* ***13****) : 31, rue de Surène, 75008. ☎ 01-42-66-21-43. • ministerehotel.com • Ⓜ Miromesnil ou Madeleine. ♿ Doubles 170-320 € ; petit déj 19 € (inclus pour tte résa sur Internet).* À quelques pas du ministère de l'Intérieur et de l'Élysée, l'hôtel arbore un design graphique et coloré dans le hall prolongé par des salons accueillants. Suspensions en papier, fauteuils en cuir, motifs géométriques imprimés sur les moquettes... L'univers est conceptuel mais chaleureux. En amoureux, préférez les *deluxe,* ou décrochez carrément la lune avec une *deluxe* « Plein Ciel », au dernier étage, où une verrière permet de profiter du ciel parisien allongé dans son lit. Confort optimal : excellente literie, minibar en libre service (softs), lecteur CD... Sympathique *honesty bar* (on note ce qu'on consomme) et salle de sport au sous-sol.

🏠 ***Hôtel Ekta*** *(plan couleur A2,* ***14****) : 52, rue Galilée, 75008. ☎ 01-53-76-09-05. • hotelekta.com • Ⓜ George-V. ♿ Doubles 130-325 € ; petit déj 14 €.* À un pâté de maisons des Champs-Élysées, ce petit hôtel à l'ambiance relax a pris le parti d'une déco graphique noir et blanc rétro-chic, avec un mobilier design tendance seventies et des photos sur les murs du *lobby.* Accueil au top, de même que le confort des chambres, allant de la classique (pas bien grande) à la double avec terrasse, en passant par la *deluxe.* Aménagements bien pensés, comme le vaste dressing à faire rêver toutes les femmes, la machine Nespresso, le plateau de courtoisie...

Où manger ?

Sur le pouce

Boulangerie Thierry Marx *(plan couleur C2,* ***21****) : 51, rue de Laborde, 75008. ☎ 01-45-22-95-20. Ⓜ Saint-Augustin. ♿ Lun-sam 7h30-20h. Sandwichs 6,50-9 € ; + 2,50 € pour la formule avec soupe ou salade.* Dans un cadre très contemporain noir et cuivré, des pains, bien sûr, inédits pour certains (betterave, noix et pointe de chocolat et de café...), qui font la part belle aux farines bio de céréales, châtaigne ou riz. Côté viennoiseries, du moelleux, du croustillant (merveilleuse brioche feuilletée). Et, *last but not least,* un bel assortiment de desserts ! Au déjeuner, on vient surtout découvrir les sandwichs d'un nouveau genre : les *bread makis,* grillés et roulés minute devant vous sur la plaque chauffante japonaise ; à accompagner de la soupe ou de la salade du jour. À déguster sur place ou à emporter. Prix raisonnables compte tenu de la qualité des produits, du quartier et de la griffe Marx.

Lamée *(plan couleur C2,* ***39****) : 20 bis, rue La Boétie, 75008. ☎ 01-84-25-70-90. Ⓜ Saint-Augustin. Lun-ven 11h30-15h. Sandwich env 6,50 € ; formule env 12 €.* Ici, on fait tout dans les règles. Le matin, on pétrit différentes variétés de pain à base de farines bio triées sur le volet, et dès l'heure du déj, on débite de larges et belles tranches qu'on garnira à la commande. Évidemment, les ingrédients sont au top : beurre Bordier, jambon Prince de Paris, pickles maison... S'il fait froid, un croque est le bienvenu, de même que la soupe du jour. Quant aux vrais gourmands, ils repartiront avec un quart de miche sous le bras (voire plus, ces pains-là tiennent plusieurs jours !). Une boulangerie-snack (ou l'inverse) du tonnerre ! *NOUVEAUTÉ.*

Honor *(plan couleur C2,* ***29****) : 54, rue du Faubourg-Saint-Honoré, 75008. Ⓜ Concorde ou Madeleine. Lun-sam 9h (10h sam)-18h. Formule 10,50 € ; sandwichs et quiches env 7,50-8,50 €, gâteau env 4 €.* On ne tombe pas sur ce petit kiosque par hasard. Bien caché dans une cour intérieure, il ne manque pourtant pas de fans. Pour son café déjà, délicieusement aromatique, mais aussi pour ses gâteaux maison comme le *lemon cake* bien moelleux. Côté salé, les sandwichs aussi originaux que bons, chaque jour différents, valent le coup. Et il y a même quelques places abritées et des tabourets en terrasse pour prolonger la pause ! *NOUVEAUTÉ.*

Mandoobar *(plan couleur C1,* ***35****) : 7, rue d'Édimbourg, 75008. ☎ 01-55-06-08-53. Ⓜ Europe ou Liège. Mar-sam 12h-14h, 19h30-22h30. Résa fortement conseillée. Carte 15-25 €.* Si vous êtes friand de raviolis vapeur, cette adresse est faite pour vous ! En Corée, ils sont connus sous le nom de *mandoo.* Le chef Kim Kwang-Loc est un as dans cette catégorie et les prépare en direct au gré des appétits dans sa cuisine ouverte ! Il propose également de délicieux tartares de thon et de bœuf pour étoffer la dégustation. En revanche, c'est riquiqui, et les places au comptoir ou à l'une des rares tables sont prises d'assaut. *NOUVEAUTÉ.*

8e

Sources *(plan couleur C-D2,* ***20****) : 51, rue des Mathurins, 75008. ☎ 09-83-76-37-58. Ⓜ Saint-Augustin ou Havre-Caumartin. Lun-ven 11h-22h, sam 12h-17h. Congés : 2 sem mi-août. Formules 11,20-13,70 €. Apéritif maison ou café offert sur présentation de ce guide.* Pour le couple aux manettes de cette enseigne maligne, il coule de source d'ajouter à la restauration rapide le principe locavore. Un créneau qui a le vent en poupe, et qu'on attend au tournant... Pas d'embrouille, tout est fait maison et la provenance des produits est indiquée sur le site. Tant mieux, mais l'essentiel reste l'assiette. Soupes, salades, quiches et plats du jour privilégient la qualité à la quantité et sont aussi sains que savoureux. Également des sandwichs et des jus de fruits frais. Le pari est tenu, on se régale dans la salle sobre et lumineuse, ou ailleurs, puisque tout est à emporter.

Rice Trotters *(plan couleur B2,* ***24****) : 22, rue du Colisée, 75008. ☎ 01-53-75-11-95. Ⓜ Saint-Philippe-du-Roule. Lun-ven 9h-16h. Formules 12,90-15,90 € ; plat 9,90 €.* Voilà qu'on est tombés sous le charme de cette petite adresse originale, où mijotent devant nos yeux quelques recettes du monde entier renouvelées selon l'inspiration du moment : *massala* de poisson, poulet curry thaï... Mais la grande affaire, c'est le riz, sélectionné ici avec soin. Chaque jour, on peut choisir parmi 4 variétés, souvent méconnues. Tout est délicieux, y compris le riz au lait à la vanille de Madagascar. À consommer sur place, à l'étage, ou à emporter.

Our *(plan couleur D1,* ***38****) : 41, rue de Londres, 75008. ☎ 09-81-91-78-28. Ⓜ Europe, Liège ou Saint-Lazare. Tlj sauf sam soir et dim 12h-22h. Formules 9,90-13 € ; kebab seul à partir de 5 €.* Il n'y a pas à tortiller, le kebab gourmet n'a rien à voir avec un banal kebab. Qualité et fraîcheur sont revendiquées, et on approuve ! Au comptoir, on choisit sa recette (à base d'une viande à la broche qui change tous les jours, de keftas de bœuf, de poulet ou de falafels), puis son pain. En accompagnement, la soupe de lentilles, bien relevée, ou les patates douces font concurrence aux frites. C'est varié, et tout est fait maison, y compris les sauces ! À engloutir sur place, sur une table à l'étage, ou à emporter.

Vivre et Savourer *(plan couleur C1,* ***22****) : 35, rue du Rocher, 75008. ☎ 01-44-70-00-02. Ⓜ Saint-Lazare ou Europe. Lun-ven 7h30-15h. Congés : août et 1 sem à Noël. Menus 8,50-13,50 €. Café offert sur présentation de ce guide.* L'herbe a du mal à pousser rue du Rocher, mais la famille d'agriculteurs à l'origine de ce snack 100 % naturel a apporté tout à la fois un bon bol d'air dans le quartier, des jus de fruits extra dans les verres et des légumes de saison dans l'assiette. Que des produits frais, labellisés, qu'on choisit en vitrine. Accueil souriant et naturel lui aussi.

Five Guys *(plan couleur B2,* ***26****) : 49-51, av. des Champs-Élysées, 75008. ☎ 01-42-89-49-75. Ⓜ Franklin-D.-Roosevelt. Tlj 11h-1h. Burgers 7,50-11 €, frites 3,50-6,50 €.* C'est l'une des succursales d'une chaîne américaine qui marche fort. Ici, pas de réinterprétation hasardeuse ni d'esbroufe, on mise sur les classiques burgers avec ou sans *cheese* et bacon, et des *sides* au choix : cornichons, mayo, tomates... La viande est goûteuse, les buns fondants, les frites *home made* et les portions énormes (la version « *little* » est largement suffisante pour les petits appétits). Bref, c'est une bonne carte dans la famille fast-food haut de gamme. Un tuyau : venez plutôt entre 18h et 20h, tranche horaire la plus creuse – et parfaite en avant ciné – et installez-vous au 2e près des baies vitrées pour profiter de la vue sur... la plus belle avenue du monde. *Autre adresse à Bercy Village (12e arrondissement).*

Très bon marché

Le Refettorio – Foyer de la Madeleine *(plan couleur D3,* ***23****) : pl. de la Madeleine, 75008. ☎ 01-47-42-39-84. Ⓜ Madeleine. ♿ Resto au rdc de l'église de la Madeleine (côté* Fauchon, *derrière les fleuristes).* Foyer *ouv lun-ven 11h45-14h ;* Refettorio *ouv lun-ven, le soir seulement. Fermé le w-e. Congés : août et Noël-Jour de l'an. Menu 9 €. Carte d'adhérent obligatoire : 7 €.* Savez-vous que, dans la crypte de l'église de la Madeleine, se cache un restaurant solidaire constitué d'une enfilade de salles voûtées ? Le midi, le *Foyer* est ouvert à tous, moyennant la carte d'adhésion. Habitués et curieux ayant flairé la bonne affaire y profitent du menu du jour à prix plancher, dans une ambiance bon enfant. Mais la palme de la générosité revient au *Refettorio* ! Actif le soir à la place du *Foyer,* il s'adresse uniquement aux plus démunis et leur propose des repas gratuits servis par des bénévoles. Initié par le chef étoilé italien Massimo Bottura et soutenu par des personnalités engagées (le patron de *Voyageurs du Monde* ou encore l'artiste JR, auteur de la rénovation, entre autres), le projet répond à 2 objectifs : la lutte contre le gaspillage, en récupérant les invendus de grandes chaînes de distribution, et l'action caritative, en promettant repas équilibrés et dignité aux personnes en difficulté. Les 100 bénéficiaires de ces dîners quotidiens sont sélectionnés par diverses associations. Le tout concocté en partenariat avec de grands chefs. On n'est pas loin de croire au miracle !

De bon marché à prix moyens

L'Atelier – Artisan Crêpier *(plan couleur B2,* ***37****) : 3, rue du Commandant-Rivière, 75008. ☎ 09-51-32-06-85. Ⓜ Saint-Philippe-du-Roule. Tlj sauf sam midi et dim. Menus 13,90-18,90 €.* Une crêperie au goût du jour, tant côté cadre que côté carte, qui plaît beaucoup aux cols blancs du quartier. Généreusement garnies, les galettes, classiques ou créatives, sont dorées à point et accompagnées d'une petite salade. Côté sucré, bonne idée : 3 tailles de crêpes sont proposées. Joli petit choix de cidres. *NOUVEAUTÉ.*

Chez Léon *(plan couleur D2,* ***25****) : 5, rue de l'Isly, 75008. ☎ 01-43-87-42-77. Ⓜ Saint-Lazare ou Havre-Caumartin. Tlj sauf sam soir et dim 7h-22h. Congés : août. Entrée env 5,50 €, plat env 14 € ; carte env 25 €. CB refusées.* À quelques encablures de Saint-Lazare, voilà un routier figé dans les années 1950, une vraie gueule d'atmosphère comme on dit ! Avis aux réfractaires à la cuisine modeuse, des plats intemporels (terrine, harengs-pommes à l'huile, tripes, boudin) sont ici servis sur des tables en formica, recouvertes (côté resto) par des nappes à carreaux rouges et blancs. Ambiance conviviale garantie ! Pour la petite histoire, cet unique « routier » parisien doit son panonceau à la Fédération des transports routiers, qui avait jadis son siège en face et dont *Léon* était l'annexe.

Shin Jung *(plan couleur D1,* ***27****) : 7, rue Clapeyron, 75008. ☎ 01-45-22-21-06. Ⓜ Europe, Rome ou Liège. Tlj sauf dim midi et j. fériés ; service 12h-14h30, 19h-22h30. Congés :*

1re quinzaine d'août. Formules déj en sem 11,50-16,50 € ; menu 20 € ; carte 25-30 €. Apéritif maison offert sur présentation de ce guide. Un des bons restos coréens de Paris, ce que ne laissent pas présager les prix sages. Le cadre est agréable, le service dévoué et souriant. Barbecues de bœuf ou de porc et *bibimbap* (plat de riz, légumes et viande) sont les quelques spécialités dont vous vous régalerez. Palais sensibles, rassurez-vous, les épices sont utilisées avec parcimonie...

Le Mermoz *(plan couleur B2,* **31***) : 16, rue Jean-Mermoz, 75008. ☎ 01-45-63-65-26. Ⓜ Saint-Philippe-du-Roule ou Franklin-D.-Roosevelt. Tlj sauf dim-lun 12h-15h, 18h30-23h. Résa indispensable. Carte 35-40 €.* Un vent de fraîcheur souffle sur ce coin du 8e très convenu et sans aspérité. Au *Mermoz,* un rade minuscule résumé à un long comptoir et une rangée de tables, on reprend les codes qui font le succès des bistrots de l'Est parisien : un cadre vintage à peine retouché, un service jeune et décomplexé, et surtout une cuisine bien dans son temps et pleine de goûts. Chaque jour, la fine équipe aux fourneaux cisèle des assiettes de saison savoureuses, dont les associations bien vues flattent les papilles. Le soir, on privilégie les petits plats à partager. Avec un verre de vin nature, c'est impeccable. NOUVEAUTÉ.

8e

Flora Danica *(plan couleur A2,* **28***) : 142, av. des Champs-Élysées, 75008. ☎ 01-44-13-86-26. Ⓜ George-V ; RER A : Charles-de-Gaulle-Étoile. Tlj 8h-22h30. Menus 29,50-38 € ;* smørrebrød *14 € ; salades 17-19 €.* La Maison du Danemark accueille 2 restaurants : la brasserie *Flora Danica* et le *Copenhague,* vitrines de la cuisine danoise à Paris. Si le 2e joue la carte de la gastronomie sous la houlette d'Andreas Moller, un digne représentant de la *New Nordic cuisine,* la brasserie, elle, mise sur le classique scandinave dans un cadre sobre et efficace. Petit déj gourmand, assiettes de saumon, veloutés ou salades nordiques, *smørrebrøds* (tartines de pain noir garnies). Également des jus détox et des cocktails à siroter au bar. Belle terrasse sur les champs.

Chic

Les Cocottes *(plan couleur A2,* **32***) : 14, rue Beaujon, 75008. ☎ 01-53-89-50-53. Ⓜ Charles-de-Gaulle-Étoile. Tlj ; service 12h-23h. Résa indispensable au déj. Formules déj en sem 29-34 € ; plats 25-32 € ; compter un bon 45 € le soir. Sélection de vins au verre 6-9 €.* Bienvenue dans l'un des restos parisiens de la galaxie Constant ! Au sein du très chic *Sofitel,* à la déco épurée aux teintes sombres, un bistrot moderne finalement très chaleureux par l'accueil et le concept : les plats de ménage habilement revisités sont servis dans des cocottes individuelles. La clientèle d'affaires le midi laisse la place, le soir, aux résidents de l'hôtel et autres amateurs de bonnes tables.

Neva Cuisine *(plan couleur D1,* **33***) : 2, rue de Berne, 75008. ☎ 01-45-22-18-91. Ⓜ Liège ou Europe. Tlj sauf sam-dim et le midi des j. fériés ; service 12h-14h30, 19h30-22h (22h30 ven). Résa conseillée. Formules 34-41 €.* Dans un décor contemporain tout en sobriété, la carte courte et bien maîtrisée fait mouche, avec des plats qui, pour certains, sont devenus des incontournables, comme les ris de veau crousti-fondants ou la sphère déstructurée au chocolat. Rien de russe, donc, mais une cuisine bistronomique réalisée par un duo de choc formé à très bonne école.

Lazare *(plan couleur D2,* **34***) : parvis de la gare Saint-Lazare, rue Intérieure, 75008. ☎ 01-44-90-80-80. Ⓜ Saint-Lazare. Tlj 7h30 (11h45 dim)-15h, 19h-23h ; service continu pour les en-cas et le plat du jour. Résa indispensable. Plat du jour 19 € ; menu dim midi 39 € ; carte 40-50 €.* Au rez-de-chaussée de la gare Saint-Lazare, monument historique relooké, le *Lazare,* tout naturellement, est un superbe bistrot chic avec boiseries, mobilier noir et blanc, jolies mosaïques au sol et une terrasse pour profiter de l'animation. Prenez place et saisissez donc la gazette (la carte) : quelle que soit l'heure, du lever du soleil au bout de la nuit, les cuisines tournent à plein régime. Mais on appréciera surtout l'authenticité des recettes de toujours, gourmandes et généreuses, réalisées par Thierry Colas sous la houlette d'Éric Frechon, chef triplement étoilé du *Bristol.* En dessert, ne pas manquer la création maison, le *paris-deauville...* avant de filer vers la Normandie !

|●| 🌂 ***Pomze*** *(plan couleur C2,* ***30****) : 109, bd Haussmann, 75008. ☎ 01-42-65-65-83. Ⓜ Saint-Augustin ou Miromesnil. Tlj sauf sam midi et dim, plus sam soir en juil-août ; service 12h-14h, 19h-22h. Salon de thé hors horaires de service du resto. Formule salade au déj 18,50 € (sans résa) ; autres formule et menu 34-36 € ; carte 45-50 €.* Inconditionnels de la pomme, ce restaurant monomaniaque est fait pour vous ! Ici, tout tourne autour d'un fruit moins défendu que recommandé, sous toutes ses variétés et toutes ses formes... Le résultat est créatif (carte renouvelée chaque mois), sans verser dans l'audace malvenue : les associations et les saveurs sont raffinées et savamment dosées. Les desserts ne sont pas en reste. Côté gosier, une carte de 30 cidres de producteurs et une intéressante formule dégustation de 3 cidres. Un cadre agréable et lumineux, une équipe sympathique aux commandes. Et pour prolonger le plaisir, un coin épicerie (cidre, chutneys, calvados...).

Plus chic

|●| 🌂 ***Mini Palais*** *(plan couleur C3,* ***36****) : Grand Palais, 3, av. Winston-Churchill, 75008. ☎ 01-42-56-42-42. Ⓜ Champs-Élysées-Clemenceau. ♿ Tlj 11h-minuit. Résa préférable. Formule déj en sem 29 € ; en-cas à partir de 9 € (15h-18h30) ; carte 30-45 €. Vins au verre 6-19 €.* Encore un resto de la planète Frechon. Ici, le chef triplement étoilé a imaginé une cuisine simple, en parfaite adéquation avec le décor sobre, chic, épuré, de ce *Mini Palais* aux allures d'immense atelier d'artiste, prolongé par une terrasse formidable déployée à l'ombre d'une imposante colonnade. Dans l'assiette, de bons produits d'un terroir qui ne connaît pas les frontières : ris de veau en croûte de comté au vin jaune, baba au rhum géant (exceptionnel). La carte prend, avec les beaux jours, des accents plus méditerranéens.

Bar à vins

|●| 🍷 🌂 ***Le Rouge et le Verre*** *(plan couleur D1,* ***40****) : 28, rue de Turin, 75008. ☎ 01-43-87-10-40. Ⓜ Rome ou Place-de-Clichy. ♿ Tlj sauf dim 10h-23h (20h lun) ; service 12h-14h30, 19h-21h30. Formule 19 € ; planches env 9-12 €. Digestif maison ou verre de vin chaud en hiver offert sur présentation de ce guide.* Est-il encore besoin de prouver que cave à vins et table d'hôtes font bon ménage ? Au *Rouge et le Verre,* en guise de déco, des dives bouteilles (servies sans droit de bouchon), des caisses de domaines et une cheminée. Côté assiette, de bons petits plats de tradition et des charcuteries béarnaises qui tombent à pic pour l'apéro. Pour les amateurs, il y a même un banc d'huîtres, histoire de goûter à la sélection de blancs ! Très convivial.

Où boire un thé ? Où prendre un bon 4-heures ?

|●| 📖 ☕ 🌂 ***Café Jacquemart-André*** *(plan couleur B2,* ***45****) : 158, bd Haussmann, 75008. ☎ 01-45-62-04-44. Ⓜ Miromesnil ou Saint-Philippe-du-Roule. ♿ Tlj 11h45 (11h sam-dim)-17h30 (18h30 lun ; 15h pour le resto). Salades 15,50-20 € ; formule 18,80 € ; menu 23,80 € ; brunch dim (11h-14h30) 29,30 € ; « L'heure du thé » 11,80 €.* Installé dans la salle à manger d'apparat des anciens maîtres de la maison devenue aujourd'hui le musée Jacquemart-André. La salle vaut à elle seule le détour : plafond de Tiepolo, tapisseries, vasques de lumière en bronze doré et vue sur cour

très agréable. Les habitués du quartier ne s'y trompent pas et s'y donnent souvent rendez-vous pour un brunch, un repas léger ou le menu élaboré en fonction de l'exposition du moment. Quant aux pâtisseries, elles viennent de chez les incontournables *Stohrer* et *La Petite Marquise,* 2 enseignes de renom. On se damnerait pour les tartes, exquises.

Le Jardin du Petit Palais *(plan couleur C3,* ***46****) : Petit Palais, av. Winston-Churchill, 75008.* Ⓜ *Champs-Élysées-Clemenceau.* ♿ *Tlj sauf lun 10h-17h. En arrivant, préciser qu'on se rend au café, pour éviter les files des expos. Formules env 13-19 €.* On ne le sait pas toujours, mais le Petit Palais renferme une cafétéria dont la terrasse donne sur un adorable jardin intérieur. Les tables, disposées le long de la galerie, permettent de faire une pause en admirant les petits bassins et les massifs fleuris. Charmant ! Également quelques plats classiques du type quiches et salades en cas de petite faim. *NOUVEAUTÉ.*

Où boire un verre ?

The Cricketer Pub *(plan couleur D2,* ***50****) : 41, rue des Mathurins, 75008. ☎ 01-40-07-01-45.* Ⓜ *Saint-Augustin ou Madeleine. Tlj sauf dim 12h (14h sam)-2h.* Happy hours *17h-19h. Pintes à partir de 8 € (5-6 € pdt l'*happy hour*) ; demi 4 €.* Un pub typique, au cadre sans chichis, privilégiant le bois et fréquenté par une joyeuse clientèle majoritairement anglo-saxonne (traders, banquiers, cadres des compagnies anglaises...). Bières bien tirées, histoire d'entretenir la fougue des supporteurs à l'occasion des retransmissions de matchs. Bonne ambiance !

Le Buddha Bar *(plan couleur C3,* ***51****) : 8, rue Boissy-d'Anglas, 75008. ☎ 01-53-05-90-00.* Ⓜ *Concorde. Tlj 18h-2h ; brunch dim dès 12h. Cocktails à partir de 18 €.* Un bar qui ne manque pas d'allure avec son décor de cinéma déployé sur 3 niveaux autour d'un escalier monumental et d'un bouddha géant ! Inutile de rêver cependant, il faudra se résoudre à payer l'addition salée pour boire en compagnie d'une clientèle sélect au son des compiles *lounge* signées par DJ Ravin. Tenue « branchic » bon genre exigée à l'entrée.

Le Doobie's *(plan couleur B3,* ***54****) : 2, rue Robert-Estienne, 75008. ☎ 01-53-76-10-76.* Ⓜ *Franklin-D.-Roosevelt.* ♿ *Mer-dim 19h (12h dim)-4h (2h mer ; dernier service à 23h15). Congés : fin juil-fin août. Cocktail env 16 €. Repas 40-45 € ; brunch dim (2 services, à 12h et 14h) 36 €.* Difficile d'oublier qu'on arrive dans un lieu *fashion* du 8e arrondissement ! Pas question d'entrer ici comme dans un moulin : vous sonnez, et on ouvre en vous dévisageant, vous êtes prévenu. Cela dit, ce resto-bar-club façon lounge chic est plutôt intime et finalement pas désagréable. DJ du mercredi au samedi.

À voir

LE QUARTIER DES CHAMPS-ÉLYSÉES

La place de l'Étoile (plan couleur A2)

Ⓜ *et RER A : Charles-de-Gaulle-Étoile.* Rebaptisée officiellement ***place Charles-de-Gaulle.*** Carrefour des 8e, 16e et 17e arrondissements. Avec le rayonnement de ses 12 avenues et son diamètre de 240 m, elle a presque un côté accueillant pour les claustrophobes. Elle doit son nom aux pavés rouges et gris qui dessinent des branches d'étoile. On ne les voit que du haut de l'Arc de Triomphe. Habile transition...

L'Arc de Triomphe

Accès par le passage souterrain situé en haut et à droite des Champs, et qui donne sur l'av. de la Grande-Armée ; au milieu du souterrain, caisse sur la gauche. ☎ 01-55-37-73-77. • paris-arc-de-triomphe.fr • Ascenseur réservé aux pers prioritaires ; pour les autres... 284 marches à gravir pour accéder au sommet. Tlj 10h-22h30 (23h avr-sept) ; fermeture des caisses 45 mn avt. Fermé 1er janv, 1er mai et 25 déc, et le mat des 8 mai, 14 juil et 11 nov. Entrée : 12 € ; réduc ; gratuit moins de 18 ans accompagnés, et moins de 26 ans ressortissants d'un pays membre de l'UE. Achetez votre e-billet (• ticket.monuments-nationaux.fr •) et présentez-le sur votre smartphone ou tablette. Il vous donne droit à l'accès coupe-file !
Le parvis de l'Arc est accessible gratuitement.

Bien qu'il ait été prévu pour être élevé à la gloire des armées napoléoniennes, Louis XVIII fit le choix de le dédier aux armées d'Espagne. Après pas mal de tergiversations liées à une époque trouble politiquement, on le dressa finalement en l'honneur des armées de la Révolution et de l'Empire en général.
Victor Hugo résuma bien l'Arc : « Morceau de pierre sur un monceau de gloire ». Il est finalement bien à l'image de la grande épopée impériale. Napoléon, qui en décida la construction par un décret du 18 avril 1806, ne vit jamais le monument réalisé. Il faut dire que le projet définitif de l'architecte ne fut accepté qu'en 1809. Lors de l'arrivée de l'impératrice Marie-Louise, en 1810, seules les fondations étaient achevées, et on dut dresser à la hâte un arc factice en bois recouvert de toile. L'abdication de l'Empereur stoppa les travaux. Ces fondations restèrent en l'état de 1815 à 1823. La construction fut terminée sous le règne de Louis-Philippe, et l'inauguration eut lieu finalement en 1836. 4 ans plus tard, les cendres de Napoléon y furent exposées avant leur transfert aux Invalides.

ÇA PLANE POUR LUI

En 1919, un aviateur du nom de Charles Godeffroy, bravant les interdits et voulant protester contre la place insuffisante accordée à l'aviation lors des défilés du 14 juillet de cette même année, réussit, sous l'œil fasciné de quelques photographes, à passer sous la voûte avec son aéroplane. Véritable exercice de précision, car il ne restait que 3 m de marge de chaque côté...

Depuis, l'Arc a été le témoin de tous les grands événements de la vie nationale. Victor Hugo, qui l'avait critiqué parce que le nom de son père ne figurait pas parmi ceux des 660 généraux gravés dans la pierre, y eut droit à des obsèques nationales. En 1919, ce fut le défilé fou de la Victoire et, le 11 novembre 1920, la dépouille d'un soldat inconnu fut déposée sous la voûte. Depuis 1923, une flamme éternelle le veille, ravivée chaque soir à 18h30 par une délégation différente.
Et puis, le 11 novembre 1940, c'est ici que manifestèrent les étudiants parisiens contre l'Occupation : ce fut le 1er acte de résistance de Paris. Une plaque en haut des Champs rappelle ce fait, durement réprimé par les Allemands. Le 26 août 1944, au lendemain de la libération de Paris, le général de Gaulle vint s'incliner devant la tombe du Soldat inconnu avant de descendre triomphalement les Champs-Élysées à pied. Un autre visiteur illustre avait parcouru le même chemin, 4 ans auparavant, mais tôt le matin et dans un Paris désert : Adolf Hitler.

SACRÉES FUNÉRAILLES

À sa mort, en 1885, Victor Hugo eut droit à des funérailles nationales, et quelque 3 millions d'admirateurs vinrent se recueillir devant sa dépouille. Selon sa volonté, son corps fut transporté dans le corbillard des pauvres, tandis qu'il légua 50 000 francs-or aux indigents. Edmond de Goncourt relate que, cette nuit-là, les prostituées s'offrirent gratuitement, en mémoire de l'homme qui aima tant les pauvres et les femmes. Victor Hugo repose au Panthéon.

Au fil des ans, la sépulture est donc devenue l'un des plus importants symboles de la patrie. Pour l'anecdote, on raconte que des étudiants organisèrent un jour une quête au profit de la famille du Soldat inconnu... L'histoire ne dit pas combien ils ont récolté ! Et on se souvient d'un slogan de mai 68 : « Il existe encore plus inconnu que le soldat inconnu : sa femme. »

– ***Le monument :*** sur chacun des piliers, des hauts-reliefs exécutés par Rude, Cortot et Etex entre 1833 et 1836. Le plus connu, et le plus réussi à l'évidence, est le pilier de droite, *La Marseillaise* de Rude, qui évoque le départ des volontaires. C'est le symbole d'un peuple qui s'engage pour la liberté. Noter la ferveur du personnage principal, dont on peut croiser le regard farouche et décidé grâce à une reproduction de son visage, en haut du monument, dans la salle des palmes. Pilier de gauche, le triomphe de Napoléon, plus statique. Le pli du drapé à l'entrejambe semble indiquer que l'Empereur a l'air content. À l'arrière, 2 œuvres d'Etex : la *Résistance* (à droite) et la *Paix* (à gauche). Au-dessus des hauts-reliefs, des bas-reliefs en bandeau évoquent les grandes batailles napoléoniennes : Austerlitz, Aboukir, le passage du pont d'Arcole. À l'intérieur des piliers, 660 noms de généraux et maréchaux gravés dans la pierre. Ceux soulignés sont morts au champ de bataille.

– ***La terrasse :*** une des plus belles vues panoramiques sur la capitale, et tout particulièrement sur l'axe Louvre – Champs-Élysées – la Défense, et sur les plus beaux monuments de la capitale. Par temps clair, on aperçoit même certains groupes dorés (les 2 groupes qui surmontent l'Opéra, les statues du pont Alexandre-III et l'éclatant dôme des Invalides). Remarquer, au loin, à gauche des Champs, la silhouette bleutée de Beaubourg et, plus au fond encore, l'impressionnante étendue de l'espace boisé occupé par le Père-Lachaise.

Les Champs-Élysées *(plan couleur A-B-C2-3)*

En 1670, Le Nôtre dessine les jardins des Tuileries et en prolonge l'allée centrale par une trouée dans la forêt. C'est le Grand Cours, ainsi nommé pour le distinguer du Cours-la-Reine, situé le long de la Seine. Les rois de France y cavalent pour aller chasser à Versailles. Ce cours est aussi appelé Champs-Élysées, ce qui, pour les Grecs, désignait le lieu de séjour des héros et des hommes vertueux. En 1770, malgré le nivellement de la butte par le marquis de Marigny, frère de Mme de Pompadour, cette avenue reste « une zone torride ou glaciale, un champ de boue ou de poussière, éreintant les chevaux et anéantissant les piétons ». Les cosaques et les troupes anglaises y campent lors de l'occupation de Paris en 1815 et alimentent leurs feux de camp avec les arbres des jardins... Il faudra 2 ans pour réparer les dégâts. La même année, le rond-point des Champs est aménagé. Sur l'avenue fleurissent cafés et boutiques.

Par son tracé exemplaire, la voie triomphale de la Ville Lumière demeure toujours aussi prestigieuse avec ses 71 m de largeur. C'est, durant le jour, un quartier d'affaires et de boutiques que font oublier le soir des boîtes, des cabarets comme *Le Lido,* avec ses nus bien corrects, de grands cafés comme *Le Fouquet's,* des cinémas – de moins en moins nombreux – et des restaurants... de moins en moins gastronomiques. Aux jours de grands émois nationaux, c'est sur cette voie qu'ont lieu les défilés (14 juillet, 11 novembre...). Sur le rond-point, à gauche en montant, l'ancien hôtel particulier des Le Hon fut occupé par *Jours de France,* qui lui a ajouté une aile. La comtesse Le Hon, femme d'un ambassadeur, était surtout célèbre pour sa liaison avec son voisin, le duc de Morny. Au n° 25 demeurait l'excentrique marquise de Païva (on dit, par exemple, que du champagne coulait de l'un des robinets de sa salle de bains), célèbre courtisane. Son hôtel, de style Second Empire, assez surprenant, abrite désormais le siège du très masculin et très fermé club *Traveller's* *(visites guidées ponctuelles ; consulter ● offi.fr ●).* Au n° 68, l'immeuble *Guerlain,* de 1913, très belle réussite architecturale de l'époque. Le rond-point avec ses fontaines lumineuses, œuvre de Max Ingrand en 1958, est un carrefour important de la rive droite. Qui imaginerait que l'avenue

Montaigne était jadis bordée de bouges et de guinguettes ? On l'appelait « allée des Veuves » : celles qui ne pouvaient se montrer en ville pendant leur deuil avaient coutume de venir, en guise de consolation, chercher ici une aventure galante. Le célèbre *bal Mabille,* ouvert vers 1840, se tenait sur cette allée à la hauteur de l'actuel nº 51. Tous les dandys et les « lionnes » s'y retrouvaient pour danser la polka. Baudelaire, qui s'y connaissait en plaisirs, appréciait beaucoup cet endroit, qui ne survécut pas à la Première Guerre mondiale. En effet, c'est sous Napoléon III que les Champs-Élysées connaissent leur apogée, dans un mélange de luxe et d'élégance. De nombreuses personnalités y élisent domicile, des banquiers et des financiers y font construire de splendides hôtels particuliers. Tout le beau monde de l'époque s'y promène. Et les descriptions de Marcel Proust de ses sorties avec Gilberte Swann donnent une idée des fastes qu'on y déployait.

Mais au tournant du XXe s, le changement s'amorce. Des immeubles commerciaux prennent le relais des hôtels luxueux. Petit à petit, commerçants et restaurateurs s'installent. Et déjà dans les années 1930, on annonçait la mort des Champs. Aux 1ers commerces succèdent les salles de cinéma. L'avenue devient le paradis du 7e art, et *Le Fouquet's* (jetez un œil à sa surprenante façade arrière, angle Magellan/Quentin-Bauchart) reçoit Raimu, Abel Gance, Guitry, ou encore Charlie Chaplin. La 2de partie du siècle est moins glorieuse pour la belle avenue, qui voit s'accélérer le trafic automobile et se développer un urbanisme sauvage. Une certaine fébrilité aussi, faite de frime et de fric. Arrêt sur image : en 1960, Jean Seberg y vend l'*International Herald Tribune,* dans *À bout de souffle,* le meilleur film de Jean-Luc Godard...

ET VLAN ! SACRÉ BORIS VIAN !

En passant devant le nº 34 de la rue Marbeuf, ayez donc une pensée émue pour cet homme bourré de talents que fut Boris Vian. Le valeureux pataphysicien succomba ici le 23 juin 1959 à un œdème pulmonaire, lors de la 1re projection de J'irai cracher sur vos tombes, *inspiré du roman qu'il avait signé sous le nom de Vernon Sullivan. Ce film, à son sens, dénaturait son œuvre ; un véritable arrache-cœur...*

Mais que sont vraiment les Champs aujourd'hui ? Quelque 300 000 visiteurs s'y promènent chaque jour. Un mètre carré qui vaut davantage côté pair, ce côté étant ensoleillé et pas l'autre...

L'arrivée, en lieu et place des grands hôtels *(Carlton, Astoria, Claridge...),* des enseignes de la grande distribution dans les années 1990 a attiré une foule venue avant tout pour consommer : *Gap* et *Abercrombie & Fitch* côtoient aujourd'hui *Vuitton* et *Guerlain...* L'abondance des enseignes textiles est telle qu'elle menace le fragile équilibre de l'avenue, qui s'est banalisée. Le nombre des cinémas est aujourd'hui très réduit. En dépit de ce phénomène, le *Publicis Drugstore* et *Le Lido,* témoins d'une époque, sont toujours là, fidèles au poste. Ainsi, que ce soit en la remontant vers l'Étoile ou en la descendant en direction de la Concorde, il y aura toujours, à 5h, quand Paris s'éveille, ou à minuit, quelque chose à voir sur celle qui reste « la plus belle avenue du monde »...

Publicis Drugstore Champs-Élysées *(plan couleur A2)* **:** *133, av. des Champs-Élysées, 75008.* • *publicisdrugstore.com* • Ⓜ *Champs-Élysées-Clemenceau. Tlj 8h (10h w-e et j. fériés)-2h.* Adresse fétiche des jeunes nantis pendant les Trente Glorieuses, ce drugstore à la française imaginé par Marcel Bleustein-Blanchet en 1958 est aujourd'hui un complexe aéré, dont les vagues de métal et de verre dressent leurs rouleaux sur la célèbre avenue. Les boutiques, ouvertes tard le soir (pharmacie, librairie, point presse, tabac et impressionnante cave à cigares), font la joie des riches noctambules. On peut aussi s'y restaurer, très bien même, à la table de la brasserie chic chapeautée par le grand chef 3 étoiles Éric Frechon.

Le Grand Palais et les Galeries nationales du Grand Palais *(plan couleur C3)* **:** *av. Winston-Churchill, 75008. ☎ 01-44-13-17-17. • grandpalais.fr • Ⓜ Franklin-D.-Roosevelt ou Champs-Élysées-Clemenceau. ♿ Ouv tte l'année selon programmation ; une cinquantaine de manifestations par an sont organisées. Clôture des caisses 45 mn avt la fermeture. Entrée : env 10-15 € selon expo ; réduc (possibilité de réserver et d'acheter ses billets en ligne).*

Le Grand Palais fut édifié en un temps record (3 ans !), en même temps que le magnifique pont Alexandre-III, pour l'Expo universelle de 1900, avec l'ambition de devenir « le monument consacré par la République à la gloire de l'art français ».

Alliance heureuse de la pierre, du fer, du verre et, pour la 1re fois, du béton armé, il en impose, tant par ses proportions que par... sa surcharge décorative. Ne pas manquer les quadriges en cuivre martelé du sculpteur Georges Récipon et, à l'intérieur de la nef, le bel escalier Art nouveau à double volée. Lieu chargé d'histoire, dévolu aux arts et à l'industrie, le Grand Palais abrita également des concours hippiques, servit de cantonnement à nos vaillantes troupes coloniales partant au front en 1914-1918, avant d'être transformé en... hôpital militaire. Dans la 2de moitié du XXe s s'y déroulèrent des événements emblématiques de la « modernité » : Salon de l'auto (on y présenta la 1re DS !), Salon des arts ménagers (qui inspira une chanson à Boris Vian)... Plus récemment, en dehors des Galeries nationales aux prestigieuses expositions temporaires, dues à André Malraux en 1962, on y organisa des manifestations plus culturelles : Salon du livre, FIAC, Triennale...

De nombreux événements majeurs s'y déroulent encore, en attendant sa fermeture programmée entre décembre 2020 et le printemps 2023. Le temps nécessaire pour remettre à flot cet immense vaisseau qui commence à couler. Ses fondations, reposant sur 3 400 pieux de chêne, s'affaissent par endroits et nécessitent d'être renforcées. À l'issue de ce chantier colossal, le futur Palais retrouvera son unité d'origine, englobant à nouveau le Palais de la découverte attenant ; il gagnera des espaces d'exposition aujourd'hui perdus, et s'ouvrira plus que jamais au public par la création d'un passage traversant. Il y a de l'ouvrage !

Le Palais de la découverte *(plan couleur B3)* **:** *dans la partie ouest du Grand Palais. ☎ 01-56-43-20-21 (accueil) ou 20 (serveur vocal). • palais-decouverte.fr • Ⓜ Franklin-D.-Roosevelt ou Champs-Élysées-Clemenceau ; RER C : Invalides. Bus nos 28, 42, 52, 63, 72, 73, 80, 83 et 93. ♿ (rdc seulement ; avt la visite, contacter le ☎ 01-40-74-80-70). Mar-sam 9h30-18h, dim et certains j. fériés 10h-19h. Fermé lun, 1er janv, 1er mai, 14 juil et 25 déc. Entrée : 9 € ; tarif réduit : 7 € ; gratuit moins de 6 ans. Le ticket d'entrée donne accès aux expos temporaires et aux exposés.* Happy hours *: 3 € pour les étudiants (sur justificatif) à partir de 15h en sem hors vac scol. Séances au planétarium (à partir de 6 ans) oct-juin à 11h30, 14h, 15h15 et 16h30 (11h30, 14h30 et 16h en été) : 3 €.*

Créé en 1937 par Jean Perrin, Prix Nobel de physique, ce lieu a conservé la conviction que la popularisation de la science passe par sa pratique. Et le public répond toujours présent, enfants comme parents, les 2ds retrouvant bien souvent avec émotion quelques manipulations et animations qui ont résisté au temps, comme celles sur l'électrostatique, propre à faire littéralement dresser les cheveux sur la tête.

Le Palais présente ainsi chaque jour une soixantaine d'exposés remarquables, où l'expérience prime sur le discours. Autour d'un thème précis, un médiateur scientifique explique avec passion le phénomène en dialoguant avec vous. Expériences spectaculaires à l'appui, il expose, démontre et répond à vos questions. Choisissez, selon votre envie, les sujets qui vous intéressent (programme actualisé sur des panneaux à l'entrée à côté des caisses et indiqué la veille pour le lendemain sur le site internet) : par exemple, les phénomènes naturels décrits par la physique, ou bien encore le vivant et les nombreuses démonstrations sur le monde animal (rats, fourmis, poissons, grenouilles, poulpes et araignées), ou la chimie pour tout savoir sur les parfums et la composition des arômes...

– ***Rez-de-chaussée :*** pour découvrir la communication animale aquatique et terrestre, comprendre l'électrostatique en s'amusant et l'électricité en révisant les théories sur l'électromagnétisme, rencontrer des scientifiques venus présenter leurs travaux et dialoguer avec les visiteurs dans l'espace « Un chercheur, une manip' », laboratoire éphémère et transdisciplinaire qui rend compte des dernières avancées de la recherche grâce à l'expérimentation scientifique. Mais pour les brèves scientifiques, c'est dans la section « Sciences-Actualités » que cela se passe, sur des panneaux mis à jour par une équipe de journalistes spécialisés. Et des expos temporaires (se renseigner).
– ***1er étage :*** le plus ancien planétarium de France (avec un voyage dans l'univers de 45 mn à ne pas manquer), la salle des planètes, la biologie humaine et la loterie de l'hérédité, l'atome, la chimie, les polymères, les basses températures. Un espace Géosciences décrypte les phénomènes sismiques et telluriques, ainsi que la prévention des risques associée. Dans la zone *Eureka,* vous pourrez même faire vos propres expériences de physique. Quant à l'exposition interactive dédiée à l'informatique et aux sciences du numérique, elle détaille les fondements de cette discipline révolutionnaire, retrace l'évolution extrêmement rapide de cet outil aux possibilités innombrables, et permet de s'interroger sur les nouveaux besoins et sur les habitudes qui en découlent.
Enfin, avant de partir, n'oubliez pas d'apprécier le bâtiment pour lui-même, partie intégrante de cet immense vaisseau de pierre, de fer, de métal et de béton armé formé avec le Grand Palais (l'ensemble du site fermera pour travaux entre décembre 2020 et le printemps 2023, jusqu'en 2024 pour le Palais de la découverte). Surmonté d'une coupole de verre culminant à 37 m et tapissé de mosaïques, le vaste hall en impose, tandis que les œuvres d'art créées spécialement pour le musée (comme les toiles d'André Lhote, Marcel Gromaire ou Fernand Léger) méritent plus qu'un coup d'œil.

Le Petit Palais, musée des Beaux-Arts de la Ville de Paris *(plan couleur C3) : av. Winston-Churchill, 75008. ☎ 01-53-43-40-00. • petitpalais.paris.fr • Ⓜ Champs-Élysées-Clemenceau. ♿ En face du Grand Palais ; entrée par le grand escalier (public à mobilité réduite par le rdc). Tlj sauf lun et j. fériés 10h-18h (21h ven lors des expos temporaires). GRATUIT (expos temporaires payantes). Audioguide : 5 €. Librairie et cafétéria.*
Une large et riche collection – de l'Antiquité au début du XXe s – abritée dans un bâtiment monumental édifié pour l'Exposition universelle de 1900. De vastes volumes dans lesquels on circule agréablement. Impossible de citer tous les chefs-d'œuvre, en voici les principaux fleurons.

Rez-de-jardin
– ***Galerie nord,*** dans l'entrée à gauche : on déambule au milieu de sculptures du XIXe s qui jalonnent une longue galerie baignée de lumière naturelle grâce à de grandes baies vitrées ouvrant sur le Grand Palais. Des bronzes, mais aussi des plâtres, dont les modèles des œuvres que la municipalité de Paris avait commandées pour agrémenter la ville.
– ***Galerie dite « des grands formats » :*** le regard est d'emblée attiré par le portrait de *Sarah Bernhardt* peint par Clairin, dont elle fut l'égérie ; une des œuvres-phares du musée. La comédienne y est nonchalamment représentée dans son univers luxueux et bohème.
Plus loin, un ensemble d'œuvres de Gustave Courbet. *Le Sommeil* illustre bien la volupté qui émane de l'univers du peintre, rompant avec l'académisme. Une autre toile représente le sculpteur *Proudhon,* l'un des fondateurs du socialisme français et ami du peintre. Curieux *Autoportrait au chien,* et portrait de sa sœur *Juliette,* donatrice du musée. Quant au *Pompiers courant à un incendie,* bien qu'inachevé, il s'en dégage force et réalisme. En face, l'imposant *Les Halles* de Léon Lhermitte, destinées à l'hôtel de ville de Paris. On est aussitôt absorbé par l'effervescence de la vie quotidienne du « Ventre de Paris » ; au fond, l'église Saint-Eustache et un bout de pavillon Baltard.

Puis *L'Ascension* et la *Vallée de larmes* de Gustave Doré, qui n'était donc pas seulement un graveur exceptionnel. La *Vallée de larmes* est sa dernière œuvre mystique (annonçant le symbolisme).
– En parallèle, la ***galerie Tuck,*** plus intimiste, est entièrement meublée et revêtue de boiseries anciennes. Elle porte le nom du couple d'Américains qui a légué au musée sa collection d'arts décoratifs du XVIIIe, le plus souvent représentatifs de la période du règne de Louis XV. Toiles de Pater (élève de Watteau), Boucher, Fragonard, Nattier... *Berger* de Greuze, *Mort de Sénèque* de David, Hubert Robert... Belle chaise à porteurs du début du XVIIIe s, très richement décorée de grotesques. Porcelaines de Sèvres et de Saxe, grande pendule dite « au concert de singe »...
De la galerie, on peut accéder au rez-de-chaussée par la ***rotonde Carpeaux,*** agrémentée au 1er étage de grands formats d'Hubert Robert. Notez au passage les magnifiques ferronneries, richement ouvragées, de la rampe d'escalier ; un véritable chef-d'œuvre.

Au même niveau
– ***Salle romantique :*** 2 grands formats de Delaroche et Schnetz autour des révolutions de 1789 et 1830 exaltant la citoyenneté, conçus pour l'ancien hôtel de ville. Également une œuvre de Géricault, des portraits mondains, ainsi que des sculptures, comme un buste de Saint-Just par David d'Angers.
– ***Salle impressionniste :*** Sisley, Boudin et l'admirable *Soleil couchant sur la Seine à Lavacourt, effet d'hiver,* où Monet s'attache surtout à exprimer le rendu atmosphérique, l'air et l'eau, avec des touches d'une fluidité époustouflante. Et encore Pissarro, Berthe Morisot, Mary Cassatt...
– ***Salle postimpressionniste :*** avec son *Portrait d'Ambroise Vollard,* le marchand de tableaux, Cézanne exprime une modernité annonçant le cubisme. Puis Renoir, Denis, Valloton, Maillol peintre... Sculptures de Maillol et Rodin. Construction fort moderne de la *Pénélope* de Bourdelle.
Accès au rez-de-chaussée par une ***2de rotonde,*** à moins de rebrousser chemin jusqu'à la ***rotonde Carpeaux*** rencontrée précédemment, pour admirer au niveau inférieur le fameux groupe *Ugolin et ses enfants* sculpté au XIXe s par l'immense artiste Jean-Baptiste Carpeaux.
– ***Les arts décoratifs Belle Époque :*** des objets d'art, dont de superbes vases de Gallé. Salle à manger Guimard – le créateur des entrées de métro –, qui provient de son hôtel particulier. En face, une commode de Gallé (plus connu comme verrier). Une œuvre engagée alertant sur le génocide arménien, *Le Champ du sang,* sur laquelle on peut lire « Prenez garde à la sombre équité, prenez garde », tiré de *La Légende des siècles* de Victor Hugo, des tulipes fauchées, un minaret. Les fameux panneaux décoratifs peints par Édouard Vuillard pour la bibliothèque du docteur Vaquez (le médecin de Proust). Clin d'œil subtil aux mille-fleurs (tapisseries) du Moyen Âge.
– ***Historicisme :*** de Jan Van Beers, les *Funérailles de Charles le Bon.* Scène « néo-médiévale » mais qui démontre une technique remarquablement maîtrisée, surtout dans le groupe de chevaliers de l'ordre de Malte (visages particulièrement expressifs).
– ***Plusieurs salles XIXe s :*** une petite salle est consacrée à la peinture XIXe s dite « troubadour », et le retour aux goûts du Moyen Âge. Remarquer les tableaux « porcelainés » d'Ingres et les chaises de la comtesse d'Osmond.
D'autres œuvres illustrent quant à elles un retour aux sujets Renaissance, comme ces 2 tableaux d'Ingres, *François Ier reçoit les soupirs de Léonard de Vinci* et *François Ier jouant avec ses enfants.*
En face, flamboyant *Combat du Giaour et du Pacha* de Delacroix. Corps-à-corps d'une grande violence romantique (normal, ils se battent pour la conquête d'une femme).
– ***Plusieurs petites salles : portraits, figures, paysages et natures mortes du XVIIe s hollandais.*** On ne présente plus les Wouwerman, Van de Velde, Van Ruisdael, Jan Steen, le Lorrain... Remarquable *Femme au miroir* de Gabriel Metsu,

mais c'est l'autoportrait de *Rembrandt en costume oriental* qui fascine. C'est le seul en pied qu'on connaisse... sans qu'on les voie d'ailleurs ! On dit qu'insatisfait de son travail sur les jambes Rembrandt les aurait finalement masquées par le chien de chasse. Superbe rendu de l'aspect satiné de la tunique.
Du côté des paysages, on remarque la place majeure (souvent les deux tiers de la composition) occupée par le ciel.
Peintures d'histoire, dont Rubens fut l'un des plus éminents représentants. On remarquera aussi le *Repos de Diane* de Jordaens et le *Cortège de noces* de Brueghel d'Enfer (ou Brueghel le Jeune), où le génial fiston copia un tableau de son père (dans la salle Renaissance)...
– ***La Renaissance*** *(œuvres principalement françaises et italiennes)* **:** entre autres, un *Christ enfant avec Jean-Baptiste* de Mantegna, mais surtout de nombreuses et magnifiques majoliques (Urbino, Faenza...), art raffiné et luxueux, fleuron de la faïence Renaissance italienne.
Faïences de l'atelier Della Robbia, en ronde bosse.
Belle *Vierge à l'Enfant* de Tommaso, coffre à mariage ciselé, etc. Noter un curieux *Martyre de saint Sébastien* où les archers décochent leurs flèches à moins de 1 m (lâches ou myopes ?).
Céramique du monde islamique, verres, faïences d'Iznik.
Quelques verres, des émaux de Limoges et d'étonnantes créations animalières en terre vernissée du céramiste Bernard Palissy.
– ***L'Antiquité :*** sublimes tanagras dans une muséographie de rêve, ainsi que nombre de cratères, vases à figures rouges superbes (céramique apulienne) et une amphore à figure noire (chars et chevaux) d'une finesse incroyable. Quelques bronzes remarquables. Puis le monde romain : statues et têtes de bronze, intéressante *Isis magicienne* venant d'Alexandrie, à la frontière de l'art grec et romain, avec une touche égyptienne...
Antiquités grecques et de nombreux *rythons* : ces surprenants vases rituels à tête d'animaux.
– Attention, éblouissement, le ***Moyen Âge occidental*** : on admirera de superbes sculptures de bois ou polychromes. *Déploration du Christ* allemande du XVIe s, petit catalogue exhaustif des vêtements d'époque. Belle *Nativité* allemande de 1525 là encore, annonçant la Renaissance par l'emprunt à l'art italien (bâtiments écroulés, perspective maladroite, putti, riche décor des arches, etc.). Délicate *Vierge à l'Enfant* flamande du XVe s (avec ange et donateur) et une intéressante *Sainte Barbe* à la chevelure fort travaillée. Riche section d'enluminures et d'ivoires ciselés. Véritable must : les émaux de Limoges. Notamment des Crucifixions et une Descente de croix de toute beauté. Ravissante Adoration des Mages en grisaille de cuivre également et de petits triptyques en émaux champlevés mosans d'une rare finesse d'exécution (reliquaire de la Vraie Croix)...
– ***Icônes :*** tout l'art de l'icône réuni dans une salle à l'atmosphère feutrée, proche du recueillement, plongée dans une demi-pénombre pour préserver les œuvres. Non loin des créations du christianisme catholique sont présentées ici les peintures nées de la tradition orthodoxe : les icônes grecques et russes du XVe au XVIIIe s. La production crétoise est particulièrement remarquable. Grâce à la donation de Roger Cabal en 1998, le Petit Palais possède actuellement le plus important fonds public européen en ce domaine.
– ***Esquisses de décors*** destinés à orner des bâtiments publics parisiens. D'importantes commandes municipales au tout début du XXe s sont venues soutenir la création artistique de l'époque. Des esquisses de projets qui ont vu le jour, ou pas.
– Retour à la ***rotonde Dalou.*** Et juste avant la sortie, la librairie.

Non loin de là, au bout de l'avenue Montaigne, se trouve le ***pont de l'Alma*** *(plan couleur A3).* Construit entre 1854 et 1856, il tire son nom de la victoire de l'Angleterre et de la France sur les Russes à Alma, en Crimée. Mais il ne reste rien de l'ouvrage originel, si ce n'est le *Zouave* de 6 m de haut, l'une des statues de Georges Diébolt représentant les combattants de cette bataille. Adossé à une pile du pont, il permettait aux Parisiens de mesurer les caprices de la Seine. Il fut immergé jusqu'aux épaules lors de la crue record de 1910 qui atteignit 8,62 m ! Il a été réinstallé en 1974, lorsque le nouveau pont a été jeté sur la Seine. Malheureusement, ce pont est aussi devenu tristement célèbre depuis que, le 31 août 1997, Lady Di y trouva la mort dans un accident de voiture dans le tunnel du même nom.

POURQUOI « BATEAU-MOUCHE » ?

Tout simplement parce que les 1ers furent construits dans le quartier de la Mouche, à Lyon, dès 1867. Certains de ces bateaux partirent ensuite à Paris, où leur activité fut rapidement interrompue à cause de la concurrence du tout nouveau métropolitain. L'activité fut relancée en 1949 par un certain Bruel, fondateur de la compagnie des Bateaux-Mouches (au pont de l'Alma), la plus ancienne et la plus prospère.

Bateaux-Mouches *(plan couleur B3)* **:** *embarcadère pont de l'Alma, rive droite. ☎ 01-42-25-96-10. • bateaux-mouches.fr • Ⓜ Alma-Marceau ; RER C : Pont-de-l'Alma. Départs ttes les 30 mn env. Le billet se prend 15 mn avt le départ ou sur Internet. Prix : 13,50 € ; réduc ; gratuit moins de 4 ans. Dîner 75-155 € (déj à partir de 60 € ; réduc).* Le soir, rien de plus romantique que de dîner sur un bateau-mouche en traversant la Ville Lumière...

LE QUARTIER DU PARC MONCEAU

Le musée Jacquemart-André *(plan couleur B2)* **:** *158, bd Haussmann, 75008. ☎ 01-45-62-11-59. • musee-jacquemart-andre.com • Ⓜ Miromesnil ou Saint-Philippe-du-Roule. Tlj 10h-18h (20h30 lun en période d'exposition). Entrée (audioguide pour les collections permanentes compris) : 13,50 € ; tarif réduit : 10 € ; gratuit moins de 7 ans ; tarif famille.*
Bienvenue dans l'ancienne demeure d'Édouard André et Nélie Jacquemart, grands collectionneurs devant l'Éternel ayant sillonné le monde pour acquérir des œuvres de 1er plan ! Cet endroit magique était déjà considéré, lors de son inauguration en tant que musée en 1913, comme l'un des hauts lieux de l'art à Paris.

8e

On parvient au perron de ce luxueux hôtel particulier par une rampe d'accès qui permettait aux carrosses et attelages de déposer leurs passagers, puis de repartir sans provoquer d'embouteillage dans la cour. La classe ! Les salles du rez-de-chaussée sont consacrées successivement à l'art français du XVIIIe s, avec des peintures de Fragonard, Boucher, Chardin, David, Natier, Chardin ou Vigée-Lebrun, des sculptures de Pigalle..., puis aux écoles flamande et hollandaise du XVIIe, avec Van Dyck, Ruysdael, Hals, Rembrandt... sans oublier la collection anglaise, avec des œuvres de Reynolds, Lawrence ou encore Hoppner.
La visite est l'occasion rêvée de découvrir les espaces habités d'une grande demeure du XIXe s : salons d'apparat, appartements privés (chambres de monsieur et madame), jardin d'hiver. On notera au passage les astucieuses boiseries coulissantes du salon de réception, permettant d'agrandir l'espace à l'aide de vérins hydrauliques (toujours en fonctionnement) et d'accueillir jusqu'à un millier de personnes. À noter également, la Galerie des musiciens, qui surplombe la salle de bal.
Le superbe escalier à double révolution, dominé par une fresque de Tiepolo, permet d'accéder au *Musée italien* présentant le must de la Renaissance italienne : peintures de Botticelli, Canaletto, Carpaccio, Uccello, Bellini... et sculptures de Verrocchio et Donatello pour ne citer que ceux-là. Fastueux ! Le tout est meublé en style Louis XV et Louis XVI, excepté quelques meubles plus exotiques dans

le fumoir, que Nélie Jacquemart rapporta d'Orient après le décès de son mari. Également de belles expos temporaires très courues (pensez à acheter un billet coupe-file).
Allez faire un tour au salon de thé, orné d'une fresque de Tiepolo (au plafond) et de tapisseries retraçant l'histoire d'Achille.

Boutique très complète à la sortie, pour petits et grands.
Après cette visite, vous pourrez déjeuner ou prendre le thé au ***Café Jacquemart-André.*** Voir « Où boire un thé ? Où prendre un bon 4-heures ? » plus haut.

Le musée Nissim-de-Camondo *(plan couleur B1)* **:** *63, rue de Monceau, 75008. ☎ 01-53-89-06-50. • madparis.fr • Ⓜ Villiers ou Monceau. Tlj sauf lun-mar et j. fériés 10h-17h30. Entrée : 9 €, avec audioguide ; réduc ; gratuit moins de 26 ans. Visite guidée 3 dim/mois à 11h : 12,50 € (entrée au musée incluse). Visites théâtralisées : 18,50 €.*
C'est en 1871 que les frères Abraham et Nissim de Camondo, issus d'une riche famille de banquiers, s'installèrent en bordure du parc Monceau. En 1911, le comte Moïse, fils de Nissim, hérita de l'hôtel. Le style Second Empire ne lui convenant pas, il fit construire un nouveau bâtiment d'une douzaine de pièces, de style 2de moitié du XVIIIe s, inspiré du Petit Trianon de Versailles et permettant d'accueillir sa riche collection d'arts décoratifs de cette période. S'il était passionné du style du XVIIIe s, Moïse entendait tout de même profiter des progrès de son temps. Ainsi trouve-t-on dans la demeure toutes les commodités et le confort le plus moderne : salle de bains, toilettes séparées, vastes cuisines, office, laverie... et même un ascenseur ! En 1935, il légua au MAD (musée des Arts décoratifs) sa maison et toute sa collection, à la condition de les garder et de les présenter en l'état, afin de perpétuer le souvenir de son fils Nissim, tué lors d'un combat aérien en 1917. Les derniers membres de cette famille de généreux mécènes disparurent tragiquement dans les camps d'Auschwitz.
Au gré des superbes salons (dont celui en rotonde, dit « des Huet », notre préféré), de la splendide bibliothèque entièrement couverte de boiseries, du bureau, des chambres à coucher ou encore des vastes salles de bains, on découvre l'intimité de cet homme qui consacra sa vie à réunir des meubles, des tableaux, des sculptures, des bibelots, ou encore des services en argent... soit plus de 800 pièces signées par les plus grands artistes de l'époque comme Vigée-Lebrun, Oudry, Pigalle ou Huet. Citons, entre autres, un bureau à cylindre signé Oeben, des effets personnels de Marie-Antoinette, un joli bonheur-du-jour (petit bureau) ou un service de Sèvres aux oiseaux inspiré des planches de Buffon. Mais au rez-de-chaussée, ce sont les incroyables cuisines qui forcent l'admiration : énorme fourneau, passe-plat, rôtissoire électrifiée (digne des plus grands restos)... Le nec plus ultra au début du XXe s ! Et pour ceux qui désireraient en savoir plus sur la famille Camondo, un film lui est consacré en fin de visite.

Le musée Cernuschi *(plan couleur B1)* **:** *7, av. Vélasquez, 75008. ☎ 01-53-96-21-50. • cernuschi.paris.fr • Ⓜ Monceau ou Villiers. ♿ Tlj sauf lun et j. fériés 10h-18h. GRATUIT (expos temporaires payantes).* ***Fermeture au printemps 2019 pour 6 à 9 mois de travaux.*** *Audioguide : 5 €. Visite guidée de l'expo temporaire mar-jeu à 14h30, sam à 15h (7 € plein tarif) ; visite guidée de la collection permanente mêmes j. et horaires (7 €) ; visite guidée en langue labiale 1 sam/mois à 11h.*
Ce petit musée discret occupe un emplacement formidable en bordure du parc Monceau, dans la magnifique demeure d'Henri Cernuschi, financier d'origine italienne mais également républicain, humaniste et passionné d'art asiatique. Parti en 1871 pour un voyage de 2 ans en Extrême-Orient, il en rapporta une collection exceptionnelle d'objets d'art (principalement chinois et japonais) qu'il légua en 1896 à la Ville de Paris.

La muséographie moderne et fluide, structurée selon un parcours chronologique, permet de découvrir plusieurs raretés : poteries néolithiques, vases en bronze archaïques (dont un chef-d'œuvre chinois, *La Tigresse,* vase à boisson fermentée en forme de félin), ou encore une statuaire bouddhique de 1er plan. La salle Han est d'ailleurs dominée par l'impressionnant Buddha de Meguro (bronze japonais du XVIIIe s), emblème du musée. Dans les autres sections, ne pas rater les personnages funéraires en terre cuite, comme les 12 animaux calendaires, et le délicat orchestre de 8 cavalières musiciennes parfaitement conservé, datant du VIIIe s. À ces collections s'ajoutent des expositions de peintures, de céramiques et de sculptures d'artistes contemporains, présentées par roulement.

Le parc Monceau *(plan couleur B1)* **:** *tlj 7h-20h (22h avr-oct) ; fermeture des portes 15 mn avt.*

Constitué par le duc de Chartres sur plusieurs parcelles du château féodal de Mousseaux, qui existait en 1300, ce parc est un bel exemple du goût du Second Empire pour les jardins à l'anglaise, sans parterres rectilignes ni effets géométriques. C'était, vers 1780, le parc privé du duc d'Orléans, qui l'avait fait agrémenter d'une pyramide égyptienne, d'un temple grec, de grottes et de cascades artificielles. Certains de ces bâtiments exotiques sont restés, mais le parc, lui, a bien maigri. Amputé de moitié, il permit aux banquiers Pereire et à quelques autres de réaliser les plus fructueuses spéculations immobilières. Pas trop de regrets pourtant, puisque c'est l'occasion de découvrir tout autour, dans les rues aux noms de peintres (Murillo, Van Dyck, Ruysdael, Vélasquez), les hôtels qui furent ceux des « cocottes » impériales, des banquiers et des 1ers grands industriels.

UN SACRÉ TRAIN DE VIE

Pour imaginer le luxe incroyable qu'on pouvait rencontrer dans les hôtels particuliers sous le Second Empire, allez voir le petit palais qui, à l'angle de l'avenue Van Dyck, donne sur le parc. C'était l'hôtel du chocolatier Menier. La cuisine était si loin de la salle à manger qu'un petit chemin de fer apportait les plats sur la table. Quant à la résidence secondaire de M. Menier, c'était, en toute simplicité, le château de Chenonceau !

L'élégante *rotonde,* dite de Chartres, entourée de 16 colonnes et qui ouvre sur le boulevard de Courcelles, n'est autre qu'un des postes de surveillance de l'ancienne enceinte des fermiers généraux dessinée par Ledoux (voir aussi la place Denfert-Rochereau, dans le 14e).

Gounod, Chopin, Guy de Maupassant et Ambroise Thomas, musicien, ont leur monument à l'ombre des grands arbres où Marcel Proust, enfant, venait pousser son cerceau avant d'aller faire ses études au lycée Condorcet et de se retirer au no 102 du boulevard Haussmann pour y écrire une grande partie de son œuvre. Dans ce pêle-mêle, on voit aussi des tombeaux d'inconnus transportés là pour on ne sait quelle raison, une pyramide dessinée par l'architecte Carmontelle (alors M. Pei, on copie ?) et une lampe mortuaire japonaise, cadeau de la municipalité de Tokyo à celle de Paris. En flânant, on dégustera la savoureuse collection de portraits qu'à presque toute heure offre le parc : enfants sages (pas toujours !) des institutions privées voisines, amoureux sur les bancs, joggeurs très chic, vieux messieurs dignes lisant *Les Échos* ou *La Tribune de Genève...* tout un monde, quoi !

La maison-pagode Loo *(plan couleur B1-2)* **:** *angle rues de Courcelles et Rembrandt.* Ⓜ *Courcelles.* Édifiée – en fait, il s'agit plutôt de la transformation de l'immeuble classique existant – en 1928 par un riche antiquaire chinois, on ne peut pas rater cette étonnante façade rouge sombre, à deux pas du parc Monceau.

La cathédrale Alexandre-Nevsky (plan couleur A1) **:** *12, rue Daru, 75008. ☎ 01-42-27-37-34 (gardien). Ⓜ Ternes ou Courcelles. Ouv à la visite mar, ven et dim (sauf pdt les offices particuliers) 15h-17h ; offices réguliers : tlj à 10h et sam à 18h. Photos interdites à l'intérieur ; 3 petites règles : bras couverts, shorts interdits, et les hommes doivent entrer le chef découvert.*

Surprenante cathédrale construite dans le style byzantino-moscovite en 1861 et classée Monument historique. Picasso s'y est marié, ainsi que Macha Méril et Michel Legrand. Ses 5 bulbes dorés dotés de *chatior* (flèches), récemment restaurés, s'élèvent à près de 50 m dans le ciel parisien. Le nombre de 5 est symbolique : la flèche centrale représente le Christ, et les 4 autres les évangélistes. L'effet général est celui d'un groupe de cierges, portant les prières vers le Ciel. À l'intérieur, placez-vous sous le dôme central pour bien observer la conception cruciforme de l'édifice, qui rappelle la croix grecque. Les peintures sacrées sont l'œuvre de Sorokine, et les toiles marouflées de Bogoliouboff, un peintre spécialisé en marines – ce qui explique le choix des sujets – et ami du tsar Alexandre III, pour lequel il achetait des tableaux à Paris.

Pour info, Alexandre Nevsky est l'un des plus célèbres saints protecteurs de Russie. Contemporain de Saint Louis, il vainquit les Suédois sur les bords de la Neva avant de devenir moine.

La crypte *(entrée par la droite à l'extérieur ; ouv seulement au moment des offices ou lors de visites – se renseigner sur le site)* vaut le coup d'œil !

Chaque samedi soir (pour l'office des Vigiles) et dimanche, on voit se réunir, sous les coupoles ou dans la crypte, les fidèles d'origine russe. Noël est fêté le 7 janvier, et Pâques est célébré avec faste.

Et pour les anecdotes people : c'est ici, par exemple, que Picasso se maria, en 1918, avec la danseuse russe Olga Khokhlova ; là aussi que furent célébrées les obsèques de l'écrivain Tourgueniev, puis celles d'Henri Troyat.

SUJET S(L)AVONNEUX...

Jusqu'au Moyen Âge, les offices religieux orthodoxes étaient prononcés dans la langue locale du pays, contrairement aux catholiques qui utilisaient traditionnellement le latin comme langue universelle. L'Église orthodoxe eut donc l'idée de créer une langue commune, le slavon. Cette langue reconstituée, psalmodiée par les popes, pioche ses racines dans les langues slaves (bulgare, russe, slovaque...) de façon à ce que tout orthodoxe puisse non pas comprendre la langue, mais reconnaître certains mots-clés, et ainsi suivre l'office.

LA PLACE DE LA CONCORDE (plan couleur C3)

Elle fut réalisée très symétriquement par l'architecte Gabriel, entre 1753 et 1763, à la gloire de Louis XV, pour recevoir sa statue équestre et porter son nom. N'étant pas limité par la place et travaillant sur un marécage, il conçut très grand cette sorte d'équivalent en dur du parc de Versailles. Il fit construire sur le côté opposé à la Seine les 2 bâtiments à colonnes inspirés du Louvre et qui abritent l'*Hôtel de Crillon* et l'*Hôtel de la Marine*. Celui-ci a abrité l'état-major de la Marine de la Révolution jusqu'en 2015. Il est aujourd'hui en cours de réhabilitation, et ouvrira ses portes au public en 2020.

LE PLUS GRAND CADRAN SOLAIRE DU MONDE

En observant bien la place de la Concorde, on aperçoit quelques lignes jaunes aboutissant à de grands chiffres romains (ex : sur le terre-plein central en direction de l'hôtel Crillon). Il s'agit bien d'un gigantesque cadran solaire qui a l'obélisque pour gnomon (aiguille centrale).

Outre les étages de bureaux et quelques sièges sociaux de fondations, il accueillera les visiteurs qui pourront découvrir les ors de prestigieux salons et appartements, déambuler dans la cour d'honneur et se poser au café. Voilà pour le programme ! Retour en arrière...
En 1792, d'incroyables vols furent commis au ministère de la Marine de l'époque, longtemps garde-meuble de la Couronne. Ainsi, le *Régent,* célèbre diamant de 150 carats, fut retrouvé sous un tas de gravats avenue Montaigne. Il est aujourd'hui au Louvre. Quant aux fontaines, elles ne furent installées qu'entre 1836 et 1846.
Pendant la Révolution, la guillotine était installée sur la place, au début des Champs-Élysées, sur la droite. Rebaptisée alors place de la Révolution, puis place Louis-XVI, la Concorde connut quelques moments historiques : l'exécution de Louis XVI le 21 janvier 1793, puis celle de Robespierre en 1794 (entre les 2 dates, plus de 1 100 personnes perdirent la tête, mais celles-ci furent exécutées en majorité place de la Nation). Au XXe s, elle fut le cadre des émeutes des ligues d'extrême droite le 6 février 1934, des combats de la Libération, de la grande manifestation gaulliste du 30 mai 1968...

LOUIS XVI ET SON BOURREAU

Le bourreau était nommé par le roi et était à son service. Sanson, employé modèle et bourreau de père en fils (7 générations au total !), était responsable de la guillotine. C'est Louis XVI lui-même qui eut l'idée lumineuse de la lame biseautée. Le 21 janvier 1793, le même Sanson prouva au roi l'efficacité du perfectionnement de son invention... en le guillotinant.

Au milieu s'élève l'***obélisque de Louxor,*** qui permet aux automobilistes coincés dans les embouteillages d'apprendre quelques rudiments d'égyptien en déchiffrant les hiéroglyphes racontant les hauts faits du règne de Ramsès II. Si on s'en approche, on peut découvrir les différentes – et fastidieuses – phases du transport et de son érection gravées sur le socle. Les Bretons peuvent être fiers : ce bloc de granit de 4 m de haut provient de l'île Melon, dans le Finistère Nord.

– Le ***Jeu de paume*** et le ***musée de l'Orangerie,*** qui donnent sur la place de la Concorde, sont développés avec le jardin des Tuileries dans le 1er arrondissement.

UN CADEAU BIEN ENCOMBRANT !

L'acheminement de l'obélisque de Louxor ne fut pas une mince affaire ! Il fallut construire un navire spécial pour transporter ce volumineux cadeau de 230 t de granit rose, offert par le vice-roi d'Égypte Méhémet-Ali à Louis-Philippe. Le voyage du navire (construit avec mâts démontables pour passer sous les ponts) dura 2 ans et 25 jours avant d'atteindre Toulon, et on dut attendre encore 3 années avant de voir se dresser dans le ciel d'Île-de-France ce symbole solaire arraché au temple de Louxor. Le levage fut confié à un ingénieur qui mit au point une machinerie très compliquée nécessitant l'aide de 240 artilleurs. Enfin, le 25 octobre 1836, ce fut chose faite.

Tout autour de la place s'élèvent les ***statues*** de 8 grandes villes de France. On dit que Juliette Drouet (la maîtresse de Victor Hugo) posa pour Strasbourg, et que la femme du préfet de police de Lille servit de modèle à celle représentant cette ville. Ces statues furent recouvertes de voiles noirs en mars 1871, lorsque le Kaiser traversa Paris après la signature, dans la galerie des Glaces, de la capitulation française. La place fut éclairée pour la 1re fois à l'électricité en 1866, à l'occasion de la fête de Napoléon III. Les 2 grandes fontaines sont des copies de celles qui ornent la place Saint-Pierre de Rome.

Au n° 1 de la ***rue Royale,*** à côté du légendaire *Maxim's,* un cadre banal et une vitre sale cachent une étonnante affiche de 1914 : l'appel du maire du 8e à la mobilisation générale. Cet ultime vestige de la 1re grande boucherie mondiale fut retrouvé à cet endroit après guerre et protégé par une vitre. Curieusement, il passa même sans encombre l'Occupation allemande (alors que le secteur était plutôt un de leurs bastions).

Les ***Chevaux de Marly,*** à l'entrée des Champs-Élysées, complètement rongés par la pollution, ont été remplacés par des copies parfaites, ce qui permit aux originaux d'être protégés, dès 1984, au musée du Louvre. Ces groupes équestres de Guillaume Coustou avaient fait, dans les années 1950, l'objet d'une escroquerie montée par un aventurier qui les avait vendus très cher à un collectionneur américain riche mais naïf. Lorsque l'acheteur voulut prendre livraison de ses chevaux, il ne comprit pas l'opposition du gouvernement français et dut repartir avec son acte de vente bidon en guise de souvenir.

Quant au ***pont de la Concorde*** *(plan couleur C3),* il a été construit avec des pierres de la prison de la Bastille. Les chefs de la Révolution voulaient que le peuple puisse piétiner ce symbole royal. Déjà du marketing politique !

LE QUARTIER DE LA MADELEINE *(plan couleur D2)*

L'église de la Madeleine : • *eglise-lamadeleine.com* • Ⓜ *Madeleine. Tlj 9h30-19h. Ascenseur.*
Voici donc le grand temple grec aux 52 colonnes corinthiennes qu'on voit de la Concorde. Il ne fallut pas moins de 80 ans pour l'édifier, car elle changea en cours de route plusieurs fois de destination et d'architectes. Commencée en 1763, modifiée 13 ans après, abandonnée sous la Révolution (on avait pensé à en faire une bourse), Napoléon voulut en faire un temple à la gloire de la Grande Armée. Sa chute rendit cependant le monument à sa destination primitive, et l'église fut enfin consacrée en 1845.
Grimper les marches, ne serait-ce que pour admirer les impressionnantes portes illustrant les Dix Commandements, plus hautes même que celles de Saint-Pierre de Rome. Plaquette explicative à dispo sur la gauche en entrant. Dans le genre imposant, on fait difficilement mieux. Le cul-de-four de 18 m de diamètre fit l'admiration des fidèles lorsqu'on le dévoila. On y voit une immense fresque à la gloire du christianisme en Orient et en Occident. Sont notamment représentés : l'empereur Constantin, sainte Catherine, Clovis, Charlemagne, Godefroy de Bouillon, Saint Louis, Jeanne d'Arc, Henri IV, Louis XIII, Richelieu, et bien entendu Napoléon et le pape Pie VII. Tout à droite, saint Denys, qui évangélisa Paris. Au-dessous, le chœur est occupé par un autel monumental où Marie-Madeleine est entourée d'anges aux élégantes ailes déployées. Les mélomanes seront plus sensibles aux accents des orgues, un magnifique instrument de 1846. Les cérémonies de cette église sont d'ailleurs célèbres pour leur faste.
D'un côté, un petit marché aux fleurs, installé là depuis 1832 *(tlj sauf lun),* et, de l'autre, le Kiosque Théâtre (voir « Adresses et infos utiles » dans le chapitre « Bon à savoir avant le départ »). Sous la Madeleine même, à découvrir côté droit, une petite porte vous mène jusqu'au *Foyer* aménagé dans les salles voûtées, où vous pouvez vous restaurer à midi (voir « Où manger ? »). Au même niveau, des expos temporaires *(entrée côté droit).* Concerts gratuits (mais donation bienvenue) 2 dimanches par mois à 16h *(rens au ☎ 01-44-51-69-00)* et une riche programmation de concerts payants.

La galerie de la Madeleine (plan couleur C-D2) **:** *pl. de la Madeleine, 75008.* Ⓜ *Madeleine. Tlj sauf dim et j. fériés.* Percée en 1845, elle relie la place de la Madeleine et la rue Boissy-d'Anglas, où se trouve, à l'angle avec le faubourg Saint-Honoré, le célébrissime magasin *Hermès* et sa vitrine d'angle toujours étonnante.

Non loin de là, au carrefour des rues d'Anjou et des Mathurins, se trouve le ***square Louis-XVI,*** situé à l'emplacement de l'ancien cimetière où furent enterrés la Du Barry, Charlotte Corday, Louis XVI, Marie-Antoinette, ainsi que de nombreuses autres personnes guillotinées. La décoration florale du square fait presque uniquement appel au blanc (la couleur royale). Arrivé au pouvoir en 1815, après avoir transféré les restes (supposés) de Louis XVI et de son épouse à la basilique Saint-Denis, Louis XVIII fit édifier une ***chapelle expiatoire,*** dont Chateaubriand, spécialiste en outre-tombe, disait que c'était « sans doute le monument le plus remarquable de Paris ». Bonne nouvelle, elle se visite *(● chapelle-expiatoire-paris.fr ● ; entrée : 6 €)* !

De part et d'autre de l'allée qui mène à l'édifice, 2 rangées de cénotaphes rappellent le dévouement au roi des gardes suisses qui succombèrent en défendant les Tuileries en 1792. Sous le dôme, 2 remarquables groupes sculptés : Louis XVI auquel un ange montre le chemin du Ciel, et Marie-Antoinette soutenue par la Religion.

Au coin de la rue Pasquier, remarquable immeuble Art déco avec bas-reliefs d'inspiration coloniale.

UN FEU D'ARTIFICE MORTEL

À l'occasion de son mariage, Louis XVI organisa un splendide feu d'artifice sur la place aujourd'hui appelée « de la Concorde ». La foule était immense. Un incendie se déclara sur un échafaudage, créant une terrible panique. Bilan de ce drame, 133 morts, enterrés près de la chapelle expiatoire, située sur l'actuel boulevard Haussmann. Dès son mariage, les Parisiens détestèrent Marie-Antoinette.

9e ARRONDISSEMENT
LES GRANDS BOULEVARDS • LA « NOUVELLE-ATHÈNES »

• Pour le plan du 9e arrondissement, voir le cahier couleur en fin de guide.

Ce 9e arrondissement, c'est avant tout celui des Grands Boulevards et des grands magasins, ces derniers méritant une future majuscule, car ce sont des monuments dans leur genre. Le somptueux Opéra dû à Charles Garnier trône au milieu d'un périmètre dédié au commerce, soumis à une animation qui ne cesse que le dimanche (quoique, au moment des vitrines de Noël...). En revanche, autour de Grévin, des passages ont gardé leur mystère et leur atmosphère si particulière. André Breton est passé là... On trouve aussi, non loin, la salle des ventes de l'hôtel Drouot. Celle-ci draine une population particulière d'amateurs, d'antiquaires et de manutentionnaires qui partagent les mêmes rituels.
Autrement, que ce soit autour de l'église de la Trinité, jusqu'à Pigalle, ou derrière Notre-Dame-de-Lorette, dans le quartier de la « Nouvelle-Athènes », le 9e présente une remarquable unité architecturale. Nombre de ces élégants immeubles virent converger l'élite intellectuelle et artistique de la fin du XIXe s et du début du XXe s. Se dégage forcément de ce quartier une atmosphère toute particulière. Les musées Gustave-Moreau ou de la Vie romantique en sont des témoins, précieux et charmants. Surnommé « SoPi » pour « South Pigalle », le quartier s'est certes embourgeoisé, ou plutôt « boboïsé », les bars à entraîneuses et autres sex-shops ayant laissé la place à des petits bars plus ou moins branchés et à des boutiques de créateurs, il n'en est que plus plaisant, plus accueillant, ayant su cultiver un esprit canaille et parigot. Un autre Paris, donc. Pas vraiment spectaculaire mais plein de jolies surprises où il fait bon vivre, sortir et flâner.

Où dormir ?

De très bon marché à bon marché

Woodstock Hostel *(plan couleur C1, **1**) : 48, rue Rodier, 75009. ☎ 01-48-78-87-76. • woodstock.fr • Ⓜ Anvers. Nuit (en chambre 2-10 lits superposés) 29-33 €/pers, petit déj inclus.* Une auberge de jeunesse privée pour petits budgets, avec des chambres aux couleurs vives et psychédéliques, sans confort particulier mais sympas. L'ensemble est bien entretenu. Patio intérieur de poche très agréable l'été mais qui ferme dès 23h, cuisine à disposition au sous-sol. Douches sur le palier à chaque étage (peu nombreuses – environ une pour 10 personnes – mais récentes). Choisissez d'ailleurs les chambres et dortoirs dans les étages, car ceux qui occupent le bâtiment autour du patio sont bruyants.

AJ BVJ Opéra-Montmartre *(plan couleur B2, **4**) : 1, rue de la Tour-des-Dames, 75009. ☎ 01-42-36-88-18. • bvjhostelparis.com • Ⓜ Trinité-d'Estienne-d'Orves. Dortoirs 2-8 pers*

19-35 €/pers ; petit déj inclus. Parking payant. Dans un bel hôtel particulier typique de la Nouvelle-Athènes. Avec ses marbres et ses sculptures, le hall d'entrée tient plus de la salle de bal que de l'antichambre pour étudiants fauchés. Une bonne centaine de lits. État impeccable. La salle de petit déjeuner s'ouvre sur une vaste cour pavée, joliment aménagée. Un palais pour *backpackers.* Pas mal de groupes.

Le Régent Montmartre *(plan couleur C1,* ***5****) : 37, bd de Rochechouart, 75009. ☎ 01-48-78-24-00. • leregent.com/fr/ • Ⓜ Anvers. Lit en dortoir 6 pers avec sdb 30-40 € ; doubles avec ou sans sdb 90-130 € ; petit déj 6 €. Un petit déj/pers offert sur présentation de ce guide.* Située à 5 mn à pied du Sacré-Cœur, cette auberge d'une centaine de lits profite d'une situation exceptionnelle. Les dortoirs (4 ou 6 personnes) avec lits superposés métalliques et les chambres (2 ou 3 personnes) ne sont pas bien grands, mais l'ensemble a été refait à neuf et possède un certain cachet. Vu le prix, c'est une véritable aubaine ! Surtout que certaines chambres privées (dont une suite familiale) offrent une vue splendide sur Montmartre, une vraie carte postale ! Les parties communes sont gaies et colorées, et l'accueil vraiment chaleureux. Cuisine à disposition, casiers, laverie et même baby-foot.

De prix moyens à chic

Hôtel Bienvenue *(plan couleur C2,* ***8****) : 23, rue Buffault, 75009. ☎ 01-48-78-32-18. • hotelbienvenue.fr • Ⓜ Cadet. Doubles à partir de 130 €. Un petit dej offert/pers sur présentation de ce guide.* Le nouvel hôtel d'Adrien Gloaguen se compose de 2 immeubles qui cachent un joli jardin secret. L'atmosphère d'une grande maison de vacances où l'on se retrouverait en famille ou entre amis. Plein de petites attentions. Ouvert aux non-résidents, un bar avec d'excellents vins ou cocktails. La pâtisserie est tenue par Anaïs de la pâtisserie-confiserie *Bogato* (donc, cours de pâtisserie pour petits et grands !). La déco est assurée par la jeune décoratrice Chloé Nègre. Un vrai lieu de vie un peu caché, tendance. Un coup de cœur !

Hôtel Joséphine *(plan couleur B1,* ***10****) : 67, rue Blanche, 75009. ☎ 01-55-31-90-75. • hotel-josephine.com • Ⓜ Blanche, Place-de-Clichy ou Trinité-d'Estienne-d'Orves. ♿ Doubles à partir de 139 € ; petit déj 15 €.* Un hôtel récent d'une quarantaine de chambres, dont le salon-réception donne d'emblée le ton : celui d'un confortable cocon. Les chambres – certaines avec balcon – sont de taille raisonnable (certaines salles de bains sont vraiment petites). La déco, originale et chamarrée, marie motifs et imprimés des papiers peints, photos de danseuses de cabaret de temps révolus réveillées par des teintes acidulées et un mélange d'aménagements vintage et contemporains, pour un résultat baroque. Dommage toutefois que l'insonorisation ne soit pas au top. Petit déjeuner au sous-sol – une cave voûtée aux pierres apparentes –, comme souvent à Paname.

Hôtel des Arts *(plan couleur C3,* ***6****) : 7, cité Bergère, 75009. ☎ 01-42-46-73-30. • hoteldesarts.fr • Ⓜ Grands-Boulevards. Doubles 59-140 € ; petit déj 8 €. Parking payant. Un petit déj/pers offert sur présentation de ce guide.* À deux pas de l'animation du boulevard Montmartre, l'hôtel se niche au calme de la cité. Toutes les chambres donnent dessus. De taille correcte, classiques et soignées, elles combleront les bohèmes au budget serré... Gérant convivial. Bon rapport qualité-prix.

Hôtel Chopin *(plan couleur C3,* ***9****) : 46, passage Jouffroy, 75009. ☎ 01-47-70-58-10. • hotelchopin-paris-opera.com • Ⓜ Grands-Boulevards ou Richelieu-Drouot. Au niveau du 10, bd Montmartre. Doubles 100-147 € ; familiales ; petit déj-buffet 8 €. Un petit déj/chambre offert sur présentation de ce guide.* Un hôtel-bijou du XIXe s, situé au fond du passage, donc une véritable oasis de paix, à deux pas des Grands Boulevards. La façade datant de 1850 vaut le coup d'œil : vieilles boiseries et grande baie vitrée. D'emblée, on voyage dans une autre époque ! Les 36 chambres sont plutôt jolies mais très classiques (voire datées), et l'ensemble est très bien tenu. Les chambres mansardées sont très colorées et lumineuses, car donnant sur la verrière du passage. Évitez, en revanche, celles sur cour, vous auriez une vue imprenable sur un immense... mur ! Et petit bonheur du matin : du jus d'orange pressée au buffet du petit déjeuner (exceptionnel à ce prix-là) ; salle mouchoir de poche, en revanche. Accueil parfait.

Golden Hôtel *(plan couleur D2,* ***11****) : 5, rue Riboutté, 75009. ☎ 01-47-70-62-36. • goldenhotelparis.fr • Ⓜ Cadet. Doubles 90-140 € ; petit déj-buffet 11,50 €. Parking public payant à proximité (réduc de 50 % pour les clients de l'hôtel).* Un hôtel à la déco coquette et intime – même si ce n'est pas l'impression dégagée par l'entrée. Toutes les chambres sont différentes (celle à baldaquin a du succès), avec des salles de bains aux dimensions parisiennes, c'est-à-dire assez petites... Encore plus valable pour les chambres mansardées du 6e étage, pourtant très demandées par les « fidèles ». On sent un souci constant de bonne tenue. En outre, l'accueil est vraiment excellent.

Hôtel Victor-Massé *(plan couleur B1,* ***12****) : 32 bis, rue Victor-Massé, 75009. ☎ 01-48-74-37-53. • hotelvictormasseparis.com • Ⓜ Pigalle. Doubles tt confort 115-120 € ; triples ; petit déj 10 €.* Un petit hôtel au confort douillet, où les chambres sont régulièrement rénovées dans un style conventionnel de bon aloi. Réception et salle de petit déj contemporaines. Sa situation, à deux pas de la place Pigalle, ravira les amateurs de nuits parisiennes. Mais pas de panique, les chambres côté rue sont équipées de double vitrage.

Hôtel Corona Rodier *(plan couleur C2,* ***15****) : 4, rue Rodier, 75009. ☎ 01-42-80-53-00. • hotelcoronaparis.com • Ⓜ Notre-Dame-de-Lorette ou Cadet. ♿ Doubles 80-160 € ; petit déj-buffet 10 €. Possibilité de négocier en basse saison.* Hôtel vaste, à la fois chic et design avec des éléments de déco très colorés. Les chambres, elles, sont fonctionnelles, bien équipées et décorées avec goût. Petite préférence pour celles du 4e étage, qui disposent d'un balcon. Accueil professionnel et souriant.

Alba-Opéra Hôtel *(plan couleur C1,* ***18****) : 34 ter, rue de La Tour-d'Auvergne, 75009. ☎ 01-48-78-80-22. • albaoperahotel.com • Ⓜ Notre-Dame-de-Lorette. Doubles 100-170 € ; petits déj 10-15 €.* Ce bel immeuble haussmannien caché au fond d'une impasse abrite une grande variété de chambres, très personnalisée, est un joli mélange de meubles vintage et de créations artistiques pleines de fantaisie ! On ne dort pas tous les jours dans un hôtel où a séjourné Louis Armstrong... et où bien d'autres artistes séjournent aujourd'hui. Accueil adorable.

R. Kipling *(plan couleur B1,* ***13****) : 65, rue Blanche, 75009. ☎ 01-55-31-91-99. • kipling-hotel.com • Ⓜ Blanche. Doubles 119-230 € (promos à partir de 90 €).* La déco rend hommage au célèbre romancier anglais. Résultat, on se croirait dans l'antre d'un gentleman voyageur. Des tons chauds, de petites touches exotiques et un esprit *so British,* tout en exubérance excentrique et bon goût feutré. Les chambres, pas bien grandes, cultivent ce même esprit cosy. Salle de petit déj dans une jolie cave voûtée. Le *R. Kipling* étant membre du groupe *HappyCulture Collection,* vous aurez accès à l'ensemble de leurs hôtels pour profiter du bar à l'heure du thé. Un 4-étoiles au rapport qualité-prix assez remarquable. *NOUVEAUTÉ.*

Hôtel Sacha *(plan couleur C1,* ***14****) : 7, rue de Navarin, 75009. ☎ 01-48-78-51-73. • hotelsacha.com • Ⓜ Saint-Georges ou Pigalle. ♿ Doubles 135-195 €, petit déj compris (promos sur Internet à partir de 69 €).* Fidèle au concept du groupe *HappyCulture Collection* (voir nos autres adresses dans le 9e arrondissement), ce bel hôtel, typiquement parisien, s'est inspiré pour sa déco de l'acteur Sacha Guitry. Déco très théâtrale donc, mais toujours cosy et de bon goût. La cinquantaine de chambres s'est parée de tentures de velours, de miroirs et de coloris rétro. Salle de petit déj tout aussi cosy et belle verrière, bien agréable pour boire un thé, offert par la maison... Bel accueil. *NOUVEAUTÉ.*

Astotel Joke *(plan couleur B1,* ***7****) : 69, rue Blanche, 75009. ☎ 01-40-40-71-71. • astotel.com • Ⓜ Blanche. ♿ Doubles 135-305 € (promos à partir de 100 €) ; familiales ; petit déj*

10 €. L'une des dernières adresses du groupe *Astotel.* Vous y bénéficierez donc du même accueil (avec *soft bar* à volonté)... Entièrement rénové – la déco graphique et ludique a pour thème le jeu et l'humour. Les 44 chambres, tout confort, sont lumineuses et relativement spacieuses pour la capitale. Un bon plan, surtout en période de promo ! *NOUVEAUTÉ.*

Plus chic

Hôtel Panache *(plan couleur C3,* ***19****) : 1, rue Geoffroy-Marie, 75009. ☎ 01-47-70-85-87. • hotelpanache.com • Ⓜ Grands-Boulevards. ♿ Doubles à partir de 130 € ; petit déj 18 €.* À deux pas des Grands Boulevards et tout proche des Folies Bergère... Entièrement rénové par l'équipe de l'*Hôtel Paradis,* à côté, dans le 10e. Déco assez unique, et pourtant un excellent rapport qualité-prix. Une atmosphère très parisienne, rétro et jazzy, orchestrée par la décoratrice Dorothée Meilichzon. Excellent resto (voir la rubrique « Où manger ? »). Le patron est le fils de Philippe Gloaguen, fondateur du *Routard.* C'est dire s'il s'y connaît !

Hôtel Lorette Opéra *(plan couleur B2,* ***20****) : 36, rue Notre-Dame-de-Lorette, 75009. ☎ 01-42-85-18-81. • astotel.com • Ⓜ Saint-Georges. Doubles 159-320 € ; petit déj-buffet 14 €.* Cette belle demeure parisienne, aux murs en pierre de taille et au porche sculpté, abrite un hôtel aux lignes épurées et au mobilier design. Les chambres sont dans le même esprit, soignées et ultra-confortables ; une poignée vraiment petites toutefois. Espace petit déjeuner au sous-sol, mais très réussi aussi. Agréable petit patio pour profiter des beaux jours. *Open bar* avec boissons non alcoolisées offertes tous les jours 14h-23h. Accueil charmant. Même groupe que l'*Hôtel Joyce Astotel* (voir plus loin).

Ze Hôtel *(plan couleur C2,* ***21****) : 10, rue de La Tour-d'Auvergne, 75009. ☎ 01-48-78-61-60. • zehotel.fr • Ⓜ Cadet, Poissonnière ou Anvers. ♿ Doubles 140-169 € (voire 230-300 €) ; petit déj 15 €.* Un boutique-hôtel comme Paris en compte de plus en plus... Conciliant un confort fonctionnel, voire optimal, et un esprit déco qui lui donne tout son charme. De taille variable, chaque chambre a son style et sa gamme chromatique. Petit déj servi dans une petite salle à la lumière zénithale, attenante à un petit salon cosy. Idéal pour une escapade amoureuse et romantique. Atmosphère familiale et accueil charmant.

Hôtel Langlois – Hôtel des Croisés *(plan couleur B2,* ***22****) : 63, rue Saint-Lazare, 75009. ☎ 01-48-74-78-24. • hotel-langlois.com • Ⓜ Trinité-d'Estiennes-d'Orves. Résa obligatoire (seulement 27 chambres, donc souvent complet). Doubles 140-190 € (20 % de réduc en juil et 30 % en août) ; petit déj-buffet 13 €. Réduc sur le prix du parking public voisin via l'hôtel.* Une superbe réception et des chambres climatisées, spacieuses, d'un charme fou. Avec un cachet particulier pour chacune d'elles : meubles d'époque, boiseries Art déco ou cheminées en céramique émaillée... Rapport qualité-prix exceptionnel, et un coup de cœur pour le charme et l'accueil. Et nous ne sommes pas les seuls à adorer...

Le Grey Hôtel *(plan couleur A1,* ***23****) : 12, rue de Parme, 75009. ☎ 01-55-31-93-93. • legrey-hotel.com • Ⓜ Liège. ♿ Doubles 120-350 € ; également une suite ; 2 formules petit déj 9-15 €.* Une réception lumineuse et chaleureuse, et un bar (où se prend le petit déj) donnant sur un petit patio. Les chambres, quant à elles, raviront les amateurs de gris... et de noir aussi, de motifs et d'effets de matière. Les moins chères ne sont certes pas bien grandes, mais ce qu'elles dégagent de cosy peut le faire oublier...

Hôtel du Triangle d'Or *(plan couleur A3,* ***25****) : 6, rue Godot-de-Mauroy, 75009. ☎ 01-47-42-25-05. • hoteldutriangledor.com • Ⓜ Madeleine. ♿ Doubles 109-360 € ; chambres communicantes ; petit déj 17 €. Intéressantes promos sur Internet. Un petit déj/pers offert sur présentation de ce guide.* Chic, choc et ludique ! La proximité de l'Olympia a inspiré la conception du lieu : chaque étage s'attache au style d'un musicien spécifique. Déco imaginative mais non envahissante, accueil attentif et souriant. Au dernier étage, certaines chambres jouissent d'un balcon avec vue plaisante. Une immersion, un frisson... de plaisir.

Hôtel Palm Astotel *(plan couleur C2,* ***26****) : 30, rue de Maubeuge, 75009. ☎ 01-42-85-07-61. • hotel-palm-opera.com • Ⓜ Cadet ou Notre-Dame-de-Lorette. Doubles 135-200 € ; petit déj 14 €.* Un joli immeuble haussmannien entièrement rénové en 2017. Déco résolument pop et vintage mais confort high-tech. Comme dans toutes les adresses du groupe, *open bar* de boissons non alcoolisées et friandises tous les jours 14h-23h.

Hôtel Opéra d'Antin *(plan couleur B2,* ***27****) : 75, rue de Provence, 75009. ☎ 01-48-74-12-99. • operadantin.com • Ⓜ Chaussée-d'Antin-La Fayette. Doubles 69-420 € ; petit déj-buffet 13 € (5,50 € en formule express). Un petit déj/pers offert sur présentation de ce guide.* Mitoyen des *Galeries Lafayette,* cet hôtel au confort conventionnel se trouve en plein cœur de Paris, à quelques pas de l'Opéra et des théâtres. Bien insonorisé côté rue. Petit déj servi dans une salle aveugle mais bien arrangée. Un bon point de chute pour rayonner dans la capitale. Service aimable et pro.

Très chic... et tendance

Hôtel Joyce Astotel *(plan couleur B2,* ***28****) : 29, rue La Bruyère, 75009. ☎ 01-55-07-00-01. • astotel.com • Ⓜ Saint-Georges. ♿ Doubles 140-290 € ; petit déj 14 €. Un petit déj/pers offert sur présentation de ce guide.* Cet hôtel d'une quarantaine de chambres a adopté la démarche la plus écoresponsable possible. Un grand soin est par ailleurs apporté à la déco, très design, élégante, épurée et originale. Les chambres sont très confortables, claires et calmes. Coup de cœur pour la salle du petit déj, sous une verrière avec une belle structure métallique à laquelle est suspendu un superbe luminaire en forme de nuage... et pour l'accueil. Minibar dans les chambres avec *softs* gratuits et *free open bar* (sans alcool) de 14h à 23h, dont vous pourrez également profiter au ***Monterosa Astotel,*** situé juste en face (bien joli lui aussi et proposant des chambres à partir de 73 €).

Où manger ?

Sur le pouce

Picto *(plan couleur C2,* ***40****) : 68, rue La Fayette, 75009. Ⓜ Cadet. Lun-ven 8h-20h, sam 10h30-16h30. Sandwichs 4-7 € ; formules 8,80-9,80 € ; petit déj 6 €.* Si l'on vous dit que le pain vient de la boulangerie *Landemaine,* le jambon cru des monts de Lacaune, le jambon blanc de Vendée (mais surtout de porc fermier !), que le beurre est AOC, ainsi que l'emmental de Savoie, vous comprendrez le bel esprit des lieux et ce qui justifie la différence de prix. Vous trouverez toujours (un peu) moins cher mais ce sera (beaucoup) moins bon ! Vente sur place ou à emporter. *NOUVEAUTÉ.*

Label Ferme *(plan couleur C2,* ***41****) : 43, rue Le Peletier, 75009. ☎ 09-81-33-36-49. Ⓜ Le Peletier ou Notre-Dame-de-Lorette. Lun-ven 11h30-14h30 ; pour l'épicerie, commande par e-mail. Pour s'asseoir, venir avt 12h30. Formules sandwich ou salade 10,30-11,30 €, avec dessert ou soupe (en hiver) et/ou boisson (sur place ou à emporter).* Un restaurant rapide, idéal pour le déjeuner, aux charcuteries et fromages choisis et collectés directement chez les producteurs et les fermiers. En formule, chacun compose sa salade (plusieurs sauces au choix) ou son sandwich, avant de se poser sur les cagettes-tabourets. Consistant, frais, et l'équipe respire la bonne humeur. Attention, pas de places assises en hiver, uniquement 12 places en terrasse.

Mersea *(plan couleur C3,* ***48****) : 6, rue du Faubourg-Montmartre, 75009. ☎ 09-70-38-61-01. Ⓜ Grands-Boulevards. Tlj 11h30-23h. Formules 9,50-23 €.* Le chef breton Olivier Bellin a posé son épuisette à deux pas du Palace pour une *street food* de la mer très contemporaine. Murs bruts bleu marine (logique !) et cuisine ouverte.

Fish & chips extra, frites maison croustillantes, panure savoureuse, et on se lèche les doigts de bonnes petites sauces. Le soir, rillettes de truite ou crème de maquereaux maison (entre autres) pour grignoter. *Mersea* beaucoup !

Cot Cot *(plan couleur D1,* ***43****) : 21, rue Gérando, 75009. Ⓜ Anvers ou Barbès-Rochechouart. Mar 12h-15h ; mer-ven 12h-15h, 19h-22h30 ; sam-dim 12h-23h. Compter env 11 € pour 6 pièces et une portion de frites.* Un petit snack qui réconciliera les amateurs de *junk food* et de bonne chère. Ici, nuggets et *chicken wings* sont faits avec du poulet fermier, bien nourri, bien élevé donc, cuit et frit à la demande. Forcément, question goût, ça change tout... Jusqu'aux bonnes frites maison ! Quelques tabourets pour grignoter sur place. *NOUVEAUTÉ.*

Big Fernand *(plan couleur D2,* ***42****) : 55, rue du Faubourg-Poissonnière, 75009. ☎ 01-73-70-51-52. Ⓜ Poissonnière. Tlj 12h-22h30. Formules 15-18 € ; burgers à partir de 12 €.* Soyons francs, vous avez, vous aussi, une petite (grosse ?) faiblesse pour le burger ? Ces 3 gars-là ont trouvé la parade. Des produits bien de chez nous (mention TB pour les fromages au lait cru et les sauces artisanales) et des recettes à composer soi-même : grisant ! Et des desserts réalisés par un pâtissier. Un succès qui ne se dément pas... à tel point que *Big Fernand* fait des petits à Paris, en province, à Londres et à Hong Kong !

Mian Fan *(plan couleur B2,* ***35****) : 20, rue de Mogador, 75009. ☎ 01-45-23-35-14. Ⓜ Trinité-d'Estienne-d'Orves ou Chaussée-d'Antin-La Fayette. Tlj 12h-23h (22h dim). Plats 10-16 € ; formule 19,50 € (à partir de 18h).* Une cantine *asian fusion* où les habitués du quartier viennent se régaler d'une soupe thaïe, d'une salade épicée, d'un bo bun ou de riches *dim sum,* ces délicieuses ravioles fourrées, le tout servi en portions généreuses. Salle toute de bois vêtue, égayée de jolies touches de couleurs : un cadre zen pour une dînette entre amis. Service rapide, donc parfait aussi pour les plus pressés.

Holybol *(plan couleur C3,* ***58****) : 23, passage Verdeau, 75009. ☎ 01-47-70-08-18. Ⓜ Grands-Boulevards ou Richelieu-Drouot. ♿ Lun 10h-16h ; mar-mer et ven-sam 10h-19h ; jeu 10h-16h, 18h-21h. Congés : août. Bols 16-20 € ; formules 21-26 €. Café offert sur présentation de ce guide.* Les cuisinières thaïes concoctent – en partie devant vous – une poignée de « bols » proposés chaque jour ; sinon, à vous de composer le vôtre, ou d'opter pour un *pad thaï* ou un bo bun. Et les desserts, bien français quant à eux, sont aussi réussis. Également de nombreux jus et smoothies aux associations bien pensées. À l'étage, une salle agréable, fermée par une longue baie vitrée. L'escale fait le plein au déjeuner. Plus tranquille l'après-midi bien sûr. Service rapide. Le bémol ? Les prix...

De très bon marché à bon marché

Juste *(plan couleur C2,* ***67****) : 48, rue Lafitte, 75009. ☎ 09-82-33-93-47. Ⓜ Le Peletier. Tlj sauf lun soir et dim 12h-14h30, 18h30-22h30. Compter 6-15 € par portion (17-39 € pour le homard).* Une cabane ostréicole en plein cœur de Paris, en direct des producteurs... Encore un peu, on s'y croirait ! Une envie de bord de mer, de coquillages ? Filez chez *Juste* ! Pour une petite faim ou un apéro iodé, on s'y régale de fruits de mer de saison, en libre-service, que l'on déguste sur de grandes tablées : bulots-mayo, palourdes farcies, pinces de crabes, huîtres... Ils ont tout juste ! Vente à emporter. *NOUVEAUTÉ.*

Ibrik *(plan couleur C2,* ***36****) : 43, rue Lafitte, 75009. ☎ 01-73-71-84-60. Ⓜ Le Peletier ou Notre-Dame-de-Lorette. Lun-ven 8h30-17h, sam 11h30-17h30 ; service 12h-14h30. Formules 9,50-14,50 € à emporter, 12,50-15 € sur place.* Une escale chaleureuse qu'Ecaterina a baptisée « Ibrik » en souvenir du café de son enfance roumaine. Carte, très courte, simple et ensoleillée, souvent renouvelée. Salades composées, sandwichs au pain pita (maison), ou encore *mezze.* Un soupçon des diverses cuisines proche-orientales qui flirtent avec la Belle Bleue. Et pour la touche sucrée, on se souvient du gâteau aux pistaches glaçage citron, du cookie au halva et du cake orange, semoule et coco. Petit espace à l'étage sympa comme tout.

Papacionu *(plan couleur C2, **44**)* : *7, rue Cadet, 75009. ☎ 01-45-23-90-03. Ⓜ Le Peletier ou Cadet. Tlj sauf dim, midi et soir. Résa conseillée. Pizzas et antipasti 11-17 €.* Connu comme la meilleure pizzeria d'Ajaccio, *Papacionu* exporte sa renommée au-delà des frontières de l'île de Beauté. Des produits frais et gorgés de soleil, à arroser d'une bonne bière locale ou d'un petit rouge bien corsé ! Lumières tamisées, parquet et poutres en bois, le décor est aussi chaleureux que les assiettes généreuses. Planches d'*antipasti* et autres légumes confits feraient pâlir d'envie nos voisins transalpins. Quant aux pizzas, à la pâte croustillante, à la sauce tomate goûteuse et aux garnitures savoureuses du Sud, on en est restés babas !

Les Pâtes Vivantes *(plan couleur C2, **37**)* : *46, rue du Faubourg-Montmartre, 75009. ☎ 01-45-23-10-21. Ⓜ Le Peletier ou Grands-Boulevards. Tlj 12h-15h, 19h-23h. Fermé 25-26 déc. Résa conseillée. Menus 12 € (midi)-15 € ; carte env 15 €. Jiaozi offert sur présentation de ce guide.* Une cantine minuscule où Mme Coutin s'active à fabriquer, à la vue de tous, cette spécialité de pâtes du nord de la Chine, des pâtes fraîches, tout simplement succulentes. Et on ne s'y trompe pas en avalant la soupe de nouilles au bœuf Lanzhou ou celle en sauce Zhajiang, les spécialités de la maison. Victime de son succès, c'est toujours plein. Mais qu'à cela ne tienne, une autre enseigne se trouve au 3, rue de Turbigo, dans le 1er *(☎ 01-40-13-08-04).*

Hugo *(plan couleur D2, **47**)* : *12, rue Papillon, 75009. ☎ 01-40-22-01-91. Ⓜ Cadet ou Poissonnière. Tlj sauf le midi sam-lun 12h-15h, 19h-22h30. Carte 30-40 €.* Cadre classique et bon accueil. Petits plats bien tournés aux accents du Midi, colorés, parfumés et joliment présentés. Produits bio rigoureusement sélectionnés. Desserts maison frais et goûteux. Et pour couronner le tout, bons petits crus de récoltants à prix démocratiques et service irréprochable.

Faggio *(plan couleur D1, **50**)* : *72, rue de Rochechouart, 75009. ☎ 01-40-37-44-02. Ⓜ Anvers ou Barbès-Rochechouart. Tlj 12h-14h30 (12h30-15h w-e), 19h-23h30. Pizzas 12-16,50 €.* Une bande de potes italiens a retapé cette vieille salle de billard tout en longueur. Carrelages blancs, briques nues, tables en liège, en guise de sanctuaire à leur produit vénéré : la *santa pizza* ! Mais pas n'importe laquelle : 10 en tout, triées sur le volet et cuites au feu de bois. Pâte croustillante millimétrée et garnitures choisies dans les meilleurs produits, parées de *flor di latte,* de *mozzarella di bufala* ou de *stracciatella* aux senteurs de truffe et d'origan. 33 cm de diamètre, on a du mal à en venir à bout. Vins naturels, un peu chers mais possibilité de les déguster au verre, ou bière artisanale. Service attentif. Venir tôt pour moins d'attente.

Milton *(plan couleur C2, **51**)* : *46, rue Lamartine, 75009. ☎ 01-45-26-62-20. Tlj sauf lun soir et dim. Happy hours 18h-21h. Formule déj 9,50 € ; planche de fromages ou de charcuterie 14 €.* En poussant la porte de ce *Milton* au cadre sobre tendance scandinave, on remarque d'emblée le long bar de bois blond. C'est que les 2 copains qui ont associé leur envie d'entreprendre ont d'abord ouvert un bar. Des cocktails classiques et quelques créations à accompagner d'une planche de fromages ou de charcuterie bien sélectionnés, d'un croque-monsieur, d'une *burrata* à l'huile de truffe ou de ravioles. Formule déj imbattable. Service très agréable, et atmosphère sympa mais pas modeuse pour autant, pas si fréquent à « SoPi » (South Pigalle !). Une poignée de tables en terrasse.

Buvette *(plan couleur B1, **52**)* : *28, rue Henry-Monnier, 75009. ☎ 01-44-63-41-71. Ⓜ Pigalle ou Saint-Georges. Tlj 8h30 (10h w-e)-minuit. Congés : 4 j. en déc. Pas de résa. Repas complet env 30 €.* Petite sœur d'une adresse très branchée de New York. Un établissement raffiné de ce bas Pigalle qui n'en finit plus de se réinventer. Un décor chaleureux country chic, avec quelques résonnances Art déco, où l'on déguste de bons petits plats, fins et savoureux : rillettes de saumon, parmentier fondant, coq au vin comme chez mamie, tatin tentatrice...

Yoom (plan couleur C2, **53**) : *20, rue des Martyrs, 75009. ☎ 01-56-92-19-10. Ⓜ Notre-Dame-de-Lorette ou Saint-Georges. Lun-sam 12h-15h30 (15h sam), 18h30-23h30. Formule déj env 14 € ; menus 26-31 €.* Un vrai resto de *dim sum,* ces jolies petites bouchées farcies, dans un cadre élégant et raffiné. On a l'impression d'être dans le Hong Kong branché de Lan Kwai Fong. Murs en brique, grandes tablées de bois brun et paniers à étages s'entassant sur votre table. On retrouve toutes les saveurs et textures, sucrées, salées, de ces viandes et poissons parfaitement assaisonnés, avec épices et herbes aromatiques. Un joyeux typhon sous le palais !

Chartier (plan couleur C3, **55**) : *7, rue du Faubourg-Montmartre, 75009. ☎ 01-47-70-86-29. Ⓜ Grands-Boulevards. ♿ Tlj 11h30-minuit. Pas de résa. Carte 15-20 €.* Poussez la grosse porte à tambour pour découvrir cet immense bouillon du XIXe s, inscrit à l'inventaire des Monuments historiques. Hauts plafonds, mezzanines, chromes et cuivres, casiers à serviettes des habitués (autrefois !) : depuis 120 ans, le décor est intact. Toujours bourré de fidèles, d'étudiants et de touristes. On n'y vient pas tant pour la cuisine que pour se dire qu'on a mangé au moins une fois dans ce lieu mythique, et supporté le bruit assourdissant des 325 places, 16 serveurs et 1 200 couverts par jour !

Isana (plan couleur C2, **38**) : *7, rue Bourdaloue, 75009. ☎ 01-42-45-18-72. Ⓜ Notre-Dame-de-Lorette. Ouv le midi lun-ven, plus le soir mer-jeu et pour le brunch du dim (11h30-16h). Formules déj 12-15 € ; le soir, carte env 25 €.* Une cantine moderne tenue par un charmant couple franco-colombien. Du décor à l'assiette, on la joue minimaliste : une poignée de tables, des plantes aux murs et une carte courte, gage de fraîcheur. Commencez par vous partager des *empanadas* avant d'opter pour un ceviche acidulé ou du bœuf mariné. Herbes fraîches, épices et saveurs exotiques font frétiller les papilles. On a adoré les jus de fruits maison (corossol, *lolo* ; c'est le moment de faire des découvertes !) et la petite sélection de vins chiliens et argentins. Si le soir les portions sont un peu chiches, l'accueil d'une rare gentillesse et la qualité des plats rattrapent tout. *NOUVEAUTÉ.*

Peco Peco (plan couleur B1, **39**) : *47, rue Jean-Baptiste-Pigalle, 75009. ☎ 01-53-16-19-84. Ⓜ Pigalle. Tlj sauf dim-lun 12h-14h, 19h-22h. Formules déj 12,50-15 € ; tapas japonaises à partir de 7 € ; donburi 9 € ; carte 20-25 €. Sur place ou à emporter.* Un cadre bruto-rafistolé qui ne dépare pas dans le très branché South Pigalle, où un petit comptoir délimite la petite cuisine ouverte. À l'ardoise, de la *finger food* japonaise, avec en vedette des brochettes – *kushiage* – enrobées d'une fine friture : courgette-parmesan, *shitake* filet mignon, maquereau... Et différentes sauces maison pour assaisonner tout ça. À moins que vous n'optiez pour un *donburi* (plat à base de riz), ou encore pour la salade ou le sandwich du jour. Accueil sympa ; on prend bien la peine de vous détailler ce qui vous attend derrière une poignée d'ingrédients obscurs...

Sobane (plan couleur C2, **83**) : *5, rue de La Tour-d'Auvergne, 75009. ☎ 01-48-78-02-91. Ⓜ Cadet. Tlj sauf le midi dim-lun et j. fériés 12h-15h, 19h-22h30. Formules 14-20 € le midi, 24-42 € le soir ; carte env 20 €.* C'est un véritable aller simple Paris-Séoul qu'on s'offre en entrant dans ce resto grand comme un mouchoir de poche, au cadre minimaliste. Une certaine promiscuité, qu'on oublie bien vite devant les assiettes, dépaysantes et bien présentées : côte de bœuf marinée et grillée à la flamme, palette de porc confit aux épices, galettes au thé vert... Pas donné le soir, mais on n'est pas déçu. Accueil et service charmants.

Léandrés (plan couleur D2, **63**) : *78, rue de Maubeuge, 75009. ☎ 09-86-79-57-29. Ⓜ Poissonnière. Lun-mar 9h-18h, mer-sam 9h-22h. Formules 9,50-11,50 € ; brunch 18 € ; goûter 7 €.* Un petit bistrot de quartier à la déco fraîche où l'on peut se restaurer à toute heure, de salé comme de sucré. La cuisine est à l'image de cet adorable couple franco-colombien (Léa et Andrés !) : *empañadas, carrot cake...* Jus de fruits frais et bon café ! *NOUVEAUTÉ.*

Prix moyens

Le Bien Venu (**Hôtel Bienvenue** ; plan couleur C2, **8**) : 16, rue Buffault, 75009. ☎ 01-48-78-32-18. Formules déj 16-19 € ; le soir, carte 25-30 €. Bienvenue... à l'hôtel ? Oui. Et au resto aussi. Car nul besoin d'être client de l'hôtel pour oser franchir le porche et profiter de cet élégant écrin Art déco donnant sur un magnifique jardin intérieur. Autour d'un *donburi* (plat complet d'inspiration coréenne) revisité chaque jour en version végétarienne et avec viande ou poisson, les entrées jouent une partition fine et créative, toujours teintée d'exotisme. Comme les desserts... Le soir, les assiettes font mouche en version tapas avec de belles assiettes à partager. À accompagner de nectars naturels qui ne font pas sauter l'addition. *NOUVEAUTÉ.*

Loyal (plan couleur A1, **45**) : 70 bis, rue d'Amsterdam, 75009. ☎ 01-40-16-93-31. Ⓜ Liège. Lun-ven 8h-18h. Formule déj 18 € ; petit déj 8,50 €. Qu'on ne s'y trompe pas... À l'entrée, on trouve effectivement des sandwichs et des salades à consommer sur place ou à emporter. Il faut dire que le quartier compte de nombreux bureaux dont les employés prennent rarement le temps de déjeuner. Ils trouvent ici de quoi se restaurer vite fait, bien fait. Mais prenez quant à vous le temps de vous asseoir et de profiter des 2-3 plats du jour, confectionnés dans la grande cuisine ouverte sur la salle zen et lumineuse. Les produits sont fermiers ou artisanaux, sains, et l'approvisionnement essentiellement francilien. Délicieux ! Le rapport qualité-prix n'est pas bouleversant mais les bonnes adresses sont rares autour de la gare Saint-Lazare. *NOUVEAUTÉ.*

Maloka (plan couleur C1-2, **54**) : 28, rue de La Tour-d'Auvergne, 75009. ☎ 01-45-23-99-13. Ⓜ Cadet. Mar-sam 18h-minuit. Résa conseillée. Menu 36 €. Un resto de poche, et la cuisine de l'énergique chef brésilien, tout ouverte sur la poignée de tables. Une proximité qui facilite la conversation avec le chef, heureux d'évoquer les produits variés qu'il travaille et les associations qui lui passent par la tête. Une cuisine française ébouriffée par des apports *do Brasil* : manioc, maté, papaye, fruits de la Passion... Le menu est surprise (on vous demande quand même si vous avez des allergies), mais quelques ingrédients-indices, pas tous familiers d'ailleurs, sont couchés sur le tableau noir. Original, fin, et présentation picturale. Un régal pupilles-papilles.

Bien Élevé (plan couleur C2, **59**) : 47, rue Richer, 75009. ☎ 01-45-81-44-35. Ⓜ Grands-Boulevards ou Le Peletier. Mar-sam 12h-14h, 19h30-22h (dernière commande). Congés : août. Résa conseillée. Formule déj 19 € ; menus 32-36 €. Une des belles adresses du moment, qui fait la part belle au bœuf Angus, auquel certaines humeurs carnassières pourront préférer une volaille fermière, un magret, le poisson du jour ou le burger. La viande provient d'éleveurs en direct et est maturée sur place. Courte carte souvent renouvelée, et ardoise. Mieux vaut d'ailleurs arriver un peu tôt car la carte étant courte, elle devient très réduite quand un plat manque à l'appel. Les desserts ne sont pas à la traîne, et souvent twistés par une glace ou un sorbet original. Tables un peu à touche-touche, dommage... Chaleureuse atmosphère, et un succès mérité.

Les Canailles (plan couleur B2, **56**) : 25, rue La Bruyère, 75009. ☎ 01-48-74-10-48. Ⓜ Saint-Georges. Tlj sauf sam-dim et j. fériés ; service 12h-14h30, 19h-22h30. Congés : 3 sem en août. Formule déj 28 € ; menu-carte 35 €. 2 compères ont délaissé les tables de renom pour proposer chez eux une cuisine plus simple et plus authentique, dans un cadre convivial. Produits de saison et de qualité. Dans l'assiette, c'est une cuisine généreuse à partir de recettes du terroir subtilement réinterprétées. Belle carte de vins naturels.

Le Garde-Temps (plan couleur B1, **57**) : 19 bis, rue Pierre-Fontaine, 75009. ☎ 09-81-48-50-55. Ⓜ Pigalle, Blanche ou Saint-Georges. Lun-ven 12h-14h, 19h-22h30 ; sam 19h-22h30. Congés : août. Formule déj 19 € ; menu-carte 36 €. Vins au verre à partir de 5 €. Un bistrot chaleureux, tout en enfilade. On choisit ses plats sur les grands tableaux noirs, avec quelques suggestions du jour, charcuterie basque ou plats de terroir savamment revisités (tête de veau, soupe de panais, etc.). Les viandes sont goûteuses, les frites maousses. Service aux petits soins, carte des vins succincte mais bien choisie. Une bonne adresse.

|●| ☂ ***La Table des Anges*** *(plan couleur C1,* ***60****) : 66, rue des Martyrs, 75009. 📱 06-70-54-21-59. Ⓜ Pigalle ou Anvers. Mar-sam 12h-14h, 19h-22h. Formule et menu déj 17-21 € ; autre menu 35 € ; carte 40-50 €. Café ou digestif maison offert sur présentation de ce guide.* Murs de pierres apparentes, objets chinés çà et là, voilà le décor ! Dans l'assiette, des plats dans l'air du temps, élaborés au gré des saisons par un cuisinier qui met un point d'honneur à choisir avec soin ses petits producteurs locaux. Idem pour les vins, judicieusement sélectionnés (grand choix de vins au verre). Les produits de la mer ne sont pas en reste et les desserts tout aussi fameux.

|●| ***Mamou*** *(plan couleur B3,* ***61****) : 42, rue Taitbout, 75009. ☎ 01-44-63-09-25. Ⓜ Opéra. Tlj sauf sam-dim et le midi lun-mar 12h-14h, 19h30-22h. Congés : 1er-22 août. Résa indispensable, surtout le midi. Formule et menu déj 19-22 € ; carte env 40 €.* C'est en souvenir de sa grand-mère, qu'il appelait « Mamou », que le chef Romain Lalu a baptisé son restaurant. Mais la nostalgie de l'enfance prend ici un sérieux coup de jeune, avec une cuisine inventive, fraîche et pleine de peps. Le tartare de bœuf – grand classique – est ainsi superbement revisité avec œuf poché, sauce au sésame. Quant aux desserts, qui font la part belle aux fruits de saison, ils sont remarquables.

|●| ***Le Pantruche*** *(plan couleur C1,* ***62****) : 3, rue Victor-Massé, 75009. ☎ 01-48-78-55-60. Ⓜ Pigalle. Tlj sauf sam-dim 12h30-14h30, 19h30-22h30. Congés : avr, 3 premières sem d'août et Noël. Formule déj 19 € ; le soir, menu-carte 39 € (avec quelques suppléments).* Une sympathique petite adresse du bas Pigalle, un brin canaille, qui propose des plats de bistrot tradi-cool dans une ambiance assez animée. Franck Baranger aime mettre en valeur les beaux produits (de saison) et enchante les papilles avec des compositions bien maîtrisées. La carte change régulièrement. Service très attentionné et belle sélection de flacons pas trop ruineux. Pour ceux que ça intrigue, « Pantruche » désigne Paris en argot...

|●| ***Comptoir Canailles*** *(plan couleur C1,* ***65****) : 47, rue Rodier, 75009. ☎ 01-53-20-95-56. Ⓜ Anvers. Mar-sam 12h30-14h, 19h30-22h (22h30 ven-sam). Formule déj en sem 18 € ; menus 24 € le midi en sem, 35 € le soir ; carte env 55 €.* Le quartier ne manque pas de bonnes tables, c'est certain. Mais ce joli resto, au cadre étudié, a le mérite de contenir sagement ses prix. La formule déjeuner est à ce point de vue assez imbattable. Des produits de saison, soigneusement sélectionnés, des viandes maturées, des recettes équilibrées et, au final, une cuisine tout à la fois simple, fine et savoureuse. Une philosophie gourmande, bien dans l'air du temps. *NOUVEAUTÉ.*

|●| ☂ ***Pas Vu pas Pris*** *(plan couleur C2,* ***64****) : 4, rue Saulnier, 75009. ☎ 09-80-94-13-19. Ⓜ Cadet. ♿ Tlj sauf sam midi, dim et lun soir 12h-14h30, 19h30-22h30. Congés : août et 22 déc-2 janv. Formules déj 13,50 € au bar, puis 19-22 € ; le soir, menus 27-32 €. Verre de vin 5 €. Café offert sur présentation de ce guide.* Il faut connaître l'adresse, planquée dans une petite rue calme à côté des *Folies Bergère,* pour aller s'installer dans la salle chaleureuse aux murs de pierre et poutres apparentes ou côté bar sur fond de toile de Jouy façon bonne-maman. À la carte, plats classiques comme cet onglet de bœuf Angus sauce béarnaise ou plus dans l'air du temps avec ce *takati* de thon sauce mangue relevé de piment d'Espelette. Desserts gourmands à souhait. L'ensemble est sympa, goûteux, bien amené.

|●| ☂ ***Les Fils à Maman*** *(plan couleur C3,* ***66****) : 7 bis, rue Geoffroy-Marie, 75009. ☎ 01-48-24-59-39. Ⓜ Grands-Boulevards. Tlj sauf sam midi et dim 12h-14h30, 19h-23h. Congés : sem du 15 août et 24 déc-2 janv. Formule et menu déj 17,50-22 € ; carte 13-20 € le midi, 30-35 € le soir.* 4 garçons devenus grands ont ouvert cette cantoche aux allures de salle d'école et proposent des recettes d'antan. Les garnements

élevés à bonne école affirment encore pouvoir tuer père (mais pas mère !) pour une juteuse côte de bœuf accompagnée d'un gratin dauphinois ou pour un tiramisù au Kinder. Soirées « comme à la maison » le 1er mardi du mois quand, à tour de rôle, les mamans mettent la main à la pâte pour montrer aux dulcinées de leurs « Tanguy chéri » comment savoir retenir un homme à la maison... Service adorable, ambiance cocon, prix doux, la régression a parfois du bon !

Medi Terra Nea *(plan couleur C3,* ***46****) : 13, rue du Faubourg-Montmartre, 75009. ☎ 01-47-70-53-04. Ⓜ Grands-Boulevards. ♿ Lun-sam 12h-15h, 19h-1h (dernière commande à 23h – 23h30 ven-sam) ; dim 11h30-16h. Tapas froides à partir de 4,50 € ; plats 11,50-21,50 € ; menus déj 14,50-16,90 €.* Bonne idée que ce resto-bar à tapas où les saveurs de la grande bleue défilent sur un tapis roulant avec des dénominations pleines d'humour. On prend le temps de choisir, et hop, on se sert. Non seulement le principe est amusant, mais les petits plats s'avèrent réussis grâce à des associations qui revisitent les classiques du genre avec des épices ou des mélanges sucrés-salés bienvenus. Pour les plats chauds *a la plancha,* il suffit de commander. Accueil jeune et souriant. Gare aux affamés gourmands, de tapas en tapas, l'addition peut monter vite...

Sizin *(plan couleur B2,* ***82****) : 47, rue Saint-Georges, 75009. ☎ 01-44-63-02-28. Ⓜ Saint-Georges. Tlj sauf sam midi et dim 12h-14h30, 19h-23h (23h30 ven-sam). Menus 16 € (midi)-29 € ; plats 13-17 €.* Un turc de quartier où il est bien difficile de décrocher une table si l'on n'a pas eu la prudence de réserver. Savoureuse cuisine traditionnelle, servie avec le sourire. Cadre agréable. *NOUVEAUTÉ.*

De prix moyens à chic

Le Panache *(plan couleur C3,* ***19****) : 1, rue Geoffroy-Marie, 75009. ☎ 01-53-34-03-91. Ⓜ Grands-Boulevards. Tlj sauf sam midi, dim soir et lun 12h-14h, 19h30-22h30. Résa conseillée. Formules déj 24-29 € ; carte 40-50 €.* Pour le resto de son hôtel, Adrien Gloaguen propose d'abord la cuisine qu'il aime. Bien dans son temps, finement réalisée avec les produits du marché. On est bien dans une brasserie chic avec une bonne cuisine française revisitée. Les plats changent selon l'arrivage et l'humeur des chefs, mais la qualité, elle, est constante ! Décor intimiste (38 places seulement !) à l'atmosphère bostonienne.

Restaurant Détour *(plan couleur B2,* ***84****) : 15, rue de la Tour-des-Dames, 75009. ☎ 01-45-26-21-48. Ⓜ Trinité. Mar-sam 12h-14h, 19h30-22h30. Congés : 2 sem autour du Jour de l'an. Menu déj 28 € ; le soir, 35 € ; dégustation (6 plats) 50 €. Vins au verre 4,50-7 €.* Salle minuscule au décor chic et sobre d'à peine 18 couverts et à la cuisine apparente. Courte carte inventive renouvelée toutes les semaines qui s'avance masquée pour mieux se dévoiler dans l'assiette. Entrée commune ; puis alternative entre viande et poisson ; dessert sucré ou fromage pour terminer. On peut, si on veut, savoir ce qu'on dégustera, mais pourquoi ne pas faire confiance et la surprise ? D'autant que le chef, Adrien, sélectionne la provenance de ses produits et maîtrise avec habileté le contenu de ses casseroles. Laissez-vous épater les yeux fermés, vous ne serez pas déçu. *NOUVEAUTÉ.*

Pink Mama *(plan couleur B1,* ***75****) : 20 bis, rue de Douai, 75009. ☎ 09-83-55-94-52. Ⓜ Pigalle. Tlj 12h-14h15 (15h sam-dim), 18h45-22h45 (23h jeu-sam). Pâtes et pizzas 12-19 €, viandes 15-33 € (contorni en supplément).* Une façade rose bonbon, au pied de laquelle s'étend souvent la longue file d'attente (une fois inscrit, vous pourrez aller boire un verre en face). À l'intérieur, sur 4 étages, on retrouve tout ce qui a fait le succès des adresses du groupe *(Ober Mama, East Mama...),* à savoir des produits d'excellence, une ambiance conviviale et gentiment branchée, et une savoureuse cuisine italienne. Leur nouvelle adresse de « SoPi » ne déroge pas à la règle mais se distingue par ses succulentes viandes maturées et grillées, sa déco vintage et sa belle verrière *arty* en diable. Et sinon, des *antipasti* variés, des pizzas et des pâtes, à accompagner de vins eux aussi soigneusement sélectionnés. *NOUVEAUTÉ.*

|●| ***La Régalade Conservatoire*** *(plan couleur D3,* ***68****) :* *Hôtel de Nell, 7-9, rue du Conservatoire, 75009. ☎ 01-44-83-83-60. Ⓜ Bonne-Nouvelle. ♿ Tlj 12h-14h, 19h-22h30. Menu 39 € ; pas de carte. Parking payant.* Jamais deux sans trois. Bruno Doucet a été choisi pour créer un bistrot façon *Régalade* au rez-de-chaussée du nouvel *Hôtel de Nell,* griffé Wilmotte. Sol en damier, carte bistronomique et ambiance détendue pour ce 3e opus, où l'on retrouve la terrine en amuse-gueule et le soufflé au dessert. Choix limité mais suffisant, avec des plats qui donnent tout à la fois faim et le sourire, tel le risotto à l'encre de seiche et aux gambas rôties, ail et piment d'Espelette, avec une émulsion de Vache qui rit : drôle, simple, savoureux surtout. Généreux, aussi.

|●| ***Les Diables au Thym*** *(plan couleur C3,* ***69****) : 35, rue Bergère, 75009. ☎ 01-47-70-77-09. Ⓜ Grands-Boulevards. Tlj sauf sam midi et dim. Congés : 3 sem en août. Formule déj 25 € ; menus 30 € (midi)-42 €. Apéritif maison ou café offert sur présentation de ce guide.* Éric Lassauce, formé auprès de grands cuisiniers, élabore, dans ce petit resto de quartier bien sympathique, une cuisine du moment composée de produits frais. La carte, qui change tous les mois, est courte et bien maîtrisée : cochon de lait et sa compote de dattes et purée de patate douce, dos de mulet noir aux lentilles vertes, tofu fumé, caviar et émulsion au gin... à déguster sur l'une des tables nappées de blanc. Service attentif et souriant.

|●| ***Caillebotte*** *(plan couleur C2,* ***70****) : 8, rue Hippolyte-Lebas, 75009. ☎ 01-53-20-88-70. Ⓜ Notre-Dame-de-Lorette. Lun-ven 12h30-14h30, 19h30-22h30. Résa conseillée. Formule déj 19 € ; menus-carte 38-49 €.* Bistrot d'angle contemporain (ampoules nues, bois brut et vitres-atelier) qui nous met d'emblée au parfum dès le seuil franchi, et l'on découvre une cuisine bien dans l'air du temps, généreusement ouverte sur la poignée de couverts prévus au bar (un poil dans le passage). Pigeon vendéen, chou pak choï, betteraves et pâtes de noix fraîches ou palette de cochon confite, mousseline de panais et cerfeuil tubéreux... Des plats enlevés, aux judicieuses associations, et bien présentés. Service pro et sympa. Une bonne escale, en somme.

|●| ***Au Petit Riche*** *(plan couleur C3,* ***71****) : 25, rue Le Peletier, 75009. ☎ 01-47-70-68-68. Ⓜ Richelieu-Drouot ou Le Peletier. ♿ Tlj sauf sam-dim 17 juil-22 août ; service 12h-14h30, 19h-minuit (22h30 dim). Fermé 1er janv, 1er mai, 14 juil, 24 déc au soir et 25 déc. Formule déj 26 € ; menus 31-37 € ; carte env 45 €. Verre de pétillant de Loire offert sur présentation de ce guide.* Fondé en 1854, ce *Petit Riche* a conservé son ambiance et surtout son allure parisienne d'antan, avec son enfilade de salons Belle Époque, ses miroirs gravés, ses nappes blanches bien mises et ses banquettes de velours rouge. Un resto d'atmosphère, que fréquentent les assidus des théâtres des alentours et les hommes d'affaires. À table, une cuisine principalement axée sur le Val de Loire, qui respecte et remet à l'honneur les recettes d'autrefois.

|●| ***J'Go Restaurant*** *(plan couleur C3,* ***72****) : 4, rue Drouot, 75009. ☎ 01-40-22-09-09. Ⓜ Richelieu-Drouot. ♿ Tlj sauf dim-lun 11h-11h30 (service continu). Formules déj 18-22 € ; menus 30-39 € ; carte env 50 €.* Pas de doute, à voir la déco des salles, on est bien dans le Sud-Ouest. Ça se sent aussi dans l'assiette et jusque dans la paluche du patron, originaire de Condom, ou dans celle de son associé, le célèbre rugbyman Fabien Galthié. Les spécialités : gigot à la broche et ses haricots tarbais, agneau des Pyrénées ou le Lou Pastifret, un pâté maison de porc noir de Bigorre servi avec sa salade. La carte décline, selon les saisons, son lot de produits frais et de desserts maison. Jolie sélection de vins du Grand Sud. Essai transformé !

De chic à plus chic

|●| 🍷 ☂ ***Papilles*** *(plan couleur D1,* ***73****) : 77, rue de Rochechouart, 75009. ☎ 09-50-78-16-32. Ⓜ Anvers.*

Mer-sam 8h (9h sam)-minuit ; dim 9h-23h. Fermé lun-mar. Plats 16-20 €. Vins au verre 6-8 €. C'est confortablement installé sur les banquettes de velours vert foncé que l'on profite du joli cadre épuré et de la cuisine du chef, dont la principale préoccupation est le produit, son histoire et sa qualité. Une carte courte, gage de fraîcheur, et des assiettes gourmandes, généreuses et réconfortantes ; que l'on peut déguster toute la journée (carte plus simple après 15h30). *NOUVEAUTÉ.*

|●| **Belle Maison** *(plan couleur C1,* ***74****) : 4, rue de Navarin, 75009. ☎ 01-42-81-11-00. Ⓜ Saint-Georges. Tlj sauf dim-lun. Le midi en sem, plat du jour 14 €, carte env 35 € ; le soir, carte seulement, env 50 € (plats 23-35 €).* Les heureux initiateurs des *Pantruche* et *Caillebotte* voisins poursuivent leur déploiement dans le quartier avec cette fois un décor à la couleur dominante plutôt iodée pour cette *Belle Maison,* dont la courte carte penche côté mer. Un heureux mélange de bobos du quartier et de touristes découvrent, dans une ambiance assez sonore, des plats dans l'air du temps dont on devine la préparation dans la cuisine partiellement ouverte. Bien bon. Service charmant et pro. Vins un poil chers. Petit bémol : pas de menu, comme souvent désormais à Paname, y compris le midi, dommage... Terrasse.

|●| **Bouillon** *(plan couleur C-D2,* ***76****) : 47, rue de Rochechouart, 75009. ☎ 09-51-18-66-59. Ⓜ Poissonnière ou Cadet. ♿ Tlj sauf dim-lun 12h-14h, 19h30-22h30. Congés : 1 sem en mai et 3 sem en août. Formules déj en sem 21-28 € ; plat du jour 14 € ; carte env 50 €.* Un jeune chef aux manettes, ancien élève de J.-F. Piège, et son épouse, à l'accent chantant du Sud, tout sourire, vous accueillent dans cette salle sobre et design, à la table d'hôtes centrale pour 6 (pensez à réserver) ou dans les fauteuils confortables. Carte joliment garnie, avec plats à picorer et à partager. Cuisine de tradition et de saison, le tout très bien tourné, sans esbroufe mais avec gourmandise, et bouillons, naturellement, qu'on a envie de saucer sans aucun remord ! Super accueil et bonne ambiance.

|●| **Encore** *(plan couleur C3,* ***77****) : 43, rue Richer, 75009. ☎ 01-72-60-97-72. Ⓜ Cadet ou Grands-Boulevards. ♿ Lun-ven 12h15-14h30, 19h15-22h30. Congés : 3 sem en août et 10 j. à Noël. Menus 25-30 € le midi, 39 € le soir ; carte env 45 €.* Sobre décor de néobistrot au petit look vintage. Carte courte au déjeuner (choix de 3 entrées, 3 plats et 3 desserts) ; à peine plus étoffée mais aux associations de saveurs plus surprenantes le soir, au gré de l'humeur du chef. Assiettes délicates pour les yeux et les papilles. Cuisine de saison exclusivement à base de produits frais. Pas de terrasse mais des baies vitrées qui peuvent entièrement s'ouvrir sur la petite rue.

|●| **La Tute 2, Chez Manu** *(plan couleur C3,* ***78****) : 7, rue Rossini, 75009. ☎ 01-40-15-65-65. Ⓜ Richelieu-Drouot. Tlj sauf sam midi et dim ; service continu 12h-22h. Congés : août et 23 déc-3 janv. Carte env 35 €.* Rustiques et généreuses, telles sont l'ambiance et la cuisine chez ce Pyrénéen qui accueille sans chichis les amateurs de terroir entre Bigorre et Navarre. Ici, quand on noue sa serviette, c'est pour attaquer avec entrain une planche de charcuterie de Bigorre ou une friture de poulpe, un rognon de veau entier ou un plat de tripes à l'armagnac. À l'atterrissage, les blancs-mangers arrosés de pousse-rapière vous inciteront, le soir, à pousser vous-même la chansonnette.

|●| **Braisenville** *(plan couleur C1,* ***79****) : 36, rue Condorcet, 75009. ☎ 09-50-91-21-74. Ⓜ Anvers ou Cadet. ♿ Tlj auf sam midi et dim ; service 12h-14h30, 19h30-23h30 (23h lun-mer). Congés : 5 j. en août. Le midi, formule et menu 18-35 € ; le soir, carte env 45 €.* Le concept : une large sélection quotidienne de *raciones* (assiettes de dégustation) cuites dans un four à braises à accompagner de bons vins de petits vignerons. Les produits sont sélectionnés avec soin et les associations de saveurs marient volontiers les influences japonaises à celles du Sud-Ouest. Convivial et parfait pour ceux qui aiment picorer dans l'assiette du voisin. Cadre design aux couleurs de la braise, et service attentionné. Juste à côté, *Il Cuoco Galante* (cuisine

italienne raffinée) appartient à la même maison.

|●| Les Comédiens *(plan couleur B2, **80**)* **:** *1, rue de la Trinité (angle 7, rue Blanche), 75009. ☎ 01-40-82-95-95. Ⓜ Trinité-d'Estienne-d'Orves. Tlj sauf sam midi, dim et lun soir ; service 12h-14h30, 19h-minuit. Congés : 3 premières sem d'août. Carte env 55 €. Bon verre de vin offert sur présentation de ce guide.* À proximité du Théâtre de Paris, une adresse d'après spectacle à la déco comme une loge d'artistes. Cuisine apparente où s'affairent Gilles et son équipe pour proposer une cuisine de marché inventive, à l'inspiration sans cesse renouvelée, avec un souci constant de qualité. Belle carte de vins proposés au verre. Service attentif et de bon conseil.

|●| I Golosi *(plan couleur C3, **49**)* **:** *6, rue de la Grange-Batelière, 75009. ☎ 01-48-24-18-63. Ⓜ Richelieu-Drouot ou Grands-Boulevards. Tlj sauf sam soir et dim 12h-14h30, 19h30-22h30. Congés : 15 j. en août. Carte seulement, 35-45 €.* Au rez-de-chaussée, l'épicerie fine et quelques tables ; à l'étage, le restaurant. La carte change chaque semaine et explore allègrement toutes les subtilités de la cuisine transalpine : piémontaise, toscane, vénitienne ou sicilienne, les assiettes font voyager. La carte des vins (400 étiquettes dont certains crus servis au verre) accompagne avec brio ce *road trip* culinaire. Service attentionné, avec l'accent.

Plus chic

|●| Louis par Stéphane Pitré *(plan couleur C2, **81**)* **:** *23, rue de la Victoire, 75009. ☎ 01-55-07-86-52. Ⓜ Le Peletier ou Notre-Dame-de-Lorette. Lun-ven 12h-14h, 19h30-22h. Congés : 3 premières sem d'août. Menus 38 € le midi, 65-84 € le soir. Vins au verre à partir de 9 €.* Stéphane Pitré, un ancien de chez Senderens, a été couronné Meilleur Chef en 2015, soit 1 an après son installation ! Il continue son aventure créative débridée en s'appuyant sur des produits toujours hautement qualitatifs. Même exigence dans la réalisation des plats. Et l'audace fait le reste ! Le cadre moderne épuré ne vient pas nous distraire de ce pour quoi on est venu. L'accueil charmant d'Adeline, qui conseille également les vins, a achevé de nous convaincre ! C'est une belle « ballade » gustative que nous conte le chef...

Bars à vins

|●| 🍷 ⛱ Le Rouge et le Verre *(plan couleur C2, **86**)* **:** *8, rue de Maubeuge, 75009. ☎ 01-48-78-68-43. Ⓜ Notre-Dame-de-Lorette ou Cadet. Lun-sam 10h-22h30 (20h lun). Formule 19 € ; planche de charcuterie de Béarn ou planche de fromages à l'apéro 8,50-11,50 €.* Entre les rayonnages et les caisses en bois brut de ce caviste prennent place quelques tables et guéridons en bois, dans un esprit table d'hôtes. Adresse sympathique pour une pause déjeuner ou un apéro le soir avec planche de charcuterie ou de fromages et quelques plats chauds. La carte des vins est plus qu'alléchante (allez, chante !), d'autant que le prix sur place est le même qu'à l'achat, sans droit de bouchon. L'occasion de déguster d'excellents crus à prix raisonnables.

|●| 🍷 ⛱ Le Dit-Vin *(plan couleur B1, **85**)* **:** *68, rue Blanche, 75009. ☎ 01-45-26-27-37. Ⓜ Blanche. Tlj sauf sam-dim 12h-15h, 18h30-22h30. Congés : août et Noël-Nouvel An. Résa conseillée. Assiettes composées « buffet des saveurs » 8-20 € ; formules déj 18-26 € ; le soir, carte 20-25 €. Vins au verre 5-7 €.* Une jolie vitrine, une atmosphère agréable et rassurante. On peut choisir sa bouteille pour l'emporter à sa table, avec un droit de bouchon de 8 €. Restauration savoureuse, qu'on apprécie encore plus le soir, en prenant son temps : on déguste, on commente, on en redemande... Terrasse en été.

Où bruncher ? Où boire un thé ?

Dames de Granvelle *(plan couleur C2,* ***92****) : 21, rue de Rochechouart, 75009. ☎ 01-42-40-56-47. Ⓜ Cadet. Tlj 9h-19h (17h w-e). Résa conseillée. Brunch w-e 26 € (13 € enfants).* Ce restaurant-salon de thé, on ne peut plus british et cosy avec ses beaux meubles néo-Renaissance et baroques sur fond gris-vert, est un endroit où l'on aimerait avoir ses habitudes le week-end... Le brunch y est un modèle du genre. Copieux, gourmand, varié, à base de produits frais bio et cuisinés maison. Vraiment délicieux ! Ce joli festin donne envie de revenir en semaine pour découvrir les formules déjeuner, où l'on retrouve le même souci de « cuisine saine et réconfortante ». *NOUVEAUTÉ.*

Aux Pipalottes Gourmandes *(plan couleur C-D1-2,* ***91****) : 49, rue de Rochechouart, 75009. ☎ 01-44-53-04-53. Ⓜ Anvers ou Cadet. Tlj jusqu'à 22h (20h30 dim) ; service 12h-18h. Congés : 15-25 août. Formules et menus 14,90-24,90 € ; carte env 20 € ; brunch dim (12h-15h) 29 €.* Une boutique-traiteur riche en atmosphère, où l'on peut déguster sur place risotto, poulet *massala* ou quelques tapas en prenant son temps. Salon de thé l'après-midi avec de bonnes tartes et un mi-cuit chocolat à la fleur de sel de Guérande. Toute une gamme d'épicerie fine présentée dans des meubles en pin.

Un Thé dans le Jardin *(plan couleur B1,* ***90****) : musée de la Vie romantique, 16, rue Chaptal, 75009. Ⓜ Saint-Georges, Liège, Blanche ou Pigalle. Mêmes horaires que le musée.* Voir plus loin dans « À voir. La Nouvelle-Athènes » le salon de thé du musée de la Vie romantique.

Où boire un verre ?

Dirty Dick *(plan couleur B1,* ***100****) : 10, rue Frochot, 75009. Ⓜ Pigalle. Tlj 18h-2h. Soft 4 € ; cocktails 7-14 €.* Hawaii, Los Angeles ou Pigalle ? C'est la question que se posera inévitablement le nouveau venu en entrant au *Dirty Dick.* Ici, on aime les cocktails de costauds, les breuvages de tatoués. Hemingway n'aurait pas été déçu par la carte : les meilleurs rhums coulent à flots, juste tempérés par les jus exotiques frais, et sublimés par les serveurs d'origine américaine (demandez Scott !). Côté déco, on voyage forcément entre Caraïbes et Pacifique. Faites monter la température en prenant place dans le fauteuil en osier, façon *Emmanuelle.*

Les 36 Corneil *(plan couleur D2,* ***101****) : 36, rue de Rochechouart, 75009. ☎ 09-83-60-42-55. Ⓜ Anvers. Lun-sam 18h-2h. Cocktail 7,50 € ; vin au verre 5 € ; bouteille 30 €. « Canailles » pour les fringales : 1 pour 6,50 €, 3 pour 16 € et 5 pour 20 €.* Ce bar propose une très belle sélection de vins accompagnés de tapas inventives (servies jusqu'à 0h30 !) qu'on déguste au coude-à-coude, à table ou au comptoir. L'accueil est joyeux, tout comme la clientèle bobo du quartier. L'endroit est idéal pour l'apéro (beaucoup de monde d'ailleurs), dans la salle au joli décor de pierre et boiseries, ou accoudé à de gros tonneaux en guise de terrasse improvisée. L'ambiance tourne au festif les soirs de fin de semaine !

Artisan *(plan couleur C1,* ***102****) : 14, rue Bochart-de-Saron, 75009. ☎ 01-48-74-65-38. Ⓜ Pigalle ou Anvers. ♿ Mar-mer 19h-1h, jeu-sam 19h-2h (cuisine jusqu'à 23h). Tapas 8-18 €.* Décidément, l'art de la mixologie s'installe durablement à Paris, et *Artisan* vient renforcer cette tendance lourde. On pénètre avec plaisir dans un joli décor de bois blond, qui oscille entre l'atelier et la boutique d'apothicaire, et où la lumière se fait douce. Les cocktails sont délicieux et changent au fil des saisons. On peut accompagner ces doux breuvages de tapas bien troussées ; l'os à moelle servi sur un toast nous a laissé un souvenir impérissable...

Le Mansart *(plan couleur B1, **103**) : 1, rue Mansart, 75009. ☎ 01-56-92-05-99. Ⓜ Pigalle ou Blanche. Tlj 9h-2h. Bière 3,50 €. Formules déj 10-15 € ; le soir, tapas 6-8 €.* Le *Mansart* joue la carte de la brasserie mode et vivante, à toute heure du jour et de la nuit. En terrasse (convoitée !) ou sur une banquette vintage, les habitués et les touristes apprécient son ambiance, toujours vibrante. Attention, blindé le week-end !

La Relance *(plan couleur B1, **105**) : 7, rue de Douai, 75009. 📱 06-52-28-46-64. Ⓜ Pigalle. Mar-sam 19h-2h (cuisine 19h30-23h). Bière 3,50 € ; verre de vin 5 €. Assiettes 5-13 €.* Voici le repaire idéal pour un apéro animé à Pigalle ! Dans un décor sobre et lumineux, on boit des coups de qualité (bières artisanales, vins de petits producteurs) que l'on accompagne de petites assiettes très inspirées. Le pied de cochon grillé, jus et crème d'ail est à se damner ! Les jeunes patrons entretiennent une ambiance conviviale.

Baton Rouge *(plan couleur B1, **104**) : 62, rue Notre-Dame-de-Lorette, 75009. Pas de tél. Ⓜ Pigalle ou Saint-Georges. Lun-sam 18h-2h. Cocktails 9 € (sans alcool)-13 €. Snacks 8-17 €.* Une plongée savoureuse au cœur de la Louisiane, en plein Pigalle. Au comptoir ou dans la microsalle, on goûte aux breuvages de la maison, inspirés de la tradition de La Nouvelle-Orléans : le « Hurricane » a le goût d'une tempête tropicale, pendant que le classique « Sazerac », considéré comme le plus vieux cocktail du monde, n'en finit plus de plaire avec ses notes végétales d'absinthe. Un petit creux ? Optez pour le *po'boy,* un sandwich traditionnel louisianais réalisé à base de crevette, de poulet ou de... crocodile. À moins que vous ne préfériez les plus classiques *ribs* bien fondants...

Le Glass *(plan couleur B1, **108**) : 7, rue Frochot, 75009. Pas de tél. Ⓜ Pigalle. Tlj 19h-4h (5h ven-sam). Fermé 1er janv, 24-25 et 31 déc. Cocktails 10-13 € ; pinte 7 €. Hot dog 6,50 €, hot dog + pinte 8 €.* Ce cocktail-bar de Pigalle, établi dans un ancien bar à filles, se la joue *speakeasy* du temps de la prohibition : un décor de bois façon taverne, un accueil anglo-saxon et une carte de cocktails innovante mise à jour régulièrement. Côté bière, on sert ici l'excellente Brooklyn Beer, dans sa version IPA (plus houblonnée et goûteuse). Essayez les divers *boilermakers,* des accords bières-*shots* originaux qui pourront s'accompagner d'un délicieux hot dog, histoire de tenir le coup. Des DJs et beaucoup de monde le week-end, ça va sans dire.

L'Entrée des Artistes Pigalle *(plan couleur B1, **107**) : 30-32, rue Victor-Massé, 75009. ☎ 01-45-23-11-93. Ⓜ Pigalle. Mar-sam 19h-2h (5h ven-sam). DJs ven-sam. Verres de vin nature à partir de 7 € ; cocktails 13-14 €. Plats 16-20 €.* On a converti ici 2 bars à filles en maison de plaisir... gustatif. Un aménagement magnifique, qui a rendu au lieu ses origines d'atelier d'artiste, avec verrière et soupente. La carte des cocktails égrène les classiques de la maison avec orgueil, certains étant devenus des références. Craquez pour « Mon Vieux Tabac », qui conjugue caractère et suavité avec son *rye whisky* et son cognac, son vermouth rouge et sa liqueur de tabac. Pour accompagner ces nectars, des petits plats qui viennent s'accorder subtilement : les praires farcies ou le porc aux coques et polenta sont tout simplement délicieux. Une adresse idéale pour un rendez-vous galant.

Lulu White *(plan couleur B1, **109**) : 12, rue Frochot, 75009. ☎ 09-83-58-93-32. Ⓜ Pigalle. Tlj sauf dim 19h-2h (4h ven-sam).* Un petit morceau de New Orleans en plein Pigalle, où on « laisse le bon temps rouler ». Joli décor, façon saloon moderne, avec bois sombre, verre poli et rangée d'ampoules au-dessus du bar. Dans les *shakers,* des cocktails soignés qui célèbrent les classiques de la mixologie made in USA. Notre chouchou ? Le mythique *sazerac,* avec ses notes d'absinthe... Tous les mardis, excellents concerts de jazz qui s'adaptent parfaitement au cadre intime et chaleureux. DJs et soirées thématiques en fin de semaine, et grande fête pour Mardi gras.

Où sortir ? Où danser ?

Le Carmen *(plan couleur B1, **110**) : 34, rue Duperré, 75009. ☎ 01-45-26-50-00. Ⓜ Pigalle. Mar-sam 18h-6h. Bières 5-10 € ; cocktails 12-24 €. Tenue correcte requise ; sélection drastique à l'entrée (en particulier le w-e) : arriver tôt, bien que l'ambiance démarre assez tard !* Bar chic et hype aménagé dans un hôtel particulier du XIXe s, qui servit un temps de maison close de luxe. Moulures, dorures, lustres de cristal, moquette épaisse : on a su ajouter quelques touches décalées qui subliment un peu plus ce décor surprenant. On trouve même une immense cage dans laquelle on peut s'installer pour se la jouer félin (pour l'autre). Les cocktails vous aideront à oublier l'atmosphère un brin snob (en particulier le week-end). Au sous-sol, DJs électro de qualité en fin de semaine.

Le Sans-Souci *(plan couleur B1, **111**) : 65, rue Jean-Baptiste-Pigalle, 75009. ☎ 01-53-16-17-04. Ⓜ Pigalle. Tlj sauf lun 12h-23h. Bière 5 € ; cocktail 9 €. Plats 10-15 €, servis 12h-23h.* Simple troquet de quartier dans la journée, ce bar est devenu le dernier endroit à la mode pour boire des coups avant de sortir dans les clubs du quartier Pigalle. Des DJs font vibrer les lieux du mercredi au samedi soir, envoyant leurs meilleures trouvailles rock, électro ou disco. Pour reprendre des forces, la maison propose quelques bons plats honnêtes à prix doux, à déguster au fond du bar.

Le Bus Palladium *(plan couleur B1, **114**) : 6, rue Fontaine, 75009. ☎ 01-45-26-80-35. Ⓜ Pigalle ou Saint-Georges. Clubbing ven-sam minuit-5h, plus certains jeu. Entrée : 7 € les concerts en début de soirée (possibilité de poursuivre la soirée), 20 € (avec 2 consos) plus tard pour le club. Consos 6-16 €. Le w-e, arriver tôt et accompagné : sélection drastique à l'entrée !* Pour l'antre cultissime des seventies-showbiz, c'est la renaissance. Finie l'époque où le meilleur du rock *frenchy* était récompensé chaque année en recevant un Bus d'Acier. Mais la relève est assurée avec la nouvelle déco et le resto à l'étage. Au club, en bas, les sonorités rock sont de retour avec des concerts quasi quotidiens, des *blind tests* et même un karaoké ; ensuite, place aux DJs. Il tient toujours la route, *Le Bus Palladium* !

À voir

LES GRANDS BOULEVARDS

DU BOULEVARD DU CRIME AU BOULEVARD DU KITSCH

De la Bastille à la Madeleine, les Grands Boulevards épousent l'itinéraire des anciens remparts de Charles V, prolongés par ceux de Louis XIII. Quand les fortifications devinrent inutiles, Louis XIV fit aménager les espaces libérés en promenades plantées d'arbres. De riches demeures furent construites avec de vastes jardins. Puis, au XIXe s, les boulevards s'urbanisèrent et se couvrirent de guinguettes et de théâtres où l'on jouait des mélos ahurissants.

Aujourd'hui, on trouve encore par ici cafés, grandes brasseries, restaurants, cinémas et, bien sûr, les derniers théâtres dits « de boulevard ». Ceux-ci étaient spécialisés dans la comédie légère, vaguement polissonne, visant avant tout à divertir un public sans prétentions intellectuelles et ne demandant qu'à rire de choses simples. La grande époque des Boulevards eut lieu dans la 2de moitié du XIXe s. Ils symbolisaient vraiment le haut lieu de l'élégance et de la mode. Puis, vers les années 1950, ils se démocratisèrent doucement. C'est cette période qui fut chantée par Montand, celle du prolo se promenant avec sa famille le dimanche, faisant de temps à autre quelques cartons dans les baraques foraines ou écoutant les boniments des camelots. On peut y faire des balades un peu hors du temps en... faisant la tournée des passages, par exemple (les passages sont répartis entre les 2e et 9e arrondissements, donc lire aussi plus haut).

> ## ESSUYER LES PLÂTRES
>
> *Cette expression, qui signifie « être le 1er à subir les désagréments d'un nouveau service pas encore au point, d'une nouveauté », remonte à Napoléon III, à l'époque des grands travaux dans la capitale. L'humidité du plâtre des nombreux immeubles nouvellement construits était telle qu'on louait les logements neufs et humides aux prostituées, le temps du séchage, pour ne pas « essuyer les plâtres »...*

Le passage Jouffroy *(plan couleur C3)* **:** *entrée bd Montmartre ou rue de la Grange-Batelière. Tlj jusqu'à 21h30-22h.* On trouve de tout, comme dans une rue commerçante de province, dans cette galerie construite en 1847. Pourtant, à l'origine, sa vocation était plutôt coquine. Notez qu'à la fin du XIXe s le passage était réputé pour ses nombreuses prostituées, ses restos et son musée Grévin (on y voit l'entrée d'origine). Son système de chauffage par le sol était une appréciable spécificité.
Arrivé au bout, après l'incontournable bouquiniste « du passage », prolongez votre virée en face, dans le ***passage Verdeau*** *(tlj jusqu'à 21h – 20h30 w-e),* peut-être un peu moins joli que le passage Jouffroy mais bourré d'échoppes aux richesses incalculables : galeries, brocantes, antiquaires... Pour une balade plus complète au gré des passages, traverser simplement le boulevard Montmartre et récupérer le *passage des Panoramas* (voir « Balades sous les verrières » dans le 2e arrondissement).

La cité Bergère *(plan couleur C3)* ***et la cité de Trévise*** *(plan couleur D2)* **:** depuis le faubourg Montmartre, on peut remonter vers le nord de la ville en empruntant quelques chemins de traverse. La *cité Bergère,* ou « cité des hôtels », abrite quelques beaux spécimens du genre. Grande homogénéité dans le style Restauration, avec de belles marquises ouvragées – un peu décaties aujourd'hui – surmontant les portes cochères. Pour rejoindre la charmante *cité de Trévise,* tout près des Folies Bergère, emprunter la rue de Trévise, puis la rue Richer. Bel ensemble architectural néo-Renaissance avec une adorable petite place ronde au centre de laquelle 3 nymphes, les pieds dans l'eau, se tiennent par la main. L'un des endroits les plus romantiques de l'arrondissement, calme, vert et reposant, mais malheureusement sans bancs pour s'asseoir.

Grévin *(plan couleur C3)* **:** *10, bd Montmartre, 75009. ☎ 01-47-70-85-05. • grevin-paris.com • Ⓜ Grands-Boulevards. ♿ Lun-ven 10h-18h, sam-dim, j. fériés et vac scol 9h30 (9h vac scol de la Toussaint et de Noël)-19h ; fermeture des caisses 1h avt. Tarifs (**prohibitifs !**) : 22,50 € ; 17,50 € 6-14 ans hors périodes de vac scol ; réduc (via le site internet notamment) ; gratuit moins de 5 ans. Visites contées pour les enfants le w-e, hors périodes de vac scol, sur résa au ☎ 01-47-70-83-97 ; 30 €. Appli gratuite. Concerts de musique classique dans le petit théâtre : • philippemaillardproductions.fr •*
Pour info, Grévin est privé et ne reçoit aucune subvention. Soit ! Ce n'est pas le seul musée privé parisien, mais c'est le plus cher, et, au bout du compte, l'addition – qui grimpe chaque année ! – est devenue vraiment trop salée. Quelques indications à l'intention de ceux qui s'y rendront néanmoins.
Dans cet endroit, plus de 200 célébrités de ce monde sont reproduites en cire. Depuis 1882, les foules s'y pressent. Venez tôt pour profiter de l'émotion d'un instant passé en compagnie de Gainsbourg, d'une pause près d'un Aznavour attendrissant, et de tant d'autres qui arrivent encore à nous surprendre. Certains sont, comme Gabin, « plus petits en cire que vivants », s'il faut en croire les commentaires des passants, qui ne les ont, pourtant, vus qu'à la télé ; d'autres

sont plutôt ratés, oui, on peut quand même le dire. Pour un Serrault pathétique, on oublie cette rencontre improbable autour d'une table de Loiseau, Yourcenar et d'Ormesson.

Un petit film montre Jean Reno en train de renaître sous les doigts magiques de l'artiste. On y croise également Omar Sy, Stromae, Zlatan Ibrahimovic et beaucoup de people que les plus de 20 ans auront bien du mal à (re)connaître. Le tout est organisé comme un show à l'américaine avec des animations tout au long de la visite et une touche made in Paris.

Il reste quelques salles historiques, le joli théâtre et le son et lumière du célèbre « Palais des Mirages », qui donnent encore l'impression d'un voyage imaginaire dans un monde parallèle au nôtre, par la simple traversée de ces lieux magiques qui poussent les lumières et les moulures rococo à l'infini grâce à des jeux de miroirs.

LE 1er AVIATEUR DÉLINQUANT

En 1919, un certain Védrines atterrit sur le toit des Galeries Lafayette. Pour promouvoir son magasin, le directeur avait promis une prime de 25 000 francs à celui qui relèverait le défi, et ce malgré l'interdiction de la préfecture de Police. La piste mesurait... 28 m. Le pilote n'eut guère le temps de profiter de son argent puisqu'il mourut 3 mois plus tard.

Les grands magasins *(plan couleur A-B3)* **:** *Ⓜ Havre-Caumartin ou Chaussée-d'Antin-La Fayette. Fermé dim, à quelques exceptions près. Visite guidée des Galeries Lafayette avec Cultival (● cultival.fr ● ; 13,50 €/pers).* Qui n'a jamais rêvé devant les vitrines de Noël des grands magasins (mises en place mi-novembre), en regardant la classe des lapins ou la ronde des ours ? Le plus grand rayon de parfumerie au monde, le plus fort chiffre d'affaires au mètre carré... les grands rivaux accumulent les records ; voilà au moins une invention bien française et partout imitée, des États-Unis au Japon ! L'essor de la formule date de 1852, quand Aristide Boucicaut racheta *Le Bon Marché* (voir le 7e arrondissement). Il fut vite imité : en 1864, Jules Laluzot fait construire le *Printemps* ; en 1869, Ernest Cognacq et Louise Jay inaugurent leur *Samaritaine* face au Pont-Neuf ; en 1894, enfin, 2 Alsaciens lancent les *Galeries Lafayette,* pour une clientèle d'ouvrières et d'employées. C'est l'époque où le commerce triomphe. Il étale ses façades, se gonfle de statues, de dorures et de stucs, sans peur de la surcharge. Encore aujourd'hui, les *Galeries* restent le plus grand magasin du monde, et dans leurs caisses transitent parfois jusqu'à 6 millions d'euros en une journée !

De malheureuses transformations ont supprimé le splendide escalier central du *Printemps,* puis celui des *Galeries Lafayette,* quelques mois avant son classement comme Monument historique... Mais on peut encore remarquer la pompeuse décoration du *Printemps* depuis le boulevard Haussmann, la verrière de sa grande coupole centrale, tout comme la légèreté du grand hall des *Galeries Lafayette.* La bonne idée, c'est de prendre un verre à la brasserie située sous la coupole Haussmann du *Printemps* : moment magique pour apprécier les tons bleus de la verrière. On peut aussi se retrouver à la terrasse du *Printemps de la Maison* (vue dégagée, très agréable, mais vraiment rien de gastronomique dans l'assiette...).

Au Pullman *(plan couleur A1)* **:** *70, rue d'Amsterdam, 75009. ☎ 01-48-74-56-17. ● aupullman.com ● Ⓜ Liège. Lun-sam 10h-19h.* La plus belle boutique de Paris pour les passionnés de trains électriques. Le leader de la marque Maerklin en France. Cartes de réduction et ventes privées. Un monument pour les grands qui ont su garder leur âme d'enfant.

Le palais Garnier (Opéra *; plan couleur B3)* **:** *8, rue Auber, 75009. ☎ 0892-89-90-90 (0,40 €/mn ; infos et résas). ● operadeparis.fr ● Ⓜ Opéra ; RER A : Auber. Visite libre tlj à partir de 10h ; dernier billet à 16h30 en hiver et 17h30 en été. Fermé*

9e

1er janv, 1er mai, 25 déc et j. de représentation en matinée ou en cas de manifestation exceptionnelle. Entrée : 11-12 € ; réduc ; gratuit moins de 12 ans. Visites guidées (env 1h30) lun-mar et jeu-ven à 11h30 et 15h30, mer et sam-dim à 11h30, 12h, 14h et 15h30 (plus à 10h30 et 15h w-e) ; 15,50 €, réduc. Autre visite « Les mystères du palais Garnier » ven-sam et pdt vac scol à 17h : 19,50 €. Rens et résas : ☎ 0825-05-44-05 (0,15 €/mn) ; • cultival.fr •

Les places *(10-210 € pour les opéras et 10-150 € pour les ballets)* sont mises en vente selon un calendrier préétabli. Les abonnés sont les 1ers servis. 2 à 3 mois à l'avance, on peut réserver sur Internet, puis par téléphone et, enfin, au guichet. On peut aussi acheter des billets à la *Fnac*. Places de dernière minute proposées à des tarifs très intéressants aux moins de 28 ans, retraités et demandeurs d'emploi. Si vous n'avez pas réussi à avoir de place de spectacle, la visite vaut tout de même le coup. Un conseil : venir entre 13h et 14h pour avoir une chance de voir la salle de spectacle elle-même, dont le plafond peint par Chagall reste le clou de la visite. En effet, il y a souvent des répétitions qui en empêchent l'accès. Si vous arrivez après 14h, faites-vous préciser avant l'achat du ticket si le plafond est visible (et éclairé) ou pas.

À signaler, une nouvelle visite proposée à 17h, c'est-à-dire juste après la fermeture aux visiteurs diurnes et juste avant la réouverture au public... L'impression d'avoir l'Opéra pour soi seul est magique ! Cette visite qui vous ouvrira les portes de la loge n° 5 dévoile les mystères de l'Opéra, sur les traces de son célèbre fantôme et de l'ange de la Musique...

Quoi qu'il en soit, ne vous attendez pas à croiser le petit rat que vous aviez rêvé d'être, ni à les voir travailler, leur formation n'ayant plus lieu sur place depuis quelques années. Librairie consacrée à la musique et à la danse, bien sûr.

Chef-d'œuvre, en son genre, du Second Empire, le palais Garnier a toujours ses admirateurs. Édifié à partir de 1860 par Charles Garnier, il ne fut inauguré qu'en 1875 par Mac-Mahon comme l'apothéose de l'urbanisme d'Haussmann. Pour la petite histoire, le jour de l'inauguration, Garnier dut acheter sa place et celle de sa femme – le prix à payer pour son attachement à Napoléon III, mort 2 ans plus tôt sans avoir vu l'achèvement de son théâtre impérial. À la question de l'impératrice Eugénie : « Quel style est-ce ? », Garnier répondit : « Majesté, c'est du Napoléon III ! »

PROTECTION RAPPROCHÉE

En 1858, Napoléon III échappa à un attentat fomenté par Orsini et les anarchistes. Voilà pourquoi Garnier créa une rampe sécurisée uniquement destinée au fiacre de l'empereur (côté rue Scribe). Quand il mettait pied à terre, il était caché par des murs. Cet accès est toujours là.

9e

Malgré son volume et ses 11 000 m² de superficie, l'Opéra n'a qu'une capacité de 1 971 places ; la scène peut en revanche accueillir jusqu'à 450 figurants. La façade principale, par endroits polychrome, donne son style à la place, à l'avenue et au quartier tout entier. Le grand escalier (cherchez les 2 salamandres en bronze qui symbolisent la perpétuelle renaissance), le grand foyer et la salle révèlent le style parfois pompeux de l'époque ; les cariatides qui jalonnent les espaces dissimulent, dans leur chevelure, les différents systèmes d'éclairage qui se sont succédé : bougie, lampe à huile puis à gaz.

Côté architecture, l'ossature métallique traduit l'utilisation de techniques de construction de pointe pour l'époque. Une bonne option puisque, aujourd'hui encore, l'ossature est d'origine. Sous la grande coupole, remarquer les initiales entrelacées de Jean-Charles Garnier. C'est la 1re fois qu'un bâtiment est signé de son architecte. Par la suite, les architectes signeront systématiquement leurs réalisations sur la façade extérieure.

Quant aux abeilles locataires des ruches installées sur les toits, leur activité favorite ne semble pas embarrassée par la vie citadine, les embouteillages et la pollution, puisqu'elles donnent un miel vendu à la boutique de l'Opéra.

Le musée et la bibliothèque du palais Garnier : *on y accède quand on visite l'Opéra (sauf à la salle de lecture de la bibliothèque), excepté lors des Journées du patrimoine.* Contrairement au reste du théâtre, ces espaces, jamais totalement aménagés par Garnier, sont complètement dépourvus de stucs et de dorures. Le musée comprend un espace d'expositions temporaires et une galerie permanente (partie haute) où sont présentés pastels et peintures consacrés à la danse et au ballet russe de l'Opéra. Admirer au passage le *Portrait de Wagner* (1893) de Renoir et la fameuse *Danseuse s'exerçant au foyer* de Degas. Voir également la maquette en réduction du plafond originel et original de Lenepveu, caché par celui de Chagall. Enfin, le musée possède plusieurs milliers de maquettes de décors de théâtre miniaturisés du XIXe s (galerie des Guignols), que l'on réalisait toujours ainsi avant de les construire en grand. Elles sont exposées par roulement. Belle bibliothèque, avec de hauts rayonnages tout en bois comprenant des ouvrages généraux sur le théâtre, la danse, et de nombreuses partitions.

Le musée du Parfum Fragonard *(plan couleur A3) : 3-5, sq. de l'Opéra-Louis-Jouvet, 75009. ☎ 01-40-06-10-09. Ⓜ Opéra ou Havre-Caumartin. ♿ Lun-sam 9h-18h (dernière visite à 17h) ; visites guidées ttes les 20 mn env. GRATUIT. Boutique Fragonard.*

Une belle adresse, et un décor qui a conservé un peu de l'âme de ses anciennes fonctions : l'ancien théâtre où se pressait la belle société de la fin du XIXe fut transformé en manège vélocipédique où les Parisiens venaient se familiariser avec l'usage de la petite reine, sur une piste de 1 000 m de longueur de parquet ciré, avant d'abriter une boutique de meubles anglais pendant plus d'un siècle.

Aujourd'hui, l'ancien théâtre ouvre à nouveau ses portes et fait désormais office d'écrin à la collection de la famille Costa, propriétaire de la parfumerie Fragonard, historiquement installée à Grasse. Verrière, moulures en stuc, piste vélocipédique, poutres métalliques Eiffel... Un décor très « révolution industrielle » auquel se sont ajoutés de spectaculaires alambics et une bien jolie collection de flacons, pots à khôl, à mouches, *pomander,* brûle-parfums, flacons à sels, vaporisateurs en cristal...

Un parcours qui s'articule autour de la fabrication des parfums (enfleurage, extraction, distillation) et d'une approche chronologique, celle de l'histoire du parfum.

Les 1ers témoignages de l'usage du parfum, sous forme de fumée, remontent à l'Égypte ancienne, où il constituait un élément de rite funéraire ; puis, autres temps, autres mœurs, le parfum – à l'époque constitué de puissantes senteurs animales telles que l'ambre, la civette ou le musc – sera paré de vertus médicinales au Moyen Âge, avant de se muer en véritable outil de séduction au XVIIIe. Les senteurs florales et végétales prennent le dessus. À la cour de Louis XV, l'étiquette prescrivait même de changer de parfum quotidiennement ! Les flacons deviennent des œuvres d'art, travaillées par des orfèvres qui rivalisent d'ingéniosité.

Quelques décennies plus tard, la révolution industrielle et les progrès de la chimie permettent la fabrication de flacons en série et la synthétisation des fragrances les plus rares, rendant ainsi le parfum accessible à la bourgeoisie. Puis, dès le début du XXe s, parfumeurs et verriers se rapprochent de grands artistes ou des créateurs de mode qui ont le vent en poupe tels que Worth ou Paul Poiret. À travers le parfum, on plonge dans une petite histoire des modes de vie ; très dépaysant.

LA « NOUVELLE-ATHÈNES »

LE CHARME DISCRET DU NÉOCLASSIQUE

C'est le quartier qui s'étend autour des rues Notre-Dame-de-Lorette et des Martyrs. Nombre d'hôtels particuliers des XVIIIe et XIXe s. L'expression « Nouvelle-Athènes » provient du style néoclassique des immeubles construits pendant la Restauration, largement inspiré par la Grèce antique. Une véritable république

des arts et des lettres s'y était établie pendant la période du romantisme triomphant, avec George Sand, Dumas, Berlioz, Delacroix, Murger, Chopin, Wagner...
Aujourd'hui dénommé *South Pigalle* – SoPi pour les initiés –, c'est l'un des quartiers bobo-chic dans l'air du temps... où le prix du mètre carré s'envole. Du métro Blanche à Pigalle, Notre-Dame-de-Lorette et Trinité, le secteur, autrefois réservé aux sex-shops et cabarets, est devenu le nouveau terrain de jeu des *hipsters.* On y trouve de plus en plus d'adresses branchées : boutiques tendance, cafés-épiceries bio, bistrots typiques et bars à cocktails raffinés. Mais l'atmosphère sulfureuse demeure, et il n'est pas rare de croiser des indices de ce passé canaille.

LE 1er STRIP-TEASE AU MONDE

En 1894, au Divan Japonais, *un cabaret au 75, rue des Martyrs (la salle existe toujours), eut lieu un événement fondateur. Une comédienne se déshabilla totalement sur scène. Ce spectacle fut admiré par Toulouse-Lautrec et Picasso. Il provoqua une telle émotion qu'on en fit un film.*

La place Saint-Georges *(plan couleur B2)* **:** Ⓜ *Saint-Georges.* Belle demeure au nº 28, dans le style romantico-gothique, et l'hôtel particulier de Thiers, aujourd'hui fondation. Juste derrière le bâtiment, le charmant petit square Biscarre (un médaillon de bronze au sol représentant l'astronome Arago matérialise le passage du méridien de Paris), anciennement jardin de l'hôtel particulier. En face, au nº 28, un bâtiment néo-Renaissance de caractère et très décoré : l'hôtel Païva, édifié en 1840, a pris le nom d'une fantasque courtisane qui habita les lieux. Au centre de la place, la statue du dessinateur Gavarni surplombe la fontaine qui fut initialement un abreuvoir à chevaux. Elle est régulièrement « customisée » par un nez rouge, un foulard... À une encablure de la place, un soir de 1928, un individu armé et déchaîné transforma la rue Fontaine en Far West, tirant sur tout ce qui bougeait ; tenant le pistolet, le musicien Sidney Bechet fera 1 an de prison. La rue Saint-Georges connut bon nombre de locataires prestigieux... ou tristement célèbres. Ainsi, au nº 50, dans un ancien théâtre transformé en bordel, *Chez Marguerite,* Goering avait « loué » une chambre pendant la Seconde Guerre mondiale.

Le musée de la Vie romantique *(plan couleur B1)* **:** *hôtel Scheffer-Renan, 16, rue Chaptal, 75009.* ☎ *01-55-31-95-67.* • *vie-romantique.paris.fr* • Ⓜ *Saint-Georges, Blanche, Liège ou Pigalle. Tlj sauf lun et j. fériés 10h-18h. GRATUIT (expos temporaires payantes). Audioguide : 5 €.* Le musée de la Vie romantique n'est pas un musée au sens académique. C'est une maison, c'est un jardin, c'est 150 ans de la vie d'une famille plongée dans le monde des arts et des lettres. En découvrant le passage bordé de robiniers centenaires et les pavés disjoints menant à un pavillon aux allures italiennes, on est tout de suite sous le charme. L'enclos Chaptal fut habité dès 1830 par Ary Scheffer, peintre et sculpteur romantique d'origines hollandaise et allemande, qui y installa 2 ateliers, l'un pour travailler et l'autre pour y recevoir ses amis artistes : Delacroix, George Sand et Chopin – venus en voisins –, Liszt, Dickens, Tourgueniev... Voir les 2 tableaux qui représentent différents ateliers qu'occupa l'artiste ici et ailleurs. D'intéressantes expositions temporaires sont organisées chaque année autour du romantisme. Le pavillon central abrite les collections permanentes : le rez-de-chaussée du pavillon est consacré à George Sand, grande habituée des lieux. Bijoux personnels, bracelet cousu pour sa fille, aquarelles, mobilier provenant du château de Nohant, la propriété familiale de l'écrivaine dans le Berry... Dans le salon, reconstitué à l'image de celui de Nohant, le portrait le plus emblématique de George Sand par Auguste Charpentier. Dans le petit salon bleu, quelques dendrites (technique d'aquarelle) de sa main, ainsi que des dessins de ses enfants, Solange et Maurice. Au 2e niveau, les salles présentent l'œuvre de Scheffer et de ses contemporains, proposant un panorama de la création à l'époque romantique. En été, le jardin embaume les roses et le seringa, parfums surannés à l'image de ce lieu rare et séduisant.

Un Thé dans le Jardin (plan couleur B1, **90**) **:** *de mi-mars à mi-oct, tlj sauf lun 10h-18h.* Idéal pour un thé romantique, aux beaux jours, au milieu des massifs de dahlias, des rosiers et de la vigne. Dans la serre, on déguste de bons gâteaux.

L'hôtel des ventes Drouot (plan couleur C3) **:** *9, rue Drouot, 75009. ☎ 01-48-00-20-20. • drouot.com • Ⓜ Richelieu-Drouot ou Le Peletier. Lun-ven 11h-18h (21h jeu) et certains sam-dim. Ventes l'ap-m à partir de 14h en général. Congés : fin juil-sept. GRATUIT. Programme dans la Gazette Drouot (• gazette-drouot.com •). Petit fascicule gratuit, très clair, expliquant le fonctionnement des enchères disponible à l'accueil.*

Une institution depuis sa création en 1852, dont l'activité (ventes aux enchères volontaires et judiciaires) commença en fanfare avec la vente des biens du roi Louis-Philippe. Un temple parisien du négoce, qui voit quotidiennement passer quelque 5 000 visiteurs. Une atmosphère affairée, un univers à la fois sérieux et théâtral. L'occasion de découvrir un drôle de métier, le crieur, d'admirer le commissaire-priseur mener rondement les enchères (en moyenne 60 objets par heure !) et de voir de drôles de vieilles choses susciter toutes les convoitises. Dans le registre « insolite », on a même vu, dans les années 1900, un lot d'une centaine d'oies proposé aux enchères ! Un peu plus récemment, ce fut au tour d'une lettre d'amour de Jean-Paul Sartre à Simone de Beauvoir ou du pot de chambre de Napoléon Ier... de changer d'acquéreur. Les objets sont exposés la veille et le matin de la vente, des expositions à vitrines ouvertes permettent même d'en manipuler certains. Sachez que les ventes ne sont pas réservées à une élite d'esthètes fortunés !

LORETTES ET COCOTTES

Au XIXe s, dans ce quartier, derrière Notre-Dame-de-Lorette, vivaient ces demi-mondaines, ou « lorettes », qui étaient entretenues par plusieurs amants (on disait à l'époque des Arthur !). Les cocottes, quant à elles, exerçaient le même métier, mais dans le haut de gamme, comme Sarah Bernhardt. Elles avaient d'ailleurs les moyens d'abuser de parfums (d'où le verbe « cocotter »).

Le musée Gustave-Moreau (plan couleur B2) **:** *14, rue de La Rochefoucauld, 75009. ☎ 01-48-74-38-50. • musee-moreau.fr • Ⓜ Trinité. Tlj sauf mar 10h-17h15 (fermé 12h30-14h lun et mer-jeu). Entrée : 6 € ; réduc ; gratuit jusqu'à 26 ans et pour ts le 1er dim de chaque mois. Billet couplé avec le musée Henner : 9 € ; réduc.*

Étonnante histoire que celle de ce musée voulu et créé par Gustave Moreau de son vivant. Peintre incompris, dont l'œuvre fut jugée étrange par la plupart de ses contemporains, Gustave Moreau fit pourtant figure de chef de file pour la jeune génération symboliste et devint le maître de quelques peintres bientôt remarqués, notamment Matisse et Rouault. Né en 1826 et mort en 1898, Gustave Moreau avait élu domicile dans le quartier de la « Nouvelle-Athènes » en 1852. Il légua sa maison-musée à l'État, à condition que tout soit préservé tel quel ; un choix de pièces et un accrochage qui constituent sa dernière œuvre en quelque sorte ; une muséographie intacte, aujourd'hui atout intéressant pour le visiteur.

Rez-de-chaussée

Les 6 pièces du rez-de-chaussée présentent plus de 400 peintures, dessins, et une collection unique d'aquarelles du peintre. Ces espaces ont été réhabilités et restaurés à l'identique : archives et sondages de couleurs ont permis de reconstituer l'ensemble tel qu'il se présentait au public à l'ouverture du musée, en 1903.

1er étage

Les murs du cabinet de réception sont couverts de copies de maîtres faites par Moreau lors de son séjour en Italie : petites œuvres intimes, peintures, dessins, aquarelles. Dans l'appartement, petit musée sentimental, sont accrochés portraits de famille et œuvres offertes pas ses amis Théodore Chassériau ou Degas, gravures d'après Poussin, Rembrandt, David d'Angers, et quelques œuvres finies de Gustave Moreau.

2e étage

Ici s'ouvre le grand atelier d'où part un magnifique escalier en spirale datant de 1895. Admirer *Le Retour des Argonautes,* vaste peinture inachevée représentant un bateau « chargé de toutes les chimères de la jeunesse », selon un commentaire du peintre lui-même. À l'autre bout de l'atelier, *Les Chimères,* justement, œuvre également inachevée, permettent de se rendre compte du travail minutieux de préparation et de la foule de détails présents dans les tableaux de Moreau (attardez-vous sur le merveilleux dessin du château, à gauche). De même, un beau *Léda* avec les 2 putti portant la tiare et le foudre. On peut y admirer ses principaux personnages tels *Prométhée, Jacob et l'Ange, Moïse* ou encore *Salomé* et la tête de Jean Baptiste (extrait de l'*Apparition*). Des panneaux pivotants, conçus par Moreau lui-même, renferment études, esquisses et dessins répertoriés, datés et annotés par le peintre.

3e étage

Dans la 1re partie de l'atelier, autoportrait de Gustave Moreau dans une belle lumière rembranesque ; on a beaucoup aimé aussi, au-dessus de l'escalier, la belle composition du Christ et des 2 larrons. Mais, surtout, voir le chef-d'œuvre du peintre : *Jupiter et Sémélé,* foisonnement de couleurs et exubérance de détails. Un régal pour l'œil.

Dans la 2de partie de la salle, voir aussi le polyptyque représentant *La Vie de l'humanité* : de l'âge d'or à l'âge du fer, la chute de l'homme transparaît dans une peinture de plus en plus dense et sombre avec, tout en haut, la rédemption. Enfin, la célèbre *Fée aux griffons* qu'André Breton « rêvait de surprendre la nuit ». Au centre de la pièce, il ne faut pas oublier d'ouvrir le meuble tournant qui renferme les aquarelles du peintre – de belles réalisations aux couleurs soutenues.

Le musée de la Franc-maçonnerie *(plan couleur C2) : Grand Orient de France, 16, rue Cadet, 75009. ☎ 01-45-23-74-09. • museefm.org • Ⓜ Cadet. Mar-dim 10h-12h30 (13h sam), 14h-18h (19h sam). Visite-conférence sam à 14h30 et 16h (visite des temples incluse). Entrée : 6 € ; réduc ; + 7 € pour la visite-conférence (2h). Feuillet explicatif à l'entrée. Expos temporaires régulières.*

TOUS DES VOYOUS !

Pierre Dac, génial humoriste (et éminent philosophe) du XXe s, était également un frangin, membre de la Grande Loge de France. Il a laissé son nom à un rituel « en la forme inaccoutumée » entièrement rédigé en argot. Le Vénérable Maître y devient le « Taulier » de la loge, les Surveillants des « Matons » assistés du « Bignoleur », du « Baratineur »... Ambiance Tontons flingueurs les soirs de turbin !

Société plus « discrète » que « secrète », la franc-maçonnerie – pour le moins le Grand Orient de France, la plus ancienne et importante obédience française – entend se débarrasser de sa réputation sulfureuse et ouvre grand les portes de son histoire. L'exposition permanente s'articule autour de 3 grands axes thématiques, tous illustrés par une riche collection d'objets authentiques.

De grandes vitrines verticales illustrent, recto verso, son histoire chronologique, depuis sa naissance en Angleterre en 1717. La philosophie est rapidement adoptée en France, puisque dès 1728 naît une Grande Loge de France, qui devient le

Grand Orient de France en 1773. De nombreux objets, rituels ou non, évoquent les balbutiements de la symbolique, la naissance des loges féminines, ou encore l'implication des loges dans la société civile : textes fondateurs, vaisselle (un service complet très rare du XVIIIe s, dit « aux 25 symboles », décoré de tous les symboles du 1er grade de franc-maçon), sceaux des loges, tabliers... Celui « de Voltaire » lui fut offert par Helvetius lors de son initiation, moins de 2 mois avant sa mort ! Voltaire ne le porta guère qu'une seule fois mais cette fraternité nouvelle officialisa et scella l'alliance des Lumières et de la franc-maçonnerie.
Intéressant aussi, les liens étroits de la bourgeoisie maçonnique avec l'Empire, qu'elle voit comme un rempart à la fois contre le retour à l'Ancien Régime et contre les excès de la Terreur. Enfin, la maçonnerie postnapoléonienne : d'abord foyer, au XIXe s, de l'opposition républicaine, elle résiste cependant mal aux évolutions de la société, voit ses membres se disperser entre plusieurs obédiences et, au XXe s, subit la concurrence du communisme avant d'être durement persécutée durant la Seconde Guerre mondiale.
Autre approche, à parcourir parallèlement à la chronologie : 4 niches, sur le côté de la salle, évoquent la vie spirituelle intime et la progression du franc-maçon au sein de sa loge, depuis l'initiation jusqu'aux tabliers de hauts grades. Une autre série de vitrines replace la franc-maçonnerie dans notre monde contemporain et présente des pièces exceptionnelles (tablier et planches d'Hugo Pratt, etc.), et des tiroirs discrets dévoilent quelques trésors.
On vous encourage à suivre les passionnantes visites-conférences : outre que les cartels sont parfois un poil succincts pour le « profane » néophyte, ces visites lui permettent de tordre le cou à de nombreux clichés, de décrypter quelques symboles élémentaires et de lever le voile sur de nombreux prétendus secrets. C'est surtout l'occasion de visiter l'un des temples maçonniques du Grand Orient.

10e ARRONDISSEMENT

LA RÉPUBLIQUE • LA GARE DE L'EST • LE CANAL SAINT-MARTIN • LE « BAS DE BELLEVILLE »

- Pour le plan du 10e arrondissement, voir le cahier couleur en fin de guide.

Largement occupé, sur son flanc nord, par l'emprise de 2 gares, et ayant souffert de la mauvaise réputation du périmètre de la porte Saint-Denis, cet arrondissement, 10e du nom, revient de loin. Aujourd'hui, il s'érige comme l'arrondissement de prédilection des *hipsters* et autres branchés parisiens. Bar à la cool et restos du monde y attirent la jeunesse parisienne dans toute sa diversité. Les nombreux passages, de part et d'autre du boulevard de Strasbourg, nous transportent en Inde, les environs du métro Château-d'Eau nous emmènent en Afrique et la rue des Petites-Écuries en Turquie, entre autres voyages gastronomique et ethnique. C'est peut-être l'arrondissement le plus cosmopolite de la capitale, un véritable concentré de cultures.

La place de la République s'érige en symbole de cette solidarité. Elle reste le point de départ de nombreuses manifestations populaires et est devenue un lieu de mémoire et de rassemblement fort dans le cœur de chaque Parisien. On se souvient avec émotion du rassemblement du 11 janvier 2015, où environ 1,5 million de personnes s'étaient réunies autour de la place après les attentats contre *Charlie Hebdo* et l'*Hyper Cacher.* C'est aussi sur cette place qu'un chêne a été planté suite aux tragiques attentats du 13 novembre 2015. Prenez 5 mn pour vous recueillir devant cet arbre et sa plaque : « À la mémoire des victimes des attentats terroristes de janvier et novembre 2015 à Paris, Montrouge et Saint-Denis. Ici même le peuple de France leur rend hommage. »

LE 1er FEU ROUGE

Il fut installé en France en 1923, à l'intersection des boulevards de Sébastopol et Saint-Denis. Il n'était effectivement que rouge, et accompagné d'une sonnerie (pour les automobilistes aveugles ?). Il fallut attendre 10 ans avant qu'on ajoute le vert et l'orange.

Autre joli symbole du 10e : le canal Saint-Martin. L'ancien « canal des trépassés », qui a inspiré nombre d'auteurs de polars dans la 1re moitié du XXe s, a vu, depuis, ses rives envahies par des cafés, restaurants, boutiques de fringues, librairies, ateliers d'artistes... Soirées animées en perspective avec le traditionnel cortège de pique-niqueurs nocturnes dès que la belle saison revient. De même, il est devenu un lieu de rendez-vous familial le dimanche. Agréable également, la place Sainte-Marthe, méridionale en diable aux beaux jours, avec ses terrasses. On résumerait le 10e en un mot : vivant !

Où dormir ?

Auberges de jeunesse

Generator Paris (plan couleur C2, **1**) : 9-11, pl. du Colonel-Fabien, 75010. ☎ 01-48-78-25-15. • generatorhostels.com • Ⓜ Colonel-Fabien. Compter 35 €/pers en dortoir 4-10 lits (avec sdb) ; doubles avec sdb 100-120 € ; petit déj-buffet 7,50 €. Parking payant. Café offert sur présentation de ce guide. Une ville dans la ville, et, le matin, à l'heure du *check-out,* on frise la saturation d'un hall de gare en heure de pointe. On y perçoit également la population aussi hétéroclite que cosmopolite qui apprécie le concept AJ revisitée avec une touche de luxe et de design. Passé l'énorme façade de ce bâtiment d'assurances réhabilité, on découvre des espaces sérieusement pensés. 8 étages décorés chacun sur le thème d'un monument parisien, un *rooftop* (couvert et chauffé en hiver), le café *Fabien,* qui propose une restauration de qualité à prix serrés, et un bar d'ambiance (cocktails maison réalisés par un vrai mixologue !) dans une cave voûtée, avec sessions musicales. Côté chambres, on fait le grand écart entre les dortoirs (nickel et spacieux, tous dotés de sanitaires privés), les chambres doubles confortables (certaines avec vue sur le Sacré-Cœur) et les suites *premium* pour 2, prolongées d'une somptueuse terrasse.

Saint-Christopher Inn (plan couleur B1, **2**) : 5, rue de Dunkerque, 75010. ☎ 01-40-34-34-40. • st-christophers.co.uk • Ⓜ Gare-du-Nord. Compter 25-35 €/pers en dortoir ; doubles 70-120 €. Le midi, repas 12-14 € ; le soir, un peu plus cher à la carte (25 % de réduc pour les résidents). Parking. La célèbre chaîne britannique a investi cette ancienne banque d'assurance au style Art déco pour installer cette AJ. On retrouve ici tout ce qui fait le succès de leurs *hostels* à travers le monde. Un bar-resto immense (le *Belushi's*) avec concerts réguliers et un *sports bar* avec des écrans partout. Bondé et survolté les soirs de gros matchs ! Les 582 lits sont répartis en chambres de 2 (avec salle de bains privative) et en dortoirs de 4 à 10 lits (salles de bains privatives ou communes selon les cas). Le 3e étage est réservé aux filles. Dans les dortoirs, chaque lit possède sa lampe de chevet, des prises électriques, des ports USB, et même un rideau pour s'isoler du reste de la chambre, un petit luxe !

Smart Place (plan couleur A1, **3**) : 28, rue de Dunkerque, 75010. ☎ 01-48-78-25-15. • smartplaceparis.com • Ⓜ Gare-du-Nord. Réception 24h/24. Doubles 57-140 € ; familiales ; nuitée en dortoir 4-6 pers 15,50-70 € ; petit déj express 4 €. Cet *hostel* à priori destiné aux *backpackers* séduit tout autant les voyageurs sans sac à dos ! Bel effort sur la déco et le confort. Les chambres sont assez petites mais vraiment gaies et colorées. Les doubles ont la TV, un coffre et une salle de bains privative. Côté dortoirs, pour 4 à 6 personnes, ils ne sont pas immenses mais ont chacun leur propre salle de bains. On peut aussi en privatiser un avec ses amis ; c'est dire si l'offre est large. Accueil charmant et baby-foot en prime ! Seul bémol, la cuisine est riquiqui et pas vraiment équipée pour préparer à manger pour une tribu.

De très bon marché à bon marché

Hôtel Palace (plan couleur B3, **5**) : 9, rue Bouchardon, 75010. ☎ 01-40-40-09-45. Ⓜ Strasbourg-Saint-Denis ou Jacques-Bonsergent. Doubles avec lavabo 38 €, avec douche 45 €, avec douche et w-c 70 € ; familiales ; petit déj 6 €. Quand on entre, la 1re impression est excellente. Ensuite, c'est plus mitigé... Les chambres sans sanitaires sont sommaires et très vieillottes (w-c à chaque palier et douche payante). Mais d'autres ont eu droit à un petit coup de frais. Si vous avez de bons mollets, choisissez celles du 5e étage (sans ascenseur), joyeuses et très claires avec leur velux. Passons sur le papier peint et la moquette plus très frais ou sur certaines salles de bains mal aérées, et retenons que le proprio a le souci constant d'améliorer son « palace ». Cet hôtel familial, dans une rue silencieuse, compte parmi les moins chers de Paris. Accueil charmant en prime.

Hôtel Liberty *(plan couleur B2-3,* ***6****) : 16, rue de Nancy, 75010. ☎ 01-42-08-60-58. • libertyhotel.net • Ⓜ Château-d'Eau, Gare-de-l'Est ou Jacques-Bonsergent. Doubles 54-68 € ; petit déj 5,50 €. Parking payant.* Les chambres, avec ou sans salle de bains, sont simples mais bien entretenues et confortables. Elles ont toutes une TV, et même les plus basiques (avec sanitaires à chaque palier) restent agréables, ce qui n'est pas souvent le cas dans les hôtels bon marché... Alors oui, moquettes et papiers peints auraient besoin d'un bon rafraîchissement, mais à ce prix-là on chipote moins. En plus, on est au calme.

Prix moyens

Hôtel du Nord – Le Pari Vélo *(plan couleur C3,* ***4****) : 47, rue Albert-Thomas, 75010. ☎ 01-42-01-66-00. • hoteldunord-leparivelo.com • Ⓜ République ou Jacques-Bonsergent. Réception 7h-23h30. Double 86 € ; petit déj 8,50 €.* On passerait devant sans le remarquer, bien caché sous sa cascade de lierre. Une merveille de petit hôtel ! Une vingtaine de chambres avec bibelots chinés, plantes vertes et fresques colorées, créent une ambiance plus maison d'hôtes qu'hôtel traditionnel. Chaque chambre est différente par son volume, ses couleurs, son inspiration... Le petit déj (avec confitures maison, hmm) se prend au sous-sol, dans une cave voûtée. Les patrons, cyclistes convaincus et militants, mettent gratuitement à disposition des vélos. À vos mollets pour découvrir Paris sous un autre angle !

République Hôtel *(plan couleur C3,* ***7****) : 31, rue Albert-Thomas, 75010. ☎ 01-42-39-19-03. • republiquehotel.com • Ⓜ République. Doubles 70-129 € ; petit déj 10 €.* Cet hôtel abrite des chambres claires et modernes, vraiment agréables. Les tons sobres, les rideaux aux imprimés baroques et le joli parquet apportent un cachet certain. On le reconnaît, les chambres ne sont pas bien grandes mais elles sont aussi nickel que les salles de bains. Certaines communiquent pour créer des suites familiales. Accueil charmant mais un conseil : réservez l'ascenseur riquiqui aux valises et grimpez à pied.

District République *(plan couleur B3,* ***8****) : 4, rue Lucien-Sampaix, 75010. ☎ 01-42-08-20-09. • hoteldistrictrepublique.com • Ⓜ Jacques-Bonsergent ou République. ♿ Doubles 89-99 € ; petit déj 9 €.* Du rose, du doré, du parquet et du noir laqué, cet hôtel renové joue la carte de la modernité avec une déco enjouée et des salles de bains nickel chrome. Dommage que certaines chambres soient vraiment étriquées. Sinon, le rapport qualité-prix-confort-situation est parfait et l'accueil attentionné.

Hôtel Garden Saint-Martin *(plan couleur C3,* ***9****) : 35, rue Yves-Toudic, 75010. ☎ 01-42-40-17-72. • hotelparisgardensaintmartin.com • Ⓜ République ou Jacques-Bonsergent. Résa conseillée min 8 j. à l'avance. Doubles 90-130 € ; triples ; petit déj 8 €.* La trentaine de chambres affiche une déco contemporaine sobre avec de très jolies salles de bains modernes et coordonnées. Les tons restent doux, variant du blanc au taupe pour un cadre assez élégant. Les chambres du rez-de-chaussée donnent sur une courette (on ne saurait vraiment parler de *garden* !), tout comme la salle du petit déjeuner. Les triples, avec 3 lits simples de bonne taille, permettent de belles économies pour les groupes d'amis.

Hôtel de l'Europe *(plan couleur B2,* ***10****) : 98, bd de Magenta, 75010. ☎ 01-40-37-71-15. • europe-paris-hotel.com • Ⓜ Gare-du-Nord ou Gare-de-l'Est. Doubles 100-150 € ; petit déj 7 €.* Une bonne escale, à quelques minutes à pied des gares du Nord et de l'Est. Cet hôtel familial abrite des chambres entièrement rénovées, à l'esprit classique et d'un rapport qualité-prix excellent. Elles se révèlent propres, claires et confortables (même si certaines ne sont pas bien grandes). Demandez-en une côté cour pour dormir bien au calme. On a surtout aimé l'accueil souriant et chaleureux du patron, le meilleur qu'on ait eu dans le quartier !

Hôtel d'Amiens (plan couleur B2, **11**) : *11, rue des Deux-Gares, 75010. ☎ 01-40-37-02-20. • hoteldamiens.com • Ⓜ Gare-du-Nord ou Gare-de-l'Est. Doubles 125-165 € ; petit déj 12 €.* Bien situé pour sauter tôt dans son train le matin, cet hôtel simple propose des chambres impeccables à la déco fraîche et au confort indéniable. Si le hall et ses fresques vous paraissent un brin kitsch, les chambres sont claires et propres, et les salles de bains modernes. Têtes de lit molletonnées et argentées, moquettes et papier peint apportent une pointe de déco asiatique, légère et fraîche. Une jolie surprise.

De prix moyens à chic

Hôtel Magenta 38 (plan couleur B3, **13**) : *38, bd de Magenta, 75010. ☎ 01-42-38-02-55. • hotelmagenta38.com • Ⓜ Gare-de-l'Est. Doubles 90-160 € ; petit déj 12 €. Café offert sur présentation de ce guide.* Ce bel hôtel moderne marie avec beaucoup de goût sobriété et originalité. Tandis que les grandes et confortables chambres affichent des tons clairs aux touches boisées (tendance scandinave), les salles communes voient leurs murs vêtus de turquoise et parés de lustres, miroirs dorés et fauteuils rétro. Une association très réussie pour une ambiance « nature » revendiquée. Même la courette appelle au calme avec son mobilier en osier. Vu le standing, les prix restent vraiment abordables. Bel accueil, à la hauteur du lieu.

Midnight Hotel (plan couleur B2, **14**) : *133, rue du Faubourg-Saint-Denis, 75010. ☎ 01-40-36-14-50. • midnighthotelparis.com • Ⓜ Gare-de-l'Est. Doubles 120-280 € ; petit déj-buffet 13 €.* Du cachet et du style ! 2 qualités assez rares pour être remarquées, entre la gare du Nord et la gare de l'Est. On oublie vite l'agitation ambiante une fois pénétré dans le cadre feutré et design de ce petit hôtel. Poutres apparentes, joli parquet, lourds rideaux, tons clairs et clichés de Paris en maxi format plantent un cadre romantique, qui invite au cocooning. Les chambres sont calmes et confortables, les salles de bains modernes et nickel, et l'accueil soigné. Une vraie trouvaille !

Hôtel Soft (plan couleur B2, **15**) : *52 bis, rue des Vinaigriers, 75010. ☎ 01-46-07-93-16. • hotelsoftparis.com • Ⓜ Gare-de-l'Est. Doubles 169-189 € ; petit déj-buffet 12 €. Parking payant. Café offert sur présentation de ce guide.* À proximité du canal Saint-Martin, le *Soft* tient 3 promesses. Il garantit d'abord une ambiance soft avec un accueil chaleureux au sein d'une atmosphère élégante, design et contemporaine (aux jolis thèmes romantiques et fleuris). Ensuite, il offre une nuit soft dans une belle chambre confortable, calme, avec un grand lit douillet. Enfin, il arbore un prix soft. C'est un de nos coups de cœur dans le quartier !

Hôtel Parisiana (plan couleur B2, **16**) : *21, rue de Chabrol, 75010. ☎ 01-47-70-68-33. • hotelparisiana.com • Ⓜ Gare-de-l'Est ou Poissonnière. Doubles 85-160 € ; petit déj 9,50 €.* Une sympathique adresse aux chambres plutôt spacieuses et au confort tout à fait honorable. L'accueil très pro et souriant fait oublier le manque de charme des chambres, à la déco des plus classique. Celles sur rue disposent d'une double fenêtre double vitrage (avec ça, le sommeil est garanti !), les sommeils les plus légers trouveront sinon tout le calme espéré dans le 2d bâtiment à l'arrière.

Hôtel Albert Ier Paris (plan couleur B1, **24**) : *162, rue La Fayette, 75010. ☎ 01-40-36-82-40. • hotelalbertpremier.com • Ⓜ La Chapelle ; RER : Gare-du-Nord. Ouv tte l'année, 24h/24. Doubles 100-160 € ; petit déj express 5,50 € ; buffet 12 €. Promos très intéressantes sur leur site.* Entre la gare du Nord et la gare de l'Est, l'*Hôtel Albert Ier* est aussi à quelques pas du canal Saint-Martin et à 20 mn à pied de la butte Montmartre. Modernes et fonctionnelles, ses chambres sont appréciées des touristes, mais aussi de la clientèle d'affaires. Pour passer un moment au calme, agréable salon-bibliothèque. Bon rapport qualité-prix. *NOUVEAUTÉ.*

■ ***Hôtel Paris La Fayette*** *(plan couleur A2,* ***17****)* ***:*** *23, rue des Messageries, 75010. ☎ 01-48-00-00-11. • hotelparislafayette.com • Ⓜ Poissonnière. Doubles 54-180 € ; petit déj 11 €. 8 apparts avec kitchenette.* Une jolie façade en carreaux de faïence, et du carrelage type métro qui court le long des murs ; un hôtel moderne et pimpant. 52 chambres de taille moyenne mais offrant un excellent confort. On aime les touches de bois, les couleurs gaies, les salles de bains toutes propres et l'accueil chaleureux. Bref, une bonne adresse ; surtout en période de promos !

■ ***Ibis Style Hôtel*** *(plan couleur C3,* ***18****)* ***:*** *9, rue Léon-Jouhaux, 75010. ☎ 01-42-40-40-50. • ibis.com • Ⓜ République. Doubles 90-180 €, petit déj compris.* Entre la place de la République (desservie par 5 lignes de métro !) et le ravissant canal Saint-Martin, cet hôtel jouit d'une situation vraiment stratégique et privilégiée. Dans un bel immeuble typiquement parisien, il abrite 70 chambres climatisées et absolument nickel. Pour des nuits calmes, évitez peut-être les 2 premiers étages. On a une petite préférence pour celles du 6e, plus vastes et tranquilles. La déco est moderne et de bon goût, ravivée de joyeuses touches de couleurs.

■ ***Hôtel d'Enghien*** *(plan couleur A2-3,* ***19****)* ***:*** *52, rue d'Enghien, 75010. ☎ 01-47-70-56-49. • hoteldenghien.com • Ⓜ Bonne-Nouvelle. Doubles 98-159 € ; petit déj-buffet 8 €. Parking payant. 10 % sur le prix de la chambre le w-e sur présentation de ce guide.* Hôtel de quartier on ne peut plus traditionnel. Jolie façade à l'ancienne, mais on sent tout de suite qu'un coup de frais a soufflé sur l'immeuble. Les chambres, rénovées et insonorisées, bénéficient de tout le confort souhaitable. Parquet, mobilier en bois clair, murs colorés et belles salles de bains spacieuses.

10e

De chic à plus chic

■ ***Hôtel Paradis*** *(plan couleur A2,* ***20****)* ***:*** *41, rue des Petites-Écuries, 75010. ☎ 01-45-23-08-22. • hotelparadisparis.com • Ⓜ Bonne-Nouvelle ou Gare-du-Nord. ♿ Doubles 120-210 € ; une dizaine de chambres familiales (rare à Paris) ; petit déj 12 €.* À proximité des grands magasins, du musée Grévin, des Folies Bergère, de Montmartre et des gares de l'Est et du Nord, dans une rue calme. Une suite dispose d'une vue unique sur le Sacré-Cœur. Une merveille de boutique-hôtel de charme ; de la haute couture au prix du prêt-à-porter ! Difficile de ne pas craquer... Le patron est un connaisseur, puisque c'est le fils de Philippe Gloaguen, cofondateur du *Routard*. Excellents restos à proximité.

■ ***Best Western Hôtel Faubourg Saint-Martin*** *(plan couleur B3,* ***21****)* ***:*** *6, rue Gustave-Goublier, 75010. ☎ 01-40-40-02-02. • hotel-faubourg-saint-martin.com • Ⓜ Château-d'Eau ou Strasbourg-Saint-Denis. ♿ Doubles 96-250 € ; petit déj-buffet 12 €.* Dans une ruelle piétonne, légèrement en retrait de l'agitation trépidante de la rue Saint-Denis, un havre de paix 3 étoiles. Tout nous a séduits ici, la gentillesse et la disponibilité de l'accueil, le confort dans les chambres. La déco douce et moderne, aux tons très nature se déclinant du vert au blanc, invite à la sérénité et au repos. Les plus belles chambres, les « Plumes », jouent le romantisme avec des salles de bains ouvertes et des plumes figées sur des parois de verre. Petit déj à dominante biologique, servi dans une agréable salle voûtée. Un bol d'air frais et un coup de cœur !

■ ***Hôtel Grand Amour*** *(plan couleur B2,* ***22****)* ***:*** *18, rue de la Fidélité, 75010. ☎ 01-44-16-03-30. • hotelamourparis.fr • Ⓜ Gare-de-l'Est. Doubles 175-255 € ; petits déj 12-15 €. Pas de TV.* L'*Hôtel Amour* du 9e arrondissement a engendré un petit frère, rue de la Fidélité (comment trouver meilleur nom ?). Place donc à l'Amour et à l'érotisme. Photos de nus, moquette avec des vulves et des verges, déco intimiste avec des recoins cachés, un patio qui appelle au romantisme et des chambres de beau standing pour s'acoquiner. On aime la déco soignée, les objets chinés, les couleurs douces et les plus flashy. Les salles de bains ouvertes donnent aussi envie de s'encanailler. Seuls bémols : les chambres les plus petites, avec lits superposés, pas vraiment sexy, et d'autres manquant d'un brin de fantaisie.

Très chic... et tendance

Le Citizen – Hôtel du Canal *(plan couleur C2,* ***23****) : 96, quai de Jemmapes, 75010. ☎ 01-83-62-55-50. • lecitizenhotel.com • Ⓜ Jacques-Bonsergent. ♿ Doubles 150-300 €, petit déj inclus ; suites et appartements.* Le nom de cet hôtel, « Citizen », donne tout de suite le ton : zen et écocitoyen. 12 chambres seulement, déclinant le concept dans les moindres détails : meubles intégrés en bois blond, hyper design, hyper fonctionnels. Un style épuré mais cosy et chaleureux ; des produits bio, verts, et du commerce équitable dans une optique de développement durable... IPad à disposition dans chaque chambre ! Son principal atout reste malgré tout la vue sur le canal Saint-Martin, dont profite chacune des chambres. Les moins chères ne sont pas bien grandes, mais leur confort est optimal, et leur charme indéniable. Accueil pro, excellentes prestations et magnifique petit déj.

Où manger ?

Sur le pouce

La Pointe du Grouin *(plan couleur A-B1,* ***30****) : 8, rue de Belzunce, 75010. Ⓜ Gare-du-Nord ou Poissonnière. ♿ Tlj sauf sam midi et dim soir 11h30-1h30. Fermé sam-dim en août. Le midi, sandwich et hors-d'œuvre 2-14 €, plat du jour 10 €, repas 10-20 € (boisson comprise) ; un poil plus cher le soir avec quelques plats chauds. Parking payant.* Coincé entre son resto *(Chez Michel)* et son bistrot *(Chez Casimir),* Thierry Breton réinvente le casse-croûte breton et propose des sandwichs préparés dans les règles... du lard ! À emporter ou sur place, sur de grandes tables hautes en bois et en fer. On commande, on attrape ses couverts, on tire son eau à la fontaine et on va soi-même à la cave chercher sa bouteille... Le pain est cuit dans le fournil au sous-sol, et on se régale d'une ficelle croustillante ou d'un *bara bihan* (petit pain rond) farcis de bons produits fermiers. Une adresse canaille comme on les aime vraiment. Attention, passé 20h, le tarif des boissons augmente, et la note grimpe vite.

Les snacks du marché couvert Saint-Quentin *(plan couleur B2,* ***34****) : 85 bis, bd Magenta, 75010. Ⓜ Gare-de-l'Est. Mar-sam 8h-20h, dim 8h-13h30.* Le marché couvert de Saint-Quentin propose plusieurs sortes de stands où l'on peut grignoter à toute heure. On peut voyager en quelques bouchées et se restaurer à plus ou moins bon prix (gaffe quand même, beaucoup de prix ne sont pas affichés et semblent tarifés à la tête du client !). Couscous, charcuterie, africain, italien... Beaucoup de monde le week-end.

Pancia *(plan couleur B2,* ***39****) : 10, rue des Petites-Écuries, 75010. Ⓜ Château-d'Eau. Tlj sauf lun 12h-15h, 19h-23h. Compter env 15 €.* Cadre d'une grande austérité, tables hautes et tabourets, clientèle jeune et bruyante, employés du quartier... Quasiment la seule *street food* à Paris à proposer la *pancia,* un genre d'*empañada,* originaire du sud de l'Italie. Tout est fait maison. Chaussons à base de pâte à pizza fine, légère et croustillante, fourrés d'ingrédients d'une grande fraîcheur. Le tout accompagné de beignets de purée et d'une petite salade. Un vrai et délicieux petit repas à prix très modique ! Encore faim (c'est possible !) ? En embuscade, le succulent tiramisù maison... Chaleureux accueil des 3 complices, anciens de la prestigieuse école Ferrandi. *NOUVEAUTÉ.*

Le Daily Syrien *(plan couleur B3,* ***38****) : 55, rue du Faubourg-Saint-Denis, 75010. ☎ 09-54-11-75-35. Ⓜ Château-d'Eau ou Strasbourg-Saint-Denis. Tlj sauf dim 11h30-minuit. Formules max 13 € ; carte env 15 €.* De l'extérieur, un simple marchand de journaux. Au fond, passé la surprise, on découvre la cuisine de ce petit traiteur syrien et une simple table d'hôtes où déguster son butin. Sur place ou à emporter donc, des sandwichs aux falafels confectionnés à la demande pour plus de saveurs ! Particulièrement frais et goûteux, houmous, caviar d'aubergine, feuilles de vignes, *mohamarra*... Les pâtisseries sont également d'une grande finesse. Un snack gourmand et dépaysant. Fort de son succès, le traiteur a ouvert un vrai grand resto *(12, rue des Petites-Écuries ; tlj sauf dim)*. Mêmes tarifs, et on est mieux installé !

Naàn *(plan couleur A2, **44**) : 59, rue des Petites-Écuries, 75010. ☎ 09-80-43-58-85. Ouv le midi lun-sam. 2 naans 12 € ; formules thali 10-14 € ; naans-sandwichs 8-9 €.* Un joli mariage d'épure scandinave et de chaleur indienne, sur fond de minicuisine ouverte. Un plat du jour qui bouge, une poignée d'entrées et de desserts maison au choix, des naans cuits sur place, drapés autour d'une garniture copieuse et goûtue. C'est tout bon, tout frais, à emporter ou à consommer sur place.

Elaichi *(plan couleur B3, **48**) : 7, rue du Faubourg-Saint-Martin, 75010. ☎ 01-40-38-97-57. Ⓜ Strasbourg-Saint-Denis. Tlj sauf dim-lun 12h-14h30, 18h30-22h30. Formules déj 10-12 €, sur place ou à emporter.* À la limite sud du quartier indo-pakistanais, cette petite cantoche à la devanture moderne contraste avec ses voisines à la déco kitschouille. Un *street food* tendance où sont préparées chaque jour des spécialités exclusivement végétariennes et bio qui composent une assiette-repas (4 ingrédients au choix). Avec un naan et un lassi, le tour est joué ! Excellent en tous points. Quelques tables sur place, et pour jouer les prolongations en soirée, l'arrière-salle dévoile un bar étonnant (voir la rubrique « Où boire un verre ? »).

Yafo *(plan couleur A2, **49**) : 96, rue d'Hauteville, 75010. Ⓜ Poissonnière. Lun-ven 12h-14h30, plus mar 19h-22h. Congés : 15-30 août et sem de Noël. Formules 9-11,50 €. Café ou thé offert sur présentation de ce guide.* Dans la famille des restos thématiques (et bons tant qu'à faire !), on a fait une escale dans le 1er « bar à houmous » parisien. Le fameux houmous est donc proposé nature ou garni, à l'agneau braisé ou au poulet aux herbes par exemple, dans l'incontournable pain pita et ses pickles. À accompagner d'un taboulé de chou-fleur ou de l'une des 2 salades du jour, et, soyons fous, de limonade maison à la rose. Également pâtissier, le jeune chef n'a pas négligé les douceurs : yaourt grec et miel de datte, sablés *tahini* ou *malabi* (à base de lait). Un petit café à la cardamome pour conclure ?

At Hom's *(plan couleur C-D2, **54**) : 48, av. Claude-Vellefaux, 75010. 07-68-67-27-77. Ⓜ Colonel-Fabien. Lun-ven 11h30-22h. Formules déj 10-11 €. Café offert sur présentation de ce guide.* Ici, c'est « spécialités libanaises *made with love* », comme vous pourrez le lire à l'entrée de ce petit resto familial de quartier. Une courte carte, qui permet de garantir une belle fraîcheur. *Mezze* chauds ou froids, taboulé en 2 versions et, plus inédit, la purée de betterave dont la couleur détonne joliment, en plus d'être délicieuse. Et chaque jour un plat permet de découvrir la cuisine familiale libano-syrienne. Pas d'embrouille, tout est sous vos yeux ! Simple et bon. Sur place ou à emporter.

Urfa Dürüm *(plan couleur B2-3, **68**) : 58, rue du Faubourg-Saint-Denis, 75010. ☎ 01-48-24-12-84. Ⓜ Château-d'Eau. Tlj 11h30-minuit (22h dim). Sandwichs 6-8 €.* Le Kurdistan a investi cette échoppe miniature devant laquelle il y a souvent la queue. À peine la place de se faufiler entre le four à pain et le barbecue au feu de bois, où des mains expertes pétrissent et enfournent les fines galettes, tandis que brochettes de viande hachée, d'agneau ou de poulet rôtissent sur les braises. À déguster avec un verre d'*ayran*, une boisson lactée à base de yaourt frais et d'eau légèrement salée. Quelques tabourets au ras du sol ; prenez plutôt à emporter.

De très bon marché à bon marché

IMA *(plan couleur C3, **31**) : 39, quai de Valmy, 75010. ☎ 01-40-36-41-37. Ⓜ République ou Goncourt. Tlj 10h-17h. Petite assiette 12,50 €, grande assiette 15,50 €, dessert 6,50 €.* *Ima* en hébreu signifie « maman » ; à l'envers, ça fait « ami », ça donne le ton ! Victoria, végétarienne depuis quelques années, a décidé de proposer à sa table les recettes qu'elle préparait pour elle-même. Franchement, ce *coffee shop* fera le bonheur des végétariens, et des autres. Les assiettes savoureuses, garnies des salades du jour et pita maison, se laissent déguster avec gourmandise. Les pâtisseries du jour raviront les gourmands. L'ambiance, façon cantine, est bon enfant. Petit plus, c'est ouvert le dimanche.

Le Petit Cambodge *(plan couleur C3,* ***32****) : 20, rue Alibert, 75010. ☎ 01-42-45-80-88. Ⓜ Goncourt, Jacques-Bonsergent ou République. Tlj 12h-23h (23h30 ven-sam). Plats 10-18 €.* Touchée par les terribles attentats du 13 novembre 2015, cette cantine familiale, petite sœur du *Cambodge,* a rouvert après plusieurs mois de deuil. Elle régale son monde de bo bun et autres fameuses spécialités vietnamo-cambodgiennes, de salades fraîches et de soupes bien parfumées. Ce petit temple du « bobo bun », à la déco indus' épurée, a toujours été une halte agréable dans le quartier, et ce tous les jours de la semaine... *Autre adresse au 4, rue de Beaurepaire (mer-dim midi et soir).*

Two Stories *(plan couleur C3,* ***69****) : 72, quai de Jemmapes, 75010. ☎ 01-53-16-17-88. Café ouv mer-dim 10h-22h30 (18h dim). Resto ouv mer-sam 10h-minuit, dim 10h-19h. Carte 20-25 € au café, min 50 € au resto. Two Stories* pour 2 histoires autour de la cuisine cajun, imaginées par Rachel, la grande prêtresse de la pâtisserie yankee. Au rez-de-chaussée, le *Po Boy Café* et ses petits plats familiaux genre *gumbo yaya* (ragoût épicé) et *po boys* (burgers louisianais), parfait pour un lunch ou un *Sunday brunch.* Excellents desserts, forcément, notamment les beignets façon Café du Monde à New Orleans... Juste au-dessus et bien plus chic, le *Nola Restaurant* joue le registre gastro librement inspiré de la Louisiane, dans une atmosphère *trendy* et feutrée.

Ahipoké *(plan couleur A2,* ***78****) : 84, rue d'Hauteville, 75010. ☎ 09-86-21-93-78. Ⓜ Poissonnière. Lun-ven 12h-15h. Poke bowls 9,80-12,80 €.* L'équipe de *Ma Kitchen* – le resto situé juste en face, adulé pour ses *bibimbap* coréens – a voulu ouvrir ici un petit comptoir dédié au fameux *poke bowl* hawaïen. Difficile de faire plus *fusion* que ce plat venu des antipodes, véritable phénomène de mode : un grand bol garni de riz, des tranches de poisson cru mariné et une cascade de légumes plus ou moins exotiques pour les accompagner (au choix, chou kale, *edamame,* algues, *daikon...*). Idéal pour une pause *healthy* et dépaysante !

SAaM *(plan couleur C2-3,* ***79****) : 61, rue de Lancry, 75010. ☎ 09-83-50-84-94. Ⓜ Jacques-Bonsergent. Tlj sauf dim-lun. Le midi en sem, menus 11-14 € ; le soir et le w-e, formule 16 €.* La petite brioche dodue taïwanaise, baptisée *gua bao,* est ici revisitée à la sauce coréenne par la même équipe que *Ma Kitchen* (voir plus loin). Dans cette cantine de poche, aux murs bruts et tables dépareillées, ça s'active derrière les casseroles. Le tofu frit se marie à une sauce mangue-basilic, le poisson frit condense les saveurs de sa marinade à la citronnelle, le poulet croustille sous une panure de gingembre ; enfin, sésame, cacahuètes, soja et autres condiments aigres-doux éveillent les papilles. Salade de chou, ravioles et pommes de terre sautées accompagnent ces sandwichs sucrés-salés que l'on mord à pleines dents. Également des tapas coréennes le soir.

La Taverne de Zhao *(plan couleur B2,* ***57****) : 49, rue des Vinaigriers, 75010. ☎ 01-40-37-16-21. Ⓜ Jacques-Bonsergent, Gare-de-l'Est ou Château-d'Eau. Tlj 12h-14h30, 19h-22h30. Carte env 15 €.* Une devanture rouge écarlate, une salle chic avec comptoir en marbre rose, murs vert d'eau et tabourets modernes par Häy, pour une cuisine chinoise du Xi'An, multimillénaire, plutôt inhabituelle à Paris. On ne sait où donner des baguettes entre petits pains croquants fourrés à la viande, succulents raviolis dorés à la poêle, *liang pi* (nouilles translucides tièdes avec julienne de concombres)... Original, pas cher et plutôt bon. Pour goûter à la pâte *biangbiang* de la cuisine du Xi'An, rendez-vous chez *Mr Zhao (37, rue des Jeûneurs, 75002),* une petite cantine moderne.

|●| ***Siseng*** *(plan couleur C3,* ***64****) : 82, quai de Jemmapes, 75010. Pas de tél.* Ⓜ *Goncourt ou Jacques-Bonsergent. Tlj midi et soir. Formule déj 15 € ; repas complet 15-20 €. Gua bao,* retenez bien ce nom ! Cette petite brioche vapeur est passée du statut d'en-cas populaire en Chine ou à Taïwan à celui de superstar de la *street food* grâce à quelques chefs assez toqués pour la revisiter. Ici, les *bao burgers* sont garnis de bœuf laqué aux épices ou de poulet pané, rehaussés de lait coco, coriandre, oignons confits et cacahuètes. Dans une jolie salle moderne décorée de bois, on a dû écraser quelques bobos-barbus pour dégotter une table.

|●| ***Ma Kitchen*** *(plan couleur A2,* ***80****) : 85, rue d'Hauteville, 75010.* ☎ *09-83-07-29-96.* Ⓜ *Poissonnière. Lun-ven ; service 12h-14h30. Formules 10-14,50 €. Bibimbap,* la star de la maison. Littéralement : « mélanger » et « riz » en coréen. Dans un même plat, légumes frais, riz et viande marient les couleurs et les saveurs sous les mains expertes de la chef Yoonsun Kim. Tofu frit, poulet mariné, bœuf sauté ou poisson vapeur se déclinent au gré du marché, accompagnés de chou rouge, carottes, céleri-rave et autres légumes de saison. Lait de coco, citronnelle, curry, soja, piment, cacahuètes et sauces maison (on a adoré la soja-sésame) relèvent le tout. Une cantine mouchoir de poche, à la déco minimaliste, comme le nombre de tables. Arrivez après 14h ou prenez à emporter.

🍔 ⛱ ***Paris-New York*** *(plan couleur B3,* ***33****) : 50, rue du Faubourg-Saint-Denis, 75010.* ☎ *01-47-70-15-24.* Ⓜ *Château-d'Eau ou Strasbourg-Saint-Denis. Tlj midi et soir jusqu'à 23h30 ; burgers 11-12,50 € ; formule déj 16 €.* Une cantine à étages dans les tons noirs, gris et alu sans grande originalité, mais pour de vrais hamburgers, elle mérite amplement d'être mentionnée ! Une poignée de variétés de burgers (dont un *veggie*) qu'on peut compléter d'une petite salade ou de frites allumettes (possibilité d'ajouter du cheddar fondu et du bacon sur les frites, pour les estomacs solides !). Viande excellente, pains maison, cheddar fondant, oignons frits sucrés et croustillants. À notre avis, un des meilleurs burgers de la capitale. En dessert, on craque pour l'onctueux cheese-cake ou pour le moelleux au chocolat et sa crème fraîche (amis de la légèreté, bonjour !). Petite terrasse aux beaux jours. *3 autres PNY, au 96, rue Oberkampf (11e), 1, rue Perrée (3e) et 24, rue Pierre-Fontaine (9e).*

10e

|●| ***The Sunken Chip*** *(plan couleur C2,* ***35****) : 39, rue des Vinaigriers, 75010.* ☎ *01-53-26-74-46.* Ⓜ *Jacques-Bonsergent ou Gare-de-l'Est. Tlj 12h-14h30 (15h30 w-e), 19h-22h. Menus 12-14 € (pêche du jour).* Enfin, un vrai *jolly good fish'n chips.* Murs aux carreaux blancs type métro et bancs en bois un peu étroits, le lieu ne se révélant guère spacieux, et à 12h30, c'est déjà plein ! Garantie d'y dévorer du beau poisson frais (du Finistère), cuit à la perfection et finement pané... garni de bonnes frites et surtout d'une véritable purée de petits pois à la menthe et à l'huile d'olive (les *mushy peas* typiquement british) ! Au tableau noir, les poissons du jour. Bien sûr, vente à emporter.

|●| ***Mulko*** *(plan couleur A3,* ***41****) : 29, rue d'Enghien, 75010.* ☎ *09-50-94-56-10.* Ⓜ *Bonne-Nouvelle. Mar-sam, midi et soir. Fermé dim-lun. Sandwich le midi seulement, 10-12 € ; repas env 35 €.* Épicée, parfumée et vivante comme les rues de Tel-Aviv, cette cantoche de poche sert une cuisine colorée et savoureuse, aux accents méditerranéens. *Shawarma* d'agneau, effiloché de veau de 12h ou *crush kebab* s'accompagnent d'aubergines confites, houmous ou *labneh*, à partager ou à savourer jalousement. On ne gâche rien, pas même cette savoureuse huile d'olive que l'on sauce avec gourmandise. Au déjeuner, le contenu des assiettes se glisse dans le pain maison encore tiède et la file d'attente s'allonge à l'extérieur. Le soir, l'addition grimpe vite. *NOUVEAUTÉ.*

|●| ⛱ ***Le Bichat*** *(plan couleur C3,* ***36****) : 11, rue Bichat, 75010.* ☎ *09-54-27-68-97.* Ⓜ *Goncourt ou République.* ♿ *Tlj 12h-23h. Formules 6 € (midi)-9 € ; bols 9-10 €, gâteau 3 €.* Les amateurs de *healthy food* se pressent dans cette cantine bio où manger sain rime avec manger bien (et pas cher !). Dans un cadre de bois, avec son lot de plantes et légumineuses en pots, les cagettes de

produits de saison s'empilent devant le comptoir où l'on commande un gros bol de riz servi avec légumes cuits fondants ou crus croquants et viande, poisson ou œufs. Léger regret, on aimerait des plats plus relevés. Côté sucré, les desserts sans gluten effacent tous nos préjugés, le fondant au chocolat est à tomber (de son tabouret haut) ! Bonne sélection de p'tits crus, bio évidemment.

|●| ***Da Graziella*** *(plan couleur A2,* ***37****) : 43, rue des Petites-Écuries, 75010. ☎ 01-45-65-37-15. Ⓜ Château-d'Eau ou Cadet. Lun-ven ; service 12h-14h30, 19h-22h30 (23h jeu-ven). Pizzas 11-19 € ; carte 25-30 €.* Dans cette ancienne oisellerie (magnifiques mosaïques murales !), un imposant four à bois cuit d'excellentes pizzas estampillées STG *(Specialita Tradizionale Garantita),* norme officielle chez nos voisins transalpins. Graziella, originaire de Campanie, sélectionne avec soin les ingrédients qui entrent dans la composition de ces divines pizzas napolitaines. Également de très bons *primi* et *dolci.* Une vraie halte italienne, parmi celles déjà très (trop !) nombreuses dans la capitale...

|●| ***STREET Bangkok Local Food*** *(plan couleur C2,* ***40****) : 3, rue Eugène-Varlin, 75010. ☎ 01-42-05-22-51. Ⓜ Château-Landon, Louis-Blanc ou Colonel-Fabien. ♿ Tlj 12h-23h. Menus 10-15 €.* Coriandre, menthe, citronnelle, gingembre : les épices excitent les papilles quand les viandes marinées fondent dans la bouche. Saveurs et odeurs nous transportent dans les rues de Bangkok, où les stands de *street food* enfumés ne désemplissent pas. Tout y est : musique thaïe, joyeux brouhaha, néons, échafaudages et graffitis. Chapeau à Norman, à l'origine du projet et voyageur dans l'âme, qui nous offre une belle escapade culinaire !

|●| ***Mazzucco*** *(plan couleur A3,* ***42****) : 7, rue d'Enghien, 75010. ☎ 01-71-97-31-02. Ⓜ Château-d'Eau ou Strasbourg-Saint-Denis. Tlj sauf lun soir et dim 12h-15h, 19h-23h. Congés : 2 sem mi-août. Résa préférable. Planches 8,50-14,50 €, pizzas 11,50-16 €. Apéritif maison offert sur présentation de ce guide.* C'est petit, intime, plaisant pour une fine et authentique cuisine italienne qui suit à fond les principes du *slow food...* Totalement respectueux des produits, de leur fraîcheur et de leur saveur ! Une quinzaine de variétés de pizzas fines et croustillantes. Excellentes mozzarellas de *burrata,* de *bufala* et de *burratina,* truffe au lait cru... Belles salades et planches copieuses de charcuterie ou d'*antipasti* de légumes... Dessert à se damner (woouuaï, le tiramisù maison et la pizza caramel laitier et pistaches !). Un de nos meilleurs ritals rive droite. Accueil souriant et affable, mais on s'en doutait un peu.

|●| ***Piccoli Cugini*** *(plan couleur C2,* ***43****) : 34, rue des Vinaigriers, 75010. ☎ 09-50-57-79-25. Ⓜ Bonsergent ou Gare-de-l'Est. Tlj 12h-15h, 19h-23h (en continu sam-dim).* Antipasti, *pizzas et plats 7,50-18 € ; repas env 20 €.* Voici un resto italien à la déco originale, à mi-chemin entre la salle à manger de mamie et une trattoria new-yorkaise ! La cuisine n'est pas en reste avec un bon point pour les *fritti misti* (légumes frits) et les *pizze* blanches ! Accueil jeune et charmant. Pas de réservation possible et, vu le succès, mieux vaut s'armer de patience... ou préférer le grand frère à deux pas, *I Cugini (33, rue de Paradis),* tout aussi bon !

|●| ***Yikou*** *(plan couleur C1,* ***81****) : 49, rue de l'Aqueduc, 75010. ☎ 09-83-76-44-64. Ⓜ Stalingrad ou Louis-Blanc. Tlj sauf lun 12h-14h30 (13h-15h30 dim), 19h-22h30. Congés : 6-20 août. Formules déj 13,50-15,50 € ; menus 18-26 €. Café offert sur présentation de ce guide.* Poussez la porte de ce bistrot franco-chinois à la déco ultra-soignée pour revisiter le meilleur de la *street food* de Hong Kong. Les spécialités ? Les *dim sum,* ces bouchées vapeur que l'on cuit dans des paniers vintage, et qui vous sont servies ici empilées. Mais aussi les *bao burgers,* fusion réussie entre les traditionnelles brioches vapeur chinoises et les burgers bien *juicy.* Celui au canard, préparé comme à Pékin, nous a comblés ! Côté boissons, thés de grande qualité que l'on consomme fumants, glacés ou en version *bubble tea,* comme à Taïwan. Une adresse rafraîchissante. *NOUVEAUTÉ.*

|●| ***Couleurs Canal*** *(plan couleur C3,* ***45****) : 56, rue de Lancry, 75010. ☎ 01-42-40-60-52. Ⓜ Jacques-Bonsergent. Tlj sauf sam-dim ; service*

12h-15h. Congés : 14 juil-15 août. Formules 9,50-10,50 € autour d'une tartine chaude ou d'une tarte du jour ; plat du jour 12 €. Un salon de thé miniature, avec de petites tables pour grignoter tranquille. À la carte : soupes, tartines et quiches s'accompagnent d'une petite salade. Dans un décor maison revu et corrigé par un artiste qui n'est autre que le mari de la patronne, d'où les expos au mur. Gentil, discret et pas trop cher compte tenu du fait que tout est fait maison... et bio.

Le Bistro des Oies *(plan couleur C3,* ***46****) : 2, rue Marie-et-Louise, 75010. ☎ 01-42-08-34-86. Ⓜ Goncourt ou Jacques-Bonsergent. Tlj sauf mar soir et sam-dim 12h-14h30, 19h-23h. Congés : 1er-23 août et Noël. Formules déj 13,90-17,90 € ; menu-carte 27 € le soir. Digestif maison offert sur présentation de ce guide.* Petit resto qui a conservé son caractère bistrot. Des murs décorés d'objets domestiques ou culinaires, et une vraie atmosphère chaleureuse, distillée notamment par le service, où l'on prend toujours le temps de vous donner quelques conseils. Cuisine tendance Sud-Ouest avec de solides plats maison, simples et francs comme le bon pain. Vins raccords, choisis avec intelligence et à prix raisonnables.

La Marine *(plan couleur C3,* ***47****) : 55 bis, quai de Valmy, 75010. ☎ 01-42-39-69-81. Ⓜ Jacques-Bonsergent ou République. Tlj 7h30-minuit. Formule déj 18 € ; le soir, carte env 30 €.* Ce resto a une vraie gueule d'atmosphère, sorte de *Flore* de l'Est parisien, avec la gouaille en plus. Souvent bondé. Tables et chaises sont prises d'assaut dans la salle aux moulures emplafonnées enfumées. Cuisine de bistrot de bon aloi. Une petite sélection de bons vins au pichet et quelques desserts maison pour accompagner le tout. Belle terrasse au bord du canal. Accueil agréable et service efficace.

10e

Krishna Bhavan *(plan couleur B1,* ***50****) : 24, rue Cail, 75010. ☎ 01-42-05-78-43. Ⓜ La Chapelle ou Gare-du-Nord. Tlj 11h-23h. Plats et thali env 12-14 € ; menu 19 €.* Au cœur du quartier indien, cette maison de Krishna se distingue de ses voisins par la qualité de sa cuisine exclusivement végétarienne... et par l'énorme Ganesh qui trône au fond de la salle. Tous les classiques de la gastronomie de l'Inde du Sud : *dosaï* ou *idli* accompagnés des traditionnels *sambar* et chutney coco, bon *thali* servi sur son plateau métallique à compartiments. C'est goûteux, préparé avec des produits frais, et bien – mais modérément – épicé. Lassi un peu cher quand même. Annexe juste en face *(au no 23 ; ouv tlj)*, plutôt pour les snacks : beignets, *rolls*, samoussas, etc.

Le Chansonnier *(plan couleur C1,* ***51****) : 14, rue Eugène-Varlin, 75010. ☎ 01-42-09-40-58. Ⓜ Château-Landon. Tlj 12h-15h, 18h-23h. Congés : quelques j. mi-août. Formules 12,20 € (midi en sem)-28 € ; carte 30-35 €. Kir cassis offert sur présentation de ce guide.* « Buvons, buvons à l'indépendance du monde ! » C'est au coin de la rue Pierre-Dupont (chansonnier et auteur de ces mémorables paroles) et de la rue Eugène-Varlin (chapeau bas : la Commune n'est pas morte !) que Jean-Claude Lamouroux nous fait partager un vrai moment de bonheur. L'atmosphère chaleureuse, dans un cadre préservé, le service efficace, les plats traditionnels, les pichets de vins sélectionnés par le patron, tout inciterait à monter sur la table, le verre à la main... Bon, on se calme ! Mais c'est vraiment bien.

Le Réveil du Xe *(plan couleur B3,* ***52****) : 35, rue du Château-d'Eau, 75010. ☎ 01-42-41-77-59. Ⓜ Château-d'Eau ou République. Tlj sauf dim et j. fériés. Plat env 15 € ; carte 20-25 €.* Bistrot bien dans son jus, qui résiste à l'envahisseur (comprenez les *hipsters*) du quartier. On y sert de savoureux petits plats du terroir : tripoux, truffade et autres mets qui font honneur au gras, ainsi que de succulentes charcuteries et d'onctueux fromages d'Auvergne. Bravo pour la belle sélection de vins à tout petits prix ! Une de nos vieilles adresses, simple et authentique, qui ne s'endort pas sur la qualité.

Restaurant de Bourgogne *(plan couleur C2,* ***53****) : 26, rue des Vinaigriers, 75010. ☎ 01-46-07-07-91. Ⓜ Jacques-Bonsergent ou Gare-de-l'Est. Tlj sauf sam midi et dim. Menus 14-19 € le midi, 17-22 € le soir. Café* *offert sur présentation de ce guide.* Petit resto de quartier qui n'a pas bougé d'un pouce depuis des décennies... Maurice, après 40 ans de bons et loyaux services, a passé le flambeau à Céline, qui a su maintenir l'esprit authentique du lieu et des prix modestes. Clientèle semi-bobo, semi-popu qui vient se remplir la panse à moindres frais : spécialités de fromages (camembert frit, tartiflette, fondue), bonnes viandes accompagnées de frites maison et d'une sélection de p'tits vins à prix doux. Ambiance vraiment conviviale certains soirs.

Saravanaa Bhavan *(plan couleur B1, **82**) : 170, rue du Faubourg-Saint-Denis, 75010. ☎ 01-40-05-01-01. Ⓜ Gare-de-l'Est ou Gare-du-Nord. Tlj 10h-23h. Compter 10-15 €.* Cette chaîne déjà bien connue dans toute l'Asie du Sud-Est propose une carte exclusivement végétarienne. Immanquables et copieux *thalis,* en version Nord ou Sud. Mais goûtez donc les *dosas,* de délicieuses et immenses crêpes garnies. Le tout servi dans la traditionnelle vaisselle en inox. En guise de boisson, on recommande le lassi (préciser sans ajout de sucre pour la version sucrée). Fréquenté autant par les travailleurs de bureaux du quartier que par les familles indiennes. Cadre clair et moderne, bon accueil et service rapide.

Prix moyens

La Cantine de Quentin *(plan couleur C2, **55**) : 52, rue Bichat, 75010. ☎ 01-42-02-40-32. Ⓜ République ou Jacques-Bonsergent. ♿ Tlj sauf lun, le midi seulement (12h-15h30) ; boutique tlj sauf lun 10h-19h (17h dim). Congés : 1 sem pdt vac scol de fév (zone C) et août. Formules déj 18 € en sem, 21 € sam-dim et j. fériés ; carte 30-35 €. Apéritif maison offert sur présentation de ce guide.* On y déguste de bons plats du terroir accompagnés d'une sélection de vins très abordables à consommer en salle ou au comptoir. Desserts maison à se damner, notamment le cheese-cake. Petit salon à l'éclairage tamisé, bien agréable pour prendre le café en fin de repas, et terrasse au calme et au soleil. À l'épicerie, on peut acheter vins, foies gras, pâtés, terrines, plats cuisinés... Lauréat du label Maître Restaurateur. Un concept qui sent bon la gastronomie française !

Le Mordant *(plan couleur A2, **56**) : 61, rue de Chabrol, 75010. ☎ 09-83-40-60-04. Ⓜ Poissonnière, Gare-du-Nord ou Gare-de-l'Est. Tlj sauf sam midi et dim soir. Congés : 2 sem mi-août, le w-e avt Noël et 25 déc. Formules déj 20-24 € ; carte env 40 €. Apéritif maison offert sur présentation de ce guide.* Le credo de la maison : du frais, des producteurs de choix et une carte courte et éphémère qui emprunte à la cuisine française son savoir-faire mais qui n'hésite pas à se balader du côté des notes exotiques. Audacieux, donc, mais sans excès, un peu à l'image de la belle salle aérée, qui marie vieux parquets, murs bruts et voûtes cubistes en bois. Très belle carte des vins (un peu chère, mais quelques choix au verre). Bien à l'image du quartier, une adresse décontractée dont on vire vite mordu !

Philou *(plan couleur C3, **58**) : 12, av. Richerand, 75010. ☎ 01-42-38-00-13. Ⓜ République ou Goncourt. Tlj sauf dim-lun ; service 12h-14h15, 19h30-22h30. Formules 19-25 € (midi en sem), puis 29-35 €. Verres de vin à partir de 6 €.* C'est juste à un pâté de maisons du canal Saint-Martin que Philippe Damas (le chef qui nous faisait autrefois saliver au *Square Trousseau*) s'est installé. La combinaison gagnante de *Philou* ? La carte qui se renouvelle en permanence, avec des plats séduisants mais pas sophistiqués, et le service enjoué, sans se la jouer pour autant. Terrasse aux beaux jours.

Les Arlots *(plan couleur A1, **59**) : 136, rue du Faubourg-Poissonnière, 75010. ☎ 01-42-82-92-01. Ⓜ Barbès-Rochechouart ou Gare-du-Nord. Mar-sam 12h-14h30, 19h30-22h30. Formules déj 19-23 € ; le soir, carte 35-45 €.* Reprendre un troquet de quartier pour en faire un bistrot savoureux et actuel : un défi relevé haut la main par *Les Arlots* ! Outre les classiques parfaitement troussés (brandade de morue, saucisse au couteau), quelques plats canailles viennent adroitement se glisser dans le menu : on a mangé de succulentes tripes à la menthe fraîche, de quoi faire changer d'avis les plus réfractaires ! Ne vous privez surtout pas de dessert, le chef mettant un soin particulier à régaler les becs sucrés. Et n'oubliez pas d'explorer la belle sélection de vins nature, pour une soirée entre copains 100 % réussie...

Procopio Angelo *(plan couleur C2,* ***60****) : 21, rue Juliette-Dodu, 75010. ☎ 01-42-02-99-71. Ⓜ Colonel-Fabien. Tlj sauf mer et dim. Antipasti 8-10 € ; plats 17-25 € ; formule déj 17 € ; carte env 30 €.* Un lieu accueillant où l'on retrouve à la carte les indéboulonnables de la cuisine italienne (*fritto misto, burrata con prosciutto e pomodoro, crostini,* tiramisù, pannacotta). On se délectera des pâtes maison (*taglioni* à la sauge, *rigatoni* aux cèpes) cuites al dente. Et pour accompagner, grand choix de vins au verre en provenance de Toscane, région natale d'Angelo. Et même si le caractère bien trempé du chef peut parfois surprendre, le service, quant à lui, est adorable...

Zerda Café *(plan couleur B3,* ***61****) : 15, rue René-Boulanger, 75010. ☎ 01-42-00-25-15. Ⓜ République, Strasbourg-Saint-Denis ou Jacques-Bonsergent. Tlj sauf lun midi, sam midi et dim. Tajines et couscous 18-22 € ; carte env 30 €. Apéro, café ou thé offert sur présentation de ce guide.* La lourde porte franchie, on enjambe aussitôt la Méditerranée pour se retrouver propulsé entre Alger et la Kabylie ! Une belle fresque en zelliges, des banquettes rouges, l'atmosphère est intime le soir, sans trop forcer la note orientale. Pour ces cuistots qui connaissent par cœur les recettes ancestrales, inutile de déployer une palette d'artifices. La cuisine est extra, la graine légère et l'agneau fondant ! Osez l'*amakful,* la version berbère du couscous, c'est délicieux, comme le reste. Quelques bonnes bouteilles de vin.

Maria Luisa *(plan couleur C3,* ***62****) : 2, rue Marie-et-Louise, 75010. ☎ 01-44-84-04-01. Ⓜ Jacques-Bonsergent, Goncourt ou République. Tlj 12h-14h30, 19h30-23h (23h30 w-e). Plats du jour 14-15 € ; carte 30-35 €. Limoncello offert sur présentation de ce guide.* Belle salle lumineuse aux murs de pierre. Un cadre moderne et convivial à la fois. À la carte, sélection d'*antipasti* savoureux, suggestions du jour, mais surtout large choix de *pizze* à la pâte fine et croustillante. Gardez une place pour le tiramisù maison ou pour la pannacotta aux fruits rouges ! Service efficace et plaisant. Carte des vins à prix raisonnables, et grande terrasse pour trinquer en profitant des beaux jours. Le patron, Giovanni, tient aussi *Gemma,* dans le 12e *(63, rue Traversière),* et *Luisamaria,* dans le 6e *(12, rue Monsieur-le-Prince).*

Askini *(plan couleur D3,* ***63****) : 195, rue Saint-Maur, 75010. Ⓜ Goncourt. Mar-sam. À partir de 15 € au comptoir (5 bouchées + 1 boisson) ; incontournable brunch sam midi 25 € ; plats 11-14 €.* Les pressés se contenteront d'un sandwich chaud, genre *kafta,* poulet mariné ou falafel *(6 €).* Plusieurs plats vegans ou végétariens. D'influence libanaise à la base, le chef a voulu réunir le meilleur de la cuisine méditerranéenne. On peut commencer par les merveilleux *kebbés* à base de boulghour, façonnés devant vous, à la main et farcis. Les plats vous font voyager en Orient : brochettes de *kafta* d'agneau ou de poulet, gambas rôties, tartare de daurade ou succulent agneau de lait fermier. Pour les desserts, c'est un feu d'artifice qui éclate sur vos papilles : flan de lait, feuilleté à la pistache ou le célèbre gâteau au fromage de Naplouse. Bravo ! *NOUVEAUTÉ.*

Chez Casimir *(plan couleur A-B1,* ***65****) : 6, rue de Belzunce, 75010. ☎ 01-48-78-28-80. Ⓜ Poissonnière ou Gare-du-Nord. Tlj sauf le soir sam-dim 11h30-14h30, 18h30-23h30 (en continu le w-e). Fermé sam-dim en août. Résa vivement conseillée le w-e. En sem, formules déj 24-28 €, menu le soir 35 € ; w-e, brunch 30 €.* Dans un cadre bistrotier tout simple, une cuisine franche de tradition, entièrement préparée maison avec de bons produits du marché, et des prix fort raisonnables. Comme ceux des vins, d'ailleurs, sélectionnés chez de petits propriétaires-récoltants. Le week-end, incroyable brunch casse-croûte à volonté, avec une dizaine de salades accompagnées de charcuterie et autres pâtés en croûte, souvent du civet de lapin en plat principal et un buffet de desserts gargantuesque. Une institution, ce bout de Finistère échoué dans le 10e !

🍽 ☂ ***Les Vinaigriers*** *(plan couleur B2,* ***66****) : 42, rue des Vinaigriers, 75010. ☎ 01-46-07-97-12. Ⓜ Gare-de-l'Est ou Jacques-Bonsergent. Tlj sauf lun (et dim soir hors saison) ; service 12h-14h30 (12h30-15h sam), 19h30-22h30 ; brunch dim 12h-16h. Le midi sauf dim, menus 19-24 € ; brunch 22 € ; carte 35-40 €. Café offert sur présentation de ce guide.* Un vieux bistrot de quartier, relooké sans excès. En cuisine, le chef s'affaire à offrir le meilleur au meilleur prix, et c'est plutôt réussi. Le menu du midi est déjà une belle invitation avec, entre autres, un ceviche de daurade, radis et grenades et sa vinaigrette aux agrumes... hmm ! Des plats créatifs, goûteux et bien équilibrés qui changent au gré du marché et des saisons. Accueil sympathique de Frédérique, la maîtresse des lieux, qui officie en salle et qui saura vous conseiller sa belle sélection de vins au verre.

🍽 ☂ ***Le Cambodge*** *(plan couleur C3,* ***83****) : 10, av. Richerand, 75010. ☎ 01-44-84-37-70. Ⓜ République ou Goncourt. Tlj 12h-14h30, 19h-23h (23h30 ven ; en continu w-e). Carte 25-30 €.* Une sympathique famille cuisine des petits plats khmers toujours parfumés et savoureux. Soupe « Phnom Penh », *natin* (velouté de porc chaud au saté et lait de coco accompagné de croustillantes chips aux crevettes), bo bun... Assurément, la cuisinière n'a pas perdu la main, et sa fille, qui l'assiste, a hérité de son savoir-faire. Très prisé dans le quartier, donc s'armer de patience pour dégotter une table.

🍽 ☂ ***Da Mimmo*** *(plan couleur B3,* ***67****) : 39, bd de Magenta, 75010. ☎ 01-42-06-44-47. Ⓜ Jacques-Bonsergent. ♿ Tlj sauf dim ; service 12h-14h30, 19h-23h30. Congés : août. Formule déj 19 € ; menu découverte 37 € ; pizzas 12-18 € ; carte 30-40 €. Limoncello offert sur présentation de ce guide.* À priori, un décor de trattoria napolitaine, limite kitsch avec ses photos de ciné et ses fresques peintes. L'accueil est chaleureux, et le buffet d'*antipasti* irrésistible de fraîcheur et de finesse. On embraie sur des pâtes cuites al dente ou un risotto fondant et réconfortant. Gardez un bon coup de fourchette pour le dessert, le tiramisù est à tomber de bonheur. Il faudra mettre le prix pour s'accorder ces plaisirs. Un plan plus économique : les *pizze* au feu de bois.

Chic

🍽 ☂ ***Chez Michel*** *(plan couleur A1,* ***70****) : 10, rue de Belzunce, 75010. ☎ 01-44-53-06-20. Ⓜ Gare-du-Nord ou Poissonnière. Tlj sauf sam-dim. Menus 29-38 €.* Un resto qui assume pleinement ses origines bretonnes ! Des produits de qualité qui collent aux saisons et offrent le meilleur de sa région : saint-jacques, ormeaux exceptionnels (en hiver), légumes « oubliés », pêche de petits bateaux, gibier (sa grande spécialité !)... Ici, le terroir devient subtil et prend ses lettres de noblesse. Le cadre aux tons bleus et aux toiles marines nous porte à l'Ouest. On sort d'ici heureux, ravi, rassasié, jamais déçu. En dessert, paris-brest et kouign-aman du pays servi tiède valent bien leur pesant de beurre.

🍽 ***Le Galopin*** *(plan couleur D2,* ***71****) : 34, rue Sainte-Marthe (sur la place), 75010. ☎ 01-42-06-05-03. Ⓜ Belleville ou Colonel-Fabien. Ouv le soir lun-ven, plus le midi jeu-ven. Congés : 24 déc-3 janv. Menus 28 € le midi, 58 € le soir.* Romain Tischenko, formé par des chefs en vogue dont le talentueux William Ledeuil *(Ze Kitchen Galerie)*, est tombé dans la marmite très jeune. Dans ce joli bistrot de quartier, épaulé par son frère Maxime en salle, vous êtes ici chez eux ! Un décor à la fois simple et chaleureux, aux murs de pierre et vieux carrelages, sert d'écrin à une cuisine de l'instant, créative et ambitieuse. Et toujours à base de produits de choix. Cuissons extra, associations judicieuses. Un bistrot-gastro en somme. Et un vrai coup de cœur !

🍽 ***Abri*** *(plan couleur A2,* ***72****) : 92, rue du Faubourg-Poissonnière, 75010. ☎ 01-83-97-00-00. Ⓜ Poissonnière. Tlj sauf dim-lun. Congés : août. Menu sandwich 13 € sam midi ; menus 26 € le midi en sem, 52 € le soir.* Sacré dépaysement que cette adresse de poche, tenue à la baguette par une équipe nipponne tout sourire. Imperturbable au brouhaha, concentré, le chef exprime sa fantaisie et son talent à travers ses 2 entrées surprise (3 au dîner, et qui peuvent varier d'une table à l'autre !). Poissons crus se déclinent en carpaccio ou en marinade vraiment bluffants ; côté plats, une viande ou un poisson au choix, juste parfaits. Pour finir, desserts éblouissants, dont on se serait volontiers resservi ! La maison a ouvert une annexe plus abordable, *Abri Soba,* dans l'arrondissement voisin *(10, rue Saulnier, 75009 ; tlj sauf dim midi et lun ; soba 10-17 €),* dédiée aux pâtes de sarrasin.

Gros *(plan couleur B2-3,* ***74****) : 4, cour des Petites-Écuries, 75010. ☎ 09-83-28-83-96. Ⓜ Château-d'Eau. Tlj 12h-14h30 (15h w-e), 19h30-22h30. Fermé soir du 24 déc. Formules déj en sem 18-23 € ; brunch w-e 29 € ; carte env 35 €.* Il y a de l'idée et du goût dans les plats élaborés par les 2 jeunes chefs à la tête de ce lieu ouvert dès le petit déjeuner. Des associations intéressantes et réussies avec quelques éléments de cuisine asiatique rapportés de leurs voyages. Dommage en revanche que les garnitures soient un peu légères et l'addition un peu salée. Belle carte de vins bio, dont on pourra aussi profiter en terrasse pour boire un verre tout simplement. Bon accueil, un poil timide mais gentil.

Terminus Nord *(plan couleur B1,* ***75****) : 23, rue de Dunkerque, 75010. ☎ 01-42-85-05-15. Ⓜ Gare-du-Nord. Tlj. Menus 22,50-29,50 € ; carte env 50 €.* Face à la gare du Nord, une des plus belles brasseries parisiennes, au style Art déco 1925. Baissez les yeux vers le beau carrelage à fleurs. Atmosphère animée, excellents plats de brasserie, service professionnel. Spécialités : fruits de mer (présentés en vitrine), choucroute, grillades sauce béarnaise, bouillabaisse. Du grand classique. Pratique : un écran affiche les trains au départ, pour ne pas louper le coche !

Flo *(plan couleur A3,* ***76****) : 7, cour des Petites-Écuries (entrée par le 63, rue du Faubourg-Saint-Denis), 75010. ☎ 01-47-70-13-59. Ⓜ Château-d'Eau. Tlj midi et soir. Formules dej 19,90-29,90 € ; menus 29-35 € ; carte env 50 €.* Un grand classique de la nuit pour la choucroute. La vieille brasserie de l'Allemand Flœderer, qui date de 1886, n'a pas pris une ride. Les acteurs des théâtres des Grands Boulevards tout proches se faisaient livrer des plats dans leur loge, notamment Sarah Bernhardt quand elle jouait à La Renaissance. Superbe déco 1900, vitraux séparant les pièces, plafonds richement décorés, banquettes de cuir, piano mécanique, porte-chapeaux en cuivre. Clientèle jeune, moins jeune, toujours gaie.

Julien *(plan couleur B3,* ***77****) : 16, rue du Faubourg-Saint-Denis, 75010. ☎ 01-47-70-12-06. Ⓜ Strasbourg-Saint-Denis. Tlj ; service 12h-15h, 19h-23h (22h dim-lun). Menu 27,50 € le midi ; carte 35-45 €.* L'un des plus vieux bouillons parisiens (1903) au décor Art nouveau éblouissant : lignes courbes, stucs baroques, boiseries chantournées, et de jolies femmes (une pour chaque saison !) peintes sur pâte de verre d'après des dessins de Mucha. Cuisine convenable, sans plus, mais au moins service tardif apprécié par les gens qui sortent des théâtres alentour.

Bar à vins

La Cave à Michel *(plan couleur D2,* ***85****) : 36, rue Sainte-Marthe, 75010. ☎ 01-42-45-94-47. Ⓜ Belleville ou Colonel-Fabien. Tlj sauf lun-mar 16h (17h pour la cave à vins)-23h. Congés : août. Tapas 3-14 €. Vins au verre à partir de 6 €.* Cave à vins reprise par Romain Tischenko, du *Galopin* voisin, qui se transforme en bar à vins dès l'heure de l'apéro. Quelle bonne idée que ces délicieuses tapas gastros élaborées par Romain lui-même, derrière le comptoir, en harmonie parfaite avec Fabrice, son coéquipier, affable et beau parleur, qui saura vous guider dans le choix des vins naturels ! On peut aussi acheter des bouteilles à emporter.

Où prendre un bon 4-heures ?

Le Poutch *(plan couleur B3,* ***90****) : 13, rue Lucien-Sampaix, 75010. ☎ 09-53-70-90-83. Ⓜ Jacques-Bonsergent ou République. Lun-ven 9h-18h, dim 10h30-17h. Congés : août. En-cas salés 3-7 €, en-cas sucrés 2,20-6 € ; brunchs 14,50-19 €.* Une poignée de tables remplit cette petite cantoche à la déco clairsemée. Quiches généreuses, muffins salés, jus originaux fraîchement sortis de la centrifugeuse (essayez le pomme-betterave-gingembre !), granola croustillant et cakes aussi appétissants que nourrissants. L'accueil est chaleureux et on ne vous presse pas vers la sortie à peine votre café avalé : 2 bons points pour ce *coffee shop,* certes branché mais sans se la raconter.

Du Pain et des Idées *(plan couleur C3,* ***91****) : 34, rue Yves-Toudic, 75010. ☎ 01-42-40-44-52. Ⓜ Jacques-Bonsergent. À l'angle de la rue de Marseille. Lun-ven 7h-20h. Compter 2-6 €.* Christophe Vasseur a rendu son tablier d'homme d'affaires et a appris le métier de boulanger. Reconversion plus que réussie dans cette enseigne classée Monument historique ! Du pain, des idées, certes, et aussi des viennoiseries divines, de petits pavés salés pour pique-niquer et des pâtisseries dont vous nous direz des nouvelles... N'en jetez plus !

Boulangerie-pâtisserie Liberté *(plan couleur B2,* ***92****) : 39, rue des Vinaigriers, 75010. ☎ 01-42-05-51-76. Ⓜ Jacques-Bonsergent. ♿ Lun-sam 7h30 (8h30 sam)-20h30.* Une spacieuse boulangerie-pâtisserie à la déco très brute et à la cuisine ouverte. Sablés chocolatés, tartes au citron, financiers moelleux à souhait, fars bretons... à accompagner d'un jus fraîchement pressé. On ne s'est privés de rien... et on n'a pas regretté ! De quoi grignoter salé aussi, et c'est tout aussi bon.

Pastelaria Don Antonia *(plan couleur C2,* ***93****) : 8, rue de la Grange-aux-Belles, 75010. ☎ 01-42-45-72-06. Ⓜ Colonel-Fabien ou Jacques-Bonsergent. ♿ Tlj sauf lun 9h30-19h. Congés : de mi-août à début sept. Menus 9,90 € (midi)-13,50 €.* À deux pas du canal Saint-Martin, la devanture pimpante de cette pâtisserie portugaise attire irrésistiblement le regard ! La mascotte du pays, le *pastel de nata,* connaît ici plusieurs déclinaisons : coco, chocolat, ou encore haricot et amande *(pastel de feijao),* toutes à la fois fondantes et croustillantes. Bien d'autres spécialités lusitaniennes à découvrir, et quelques grignotages salés à apprécier sur l'unique table. Que du frais : l'arrivage des produits est quotidien (depuis leur maison mère, située à Pierrefitte) ! Également un coin épicerie.

Où boire un verre ?

Farago Pintxo Bar *(plan couleur A2,* ***100****) : 11, cour des Petites-Écuries, 75010. Pas de tél. Ⓜ Château-d'Eau, Strasbourg-Saint-Denis ou Bonne-Nouvelle. Tlj sauf lun midi et sam midi 12h-14h30, 19h-1h ; brunch dim 12h-16h. Vin au verre env 6 €. Pintxos env 4 €.* Un bar à *pintxos,* les fameuses tapas basques servies sur des cure-dents, qui vous transportera instantanément à Bilbao ou San Sebastián. On a aimé le jambon ibérique, les chipirons *a la plancha* ou les *croquetas* bien fondantes. Pour accompagner ces saveurs ensoleillées, optez pour un bon rioja ou un puissant *penedès* catalan. Enfin, en guise de digestif, craquez pour les dynamisants gins tonic, qui vous mèneront au bout de la nuit. Arrivez tôt, l'endroit ne désemplit pas.

Gravity Bar *(plan couleur B2,* ***101****) : 44, rue des Vinaigriers, 75010. 📱 06-11-84-21-76. • facebook • Ⓜ Jacques-Bonsergent. Mar-sam 18h-2h. Cocktail env 12 €. Tapas 4-15 €.* Attention à ne pas terminer en apesanteur dans ce bar à cocktails ! Heureusement, la superbe salle aux allures de vaisseau spatial est pilotée sans soubresaut par des capitaines chevronnés. Tous les cocktails sont étonnants, mais celui contenant de la vodka infusée aux câpres nous a littéralement bluffés ! Belles grignotes pour les petites faims.

La Sardine *(plan couleur D2,* ***102****) : 32, rue Sainte-Marthe, 75010. ☎ 01-42-49-19-46. Ⓜ Colonel-Fabien, Belleville ou Goncourt. Tlj (sauf dim nov-avr) 9h (10h sam)-2h.* On vient à *La Sardine* surtout pour squatter sa terrasse tranquille, ensoleillée en été ou chauffée en hiver. Les chaises colorées fleurent bon la campagne, et on aime s'y installer pour un petit noir le matin ou un rosé bien frais à l'apéro. Joliment arborée, la petite place Sainte-Marthe offre ce luxe rare et précieux aux Parisiens : un peu de calme et de sérénité. Une pause idéale pour souffler en picorant fromage, charcuterie et autres tapas.

L'Ours Bar *(plan couleur B2,* ***103****) : 8, rue de Paradis, 75010. ☎ 01-45-23-40-06. • facebook • Ⓜ Château-d'Eau, Gare-de-l'Est ou Poissonnière. ♿ Tlj sauf dim 18h-2h (1h lun-mar). Happy hours 18h-21h. Cocktail 8 € (6 € pdt l'happy hour).* Démocratiser les cocktails de qualité, c'est la mission que se sont fixée les jeunes oursons qui ont lancé cet *Ours Bar.* Et le pari est réussi ! On choisit parmi les cocktails classiques ou ceux plus inventifs : pas de doute, ils sont tous très bien balancés. Les prix sont doux, et pendant l'*happy hour,* ils deviennent carrément imbattables ! Une excellente adresse pour commencer la soirée au faubourg Saint-Denis.

Le CopperBay *(plan couleur B3,* ***105****) : 5, rue Bouchardon, 75010. Pas de tél. • facebook • Ⓜ Strasbourg-Saint-Denis ou Château-d'Eau. ♿ Mar-sam 18h-2h. Cocktails 10-13 €.* À l'écart du faubourg Saint-Denis et de sa faune branchée, on jette l'ancre avec plaisir au *CopperBay.* Sa déco claire et design revisite le style marin, mais façon XXIe s, avec un magnifique bar envahissant la salle, véritable scène ouverte. Les artistes ? Des virtuoses de l'art du cocktail en mal de liberté, qui ont décidé d'ouvrir cette adresse où l'on mise sur la qualité. La carte change au gré des envies et des saisons mais elle étonne à chaque fois. Une belle découverte.

Café A *(plan couleur B2,* ***106****) : 148, rue du Faubourg-Saint-Martin, 75010. ☎ 09-81-29-83-38. Ⓜ Gare-de-l'Est. ♿ Lun 10h-17h, mar-sam 10h-2h, dim 11h-17h (en été, tlj 10h-2h).* « A » comme « Architranquille ». Le couvent des Récollets cache un petit jardin clos, épargné par le brouhaha de la rue. Qu'il fait bon y flemmarder sur un transat coloré, au soleil ou à l'ombre des arbres, on se croirait à la campagne ! L'intérieur, avec ses pierres et poutres métalliques, s'apparente à un immense loft où les plus studieux viennent bûcher, sur fond de *Radio Nova.*

Le Syndicat *(plan couleur B3,* ***107****) : 51, rue du Faubourg-Saint-Denis, 75010. ☎ 09-86-26-24-72. Ⓜ Château-d'Eau ou Strasbourg-Saint-Denis. Tlj 18h-2h. Cocktails 10-13 €. Tapas 8-12 €.* Pas d'inquiétude, on se met rarement en grève ici ! Une fois la discrète porte poussée, le brouhaha du faubourg Saint-Denis s'estompe au profit de la soul, du latin jazz ou du hip-hop. La clientèle branchée apprécie les cocktails, uniquement réalisés avec des alcools français. Et la carte qui évolue avec les saisons ! On pousse un peu le son le week-end, mais la priorité reste la dégustation.

Le Comptoir Général *(plan couleur C3,* ***108****) : 80, quai de Jemmapes, 75010. ☎ 01-44-88-24-48. Ⓜ République, Goncourt ou Jacques-Bonsergent. ♿ Lun-ven 18h (16h ven)-2h, sam-dim 11h-2h.* Un superbe lieu installé dans un atelier typique de cette partie longtemps ouvrière de Paris, au fond d'une cour donnant sur le canal Saint-Martin. Dans ce vaste espace composé de plusieurs pièces, la déco fait la part belle au voyage et aux vacances. Mention spéciale pour le comptoir en forme de bateau pirate : on y sert des long drinks alcoolisés, des jus de fruits et des clubs-sandwichs à toute heure. Chaque week-end, nombreux événements (vente de produits équitables, cinéma, conférences...) et beaucoup de monde. Idéal aussi pour passer en journée avec sa marmaille (animations). Attention, la queue s'allonge en fin de semaine !

Le Fantôme (plan couleur A2, **109**) : *36, rue de Paradis, 75010. ☎ 09-66-87-11-20. Ⓜ Château-d'Eau ou Poissonnière. Mar-ven 11h-2h, sam 18h-2h.* Retour vers le futur ! Ici, on fait un saut dans les années 1990, entre bornes d'arcades, flippers et déco en formica en veux-tu en voilà. 2 parties de *Street Fighter* plus tard, on boit un verre entre potes au milieu d'habitués, un peu *nerds* sur les bords. Ensuite, direction le club au sous-sol pour continuer la soirée.

Chez Jeannette (plan couleur B3, **110**) : *47, rue du Faubourg-Saint-Denis, 75010. ☎ 01-47-70-30-89. Ⓜ Château-d'Eau ou Strasbourg-Saint-Denis. Tlj 8h (9h dim)-2h.* Tables en formica, canapé en cuir rouge, carrelage et grand zinc d'époque, tout a été conservé depuis les seventies. Mais son aspect dégingandé et son agitation euphorisante lui donnent des airs de cantine des faubourgs du XXIe s. Profitez au passage des excellentes assiettes de fromages et de charcuterie du marché. Passé 22h30, le volume monte d'un cran, la lumière se tamise, les habitués débarquent, et l'ambiance se réchauffe, enivrante.

Chez Prune (plan couleur C3, **111**) : *36, rue Beaurepaire, 75010. ☎ 01-42-41-30-47. Ⓜ Jacques-Bonsergent. Tlj 8h (10h dim et j. fériés)-2h.* Un café branché Paname du canal Saint-Martin situé presque au bord de l'eau. C'est un ancien bar-tabac retapé vite fait bien fait, ouvert dans l'urgence d'un Mondial 1998 qui s'annonçait déshydratant... et devenu aujourd'hui un lieu de rendez-vous incontournable du quartier. Que l'on choisisse une vieille prune ou un petit ballon de rouge, *Chez Prune,* on en a toujours pour son argent !

Le Floréal (plan couleur D3, **112**) : *73, rue du Faubourg-du-Temple, 75010. ☎ 01-40-18-46-79. Ⓜ Goncourt. ♿ Tlj 8h (9h w-e)-2h. Bière 4,20 € ; cocktails 7-12 €. Plats à partir de 11 €, servis 12h-minuit. Le Floréal* se pose désormais en repère incontournable du bas Belleville. Avec son magnifique décor pop qui donne envie de revivre l'époque du Drugstore, il propose à toute heure une belle carte pour boire, manger (fruits de mer, plats de brasserie, snacks...) et s'amuser. Un classique.

La Patache (plan couleur C3, **113**) : *60, rue de Lancry, 75010. ☎ 01-42-08-14-35. Ⓜ Jacques-Bonsergent. Tlj 16h30-2h. Demi env 3,50 € ; cocktail 9 €.* Un bougnat début XXe s, au papier peint made in grand-mère et aux murs jaunis par le temps et la nicotine. Le prix des consos est plus que démocratique, les tartines sont gourmandes à souhait (terrines de thon, de sardine, de gibier), et les murs racontent des histoires du temps jadis. La clientèle titi parisienne se fond dans le décor avec les bobos parisiens.

Le Renard (plan couleur D2, **104**) : *38, rue de Sambre-et-Meuse, 75010. ☎ 01-53-20-07-33. Ⓜ Colonel-Fabien, Belleville ou Goncourt. ♿ Lun-mar 18h-1h, mer-sam 18h-2h. Cocktail 8 € (6 € pdt l'happy hour). Planches et assiettes à partager 6-9 €.* Entrez dans la tanière du *Renard,* située tout en haut de la rue Sainte-Marthe, avec ses airs villageois et son atmosphère bohème. Dans un décor soigné, on déguste de savoureux cocktails à prix vraiment démocratiques : le « Zorro », avec ses touches de mezcal tourbé, vagabonde dans les déserts mexicains pendant que le « Chateaurenard », aromatisé à la lavande, évoque les parfums de Provence. Mention spéciale pour l'équipe, aux petits soins, et pour les planches à grignoter, généreuses... Une adresse très rusée ! *NOUVEAUTÉ.*

Baranaan (plan couleur B3, **114**) : *7, rue du Faubourg-Saint-Martin, 75010. ☎ 01-40-38-97-57. • facebook • Ⓜ Strasbourg-Saint-Denis. Mar-sam 18h30-2h (4h w-e). Cocktails 11-14 €. Naans 4-6 €.* À deux pas du passage Brady et de ses cantines pakistanaises, le *Baranaan* joue la carte du *speakeasy* à la sauce Bollywood. On pousse la porte au fond d'un comptoir à *street food* et on est téléporté... dans un bar branché de Mumbai ! Au programme, eau de rose et cocktails épicés, qui marient habilement légende coloniale britannique et créativité du sous-continent. Une petite faim ? Fondez de plaisir en goûtant les exceptionnels *cheese naans. Namasté !*

Où sortir ?

Point Éphémère *(plan couleur C1, **120**) : 200, quai de Valmy, 75010. ☎ 01-40-34-02-48. • pointephemere.org • Ⓜ Jaurès ou Louis-Blanc. ♿ Bar tlj 12h30-2h (3h ven-sam et 23h dim). 1 rooftop en été tlj sauf lun 17h-23h (w-e 14h-23h).* Même sur le canal Saint-Martin, il est difficile de faire plus « boboïssime » que ce bar-expo-débat-conférence-concert-atelier d'artistes installé dans un ancien dépôt de matériaux de construction. Dans un dépouillement industriel façon palais de Tokyo, 4 ou 5 concerts par semaine (pop, rock, électro...), des spectacles de danse, des expositions... Terrasse au bord de l'eau et *rooftop* avec chaises longues, très prisés en été. On peut aussi danser jusqu'au matin pour les « indescotchables ».

La Colonie *(plan couleur B2, **123**) : 128, rue La Fayette, 75010. ☎ 01-45-81-03-05. Ⓜ Gare-du-Nord. Mar-sam 10h-2h. Happy hours 17h-21h. DJs jeu-sam 22h-2h. Bière 5 € ; cocktail 7 €. Planche 16 €.* Cet espace culturel-bar-club, fondé par l'artiste Kader Attia (lauréat du prix Marcel Duchamp), s'organise autour d'un joli patio surmonté de coursives. On y assiste à de nombreux événements, qui ne manquent jamais d'intérêt : projections de documentaires engagés, débats animés ou vernissages divers s'y succèdent, avec pour point commun une réflexion sur le dialogue des cultures. Une clientèle hétéroclite aime y venir pour l'apéro à la sortie des *coworkings* ou y danser les soirs de week-end, alors que des DJs prennent les commandes.

La Java *(plan couleur D3, **121**) : 105, rue du Faubourg-du-Temple, 75010. ☎ 01-42-02-20-52. • la-java.fr • Ⓜ Belleville. Concerts en sem vers 20h ; club jeu-sam minuit-6h. Entrée : 5-10 € (sans conso).* Au fond d'une galerie donnant sur la rue, un lieu comme on n'en fait plus. Dancing ouvert en 1923, Piaf y a fait ses débuts, et l'endroit a vu défiler tout ce que Paname a compté de fêtards pas bégueules. Dans un décor ancien, touchant et kitsch à la fois, on assiste à des concerts éclectiques en semaine et on vient danser jusqu'à l'aube le week-end sur des rythmes électro-underground. De mythiques soirées *queer* ont lieu ici régulièrement, comme la « Trou aux biches » ou la costumée « House of Moda ».

Le New Morning *(plan couleur A-B2, **122**) : 7-9, rue des Petites-Écuries, 75010. ☎ 01-45-23-51-41. • newmorning.com • Ⓜ Château-d'Eau. Concerts pratiquement tlj 19h30-20h30. Tarifs : souvent à partir de 20 €.* Une petite salle de concerts qui vieillit plus que bien. Depuis son ouverture en 1981, le club caché en plein milieu du bouillonnant quartier de Strasbourg-Saint-Denis a accueilli des légendes comme Chet Baker, Dizzy Gillespie, Stan Getz, Dexter Gordon et tant d'autres. Sa programmation, s'articulant autour du jazz mais aussi de tous les genres qui en sont héritiers, est aujourd'hui considérée comme une des meilleures d'Europe. Vu la queue devant tous les soirs, on se dit que cette petite salle a encore de belles heures devant elle !

À voir

DE LA PLACE DE LA RÉPUBLIQUE À LA GARE DE L'EST

La place de la République *(plan couleur C3) :* on la doit au baron Haussmann, qui lui adjoignit, bien sûr, une caserne. De la place partent en étoile toutes les voies (Magenta, République, Voltaire, Turbigo) qui, dans l'esprit du baron, devaient casser les traditionnels foyers d'insurrection populaire. Au milieu trône la statue de la République, ornée d'une frise en bronze. Elle retrace toute l'histoire de la République sur un siècle. Aujourd'hui, la place s'érige comme le symbole de la liberté et rassemble les Parisiens lors de manifestations populaires ou d'importants moments de recueillement.

La rue du Château-d'Eau *(plan couleur B2-3)* **:** elle relie le boulevard de Magenta à la rue du Faubourg-Saint-Denis. Tout au début, la Bourse du travail, construite en 1892. Au n° 39, la plus petite maison de Paris : 1,10 m de façade, un seul étage, 5 m de haut. En 1905, elle abritait une cordonnerie. À l'angle avec la rue Bouchardon, le discret petit marché Saint-Martin *(tlj sauf lun)*, avec ses produits frais, faisant face au passage du Marché qui rejoint l'artère du faubourg Saint-Martin.

ON A VOLÉ *LA JOCONDE* !

1911. Coup de tonnerre. Le tableau le plus célèbre au monde est dérobé. La Mona Lisa est retrouvée rue Vertbois, près de la République, revêtue de la signature de l'artiste. Les enquêteurs mettront du temps à savoir que Léonard de Vinci n'avait jamais signé son tableau. On retrouva l'original en 1913, dans un hôtel de Florence, volé par un vitrier italien qui travailla au Louvre. Depuis, l'hôtel s'appelle Gioconda.

Au débouché des rues du même nom, les portes Saint-Martin et Saint-Denis furent construites à la gloire des victoires de Louis XIV. La ***porte Saint-Denis*** *(plan couleur A3)*, plus importante, commémore la prise d'une quarantaine de villes pendant la bataille sur le Rhin. Bas et hauts-reliefs assez remarquables. Une anecdote : Napoléon fit rénover la porte, mais il en profita aussi pour « bronzer » le « Ludovicus Magnus », dont les lettres d'or brillaient, pour ses yeux fragiles, d'un trop vif éclat ! Dommage que ces 2 portes soient cernées par un flot incessant de voitures, le brouhaha est infernal.

La gare de l'Est *(plan couleur B2)* **:** *pl. du 11-Novembre-1918, 75010. Ⓜ Gare-de-l'Est.* La dernière-née des grandes gares parisiennes. Achevée en 1850, elle est agrandie plusieurs fois entre 1895 et 1931, ce qui fait d'elle la plus grande gare de Paris en superficie. Tout en haut du boulevard de Strasbourg, on l'aperçoit de loin avec ses 2 ailes et ses verrières. Il ne reste de l'édifice d'origine que la façade de l'aile gauche, juste dans le prolongement du boulevard, avec une statue symbolisant Strasbourg et une autre Verdun. Ceux qui sont dans le secteur un samedi après-midi pourront découvrir, dans le sous-sol de la gare, plusieurs circuits de train électrique miniature, commencés en 1946. Aujourd'hui, l'ensemble compte quelque 480 m de voies, locomotives, wagons-marchandises, gares, lampadaires, décor de montagnes, voyageurs, et animaux qui regardent passer les trains (jusqu'à 7 peuvent circuler simultanément)... Le tout bichonné par l'Association Française des Amis des Chemins de fer. Accès en bas de la rampe de parking, porte n° 9. Peu d'intérêt pour les moins de 5 ans. *Rens : ☎ 01-40-38-20-92. • afac.secretariat@orange.fr • Sam 14h30-18h (sauf août et 1 sam en fév).*

Le musée gourmand du Chocolat *(plan couleur A3)* **:** *28, bd de Bonne-Nouvelle, 75010. ☎ 01-42-29-68-60. • museeduchocolat.fr • Ⓜ Bonne-Nouvelle. Tlj 10h-18h. Fermé 1er janv et 25 déc. Entrée : 12 € ; réduc.* Chaud, chaud, chaud, cacao ! À travers plus de 1 000 pièces de collection, le chocolat traverse ici les âges et les continents. De son utilisation par les Aztèques et les Mayas à sa mise en boîte par les maîtres chocolatiers, la fève tant convoitée se dévoile au fil des photos et objets qui lui sont consacrés. Le rez-de-chaussée se concentre sur l'époque précolombienne, sur les rites et sur l'artisanat liés au cacao et à la calebasse. À l'étage, Cortés et Mme de Pompadour se côtoient malgré les siècles qui les séparent. Leur point commun : une curiosité ou un faible pour le chocolat ! Jolie collection de chocolatières et bonbonnières anciennes. Tout au long du parcours, on trouve 5 points de dégustation pour se régaler sans modération ! On finit en gourmandise par une démonstration d'environ 15 mn où l'on apprend à fabriquer des chocolats fourrés au praliné. Le musée organise aussi des ateliers pour les enfants et leurs parents.

Le couvent des Récollets (plan couleur B2) : *150-154, rue du Faubourg-Saint-Martin, 75010. M Gare-de-l'Est. Pour les horaires d'accessibilité, se référer à ceux du Café A (voir plus haut « Où boire un verre ? »).* Ce bel ensemble de constructions aujourd'hui hétéroclites fut au XVIIe s le couvent d'un ordre mendiant, une caserne pendant la Révolution, puis un hospice pour « incurables », et enfin, sous Napoléon III, un hôpital militaire, et ce jusqu'en 1968. Rénové, il abrite un centre pour artistes et, dans l'ancienne chapelle, une association d'architectes. Le cloître est accessible au public, et on aura une vue de l'harmonieuse façade arrière depuis le jardin donnant sur le canal.
Sur place, le *Café A* fait profiter de sa belle cour arborée en été.

La rue du Faubourg-Saint-Martin et le boulevard de Strasbourg (plan couleur B2-3) : ces 2 axes parallèles relient le cœur de Paris avec la gare de l'Est et, plus haut, la place de Stalingrad. Ils traversent différents quartiers aux atmosphères évoquant aussi bien l'Afrique et l'Inde que le Moyen-Orient... Prise entre les 2 axes, près de la gare de l'Est, l'***église Saint-Laurent,*** à la composition éclectique. Un petit square borde l'église, offrant une jolie vue sur l'édifice. Le métro Château-d'Eau est le point de rendez-vous de la ***Petite Afrique,*** où l'on trouvera un nombre incalculable de coiffeurs, vendeurs de perruques et prothésistes ongulaires, qui communiquent en peul, bouthou ou bassa. Au no 63 de la rue du Faubourg-Saint-Denis, la ***cour*** et le ***passage des Petites-Écuries,*** beaucoup plus calmes. Ressortir rue d'Enghien et prendre à gauche pour retrouver la rue du Faubourg-Saint-Denis. Oh magie !, Une fois de plus, le charme de Paris va opérer et nous transporter vers une nouvelle destination : l'Inde. Bienvenue au passage Brady !

UN CAMP NAZI EN PLEIN PARIS

Les Allemands réquisitionnèrent le magasin Lévitan *du 85, rue du Faubourg-Saint-Martin pour entreposer les biens volés aux familles juives. Le pillage fut considérable, et les gradés venaient se servir. La main-d'œuvre servile provenait du camp de Drancy, et il arrivait que certains reconnaissent des biens qu'on leur avait volés.*

Le ***passage Brady*** *(plan couleur B3)* est devenu le *Little India* de Paris. Ça sent bon les épices et on aime croiser le sourire de ces Indiens qui tiennent les restaurants et épiceries où trônent sacs de riz basmati et étalages de fruits exotiques. Le passage est surmonté d'une longue et grande verrière. Il se poursuit à l'extérieur, de l'autre côté du boulevard de Strasbourg ; c'est dans cette tranquille partie qu'on trouvera les boutiques qui louent des costumes de fêtes.
En sortant sur la rue du Faubourg-Saint-Martin, vous tomberez nez à nez avec le théâtre du Splendid, qui consacra la non moins célèbre troupe (Gérard Jugnot, Thierry Lhermite, Josiane Balasko...). Sur la droite, on retrouve la porte Saint-Martin, qui représente la limite avec le 3e arrondissement et qui, autrefois, marquait l'entrée de la ville, et donc le passage de l'octroi (taxe supprimée en 1943).

Le marché Saint-Quentin (plan couleur B2) : *juste à côté de la gare de l'Est, à l'angle de la rue de Chabrol et du bd de Magenta. Tlj sauf lun.* Sur 2 500 m², le marché couvert le plus grand de Paris, construit en 1865 dans le style Baltard. Brin de campagne au cœur de la ville, on y flâne au petit bonheur entre les étals de produits frais, surtout le dimanche matin (jusqu'à 13h). On y trouve aussi quelques restos.

Le Manoir de Paris (plan couleur B2) : *18, rue de Paradis, 75010. • manoirdeparis.fr • M Poissonnière ou Gare-de-l'Est. Ven 18h-22h, sam-dim et certains j. fériés 15h-19h. Entrée : 27 € ; 20 € enfant. 1 entrée enfant offerte pour 1 entrée adulte achetée, pour le parcours Légendes de Paris, sur présentation de ce guide. À partir de 10 ans. Dommage que les tarifs soient si élevés, même si on sait que le* *circuit nécessite la présence de comédiens tt au long du parcours.* Une vingtaine de légendes et faits divers parisiens ressuscités par 30 comédiens dans une atmosphère obscure... On déambule dans les décors reconstitués de chaque événement : le fantôme de l'Opéra, Quasimodo et Notre-Dame, l'identité du Masque de fer, mais aussi *Royal Hôtel Paradis,* un établissement où vous risquez d'être piégé à jamais... Effets spéciaux, sonorisation, tous les sens sont sollicités au cours de cette balade de l'autre côté du miroir, qui fait froid dans le dos. Et depuis peu, la fine équipe propose *Skeleton Key,* un *escape game* un peu particulier... Le manoir est aménagé dans un superbe immeuble classé, siège d'une ancienne faïencerie.

AUTOUR DU CANAL SAINT-MARTIN

Le canal Saint-Martin, long de 4,5 km, imaginé à l'époque de Louis XIV, commencé sous Napoléon et terminé en 1825, reste l'un des paysages urbains les plus pittoresques de Paris. Il a inspiré poètes, écrivains et artistes. Ses berges ont longtemps été le cadre d'une intense activité. Plusieurs dizaines de péniches transportaient sable et charbon chaque jour. Les 9 écluses étaient actionnées à la main. Bordé au XIXe s d'entrepôts et de fabriques, il servait alors souvent de dépotoir et charriait une eau épaisse et malodorante. La plupart de ces constructions ont aujourd'hui été remplacées par des immeubles de standing. On trouve encore un bel exemple de ces hangars au 132, ***quai de Jemmapes*** *(plan couleur C2),* qui, jusqu'en 1898, abritait l'usine électrique de la Compagnie parisienne de l'air comprimé. On peut encore en voir la haute façade en brique et pans de fer vitrés. Plus au nord, aux n°s 174-178, s'élève l'imposante (et peu esthétique) façade de granit rose de la cité Clémentel. À l'image des cités ouvrières, cette cité d'artisans, propriété collective des différents corps de métiers, accueillait plus de 400 ateliers et des logements pour 2 000 artisans dans les années 1930.

À L'EAU !

Vidé, curé et nettoyé en 2016, le canal a dévoilé ses trésors disparus au fond des eaux. La pêche a été bonne : 104 vélos et 78 Vélib', 23 scooters et motos, 10 poussettes, 15 ordinateurs, 51 chariots, 17 coffres-forts et un léopard blanc... en peluche ! Sans compter les centaines de milliers de bouteilles en verre. Si Napoléon voyait ça !

En 1990, le classement des berges fut décidé. Du coup, les Parisiens redécouvrirent le canal, ses 9 écluses, ses rives plantées d'arbres et ses ponts métalliques à la vénitienne ou tournants. Une douzaine de panneaux ponctuent son tracé et relatent son histoire.

Cafés et terrasses, boutiques de fringues et galeries d'artistes ont transformé le canal en un lieu de vie et de sortie très couru. Plaisant pour une balade à 2 le soir en été, un pique-nique avec une grande bande de potes et une nappe à rallonge ou une sortie le dimanche en famille, il fait bon vivre au bord du canal !

À proximité de l'*Hôtel du Nord,* une passerelle permet de franchir le canal. D'en haut, regardez vers l'écluse... ça ne vous rappelle rien ? Des ricochets, un grand film populaire, un joli minois ? C'est d'ici qu'Amélie Poulain aime s'adonner au lancer de galets, son passe-temps favori.

DES GUEULES D'ATMOSPHÈRE

*Difficile de ne pas évoquer l'*Hôtel du Nord *et sa passerelle, lieu immortalisé par Marcel Carné en 1938 grâce à Arletty et Louis Jouvet. « Atmosphère, atmosphère ! » Oui, bien sûr... Mais savez-vous que la scène fut tournée dans un décor reconstitué aux studios de Boulogne-Billancourt ? Un décor gigantesque de 70 m de profondeur, avec un vrai canal.*

Possibilité d'effectuer une ***balade de 2h30 au rythme des écluses,*** sur des bateaux qui ne font pas bateaux-mouches pour touristes. ***La Guêpe Buissonnière, Le Martin-Pêcheur*** *et* ***Le Canotier*** *partent du quai Anatole-France (près du pont de la Concorde). ☎ 01-42-40-96-97. • pariscanal.com • Ⓜ Solférino ; RER C : Musée-d'Orsay. Départ du musée d'Orsay à 9h45 (rdv 9h30) tlj sauf lun de fin mars à mi-nov (tlj juil-août) ; arrivée vers 12h30 dans le parc de la Villette. On peut également choisir de descendre le canal ; départ du parc de la Villette à 14h30 (rdv 14h15) à la même période, devant le centre « La folie des visites du parc » (Ⓜ Porte-de-Pantin), arrivée quai Anatole-France. Résa indispensable par tél. Prix : 22 € ; réduc.* En plus de la balade sur le canal Saint-Martin, vous vous en offrez une du même coup sur la Seine. Après le franchissement des écluses du bassin de l'Arsenal, vous passez sous la colonne de la Bastille (voir l'historique du quartier de la Bastille dans le 11e arrondissement), puis sous une voûte souterraine de 2 km. Des puits de lumière tous les 50 m laissent les rayons du soleil percer la pénombre et l'eau glauque, amplifiant l'impression de mystère et d'insolite de la balade (prévoir une petite laine). Certains trouveront le passage des écluses un peu long et répétitif. En tout cas, le verbe « écluser » leur apparaîtra plus clair en songeant aux mariniers qui avaient largement le temps de se boire un petit verre en attendant que l'écluse se remplisse.

LE « BAS DE BELLEVILLE » *(plan couleur D2-3)*

C'est un vieux quartier populaire, dont le cœur se situe au sud du boulevard de Belleville, entre les *rues Sainte-Marthe* et *Saint-Maur.* L'autre versant du faubourg du Temple, côté 11e, fit aussi partie de Belleville jusqu'à la construction du mur des fermiers généraux (dans les années 1780), qui coupa le territoire en 2. Division entérinée en 1860, lors de l'annexion de tous les villages à Paris et de la création des arrondissements.

Le quartier n'est pas touristique au sens qu'on lui donne habituellement. C'est avant tout une atmosphère et un rythme de vie qui en font, avec l'extrême variété de sa population, un coin très vivant offrant une bonne occasion de faire une halte dans l'un de ses nombreux et excellents restos ethniques.

Petite balade basse-bellevilloise *(1h ; plan couleur C-D2-3)*

➢ Sortez au métro Belleville et commencez à descendre la vivante ***rue du Faubourg-du-Temple,*** qui matérialise la frontière entre les 10e et 11e arrondissements. Dans cette succession de bazars, épiceries et friperies très cosmopolites, on suit, au fil des trottoirs bondés, les traces du Belleville d'autrefois. À droite, au n° 129, la *cour de la Grâce-de-Dieu* vous offre le calme de ses vieux pavés ; à gauche, au n° 108, la vieille enseigne *Aux Cent Culottes,* qui surmonte aujourd'hui une boucherie, rappelle les traditions commerciales et révolutionnaires du quartier. Au niveau du n° 94, une petite incursion dans le *passage Piver,* pour la belle façade bleue du théâtre du Tambour-Royal. Au n° 105, la *galerie du Commerce,* dotée d'une architecture très rétro des années 1920 ; ce grand vaisseau était garni d'étalages sur ses 3 niveaux, aujourd'hui remplacés par des commerces et bureaux ; de beaux vitraux subsistent au fond de la cour, ainsi que *La Java,* l'un des 200 bals musettes d'avant guerre, toujours ouvert. Au n° 99, on pousse la grille de la *cour de Bretagne* pour découvrir comment le quartier est réinvesti massivement par les bobos et les ateliers de haute couture.

➢ Tournez ***rue Saint-Maur*** pour aller rejoindre la tranquille place Sainte-Marthe, via la rue Sainte-Marthe.

S'il fait beau, profitez de la tranquille ***place Sainte-Marthe*** – et de ses terrasses –, qui reste toujours agréable avec ses petits cafés et ses magasins d'artisanat qui longent la rue.

➢ Sortez et remontez par la ***rue de la Grange-aux-Belles,*** de triste mémoire. C'est à peu près au niveau du nº 53 que se trouvait le célèbre gibet de Montfaucon où furent pendus les condamnés à compter du règne de Saint Louis. On y accédait par un sentier tortueux, et l'odeur de la chair humaine qui empestait l'atmosphère attirait les oiseaux de proie. Constitué de 16 gros piliers de pierre, mesurant chacun 10 m de hauteur et réunis par 2 étages de poutres supportant les instruments de la potence, on était pendu à l'étage supérieur pour les nobles ou inférieur pour les personnes ordinaires. Le gibet pouvait « contenir » jusqu'à 60 suppliciés. Quant aux femmes condamnées, on les enterrait vives au pied du gibet... Ironie du sort, Enguerrand de Marigny, trésorier des finances de Charles IV le Bel et initiateur du gibet, fut l'un des 1ers à en faire les frais !

➢ Notre balade se termine ***place du Colonel-Fabien.*** Les fans d'Oscar Niemeyer (architecte de la ville de Brasilia) ou du drapeau rouge y découvriront l'architecture ondoyante du siège du parti communiste.

N'EN FAISONS PAS TOUT UN CIRQUE !

Avant de se nommer « Colonel-Fabien » en mémoire de l'honorable résistant communiste français, la place s'appelait « Combat », et ce en raison des combats d'animaux en tout genre qui s'y déroulaient : vache contre lévrier, mulet contre lion... Le préfet mit un terme en 1843 à tout ce bazar assez sordide.

10e

11e ARRONDISSEMENT
LA BASTILLE
• LE FAUBOURG SAINT-ANTOINE

• Pour le plan du 11e arrondissement, voir le cahier couleur en fin de guide.

Intéressant ce 11e arrondissement, encore populaire par endroits, à la branchitude toujours en pleine effervescence à d'autres. République, Bastille, Nation : cela sonne comme un parcours de manifestation. Et c'en est un : celui des rendez-vous avec l'histoire. On y prit la Bastille, on y défendit la République, on y invoqua l'unité de la Nation… Voltaire, Ledru-Rollin, Alexandre Dumas, Léon Blum : le 11e s'est toujours agité avant les autres. Ses passages et ses cours industrielles abritent encore quelques activités artisanales, que n'ont toujours pas remplacées les lofts des citadins branchés. On y trouve aussi un cirque (d'hiver) pas vilain du tout ; un canal – souterrain – recouvert d'un jardin public qui fait le lien entre ses parties à ciel ouvert ; une rue de Lappe – autrefois mal famée et aujourd'hui investie par les fêtards peu exigeants ; une rue de la Roquette (la prison pour femmes, pas la salade…) qui nous emmène au cimetière du Père-Lachaise ; une rue Oberkampf qui ne cesse de bouger ; et toujours des passages, des cours, des impasses, des cités. Pas de monuments majeurs, mais une atmosphère, un climat, et désormais le nouveau centre d'art numérique, l'Atelier des Lumières. Et des restaurants, des cafés, des bars, des boîtes, des boutiques.

LA BASTILLE ET LA BASTOCHE

L'erreur est classique de confondre la Bastille de la Révolution et du 14 juillet 1789 avec, tout autour, le quartier de la Bastille, la Bastoche. Quand on disait la Bastille, c'était à la Bastoche, au plaisir, aux bals, à un univers attrayant, canaille, interlope, que l'on pensait. La Révolution, les Trois Glorieuses, personne ne s'en souciait. Derrière la Bastille s'étendait le faubourg du bois, le fameux faubourg Saint-Antoine dont la tradition révolutionnaire n'est plus à vanter. Lire et relire *Les Misérables* de Victor Hugo ! À côté, rue de Lappe, passages Thiéré et des Taillandiers, le quartier de la ferraille, implanté en ces lieux dès Louis XV par les Auvergnats. Au XIXe s, après l'aménagement de la prison éponyme

IL Y A 14 JUILLET ET 14 JUILLET !

La fête du 14 juillet, instituée en 1880, n'est en rien la commémoration de la prise de la Bastille en 1789, mais celle de la fête de la Fédération organisée 1 an plus tard au Champ-de-Mars, en présence de Louis XVI, dans le dessein de réconcilier tous les Français.

aux abords du cimetière du Père-Lachaise, la rue de la Roquette est devenue la voie sinistre par laquelle passaient les convois des condamnés à mort, et aussi les chars funèbres de ceux qu'on menait en leur dernière demeure au Père-Lachaise. Comparée à la rue de Lappe, elle est longtemps demeurée hors du circuit festif. Comme si elle gardait les stigmates de son rôle quasi macabre.

Les Auvergnats sont à l'origine du développement de la danse et de la musique dans ce quartier. Rue de Lappe et alentour, tout au long du XIXe s, on a dansé, d'abord au son de la musette en français – sorte de cornemuse –, puis au son de l'accordéon, introduit en France par les Italiens.

La Bastoche était à la fois laborieuse et dangereuse... Avant guerre, la presse évoquait souvent le monde très spécial qui évoluait entre la place de la Bastille et Saint-Paul. On était là dans le quartier des bordels, et donc des macs... Dès cette époque, ceux de la haute venaient y respirer la sueur des pauvres ou celle des apaches. Cependant, c'est surtout après l'armistice de 1918 que la Bastoche prit son envol dans la géographie parisienne du plaisir.

Dans le faubourg Saint-Antoine, en 1886, sur plus de 46 000 ouvriers du bois, près de 8 000 sont étrangers : Belges, Allemands, Italiens, et aussi Russes et Luxembourgeois. Du côté des rues Sedaine et de la Popinque, on rencontre les derniers survivants de la Petite Turquie de Paris. Il s'agit de la communauté judéo-espagnole, bien spécifique à l'intérieur de la communauté juive. Des juifs venus, entre 1914 et 1940, de l'ancien Empire ottoman et originaires de l'Espagne, qu'ils avaient fuie au XVe s lors de l'Inquisition. Rue de Charonne, rue Daval, rue Keller, les galeries d'art abondent.

Aujourd'hui, le quartier est une destination de choix pour les noctambules, mais aussi pour les fans de shopping.

UN PEU D'HISTOIRE

La Bastille, c'est bien sûr d'abord la fameuse prison, symbole de l'absolutisme royal. Elle connut nombre de prisonniers célèbres : Nicolas Fouquet, surintendant des Finances, coupable d'être plus riche que Louis XIV, et le mystérieux Masque de fer, un « faux frère » en somme. Le marquis de Sade bénéficia d'un régime de faveur puisqu'il pouvait se faire livrer les grands crus que le sommelier de la prison ne possédait pas, ainsi que les confiseries dont il raffolait. Voltaire y fit 2 séjours (un de 1 an, l'autre de 1 mois). Les victimes des fameuses lettres de cachet ne pouvaient espérer ressortir de la prison qu'avec une nouvelle lettre indiquant qu'elles étaient libérées. Il arrivait parfois que des « pensionnaires » soient oubliés !

Le paradoxe de la prise de la Bastille fut que cette prison n'était presque plus utilisée vers la fin de la monarchie. Louis XVI envisageait même de la démolir, car elle gênait le développement de la ville. C'est bien évidemment au symbole que la population parisienne s'attaqua. En 1789, on n'y retrouva d'ailleurs que 7 prisonniers ; il fallut d'urgence ré-emprisonner la plupart d'entre eux, car ils étaient devenus fous ! Une fois la Bastille démolie, ses pierres firent l'objet de trafics peu citoyens (voir encadré) et servirent à achever le pont de la Concorde ; d'autres furent sculptées en maquettes de la Bastille et portées en grande pompe dans tous les départements de la République. Les municipalités qui hésitaient à s'offrir ce coûteux et encombrant trophée étaient aussitôt désignées comme antirépublicaines !

LA (SUR)PRISE DE LA BASTILLE

Palloy, entrepreneur en bâtiments, racheta les pierres de la forteresse, à bas prix. Il en grava un certain nombre, les transforma en presse-papier et en revendit en grande quantité. Durant cette époque troublée et incertaine, il était prudent d'en acheter... Il fit fortune ! Tombé en disgrâce durant l'Empire, il fallut le retour des Bourbons en 1814 pour le sauver de la ruine. Une issue bien ironique pour ce « patriote ».

De la Bastille ne restent plus que quelques vestiges que l'on aperçoit dans le métro, ligne Bobigny - Place-d'Italie (direction Bobigny), quelques blocs dans le square Galli, à Sully-Morland, ainsi qu'une Bastille-souvenir taillée dans une pierre (au musée Carnavalet). Puis on érigea la colonne de la Bastille actuelle, en hommage aux victimes de la révolution de 1830, dite des Trois Glorieuses. Les corps des victimes furent ensuite inhumés sous la colonne. C'est là que se situe un gag, digne d'une B.D. de Tardi, lui qui aime autant les momies que les victimes des révolutions avortées (voir encadré).

LES MOMIES DE LA BASTILLE

Les corps des victimes de 1830, qui devaient être enfouis sous la colonne de la Bastille, furent initialement enterrés au Louvre. Dans le même temps, un conservateur du musée possédait dans ses galeries 2 momies de pharaon qui se décomposaient. Comment obtenir un permis d'inhumer pour un pharaon ? Trop compliqué tout ça ! D'autant plus que les momies étaient déclarées, sur le bordereau de douane, comme poisson séché ! Lors du transfert à la Bastille, on embarqua donc tout le monde. C'est ainsi que, au cours de la cérémonie solennelle d'inhumation, les 2 pharaons reçurent, au même titre que les autres, les honneurs militaires comme héros de la Révolution !

Puis la vieille place de la Bastille devint un symbole. Avec la République, elle se partagea (et se partage encore aujourd'hui) le point de départ des manifs syndicales et politiques.

L'ouverture de l'Opéra-Bastille allait consacrer définitivement le renouveau du quartier, ainsi que son bouleversement sociologique. Aujourd'hui, de grands projets de réaménagement sont en cours : on entend rendre une partie de la place aux piétons. Fini donc le cacophonique giratoire où on donnait du klaxon : place à une vaste esplanade, qui viendra jusqu'aux pieds de la colonne de Juillet, et à un escalier qui descendra directement sur le charmant port de l'Arsenal (12e arrondissement).

LA RÉPUBLIQUE ET OBERKAMPF

Le nord du 11e, moins connu que la Bastille, ne manque pourtant pas de charme. Bordé par la place de la République, l'ancien village de Belleville et les 1res pentes de Ménilmontant, il a toujours été populaire, faisant preuve d'un esprit volontiers séditieux. Aujourd'hui, son atmosphère est celle d'un faubourg animé, bien ancré dans le XXIe s. Malgré les terribles attentats de novembre 2015, qui l'ont profondément meurtri, il constitue toujours l'un des points de ralliement préférés des fêtards de la capitale. La longue rue Oberkampf, emblème des nuits parisiennes, attire encore les foules, mais les rues adjacentes voient aussi fleurir restos à la mode et bars branchés, remplaçant peu à peu les rades de quartier.

Où dormir ?

Auberges de jeunesse

Les Piaules *(plan couleur B1, **1**) : 59, bd de Belleville, 75011. ☎ 01-43-55-09-97. • lespiaules.com • Ⓜ Couronnes ou Belleville. Au bar, concerts et DJs jeu-sam. Compter env 25-35 €/pers en dortoir ; doubles env 100-130 €.* *Les Piaules,* c'est tout sauf une adresse dortoir. Dès l'entrée, on est happé par le bar qui conduit à un salon cosy (avec poêle à bois pour les frileux !), ouvert sur une terrasse. Les résidents et les gens du quartier (c'est ouvert à tous) aiment y buller dans la journée ou venir y trinquer en soirée. Et les piaules ? Design et tout confort, avec des dortoirs rutilants et bien conçus (lampes individuelles, rideaux pour les lits...). Quelques doubles aussi, façon cabanes chic (tête de lit en bois et machine à café), dignes d'un bel hôtel. Sanitaires communs nickel. Dernière surprise, la formidable terrasse sur le toit, avec vue panoramique sur le Centre Pompidou, la tour Eiffel et Montmartre. Bref, une excellente adresse !

■ ***Auberge internationale des jeunes et Bastille Hostel*** *(plan couleur B3,* ***2****)* ***:*** *10, rue Trousseau, 75011. ☎ 01-47-00-62-00. • aijparis.com • bastillehostel.com • Ⓜ Bastille ou Ledru-Rollin. Ouv 24h/24 ; accès aux chambres limité 11h-15h en raison du ménage. Compter 14-30 €/pers la nuitée en dortoir, 16-32 €/pers en chambre double avec petit déj ; loc de serviettes et draps supplémentaires 2-3 € pour tt le séjour.* Officiellement, l'âge maximal est de 27 ans. Pas chère, bien située, mais vraiment basique et sans charme : chambres très simples de 2 à 4 lits, dont quelques-unes en duplex, disposant de leurs propres douches et w-c et d'un coffre-fort. Pour les autres, les sanitaires sont dans le couloir. Chambres sombres mais au calme dans le bâtiment de plain-pied côté courette. Côté *Bastille Hostel,* dans l'immeuble mitoyen (même réception mais site internet différent : *• bastillehostel.com •*), chambres réservées aux individuels (simples et doubles), plus confortables et avec ascenseur. Accueil inégal.

De bon marché à prix moyens

■ ***Hôtel Printania*** *(plan couleur A1,* ***3****)* ***:*** *16, bd du Temple, 75011. ☎ 01-47-00-33-46. Ⓜ République ou Filles-du-Calvaire. Ouv 24h/24. Doubles 75-95 € ; tarif intéressant pour 3, 4 ou 5 pers ; petit déj 6,50 €.* Cet hôtel familial propose des chambres bien tenues et de bonnes dimensions, toutes habillées de couleurs fraîches (demandez celles du dernier étage, récemment refaites, avec vue sur les toits de Paris). Jolies fresques pop dans les parties communes et la cage d'escalier (6 étages, mais ascenseur). Atmosphère authentique et populaire, pour un rapport qualité-prix rare. L'accueil de Raymonde, à la tête de l'établissement depuis 35 ans, est vraiment formidable. Pas mal d'habitués.

■ ***Cosmos Hôtel*** *(plan couleur B1,* ***4****)* ***:*** *35, rue Jean-Pierre-Timbaud, 75011. ☎ 01-43-57-25-88. • cosmos-hotel-paris.com • Ⓜ Parmentier, République ou Goncourt. ♿ Ouv 24h/24. Doubles 76-86 € ; petit déj-buffet 8,50 €. 10 % sur le prix de la chambre sur présentation de ce guide.* Un hôtel de quartier avec des parties communes accueillantes, redécorées au goût du jour. Les chambres sont plus simples mais tout de même agréables, et surtout parfaitement tenues. Sèche-cheveux, coffre-fort, double vitrage : tous les basiques sont là. Quelques triples pour les familles. Un excellent rapport qualité-prix et un accueil fort sympathique.

■ ***Le Métropolitain*** *(plan couleur C1,* ***5****)* ***:*** *158, rue Oberkampf, 75011. ☎ 01-43-57-43-27. • hotel-metropolitain.com • Ⓜ Ménilmontant. Doubles env 80-130 €.* Une dizaine de chambres seulement, bien tenues, et un accueil attentionné. Certes, il n'y a pas d'ascenseur, mais pour un prix très raisonnable pour Paris, on obtient des chambres modernes confortables (coffre, minibar, bouilloire...), dotées de salles de bains récentes... Le tout au cœur de l'animation du quartier Oberkampf !

De prix moyens à chic

■ ***La Nouvelle République*** *(plan couleur B1,* ***6****)* ***:*** *9, rue Moret, 75011. ☎ 01-47-00-15-09. • hotel-la-nouvelle-republique.fr • Ⓜ Ménilmontant. Doubles env 90-150 €, petit déj compris.* Une vraie perle que ce petit hôtel design d'Oberkampf ! Le sublime *lobby,* que l'on entrevoit depuis la rue, annonce la couleur : grande table en bois qui ondule, sol marbré, murs en adobe... Chambres pas bien grandes mais très agréables, calmes (triple vitrage) et décorées avec goût (jolies photos). Salle de bains très fonctionnelles et grandes douches. Le plantureux petit déj-buffet se prend à la table d'hôtes, avec jus d'orange pressée à la demande. Café à volonté toute la journée. On se sent vraiment comme chez soi. *NOUVEAUTÉ.*

■ ***Hôtel Bastille de Launay*** *(plan couleur B2,* ***7****)* ***:*** *42, rue Amelot, 75011.*

☎ 01-47-00-88-11. • bastilledelaunay-hotel-paris.com • Ⓜ Chemin-Vert. Doubles 100-220 € ; petit déj-buffet 12 €. 10 % sur le prix de la chambre sur présentation de ce guide. Une bien jolie adresse que cet hôtel discret et à taille humaine, qui se distingue par une atmosphère conviviale et un accueil personnalisé vraiment charmant. Quant aux chambres, à la déco classique mais animées par un pan de mur peint de couleur vive, elles sont impeccables et tout confort. Donnant pour la plupart sur une courette (fleurie en été !), elles sont fort calmes. Petit déj-buffet servi dans une belle cave voûtée en pierres apparentes. Très agréable.

Hôtel Beaumarchais (plan couleur A2, **8**) : 3, rue Oberkampf, 75011. ☎ 01-53-36-86-86. • hotelbeaumarchais.com • Ⓜ Filles-du-Calvaire ou Oberkampf. Doubles 90-180 € ; petit déj 12 €. Promos fréquentes. Un hôtel bien situé, doté de chambres modernes, simples et bien équipées. Demandez celles dans les étages, pour plus de calme. Joli *lobby,* où on peut prendre son temps dans une atmosphère cosy, et agréable petite cour intérieure pour prendre le petit déj. Accueil très sympathique.

Hôtel Hor Les Lumières (plan couleur B1, **9**) : 39, rue Jean-Pierre-Timbaud, 75011. ☎ 01-48-06-64-97. • hotelhorleslumieres.com • Ⓜ Parmentier ou République. ♿ Doubles 95-160 €, petit déj inclus. Un hôtel de chaîne certes, mais qui a vraiment le charme d'un établissement indépendant. Déco contemporaine et colorée dès l'accueil, qui se prolonge dans les étages avec de grandes fresques multicolores envahissant les murs des couloirs. Les chambres, entièrement refaites à neuf dans des tons miel, sont confortables et parfaitement équipées. Accueil pro et souriant.

11e

Hôtel Exquis (plan couleur C3, **10**) : 71, rue de Charonne, 75011. ☎ 01-56-06-95-13. • hotelexquisparis.com • Ⓜ Charonne ou Ledru-Rollin. ♿ Doubles env 100-200 € ; petit déj-buffet 14 €. Les chambres ne sont pas bien grandes, comme souvent à Paris, mais ce qui fait la différence, c'est la déco pleine de fantaisie et d'inventivité. Dès l'ascenseur vitré, on note les grafs sur les murs, puis c'est parti pour une balade délirante et colorée où chaque étage et chaque chambre a sa personnalité. Meubles rétro, œuvres d'art originales, tout vaut le coup d'œil, jusqu'au système électrique ! Quant aux salles de bains, elles sont parfois ouvertes : à réserver aux amoureux. Très sympa, comme l'accueil.

Hôtel du Prince Eugène (plan couleur D3, **11**) : 247, bd Voltaire, 75011. ☎ 01-43-71-22-81. • paris-hotel-princeeugene.com • Ⓜ Nation. ♿ Doubles env 85-200 € ; petit déj 10 €. C'est un hôtel familial. Autant dire que tout le monde veille au grain, et que les prestations sont à la hauteur : accueil aux petits oignons, chambres rénovées dans un style vaguement cossu et très bon confort général, quelle que soit la catégorie (literie de qualité, belles salles de bains, frigo, insonorisation convenable). À deux pas de la Nation, c'est un bon plan.

Le Patio Bastille (plan couleur C3, **12**) : 289 bis, rue du Faubourg-Saint-Antoine, 75011. ☎ 01-40-09-40-00. • lepatiobastille.com • Ⓜ Faidherbe-Chaligny ou Nation. ♿ Doubles standard 80-160 € ; petit déj 18 € (formule express 7 € ; inclus pour tte résa en direct). Promos très intéressantes sur Internet. Parking payant. Hôtel bien situé, dont le hall est décoré de consoles et meubles d'Ettore Sottsass, lui conférant une touche très eighties. Le reste de l'hôtel est plus quelconque mais d'un calme exceptionnel, la plupart des chambres donnant sur de verdoyants patios (quelques-unes sur rue mais pas sur le bruyant faubourg Saint-Antoine). Autre avantage : les chambres disposent presque toutes de kitchenettes.

Plus chic

Hôtel Fabric (plan couleur B2, **13**) : 31, rue de la Folie-Méricourt, 75011. ☎ 01-43-57-27-00. • hotelfabric.com • Ⓜ Saint-Ambroise. Doubles env 170-290 €. Des murs en brique, des structures métalliques, de larges baies : il s'agit bien d'un ancien atelier, mais rénové dans une version luxe et design ! Le salon et le bar font dans le cosy-chic avec leur mobilier chiné, tandis que les chambres, colorées et soignées, mêlent matériaux tendance et objets de récup (comme ces casiers en guise d'armoire). Et il y a même une salle de fitness, un hammam (sur résa) et un espace bien-être ! Vraiment charmant, comme l'accueil.

Hôtel L'Antoine *(plan couleur B3,* ***14****) : 10-12, rue de Charonne, 75011. ☎ 01-55-28-30-11. • hotelantoinebastilleparis.com • Ⓜ Ledru-Rollin ou Bastille. Doubles env 150-220 € ; petit déj 9-16 €.* Dès le *lobby, L'Antoine* fait son show, avec une déco exubérante signée Christian Lacroix. Le créateur s'est fait plaisir et privilégie le mélange des genres en fonction des 5 thématiques déclinées au gré des étages : couleurs parfois détonantes, matériaux insolites, mobilier unique (comme ces lampes de chevet hilarantes conçues par un artiste). On choisit selon ses goûts, du plus sage au plus *arty.* Ludique, et bien sûr tout confort. Excellent accueil, attentif et souriant.

Hôtel Original Paris *(plan couleur B3,* ***15****) : 8, bd Beaumarchais, 75011. ☎ 01-47-00-91-50. • hoteloriginalparis.com • Ⓜ Bastille. Doubles env 140-300 € ; petit déj 12 €.* Vous aimez les hôtels atypiques ? Détour obligatoire par cet hôtel décoré avec passion par la créatrice de mode Stella Cadente. Selon le confort et les étages, on découvre le chat d'*Alice au pays des merveilles* perdu dans un échiquier, des lampes aux éclats de lumière féeriques, des baignoires avec vue, des apparitions au plafond pour le moins étranges... Quant aux chambres sous les toits, elles sont autant d'invitations tentatrices, reprenant le thème des 7 péchés capitaux ! Un hôtel fidèle à l'univers à la fois loufoque et élégant de la créatrice. Joli sauna pour se détendre.

Hôtel Gabriel *(plan couleur A1,* ***16****) : 25, rue du Grand-Prieuré, 75011. ☎ 01-47-00-13-38. • hotelgabrielparis.com • Doubles 100-250 €. Promos régulières sur Internet et réduc jusqu'à plus de 50 % en saison creuse (août et mois d'hiver).* Derrière une façade Art déco sobre, un boutique-hôtel qui mêle judicieusement les thèmes chers à cette époque (la silhouette de danseuse se retrouve à tous les étages), un style épuré, des lignes géométriques, un papier peint à décor de mosaïque ou façon galuchat et des trouvailles plus contemporaines. Quelques-unes avec balcon et transats. Excellent petit déj et accueil chaleureux. Vaut le coup, surtout en saison creuse...

Hôtel Marais-Bastille *(plan couleur B2,* ***17****) : 36, bd Richard-Lenoir, 75011. ☎ 01-48-05-75-00. • maraisbastille.com • Ⓜ Bréguet-Sabin. ♿ Doubles 150-240 € ; petit déj 13 €. Promos sur Internet.* À deux pas de la Bastille, ce charmant immeuble parisien de taille moyenne renferme des chambres soignées et tout confort (bons équipements, jolies salles de bains), rénovées dans un style contemporain, sobre et de bon goût. Un point de chute élégant et agréable, à l'image des parties communes colorées et chaleureuses, où il fait bon se poser entre 2 escapades. Accueil sympathique et efficace.

Beaucoup plus chic

Eden Lodge *(plan couleur D2-3,* ***18****) : 175, rue de Charonne, 75011. ☎ 01-43-56-73-24. • edenlodgeparis.net • Ⓜ Alexandre-Dumas. ♿ Doubles env 225-250 €, petit déj compris ; suites. Parking payant.* Épatant ! Passé le hall d'un immeuble ordinaire (pas d'enseigne), on découvre un jardin secret et, tout au fond, une superbe maison d'hôtes en bois et verre, au design élégant. Conception entièrement écologique, où rien n'a été laissé au hasard, qu'il s'agisse des matériaux, de l'énergie... ou même des w-c (de type japonais). Les vastes chambres, plutôt sobres mais avec du caractère, disposent d'une terrasse et se partagent 2 salons et une cuisine, où sont servis les petits déj (bio, évidemment). Une adresse haut de gamme assez unique, où l'on est accueilli comme des amis.

Maison Bréguet *(plan couleur B2,* ***19****) : 8, rue Bréguet, 75011. ☎ 01-58-30-32-31. • maisonbreguet.com • Ⓜ Bréguet-Sabin. ♿ Doubles 180-300 € ; petit déj 25 € (inclus pour tte résa en direct).* Ce nouvel hôtel chic de

Bastille, planqué dans une rue discrète, compte bien devenir LE rendez-vous des dandys branchés de l'Est parisien. Si vous ne logez pas dans l'une de ses jolies chambres ultra-confortables (mais pas si grandes), passez au moins faire un tour dans son magnifique bar-resto installé entre différents patios, dont les verrières s'ouvrent quand il fait beau. Longs comptoirs pour grignoter (pas donné) et apaisant mur végétal au fond. Spa au sous-sol pour les hôtes. *NOUVEAUTÉ.*

DU CÔTÉ DE BASTILLE

Où manger ?

Sur le pouce

Ten Belles Bread *(plan couleur B2,* ***30****) : 17-19 bis, rue Bréguet, 75011. ☎ 09-67-86-08-19. Ⓜ Chemin-Vert. Lun-ven 8h30-19h, sam-dim 9h-17h30. Sandwichs 3,80-11,70 €.* Un génial café-boulangerie, qui régale son monde avec des spécialités d'inspiration anglo-saxonne : délicieux scones et muffins, cookies fondants ou *banana bread,* mais aussi un *pie* salé chaque jour, pour un goût très british. Bons petits déj (granola), sandwichs genre *foccacia* très convaincants, salades, soupes... Atmosphère très détente à l'intérieur et belle terrasse à l'arrière. *NOUVEAUTÉ.*

Le Bar à Soupes *(plan couleur B3,* ***31****) : 33, rue de Charonne, 75011. ☎ 01-43-57-53-79. Ⓜ Ledru-Rollin. Tlj sauf dim et j. fériés 12h-15h, 18h30-22h30 (23h jeu-sam). Congés : dernière sem d'avr et fin juil-fin août. Soupe 7,20 € sur place ; formule déj 13,50 € ; le soir, dégustation de 3 petites soupes 8,80 €.* Un vrai bar à soupes où l'on choisit parmi 6 soupes de légumes, chaudes ou froides selon la saison. Sur la centaine de recettes, renouvelées tous les jours et préparées essentiellement avec des produits bio, vous devriez tomber sur une qui vous étonnera... Assiettes de fromages (AOC), salades et desserts maison pour compléter.

CheZ Aline *(plan couleur B2,* ***32****) : 85, rue de la Roquette, 75011. ☎ 01-43-71-90-75. Ⓜ Voltaire. Lun-ven 11h30-16h30. Sandwichs 5-8 €, salade 4 € sur place, plats du jour 10-12 €, dessert 5 €.* La boucherie chevaline a échangé son *v* contre un *z* pour devenir un comptoir à sandwichs en vogue. Bon pain et une poignée de compositions du jour pour le garnir, de la terrine de porc et ses pickles à l'escalope milanaise, ou au jambon classique pour les puristes ! Si l'un des tabourets est libre, le plat du jour, chaud, vaut la peine aussi. Autrement, on emballe et on emporte !

Street Food Bangkok *(plan couleur B3,* ***33****) : 13, rue de la Roquette, 75011. ☎ 01-48-05-19-12. Ⓜ Bastille. Tlj 12h-23h. Menus 10-15 €, boisson comprise en sem.* Après le succès de la maison mère près du canal Saint-Martin, l'équipe rempile dans une rue dévolue aux kebabs et sandwicheries bas de gamme. À la bonne heure ! Sur place ou à emporter, salade de papaye bien relevée ou de porc vraiment croustillant, tendre brochette de poulet au curry, travers de porc... Spécialités savoureuses et fines odeurs d'épices, menthe, citronnelle, gingembre, nous téléportent en Thaïlande. Quelques cocktails maison, comme ce sirop de gingembre gazeux augmenté de gouttes de citron : délicieux ! Mention spéciale pour les desserts réalisés par la chef, ancien cuistot du *Mandarin Oriental* de Bangkok !

Très bon marché

Le Grand Bréguet *(plan couleur B2,* ***34****) : 17, rue Bréguet, 75011. ☎ 01-48-05-36-36. Ⓜ Bréguet-Sabin. Tlj 8h-22h30 (2h pour le bar). Soupes 3-5 € ; bols-repas 9-11 € ; brunch dim 17 €.* Entrepôt postal grand comme un hall de gare, aujourd'hui transformé en un resto 100 % bio, travaillant les produits locaux et de saison. Le concept est porteur, le résultat gagnant. Sous le comptoir où l'on passe sa commande, les cageots de légumes attestent de la fraîcheur des produits. Côté déco, des tables en formica coloré et des chaises années 1950, mais dans les assiettes, rien de régressif : des bols « végé » ou « protéiné », hyper complets et pleins de belles saveurs. Le soir, une armée de tapas vient en renfort. Et le dimanche, place au brunch ! *NOUVEAUTÉ.*

East Mamma *(plan couleur B3,* ***35****) : 133, rue du Faubourg-Saint-Antoine, 75011. ☎ 01-43-41-32-15. Ⓜ Ledru-Rollin ou Faidherbe-Chaligny. Lun-ven 12h-14h30, 19h-22h45 ; sam-dim 12h (12h15 dim)-16h, 19h-23h. Pas de résa et beaucoup de monde, surtout le soir. Notre astuce : au déj, venir en début de service, bon turnover ; le soir, venir tôt et laisser son numéro de tél pour se faire appeler dès qu'une table se libère. Pâtes et pizzas 11-15 €.* La trattoria italienne moderne revisitée par des chefs survoltés, sans faire l'impasse sur la qualité des produits ou du décor : c'est le pari (réussi) de cet italien branché à prix démocratiques. Cuisine ouverte et serveurs 100 % ritals qui assurent le show, au milieu des meules de fromages et autres fioles d'huiles d'olive. On adore les noms des plats (surprise !). Dans l'assiette, la *pasta* sous toutes ses formes, la pizza bien sûr, ou l'essentiel tiramisù. Ambiance sympa en famille ou entre amis. Même concept, même *success story* chez *Ober Mamma* (voir plus loin).

Pause Café *(plan couleur B3,* ***36****) : 41, rue de Charonne, 75011. ☎ 01-48-06-80-33. Ⓜ Bastille ou Ledru-Rollin. Lun-sam 7h-2h, dim 9h-20h ; service continu, excepté pour certains plats. Fermé à Noël. Carte 11,50-14 €.* Le *Pause Café* a été immortalisé dans le film de Cédric Klapisch *Chacun cherche son chat,* qui peignait la vie du quartier. 20 ans plus tard, toujours beaucoup de monde et une nouvelle déco, particulièrement réussie. On apprécie la longue terrasse abritée, la grande salle mode aux beaux volumes (mais assez bruyante) et les assiettes bien garnies d'une cuisine classique et peu onéreuse. Brunch moyen en revanche.

La Ravigote *(plan couleur C3,* ***37****) : 41, rue de Montreuil, 75011. ☎ 01-43-72-96-22. Ⓜ Faidherbe-Chaligny ou Rue-des-Boulets. Tlj sauf dim-lun et j. fériés 12h (11h sam)-14h30, 19h-22h30. Menus 13,50-15,50 € le midi, 19-26 € le soir. Apéritif maison offert sur présentation de ce guide.* Une trentaine de places dans un petit resto de quartier bourré d'habitués réjouis, qui se délectent de son incontournable menu à l'ardoise. Pas de chichis : laissez-vous tenter par une tête de veau ravigote, un confit de canard maison ou une cassolette de poisson. Ambiance bien parigote.

La Cour du Faubourg *(plan couleur B3,* ***38****) : 29, rue du Faubourg-Saint-Antoine, 75011. ☎ 01-53-17-13-55. Ⓜ Bastille. Lun-ven 12h-13h30. Menus 9,50-15,20 €.* Au fond d'une cour d'immeuble, cet établissement et service d'aide par le travail vous accueille dans sa cantine, version self ou resto. De longues tablées, des plats simples comme bonjour et un service souriant. Côté déco, c'est minimaliste, mais on apprécie la terrasse dans la jolie cour couverte (chauffée en hiver), classée Monument historique (ateliers Eiffel 1911). Un endroit à découvrir !

Le Dallery *(plan couleur B3,* ***39****) : 6, passage Charles-Dallery, 75011. ☎ 01-47-00-11-72. Ⓜ Ledru-Rollin. Tlj sauf dim 8h30-minuit (2h sam) ; service 12h-15h. Congés : août. Menu 13 € (14 € avec la boisson).* Bon, d'accord, cette salle jonchée de tables bistrot et présidée par son zinc ne présente aucun charme particulier. Mais l'atmosphère est franchement conviviale, et le rapport qualité-prix imbattable. La viande est tendre à souhait, les légumes croquants, la cuisine d'une simplicité à toute épreuve et le patron conciliant sur le menu. L'accueil sympathique ne gâte rien. Couscous le vendredi.

Bon marché

Aux Bons Crus *(plan couleur C2,* ***40****) : 54, rue Godefroy-Cavaignac, 75011. ☎ 01-45-67-21-13. Ⓜ Voltaire. Tlj sauf dim 12h-14h30, 19h30-22h30. Menu déj 16 € ; carte env 30 €.* Quand une bande de jeunes amoureux du terroir français monte un resto routier en plein 11e, ça crée forcément des embouteillages ! Super déco vintage, où les pubs d'apéritifs bien franchouillards donnent le ton. Dans les assiettes, de solides recettes d'antan entre saucisson brioché, entrecôte beurre maître d'hôtel et profiteroles au chocolat. Une adresse qui donne envie de traverser la France par les petites routes. *NOUVEAUTÉ.*

Mokonuts *(plan couleur C3,* ***41****) : 5, rue Saint-Bernard, 75011. ☎ 09-80-81-82-85. Ⓜ Faidherbe-Chaligny. Lun-ven 8h45-18h. Plats env 18-22 €.* Cette minuscule enclave gourmande remporte tous les suffrages ! Il faut dire que l'adorable couple ne manque pas de talent ni d'inspiration : gâteaux, pain et plats du jour sont savoureux, préparés avec des ingrédients bio de qualité, et reflètent les influences culinaires de chacun (le Liban et le Japon). Une halte de choix à toute heure... même s'il vaut mieux venir tôt le midi sous peine de ne plus rien avoir à se mettre sous la dent, succès oblige !

Buffet *(plan couleur B3,* ***42****) : 8, rue de la Main-d'Or, 75011. ☎ 01-83-89-63-82. Ⓜ Voltaire. ♿ Tlj midi et soir jusqu'à 2h. Menu en sem 16 € ; carte env 30 €.* L'équipe d'*Au Passage* (voir plus loin) a ouvert ce bistrot au décor d'avant guerre qui revisite les classiques de la cuisine de Paname et d'ailleurs. Œufs mayo, endives au jambon, raie aux câpres ou navarin d'agneau jouent les vedettes sur une carte courte et nostalgique. Le soir, le volume monte d'un cran et de joyeuses bandes de copains envahissent les lieux pour gueuletonner. *NOUVEAUTÉ.*

Chez Mamy *(plan couleur C3,* ***43****) : 3, rue Jules-Vallès, 75011. ☎ 01-43-48-74-68. Ⓜ Faidherbe-Chaligny. Tlj 12h-15h, 19h30-23h. Congés : 2 sem en août. Formule déj en sem 16,50 € ; le soir, carte 30-35 €.* Mamy a laissé la place à des jeunes qui portent haut la tradition bistrotière : atmosphère conviviale et animée, cuisine franche, petits plats de saison bien élaborés, hors-d'œuvre d'une belle fraîcheur. Le charme du bon vieux 11e mais rajeuni avec talent !

11e

Le Menekse *(plan couleur B3,* ***44****) : 7, passage de la Main-d'Or, 75011. ☎ 01-40-21-84-81. Ⓜ Ledru-Rollin. Tlj sauf dim, midi et soir. Menus 13-15 € le midi, 24 € le soir.* Dans un passage presque secret, c'est une excellente petite adresse d'origine kurde. Outre les *mezze* classiques et les boulettes de viande, on déguste de bons *patlican* (au yaourt et à l'ail) ou des plats cuits à l'étouffée. Le midi, le calme, malgré les nombreux habitués, est propice aux déjeuners de travail. La qualité des plats, les prix très doux et la gentillesse de l'accueil font le reste.

Café de l'Industrie *(plan couleur B3,* ***45****) : 15-17, rue Saint-Sabin, 75011. ☎ 01-47-00-13-53. Ⓜ Bréguet-Sabin ou Bastille. Tlj 8h30-2h ; service jusqu'à 0h30 non-stop. Formule déj en sem 13 € ; plats 11-19 € ; carte env 25 €.* Ce grand bistrot est l'une des institutions de la Bastoche, aussi couru en journée qu'en soirée. On vient à *L'Industrie* pour son chaleureux cadre « art décolonial » et pour sa très bonne ambiance, conviviale et décontractée. En revanche, la cuisine de bistrot, convenable, manque parfois de relief. Forts de leur succès, les propriétaires ont racheté petit à petit leur bout de rue, ouvrant de nouvelles salles à côté et juste en face : même esprit, même carte.

De prix moyens à chic

Nana *(plan couleur B2,* ***81****) : 10, rue Bréguet, 75011. ☎ 01-43-38-27-19. Ⓜ Bréguet-Sabin. • nana.bistrot.paris • Ouv lun-ven. Formules 23-28 € le midi, carte le soir 24-28 € le plat ; vin au verre 7-8 €. Quelques tables extérieures dès les beaux jours.* La façade assez modeste cache une bien belle découverte dans ce quartier agréablement animé. La jeune patronne réconcilie le meilleur de la terre avec la mer. Il n'est pas rare, en saison, de découvrir d'excellents couteaux aux poireaux. En plat, pourquoi ne pas tenter l'habile mélange du chorizo avec des coques ou la saint-jacques au lard ? Le résultat est toujours surprenant mais malin. Tout change tous les jours au gré des arrivages et de l'inspiration du chef. Pour les desserts, il n'a de leçon à recevoir de personne. Une belle surprise ! *NOUVEAUTÉ.*

Clamato *(plan couleur C3,* ***46****) : 80, rue de Charonne, 75011. ☎ 01-43-72-74-53. Ⓜ Ledru-Rollin, Voltaire ou*

Charonne. Mer-ven 19h-23h, sam-dim 12h-23h. Pas de résa. Carte 30-40 €. Le bistrot détonnant de l'équipe du *Septime* (voir plus loin). On y mange de bluffantes tapas ultra-créatives, exclusivement consacrées aux poissons et crustacés. Couteaux, praires, huîtres ou sardines sont rehaussés d'accompagnements inattendus et d'assaisonnements qui réveillent les papilles. Compter au minimum 3 plats pour vous rassasier : gare à la note (iodée) en fin de repas ! Belle sélection de vins naturels, très pointue. Service simple et très joli cadre, avec un on-ne-sait-quoi de new-yorkais.

Bistrot Paul-Bert *(plan couleur C3,* ***47****)* **:** *18, rue Paul-Bert, 75011. ☎ 01-43-72-24-01. Ⓜ Faidherbe-Chaligny. Tlj sauf dim-lun ; service 12h-14h, 19h30-23h. Menus 19 € le midi en sem, 41 € le soir.* Dans la catégorie « tronches de vie », on vote toujours *Paul-Bert.* Un vrai et beau troquet baignant dans son jus. À côté de la carte des vins qui vaut largement le détour, celle des mets, comme on dit, ne pourra que vous donner envie d'aimer. La carte change constamment. Dans le genre terroir généreux et un brin revisité, il n'y a pratiquement rien à redire du tartare de thon ou du mythique filet de bœuf. Accueil très parisien, là aussi.

Amici Miei *(plan couleur B2,* ***48****)* **:** *44, rue Saint-Sabin, 75011. ☎ 01-42-71-82-62. Ⓜ Bréguet-Sabin. Tlj sauf dim-lun ; service 12h-14h30, 19h30-23h. Congés : août et 1 sem à Noël. Pizzas 12-20 €, plats 18-25 € ; carte env 35 €.* Quelques tables sur le trottoir sous un auvent, une salle simplissime avec des tables de bois serrées, une cuisine apparente, et une atmosphère conviviale animée par l'incessant va-et-vient des serveurs. Le pizzaiolo est un maestro : fine pâte légèrement croustillante, délicieuses garnitures. Sans oublier les pâtes et les plats traditionnels. Belle palette de vins italiens, un peu chérots au verre.

Auberge Flora *(plan couleur B2,* ***52****)* **:** *44, bd Richard-Lenoir, 75011. ☎ 01-47-00-52-77. Ⓜ Bréguet-Sabin ou Richard-Lenoir. Tlj 7h (8h w-e)-23h ; service 12h-15h, 19h-23h. Formules déj en sem 19-23 € ; menus 32-38 € ; carte 35-40 €.* Une auberge de « campagne » dans un style « urbain décalé ». Flora Mikula, chef atypique, a réussi son pari : faire partager son plaisir du goût et des saveurs dans ce lieu très singulier. Autour d'une cuisine sincère aux accents méridionaux (pour ne pas oublier ses origines), teintée d'allusions aux saveurs exotiques et de mariages sucrés-salés, où la qualité du produit prime toujours. Sympa aussi à l'heure de l'apéro, pour se régaler de tapas savoureuses et ensoleillées.

Plus chic

Septime *(plan couleur C3,* ***49****)* **:** *80, rue de Charonne, 75011. ☎ 01-43-67-38-29. Ⓜ Charonne, Voltaire ou Ledru-Rollin. Tlj sauf sam-dim et lun midi ; service 12h15-14h, 19h30-22h. Résa (possible sur Internet) 3 sem à l'avance. Le midi, menu 42 € ; le soir, menu « Carte blanche » 80 €.* Septime, le tyrannique et caractériel patron incarné par de Funès dans *Le Grand Restaurant,* ne règne pas en salle, heureusement. Ici, le service est élégant et souriant ! La formule déjeuner est épatante et donne un bel aperçu du talent de Bertrand Grébaud. Résultat (heureux) de son passage chez Passard, il travaille les fruits et légumes comme personne ! Assemblages vifs et graphiques, assiettes légères et colorées, compositions fondantes et inventives. Une vraie fête des papilles ! Vins nature iconoclastes, pour continuer à être surpris. Bien plus cher le soir, avec l'unique formule dégustation. La même équipe tient le bistrot *Clamato* juste à côté, entièrement dédié aux poissons et fruits de mer (voir plus haut).

Unico *(plan couleur C3,* ***50****)* **:** *15, rue Paul-Bert, 75011. ☎ 01-43-67-68-08. Ⓜ Faidherbe-Chaligny. Tlj sauf dim et lun midi 12h-14h, 19h30-23h. Résa indispensable le soir. Le midi en sem, menu 17 € ; carte env 50 €.* Dans un cadre orangé résolument seventies, *Unico* nous propulse à l'autre bout du monde, en Argentine, *che !* Viande hyper tendre et goûteuse, copieuse, ça va de soi. À arroser d'un petit vin de Mendoza. Autre adresse dans le 7e *(10, rue Amélie ; ☎ 01-45-51-83-65 ; Ⓜ La Tour-Maubourg).*

Le Sot-l'y-laisse (plan couleur D3, **51**) : 70, rue Alexandre-Dumas, 75011. ☎ 01-40-09-79-20. Ⓜ Alexandre-Dumas ou Avron. Tlj sauf sam midi, dim et lun midi ; service 12h-14h, 19h30-21h30. Résa conseillée. Formules déj 21-27 € ; carte 50-60 €. Ce minuscule bistrot de quartier est devenu un incontournable du circuit gourmand depuis l'arrivée d'Eiji Doihara, transfuge de Bocuse à Tokyo formé aux subtilités des classiques de notre terroir. Résultat, il livre dans sa petite salle sage une cuisine française parfaitement maîtrisée, à peine revisitée à l'occasion par quelques touches asiatiques, épurée dans l'esprit zen. Service tout en délicatesse souriante. Un peu cher à la carte le soir mais parfait au déjeuner.

Bar à vins

La Cave Paul Bert (plan couleur C3, **90**) : 16, rue Paul-Bert, 75011. ☎ 01-58-53-50-92. Ⓜ Faidherbe-Chaligny ou Rue-des-Boulets. Tlj 12h-minuit. Planches et assiettes 6-12 €. Verres de vin 6-7 €. Dans cette rue Paul-Bert où les adresses gourmandes sont nombreuses, voici un bar à vins original et vivant. Accoudé au comptoir, on découvre de bien jolies cuvées, le plus souvent « nature » : la sélection change en permanence, et les trouvailles sont différentes à chaque passage. Quelques délicates planches de charcuterie ou de fromages ainsi que de petites assiettes de style tapas sont là pour accompagner la dégustation.

Les Domaines qui montent (plan couleur C2, **94**) : 136, bd Voltaire, 75011. ☎ 01-43-56-89-15. Ⓜ Voltaire ou Charonne. Tlj sauf dim 10h (10h30 sam)-20h30 (19h30 lun) ; service seulement au déj (12h-13h45). Congés : 3 sem en août. Résa recommandée, surtout sam. « Formule du caviste » 16,60 € ; carte env 25 €. Apéritif maison offert à nos lecteurs pour tout repas pris sur place. En terrasse ou en salle, à l'une des tables disposées parmi les rayonnages, laissez-vous conseiller par la souriante équipe, experte en vins, qui a transformé cette ancienne quincaillerie en un sympathique concept cave-épicerie fine-tables d'hôtes avec un choix de près de 300 vins vendus à table à prix coûtant, sans droit de bouchon. Côté assiettes, charcuterie artisanale, plats du jour et fromages fermiers. Deux autres maisons, dans le 9e (31, rue Ballu ; ☎ 01-42-81-97-47) et dans le 17e (22, rue Cardinet ; ☎ 01-42-27-63-96).

Où boire un thé ? Où prendre un bon 4-heures ?

Pâtisserie et Chocolaterie de Cyril Lignac (plan couleur C3, **100**) : 24, rue Paul-Bert et 25, rue Chanzy, 75011. ☎ 01-55-87-21-40. Ⓜ Charonne ou Faidherbe-Chaligny. Tlj 7h-20h (19h chocolaterie). L'entreprenant chef (en collaboration avec Benoît Couvrand, un ex-*Fauchon*) a ouvert dans ce coin gourmand une boulangerie-pâtisserie, mais aussi une chocolaterie, dans laquelle on peut s'installer pour déguster ses créations : pâtisseries traditionnelles, joliment revisitées, comme le paris-brest (3 choux étonnamment alignés), la tarte au citron, le baba cœur chocolat-Passion ou l'éclair au chocolat (aux notes de vanille). Tablettes de chocolat et ours à la guimauve maison pour les gourmands. Côté boulangerie, des pains classiques ou plus originaux...

La Bague de Kenza (plan couleur C3, **101**) : 173, rue du Faubourg-Saint-Antoine, 75011. ☎ 01-43-41-47-02. Ⓜ Faidherbe-Chaligny. Sam-jeu 10h-20h, ven 13h30 (14h30 en été)-21h. Pâtisseries 2,10-3,50 € ; plats 13,90-15 €. Un lieu idéalement placé pour qui cherche à se refaire une santé, face à l'hôpital Saint-Antoine. On boit un thé à la menthe avec une pâtisserie livrée par la maison mère, rue Saint-Maur (moins chères à emporter). Également quelques options salées le midi.

Où boire un verre ?

Le Motel *(plan couleur B3,* **110***) : 8, passage Josset, 75011. ☎ 01-58-30-84-68. Ⓜ Ledru-Rollin. Tlj sauf lun 18h-2h.* Happy hours *18h-21h. Concerts mar-mer, DJs jeu-sam, quiz ou* blind test *dim. Pinte 5,50 € ; cocktails 7-8 €.* Dans la pure tradition des bars rock, *Le Motel* est en place ! Salles à la déco sombre et bar pris d'assaut dès l'apéro par une clientèle de musiciens et d'amateurs de pop.

Moonshiner *(plan couleur B3,* **111***) : 5, rue Sedaine, 75011. ☎ 09-50-73-12-99. Ⓜ Bréguet-Sabin. Tlj 18h-2h. Pinte 6 € ; cocktails 9-14 €. Pizzas 9-15 €.* Ils sont sympas au *Routard,* ils t'envoient dans un bar à cocktails et tu te retrouves dans une pizzeria... Eh bien non, on ne s'est pas trompés ! Poussez donc la porte du frigo au fond de la pizzeria *Da Vito.* Oh surprise, vous découvrez un *speakeasy* époque *Gatsby le Magnifique,* lumière tamisée et motifs Art déco de rigueur. Les bons cocktails jouent la carte de la tradition, avec un penchant pour les whiskeys, ryes et bourbons américains, prohibition oblige... Au fait, la pizza est excellente aussi, n'hésitez pas à faire étape dans ce morceau de Little Italy avant... ou après.

Bottle Shop *(plan couleur B3,* **112***) : 5, rue Trousseau, 75011. ☎ 01-43-14-28-04. Ⓜ Ledru-Rollin. ♿ Tlj 11h30-2h. Formules déj 12-16 €.* Un bar-pub à l'ambiance franco-anglaise. Pas mal de clients du quartier – notamment intermittents et expats – qui font bien vivre l'endroit, même en semaine. Une déco chaleureuse et une atmosphère conviviale qu'on aimerait trouver partout. DJs les jeudi, vendredi et samedi. Et quelques tables en terrasse quand il fait beau.

Bluebird *(plan couleur C3,* **113***) : 12, rue Saint-Bernard, 75011. Pas de tél. Ⓜ Faidherbe-Chaligny. ♿ Tlj 18h-2h. Cocktails 10-14 €.* Un bar à cocktails intime et chaleureux, qui s'est spécialisé dans les préparations à base de gin (mais pas uniquement). Quelques classiques revisités (Negroni, Martini Gin, Gin & Tonic) et des créations plus originales, où les mixologistes italiens tentent de sublimer leurs alcools *premium.* Jolie déco feutrée style années 1960, colorée par le bleu d'un aquarium. *NOUVEAUTÉ.*

Où sortir ?

Le Badaboum *(plan couleur B3,* **130***) : 2 bis, rue des Taillandiers, 75011. ☎ 01-48-06-50-70. Ⓜ Ledru-Rollin ou Bastille. Bar mer-sam 19h-2h (4h sam) ; concert en sem à 19h ; club jeu-dim minuit-6h30. Prix d'entrée différent selon soirée.* Installé dans d'anciens ateliers aux vastes proportions, ce club offre plusieurs espaces qui répondent aux différents moments de la soirée : un bar à cocktails cosy pour débuter, une salle de concerts à la programmation pointue, un *dancefloor* avec *sound system* rugissant, stroboscopes et fumées pour danser, et une mansarde secrète sous les toits pour discuter et préparer l'after. Le week-end, attendez-vous à faire la queue. Un conseil ? Arrivez tôt !

DU CÔTÉ D'OBERKAMPF

Où manger ?

Sur le pouce

Boulangerie Benoît Castel *(plan couleur B1,* **53***) : 72, rue Jean-Pierre-Timbaud, 75011. ☎ 01-48-06-70-59. Ⓜ Parmentier. Mer-sam 8h-20h30, dim 8h-15h. Sandwichs 4-6,50 € ; formules 8,30-10,50 €.* Des sandwichs gourmands (jambon/fromage de luxe, pastrami...), des pains fantaisie, de délicieuses viennoiseries : bienvenue chez Benoît Castel, nouvelle star de la boulangerie parisienne. Également de jolies pâtisseries, comme des millefeuilles, des tartes au citron délicates ou de généreux fars bretons. *NOUVEAUTÉ.*

Épicerie du Verre Volé *(plan couleur zoom,* ***54****) : 54 bis, rue de la Folie-Méricourt, 75011. ☎ 01-48-05-36-55. Ⓜ Oberkampf. Lun-sam 11h-20h. Sandwichs 4,90-7,90 € ; formules 9,90-12,90 €.* Juste derrière la vitrine de charcuterie fine et fromages à la coupe s'élaborent des sandwichs maison à base de produits de saison d'excellente qualité, composés à la commande. Difficile de faire plus frais ! Square tout proche pour déguster ce bon pain drôlement bien fourré.

Al Taglio *(plan couleur zoom,* ***55****) : 2 bis, rue Neuve-Popincourt, 75011. ☎ 01-43-38-12-00. Ⓜ Parmentier. Tlj sauf lun 12h-15h, 18h-23h. Congés : 2 sem en août. Prix au poids : env 5-14 € pour une grignotte, 10-13 € pour un vrai repas ; formules déj en sem 8-10 €.* Des pizzas proposées *al taglio,* à la taille (au poids et à la coupe, donc), à manger sur place ou à emporter. Choisissez au comptoir, on vous repasse le tout au four quelques instants avant de vous l'apporter à l'une des tables hautes ou sur l'agréable terrasse de poche. Si le concept est italien, le cadre, lui, a quelque chose de new-yorkais.

De très bon marché à bon marché

Dong Huong *(plan couleur B1,* ***56****) : 14, rue Louis-Bonnet, 75011. ☎ 01-43-57-42-81. Ⓜ Belleville. Tlj sauf mar, midi et soir. Carte max 15 €.* Au départ, il y a 20 ans, une toute petite boutique, une affaire familiale comme il y en a tant. On compte maintenant 4 grandes salles et près de 25 personnes qui y travaillent. La raison de cette réussite ? Pas vraiment le service, même s'il est rapide et souriant, ni la déco façon resto U. C'est dans l'assiette ! Toutes les saveurs de la gastronomie vietnamienne s'y retrouvent, avec en prime d'excellentes *bánh xèos* (crêpes fourrées et grillées). La communauté vietnamienne de Belleville l'a bien compris et s'y bouscule. *NOUVEAUTÉ.*

L'Orillon Bar *(plan couleur B1,* ***57****) : 35, rue de l'Orillon, 75011. 📱 07-82-25-66-09. Ⓜ Belleville. Resto en sem 12h-14h30 et grignotage le soir lun-sam. Fermé dim. Congés : 2 sem en août et 1 sem à Noël. Formules déj 14-17 €.* À deux pas de Belleville, un café d'angle qui en a vu d'autres, tenu par une jeune équipe sympa, pas compliquée et appliquée. À l'image d'une cuisine du jour très fraîche, préparée en fonction du marché et de l'inspiration. Sur des tables en formica, entre un comptoir patiné et des murs bruts, on se régale d'un œuf mayo, d'une brandade de poisson ou d'un tartare avec sa salade de lentilles. Simple, bon et à prix démocratique. Difficile de ne pas en faire sa cantine, à l'instar d'une ribambelle d'habitués réjouis !

Krügen *(plan couleur B1,* ***58****) : 58, rue de la Fontaine-au-Roi, 75011. ☎ 09-52-29-78-79. Ⓜ Parmentier. Tlj sauf dim soir et lun-mar 12h-14h30, 19h-22h30. Congés : 3 sem en août et 2 sem à Noël. Formules déj en sem 10,50-13,50 € ; carte env 15 € ; brunch 22 €.* La Bretagne est à l'honneur dans cette crêperie à la déco stylée, tendance surfeurs. Les galettes sont cuisinées « *kraz* », donc fines et croustillantes, vraiment goûteuses et garnies de produits du terroir sélectionnés (andouille de Guémené, saucisse d'Ille-et-Vilaine...), à choisir à la carte ou à composer au gré de ses envies. Les sucrées se déclinent en crêpes et en *kouigns,* spécialité bigoudène. Belle sélection de cidres artisanaux et/ou bio (dont une cuvée maison) et de bières locales. Une adresse sympa, gérée par une équipe jeune (mi-bretonne) et pro. Brunch le week-end et coin épicerie. *NOUVEAUTÉ.*

L'Alicheur *(plan couleur B1,* ***59****) : 96, rue Saint-Maur, 75011. ☎ 01-43-38-61-38. Ⓜ Rue-Saint-Maur. Tlj sauf sam-dim ; service 12h15-15h30, 19h15-23h30. Formules 8-13,10 € ; nouilles 6,70-8,80 €, roll 1,60 €.* Rethori prépare une cuisine légère, sans friture, aux parfums du monde. Une cuisine que lui a apprise sa mère, Rosine, qui fut l'une des reines de la cuisine khmère. Dans son minisnack, on avale debout sur le pouce ou on emporte des soupes parfumées, des salades malignes, et ces délicieux *rolls,* minirouleaux aux légumes et à la viande. Simple, sain, bon, pas cher, gentil comme tout. Et pour les curieux, il y a toujours l'énigme du jour, inscrite au tableau, qui permet à qui la découvre de gagner un *roll* d'honneur. Autant vous prévenir, ce n'est pas si facile !

🍽 ***Bat'un Karé*** *(plan couleur C2,* ***60****) : 124, rue du Chemin-Vert, 75011. ☎ 01-48-07-02-25. Ⓜ Père-Lachaise. Tlj sauf sam midi et dim-lun 12h-14h, 19h-22h (23h ven-sam). Congés : août. Formule déj 13,50 € ; carte env 25 €. Apéritif maison ou café ou digestif maison offert sur présentation de ce guide.* Avec sa minuscule devanture et sa salle pas beaucoup plus grande, on a vite fait de passer devant sans le voir. 20 couverts à peine pour ce petit restaurant de poche proposant une savoureuse cuisine de l'océan Indien. Quelques entrées, 3 plats du jour (dont l'incontournable rougail saucisse de La Réunion) et 2 desserts au choix. Tout est frais et cuisiné maison à grand renfort de piments et d'épices. Déco joyeuse et accueil à l'unisson, féminin, souriant et chaleureux.

🍽 ***Melt*** *(plan couleur zoom,* ***61****) : 74, rue de la Folie-Méricourt, 75011. ☎ 09-81-36-42-76. Ⓜ Parmentier. Tlj sauf dim soir et lun 12h-15h, 19h30-23h. Pas de résa possible. Viande 10-13 €, légumes 4-6 €.* Dans l'esprit des *smokehouses* à la texane, les amateurs de bonne bidoche se pressent ici pour s'avaler des morceaux de viande fumée qui fondent délicieusement dans la bouche (*brisket black angus, smoked chick, spare ribs,* etc.), accompagnés comme il se doit d'une sauce barbecue et de *coleslaw*. On passe commande et on vous apporte votre plateau. Bref, il faut que ça tourne! Les *sides* sont moins convaincants mais qu'importe, l'ambiance est jeune, décontractée, et les carnivores ne seront pas déçus. *NOUVEAUTÉ.*

Bon marché

🍽 ***Green House*** *(plan couleur C1,* ***62****) : 22, rue Crespin-du-Gast, 75011. ☎ 09-80-48-79-47. Ⓜ Ménilmontant ou Saint-Maur. Tlj sauf dim-lun 12h-14h30, 19h-22h. Repas env 20 €.* Après avoir lancé à Paris la mode de la *street food* dans son *Camion qui fume,* l'Américaine Kristin Frederick nous met au vert avec cette toute petite cantine *healthy,* épaulée par un jeune chef touche-à-tout. Le concept : des *bowls* complets, sains et gourmands, inspirés par le métissage de la cuisine californienne, et des *small plates* à grignoter à l'apéro, *fusion* toujours. Tout est bio, le plus local possible et les vins sont naturels. Au moindre rayon de soleil, on s'installe en terrasse sur la placette verdoyante aménagée en potager urbain. Et c'est le bonheur! Pour ceux qui seraient plus tentés par les burgers du *Camion qui fume,* retrouvez-les au *(66, rue Oberkampf ; tlj 12h-23h). NOUVEAUTÉ.*

🍽 ***Café du Coin*** *(plan couleur C2,* ***63****) : 9, rue Camille-Desmoulins, 75011. ☎ 01-48-04-82-46. Ⓜ Voltaire. ♿ Tlj sauf dim. Menus 15,50 € (midi)-19 € ; le soir, carte de tapas env 30 €.* Un décor de bistrot parisien revisité avec sol en mosaïques, comptoir courbe et luminaires globes pour une cuisine originale, délicate et savoureuse. Le midi, menu défiant toute concurrence, avec des assiettes soignées et ultra-fraîches. Le soir, place à l'apéro dînatoire, avec une carte de tapas et autres grignotages, mais toujours de haute qualité (fruits de mer, *pizzette,* etc.). Carte des vins enthousiasmante. *NOUVEAUTÉ.*

🍽 🍕 ⛱ ***Ober Mamma*** *(plan couleur zoom,* ***64****) : 107, bd Richard-Lenoir, 75011. ☎ 01-58-30-62-78. Ⓜ Oberkampf. ♿ Tlj 12h-14h30 (15h30 w-e), 19h-22h45 ; bar 18h-1h. Pâtes et pizzas env 9-18 €.* La petite sœur d'*East Mamma* (voir la rubrique « Où manger ? » du côté de Bastille plus haut) rencontre le même succès. Autant dire qu'il faut venir tôt, ou à la fin du service, pour espérer trouver sa place parmi les foules d'affamés branchés. Mais ça vaut le coup ! D'abord, parce que le service est sympa et efficace. Ensuite, parce que le cadre est top dans le genre trattoria rustico-tendance (mobilier en bois, verrière, cuisine ouverte et cochonnailles suspendues). Et enfin parce que les pizzas comme les pâtes sont vraiment goûteuses. Tout est bon, jusqu'au café qui est torréfié par la maison !

Sizin *(plan couleur A-B1,* ***65****) : 36, rue du Faubourg-du-Temple, 75011. ☎ 01-48-06-54-03. Ⓜ Rue-Saint-Maur. Tlj sauf dim midi ; service 12h-15h, 19h-23h. Le midi en sem, menus 12,50-15,50 € ; carte 20-25 €. Café ou thé offert sur présentation de ce guide.* Face au *Palais des Glaces,* au fond d'un préau où l'on dispose quelques tables en terrasse, ce modeste restaurant au cadre aussi flétri que dépaysant propose depuis plus de 30 ans, à la carte, toute la panoplie de la cuisine turque : pizzas et grillades au feu de bois, *böreks, kanarya* (aubergine et poivron au yaourt) et autres *mezze,* sans oublier les onctueux yaourts maison et les baklavas. Tout est fait maison, y compris le pain. Bon accueil.

L'Homme Bleu *(plan couleur B1,* ***66****) : 55 bis, rue Jean-Pierre-Timbaud, 75011. ☎ 01-48-07-05-63. Ⓜ Parmentier. Tlj 10h (16h dim-lun)-minuit. Toujours plein le soir après 20h. Formule déj 13,50 € ; plat du jour 11,50 € ; carte 25-30 €.* Depuis une vingtaine d'années, les clients se rassemblent chaque soir sous la grande tente, à l'abri des tempêtes de sable, pour goûter couscous, tajines mijotés, keftas et petits farcis (*böreks,* bricks...) préparés sous leurs yeux, au coin de la cheminée, par d'heureuses *tilawins.* Une valeur sûre dans le quartier.

Café Lux *(plan couleur B2,* ***67****) : 73, rue Saint-Maur, 75011. 07-68-62-68-22. Ⓜ Rue-Saint-Maur. Tlj sauf dim et le midi lun-mar 12h-15h (15h30 sam), 19h-22h30. Bo bun env 12,50 € ; carte env 17 €.* Ce repaire pour amateurs de bo bun offre une jolie déco qui mélange tables de bistrot en formica et lampes en papier d'Asie. La cuisinière propose une version soignée de cette emblématique spécialité vietnamienne, aussi belle à voir que bonne à manger. Tout est frais, maison (nems, oignons frits, viande émincée cuite à la minute...) et délicatement assaisonné. Avec un bon dessert et un verre de vin (naturel !), c'est la pause déjeuner idéale.

La Cave de l'Insolite *(plan couleur zoom,* ***68****) : 30, rue de la Folie-Méricourt, 75011. ☎ 01-53-36-08-33. Ⓜ Saint-Ambroise, Parmentier ou Oberkampf. Tlj sauf lun ; service 12h-14h30, 19h30-22h30 (22h dim). Congés : 10 j. à Noël. Formule déj sauf dim 20 € ; carte env 40 €.* Un ancien atelier au cadre adorablement foutraque : mobilier de récup, tables rustiques, vieilles banquettes de moleskine, sous le regard d'un bel escalier à hélice... Beaucoup de vins naturels occupent les rayonnages. Au niveau nourritures terrestres, plats de bistrot réalisés avec des produits frais, qui collent au cadre. En prime, une atmosphère déliée, authentique, sans chichis !

Nhà Quê *(plan couleur B2,* ***69****) : 20, rue du Général-Guilhem, 75011. ☎ 01-43-57-63-60. 06-16-88-89-74. Ⓜ Saint-Ambroise ou Rue-Saint-Maur. Tlj sauf sam-dim et le soir lun-mar 11h30-14h30, 19h-21h30. Congés : août. Formules déj 15-20 € ; carte env 25 €.* Une toute petite salle où l'on est, il faut l'avouer, un peu serré quand le temps ne permet pas de profiter de la terrasse, installée face au charmant square Maurice-Gardette. Cuisine raffinée, qui propose des plats vietnamiens un tantinet revisités, donnant à cette cuisine une certaine noblesse. Belle carte des vins, servis au verre, et thé en carafe.

B & M *(plan couleur zoom,* ***70****) : 82, av. Parmentier, 75011. ☎ 01-43-57-26-11. Ⓜ Parmentier. Tlj ; service 12h-23h. Burgers-frites 11-14,50 €.* *B & M,* c'est un fast-food créé par Benjamin et Michael, 2 cousins fondus de burgers, version traditionnelle mais avec des produits ultra-frais. Viande sélectionnée par Desnoyer, hachée sur place et juteuse à souhait même si servie d'office à point, petit pain (bun) moelleux et léger, frites et bacon bien croustillants. À croquer dans la salle au décor industriel, bien loin des fast-foods.

La Vache Acrobate *(plan couleur A2,* ***71****) : 77, rue Amelot, 75011. ☎ 01-47-00-49-42. Ⓜ Saint-Sébastien-Froissart ou Chemin-Vert.*

Tlj sauf dim 8h30-minuit. Formules déj 16-19 € ; carte 25-30 €. Un petit troquet coloré, où les habitués aiment se retrouver pour une soirée conviviale, autour de petits plats bien troussés. Le cadre est chaleureux, mais mieux vaut savoir se faufiler et aimer le coude-à-coude ! La carte des vins privilégie petits crus et vignobles méconnus. Accueil très sympa.

IOI ***L'Acolyte... de l'Insolite*** *(plan couleur zoom,* ***72****) : 49, rue de la Folie-Méricourt, 75011. ☎ 09-83-25-95-78. Ⓜ Parmentier ou Oberkampf. Lun-ven 12h-14h, 19h-22h30. Congés : 1 sem à Noël. Plats 17-21 € ; formules déj en sem 16-18 € ; carte 30-35 €.* Comme c'est tout petit, l'atmosphère fait dans l'intime et le convivial, d'autant que l'accueil met tout le monde à l'aise. La cuisine se concentre sur une carte réduite pour ciseler des plats du jour savoureux et pleins de bonnes idées. C'est beau et d'une fraîcheur irréprochable... Belle sélection de vins.

De prix moyens à chic

IOI ***Vantre*** *(plan couleur B1,* ***73****) : 19, rue de la Fontaine-au-Roi, 75011. ☎ 01-48-06-16-96. Ⓜ Goncourt ou République. Lun-ven 12h-14h, 20h-22h. Formules déj 17-21 € ; carte 40-45 €. Vins au verre à partir de 5 €.* Déco de bistrot élégante, tables en marbre, parquet et ardoise. Iacopo Chomel (ex de chez *Saturne*) et Marco Pelletier (ex-sommelier au *Bristol*) ont réuni leurs talents ici pour allier une cuisine de marché et de grands vins. Dans l'assiette, le chef promet des plats instinctifs, appétissants et subtils. La formule déj est une vraie aubaine ! La carte des vins, impressionnante, est à faire pâlir d'envie les plus grands amateurs. Marco Pelletier y a transféré sa cave personnelle... Attention tout de même au choix des vins, l'addition peut vite grimper. Service pro et attentionné.

IOI ***Patchanka*** *(plan couleur B2,* ***82****) : 33-35, rue Saint-Sébastien, 75011. ☎ 09-51-45-76-91. Ⓜ Saint-Ambroise. • patchanka.paris@gmail.com • Ouv tlj sauf dim-lun. Formule déj 14-17 € ; carte env 40 €.* Le patron est Argentin, le personnel hispanophone à l'accent chantant bien marqué et les viandes (sublimes) sont cuites au barbecue avec un charbon argentin. Alors si les viandes juteuses et goûteuses en diable font la fierté de la maison, la courte carte ne se prive cependant pas de piocher dans d'autres terroirs : ris de veau papaye verte et citron, pluma de porc ibérique aux légumes de saison. Remarquable. Tout comme les desserts, pâtissiers sans être saturés en sucres. L'appâtante formule déjeuner donne déjà un bel aperçu du savoir-faire du chef. Joli cadre épuré et accueil tout en chaleur. Un coup de cœur. *NOUVEAUTÉ.*

IOI ***Restaurant Pierre Sang in Oberkampf*** *(plan couleur zoom,* ***74****) : 55, rue Oberkampf, 75011. ☎ 09-67-31-96-80. Ⓜ Oberkampf ou Parmentier. ♿ Tlj ; service 12h-15h, 19h-23h. Congés : vac scol de Noël. Fomules déj 20-35 € ; menu 39 € le soir.* Ici, pas de carte, pas de stress. Et c'est justement ce qui contribue en fin de compte au plaisir. Surtout que le service est souriant, attentif, rassurant. Dans un décor minimal blanc et noir (assez austère), on savoure l'unique formule : 2, 3, 5 ou 6 plats en version dégustation, de l'entrée au dessert en passant par le fromage (fameux). Surprise toujours de mise ! Quant au chef, c'est un ancien finaliste de *Top Chef* (saison 2), qui, depuis, a tracé son chemin. Il a ouvert 2 autres adresses : ***Pierre Sang on Gambey*** (voir plus loin) et ***Signature,*** à vocation gastronomique.

IOI ***Au Passage*** *(plan couleur A2,* ***75****) : 1 bis, passage Saint-Sébastien, 75011. ☎ 01-43-55-07-52. Ⓜ Saint-Sébastien-Froissart. Mar-sam 19h-1h30 (23h30 pour la cuisine). Carte env 40 €.* Un bistrot qui cache bien son jeu, au milieu d'un passage peu fréquenté, derrière sa façade de petits carreaux et ses graffitis de Miss.Tic. Déco vintage de bric et de broc, clientèle branchée et cuisine inspirée. Petits plats genre tapas : frais, très bons mais assez peu copieux (l'addition peut donc vite grimper)... Quant à la carte des vins, elle est de tout premier ordre. Parfait entre amis.

IOI ***Scaria*** *(plan couleur zoom,* ***76****) : 88, av. Parmentier, 75011.*

☎ 09-83-47-62-66. Ⓜ Parmentier. Lun-sam 8h30 (9h30 sam)-23h, dim 9h30-18h30. Sandwichs 7,50-12 € ; formules déj 22-26 € ; carte env 40 €. À l'image du quartier, *Scaria* est une adresse vivante, qui met les clients à l'aise. Il suffit de les prendre par la gourmandise, nous direz-vous... On se régale à toute heure dans cette jolie salle à la déco design, ouverte sur la cuisine. La carte est concise, mais que c'est beau, et diablement bon ! Les plats, méticuleusement travaillés, trahissent le tour de main d'un chef passé chez quelques pointures. Une option végétarienne redonne leurs lettres de noblesse aux légumes, bio le plus souvent. À midi, menu gastronomique à prix serré ! Pour un grignotage rapide, sandwichs (notamment au pastrami) et plats à emporter. Coin épicerie. *NOUVEAUTÉ.*

Plus chic

I●I *Robert* *(plan couleur B1, **77**) : 32, rue de la Fontaine-au-Roi, 75011. ☎ 01-43-57-20-29. Ⓜ Parmentier. Mer-sam midi et soir. Formule déj en sem 22 € ; carte env 45 €.* Un resto qui surfe habilement sur la nouvelle vague gastronomique, où déco épurée rime avec cuisine colorée. Le chef, d'origine australienne, régale ses convives avec des assiettes parfaitement composées, inventives et savoureuses, et de petites touches italiennes. Les légumes, très présents, proviennent du jardin de Robert, sur les bords de la Loire (90 variétés !). Une très bonne table dans ce quartier où les adresses gourmet se multiplient. *NOUVEAUTÉ.*

I●I *Le Villaret* *(plan couleur zoom, **78**) : 13, rue Ternaux, 75011. ☎ 01-43-57-89-76. Ⓜ Parmentier ou Oberkampf. Tlj sauf sam midi et dim ; service 12h15-14h15, 19h30-23h (23h30 ven-sam). Congés : 2 sem mi-août. Formules déj 23-28 € ; menu du marché 35 € ; le soir, menu dégustation 60 € ; carte env 50 €.* À l'opposé des restos parfois trop branchés du quartier, cette belle table bistronomique a un côté rassurant. Les plats, élaborés selon le marché par Olivier Gaslin, qui tient les rênes de la cuisine depuis 25 ans, font mouche. Assiettes soignées et généreuses, qui mettent à l'honneur de bons produits. Fabuleuse carte de grands crus, que le personnel se fera un plaisir de commenter. Service très pro et cadre accueillant.

I●I *Pierre Sang on Gambey* *(plan couleur zoom, **79**) : 6, rue Gambey, 75011. ☎ 09-67-31-96-80. ♿ Tlj ; service 12h-15h, 19h-23h. Formules et menus 20-35 € le midi, 49-88 € le soir.* Du pur plaisir que cette 2e adresse de Pierre Sang, à deux pas de la 1re. Les formules, jamais annoncées car évoluant au gré de l'inspiration, permettent de profiter du talent d'un chef généreux, qui s'épanouit dans une cuisine de l'instant, précise, inventive, pleine de goût et largement ancrée en terre coréenne, patrie d'origine de Pierre. On s'étonne, on se régale, et on passe à coup sûr un bon moment accoudé à l'une des tables hautes en bois épais alignées face aux rayonnages de bouteilles, à moins de préférer le comptoir de la cuisine ouverte pour profiter du spectacle. Un bel endroit, comme l'accueil.

I●I ⛱ *Square Gardette* *(plan couleur B2, **80**) : 24, rue Saint-Ambroise, 75011. ☎ 01-43-55-63-07. Ⓜ Rue-Saint-Maur. Tlj 11h-14h30, 19h-22h30 (23h ven-sam, 22h dim). Formule déj 25 € ; carte env 45 € ; brunch dim 28 €.* Le décor volontairement vieillot et chaleureux dégage une véritable atmosphère. Mais la vraie surprise est dans l'assiette ! Au piano, le chef élabore une cuisine mi-classique, mi-revisitée, fraîche et goûteuse. Des cuissons parfaites, une carte originale qui change régulièrement, des produits de saison, pour un résultat qui flatte très largement vos papilles ! Aux beaux jours, les tables s'étalent le long du trottoir, ce n'est pas désagréable. Un peu plus de simplicité dans l'accueil, et tout serait parfait !

Bars à vins

I●I 🍷 *La Canonnière* *(plan couleur B1, **91**) : 57, rue de la Fontaine-au-Roi, 75011. ☎ 09-83-22-05-09. Ⓜ Parmentier. Mer-dim 12h-14h30 (15h* *w-e), 19h30-22h30 (23h w-e). Assiettes 6-14 €.* Un bistrot à vins moderne, qui aligne son long comptoir et ses quelques tables hautes face à une belle collection de bouteilles. Excellent choix de vins, où le biodynamique règne en maître (on peut acheter à emporter). On fait vraiment de chouettes découvertes et on accompagne le breuvage de petites assiettes fraîches et futées, pour grignoter ou carrément dîner. Un coup de cœur ! *NOUVEAUTÉ.*

La Buvette *(plan couleur B2,* ***92****) : 67, rue Saint-Maur, 75011. ☎ 09-83-56-94-11. Ⓜ Rue-Saint-Maur ou Parmentier. Mer-ven 17h-22h ; sam-dim 11h-22h. Pas de résa. Tapas 6-12 €. Verres de vin à partir de 5 €.* Une cave à manger savoureuse et rétro, de celles qui font toute la vitalité du Paris d'aujourd'hui. Autour de flacons savamment sélectionnés, principalement de vins nature, on peut grignoter de bien belles choses : charcuterie fondante, fromages délicatement affinés ou poissons fumés (hmm, les délicieuses saint-jacques aux zestes de cédrat !). Une adresse dans l'air du temps, pas donnée mais attachante.

Passarito *(plan couleur B1,* ***93****) : 10, rue des Goncourt, 75011. ☎ 09-83-31-25-06. Ⓜ Goncourt. Tlj sauf dim-lun 12h-23h30. Assiettes env 5-20 €, plats du jour 12-16 € (morue ven). Verres de vin à partir de 3,50 € ; bouteilles à partir de 16,50 €.* Un très joli bar à vins, qui a la particularité d'être spécialisé dans les *vinhos* portugais. On découvre avec plaisir les meilleurs crus lusitaniens, comme le Dao (Nord), les vins du Douro ou les crus plus solaires de l'Alentejo (Sud). Petites assiettes bien fichues *(dentadas)* pour les accompagner : outre les iconiques conserves de poisson Minerva, ne manquez pas les charcuteries, réalisées à base de cochon *bisaro.* Plat du jour savoureux le midi et pause café-*pasteis de nata* dans l'après-midi. Les sympathiques patrons et leur spécialiste du vin, Maxence, finissent de rendre ce lieu très attachant.

Où boire un thé ?

Thé Troc *(plan couleur B1,* ***102****) : 52, rue Jean-Pierre-Timbaud, 75011. ☎ 01-43-55-54-80. Ⓜ Parmentier. Tlj sauf dim 10h-12h et 14h-20h. Thés 3-6,50 €.* À la fois maison de thé, librairie engagée (de B.D., entre autres), maison d'édition, disquaire, boutique d'artisanat du monde, ainsi que brocante et dépôt-vente, cette drôle d'adresse régale. Reposant, avec ses banquettes défoncées, ses coussins laotiens et ses boîtes à sucre en métal, le lieu incite à la lecture (revues à disposition) ou à une discussion tranquille. Entre zen, exotisme et B.D., ici, on sait prendre le temps de vivre.

Où boire un verre ?

Aux Deux Amis *(plan couleur zoom,* ***114****) : 45, rue Oberkampf, 75011. ☎ 01-58-30-38-13. Ⓜ Parmentier. Tlj sauf dim-lun 10h30-2h ; service 12h30-14h30, 19h30-22h30. Tapas 6-13 €.* À l'heure de l'apéro, on se mêle au joyeux brouhaha de ce bistrot de quartier branché pour goûter sur le pouce à un choix impressionnant de copieuses tapas de haut vol aux saveurs inventives. Dans une déco seventies, ça parle fort, on se presse autour du zinc, dans une ambiance bon enfant. Un brin victime de son succès ; optez donc pour un apéro dînatoire dès 19h ou pour un déjeuner précoce, car ici chaque centimètre carré est pris d'assaut !

Les Niçois *(plan couleur B2,* ***115****) : 7, rue Lacharrière, 75011. ☎ 09-84-16-55-03. Ⓜ Saint-Ambroise ou Rue-Saint-Maur. Tlj sauf dim soir ; service 12h-14h30, 19h-23h. Congés : début août. Formule déj en sem 16 € ; le soir, tapas seulement 5-12 € ; brunch sam-dim 28 €, avec Bobo, l'animateur* *qui s'occupe des bambins.* Il flotte un air de vacances dans ce bar-resto à la déco brute, où l'ambiance s'échauffe du comptoir au terrain de pétanque (planqué au sous-sol, à côté du baby-foot) ! On commence au Ricard pour un apéro qui s'étire en longueur avant de goûter aux délicieuses tapas nissardes : incontournables pissaladière, *pan bagnat* ou *socca* à partager dans une bonne humeur contagieuse. Le dimanche, c'est brunch le midi et barbecue le soir.

La Fine Mousse *(plan couleur C1,* ***116****) : 6, av. Jean-Aicard, 75011. ☎ 01-48-06-40-94. Ⓜ Ménilmontant ou Rue-Saint-Maur. Tlj 17h-2h (plus resto le midi sam-dim). Bières 3,50-7 €. Planches charcuterie-fromages 12-14 €.* La boisson à fine mousse revient en odeur de sainteté (tchin !) : ce bar nouvelle génération est l'un de ses missionnaires les plus convaincants. Décor sobre et confortable, fait de pierre brute et de murs immaculés. Un choix énorme à la pression (20 pompes, pas moins), 150 références bouteille et rien que des bières artisanales, locales ou du bout du monde. N'hésitez pas à demander conseil, les barmen exercent leur mission comme un sacerdoce. On peut tester un repas « accords mets et bières » au resto d'à côté *(même enseigne ; tlj à partir de 19h et à midi le w-e; compter 24-35 €).*

Le Perchoir *(plan couleur C1,* ***117****) : 14, rue Crespin-du-Gast, 75011. ☎ 01-48-06-18-48. Ⓜ Ménilmontant. Tlj sauf dim-lun 18h-1h30.* Une fois la hype un peu retombée, on ne boude plus son plaisir de profiter de ce *rooftop* vertigineux, avec vue imprenable sur les toits de Paris. Belles terrasses, avec différentes perspectives sur la ville. Quand il fait plus frais, grande cabane en bois façon repaire de flibustiers pour s'abriter. La queue s'allonge sacrément en cas de météo ensoleillée ou en fin de semaine, essayez de venir tôt ! Service un peu désordonné. *NOUVEAUTÉ.*

L'Impasse *(plan couleur B1,* ***118****) : 4, cité Griset, 75011. 📱 06-52-76-69-77. Ⓜ Ménilmontant ou Rue-Saint-Maur. Tlj sauf dim-lun 17h-2h. Verre de vin env 4 €. Planche de charcuterie ou de fromages 19 €.* Ouvrez l'œil ! *L'Impasse* se planque dans les murs de brique d'une ancienne manufacture, aujourd'hui reconvertie en un loft aux airs berlinois. Fauteuils dépareillés, canapés chesterfield et tapis colorés plantent le décor de ce repaire de bobos, mi-*arty,* mi-intellos. On s'accoude au bar tapissé de palmiers pour commander un p'tit verre de rouge, à accompagner d'une bonne planche de charcut' ou de fromages. Allez, une partie de baby-foot entre 2 tournées ?

Udo Bar *(plan couleur zoom,* ***119****) : 4 bis, rue Neuve-Popincourt, 75011. 📱 06-48-13-44-99. Ⓜ Parmentier. Mar-sam 18h30-2h.* Happy hours *18h30-20h30. Congés : 4 sem en août et 2 sem à Noël. Bières à partir de 2,50 € ; cocktails 7-8 €.* Un véritable ovni dans le monde des bars parisiano-branchés : il semble s'être littéralement téléporté depuis Berlin ! Au milieu d'une décoration hétéroclite qui hésite entre sobriété et lyrisme romantique (oh ! la curieuse peinture), on vous servira de généreuses bières allemandes ainsi que des cocktails et autres *Apfelschorle.* Pour les petites faims, *Currywurst,* comme il se doit ! Tout ce petit monde s'agite sur de l'électro (mais pas que !). Plein à craquer le week-end.

Le Café Charbon *(plan couleur B1,* ***120****) : 109, rue Oberkampf, 75011. ☎ 01-43-57-55-13. Ⓜ Parmentier, Rue-Saint-Maur ou Ménilmontant. ♿ Tlj 8h-2h (4h jeu-sam) ; service 12h-minuit.* Happy hours *16h30-20h. Fermé soir du 24 déc et 25 déc. Carte env 20 € ; brunch dim 22 €.* Fréquenté par les habitués d'Oberkampf et les nuitards parigots, puisque communiquant avec *Le Nouveau Casino,* ce troquet est l'un des incontournables de la capitale. Les fresques 1900 et la savante lumière tamisée recréent une atmosphère de bistrot début XXe s. Allez, on peut le dire, ce bar a une âme. DJs les jeudi, vendredi et samedi à partir de 23h.

U.F.O. *(plan couleur B1,* ***121****) : 49, rue Jean-Pierre-Timbaud, 75011. 📱 07-84-24-61-73. Ⓜ Parmentier. Tlj 18h-2h.* Happy hours *18h-20h. Bières*

2,50-7 € ; cocktails 5-10 €. Ce sympathique bar du quartier Oberkampf tire son épingle du jeu grâce à son ambiance survoltée. Presque tous les soirs, jeunes du coin ou nouveaux venus se relaient au bar ou dans le petit salon aux canapés vintage, enchaînant bières belges ou caïpi, avant de descendre dans la cave pour danser sur quelques rengaines rock, garage ou soul (le week-end). Excellente ambiance et prix très raisonnables.

Pop In *(plan couleur A2,* ***122****) : 105, rue Amelot, 75011. ☎ 01-48-05-56-11. Ⓜ Saint-Sébastien-Froissart. Tlj 18h30-1h30.* Happy hours *18h30-21h. Congés : 3 sem en août et Noël-1er janv. Demi 3,20 € (1,50 € pdt l'*happy hour*) ; pinte 6 € (3 € pdt l'*happy hour*).* On se sent ici comme dans un vieux *flat* de la banlieue londonienne. Gays et hétéros s'y retrouvent volontiers pour commencer la soirée. Suite à des plaintes, le pub n'accueille plus de concerts, qui avaient fait sa réputation. Reste tout de même un incontournable.

Où sortir ?

L'International *(plan couleur B1,* ***131****) : 5-7, rue Moret, 75011. ☎ 09-80-53-76-41. • linternational.fr • Ⓜ Parmentier ou Ménilmontant. Mar-sam 19h-2h.* Happy hours *jusqu'à 21h, sauf cocktails. Demi 4 € ; cocktail 9 €.* Un bar-concert alternatif du quartier Oberkampf qui programme chaque soir, dans la grande salle du sous-sol, des sessions de DJs et des groupes de qualité en devenir ou confirmés. L'entrée est gratuite, l'ambiance jeune et sympa, et les tarifs sont raisonnables. Plein à craquer le week-end. Un bon plan.

Gossima Ping Pong Bar *(plan couleur C1,* ***132****) : 4, rue Victor-Gelez, 75011. ☎ 01-48-07-43-35. • gossima.fr • Ⓜ Ménilmontant ou Rue-Saint-Maur. Tlj sauf dim 16h-2h (minuit lun). Partie de ping-pong 6 € les 30 mn.* Un grand bar original, installé un peu à l'écart d'Oberkampf, au pied d'un immeuble des années 1930. Le concept ? À toute heure, on peut y jouer au ping-pong sur la dizaine de tables dispersées sur les 2 étages de cet ancien garage. Entre 2 parties, on se déhanche sur la piste de danse grâce aux talents du DJ, on boit quelques coups pour se donner de l'énergie ou on grignote quelques tapas, avant de se remettre dans la peau de Jean-Philippe Gatien. Original !

Bar Les 4 Éléments *(plan couleur A1,* ***133****) : 149, rue Amelot, 75011. ☎ 01-47-00-34-11. • bar4elements.com • Ⓜ Oberkampf, République ou Filles-du-Calvaire. Jeu 19h-2h, ven-sam 23h-5h. Happy hours 19h-21h. Un shot offert sur présentation de ce guide.* Un bar animé des nuits parisiennes. Son décor permet un cheminement à travers 4 éléments. Le bar (le feu), élément le plus chaud, est le centre du lieu : on mixe ici de la musique électronique de qualité (techno, house...). Bonne nouvelle, le « sound system » est d'excellente qualité ! Un jardin futuriste avec un mur végétal (la terre) permet de se poser et de discuter plus au calme (casiers pour poser ses affaires). Le fumoir (l'air) facilite la vie des danseurs... et des riverains. On vous laisse découvrir à quoi ressemble l'espace associé à l'eau.

Le Cannibale Café *(plan couleur B1,* ***134****) : 93, rue Jean-Pierre-Timbaud, 75011. ☎ 01-49-29-95-59. • cannibalecafe.com • Ⓜ Couronnes. Tlj 8h (9h w-e)-2h ; service continu 12h-minuit. Congés : Noël-Jour de l'an. Résa indispensable le soir jeu-dim pour se restaurer. Le Cannibale,* bien connu pour son joli décor de brasserie, sa bonne ambiance et sa grande terrasse abritée, ne désemplit pas. Son nom ? Il proviendrait d'un tableau de Goya (ou d'un hommage à Eddy Merckx, on vous laisse trancher). Du jeudi au dimanche, *Le Cannibale* vous accueille pour des live ou des mix d'enfer.

L'Alimentation Générale *(plan couleur B1,* ***135****) : 64, rue Jean-Pierre-Timbaud, 75011. ☎ 01-43-55-42-50.*

• *alimentation-generale.net* • Ⓜ *Parmentier. Mer-sam 19h-2h (5h jeu-sam).* Happy hours *jusqu'à 21h : pinte et caïpirinha 4 €, kir 2 €. Concert ou* DJ *set tlj. Entrée gratuite en sem (ou 3-5 € selon programmation) et 10 € (avec une conso) le w-e après 22h.* L'ALG nous régale avec ses programmations éclectiques et de qualité. Soul, jazz, rock, chanson française, musique tzigane, concerts ou DJ... la sauce prend et on en redemande. Rayon déco, une grande salle au mobilier hétéroclite avec au fond une petite scène devant laquelle on se trémousse nombreux certains soirs.

One More *(plan couleur zoom,* ***136****) :* *44, rue de la Folie-Méricourt, 75011. ☎ 01-79-74-16-74.* Ⓜ *Oberkampf. Mer-jeu 18h-2h, ven-sam 18h-4h. Bière 5 € ; cocktail 8 €.* Une excellente adresse pour sortir dans le bas d'Oberkampf. Vaste salle éclairée de guirlandes lumineuses façon baloche, espaces cosy pour siroter et discuter, piste pour se trémousser : rien ne manque pour s'amuser et faire de belles rencontres. Côté programmation, on fait alterner miniconcerts, stand-up (jeudi) et DJs (le week-end), parfois entrecoupés de tournois de ping-pong. Au bar, on sert de bonnes bières (dont la très locale BapBap) et de chouettes cocktails, le tout pas trop cher. Franchement, on en redemande. *One more ?*

Au Chat Noir *(plan couleur B1,* ***137****) :* *76, rue Jean-Pierre-Timbaud, 75011. ☎ 01-46-06-94-28.* Ⓜ *Parmentier. Tlj 9h (13h sam-dim)-2h (minuit dim).* Happy hours *15h-20h. Bière 3,50 € (au comptoir) ; cocktail 10 €.* Voici l'adresse jazz d'Oberkampf ! *Au Chat Noir* mise sur une programmation de qualité de jazz contemporain, mais aussi sur les insolites soirées *spoken word* du lundi, le tout dans un décor aux murs jaune, rouge et vert, avec des photos noir et blanc, aéré, plein de sobriété, où il fait bon prendre un verre. L'accueil amical fidélise les passants du quartier.

Le Nouveau Casino *(plan couleur B1,* ***138****) :* *109, rue Oberkampf, 75011. ☎ 01-43-57-57-40.* • *nouveaucasino.net* • Ⓜ *Parmentier, Rue-Saint-Maur ou Ménilmontant. Presque tlj 19h30-2h (ou 6h en fin de sem). Entrée : 5-20 € selon affiche ; places en prévente (Fnac et Digitick). Consos 5-10 €.* Oberkampf mise sur ce club qui accueille aussi bien des concerts rock ou électro que des soirées clubbing. Son cadre futuriste se présente comme une grotte kaléidoscopique où sont projetés sur les parois des sons et des images. L'ambiance se veut imaginative et la déco polymorphe. Autrefois ancien lavoir, puis fabrique de boucles de ceintures, le lieu a emprunté son nom au théâtre situé ici au début du XXe s.

Favela Chic *(plan couleur A1,* ***139****) :* *18, rue du Faubourg-du-Temple, 75011. ☎ 01-40-21-38-14.* • *favelachic.com* • Ⓜ *République.* ♿ *Mar-sam 19h30-2h (4h ven-sam). Cocktail env 10 € ; bière thaïe 6 €. Plats 15-25 €.* LE bar-club brésilien de Paris. Dans une ambiance de carnaval carioca, au milieu d'un décor de cabane tropicale et branchée, on descend quelques doucereuses caïpirinhas avant de filer sur la piste de danse. La programmation fait la part belle aux rythmes venus du Brésil, mais comme on n'y est pas sectaire, on s'autorise quelques incursions vers le rock ou l'électro. Le week-end, l'ambiance est totalement survoltée, et on y danse fiévreusement jusqu'au matin. Une galerie et un miniclub complètent ce tableau bariolé. *Todo bem !*

11e

À voir

AUTOUR DE LA PLACE DE LA BASTILLE

La place de la Bastille *(plan couleur B3) :* aménagée dès 1803, elle ne prit sa forme définitive qu'avec la percée, 60 ans plus tard, du boulevard Henri-IV, et la construction de la caserne des Célestins et de la gare de la

Bastille (aujourd'hui remplacée par l'Opéra). Napoléon avait fait le projet d'édifier à cet endroit une fontaine surmontée d'un éléphant colossal. Seuls les infrastructures, le bassin et le socle de cette fontaine furent réalisés. Encore visibles de nos jours, ils servent de base à la colonne de Juillet. Le fût porte le nom des victimes des journées révolutionnaires de juillet 1830 (les Trois Glorieuses), qui entraînèrent la chute de Charles X. La colonne ne se visite plus, mais admirez, de loin, l'élégante balustrade (à 47 m de haut), les belles têtes de lion et le génie de la Liberté qui, en équilibre sur une seule jambe, tout en haut, paraît s'envoler.

MAIS OÙ ÉTAIT LA BASTILLE ?

On remarque le tracé des tours sur le sol au début de la rue – et non du faubourg – Saint-Antoine. La forteresse mesurait 66 m sur 30 m et était entourée de douves qu'on assécha (pour faciliter l'entrée des révolutionnaires ?) plus tard. Chacune des 8 tours était haute de 24 m, et on les disait imprenables.

L'***Opéra-Bastille*** est développé dans le 12e arrondissement.

La ***rue de Lappe*** *(plan couleur B3)* avait mauvaise réputation à la fin du XIXe s, lorsque les apaches (les voyous de l'époque) y faisaient la loi. On y trouvait aussi des bals populaires où le bourgeois venait s'encanailler. Aujourd'hui, les façades sont ravalées, et de nombreux restaurants thématiques l'ont envahie. Le week-end, l'ambiance n'est pas toujours très authentique, les véritables oiseaux de nuit ayant depuis longtemps migré vers d'autres horizons. À deux pas de l'animation de la Bastille, la rue cache des cours anciennes du vieux Paris qui ne manquent pas de charme, avec leur verdure campagnarde ; malheureusement, les digicodes en rendent l'accès difficile. Au no 9, le fameux *Balajo,* inauguré en 1936 en présence de Mistinguett. Au no 21, vieux passage Louis-Philippe (on y trouve le *Café de la Danse*).

La rue de la Roquette *(plan couleur B2-3)* **:** très longue puisqu'elle va jusqu'au Père-Lachaise. Maisons anciennes, restos, boutiques, passages se succèdent tout du long. Au no 70, un dais abrite une fontaine de 1846 où l'eau coule de la bouche d'un grotesque ; au no 84, une synagogue à la façade moderne constituée d'étoiles de David entrecroisées. Autre curiosité du quartier : sur le chemin du Père-Lachaise, au-delà de la place Voltaire, 2 prisons se faisaient autrefois face, la Petite Roquette et la Grande Roquette. Côté gauche, très mignon jardin public (square de la Roquette) sur l'emplacement de l'ancienne prison de la Petite Roquette, désaffectée en 1974 et dont demeure le porche. La Petite Roquette accueillit les enfants et jeunes de 6 à 20 ans, puis les femmes à partir de 1934. De 1940 à 1944, quelque 4 000 résistantes y furent détenues, une plaque le rappelle. La Grande Roquette en face, démolie en 1900, recevait les bagnards en attente de déportation, ainsi que les condamnés à mort. Subsistent encore, sur le sol, enchâssées à l'entrée de la rue de la Croix-Faubin, 5 dalles plates de granit destinées à accueillir les pieds de l'échafaud. Les exécutions étaient publiques, rue de la Roquette. De 1851 à 1900, 200 personnes y furent raccourcies.

SISLEY TROUVE UN SPONSOR !

Eugène Murer, pâtissier boulevard Voltaire, nourrissait ses amis impressionnistes tous les mercredis. Un jour, il acheta un tableau à Sisley, sans le sou, et organisa une tombola dans sa boutique. La gagnante, voyant le tableau impressionniste, demanda à l'échanger contre 2 religieuses (les gâteaux !). Ses héritiers doivent encore s'en mordre les doigts...

LE FAUBOURG SAINT-ANTOINE

LA RÉVOLUTION A COMMENCÉ ICI

Au 31 bis, rue de Montreuil se trouvait la manufacture Réveillon, *qui fabriquait du papier peint. Le 28 avril 1789, le patron eut la folle idée de baisser les salaires. Aussitôt, les ouvrières manifestèrent et la troupe chargea. Au total, 12 morts. La Révolution était en marche.*

Les passages et anciennes cours-ateliers du faubourg Saint-Antoine *(plan couleur B-C-D3)* **:** longue, longue, la rue du Faubourg-Saint-Antoine vous mènera jusqu'à la place de la Nation. Colonne vertébrale d'un important quartier d'artisans et de petites industries. Grâce à Louis XI, qui lui accorda une franchise totale pour l'installation de tous métiers et corporations, ceux du bois et de l'ameublement s'y établirent. La proximité de la Seine (acheminement du bois et stockage à proximité) était également un atout. Ailleurs, les compagnons menuisiers, membres des corporations, étaient obligés de perpétuer les modèles et les techniques enseignés et codifiés. Au faubourg Saint-Antoine, au contraire, d'habiles artisans, libérés de ces contraintes, donnèrent libre cours à leur créativité. C'est là que naquirent les plus beaux meubles Louis XIV, Louis XV ou Louis XVI, qui, tels ceux du célèbre style Boulle, allaient orner Versailles ou les palais de l'aristocratie. Il est difficile aujourd'hui d'imaginer la rigueur des règles imposées aux artisans. Ainsi, la plupart devaient travailler à boutique ouverte pour que les passants puissent constater la qualité des matériaux utilisés, et le travail de nuit était très sévèrement puni, car il aurait pu permettre des malfaçons !

Entretenant une énorme classe ouvrière, le faubourg fournit les plus gros bataillons de toutes les révoltes populaires : prise de la Bastille, Trois Glorieuses de 1830, émeutes anti-Louis-Philippe de 1832, révolution de 1848, résistance au coup d'État du futur Napoléon III en 1851 et la Commune, bien sûr. Rien d'étonnant, donc, à ce que les manifestations ouvrières empruntent traditionnellement l'itinéraire Nation-Bastille-République ! À propos, savez-vous pourquoi le canal Saint-Martin est couvert sur 2 km à partir de la Bastille ? Tout simplement pour permettre aux troupes de le franchir plus vite en cas d'émeute (c'était au XIXe s, bien sûr !). Élémentaire, non ?

Aujourd'hui, de nombreux passages sont inaccessibles, fermés par les codes attenants aux portes cochères... Mais en voici une poignée qui ne se dérobent pas aux regards des curieux.

En partant de la place de la Bastille, vous pouvez commencer par fouler les pavés du ***passage Damoye*** (la brûlerie, au fond à droite, est idéale pour acheter de l'excellent café ou se payer un petit noir), puis revenir emprunter la rue du Faubourg-Saint-Antoine, d'où vous pourrez découvrir les passages suivants : le passage du Chantier (au nº 66), la cour industrielle des Bourguignons (Second Empire, au nº 74), le passage du nº 95 (au fond, une vénérable maison : le Peaussier Tassin), ou encore les passages de la Bonne-Graine et de la Main-d'Or (respectivement au nº 117 et au nº 131).

Atelier des Lumières *(plan couleur C2)* **:** *38, rue Saint-Maur, 75011. ● atelier-lumieres.com ● Ⓜ Rue-Saint-Maur. ♿ Tlj 10h-18h (22h ven-sam). Entrée : 14,50 € ; 11,50 € pour 1 pers sur présentation de ce guide (achat sur place) ; réduc.*

L'ancienne fonderie du XIXe s s'est muée en un centre d'art numérique, d'une ampleur inédite dans le monde. Dans la grande halle, où tout a été conservé, du bain de refroidissement de l'acier à la cheminée, sont projetées des expos immersives monumentales recouvrant l'ensemble des surfaces, à l'exception du plafond. On est invité à déambuler et à se laisser happer par ces projections XXL (3 300 m² de surface de projection simultanée, des murs de 10 m de hauteur, 140 projecteurs) minutieusement orchestrées, associées à des musiques d'époque qui rythment images et effets spéciaux. C'est à l'œuvre de Gustav Klimt, figure majeure de la Sécession viennoise, que revient l'honneur de prendre possession des lieux pendant 30 mn, suivie par celle de Friedensreich Hundertwasser (15 mn). Techniquement bluffant, même si on est déconcerté par l'absence d'explications et peut-être de vision globale des œuvres ; mais ce n'est pas l'objet. La projection tourne en boucle. On vous conseille donc de vous rendre en priorité sur la mezzanine, où des panneaux rétro-éclairés présentent l'artiste. Attenant au volume principal, le studio immersif est quant à lui destiné, sur le même principe mais dans un espace beaucoup plus restreint, à accueillir des créations numériques d'artistes contemporains.

12e ARRONDISSEMENT
L'OPÉRA-BASTILLE • LA NATION • LE QUARTIER DE BERCY • LE BOIS DE VINCENNES

• Pour le plan du 12e arrondissement, voir le cahier couleur en fin de guide.

Le 12e arrondissement allie des centres d'intérêt aussi divers que remarquables, des quartiers populaires et d'autres totalement branchés. Dans la 1re catégorie, l'Opéra-Bastille ; la gare de Lyon, qui abrite une brasserie classée, *Le Train Bleu,* particulièrement spectaculaire ; la Promenade plantée, qui relie la Bastille au bois de Vincennes par une ancienne voie de chemin de fer ; l'aquarium de l'ancien musée des Colonies, la Cité nationale de l'histoire de l'immigration.

Survivance du Paris qu'on aime, le marché d'Aligre, où urbains branchés et ménagères maghrébines font leurs courses dans une sympathique cohue, le dimanche en fin de matinée. Branchés, une partie du faubourg Saint-Antoine et de la rue de Charenton, vers la Bastille, les arcades et le large trottoir de l'avenue Daumesnil, avec leurs artisans chic et leurs promeneurs à rollers qui envahissent les terrasses aux 1ers rayons de soleil.

Enfin, incontestables réussites, le parc de Bercy, qui abrite le palais omnisports, et la cour Saint-Émilion, reconversion des anciens chais. L'animation y est garantie le week-end.

Où dormir ?

Bon marché

Zazie Hôtel *(plan couleur B1,* ***1****) : 3, rue de Chaligny, 75012. ☎ 01-46-28-10-20. • zaziehotel.paris • Ⓜ Reuilly-Diderot ou Gare-de-Lyon. Doubles 62-109 € ; familiales ; petit déj-buffet 9 €. 10 % sur le prix de la chambre juil-août sur présentation de ce guide.* Un hôtel original, dans sa démarche surtout, puisque c'est l'unique hôtel de tourisme parisien à vocation d'insertion. Agréé Entreprise solidaire et d'utilité sociale, il fait travailler des personnes en difficulté d'emploi, pour certaines en reconversion. À cela s'ajoute une démarche environnementale et durable, écolabellisée Clef Verte en 2018, avec gestion de déchets, réduction de consommation énergétique, produits de nettoyage écolabellisés, laverie sur place, petit déjeuner artisanal... Une expérience alternative qui nous séduits d'autant plus que les 20 chambres colorées (avec TV écran plat), petites mais charmantes, ont toutes été refaites avec les moyens du bord, de façon simple mais avec goût et au moyen de mobilier chiné (à l'exception des literies, impeccables). Seule la cage d'escalier avec sa moquette très, très vintage est restée dans son jus. Ascenseur. Très bon accueil.

Lux Hôtel Picpus *(plan couleur C1, **3**) : 74, bd de Picpus, 75012. ☎ 01-43-43-08-46. • parisluxhotel.com • Ⓜ Picpus ou Nation. Doubles 68-83 € ; familiales ; petit déj-buffet 9 €. Parking payant.* À quelques foulées de la place de la Nation et de ses métros, bien pratique donc. Chambres fraîches et agréables, très bien entretenues et confortables (double vitrage côté boulevard et minibar pour les plus chères). À noter, des prix fixes quelle que soit la période, ce qui a pour effet d'éviter toute mauvaise surprise et de garantir un remarquable rapport qualité-prix. Les belles chambres mansardées du 6e étage s'offrent même pour 4 ou 5 personnes. Petit déj copieux. Accueil aimable.

Hôtel L'Aveyron *(plan couleur A1, **2**) : 5, rue d'Austerlitz, 75012. ☎ 01-43-07-86-86. • hotelaveyron.com • Ⓜ Gare-de-Lyon ou Quai-de-la-Rapée. Doubles 72-80 € ; familiales ; petit déj 5 €.* Un petit 1-étoile basique et sans ascenseur mais franchement bien situé. Chambres simples mais bien tenues et plutôt agréables. On y sent même un petit effort de déco, rare dans ce genre de catégorie. Pas le grand luxe donc, mais l'ensemble est plus qu'acceptable compte tenu des tarifs pratiqués dans le secteur.

Prix moyens

Motel One *(plan couleur D2, **10**) : 295, av. Daumesnil, 75012. ☎ 01-73-10-92-00. • motel-one.com • Juste derrière le palais de la Porte Dorée. Double à partir de 94 € ; petit déj 9,50 €. Design at budget prices* est la devise de cette chaîne d'hôtels allemande qui en compte un certain nombre à Berlin. Aux portes de la ville, 255 chambres contemporaines nickel avec technologie et gadgets mis en évidence... Que du beau et du fonctionnel. *Lounge* avec licence IV. Ambiance apaisante, bonne insonorisation et accueil relax. Location de vélos. *NOUVEAUTÉ.*

Nouvel Hôtel *(plan couleur C1, **6**) : 24, av. du Bel-Air, 75012. ☎ 01-43-43-01-81. • nouvel-hotel-paris.com • Ⓜ et RER A : Nation. ♿ Doubles 117-125 € ; chambres communicantes à prix attractifs ; petit déj 10 €.* Un morceau de campagne à Paris. On débouche sur une belle terrasse dans une courette, prolongée par un adorable jardin très fleuri. Aux beaux jours, on y prend son petit déj. Les chambres, personnalisées de façon très élégante, donnent pour la plupart sur cet îlot de verdure improbable (la n° 109 y offre un accès de plain-pied). Pour ne rien gâcher, l'accueil et le service sont tout à fait charmants. Vous l'aurez compris, à ce prix à Paris, et même si l'on peut trouver moins cher, c'est l'une de nos adresses préférées.

Hôtel du Printemps *(plan couleur C1, **5**) : 80, bd de Picpus, 75012. ☎ 01-43-43-62-31. • hotel-paris-printemps.com • Ⓜ Picpus ou Nation. ♿ Doubles 97-145 € ; familiales ; petit déj-buffet 10 €. Parking payant.* On se sent vite à l'aise dans cet hôtel convivial au charme discret et soigné, situé sur un boulevard tranquille proche des transports en commun. Les parties communes donnent envie de s'attarder (beau salon et salle de petit déj rustico-chic avec poutres et pierres apparentes, petit patio pour prendre l'air), tandis que les chambres, impeccables, ne déçoivent pas (couleurs taupe et blanc reposantes, meubles élégants, salles de bains exiguës mais bien conçues...). Une adresse cosy à prix d'ami, compte tenu des prestations.

Hôtel de la Porte Dorée *(plan couleur D2, **8**) : 273, av. Daumesnil, 75012. ☎ 01-43-07-56-97. • hoteldelaporte doree.com • Ⓜ Porte-Dorée. Doubles 110-190 € ; triples et suites familiales ; petit déj-buffet (bio) 14 €. Offres très intéressantes sur leur site. Café offert sur présentation de ce guide.* Un hôtel familial très bien tenu, rénové avec beaucoup de goût dans un esprit déco et rétro très élégant. Certaines chambres ont même encore un poêle, une cheminée, voire une petite terrasse privative. Atmosphère intime et feutrée. L'adorable patronne met un point d'honneur à recevoir les couples avec enfants. Tout a été pensé pour qu'ils soient le plus à l'aise possible, jusqu'au Parc floral et au bois de Vincennes qui se trouvent tout près ! Une belle adresse de charme à prix encore raisonnables.

Hôtel Albe Bastille *(plan couleur zoom, **11**) : 66, rue de Charenton, 75012. ☎ 01-43-44-06-66. • hotel-albe-bastille.com • Ⓜ Ledru-Rollin. ♿ Ouv tte l'année. Doubles 80-185 € ; petit déj-buffet 13 €.* Hôtel de charme entièrement rénové dans un style néoclassique de bon ton et de bon goût : pierres apparentes dans les parties communes, beau dallage, mobilier élégant. Un ascenseur mène à des chambres impeccables et d'un confort irréprochable mais de tailles variables. La plupart donnent sur le patio arboré. Accueil disponible et excellentes prestations.

Hôtel des Trois Gares *(plan couleur A1, **7**) : 1, rue Jules-César, 75012. ☎ 01-43-43-01-70. • h3gparis.com • Ⓜ Gare-de-Lyon ou Bastille. Congés: août. Doubles 105-135 € ; familiales ; petit déj-buffet 10,50 €. Réduc conséquentes sur le site de l'hôtel. Un petit déj/pers offert sur présentation de ce guide.* À deux pas du port de l'Arsenal, un établissement pimpant tenu en famille. Les chambres sont fonctionnelles et propres (w-c et salle de bains séparés dans les supérieures). Pour la petite histoire, ne cherchez pas la 3e gare, il s'agissait de celle de la Bastille détruite en 1971. Jetez un œil aux photos d'époque dans la salle du petit déjeuner. Accueil adorable.

Grand Hôtel du Bel Air *(plan couleur C1, **9**) : 102, bd de Picpus, 75012. ☎ 01-43-45-30-51. • grandhotelbelair.com • Ⓜ Nation. Doubles 82-120 € ; familiales ; petits déj 6-8,50 €. Parking payant.* Chambres confortables à la déco plutôt chargée (des angelots par-ci, des émaux, des miroirs à moulures par-là...). Salles de bains ou de douche parfois toutes petites, mais certaines chambres sont dotées de baignoire ou de douche balnéo. Quant aux duplex, ils sont impeccables pour des familles. Un bon petit hôtel de quartier avec un brin de fantaisie kitsch, tenu par une équipe vraiment sympathique.

De chic à plus chic

Hôtel Claret *(plan couleur B2, **12**) : 44, bd de Bercy, 75012. ☎ 01-46-28-41-31. • hotel-claret.com • Ⓜ Bercy. ♿ Doubles 120-180 € (promos à partir de 94 € sur Internet !) ; petit déj-buffet 14 €. Parking payant.* Cet ancien relais de poste rompt quelque peu avec l'architecture du quartier. Transformé en 3-étoiles de charme, il concilie hôtellerie traditionnelle et confort moderne. Les 52 chambres douillettes offrent une déco sobrement contemporaine avec des poutres ou un plafond mansardé. Tout ça alors que la modernissime ligne 14 vous conduit à Châtelet en 4 mn et à Saint-Lazare en 8 mn. Autant dire que vous êtes en plein centre !

My Open Paris *(plan couleur A1, **4**) : 35, rue de Lyon, 75012. 📱 06-13-79-83-28. • myopenparis.com • Ⓜ Bastille ou Gare-de-Lyon. ♿ Résa obligatoire. Doubles 170-190 €, petit déj compris ; familiales.* Étonnant, pour ne pas dire insolite, cet îlot de sérénité au cœur d'un quartier des plus trépidant ! Poussez donc la porte d'un immeuble classique pour découvrir, au fond d'une cour, un beau jardin zen s'étendant devant la belle maison de la sympathique propriétaire Eanjo. Après avoir jeté un œil aux carpes koï qui barbotent dans les bassins, on découvre avec ravissement 5 studios et appartements soignés, joliment aménagés dans un style contemporain, et d'un excellent niveau de confort (TV satellite, clim, coin cuisine, et même le téléphone en illimité !). Une adresse rare.

Très chic... et tendance

Yacht Hôtel VIP Paris *(plan couleur A2, **13**) : port de la Rapée, 75012. ☎ 01-44-68-06-38. • le-vip-paris.com • Ⓜ Gare-de-Lyon ou Gare-d'Austerlitz. Mer-dim, nuit avec dîner à bord et croisière env 225 €/pers (sur la base de 2) ; petit déj 34 €. Grosses réduc sur Internet.* Si près de la gare de Lyon et déjà tellement loin du brouhaha parisien ! Passer une nuit à bord face aux tubes futuristes de la Cité de la Mode et du Design est une parenthèse enchantée. Une vingtaine de petites cabines de bois, bien organisées, avec une literie confortable, un joli bureau devant les flots et une salle de bains avec douche. Dîner à bord. Que c'est beau, Paris, et comme on aime se faire mener en bateau dans ces conditions !

Où manger ?

Sur le pouce

Ground Control (plan couleur B2, **40**) : 81, rue du Charolais, 75012. Ⓜ Gare de Lyon. • groundcontrolparis.com • Mer-sam 12h (11h sam)-minuit ; dim 11h-22h30. Fermeture des stands entre 15h et 18h. Fermé lun-mar. L'ancien entrepôt de la SNCF est aujourd'hui dédié à la street food en attendant sa reconversion. À l'intérieur, dans la Halle Charolais, plusieurs stands proposent une cuisine thématique à prix abordable : pizzas chez *Faggio,* pâtes chez *Solina,* tex-mex chez *Chilam* (un bon chef mexicain) et d'onctueux *Mo* chez *Mr Zhao*. Mais notre chouchou reste ***La Résidence,*** restaurant solidaire iui accueille tour à tour des chefs réfugiés qui nous font découvrir la cuisine de leur pays. À l'extérieur, bus et wagons de train reconvertis en food-trucks proposent des plats à base de produits majoritairement bio : crêpes et galettes, *fish & chips,* spécialités moyen-orientales à déguster dehors ou dedans, sur de longues tables d'hôtes. On peut aussi se poser en terrasse, loin des bruits de la ville, juste pour boire un verre et *chiller* dans une chaise longue. Sympa à toute heure et particulièrement animé en fin de journée. Également des boutiques (récup, fleurs), des animations le week-end et même une radio ! *NOUVEAUTÉ.*

Bercy Village (plan couleur B3, **20**) : cour Saint-Émilion, 75012. Ⓜ Cour-Saint-Émilion. Tlj ; service continu 11h-21h. Sur les anciens chais et entrepôts de Bercy, un vaste complexe de plein air, au décor bien léché façon « Disney », où prennent place, le long d'une rue pavée et animée, des restos plutôt concept et branchés. Parmi les bonnes enseignes, la ***Maison Kayser*** propose petits déj (brunch très prisé le dimanche de 11h à 16h), sandwichs, salades, pâtisseries et même quelques plats chauds à consommer sur place ou à emporter dans le parc voisin. À côté, ***Boco,*** dont la maison mère est née dans le 1er et a fait des petits... Des recettes salées et sucrées signées de grands chefs étoilés et conditionnées en bocaux. Portions sans doute un poil justes, mais formules repas complètes très abordables. Enfin, la nouvelle enseigne de burgers made in USA, ***Five Guys,*** réputée pour la qualité de ses produits. Bref, des plans bons et pratiques avant ou après le ciné (juste en dessous !), et en terrasse aux beaux jours.

La Bonne Tradition (plan couleur B1, **26**) : 2, rue Érard, 75012. Pas de tél. Ⓜ Bercy ou Ledru-Rollin. Lun-ven 12h-15h. Formule 8,50 € ; sandwich ou salade 6 €, soupe du jour 2,50 €. En lieu et place d'une ancienne triperie de quartier, cette sandwicherie fait carton plein tous les jours. Sandwichs généreusement garnis et chauffés, salades et soupes drainent une clientèle fidèle et soucieuse de manger vite, bon et sain. Équation rapidement saisie par la fine équipe, qui expose fièrement ses cageots débordants de fruits et légumes frais, et concocte chaque jour des recettes différentes avec des produits sélectionnés soigneusement. Le sandwich « jambon à l'os (tranché minute en chiffonnade), mozzarella, caviar d'aubergine » est devenu un classique tellement il plaît... Accueil toujours sympathique même au moment du rush.

Très bon marché

Soleils et Papilles (plan couleur B1, **29**) : 20, passage du Génie, 75012. Pas de tél. Ⓜ Reuilly-Diderot. Lun-ven 12h-16h. Pas de résa. Plats 4-8 € ; repas 7-12 €. Situé en demi-sous-sol d'une résidence sociale, ce discret resto s'inscrit avec cœur dans une démarche solidaire, en offrant les déjeuners parmi les moins chers de la capitale. Plats copieux, simples et réussis, fraîchement préparés tous les matins et servis comme à la cafèt pour limiter les coûts. L'important ici, au-delà de déjeuner pour une poignée d'euros, c'est la mixité des populations. Et c'est réussi ! *NOUVEAUTÉ.*

Restaurant Scotta (plan couleur zoom, **34**) : 11 bis, rue de Cotte, 75012. ☎ 01-46-28-01-65.

Ⓜ Ledru-Rollin. Tlj midi et soir (jusqu'à 23h). Pizzas 10-16 €. Digestif maison offert sur présentation de ce guide. Tiercé gagnant pour cet italien niché derrière le marché d'Aligre. Le cadre d'abord, bien dans son époque avec son papier peint tendance et la belle terrasse fleurie abritée à l'arrière (extra aux beaux jours) ; ensuite l'accueil franc et pro (on adore...) ; enfin une qualité irréprochable de produits mis en scène dans de magnifiques assiettes d'*antipasti* et sur les pizzas, généreusement garnies, blanches (sans sauce tomate) ou traditionnelles. La fermentation lente de la pâte lui confère à la fois croquant et moelleux. Tout un art ! Bons petits vins bio pour accompagner. *NOUVEAUTÉ.*

Tarmac *(plan couleur A1,* ***24****) : 33, rue de Lyon, 75012. ☎ 01-43-41-97-70. Ⓜ Bastille ou Gare-de-Lyon. Tlj 7h30-1h ; service 11h30-23h30. Fermé 25 déc. Tapas à tte heure 5,50 € ; formule et menu du jour 15,50-19,90 € ; brunch w-e 21,90 €. Café offert sur présentation de ce guide.* Ce *Tarmac* nous a plus fait planer qu'atterrir ! Ce bistrot contemporain séduit par son cadre moderne et tendance, avec miroir, zinc, teintes blanches, et poétiques inscriptions aux murs. La carte est une invitation au voyage avec des tapas et des plats renouvelés, associant saveurs du monde, herbes et épices. Service diligent, carte des vins appropriée aux plats et agréable terrasse.

Bon marché

Pouzenc *(plan couleur A1,* ***21****) : 67, rue de Charenton, 75012. ☎ 09-53-52-32-90. Ⓜ Ledru-Rollin. Tlj sauf sam-dim et le midi lun-mar 12h-14h, 19h30-22h. Congés : août. Résa obligatoire, ce joli petit bistrot ne comptant que 14 couverts ! Le midi, menus 19-22 € ; le soir, carte env 32 €.* Du bon fait maison, de saison... et à prix tout doux, la formule est assurément gagnante ! La carte, courte comme il se doit, change (très) régulièrement et mêle allègrement les terroirs français au gré du marché. Chose rare, le chef excelle aussi bien dans le salé que dans le sucré : macédoine de légumes d'hiver, thon fumé, saucisse de Molène fumée au goémon, lentilles vertes du Puy au gingembre, clafoutis sarrasin aux poires et sauce caramel (sublime)... On en ferait bien sa cantine.

Les Bombis *(plan couleur B1,* ***25****) : 22, rue de Chaligny, 75012. ☎ 01-43-45-36-32. Ⓜ Reuilly-Diderot. Tlj sauf dim et j. fériés ; service 12h-15h, 19h-22h30. Formules et menus 16-19 € le midi, 23-29 € le soir ; carte env 30 €.* Charmant, ce bistrot, avec ses éléments anciens conservés (comptoir en bois, carrelage géométrique gris et noir), sa belle hauteur sous plafond et ses éclairages tamisés. La carte est bistrotière comme il se doit, plutôt classique mais variant au gré des saisons, et les vins sont à prix doux. Accueil discret mais prévenant.

Cappadoce *(plan couleur C2,* ***28****) : 12, rue de Capri, 75012. ☎ 01-43-46-17-20. Ⓜ Michel-Bizot ou Daumesnil. Tlj sauf dim ; service 12h-14h30, 19h-23h. Congés : 10-31 août. Résa conseillée le soir. Formules déj 14-16 € ; menus 23-28 €. Digestif maison offert le soir sur présentation de ce guide.* L'hospitalité turque empreinte de gentillesse et de discrétion ainsi qu'une cuisine soignée ont assis la réputation de *Cappadoce* bien au-delà du quartier. Salle intime sans être étriquée, éclairage tamisé. Menus bien pensés et variés (végétarien, diététique...). Service exquis et attentionné.

Auberge Aveyronnaise *(plan couleur B2,* ***37****) : 40, rue Gabriel-Lamé, 75012. ☎ 01-43-40-12-24. Ⓜ Cour-Saint-Émilion. Lun-sam 12h-15h30, 19h-23h30. Formule déj 21 € ; menus 24-30 €.* Adresse populaire en diable, grande salle en pierre, bruyante, sur 2 niveaux. Ici, fourchette et couteau Laguiole bien en mains, on s'entoure le cou de la serviette en vichy et on se cale solidement les coudes pour s'attaquer sans barguigner aux produits en provenance du Massif central : bœuf de l'Aubrac, veau du Séguala, chou farci, farçous... et l'inévitable aligot-saucisse, le tout arrosé d'un marcillac bien gouleyant. Gardez un peu de place pour un saint-nectaire, un roquefort ou un flan à la louche. Prune du pays pour bien faire passer le tout. Picoreurs, s'abstenir.

Prix moyens

🍽 ***Les Zygomates*** *(plan couleur C2,* ***22****) : 7, rue de Capri, 75012. ☎ 01-40-19-93-04. Ⓜ Michel-Bizot ou Daumesnil. Tlj sauf dim-lun ; service 12h-14h, 19h30-22h. Congés : août. Résa conseillée. Formules déj 16 € (sauf sam)-19 € (café compris) ; menus-carte 27-34 €. Café offert sur présentation de ce guide.* Rien n'a changé dans cette charcuterie début XXe s, reconvertie depuis en bistrot traditionnel plébiscité par les habitués du quartier, qui se précipitent sur le menu du déjeuner. Eh oui, la clientèle est satisfaite, ne s'en cache pas, et cette jovialité communicative a parfois des conséquences fâcheuses sur le niveau sonore !

🍽 ☂ ***Café Barge Restaurant*** *(plan couleur A2,* ***32****) : 5, port de la Rapée, 75012. ☎ 01-40-02-09-09. Ⓜ Gare-de-Lyon, Quai-de-la-Rapée ou Bercy. Le resto se trouve rive droite, entre le pont Charles-de-Gaulle et le pont de Bercy. Tlj sauf sam midi et dim-lun ; service 9h30-2h (dernière commande à 23h – minuit sam). Le midi, formules 15-25 € et menu 32 € ; le soir, formule 32 € et menu 39 € (37-43 € sam). Parking.* Cette ancienne barge pétrolière sert de décor à un resto et à une cuisine d'inspiration méditerranéenne. Après 23h, le DJ assure le spectacle. On peut se contenter de boire un verre, une occasion d'admirer (ou non) les tables dessinées par des copains peintres qui exposent à tour de rôle. *And last but not least,* ne pas manquer d'aller faire un tour aux w-c, le design céramiques et hublot avec vue sur la Seine a son charme... Terrasse sur les quais, prise d'assaut aux beaux jours.

🍽 ☂ ***À la Biche au Bois*** *(plan couleur A1,* ***33****) : 45, av. Ledru-Rollin, 75012. ☎ 01-43-43-34-38. Ⓜ Gare-de-Lyon. ♿ Tlj sauf sam midi, dim et lun midi ; service 12h-14h30, 19h-22h45. Congés : de fin juil à mi-août et 23 déc-2 janv. Résa conseillée. Menus 19-24,50 € (midi), puis 33,90 € ; carte env 30 €. Digestif maison offert sur présentation de ce guide.* Cette bonne halte, à deux rues de la gare de Lyon, est la providence des voyageurs. D'ailleurs, ça ne désemplit pas. Certes, le décor est franchement quelconque, et les tables trop rapprochées n'invitent pas aux confidences amoureuses, mais la carte bistrotière est un vrai bonheur : fameux coq au vin (servi toute l'année), gibier en saison (dont la *famous grouse* !). Beau plateau de fromages bien affinés, pâtisseries maison et vins à prix raisonnables. On en sort repu !

🍽 ***Assaporare*** *(plan couleur zoom,* ***35****) : 7, rue Saint-Nicolas, 75012. ☎ 01-44-67-75-77. Ⓜ Ledru-Rollin. Lun-ven 12h-14h30, plus mar-sam 19h-22h30. Congés : août. Formule déj 16 € ; carte env 35 €. Mar soir, apéro jazz, avec buffet, à partir de 10 €. Café offert sur présentation de ce guide.* Dans un cadre bobo-*arty,* le grand Giuseppe, napolitain, mitonne ses petits plats dans sa cuisine ouverte sur la salle. Il prend aussi le temps de commenter à ses clients chaque plat : des recettes du Sud essentiellement, juste simples et bonnes. 2 ou 3 desserts, pas plus, mais en provenance directe de la meilleure pâtisserie de la côte amalfitaine. Belle carte de vins de producteurs à prix étudiés. Et l'accueil, extra, est tout en bonne humeur, comme là-bas.

🍽 ***Gentle Gourmet Café*** *(plan couleur A1,* ***23****) : 24, bd de la Bastille, 75012. ☎ 01-43-43-48-49. Ⓜ Quai-de-la-Rapée ou Bastille. Tlj sauf lun et mar midi 12h-14h30, 18h30-22h (teatime mer-dim 15h30-18h). Formules déj 19-23,30 € ; le soir, menu dégustation 68 € ; carte 30-40 €.* Situé à deux pas de la Seine, près de l'Arsenal, voilà un bistrot dans la mouvance gastro-bio végétale, animé par une équipe jeune et dynamique. On y retrouve bien sûr les ingrédients chers à la cuisine végétarienne comme le tofu et le *seitan.* Une grande place est accordée aussi aux légumes et fruits de saison. Le tout garanti (ou presque !) sans gluten. Plats et grosses salades le midi, joliment présentés, dans une ambiance tranquille et raffinée. Beaucoup plus cher le soir. Également des plats à emporter.

🍽 ☂ ***Le Janissaire*** *(plan couleur C2,* ***38****) : 22-24, allée Vivaldi, 75012. ☎ 01-43-40-37-37. Ⓜ Daumesnil ou Montgallet. ♿ Tlj sauf sam midi et dim 12h-14h30, 19h-23h30. Fermé 1er janv, 24 déc au soir et 25 déc. Résa conseillée. Menus 15,50-23,50 €*

(midi), puis 26,90-48 € ; carte 27-52 €. Digestif maison offert sur présentation de ce guide. Dans le prolongement de la Coulée verte, une délicieuse cuisine turque. Le choix sera difficile entre les *mezze* et les incontournables *böreks* (roulés au fromage). Les viandes sont grillées, cuisinées en papillote ou marinées dans un onctueux yaourt épicé. Belle carte de vins de Turquie. Décor agréable et cosy, où se marient des œuvres de peintres turcs contemporains, des tapis anciens et de vieux documents officiels de l'Empire ottoman. Service discret et efficace. Aux beaux jours, agréable terrasse.

|●| ***Paya Thaï*** *(plan couleur zoom, **39**) : 30, rue d'Aligre, 75012. ☎ 09-50-96-10-00. Ⓜ Faidherbe-Chaligny. Tlj sauf dim ; service 12h-14h30, 19h-22h30. Formules déj en sem 15,50-16,90 € ; carte 30-35 €. Café offert sur présentation de ce guide.* On se presse dans ce petit resto pour déguster une cuisine thaïe délicieuse, préparée par une équipe de jeunes femmes dynamiques et souriantes. La carte propose aussi bien des classiques à base de lait de coco ou de citronnelle que des plats moins connus de la province d'Isaan, dans le nord-est de la Thaïlande. Selon vos goûts, essayez un plat au curry ou le plus doux *pad thaï,* à base de pâtes de riz sautées au wok, plus adapté à nos palais occidentaux peu habitués à ces saveurs relevées. Pour une fois, les desserts ne sont pas en reste, alors n'hésitez pas à vous laisser tenter par un *Sa Kou Mamouang.*

|●| ☂ ***Entre les Vignes*** *(plan couleur A1, **27**) : 27 ter, bd Diderot, 75012. ☎ 01-43-43-62-84. Ⓜ Gare-de-Lyon. Tlj sauf sam-dim 12h-14h30, 19h30-21h30. Formule 25 € ; menus 30-40 €.* Un petit resto qui redonne le sourire et améliore l'ordinaire de ce quartier ferroviaire. Dans un cadre rétro à souhait, on profite d'une cuisine bourgeoise et savoureuse : croustillant de pied de porc, saucisson pistaché et ses pommes de terre tièdes, risotto au vin rouge et effiloché de canard confit, entrecôte de Salers servie avec des frites à l'ancienne, baba au rhum... Tout est bon et fait maison. Malgré tout, la formule du midi peut s'avérer un peu chère au regard de ce qui se fait ailleurs à la même heure. Le soir, le rapport qualité-prix redevient bien plus évident.

De chic à plus chic

|●| ☂ ***L'Ébauchoir*** *(plan couleur zoom, **31**) : 43-45, rue de Cîteaux, 75012. ☎ 01-43-42-49-31. Ⓜ Faidherbe-Chaligny. Tlj sauf dim et lun midi 12h-14h30, 20h (19h30 ven-sam)-23h. Congés : 11-18 août. Le midi, menus 14-16 € (mar-ven), puis 26-29 € (mar-sam) ; le soir, carte seulement, env 40 €. Belle carte des vins démarrant à 19 € avec des conseils pros ; vin au verre ou au compteur.* La cantine des artisans, cols blancs et bobos du coin. Cuisine traditionnelle fort honnête. Le midi, c'est plein comme un œuf. Atmosphère bourdonnante, voire rugissante. Les serveurs virevoltent entre les tables et livrent de copieux plats du jour, comme le carré d'agneau irlandais aux épices ou le mignon de cochon sauce au miel.

|●| ***Jouvence*** *(plan couleur B1, **42**) : 172 bis, rue du Faubourg-Saint-Antoine, 75012. ☎ 01-56-58-04-73. Mar-sam midi et soir. Résa conseillée. Le midi, menus 19-32 € ; carte env 40 €.* Voici un endroit original, une ancienne pharmacie où l'on imagine facilement les bocaux, les baumes et les potions jalousement conservés dans les armoires séculaires. Dans l'assiette, c'est tout autre chose ! Place à l'originalité, où l'on manie aussi bien le poisson que la viande avec un beau choix côté légumes, excellemment préparés. Romain, qui s'y connaît en vin, est de très bon conseil pour accompagner tout ça ! Peu de place.

|●| ☂ ***Le Cotte Rôti*** *(plan couleur zoom, **43**) : 1, rue de Cotte, 75012. ☎ 01-43-45-06-37. Ⓜ Ledru-Rollin. Tlj sauf sam-dim et lun midi ; service 12h-14h30, 19h30-22h (22h30 ven). Congés : 1 sem en mai, 3 sem en août et Noël-Jour de l'an. Formules déj 22-26 € ; le soir, carte env 50 €.* Le marché d'Aligre tout proche alimente sans doute, au gré des saisons, l'inspiration de ce jeune chef doué et créatif. La carte est volontairement courte mais les propositions sont toutes plus alléchantes les unes que les autres. Le

midi, le rapport qualité-prix laisse littéralement pantois, tant par la qualité de la sélection que par la générosité des assiettes. Belle petite sélection de vins. Il a la cote, ce resto !

L'Amarante *(plan couleur A1,* ***30****) : 4, rue Biscornet, 75012. 07-67-33-21-25. Ⓜ Bastille ou Ledru-Rollin. Tlj sauf mer-jeu. Résa obligatoire. Le midi, formule 19 € et menu 22 € ; carte 45-50 €. Vin au verre.* Le genre d'adresse bistronomique qui ferait oublier toutes les autres et où l'on prendrait bien pension à vie, pour découvrir chaque midi l'humeur gourmande du chef et revenir le soir se régaler de ses classiques. Ah que c'est bio ! Ah, que c'est beau ! Dieu que c'est bon ! Ici, d'ailleurs, les convives, souriants, n'ont d'yeux que pour leur assiette, qu'ils font éventuellement goûter à leur voisin, pour mieux goûter la leur. Si les assiettes sont riches en légumes (de saison, cela va sans dire), les carnivores sont à la fête avec des viandes haut de gamme, savamment cuisinées. Pour parfaire le tableau, une sole « petit bateau », une mousse au chocolat à damner un saint et une belle sélection de vins nature à prix doux. Un coup de cœur !

Sardegna a Tavola *(plan couleur zoom,* ***45****) : 1, rue de Cotte, 75012. ☎ 01-44-75-03-28. Ⓜ Ledru-Rollin ou Gare-de-Lyon. Tlj sauf dim et lun midi ; service 12h-14h30, 19h30-22h30. Congés : août et fêtes de fin d'année. Formules déj 20-28 € ; carte 50-60 €.* Sympathique auberge sarde, située à deux pas du marché d'Aligre. Cuisine familiale, pas franchement légère mais haute en couleur et en saveur. Belles charcuteries (celles qui pendent au-dessus de vos têtes), superbes bruschettas, délicieuses suggestions de poisson ou de fruits de mer (renseignez-vous sur leur prix, car elles peuvent doper l'addition). En lisant bien la carte, on peut réussir à s'en sortir pour un prix encore raisonnable, d'autant que les portions sont très copieuses.

Les Amis des Messina *(plan couleur B1,* ***46****) : 204, rue du Faubourg-Saint-Antoine, 75012. ☎ 01-43-67-96-01. Ⓜ Faidherbe-Chaligny. Tlj sauf sam midi et dim 12h-14h30, 19h30-22h30 (19h-23h sam). Formules déj 17-22 € ; carte 36-53 €.* Dans l'assiette, du bon, du frais et une authentique cuisine sicilienne. *Antipasti* fignolés, pâtes al dente comme il se doit, poissons et crustacés irréprochables, viandes savoureuses et desserts à tomber. Vin sicilien en pichet. Service gentiment familier. Le chef, Ignazio, donne des cours pour qui veut s'initier aux secrets culinaires de sa terre natale.

Bars à vins

Le Baron Bouge *(plan couleur zoom,* ***51****) : 1, rue Théophile-Roussel, 75012. ☎ 01-43-43-14-32. Ⓜ Ledru-Rollin. Lun soir et mar-sam 10h-14h, 17h-22h (sam en continu) ; dim 10h-16h. Congés : 3 j. autour du 15 août. Assiettes composées 7-18 €. Verres de vin à partir de 1,50 €.* Ici, on commande au bar, dans une conviviale promiscuité, un petit ballon que l'on va boire debout autour du fût ou sur un bout de trottoir. Une centaine de références en vente à emporter, dont 80 à déguster sur place, venant de producteurs indépendants issus de tout l'Hexagone. Très agréable en été en début de soirée ou le week-end pour profiter de l'animation du marché d'Aligre, tout proche, en dégustant des huîtres normandes et bretonnes (le week-end de septembre à avril). Un authentique coup de cœur !

Le Siffleur de Ballons *(plan couleur zoom,* ***50****) : 34, rue de Cîteaux, 75012. ☎ 01-58-51-14-04. Ⓜ Faidherbe-Chaligny. Mer-ven et mar soir 10h30-15h, 17h30-23h ; sam 10h30-23h. Congés : sem du 15 août. Formule déj 14 € (soupe ou dessert, tartine du jour et verre de vin) ; carte 10-20 €. Vins nature au verre 5-7 €.* Les proprios de *L'Ébauchoir* (presque en face) ont ouvert ce sympathique petit bar à vins proposant une judicieuse sélection de flacons à prix doux, certains servis au verre. Mais comme le lieu n'a pas la licence de bar, il vous faudra mettre un peu de solide dans le liquide. Qu'à cela ne tienne, une petite planche de charcut' ou de fromages ne fera pas de mal, car en plus, c'est rien qu'du bon !

Les Caves de Prague *(plan couleur zoom, 52) : 8, rue de Prague, 75012. ☎ 01-72-68-07-36. Ⓜ Ledru-Rollin. Tlj sauf dim-lun 10h-23h : resto 12h-14h30, puis bar à vins 16h-23h. Formule déj en sem 16 € ; le soir, planches 9-21 €. Vins au verre env 4-8 € ; bouteilles à partir de 17 €.* Une cave de quartier comme il en fleurit un peu partout dans Paris. Une adresse tout ce qu'il y a de plus sympathique pour boire, en toute convivialité et en toute simplicité, des vins de vignerons et de caractère. Belles et copieuses planches de fromages et de charcuterie, et, chaque midi, un beau plat du jour. On adore ! Décor chaleureux. Grande table d'hôtes pour les copains ou petites tables pour les amoureux, à vous de choisir la vôtre !

Où prendre un bon 4-heures ?

She's Cake *(plan couleur A1, **61**) : 20, av. Ledru-Rollin, 75012. ☎ 01-53-46-93-16. Ⓜ Quai-de-la-Rapée ou Gare-de-Lyon. Mar-sam 10h30-20h. Formules déj env 8,50-12 € ; cheese-cakes env 4-5 €.* La toque vissée sur la tête et le tablier bien ajusté, Séphora n'a pas son pareil pour revisiter la vieille recette du cheese-cake. Sucrées ou salées, classiques ou franchement ludiques, ses créations aussi belles que bonnes se déclinent au gré de son humeur et de sa fantaisie. On se délecte d'un cheese-cake roquefort et noix, on poursuit avec une composition légère autour d'un fruit de saison, bref, on se régale... et on se promet de revenir très vite ! *Autre adresse dans le Marais, au 37, rue du Roi-de-Sicile (4e).*

Où manger une glace ?

Raimo Glacier *(plan couleur C2, **65**) : 59-63, bd de Reuilly, 75012. ☎ 01-43-43-70-17. Ⓜ Daumesnil. ♿ Avr-oct, tlj 10h-22h (minuit ven-sam). Glace simple à emporter 3,50 € (5,70 € sur place), double 5 €, le ½ litre 15 € ; bombe glacée 24 € pour 4 pers.* Créé en 1947, *Raimo* est le plus ancien glacier artisanal de Paris ! À déguster au salon de thé ou à la boutique, près de 50 parfums à damner un saint, classiques comme le marron glacé, le melon et la vanille, ou plus inédits avec une glace au sésame noir ou un sorbet litchi-rose. Également des vacherins, bombes glacées, omelettes norvégiennes...

Où boire un verre ?

Ground Control *(plan couleur B2, **40**) : 81, rue du Charolais, 75012. • groundcontrolparis.com • Ⓜ Gare de Lyon ou Reuilly-Diderot. Mer-ven 12h-minuit, sam 11h-minuit, dim 11h-22h30 (dernière entrée à 21h15). Fermé lun-mar.* Cette vaste halle, installée dans d'anciens entrepôts de la SNCF, est aujourd'hui le siège d'un lieu culturel multifonctions où l'on peut tout aussi bien grignoter un morceau (voir la rubrique « Où manger ? »), prendre un pot autour d'une petite mousse ou un verre de vin entre copains, faire du shopping, remplir son panier de produits bio, suivre des ateliers ou encore prendre des cours de yoga ! L'immense terrasse perchée de 1 500 m² est prise d'assaut aux beaux jours. Mais on est pas mal aussi à l'intérieur sur un siège d'avion ou à bord d'un wagon. Tous les soirs sauf le dimanche, un DJ chauffe le son dès 21h. Un espace libre et cosmopolite comme on aime. *NOUVEAUTÉ.*

Le China *(plan couleur zoom, **71**) : 50, rue de Charenton, 75012. ☎ 01-43-46-08-09. Ⓜ Ledru-Rollin ou Bastille. Tlj 12h-2h (4h ven-sam) ; service 12h-15h, 19h-minuit. Happy hours 17h-21h. Cocktail env 12 € (7 € pdt l'happy hour). Formule déj 18 € ;*

brunch à volonté dim 34 €. Excellente nouvelle pour les dandys amateurs de cocktails : *Le China* a rouvert ses portes dans un somptueux décor chinois années 1930 (on s'y croirait !). Un lieu chic et choc. Les cocktails sont fameux et, petit tuyau, c'est un vrai plan en or pendant l'*happy hour...* Mais chut ! Possibilité de dîner (cuisine asiatique plutôt chère).

🍸 ***Le Troll Café*** *(plan couleur zoom, **72**) : 27, rue de Cotte, 75012. ☎ 01-43-42-10-75. Ⓜ Ledru-Rollin. ♿ Tlj 17h (15h sam-dim)-2h. Demi-pressions 2,50-4 €, bières bouteille 5-8 €. Planches à tte heure 7-22 €.* Dans une rue devenue très branchée, un « ch'ti » bar à bières (120 sortes en bouteille : belge, allemande, bretonne...) où l'on sirote une Troll en toute simplicité, entre habitués et oiseaux de nuit fuyant l'agitation de Bastille, et on se surprend à penser : « C'est troll la vie quand même ! » Concerts en fin de semaine, et mardi dédié aux joueurs de go.

Où sortir ? Où danser ?

🍸 ♩ 🕺 ***Le Patchanama*** *(plan couleur A1, **80**) : 46-48, rue du Faubourg-Saint-Antoine, 75012. ☎ 01-55-78-84-75. Ⓜ Bastille. ♿ Tlj sauf dim-lun, à partir de 19h (22h pour le* ballroom*, jusqu'à 3h (4h ven-sam). Formules 16-19 € le midi, 29 € (sauf sam)-47 € le soir ; brunch dim 34 €. Entrée payante le soir ven-sam et veilles de j. fériés (20 € avec 1 conso).* Un magasin de meubles a laissé place à cet immense endroit tendance latino et déco néobaroque. Sur plusieurs étages, 2 bars, un restaurant, un bar cubain et un espace VIP accessible par ascenseur. Attendez-vous à faire la queue les soirs de week-end. Un DJ chauffe l'ambiance tous les jours à partir de 23h30 ; salsa le dimanche *(14h-19h30 ; 12 €)* et tango le samedi *(14h-19h).*

🍸 ♩ 🕺 ***Supersonic*** *(plan couleur A1, **81**) : 9, rue Biscornet, 75012. ☎ 01-46-28-12-90. Ⓜ Bastille. Tlj 18h30-2h (6h ven-sam). Demi 3,50 € ; cocktail 9 €. Apéritif maison offert sur présentation de ce guide.* En retrait de Bastille et de ses bars pas toujours recommandables, un loft rehaussé d'une mezzanine où on assiste à de très bons concerts indie rock, de la pop rêveuse au post-punk le plus radical. Les nuits du week-end, place aux live nocturnes et parfois à des soirées clubbing. Le dimanche, la Sunday Tribute finit la semaine en beauté, plongeant dans les grands classiques du rock.

🍸 ♩ 🍽 ***Le Pop'up du Label*** *(plan couleur zoom, **82**) : 14, rue Abel, 75012. ☎ 01-77-11-04-24. Ⓜ Gare-de-Lyon ou Ledru-Rollin. Bar et salle de concerts lun-sam 18h-2h ; resto lun-ven 12h-15h, 18h-22h30. Bière 4 €, verre de vin 4 €, cocktail 8 €. Plats 13-16 €. Concerts 4-12 €.* Une excellente adresse du village d'Aligre, pour une soirée placée sous le signe de la musique. Après avoir pris l'apéritif et dîné en haut au milieu de fresques de *street art,* on descend dans le club assister à un concert de rock indé, de folk ou d'électro-pop. La programmation fait la part belle aux groupes prometteurs et aux rock stars de demain. En fin de semaine, un DJ prend les commandes une fois le concert terminé.

🍸 ♩ 🕺 ***Péniche Concrete*** *(plan couleur A2, **83**) : 69, port de la Rapée, 75012. ☎ 01-81-69-49-06. • contact@concreteparis.fr • . Ⓜ Gare-de-Lyon. Ouv du sam 22h jusqu'au dim 2h du mat non-stop ; ven 22h-10h. Consos 6-12 €. Entrée : 10-15 € ; gratuit avt minuit.* À Paris, qui peut se vanter de faire fantasmer les meilleurs DJs berlinois ? Qui peut se targuer de proposer des fêtes qui durent plusieurs jours ? C'est la *Concrete,* LE phénomène du clubbing à Paris, qui a réveillé une scène en manque de lieux de qualité à l'esprit ouvert. Connue d'abord pour ses fameux afters du dimanche, cette péniche ventrue se démocratise avec ses soirées du week-end. Mais pas question de transiger avec la qualité et l'envie de danser. Un bel exemple pour la nuit parisienne.

À voir

AUTOUR DE L'OPÉRA-BASTILLE

L'Opéra-Bastille (plan couleur A1) **:** *120, rue de Lyon, 75012. Rens et résas : ☎ 0892-89-90-90 (0,34 €/mn). • operadeparis.fr • Ⓜ Bastille. Pour la loc des places de spectacle, rens et résas sur Internet, par tél ou sur place. Places 15-210 € selon spectacle. Également des places à 5 € (debout) vendues le jour même du spectacle, ainsi que des places de dernière mn à tarifs préférentiels pour les moins de 28 ans, retraités et demandeurs d'emploi. Visite commentée de la scène, des dispositifs scéniques et des coulisses (17 € tt de même ; réduc) ; rens et résas au ☎ 0892-89-90-90 ou en ligne.*

Si l'idée d'un opéra populaire n'était pas nouvelle (un rapport officiel de 1976 précisait : « L'art lyrique trouve au palais Garnier toutes les conditions pour cumuler la démocratisation minimale et la dépense maximale » !), c'est le président Mitterrand qui eut vraiment la volonté de la réaliser. L'emplacement de la Bastille, aux marches d'un quartier populaire, cette fusion de l'art et de l'industrie, lui plaisait énormément. 6 projets furent sélectionnés. Ce fut le quasi inconnu Canadien-Uruguayen Carlos Ott qu'on sortit du chapeau. Son projet apparut pour beaucoup plutôt modéré, peu imaginatif. En tout cas, il réjouit les frileux qui redoutaient quelque chose de trop audacieux. Ça ne serait ni un palais ni un grandiose monument, mais un simple bâtiment ! Il sera finalement inauguré le 13 juillet 1989.

Quelques éléments techniques quand même : la grande salle propose 2 750 places et est dotée d'une machinerie complexe (immense scène avec nombreux plateaux mobiles pour permettre l'alternance des spectacles) ; également une scène de répétition de même dimension. La salle est élégante, tout en granit, poirier et verre. Le confort et la visibilité y sont meilleurs qu'à Garnier ; en revanche, sensation de vertige assurée dans les hauteurs ! Avant les représentations et lors de l'entracte, le foyer panoramique du 7e étage offre une vue extraordinaire sur la place de la Bastille et sur Paris à l'arrière-plan.

Pour la petite histoire, la brasserie attenante à l'Opéra porta un temps le nom de *Tour d'Argent Bastille,* homonyme d'un illustre restaurant parisien de la rive gauche, drainant du même coup une nombreuse clientèle touristique pensant s'attabler dans le grand restaurant... Un coup de pub qui entraîna un procès... et un changement de nom !

Le marché d'Aligre (plan couleur zoom) **:** *pl. d'Aligre, 75012. Ⓜ Ledru-Rollin. Ts les mat sauf lun ; sam-dim sont les j. les plus intéressants.* Tout autour de la halle Beauvau et de la place d'Aligre, l'un des marchés parisiens les plus denses, les plus vivants. À midi, entre la place et la rue Crozatier, c'est la folie, on fait du sur-place. L'un des moins chers aussi, même si la qualité et le choix ont fortement progressé avec la boboïsation du quartier. Au printemps, la place prend des allures de marché de Provence ou d'Afrique. Les cafés alentour sont bondés, animés et chaleureux, mais aucun ne vaut *Le Baron Bouge* (ou *Rouge,* c'est selon !). C'est l'abbé prieur de l'abbaye voisine qui autorisa les marchands d'habits et les riverains à vendre aux nécessiteux, à condition que ce soit très bon marché. D'autres grands seigneurs eurent le bon geste. Jusqu'aux reliefs des festins du Louvre qui venaient échouer chaque matin sur la place. On pouvait ainsi se vêtir et grignoter en 2de main, jusqu'en 1914. L'esprit est resté le même. Mais c'est la fripe qui tient le haut du pavé. Côté brocante pure, les exposants actuels sont des « volants », installés le week-end aux puces de Montreuil ou de Vanves.

– Amoureux de Gervaise, allez donc jeter un œil sur la façade d'un des derniers lavoirs parisiens de 1830, au 9, rue de Cotte, enfin... au no 3 car la façade a été déplacée. Sans sa cheminée de brique, on le prendrait pour une mairie de village.

La Promenade plantée *(surnommée aussi **viaduc des Arts** ; plan couleur A-B1-2) : nombreux accès (ts les 250 m env). Ouv de 8h30 (9h w-e et j. fériés) jusqu'au coucher du soleil.*
Excellente idée que d'avoir repris le tracé de l'ancienne ligne de chemin de fer Bastille - Saint-Maur (4,5 km) pour y aménager, depuis la gare de Lyon (croisement avenue Daumesnil-boulevard Diderot) jusqu'au boulevard périphérique entre porte de Vincennes et Porte Dorée, cette promenade pédestre traversant tout le 12e arrondissement.
2 parties distinctes : l'axe longeant l'avenue Daumesnil, perché sur l'ancien viaduc transformé en jardin, puis l'axe Vivaldi (cyclo-pédestre, celui-ci), à niveau de rue ou en tranchée, avec quelques tunnels. Et, jalonnant ce parcours toujours agrémenté d'arbustes, de cerisiers, de massifs fleuris et d'« amoureux qui s'bécotent sur les bancs publics », 3 ou 4 jardins spacieux, notamment le jardin de Reuilly, jolie cuvette où lézarder aux beaux jours.
Notons l'originalité du viaduc, qui permet d'observer les parties hautes des bâtiments de part et d'autre, les toits zingués et les détails d'architecture : immeubles tendance bourgeoise fin XIXe et début XXe s côté gare de Lyon, à dômes et frontons d'angle, balustres sculptés, et, côté nord, les ensembles plus populaires, de brique, des années 1920 ou 1930, avec leurs courettes, leurs réseaux de tuyaux-cheminées. Remarquable, le commissariat au croisement de la rue de Rambouillet : un look pas possible avec ses 3 derniers niveaux comme des ponts de paquebot, ceints de cariatides colossales ! Sous vos pieds, tout au long du viaduc, plus de 50 boutiques et galeries d'art, logées dans les anciennes voûtes *(● viaducdesarts.com ●)*.
On arrive au jardin de Reuilly, que l'on enjambe par une longue passerelle. Ensuite, tronçon moins charmant entre immeubles modernes quelconques, mais très vite on descend 7 m en contrebas de tout, et là, c'est charmant. Verdure, oiseaux, et nous sommes à Paris ! Pour finir, on longe la calme rue du Sahel, pour arriver au périphérique. On passe dessous et hop, on atteint le bois de Vincennes.
Si vous êtes un amateur de ce type de balades, sachez que plusieurs courts tronçons de l'ancienne voie de chemin de fer de la Petite Ceinture – qui, comme son nom l'indique, fait tout le tour de Paris – sont aménagés, notamment dans le 15e, le 13e mais aussi dans le 16e arrondissement.

La gare de Lyon et Le Train Bleu *(plan couleur A1-2) : bd Diderot, 75012. ☎ 01-43-43-09-06. ● le-train-bleu.com ● Ⓜ et RER A : Gare-de-Lyon. ♿ Resto ouv tlj 11h30-14h45, 19h-22h45. Resto cher, mais regarder le décor (tlj 7h30-22h30) ne coûte rien ! On peut aussi seulement y boire un verre.*
Avec son somptueux *Train Bleu*, en bonne partie classé Monument historique, la gare mérite de figurer sur votre itinéraire. Le président de la République Émile Loubet inaugura lui-même au début du XXe s ce resto, chef-d'œuvre de l'art pompier et kitsch. Ce n'est que profusion de dorures, moulures, peintures représentant toutes les grandes villes traversées par le train, d'une richesse invraisemblable. L'endroit évoque irrésistiblement les madones des sleepings. Avant vous, Coco Chanel, Sarah Bernhardt, Edmond Rostand, Colette, Dalí, Jean Gabin et tant d'autres apprécièrent l'endroit. Luc Besson utilisa le cadre pour une scène forte de son film *Nikita*. On peut aussi se contenter, à défaut d'un repas, d'y boire un thé ou un chocolat sur les Chesterfield du bar à partir de 7h30. L'idéal pour lire journaux ou romans, entre 2 trains...

LA MORT EN SPECTACLE

La morgue se tient le long de la Seine, au bout du boulevard Diderot. En 1864, elle ouvre au public afin que l'on puisse reconnaître les inconnus décédés sur la voie publique. On y vient le dimanche en famille, entre amis. L'agence de voyages Thomas Cook organise même des excursions. Face à la foule incessante, on doit fermer la visite au public en 1907.

Dans la gare, admirez le trompe-l'œil qui surmonte les guichets grandes lignes. Et, puisque vous êtes là, jetez donc un œil, devant la gare, à l'horloge, la plus grande de la capitale, construite en même temps que la gare à l'occasion de l'Expo universelle. La grande aiguille pèse à elle seule 38 kg !

La rue Crémieux *(plan couleur A1)* **:** entre la rue de Bercy et la rue de Lyon (au niveau du nº 19), un intéressant modèle de cité ouvrière livré en 1865 clés en main. Une quarantaine de pavillons multicolores de 2 étages d'une belle homogénéité bordent la voie pavée. Croquignolet ! En 1897, la rue prit le nom d'Isaac Moïse Crémieux, homme politique qui passa à la postérité pour avoir été à l'origine d'une loi donnant aux juifs d'Algérie la pleine nationalité française.

AUTOUR DE LA PLACE DE LA NATION

La place de la Nation *(plan couleur C1)* **:** anciennement place du Trône, de 1660 à 1880, parce que c'est là que Louis XIV fit son entrée triomphale à Paris. Rebaptisée place du Trône-Renversé sous la Révolution. On y installa la guillotine après que les habitants de la rue Saint-Honoré se sont plaints que les charrettes des condamnés passaient toujours sous leurs fenêtres. Si la « Veuve » fit un peu plus de 1 000 victimes en 13 mois à la Concorde, en revanche, place du Trône-Renversé, la lame chauffa à blanc, avec 1 300 exécutions en 43 jours ! Les 2 pavillons et les colonnes de part et d'autre de la place sont des vestiges de la barrière du Trône de l'enceinte des fermiers généraux.

– De là, vous pouvez faire un crochet par le méconnu ***cimetière privé de Picpus*** *(rue de Picpus ; ☎ 01-43-44-18-54 ; lun-sam 14h-17h en hiver, 18h en été ; 2 €).* On y enterra les 1 306 guillotinés de la Nation. C'est entouré de ces beaux et vastes jardins que le 17 juin 1794, le tristement célèbre bourreau Sanson exécuta 54 personnes en... 24 mn !

PIQUE, PUCE...

Ce serait à une étrange épidémie de boutons (dus aux puces !) qui toucha une bonne partie des habitants du secteur au XVIe s qu'on doit cet étrange nom propre qu'est Picpus, aujourd'hui attribué à un cimetière, une rue et un boulevard.

LE QUARTIER DE BERCY

Il s'agit de toute la partie comprise entre la gare de Lyon et la porte de Bercy, avec 2 pôles principaux : le ministère des Finances et l'aménagement des anciens chais, aérés par le bel espace du parc de Bercy.

Au 8, rue de Bercy, jetez un coup d'œil au bizarre tumulus recouvert de gazon et d'une structure métallique : il s'agit du *palais omnisports de Paris-Bercy,* le temple parisien du sport – récemment et assez bêtement rebaptisé *AccorHotels Arena.* Les constructions les plus récentes, du côté des chais Saint-Émilion et Lheureux, plus fantaisistes, sont la preuve que béton ne rime pas toujours avec grognon.

DES BULLES AU ROBINET

Dans le jardin de Reuilly (plan couleur B2), *on découvre une fontaine originale, puisque l'eau qui en sort est... pétillante ! Ce résultat insolite est obtenu grâce à un procédé de gazéification. Alors, tournée de bulles gratuites pour tous ! Et désormais, on en trouve 5 autres dans la capitale (7e, 13e, 15e, 17e et 18e).*

Le ministère des Finances *(plan couleur A-B2)* **:** *face au palais omnisports.* Ⓜ *Bercy.*

Un produit du double septennat de François Mitterrand, qui avait déclaré en 1981 : « Il faut rendre le Louvre à l'histoire de France » et annoncé le transfert du ministère, qui occupait une aile du palais du Louvre depuis 110 ans.
À Bercy, l'« immeuble-pont ». Œuvre de Paul Chemetov et Borja Huidabro. Côté palais omnisports, la façade du ministère reprend (en plus démesuré) le rythme architectural du métro aérien. Côté Seine, le portique a les pieds dans l'eau et se termine en loggia à l'italienne. Un bateau rapide conduit les ministres à la Chambre des députés en 11 mn... et sans perdre de points ! Tout le long du ministère court un mail agrémenté d'arbres et d'œuvres d'art. Survivance du passé, les 2 bâtiments de l'octroi bâtis sous Napoléon Ier et situés à côté de chaque portique.

La Cinémathèque française – Musée du Cinéma *(plan couleur B2)* **:** *51, rue de Bercy, 75012. ☎ 01-71-19-33-33. • cinematheque.fr • Ⓜ Bercy. Tlj sauf mar, 1er janv, 1er mai, août et 25 déc. Projections à partir de 14h30 (6,50 €, réduc). Expo permanente tlj 12h-19h (5 €, réduc, 4 € sur présentation de ce guide, gratuit le 1er dim de chaque mois) ; expos temporaires (11 €, réduc). Médiathèque ouv lun et mer-ven 10h-19h, sam 13h-18h30 (3,50 € ; formules d'abonnement). Pour la visite architecturale (occasionnelle), se renseigner. Ateliers et séances « Jeune public » ou « Cinéma en famille ».*
Dans l'ancien *American Center,* conçu par l'architecte Frank O. Gehry – un édifice suffisamment intéressant en lui-même pour faire l'objet de visites guidées régulières –, on trouve une exposition permanente dédiée à l'histoire du cinéma, 4 salles de projection, la BiFi (Bibliothèque du film), une galerie qui accueille 2 expositions temporaires chaque année, une médiathèque, une librairie et un restaurant.
L'exposition des collections permanentes présente des objets qui illustrent la naissance et l'essor de cette invention qui allait révolutionner le XXe s. Chronophotographies, lanternes magiques, boîtes d'optique, projecteur de Louis Lumière, maquettes de décors, caméra Mitchell, indissociable de la légende hollywoodienne : la collection doit beaucoup au fondateur de la Cinémathèque, Henri Langlois, qui, non content d'amasser les films (depuis 1936 jusqu'à sa mort, en 1977) et de les sauver (allant jusqu'à les stocker dans sa baignoire !), sut voir la magie, la poésie de ces 1ers témoignages.
Au fil des vitrines, les amoureux du 7e art reconnaîtront avec émotion un Sélénite du *Voyage dans la Lune* de Georges Méliès, la femme-robot de *Metropolis* de Fritz Lang ou 3 roues dentées de la machine qui engloutit Charlot dans *Les Temps modernes.* Affiches rares, costumes célèbres et spectaculaires, portés par Erich von Stroheim, Marlene Dietrich ou Isabelle Adjani, éléments de décor, extraits de films : que des merveilles, qui sont renouvelées, la place manquant pour pouvoir tout montrer.
La Galerie des donateurs, située sur la mezzanine du musée, présente les nouvelles acquisitions autour de thèmes : Le Mystère Clouzot, Jean Cocteau et le cinéma, Langlois et les arts...
Les 4 salles de projection sont parfaites pour assister aux différentes rétrospectives autour d'un cinéaste, d'un acteur, d'un thème, ainsi qu'aux programmations régulières (« Histoire permanente du cinéma », « Cinéma d'avant-garde », etc.). Également des conférences et des rencontres avec des cinéastes.
La galerie d'exposition temporaire, de 600 m², vient compléter la programmation cinéma. Ces expos présentent l'œuvre d'un cinéaste ou un courant cinématographique, et parfois mettent en dialogue le 7e art avec d'autres expressions artistiques.

➢ **Promenade des vignobles de Bercy :** *3,5 km balisés, un peu plus de 1h sans les arrêts, du métro Bercy au métro Porte-Dorée. Possibilité de raccourcir de 20 mn en s'arrêtant au métro Porte-de-Charenton. Réf. : topoguide* Paris à pied, *avec cartes, éd. FFRP.* Traversez, du métro Bercy, la rue de Bercy pour entrer dans le parc, à l'est du palais omnisports (POPB). Des tulipiers de Virginie environnent le *Canyoneaustrate,* bassin sculpté par Gérard Singer. Suivez l'allée dallée marquée d'un trait en granit poli. Dépassant un rideau de chênes, vous atteignez les grandes pelouses marquées encore du cheminement des entrepôts et des rails de la voirie.

Le parc de Bercy – Yitzhak-Rabin *(plan couleur B2-3)* **:** *tlj 8h (9h dim-lun)-19h (et jusqu'à 20h30 ou 21h30 selon saison).*
Avec ses presque 14 ha, l'un des plus grands parcs aménagés de Paris depuis les travaux d'Haussmann. L'endroit évoque l'activité vinicole florissante du XIXe s, avec ses rues pavées et ses rails restés en l'état. En effet, le vin était acheminé par la Seine en bateaux-citernes, puis en wagonnets jusqu'aux entrepôts. Ouvert en 1994 et aménagé à l'emplacement des anciens entrepôts à vin, il abrite des arbres centenaires, d'anciennes allées pavées, ainsi que 4 chais rénovés. D'ouest en est, une prairie (où l'on peut musarder) et 9 parterres thématiques parsemés de treilles et de vignes. Puis vient le Jardin romantique, de part et d'autre de la rue Joseph-Kessel, avec son lac et son jardin du Philosophe dont les arches en pierre proviennent de l'ancien marché Saint-Germain. Une terrasse de 8 m de haut, bordée de tilleuls et agrémentée de « sculptures du monde » (les enfants adorent !), sépare le parc de la voie Georges-Pompidou, et 3 passerelles relient les 2 côtés du jardin sans que l'on ait à poser le pied sur l'asphalte. Au détour d'une allée, au milieu des nénuphars, sculpture en bronze d'Étienne-Martin, *La Demeure X,* genre œuvre d'art d'aire d'autoroute...
Au cœur du parc, une ***Maison du jardinage*** *(☎ 01-53-46-19-19 ; ♿ au rdc ; tlj sauf lun 13h30-17h30 – 17h en hiver, 18h30 oct et mars ; GRATUIT)* a été installée dans une construction de la fin du XVIIIe s. Ses 130 m² sur 2 étages abritaient auparavant le service des taxes sur les vins et spiritueux. Cet espace entouré de parterres permet de s'initier aux secrets du jardinage biologique. Avis à ceux qui ont la main verte : petites salles d'exposition sur ce thème, ainsi qu'une bibliothèque centrée sur... l'horticulture !
Dans la partie est du parc, la ***maison du Lac,*** ancien poste des gardes de l'entrepôt, propose des conférences sur l'écologie urbaine et l'histoire des jardins, des expositions temporaires autour du thème des jardins : affiches publicitaires, bande dessinée...

➢ Ressortez rue François-Truffaut, à côté de la station de métro Cour-Saint-Émilion. Là, en deux pas vous rejoignez les chais et entrepôts restaurés. D'abord, la jolie ***cour Saint-Émilion,*** qui accueille librairie, restaurants, bars à vins et boutiques bobo-tendance (voir ci-dessous). Sur votre droite, en bord de Seine, le complexe de cinéma, hyper moderne comme le reste du quartier. Si vous préférez retrouver l'ambiance « vieux chais », tournez plutôt le dos à la Seine et poussez jusqu'aux pavillons Lheureux, superbe carré encadré par la rue du même nom, l'avenue des Terroirs-de-France, la rue des Pirogues-de-Bercy et celle du Baron-Le-Roy (ah ! tous ces noms évocateurs...). Cette ville dans la ville, classée à l'Inventaire supplémentaire des Monuments historiques, traversée par 2 rues, un patio, ponctuée de platanes centenaires et dallée de plus de 17 000 pavés, se nomme maintenant les ***pavillons de Bercy,*** et, honte à l'État, c'est une société privée qui a financé la majeure partie des rénovations et restaurations. Vous y trouverez le beau musée des Arts forains (voir plus loin).

Les anciens entrepôts de Bercy (Bercy-Village *; plan couleur B2-3)* **:**
Ⓜ Cour-Saint-Émilion.
Pendant des siècles, ce quartier (situé à l'est du palais omnisports et s'étendant de part et d'autre de la rue de Dijon) fut dévolu au commerce du vin. Le bourgogne arrivait en péniche en descendant la Seine, le porto, lui, la remontait. Ce qui fut la capitale du vin depuis 1860 est devenu un grand parc de 800 m de long (plus de 13 ha), baptisé *jardin de la Mémoire* (voir, plus haut, « Le parc de Bercy »). Tout le long ont été construits des logements (plutôt réussis) et des bureaux.
Quelques entrepôts et chais, notamment la cour Saint-Émilion et les pavillons Lheureux, ont été conservés et rénovés, témoignages d'une architecture

industrielle retouchée par Viollet-le-Duc. Ils abritent, entre autres, le musée des Arts forains (voir ci-dessous), des commerces pour la table ou la maison, et des restaurants. Des architectes y ont adjoint, non sans talent, de nouveaux bâtiments et un complexe cinématographique. Le week-end, aux beaux jours, les terrasses y sont prises d'assaut. À côté s'élève Zeus, un important (et imposant) centre d'affaires.
Comme on le voit, l'Est parisien s'est réveillé ! La passerelle Simone-de-Beauvoir relie le jardin de Bercy au secteur Tolbiac, de l'autre côté de la Seine, là où s'élèvent la Bibliothèque nationale de France, la nouvelle université parisienne, un cinéma et la Cité de la Mode et du Design. Complétés par la piscine flottante Joséphine-Baker.

Le musée des Arts forains *(plan couleur B3)* **:** *53, av. des Terroirs-de-France, 75012. ☎ 01-43-40-16-22. • arts-forains.com • Ⓜ Cour-Saint-Émilion. Tte l'année, résa obligatoire par tél ou sur le site internet. Ouvertures ponctuelles (Journées du patrimoine, Festival du merveilleux à Noël). Tarifs : 16 € (12 € la 2e entrée sur présentation de ce guide) ; 8 € 4-11 ans ; 12 € pers à mobilité réduite.*
La fête foraine connut son apogée vers 1900. Féerie des manèges, baraques et attractions aux décors uniques, monumentaux parfois, toujours très travaillés, lumineux, naïfs et fantastiques. On se prend alors à rêver à ces colossales fêtes itinérantes qui comptaient jusqu'à 1 000 métiers et dont on retrouve la merveilleuse atmosphère. D'autant que ce musée est en fait un musée-spectacle : ici, on a le droit de manipuler et même de monter sur certains manèges (qui fonctionnent !). D'où ce système spécifique de visite, toujours encadrée.
Manège de vélos (que l'on fait avancer en pédalant !), course de garçons de café, balançoire allemande à petits bateaux baptisés *Fritz* ou *Elke*, jeu de massacre des Pieds Nickelés, stand de tir renvoi-nougat, tout enchante, et mille détails retiennent l'attention. S'y ajoutent 3 autres espaces, les Salons vénitiens, le Théâtre du Merveilleux et le Théâtre de Verdure, toujours motivés par le même esprit festif, et superbement décorés. Et dans les Salons vénitiens, un spectacle son et lumière « De Monteverdi à Verdi », qui propose des airs d'opéra chantés par des automates.
La mise en scène de ce palais de l'illusion est extraordinaire : automates, éclairage, projections d'images vidéo, effets d'optique, perspectives et jeux de miroirs jouent avec les décors forains et végétaux pour créer une atmosphère totalement insolite.

LE BOIS DE VINCENNES *(plan couleur D3)*

• Plan *p. 390-391*

Ⓜ Château-de-Vincennes, Porte-Dorée ou Porte-de-Charenton ; RER A : Joinville-le-Pont, Fontenay-sous-Bois ou Nogent-sur-Marne. Procurez-vous le topoguide Paris à pied, *éd. FFRP (avec cartes) : une petite balade (7 km, 2h sans les arrêts) qui contourne le Parc floral et le lac des Minimes, depuis le métro Château-de-Vincennes.*
Situé au-delà du périphérique, le bois de Vincennes appartient pourtant à la Ville de Paris, plus précisément au 12e arrondissement, depuis 1929. C'est même la plus grande promenade parisienne. Comme au bois de Boulogne, le chêne y est l'espèce dominante, les érables et les pins sont également bien représentés.

12e

– **Barques :** *de mars à mi-nov, au lac Daumesnil ou au lac des Minimes, plus enfoncé dans les bois (un poil moins cher que le 1er et plus sympa car plus sauvage et moins fréquenté). Animaux admis. • barques.org • Lac Daumesnil : ☎ 01-43-28-19-20 ; tlj 10h (14h en sem)-19h (dernier départ à 17h30) ; 12,80 €/h pour*

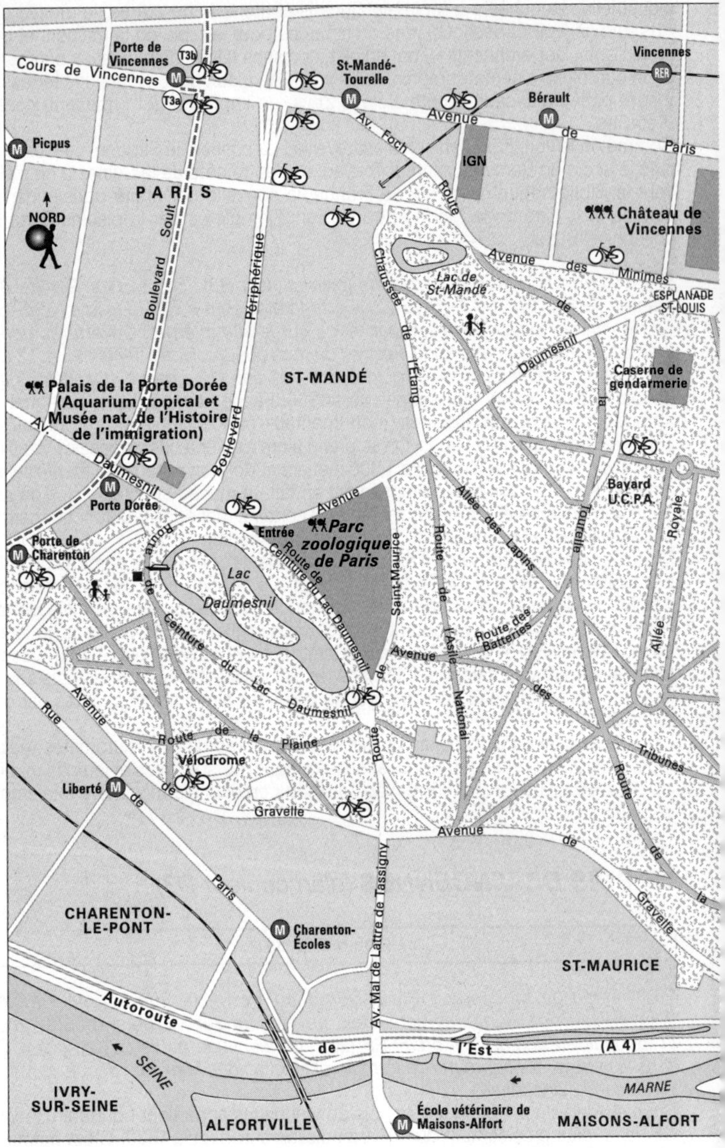
Porte de Vincennes
Cours de Vincennes
St-Mandé-Tourelle
Vincennes
Bérault
Avenue de Paris
Av. Foch
Picpus
IGN
PARIS
NORD
Route
Château de Vincennes
Boulevard Soult
Boulevard Périphérique
Chaussée de l'Étang
Lac de St-Mandé
Avenue des Minimes
ESPLANADE ST-LOUIS
Avenue de la Tourelle
Daumesnil
ST-MANDÉ
Caserne de gendarmerie
Palais de la Porte Dorée (Aquarium tropical et Musée nat. de l'Histoire de l'immigration)
Av. Daumesnil
Porte Dorée
Bayard U.C.P.A.
Royale
Entrée
Parc zoologique de Paris
Porte de Charenton
Route de Ceinture du Lac Daumesnil
Lac Daumesnil
Allée des Lapins
Saint-Maurice
Route de l'Asile National
Route des Batteries
Avenue des Tribunes
Allée
Avenue de Gravelle
Rue
Route de la Plaine
Vélodrome
Route de la Gravelle
Liberté
Avenue de Paris
CHARENTON-LE-PONT
Charenton-Écoles
Av. Mal de Lattre de Tassigny
ST-MAURICE
Autoroute de l'Est (A 4)
SEINE
MARNE
IVRY-SUR-SEINE
ALFORTVILLE
École vétérinaire de Maisons-Alfort
MAISONS-ALFORT

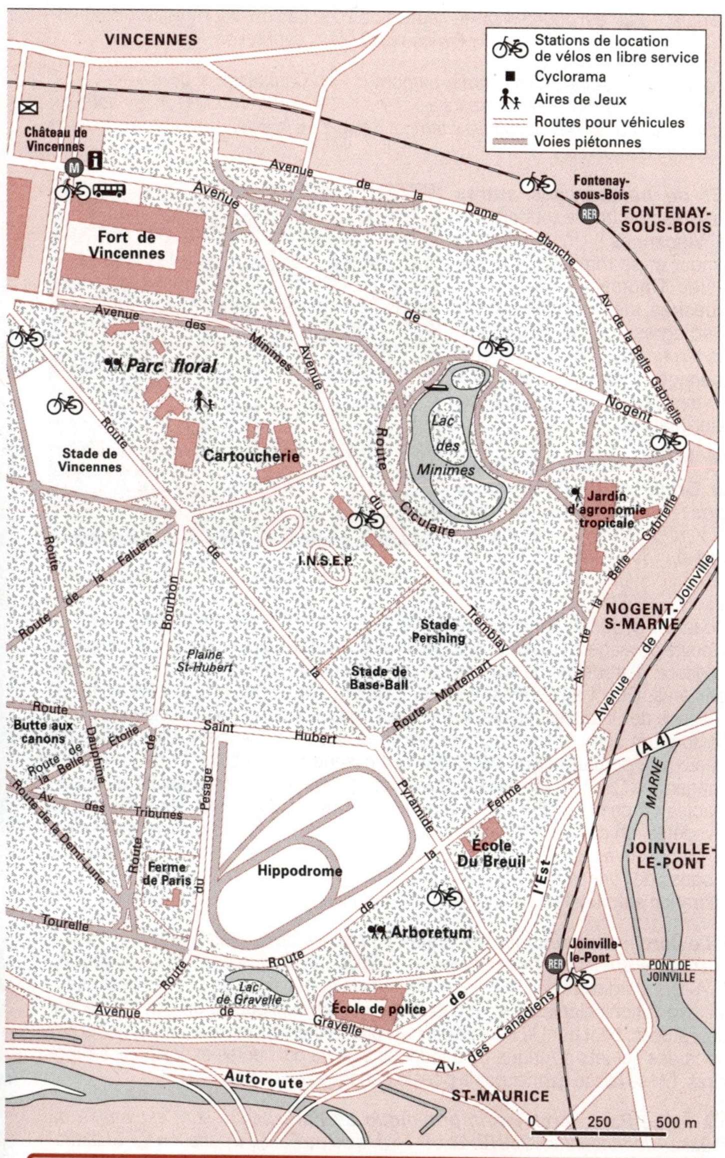

LE BOIS DE VINCENNES

12e

1-2 pers, 13,80 €/h pour 3-4 pers ; caution de 20 €. Lac des Minimes : 06-86-08-01-12 ; 10 €/h pour 1-2 pers, 12 €/h pour 3-5 pers ; caution de 10 €.

– **Location de vélos : Cyclorama,** *au bord du lac Daumesnil. 06-81-34-47-19. • cycloramaevents.fr • De mi-mars à oct, mer et w-e 10h-18h30 (19h juil-août), et tlj sur résa, sauf en cas de mauvais temps. 5 €/h, 12 € la ½ journée. Pièce d'identité et caution demandées.*

– ***Et de nombreuses autres activités :*** on trouve tout au bois de Vincennes ! Un temple de l'amour et sa romantique grotte au lac Daumesnil, des clubs équestres, des circuits sportifs (avec agrès), des aires de jeux, des terrains de boules, des parcs aménagés pour les enfants (aux squares de la Croix-Rouge et de Saint-Mandé)...

LE SAVIEZ-VOUS ?

Des centaines de familles se mobilisent bénévolement chaque année afin d'accueillir des chiots sélectionnés pour devenir chiens-guides d'aveugles. Leur rôle est d'éduquer le chien avant son entrée à l'école des chiens-guides, située au 105, avenue de Saint-Maurice, dans le bois (obéir aux ordres, être propre...). Un précieux bénévolat qui permet d'offrir gratuitement quelque 150 chiens-guides par an aux aveugles ou malvoyants. Plus d'infos sur • paris.chiensguides.fr •

Les jardins de l'école Du Breuil et l'arboretum de Paris : *route de la Pyramide, bois de Vincennes (près de l'hippodrome), 75012. ☎ 01-53-66-14-00. • ecoledubreuil.fr • RER A : Joinville-le-Pont. Tlj 9h-17h (jusqu'à 19h selon saison). GRATUIT.*
ÉcoJardin et Jardin remarquable, le domaine de l'école Du Breuil offre 23 ha de diversité paysagère : roseraie contemporaine, rocaille, jardin paysager à l'anglaise, collection d'arbustes, de vivaces, de grimpantes, de bambous et de plantes saisonnières. Quant aux serres, pépinière, potager et verger, on peut les visiter en présence des jardiniers et lors de journées exceptionnelles (se renseigner).
L'arboretum déroule ses bosquets de chaque côté d'une belle allée. Différents milieux qui permettent de découvrir 654 essences de feuillus et de conifères : oranger des Osages, pin faiseur de veuves, et de nombreux autres arbres remarquables de part et d'autre de 2 charmantes rivières. Au milieu des 300 espèces et variétés, on découvrira le chicot du Canada, les épicéas, le prunus de Pissard, les pommiers à fleurs, etc. On peut voir et revoir sans s'en lasser, aux différentes époques de l'année, plus de 2 000 arbres. Pour les fleurs, venir en avril, et pour la coloration automnale des feuilles à collectionner, en octobre, par exemple.

Le Jardin d'agronomie tropicale : *45 bis, av. de la Belle-Gabrielle, 75012. • paris.fr • RER A : Nogent-sur-Marne. Tlj 9h30-18h30 (jusqu'à 20h selon saison). GRATUIT.* Jardin créé en 1899 pour soutenir le commerce des plantes exotiques ; une exposition coloniale s'y est ensuite tenue, qui explique qu'on y découvre statues, stupas, petit pont khmer, pavillon à l'architecture tunisienne, monuments aux morts des soldats d'Afrique ou d'Indochine, sans oublier les expositions temporaires. On se laisse gagner par la poésie dégagée par ce lieu.

Le Parc floral, jardin botanique de Paris : *situé sur l'esplanade du Château-de-Vincennes, 75012. ☎ 39-75 (Mairie de Paris). • paris.fr • Ⓜ Château-de-Vincennes ; RER A : Vincennes. Accès par le bus no 112 de Château-de-Vincennes et par le no 46 de Porte-Dorée. Ouv tte l'année : en hiver 9h30-17h, mars et oct 9h30-18h30, avr-sept 9h30-20h. Entrée gratuite, sauf juin-sept mer, w-e et j. d'animations et de concerts : 6 €, ½ tarif 7-26 ans, gratuit moins de 7 ans.*
Promenade à travers 235 ha de verdure et de fleurs. À voir : le chemin de l'évolution, la vallée des Fleurs, la pinède, le jardin des Quatre-Saisons (où l'on peut voir des fleurs toute l'année), les bonsaïs, etc. Aire de jeux avec plus de 50 activités

gratuites. Espace fitness en plein air. Attractions payantes *(avr-fin sept : mer, w-e et j. fériés ; tlj pdt vac scol)* : 4 parcours acrobatiques dans les arbres *(à partir de 6 ans ; fév-nov),* location de rosalies, minigolf, ping-pong et un jeu de piste, « Les Trésors du parc ». Informations : *• parcfloraldeparisjeux.com •*
Concerts gratuits de juin à septembre le week-end sous le Delta (espace concert de 1 500 places) : en juin et juillet, Paris Jazz Festival à 15h ; en août et septembre, Classique au vert à 16h. Et pour les enfants, Pestacles de juin à septembre tous les mercredis à 14h30, dans le cadre du Festival Jeune Public. 2 restaurants dans le parc.
– ***La Cartoucherie et le théâtre du Soleil :*** *route Champ-de-Manœuvres, 75012. ☎ 01-43-74-87-63. • theatre-du-soleil.fr • Bus n° 112 ou navette bus (1er voyage 1h15 avt le début du spectacle, et dernier 10 mn avt) depuis le château de Vincennes. Billet : entre 5 et 40 € selon spectacle, se renseigner ; réduc. Bar et restauration sur place.* Fondée en 1964, la compagnie d'Ariane Mnouchkine s'est installée dans ce lieu atypique et merveilleux qui compte aujourd'hui 4 salles de spectacle au milieu des bois. La programmation est toujours aussi militante, belle et surprenante. Un endroit rare et magique que l'on adore !

Le Parc zoologique *(plan couleur D3)* **:** *angle av. Daumesnil et rue de la Ceinture-du-Lac, 75012. ☎ 0811-224-122. • parczoologiquedeparis.fr • Ⓜ ou Ⓣ Porte-Dorée. ♿ Ouv tlj, tte l'année ; horaires variables, voir site internet. Fermeture des caisses 1h avt. Tarifs : 20 € ; 15 € 3-12 ans ; forfait tribu (2 adultes – à partir de 13 ans et dont un de plus de 18 ans – et 2 enfants – 3-12 ans) : 65 €. Billets coupe-file en ligne. Consultez le programme des animations du jour (nourrissage...) sur le site internet ou en arrivant. Compter une bonne ½ journée. À savoir : se garer (parking le plus proche à 10 mn à pied) peut être compliqué selon l'affluence des visiteurs au zoo et des promeneurs au bois !*
Les visiteurs le repèrent de loin, avec son emblématique rocher haut de 65 m. Ouvert en 1934, le zoo a fait peau neuve pour rouvrir en 2014. Plus de pédagogie et moins de barrières entre visiteurs et animaux, au profit de fosses ou de grandes surfaces vitrées qui permettent une belle sensation de proximité (on a surtout aimé coller le nez à la vitre des otaries ou des manchots) ! Les hôtes ont aujourd'hui gagné en espace (mais pas assez à notre avis) et en profitent parfois pour se dissimuler aux yeux des visiteurs. Alors, soyez patient et ouvrez l'œil ! Sans compter qu'en hiver certains animaux hibernent ou manquent d'entrain...
Un cheminement en ruban – que de béton ! – de 4 km permet de découvrir 5 biozones et de se sensibiliser à l'écologie et à la biodiversité... On démarre par les nandous de Patagonie pour terminer avec les amusants lémuriens de Madagascar. En chemin, on aura fait connaissance avec les girafes et les lions de la région Sahel Soudan, mais aussi avec les inquiétants piranhas d'Amazonie ou les sympathiques loutres d'Europe. On aime aussi se balader dans la spectaculaire serre tropicale à l'affût des reptiles et des oiseaux qui se cachent dans la flore luxuriante de Guyane et de Madagascar. Après avoir essuyé quelques critiques (scénographie trop conceptuelle, tarifs trop élevés, etc.), cette arche de Noé qui a embarqué près d'un millier d'animaux de tailles « raisonnables » – dont de nombreuses espèces menacées – semble avoir pris sa vitesse de croisière avec, enfin, des lieux de pause et des espaces pour s'asseoir ou pique-niquer. Un minimum avec des enfants !

Le château de Vincennes : *av. de Paris, 94300* ***Vincennes.*** *☎ 01-48-08-31-20. • château-de-vincennes.fr • Ⓜ Château-de-Vincennes ; RER A : Vincennes. ♿ Tlj 10h-17h (18h fin mai-sept). Fermé 1er janv, 1er mai et 25 déc. Entrée : 9 € ; réduc ; gratuit moins de 26 ans. Visite libre, commentée (en fonction de l'affluence et de la disponibilité du personnel ; téléphoner le mat) ou avec audioguide 3 €. Boutique.*
Le château fort fut érigé au XIVe s à proximité d'une résidence de chasse construite au XIIe s par les Capétiens, qui aimaient chasser dans les forêts alentour.

Vincennes sert de siège au gouvernement royal pendant 20 ans, avant d'être remplacé par le Louvre, puis Versailles. Mazarin, alors gouverneur de la place, y fait édifier 2 pavillons par Le Vau, l'un pour le jeune Louis XIV et l'autre pour sa mère la régente Anne d'Autriche, afin d'avoir un « lieu sûr pour lui et la famille royale en cas d'émeute » ! Les jardins sont bien sûr dessinés par Le Nôtre. Les 2 pavillons, dits du Roi et de la Reine *(ouv seulement lors des Journées du patrimoine ; bibliothèque militaire ouv en sem 9h-17h),* abritent de nos jours les archives de l'Armée. Abandonné en tant que résidence royale, Vincennes va servir successivement de prison, de manufacture de porcelaine (sous Louis XVI, qui a besoin d'argent et loue les bâtiments), puis de manufacture d'armes et, enfin, de forteresse militaire sous Napoléon Ier, qui y installe des casemates et fait araser les tours pour adapter le site à la guerre d'artillerie. En 1944, le château est transformé en dépôt de poudre, pour faire sauter Paris ; les sapeurs allemands le font exploser dans leur retraite après la libération de la capitale dans la nuit du 24 au 25 août. Quelques jours plus tôt, le château a été le théâtre de l'exécution de 30 otages, comme le rappelle une plaque dans le métro. Enfin, dans les années 1960, de Gaulle envisage un moment d'y installer le siège du gouvernement à la place de l'Élysée. L'ensemble a été conservé, restauré et ouvert à la visite par le Centre des monuments nationaux.

Commencé sous Philippe VI de Valois, il est achevé par son petit-fils Charles V, à qui l'on doit l'enceinte fortifiée de 9 tours et le majestueux donjon de 5 étages – le plus haut d'Europe –, faisant ainsi de Vincennes une véritable cité fortifiée. Il commence par ailleurs la Sainte-Chapelle, qui ne sera achevée que sous Henri II (milieu du XVIe s).

Après avoir franchi le fossé, on pénètre dans le donjon par le châtelet, entrée principale imbriquée dans l'enceinte surmontée d'un chemin de ronde, d'où l'on bénéficie d'une vue panoramique sur les toits de Vincennes et sur Paris. C'est aussi de là que l'on peut observer le mieux les fenêtres carcérales du donjon proprement dit et sa structure, une grosse tour carrée flanquée de 4 tourelles d'angle. Avant d'accéder à la passerelle menant au donjon, et si cela est possible, demander à jeter un œil au cabinet de travail de Charles V (une dizaine de mètres carrés à peine ; de quoi rester concentré sur son travail !), où l'innovant principe de réalité augmentée mobile permet de découvrir les lieux tels qu'ils étaient à l'époque de Charles V. De là, possibilité de monter à la terrasse sous le campanile et d'admirer la Sainte-Chapelle.

Dans la basse cour du donjon, on emprunte un escalier ajouré pour accéder à la passerelle, alors seul accès possible au Moyen Âge. À l'intérieur, chaque salle importante repose sur une unique et élégante colonne centrale, avec les symboles des évangélistes dans chaque angle. On entre par la chapelle qui précède la salle du conseil, puis, en gravissant encore un étage, on découvre la chambre du roi avec sa belle cheminée. Partout, des restes de polychromie du XIVe s, lambris, figures sculptées... Pour la petite histoire, le donjon dispose d'un système de latrine assez sophistiqué pour l'époque, puisque les conduits sont décalés d'un étage à l'autre. Enfin, dans la plupart des pièces, pas mal de références à la fonction carcérale du donjon avec des graffitis réalisés par les détenus, certains ayant gravé dans la pierre leur date d'entrée et de sortie : émouvant, d'autant que quelques dessins sont très bien conservés. Voir aussi la « belle » cellule décorée dans les tons bleus par un abbé. Il n'y avait généralement qu'une

UNE ROYALE RECETTE

En août 1422, Henri V, le vainqueur anglais d'Azincourt, meurt à Vincennes de la dysenterie. Pour rapatrier sa dépouille à Londres, on décide de faire bouillir le corps, vidé de ses entrailles, dans un bouillon de vin et d'épices (la recette se trouve d'ailleurs au Louvre). Ainsi les reliques sont plus facilement récupérées (bagues...), et les os sont rapatriés dans un coffre en plomb vers l'Angleterre. Henri V (ou ce qu'il en reste !) repose désormais à l'abbaye de Westminster.

personne par cellule, ce qui laisserait songeurs nombre de détenus actuels... Il s'agissait en effet de VIP de l'époque, enfermés là ou à la Bastille sur lettre de cachet : Fouquet, Diderot, Mirabeau, ou encore le marquis de Sade. La cellule de ce dernier, au rez-de-chaussée, ne comporte malheureusement aucun graffiti... Voir aussi au rez-de-chaussée, dans les cuisines, le puits et l'imposante porte de prison derrière laquelle était enfermée Marie-Antoinette à la prison du Temple.
Les plus courageux peuvent poursuivre leur visite jusqu'à la terrasse du donjon *(seulement sur résa, se renseigner).*
Avant de partir, n'oubliez surtout pas de jeter un œil à la Sainte-Chapelle, qui vient d'être restaurée *(10h30-13h, 14h-16h30 – 17h30 en été ; dernier accès : 15 mn avt la fermeture),* vaste vaisseau de pierre de style gothique flamboyant. Commencée sous Charles V sur le modèle de celle de Paris, elle n'est achevée que sous les règnes de François Ier et de son fils Henri II, qui y ont imposé leurs emblèmes (la salamandre pour l'un, le croissant de lune pour l'autre). Dans l'oratoire à gauche du chœur, le tombeau du duc d'Enghien, exécuté dans les fossés du château en 1804. Mais ce sont surtout les vitraux, dont la majorité date du XVIe s, et plus particulièrement ceux du chœur illustrant l'Apocalypse selon saint Jean, qui doivent retenir votre attention. 2 maquettes très intéressantes permettent de comparer le château à la fin du Moyen Âge et au XVIIe s à la suite des travaux entrepris par Le Vau.

Le palais de la Porte Dorée (plan couleur D2)

293, av. Daumesnil, 75012. ☎ 01-53-59-58-60. • palais-portedoree.fr • Ⓜ Porte-Dorée. Bus nº 46 ou PC. ♿ Tlj sauf lun 10h-17h30 (19h w-e) ; fermeture des caisses 45 mn avt. Visites guidées : 10 €, réduc ; résa obligatoire au ☎ 01-53-59-64-30 ou • reservation@palais-portedoree.fr • Petite librairie ; café.
Chef-d'œuvre Art déco construit pour l'Exposition coloniale de 1931 par l'architecte Albert Laprade, le bâtiment deviendra le musée de la France d'outre-mer, puis le plus consensuel musée des Arts africains et océaniens, dont les collections ont intégré le musée du quai Branly. Aujourd'hui, le palais de la Porte Dorée abrite l'Aquarium tropical et le musée de l'Histoire de l'immigration. Certains espaces sont accessibles librement, comme le forum, le grand hall décoré de magnifiques fresques et les bureaux respectifs du maréchal Lyautey, commissaire de l'expo, et de Paul Reynaud, ministre des Colonies. Mobilier Art déco pur jus griffé Ruhlmann et Printz : fauteuil-éléphant en ébène de Macassar et bureau à plateau de galuchat.

L'Aquarium tropical : *• aquarium-portedoree.fr • ♿ Entrée : 5 € ; réduc ; billet jumelé aquarium + musée de l'Histoire de l'immigration : 8-10 € selon expos temporaires.* Plus authentique que celui du Trocadéro... et bien moins cher ! L'aquarium a été édifié et ouvert à l'occasion de l'Exposition coloniale de 1931. Quelque 300 espèces, 5 000 poissons, 300 000 l d'eau et, tenez-vous bien, une rare collection de poissons primitifs, inchangés depuis 300 millions d'années et dotés d'ébauches de poumons et de nageoires permettant la reptation. Et l'on descendrait de ces oiseaux-là ! Riche variété donc, dont certaines espèces étonnantes, comme le curieux *Melanochromis auratus,* qui garde les œufs dans la bouche pour les incuber et qui peut même, quand les alevins sont en danger, les avaler pour les protéger, puis les recracher. Énormes poissons-chats, fascinantes raies multicolores, magnifiques poissons tropicaux (poisson-clown, poisson-ballon, poisson-demoiselle, ange flamboyant, poisson-chirurgien, petits requins...). Seule déception, la mythique fosse à crocodiles qui ne fait plus autant sensation et dans laquelle s'ennuient quelques alligators (un peu plus loin, 2 autres alligators, albinos et tout aussi tristes).

Le musée national de l'Histoire de l'immigration : *• histoire-immigration.fr • ♿ Entrée : 6 €, expo temporaire incluse (4,50 € si pas d'expo) ; gratuit* *moins de 26 ans et pour ts le 1er dim de chaque mois ; billet jumelé aquarium + musée : 8-10 € selon expos temporaires. Livret parcours-jeu pour enfants gratuit.*

Le musée de l'Histoire de l'immigration se propose de faire reconnaître l'apport des immigrés dans la construction de la France depuis 2 siècles. Pour réfléchir, comprendre et se souvenir que 1 Français sur 4 (on l'oublie trop souvent) a au moins un aïeul ou bisaïeul né étranger ! La France a accueilli plusieurs vagues d'immigration, qui l'ont enrichie, diversifiée, qui ont contribué à sa prospérité, ou l'ont défendue et libérée aussi. Mineurs polonais, maçons italiens, Juifs d'Europe centrale, républicains espagnols, Maghrébins recrutés au bled pour travailler dans l'industrie, Africains affectés à l'entretien, boat people réfugiés des guerres d'Indochine : autant de destins collectifs et d'histoires individuelles, tragiques parfois, émouvantes souvent, drôles quelquefois.

C'est cela qu'aborde le musée dans son exposition permanente « Repères », à l'étage. Celle-ci s'organise en 5 thèmes : « Accepter », « Contribuer », « Témoigner », « Partager », « Hériter ». Chacun est décliné autant du point de vue historique qu'au travers de destins personnels : objets personnels et récits singuliers relaient la grande Histoire. Quelques œuvres d'art contemporain viennent apporter un autre éclairage sur certains thèmes, tout comme la « galerie des dons » et les expos temporaires.

UN RITAL, DES RITAUX ?

Avec son roman paru en 1978, François Cavanna popularisa le terme de « rital »... Il en rappela surtout l'origine, qui n'avait rien de péjoratif, le terme venant tout simplement des papiers de séjour des immigrés italiens où il était inscrit « r. ital. » pour « réfugié italien ». Ces ritals, français depuis plusieurs générations, participent à cette belle mosaïque qu'est finalement la nation française !

13e ARRONDISSEMENT

LA BUTTE-AUX-CAILLES • LES GOBELINS • LE NOUVEAU 13e • CHINATOWN

- Pour le plan du 13e arrondissement, voir le cahier couleur en fin de guide.

Si elle est dépourvue de charme, la place d'Italie nous conduit vers les principaux centres d'intérêt de l'arrondissement. C'est dans un hôpital, celui de la Salpêtrière, véritable ville dans la ville, qu'on découvre le plus remarquable ensemble architectural ancien du quartier. Du pur Louis XIV, avec son immense chapelle si caractéristique. La manufacture des Gobelins et son parc nous rappellent l'existence d'une rivière aujourd'hui souterraine, la Bièvre, jadis bordée de tanneries. Véritable maquis de ruelles au charme intact, ayant résisté aux Versaillais lors de la Commune et aux promoteurs depuis, la Butte-aux-Cailles a perdu ses moulins mais a toujours fière allure. Entre l'avenue d'Italie et l'avenue d'Ivry, c'est le Chinatown parisien, avec ses supermarchés et ses restaurants asiatiques (où le très ordinaire côtoie le suave et le parfumé). Enfin, à l'est, le récent quartier de la Bibliothèque nationale de France, qui a fini par s'inscrire dans un étonnant paysage urbain, et dont le chantier touche à sa fin. Entre la Cité de la Mode et du Design, les nouveaux bâtiments universitaires, le complexe cinématographique *MK2*, l'ambiance presque balnéaire du quai, avec son bateau-phare et sa piscine flottante, on est transporté dans un étonnant futur immédiat.

SE MARIER À LA MAIRIE DU 13e

Jusqu'en 1860, il n'y avait que 12 arrondissements. À l'époque, dire d'un couple qu'il s'était marié à la mairie du 13e arrondissement était donc une façon ironique de dire qu'il vivait en concubinage. Napoléon III créa ensuite 8 nouveaux arrondissements, et l'expression disparut.

Où dormir ?

Très bon marché

Centre international de séjour de Paris (plan couleur B3, **1**) **:** 17, bd Kellermann, 75013. ☎ 01-43-58-96-00. • cisp.fr • Ⓜ Porte-d'Italie. ♿ Ouv tlj, 24h/24. Compter 31-61 €/pers et par nuit, petit déj compris (moins cher pour les groupes). Repas complet au self 11,40 €. Parking. Grand bâtiment sans charme de près de 175 chambres, le *CISP* accueille les groupes aussi bien que les voyageurs individuels. Les chambres, rénovées petit à petit, ont différentes tailles : simples, doubles, 3-8 lits... Toutes très propres et fonctionnelles, possédant pour certaines douche et w-c. Draps et linge de toilette fournis. Seul hic, la situation assez excentrée et la proximité du périphérique. Heureusement, le coin est bien desservi par le métro et le tram, et le grand parc qui l'entoure vous isole de l'environnement urbain. Accueil sympathique.

Bon marché

Oops ! *(plan couleur B2,* ***2****) : 50, av. des Gobelins, 75013. ☎ 01-47-07-47-00. • oops-paris.com • Ⓜ Gobelins ou Place-d'Italie. ♿ Lits en dortoir de 2-4 pers 33-46 € ; doubles 90-115 € ; petit déj inclus. AC.* C'est dans un petit hôtel de quartier qu'une équipe d'archi-allumés a posé ses couleurs. Le résultat n'est pas triste : papiers peints et peintures flashy, meubles design... Toutes les chambres sont impeccables, équipées de douche et w-c, et parfaitement conçues. 2 petites salles communes, avec TV écran plat et une cuisine, viennent compléter l'équipement de cette adresse coup de cœur. Une bonne adresse, petit budget mais moderne.

Hôtel des Beaux-Arts *(plan couleur B2,* ***3****) : 2, rue Toussaint-Féron, 75013. ☎ 01-44-24-22-60. • hotel-beaux-arts.fr • Ⓜ Place-d'Italie. Réception ouv tlj 8h-23h. Doubles avec lavabo 69 €, avec douche 79 €, avec douche et w-c 89-105 € ; petit déj-buffet 9,50 €. Un petit déj/chambre offert sur présentation de ce guide.* On est reçu avec le sourire dans ce petit hôtel lui-même très plaisant, avec sa façade en brique et sa petite cour fleurie, où est servi le petit déj en été. La vingtaine de chambres est à l'avenant : impeccables, un peu petites mais rénovées et agréables. Située dans un joli coin du 13e, à deux pas du parc de Choisy, c'est l'une des adresses les plus sympas du quartier.

Hôtel du Roussillon *(plan couleur zoom,* ***4****) : 23, rue Paulin-Méry, 75013. ☎ 01-45-80-27-99. • hotelduroussillonparis.com • Ⓜ Place-d'Italie ou Corvisart. Doubles 79-99 € ; petits déj 3,50-4 €.* Au calme dans une rue piétonne de la Butte-aux-Cailles, cet établissement est la simplicité même : quelques chambres, petites mais toutes rénovées, donnant sur la cour intérieure pour les « classiques ». Les « supérieures » sont équipées de la TV. L'accueil est sympathique et familial, la déco sans histoire.

Arian Hôtel *(plan couleur B3,* ***5****) : 102, av. de Choisy, 75013. ☎ 01-45-70-76-00. Ⓜ Tolbiac, Place-d'Italie ou Olympiades. Doubles 65-75 € ; petit déj 8 €.* Si vous cherchez une adresse à prix abordable en plein quartier chinois, on ne saurait que vous recommander ce petit hôtel. Chambres rénovées, simples et propres, desservies par un ascenseur. Accueil agréable, on se croirait au village à Paris !

De prix moyens à chic

Hôtel des Écrivains *(plan couleur B2,* ***8****) : 8, rue Coypel, 75013. ☎ 01-47-07-76-32. • hotelecrivains.com • Ⓜ Place-d'Italie. Doubles 95-159 € ; petit déj 12 €.* Un petit hôtel de 38 chambres plein sud, dans une rue très calme et sans cambriolage (le commissariat est juste en face !) Et idéalement situé, juste derrière la mairie, à côté des Gobelins, du marché Mouffetard et du Quartier latin, à 5 mn du Jardin des Plantes et à quelques pas de Chinatown.

Hôtel Henriette *(plan couleur A1,* ***7****) : 9, rue des Gobelins, 75013. ☎ 01-47-07-26-90. • hotelhenriette.com • Ⓜ Gobelins. Doubles 99-209 € ; petit déj 14 €.* Au calme dans une petite rue pavée à deux pas du quartier Mouffetard. Une déco parfaite assez bohème-parisienne, où tout a été chiné avec justesse. Jardin d'hiver sous verrière et petit patio fleuri. Le petit déj est servi comme à la maison. Atmosphère qui évoque effectivement un second chez-soi.

Ibis Styles Place d'Italie – Butte-aux-Cailles *(plan couleur zoom,* ***9****) : 22, rue Barrault, 75013. ☎ 01-45-80-67-67. • ibis.com • Ⓜ Corvisart. ♿ Doubles 109-179 €, petit déj compris. Promos en ligne.* Au cœur du « village » de la Butte-aux-Cailles, un hôtel flambant neuf ouvert par la chaîne Ibis Styles, qui propose généralement de bonnes prestations. Le *lobby*, moderne et avenant, donne le ton : on s'y installe volontiers pour prendre le petit déjeuner (compris dans le prix et généreux), pour passer un mail ou pour lire la presse. Les chambres aux couleurs sobres sont au diapason, les salles de bains fonctionnelles et l'aménagement confortable. Un bon plan, bien calme, à 2 mn du métro.

Hôtel Le Vert Galant *(plan couleur A2,* ***10****) : 43, rue de Croulebarbe, 75013.* ☎ *01-44-08-83-50. • vertgalant.com • Ⓜ Les Gobelins ou Corvisart. Doubles 95-180 € ; familiales ; studios avec kitchenette 130-180 € ; petit déj 12 €. Parking payant.* Un coin de campagne perdu en plein 13e, face au square René-Le-Gall. Chambres toutes uniques et à la déco soignée. Salles de bains avec douche à l'italienne ou baignoire pour les plus chic. Et coin kitchenette, très pratique, pour les plus chères. Les chambres donnent, pour certaines même de plain-pied, sur un jardin aménagé, avec une pelouse sur laquelle poussent quelques plants de vigne de jurançon : clin d'œil au restaurant basque mitoyen, l'auberge *Etchegorry*, appartenant à la même famille (voir plus loin). Bon petit déj (gâteau maison et orange pressée). Un endroit rare à Paris.

Hôtel Saint-Charles *(plan couleur zoom,* ***11****) : 6, rue de l'Espérance, 75013.* ☎ *01-45-89-56-54. • hotel-saint-charles.com • Ⓜ Corvisart. ♿ Doubles 110-140 € ; petit déj-buffet 14 €.* Au cœur de la Butte-aux-Cailles, un de nos quartiers préférés à Paris ! Dans cet hôtel, des chambres pas très grandes mais très propres, de standing et climatisées. Prix un peu élevés mais justifiés, surtout si vous avez pu obtenir une chambre côté cour. Mais rassurez-vous, la Butte est calme désormais... Copieux petit déj-buffet à prendre dans la salle à manger et, dès les beaux jours, dans le patio joliment fleuri ou sur la terrasse en teck. Mention spéciale pour l'accueil : aux petits soins.

Quality Suites Bercy-Bibliothèque *(plan couleur C2,* ***12****) : 15, rue de Tolbiac, 75013.* ☎ *01-53-61-62-00. • hotel-paris-bercy.com • Ⓜ Bibliothèque-François-Mitterrand. ♿ Doubles 70-250 € ; triples et quadruples ; petit déj-buffet 14 €. Café à volonté dans le* lobby. *AC. Parking payant.* Une adresse d'un bon rapport qualité-prix, alliant confort et côté pratique. Ici, on a pensé à tout pour vous : 70 mini-apparts avec kitchenette, bien équipés et décorés avec classe, une laverie et, pour ne rien gâcher, sourire et prévenance à la réception. En plus, avec la ligne 14, vous atteignez rapidement le centre de Paris. Qui dit mieux ?

Plus chic

La Villa Paris *(plan couleur A3,* ***14****) : 33, rue de la Fontaine-à-Mulard, 75013.* ☎ *01-43-47-15-66. • la-villa-paris.com • Ⓜ Tolbiac ou Maison-Blanche ; Ⓣ Stade-Charléty ou Poterne-des-Peupliers. Congés : 3 sem en août et pour les fêtes de fin d'année. Doubles 120-160 €, petit déj (frais !) inclus. Cadeau de bienvenue offert sur présentation de ce guide.* Bienvenue dans l'intimité d'une maison parisienne ! Avec ses 5 chambres d'hôtes, *La Villa Paris* vous accueille chaleureusement. D'ailleurs, les propriétaires, fort aimables, vivent au dernier étage de cette bâtisse construite en 1925, qui a gardé des touches Art déco, comme sa belle porte d'entrée à vitraux. Les chambres aux lits douillets offrent un cadre épuré et confortable. Pour un séjour en amoureux, choisissez la plus grande, équipée d'un jacuzzi. Convivialité aussi dans la salle à manger avec sa cheminée ou sur la petite terrasse, où l'on peut prendre un petit déjeuner maison et savoureux. Dans la cuisine, frigo et bouilloire à disposition. Comme chez vous... mais en mieux !

C.O.Q. Hôtel *(plan couleur B2,* ***15****) : 15, rue Edouard-Manet, 75013.* ☎ *01-45-86-35-99. • coqhotelparis.com • Ⓜ Place-d'Italie. Doubles 110-200 €.* À deux pas de l'étonnante Fondation Seydoux, le *C.O.Q.* joue à fond la carte du nouveau chic parisien : murs aux teintes franches et profondes (très élégant, le bleu français des derniers étages) égayés – façon de parler – de tableaux d'ancêtres, draps de lin lavé colorés, mobilier de style années 1950, mosaïques blanches dans les salles de bains. 3 catégories de chambres : la « Pocket », qui comme son nom l'indique n'est pas plus grande qu'un mouchoir de... *pocket,* les supérieures et les *deluxe,* qui se différencient par leur taille. Il y a bien un poulailler dans l'arrière-cour, mais « COQ » est surtout l'acronyme de Communauty of Quality, qui célèbre un certain art de vivre à la française. La petite boutique à la réception présente du reste une sélection pointue d'articles made in France. Parties communes très agréables, comme la salle de petit déj.

Hôtel La Manufacture *(plan couleur B2,* ***16****) : 8, rue Philippe-de-Champagne, 75013. ☎ 01-45-35-45-25. • hotel-la-manufacture.com • Ⓜ Place-d'Italie. Doubles 87-260 € (dont une au top floor, avec vue sur le Panthéon et la tour Eiffel) ; petit déj-buffet 12 €. Promos sur Internet.* Coup de cœur pour ce 3-étoiles d'une sobre élégance. Pas de tapisseries d'un autre temps ici, mais une pureté de ligne, une déco design tout en brun, orange et beige. Très belle entrée avec un plancher de bateau et un coin salon-bar où il fait bon prendre son petit déj ou un verre le soir. Un hôtel d'affaires, certes, mais qui s'adresse aussi à tous ceux qui veulent vivre le 13e autrement. Chambres climatisées, pas très grandes mais agréables pour un court séjour. On vous conseille les « Clubs », à peine plus chères et dotées d'un joli balcon. Accueil très gentil et attentionné.

Grand Hôtel des Gobelins *(plan couleur B1,* ***19****) : 57, bd Saint-Marcel, 75013. ☎ 01-43-31-79-89. • hotel-des-gobelins.com • Ⓜ Les Gobelins. Doubles 80-200 € ; petit déj 12 €.* Un établissement à l'ancienne, dans le bon sens du terme, et récemment repris en main. L'accueil est très pro, et la déco, modernisée avec goût, a eu le bonheur de conserver quelques jolis détails d'époque, dont de ravissants vitraux Art déco. Les chambres sont assez petites mais très confortables et bien aménagées.

Beaucoup plus chic

Hotel Off Paris Seine *(plan couleur C1,* ***17****) : 20-22, port d'Austerlitz, 75013. ☎ 01-44-06-62-65. • offparisseine.com • Ⓜ Gare-d'Austerlitz. ♿ En face du parvis de la gare d'Austerlitz, à deux pas de la Cité de la Mode et du Design. Doubles à partir de 199 € ; petit déj-buffet 19 €.* Dans un quartier en plein renouveau, le seul hôtel flottant de Paris, sur 2 coques bien amarrées (ça ne tangue même pas !). Déco très contemporaine, mêlant métal, bois, cuir et couleurs métallisées, et flashy : la suite orange du sol au plafond surprend ! Grandes baies vitrées qui donnent sur la Seine ou... les quais. On préfère les chambres standard, un peu étroites mais au ras de l'eau. Joli spectacle. Salles de bains (douche dans les standard) design avec luminothérapie. Bar sympa pour boire un verre, à la proue, ou pour le petit déj. Belle vue sur le pont d'Austerlitz et le métro (qu'on n'entend pas dans les chambres). Clim et petit bassin pour faire trempette.

Où manger ?

Sur le pouce

La Catrina *(plan couleur B2,* ***24****) : 136, bd Vincent-Auriol, 75013. ☎ 09-81-80-14-22. Ⓜ Nationale. Ouv mar-dim 12h-22h (23h ven-sam). Fermé lun. Formules 10,50-16 €.* Avec sa petite dizaine de tables à touche-touche nappées de toiles cirées colorées et murs couverts d'affiches et colifichets évoquant le Mexique, cette *taquería* a tout bon. Petite carte de spécialités : nachos, burritos, *tamales* (papillotes de pâte de maïs) et une poignée d'entrées, dont une salade de *nopales* (cactus), bien relevées et d'une fraîcheur indiscutable. La *cochinita pibil,* souvent desséchée est ici particulièrement onctueuse et savoureuse, et le *pollo en salsa verde* fondant et parfumé... À accompagner d'une Corona ou d'un jus frais maison. Dépaysant !

Fil'o'Fromage *(plan couleur C2,* ***30****) : 12, rue Neuve-Tolbiac, 75013. ☎ 01-53-79-13-35. Ⓜ Bibliothèque-François-Mitterrand. Mar-mer 10h-19h30, jeu-sam 10h-22h30. Congés : 15 j. en août et 1 sem à Noël. Formule gourmande 22 € ; assiette de dégustation gourmande 17,50 €, dessert 7 €. Apéritif maison offert sur présentation de ce guide.* Épicerie-fromagerie-charcuterie-bar à vins, dont les produits sont d'une fraîcheur indiscutable. On peut les emporter mais aussi les déguster sur place, sous forme d'assiettes généreuses, au milieu des caisses de vin ou à l'étage, où ont lieu de petites expositions, l'oreille bercée par le meilleur du jazz. Également d'excellents sandwichs.

Friterie De Clercq *(plan couleur B2,* ***31****) : 103, rue de Tolbiac, 75013. ☎ 01-42-21-49-57. Ⓜ Tolbiac. Sur la dalle des Olympiades : depuis la rue, empruntez l'escalator. Lun-sam 11h-22h. Cornets 3 tailles 3, 4 et 5 €.* Une vraie friterie à la belge. Devanture rouge, quelques tabourets et une tablette trouée pour poser son cornet. Côté frites, les règles sont respectées : des bintjes fraîches importées du plat pays, coupées à la main, calibrage idéal, cuisson en 2 temps dans la graisse de bœuf. Résultat : de succulentes frites tendres, dorées et croustillantes à l'extérieur. Différentes sauces, et snacks en accompagnement : croquettes de fromage, fricadelle, boulette, poulet pané, burgers, le tout à déguster au jardin du Luxembourg tout proche. *Les rois de la frite* ont une annexe *au 169, rue Montmartre (2e).*

Pâtisserie de Saison *(plan couleur B3,* ***25****) : 65, av. d'Ivry, 75013. ☎ 01-45-84-37-70. Ⓜ Porte-d'Ivry. Tlj 9h30-19h (20h sam).* Au cœur de Chinatown, cette boulangerie-pâtisserie confectionne sur place des gâteaux sucrés et salés, majoritairement chinois. Ses feuilletés fourrés (haricot rouge ou durian) sont frais et moelleux, comme les brioches fondantes (porc laqué, poulet farci pour le salé). Les sandwichs sont préparés sous vos yeux avec des ingrédients fraîchement émincés. Également quelques bons desserts, dont un fameux cake à la banane. Accueil chaleureux.

Très bon marché

Chez Gladines *(plan couleur zoom,* ***32****) : 30, rue des Cinq-Diamants, 75013. ☎ 01-45-80-70-10. Ⓜ Corvisart (sortie gauche, puis passer sous l'immeuble). Tlj ; service 12h-15h (16h w-e et j. fériés), 19h-23h45. Fermé 1er janv, 24-25 et 30 déc. Plat du jour 11 € en sem ; carte 8-15 €.* Cantine de quartier incontournable de la Butte-aux-Cailles, avec ses nappes à carreaux rouges et blancs et sa clientèle néobab mêlant étudiants et habitués. En cuisine, gentille tambouille du Sud-Ouest, genre salades copieuses et cassoulet maison. Service à la bonne franquette, mais attention, ici, ça défile (le soir, c'est souvent bondé).

Fleurs de Mai *(plan couleur B3,* ***33****) : 61, av. de Choisy, 75013. ☎ 01-44-24-37-71. Ⓜ Maison-Blanche ou Porte-de-Choisy. Tlj sauf mer 11h30-23h. Repas bien copieux env 15 €.* Ce petit resto chinois grand comme votre salle à manger, récemment rénové, est une référence dans la communauté asiatique comme chez les *foodies*. On vient y déguster le succulent poulet fermier à la vapeur, à l'ail et au gingembre, goûter des raviolis de crevettes remarquables, et profiter de la rôtisserie maison (canard ou porc laqué, porc croustillant). Une foultitude d'autres plats, avec une large sélection de préparations à base de tofu (pâte de soja).

Imperial Choisy *(plan couleur B3,* ***26****) : 32, av. de Choisy, 75013. ☎ 01-45-86-42-40. Ⓜ Porte-de-Choisy. À l'angle de la rue de la Pointe-d'Ivry. Tlj 12h-23h. Pas de résa. Compter 15 €. Plats à emporter.* Petite devanture où pendent les volailles en rôtissoire. Déco banale de cantine, tables serrées, ambiance sans chichis, salle tranquille en sous-sol. Authentique cuisine du sud-ouest de la Chine. Essayez la soupe de raviolis aux crevettes avec nouilles, le poulet fermier à la vapeur au gingembre et à la ciboulette ou le crabe en mue avec un riz sauté. Demandez que l'on vous serve tous les plats ensemble et pas à la queue leu leu. Service speedé.

Dong Tam (plan couleur B3, **27**) : *12 bis, rue Caillaux, 75013. ☎ 01-45-84-87-18. Ⓜ Maison-Blanche. Tlj sauf mer ; service 11h-15h30, 18h-23h. Soupe énorme env 8,50 € ; menus 11,80-14,80 €.* Dans une petite salle proprette et accueillante, on déguste une authentique cuisine vietnamienne, riche en herbes fraîches et saveurs subtiles, servie avec le sourire. De grands classiques comme le bo bun et les grillades, mais aussi des plats plus rares comme la soupe aux vermicelles et aux bulots, ou encore la salade de fleur de bananier au poulet.

Ny Hav (plan couleur B3, **28**) : *101, av. de Choisy, 75013. ☎ 01-45-85-88-88. Ⓜ Tolbiac. Tlj sauf mer 11h30-22h30. Formules 10,50-13,90 €.* Ambiance familiale, et carte très courte de spécialités vietnamiennes et cambodgiennes réalisées à la minute par le patron qui fait lui-même ses feuilles de riz (celles qui entourent notamment les savoureux rouleaux de printemps), ce qui explique qu'elles soient moins fines... en épaisseur mais pas en goût ! Fraîcheur garantie, donc, et service chaleureux de son épouse, qui énonce avec fierté le contenu et l'origine des plats.

Phó Bida Vietnam (plan couleur C3, **29**) : *36-38, rue Nationale, 75013. ☎ 01-53-79-01-61. Ⓜ Olympiades. Tlj sauf lun midi 11h30-15h30, 18h-23h (en continu sam-dim). Plats 8,50-11 €. Thé offert sur présentation de ce guide.* Voici l'adresse idéale pour s'initier aux délices de la cuisine vietnamienne. De l'avis de tous, on y sert l'un des meilleurs *phó* de Paname ! Le cadre est coquet (murs en pierre, lanternes, tableaux contemporains), l'accueil alerte (en français ou en vietnamien, pour les gens du quartier) et la cuisine d'une rare fraîcheur. Outre les délicieux *phó,* fumants et copieux, les bo bun sont un choix très sûr. Attendez-vous à faire un peu la queue, la maison s'étant constitué une clientèle très fidèle.

Le Bambou (plan couleur B2, **47**) : *70, rue Baudricourt, 75013. ☎ 01-45-70-91-75. Ⓜ Tolbiac ou Maison-Blanche. Tlj sauf lun midi et soir. Congés : 1re quinzaine d'oct. Carte env 20 €. Café offert en été sur présentation de ce guide.* Cadre clair et plutôt joyeux pour découvrir l'une des bonnes tables vietnamiennes de Chinatown. Faire son choix est cruel tant la carte recèle de merveilles : le bo bun, excellent, parfumé à la citronnelle, la salade de papaye au bœuf séché ou au porc, les crevettes et méduses, les brochettes grillées, le *phó* généreux, etc. Toujours bondé, attente garantie le week-end, à moins d'arriver tôt. Service expéditif.

Le Lao Thaï (plan couleur B2, **48**) : *128, rue de Tolbiac, 75013. ☎ 01-44-24-28-10. Ⓜ Tolbiac. Tlj sauf mer midi et soir. Menu le midi en sem 9,90 € ; carte 15-20 €.* La maison est très connue pour son délicieux bœuf séché caramélisé, mais la carte décline encore quelques spécialités franchement remarquables, type poulet épicé au lait de coco ou *rouam mit* (vermicelles verts avec des fruits de palmier au lait de coco).

Bon marché

La Félicità (plan couleur C2, **58**) : *5, parvis Alan-Turing, 75013. Ⓜ Chevaleret. • love@felicita.fr • lafelicita.fr • Pas de résa. Fermé les lun et mar soirs ; ouv en continu le w-e. Plats 12-16€. Concerts, projections de films, expos de street art, retransmissions d'événements sportifs...* Bienvenue dans le dernier-né de la success story Big Mamma, qui a ouvert ses portes Station F, l'incubateur de start-up de Xavier Niel (*• stationf.co/fr/ •*). Cette fois-ci, les deux associés à la tête de la galaxie ont vu les choses au superlatif. Un véritable food-market transalpin : 1 000 places assises – dont une partie sur la graaaaande terrasse – 5 cuisines, 1 boulangerie, une cafétéria, un stand de burgers, 6 mètres de barbecue, 3 bars... *La Félicità* s'affiche comme le plus grand resto d'Europe, dans une déco broc et chaleureuse. Certains y font – longuement – la queue quand d'autres n'y mettront pas les pieds.

Mais le fait est là : le rapport qualité-prix est bon, et l'environnement convivial et festif. NOUVEAUTÉ.

🍽 🍸 ***Comme à la Campagne*** *(plan C2, **72**)* : *41, place Jeanne-d'Arc, 75013. 📱 06-18-99-08-41. Ⓜ Nationale. Tlj 12h-14h30 et 19h-22h30 (jeu-dim 6h30, jours de marché). Plat du jour 12 €. À la carte 25-30 €.* Cadre contemporain coloré, aéré, fort plaisant pour déguster la délicieuse cuisine de Marion, une jeune cheffe pétillante d'idées, sélectionnant rigoureusement ses produits d'une grande fraîcheur et, surtout, les mijotant avec une remarquable inventivité et de belles associations de saveurs. Carte assez courte, mais elle bouge et suit vraiment les saisons. Viandes d'une grande tendreté et desserts à se damner (aaarhh, la mousse au chocolat blanc !). Accueil très sympa de Laurent qui s'y connaît en petits crus. Service souriant et dynamique. En prime, l'agréable terrasse en face de l'église où vous irez confesser ce vrai péché de gourmandise... Notre plus belle découverte 2018 ! NOUVEAUTÉ.

🍽 ***La Bonne Heure*** *(plan couleur zoom, **35**)* : *72, rue du Moulin-des-Prés, 75013. ☎ 01-45-89-77-00. Ⓜ Corvisart, Tolbiac ou Place-d'Italie. Tlj sauf dim 12h-14h30, 19h-22h. Fermé le soir des 24 et 31 déc. Congés : août. Résa conseillée. Carte 20-25 € avec entrée ou dessert et plat (suffisant). Café offert sur présentation de ce guide.* Petit resto végétarien de poche qui sert tous les jours de savoureuses assiettes complètes et colorées. On conseille les suggestions du jour, particulièrement les gratins de légumes et les crumbles. Pour arroser le tout, une petite bière, un verre de vin bio ou, l'élixir des bienheureux, un digestif médiéval remis au goût du jour par le patron ! Beaucoup d'habitués.

🍽 ***Sukhothaï*** *(plan couleur B2, **55**)* : *12, rue du Père-Guérin, 75013. ☎ 01-45-81-55-88. Ⓜ Place-d'Italie. Tlj sauf dim 11h-15h, 19h-22h30. Résa indispensable. Menus 13,90-17,50 € le midi, 25-29 € le soir ; carte env 28 €.* Le resto, bien que tout petit, est soigné avec ses jolies statuettes, gravures et peintures. Et la cuisine thaïe agrémentée de citronnelle, piment et autres épices exotiques alliés aux viandes, poissons et crustacés est fine et parfumée. Il suffit de goûter à la soupe de fruits de mer au lait de coco (servie dans la noix entière) ou aux pâtes de riz sautées pour se laisser transporter le long du Mékong... et oublier l'accueil vraiment distant.

🍽 ***Palais de Krishna*** *(plan couleur B2, **63**)* : *16, rue du Père-Guérin, 75013. ☎ 01-45-88-69-92. Ⓜ Place-d'Italie. Tlj 12h-14h30, 19h-23h (23h30 ven-sam). Le midi, formules et assiettes 8-12 € ; menus 16,50-25 €. Café offert sur présentation de ce guide.* Assurément, Vishnou, dont Krishna est l'un des avatars, veille à la bonne marche de ce petit palais, temple de la gastronomie indienne. Spécialités du nord de l'Inde et du Sud, en particulier du Kerala avec un large choix de plats cuits au *tandoor, biryani,* currys, *thalis, mapas* (viandes cuites dans du lait de coco), et des plats végétariens. Assiettes généreuses, cuisine fraîche, peu pimentée mais parfumée, service diligent et cadre dépaysant (bien que défraîchi). Un voyage à prix très doux !

🍽 🍔 ⛱ ***Persillé*** *(plan couleur C2, **34**)* : *66, rue du Chevaleret, 75013. ☎ 01-45-82-98-96. Ⓜ Bibliothèque-François-Mitterrand ; Ⓣ Maryse-Bastié. ♿ Tlj sauf dim et lun soir 12h-14h15, 19h30-22h15. Formules déj 15-16 € ; burgers 13,50-15,50 €.* C'est bien connu, plus elle est persillée, plus elle est tendre et goûteuse. Elle, c'est la viande, star incontestée de ce restaurant-boucherie : bœuf, veau, agneau, porc, volailles et autres saucisses en provenance, entre autres, d'une coopérative auvergnate. Le grand panneau propose un vaste choix à consommer sur place (on paie au poids) ou à emporter (servez-vous dans les frigos). Également de délicieux burgers et tartares, des frites maison et des petits desserts efficaces. Accueil simple, souriant et naturel. Tout ce qu'on aime...

🍽 ⛱ ***Pasta et Basta*** *(plan couleur B2, **65**)* : *103-105, rue de Tolbiac, 75013. ☎ 01-44-24-54-84. Ⓜ Olympiades. Sur l'esplanade des Olympiades, empruntez les escalators. Ouv le midi lun-ven, plus le soir jeu-ven. Congés : août et pdt les fêtes de fin d'année.*

Carte seulement, 25-30 €. Romain Zagaria a pris la relève de son papa, Armando, un photographe qui s'était reconverti dans la cuisine italienne de haute volée. Et le moins que l'on puisse dire, c'est qu'il s'y attèle avec application. On y déguste une fine cuisine italienne, plutôt axée sur les produits de la mer, et qui change toutes les semaines. Fins *antipasti*, pâtes parfaitement cuites et plats riches de saveurs délicates. Superbe carte de vins de toutes les régions italiennes, qu'on peut également acheter, ainsi qu'un joli choix de produits, sur le site ● *enotecaitaliana.fr* ●.

|●| **Hoi An** *(plan couleur B2-3,* ***36****) : 109, av. d'Ivry, 75013. ☎ 01-44-24-81-03. Ⓜ Tolbiac. ♿ Tlj sauf lun 12h-15h30 (16h dim), 19h-22h30. Formule déj en sem 12,90 € ; menus 16,90-19,90 € ; plats 9-15 €. Café offert sur présentation de ce guide.* La pimpante façade jaune est assez prometteuse, et la déco intérieure est tout aussi fraîche, avec ses boiseries et ses lampions colorés. L'équipe de *Comme au Vietnam* (voir plus loin) a voulu rendre hommage ici à l'atmosphère et à la cuisine de Hoi An, jolie ville du centre du Vietnam. Goûtez aux spécialités locales : fondantes galettes de riz vapeur aux crevettes *(Banh bèo)*, croustillantes crêpes aux crevettes *(Banh khot)*, fumantes soupes de pâtes de riz, poulet fermier et porc laqué (maison), et crevettes *(Cao Lau)* ou canard rôti à la sauce tamarin et ananas *(Vit Sot Me)*. Également de plus classiques bo bun ou *phó*, succulents. Un vrai coup de cœur !

|●| **Lao Lane Xang** *(plan couleur B2,* ***37****) : 102, av. d'Ivry, 75013. ☎ 01-58-89-00-00. Ⓜ Tolbiac. Tlj sauf mer et jeu midi ; service 12h-15h, 19h-23h. Plateau-repas 12,80 € le midi en sem, avec verre de vin, café ou eau ; carte env 30 €.* Les spécialités laotiennes servies ici sont réputées bien au-delà du 13e ! Laissez-vous charmer par cette cuisine parfumée et subtile où les herbes apportent toute leur fraîcheur. Le bœuf séché, la saucisse laotienne mais aussi le canard au basilic ou les brochettes à la citronnelle figurent parmi les musts. Le cadre moderne distingue l'adresse des cantines du quartier, tandis que les prix, eux, restent ultra-raisonnables.

|●| **Comme au Vietnam** *(plan couleur B2,* ***38****) : 195, av. de Choisy, 75013. ☎ 09-80-33-17-93. Ⓜ Place-d'Italie. Tlj sauf lun 12h-15h30, 18h45-22h30. Fermé 1er janv, 24, 25 et 31 déc. Menu midi en sem 12,50 € ; plats 8,90-15 €.* Ce n'est pas un boui-boui de plus dans le Chinatown, mais un vrai resto vietnamien nouvelle génération, c'est-à-dire dans un décor de bistrot colonial élégant et sobre, avec un service jeune et un accueil remarquable. La cuisine, sincère, fine et naturelle, n'utilise que des produits frais, sans ajout de glutamate. On y sert les classiques vietnamiens : bo bun (poulet, crevettes, porc), nouilles sautées, soupes *phó*, brochettes... C'est souvent plein le midi.

|●| **Piacere** *(plan couleur zoom,* ***66****) : 81, rue Bobillot, 75013. ☎ 01-45-23-53-68. Ⓜ Place-d'Italie. Tlj sauf dim, midi et soir. Pizzas 11-16 €, desserts 7-8 €.* Nichée au pied de la Buttes-aux-Cailles, dans l'ombre de l'imposante église Sainte-Anne, cette pizzeria au décor bien actuel est une aubaine. Carte simple mais efficace de pizzas garnies de produits frais, plus quelques planches et salades. Incontournables tiramisù et pannacotta au rayon *dolci*. Pour accompagner, choisir un vin au verre, plus accessible que les bouteilles. Sans surprise mais bon et généreux. Et bon accueil. *NOUVEAUTÉ.*

|●| **La Mer de Chine** *(plan couleur B2,* ***67****) : 159, rue du Château-des-Rentiers, 75013. ☎ 01-45-84-22-49. Ⓜ Place-d'Italie ou Nationale. Tlj ; service 12h-14h30, 19h-minuit. Menus 15 € le midi en sem, 25 € le soir et le w-e ; carte env 30 €.* Les intitulés, au début, peuvent rebuter : « crabes en mue à l'ail », « langues de canard sautées au sel et au poivre », « beignets de tripes », « salade de méduse au poulet émincé ». Mais pour peu qu'on ait envie de voir plus loin que le bœuf aux oignons et le poulet à l'ananas, *La Mer de Chine* est l'une de ces adresses immanquables, sincères et authentiques, bien loin des usines asiatiques qui pullulent dans le quartier. Pour les vrais voyageurs.

|●| ***Le Nouveau Village Tao Tao*** *(plan couleur B2,* ***68****) : 159, bd*

Vincent-Auriol, 75013. ☎ 01-45-86-40-08. Ⓜ Nationale. Tlj 12h-14h30, 19h-23h. Formule déj 13,50 € ; carte env 25 €. Un asiatique réputé pour son célèbre canard pékinois, mais aussi pour ses spécialités de bœuf, d'agneau, ou encore pour ses merveilleuses crevettes flambées (devant vous !).

Suave *(plan couleur zoom,* ***69****) : 20, rue de la Providence, 75013. ☎ 01-45-89-99-27. Ⓜ Corvisart ou Tolbiac. À l'angle de la rue de l'Espérance. Tlj sauf dim ; service 12h-14h30, 19h-22h30. Congés : août et 1 sem fin déc. Formule déj 17 € ; menus 22-27 € ; carte 25-30 €. Digestif maison offert sur présentation de ce guide.* Ici, pas de carte en 3 tomes mais des spécialités vietnamiennes finement préparées et servies avec courtoisie par la famille. Le soin particulier apporté à la préparation des plats justifie les prix. De la salade de poisson, citron vert et gingembre, au crabe en sauce fines herbes, la cuisine est fraîche, à l'image de la petite salle prisée par une clientèle qui y a ses repères.

La Maison des Frigos *(plan couleur C2,* ***39****) : 19, rue des Frigos, 75013. ☎ 01-44-23-76-20. Ⓜ Bibliothèque-François-Mitterrand. Tlj sauf dim-lun 12h15-14h45. Congés : août. Menus 20 € (midi)-25 € ; carte env 25 €. CB refusées. Café offert sur présentation de ce guide.* Le temps semble s'être figé dans cette petite cantoche japonisante colorée, faite de bric et de broc, sise dans l'ancienne gare frigorifique de la compagnie ferroviaire Paris-Orléans. La propriétaire, Mariko Koizumi, y concocte une délicieuse cuisine du jour (choix restreint) à mi-chemin entre la France et le Japon, à base de produits frais exclusivement, et de la mer essentiellement. Sa terrasse aux beaux jours et son accueil si chaleureux contribuent au succès de ce petit resto atypique.

Chinatown Olympiades *(plan couleur B3,* ***40****) : 44, av. d'Ivry, 75013. ☎ 01-45-84-72-21. Ⓜ Porte-d'Ivry. ♿ À l'étage, dans le centre commercial, plusieurs salles accessibles par un escalier depuis la rue. Tlj ; service 11h45-14h45, 18h45-minuit. Repas 20-30 €.* Un incontournable du quartier asiatique, pour s'initier aux subtilités de la cuisine cantonaise, en pointant sur l'interminable carte les numéros des *dim sum* fondants ou la salade de méduse, les pinces de crabe farcies et le délicat canard laqué accompagné de liserons d'eau. On y vient aussi pour une vraie séquence dépaysement avec le karaoké en semaine et l'orchestre le week-end, qui fait danser l'assistance en rangs d'oignons sur des airs de crooners chinois. Service bien rodé et diligent.

Le Petit Pascal *(plan couleur A1,* ***41****) : 33, rue Pascal, 75013. ☎ 01-45-35-33-87. Ⓜ Les Gobelins. Tlj sauf sam-dim 12h-14h30, 19h-22h. Congés : août. Repas 30-40 €.* En contrebas du boulevard de Port-Royal, dans une rue qui change d'arrondissement comme ça, sans prévenir, ce bistrot à vins sympathique propose une honnête cuisine de terroir. Vins au verre, en carafe, en pot ou en bouteille, assiettes de fromages fermiers ou de charcuterie, plats roboratifs accompagnés de pommes de terre fondantes, dont la liste s'égrène sur les nombreuses ardoises.

Virgule *(plan couleur B2,* ***42****) : 9, rue Véronèse, 75013. ☎ 01-43-37-01-14. Ⓜ Place-d'Italie. Tlj sauf mer ; service 12h-14h30, 19h30-23h. Congés : 2 sem en fév et 2 sem en août. Menus 14 € le midi, à partir de 18,50 € le soir ; formules 29-36 €.* À deux pas de la place d'Italie, cette adresse au décor banal ne désemplit pas. Le 1er menu offre un excellent rapport quantité-qualité-prix et suffisamment de choix pour que chacun y trouve son compte. Cuisine franchouillarde de très bonne tenue, bien que les patrons soient d'origine... cambodgienne. Sans prétention et avec le sourire !

Le Wagon Restaurant du Batofar *(plan couleur C-D2,* ***43****) : face au 11, quai François-Mauriac (BnF), 75013. ☎ 01-53-60-37-85. Ⓜ Bibliothèque-François-Mitterrand ou Quai-de-la-Gare. Mar-sam 19h30-3h (minuit mar-mer). Plat du jour 13 €, burger + frites maison 15 €.* On connaissait le bar spécialisé en musiques urbaines, voici le resto, sa terrasse sur la Seine, sa cuisine ouverte sur le bateau le reste de l'année. L'espace d'un repas, dans la jolie salle rouge pimpante, on se croirait loin de Paris, prêt à larguer les amarres. Service jeune et sympa, et très bonne insonorisation.

Bangkok-Thaïland *(plan couleur zoom,* ***44****) : 35, bd Auguste-Blanqui, 75013. ☎ 01-45-80-76-59. Ⓜ Place-d'Italie ou Corvisart. Tlj sauf dim-lun 12h-14h30, 19h30-minuit. Congés : 2 sem en avr et 2 sem en nov. Menus 14 € le midi en sem, 25 € le soir ; carte env 25 €. Pour une bouteille de vin français acheté, 1 verre de bois bandé offert. Parking payant. Apéritif maison, café ou digestif maison offert sur présentation de ce guide.* C'est d'abord un décor original d'objets d'art, statuettes, marionnettes, gravures, photos, dans un joyeux et romantique désordre... et des tas de recoins comme autant de boudoirs pour amoureux. Patron chaleureux et patronne discrète et souriante pour une belle cuisine thaïe pleine de saveurs et de parfums. Goûtez notamment au savoureux *tom yam,* à la salade de bœuf séché ou au riz rouge maison.

Le Temps des Cerises *(plan couleur zoom,* ***46****) : 18, rue de la Butte-aux-Cailles, 75013. ☎ 01-45-89-69-48. Ⓜ Corvisart. Tlj sauf dim ; service 11h45-14h25, 19h30-23h45. Fermé Noël et Jour de l'an. Formule déj en sem 13,50 € ; menus 21-25 €.* Voici l'un des derniers – si ce n'est le dernier – vieux bistrots de la Butte. Monté en coopérative en 1976 par une bande de potes, très anar' dans l'âme, il a toujours résisté à l'invasion des bistrots néobranchés. Et ça se ressent jusque dans l'ambiance au coude-à-coude, le décor d'un autre âge et le service plutôt bourru. Quant à votre portable, n'espérez même pas le sortir, ça dérange ! Cuisine correcte. Mais en fait, on vient ici surtout pour cette survivance d'une époque où l'on croyait dur comme fer qu'on ne se battait pas pour des queues de cerises !

Prix moyens

L'Hommage *(plan couleur B3,* ***45****) : 36, av. de Choisy, 75013. ☎ 01-44-24-38-70. Ⓜ Maison-Blanche. Tlj sauf dim. Formules déj 17-22 € ; le soir, menus 35-47 € (dégustation en 6 assiettes).* L'hommage est celui que le jeune Jonathan offre à son père en transformant, au cœur du Chinatown, le resto familial en cantine gastro branchée ! Entouré d'une belle équipe, cousins et copains de promo de l'école de cuisine, dont la moyenne d'âge n'excède pas le prix de l'épatante formule déj, il sert une cuisine actuelle, fine et savoureuse, renouvelée au gré du marché, et qui témoigne de bases solides. Cuissons, touches créatives, accompagnements de légumes... La carte est courte mais appétissante, les desserts sont pâtissiers, le tout mis en valeur dans une superbe vaisselle en grès émaillé. Bonne sélection de vins également servis au verre. Le genre de pépite qu'on se refile sous le manteau. *NOUVEAUTÉ.*

Chez Trassoudaine *(plan couleur B2,* ***49****) : 3, pl. Nationale, 75013. ☎ 01-45-83-06-45. Ⓜ Nationale. Tlj sauf sam midi, dim et j. fériés ; service 12h-15h, 19h30-22h30 (dernière commande). Entrées 8-12 €, poissons, crustacés ou viandes à partir de 12 €, dessert 7 €.* Arakel et Haigo, 2 frères mariés l'un à une Mexicaine et l'autre à une Hollandaise, tiennent ce resto spacieux avec la bonne humeur de ceux qui ont vu d'autres horizons... Les entrées changent selon l'inspiration du chef. Mais ici on vient pour les superbes viandes qui débarquent d'Argentine, d'Écosse ou des grandes plaines des USA. Petit clin d'œil hommage aux origines de maman Astrig avec l'assiette arménienne proposée en entrée. Une qualité dans les produits et une gentillesse dans l'accueil toujours de mise. Parfois, une belle fête thématique le samedi soir. *Rock is still alive !*

Tempero *(plan couleur C2,* ***50****) : 5, rue Clisson, 75013. ☎ 09-54-17-48-88. Ⓜ Chevaleret ou Bibliothèque-François-Mitterrand. Lun-ven 12h-14h, plus le soir jeu-ven jusqu'à 22h. Congés : août. Menus 15-23 € le midi ; carte env 37 € ; mer midi 20-35 € (sur place ou à emporter, le 1er mer du mois).* Un petit resto d'une dizaine de tables, avec atelier-cuisine ouvert sur la salle. Les casiers à pommes font office d'étagères sur les murs. Au piano se joue une partition à 4 mains d'un couple autodidacte mais déjà bien rodé, passionné et talentueux. Dans l'assiette, cuisine du marché spontanée, avec d'excellents produits, créative et voyageuse – Alessandra est brésilienne, Olivier parisien. Une étonnante découverte.

Les Cailloux *(plan couleur zoom,* **51***) : 58, rue des Cinq-Diamants, 75013. ☎ 01-45-80-15-08. Ⓜ Corvisart. Tlj 12h-14h30, 19h-23h ; café-bar à partir de 15h. Résa conseillée. Formules déj 15-19 € ; carte 35-40 €. Chèques refusés.* Derrière une très jolie devanture, un resto tout dédié à l'Italie, avec des menus souvent renouvelés et une belle carte des vins. Les pâtes, évidemment, sont à l'honneur et al dente (si vous ne les aimez pas trop fermes, mieux vaut le préciser !). Service particulièrement actif au déjeuner et bon point pour le verre de vin compris. L'après-midi, fait café-bar.

Basilic & Spice *(plan couleur B3,* **52***) : 88, av. de Choisy, 75013. ☎ 01-45-85-19-30. Ⓜ Tolbiac ou Maison-Blanche. Tlj sauf lun 12h-15h, 19h-23h. Menus 13,90 € (midi en sem), puis 23,90-48 € ; carte 30-35 €. Apéritif maison sans alcool offert sur présentation de ce guide.* Cadre contemporain, élégant et chaleureux tout à la fois, à découvrir le soir de préférence. D'origine cambodgienne, la propriétaire propose ici une cuisine d'aujourd'hui qui plonge ses racines dans les plats khmers d'antan (le côté basilic) tout autant que thaïs (gare au piment !). Des alliances harmonieuses d'herbes et de saveurs, à tester avec le beau plateau découverte (pour 2) en entrée et une des 100 façons d'accommoder le poisson du chef, à la vapeur ou non. Excellent accueil.

Cacio e... Peppe *(plan couleur A2,* **53***) : 16, rue Vulpian, 75013. ☎ 01-45-87-37-00. Ⓜ Glacière. Tlj sauf dim-lun 12h-14h, 19h30-22h. Congés : août et période de Noël. Formule déj 14,50 € ; carte env 36 €.* Il flotte un accent méridional dans ce coin du 13e où les bonnes tables sont plutôt rares. Même si le Sarde de patron ne roule pas les *r*, on reconnaît chez lui le sympathique bagout transalpin et, dans la cuisine, d'irréprochables saveurs ensoleillées, servies sans chichis. On ne se lasse ni de l'impeccable formule du déjeuner, qui propose tous les jours un plat de pâtes différent (délicieusement al dente), ni de la *burrata* ou du risotto, servi le soir. Les journalistes du *Monde,* en bons voisins, accaparent les tables. Réservez vite !

Bekseju Village *(plan couleur B1,* **54***) : 53, bd Saint-Marcel, 75013. ☎ 01-77-11-24-37. Ⓜ Gobelins. ♿ Tlj 12h-14h (14h30 sam-dim), 19h-22h30 (23h ven-sam). Congés : 3 sem en août. Menus 13-15 € le midi, 28 € le soir ; carte 25-35 €.* De grandes tables de bois blond, des lampions immaculés, des calligraphies à l'encre de Chine : en voilà un décor inspirant ! À quelques pas des Gobelins, cette adresse vous plongera dans l'atmosphère d'un bistrot coréen traditionnel, appelé là-bas « maison d'alcools ». Les classiques de la gastronomie du pays du Matin-Calme sont au rendez-vous : *bibimbap, bulgogi, kimchi* préparé de diverses manières... Mais quelques plats plus rares surprendront les palais expérimentés, comme ces galettes *(jeon)* aux fruits de mer ou ce jarret mariné au *Bekseju* (alcool de riz aux épices). Le mieux pour en profiter ? Venir à plusieurs et commander une ribambelle de petites assiettes que l'on partage entre tous les convives, à la coréenne. Pour accompagner le tout, bière Hite ou verre de *soju.* Dépaysant.

La Touraine *(plan couleur A2,* **56***) : 39, rue Croulebarbe, 75013. ☎ 01-47-07-69-35. Ⓜ Corvisart ou Les Gobelins. ♿ Tlj sauf dim ; service 12h-14h, 19h-22h. Congés : août. Résa conseillée, surtout pour les tables en terrasse. Beau choix de menus 13 € (jusqu'à 20h)-39 € ; carte env 35 €. Apéritif maison offert sur présentation de ce guide.* 2 salles au discret décor rustique. Accueil tout à fait charmant. Cuisine roborative mais savoureuse : ris d'agneau flambé aux morilles, salade de rillons, poires et pruneaux confits... Plein de menus copieux et un menu gastronomique (le plus cher, bien sûr). Pour faire quelques pas et digérer, un joli jardin de l'autre côté de la rue, au pied du Mobilier national.

La Butte aux Piafs *(plan couleur zoom,* **57***) : 31, bd Auguste-Blanqui,*

75013. ☎ 09-83-51-07-50. Ⓜ Corvisart ou Place-d'Italie. ♿ Tlj sauf dim 12h-14h30, 18h-22h30. Carte env 30 €. En bas de la Butte, un cadre agréablement rétro, une grande terrasse baignée de soleil et une carte alléchante qui sait coller aux goûts du moment. Voilà une bonne équation ! Burgers déjà fameux, lasagnes végétariennes et des plats du jour qu'on choisit à l'ardoise. Vins nature et à emporter.

Restaurant EP7 *(plan couleur C2,* ***60****) : 133, av. de France, 75013. ☎ 01-43-45-68-07. Ⓜ Bibliothèque-François-Mitterand. Tlj ; resto (au 2e) tlj sauf dim-lun. Résa indispensable. Formules déj 23-27 € ; le soir, carte env 30 €.* Quel est donc ce nom de code ? Celui d'un espace culturel, un cube noir juste sorti de terre, posé telle une brique de Lego dans ce quartier encore en pleine mutation. En façade, les écrans numériques diffusent en continu des contenus ludiques créant ainsi un pont entre l'art et l'espace public, comme un écho à l'environnement *street art*. À l'intérieur, 3 plateaux, 3 espaces : le bar au rez-de-chaussée où l'on peut grignoter à toute heure ; la salle de yoga (ou fumoir !), au 1er, ouverte sur l'extérieur. Le restaurant est perché au 2e : cuisine ouverte sur la salle, mobilier contemporain en bois chaud et tables joliment dressées bien séparées les unes des autres. Sur l'ardoise, une poignée de plats créatifs et enlevés, réalisés avec les produits du marché, témoignent d'une belle maîtrise. L'accueil est adorable comme tout et les prix démocratiques. *NOUVEAUTÉ.*

Etchegorry *(plan couleur A2,* ***59****) : 41, rue Croulebarbe, 75013. ☎ 01-44-08-83-51. Ⓜ Corvisart ou Les Gobelins. Tlj sauf dim-lun ; service 12h-14h, 19h30-22h15. Formule déj 20 € ; menu 36 € ; carte env 40 €. Parking payant. Digestif maison offert sur présentation de ce guide.* Sous la jolie façade fleurie, juste à côté de l'*Hôtel Le Vert Galant*, on lit une vieille inscription : « Cabaret de Mme Grégoire ». Il y a près de 2 siècles se restauraient ici Victor Hugo, Béranger, Chateaubriand et bien d'autres. Depuis plus de 30 ans, l'*Etchegorry* (« maison rouge » en basque) régale une clientèle fidèle, dans la grande tradition du Sud-Ouest. Sous la houlette de Philippe Tredgeu, un chef béarnais plein d'idées, la tradition perdure avec l'art et la précision qu'on connaît à ce chef. Accueil très agréable. Une adresse attachante !

Le Cam40 *(plan couleur A1-2,* ***70****) : 40, bd Arago, 75013. ☎ 01-47-07-33-57. Ⓜ Les Gobelins. ♿ Mar-sam 12h-14h, 19h-22h. Menus 28-35 € ; carte 35-40 €. Vins au verre 6-9 €. Café offert sur présentation de ce guide.* Une déco épurée, avec des tables espacées pour le confort, presque scandinave pour le mobilier en contraste avec ses azulejos en trompe l'œil. Le chef, formé chez Alain Ducasse, ancien chef du *Spoon*, a plus d'un tour dans son faitout, qu'il partage avec bonheur. Des plats contemporains inventifs et savoureux, réalisés avec de bons produits de saison et des cuissons justes. Une équipe jeune et sympathique en salle. On a un faible pour la grande terrasse aux beaux jours. *NOUVEAUTÉ.*

Paradis Thaï *(plan couleur B2,* ***71****) : 132, rue de Tolbiac, 75013. ☎ 01-45-83-22-26. Ⓜ Tolbiac. ♿ Carte env 30 €.* Voici LE resto chic et élégant de Chinatown ! Jolie déco, éclairage étudié, nappes blanches, vaisselle du pays, hôtesses en habits traditionnels... Bref, l'endroit idéal pour dîner en amoureux. La cuisine est à la hauteur du décor et de l'addition. Les saveurs de basilic, citronnelle et autres herbes aromatiques se bousculent à chaque coup de baguettes, avec des plats parfois très épicés, comme en Thaïlande (ce qui est rare en France), et d'autres plus doux pour les estomacs occidentaux susceptibles. Une très bonne adresse pour son rapport qualité-authenticité-dépaysement-déco.

Chic

L'Avant-Goût *(plan couleur zoom,* ***61****) : 26, rue Bobillot, 75013. ☎ 01-53-80-24-00. Ⓜ Place-d'Italie. Tlj sauf dim-lun 12h-14h, 19h30-22h. Fermé 1er-8 janv, 1er mai et 25 déc. Résa indispensable. Formule déj autour d'une soupe 16 € ; menu-carte 38 € ; carte* *env 45 €.* La spécialité de *L'Avant-Goût,* le pot-au-feu de cochon, allie rusticité et finesse. Un plat épatant ! Autre option, le menu-carte, renouvelé tous les mois, qui offre le choix entre 5 entrées, 6 plats et 5 desserts. Savant, brillant, gourmand. Le midi, également une formule autour d'une soupe. Rayon flacons, le vouvray pétillant de Champalou ou le fiefs-vendéens sont de bons compagnons de table ; sans oublier le vin du mois.

Sellae *(plan couleur B1,* ***73****) : 18, rue des Wallons, 75013. ☎ 01-43-31-36-04. Ⓜ Saint-Marcel. Tlj sauf dim 12h30-14h30 et 19h30-22h30. Formules déj 19-22 € ; carte env 45 €.* Après *Mensae* (dans le 19e), l'ancien top chef Thibault Sombardier remet le couvert avec *Sellae* (*les chaises* en latin), un élégant bistrot avec terrasse, à l'angle de rues calmes. Les touches *vintage* et contemporaines ne renient pas le décor du bistrot d'antan avec ces stucs et miroirs au mercure. Et la carte joue la même partition en mettant à l'honneur une cuisine saisonnière de tradition agréablement allégée et réinterprétée. Tartare de veau, suprême de pintade, faux-filet de bœuf Angus... Les viandes sont goûteuses, les légumes du moment nacrés comme il faut. Les desserts sont moins enthousiasmants mais ils ont le mérite d'être faits maison ! La formule déjeuner est un vrai bon plan. *NOUVEAUTÉ.*

L'Ourcine *(plan couleur A1,* ***62****) : 92, rue Broca, 75013. ☎ 01-47-07-13-65. Ⓜ Les Gobelins ou Glacière. Tlj sauf dim-lun ; service 12h-14h30, 19h-22h30. Congés : 3 sem en août. Le midi, plat 18 € ; menus 28-38 €.* La couleur est annoncée sur la vitrine : « Une cuisine de cuisinier, des vins de vignerons. » Poussez la porte, passez le comptoir, et vous vous sentirez vite à l'aise dans ce resto de quartier. Au fond, une armoire percée fait office de passe-plat. Derrière, on aperçoit la tête du chef, Sylvain Danière, appliqué à travailler les produits de saison, simplement, généreusement (mais souvent avec un supplément), comme il l'a appris auprès d'Yves Camdeborde, qui n'hésite pas, en voisin, à venir goûter la cuisine de terroir de son ancien élève.

Au Petit Marguery *(plan couleur A1,* ***64****) : 9, bd de Port-Royal, 75013. ☎ 01-43-31-58-59. Ⓜ Les Gobelins. Tlj 12h-14h15, 19h-22h15. Menus 24-41,50 € ; carte env 42 €. Voiturier.* Institution des Gobelins. Le décor 1900 n'a pas changé, le service brasserie parisienne maintient la tradition, et la cuisine bourgeoise est toujours à l'honneur. Gibier en saison (lièvre à la royale, entre autres), sans oublier la vedette incontournable de la maison : le soufflé au Grand Marnier. À côté, ***Le Comptoir*** affiche une ardoise bistrotière bien plus abordable. Et, en sortant, jetez donc un œil à *L'Escurial,* un de nos cinémas parisiens préférés.

Où boire un verre ?

La Dame de Canton *(plan couleur C2,* ***75****) : port de la Gare (au pied de la BnF), 75013. ☎ 01-53-61-08-49. Ⓜ Bibliothèque-François-Mitterrand ou Quai-de-la-Gare. Bar tlj sauf dim-lun 19h-2h (minuit en sem). Resto tlj sauf dim-lun ; service 19h-minuit. Terrasse tlj midi et soir mai-sept. Congés : août (sauf terrasse). Entrée : env 8-12 € selon programmation. Verres à partir de 4 €. Côté resto, formules dîner-concert 32-55 €.* Cette *Dame de Canton* est une véritable jonque traditionnelle construite en Chine à l'aube des années 1980. Autant dire que le lieu est magique ! Cocktails et quelques petits plats goûteux. La jonque est aussi bien ancrée dans la fête et fait entendre ses sirènes : concerts de jazz, fusion, rock ou soul... Une programmation musicale qui mise généralement sur le métissage des cultures.

La Taverne de la Butte *(plan couleur zoom,* ***76****) : 13, rue de la Butte-aux-Cailles, 75013. ☎ 01-45-89-16-18. Ⓜ Corvisart ou Place-d'Italie. Tlj 17h-2h. Happy hours 18h-20h. Pintes 3,50-7 €.* Ambiance conviviale dans ce bar aux allures de vieux pub où se retrouvent étudiants et jeunes cadres pour écluser quelques bières et décompresser après une dure journée. Le service se fait au comptoir, mais on vient gentiment vous distribuer de petites tartines et autres assiettes de frites. Parfait pour l'apéro !

Wanderlust *(plan couleur C1, **77**) : dans la Cité de la Mode et du Design, 32, quai d'Austerlitz, 75013. Ⓜ Austerlitz. Mai-sept, mar-sam ; avr et 1re quinzaine d'oct, w-e. Consos à partir de 7 €.* Street food *8-15 €. Possibles changements selon programmation, voir le site • wanderlustparis.com •* La plus grande terrasse de Paris : 1 600 m² surplombant la Seine, au beau milieu de la Cité de la Mode et du Design, vaisseau de béton corseté de vert. Le *Wanderlust,* qui ouvre à la belle saison, est l'endroit idéal pour profiter du soleil, assister à des performances artistiques ou se régaler lors d'un festival de *street food.* Également des activités pour enfants, des cours de yoga et des projections. Bref, un lieu à fréquenter à toute heure en été.

Où sortir ? Où danser ?

Nuits Fauves *(plan couleur C1, **80**) : dans la Cité de la Mode et du Design, 32, quai d'Austerlitz, 75013. Ⓜ Austerlitz. Ven-sam 23h-7h. Prix d'entrée variable selon soirées ; consos 7-12 €.* C'est le club qui monte le long de la Seine ! En journée, il partage ses locaux avec le *Wanderlust* (voir « Où boire un verre ? »). Le soir venu, les clubbers envahissent son sous-sol en béton brut pour apprécier les dernières tendances côté musiques électroniques. Les DJs du monde entier viennent y poser leurs platines, attirés par la bonne réputation de la programmation et du *sound system.* N'hésitez pas à réserver votre entrée à l'avance quand c'est possible.

Communion *(plan couleur C1, **81**) : sur le toit de la Cité de la Mode et du Design, 36, quai d'Austerlitz, 75013. ☎ 01-76-77-34-85. Ⓜ Quai-de-la-Gare. Accès par le 36, quai d'Austerlitz puis prendre l'escalier qui grimpe tt en haut. Tlj sauf lun 12h-5h (2h dim) ; en hiver, seulement jeu-sam. Club mar-sam 23h-5h, entrée gratuite. Restauration tlj sauf dim soir et lun 12h-15h, 19h30-23h. Bière 5 € ; cocktail 12 €. Formule déj 21 € ; plats 20-35 €. Communion* flotte littéralement au-dessus de la Seine et sa terrasse branchée s'offre aux amateurs de belles vues : on y domine tout le Sud-Est parisien, c'est superbe ! À toute heure du jour ou de la nuit, on s'installe sur le gigantesque pont-terrasse au mobilier coloré et convivial ou dans la salle design, où l'on peut grignoter bentos, grillades ou salades. Et, la nuit, ce sont les meilleurs DJs qui se relaient aux platines, entre funk discoïde, électro tapageuse ou house généreuse. Idéal pour communier avec les autres !

Le Batofar *(plan couleur C-D2, **43**) : 11, quai François-Mauriac, 75013. Ⓜ Quai-de-la-Gare ou Bibliothèque-François-Mitterrand. Tlj sauf lun 19h-6h (minuit mar) ; en été, tlj 18h-6h (minuit lun).* Happy hours *19h-21h. Concerts 8-20 €. Entrée club : 7-15 €. Formule w-e entrée club + 1 plat 20 €. Entrée gratuite sur la terrasse sauf après minuit les jours de club.* Ce superbe bateau-phare rouge, amarré au pied de la grande bibliothèque, garde les écoutilles ouvertes depuis de nombreuses années. La cale accueille toujours concerts et soirées électro, où la fine fleur de la musique actuelle se donne régulièrement rendez-vous. Un restaurant-terrasse a été aménagé sur le pont supérieur (voir la rubrique « Où manger ? »). Un lieu mythique de la nuit parisienne.

Petit Bain *(plan couleur C1, **83**) : quai de la Gare, 75013. Ⓜ Quai-de-la-Gare. ♿ Mer-sam 18h-2h, dim 12h-17h30. Entrée : env 10-15 €.* La barge amarrée au pied de la BnF propose des concerts dans sa cale et un bar-resto sur le pont. La « pop indigène » est à l'honneur, avec des concerts de musiques actuelles et du monde plusieurs fois par semaine, et surtout le week-end, dans une ambiance conviviale. Paré à l'abordage ?

À voir

LA BUTTE-AUX-CAILLES *(plan couleur zoom)*

Cernée par les tours du secteur Italie et de la Glacière, elle occupe une place à part à Paris. Un « village » qui n'est plus, et depuis bien longtemps, un repaire de malfrats. On y trouve des bistrots dans l'air du temps, pas chers, ouverts à la fête jusque dans la nuit. Pas toujours facile de trouver son chemin dans ces charmantes ruelles et impasses, mais c'est aussi ce qui contribue à maintenir la Butte à l'écart des itinéraires touristiques. Qui s'en plaindrait ?

UN QUARTIER OÙ L'ON NE SUCE PAS QUE DES GLAÇONS !

Ce quartier n'est pas le plus froid de Paris, comme on pourrait le croire. En fait, il s'appelait déjà la Glacière au début du XXe s, car c'est ici, dans les prés inondés par la Bièvre, que les entrepôts et châteaux parisiens recueillaient en hiver la glace qu'ils stockaient ensuite dans des glacières pour les jours chauds. Tout simplement.

UN PEU D'HISTOIRE

La rue du Moulin-des-Prés, celle du Moulinet ou encore celle du Moulin-de-la-Pointe indiquent que, de Gentilly aux Gobelins, des moulins à eau jalonnaient le cours de la Bièvre. Jean-Jacques Rousseau aimait aller herboriser le long de ses rives et admirer la petite rivière qui borde la Butte. Benjamin Franklin vint lui-même assister à l'atterrissage de la montgolfière de Pilâtre de Rozier en 1783. À la fin du XIXe, on recouvrit progressivement la Bièvre. Elle n'avait plus très bonne réputation à cause des tanneries qui y lavaient les cuirs et laissaient une odeur nauséabonde. Aujourd'hui, la Bièvre est, d'une certaine manière, remontée à la surface, puisqu'un marquage au sol sur les trottoirs (de gros clous de bronze) jalonne désormais son tracé (3 bras différents), de la Poterne des Peupliers (13e) au pont d'Austerlitz.
On doit à la pauvreté du quartier le début de la consommation de viande de cheval. La 1re boucherie chevaline ouvrit à Paris, place d'Italie, en 1866.
Contrairement à d'autres quartiers du 13e, la Butte ne subira pas par la suite trop d'attentats architecturaux (son sous-sol fragilisé par l'exploitation de carrières rendit impossible la construction de hauts immeubles). Il suffit pour s'en convaincre de se promener dans la rue de la Butte-aux-Cailles et les rues adjacentes, ou place de l'Abbé-Georges-Hénocque (ex-place des Peupliers).

Les secrets de la Butte

Oh ! pas de monuments grandioses, de boutiques prestigieuses, non ! Plutôt une atmosphère indéfinissable. En tout cas, une promenade architecturale à travers tous les styles : des pavillons Art déco, des exemples intéressants d'architecture sociale, des cités-jardins, des rues villageoises, des passages aux pavés disjoints et, disséminés çà et là, les pochoirs décapants de Miss.Tic...

Dans le petit jardin du dispensaire, près du métro Corvisart, à l'angle de la rue Barrault, une émouvante ***statue*** rappelle que des centaines d'enfants vivaient alors dehors. Hector Malot fait d'ailleurs traverser la Butte-aux-Cailles à Rémi dans *Sans famille.*

La rue des Cinq-Diamants (du nom d'une ancienne taverne) mène à la ***rue de la Butte-aux-Cailles*** (le centre historique de la Butte, qui doit son nom à l'ancien propriétaire Pierre Caille). Au n° 58 de la ***rue des Cinq-Diamants,*** à l'angle, on trouve un immeuble baptisé « la tour de Pise ». Il peine en effet à se tenir droit, bâti qu'il fut sur un sous-sol percé de carrières. Aujourd'hui, on a élargi les trottoirs, planté des pommiers, pour faire un carrefour de village. De part et d'autre, des voies paisibles, bordées de maisons basses : rue Alphand, passage Boiton, rues Buot, Michal...

Un peu à l'écart, ***rue Vergniaud,*** à l'angle de la rue Daviel, curieuse église campagnarde des antoinistes, une toute petite secte fondée en 1913 par Louis Antoine, un Belge pétri de spiritisme.

Ne manquez pas, au passage, rue Daviel, au n° 10, l'ensemble architectural à colombages, sortes de constructions de style anglo-normand. Appelée aussi la ***Petite Alsace,*** cette cité ouvrière ouverte en 1913 comporte 40 pavillons à la disposition de cité-jardin. Tout un mythe dû à Walter et à l'abbé Viollet. En face, une série de coquettes villas peintes et fleuries vous dépaysent totalement : Irlande, Angleterre ou Paris enchanté ?

LES RUSSES BLANCS VOIENT ROUGE !

Au-dessus de la Petite Alsace se découpe la silhouette en dents de scie de la **Petite Russie,** *une dizaine de pavillons identiques. À l'origine, des logements fournis à ses chauffeurs par une compagnie de taxis. Pourquoi la Petite Russie ? Parce qu'une majorité d'entre eux étaient des Russes blancs qui avaient fui la révolution d'Octobre. Ruinés, leur seule richesse était leur permis de conduire. N'espérez pas trop y pénétrer, les pavillons donnent sur une vaste terrasse inaccessible pour cause de digicode. On aperçoit les maisons perchées sur le toit d'un garage, en regardant par la rue Daviel.*

À l'opposé de la butte, jeter un œil à la ***piscine de la Butte-aux-Cailles.*** Dans un style presque anglais de brique rouge et de béton, cette piscine Art déco, l'une des plus vieilles de Paris (mais toute rénovée, que les nageurs se rassurent !), ne manque pas de cachet et est encore alimentée par un puits artésien (l'eau en jaillit spontanément à 28 °C). Également un bassin extérieur qui reste ouvert toute l'année : l'hiver, il se transforme ainsi en bassin nordique...

La Cité florale *(plan couleur A3)* **:** une curiosité méconnue, derrière la place de Rungis, entre les rues Boussingault, Auguste-Lançon et Brillat-Savarin. Un ensemble de maisons de briques aux façades parfois peintes, édifié en 1928 sur des prés anciennement inondés par la Bièvre, accessibles par de petites rues aux noms chantants : *rue des Orchidées* et ses beaux pavillons Art déco, la tranquille *rue des Glycines* (avec une placette plantée d'un cerisier), celle *des Liserons,* couverte de lierre, les *rues des Volubilis, des Iris,* le *square des Mimosas...* Un havre de paix verdoyant en été, au cœur d'un quartier bétonné.

Petit écrin de verdure aménagé le long de l'ancienne voie ferroviaire de la ***Petite Ceinture,*** ce nouveau tronçon (d'autres dans le 15e et dans le 16e) est l'occasion d'une agréable promenade urbaine. Accès au niveau du 60, rue Damesme.

La ***place de l'Abbé-Georges-Hénocque*** *(ex-place des Peupliers ; plan couleur A-B3)* est entourée de rues paisibles mélangeant plusieurs styles architecturaux : la *rue des Peupliers* et ses pavillons ouvriers en pierre meulière, la *rue Dieulafoy,* bordée de charmantes maisons aux curieux toits pointus (construites en 1912 par l'Association fraternelle des employés et ouvriers du Chemin de fer français), belle façade à colombages à l'angle de la rue du Docteur-Leray.

Dans un registre plus contemporain, passez donc devant l'***immeuble du journal* Le Monde** *(plan couleur A2),* au 80, boulevard Auguste-Blanqui. La façade est recouverte d'une étonnante « peau » de verre reproduisant la une du quotidien

(en fait une citation de Victor Hugo), illustrée par le dessinateur Plantu. Celle-ci est bien visible de jour – fugacement certes – depuis le métro (ligne 6), entre les stations Corvisart et Glacière...
Pour la petite histoire, et à propos de lignes de métro justement, ce sont les 2 lignes partiellement aériennes (lignes 2 et 6) qui reprennent le tracé de l'enceinte des Fermiers généraux.

LES GOBELINS

Quartier agréable aux frontières de Mouffetard et du Quartier latin. 2 rues du 13e (Broca et Pascal) y vont même faire une escapade de curieuse façon : elles plongent et se glissent presque souterraines sous le boulevard de Port-Royal.
Toute la vie du quartier tournera autour de la Bièvre jusqu'au début du XXe s. Celle-ci coulera longtemps à découvert, et nombre de tanneries et mégisseries s'installeront sur ses bords (une rue des Tanneries en témoigne encore). Notons que, déjà au XVIe s, des « écologistes » se plaignaient de la pollution de la Bièvre. De 1671 à 1906, il n'y eut pas moins de 35 ordonnances et décrets visant à la réduire. En 1896, l'école d'imprimerie et d'arts graphiques Estienne s'installa au coin de la rue Abel-Hovelacque et du boulevard Auguste-Blanqui. En 1910, tous les tanneurs, teinturiers, fabricants de papier furent expropriés, et la Bièvre définitivement couverte. Par la suite, de nombreuses rénovations transformèrent le visage du quartier.

Les Manufactures nationales et la galerie des Gobelins *(les Gobelins ; plan couleur A1-2)* **:** *42, av. des Gobelins, 75013. ☎ 01-44-08-53-49. • mobiliernational.culture.gouv.fr • Ⓜ Les Gobelins. Bus nos 27, 47, 83 et 91. Lors des expos temporaires, galerie ouv tlj sauf lun 11h-18h. Fermeture de la billetterie à 17h30. Fermé 1er janv, 1er mai et 25 déc. Entrée : 8 € ; réduc ; gratuit pour ts le dernier dim de chaque mois. Visite guidée de l'expo sam à 15h sur résa : 12 €, réduc ; durée : 1h. Visite guidée des Manufactures sur résa uniquement : 15,50 €, réduc ; durée : 1h30 ; rens et résas : ☎ 0825-05-44-05 (0,15 €/mn) ou • visites@cultival.fr • cultival.fr •*
À la Manufacture royale des Gobelins (du nom d'une famille de « taincturiers en escarlate » – teinte extraite de la cochenille), créée par Colbert en 1662, sont venues s'ajouter celle de la Savonnerie en 1825, puis celle de Beauvais après la dernière guerre. 3 ateliers d'excellence qui, à travers les péripéties de l'histoire, n'ont jamais cessé de produire de magnifiques tapisseries et tapis, servant tour à tour la royauté, la Révolution, l'Empire et aujourd'hui la République. Ces ateliers étaient implantés le long de la Bièvre, aujourd'hui recouverte.

HISTOIRE DE CROTTES

Les déjections d'animaux carnivores contenant un acide dissolvant bien la graisse des peaux travaillées par les tanneurs, les ateliers des Gobelins firent appel, à la fin du XIXe s, à des ramasseurs de crottes de chien, mais aussi de celles d'animaux du Jardin d'acclimatation, et notamment des crottes de fauve, qui faisaient merveille pour le traitement de certaines peaux.

La visite, assez technique, débute par l'atelier des Gobelins et ses métiers à tisser verticaux (en haute lice). Vous saurez tout sur les étapes de confection : échantillonnage, kilotage, ourdissage, encrage et, bien sûr, tissage. Une tapisserie prend en général plusieurs années pour être achevée. À noter que les manufactures produisent exclusivement en vue d'enrichir le Patrimoine national. Les artistes cartonniers (créateurs des motifs) sont toujours contemporains, ce qui finit par constituer une exceptionnelle mémoire de l'art moderne.

La galerie des Gobelins est d'une architecture caractéristique du début du XXe s. Dès sa construction, elle fut destinée à l'exposition des collections du Mobilier national et des créations des manufactures. La galerie présente aujourd'hui des expos temporaires d'art ancien et contemporain en rapport avec le Mobilier national, les manufactures et les métiers d'art.

La Fondation Jérôme-Seydoux-Pathé *(plan couleur B2)* **:** *73, av. des Gobelins, 75013. ☎ 01-83-79-18-96. • fondation-jeromeseydoux-pathe.com • Ⓜ Place-d'Italie. Mar 13h-20h, mer-ven 13h-19h, sam 11h30-19h. Entrée billet combiné : 4,50-6,50 € ; réduc. Expo seulement : 3 €. Le billet combiné donne accès aux expos et à une séance de cinéma muet, avec accompagnement au piano (2 ou 3 séances/j., voir le programme sur le site). Visite guidée du bâtiment sam à 12h (sur résa ; 7 €). Ateliers enfants sam à 14h30 ou 15h30 (8 €).*
Le siège de la Fondation Pathé se visite comme une curiosité déconcertante et secrète. Derrière la façade d'un ancien théâtre sculptée par Rodin se déploie la silhouette arrondie d'un bâtiment contemporain édifié par le célèbre architecte Renzo Piano (cité internationale de Lyon, Beaubourg...). C'est du jardin, à l'arrière, qu'on a un (léger) recul pour observer ce vaisseau argenté dont la forme titille l'imagination. C'est dans cet écrin hors du commun, quasiment invisible depuis la rue, que la Fondation Jérôme-Seydoux-Pathé fait découvrir sa collection d'appareils cinématographiques, depuis le 1er cinématographe Lumière jusqu'aux caméras des années 1980. Pratiques, des tablettes numériques remettent certains appareils exposés en situation de fonctionnement. Également des expos temporaires.

La chapelle Saint-Louis et l'hôpital de la Pitié-Salpêtrière *(plan couleur B-C1)* **:** *47, bd de l'Hôpital, 75013. Ⓜ Place-d'Italie.*
Dôme octogonal surmonté d'un lanternon. Qui ne connaît à Paris cette silhouette massive si caractéristique ? Un peu le symbole architectural de l'hôpital. On arrive par la cour d'honneur abondamment fleurie.
La *chapelle* présente un plan très original : 4 nefs et, entre chacune d'elles, 4 immenses chapelles. Le tout entourant le chœur dans une symétrie parfaite. Cette construction inédite révèle à l'évidence la volonté de bien séparer les catégories de malades (par classes, par degrés de contagion...). L'intérieur est quasiment nu. Seules pièces exposées : un baptistère sculpté et un lutrin en fer forgé du XVIIe s.
Pendant qu'on y est, allons faire quelques pas dans cet hôpital. Ancienne poudrière sous Louis XIII (d'où son nom, puisque la poudre est, entre autres, composée de salpêtre), il devint sous Louis XIV le 1er hôpital « pour le renfermement des pauvres », auquel on ajouta plus tard une maison de force pour les femmes. C'est de là que partirent Manon Lescaut (l'héroïne du roman de l'abbé Prévost) et les fameuses « filles du Roy », prostituées, orphelines, femmes dans la misère qui s'en allaient peupler les colonies.
Au XIXe s, la Salpêtrière devint institution psychiatrique. Dans l'ancien « quartier des folles », on tombe, au détour d'un couloir, sur une petite rangée de sièges en demi-lune. On y attachait les femmes quelques heures pour les sortir un peu de leur cellule... Les incurables furent enfermés et maintenus par des chaînes ; les autres, entassés dans des salles communes dénuées de toute hygiène. Moyennant une obole, les familles pouvaient venir assister, derrière les vitres, aux contorsions des malades. Évoquons,

FREUD STAGIAIRE

C'est à la Salpêtrière qu'on ouvrit en 1882 la plus grande clinique neurologique d'Europe. Pendant 6 mois, elle eut un jeune stagiaire promis à la postérité : Sigmund Freud. Ici, ce dernier concevra la théorie de l'inconscient psychanalytique en observant les résultats obtenus par Charcot et en utilisant l'hypnose dans le traitement des hystériques.

à ce propos, le médecin aliéniste Philippe Pinel, qui a sa statue sur le boulevard et dont le mérite est d'avoir supprimé les chaînes pour les malades et d'avoir tenté d'humaniser leurs conditions de vie.
La Salpêtrière est une véritable ville dans la ville, mélangeant les vestiges du passé aux constructions les plus modernes.

LE NOUVEAU 13e

Au-delà de la Pitié-Salpêtrière, dans le quadrilatère formé par l'avenue d'Italie, le boulevard Masséna, la Seine, la gare d'Austerlitz et le boulevard Vincent-Auriol, on trouve un 13e bien différent. Depuis les travaux d'Haussmann, c'est l'un des chantiers les plus ambitieux que Paris ait connus, articulé autour de la BnF, figure de proue de ce nouveau quartier encore en pleine mutation. Le secteur, modelé de toutes pièces, reconquiert d'anciens terrains industriels sur le déclin, où cohabitent désormais des milliers d'étudiants, riverains, chercheurs, commerçants, curieux et touristes. Le « nouveau Quartier latin », comme certains le nomment déjà, peut manquer encore un peu de vie le week-end et pendant les vacances scolaires, une fois les étudiants envolés. Mais plus pour longtemps.
Les immeubles ultramodernes jouxtent des vestiges industriels : ex-entrepôts frigorifiques convertis en ateliers, gare de messagerie changée en pépinière de start-up, ancienne minoterie des Grands Moulins transformée en campus, Magasins généraux (Docks en Seine) devenus Cité de la Mode et du Design... Un terrain de jeux formidable pour les architectes et les urbanistes associés à ce titanesque chantier.
– Pour plus d'informations sur le quartier, se renseigner au ***centre d'information de Paris Rive Gauche*** *(3, quai Panhard-et-Levassor ; ☎ 01-44-97-49-02 ; mar-dim 13h-18h).* Distribue gratuitement la brochure *Parcours Paris Rive Gauche,* qui propose 3 itinéraires de balade dans le quartier.

Balade architecturale dans le quartier de Paris Rive Gauche

Surplombant la Seine, les fameux Docks en Seine abritent la ***Cité de la Mode et du Design*** *(plan couleur C1 ; 26-32, quai d'Austerlitz, 75013 ; Ⓜ Gare-d'Austerlitz).* Bâtiment spectaculaire dû à l'imagination talentueuse du cabinet Jakob + MacFarlane, ses pieds reposent sur l'eau alors que sa terrasse, ondulante, évoque le règne végétal. C'est sur la structure existante des Magasins généraux (1907) que les architectes ont installé une charpente tubulaire garnie de panneaux de verre sérigraphiés. Un lieu infiniment branché, dédié à la formation (Institut français de la mode). Une poignée de boutiques design, une galerie de *street art* à ciel ouvert (au sous-sol, au niveau du quai) et des clubs pour faire la fête complètent l'offre de cette Cité décidément très animée.

Autre grand projet d'architecture et d'urbanisme de Paris Rive Gauche, la reconversion de la ***halle Freyssinet*** en ***Station F,*** pépinière de start-up, a marqué la fin des travaux dans la zone de la BnF. Cette spectaculaire halle, qui s'étend sur plus de 300 m, servit pendant près d'un siècle pour expédier les marchandises de la gare d'Austerlitz. Pas moins de 1 000 start-up spécialisées dans le numérique se sont s'installées ici, créant ainsi le plus grand incubateur au monde, ouvert 24h/24 aux bénéficiaires ! La rénovation a été pilotée par l'architecte Jean-Michel Wilmotte, et l'installation financée – 250 millions sur ses deniers personnels – par l'entrepreneur Xavier Niel, patron de Free. Le lieu se veut un espace de création unique, ouvert sur la ville et accessible au public côté resto (3 000 couverts !) et cafés, permettant de se plonger dans cette ambiance très Silicon Valley.

Ouverte aux « circulations douces » (vélos et piétons), la ***passerelle Simone-de-Beauvoir*** est le 37e pont de Paris ! Elle allie élégance architecturale et prouesse

technique (180 m de portée libre pour une longueur totale de 270 m), reliant la BnF au parc de Bercy, trait d'union entre le 13e et le 12e arrondissement. Construite en Alsace, elle a été acheminée par la mer du Nord et la Manche, puis montée en pleine nuit en 2h seulement. Les Parisiens l'ont adoptée en la surnommant « la lentille » en raison de ses 2 courbes contraires se croisant pour former un œil.
– Jetez un œil à la ***piscine flottante Joséphine-Baker,*** découverte en été, et accordez-vous une balade le long du quai jusqu'au ***Batofar*** (voir plus haut les rubriques « Où manger ? » et « Où sortir ? Où danser ? »).

La Bibliothèque nationale de France, site François-Mitterrand *(plan couleur C1-2)* **:** *quai François-Mauriac, 75013 (entrée rue Émile-Durkheim). ☎ 01-53-79-59-59. • bnf.fr • Ⓜ Bibliothèque-François-Mitterrand ou Quai-de-la-Gare. Bus nos 62 et 89. ♿ Tlj sauf lun mat et j. fériés.*

Un peu d'histoire

En août 1989, Dominique Perrault gagne, à 36 ans, le concours d'architecture pour la réalisation du vaste projet mitterrandien. Les problèmes ne tardent cependant pas à apparaître : amertume de la BnF Richelieu, écartée du projet, divergences sur son accessibilité ou non au grand public... À part les manuscrits, plans et médailles, tout sera transféré à Tolbiac. L'idée de Dominique Perrault avait été d'élever des genres de « silos à livres » translucides, dont on aurait pu suivre le niveau de stockage. Pour éviter la polémique sur les bouquins qui allaient griller au soleil, l'architecte imagina un système élaboré : une épaisseur de verre, 7 cm d'air, une autre épaisseur de verre, puis des volets de bois d'okoumé double face. À l'intérieur, une énorme machinerie assure une température constante de 18 °C et 55 % d'humidité. Les étages ont été isolés pour éviter la hantise des conservateurs : la prolifération des champignons et autres moisissures, et le feu. Tout a été pensé pour éviter la liquidation de la mémoire du monde : espaces cloisonnés et munis de portes coupe-feu.

Visite

Visite de la bibliothèque pour individuels tlj à 15h ; rdv devant la maquette hall est ; 3 € ; durée : 1h30. Le w-e, il est parfois possible d'accéder au belvédère pour découvrir l'organisation du quartier. Plusieurs dépliants sont à la disposition des visiteurs : programmes des expos et des conférences, explications techniques, accompagnement du public, etc. Ateliers enfants/adultes, programme sur • bnf.fr • ; compter 5 €/pers.

À défaut de pouvoir suivre l'une des visites guidées, n'hésitez pas à pénétrer dans la bibliothèque par l'entrée située hall est. Vous accéderez aux expositions gratuites de l'allée Julien-Cain et de la Galerie des donateurs.

Les globes de Coronelli
Accès libre hall ouest.

La BnF expose les pièces les plus spectaculaires de ses collections. À noter, un espace tactile et sonore est accessible aux déficients visuels.

À la fois instruments scientifiques et œuvres d'art, ces sphères magnifiques ont été commandées par le cardinal d'Estrée au géographe franciscain d'origine vénitienne Vincenzo Coronelli pour le compte de Louis XIV, à la fin

L'ENFER DE LA BIBLIOTHÈQUE NATIONALE

Parmi les trésors conservés à la Réserve des livres rares, une section a été créée au XIXe s pour distinguer les ouvrages jugés obscènes, et donc à conserver à l'abri des regards. C'est Apollinaire qui réalise en 1913 un 1er inventaire bibliographique de ces ouvrages, jusque-là non consultables, puisque n'apparaissant dans aucun catalogue de la BnF. À la fin du XXe s viendront s'y ajouter les journaux et tracts clandestins des périodes sombres de l'histoire de France, et, plus récemment, des livres interdits de publication, comme celui du docteur Gubler sur un patient nommé François Mitterrand.

du XVIIe s. À l'origine, les globes devaient être exposés à Versailles, mais victimes de leur démesure, ils ont été souvent déplacés. Aujourd'hui, les 2 globes sont placés au centre d'une scénographie originale qui rend justice à la splendeur des peintures réalisées pour leur décor. Ils sont fixés sur un axe, légèrement décalés l'un par rapport à l'autre, de manière que l'on puisse voir une partie du « globe céleste » derrière le « globe terrestre ». Pièces exceptionnelles (pas moins de 2,3 t chacune, 4 m de diamètre, soit 50 m² à peindre à chaque fois !) conçues à la gloire de Louis XIV (le globe céleste est une représentation du ciel le jour de la naissance du Roi-Soleil le 5 septembre 1638), les 2 globes illustrent l'état des connaissances scientifiques dans les domaines géographique et astronomique au XVIIe s. Le globe terrestre met en scène les connaissances alors diffusées sur le monde dans de nombreux domaines : cartographique avec le tracé des terres (plus flou lorsqu'elles sont inconnues), maritime (32 roses des vents donnent des indications aux navigateurs), ethnographique (représentations des différents types d'embarcations et d'habitations selon les continents). De nombreux médaillons viennent compléter ces indications. Difficile de ne pas remarquer le plus important d'entre eux, la dédicace à la gloire de Louis XIV dont le buste est entouré par les muses symbolisant les sciences. Noter également sur le continent africain le médaillon avec une pyramide, évoquant les sources du Nil dont on ne connaissait pas encore l'emplacement exact à l'époque, d'où la taille du cartouche qui recouvre ainsi une zone à peu près inconnue. Peut-être aurez-vous remarqué que notre vieux continent n'est pas représenté ? Et pour cause, l'idée étant de présenter au roi le monde dans un objectif de conquête des mers afin de développer le commerce extérieur français. L'enjeu politique l'emporte là sur le souci d'une représentation réelle de la planète. Le globe céleste est, quant à lui, avec son camaïeu bleu, une magnifique invitation au rêve. Laissez-vous aller à la contemplation de ses 72 constellations figurées par des personnages et des animaux mythologiques. Mais, au-delà de son aspect esthétique, le globe est un hommage aux découvertes des astronomes avec ses 1 880 étoiles et ses différentes comètes. De plus, Coronelli y a fait figurer les noms des constellations en 4 langues : le français, le grec, le latin et l'arabe.
Une exposition très intéressante sur l'histoire et la fabrication des globes ainsi que sur leur signification et l'évolution de la cartographie côtoie des images contemporaines de l'univers grâce au Centre national d'études spatiales (CNES).

Activités de la BnF
Outre la consultation des ouvrages, la bibliothèque propose de multiples manifestations ouvertes au grand public : 3 grandes expositions thématiques par an, ainsi que des expositions de photographies, d'estampes... *(rens : ☎ 01-53-79-59-59 ; mar-sam 10h-19h, dim 13h-19h ; entrée : 9 €, tarif réduit 7 € ; certaines expos sont gratuites).* Dans les auditoriums, cycles de conférences, projections et colloques, en accès libre et gratuit *(rens : ☎ 01-53-79-49-49 ; programmation sur • bnf.fr •).* Également des concerts et des spectacles *(10 €).*
À signaler aussi, *Gallica,* la bibliothèque numérique de la BnF, accessible sur le site *• gallica.bnf.fr •* qui permet l'accès à 4 millions de documents, livres, presse, mais aussi vidéos, photographies, manuscrits, estampes et monnaies consultables et téléchargeables gratuitement.

En descendant la rue des Frigos, vous rejoindrez la nouvelle ***université Paris VII - Denis-Diderot.*** Elle se répartit entre les bâtiments des ***Grands Moulins de Paris,*** impressionnante minoterie datant de la Première Guerre mondiale réhabilitée par Rudy Ricciotti (architecte du MUCEM à Marseille), et l'ancienne ***halle aux farines,*** long vaisseau de béton des années 1950. Outre des salles de classe, des amphis et des bureaux, ce dernier bâtiment accueille un centre d'art contemporain, ***Bétonsalon*** *(9, esplanade Pierre-Vidal-Naquet ; • betonsalon.net • ; expos temporaires mar-sam 11h-19h).* Faites un saut en face dans les ***jardins de l'Abbé-Pierre*** pour profiter d'une belle vue d'ensemble sur l'université.

Explorez ensuite les rues qui partent vers le sud, toutes bordées de constructions ultramodernes : leurs architectes semblent avoir engagé un véritable dialogue ! Un environnement plus que rare à Paris, parfois qualifié de ville-musée. Enfin, jetez un œil à l'***École nationale d'architecture*** *(en bord de Seine, 3, quai Panhard-et-Levassor)*, avec sa cheminée, ses verrières et sa structure en acier, qui a pris place dans l'ancienne usine de la ***SUDAC*** (elle fournissait de l'air comprimé).

Empruntez la rue Watt, qui a la particularité d'être en partie souterraine, et remontez la rue Cantagrel. Juste en face, vous tomberez sur un grand bâtiment moderniste coloré : il s'agit de la ***Cité du Refuge*** *(plan couleur C2)*, œuvre de l'architecte Le Corbusier, dont le travail a été classé au Patrimoine de l'humanité par l'Unesco. Commandé par l'Armée du Salut et inauguré en 1933, ce bâtiment révolutionnaire pour l'époque accueille toujours les nécessiteux et peut théoriquement se visiter sur rendez-vous tous les 1er et 3e mardis du mois à 14h ou 15h30 *(sur résa • visitecitederefuge@armeedusalut.fr • ; 5 €)*.

CHINATOWN *(plan couleur B-C2-3)*

On aborde maintenant le quartier asiatique annoncé par les magasins en forme de pagode sur la terrasse des Olympiades. Ici résident Vietnamiens, Laotiens, Cambodgiens, Chinois, qui ont au moins autant de différences entre eux que les peuples d'Europe (la plupart des pancartes sont en 3 langues : chinois, vietnamien et thaï). Les Chinois, qui forment environ 80 % de cette communauté, sont eux-mêmes divisés, ceux du Cambodge ne se reconnaissant pas dans ceux de Canton ou de Hong Kong (et vice versa). Ceux de Taïwan sont parfois considérés comme des snobs et des frimeurs par les autres.
La communauté chinoise de Paris est non seulement la plus importante d'Europe, mais aussi la plus ancienne. En effet, ses 1ers membres étaient des coolies venus prêter main-forte en 1916 (le manque de main-d'œuvre dû à la guerre !). À ces pionniers succédèrent, un demi-siècle plus tard, des réfugiés des guerres d'Indochine et des régimes communistes. Les Asiatiques représentent maintenant plus de 13 % de la population du 13e. Ils offrent l'image d'une communauté dynamique et organisée. La force de leurs valeurs familiales et sociales a fait qu'ils ont pu occuper en surnombre les appartements très chers du 13e, sans tensions. Répartie sur 3 secteurs, Masséna, Baudricourt et Dunois, l'implantation de la communauté asiatique est maintenant étendue et durable, puisque celle-ci gère de nombreuses boutiques et entreprises : restaurants, supermarchés, bijouteries, assurances, agences de voyages, cabinets médicaux, etc. Près de 90 % des commerces des Olympiades sont tenus par des Asiatiques. Ils possèdent plus de 150 restos dans le seul 13e. Quant aux coutumes traditionnelles, elles sont toujours présentes. Vous serez ainsi surpris de voir de nombreuses fenêtres ouvertes, alors qu'il fait froid dehors. L'explication : les esprits des ancêtres doivent pouvoir entrer ou sortir librement...
Pour l'argent, les Asiatiques ont recours à une sorte de tontine, ou *hui*. Pour acheter une boutique, on peut obtenir des prêts importants de la part d'amis ou connaissances. Pas de papiers signés : les relations sont basées sur une totale confiance.
Très souvent, le marché du travail étant saturé, beaucoup d'Asiatiques ont accepté un déclassement social à leur arrivée dans le pays. Des profs deviennent plongeurs ; des cadres commerciaux ou des ingénieurs se transforment en employés de bureau ou en coursiers...
Leur seul gros péché mignon, c'est le jeu. Si vous constatez sans raison apparente une baisse de qualité de votre resto chinois favori, dites-vous bien qu'il a peut-être changé de mains en une nuit !
Venez donc dans cette partie du 13e voir comment les Asiatiques ont subtilement détourné l'horreur du béton en y insufflant une vie et une activité démentes.

Depuis la place d'Italie, empruntez l'***avenue de Choisy,*** sur la droite. Déjà, entre les restaurants, chinois ou vietnamiens, on dénombre une officine d'avocats, un comptoir « électric » (sic) ou un coiffeur qui arborent une plaque ou une enseigne comportant des idéogrammes. Avancez jusqu'au carrefour avec la rue de Tolbiac, où la densité des établissements asiatiques est très forte. Plus bas, à la hauteur de l'église Saint-Hippolyte, jetez un œil à la grande fresque murale qui décore le coin de l'avenue, du côté droit, avec l'inscription toute de circonstance : « De tous pays viendront tes enfants » et allez voir la récente église ***Notre-Dame-de-Chine,*** inaugurée en 2005 pour la communauté chinoise de Paris. Assidûment fréquentée par les fidèles, elle s'enorgueillit d'être la 1re église chinoise de France et de pouvoir accueillir jusqu'à 200 personnes assises ! Messe en chinois le dimanche de 11h30 à 12h30. Même le *McDo,* avenue de la Porte-de-Choisy, s'est adapté au décor et revêt une forme de pagode.

RÉSISTANTS MAIS SALAUDS

En septembre 1944, à l'Institut dentaire du 158, avenue de Choisy, des atrocités, tortures et crimes furent commis sur des collabos et miliciens par des résistants, parfois de la dernière heure. Sans procès ni défense, comme à l'époque de la Gestapo. Comme quoi, ces tortures oubliées prouvent que l'Histoire est toujours écrite par les vainqueurs. L'instigateur, le capitaine Bernard, sera amnistié !

Dehors, ***avenue d'Ivry,*** la proximité des tours donne un petit côté Hong Kong ; un peu plus loin sur la gauche, une kitschissime boutique de décoration (avec d'improbables *Vénus de Milo* en pure imitation plastique)... Marquée par 2 dragons (fabrication en série ?), l'entrée du supermarché ***Paris Store.*** Au rez-de-chaussée, alimentation exotique, produits rares ou inconnus, fruits étonnants, épices de toutes sortes. Au 1er étage, véritable caverne de Marco Polo : objets « décoratifs », ustensiles de cuisine, bâtonnets d'encens... il y en a pour tous les goûts. Sortez par les caisses, au 1er étage, ou empruntez l'escalator, depuis l'avenue.

Après la pharmacie, on pénètre dans les ***galeries marchandes des Olympiades.*** La dalle de béton des Olympiades recouvre l'ancienne gare des marchandises des Gobelins, ainsi que d'anciens dépôts de charbon destinés à alimenter les usines du quartier. Et là, c'est le dépaysement assuré. Prenez à droite, jusqu'au bout de la galerie, et revenez. Succession d'étonnantes boutiques de CD, derniers imports DVD, karaokés, librairie, vêtements élégants pour femmes, tissus, et même des machines à coudre. Revenir sur ses pas, dépasser la banque, prendre la galerie à droite. Tout au fond, sortez à gauche.

Sur la dalle, dos à la galerie marchande (entrée Oslo), on voit les toits en pagode des boutiques et restaurants. Ceux-ci, curieuse prémonition, ont été conçus bien avant l'arrivée des 1ers Asiatiques ! À gauche, sur la dalle, la 1re galerie, à forte odeur de piscine, vous mène (à côté du *PMU,* très fréquenté : les Chinois adorent les paris) au siège de l'***Association des résidents en France d'origine indochinoise.*** Au sous-sol, musique certains jours, jeux, atmosphère enfumée : une vraie ambiance. Au bout de la galerie, sortez à gauche sur l'avenue d'Ivry. Dans le parking attenant, large banderole « Autel du culte de Bouddha », signalant la présence d'un temple (voir plus loin).

Remontez à gauche jusqu'au ***supermarché Tang Frères.*** Boutique-traiteur animée en permanence à l'entrée. Supermarché de produits alimentaires littéralement extraordinaires : pâtes, formes diverses de riz, légumes inconnus des tables européennes, fruits aux noms évocateurs (rambutans, lychees, longans, mangoustans, durians...), gâteaux de lune, conserves de coquillages, sauces exotiques... N'hésitez pas à vous y attarder : le magasin justifie à lui seul la balade. Beaucoup de fruits et légumes sont désormais cultivés en France. Ainsi, des paysans bretons produisent-ils de petits choux chinois. Et le soja pousse par tonnes dans... de nombreuses caves du 13e !

Il est temps de regagner la place d'Italie, par le côté droit de l'***avenue de Choisy,*** où les commerces alimentaires (annexes de *Tang Frères* et autres) ou de bimbeloterie et les restaurants sino-vietnamiens ne manquent pas : les fauchés trouveront assurément, avec les grands bols de *phó,* de quoi survivre...

– Possibilité de visiter 2 ***temples bouddhiques.*** Le 1er se trouve rue du Disque, une des rues souterraines de la terrasse des Olympiades *(entrée au niveau du 70, av. d'Ivry ; tlj 9h-18h).* Grande inscription « Autel du culte de Bouddha ». S'y pratiquent les 3 grandes religions chinoises (confucianisme, taoïsme et bouddhisme), mais l'empreinte taoïste est nettement plus marquée dans ce temple que dans l'autre. Musique traditionnelle les lundi, mercredi et vendredi après-midi. Il est d'usage de laisser une obole dans le tronc de l'autel (en formulant un vœu). L'autre temple se situe sur la terrasse même, un peu plus loin que le resto *Asia Palace.* C'est l'*amicale des Teochew (prononcer « chao chou » ; tlj 10h-17h)* en France, une communauté de la région de Canton. Ici, on enlève ses chaussures à l'entrée. Fresques sculptées dans un marbre gris. Tous les après-midi y a lieu un rituel bouddhique.

14e ARRONDISSEMENT

MONTPARNASSE • PLAISANCE • PERNETY • DENFERT-ROCHEREAU • MONTSOURIS • ALÉSIA

• Pour le plan du 14e arrondissement, voir le cahier couleur en fin de guide.

Au cœur du 14e arrondissement, Montparnasse distille le souvenir de sa vie artistique et nocturne à travers ses cinémas, ses restaurants, la célèbre *Coupole,* les théâtres de la rue de la Gaîté, ses beaux immeubles Art déco. On peut d'ailleurs aller saluer Jean-Paul Sartre et Serge Gainsbourg au cimetière du Montparnasse. L'arrondissement, fort étendu, s'étire jusqu'au parc Montsouris, grand espace vert vallonné, entouré de villas bien loties, et jusqu'à la Cité internationale universitaire, avec ses étonnants pavillons étrangers années 1930 disséminés dans un cadre de verdure. Mais le 14e, c'est également le *Lion de Belfort,* place Denfert-Rochereau (sous laquelle se ramifient les catacombes), la Fondation Cartier, due à Jean Nouvel, et la rue Daguerre, commerçante et animée. Et si les abords de la gare Montparnasse n'ont rien d'aguichant, on peut en revanche partir à la découverte des passages et des villas un peu hors du temps du quartier Plaisance-Pernety.

Où dormir ?

Très bon marché

FIAP Jean Monnet *(plan couleur D2, **5**) : 30, rue Cabanis, 75014. ☎ 01-43-13-17-00. • fiap-paris.org • Ⓜ Glacière. ♿ Congés : sem de Noël. Résa impérative sur Internet. Dortoirs réservés aux 18-30 ans. Consigne. Self. À partir de 19 €/pers en dortoir de 6 lits, 21-34 € en chambre de 3-4 lits, 48 € en twin et 76-82 € en chambre individuelle, petit déj, draps et serviettes inclus. Au self-service, plats 7-10 € le midi, menu 12,70 € le soir.* Réservé à l'origine aux étudiants comme lieu d'échanges culturels, le *FIAP Jean Monnet* offre 200 belles chambres, toutes avec salle de bains et w-c, bien propres. Lits simples uniquement, superposés dans les dortoirs (non mixtes), liseuses individuelles, casiers sécurisés, l'aspect pratique a été privilégié, sans que l'esthétique n'en souffre. Avec un hall clair et aéré, un espace bar à la déco « melting-pot », cet endroit inspire la bonne ambiance. En été, la terrasse extérieure prolonge l'envie d'échanger, au milieu d'animations telles que concerts et projections de films. Également ping-pong et baby-foot.

De bon marché à prix moyens

Solar Hôtel *(plan couleur zoom, **3**) : 22, rue Boulard, 75014.*

☎ 01-43-21-08-20. • solarhotel.fr • Ⓜ et RER B : Denfert-Rochereau. ♿ Résa conseillée. Doubles 79-89 € tt compris : « vrai » petit déj 100 % bio, boissons chaudes, vélos, etc. Clim. Café offert sur présentation de ce guide. Situé à deux pas de la très commerçante rue Daguerre, et avec un jardin, cet hôtel nous a séduits par son concept écolo et militant à bas prix (un pionnier en France !) : façade photovoltaïque, système de récupération des eaux et produits d'entretien bio. Les chambres simples mais fonctionnelles et calmes sont impeccablement tenues. Wifi seulement dans la salle de petit déj, parce que les ondes, c'est mauvais pour le sommeil ! Une dizaine d'autres chambres dans une annexe rue Daguerre. La direction affiche un dynamisme à toute épreuve avec des expos de peinture et des concerts, où tout le monde se mélange ! Prêt de vélos pour arpenter le quartier et boissons (thé, café) à discrétion pendant la journée. Bon esprit !

Hôtel du Parc (plan couleur zoom, **13**) *: 6, rue Jolivet, 75014. ☎ 01-43-20-95-54. • hotelduparc-paris.com • Ⓜ Edgar-Quinet ou Montparnasse-Bienvenüe. Doubles 70-160 € (parfois moins cher le w-e et pdt vac scol via Internet) ; petit déj-buffet 12 €. Un petit déj/chambre offert sur présentation de ce guide.* Au calme, à l'écart sur une jolie placette, cet hôtel, climatisé et rénové avec modernité, est un bon point de chute à côté de Montparnasse. La réception se trouve à l'étage (mieux vaut voyager léger). Les chambres, climatisées et confortables, sont réparties sur 5 étages (ascenseur). Agréable salle de petit déj, avec vue surplombant le square. Un peu cher en semaine. Accueil avenant.

Hôtel Mistral (plan couleur zoom, **9**) *: 24, rue Cels, 75014. ☎ 01-43-20-25-43. • mistralhotel.fr • Ⓜ Gaîté. Doubles 90-135 € ; petit déj-buffet 12 €. Café offert sur présentation de ce guide.* Dans une rue isolée, derrière le cimetière du Montparnasse, cet hôtel est un havre de tranquillité. Sartre et Simone de Beauvoir y vécurent quelque temps. Les chambres d'un doux blanc immaculé sont belles, calmes et lumineuses. Chacune est rehaussée d'une touche colorée (oreillers, dessus-de-lit) et les supérieures sont un poil plus grandes (lits plus larges). Le petit déj se prend dans une jolie salle éclairée par une véranda donnant sur une petite cour intérieure. Un lieu accueillant où l'on se pose volontiers en journée. Ambiance bucolique et accueil charmant. On adore !

Hôtel Terminus Orléans (plan couleur C3, **18**) *: 197, bd Brune, 75014. ☎ 01-45-39-71-44. • paris-hotel-terminus-orleans.com • Ⓜ Porte-d'Orléans. Doubles 60-140 € ; petit déj 8 €. Parking payant.* Propre, très standard et pratique, car à côté du métro. On apprécie la gentillesse de l'accueil. Les prix restent assez économiques, puisque l'établissement travaille régulièrement avec les administrations publiques et ne cherche pas à « assommer » le client. Chambres fonctionnelles et salles de bains refaites à neuf. Préférer les chambres à l'arrière pour plus de calme.

Hôtel de la Tour (plan couleur zoom, **8**) *: 19, bd Edgar-Quinet, 75014. ☎ 01-43-20-67-09. • hoteldelatourparis.fr • Ⓜ Montparnasse-Bienvenüe ou Edgar-Quinet. Résa vivement conseillée. Double 89 €, petit déj-buffet inclus. Café offert sur présentation de ce guide.* Il faut monter l'escalier pour trouver ce tout petit hôtel coincé entre 2 brasseries, dépourvu du moindre superflu. Ses prix sont aussi sobres – selon des critères parisiens – que sa décoration. Propre et très bien situé : à quelques pas de la gare Montparnasse, en face du marché Edgar-Quinet (les mercredi et samedi) pour s'alimenter sans se ruiner, près de la rue de la Gaieté pour se distraire. Souvent complet : réservez longtemps à l'avance.

Hôtel des Bains (plan couleur zoom, **11**) *: 33, rue Delambre, 75014. ☎ 01-43-20-85-27. • hotel-des-bains-montparnasse.com • Ⓜ Vavin, Edgar-Quinet ou Montparnasse-Bienvenüe. Doubles 110 € ; suites ; petit déj 11,50 €. Parking payant.* Les chambres, sur rue ou sur cour, sont décorées avec soin et parfaitement tenues, avec des salles de bains compactes mais modernes. Suites calmes et confortables, surtout celles situées dans une dépendance au fond de la cour. Partout une excellente literie. Le chaleureux salon vient ajouter un agrément supplémentaire. Bon rapport qualité-prix et accueil serviable.

Hôtel du Parc Montsouris *(plan couleur D3,* ***6****) : 4, rue du Parc-Montsouris, 75014. ☎ 01-45-89-09-72. • hotel-parc-montsouris.com • Ⓜ Porte-d'Orléans ; RER B : Cité-Universitaire. ♿ Résa conseillée. Doubles 88-105 € ; familiales ; petit déj 11 €.* Situé dans un charmant quartier résidentiel, cet hôtel à la façade Art déco ravit les cœurs et les nuits tant par son confort que par les vues qu'il propose depuis les chambres les plus haut perchées (rassurez-vous, il y a un ascenseur !). Chambres simples, petites, claires et fonctionnelles, et salles de bains propres et équipées.

Cecil Hôtel *(plan couleur C3,* ***10****) : 47, rue Beaunier, 75014. ☎ 01-45-40-93-53. • cecilhotel-paris.com • Ⓜ Porte-d'Orléans. Résa conseillée. Doubles 69-199 € ; petit déj en sus.* Un hôtel sans prétention, dans une petite rue hors du temps que les promoteurs immobiliers commencent à découvrir. Chambres confortables et rénovées, de taille très honorable pour un 2-étoiles. Les salles de bains ont bénéficié de la même cure de rajeunissement. À l'arrière, terrasse donnant sur l'ancienne voie ferrée de la petite ceinture.

De prix moyens à chic

Fred Hôtel *(plan couleur B2,* ***2****) : 11, av. Villemain, 75014. ☎ 01-45-43-24-18. • fred-hotel.com • Ⓜ Plaisance ou Pernety. ♿ Doubles 84-200 € ; familiales ; petit déj-buffet 12 €. Accord avec le parking voisin (18 €/j.).* Fans de design, voici votre nouveau havre. Des lignes épurées, réchauffées par des couleurs terre, un salon *lounge* avec cheminée à l'éthanol, des tableaux aux murs, une terrasse raccord avec la déco intérieure : pas un détail qui n'échappe au souci de beauté et de confort, bref au souci du client. Chambres au confort sans faille. Vaste salle de bains dans la chambre n° 63, partie de terrasse privative dans la n° 11. Accueil pro et chaleureux à la fois. Un coup de foudre !

9 Hôtel Montparnasse *(plan couleur B2,* ***12****) : 76, rue Raymond-Losserand, 75014. ☎ 01-40-52-12-40. • le9hotel.com • Ⓜ Pernety. Doubles 72-350 € ; petit déj 13 €.* Une quarantaine de chambres pour cet hôtel rénové dans une veine *arty* bien plaisante. Rien à redire sur la confortable literie, ni sur l'effort de déco : les tons gris-vert sont d'un bel effet. Les chambres classiques, qui restent petites, conviendront aux amoureux qui n'ont rien à cacher : pas de salle de bains fermée, la douche et le lavabo sont ouverts sur la chambre. Mais la pépite est cette cabane nichée au fond du jardin, une petite maison de bois pour roucouler en toute quiétude... Salon et salle de petit déj sur cour, avec quelques tables en extérieur. Accueil pro. Dommage que les prix jouent tant au yoyo !

La Maison Montparnasse *(plan couleur B2,* ***7****) : 53, rue de Gergovie, 75014. ☎ 01-45-42-11-39. • lamaisonmontparnasse.com • Ⓜ Pernety ou Plaisance. Doubles 90-230 € ; familiales ; petit déj-buffet 10 €. Parking payant.* Une agréable découverte dans un quartier résidentiel et commerçant. Cet hôtel de charme à la déco réussie, à la fois colorée et chic, séduit les clients par son accueil jeune et décontracté, son ambiance conviviale et familiale, ses chambres confortables, et le petit déj dans la jolie cour fleurie, aux beaux jours. Seul petit bémol : la taille des chambres, avec des rangements limités, comme souvent à Paris.

Le Fabe Hôtel *(plan couleur B2,* ***17****) : 113 bis, rue de l'Ouest, 75014. ☎ 01-40-44-09-63. • lefabehotel.fr • Ⓜ Pernety. ♿ Doubles 80-200 € ; petit déj 12 €. Promos sur Internet. Parking payant.* Un 3-étoiles relooké dans un esprit zen coloré. La taille des 17 chambres varie selon la catégorie (cosy, charme et plaisir). Les 1res ne sont pas bien grandes, mais le confort proposé et la jolie déco compensent largement. D'autant qu'elles sont parfaitement équipées : clim, minibar, écran plat, coffre, etc. Excellent accueil. En prime, accès gratuit au sauna.

Hôtel Atelier Montparnasse *(plan couleur B2,* ***15****) : 84, rue Raymond-Losserand, 75014. ☎ 01-45-42-16-03. • ateliermontparnasse.com • Ⓜ Pernety. Doubles et suites 100-290 € ; petit déj-buffet 12 €. Promos sur Internet. Parking payant.* Cet hôtel, entièrement rénové, est tout ce qu'il y a de plus cosy et accueillant avec son salon et sa cheminée à l'éthanol. La déco joue la carte de l'élégance. Les 40 chambres, modernes, belles et douillettes, offrent un confort optimal malgré leur petite taille. Pour un calme total, préférez celles donnant sur la cour. Les suites sont évidemment plus spacieuses. Sympathique véranda sur courette pour le petit déj. Un vrai bon plan en période de promo !

Hôtel Max *(plan couleur C2,* ***19****) : 34, rue d'Alésia, 75014. ☎ 01-43-27-60-80. • hotel-max.fr • Ⓜ Alésia. ♿ Ouv tte l'année. Doubles « classique » 102-170 €, « luxe » 120-230 € ; petit déj-buffet 12 €. Promos sur Internet. Parking payant.* Boutique-hôtel à l'élégant style contemporain. Entrée chaleureuse avec son salon-bibliothèque. Une vingtaine de chambres lumineuses, aux lignes épurées et aux tonalités douces : plancher au sol, liseuses design, mobilier élégant, fresques murales. Certaines d'entre elles avec terrasse. Côté confort, pas de lacune, il y a même une machine à café en plus du coffre et de la clim réversible... À l'entrée, une courette verdoyante et quelques tables.

Hôtel Le M *(plan couleur zoom,* ***22****) : 20, rue de la Gaîté, 75014. ☎ 01-40-47-48-49. • hotelmparis.com • Ⓜ Gaîté. ♿ Ouv tte l'année 24h/24. Doubles 149-249 € ; petit déj-buffet en sus. Offres intéressantes sur le site internet.* Au cœur du quartier Montparnasse, l'*Hôtel Le M* est situé dans la rue de la Gaîté, connue pour héberger grand nombre de théâtres, dont le réputé Bobino. Cet hôtel de style contemporain aux beaux volumes propose de belles chambres spacieuses, certaines avec des balcons. L'hôtel dispose de salles de fitness et de massage pour se détendre, ainsi que d'un bar-bibliothèque pour déguster un cocktail avec un peu de lecture. *NOUVEAUTÉ.*

Hôtel Apollon Montparnasse *(plan couleur B2,* ***4****) : 91, rue de l'Ouest, 75014. ☎ 01-43-95-62-00. • apollon-montparnasse.com • Ⓜ Pernety. Doubles 99-160 € ; familiales ; petit déj-buffet 12,50 €. Parking payant.* Cet hôtel allie classe et confort. Les chambres, quoique petites et pas toujours bien insonorisées, ont été redécorées dans un style actuel et de bon goût. Elles sont surtout très bien équipées, avec clim et minibar. Le copieux petit déj se prend dans une belle salle voûtée, au sous-sol. Accueil souriant et dévoué.

Hôtel Istria *(plan couleur zoom,* ***20****) : 29, rue Campagne-Première, 75014. ☎ 01-43-20-91-82. • hotel-istria-paris.com • Ⓜ Raspail. Doubles 110-200 € ; petit déj 12 €. Moins cher sur Internet.* Voici un endroit chargé d'histoire, qui a hébergé, dans les années 1920, de nombreux artistes : Picabia, Duchamp, Man Ray, Satie, Elsa Triolet et Aragon, ce dernier cite même l'hôtel dans l'un de ses poèmes. Aujourd'hui, vous serez accueilli avec autant de considération par une équipe aux petits soins. La vingtaine de chambres (avec clim, bouilloire et minibar), à la déco classique, sont desservies par un ascenseur, et certaines, plus sombres, donnent sur le joli petit patio fleuri. Dans les supérieures, les lits gagnent quelques centimètres en largeur !

Bob Hotel *(plan couleur B2,* ***1****) : 30, rue Pernety, 75014. ☎ 01-40-43-02-33. • bobhotelparis.com • Ⓜ Pernety. Doubles env 80-200 €.* Bob n'est pas le patron, c'est l'acronyme de *Buisness on Board*. Autrement dit, un concept où le buisness man, en habits de jeune *startuper,* est roi, qu'il dorme dans l'hôtel ou se contente de profiter des espaces de *co-working*. Pour autant, dans cette atmosphère studieuse, le touriste n'est pas snobé, et l'accueil particulièrement chaleureux, comme les salons à la déco cocooning, vintage et colorée, met tout le monde à l'aise. Dans les 2 bâtiments, séparés par un patio-terrasse, 3 types de chambres :

Ana *(standard),* Eve et Bob, décorées de la même façon et dans des teintes profondes, diffèrent par leur taille. Un conseil donc, quel que soit le standing, préférez les chambres en étage élevé pour plus de luminosité. À quelques pas de là, bons restos et bars animés. *NOUVEAUTÉ.*

Hôtel de la Paix *(plan couleur zoom,* ***14****) : 225, bd Raspail, 75014. ☎ 01-43-20-35-82. • hoteldelapaix.com • Ⓜ Raspail. ♿ Doubles 100-180 € ; suites ; petit déj 12 €. Promos sur Internet.* Derrière la marquise et la façade très parisienne, le salon et la salle de petit déj dégagent une ambiance intimiste « anglo-coloniale » tout à fait chaleureuse avec ses murs en brique, ses fauteuils en tweed et ses objets dénichés en brocante. Les 39 chambres, desservies par un ascenseur, sont décorées différemment mais toujours sobrement. Un chic champêtre de bon aloi !

Plus chic

Lenox Montparnasse *(plan couleur zoom,* ***16****) : 15, rue Delambre, 75014. ☎ 01-43-35-34-50. • lenoxmontparnasse.com • Ⓜ Vavin ou Edgar-Quinet. Doubles 92-300 € ; petit déj-buffet 17 €. Parking payant.* Face au cinéma *7 Parnassiens,* une bâtisse raffinée aussi bien à l'extérieur qu'à l'intérieur. Ambiance feutrée et cosy, qui rappelle le Montparnasse littéraire avec ses portraits d'écrivains et sa bibliothèque. Les chambres les moins chères, pas bien grandes, mériteraient un petit rafraîchissement. Mais elles ont l'avantage d'être au calme, et depuis les étages les plus élevés, vue dégagée (pour les numéros se terminant en 9). Le summum du charme revient aux suites sous les combles, toutes munies d'une machine à expresso et d'une cheminée. Au chaleureux « bar de l'honnêteté », sur des bases de confiance, chacun note ce qu'il consomme !

Hôtel Aiglon *(plan couleur zoom,* ***21****) : 232, bd Raspail, 75014. ☎ 01-43-20-82-42. • espritdefrance.com • Ⓜ Raspail ou Vavin. Doubles 120-350 € ; suites ; petit déj-buffet 18 €. Parking payant. 1 conso au minibar offerte sur présentation de ce guide.* Ce bel hôtel 4 étoiles reprend la tradition artistique de ce quartier. Déco contemporaine et colorée, parsemée de touches de fantaisie. Déjà de beaux volumes dans les chambres « Cosy » (les moins chères), qui affichent un confort au top (dressing, lits larges et moelleux). Élégantes mosaïques Art déco dans les salles de bains. Sans parler des suites ! Le double vitrage isole bien du bruit du boulevard, mais calme garanti côté cimetière du Montparnasse ! Service irréprochable.

Où manger ?

Sur le pouce

Big Fernand *(plan couleur zoom,* ***36****) : 86, bd du Montparnasse, 75014. ☎ 01-73-70-51-52. Ⓜ Montparnasse-Bienvenüe. Tlj 12h-17h, 18h-22h30. Formules 15-18 € ; burgers à partir de 12 € + 4 € pour la version « grosse faim ».* Vous avez une petite (grosse ?) faiblesse pour le burger ? Ces 3 gars-là ont trouvé la parade. Des burgers rebaptisés « hamburgés », avec des noms *frenchy* (Lucien, Alphonse, Bartholomé – extra celui-là !), des produits qui répondent à une vraie charte qualité : champignons de Paname, fromages au lait cru, frites maison, viande de race hachée sur place, et des recettes à composer soi-même : grisant ! Petit choix de desserts frais. Au cœur d'un secteur dévolu aux chaînes, le succès ne se dément pas... et *Big Fernand* continue à faire des petits à Paris, en province et à l'étranger !

Enzo *(plan couleur zoom,* ***44****) : 72, rue Daguerre, 75014. ☎ 01-43-21-66-66. Ⓜ Denfert-Rochereau ou Gaîté. Tlj sauf dim, et j. fériés ; service 12h-14h30, 19h-22h30. Congés : août et 1 sem en fév. Carte 12,50-18 € ; pizzas 11,50-15,50 €. Apéritif maison offert sur présentation de ce guide.* Tables et chaises hautes, comme au snack, mais paradoxalement, chaleureuse atmosphère et accueil affable. Décor réjouissant de scènes de cinéma italien sur la bouffe (en noir et blanc, bien sûr). Belles assiettes d'*antipasti.* Goûter aux onctueuses lasagnes, aux pizzas à pâte fine et craquante, et au tiramisù d'anthologie.

Très bon marché

Les Délices du Pays *(plan couleur zoom,* ***63****) : 26, rue Édouard-Jacques, 75014. ☎ 01-83-06-77-03. Ⓜ Gaîté. Tlj sauf dim soir et lun. Plats 7,90-16 €.* L'adorable Mme Rosario tient cette épicerie portugaise depuis longtemps. Et pourtant, elle garde son accent... et son sourire. À chaque repas, elle prépare 2 plats du jour typiquement portugais, devant vous : brandade, poulpe grillé, agneau au four, grillades ou cochon de lait. Le tout avec du *vinho verde* que vous aurez déniché sur les étagères. Ici, pas de chichis, c'est comme à la maison. On ne sait faire que du bon à des prix abordables. Les clients se partagent 2 grandes tables, ou sinon ils emportent le tout chez eux. Pour les desserts, les *pasteis de nata* sont bien présents. *NOUVEAUTÉ.*

Crêperie de Quiberon *(plan couleur zoom,* ***42****) : 53, rue du Montparnasse, 75014. ☎ 01-43-20-23-13. Ⓜ Edgar-Quinet ou Montparnasse-Bienvenüe. Tlj sauf dim et lun midi 11h45-14h30, 18h45-23h. Formules 9,40 € le midi, 12,90 € le soir ; menu découverte 17,90 € ; spécialités de galettes autour de 9 € ; carte 18-20 €, cidre compris. Apéritif maison offert sur présentation de ce guide.* Il est possible de faire son Tro Breizh sur cette microportion de rue tant il y a de crêperies bretonnes. Pont-Aven, Quimper, Saint-Malo, Josselin, Plougastel... notre dévolu s'est jeté sur Quiberon ! Derrière sa pimpante devanture rouge estampillée de l'hermine, et dans une petite salle coquette, on sert de généreuses crêpes garnies de produits frais. Les grands classiques illustrent la carte, doublés de suggestions du jour mettant davantage à l'honneur les produits de saison. La pâte des galettes, plutôt dentelles, est onctueuse ; celle des froments est fondante. Une bonne pioche !

Coriandre *(plan couleur B2,* ***28****) : 104, rue de l'Ouest, 75014. 📱 07-53-88-35-23. Ⓜ Pernety. Tlj midi et soir. Lunch box 10 € ; formule déj 15 € ; le soir, carte 20-25 €.* Cette petite cantoche, fraîche et pimpante, qui jouxte une supérette indienne, change des indiens traditionnels. La carte, elle, reste dans la tradition avec les classiques tandooris, *byrianis, khichuri* (mélange de légumes et riz, spécialité de la maison), samossas, currys, *tikka massala,* savoureux. On a connu plus fin et plus relevé, mais les assiettes, généreusement servies, tiennent leurs promesses. À accompagner d'un lassi, d'une Kingfisher ou d'un Grover à 5 € le verre (eh oui, en Inde, on fait du vin !). Bon point enfin pour les smoothies originaux ou encore l'eau détox délicatement aromatisée (offerte) et l'accueil adorable. Une bonne petite trouvaille.

Les Pipelettes *(plan couleur C2,* ***25****) : 31, rue Brézin, 75014. ☎ 09-81-29-27-32. Ⓜ Mouton-Duvernet. Tlj sauf dim-lun 11h-19h ; service mar-ven 12h-14h30, sam brunch 11h-15h. Congés : août. Formules dînette servies avec soupe et salade 14,50-18,90 € ; brunchs 24,50-25,50 €.* 2 copines, Aline, ancienne de l'école Ferrandi, et Agnès, exploratrice de nouveaux goûts, ont créé cet adorable resto-épicerie (belle sélection de produits fins à la vente) où elles peuvent donner libre cours à leur passion culinaire. Résultat, on se régale de goûteuses « dînettes » de saison concoctées avec une créativité et un savoir-faire confondants. Une grande partie est faite maison, le reste butiné chez d'excellents petits producteurs. Gâteaux pas en reste et intéressantes variétés de thés. Accueil alerte et souriant, mais ça, on s'en doutait !

Chez Joy *(plan couleur zoom,* ***50****) : 84, rue Daguerre, 75014. ☎ 01-43-20-01-68. Ⓜ Gaîté ou Denfert-Rochereau. Tlj sauf sam soir et dim ; service 11h30-15h (17h sam), 18h-22h. Congés : de mi-juil à mi-août.*

Menus 10 € (midi en sem)-12,50 € ; carte env 15 €. Ce traiteur vietnamien discret assure depuis des années une qualité et un sourire constants. Délicieux nems, pâtés chauds au poulet, salades fraîches aux saveurs baladeuses (citronnelle, aromates et parfums inspirés de la cuisine thaïlandaise), incontournables *phó* (la soupe traditionnelle vietnamienne), bo bun et menus impeccables. Le porc au caramel est un délice...

Le Vaudésir *(plan couleur D2,* ***35****) : 41, rue Dareau, 75014. ☎ 01-43-22-03-93. Ⓜ Saint-Jacques. Tlj sauf lun soir, sam midi et dim ; service 12h-14h, 19h30-21h30. Congés : août. Plat du jour 8,20 € ; repas complet env 15 €. CB refusées. Café offert sur présentation de ce guide.* Le p'tit caboulot de quartier comme on les aime, avec ses cols blancs et ses habitués, saupoudrés de quelques cols bleus survivants. Dans ses 2 petites salles de part et d'autre du zinc, on déguste une vraie cuisine familiale concoctée avec de bons légumes par l'adorable Michèle. Un plat de ménage unique servi généreusement et qui part vite. Ainsi, il arrive qu'à 13h15-13h30 il faille se contenter d'une quiche-salade... Atmosphère chaleureuse et conviviale, comme il sied en ces lieux hors du temps.

Le Daudet *(plan couleur C2,* ***38****) : 16, rue Alphonse-Daudet, 75014. ☎ 01-45-40-82-33. Ⓜ Alésia. ♿ Tlj sauf dim 12h-15h, plus jeu-ven 19h-23h. Congés : 2 sem en août. Plat du jour 15 €, sandwichs 3,60-5,50 €, salades 10,50-13,50 €, tarte salée env 10 € ; carte env 30 €. Apéritif maison ou café offert sur présentation de ce guide.* Le midi, beaucoup de monde – travailleurs du quartier pour l'essentiel – dans cette brasserie aveyronnaise bruissante et bourdonnante. Un comptoir pour s'envoyer un canon, et des tables pour se requinquer d'une solide cuisine ; choux farcis, saucisse d'Auvergne, andouillette. Excellent tartare maison avec frites bien craquantes, et desserts maison. Les jeudi et vendredi soir, repas autour d'une carte d'un jour. Belle carte de vins de propriétaires.

Le Bouquet *(plan couleur B2,* ***67****) : 94, rue Raymond-Losserand, 75014. ☎ 01-45-42-84-00. Ⓜ Pernety ou Plaisance. Tlj sauf dim et le soir. Fermé en août. Menu (hors d'œuvre-plat ou dessert) à 14,50 €.* L'archétype du vrai rade parisien comme il n'en reste plus guère. Brut de forme, aux accents gouailleurs, chaleureux... dispensant d'une robuste cuisine de bistrot où tout est fait maison à partir de beaux produits. Service efficace. Petit menu imbattable, un des meilleurs rapports qualité-prix de l'arrondissement. Belle collection de flacons à prix modérés.

Ti Jos *(plan couleur zoom,* ***23****) : 30, rue Delambre, 75014. ☎ 01-43-22-57-69. Ⓜ Montparnasse-Bienvenüe, Vavin ou Edgar-Quinet. Tlj sauf dim ; service 12h-14h30, 19h-23h30. Congés : sem du 15 août, 24-25 déc et 31 déc-1er janv. Carte env 20 €. Apéritif maison offert sur présentation de ce guide.* Une des plus anciennes crêperies de Paris. Joli cadre composé de panneaux sculptés de lits bretons. Des galettes classiques et généreuses faites avec de bons produits. Quelques plats chauds le soir. Cidre et bières pression pour arroser ces agapes armoricaines.

Bon marché

Daguerre Marée *(plan couleur zoom,* ***33****) : 9, rue Daguerre, 75014. ☎ 01-43-22-22-52. Ⓜ Denfert-Rochereau. Tlj sauf dim soir et lun ; service 12h-14h, 19h-22h. Congés : 1er-15 août et 15 déc-8 janv. Douzaine d'huîtres 24-32 €, poisson 15-25 € selon arrivage ; formule déj en sem 16 € ; carte env 35 €. Café offert sur présentation de ce guide.* La meilleure poissonnerie du 14e a enfin ouvert son propre bistrot juste à côté des étals (difficile de faire plus frais). Pour l'achalandage, impossible de les prendre en défaut. Et les bougres s'y connaissent. Moins cher qu'ailleurs car ici, on ne paie pas la déco. Tout est dans l'assiette, et c'est la patronne (adorable) qui tient la barre ! Privilégiez l'ardoise, c'est ce qui vient de descendre du bateau. Terrasse sur la rue piétonne.

Le Petit Baigneur *(plan couleur C2, **31**) : 10, rue de la Sablière, 75014. ☎ 01-45-45-47-12. Ⓜ Mouton-Duvernet. Tlj sauf sam midi, dim et j. fériés ; service 12h-14h30, 19h-22h. Congés : 25 juil-25 août. Formule déj 18,50 € ; menu-carte 27,80 € le soir ; carte env 30 €.* Un p'tit resto installé dans une ancienne épicerie au décor vintage : objets chinés, anciennes affiches publicitaires, objets rétro... Cuisine de famille, simple et sans prétention, à l'image des harengs-pommes à l'huile, du pâté de campagne et du bœuf (2 fois, car le patron est un ancien boucher) décliné sous toutes les formes et à toutes les sauces. Ne pas manquer l'excellent tartare. Une adresse qui fait le plein au déjeuner.

Au P'tit Zinc *(plan couleur C2, **57**) : 2, rue des Plantes, 75014. ☎ 01-45-40-45-50. Ⓜ Alésia ou Denfert-Rochereau. ♿ Tlj sauf sam soir et dim 12h-15h, 19h-22h. Congés : 3 dernières sem d'août. Formules déj 17-19 € ; grandes salades 13,50-16 €.* En passant la porte de ce bistrot, on est d'emblée séduit par l'accueil affable et chaleureux. L'ardoise est classique : bavette à l'échalote, tartare façon *P'tit Zinc*, confit de canard et pommes sautées ou délicieux chou farci. Une adresse qui ne ment ni sur la qualité des produits ni sur le service. Avec ce genre d'adresses, Paris tiendra toujours le haut du pavé (de bœuf).

La Baraka *(plan couleur zoom, **44**) : 70, rue Daguerre, 75014. ☎ 01-43-27-28-20. Ⓜ Denfert-Rochereau ou Gaîté. ♿ Tlj sauf dim soir et lun ; service 12h-14h30, 19h-22h45. Congés : 15 j. en août. Assiette du marché (midi en sem) 13 € ; menu 21 € ; carte env 26 €. Digestif maison offert sur présentation de ce guide.* Un resto sud-méditerranéen qui a le bon goût de ne pas jouer la carte du folklore. La déco, sobrement moderne, donne dans le « zen méditerranéen ». En toute saison, la salle est prolongée par un patio chauffé. Rare à Paris ! Belle déclinaison de couscous et tajines, notamment au poisson, servis avec une semoule ultra-fine. Côté prix, la modestie est de mise. Service discret.

Krua Thaï *(plan couleur zoom, **56**) : 41, rue du Montparnasse, 75014. ☎ 01-43-35-38-67. Ⓜ Edgar-Quinet, Vavin ou Montparnasse-Bienvenüe. Tlj sauf dim. Menus 9,90 € (midi), 16,90 € (soir) et 30 € ; carte env 21 €.* Dans cette rue des crêpes d'une banale désespérance, ce thaï aux saveurs franches a conquis le cœur des habitants du quartier, qui s'y précipitent pour goûter la soupe de crevettes à la citronnelle, le poulet au lait de coco et curry, la salade de papaye verte à la thaïe, ou encore les moules sautées au basilic.

Le Smoke *(plan couleur zoom, **11**) : 29, rue Delambre, 75014. ☎ 01-43-20-61-73. Ⓜ Vavin ou Edgar-Quinet. Tlj sauf sam midi et dim 12h-14h30, 19h-22h30. Formule déj 14 € ; plats 8-15 €.* Au cœur du Montparnasse artistique et littéraire cher à Hemingway, dans une rue où ont vécu tant de génies (Gauguin, André Breton, Henry Miller...), *Le Smoke* est une rareté. La carte est courte mais il n'y a que du bon. Dans ce secteur dominé par les crêperies, voici enfin un beau bar jazzy (déco sur ce thème, photos et musique jazz) avec banquettes moelleuses, tables en bois et grosses poutres, et une cuisine française de qualité à prix imbattables. *Le Smoke* est parrainé aujourd'hui par l'écrivain américain Paul Auster, qui est aussi le scénariste du film *Smoke* (avec Harvey Keitel). Ce dernier a inspiré le patron Lazhar et ses fils (Moez et Talal), qui maintiennent cet esprit « brooklynien » à Montparnasse. Ambiance conviviale. Service aimable et attentionné de Noï et Kim. Une bonne adresse pour boire un verre, manger ou jouer aux échecs...

Indian House *(plan couleur zoom, **55**) : 27, rue Gassendi, 75014. ☎ 01-43-20-07-64. Ⓜ Denfert-Rochereau, Mouton-Duvernet ou Gaîté. Tlj 12h-14h30, 19h-23h30 (minuit w-e). Fermé 24-25 déc. Formule déj sauf dim 12 € ; menu 20 € ; carte env 30 € ; brunch dim (12h-15h) 22 €. Café offert sur présentation de ce guide.* Une adresse solide question cuisine indienne, dans un cadre chaleureux où sont servis tous les classiques, dont bien sûr le *thali* (assortiment de légumes avec des chutneys). Délicieux lassis aux différents parfums sucrés (rose, mangue...) ou salés. Sinon, petits vins de propriété à prix doux.

Swann et Vincent *(plan couleur zoom, **59**) : 22, pl. Denfert-Rochereau, 75014. ☎ 01-43-21-22-59. Ⓜ et RER B : Denfert-Rochereau. Tlj 12h-14h30 (15h w-e), 18h30-22h30 (23h w-e). Résa recommandée. Formule déj 17,50 € ; carte 25-30 €.* Cet établissement s'inscrit dans la lignée du *Swann et Vincent* du 12e : les parfums d'huile d'olive envoient directement nos papilles en Italie. Tout est bon, frais et copieux. Intéressante formule déjeuner. Service sympathique. Que vous faut-il de plus ?

Le Verre Siffleur *(plan couleur C2, **45**) : 73, rue d'Alésia, 75014. ☎ 01-40-47-08-34. Ⓜ Alésia. Tlj 8h-2h ; service continu 12h-23h. Plat du jour 12,90 € ; carte 25-30 €. Café offert sur présentation de ce guide.* Un café-resto qui a su conserver quelques vestiges du passé et qui maintient la tradition : le carrelage typique des années 1950, les banquettes de moleskine, le comptoir de marbre en U... Vraie cuisine de bistrot, un tantinet imaginative dans les goûts et la présentation, et servie généreusement. Clientèle d'employés et de travailleurs du coin le midi, un poil « branchouille » le soir (niveau sonore élevé !)... Belle carte des vins. Service jeune et efficace.

Le Comptoir *(plan couleur C2, **46**) : 18, av. René-Coty, 75014. ☎ 01-43-22-61-91. Ⓜ Mouton-Duvernet ou Saint-Jacques. Tlj ; service 11h-15h, 19h30-22h30. Plat du jour 11,50 €, autres plats env 15 € ; formule 15 €.* Un grand bistrot de quartier, proche de la sortie des catacombes et offrant d'excellents plats traditionnels avec même une petite touche d'inspiration personnelle. Le chef sait vraiment choisir les produits du marché et ses viandes. Jolie présentation des mets. Également une sélection de plats pour les petites faims. Desserts maison. Au bar et en terrasse (chauffée), de bons cocktails *(« heures heureuses » 17h-21h).* Atmosphère au diapason.

Mian Fan *(plan couleur zoom, **41**) : 124, bd du Montparnasse, 75014. ☎ 01-56-54-01-55. Ⓜ Vavin ou Raspail. Tlj 12h-15h, 19h-23h. Dim sum 8 €, plats 10-18 €.* Une petite cantine asiatique sans prétention où l'on vient surtout pour les *dim sum,* bien garnis et savoureux. Quant aux plats « *fusion* », ils lorgnent aussi bien vers le Vietnam que vers la Thaïlande ou la Chine, version tout de même occidentalisée, sans tous les parfums qui caractérisent ces cuisines. Reste les prix sages et le service rapide, qui en font une honorable adresse de repli à l'heure du déjeuner ou avant le ciné.

Kakdougui *(plan couleur C2, **24**) : 55, rue du Couëdic, 75014. ☎ 01-43-22-45-48. Ⓜ Mouton-Duvernet. Tlj sauf lun 12h-14h30, 19h-22h30. Plats 11-18 € ; carte env 20 €.* Les restos coréens commencent à creuser leur trou. Ici, dans cette rue typique du 14e mais peu passante, c'est quasiment toujours plein. Le bouche-à-oreille a de suite fonctionné (compris, réservez !). Il faut dire que qualité et saveurs sont au rendez-vous à prix fort modérés. Le *kakdougui,* c'est l'étonnant radis blanc coréen qui accompagne souvent les viandes. Sinon, les plats les plus plébiscités : le *boulgogi* (traditionnel bœuf mariné grillé sur la table, le barbecue coréen), le délicieux *bibimbap* chaud, les raviolis et les crêpes de ciboulette et fruits de mer... Cadre agréable, accueil affable, atmosphère animée (pas mal de Coréens, pas surprenant !) en prime.

Chez Félicie *(plan couleur C2, **47**) : 174, av. du Maine, 75014. ☎ 01-45-41-05-75. Ⓜ Mouton-Duvernet ou Alésia. Tlj jusqu'à 2h ; service 11h-0h30. Formules déj 14-20 € ; repas 15-22 € ; brunchs à partir de 19,90 €.* Non loin de la mairie, une terrasse couverte pour les fumeurs et une grande salle où se retrouvent les jeunes du quartier. C'est l'adresse la plus animée d'Alésia. On y sert une savoureuse cuisine classique à base de produits frais, des frites maison et une charcuterie en direct de l'Aveyron. La spécialité reste le tartare de bœuf juste poêlé, décliné en 5 recettes au choix. Un régal.

Dokkebi *(plan couleur B2, **58**) : 121, rue Raymond-Losserand, 75014.*

☎ 01-45-43-35-12. Ⓜ Plaisance. Tlj sauf mar 12h-14h30 et 19h-22h30. Petits menus le midi (12-14 €, mais déjà copieux). À la carte, 25 € max. Cadre intime pour une fine cuisine coréenne proposée par une cheffe diplômée de la célèbre école Ferrandi. Découvrez toutes les grandes spécialités du pays : *pibim pap chaut,* BBQ de bœuf, délicats raviolis grillés... Des saveurs envoûtantes, un voyage culinaire d'une très grande finesse. Et cerise sur la glace au thé vert, un accueil chaleureux, un service attentif et des prix fort abordables.

Prix moyens

|●| ***Le Bistrot des Plantes*** *(plan couleur C2,* ***68****) : 34, rue des Plantes, 75014. ☎ 01-45-43-16-50. Ⓜ Alésia. Tlj sauf dim-lun 12h-14h30 et 19h-22h30. Menus 17,50-21,50 € le midi mar-ven et 32 € soir et w-e. Plats env 20 €.* Petit resto de quartier d'apparence discrète, décor contemporain sans originalité, atmosphère feutrée, mais vous y découvrirez peut-être le meilleur menu à 17,50 € le midi au sud de Denfert ! Que des produits de saison, cuisinés avec une belle inspiration et d'intéressantes déclinaisons de saveurs. Présentation soignée et beaux desserts. Service jeune et impeccable (et de fort bon conseil pour les vins). Petite terrasse aux beaux jours. À découvrir résolument !

|●| ***Au Bistrot*** *(plan couleur zoom,* ***30****) : 18, rue Lalande, 75014. ☎ 01-43-20-00-28. Ⓜ Denfert-Rochereau. Tlj sauf dim 12h-15h, 19h-23h. Formules déj 20-25 € ; plat 19 € ; carte env 35 €.* Un bistrot, tout simplement, pour se retrouver entre amis autour d'une cuisine de terroir, consistante et bien ficelée : superbe entrecôte de Salers, classique andouillette, boudin noir... Toujours d'excellents produits et, surtout, de gouleyants vins de propriété. Comptoir particulièrement animé le midi. Le *Bistrot,* c'est celui qu'on souhaiterait avoir dans sa propre rue !

|●| ***La Cantine du Troquet*** *(plan couleur B2,* ***39****) : 101, rue de l'Ouest, 75014. ☎ 01-45-40-04-98. Ⓜ Pernety. Tlj sauf dim-lun 12h-14h30, 19h-22h45. Fermé 1er janv, 24, 25 et 31 déc. Congés : 3 sem en août. Pas de résa. Menu dégustation 35 € ; carte env 32 €.* Une poignée de tables prises d'assaut, dont une grande table d'hôtes, de grandes ardoises et les cuisines au fond. Mais les flux sont bien gérés. La formule se veut rapide mais pas bâclée : tout le savoir-faire de Christian Etchebest se retrouve dans l'assiette. Le Sud-Ouest est à l'honneur, avec des produits de belle qualité (boudin, poitrine de porc et oreilles de cochon à se damner) et des frites extra. Pour les fans, une autre *Cantine* dans le 14e (voir ci-après), une à Dupleix (voir dans le 15e arrondissement), une dans le 6e (voir à cet arrondissement) et une dernière dans le 17e *(46, rue Bayen).*

|●| ***Bistrotters*** *(plan couleur B2,* ***34****) : 9, rue Decrès, 75014. ☎ 01-45-45-58-59. Ⓜ Plaisance. Tlj 12h-14h, 19h-22h. Congés : 1 sem à Noël. Résa préférable, possible via le site internet • bistrotters.com • Formules déj en sem 19-23 € ; menus-carte 33-37 €.* Dans cette rue assez improbable, 2 jeunes hardis et optimistes, Adrien au service et Martin au piano, imposent avec brio leur cuisine créative dans un cadre sobre. Produits du marché, mise en valeur subtile des saveurs, carte qui bouge pas mal... Avec cependant quelques vedettes plébiscitées comme le croustillant de poitrine de cochon. Poisson frais cuit à la perfection. Beaux desserts. Carte des vins bien fournie, notamment en biodynamie. Globalement un bon rapport qualité-prix.

|●| ☂ ***La Cantine du Troquet Daguerre*** *(plan couleur zoom,* ***52****) : 89, rue Daguerre, 75014. ☎ 01-43-20-20-09. Ⓜ Gaîté. Tlj sauf lun midi et dim ; service 12h-14h45, 19h-23h. Congés : 2 sem en août. Pas de résa. Plats à partir de 17 € ; carte env 35 €.* Rebelote pour Christian Etchebest, qui signe là sa 3e *Cantine.* Même concept bistrotier et grands classiques du Sud-Ouest affichés sur l'ardoise (cochonnailles de « son » ami Ospital, pièces de cochon et de veau formidables, indétrônables frites maison), belle déclinaison de flacons servis également au verre, et service bien rodé. Sauf que là, Nicolas Gras, ex-chef pâtissier chez *Ledoyen,*

s'est invité (plus que ça, il gère le resto) et ajoute son grain de... sucre dans la carte des desserts. À ne pas manquer, du coup !

🍴 ☂ ***L'Essentiel*** *(plan couleur B2,* ***29****) : 168, rue d'Alésia, 75014. ☎ 01-45-42-64-80. Ⓜ Plaisance. Tlj ; service 12h-14h30, 19h-22h30. Congés : Noël et Jour de l'an. Formules déj 14,50-17,50 € ; carte env 30 €.* Ouvert dès potron-minet pour avaler un petit noir serré, ce néobistrot aux murs de brique nue est une véritable ode au « bien-manger-pour-pas-cher », si rare de nos jours. Les habitués s'y pressent au déjeuner en tables serrées sur la terrasse chauffée ou, au fond, sur les bancs autour de la robuste table commune, pour décrypter les offres du jour sur tableau noir. Cuisine de brasserie typique : que du frais, garanti fait maison, du simple et revigorant, servi sans délai et dans la bonne humeur. Honnêtes vins au verre ou en pichet.

🍴 ☂ ***Les Petites Assiettes*** *(plan couleur zoom,* ***49****) : 147, av. du Maine, 75014. ☎ 01-40-44-00-87. Ⓜ Gaîté ou Mouton-Duvernet. Tlj sauf sam midi et dim ; service 12h-14h30, 19h30-22h30. Congés : pont du 15 août. Formules 18,90-23 € (4 ou 5 petites assiettes) le midi, 34 € (5 petites assiettes) le soir. Vins de petits proprios à partir de 28 €.* Cadre frais et coloré pour de sympathiques formules. Petites assiettes qui permettent de goûter à 4 ou 5 mets d'une belle cuisine créative, aux bons effluves de Provence et du Sud-Ouest. Ici, garantie permanente de recettes inspirées et d'associations habiles de saveurs, de produits frais et de beaux légumes. Et toujours présent : un tartare d'anthologie...

🍴 ***L'Ordonnance*** *(plan couleur C2,* ***24****) : 51, rue Hallé, 75014. ☎ 01-43-27-55-85. Ⓜ Mouton-Duvernet ou Alésia. Tlj sauf sam-dim ; service 12h-13h45, 19h45-21h45. Congés : 2 sem en août. Résa conseillée le soir. Formule déj en sem 19 € ; menus 26-34 €.* Un cadre de bistrot réussi, gentiment rétro, avec banquettes rouges et affiches portées sur la dive bouteille. Le menu, complété par des plats à l'ardoise, change tous les jours pour satisfaire une clientèle d'habitués. Cuisine de qualité, pleine de fraîcheur et de bonnes idées. Le midi, la formule inclut un verre de vin judicieusement sélectionné, et même le café.

🍴 ☂ ***À Mi-Chemin*** *(plan couleur C2,* ***27****) : 31, rue Boulard, 75014. ☎ 01-45-39-56-45. Ⓜ Denfert-Rochereau ou Mouton-Duvernet. Tlj sauf dim-lun ; service 12h-14h30, 19h30-23h30. Congés : août. Menus 22-26 € le midi en sem, 38 € le soir ; carte 35-40 €. Apéritif maison offert sur présentation de ce guide.* Cadre simple de bistrot pour une cuisine pleine d'une réjouissante créativité : millefeuille à la mousse de chèvre et figue au coulis de thé vert, pastilla de canard à l'orange. La carte évolue sans cesse au gré du marché et des saisons. Viande tendre, poisson cuit parfaitement. Service diligent. Resto à la hauteur de son excellente réputation ! Terrasse aux beaux jours.

🍴 ***Au Bretzel*** *(plan couleur zoom,* ***41****) : 1, rue Léopold-Robert, 75014. ☎ 01-40-47-82-37. Ⓜ Vavin ; RER B : Port-Royal. ♿ Tlj sauf dim-lun 12h-14h30, 19h-22h. Congés : 3 sem en août. Formule déj 15,50 € ; flammekueches 9,50-11 € ; carte env 30 €.* Loin des grandes brasseries alsaciennes, une petite winstub calme et proprette. 2 associés, l'un alsacien, l'autre égyptien, et voilà un cocktail réussi de savoir-faire et de gentillesse. Les plats sont savoureux, comme les flammekueches ou, bien sûr, l'incontournable choucroute. Le tout servi avec le sourire. On en redemande !

🍴 ☂ ***O Corcovado*** *(plan couleur zoom,* ***51****) : 152, rue du Château, 75014. ☎ 01-43-27-50-87. Ⓜ Pernety. Tlj sauf lun à partir de 19h. Carte env 35 €.* Discrètement implanté dans le quartier, ce petit restaurant aux couleurs du Brésil a la cote auprès des Brésiliens nostalgiques et des Parisiens grisés par la chaleur de l'accueil, et par l'excellente caïpirinha (qui se décline avec des fruits) ! Assis au coude-à-coude, on embarque pour un voyage culinaire à travers le pays : *pão de queijo,* feijoada, *moqueca de camarão...* Tout est délicieux !

🍴 ☂ ***Le Plomb du Cantal*** *(plan couleur zoom,* ***43****) : 3, rue de la*

Gaîté, 75014. ☎ 01-43-35-16-92. Ⓜ Edgar-Quinet ou Gaîté. Tlj sauf mar 7h-minuit ; service 12h-minuit. Fermé à Noël. Petit déj 6,80 € ; salade 12 €, plats 17-28 € ; carte 30-35 €. Une petite envie de plats auvergnats ou une grosse faim tardive ? 2 bonnes raisons de venir au *Plomb*. Ici, on ne lésine pas sur les salades, les viandes et les pommes de terre, cuisinées en truffade ou en aligot (et présentées dans un poêlon en cuivre), ni sur la charcuterie et la saucisse sèche artisanales. Beaucoup de monde, surtout en fin de spectacles (nombreuses salles alentour). Les affamés attendent parfois leur tour jusque sur le trottoir !

Chic

|●| *La Cerisaie* *(plan couleur zoom,* ***40****) : 70, bd Edgar-Quinet, 75014. ☎ 01-43-20-98-98. Ⓜ Montparnasse-Bienvenüe ou Edgar-Quinet. Tlj sauf sam-dim 12h-14h, 19h-22h30. Congés : 14 juil-15 août. Résa conseillée. Menus 25-43 € ; carte env 34 €. Apéritif maison offert sur présentation de ce guide.* Un bistrot de poche vraiment étriqué pour une cuisine du Sud-Ouest qui, elle, a de l'ampleur. Les plats sont préparés avec minutie et servis avec gentillesse. Magret d'oie des Landes et poires rôties aux épices, cassoulet longuement mijoté, palombe (en saison) : que c'est bon ! Les accompagnements supplémentaires proposés (facturés en plus !) viennent souligner une petite frustration côté quantité... On préfère opter pour les desserts, franchement gourmands. Belle sélection de vins.

|●| *Le Cornichon* *(plan couleur zoom,* ***48****) : 34, rue Gassendi, 75014. ☎ 01-43-20-40-19. Ⓜ Alésia, Mouton-Duvernet ou Denfert-Rochereau. Tlj sauf sam-dim 12h-14h, 19h-22h30. Congés : août et 2 sem à Noël. Menus 35 € le midi, 39 € le soir ; carte env 47 € (spécialité de gibiers sept-déc).* Ne cherchez pas, il n'y a ni terrine ni cornichons sur les tables, mais une peinture de la cucurbitacée au mur. Et en guise de plats bistrotiers, le chef donne plutôt dans le bistronomique ! Produits de prime fraîcheur et de belle qualité (excellentes viandes) pour une cuisine de marché sans fanfaronnade mais bien troussée, servie dans un élégant cadre contemporain (coup de cœur pour les toilettes rose fuchsia !).

|●| ☂ *Aux Plumes* *(plan couleur C2,* ***37****) : 45, rue Boulard, 75014. ☎ 01-53-90-76-22. Ⓜ Denfert-Rochereau. ♿ Tlj sauf dim-lun 12h15-14h30, 19h30-22h30. Congés : 5 août-5 sept. Menus 18 € (+ 7 ou 10 € avec dessert) le midi, 38 € le soir ; menus dégustation (6 plats) 32 € le midi, 50 € le soir ; café gourmand (extra) 10 €.* Dans l'imaginaire japonais, les plumes symbolisent la liberté et l'accomplissement. 2 notions chères à ce chef, qui n'a pas manqué son envol après avoir œuvré dans les cuisines étoilées, ni son atterrissage dans ce quartier bobo-popu très attaché à ses habitudes... Produits du marché exclusivement, travaillés avec un art certain et une inventivité qu'on n'attend pas à ces prix-là, en particulier dans l'épatante formule déjeuner. Le soir, carte plus élaborée, avec des produits plus nobles. Un feu d'artifice de l'entrée au dessert !

|●| *L'Auberge de Venise* *(plan couleur zoom,* ***61****) : 10, rue Delambre, 75014. ☎ 01-43-35-43-09. Ⓜ Vavin. Tlj 11h30-14h45, 18h-minuit (service continu ven-dim). Menus 14,90 € (midi sauf dim et j. fériés)-39,90 € (vin compris) ; carte env 40 €.* Ici autrefois siégeait le *Dingo's Bar,* le bistrot préféré d'Hemingway à Montparnasse. Les cinémas du quartier ainsi qu'une poignée de bonnes tables font qu'on peut encore, avec plaisir, s'amuser à y jouer les Montparnos d'un soir. Parmi ces tables, cette auberge italienne où règne Enzo, bonhomme jovial, plein de malice, qui a l'art et la manière de vous mettre immédiatement à l'aise, sans oublier Massimo, son fiston. Éditeurs et gens du spectacle y viennent en amis plus qu'en voisins. Également une annexe dans le 4e arrondissement *(2, rue de la Bastille).*

|●| ☂ *Bistrot du Dôme* *(plan couleur zoom,* ***53****) : 1, rue Delambre, 75014. ☎ 01-43-35-32-00. Ⓜ Vavin. Tlj 12h-14h15, 19h-22h30 (23h ven-sam).*

Carte seulement : repas complet à partir de 50 €. L'annexe bistrotière de la célèbre brasserie de Montparnasse. La marée y est en pleine forme, la carte des vins sans houle. Le service, qui ne sort pas de la flibuste, vous laisse le temps de respirer avant de monter à l'abordage, carte en main. Au fil des arrivages, poissons et fruits de mer expriment la même franchise savoureuse que celle qui nous émeut tant à la table d'un cabanon des bords de mer. Assiettes généreuses et très bons desserts.

|●| ***Les Petits Plats*** *(plan couleur C2,* ***32****) : 39, rue des Plantes, 75014. ☎ 01-45-42-50-52. Ⓜ Alésia. ♿ Tlj sauf dim 12h-14h30, 19h30-22h30. Congés : 3 sem en août, Noël et Jour de l'an. Résa conseillée. Formule déj en sem 18 € ; menu dégustation 45 € ; carte env 40 €.* Un bistrot très convivial, au décor rétro, et tenu par une équipe qui mise sur la qualité. Une ardoise met à l'honneur la viande d'Aubrac, une autre s'inspire des produits de saison et offre une cuisine savoureuse et généreuse. N'hésitez pas à opter pour les plats en « demi-portion », une version plus douce pour l'estomac comme pour le portefeuille. Large gamme de bons vins, avec quelques grands crus, pour accompagner.

|●| ***Les Petites Sorcières*** *(plan couleur zoom,* ***26****) : 12, rue Liancourt, 75014. ☎ 01-43-21-95-68. Ⓜ Denfert-Rochereau. Tlj sauf dim-lun 12h-14h, 19h30-22h. Congés : 2 sem en août. Résa conseillée bien à l'avance. Formules déj 21-26 € ; le soir, menus 39-59 €.* Ghislaine Arabian, très connue des épicuriens fortunés à l'époque où elle œuvrait chez *Ledoyen,* tient là un p'tit bistrot moderne et lumineux où il est permis de goûter à la cuisine d'une grande à prix doux... le midi. Pas de fioritures ni de falbalas : la cuisine se veut simple et rappelle parfois le Nord (pas la peine de fuir !).

Plus chic

|●| ***L'Assiette*** *(plan couleur C2,* ***62****) : 181, rue du Château, 75014. ☎ 01-43-22-64-86. Ⓜ Gaîté ou Mouton-Duvernet. Tlj sauf lun-mar, midi et soir. Résa indispensable. Formule déj 23 € ; carte 50-60 €.* Ancienne charcuterie de quartier, naguère le resto préféré de François Mitterrand, et repris par le talentueux David Rateber, formé à l'école Ducasse. Dans ce lieu plein de charme, le chef, défenseur de la cuisine de terroir, réalise des plats canailles avec un amour évident du bon produit (excellents gibiers) et un savoir-faire jamais démenti. Ici, on ne rigole pas avec la qualité des produits. Bons desserts bistrotiers au goût d'antan.

|●| ☂ ***La Coupole*** *(plan couleur zoom,* ***54****) : 102, bd du Montparnasse, 75014. ☎ 01-43-20-14-20. Ⓜ Vavin. Tlj 8h-10h30 pour le petit déj ; pour la brasserie, commande à la carte 12h-minuit (23h dim-lun). Formule déj sauf dim 19,50 € ; menu 55 € (coupe de champagne + entrée + plat + dessert) ; carte 50-60 €. 2h de parking offertes le midi + service voiturier gratuit.* C'est l'un des derniers dinosaures de Montparnasse. Gigantesque « hall de gare » : c'est le plus grand resto, en surface, de France. *La Coupole* a vu le jour en 1927 dans un dépôt de bois et de charbon. Dès sa naissance, l'endroit était fréquenté par les artistes : Chagall, Man Ray, Soutine, Joséphine Baker et son guépard. C'est là qu'Aragon rencontra Elsa, que le modèle Youki quitta Foujita pour Robert Desnos, lui-même en rupture avec Breton sur le surréalisme... Impossible d'établir une liste exhaustive de tous ceux qui fréquentèrent *La Coupole* : Hemingway, Lawrence Durrell, Henry Miller, Buñuel, Dalí, Picasso, Artaud, Colette, Simone de Beauvoir, Sartre, Giacometti... Un lieu mythique donc, qui a plus de 80 ans d'existence, mais le décor, lui, bien que rénové, n'a pas changé : style Art déco original, colonnes surmontées de fresques et d'une superbe coupole, carrelage cubiste. En cuisine, continuité et innovation avec le savoir-faire du groupe *Flo,* et les recettes d'un bon chef, sans compter l'emblématique curry d'agneau servi traditionnellement par un Indien en tenue. Huîtres et crustacés en direct du banc à huîtres. Très bon accueil.

Bar à vins

Le Repaire de Bacchus *(plan couleur zoom,* ***70****) : 18, rue Daguerre, 75014. ☎ 01-72-63-67-11. Ⓜ Denfert-Rochereau. Lun 16h-21h, mar-sam 11h-22h, dim 10h-20h. Planches et verrines 9,90-14,90 €. Vins au verre 5-10 €.* De toutes les boutiques de cette chaîne sérieuse (pas de franchise, un seul patron), c'est la seule qui propose de se restaurer... et avec d'excellents produits ! Cadre d'une rigoureuse sobriété, bouteilles rangées comme à la parade... Une touche de couleur avec ces tableaux originaux d'animaux aux tronches de personnalités connues (on adore Danton !). Choix énorme de petits et grands crus, à tous les prix. Dégustation de vin aux prix affichés (pas de droit de bouchon). Pour l'accompagner, une fine charcuterie corse et, surtout, les succulentes verrines de la Paimpolaise (ah ! celle d'huître !)... Accueil pro et conseils judicieux, mais ça, on s'en doutait !

Où boire un thé ? Où prendre un bon 4-heures ?

Dominique Saibron *(plan couleur C2,* ***76****) : 77, av. du Général-Leclerc, 75014. ☎ 01-43-35-01-07. Ⓜ Alésia. Tlj sauf lun 7h-20h30. Formule déj 8,30 € ; formules sucrées 6-8 €.* Beaucoup de monde en terrasse, au comptoir ou sur les quelques tables intérieures, dans un cadre contemporain classique. Dominique Saibron, boulanger-pâtissier talentueux, élabore de délicieuses pâtisseries à déguster sur le pouce, à l'heure du thé ou à la sortie du ciné. Également des formules salées (sandwichs, salades).

La Bonbonnière *(plan couleur D3,* ***75****) : face au lac du parc Montsouris, 75014. 📱 06-14-34-99-12. RER B : Cité-Universitaire. ♿ Mars-oct, tlj sauf j. de pluie 10h-19h ; le reste de l'année, mer, w-e, j. fériés et vac scol. Menus 9 € (midi)-14 €.* N'hésitez pas à soulever le couvercle de cette *Bonbonnière*-là, nichée au cœur du parc Montsouris. Chaises de jardin et couverts jetables sont de mise pour un pique-nique amélioré. Le chef crêpier propose régulièrement des assortiments maison pour la galette du jour et les crêpes sucrées, que l'on commande directement au comptoir. Néanmoins, les garnitures pourraient être plus généreuses... Sympa pour une pause champêtre en plein cœur de Paris.

Où boire un verre ?

L'Entrepôt *(plan couleur B2,* ***80****) : 7-9, rue Francis-de-Pressensé, 75014. ☎ 01-45-40-07-50. Ⓜ Pernety. ♿ Service tlj 12h-14h30, 19h-23h ; brunch dim 11h45-15h, puis 19h-23h ; bar ouv jusqu'à 2h. Résa conseillée. Plats 19,50-24,80 € ; formules déj 17,80-22,20 € ; menu 35,80 € le soir ; brunch dim 24,50 €.* L'endroit, créé par Frédéric Mitterrand il y a plus de 40 ans, reste parfait pour terminer une soirée après une séance dans la salle de ciné attenante ou après un concert (le week-end), d'autant qu'on vous propose même des formules adaptées ! N'hésitez pas non plus à pousser la porte pour bavarder au bar ou, pourquoi pas, pour vous installer dans la salle de resto aux larges volumes, ouverte sur la cuisine et sur la cour arborée (extra aux beaux jours). Cuisine correcte, mais surtout bonne ambiance et service relax.

Le Moulin à Café *(plan couleur B2,* ***82****) : 8, rue Sainte-Léonie, 75014. ☎ 01-40-44-87-55. Ⓜ Pernety. ♿ Derrière le Château ouvrier. Tlj sauf dim-lun 12h-22h30 ; service 12h-14h, 19h-21h.* Chaleureux café associatif pour boire un verre, déjeuner sur le pouce ou goûter. Riche programmation culturelle (soirées festives, concerts, conférences, débats, ateliers divers...). Terrasse aux beaux jours.

🍸 ***Le Rosebud*** *(plan couleur zoom,* ***83****)* ***:*** *11 bis, rue Delambre, 75014. ☎ 01-43-35-38-54. Ⓜ Vavin ou Edgar-Quinet. Tlj 19h-2h. Congés : août. Cocktail 14 €. Resto à la carte seulement, env 30 €.* Dans les années 1950, Jean-Paul Sartre et la bande de Montparnasse venaient souvent y prendre un verre. Ce bar, au joli cadre 1930, accueille aujourd'hui une clientèle d'artistes peintres, d'écrivains et de journalistes. Les tables de style bistrot baignent dans une douce pénombre, propice aux confidences. Les serveurs n'ont pas leur pareil pour concocter d'excellents cocktails : commandez un bloody mary, et vous comprendrez ! Et n'oubliez pas le steak tartare, mythique lui aussi.

🍸 ⛱ ***Le Dôme*** *(plan couleur zoom,* ***84****)* ***:*** *108, bd du Montparnasse, 75014. ☎ 01-43-35-25-81. Ⓜ Vavin. Tlj ; service 12h-15h, 19h-23h. Demi 5,50 €. Repas complet 90 € hors boissons ! Parking payant.* Terrasse agréable, lampes Tiffany, chaises en osier, plantes vertes. Décor signé Slavik à tous les coups. Aux murs, intéressante collection de photos rappelant la grande époque et sa faune d'alors. C'est le plus touristique et le plus chicos des grands cafés de Montparnasse. Jean-Paul Sartre (toujours lui !) aimait y venir l'après-midi. Dans l'assiette, poisson et fruits de mer (mais il faut y mettre le prix !).

🍸 ***Le Smoke*** *(plan couleur zoom,* ***11****)* ***:*** *29, rue Delambre, 75014. ☎ 01-43-20-61-73. Ⓜ Vavin ou Edgar-Quinet. Tlj sauf dim 11h (15h sam)-2h. Happy hours 14h30-20h : pinte de bière 4 €, cocktail 5 €.* Voir la rubrique « Où manger ? ».

À voir

MONTPARNASSE

Voir aussi « Autour de la tour et de la gare Montparnasse » dans le 15e arrondissement, qui est limitrophe.

Mais d'où vient le nom de Montparnasse ? Dès le XVIIIe s, les étudiants déclamaient des poèmes devant les remblais formés par les gravats issus du creusement des catacombes. Cette butte aujourd'hui disparue, située à l'angle du boulevard du Montparnasse et du boulevard Raspail, prit un nom célébré par les poètes grecs : le mont Parnasse.

À partir de 1900, c'est l'âge d'or de la bohème : poètes, écrivains, artistes, réfugiés politiques y débarquent en masse – Modigliani et Utrillo, qui émigrent de Montmartre, Max Jacob, Apollinaire, Paul Fort, Cendrars... Lénine, qui y prépare le Grand Soir, et Trotski, qui phosphore (déjà) sur les moyens d'empêcher Staline de dévoyer la révolution russe. C'est vrai que Montparnasse, alors, est un village. Les ateliers d'artistes se nichent dans les impasses fleuries. Après la Grande Guerre, le quartier attire de plus en plus de monde. Beaucoup viennent de très loin. Hemingway, Foujita, Soutine, Zadkine, Braque, Chagall, Picasso, Rouault, Klee fréquentent les grands cafés populaires. C'est l'apogée de l'école de Paris, époque où Paname était la capitale intellectuelle du monde.

Montparnasse continuera cependant à vivre sur sa réputation et à attirer les foules. Son aura intellectuelle aurait pu poursuivre sans dommage sa lente dilution dans l'alcool de ses bistrots, mais les rois du béton en décidèrent autrement. Exit la vieille gare Montparnasse d'où, une fois, une locomotive décida toute seule d'aller boire un verre en face !

Quant au boulevard du Montparnasse, de la place du 18-Juin-1940 au boulevard Raspail, il reste animé tard dans la nuit et aligne bon nombre d'usines à films, de restos et de grands cafés pour tous les goûts.

14e

LES BRETONS DE MONTPARNASSE

Montparnasse ! Tout le monde descend. Et tous les Bretons descendirent sur les quais avant de jeter l'ancre dans le quartier de la gare. C'est comme ça que l'histoire commence : celle de migrants pauvres chassés par l'exode rural. Les Bretons du début du XXe s formèrent des clans, ouvrirent des cafés au nom de leur ville d'attache, se lancèrent dans les crêpes, fondèrent des cercles et des associations folkloriques – aujourd'hui culturelles –, maintinrent en vie les traditions du pays. C'est à Montparnasse que les aventuriers se lançaient dans l'aventure de Paris. C'est ici aussi que de jeunes Bretonnes aux joues roses se faisaient accoster par des proxénètes à l'œil torve, moins reluisants que les vrais maquereaux des côtes de Bretagne. Montparnasse : terminus !

SPÉCIALITÉ BRETONNE ?

Jusqu'en 1965, dans l'ancienne gare Montparnasse, on pouvait déguster des krapfen, délicieux beignets prétendument bretons mais introuvables en pays celte. On sait aujourd'hui que ces douceurs sucrées étaient d'origine allemande et destinées aux soldats d'Occupation. On mit 20 ans à s'en rendre compte...

■ ***Mission bretonne Ti ar Vretoned*** *(plan couleur zoom)* **:** *22, rue Delambre, 75014.* ☎ *01-43-35-26-41.* • *missionbretonne.bzh* • Ⓜ *Vavin ou Edgar-Quinet.* Nombreuses activités culturelles bretonnes et celtiques. Bar associatif très sympa.

LES AMÉRICAINS À MONTPARNASSE

Dans les années 1920, Paris devint la terre d'adoption de nombreux Américains. Beaucoup fuyaient l'Amérique puritaine imposant la prohibition de l'alcool, d'autres profitaient du taux élevé du dollar à l'époque. Henry Miller avait calculé que les prix demandés par les prostituées de Montparnasse correspondaient à ceux de quelques paquets de cigarettes américaines.

Les artistes (Man Ray, Calder...), quant à eux, appréciaient le bouillonnement artistique et littéraire de l'époque. Hemingway habita au 113, rue Notre-Dame-des-Champs et laissa beaucoup d'argent à *La Closerie des Lilas,* tout à côté (lire *Paris est une fête,* « Folio »). Les Américains marquèrent vraiment les années 1920-1930.

Le jazz déboule au ***Bal Nègre*** (actuel *Bal Blomet* ; voir la rubrique « Où sortir ? » dans le 15e) dans une ancienne ferme du XVIIIe s, et le Tout-Paris des Années folles vient y guincher dans une ambiance métissée. Mistinguett et Joséphine Baker mènent la revue, Sartre, Beauvoir, Camus et Foujita sont des habitués. Après des années de fermeture, ce cabaret historique a rouvert en 2017 sous le nom de *Bal Blomet,* en essayant de renouer avec l'esprit de ses débuts. De quoi animer le quartier !

HEMINGWAY K.-O. !

En 1929, on installa un ring de boxe au Falstaff, *bar à bières qui existe toujours au 42, rue du Montparnasse. Hemingway y combattit aux poings le journaliste, très baraqué, Callaghan. Scott Fitzgerald était l'arbitre. Ivre mort, il oublia de sonner la fin du combat ! Très amoché, Hemingway lui en voudra longtemps.*

La tour Montparnasse : patience, vous ne perdez rien pour attendre. Comme elle est géographiquement située dans le 15e arrondissement, vous la retrouverez à ce chapitre.

Le cimetière du Montparnasse
(plan couleur zoom)

☎ 01-44-10-86-50. Ⓜ Edgar-Quinet ou Raspail. Tlj 8h (8h30 sam, 9h dim et j. fériés)-17h30 (18h de mi-mars à début nov). Bureau d'information ouv lun-ven 8h30-12h30, 14h-17h.

– ***Conseil :*** n'hésitez pas à demander aux gardiens le plan plastifié gratuit où figure un index des célébrités (à consulter sur place), ou à le télécharger sur le site • *paris.fr* • (rubrique « Environnement et espaces verts »), ainsi que les parcours *Femmes célèbres* et celui accessible aux personnes à mobilité réduite.

Après avoir pris de la hauteur, une petite visite au boulevard des allongés. Créé en 1824, c'est le 3e de la capitale en superficie, mais l'un des plus intéressants du point de vue de la qualité des occupants. C'est fou le nombre de gens connus qui ont choisi de vivre leur éternité à l'ombre de la tour.

Au repos en ces lieux, on compte notamment ***Baudelaire, Serge Gainsbourg,*** les sculpteurs ***Rude, Houdon*** et ***Bourdelle,*** l'amiral ***Dumont d'Urville, Robert Desnos, Camille Saint-Saëns, Proudhon*** (« La propriété, c'est le vol »), ***Sainte-Beuve,*** l'actrice ***Maria Montez, Jean-Paul Sartre*** et ***Simone de Beauvoir, Guy de Maupassant, Eugène Ionesco, Joseph Kessel, Dreyfus*** (de l'Affaire), ***Bartholdi, Soutine, Tzara, Man Ray, Yves Mourousi, Maurice Pialat, Alex Métayer, Philippe Noiret, Alain Resnais...*** Une quantité de gens dont on ne connaît souvent les noms que grâce au métro : ***Jussieu,*** naturaliste ; ***Edgar Quinet,*** philosophe ; ***Boucicaut*** (propriétaire du magasin *Le Bon Marché*)... et on ne parle pas des noms de rues ! Beaucoup d'éditeurs : ***Plon, Larousse*** et notre très ancien patron, ***Louis Hachette.***

Si vous ne voulez pas partir à la recherche de tous ces gens, allez néanmoins jeter un œil sur les tombes les plus curieuses et insolites, ça vaut le déplacement. Ainsi, celle surmontée d'un étonnant chat polychrome, signé Niki de Saint Phalle, ou d'un homme-oiseau posé sur une dalle, dont le sculpteur Tinguely serait l'auteur. À 2 rangées de là, une réplique du palais de Chaillot abrite la dernière demeure d'***Henri Langlois,*** fondateur de la Cinémathèque au palais de Chaillot. Si vous pénétrez par la porte Maine-Froidevaux, prenez l'avenue de l'Ouest, qui suit le mur. À gauche s'étend la 15e division, et à droite les 9e, 8e, 7e, 6e et 5e divisions. Vous rencontrerez à gauche, au bout d'une quinzaine de mètres, la grande dalle de marbre noir de ***Pierre Laval.***

LA DOUBLE MORT DE LAVAL

Chef du gouvernement sous Pétain de 1942 à 1944, Pierre Laval est fusillé à Fresnes le 15 octobre 1945. On raconte qu'il tenta de se suicider au cyanure le matin de l'exécution, qu'on lui fit un lavage d'estomac et que c'est agonisant, assis sur une chaise, qu'on le fusilla symboliquement ! Il repose dans la tombe des Chambrun, la famille de son gendre.

Presque en face, 7e division, superbe statue moderne symbolisant la douleur sur la tombe d'***Henri Laurens*** (ami de Braque). Tout en bas à gauche, avant de prendre le virage, repose ***Soutine.*** Suivant le mur qui longe le boulevard Edgar-Quinet (20e division), 10 m avant le grand portail, tombe de ***Jean-Paul Sartre*** et de ***Simone de Beauvoir.*** À la mort de Sartre, sa compagne et muse écrit cette belle phrase : « Sa mort nous sépare. La mienne ne nous réunira pas. Mais il est déjà beau que nos vies aient pu s'accorder aussi longtemps. »

Au sud du cimetière, la grosse ***tour du moulin*** datant du XVe s, dernier vestige de la ferme et des terres sur lesquelles le jeune Voltaire, alors élève à Louis-le-Grand, venait se promener. Au XVIIe s, dit-on, ce moulin servait autant de moulin à farine que de cabaret.

Revenez au rond-point et, dans l'avenue Transversale (1re division) sur la droite, vous trouverez la tombe de ***Serge Gainsbourg,*** qui est venu nous dire qu'il s'en est allé. Non loin de là, dans la 13e division, repose le regretté ***Reiser.*** Tout droit encore, adossé au mur de la rue Émile-Richard, le cénotaphe de ***Baudelaire.*** Le buste du poète contemple son corps gisant sur le sol.

Le cimetière du Montparnasse est divisé en 2 parties séparées par la rue Émile-Richard, la seule rue de Paris sans habitants vivants, sans boutiques, sans maisons... Le ***petit cimetière,*** secteur situé à l'est, abrite de nombreuses tombes de la communauté juive de Paris. Parmi eux, l'écrivain et grand reporter ***Joseph Kessel*** (1898-1979).

UNE FIN BIEN MÉLANCOLIQUE

Déjà affecté par sa condamnation pour immoralité à la parution des Fleurs du mal *et par le poids des dettes, Baudelaire attrapa une congestion pulmonaire qui le rendit aphasique (paralysie de la parole). Toujours est-il qu'il vécut ses derniers mois en ne pouvant prononcer qu'un seul mot : « Crénom ! » Un comble pour un si grand poète !*

Après le célébrissime *Baiser* de Brancusi, le petit cimetière présente la tombe la plus fascinante de Montparnasse. En venant par la porte côté Raspail, allez tout droit, puis tournez à droite, vous ne pouvez manquer ***M. Pigeon,*** l'inventeur de la lampe du même nom. Arrivez sur la pointe des pieds pour ne pas déranger. Dans un lit monumental et baroque, M. Pigeon lit tranquillement un livre à la lumière de sa fameuse lampe. À côté de lui, sa femme dort paisiblement. Le tout en bronze.

S'il vous reste quelques forces, allez dire ensuite bonjour à ***Bartholdi*** (le sculpteur de la statue de la Liberté à New York et du *Lion de Belfort* de la place Denfert-Rochereau) dont la tombe est surmontée d'un ange montant au ciel. Ce n'est pas loin : quelques dizaines de mètres après la tombe des Pigeon, empruntez l'avenue Thierry. Au passage, à gauche, tous ceux qui ont possédé une bonne vieille deuche salueront ***André Citroën.*** Parmi les occupants plus récents, vous pourrez rencontrer les tombes du sculpteur ***César,*** des acteurs ***Jean Carmet*** et ***Jean Poiret,*** des écrivains ***Lucien Bodart, Alphonse Boudard*** et ***Samuel Beckett,*** des cinéastes ***Joris Ivens, Jacques Demy*** et ***Maurice Pialat,*** de l'artiste bon vivant ***Topor,*** du non moins bon vivant ***Philippe Léotard,*** de l'actrice ***Jean Seberg*** ou de la troublante ***Delphine Seyrig,*** de ***Marguerite Duras,*** d'***Éric Rohmer*** et du regretté ***Georges Wolinski,*** assassiné lors des attentats contre *Charlie Hebdo.*

Institut Giacometti *(plan couleur zoom)* **:** 5, rue V.-Schoelcher, 75014. • fondation-giacometti.fr • Ⓜ Denfert-Rochereau. Plus de cinquante ans après la disparition du sculpteur suisse, l'Institut Giacometti a ouvert ses portes dans le quartier où l'artiste, mort en 1966, a vécu et travaillé durant quarante ans, dans un hôtel particulier Art nouveau-Art déco. Le fonds d'œuvres et d'archives de la Fondation inclut en plus de nombreuses sculptures, peintures, dessins, lithographies ainsi qu'une partie de sa correspondance ; un fonds aujourd'hui déployé au fil de l'exposition permanente ou qui sera présenté au public dans le cadre des expos temporaires, et complété par les apports de sa veuve qui conservait des photographies, des sculptures et du mobilier. Le clou du parcours réside dans la reconstitution de l'atelier de l'artiste. L'Institut abrite aussi un centre de recherches en histoire de l'art et une bibliothèque.

La rue de la Gaîté *(plan couleur zoom)* **:** rue qui débute boulevard Edgar-Quinet et se termine avenue du Maine. On l'emprunte presque obligatoirement quand on rejoint Plaisance-Pernety. Elle rappelle que Montparnasse fut un quartier de plaisirs très couru au XIXe s avec ses cabarets, guinguettes, théâtres, bals, cafés, etc. Une jolie fresque murale à la brasserie *La Liberté* (angle Gaîté et Edgar-Quinet) en témoigne encore (Jean-Paul Sartre, qui habitait à côté, venait y tremper son croissant). Fast-foods et sex-shops l'ont aujourd'hui considérablement défigurée. Mais il reste toujours *Bobino,* la salle de spectacle la plus célèbre de la rive gauche, et tous les théâtres et cafés-théâtres à la mode, où l'on peut croiser des artistes.

Vestiges de la Belle Époque : le *théâtre du Montparnasse,* avec sa belle façade sculptée et ses cariatides. Au rez-de-chaussée, un bistrot assez fréquenté. En face, au nº 26, le bon vieux *théâtre de la Gaîté-Montparnasse,* enserré dans un immeuble à la façade également ouvragée, classé à l'Inventaire des Monuments historiques. À côté du théâtre, un bar plus populaire, furieusement animé certains soirs, avant et après le spectacle.

Au nº 11 bis, l'actuel *Timhotel Tour Montparnasse* fut autrefois l'***Hôtel Royal Bretagne.*** Sartre et Beauvoir y séjournèrent entre 1936 et 1937. Sartre y termina d'écrire *La Nausée,* qui fut publié en 1938 par Gallimard.

L'Observatoire de Paris *(plan couleur D1)* **:** *61, av. de l'Observatoire, 75014. • obspm.fr • RER B : Port-Royal. Interruption des visites pour une durée indéterminée (infos sur le site internet).*

Le plus ancien établissement astronomique du monde encore en activité, créé sous Louis XIV en 1667. C'est le seul édifice qui, à l'époque de sa construction au XVIIe s, ne comprenait dans sa structure, dit-on, ni bois ni fer : pas de bois de peur du feu, pas de fer qui puisse jouer avec les aiguilles aimantées.

On y a découvert, entre autres, la division de l'anneau de Saturne, 4 de ses satellites et la planète Neptune, et élaboré un remarquable atlas photographique de la Lune... La coupole date de Louis-Philippe, et la lunette de Napoléon III.

En 1884, une convention internationale choisit le méridien de Greenwich comme référence plutôt que celui de Paris. Ce dernier est aujourd'hui matérialisé sous la forme d'une série de 135 médaillons en bronze, incrustés dans l'asphalte en 1994, marqués du nom « Arago », en hommage à l'un des directeurs de l'Observatoire. À travers la ville, vous pourrez les repérer le long d'un axe qui va de Montsouris à l'avenue de la Porte-Montmartre, et plus précisément à l'Observatoire même, rue de Seine, ou encore au 81, rue du Faubourg-Saint-Jacques, par exemple. Même Dan Brown en parle dans *Da Vinci Code.* Pour vous dire...

ET PARIS PRIT L'HEURE DE BERLIN...

... conséquence imposée par l'occupation allemande. Résultat, Paris est en décalage de 1h avec Londres alors que les 2 capitales sont sur le même fuseau horaire (Greenwich). Et rien n'a changé depuis 70 ans !

Petit itinéraire architectural

Si Montparnasse n'est plus le quartier d'artistes qu'il fut naguère, il reste cependant de superbes traces de ce passé artistique. Rendez-vous métro Vavin, devant le fantastique *Balzac* de Rodin.

➢ D'abord, une petite incursion dans le 6e ; ici, c'est encore Montparnasse. Au 26, ***rue Vavin,*** un édifice assez fascinant, construit en 1912 par l'architecte Henri Sauvage. Immeuble à gradins, totalement recouvert de céramiques blanches avec une abondante végétation à tous les niveaux. Ce Sauvage était en fait l'un des architectes les plus civilisés

LA SCANDALEUSE STATUE !

Sur le boulevard Raspail, entre le boulevard du Montparnasse et la rue Vavin, admirez cette fabuleuse statue de Balzac. Elle fut commandée à Rodin par Zola, président de la Société des gens de lettres. Il l'habilla en robe de chambre. Scandale ! Il fallut attendre 48 ans pour qu'on l'installât. Un bien moindre mal puisque Rodin l'avait aussi sculpté... complètement nu !

et humains qui soient, puisqu'il créa au début du XXe s la Société anonyme des logements hygiéniques à bon marché, visant à fournir aux classes populaires des logements décents, sans pour autant qu'ils soient tristes et bâclés.

➢ Au no 31 bis de la ***rue Campagne-Première,*** à l'angle avec le boulevard Raspail, une magnifique façade ouvragée en céramique, chef-d'œuvre de l'Art nouveau (1911). Masques et guirlandes de roses. L'immeuble abritait une vingtaine d'ateliers dont celui de Man Ray, qui s'y installe en juillet 1922 avec sa compagne et égérie, la fameuse Kiki de Montparnasse. Il arrivait à Man Ray de dormir à côté, à l'***Hôtel Istria,*** au no 29. Voici un hôtel légendaire de Montparnasse, qui a reçu à la Belle Époque une kyrielle d'artistes de génie (voir la rubrique « Où dormir ? »). Anecdote cinématographique : c'est devant l'*Hôtel Istria* et l'immeuble du no 31 bis que Belmondo se fait tuer d'un coup de revolver dans le dos à la fin du film *À bout de souffle* de Godard. Une scène bien connue et appréciée des cinéphiles.

➢ Descendre un peu le boulevard Raspail. Au no 261, on change d'époque. Ce lieu abrite la ***Fondation Cartier pour l'art contemporain*** *(plan couleur C1)* : *☎ 01-42-18-56-50. • fondation.cartier.com • Ⓜ Denfert-Rochereau ou Raspail. Bus nos 38, 68, 88 et 91. ♿ Ouv seulement en période d'expos, tlj sauf lun 11h-20h (22h mar). Fermé 1er janv et 25 déc. Entrée : 10,50 € ; tarif réduit : 7 €, accordé sur présentation de ce guide ; gratuit moins de 13 ans, et moins de 18 ans mer. Les « Soirées Nomades » (programmation sur le site) proposent des performances de danse, musique, théâtre, cinéma (résa indispensable : ☎ 01-42-18-56-72). Également des visites guidées et ateliers pour les enfants mer et w-e à partir de 15h (résa au ☎ 01-42-18-56-67).*
Achevé en 1994 par Jean Nouvel, l'architecte de l'Institut du monde arabe et du musée du quai Branly, cet édifice de verre et de métal est une incontestable réussite esthétique.
La Fondation Cartier a pour vocation de révéler des artistes contemporains du monde entier, dans tous les domaines de la création, du design à la photographie, de la peinture à la vidéo, de la mode au spectacle vivant. Elle s'engage auprès des artistes, soutenant la création à travers la commande et la production d'œuvres. L'avant de son jardin abrite toujours le mythique cèdre du Liban que Chateaubriand planta en 1823 et qui reste visible de l'extérieur. Profitez de votre visite pour faire le tour de la fondation et vous poser à une table, à l'arrière. La buvette, ouverte aux beaux jours, permet de s'extraire du boulevard Raspail et de passer un moment au vert, à écouter le gazouillis des oiseaux !

➢ Reprendre le boulevard Raspail et emprunter à droite la ***rue Schœlcher*** *(plan couleur zoom).* Au no 5, admirer la très belle façade : tous les balcons et fenêtres présentent une forme différente. Œil-de-bœuf formant balcon encadré d'une frise de fruits dégringolant en cascade. ***Simone de Beauvoir*** vécut au no 11 bis de cette rue, de 1955 à 1986, non loin de chez son compagnon ***Jean-Paul Sartre,*** qui habitait boulevard Raspail. Le 11 bis affiche une architecture des années 1930, et abrite des appartements et des ateliers avec avancées ou décrochements de fenêtres. Au no 5 bis, une grande baie vitrée annonce un atelier d'artiste : celui, lumineux, de ***Pablo Picasso,*** qui y emménagea en septembre 1913 en compagnie d'Eva, sa muse. C'est l'époque des sculptures-assemblages comme la *Construction au joueur de guitare,* qui enchantera André Breton. Picasso y resta pendant la Première Guerre mondiale, attristé par la mort d'Eva (le 14 décembre 1915). L'atelier lui semblait maudit, mais il s'acharnait à produire ses œuvres.

👥 ***La Fondation Giacometti*** *(plan couleur zoom)* **:** *5, rue Schœlcher, 75014. • fondation-giacometti.fr • Uniquement sur résa. Max 40 visiteurs en même temps.*
Ce patrimoine unique est enfin accessible au public, notamment des œuvres en plâtre jamais exposées. Reconstitution minutieuse de l'atelier du sculpteur (qui

était au 46, rue Hippolyte-Maindron, à 5 mn). Un fonds exceptionnel de 300 sculptures et 90 peintures. Sans oublier 5 000 dessins et lithos pour la plupart inédits. 3 ou 4 expos thématiques par an. Le bâtiment et les travaux ont été financés par la vente d'un seul tableau de Miró (8,8 millions d'euros) offert par le peintre catalan à Giacometti.

➢ À quelques mètres de là, au n° 138 de la ***rue du Faubourg-Saint-Jacques,*** jeter un œil sur l'*hôtel de Massa,* construit en 1784. À l'époque, il s'élevait sur les Champs-Élysées, à l'angle de la rue La Boétie. Le propriétaire, Théophile Bader, président des *Galeries Lafayette,* voulait le remplacer par un immeuble moderne. Comme le bâtiment était classé Monument historique, on décida, en 1928, de le déplacer pierre à pierre jusqu'à la rue du Faubourg-Saint-Jacques. Il abrite aujourd'hui la Société des gens de lettres.
Et si vous poussez jusqu'au n° 81 de la rue du Faubourg-Saint-Jacques, vous tomberez sur l'un des médaillons de bronze qui matérialisent ce qui fut le méridien de Paris (lire plus haut le texte de l'Observatoire).

➢ Au 126, ***boulevard du Montparnasse,*** passer sous un porche monumental ; au fond de la 2e cour, splendide maison avec ateliers d'artistes. Au n° 120 bis, décor de mosaïque à fleurs sur la façade.

PLAISANCE, PERNETY

Vieux quartier populaire rattaché à Paris depuis un siècle et demi. Grosso modo circonscrit dans le triangle formé par la rue Vercingétorix et l'avenue du Maine. Longtemps un village. Les noms des rues en témoignent : rue du Moulin-Vert, rue du Moulin-de-Beurre (aujourd'hui disparue). La population ouvrière chassée par les grands travaux d'Haussmann vint s'y entasser. Malgré de difficiles conditions d'existence, une vie de quartier extrêmement riche unissait l'ensemble des habitants. Fuyant les logements trop exigus, les habitants se retrouvaient dans les cafés et la rue, assurant une vie sociale animée qui perdure encore aujourd'hui.
Avec un peu de curiosité, on découvre encore plein de choses, des rues et des maisons insolites, une accumulation de petits détails et toujours des sourires chaleureux.

Petite balade dans le quartier Plaisance-Pernety *(plan couleur B1-2)*

À partir de l'avenue du Maine et de la rue de l'Ouest, le quartier dévoile un nouveau visage. Les formes des bâtiments se font plus humaines, leur hauteur devient raisonnable.

➢ Au centre de l'imposante ***place de Catalogne*** *(plan couleur B1),* œuvre de l'architecte catalan Ricardo Bofill, une étrange *fontaine,* dessinée par Shamaï Haber. Quand elle fonctionne, ça produit un curieux plan d'eau incliné (malheureusement jamais éclairé, or il était supposé l'être).

L'AVENUE DU MAINE, PISTE D'ATTERRISSAGE

L'aviateur brésilien Sévero (1864-1902), contemporain de Santos-Dumont, fut victime d'une panne d'avion au-dessus de l'avenue du Maine. Il fut contraint de se poser sur la chaussée. Une rue porte son nom dans le quartier d'Alésia. C'était l'époque où il y avait moins d'embouteillages.

➢ Derrière la place s'élève l'***église Notre-Dame-du-Travail*** *(plan couleur B1)* : *36, rue Guilleminot, 75014.* ☎ *01-44-10-72-92. Tlj 9h-12h, 14h-18h.* Érigée pour accueillir les ouvriers venus travailler à l'Expo universelle de 1900, c'est une curieuse église avec une structure métallique, comme les anciens pavillons de Baltard, dont les fermes (pièces qui supportent la toiture) proviennent du palais de l'Industrie de l'Exposition universelle de 1855. Ample volume créé par les 3 hautes nefs. Sur les côtés, quelques fresques peintes dans le style Puvis de Chavannes. On y donne des concerts, et l'orgue, de style Art nouveau, est spectaculaire.

➢ La rue Raymond-Losserand a conservé un côté encore populaire, surtout autour du métro Pernety. Au niveau du nº 71 débute l'*allée du Château-Ouvrier,* bordée de charmants ateliers d'artistes. Au fond, une lourde bâtisse, le ***Château ouvrier,*** qui tient une place importante dans la mémoire locale. Construit en 1891 par un architecte qui s'appelait Louis Gauche (ça ne s'invente pas !) pour loger des familles ouvrières. 8 appartements de 2 pièces par étage, avec – chose exceptionnelle pour l'époque – leurs propres toilettes. Menacé dans les années 1990 par la spéculation immobilière, il fut sauvé grâce à une forte mobilisation populaire et réhabilité en 2004. Il ne possède pas l'élégance des châteaux de la Loire, à l'évidence, mais il en impose avec ses 2 côtés en saillie, comme l'amorce de 2 tours. Partir sur sa gauche pour découvrir le ***jardin du Lapin ouvrier,*** où une trentaine de parcelles sont cultivées par les enfants des écoles et des gens du voisinage... En face, le sympathique *Moulin à Café,* troquet associatif, pour se reposer les gambettes...

➢ Pour finir, rue d'Alésia, à 200 m du métro Plaisance, à gauche en marchant vers Alésia, coincée derrière une station-service *BP,* une curieuse et étroite ruelle semble vouloir fuir en biais. Peut-être à la recherche du soleil qu'on lui refuse ? C'est la minuscule ***impasse Florimont*** *(plan couleur B2).* Il y a longtemps, le jeune Georges Brassens débarqua chez une certaine Mme Jeanne. Un grand sourire sous une grosse moustache, un regard franc, des jolis mots et des rêves plein la tête. Il y resta de 1944 à 1966, goûtant la chaleur et l'amitié des habitants de l'impasse. Au fond de l'impasse, sur la gauche, 2 chats sculptés en terre cuite rappellent son séjour ici. Puis le petit jeune grandit et fit chanter pendant près de 30 ans tous les cœurs de France. Il mourut en 1981, laissant une centaine de chansons immortelles.

La rue des Thermopyles *(plan couleur B2)* **:** au niveau du 80, rue Raymond-Losserand, on trouve la rue des Thermopyles, qui forme un des passages secrets les plus charmants du 14e. Petites maisons, jardins paisibles, ateliers d'artistes bordant une chaussée pavée sans voitures, beaucoup de gens ont planté un arbre devant leur porte... on est loin de l'agitation de Montparnasse. Au bout de la rue, aux nos 6-8, on découvre un étonnant jardin partagé géré par une association de quartier qui organise de temps en temps des concerts. La rue débouche dans la ***cité Bauer,*** également bordée de maisons basses et de jardinets. Au nº 19, un charmant portail en bois ciselé en forme de cœur, rappelant ceux des fermes de Maramures, en Roumanie.

Les puces de Vanves *(plan couleur A-B2-3)* **:** *av. Georges-Lafenestre et av. Marc-Sangnier.* Ⓜ *Porte-de-Vanves. Av. Georges-Lafenestre, le w-e de l'aube à 17h ; av. Marc-Sangnier, le w-e déballage 7h-13h seulement.* On peut y faire de très bonnes affaires, à condition d'être patient et de se lever tôt. Environ 380 marchands légaux sont installés le long de l'avenue Georges-Lafenestre. Meubles et objets plus ou moins anciens, luminaires, argenterie, bijoux anciens, livres, tableaux, jouets...

DENFERT-ROCHEREAU

Au sud de Montparnasse, vieux quartier là aussi avec un certain charme. Peu atteint par la rénovation. Un coin intéressant pour loger, afin d'apprécier son côté provincial et son calme. Sa position assez centrale dans l'arrondissement, à mi-chemin entre Montparnasse et Montsouris, permet en outre d'atteindre à pied tous les points d'intérêt.

DUR D'ÊTRE COMMUNISTE

Le colonel Rol-Tanguy, chef des FFI et communiste, fut l'instigateur de la libération de Paris. Et pourtant, l'avenue qui porte son nom est certainement la plus courte de la capitale (moins de 30 m !). D'ailleurs, de Gaulle pesta en apprenant que la reddition des Allemands, le 25 août 1944, fut contresignée aussi par Rol-Tanguy.

Les villas : une jolie balade, tout à fait insolite. Bien peu de Parisiens connaissent cette partie du 14e et ses îlots de verdure et de charme.
Descendre, de Denfert-Rochereau, l'avenue du Général-Leclerc sur le trottoir de gauche. Peu après l'hospice, au nº 19, une grande grille de fer forgé (... et un digicode ; mais avec un peu de chance...) annonce la ***villa Adrienne.*** À l'origine, en 1880, ce n'était qu'un grand square pris sur d'anciennes carrières, avant que des constructions ne voient le jour 15 ans plus tard. Elles étaient sans doute destinées à un usage communautaire, sorte de cité-jardin édifiée par un industriel un peu humain. Un côté Chelsea avec son grand jardin ouvert au milieu et ses maisons de brique à 2 ou 3 étages, la plupart croulant sous le lierre, avec des jardinets sauvages. Au lieu d'un numéro, chacune d'entre elles porte un nom de peintre, de musicien, de savant ou d'auteur : Watteau, Poussin, Lavoisier, Lulli, Molière, Racine. Devinez comment s'appelle celle de la concierge ? Corneille ! Ça ne s'invente pas ! Ne pas y pique-niquer, c'est privé.
Au niveau du nº 30 de la rue Hallé, une adorable placette en forme de demi-lune rappelle les tentatives d'urbanisation humaniste du quartier jadis. L'architecte de l'époque ne put mener à terme son plan, mais il subsiste quelques carrefours avec immeubles à la façade convexe, ce qui leur donne une allure plus ronde, plus harmonieuse. Ainsi, la ***place Michel-Audiard,*** qui rend hommage à l'immortel auteur des dialogues des *Tontons flingueurs.*
La rue du Couëdic, vers l'avenue du Général-Leclerc, présente une longue série de maisons et petits immeubles, typiques de l'architecture populaire louis-philipparde. Quelques autres coins campagnards du quartier : *villa Hallé, villa Boulard* (rue Boulard).
Avenue René-Coty, entre Denfert et la rue Hallé (à droite en descendant), une curieuse petite construction sur une butte herbeuse. C'est le regard d'un aqueduc souterrain du XVIIe s passant sous les maisons du quartier (ancien aqueduc d'Arcueil, celui-là même qui a été démoli en grande partie à la ZAC Montsouris et qui aboutissait à la maison du Fontainier).

Les catacombes *(plan couleur C2)* **:** *1, av. Colonel-Henri-Rol-Tanguy, 75014. ☎ 01-43-22-47-63. • catacombes.paris.fr • Ⓜ et RER B : Denfert-Rochereau. Bus nºs 38, 68 et 88. Tlj sauf lun et j. fériés 10h-19h30 (dernière entrée). Durée du parcours : env 45 mn pour 1,5 km. Attention, bien souvent 2h d'attente si on n'a pas réservé ses places sur Internet : • b12-gat.apps.paris.fr/Information.aspx • Le mieux est de venir en début de matinée. Prévoir des tennis (sol glissant et humide) et un pull (température à 14 °C). On en ressort au 21 bis, av. René-Coty. Entrée : 13 € ; tarif réduit : 11 € ; gratuit jusqu'à 18 ans. Audioguide : 5 €. Via Internet (coupe-file inclus), tarifs majorés : 29 € avec audioguide ; 5 € moins de 17 ans. Pas de toilettes (en prime, 130 marches à descendre et 83 à remonter !). Visite guidée (mer-jeu à 13h) ; résa obligatoire. Sinon, intéressant ouvrage explicatif en vente au guichet (12 €).*
Les catacombes de Paris ne remontent pas aux 1ers chrétiens mais à la fin du XVIIIe s. Dans un souci d'assainissement de la capitale, on déplaça les restes de quelque 6 millions de Parisiens dans les galeries des anciennes carrières souterraines de calcaire qui avaient servi à la construction de Paris. Les 1ers transferts eurent lieu en 1786 depuis le cimetière des Innocents et devaient continuer jusque

dans les années 1860, durant les travaux d'urbanisme du baron Haussmann. Dès l'Empire, on eut l'idée de rendre les catacombes visitables. Les ossements furent alors empilés en façade, regroupés par « genres », et un parcours fut organisé autour de cette mise en scène macabre. Les catacombes virent passer de nombreux curieux, dont le futur Charles X, Napoléon III, mais aussi le chancelier Bismarck. Nadar, le célèbre photographe, y réalisa même une série de photos exceptionnelles.

PARIS SERA TOUJOURS PARIS

Depuis Louis XIV, les champignons de Paris prospéraient dans les carrières et les catacombes de la capitale. Avec la création du métro, ils devinrent indésirables (la moisissure entraînant la pourriture du bois). Voilà pourquoi on continua leur culture, en province, dans la région de Saumur... et surtout ailleurs en Europe ! En revanche, on les appelle toujours... « de Paris ».

On peut en visiter une petite partie : 2 km sur les 350 km de galeries que renferme le sous-sol parisien. On y accède par un escalier en colimaçon conduisant à une vingtaine de mètres sous terre. Après un trajet monotone de 20 mn dans les galeries (claustrophobes s'abstenir), on parvient à l'ossuaire proprement dit. Sur le linteau de la porte, une inscription avertit : « Arrête, c'est ici l'empire de la mort. » Commence alors une promenade morbide entre les fémurs empilés, les frises de crânes... jalonnée de sentences sur l'au-delà. Des galeries transversales (fermées par des grilles) laissent entrevoir l'étendue du réseau souterrain ! Vous croiserez quelques monuments, des repères historiques et des phénomènes géologiques (dont la cloche de fontis, cette voûte naturelle due à un effondrement) pour ressortir enfin à l'air libre rue Rémy-Dumoncel (proche du métro Alésia), face à la boutique de souvenirs !

La place Denfert-Rochereau *(plan couleur C1-2)* **:** le ***Lion de Belfort,*** œuvre de Bartholdi (oui, celui de la statue de la Liberté), propre et reluisant, contemple les embouteillages quotidiens d'un des carrefours les plus importants de Paris. Les 2 pavillons de la place furent érigés par Claude-Nicolas Ledoux, l'architecte le plus génial du règne de Louis XVI, et témoignent de l'existence de la « barrière d'Enfer » percée dans le mur des fermiers généraux en 1785. Là, les marchands devaient payer l'octroi pour entrer dans Paris. Peu de gens savent aujourd'hui que cette taxe fut supprimée en... 1943 par Pétain. Sur la place également, la gare qui était le point de départ de la ligne de Sceaux en 1846.

La rue Daguerre *(plan couleur zoom)* **:** une rue-marché animée et en partie piétonne (tout comme quelques rues adjacentes d'ailleurs, le dimanche après-midi).

Les Grands Voisins *(plan couleur D1)* **:** *74, av. Denfert-Rochereau, 75014. • lesgrandsvoisins.org • Ⓜ Denfert-Rochereau ; RER B : Port-Royal. Bus no 38 (arrêt Hôpital-Saint-Vincent-de-Paul). Tlj 10h-19h (espaces extérieurs).*
Le site de l'ancien hôpital Saint-Vincent-de-Paul est ouvert au public depuis novembre 2015 et reconverti (jusqu'en 2020) en lieux associatifs, ateliers d'artistes, start-up et autres petites entreprises, hébergement social, école de sages-femmes... On y trouve entre autres le bar *La Lingerie,* un restaurant solidaire et la *Ressourcerie* (atelier de réemploi et réutilisation d'objets injustement considérés comme déchets). En prime, de nombreuses et diverses manifestations culturelles, des concerts, des conférences-débats thématiques, des ateliers pour enfants... En fait, c'est un vrai quartier de ville ouvert et l'occasion de faire l'expérience d'une autre manière de vivre la cité ! L'occasion aussi d'aller à la rencontre d'artisans et de créateurs, vers des gens de tous milieux, résidents, voisins des lieux, gens curieux ou de passage, touristes... Une autre façon, quelques instants, de vivre ensemble et d'échanger... Sortie super en famille !

Le cloître de Port-Royal (plan couleur D1) **:** *123, bd Port-Royal et 2, rue du Faubourg-Saint-Jacques, 75014. RER B : Port-Royal. Bus nos 38 et 91. Se visite à l'occasion des Journées du patrimoine.* Il reste peu de cloîtres à Paris, et celui-ci, en outre, est fort peu connu, même des Parisiens. Couvent construit par mère Angélique Arnauld au début du XVIIe s et qui devint très lié par la suite à l'histoire du jansénisme et à Pascal. À la Révolution, il fut transformé en prison, puis en maternité (fermée aujourd'hui). Balade paisible dans de beaux jardins. Possibilité également de visiter la chapelle de la même époque.

La prison de la Santé (plan couleur D2) **:** *42, rue de la Santé, 75014. Ⓜ Glacière ; RER B : Port-Royal. Actuellement en travaux de rénovation jusqu'en 2019, et vidée de ses détenus.* Construite en 1861, elle avait la particularité, lors de son ouverture, d'offrir l'eau courante dans les cellules, alors que les habitations du quartier n'en étaient pas encore pourvues ! Jusqu'à sa fermeture en 2014, c'était une maison d'arrêt ne gardant que des prévenus en instance de jugement ou des condamnés à des peines légères. Elle connut des détenus célèbres, de Ben Bella à Paul Touvier en passant par Michel Garetta ou Jacques Mesrine. Ce dernier, peut-être excédé par la médiocrité de la nourriture, se fit un jour la belle de manière très spectaculaire. L'évasion, en mai 1986, de Michel Vaujour par hélicoptère n'était pas mal non plus.
– Côté boulevard Arago, l'une des dernières vespasiennes à Paris.

PASSER UNE NUIT AU VIOLON ?

Dès Louis XI, on demandait aux luthiers de la capitale de fournir un violon aux prisonniers afin de rendre leur détention moins pénible. À l'époque, on enfermait quelques heures les troubadours ou laquais qui chahutaient dans les rues, suite à des bagarres ou à un peu trop d'ébriété. Il ne fallait pas, toutefois, que leur emprisonnement soit trop dur...

MONTSOURIS, ALÉSIA

Au sud de la rue d'Alésia, bordée par l'avenue du Général-Leclerc et la rue de l'Amiral-Mouchez, un quartier offrant de superbes balades architecturales et bucoliques.

➢ **Petite balade architecturale :** empruntant la provinciale rue de l'Aude, vous atteignez la paisible *rue des Artistes* (accessible également par un escalier de l'avenue René-Coty). Aux 3, 5 et 7, *rue Gauguet,* 3 ateliers d'artistes des années 1930. Le peintre Nicolas de Staël occupa l'un d'eux. Au 13, *rue Saint-Yves,* la *cité du Souvenir,* groupe de logements populaires édifié en 1934 pour honorer les morts de la guerre 1914-1918 par « une œuvre de vie ». Lire l'étrange épitaphe au-dessus du porche.

La villa Seurat : *à la hauteur du no 101 de la rue de la Tombe-Issoire.* Impasse bordée de jolies maisons des années 1925, qui connurent de prestigieux locataires. Henry Miller séjourna au no 18 de 1934 à 1938 et y écrivit *Tropique du Cancer.* Miller, interdit pour littérature obscène dans tous les pays anglophones, éditait ses livres à Paris et les vendait sous le manteau. Anaïs Nin et Lawrence Durrell vivaient avec lui. Son voisin du dessus était Soutine. Gromaire travailla également dans la villa.

Le réservoir de Montsouris (réservoir de la Vanne ; plan couleur C2) **:** *à l'angle de la rue de la Tombe-Issoire et de l'av. Reille. Ne se visite pas.* « Montsouris » ? Le nom était « Moquesouris », qui désignait un moulin à vent sans doute si pauvre que même les souris n'y trouvaient pas leur pitance. Ce fut, au moment de sa construction, le plus grand réservoir du monde (235 m de long et 135 m de large, avec des murs extérieurs de plus de 2 m d'épaisseur). Comme les grands vins, les « crus » d'eau sont millésimés : « clos » Loing-Lunain 1900 et « château » Vanne-Voulzie 1874-1925 ! À 80 m au-dessus du niveau de la mer, le réservoir domine tous les immeubles de la rive gauche faisant 6 ou 7 étages. Du fait de la différence d'altitude, la pression de l'eau au dernier étage des immeubles est donc toujours suffisante.

➢ ***Balade chez les « artistes » :*** au nº 53 de l'avenue Reille débute une petite rue, probablement l'une des plus coquettes de Paname, le *square Montsouris.* Tout au début, l'atelier du peintre Ozenfant, la 1re œuvre de Le Corbusier à Paris en 1922. Il a perdu son toit en dents de scie et un peu de son intérêt architectural. Enchantement ensuite que de fouler les gros pavés de la rue, entre les 2 rangées d'ateliers et de pavillons bourgeois hibernant sous leur abondante végétation. Tout au bout, au nº 14 de la rue Nansouty, admirez les lignes très pures et l'élégance de la *villa Guggenbühl. Rue Georges-Braque,* au nº 6, résidence-atelier de l'artiste. Au nº 7, villa-atelier Reist en brique, avec une grande verrière qui date des années 1920. La *rue du Parc-Montsouris* et la villa du même nom alignent également de grandes demeures bourgeoises croulant sous les glycines et le chèvrefeuille. Un décor de rêve ! Le regretté Coluche habitait *rue Gazan.*

La Cité internationale universitaire de Paris *(plan couleur D3)* **:** *17, bd Jourdan, 75014. ☎ 01-44-16-64-00. • ciup.fr/citescope • (programme des activités : théâtre, expos, concerts, visites guidées...). Ⓜ Porte-d'Orléans ; RER B et Ⓣ Cité-Universitaire. Plan de la Cité à demander aux accueils (hall de la Fondation Avicenne et Maison internationale). Accès libre au parc 9h-22h. Visites guidées organisées par le Centre de valorisation du patrimoine de la Cité L/OBLIQUE certains sam et dim à 14h30 (env 2h) : 5 € étudiants, 12 € plein tarif, réduc ; rens : ☎ 01-76-21-26-96 ; résas : • visites@ciup.fr •*

Cette cité U pas comme les autres accueille 12 000 étudiants par an, chercheurs et artistes en provenance de 140 pays. Ils sont logés dans une quarantaine de maisons : l'Asie du Sud-Est, le Collège d'Espagne, la Maison de l'Inde, etc. qui respectent un principe de brassage. Construites entre 1925 et aujourd'hui, chaque maison possède une architecture originale, avec à l'intérieur des espaces de vie richement décorés : hall, salons, bibliothèque, etc. Bâties généralement dans le style d'un pays, elles composent un kaléidoscope pittoresque de toutes les architectures. Ainsi, la maison des étudiants d'Asie du Sud-Est nous plonge dans l'atmosphère d'un temple traditionnel. Le Pavillon de la Suisse, réalisé par Le Corbusier, est une « machine à habiter » qui préfigure les Cités radieuses que l'architecte construisit après la guerre : pilotis qui dégagent le rez-de-chaussée, fenêtres en bandeau, toit-terrasse. Un des chefs-d'œuvre architecturaux de la Cité ! Parmi les projets : le nouveau Pavillon de l'Inde, la Maison de l'Île-de-France et la Maison de la Corée du Sud... En tout, ce sont 1 800 nouveaux logements qui seront créés d'ici à 2020.

Ouvert au public toute la journée, le parc a des airs de cité-jardin avec ses 34 ha à la biodiversité préservée. On peut en profiter au soleil ou à l'ombre d'arbres provenant du monde entier. Le cœur de la Cité se situe à la Maison internationale, où le resto U est ouvert à tous pour déjeuner ; également une cafétéria et un théâtre où l'on peut assister toute l'année à des spectacles de qualité *(• theatredelacite.com •).* Dans la Fondation Avicenne (ancienne Maison de l'Iran), l'espace d'exposition permanent de L/OBLIQUE sur l'histoire et l'actualité de la Cité est gratuit *(tlj sauf lun 14h-18h).* La Cité a compté quelques locataires célèbres comme l'impératrice Farah Diba, le couturier Pierre Balmain, l'écrivain et homme politique Léopold Sédar Senghor, et le réalisateur Costa-Gavras. Toujours dans la rubrique people, elle accueille régulièrement des tournages : *Mesrine, Trésor, Gainsbourg (vie héroïque).* La Cité est aussi sportive : du tennis à la pétanque, plusieurs activités sont praticables. Une bonne idée pour faire un tour du monde sans aller trop loin !

Le parc Montsouris *(plan couleur D3)* **:** 2e parc parisien créé sous le Second Empire (après celui des Buttes-Chaumont). Ce fut un des cadeaux du baron Haussmann aux Parisiens, car il ne savait que faire de ce terrain troué comme du gruyère. Le parc a, en effet, été aménagé sur le site d'anciennes carrières, repaires de brigands au XVIIe s. Outre l'Observatoire météorologique, installé en 1873, le parc abrite la Mire de l'Observatoire, repère – datant de Napoléon – du méridien de Paris, dont la création remonte à 1667 (voir plus haut le texte sur l'Observatoire pour plus de détails). Délicieusement vallonné avec de grandes pelouses, des bosquets touffus, des arbres rares, le parc est malheureusement traversé par le RER. Oh, une blessure discrète ! Sur le petit pont qui l'enjambe, on emmène d'ailleurs les enfants voir « le petit train ».

En bas du jardin, un grand lac artificiel autour duquel on peut se restaurer (voir *La Bonbonnière* dans la rubrique « Où boire un thé ? Où prendre un bon 4-heures ? »). Une anecdote : le jour de l'inauguration, le lac se vida tout à coup, sans explication. L'ingénieur ne supporta pas cet échec et se suicida. Pour les enfants, ça tourne mieux, avec un beau manège.

UN SECRET BIEN GARDÉ

Pendant 70 ans, les Soviétiques passèrent sous silence l'existence de la maîtresse de Lénine, Inès Armand, une Française ayant vécu en Russie dans une famille de riches industriels. Elle rencontra Lénine à Paris en 1910, alors qu'il habitait avec sa femme au 4, rue Marie-Rose, près du parc Montsouris. Lénine installa sa maîtresse... au no 2.

15e ARRONDISSEMENT
LA TOUR ET LA GARE MONTPARNASSE • LE PARC GEORGES-BRASSENS • LE PARC ANDRÉ-CITROËN

• Pour le plan du 15e arrondissement, voir le cahier couleur en fin de guide.

C'est le plus vaste et le plus peuplé des arrondissements de Paris. Un quartier résidentiel familial, authentique et discret, qui recèle une foule d'hôtels plutôt abordables, ainsi qu'un creuset de jeunes chefs talentueux. À l'image de son élégante et emblématique ligne de métro aérienne, mise en service au début du XXe s, le 15e est largement sillonné par les transports publics. Une aubaine pour rejoindre la tour Eiffel, l'hôtel des Invalides ou Montparnasse, situés à deux pas ; ou encore pour gagner rapidement le cœur historique de Paris... Si le quartier ne livre aucun grand monument, il révèle néanmoins quelques belles curiosités, comme le musée Bourdelle, le musée Pasteur ou le musée de la Poste. Et pour ceux qui recherchent un peu de verdure, voici 2 jardins réussis : le parc Georges-Brassens et le parc André-Citroën, quasiment reliés entre eux par la promenade verte de la Petite Ceinture ; elle-même jouxtant le fameux parc des expositions de Paris, qui accueille notamment le Salon de l'agriculture et le Salon nautique...

Où dormir ?

Auberge de jeunesse

Aloha Hostel *(plan couleur C2, **1**) : 1, rue Borromée, 75015. ☎ 01-42-73-03-03. • aloha.fr • Ⓜ Volontaires. Compter 32 €/pers en chambre 4-6 lits, 35 €/pers en chambre double, draps et petit déj compris. Loc de serviettes en sus.* Une AJ ancestrale mais bien dans son temps : lumière d'ambiance, stores en bois et couleurs franches. Les drapeaux américain et australien et les 3 horloges donnant l'heure de Paris, New York et Tokyo signalent qu'ici vous croiserez plus d'Anglo-Saxons que de *Frenchies*. Chambres de 2 à 6 lits superposés avec lavabo ; douche et w-c à l'étage. Certes les peintures ne sont pas de la 1re fraîcheur, mais l'ensemble reste propre et bien tenu. Cuisine à dispo, aménagée dans une cave voûtée. Bonne ambiance.

Prix moyens

Yooma, Urban Lodge *(plan couleur B1, **2**) : 51, quai de Grenelle, 75015. • yooma-hotel.com • Ⓜ Bir-Hakeim ; RER C : Champ-de-Mars-Tour-Eiffel. Double à partir de 90 € ; chambres 4 ou 6 lits (groupes constitués, pas de résa en dortoir).* Le bleu et les iconiques bandes noires et blanches de Daniel Buren rythment la façade de cet imposant bâtiment cubique du front de Seine. Une structure d'aluminium et de béton que l'on retrouve dans les parties communes, vastes et épurées, tandis que le bleu est le fil conducteur menant aux 106 chambres réparties sur 2 étages. Les chambres de 2, 4 ou 6 lits, imaginées par le designer Ora Ito, sont totalement modulables et d'un confort irréprochable avec vue formidable côté Seine pour celles en angle. Un lieu à la fois fonctionnel et plein de « yoomanity », destiné à rassembler toutes les familles de *city breakers.* Des nurseries (sacrément futé !) à chaque étage pour la toilette et le repas des schtroumpfs, des résidences d'artistes, une école de cuisine, une salle de sport, une exploitation maraîchère sur le toit, un bar lounge, un bon bistrot (ouvert à tous). Une forme d'hôtellerie inédite en France, qui devrait faire des émules... et des heureux !

Hôtel M. Madrigal *(plan couleur D2, **3**) : 32, bd Pasteur, 75015. ☎ 01-47-34-70-47. • hotelinnovparis.com • Ⓜ Pasteur. Nuit en dortoir env 40 €/pers ; doubles 80-150 €.* Le *Groupe Pasteur Mutualité* (mutuelle des médecins) a eu la bonne idée d'investir un lieu à mi-chemin entre l'Institut Pasteur et l'hôpital Necker pour accueillir médecins, internistes, chercheurs et touristes. Les chambres portent le nom de personnalités investies dans la recherche et sont décorées dans un style loft urbain (briques apparentes, ferronneries, bois bruts) bien dans l'air du temps avec des pans de murs colorés. Bon confort, belle taille, calme et grande luminosité dans toutes les chambres. Également 3 dortoirs de 4, 5 et 6 lits. Et un sympathique café-resto ouvert en continu *(formules déj 15,50-18,50 €, tapas le soir).* Un coup de cœur ! *NOUVEAUTÉ.*

Hôtel Home Moderne *(plan couleur C3, **4**) : 61, rue Brancion, 75015. ☎ 01-53-68-03-00. • homemoderne.com • Ⓜ Porte-de-Vanves ou Convention. Ⓣ Brancion (T3). ♿ Ouv tte l'année. Doubles 70-179 € ; petit déj 12 €.* Cet hôtel est situé à deux pas du beau parc Georges-Brassens. Les chambres, plus ou moins vastes, sont d'une surface et d'un prix honnêtes pour Paris, et ce d'autant qu'elles ont été rénovées. Tout le confort moderne et une déco sobre plaisante.

Au Pacific Hôtel *(plan couleur B1, **5**) : 11, rue Fondary, 75015. ☎ 01-45-75-20-49. • pacific-hotel-paris.com • Ⓜ Émile-Zola ou Dupleix. Ouv tte l'année. Doubles 80-96 € ; familiales ; petit déj 8,30 € (gratuit moins de 12 ans). Un petit déj/pers offert le w-e sur présentation de ce guide.* Voilà un petit hôtel bien au calme ; accueil souriant et simplicité des chambres somme toute fonctionnelles. Pour les familles, également des chambres communicantes. C'est propre et bien tenu mais sans vrai charme. Pour les séjours d'au moins 5 nuits, on trouve, dans une annexe de l'hôtel à quelques numéros, des studettes permettant une grande autonomie *(92 €/nuit).*

Hôtel Auguste *(plan couleur C2, **6**) : 25, rue Alain-Chartier, 75015. ☎ 01-48-28-66-48. • hotelauguste.com • Ⓜ Convention. Ouv tte l'année. Doubles 75-160 € ; petit déj 10 €.* Dans une rue tranquille à deux pas de l'animation du carrefour Convention-Vaugirard (bonne boulangerie), cet immeuble Art déco tout de brique, béton et fer forgé offre une vingtaine de chambres simplement aménagées mais assez confortables (AC, TV) et d'un bon rapport qualité-prix-accueil. Les moins chères partagent les sanitaires sur le palier.

Splendid Hôtel *(plan couleur C2, **7**) : 54, rue Fondary, 75015. ☎ 01-45-75-17-73. • splendid-hotel-paris.com • Ⓜ Commerce ou La Motte-Picquet-Grenelle. ♿ Doubles 120-130 € ; petit déj 9,50 €. Réduc dès 3 nuits le w-e.* Au calme mais à quelques mètres de l'animation de la fameuse rue du Commerce, on est séduits par cet hôtel d'une quarantaine de chambres petites et confortables, récemment rénovées sur une touche contemporaine simple et plaisante. Bon accueil.

Aberôtel Montparnasse *(plan couleur C2, **9**) : 24, rue Blomet, 75015. ☎ 01-40-61-70-50. • aberotel.com • Ⓜ Volontaires ou Sèvres-Lecourbe. Ouv tte l'année. Doubles 160-180 € ; petit déj-buffet 12 €.* Hôtel 3 étoiles au charme discret. Les chambres, petites mais proprettes et climatisées, ont un léger parfum d'Extrême-Orient grâce à quelques détails de déco, simple et de bon goût, et on appréciera l'espace offert par les chambres n°s 402 et 403

15e

(plus chères). Agréable patio étroit mais fleuri. Atmosphère feutrée et couleurs apaisantes, prolongement d'un accueil courtois et pro.

Hôtel Lilas Blanc *(plan couleur C1,* ***10****) : 5, rue de l'Avre, 75015. ☎ 01-45-75-30-07. • hotel-lilas-blanc-paris.fr • Ⓜ La Motte-Picquet-Grenelle. Congés : août et 1 sem à Noël. Doubles 90-115 € ; petit déj 10 €. Chèques et cartes Amex refusés. Réduc de 3 € sur le prix de la chambre sur présentation de ce guide.* Dans une rue tranquille, un hôtel simple aux chambres pratiques et sans chichis, avec des salles de bains nickel. Celles de la série 3 sont plus grandes... Et pour le petit déj, soleil dans le patio en été.

Hôtel de la Paix *(plan couleur B2,* ***11****) : 43, rue Duranton, 75015. ☎ 01-45-57-14-70. • paix-paris-hotel.com • Ⓜ Boucicaut ou Convention. Ouv tte l'année. Doubles 65-150 € ; petit déj 9,80 €. Parking payant.* Hôtel confortable et situé dans une rue calme. Salle de petit déj avec tables en fer forgé et petite fontaine. Chambres à la déco classique dans des tons chauds, pour une ambiance feutrée. Salles de bains contemporaines particulièrement soignées. Accueil familial.

De prix moyens à chic

Platine Hôtel *(plan couleur B1-2,* ***15****) : 20, rue de l'Ingénieur-Robert-Keller, 75015. ☎ 01-45-71-15-15. • platinehotel.fr • Ⓜ Charles-Michels. ♿ Doubles 129-345 € ; petit déj 15 €.* Vous aimez les blondes, le rouge à lèvres bien rouge et l'ambiance fifties ? Des chaises de réalisateur aux extraits de film dans l'ascenseur, tout évoque ici l'univers de Marylin Monroe. Dans certaines chambres (plus chères), un lit de forme ronde, un balcon – mais on ne vient pas ici pour la vue – ou une baignoire balnéo promettent de doux moments de cocooning, à prolonger au spa (privatisable). Pour cinéphiles et amoureux.

Hôtel Korner Montparnasse *(plan couleur D2,* ***17****) : 54, rue Falguière, 75015. ☎ 01-43-20-70-70. • montparnasse@hotelkorner.com • Ⓜ Pasteur. Doubles 110-180 € ; petit déj-buffet 9,50 €. Café offert sur présentation de ce guide.* Il porte bien son nom celui-là, à l'angle du boulevard Pasteur. Et il cache bien son jeu car derrière une façade anodine, on découvre un nid douillet baigné de lumière et tout fleuri : salle de petit déj (confitures maison) organisée comme une cuisine à vivre, autour de la grande table d'hôtes, et, dans les étages, petites chambres simples mais coquettes et parfaitement insonorisées. Le must, le micro-*rooftop,* inondé de soleil... L'accueil y est personnalisé, et c'est bien tout ce qui fait la différence, pour les touristes en transit (l'entrée sud de la gare Montparnasse est à deux pas), comme pour les autres... Si celui-ci est complet, tentez votre chance au *Korner Eiffel,* mêmes propriétaires.

Hôtel de l'Exposition-Tour Eiffel *(plan couleur B1,* ***14****) : 42 bis, rue du Théâtre, 75015. ☎ 01-45-77-59-65. • expositionhotel.com • Ⓜ Charles-Michels ou Dupleix. Doubles 85-179 € ; petit déj-buffet 12 €. Parking payant.* L'ambiance feutrée du *lobby* vous plonge dans les années 1950 modernisée. Des chambres contemporaines, cosy et confortables, avec salles de bains aux lignes épurées. Pierre de taille dans la salle du petit déj. Bref, un mélange subtil d'actualité et d'hommage au vieux Paris.

Villa Toscane *(plan couleur C2,* ***16****) : 36-38, rue des Volontaires, 75015. ☎ 01-43-06-82-92. • hotelvillatoscane.fr • Ⓜ Volontaires. Resto tlj sauf dim 20h-22h30. Congés : 3 premières sem d'août. Doubles 119-129 € ; pas de petit déj. Menus 28-32 €.* La *Villa Toscane* est une adresse unique dans Paris. En tout, 7 chambres qui nous projettent dans une ambiance baroque où tout est antistandard : murs et plafonds drapés de tissus fleuris, lits en fer forgé... À l'image de l'atypique meuble utilisé pour la réception, brocante romantique dans les chambres, saveurs authentiques dans l'assiette et petite galerie de peinture pour couronner le tout.

Hôtel Amiral *(plan couleur C2,* ***18****) : 90, rue de l'Amiral-Roussin, 75015. ☎ 01-48-28-53-89. • hotelamiral.*

com • Ⓜ Vaugirard. Congés : août. Doubles 99-129 € ; copieux petit déj-buffet 10,80 € (offert pour tte résa en direct). Ah, le bel *Amiral* que voilà ! Petit hôtel sans prétention, si discret derrière la mairie du 15e et pourtant doté de nombreuses qualités : accueil gentil, chambres à la déco tendance marine, plutôt agréables, et prix honnêtes. Certaines chambres ont été récemment refaites. Les nos 7, 25, 26, 31 et 32, un peu plus chères, ont un balcon et une vue très parisienne, avec la tour Eiffel au loin.

Hôtel Baldi *(plan couleur C2,* **19***) : 42, bd Garibaldi, 75015. ☎ 01-47-83-20-10. • baldi-paris-hotel.com • Ⓜ Cambronne ou Sèvres-Lecourbe. Ouv tte l'année. Doubles 110-185 € ; petit déj 12 €.* Un hall stylé s'ouvre sur des chambres agréables et soignées, dotées de tout le confort possible. Des salles de bains spacieuses, un petit déjeuner qu'on prend dans une petite salle calme ou dans le micropatio quand le soleil est de la partie ! Accueil prévenant.

Hôtel-résidence Quintinie' Square *(plan couleur C2,* **20***) : 5, rue La Quintinie, 75015. ☎ 01-47-83-94-34. • paris-hotel-quintinie.com • Ⓜ Volontaires. Réception ouv 8h30-12h30, 14h30-19h30. Chambres-studios 110-190 € ; petit déj 9 €. Parking payant.* Fenêtres sur un délicieux petit square, pierre à nu, déco campagne chic à Paris, patio fleuri et confort contemporain : l'alliance est réussie pour cette adresse pleine de charme. Dans chaque studio, une kitchenette aménagée permet d'être à l'hôtel comme chez soi. Les plus chers sont plus spacieux et donnent sur le parc. Et en prime, un large sourire à l'accueil.

Hôtel Amiral-Fondary *(plan couleur B1,* **22***) : 30, rue Fondary, 75015. ☎ 01-45-75-14-75. • amiral-fondary.com • Ⓜ Émile-Zola ou La Motte-Picquet-Grenelle. ♿ Ouv tte l'année. Résa conseillée. Doubles 129-169 € ; petit déj-buffet 10 €. 10 % sur le prix de la chambre 15 juil-31 août sur présentation de ce guide.* Bien situé entre la rue du Commerce et La Motte-Picquet-Grenelle, coins vivants et sympas du 15e. Les chambres, régulièrement rénovées dans un style simple et plutôt agréable, sont confortables. Joli patio bien aménagé et fleuri, très sympa pour prendre son petit déj. Prix honnêtes pour la qualité du lieu.

Hôtel Vic Eiffel *(plan couleur C2,* **24***) : 92, bd Garibaldi, 75015. ☎ 01-53-86-83-83. • hotelviceiffel.com • Ⓜ Sèvres-Lecourbe. ♿ Ouv tte l'année. Doubles env 120-230 € ; petit déj-buffet 14 €. Café offert sur présentation de ce guide.* Face à l'élégante et pittoresque ligne de métro aérien qui sillonne le 15e, cet hôtel livre de belles chambres contemporaines lumineuses, chaleureuses et cosy. Ultra-confortables (machine à café...) et bien insonorisées. Même ambiance pour le salon-salle à manger avec ses fauteuils, canapés et lampes design ; le tout flanqué d'un patio sympa et d'une belle terrasse. Excellent accueil. On aime !

Hôtel Délos Vaugirard *(plan couleur C2,* **23***) : 7, rue du Général-Beuret, 75015. ☎ 01-56-56-63-90. • hoteldelosparis.fr • Ⓜ Vaugirard. Doubles 119-179 € ; petit déj-buffet 10 €. Parking payant.* Une adresse discrète et charmante, où l'accent est mis sur le confort de ses hôtes. À commencer par l'accueil, qui fait la différence! Chambres et parties communes cosy, rénovées avec goût. Les chambres sont assez petites dans l'ensemble mais calmes. Certaines donnent sur le petit bout de jardin, où sont également servis les petits déjeuners aux beaux jours.

Hôtel de l'Avre *(plan couleur C1,* **21***) : 21, rue de l'Avre, 75015. ☎ 01-45-75-31-03. • hoteldelavre.com • Ⓜ La Motte-Picquet-Grenelle. ♿ 2 parkings à moins de 5 mn de l'hôtel. Ouv tte l'année. Doubles 110-160 € ; petit déj 11 €.* Un petit hôtel de charme à prix plutôt doux. Chaleureuse ambiance un peu « maison de campagne » : belles chambres personnalisées où la déco a été pensée avec goût dans les moindres détails : meubles anciens, vieilles photos, gravures anciennes... Celles donnant sur le vrai jardin sont particulièrement agréables et possèdent une grande salle de bains. On aime ! Excellent rapport qualité-prix-accueil.

De chic à plus chic

Hôtel Eiffel Blomet *(plan couleur C2,* ***27****) : 78, rue Blomet, 75015. ☎ 01-53-68-70-00. • hoteleiffelblomet.com • Ⓜ Vaugirard. Doubles 140-215 € (plus pour les suites avec balcon).* L'architecture Art déco du bâtiment, aux lignes géométriques, rappelle la vitalité de ce quartier à l'époque des Années folles, quand, à deux pas de là, l'ancien *Bal Nègre* faisait salle comble. Entièrement décoré dans un style qui reprend les codes du genre, l'ensemble paraît d'une authenticité à s'y méprendre... comme la piscine, de belle taille, et le spa, au sous-sol, pourtant créés dans un parking ! Déco identique dans toutes les chambres, dont le prix varie du simple au triple suivant la taille. Les standards sont déjà très bien. Accueil classe. *NOUVEAUTÉ.*

Hôtel Eden *(plan couleur C2,* ***25****) : 110, rue Blomet, 75015. ☎ 01-48-28-13-95. • hoteledenparis.com • Ⓜ Vaugirard. Ouv tte l'année. Doubles 125-220 € ; petit déj 15 € (parfois 10 € selon offres sur leur site internet).* Au jardin (un agréable patio verdoyant aménagé qui prolonge la salle de petit déj) comme dans les parties communes ou la jolie cage d'escalier, trône le fruit défendu. Style contemporain de bon goût pour cet élégant hôtel paré de superbes papiers peints qui donnent le ton de chaque chambre. Une trentaine de chambres, de tailles variables, confortables et douillettes. Accueil pro et souriant.

Hôtel Vice Versa *(plan couleur B2,* ***26****) : 213, rue de la Croix-Nivert, 75015. ☎ 01-55-76-55-55. • viceversahotel.com • Ⓜ Convention. Ouv tte l'année. Doubles 95-315 € ; petit déj 15 € (parfois inclus selon offres sur leur site internet).* Un concept-hôtel entièrement décoré par Chantal Thomass, avec le côté glamour et *girly* qu'on lui connaît. Les 7 péchés capitaux sont déclinés dans les étages avec une foule de détails bien vus et, comme de bien entendu, l'unique chambre dédiée à la gourmandise voisine la salle rose bonbon des petits déj ! L'étonnante réception, d'un blanc immaculé, représente quant à elle le paradis. Excellent confort, identique dans toutes les chambres. Seule la taille de la salle de bains détermine le prix. Humour, esprit décalé, belles trouvailles et originalité. Décidément, pécher a du bon !

Hôtel Okko *(plan couleur A3,* ***28****) : 2, rue du Colonel-Pierre-Avia, 75015. ☎ 01-45-01-17-00. • okkohotels.com • Ⓜ Balard ou Porte-de-Versailles ; Ⓣ Suzanne-Lenglen. Doubles 140-215 € (plus pour les suites avec balcon).* Cette récente chaîne d'hôtels contemporaine vient de surgir aux portes de la capitale, dans un immeuble anguleux et vitré au look futuriste que l'on doit à l'architecte star Jean-Michel Wilmotte. Mais la surprise vient des chambres, conçues comme des cocons selon un design épuré et une fonctionnalité haut de gamme. Grande originalité aussi du concept, où tout est compris dans le prix de la chambre, du petit déj au spa, en passant par l'*aperitivo* dès 18h, avec boisson et buffet de mignardises. L'immense pièce à vivre, baignée de lumière, fait office d'espace de *coworking* en journée. Bien agréable. *NOUVEAUTÉ.*

Où manger ?

De très bon marché à bon marché

La Table d'Hubert *(plan couleur A2,* ***34****) : 148, av. Félix-Faure, 75015. ☎ 01-45-54-12-26. Ⓜ Balard. Lun-ven 12h-14h30, 19h30-22h. Formules déj 16-18 € ; carte env 25 €.* À proximité de la place Balard, Hubert, le frère de Philippe Gloaguen, cofondateur du *Routard,* propose des plats du terroir authentiques et de saison, accompagnés de vins d'artisans vignerons. Ici, pas de plats gastronomiques, mais des spécialités traditionnelles cuisinées dans les règles. Une adresse conviviale et d'un excellent rapport qualité-prix.

La Cave de l'Os à Moelle *(plan couleur B2,* ***30****) : 181, rue de Lourmel, 75015. ☎ 01-45-57-28-28. Ⓜ Lourmel. Tlj sauf lun 12h-15h, 19h-22h30.*

Congés : 3 sem en été et 1 sem en hiver. Résa conseillée. Menu unique 25 €. *L'Os à Moelle* remet le couvert côté cave, version table d'hôtes. On commence par une terrine et des crudités en entrée, puis chacun va se servir au fond de la salle, dans les casseroles qui mijotent sur le fourneau. Suivent les fromages et un buffet de desserts. Le top, ce sont les vins à prix imbattables, qu'on choisit soi-même dans les casiers. Le soir, les grandes tablées sont très prisées. Une adresse hors du temps et insolite pour la capitale !

Aux Artistes *(plan couleur D2,* ***31****) : 63, rue Falguière, 75015. ☎ 01-43-22-05-39. Ⓜ Pasteur ou Falguière. Tlj sauf sam midi et dim ; service 12h-14h30, 19h30-minuit. Congés : août et fêtes de fin d'année. Formule déj 12 € ; menu 15 € le soir.* Ce resto est un cas ! Modigliani et Foujita y venaient au temps de la Cité des artistes. L'atmosphère et le décor hétéroclite n'ont pas bougé d'un pouce. Affiches et objets colorés partout. Clientèle mélangée et bruyante mangeant au coude-à-coude des plats bien franchouillards et de bonne facture, du genre bourguignon, tartare ou tripes à la mode de Caen. Et à des prix d'avant guerre ! Les soirs de week-end, aux heures cruciales, pas mal d'attente, mais le kir au comptoir est bien bon. Service efficace et à la bonne franquette.

Le Petit Pan *(plan couleur C3,* ***32****) : 18, rue Rosenwald, 75015. ☎ 01-42-50-04-04. Ⓜ Plaisance ou Convention. Tlj sauf dim-lun ; service 12h-14h30, 19h-23h. Congés : 1 sem fin avr, 3 sem en août et 1 sem en déc. Le midi, menus 15-20 € en sem, 22 € sam ; carte 20-25 € ; tapas env 8 €.* Boosté par le franc succès du *Grand Pan,* le chef Benoît Gauthier a remis le couvert juste en face, dans le même esprit de franche convivialité, avec une formule et des prix dégraissés. Ambiance bistrot au déjeuner, atmosphère bar à vins le soir. À l'ardoise, délicieuses tapas chaudes ou froides, charcuterie de 1er choix, comme l'ensemble des produits ; le tout à dévorer sur de grandes tables. Ambiance chaleureuse.

Le Café Noisette *(plan couleur B3,* ***35****) : 74, rue Olivier de Serres, 75015. Ⓜ Convention. ☎ 01-45-35-86-21. • cafenoisette@orange.fr • Ouv tlj midi et soir. Attention, 2 services le soir. Fermé sam midi et dim. Carte seulement : plats 12-16 €, entrées et desserts 7-10 € ; tapas le soir 6-15 €.* À peine 1 km, à pinces, sépare l'excellent bistronomique *Beurre Noisette* de ce nouveau café au décor de brique et de bois clair. Au déjeuner, plats de saison et de tradition réalisés avec d'excellents produits : vichyssoise à l'huile de truffe, asperges blanches sauce mousseline, saucisse de canard purée à la crème ou encore la fondante épaule d'agneau confite servie en cocotte. Le soir, assiettes de tapas à partager – ou pas ! – façon apéro-dînatoire. Et belles ardoises de vins bien choisis servis au verre ou en 50 cl à des prix démocratiques. Desserts dans la veine bistrotière : entre la légère (trop ?) salade de fruits et l'onctueux riz au lait, notre cœur n'a pas balancé longtemps. Une adresse qui réveille sacrément ce coin résidentiel du 15e. *NOUVEAUTÉ.*

Croccante *(plan couleur D2,* ***33****) : 138, rue de Vaugirard, 75015. ☎ 01-47-83-37-28. Ⓜ Falguière. Tlj sauf lun soir et dim 12h-14h30, 19h-22h30. Résa conseillée. Carte env 32 €.* Un p'tit caboulot avec une poignée de tables, qui fait le plein pour sa bonne et généreuse cuisine des familles italiennes. Rien d'extravagant ni de compliqué, mais d'appétissants *antipasti,* de goûteuses pâtes maison et des pizzas. Excellent accueil. Une adresse authentique, bourrée d'habitués.

Le Borromée *(plan couleur C2,* ***36****) : 224, rue de Vaugirard, 75015. ☎ 01-47-34-20-45. Tlj sauf dim 7h (10h sam)-2h (1h sam) ; service 12h-14h30, 19h-22h15. Menus 17 € (midi)-21 € ; plats 14-18 €. Runningsession (1h) jeu à 19h. Apéritif maison offert sur présentation de ce guide.* Juste quelques bons petits plats du jour soignés à l'ardoise, émaillés de saveurs originales et inspirées par la saison. Une cuisine traditionnelle revisitée, doublée d'une petite carte plus classique. À déguster dans une jolie salle à la déco contemporaine, tirant sur l'indus'. Belle carte des vins, l'autre spécialité de la maison. Et puis des planches de charcuterie-fromage pour accompagner un

15^e^

verre à toute heure. Excellent rapport qualité-prix pour cette bonne table du quartier, tenue par un duo sympa.

Chez Eusebio (plan couleur C2, **37**) : *14, rue Miollis, 75015. ☎ 09-50-33-04-03. Ⓜ Cambronne ou Ségur. Tlj sauf dim 12h-14h30, 20h-22h30. Congés : 1 sem fin juil et 3 sem en août. Formule déj 16,50 € ; tapas 8,50-15 €, plats 15,50-19,50 €. Apéritif maison offert sur présentation de ce guide.* Eusebio, galicien d'origine, a posé ses marmites dans le 15e. Il sert tapas et *vino tinto* à prix démocratiques, assiettes de charcuterie et de fromages au top, ainsi qu'une paella maison bien garnie et roborative ! L'ambiance est populaire, l'accueil familial, ce qui sied bien au cadre « bistrot de quartier » où tout le monde se retrouve avec un verre de sangria maison à la main. Une cantine au sens noble du terme.

Erawan (plan couleur C1, **39**) : *76, rue de la Fédération, 75015. ☎ 01-47-83-55-67. Ⓜ La Motte-Picquet-Grenelle. Tlj sauf lun midi et dim 12h-14h30, 19h-22h15. Congés : 3 sem en août. Menus à partir de 16 € le midi, 26 € le soir ; carte midi seulement env 30 €.* Le cadre est agréable, l'accueil courtois et le service efficace. Et quelle constance pour ce pionnier des restos thaïs à Paris ! Parmi les grands classiques de la gastronomie siamoise, la *tom ka kaï* (soupe de poulet au lait de coco) est délicieuse, les ailes de poulet farcies ne manquent pas de saveur, et la salade de seiche à la citronnelle retient notre attention. Et l'air de rien, c'est archiplein tous les midis !

La Petite Auberge (plan couleur B3, **43**) : *13, rue du Hameau, 75015. ☎ 01-45-32-75-71. Ⓜ Porte-de-Versailles. Tlj sauf dim ; service 12h-14h, 19h-22h. Congés : 1 sem en mai, 3 sem en août et la dernière sem de déc. Résa impérative le soir. Plats 11-24 € ; carte 25-28 €. Café offert sur présentation de ce guide.* Siège des supporteurs de l'équipe de rugby du Racing, comme le montrent les murs couverts de maillots et de photos, ce resto est un lieu d'humeur et surtout une bonne adresse de quartier, avec ses habitués. Rien d'extravagant, mais de la bonne bidoche accompagnée de frites. Bon rapport qualité-prix pour ce resto qui tourne avec succès.

Le P'tit Gavroche (plan couleur C2, **42**) : *88, rue Blomet, 75015. ☎ 01-45-31-09-38. Ⓜ Vaugirard. À l'angle de la rue de l'Amiral-Roussin. Tlj sauf dim soir dès 7h ; service 12h-15h, 19h-23h30. Congés : 3 sem en août. Formule déj en sem 14,20 € ; plats 11-17 € ; carte 20-25 €.* Derrière la mairie du 15e, voici un petit resto-bistrot décoré à l'ancienne, avec tables en bois, carrelage au sol et zinc. Accueil attentionné de Momo, le patron, qui va à Rungis la nuit se fournir en produits frais (viande, légumes...). La carte suit donc le rythme du marché pour une cuisine franchouillarde simple à prix honnêtes. Vins de propriété bien choisis.

Prix moyens

Le Casse-Noix (plan couleur B1, **44**) : *56, rue de la Fédération, 75015. ☎ 01-45-66-09-01. Ⓜ Dupleix ou Bir-Hakeim. Lun-ven 12h-14h30, 19h-22h30. Congés : 3 sem en août et 10 j. Noël-Jour de l'an. Formules déj 23-28 € ; menu-carte 35 €.* 3 choix d'entrées, plats et desserts dans le menu, une poignée de suggestions du jour, certains avec supplément, sur l'ardoise. Au moins, on ne se casse pas la noix pour choisir... Les grands classiques bistrotiers sont travaillés avec malice et les poissons toujours cuits à la perfection par Pierre-Olivier Lenormand, un chef doué, également auteur de livres pour enfants ! Pour arroser la fine cuisine de saison, quelques bons flacons issus du Beaujolais. Cadre bistrot d'antan assez bruyant et pas hyper confort que font vite oublier la petite terrine de bienvenue et le contenu des assiettes !

La Cantine du Troquet Dupleix (plan couleur B1, **45**) : *53, bd de Grenelle, 75015. ☎ 01-45-75-98-00. Ⓜ Dupleix. Tlj 7h-22h45 ; service 12h-15h (carte réduite 15h-16h45), 19h-22h45. Fermé 1er janv et 24, 25 et 31 déc. Attention, pas de résa ; certains soirs en fin de sem, attente un peu longue ! Une astuce : venir tôt, ou carrément très tard. Carte env 35 €.* Christian Etchebest a planté là sa 2e *Cantine*, au décor de bistrot chic parisien. Ambiance animée, et clientèle d'ici et d'ailleurs, qui vient surtout pour le contenu de l'assiette : de savoureuses recettes du Sud-Ouest, généreuses et servies avec le sourire... qui font oublier l'attente d'une table. Frites maison taillées au couteau, absolument divines ! Un troquet moderne et bien racé, comme certains flacons de la carte des vins. Belle terrasse sur rue.

L'Intuition Gourmande *(plan couleur C2,* ***46****) : 4, rue Pétel, 75015. ☎ 01-45-32-58-76. Ⓜ Vaugirard. Tlj sauf dim-lun 12h-14h, 19h30-22h. Congés : 3 sem en août. Formule déj en sem 18 € ; menus 29,50-36 €. Café offert sur présentation de ce guide.* On aime bien ce petit bistrot de quartier au cadre chaleureux et assez intime en soirée. Au menu, cuisine bistrotière revisitée par Mathieu Sebban, un chef talentueux qui a fait ses armes chez Pierre Gagnaire. Son secret : de bons produits frais travaillés avec passion, en saupoudrant quelques saveurs inattendues. On s'est régalés ! Belle carte des vins à prix copains. Accueil familial gentil.

Le Radis Beurre *(plan couleur C2,* ***47****) : 51, bd Garibaldi, 75015. ☎ 01-40-33-99-26. Ⓜ Sèvres-Lecourbe. Tlj sauf sam-dim ; service 12h-14h30, 19h30-22h30. Congés : 3 sem en août. Formule déj 27 € ; menu 35 € ; carte env 40 €.* Ce récent bistrot, à l'ombre de la ligne de métro aérien, s'est discrètement taillé une belle place dans le cœur des habitants du quartier et des touristes qui ont trouvé refuge non loin de la tour Eiffel. Le chef, tout aussi discret mais bien expérimenté, élabore une savoureuse cuisine de tradition, rythmée par les saisons, rehaussée d'une pointe de créativité. Autrement dit, une réjouissante cuisine bistronomique aux associations fines et honorée par une sélection de vins futée. Service attentionné, qui sait rester simple, comme ces croquants radis-beurre posés sur la table en guise de bienvenue.

L'Accolade *(plan couleur B2,* ***52****) : 208, rue de la Croix-Nivert, 75015. ☎ 01-45-57-73-20. Ⓜ Porte-de-Versailles. ♿ Tlj sauf dim-lun 12h-14h30, 19h-22h30. Congés : 28-juil-19 août. Formules déj 19,50-24,50 € ; le soir, menu imposé 35 € (avec fromage) ; carte env 40 €.* 3 potes ont décidé de mutualiser leurs compétences pour créer un bistrot tendance qui revisite le terroir avec sincérité. Point de formule pompeuse ni de plats qui se la jouent mais, sur l'ardoise, de belles assiettes bistrotières, généreusement garnies de produits saisonniers. On ne perd pas ses repères avec l'œuf à 63 °C façon meurette, la poitrine de cochon de 33h ou le magret à 66 °C, et on apprécie la justesse des cuissons autant que la touche créative qui réveille certains plats. Tout est sympa, du cadre à l'accueil en passant par l'ambiance. Reste que le niveau de décibels atteint des fréquences parfois assourdissantes.

Le Gastroquet *(plan couleur B2-3,* ***53****) : 10, rue Desnouettes, 75015. ☎ 01-48-28-60-91. Ⓜ Convention. Tlj sauf mer midi et dim ; service 12h-14h30, 19h-22h30. Congés : août et 4 j. à Noël. Formules déj 17-21 € ; carte env 40 €. Apéritif maison offert sur présentation de ce guide.* Voici une salle spacieuse où le savoir-vivre est cultivé ! Du frais exclusivement, dans un registre traditionnel qui ne demande qu'à se dévergonder. Lièvre à la royale, cassoulet d'anthologie, divine salade de crabe... C'est excellent ! Accueil pro et sympathique.

Sawadee *(plan couleur B2,* ***54****) : 53, av. Émile-Zola, 75015. ☎ 01-45-77-68-90. Ⓜ Charles-Michels. ♿ Tlj sauf dim et lun midi 12h-14h30, 19h30-22h30. Congés : 4 sem en août. Formule déj 18,50 € ; menus 25-39 € ; carte env 40 €. Digestif maison offert sur présentation de ce guide.* Une des institutions thaïes de la capitale. Déco dans les tons rouges et or, rehaussée de statues et objets venant tout droit de Thaïlande. Dans l'assiette, un véritable festival de couleurs et de parfums exotiques avec tous les délicieux classiques de la cuisine thaïe, copieux et joliment présentés.

Le Café du Commerce *(plan couleur C2,* ***56****) : 51, rue du Commerce, 75015. ☎ 01-45-75-03-27. Ⓜ Avenue-Émile-Zola ou Commerce. ♿ Tlj 12h-14h30 (15h w-e), 19h-23h.*

Fermé 1er janv, 1er mai et 24-25 déc. Formule déj en sem 17,50 € ; carte env 35 €. Ce *Café du Commerce*, contemporain des bouillons du XIXe s, a de nombreux atouts ; à commencer par son spectaculaire intérieur sur plusieurs niveaux, avec sa déco fleurie et son toit ouvrant aux beaux jours. Bref, une brasserie historique, qui propose des plats tradis, de bonnes viandes à prix démocratiques et un tartare qui se défend bien. L'ambiance est là, bourdonnante le midi, conviviale le soir.

Le Cappiello *(plan couleur C1-2,* ***57****) : 59, rue Letellier, 75015. ☎ 09-83-31-80-86. Ⓜ La Motte-Picquet-Grenelle ou Émile-Zola. Tlj sauf dim soir, lun et mar midi 12h-13h30, 19h30-21h30. Congés : 5-25 janv et 5-25 août. Formules déj en sem 18-24 € ; menu 34 € sam midi et le soir.* Niché dans une rue étroite du 15e, ce resto aurait pu vivre une vie de quartier paisible s'il n'avait fait la une de l'actu... Le motif ? Une 1re place sur TripAdvisor, qui lui vaut une reconnaissance internationale et un carnet de bal prérempli sur 3 mois ! Pour autant, le tout jeune couple tient la cadence, et avec application tant dans le service que dans le soin porté à l'assiette. Madame, d'origine italienne, fait ses pâtes maison et prépare le poisson comme elle l'a appris chez Gérald Passédat, 3 étoiles à Marseille. Au plus frais et au plus précis donc. Les accompagnements ne sont ni secondaires ni chiches. Et les desserts retwistent habilement les grands classiques. Bluffant pour le prix ! Accueil gentil tout plein. *NOUVEAUTÉ.*

Le Volant Basque *(plan couleur B1,* ***55****) : 13, rue Béatrix-Dussane, 75015. ☎ 01-45-75-27-67. Ⓜ Dupleix. Tlj sauf lun midi et dim ; service 12h-14h15, 18h45-22h30. Congés : août et 1 sem à Noël. Menus 24-32 € ; plats 20-25 € ; carte env 45 €.* Ce bistrot de quartier a conservé son nom, donné par son précédent propriétaire, ancien pilote automobile. Il a aussi conservé son ambiance bouillonnante, sa cuisine et ses habitués ! C'est donc au coude-à-coude, voire pare-chocs contre pare-chocs (!), qu'on goûte à une sérieuse cuisine bistrotière, ancrée dans le Sud-Ouest. Beaux morceaux de viande et accompagnements généreux (fameuse, la polenta). Et des vins à prix encore sages. Service naturel enjoué.

L'Atelier du Parc *(plan couleur B3,* ***59****) : 35, bd Lefebvre, 75015. ☎ 01-42-50-68-85. Ⓜ Porte-de-Versailles ; Ⓣ Georges-Brassens. En face du parc des expos. Tlj sauf dim et lun midi ; service 12h-14h30, 19h30-21h30. Congés : 1 sem en janv et 3 sem en août. Formule déj 27 € ; menus 36-85 €.* Précédé d'une terrasse sur le boulevard, c'est un espace design et feutré où le bar lumineux et flashy donne le ton. Vraie cuisine d'artisan, à cheval sur la tradition et respectueuse des saisons, mais bourrée d'idées novatrices et mise à la portée de tous grâce à un large éventail de formules. Desserts confondants et plateau de fromages labellisés ; vins au verre bien conseillés. Service courtois et attentif.

Le Vitis *(plan couleur D2,* ***60****) : 8, rue Falguière, 75015. ☎ 01-42-73-07-02. Ⓜ Montparnasse-Bienvenüe ou Falguière. ♿ Tlj sauf dim soir et lun 12h-14h, 19h30-22h. Belle formule déj sauf dim 17,50 € (verre de vin et café compris) ; le soir, menu-carte 37 €. Apéritif maison offert sur présentation de ce guide.* On est sous le charme de cette cuisine raffinée, servie dans un cadre pourtant d'une simplicité cistercienne (à part une grande fresque bachique). Cuisine inspirée, à l'image de ce cochon de lait fondant aux épices douces, plat phare de la maison. Choix judicieux de vins par cépages. Et très bon accueil. Une bonne adresse dans un coin du 15e (touchant Montparnasse) qui n'en compte pas tant !

Chic

Le Grand Pan *(plan couleur C3,* ***32****) : 20, rue Rosenwald, 75015. ☎ 01-42-50-02-50. Ⓜ Plaisance ou Convention. Tlj sauf sam-dim 12h-14h, 19h30-23h. Congés : 1 sem en mai, 3 sem en août et 1 sem fin déc. Le midi, menus 22-30 € ; carte env 40 €.* « Du temps que régnait le Grand Pan, les dieux protégeaient les ivrognes » : Georges Brassens. C'est la devise accrochée aux murs de ce bistrot. Le chef, Benoît Gauthier, excelle dans l'art de la bistronomie, avec juste ce qu'il faut de créativité. Sa cuisine du

Sud-Ouest est élaborée à partir de produits frais de saison. Magnifiques côtes de veau ou de bœuf de Mauléon ou Limousine, les vedettes de la carte. Belle sélection de vins... Et pour prendre l'apéro, *Le Petit Pan* est juste en face !

Le Beurre Noisette *(plan couleur B3, **61**) : 68, rue Vasco-de-Gama, 75015. ☎ 01-48-56-82-49. Ⓜ Lourmel, Balard ou Porte-de-Versailles. Tlj sauf dim-lun ; service 12h-14h, 19h-22h30. Congés : 4-19 août. Résa indispensable. Formules déj 23-32 € ; le soir, menus 38-56 € ; carte env 45 €.* Thierry Blanqui, chef auvergnat formé à bonne école, concocte une cuisine assez classique et raffinée, qu'il revisite au gré du marché. Pas de fausse note dans l'assiette. Il n'y a qu'à voir la mine réjouie des habitués qui savourent au coude-à-coude cette cuisine inspirée dans les salles bistrotières ou entre potes autour de la grande table d'hôtes. Très belle sélection de vins, assez chère. Une bonne maison, comme on dit !

L'Os à Moelle *(plan couleur B2, **62**) : 3, rue Vasco-de-Gama, 75015. ☎ 01-45-57-27-27. Ⓜ Lourmel. Tlj sauf dim-lun ; service 12h-14h, 19h-22h (22h30 ven-sam). Congés : 3 sem en été et 1 sem en hiver. Menus 20 € (midi en sem)-42 € (dégustation) ; carte env 35 €.* On revient toujours à ses 1res amours, c'est bien connu ! Thierry Faucher en est le parfait exemple, lui qui a fondé cette maison, l'a quittée pour vivre l'aventure « banlieusarde », puis l'a reprise. Ancien du *Crillon,* il joue à merveille une partition bistrotière façon grand chef. L'ardoise, qui varie en fonction du marché et de l'inspiration du chef, est enrichie d'une carte de vins bien pensée, à des prix qui ne surchauffent pas l'addition. Côté desserts, le baba au rhum est une valeur sûre. Juste en face, *La Cave* propose une formule buffet sacrément avantageuse (voir « De très bon marché à bon marché » plus haut).

Afaria *(plan couleur B3, **63**) : 15, rue Desnouettes, 75015. ☎ 01-48-42-95-90. Ⓜ Convention. Tlj sauf dim-lun 12h-14h, 19h-22h30. Congés : août et Noël-Jour de l'an. Résa indispensable. Formules déj en sem 23-27 € ; menu dégustation 45 € ; plats 18-24 €, tapas 5-13 €. Digestif maison offert sur présentation de ce guide.* *Afaria* est une belle affaire de filles qui portent haut la tradition culinaire française. Dans l'assiette, généreuse cuisine de saison, inventive et colorée, qui sublime les bons produits frais régionaux. On s'est régalés ! Cadre chaleureux avec grande tablée idéale pour partager des tapas, accompagnées d'un verre de vin.

Le Concert de Cuisine *(plan couleur B1, **64**) : 14, rue Nélaton, 75015. ☎ 01-40-58-10-15. Ⓜ Bir-Hakeim. Tlj sauf dim, lun midi et sam midi ; service 12h-14h, 19h30-21h30. Résa conseillée le midi. Menus 29-35 € le midi, 49-67 € le soir.* Dans un cadre gris anthracite épuré avec cuisine ouverte sur la salle, le chef japonais Naoto Matsumoto donne libre cours à son talent sur son *teppanyaki* (plaques chauffantes), composant de merveilleux petits plats inspirés et pleins de saveurs franco-nipponnes étonnantes. Attention, à notre avis, surtout un établissement pour déjeuner ; le soir, c'est quand même pas donné !

Le Bélisaire *(plan couleur C2, **65**) : 2, rue Marmontel, 75015. ☎ 01-48-28-62-24. Ⓜ Convention ou Vaugirard. Tlj sauf sam midi et dim ; service 12h-14h, 20h-22h15. Congés : 3 sem en août et 1 sem pour les fêtes de fin d'année. Formules déj 28-31 € ; le soir, menus 33-45 €.* Le chef talentueux, Matthieu Garrel, se démène pour maintenir ses prix tout en continuant à faire évoluer sa cuisine, fine et aboutie. Si l'on ajoute à cela le décor d'authentique bistrot, on voit que tous les ingrédients sont réunis pour savourer un repas sans fausse note.

15e

Où prendre un bon 4-heures ?

Pascal & Anthony *(plan couleur C3, **70**) : 32, rue de Dantzig, 75015. ☎ 01-43-31-20-03. Ⓜ Convention. Tlj sauf lun 7h30-20h. Sandwichs 3,30-4,20 € ; formules 5,90-8,60 €.* Petit déj, déj sur le pouce, goûter... la pause s'impose ! L'un est pâtissier, l'autre boulanger, les 2 formés à bonne école. Que ce soit du côté des viennoiseries au feuilleté et au goût de beurre incomparables ou au rayon gâteaux (éclair au chocolat épatant, tarte citron-*yuzu* acidulée juste ce qu'il faut), Pascal et Anthony maîtrisent leur spécialité. Beau choix de fougasses et sandwichs variés, copieusement garnis. Le tout à déguster dans le parc Georges-Brassens voisin ou tout simplement dans la belle salle d'angle au mobilier contemporain.

Où boire un verre ?

Le Bréguet *(plan couleur D2,* ***75****) : 72, rue Falguière, 75015. ☎ 01-42-79-97-00. Ⓜ Pasteur. Tlj sauf dim 17h (18h sam)-2h. Happy hours 17h-20h. Fermé à Noël et Jour de l'an. Cocktails 6-9 € ; pintes 4,50-7,50 €.* Ce bar surprise de la rue Falguière joue la carte alternative tous azimuts ! Au menu : des cocktails « sanglants », comme l'Hémorragie (crème de cassis, vodka, cidre et bière), et cette satanée rage d'échapper au parisianisme ambiant ! Venus de Mayenne, de Vendée, de Normandie et de Bretagne, les associés, plus déjantés les uns que les autres, ont fait de ce bar perdu d'avance un des lieux les plus délirants de Paname !

Le Cristal *(plan couleur C2,* ***77****) : 163, av. de Suffren, 75015. ☎ 01-47-34-47-92. Ⓜ Sèvres-Lecourbe. ♿ Tlj sauf dim 15h-2h. Congés : Noël-Jour de l'an.* Une adresse *after work* incontournable ! Des bières au prix de la bière, des *shots* au prix d'un *shot* ; enfin un peu d'attention dans ce monde de brutes ! Ne comptez pas en revanche y passer une soirée en tête à tête ou buller tranquillement au comptoir. Le week-end, *Le Cristal* ne désemplit pas jusqu'à la fermeture. Grosse ambiance assurée jusque sur le trottoir. DJ les vendredi et samedi.

Le Général Beuret *(plan couleur C2,* ***76****) : 9, pl. du Général-Beuret, 75015. ☎ 01-42-50-28-62. Ⓜ Vaugirard. Tlj 8h-2h. Pinte 5,90 € ; cocktail 7,50 €.* Dans ce décor haut en couleur assez déjanté, *Le Général* attire toutes les âmes nocturnes et festives du coin. Ici, on sirote des mojitos sous l'œil bienveillant d'un Spiderman pendu au plafond, qui nous encourage même à reprendre un petit *shot*, la spécialité maison. En été, on profite de la terrasse sur rue, bien animée jusque tard. En plus, les consos sont vraiment bon marché. Alors, si vous êtes dans les parages, ne résistez pas à l'appel du *Général* !

Au Dernier Métro *(plan couleur B1,* ***78****) : 70, bd de Grenelle, 75015. ☎ 01-45-75-01-23. Ⓜ Dupleix. Tlj 7h (6h30 mer et dim)-2h pour le bar ; cuisine 10h-1h. Happy hours tlj 16h-20h. Pintes 4,20-5,50 €.* Un bistrot à l'ambiance et au style à part dans le quartier. On adhère à son côté rétro alignant une flopée de vieilles pubs aux murs. Tandis que les planches de charcuterie ou de fromages en direct des Pyrénées obtiennent les suffrages des habitués. On vient donc ici avant tout pour boire un verre et grignoter. Bon accueil.

Guinguette La Javelle *(plan couleur A2,* ***79****) : port de Javel-Bas, 75015. Tlj 12h-minuit.* La péniche déploie tables, chaises, lumières multicolores et bonne humeur sur le quai de Seine, face au parc André-Citroën. Plusieurs *food trucks* de qualité pour nourrir les affamés, et la péniche se transforme en salle de concerts (latino, karaoké, live...) et de danse. *NOUVEAUTÉ.*

Où sortir ?

Bal Blomet *(ex-Bal Nègre ; plan couleur C2,* ***80****) : 33, rue Blomet, 75015. • balblomet.fr • Ⓜ Sèvres-Lecourbe ou Volontaires. Jeu-dim soir. Programmation et résa sur • balblomet.fr • Resto ouv mar-sam midi et soir (jusqu'à 22h30), plus dim midi. Congés : 1 mois en juil-août. Résa indispensable.*

Le QG de campagne d'un candidat antillais à la députation, plus féru de musique que de politique, est devenu l'un des cabarets les plus en vogue à la fin des années 1920, fréquenté entre autres par Hemingway, Fitzgerald, Foujita, Kiki de Montparnasse, Man Ray et toute l'avant-garde. Joséphine Baker s'y est produite. L'atmosphère y était bouillonnante. Dans ces Années folles, il suffisait de dire 33 au taxi pour arriver à bon port ! Tombé dans l'oubli, l'ancien *Bal Nègre* renaît grâce à la ténacité d'un ancien tradeur, passionné de musique. Après un long lifting réussi, suivi d'une importante polémique au sujet de son ancien nom, le petit cabaret à l'atmosphère intimiste avec sa mezzanine et son grand mur de pierre connaît une nouvelle vie avec une programmation éclectique entre jazz et comédie musicale. Petite grignote et boissons dans la salle de spectacle. Sinon, possibilité de dîner avant le spectacle au bistrot, *La Table du Bal.*

À voir

AUTOUR DE LA TOUR ET DE LA GARE MONTPARNASSE

Voir également « Montparnasse » dans le 14e arrondissement, qui est limitrophe.

CE N'EST PAS UN JOUET

Gare Montparnasse, on trouve le plus petit camion de pompier du monde (2 m de long sur 1 m de large !), garé au début du quai no 1 et qui fonctionne sur batterie. Tout y est : grande échelle, gyrophare, et il est... rouge.

L'observatoire panoramique de la tour Montparnasse *(plan couleur D2) : ☎ 01-45-38-52-56. • tourmontparnasse56.com • Ⓜ Montparnasse-Bienvenüe. ♿ (accès direct au 56e étage pour les pers handicapées). Possibilité d'accéder au sommet tlj 9h30-22h30 (23h ven-sam et veilles de fêtes ; 23h30 en été). Montée : 17 € (cher !) ; réduc ; gratuit moins de 4 ans.* Construite sur l'emplacement de l'ancienne gare Montparnasse où fut signée, le 25 août 1944, la reddition de la garnison allemande. Une plaque rappelle cet événement sur l'un des piliers du centre commercial. La tour fut achevée en 1973 et mesure quelque 210 m de haut. 25 ascenseurs, dont l'un des plus rapides d'Europe (196 m en 38 s !), 1 300 bureaux, 7 200 fenêtres et 56 piliers de béton, coulés à 80 m de profondeur pour supporter l'énorme masse d'acier et de verre. Du sommet, on a le plus haut point de vue face à la tour Eiffel ! Vue superbe sur la capitale, bien sûr, ainsi qu'un parcours interactif (expo de photos sur le vieux Paris, activités pour les enfants pendant les vacances scolaires...). Monter jusqu'à la terrasse : plus spectaculaire encore, avec une vue à 360° qui porte jusqu'à 40 km par temps clair. Possibilité de grignoter ou boire (bar à champagne) quelque chose. La tour va se refaire une beauté – plutôt une véritable mue d'ailleurs – et devenir méconnaissable (ouf !) : un vaste chantier va débuter en 2019, et qui aura pris fin pour les J.O. de 2024. À suivre donc.

Le musée de la Poste *(plan couleur D2) : 34, bd de Vaugirard, 75015. ☎ 01-42-79-24-24. • museedelaposte.fr • Ⓜ Montparnasse-Bienvenüe (sortie « Gare SNCF » ou « Place Bienvenüe »), Pasteur ou Falguière. ♿ Horaires et tarifs inconnus à l'heure où nous bouclons ce guide. Boutique et guichet philatélique.* Après 4 années de fermeture, ***le musée de la Poste rouvre ses portes entre mars et juin 2019.*** L'histoire de la poste, depuis les prémices de l'Antiquité sur tablette d'argile – où il suffisait de casser la coque d'argile pour lire son message – jusqu'à nos jours, y est dévoilée selon une muséographie totalement réinventée, moderne et aérée. En plus des objets relatant l'épopée postale, les philatélistes seront à la fête avec une riche présentation de timbres-poste.

Le musée Bourdelle (plan couleur D2) : *18, rue Antoine-Bourdelle, 75015. ☎ 01-49-54-73-73. • bourdelle.paris.fr • Ⓜ Falguière ou Montparnasse-Bienvenüe (sortie « Place Bienvenüe »). Bus nos 48, 91, 92, 94, 95 et 96. ♿ Tlj sauf lun et j. fériés 10h-18h. GRATUIT (expos temporaires payantes). Audioguide : 5 €. Cycles de visites-ateliers pour les visiteurs malvoyants, lesquels peuvent d'ailleurs toucher un certain nombre de sculptures. Nombreux ateliers pour enfants et pour adultes sur rdv, visites, animations, ateliers et conférences pour individuels (rens et résas : ☎ 01-84-82-14-55 ou • action-culturelle.bourdelle-zadkine@paris.fr •).*

Très beau musée, étonnamment méconnu, à la fois atelier d'artiste à l'image de ceux des Montparnos et espace d'exposition retraçant l'œuvre magistrale de l'artiste.

Praticien de Rodin, Bourdelle fut par la suite le maître de Giacometti, Germaine Richier et Vieira Da Silva, entre autres. Le musée est inauguré en 1949 dans la maison, l'atelier et les jardins où Bourdelle travailla jusqu'à sa mort en 1929. L'appartement de Bourdelle ainsi que son atelier ont été religieusement préservés et nous livrent l'intimité de l'artiste. L'ensemble est complété par le grand hall des plâtres, ainsi que d'une galerie dont les arcades – inspirées de la place Nationale de Montauban – bordent le jardin extérieur. Depuis la balustrade, joli point de vue sur le jardin et les sculptures côté rue. Une extension par l'architecte Christian de Portzamparc, en 1992, a permis de redéployer les collections, et la nouvelle muséographie, conçue en 2012, de les mettre mieux en valeur. Études, esquisses, réductions et plâtres permettent de suivre les différentes phases d'élaboration des sculptures. Parmi les chefs-d'œuvre renommés, on trouve le célèbre *Héraklès archer,* la *Tête d'Apollon* sur son socle cubiste, la voluptueuse *Pénélope,* dont le modèle fut la 1re épouse de Bourdelle...

– ***Hall des plâtres :*** à gauche, sous les arcades ; regroupe, comme son nom l'indique, les plâtres, dont une immense *Vierge à l'offrande* et des bas-reliefs du théâtre des Champs-Élysées, inspirés par Isadora Duncan et Nijinsky. Voir aussi *Pénélope,* qui attend le retour d'Ulysse. Ce sont les 2 femmes de Bourdelle qui lui ont inspiré ses traits et cette posture mélancolique. On retrouve la plupart de ces sculptures en bronze aux sujets souvent mythologiques dans les jardins.

– ***Ateliers :*** ne pas manquer l'atelier de sculpture de Bourdelle, réaménagé le plus fidèlement possible à ce qu'il était, d'après les photos laissées par l'artiste. Les meubles auraient été réalisés par le père de Bourdelle, ébéniste d'art. Même intimité dans l'atelier de peinture – en fait une seule pièce –, qui présente quelques œuvres, mais surtout des objets assez hétéroclites de sa collection personnelle. L'occasion de constater une fois de plus à quel point le maître s'inspirait de l'Antiquité et du Moyen Âge.

– ***Salles chronologiques :*** aménagées dans d'anciens ateliers, avec une lumière naturelle extra. Un panorama de l'évolution du travail de l'artiste, depuis ses débuts à Montauban (il en reste peu de traces) jusqu'à ses travaux de maturité et son rôle d'enseignant, qu'il prenait très à cœur. Intéressant aussi pour comprendre le passage de l'œuvre d'origine, en argile (en général détruite par la suite), aux moulages en plâtre et aux fontes en bronze. Puis, dans le couloir qui mène à l'extension Portzamparc, belle série de bustes de Beethoven, que Bourdelle traita presque comme des autoportraits, et qu'il retravailla plusieurs fois au cours de sa carrière.

– ***Salles Portzamparc :*** en sous-sol, beaux espaces et volumes sobres pour le *Monument à Mickiewicz* (remarquable *Épopée polonaise*) et pour le *Monument aux morts de la guerre de 1870 à Montauban* (*Figures hurlantes* ou *La Guerre*). Tout au bout, la salle d'expos temporaires.

– ***Jardin :*** figures du *Monument au général Alvear,* dont *La Force.* Dans les jardins intérieurs, tout au fond, la statue équestre en bronze du général Alvear permet de se représenter le monument qui se dresse à Buenos Aires à 14 m de hauteur. Très beau *Centaure mourant* et *Vierge à l'offrande* encore plus impressionnante en bronze qu'en plâtre.

AUTOUR DU PARC GEORGES-BRASSENS

La villa Santos-Dumont (plan couleur C3) **:** *accès au niveau du 32, rue Santos-Dumont, 75015.* Ⓜ *Porte-de-Vanves.* Charmante petite impasse pavée bordée de jolies maisons basses en brique, entrelacées de verdure. Au total, 25 pavillons élevés dans les années 1920 sur ce qui n'était encore, sous Napoléon III, que vignes et champs de blé ! Zadkine demeura 10 ans au n° 3 ; Fernand Léger a habité au n° 4 ; et au n° 10, on trouve un contemporain, le dessinateur Franck Margerin. Au n° 15, belles mosaïques composées par Gatti, qui habita également ici. Ce lieu public calme au passé prestigieux avait aussi séduit Georges Brassens, qui vécut les dernières années de sa vie (il est mort en 1981) juste à côté, au 42, rue Santos-Dumont...

15e

Le parc Georges-Brassens (plan couleur C3) **:** *accès rue des Morillons, rue Brancion ou rue des Périchaux, 75015.* Ⓜ *Porte-de-Vanves. Tlj 8h (9h w-e et j. fériés)-21h30 (20h30 avr et sept, 19h30 oct, 19h mars, 17h45 nov-fév).*
C'est un parc de 8,7 ha ouvert en 1985 à l'emplacement des anciens abattoirs de Vaugirard, dont il subsiste quelques souvenirs architecturaux : 2 énormes taureaux en bronze devant l'entrée principale, rue des Morillons ; la tour à l'horloge, centre du marché à la criée ; et les halles aux chevaux, côté rue Brancion, qui abritent désormais le *marché du livre ancien* *(w-e 9h-18h).*

36, RUE DES MORILLONS : LE RENDEZ-VOUS DES ÉTOURDIS

Créé en 1893 par le préfet Lépine, le bureau des objets trouvés de Paris abrite quelque 6 km d'objets mis bout à bout, soit la distance entre Notre-Dame et la porte Maillot... Oubliés dans les transports en commun ou les taxis, jeux de clés, papiers d'identité, téléphones portables et doudous en pagaille, mais aussi, plus surprenants, robe de mariée, crâne d'alligator, jambe de bois ou médaille de la Légion d'honneur...

Le parc offre des paysages variés sur une forte dénivelée, où les enfants sont les rois : terrain d'escalade, jeux en tout genre, sans oublier manège, promenades à dos de poney et même un Guignol (activités payantes).
Entre petite rivière, pont, belvédère, fontaines et bassin à canards, on découvre aussi de nombreuses variétés de plantes, et un *jardin des Senteurs* permet aux malvoyants de s'initier à la botanique à l'aide d'étiquettes en braille.
Également des ruches, célébrées le 1er week-end d'octobre lors de la fête du Miel.
Et, enfin, 720 pieds de vigne – constituant le 2e vignoble parisien après Montmartre – vinifiés sous le nom de « clos des Morillons ».

La Petite Ceinture du 15e (plan couleur A-B2-3) **:** *accès rue Olivier-de-Serres (ascenseur), rue de Vaugirard, rue Desnouettes (ascenseur), rue Lecourbe ou pl. Balard (ascenseur), 75015.* Ⓜ *Porte-de-Versailles ou Balard ;* Ⓣ *Georges-Brassens, Porte-de-Versailles, Desnouettes ou Balard. Tlj 9h (9h30 w-e et j. fériés)-20h30 (19h30 avr et sept, 18h30 oct, 18h mars, 16h45 nov-fév).* Construite autour de la capitale au Second Empire pour relier les gares parisiennes, c'est une voie ferrée qui transporta des voyageurs jusqu'en 1934, puis des marchandises. Abandonnée à la nature depuis l'arrêt de son exploitation dans les années 1970, la Petite Ceinture du 15e a été réaménagée en une promenade de 1,3 km de long reliant la rue Olivier-de-Serres (parc Georges-Brassens) à la place Balard (parc André-Citroën). Un véritable corridor vert suspendu offrant des paysages inédits sur la ville, ainsi qu'une biodiversité singulière réunissant près de 220 espèces de plantes et d'animaux sur 3,5 ha (panneaux explicatifs). Une expérience assez déroutante !

LE PARC ANDRÉ-CITROËN (plan couleur A2)

Accès quai André-Citroën, rue Leblanc, rue Saint-Charles, rue de la Montagne-de-la-Fage, rue de la Montagne-de-l'Espérou ou rue Cauchy, 75015.

Ⓜ Javel, Lourmel ou Balard ; RER C : Boulevard-Victor ; Ⓣ Pont-du-Garigliano. ♿ (partiel : la grande pelouse, le Jardin blanc et le Jardin noir). Tlj 8h (9h w-e et j. fériés)-21h30 (20h30 avr et sept, 19h30 oct, 19h mars, 17h45 nov-fév).

Inauguré en 1992, le parc occupe les terrains des anciennes usines Citroën. 2 serres, un axe symétrique, une large perspective sur la Seine, de vastes pelouses, de l'eau... c'est une sorte de Versailles moderne, disent les admirateurs. Déployé sur 14 ha, le parc se divise en 3 zones distinctes : le *Jardin blanc,* le *Jardin noir* et le *grand parc.* Bref, une belle conciliation entre la ville et la nature, à l'image de ces 2 immenses serres à l'architecture aérienne, la vaste esplanade et le miroir de verdure bordé d'eau. En contrebas, il fait bon flâner dans le *Jardin argenté,* aux doux noms poétiques tels l'euphorbe ou la fétuque glauque. Le *Jardin bleu* offre, quant à lui, des chaises longues pour se prélasser au soleil. Enfin, le *Jardin en mouvement,* notre préféré, demeure un gentil désordre végétal, domestiqué par les lignes rigoureuses du parc.

D'OBUS EN CHEVRONS

Face à la pénurie de munitions lors de la Grande Guerre, l'ingénieur André Citroën se spécialisa, dès 1915, dans la fabrication de munitions. Il fit fortune avec une production qui atteignit les 20 000 obus par jour. La paix revenue, il reconvertit l'usine et se lança dans la construction automobile. En 1919, 30 voitures sortaient chaque jour des chaînes de montage. Il perdra ses usines au casino.

Aux beaux jours, la guinguette ***La Javelle*** *(plan couleur A2,* ***79****)* déploie tables, chaises, lumières multicolores et bonne humeur sur le quai de Seine, face au parc André-Citroën (voir plus haut la rubrique « Où boire un verre ? »).

Le parc héberge aussi le fameux ***ballon de Paris.*** Retenu au sol par un câble, il s'agit du plus grand ballon au monde, pouvant embarquer jusqu'à 30 passagers. Perché à 150 m d'altitude, on observe les environs jusqu'à 40 km à la ronde... quand il fait beau. Le ballon est aussi équipé de capteurs (partenariat CNRS) qui analysent la qualité de l'air à chaque vol ; les infos collectées étant retransmises en direct sur l'écran de la billetterie. *Infos : ☎ 01-44-26-20-00. • ballondeparis.com • Tlj de 9h jusqu'à 30 mn avt la fermeture du parc. Tarifs : 12 € ; 6 € 3-11 ans ; gratuit moins de 3 ans et petits Parisiens jusqu'à 12 ans (sur justificatif d'âge et de domicile) accompagnés d'un adulte (2 enfants max par adulte payant). Malheureusement, pas de résa possible, privilégier les matinées. Attention, le vol du ballon peut être annulé si les conditions météo sont défavorables (se renseigner au ☎ 01-44-26-20-00).*

DU BALLON À L'HÉLICO

En 1783, les villageois de Grenelle assistent aux vols des 1ers aérostats de l'histoire. Les manufactures de ballons s'installent alors dans le quartier, avant l'acquisition par la Ville, en 1890, d'un grand terrain, vite investi par les pionniers de l'aviation naissante. Ce site est devenu l'héliport de Paris. Remarquez la piste légèrement pentue (à l'époque, les avions freinaient mal !).

À voir encore dans le 15e

La Maison de la culture du Japon (plan couleur B1) **:** *101 bis, quai Branly, 75015. ☎ 01-44-37-95-01 ou 01-44-37-95-95. • mcjp.fr • Ⓜ Bir-Hakeim ; RER C : Champ-de-Mars-Tour-Eiffel. ♿ Tlj sauf dim-lun et j. fériés 12h-20h. Congés : août et Noël-Épiphanie. Accès au bâtiment GRATUIT (prix variables pour expos, spectacles et films, réduc).*

Superbe construction en arc de cercle de 11 étages (7 500 m^2), en verre et en acier, qui abrite expos, spectacles, films, conférences. Possibilité de suivre divers cours de langue japonaise, calligraphie, origami, manga, ikebana (art floral japonais) et go. Le soir, la couleur jade du bâtiment le transforme en une belle lanterne japonaise.
- ***Bibliothèque*** au niveau 3.
- Le mercredi, ***cérémonie du thé*** traditionnelle, à 15h, dans le superbe *pavillon de thé* (niveau 5). Nombre de participants limité *(résa obligatoire ; participation : 7 €).*

L'église orthodoxe Saint-Séraphin-de-Sarov *(plan couleur C2)* **:** *91, rue Lecourbe, 75015. 06-62-65-75-04. • seraphin.typepad.fr • M Sèvres-Lecourbe ou Volontaires. On peut la visiter avt ou après les offices : sam à partir de 17h et dim 9h-14h.* Il faut passer plusieurs charmantes courettes fleuries pour découvrir cette pittoresque église en bois, consacrée au culte orthodoxe russe en 1933. L'intérieur – traversé par les troncs de 2 érables – livre des murs tapissés d'icônes, au milieu de nuages d'encens. Une atmosphère chaleureuse et cosy pour un lieu hors du temps.

16e ARRONDISSEMENT

AUTEUIL • PASSY • LE TROCADÉRO • LE BOIS DE BOULOGNE

• Pour les plans nord et sud du 16e arrondissement, voir le cahier couleur en fin de guide.

Cet arrondissement, 16e du nom, concentre à lui tout seul un certain nombre de superlatifs : le plus grand de Paris, l'un des plus boisés – juste après le 12e arrondissement et son bois de Vincennes –, le plus peuplé d'ambassades, le plus sportif (hippodromes d'Auteuil, de Longchamp, Roland-Garros, parc des Princes, stade Jean-Bouin)... et encore le plus grand nombre de musées. Enserré entre le bois de Boulogne (qui lui est rattaché) et la Seine, le 16e est aussi le plus snob à en croire les clichés qui l'ont pris pour cible.
En tout cas, c'est un formidable lieu de balade, au relief accidenté, ponctué de nombreuses villas 1900 et d'immeubles Art déco ou d'ensembles cossus transpirant la prospérité. On y trouve de surprenantes constructions, tel l'ensemble architectural, massif et épuré, des années 1930 du palais de Chaillot, la Maison de Radio France, tellement sixties, ou encore cet incroyable vaisseau de béton blanc et de verres colorés qu'est la Fondation Vuitton, dernièrement sortie de terre...
L'offre culturelle du 16e est exceptionnelle : le superbe musée de l'Homme, la Cité de l'Architecture et du Patrimoine, le musée de la Mode du palais Galliera, le palais de Tokyo, les musées Guimet, Marmottan-Monet, Yves-Saint-Laurent. Pas le temps de s'y ennuyer, donc. D'autant que cette offre va bientôt être enrichie par l'ouverture, en 2020, de la Maison des arts, talents, patrimoine LVMH, future voisine de la Fondation Louis-Vuitton. Quant aux sportifs, ils ont toujours le loisir d'aller vivre leur passion autour des lacs du bois de Boulogne, où les familles se retrouvent le week-end. Et ça, c'est populaire, non ?

Où dormir ?

Camping

⛺ ☂ ***Camping Indigo Paris*** (hors plan couleur nord par A1, **1**) **:** *2, allée du Bord-de-l'Eau, 75016. ☎ 01-45-24-30-00. Ⓜ Porte-Maillot. Bus n° 244, arrêt Camping-Les Moulins (6h-21h). ♿ À 3 km à pied du métro Porte-Maillot. Service de navettes tte l'année mat et soir (tte la journée juil-août et si forte affluence). Départs près de la bouche du métro (sortie n° 6) et de la station des bus. Pour les automobilistes, c'est bien indiqué à partir de la porte Maillot. Sachez qu'il est en bord de Seine et face aux terrains de Bagatelle, ça peut aider pour le trouver. Arrivée à partir de 14h* *en emplacement et de 16h en locatif. Résa vivement conseillée. Emplacement piéton tente 2 pers 13,50-21,80 €, avec un véhicule (voiture ou motorhome) 26,70-38,80 €. Env 300 emplacements. Également 58 mobile homes récents 99-150 € et 17 roulottes 94-136 € pour 4 pers. Et tentes toile et bois 4-5 pers 82-103 €. Parking.* Réservé en priorité aux provinciaux et aux étrangers, l'unique camping de la capitale est ouvert toute l'année. 1 mois de séjour maximum. Bon équipement proposant accès sécurisé, supérette, laverie, espace enfants, ping-pong, billetterie, aire de jeux, location de vélos, bar, restaurant et même un *food truck* (pizzas maison !). Plusieurs gammes de mobile homes, de belles roulottes très cosy et des emplacements. Un camping de bon confort et bien tenu, en bordure de route (pas trop de passage). Accueil efficace et souriant.

Prix moyens

Hôtel Gavarni *(plan couleur nord C3, **10**) : 5, rue Gavarni, 75016. ☎ 01-45-24-52-82. • gavarni.com • Ⓜ Passy. Doubles 110-190 € ; petit déj-buffet bio 15 €.* Dans une rue tranquille, cet hôtel concentre charme, gentillesse et bon goût. Les chambres, quoique petites, sont modernes et ont su conserver le côté Art déco des lieux. Couleurs patinées, tissus raffinés et déco fleurie, chaque chambre a son propre cachet... Avec une équipe jeune et accueillante, l'hôtel est engagé dans une démarche d'écotourisme citadin et a été distingué par l'Écolabel européen ; chapeau bas ! Une adresse qui a tout d'un nid d'amour...

Hôtel Le Hameau de Passy *(plan couleur nord B3, **3**) : 48, rue de Passy, 75016. ☎ 01-42-88-47-55. • hameaudepassy.com • Ⓜ Passy ou La Muette ; RER C : Boulainvilliers. Doubles 80-200 €, petit déj compris.* Niché au fond d'une impasse fleurie, ce « hameau » est un bain de fraîcheur au cœur du Passy commerçant. Le bâtiment en soi n'a pas le charme du nom, mais les chambres au confort typique d'un 2-étoiles (et donc pas bien grandes) affichent une déco soignée et personnalisée rehaussée de pans de murs colorés. Nickel et calme absolu. Préférez les chambres en étage, plus gaies car plus claires. Une vraie bonne affaire, surtout en période de promos.

Hôtel Boileau *(plan couleur sud B3, **6**) : 81, rue Boileau, 75016. ☎ 01-42-88-83-74. • hotel-boileau.com • Ⓜ Exelmans ou Porte-de-Saint-Cloud. ♿ Doubles 129-165 € ; petit déj-buffet 12,50 €. Parking payant. Un petit déj/chambre offert sur présentation de ce guide.* Ce charmant hôtel propose des chambres de goût, tout confort et bien tenues. Notre préférence va à la nº 222, calme et décorée d'estampes. Toutes sont différentes. Atmosphère « lumière tamisée, tableaux anciens et beaux objets dans les parties communes » pour cette adresse bien plaisante. Salles de bains modernes et salle du petit déjeuner ouvrant sur un petit patio paisible et fleuri. Accueil délicieux.

Hôtel Exelmans *(plan couleur sud B2, **7**) : 73, rue Boileau, 75016. ☎ 01-42-24-94-66. • hotelexelmans.com • Ⓜ Exelmans. Parking sur demande 25 € (résa obligatoire : seulement 1 place). Doubles 59-159 € ; familiales ; petit déj-buffet 10 €.* Petit hôtel tranquille et peu onéreux pour le quartier, avec des chambres standard, supérieures et familiales, agréables lorsqu'elles donnent sur le jardin. Style un peu daté et pas d'ascenseur mais parfaitement tenu et accueil très pro.

Chic

Hôtel Nicolo *(plan couleur nord B3, **9**) : 3, rue Nicolo, 75016. ☎ 01-42-88-83-40. • hotel-nicolo.fr • Ⓜ Passy ou La Muette. Ouv 24h/24. Doubles 80-250 € ; petit déj en sus.* Au fond d'une cour d'immeuble bourgeois se cache cette pépite, un petit hôtel intime et familial, parfaitement entretenu. L'entrée, pleine de cachet, et la déco rappellent le voyage. Chambres élégantes et personnalisées, de belle taille, dotées elles aussi d'un beau mobilier. Les superbes têtes de lit anciennes sont toutes différentes. Dans la cour, terrasse paisible et agréable. Accueil plus que charmant. Un coup de cœur !

Hôtel Pastel *(plan couleur nord C2,* ***14****)* **:** *79, rue Lauriston, 75116. ☎ 01-45-53-41-15. • hotelpastelparis.com • Ⓜ Kléber. ♿ Ouv tte l'année, 24h/24. Doubles 120-170 € ; petit déj-buffet 15 €. Promos sur le site internet. Accès gratuit à la salle de sport* Keep Cool *pour tt séjour de plus de 3 nuits.* Situé à deux pas de l'Arc de Triomphe, cet hôtel est idéal pour visiter Paris à pied. Il vient d'être entièrement rénové en un véritable petit écrin très « couture ». Ses chambres, petites mais confortables, bénéficient d'un raffinement discret et, selon les étages, changent de teintes. Une vraie bonbonnière ! *NOUVEAUTÉ.*

Hôtel Victor Hugo Paris Kléber *(plan couleur nord C2,* ***11****)* **:** *19, rue Copernic, 75116. ☎ 01-45-53-76-01. • victorhugohotel.com • Ⓜ Victor-Hugo ou Kléber. ♿ Parking public Place-Victor-Hugo à 150 m de l'hôtel. Ouv tte l'année, 24h/24. Doubles 99-300 € selon j., saison et événement ; petit déj-buffet en sus. Offres intéressantes sur le site internet.* Situé dans l'arrondissement le plus résidentiel, à 5 mn à pied de l'Arc de Triomphe, de la place du Trocadéro et des Champs-Élysées et à 10 mn de la tour Eiffel. Idéal pour un séjour touristique à Paris. Cet hôtel dispose d'un bar, *Les Contemplations,* en hommage au recueil du poète Victor Hugo, où l'on savoure des cocktails en toute tranquillité. La décoration de l'hôtel est cossue et les chambres sont contemporaines et confortables. Petit plus : cet hôtel a reçu l'Écolabel européen. *NOUVEAUTÉ.*

Queen's Hotel *(plan couleur sud B1,* ***2****)* **:** *4, rue Bastien-Lepage, 75016. ☎ 01-42-88-89-85. • hotel-queens-paris.com • Ⓜ Michel-Ange-Auteuil. ♿ Résa conseillée (1 mois à l'avance). Doubles 90-209 € ; petit déj-buffet 13 €.* Prestations de qualité pour cet hôtel de charme aux chambres aménagées avec goût, portant le nom d'un peintre contemporain dont une œuvre se trouve exposée à l'intérieur. 17 chambres très claires, climatisées, dont 7 avec baignoire balnéo. Certaines possèdent un petit balcon, et celles du dernier étage sont légèrement mansardées. Dommage que l'excellent petit déj-buffet soit servi dans un petit espace à peine distinct du hall d'entrée. Accueil disponible et souriant.

Hôtel de Sévigné *(plan couleur nord C2,* ***5****)* **:** *6, rue de Belloy, 75016. ☎ 01-47-20-88-90. • hoteldesevigne.com • Ⓜ Kléber. Doubles 100-569 € ; petit déj-buffet 13 €.* Cet hôtel discret, à la façade somme toute assez anodine, allie confort et mix de styles : déco très contemporaine au bar et dans une partie des chambres ; style traditionnel intemporel dans la salle de petit déj et l'autre partie des chambres. Un contraste pour le moins étonnant, qui a le mérite de pouvoir contenter une large clientèle. Pour le reste, cet hôtel bien calme, parfaitement tenu et sans cesse rénové, fait l'unanimité autour de la taille remarquable de ses chambres, de leur clarté due à la position d'angle de l'immeuble, et enfin de la qualité de l'accueil.

Plus chic

La Villa du Square *(plan couleur sud B1,* ***12****)* **:** *26, rue Raffet, 75016. Ⓜ Jasmin. Ouv tte l'année. Doubles à partir de 150 €, petit déj compris.* Dans l'un des plus jolis quartiers du 16e, cette maison de style Art déco ne fait pas exception. Dotée de magnifiques volumes et d'un bel escalier en pierre avec une rampe en fer forgé, elle abrite dans ses étages 5 chambres d'hôtes de charme. 4 de taille très convenable côté rue, calmes et claires, et une grande, notre préférée, côté jardin avec vue sur la fondation Le Corbusier. Déco différente dans toutes les chambres, et toujours de bon goût. On notera les beaux tableaux, dont certains sont des œuvres exposées d'artistes. Ici, on aime l'art, et les propriétaires, très accueillants, organisent pour leurs hôtes des visites de la fondation Le Corbusier voisine. Une superbe adresse, parisienne en diable !

Hôtel Félicien *(plan couleur sud C1,* ***13****)* **:** *21, rue Félicien-David, 75016. ☎ 01-55-74-00-00. Ⓜ Mirabeau. Doubles 129-300 € ; petit déj 18 € (inclus dans le prix de la chambre pour les résas en direct).* Achluophobes, abstenez-vous ! Du hall de l'hôtel jusque dans les chambres, en passant par les salles de massage au sous-sol, les murs sont noirs ! La déco est l'œuvre d'Olivier Lapidus, qui s'est inspiré de sa vision de la mode, ultra-contemporaine et épurée, en utilisant des tissus à incrustations métalliques ou de la flanelle. Chambres pas très grandes mais très confortables (épaisses literies, insonorisation). Les suites, avec terrasse et jacuzzi extérieur privé, peuvent se négocier à bons prix en promo. Spa, piscine et petit déj très complet. Accueil simple et adorable.

Où manger ?

Sur le pouce

🍽 ☂ ***Joséphine*** *(plan couleur nord D2,* ***19****) : 69, av. Marceau, 75016. ☎ 01-47-20-49-62. Ⓜ Charles-de-Gaulle-Étoile. Tlj sauf sam-dim 8h-20h ; service 11h30-15h30, en continu pour le salon de thé. Plat env 15 €, dessert 6,50 €.* Une boulangerie-pâtisserie-resto qui met l'accent sur les bonnes recettes du terroir et les produits frais de saison. Pour les fromages, la sélection est assurée par le fameux Bordier. Question dessert, *Joséphine* est la reine. On peut hésiter devant la tarte au citron meringuée, le pralin au chocolat et l'éclair géant. Les indécis choisiront le plateau de pâtisseries. *Joséphine* est déjà notre copine. Une autre *Joséphine* existe dans le 6e *(42, rue Jacob).*

Bon marché

🍽 ☂ ***Honoré*** *(plan couleur sud B1,* ***23****) : 13, rue Bosio, 75016. ☎ 01-42-88-12-12. Ⓜ Michel-Ange-Auteuil ou Jasmin. Tlj sauf dim ; service 12h-14h30, 19h30-22h30 (23h ven-sam). Congés : 3 premières sem d'août et Noël-2 janv. Menus du jour 18,50-24,50 € ; carte env 28 €. Apéritif maison ou digestif maison offert sur présentation de ce guide.* Dans une rue discrète du quartier d'Auteuil, ce restaurant est une aubaine. Cadre chaleureux avec tables en bois, rondes pour certaines, et un bon feu de cheminée pour se ragaillardir dès les 1ers frimas. Le menu du déjeuner n'offre pas de choix mais il est irréprochable, et le prix aussi. À la carte, prix légers pour une qualité plutôt costaude et une présentation soignée. Belle cave à vins et nombreuses références au verre. Ambiance sympa, comme l'accueil.

🍽 ***Restaurant YE'S*** *(plan couleur nord C2,* ***25****) : 23, rue Saint-Didier, 75016. ☎ 01-47-04-73-81. Ⓜ Boissière ou Trocadéro. Tlj sauf le midi sam-dim 12h-15h, 19h-23h. Formules dej 18-24 € ; menus 24-29 €.* Une petite adresse inattendue dans un coin dévolu aux sandwicheries pour employés de bureau et aux restos chic. Un entre-deux qui séduit autant par la qualité de sa table, qui présente une cuisine de marché parfaitement exécutée, que par son cadre, simple et moderne, qui n'en impose pas. Comme l'accueil du reste, attentif et serviable. Ici, on mesure le savoir-faire du chef, d'origine chinoise, à sa capacité à twister les classiques français de touches « asiatisantes ». Carte plus simple au déjeuner que le soir. Bref, à ce prix-là, on dit... *yes !*

🍔 ***Baagaa*** *(plan couleur nord C2,* ***26****) : 54, rue de Longchamp, 75016. ☎ 01-85-09-13-30. Ⓜ Trocadéro. Lun-ven 9h-15h, 19h-22h30 ; w-e 12h-22h30. Formule 15 € ; burger 12 € (+ 4 € pour une double portion de viande).* Un énième burger dans la « burgosphère » parisienne. Eh bien oui, mais pourquoi bouderait-on ce *Baagaa*-là ? Pas pour son joli décor, si différent. Pas pour l'accueil, chaleureusement amical. Pas non plus pour les frites croustillantes, qui méritent leur supplément de 3 €. Encore moins pour les savoureux burgers confectionnés avec du bœuf *wagyu* (une bête à la chair persillée qui confère à la viande un goût et une tendreté incomparables) et des sauces maison. Un vrai gastro-burger !

🍔 ***Schwartz's Deli*** *(plan couleur nord C2,* ***33****) : 7, av. d'Eylau, 75016. ☎ 01-47-04-73-61. Ⓜ Trocadéro. ♿ Tlj ; service lun-ven 12h-15h, 19h30-23h, sam-dim 12h-17h, 19h-23h30. Congés : 3 premières sem d'août. Plats*

9,50-24 €. Voir la rubrique « Où manger ? » dans le 4e arrondissement.

Prix moyens

|●| **Le N° 41** (plan couleur sud C1, **28**) : 41, av. Mozart, 75016. ☎ 01-45-03-65-16. Ⓜ Ranelagh. ♿ Tlj en continu 8h-22h30 (23h w-e). Congés : 1er-15 août. Résa préférable aux heures pleines (midi et soir). Pas de menu ; planches 8-18 €, plats 14,50-16,50 € ; carte 30-35 €. La tendance actuelle consiste à reprendre un vieux troquet, à lui redonner du lustre en mixant déco contemporaine et esprit d'antan, à l'habiller de stores pour abriter une terrasse le plus souvent chauffée... L'avenue Mozart en compte plusieurs dans le style. *Le N° 41* a ce truc en plus qui fait qu'au moment des repas on s'y bouscule : la qualité des produits. Outre les classiques de brasserie (œuf mayo, omelette, croque), qui permettent de casser une graine sans casser la tirelire, la carte décline de belles planches de charcuterie ibérique, des viandes et poissons *a la plancha* impec, des plats en cocotte et un formidable semainier (lundi, c'est...).

|●| **L'Ogre** (plan couleur sud C1, **31**) : 1, av. de Versailles, 75016. ☎ 01-45-27-93-40. Ⓜ Mirabeau. Tlj sauf sam midi et dim 12h-14h30, 20h-23h30. Carte env 40 €. Cet *Ogre* a du style, de celui qu'on aime, décontracté et décomplexé. Le personnel de Radio France en a vite fait sa cantine : il n'a qu'à traverser la rue pour se jucher sur l'une des chaises hautes, le long de la baie vitrée. L'esprit fausse vieille patine est crédible, et le bar central convivial. Pas d'extravagances à l'ardoise, des bidoches qui font saliver les carnassiers, et des poissons qui se défendent bien. Bien vu les vins de propriétaires, servis à la ficelle pour certains (chers cependant) ! À signaler également, un authentique fumoir.

|●| **A&M** (plan couleur sud B3, **22**) : 136, bd Murat, 75016. ☎ 01-45-27-39-60. Ⓜ Porte-de-Saint-Cloud. Tlj sauf sam midi et dim 12h-14h30, 19h-22h30. Congés : août. Menu 37 €. Dans ce quartier peu aguichant, *A&M*, restaurant lumineux et aéré, tranche par sa déco de bistrot discrètement contemporaine. La cuisine, plutôt sage, propose quelques embardées gustatives avec, par exemple, des sauces aux agrumes qui apportent parfois aux plats un zeste de fantaisie. Le menu, entre terre et mer et d'un bon rapport qualité-prix, ne se réduit pas à portion congrue. Présentation soignée. En dessert, ne pas manquer la mousse glacée au fenouil et coulis d'ananas à la cardamome. Épatant !

|●| **Le Bistrot 31** (plan couleur sud C1-2, **24**) : 31, av. Théophile-Gautier, 75016. ☎ 01-42-24-52-31. Ⓜ Église-d'Auteuil ou Mirabeau. Tlj sauf dim ; service 12h-14h30, 19h45-23h. Fermé 1er janv, 24, 25 et 31 déc. Résa conseillée le soir. Formule déj en sem 18,90 € ; carte env 35 €. Un restaurant à l'éclairage tamisé où règne une atmosphère décontractée et amicale. Ici, une clientèle d'amis et du voisinage aime se faire plaisir sans trop se ruiner. La carte mise sur une bonne cuisine franco-italienne, faite de produits frais et de qualité, où se croisent de copieuses assiettes de jambon San Daniele (24 mois), un tartare de bœuf à l'italienne, des poissons frais grillés, un tiramisù maison... et de bons expressos ! À noter, des pâtes originales, un vrai repas à elles seules.

|●| **La Causerie** (plan couleur nord B3, **20**) : 31, rue Vital, 75016. ☎ 01-45-20-33-00. Ⓜ La Muette ou Passy. ♿ Lun-ven 12h-13h45, 19h30-21h45. Congés : 5-20 août. Menus-carte 2 ou 3 plats 29-36 €. Café offert sur présentation de ce guide. Dans un quartier plutôt dévolu aux boutiques qu'aux bons restos, on est content de croiser Gabriel et Arnaud, l'un en cuisine et l'autre en salle, dans ce bistrot chic à l'ambiance légèrement canaille. Et on n'est pas déçu ! Gabriel (étoilé au *Royal Monceau*) concocte des spécialités comme les ris de veau croustillants, le lapin farci ou encore la cocotte de légumes, et pour finir, un fameux baba au rhum et le soufflé au chocolat... une tuerie ! Les produits viennent en direct de petits producteurs. En saison, le gibier est à l'honneur. *NOUVEAUTÉ.*

|●| **Les Marches** (plan couleur nord D2, **21**) : 5, rue de la Manutention,

75016. ☎ 01-47-23-52-80. Ⓜ Iéna ou Alma-Marceau. ♿ Tlj ; service 12h-14h30 (15h w-e), 19h30-22h30. Congés : 2e et 3e sem d'août. Formule déj 18 € ; carte env 30 €. Dans une petite rue qui longe le palais de Tokyo en descendant vers la Seine (au pied d'une longue volée de marches, donc), un bistrot plutôt décalé dans cet arrondissement huppé. Les sets de table à carreaux, le miroir au mur, les banquettes et les tables qui débordent sur la rue aux beaux jours appuient l'ambiance bonne franquette. Dans l'assiette, des classiques bon teint comme le steak au poivre-frites ou les quenelles, généreusement servis et à des prix contenus. Quelques valeurs sûres côté vins, proposés aussi au verre et en carafe.

|●| ***Le Petit Rétro*** *(plan couleur nord C2, **27**) : 5, rue Mesnil, 75016. ☎ 01-44-05-06-05. Ⓜ Victor-Hugo. Tlj sauf dim 12h-15h30, 19h-23h30. Congés : 3 sem en août et 1 sem à Noël. Menus 26-31 € le midi ; carte env 40 €. Café offert sur présentation de ce guide.* Un superbe bistrot classé des années 1900, à la belle faïence fleurie, aux grands miroirs et aux lampes globes. La clientèle gentiment bourgeoise ou d'affaires vient y savourer une cuisine de produits frais déclinée en de courtes suggestions. Pour le reste, carte classique. Bon accueil.

|●| ***Le Vieux Crapaud*** *(plan couleur nord D1, **30**) : 16, rue Lauriston, 75016. ☎ 01-73-75-70-10. Ⓜ Charles-de-Gaulle-Étoile ou Kléber. Tlj sauf sam-dim. Congés : 3 premières sem d'août. Formules déj 22-26 € ; carte 40-50 €.* En voilà un drôle de nom pour un bistrot qui fait un carton, midi et soir. Ce *Vieux Crapaud* est une ode à la cuisine traditionnelle, consistante, agrémentée de sauces onctueuses qu'on finit par absorber avec du pain. Les classiques bistrotiers de saison sont déclinés chaque jour sur ardoise ; la carte, elle, recèle quelques spécialités bien franchouillardes, comme les oreilles de cochon, les cuisses de grenouille ou les escargots en persillade, l'incontournable gibier en saison et de merveilleuses terrines maison. Une table authentique tenue par le chef Thomas Boutin et sa femme.

|●| ***Le Petit Boileau*** *(plan couleur sud B3, **32**) : 98, rue Boileau, 75016. ☎ 01-42-24-48-67. Ⓜ Exelmans ou Porte-de-Saint-Cloud. Tlj sauf dim-lun. Congés : 3 ou 4 sem en août. Résa conseillée le soir. Formule déj 18 € ; carte env 35 €.* Ce joli bistrot contemporain, aux murs lie de vin, ravit la clientèle cossue du quartier. Le chef concocte une cuisine d'inspiration classique, habilement tournée et légèrement teintée d'originalité. Quelques flacons pour l'accompagner. Et, sans vouloir pousser au vice, goûtez le rhum arrangé maison en digestif.

16e

Plus chic

|●| 🍸 ***Radioeat*** *(plan couleur sud C1, **34**) : 116, av. du Président-Kennedy, 75016. ☎ 01-47-20-00-29. Ⓜ Passy. Accès par la porte principale de la Maison de la radio, face à la Seine. Tlj midi et soir ; bar lun-ven jusqu'à 2h. Formules déj en sem 21-27 € ; plat 14 € ; le soir, carte env 50 €.* L'équipe de l'ancien *Tokyo Eat* (autrefois dans le palais de Tokyo au Trocadéro) et sa clientèle modeuse rempilent au 1er étage de la Maison de la radio. La longue banquette ondulatoire qui rappelle l'architecture singulière du bâtiment constitue la colonne vertébrale de cette immense salle inondée de lumière. Les tables de 2 qui se raccordent entre elles tels des modules de puzzle et les tables ovales pour les petits groupes de 4 ou 6 personnes sont toutes orientées côté Seine, pour profiter pleinement de la vue panoramique. Une invitation au voyage illustrée par une carte de brasserie fusion réalisée avec les bons produits du moment. Présentations soignées, assiettes généreuses et carte des vins qui ménage toutes les bourses. La formule déj est imbattable ! Bon point enfin pour le service éminemment sympathique. La soirée peut tranquillement se poursuivre au 2e étage, au bar lounge. *NOUVEAUTÉ.*

|●| ⛱ ***Bon*** *(plan couleur nord B3, **29**) : 25, rue de la Pompe, 75016. ☎ 01-40-72-70-00. Ⓜ La Muette. Tlj ; service 12h-14h30, 19h-23h (23h30 sam).*

Formules déj 27,50-32,50 € ; le soir, carte env 70 € ; brunch dim 45 €. Dans un superbe bâtiment à la façade Art nouveau incrustée de mosaïques, belle enfilade de salles aux atmosphères classieuses et distinctes imaginées par Starck. Passez l'étonnant fumoir pour vous rendre sur la mezzanine avec sa belle charpente et prendre place dans la petite alcôve capitonnée. Idéal pour un dîner en amoureux. Le spectacle ne se limite pas au décor, la clientèle (bon teint ultrachic) et le contenu de l'assiette étonnent tout autant. La cuisine d'inspiration asiatique se révèle fine et créative, et la formule déj particulièrement intéressante. Service sérieux et agréable. Et une terrasse verdoyante ouverte seulement le midi en semaine aux beaux jours. Bref, du beau, du bon, du bon... heur !

Bars à vins

Les Petits Insolents *(plan couleur sud B3,* ***35****) : 2, pl. Léon-Deubel, 75016. ☎ 01-42-88-88-93. Ⓜ Porte-de-Saint-Cloud. Mar-ven et sam soir ; service 12h-14h30, 19h-22h30. Congés : août et 1 sem à Noël. Carte 25-30 €, vin compris.* Avec ses casiers à bouteilles qui occupent une grande partie de l'espace disponible, on se sent tout de suite à l'aise dans ce petit lieu convivial, à mi-chemin entre la cave de quartier et le bistrot des amis. Les habitués sont d'ailleurs légion à se partager les quelques tables pour se régaler d'une cuisine de terroir toute simple et généreuse, faisant la part belle aux charcuteries du Sancy et aux fromages affinés servis avec du pain maison. Dans les verres, des vins de vignerons indépendants, pour ajouter un zeste de bonne humeur à une ambiance déjà bon enfant et sans chichis.

Restaurant Les Échansons au musée du Vin Paris *(plan couleur nord C3,* ***36****) : rue des Eaux, 5, sq. Charles-Dickens, 75016. ☎ 01-45-25-63-26. Ⓜ Passy. Tlj sauf dim-lun, le midi seulement ; service 12h-15h. Congés : août, Noël-Jour de l'an. Menus 29,50-37 € ; menu « Bacchus » mar-sam 63 € ; dîner découverte 1 sam/mois 63 € ; planche de fromages et/ou de charcuterie 21 €.* Au cœur du 16e, un musée du vin rue des Eaux ! Caves voûtées du XVe s, creusées dans l'argile de Chaillot par des frères qui cultivaient jadis la vigne ici. L'endroit est superbe, et les plats bien mitonnés, même si le restaurant est surtout prétexte à s'asseoir, bavarder vin avec ses voisins et déguster. 5 à 8 vins sont proposés au verre, mais, par curiosité, jetez un coup d'œil sur la carte des vins (300 à 350 références). Accès payant à la collection du musée en visite libre (non guidée, mais audioguide sur demande).

Où boire un thé ? Où prendre un bon 4-heures ?

Yamazaki *(plan couleur nord B3,* ***40****) : 6, chaussée de la Muette, 75016. ☎ 01-40-50-19-19. Ⓜ La Muette. Tlj 8h-19h. Fermé 1er janv et 1er mai. Sandwichs à partir de 4,20 € à emporter ; pâtisseries à partir de 4,80 € à emporter ; compter 0,50 € de plus sur place.* Une boutique chic et choc avec de beaux sandwichs au pain de mie ou au pain nordique si moelleux, et de fameuses pâtisseries. Ici, vous vous attablerez pour une des pauses sucrées ou salées les plus courues du coin. Toutes sortes de thés pour accompagner ce qui fait avant tout la réputation de cette enseigne nipponne : les *matsuris* fraise-chantilly. Également de fameux *chiffons cakes* et cakes vapeur allégés en sucre et en matières grasses, au thé vert, à la vanille, aux fruits rouges et au fromage.

Thé Cool *(plan couleur nord B3,* ***41****) : 10, rue Jean-Bologne, 75016. ☎ 01-42-24-69-13. Ⓜ Passy ou La Muette. Tlj sauf dim 12h-18h (19h sam). Congés : août. Menu 19,50 €.* Un lieu douillet, ensoleillé, avec une terrasse agréable donnant sur le clocher de l'église du « village », pour avaler une salade fraîcheur et un cake pas si bête que ça... Le must : le gâteau au fromage blanc maigre, pour celles et ceux qui veulent garder le ventre plat. Terrasse chauffée en hiver.

Où manger une glace ?

Pascal le Glacier *(plan couleur nord B3,* ***55****)* **:** *17, rue Bois-le-Vent, 75016. ☎ 01-45-27-61-84. Ⓜ La Muette. Tlj sauf dim-lun 10h30-19h. Congés : août. Pot double (mais un seul parfum par pot) 4 € ; pot d'un demi-litre 14 €.* Pascal Combette ne travaille que des fruits de grande qualité, n'utilise que de l'eau minérale et arrête la production de certains parfums quand il ne trouve pas les fruits à la hauteur de son exigence. Ses sorbets (orange sanguine, mirabelle, mangue...) nous font frissonner de bonheur. Côté glaces, sa vanille de Tahiti et son sorbet cacao vous rendront givré !

16e

Où boire un verre ?

La Gare *(plan couleur nord B3,* ***60****)* **:** *19, chaussée de la Muette, 75016. ☎ 01-42-15-15-31. Ⓜ La Muette ; RER C : Boulainvilliers. Tlj 12h-23h (23h30 w-e). Sodas 6-7 € ; cocktails 11-14 €.* Une ancienne gare qui joue les belles ferroviaires ! La salle des pas perdus a judicieusement été transformée en bar, où une jeunesse bien comme il faut aime siroter de très bons cocktails. La déco a été entièrement repensée avec des incursions vers les tropiques. À l'arrière, belle terrasse au calme et dans la verdure, vraiment agréable pour se prélasser au soleil. Les voies et ballast au sous-sol sont devenus un resto. Vraiment joli avec ses airs de campagne chic.

Sir Winston *(plan couleur nord D1,* ***61****)* **:** *5, rue de Presbourg, 75016. ☎ 01-40-67-17-37. Ⓜ Charles-de-Gaulle-Étoile ou Kléber. Tlj 8h-2h. Cocktails 10-15 € et large gamme de whiskies à prix variables.* À une enjambée de l'Étoile, un pub à l'élégance très british et baroque, tendance cosy-intimiste-tamisée. Grand bouddha à l'accueil. Des bougies éclairent les visages de jeunes B.C.B.G. très ouest-parisiens qui posent dans de gros fauteuils bien confortables. DJ ou concerts du mercredi au samedi.

Le Comptoir de l'Arc *(plan couleur nord D2,* ***62****)* **:** *73, av. Marceau, 75016. ☎ 01-47-20-72-04. Ⓜ George-V. Lun-ven 7h-minuit ; service resto en continu 12h-23h. Cocktails à partir de 6,50 €.* À deux pas des Champs-Élysées surpeuplés, cette vieille brasserie connaît une cure de jouvence ! De fait, sa situation stratégique, ses prix doux et son ambiance souriante attirent les 20-35 ans pétillants pour déguster une salade ou pour boire un verre avant le cinéma.

Où sortir ? Où danser ?

Yoyo *(plan couleur nord D2,* ***63****)* **:** *palais de Tokyo, 13, av. du Président-Wilson, 75016. ☎ 01-84-79-11-76. Ⓜ Iéna ou Pont-de-l'Alma. Ven-sam, et parfois jeu, 23h30-7h ; concerts réguliers en sem (voir programmation). Consos 8-15 €.* Il faut plonger dans les entrailles du palais de Tokyo pour découvrir le discret *Yoyo* ! Une fois les coulisses du musée traversées (on peut entrevoir l'exposition en cours, intrigant !), on découvre une belle salle moderne en béton, avec balcon et longs bars. La programmation de qualité fait la part belle à l'électro la plus tendance, de Berlin à New York, en passant par les jeunes pousses de la nouvelle French Touch. Une terrasse permet aux fumeurs – et aux autres – de prendre l'air dans un jardin intérieur, face aux contreforts de la colline de Chaillot. Un club *arty* et étonnant.

À voir

AUTEUIL

À une époque où Haussmann n'avait pas encore défiguré le quartier, on allait au village d'Auteuil pour se mettre au vert, comme firent Chateaubriand, Victor Hugo ou les Goncourt. Il subsiste de cet ancien village de sereines villas et hôtels particuliers baignant dans une atmosphère champêtre, et de paisibles hameaux : villa Molitor, villa de la Réunion, hameau Boileau et villa Montmorency, qui nous font indéniablement remonter le temps. Malheureusement, aujourd'hui, ces richesses (architecturales, et autres d'ailleurs) se cachent derrière un attirail qu'il est impossible de braver (caméras, gardien, codes, grilles), ne serait-ce que pour le simple plaisir des yeux...

La rue La Fontaine *(plan couleur sud B-C1)* **:** Ⓜ *Michel-Ange-Auteuil.* On y trouvait une source qui alimentait tout le village d'Auteuil. Les eaux d'Auteuil furent découvertes en 1628 par Habert. Cependant, ces eaux, dont les sources furent nombreuses, n'eurent jamais la réputation de leurs voisines de Passy. C'est un festival d'immeubles d'Hector Guimard (1868-1942) et de son style nouille. Au nº 14, le fameux *Castel Béranger,* achevé en 1898, surnommé aussitôt le Dérangé. Cet immeuble, primé au 1er concours de façades de la Ville de Paris et aujourd'hui classé, est reconnaissable à son pastis de pierre meulière, d'acier, de fer forgé, de vitraux et de tons vert pâle. Il fut conçu à l'époque comme un « bâtiment économique » (sorte de HLM, sans salles de bains). Paul Signac, qui avait bon goût, comptait parmi les locataires, et Guimard occupait le rez-de-chaussée. Fantaisies dans les chambranles, plinthes dessinées, boutons de porte (beaucoup ont été volés). Au nº 17, la minuscule façade en boiserie rouge du *Berger et les Poissons,* demeurée en l'état depuis 1911 ; c'est aujourd'hui un charmant petit bistrot augmenté d'une discrète terrasse, mais l'intérieur est resté dans son jus : vieux miroirs au mercure piqués, mosaïques décoratives au sol, carreaux de porcelaine peinte aux murs et imposant comptoir en bois. Un charme typique du début du XXe s. Angle rue Agar (même la plaque de rue est authentiquement Art nouveau) : rarissime rue en T, offrant tout un bloc de maisons conçues par Guimard (1910). Là encore, même les gouttières sont décorées. Retour rue La Fontaine ; au nº 60, un petit hôtel particulier, l'*hôtel Mezzara,* construit par Guimard en 1911 pour un industriel du textile vénitien, créateur de dentelles ; dentelle que l'on retrouve dans la pierre, le bois de la porte et la fonte ; des proportions atypiques dans un environnement d'immeubles, et une façade aux ouvertures de multiples dimensions qui ne manque pas d'intérêt ; au nº 96, emplacement de la maison natale de Proust. Au nº 65, à l'angle de la rue du Général-Largeau : studio-building tout à fait spectaculaire en céramique polychrome de Sauvage (ami de Guimard), datant de 1926.

La rue Chardon-Lagache *(plan couleur sud B2)* **:** au niveau du nº 41, adossé à la villa de la Réunion, l'*hôtel Jassede* fait partie des 1res constructions de Guimard. Commandé à l'architecte par un riche négociant du quartier, il est antérieur au *Castel Béranger,* mais il témoigne déjà bien de son style : architecture encore géométrique avec des décrochés de toitures et découpages de volumes de la façade, mélange de matériaux tels que meulière et brique, incrustations de céramiques florales, hautes baies vitrées arrondies. Au nº 16, bel immeuble Art déco celui-là, avec une façade sculptée sur 4 niveaux représentant les travaux des champs.

Le jardin des serres d'Auteuil *(plan couleur sud A2)* **:** *1 bis, av. de la Porte-d'Auteuil (entrée principale) et 1, av. Gordon-Bennett, 75016.* ☎ *01-71-18-98-50.* Ⓜ *Porte-d'Auteuil. Tlj 8h (9h w-e)-20h30 (19h30 avr et sept, 18h30 mars et oct, 17h fin oct-fin fév). GRATUIT.* Jardin botanique de la Mairie de Paris, on peut y admirer toute l'année des collections de plantes de toute la planète (orchidées, cactus...), au sein d'un environnement verdoyant, d'une quiétude rare à Paris. Dans les jardins vallonnés, quelques arbres remarquables, dont un chêne vert, un noyer du Caucase et un ginkgo biloba planté en 1895... Les serres à la structure métallique bleu-vert, inscrites à l'inventaire des monuments historiques, ont été construites à la fin du XIXe s sur les anciennes pépinières de Louis XV. Ambiance des tropiques garantie, surtout dans la serre principale, le *palmarium,* où s'élève, au-dessus d'une végétation luxuriante, un immense palmier dattier. Volières et bassins d'époque complètent cette impression de jardin d'éden. Des espèces rares et variées à découvrir avec émerveillement dans les différentes serres. Celle consacrée aux plantes de Nouvelle-Calédonie nous fait découvrir des arbres méconnus. Gare aux épines des cactus (ah, celui nommé le *coussin de belle-mère* a du piquant !) dans une serre ouverte seulement en présence d'un collectionneur.

Un endroit paisible... en dehors de la période du tournoi de Roland-Garros *(de mi-mai à mi-juin).* Dans le cadre de l'extension de Roland-Garros, 1 ha de terrain a été réquisitionné au sud du jardin (face à l'hôtel Molitor) pour la création d'un court de tennis au toit rétractable et de nouvelles serres tropicales. À la place des serres chaudes qui ont été détruites, un court flambant neuf est sorti de terre, semi-enterré afin de ne pas dénaturer davantage le site. Plus d'infos sur • *nouveaurolandgarros.com* •

La Fondation Le Corbusier – Maison La Roche *(plan couleur sud B1)* **:** *8-10, sq. du Docteur-Blanche, 75016. ☎ 01-42-88-41-53. • fondationlecorbusier.fr • Ⓜ Jasmin. Lun-sam 10h (13h30 lun)-18h. Fermé dim et j. fériés. Congés : 1 sem autour du 15 août et Noël-1er janv. Entrée : 8 € ; 5 € étudiant et sur présentation de ce guide ; réduc ; gratuit moins de 14 ans. Intéressant fascicule de visite. Visite guidée mer à 11h (résa nécessaire : • reservation@fondationlecorbusier.fr •). Billet couplé avec l'appartement-atelier (voir ci-après) : 15 € ; réduc.* Charles-Édouard Jeanneret Gris, dit Le Corbusier, est sûrement l'un des précurseurs de l'architecture et de l'urbanisme modernes. Ses 5 points : pilotis, toit-jardin, plan libre, fenêtre en longueur et façade libre. Depuis le décret du 11 juillet 1968, la Fondation est installée dans les villas La Roche et Jeanneret, œuvres du maître (1923), qui lui a légué l'ensemble de ses biens. La 1re villa (celle que l'on visite) fut construite pour le banquier suisse Raoul La Roche (Le Corbusier fut suisse avant de se faire naturaliser français). Vastes espaces sobrement meublés aux couleurs étudiées, puits de lumière et larges baies surélevées, reconstruction des volumes... Un bel exemple de la recherche de l'architecte, avec des éléments qu'il utilisera ultérieurement dans d'autres projets (les rampes courbes, entre autres). Le tout très novateur pour l'époque. Curieusement, alors que toute la maison a l'électricité, le monte-plat entre la cuisine au rez-de-chaussée et l'office au 1er étage fonctionne à la force des bras, avec une corde ! Bonne nouvelle : le toit-jardin, grande spécialité de Le Corbusier, est désormais accessible. Le Corbusier affectionnait aussi la peinture, mais ce sont surtout des élèves architectes que vous croiserez sur place.

L'appartement-atelier de Le Corbusier *(plan couleur sud A2)* **:** *24, rue Nungesser-et-Coli, 75016. ☎ 01-42-88-75-72. • reservation@fondationlecorbusier.fr • Ⓜ Porte-d'Auteuil ou Michel-Ange-Molitor. Visites lun et ven à 14h30 et 16h, sam à 10h30, 12h, 14h30 et 16h. Résa obligatoire. Entrée + visite guidée : 10 € ; 7 € étudiant. Billet couplé avec la maison La Roche (voir ci-avant) : 15 € ; réduc.* Situé sur les 2 derniers niveaux de l'immeuble Molitor, il a été conçu et réalisé entre 1931 et 1934 par Le Corbusier et Pierre Jeanneret. Ce fut également l'atelier de peinture de Le Corbusier, activité qu'il exerça quotidiennement toute sa vie.

La rue Mallet-Stevens *(plan couleur sud B1)* **:** *remonter la rue du Docteur-Blanche et tourner à droite.* L'ensemble des maisons de la rue a été construit par l'architecte cubiste Mallet-Stevens. Énormément de végétation. Dans la rue, 2 cèdres gigantesques. Les réalisations les plus intéressantes sont visibles aux nos 4, 6, 7, 10 et 12.

La villa Beauséjour *(plan couleur nord A-B3)* **:** *7, bd Beauséjour, 75016. Ⓜ La Muette. Accès libre.* Unique ! Au no 7, les fondateurs de la villa avaient élu leur domicile. Sur la gauche, maison dans le style néoclassique, de 1927, avec 3 portes-fenêtres. Au fond de l'allée sur la droite, loin de la rumeur comme on dit, se cachent 4 chalets, avec rondins de bois et frises sur un soubassement de brique. Le dernier au fond, le no 6, est entièrement en bois. Il s'agit d'isbas russes construites pour l'Exposition universelle de 1867 afin de présenter les produits russes, puis remontées ici. Elles ont été inscrites à l'Inventaire des Monuments historiques en 1992, 20 ans après l'échec d'un projet de construction d'un immeuble de 9 étages sur le site ! On joue souvent du piano le soir, au fond des villas en bois, quand ce ne sont pas les oiseaux qui y chantent. Mme Récamier et Chateaubriand eurent ici leur maison de campagne, à l'époque où tout ce quartier n'était qu'un vaste parc.

16e

Le musée Marmottan-Monet *(plan couleur nord A3)* **:** *2, rue Louis-Boilly, 75016. ☎ 01-44-96-50-33. • marmottan.fr • Ⓜ La Muette ; RER C : Boulainvilliers. Bus nos 22, 32, 52, 63 et PC. Tlj sauf lun 10h-18h (fermeture des caisses à 17h30 ; nocturne jeu jusqu'à 21h). Fermé 1er janv, 1er mai et 25 déc. Entrée : 11 € ; tarif réduit : 6,50 € ; gratuit moins de 7 ans. Audioguide (3 €) pour les collections permanentes et pour les expositions temporaires.*

C'est dans ce ravissant hôtel particulier de l'historien d'art Paul Marmottan qu'est conservé l'illustre *Impression, soleil levant,* qui a donné son nom au mouvement pictural le plus célèbre du monde. Une centaine de toiles de Claude Monet, léguées par sa famille et provenant de sa maison de Giverny. Des peintures signées Berthe Morisot, Manet, Renoir, Pissaro, Sisley, Gauguin sont également présentées dans le décor préservé de l'hôtel particulier.

– ***Au rez-de-chaussée :*** les salons d'apparats, décorés dans l'esprit de l'époque napoléonnienne, restituent le faste des hôtels particuliers parisiens. Présentation des collections Empire réunies par Paul Marmottan. Voir l'imposant *Portrait de la duchesse de Feltre et de ses enfants* de François-Xavier Fabre, les différents portraits de l'empereur Napoléon et de son entourage, ou encore cette étonnante pendule géographique de Sèvres, qui forcent l'attention. Dans la salle à manger, mobiliers et bronze d'époque Empire dialoguent avec un accrochage de toiles impressionnistes et modernes parmi lesquelles une *Baigneuse* de Renoir, *La Leçon de piano* de Caillebotte, le magnifique *Bouquet de fleurs* de Gauguin... ou *La Fiancée au visage bleu* de Chagall.

– ***Au 1er étage :*** l'exceptionnelle collection d'enluminures de Daniel Wildenstein est accompagnée de sculptures parmi lesquelles on remarque des statuettes malinoises en bois doré et polychromé du XVe s et des tableaux des primitifs flamands, allemands et italiens. Voir aussi *L'Assomption de la Vierge* du Maître de Cesi, retable du XIIIe s, et *Le Christ en croix* d'Albrecht Bouts. 2 salles sont consacrées aux œuvres de Berthe Morisot, léguées par ses descendants Denis et Annie Rouart, grâce à qui le musée accueille le 1er fonds mondial d'œuvres de leur aïeule, Berthe Morisot, épouse du frère de Manet et figure féminine emblématique des impressionnistes. Elle participa à pratiquement toutes les grandes expositions impressionnistes et recevait régulièrement chez elle Manet, Degas, Renoir... Ensemble exceptionnel de peintures qui retracent sa carrière : *Jardin à Bougival, Roses trémières, Le Cerisier.* Dans une 2de salle, ses aquarelles et certaines œuvres provenant de sa collection personnelle. Citons son portrait, *Berthe Morisot étendue,* exécuté par son beau-frère Eugène Manet et considéré comme l'un des plus beaux portraits peints au XIXe ! Ne pas manquer enfin la chambre à coucher de Paul Marmottan abritant notamment le lit de Napoléon Ier.

– Mais on a gardé le meilleur pour la fin : le ***sous-sol*** et ses splendides Monet. La salle de 800 m² a d'ailleurs été conçue pour abriter les chefs-d'œuvre de Claude Monet. D'abord, les œuvres les plus anciennes et, en 1er lieu, *Impression, soleil levant* (1872-1873). Ce tableau permit à un critique méprisant d'affubler le mouvement du qualificatif d'« impressionniste ». Ici, le port du Havre est suggéré par des teintes évanescentes et des fondus. Le chef-d'œuvre, volé en 1985, fut récupéré en Corse en 1990 ; la police n'a jamais voulu dire comment elle avait retrouvé le tableau. Autres toiles remarquables : *Promenade à Argenteuil,* au milieu d'un champ de fleurs qu'aimait tant l'artiste ; *Le Pont de l'Europe, gare Saint-Lazare* (1877) et *La Cathédrale de Rouen* (1892). Vient ensuite un ensemble unique de peintures ayant pour thème le jardin de Giverny. C'est ici un festival de nymphéas, d'iris, d'agapanthes, de ponts japonais, d'allées de rosiers et de glycines. Dans la salle circulaire, de nombreux bancs permettent de rester longuement devant ces peintures monumentales, exubérantes de couleurs, peintes tout à la fin de sa longue vie, alors qu'il était presque aveugle, et qui constituent le testament pictural du maître de Giverny.

PASSY

La maison de Balzac *(plan couleur sud D1)* **:** *47, rue Raynouard, 75016. ☎ 01-55-74-41-80. • maisondebalzac.paris.fr • Ⓜ Passy ; RER C : Avenue-du-Président-Kennedy. Tlj sauf lun et j. fériés 10h-18h.* ***Attention, le musée risque de fermer plusieurs mois pour travaux dès juillet 2018 ; renseignez-vous !*** *GRATUIT. Audioguide : 5 €. Expos temporaires régulières payantes. Organise aussi des parcours-promenades, des visites-conférences, des séances de contes et des visites-animations (à partir de 6 ans).*

Balzac vécut pendant 7 ans dans cette maison sous le pseudonyme de « M. de Breugnol » afin d'échapper à ses créanciers. Il fuyait les plus perspicaces par la porte cochère donnant sur la cour vers la rue Berton. « Je tiens à une maison calme, entre cour et jardin, car c'est le nid, la coque, l'enveloppe de ma vie. » Une vie terriblement occupée, puisque c'est dans son cabinet de travail que Balzac corrigea et compléta *La Comédie humaine,* qui compte environ 2 500 personnages.

On peut voir dans cette maison un certain nombre de portraits sculptés, des estampes et quelques objets personnels, comme la cafetière à ses initiales, où il gardait au chaud son « excitant moderne », le café, ou la fameuse canne « à ébullition de turquoise » offerte par la non moins fameuse Mme Hanska. De nombreuses œuvres inspirées à des artistes contemporains ou du XXe s (Picasso, Pierre Alechnisky, Louise Bourgeois...) témoignent de la vitalité et de l'universalité de *La Comédie humaine.* Ce n'est qu'après 18 ans d'échanges épistolaires assidus que la relation passionnée avec Mme Hanska se termina par un mariage. Les lettres revêtent une importance capitale, puisqu'elles sont à la fois un élément autobiographique et une aide précieuse pour la compréhension de *La Comédie humaine.* L'œuvre de Balzac est colossale, la capacité de travail de l'écrivain est stupéfiante : 35h en 2 jours ! La salle des manuscrits, accessible, montre les textes que Balzac ne cesse de retoucher. Incroyable, car aujourd'hui il n'aurait jamais trouvé un éditeur pour accepter ça...

Dans la salle des personnages, des plaques typographiques représentent les différents personnages (400 seulement !) de *La Comédie humaine.* Jetez aussi un œil à l'arbre généalogique, qui en dit long sur la complexité de l'œuvre de Balzac !

– Au n° 43 de la *rue Raynouard,* un adorable escalier dégringole de la colline, enfoui sous la verdure.

La rue Berton *(plan couleur sud D1)* **:** une des rues les plus anachroniques de Paris. Étroite, avec des lampadaires à l'ancienne, des murs couverts de lierre et dont les pavés rappellent les temps jadis. L'hôtel particulier si bien gardé de la rue d'Ankara fut celui de la princesse de Lamballe – dont la tête termina au bout d'une fourche pendant la Révolution –, puis du docteur Blanche, qui soigna notamment les maladies mentales de Nerval et de Maupassant. Aujourd'hui, il est occupé par l'ambassade de Turquie.

Le musée du Vin Paris *(plan couleur nord C3)* **:** *rue des Eaux (il faut le faire !), 5-7, sq. Charles-Dickens, 75016. ☎ 01-45-25-63-26. • museeduvinparis.com • Ⓜ Passy. En sortant du métro, descendre les escaliers et tourner 2 fois à droite. Tlj sauf dim-lun 10h-18h. Fermé Noël et Jour de l'an. Entrée : 13,90 € pour la visite incluant un verre de vin (11,90 € sur présentation de ce guide) ; gratuit moins de 12 ans. Audioguide sur demande. Intéressant programme de cours de dégustation sam pdt 2h, 63 €/pers. Resto* Les Échansons *mar-sam le midi seulement ; voir plus haut « Bars à vins ». Boutique où vous pourrez vous procurer du gaillac « Château Labastidié », domaine dont le musée est propriétaire.*

Un lieu à la fois insolite et hors du temps, et une visite instructive et gustative. Le musée est installé dans d'anciennes carrières de pierres blondes creusées au XIIIe s (celles-là même qui habillent les bâtiments anciens de Paris) et qui étaient transportées depuis leur lieu d'extraction jusqu'à l'île de la Cité via la Seine. Au XVe s, l'abbaye de Passy s'installe sur les berges et plante sur les coteaux des vignes qui prospèrent grâce à l'orientation et à la qualité des sols. Les anciennes galeries sont alors transformées en celliers par les moines. L'exploitation va durer jusqu'au XIXe s. Durant la Seconde Guerre mondiale, les galeries servirent de cache aux résistants. Picasso et Dubuffet y exposent en leur temps. Elles sont, depuis 1984, propriété de la confrérie des Échansons de France, qui en a fait un musée et un lieu dédié à la défense et à la promotion du vin français.

Le parcours présente des objets se rapportant au travail de la vigne et du vin. Des personnages en cire illustrent de manière vivante et expressive les différentes étapes de la vinification et les métiers liés au vin, ainsi que la vie du quartier. Balzac, qui résidait à quelques pas, utilisait fréquemment les carrières pour échapper à ses créanciers. Intéressante vitrine sur les différentes formes de bouteilles. Plus loin, vitrine no 25, faites-vous expliquer le fonctionnement du pichet trompeur. Astucieux ! On y croise aussi Pasteur, à qui l'on doit la mise au point de la pasteurisation grâce à ses recherches sur la vigne et le phylloxera. Enfin, vous apprendrez qu'il reste encore quelques arpents de vigne dans la capitale : à Bercy, à Montmartre, aux Buttes-Chaumont et dans le parc Georges-Brassens.

La Maison de Radio France *(plan couleur sud C1)* **:** *116, av. du Président-Kennedy, 75116. ☎ 01-56-40-15-16. • maisondelaradio.fr • Ⓜ Passy ou Ranelagh ; RER C : Kennedy-Radio-France. Bus nos 52, 70 et 72. Concerts gratuits (rens au ☎ 01-56-40-15-16) et enregistrements publics d'émissions radiophoniques accessibles au public (rens et résas sur le site internet) ; également plusieurs visites guidées/sem (compter 10 € ; dates sur le site internet).* La « maison ronde » fut conçue par l'architecte Henry Bernard, construite de 1952 à 1963 en verre et en aluminium, et inaugurée le 14 décembre 1963 par le général de Gaulle. Pour accueillir son public, la Maison comprend la *salle Olivier-Messiaen* (936 places), où ont lieu les concerts de l'Orchestre philharmonique et de l'Orchestre national, le *studio Charles-Trenet* (257 places) et le *studio Sacha-Guitry* (130 places).

ARCHITECTURE DICTÉE PAR LES ONDES

La forme concentrique de la Maison de Radio France n'a rien d'une lubie architecturale. Elle respecte la loi des ondes, qui impose que les murs d'un studio d'enregistrement ne soient pas parallèles. De même, si vous trouvez que les accès en métro sont un peu éloignés, c'est normal : il s'agit d'éviter les vibrations.

En face, au milieu de la Seine, une étroite bande de terre appelée l'***allée des Cygnes*** *(plan couleur sud D1)*. En effet, Louis XIV y fit transporter des cygnes pour le plaisir des yeux. Moins réjouissant, on y avait enterré les protestants massacrés lors de la Saint-Barthélemy. Ne pas s'y promener la nuit, parce qu'il n'y a pas que des cygnes qui s'y baladent ! Face à la Maison de la radio, le récent centre commercial *Beaugrenelle* et ses néons colorés peinent à donner un nouveau souffle à ce front de Seine bien laid.

COMBIEN DE STATUES DE LA LIBERTÉ À PARIS ?

Bon, la plus célèbre se dresse au milieu de la Seine, sur l'allée des Cygnes. Il en existe 2 autres au musée des Arts et Métiers, sans compter l'originale, au jardin du Luxembourg, côté rue Guynemer. N'oubliez pas celle du musée d'Orsay. Mais la moins connue est celle dissimulée par le sculpteur César au niveau de la poitrine de sa statue du Centaure (à l'angle des rues de Sèvres et du Cherche-Midi).

LE TROCADÉRO *(plan couleur nord C3)*

Le cimetière de Passy *(plan couleur nord C3)* **:** *surplombant la pl. du Trocadéro, entrée rue du Commandant-Schlœsing, 75016.* Ⓜ *Trocadéro. Pas de plan proposé sur place mais possibilité de le télécharger via le site • equipement.paris.fr/cimetiere-de-passy-4481* • Pas très grand, mais beaucoup de personnalités inhumées : Fernandel, Sadi-Carnot, Georges Mandel, Tristan Bernard, Maurice Genevoix, Jean Patou, Jean Giraudoux, Gabriel Fauré, Berthe Morisot, les familles Talleyrand, Guerlain, Marnier (mais oui, la fameuse liqueur ; d'ailleurs, une Mme Marnier est née « Sucre »). Le couple Cognacq-Jay, fondateur des magasins de la *Samaritaine* et créateur de dotations généreuses attribuées aux familles prolifiques, repose dans une luxueuse chapelle. Au hit-parade de l'intérêt du public : Debussy et Édouard Manet. Des aviateurs : Farman, Costes et Bellonte, auteurs de la 1re liaison Paris-New York en 1930. Des industriels célèbres : Louis Renault (et sa famille), Marcel Dassault, Francis Bouygues. Plus récemment, Haroun Tazieff, Michel Droit, François Périer, Jean Drucker... Dans le bureau à gauche de l'entrée, des registres calligraphiés à la plume depuis près de 200 ans... Gardien sur patins pour entretenir le parquet.

La Cité de l'Architecture & du Patrimoine *(plan couleur nord C3)* **:** *palais de Chaillot, 1, pl. du Trocadéro et pl. du 11-Novembre, 75116.* ☎ *01-58-51-52-00. • citedelarchitecture.fr •* Ⓜ *Trocadéro ; RER C : Champ-de-Mars-Tour-Eiffel. Tlj sauf mar 11h-19h (21h jeu).*
La Cité de l'Architecture & du Patrimoine réunit 3 entités : le *musée*, l'*Institut français d'architecture* (département Architecture contemporaine) et l'*école de Chaillot* (département Formation), qui, depuis 1887, forme les architectes du patrimoine.

Le musée
Tlj sauf mar 11h-19h (21h jeu). Fermé 1er janv, 1er mai et 25 déc. Entrée : 8 € ; réduc ; gratuit moins de 26 ans UE. Visioguide gratuit (excellent). Visites guidées pour adultes, visites et activités pour les enfants (sur résa, se renseigner) et livrets-jeux en vente aux caisses.
Le musée s'inscrit dans un vaste ensemble qui occupe toute l'aile est du palais de Chaillot et se donne pour mission de promouvoir l'architecture. Un programme d'envergure qui dresse un panorama de l'architecture française du XIIe s à nos jours.
– ***La galerie des moulages (rez-de-chaussée) :*** créée à l'origine par Viollet-le-Duc, la collection de moulages retrace l'évolution de chefs-d'œuvre de l'architecture française, du Moyen Âge au XVIIIe s, au travers de quelque 400 pièces exposées. On découvre des portails gothiques ou des statues religieuses...

à hauteur d'homme, donc dans des conditions idéales (ce qui est rarement le cas des œuvres originales). La sélection est exceptionnelle : des répliques en plâtre et grandeur nature des porches et façades des plus belles cathédrales et abbayes de France – Moissac, Avallon, Vézelay (où des représentations des travaux des champs alternent avec les signes du zodiaque), ou encore le moins connu prieuré de Charlieu (Loire) –, également de nombreux tympans, bas-reliefs, chapiteaux historiés, statues, trumeaux, frises... Notez la taille impressionnante des statues de la cathédrale de Reims (dont le célèbre *Ange au sourire*). Toutes les écoles régionales romanes et toutes les périodes du gothique sont représentées.
Difficile d'énumérer tous les chefs-d'œuvre rassemblés ici ! Mais c'est le moment ou jamais d'étudier les différences entre les cathédrales : celles du 1er art gothique (Chartres et ses statues-colonnes, Notre-Dame de Paris et ses formidables arcs-boutants), puis celles du gothique flamboyant, dont on retiendra la dentelle du baldaquin de la cathédrale de Toul, le travail des vantaux du portail de la cathédrale de Beauvais ou encore la finesse des sculptures du pilier des anges de la cathédrale de Strasbourg. À l'appui, des maquettes (exceptionnelle cathédrale de Laon, monumentale Paray-le-Monial) permettent de resituer la partie exposée dans l'ensemble de l'édifice. Ne pas manquer la maquette du bâtiment dit « de la Merveille » du Mont-Saint-Michel, exceptionnelle par ses dimensions et le matériau employé, la pierre. Les moulages offrent l'occasion unique d'approcher et d'observer des détails impossibles à visualiser autrement (expression des visages, détails des costumes) parce que trop hauts, trop loin, bref souvent inaccessibles. Attardez-vous sur les pleurants du tombeau de Philippe le Hardi : pas un des moines n'a la même expression. Et que dire de la puissance émotionnelle de la monumentale mise au tombeau de Ligier Richier et de celle, plus retenue, de l'abbaye de Solesmes ? Moins de moulages concernant les siècles suivants, à partir de la Renaissance. L'architecture civile prend le pas sur les édifices religieux. Château de Blois, hôtel de ville de Toulon, fontaine de la place Stanislas de Nancy...
– La galerie d'architecture moderne et contemporaine (1850-2001 ; niveau 2) : une dizaine de tables d'exposition illustrent différents thèmes de l'architecture depuis la construction du *Crystal Palace* à Londres, point de départ symbolique d'un renouveau architectural, doté de matériaux nouveaux, et 1re grande construction (1851) d'une suite d'expositions universelles. L'urbanisme est l'un des concepts clés de cette période, et les tables thématiques (photos, maquettes, montages audiovisuels et autres supports) illustrent au travers d'une grande variété de réalisations les nouveaux défis auxquels l'architecture doit faire face : construire plus vite et moins cher tout en s'adaptant aux nouveaux modes de vie industriels. La partie *Architecture et société* présente l'évolution de l'immeuble d'habitation (notamment dans le domaine de l'habitat social) et des bâtiments collectifs par thèmes (la culture, le palais de justice, les sports et loisirs), sans oublier l'évolution de la maison individuelle illustrée par un ensemble de petites maquettes dont certaines très originales. La partie *Concevoir et bâtir* présente quant à elle l'évolution des techniques et matériaux de construction. Là encore, nombreuses maquettes particulièrement intéressantes dans le cas de projets n'ayant pas abouti, comme la Tour sans fin conçue par Jean Nouvel pour la Défense, qui devait culminer dans les nuages à 426 m, ou bien d'œuvres contemporaines comme le pavillon de France à l'Expo universelle de Bruxelles en 1958, dont l'un des ingénieurs n'était autre qu'un certain Jean Prouvé. Magnifique exemple d'utilisation du béton avec l'église Notre-Dame-de-la-Consolation au Raincy, construite par les frères Perret en 1922, la « Sainte-Chapelle du béton armé ». Coup de cœur pour le centre culturel Tjibaou dessiné par Renzo Piano à Nouméa, un bel exemple d'adaptation de l'architecture à son environnement culturel et climatique, ou quand l'architecture devient écologique. Enfin, on ne manquera pas d'aller visiter la reconstitution grandeur nature et à l'identique d'un appartement de la Cité radieuse de Le Corbusier (Marseille), réalisée par les élèves des 17 lycées professionnels du bâtiment d'Île-de-France. Des expos temporaires d'actualité complètent l'ensemble.

– ***La galerie des peintures murales et vitraux (XIIe-XVIe s ; niveaux 2 et 3) :*** temporairement inaccessible en raison de travaux, on peut néanmoins admirer, au niveau 2, la salle de lecture de la bibliothèque (en accès libre). Sur le plafond en forme de voûte est reproduite la scène de la genèse de la nef de Saint-Savin-sur-Gartempe (Vienne), inscrite au Patrimoine mondial de l'Unesco. Un chef-d'œuvre qu'on appréciera, ici, au plus près.
– ***Les galeries haute et basse d'expositions temporaires (niveaux 0 et -1) :*** *prix du billet variable selon expo ; se renseigner.*

Le musée de l'Homme *(plan couleur nord C3)* **:** *17, pl. du Trocadéro, 75116. ☎ 01-44-05-72-72. • museedelhomme.fr • Tlj sauf mar 10h-18h. Fermé 1er janv, 1er mai et 25 déc. Entrée : 10 € ; réduc ; gratuit Européens de moins de 25 ans. Visites guidées sam à 15h : 17 €, réduc ; durée : 1h30.*

16e

Inauguré en 1938, le musée de l'Homme a rouvert ses portes en 2015 après 6 années de rénovation. Bien qu'une grosse partie des collections ethnographiques soient allées enrichir les collections du musée du quai Branly – Jacques-Chirac et du MuCEM à Marseille, ce sont plus de 700 000 objets qui nous parlent de l'histoire humaine depuis les origines de notre espèce.

L'***atrium,*** sorte d'immense salle des pas perdus baignée de lumière sous la grande verrière métallique, est sans doute la partie la plus représentative de cette rénovation. Il est surplombé par le ***Balcon des Sciences.***
La ***galerie de l'Homme*** (exposition permanente), qui occupe la nef courbe du bâtiment, bénéficie également d'une belle mise en lumière naturelle par ses larges baies vitrées et ménage des points de vue uniques sur la Seine, Paris et la tour Eiffel. On y accède par un escalier dont le mur est orné d'enseignes lumineuses conçues par l'artiste Pascale Marthine Tayou, souhaitant la bienvenue aux visiteurs dans toutes les langues.
À la fois lieu de recherche et musée de sciences vivant, le musée a pour ambition de retracer l'histoire de l'homme, de la Préhistoire à nos jours, dans sa globalité et dans son environnement. La visite s'articule autour de 3 grandes questions – « Qui sommes-nous ? D'où venons-nous ? Où allons-nous ? » – en s'appuyant sur un fonds de collection remarquable : objets préhistoriques, cires anatomiques, masques et objets ethnologiques, magnifiques bronzes originaux de Cordier et Pompon... ainsi que des objets de collecte plus récents. Tout au long du parcours, une grande diversité de support (vitrines, films, jeux éducatifs, expériences sensorielles, bandes audio) illustre le propos d'ensemble.

NAISSANCE DE LA RÉSISTANCE

Quel meilleur endroit que le musée de l'Homme pour combattre l'occupation allemande et son ignominieuse idéologie nazie de supériorité raciale ? Ethnologues, anthropologues et chercheurs de tous poils créent dans la clandestinité un journal intitulé Résistances. *Le mot apparaît alors pour la 1re fois. Il a résisté ! Les chercheurs, eux, sont tous morts fusillés ou déportés.*

La galerie de l'Homme

– ***Qui sommes-nous ?*** Pour raconter l'aventure humaine, le parcours muséographique nous invite à nous questionner sur ce qui fait notre spécificité d'être humain et à explorer, cette machine si complexe qui a fait de nous des *Homo sapiens.* Puis l'exposition aborde notre façon de penser, et notamment de penser le monde, notre capacité à vivre ensemble et notre langage. Ami bipède, partez donc à la découverte de vous-même !
De grandes vitrines complètent cette présentation en replaçant l'espèce humaine dans un contexte culturel : celle avec les spécimens naturalisés invite à s'interroger sur ce qu'on partage avec les autres espèces, mais aussi nos différentes manières de penser et de voir le monde, nos modes d'organisation sociale à travers 4 représentations culturelles. En vis à vis, dans des alcôves, des objets divinatoires illustrent notre conscience de la mort. La partie consacrée au langage se veut particulièrement

ludique : sur un large planisphère mural, il faut tirer les langues de résine pour écouter une trentaine de langues différentes parmi les 7 000 parlées à l'heure actuelle dans le monde.

– ***D'où venons-nous ?*** Sans doute la partie la plus passionnante, qui nous invite à faire connaissance avec nos lointains ancêtres ! Qui sont les 1ers représentants de la lignée humaine ? Pourquoi et comment certains ont disparu, tandis que d'autres ont prospéré ? En quoi nos ancêtres étaient-ils différents de nous ? Ce long processus évolutif, de l'émergence des primates (60 millions d'années avant notre ère) à la sédentarisation au Néolithique, avec l'agriculture (à partir de - 10 000 environ), en passant par les vagues de migration hors d'Afrique, la découverte du feu et la maîtrise de l'outil, est évoqué à travers un découpage à la fois chronologique et thématique. Où l'on comprend que la mondialisation est en marche... depuis le Néolithique !

COMPLIQUÉ D'ÊTRE RACISTE

*On sait tous que l'*Homo sapiens *vient d'Afrique. Il était noir. Puis, il y a 70 000 ans, il part se répandre dans le monde entier. Dans les pays tempérés, la peau blanchit afin de mieux absorber les rayons du soleil, permettant ainsi l'apport en vitamine D, nécessaire contre le rachitisme. Le généticien Axel Kahn confirme que les Blancs descendent des Noirs. La notion de race n'existe donc pas.*

L'histoire des primates hominidés commence en Afrique il y a environ 7 millions d'années. Les hominidés se développent alors en de nombreuses lignées, y compris les australopithèques il y a 4 millions d'années (dont la fameuse Lucie découverte par Yves Coppens). Les 1ers outils datent de cette époque. Plusieurs espèces d'hominidés prospèrent alors, dont les *Homo habilis,* célèbres fabricants d'outils. Les hominidés sortent d'Afrique dès 4 millions d'années av. J.-C. *Homo erectus* sera l'espèce phare de cette expansion en Eurasie, tandis que Neandertal s'implante en Europe. Ce n'est que bien plus tard que l'espèce *Sapiens* débarque en Europe. Résultat des courses, vers 100 000 ans av. J.-C., il semble qu'au moins 5 espèces d'hommes aient pu ainsi coexister : *Neandertal, Sapiens* mais aussi *Homo floresiensis,* les *Dénisoviens* et les derniers *Homo erectus.* Pourquoi *Sapiens* a-t-il supplanté toutes ces lignées humaines ? C'est une question clé encore irrésolue. Mais il est vraisemblable que cela ait été lié à des capacités cognitives supérieures lui ayant permis de constituer des groupes sociaux plus nombreux.

HASARD OU PAS ?

L'évolution sélectionne des caractères qui ne sont pas nécessairement des avantages au départ, mais qui le deviennent par la force des choses. Une théorie pour exemple : la bipédie a probablement favorisé les fausses couches et entraîné la naissance de bébés prématurés, très préjudiciables à la survie de l'espèce !

Des moulages de crânes, des fossiles humains originaux (2 crânes, l'un de Neandertal, l'autre d'*Homo sapiens*), des reproductions moulées, des plateaux représentant les lignées humaines et une immense vitrine reconstituant l'environnement européen au Paléolithique avec de superbes animaux empaillés illustrent avec richesse cette partie.

Fin de la 2e partie au 2e étage : le Néolithique marque un tournant dans l'histoire de l'humanité, et ce dans toutes les régions du globe. Avec son nouveau mode de vie, on démontre ici comment l'homme impacte (déjà !) l'environnement, et comment lui-même s'adapte à son nouveau mode d'alimentation et aux modifications biologiques de son environnement.

– ***Où allons-nous ?*** La dernière partie de la galerie de l'Homme est sans doute la plus novatrice pour un musée de ce genre, en ce sens qu'elle démontre à quel point notre culture – et notre survie ! – est dépendante des autres espèces.

Du Néolithique à nos jours, il n'y a que quelques pas et l'on fait un véritable bond dans le temps en abordant ici directement les questions de mondialisation, de globalisation, ainsi que la diversité des échanges culturels sur la planète. Un car sénégalais, des objets de collecte du monde entier issus des sections d'anthropologie culturelle, une yourte traditionnelle mongole au confort modernisé, illustrent ces propos.

Autre dispositif spectaculaire, un écran circulaire à 360° où est abordée la variété des modes et des rythmes de vie témoignant de l'impact de l'homme sur la planète, en chiffres et en images. Ce dispositif interactif est accompagné de commentaires de spécialistes qui tentent de répondre aux questions soulevées par le film.

Où allons nous... et jusqu'où pouvons-nous aller ? L'homme d'aujourd'hui, l'homme de demain et l'homme augmenté (grande vitrine avec des prothèses anciennes et futuristes) : la fin du parcours de cette 3e partie interroge l'avenir. Car ce que l'on démontre ici, c'est que l'homme continue d'évoluer dans un monde qu'il a transformé, et qui le transforme aussi en retour. Mais les avancées scientifiques et technologiques ne nous affranchissent pas pour autant des questions primordiales concernant notre avenir... Quelle est notre responsabilité face aux enjeux de l'environnement et comment, avec 7 milliards d'habitants, est-il encore possible de tirer profit d'une planète aux ressources devenues tristement limitées ?

Le Balcon des Sciences

Cet espace, en surplomb de l'atrium, constitue un complément de visite original en offrant la possibilité au visiteur de prendre connaissance de l'avancée des recherches en cours. À travers des écrans, des vitrines d'expositions et des cartels d'explications, on prend la mesure d'un musée-labo vivant, animé par une équipe de 150 chercheurs et doctorants qui travaillent sur place. Les sujets d'expositions tournent régulièrement.

Le musée national de la Marine *(plan couleur nord C3)* **:** *palais de Chaillot, pl. du Trocadéro, 75116. ☎ 01-53-65-69-69. • musee-marine.fr • Ⓜ Trocadéro.* ***Attention,*** *fermé pour travaux jusqu'en 2021.*

L'Aquarium de Paris Cineaqua *(plan couleur nord C3)* **:** *5, av. Albert-de-Mun, 75116. ☎ 01-40-69-23-23. • cineaqua.com • Ⓜ Trocadéro. Tlj 10h-19h. Fermé 14 juil. Entrée : 20,50 € ; 16 € 13-17 ans ; 13 € 3-12 ans ; gratuit moins de 3 ans. Réduc « Famille nombreuse » sur présentation de la carte SNCF.* ***On préfère l'Aquarium tropical du palais de la Porte Dorée (12e), bien moins cher !*** Toutes les espèces emblématiques des eaux métropolitaines et d'outre-mer, de la Seine à la Nouvelle-Calédonie. Pas mal d'activités pédagogiques (parfois sans rapport avec l'univers des poissons... ; calendrier sur le site internet) et projection de films documentaires.

AUTOUR DU TROCADÉRO

Le musée Clemenceau *(plan couleur nord C3)* **:** *8, rue Benjamin-Franklin, 75116. ☎ 01-45-20-53-41. • musee-clemenceau.fr • Ⓜ Trocadéro ou Passy. ♿ Tlj sauf dim-lun et j. fériés 14h-17h30. Congés : août. Entrée : 6 € (audioguide compris) ; réduc ; gratuit moins de 12 ans. Parcours pédagogique pour le jeune public, à télécharger gratuitement sur le site, ou livret en vente au comptoir. Ascenseur.*

Au 1er étage, une galerie documentaire récemment rénovée évoque, à travers des documents, des photos et des objets, toutes les facettes du « Tigre », surnom qui fut donné à Clemenceau par un de ses collaborateurs journaliste. On découvre ainsi l'homme politique qui, après des études de médecine, passe 4 ans aux États-Unis, où il débute une carrière de journaliste, enseigne dans une institution pour jeunes filles et se marie avec une de ses élèves. Rentré en France, il commence sa carrière politique comme maire de Montmartre, puis comme député de la Seine. Son 1er combat fut de faire voter l'amnistie pour les communards. On découvre aussi le journaliste, anticolonialiste et dreyfusard acharné, qui écrivit plus de 700 articles pour défendre l'honneur du capitaine, allant même jusqu'à se battre en duel à 12 reprises, dont une fois contre l'antisémite Drumont. C'est encore Clemenceau, alors chef du service politique du journal *L'Aurore,* qui trouve le fameux titre du célèbre article de Zola : « J'accuse ». Dans les années 1900, il sera ministre de l'Intérieur et contribuera au développement de la police judiciaire. Souvenez-vous, les fameuses brigades du Tigre, c'est lui ! En 1917, à 76 ans, il reprend du service pour mener la France à la victoire. En récompense, il perdit les élections... Une vitrine abrite le manteau qu'il revêtait pour rendre visite aux poilus dans les tranchées.

C'est aussi l'occasion de découvrir l'homme privé, auteur de pièces de théâtre, collectionneur, amoureux de la Grèce antique, ami de Monet... Au rez-de-chaussée, l'appartement que Clemenceau occupa de 1896 à sa mort, en 1929, resté inchangé depuis. Au décès du propriétaire, l'immeuble fut racheté par un Américain fervent admirateur du Tigre, ce qui permit à Clemenceau de ne pas être expulsé. Endroit méconnu et riche de nombreux souvenirs du Père la Victoire. Boiseries, lourdes tentures, impressionnante bibliothèque. Fantastique bureau de noyer en U. Le lieu est saisissant et la visite d'autant plus émouvante que la vie quotidienne du grand homme est évoquée par sa petite-nièce. Charmant jardin ouvert au public – où Clemenceau avait même fait installer un poulailler.

UN AMÉRICAIN « CLEMENCISTE »

James Douglas était propriétaire de mines dans l'Arizona. Grand admirateur de Clemenceau, il avait créé une petite ville minière baptisée Clemenceau (située tout près de Cottonwood, elle a aujourd'hui disparu, mais on trouve sur Internet des images de la localité devenue « fantôme »). La compagnie minière s'appellait The Clemenceau Mining Corporation. *Ses actions ainsi que les chèques de la banque locale étaient à l'effigie de Clemenceau. À la mort de celui-ci, ce bienfaiteur américain créa une fondation, dont l'objet demeure de garder ouvert à la visite, et tel qu'il était à sa mort, l'appartement de la rue Franklin que le Tigre avait habité durant 33 ans.*

– Pas bien loin, si vous voulez découvrir un sport devenu rare aujourd'hui, faites un crochet par le 74 ter, rue Lauriston, à la ***Société sportive du jeu de paume*** *(☎ 01-47-27-46-86).* Au 1er étage, un club centenaire avec parquet d'origine et banquettes authentiques... Plus que 3 terrains en France ! Pas mal de pratiquants anglo-saxons. Venir à l'heure du déjeuner ou vers 18h-20h pour avoir le plus de chances de trouver des joueurs sur le terrain. Sur place, on peut se faire renseigner sur l'histoire de ce jeu, les règles, les expressions dont il est à l'origine...

Le musée des Arts asiatiques Guimet *(plan couleur nord D2)*

6, pl. d'Iéna, 75116. ☎ 01-56-52-53-00. • guimet.fr • Ⓜ Iéna ou Trocadéro. ♿ Tlj sauf mar 10h-18h (entrée jusqu'à 17h15). Entrée : 11,50 € ; tarif réduit : 8,50 € ; gratuit moins de 26 ans et pour ts le 1er dim de chaque mois. Possibilité au porteur d'un billet d'effectuer une 2de visite des collections permanentes dans les 14 j. qui suivent la date d'achat du billet. Pour les conférences, activités culturelles et pédagogiques, se reporter aux programmes du musée. Compter 1h30 pour la visite avec audioguide (compris dans le billet et vivement conseillé, d'autant que les légendes des différentes pièces ne sont pas forcément très claires pour le profane).

– ***Librairie :*** *au rdc. Tlj sauf mar 10h-18h.* Nombreux livres, CD et DVD sur les différents pays d'Asie.
– ***Auditorium :*** *au sous-sol.* Très belle salle de 280 places, où sont projetés des films et des documentaires sur l'Asie, et où ont lieu des spectacles, concerts, conférences, etc. Programme complet sur le site internet du musée.

Salon de thé-resto Le Salon des Porcelaines : *au rez-de-jardin. ☎ 01-47-23-58-03. Tlj sauf mar 10h-18h. Menus 17,90-20,30 € ; plats à partir de 14,30 €.* Petit resto et salon de thé où l'on sert de la cuisine asiatique provenant de plusieurs pays : Chine, Cambodge, Vietnam, Thaïlande, Corée, Japon. En Asie, la cuisine est à l'image de l'art : finesse, légèreté, diversité. Le chef vietnamien fait très attention aux épices. Les thés bien choisis viennent de la maison *Mariage Frères* à Paris. Il y a aussi des boissons aux fruits frais, une bonne occasion de découvrir les fruits d'Asie.

Origine du musée

« Créer un musée pour comparer les religions », telle est l'idée originelle d'Émile Guimet lorsqu'il fonde son musée à Lyon en 1879 (transféré à Paris en 1889). Ainsi, le bouddhisme, né en Inde au VIe s av. J.-C., est une composante essentielle de ce musée. Il reste peu d'œuvres d'art antérieures à la naissance de notre ère pour 2 raisons : les 1res sculptures étaient en bois, elles n'ont donc pas survécu ; et surtout, le Bouddha ne devait pas être représenté ! C'est aux alentours du début de notre ère qu'apparaîtront les 1res représentations figurées de ce dernier, sous l'influence des royaumes limitrophes, et en particulier de celui des Kushans, qui s'étendait de l'actuel Afghanistan à toute l'Inde du Nord.

Le musée aujourd'hui

Circuit muséographique de grande qualité, tout en jeux de lumière, courbes, ouvertures et balcons, le tout s'articulant autour de l'escalier central, véritable colonne vertébrale du musée. L'architecture du père et du fils Gaudin est sobre et dépouillée. Les larges baies vitrées ont pour rôle de relier les collections, et non de les cloisonner, comme c'est souvent la règle dans les musées. Cela permet d'éviter tout dirigisme à l'égard du visiteur et de comprendre sans discours les spécificités et les points communs des 2 grandes civilisations asiatiques, celles de l'Inde et de la Chine, qui connurent leur apogée au cours du Ier millénaire.
À travers une présentation chronologique et structurée d'est en ouest très didactique, le musée Guimet expose l'une des collections les plus complètes au monde d'art asiatique (sculptures, bronzes, ivoires, meubles, miniatures, bijoux, céramiques, peintures...), enrichie de nombreuses acquisitions et donations.

Rez-de-chaussée : l'Inde et son extension en Asie du Sud-Est

Avant d'entamer la visite, admirez la ***Chaussée des Géants,*** située au rez-de-chaussée à gauche juste à l'entrée de la salle d'art khmer (Cambodge). Cette pièce sculptée provenant du temple d'Angkor est composée de gros blocs de grès, d'abord démontés, puis acheminés par bateau sur le Mékong jusqu'à Phnom Penh et transportés en France, où ils furent présentés à l'Exposition universelle de Paris en 1878. Cette grande sculpture faisait partie d'une balustrade de 200 m de long qui conduisait à l'entrée d'un temple d'Angkor. La partie haute de la sculpture représente un Naga, serpent à 7 têtes. Sa gueule effrayante était destinée à repousser les mauvais esprits à l'entrée du temple et à protéger les humains.

Art de l'Inde

Au rez-de-chaussée, à gauche de la salle d'art khmer. C'est en Inde que le bouddhisme est né, en s'inspirant de principes de l'hindouisme traditionnel. Ne ratez pas les bas-reliefs d'Amaravati, site du sud-est de l'Inde, dont *L'Assaut de Mara,* qui tente tout ce qu'il peut pour distraire le Bouddha de sa méditation. Le Bouddha étant ici symbolisé par un trône (le sud de l'Inde a mis plus de temps à accepter l'idée de représenter le Bouddha). Plus loin, la tête du Bouddha en grès rose de l'école de Mathura, d'époque Gupta, est magnifique. L'Inde médiévale est merveilleusement représentée par les bronzes du sud de l'Inde d'époque Çola (Xe-XIe s apr. J.-C.). Superbe Shiva dansant !

Art khmer

C'est la grande salle du rez-de-chaussée, peut-être la plus belle collection d'art khmer au monde, en dehors du Cambodge. La civilisation khmère a été largement influencée par la religion hindoue, la civilisation et les arts indiens, lesquels ont marqué de leur empreinte toute la péninsule du Sud-Est asiatique, tant par voie maritime que terrestre.
Cette civilisation khmère avait d'ailleurs tellement fasciné André Malraux qu'il fit de la prison pour avoir dérobé une fameuse dormeuse sur le plus beau temple d'Angkor – le Banteay Srei, représenté par un extraordinaire fronton, véritable dentelle de pierre, contant une scène du *Mahabharata* ! Tout est superbe, en particulier les sculptures de déesses, plus délicieuses les unes que les autres, et surtout le portrait présumé du grand souverain Jayavarman VII, qui a retrouvé sa véritable inclinaison suite à la restauration.
Au milieu de la salle d'art khmer se dresse une très belle statue représentant une ***divinité féminine*** du Cambodge, sculptée au IXe s de l'ère chrétienne. Elle est en parfait état de conservation, seul lui manque le lobe de l'oreille gauche. Cette sculpture est considérée comme un chef-d'œuvre. Sa tête et son corps furent séparés pendant près de 70 ans et n'ont été réunis et recollés qu'en 2006. Une histoire étonnante... Ne pas rater la très belle divinité masculine en bronze, de style Khleang (début XIe s).
Le reste des salles du rez-de-chaussée expose un échantillon des autres arts d'Asie du Sud-Est. La ***Thaïlande*** et la ***Birmanie*** sont malheureusement peu présentes, mais vous pourrez vous rendre compte de l'évolution de l'effigie du Bouddha : ses traits s'allongent, son nez se busque et sa petite flammèche au-dessus de la tête s'élève. Le ***Vietnam,*** au contraire, est dignement représenté. D'abord le Nord, sous influence chinoise : en témoignent les seules céramiques du rez-de-chaussée. Ensuite le Sud, où a prospéré un royaume, le Champa, où se mêlèrent harmonieusement les arts khmer et chinois : ne ratez pas la statue de Shiva en grès avec un serpent en guise de collier. Une curiosité : des pièces métalliques dorées et sculptées qui servaient à protéger les lingam en pierre, de forme phallique (culte d'origine hindoue répandu dans le royaume de Champa). Malheureusement trop faciles à voler, à fondre puis à revendre, ces protections sacrées ont presque toutes disparu. Ce sont donc des pièces très rares, presque uniques au monde !

1er étage : Chine, Asie centrale, Afghanistan et Pakistan, Tibet et Népal

Chine

Au cours du Ier millénaire, voire avant, les marchandises étaient acheminées de Chine en Inde et d'Inde en Occident, et vice versa, par les nombreuses routes de la soie. En parcourant le 1er étage, vous emprunterez l'une de ces fameuses routes : partant de Chine, vous traverserez l'Asie centrale (plus exactement les oasis du bassin du Tarim, actuel Xinyang chinois), puis l'Afghanistan et le Pakistan.

À partir de là, les marchandises partaient soit vers l'Inde, soit vers l'Occident. Sont également représentées, au 1er étage, les civilisations tibétaine et népalaise, directement sous influence indienne, où se développa un bouddhisme très ésotérique, dit tantrique, à partir des VIe et VIIe s apr. J.-C. En prenant l'escalier qui mène au 1er étage, ne ratez pas les différents points de vue qui s'offrent à vous, en particulier sur la salle khmère.
Vous découvrirez alors les 1res ***pièces chinoises,*** dont l'alliance de la forme et du décor, caractéristiques premières de la céramique chinoise, incarne l'essence de l'esthétique chinoise. Au fond de la 1re salle, animaux gardiens de tombe (daim, phénix, tigre) coiffés ou ailés d'étonnantes pièces de bois de cerf, ce bois étant un gage de longévité et de magie toujours utilisé en Chine aujourd'hui.
Vous accédez ensuite à un couloir où se trouvent de magnifiques pièces des civilisations classiques chinoises (Han, autour de l'époque du Christ, et Tang, à l'époque de notre haut Moyen Âge). Admirez le cortège de statuettes funéraires : les cavaliers, l'équipe de joueuses de polo de la donation Jacques-Polain, véritable témoignage du rang social du défunt et des plaisirs de sa vie. Plus loin, magnifiques pièces illustrant les caravaniers de la route de la soie (chevaux, chameaux, et même des personnages aux traits occidentaux, témoins des échanges de la route de la soie).
Dans une salle, un magnifique ensemble de ***peintures et bannières provenant des grottes de Dunhuang,*** caractéristiques de la Chine bouddhique. Dans cette salle également, superbe statue de Luohan, moine disciple du Bouddha, en céramique 3 couleurs (Xe-XIIe s).

16e

Asie centrale, Afghanistan et Pakistan

Les régions qui correspondent en gros actuellement à l'Ouzbékistan, au Tadjikistan, à l'Afghanistan et au Pakistan formèrent un creuset de civilisations et de religions où se rencontrèrent l'Occident et l'Asie (la Chine, l'Inde) et le monde des steppes d'Asie centrale. Les grandes traditions religieuses indiennes (bouddhisme et brahmanisme) y furent fécondées par l'art occidental et sa tradition de la représentation figurée « idéale » grâce à la civilisation gréco-perse, lointain héritage du passage d'Alexandre dans cette région. Ce mélange du style occidental et oriental a donné naissance à l'***art du Gandhâra.***
Un petit détail : la très belle coupole peinte de Kakrak vient d'un site tout proche de Bamiyan, en Afghanistan, où les talibans ont fait preuve d'obscurantisme en détruisant l'un des monuments de cette civilisation qui fut l'une des plus riches engendrées par l'homme. Belles pièces (sculptures) représentatives de l'art du Gandhâra. En continuant dans cette salle, avant d'aller dans les salles annexes chinoises, ne manquez pas le ***trésor de Begrâm,*** site afghan où se côtoient des ivoires indiens extraordinaires de délicatesse, des pièces chinoises et des verreries gréco-romaines pleines de malice (on aime bien le petit dauphin).
Après le trésor de Begrâm, la promenade se poursuit autour du puits de lumière qui surplombe les pièces khmères, magnifique reconstitution du monastère de Hadda, en Afghanistan, dont certains éléments furent rapportés à Paris dans les années 1920. Ne pas manquer enfin le *Génie aux fleurs,* étonnant buste d'Afghanistan du IIIe ou IVe s, qui rappelle Apollon et met en lumière les liens et la diffusion des courants artistiques entre ces différentes zones géographiques.

Tibet et Népal

Les collections des ***salles tibéto-népalaises*** sont parmi les plus riches et les plus complètes au monde. Dans la 1re, le meuble central présente d'extraordinaires sculptures en bronze : l'érotisme dégagé par ces petites divinités est troublant. Ne ratez pas la célèbre *Daïkini dansante,* à l'aspect farouche mais véritable protectrice de la foi aux yeux des Népalais. La frise de déesses dansantes en cuivre doré, aux bords calcinés, est un souvenir des Chinois, qui dynamitèrent le monastère de Damsathil pendant la révolution culturelle.

Le reste des salles tibéto-népalaises est plus ésotérique – multiples *tangkas* (littéralement « peinture portative ») – mais toujours fascinant. On accède à la sublime donation de Krishna Riboud, petite-fille de Rabindranath Tagore, dans la galerie de la bibliothèque, qui présente un superbe ensemble d'étoffes indiennes d'époque moghole. La rotonde, créée à la demande de Guimet, est un des rares vestiges du décor d'origine.

2e étage : Chine, Japon et Corée

Chine

Du Ier au XIIIe s de notre ère, la Chine avait un niveau de savoir scientifique supérieur à celui du reste du monde. Les Chinois ont inventé ou découvert beaucoup de choses avant les autres peuples du monde, comme la boussole, le sismographe, l'arbalète, le fusil, la poudre à canon, ainsi que la laque, le parapluie, le moulinet de canne à pêche... Tout cela a été inventé en Chine et perfectionné en Occident, mais bien plus tard.

La visite se poursuit avec une ***galerie de peintures chinoises*** présentées par rotation. 2 des plus célèbres inventions chinoises sont le papier de riz (IIe s av. J.-C.) et la soie, qui servent depuis des siècles au travail des artistes. Le musée possède un paysage chinois sur un ***grand rouleau de soie*** long de 10 m environ, réalisé par le peintre Shen Zhou entre 1427 et 1509. Quand on le déroule, le paysage apparaît comme dans un film. Sur ces grands rouleaux verticaux ou horizontaux, le peintre transcrit « un paysage de l'âme », son monde intérieur. La collection est tout simplement époustouflante. À la suite, exposition de l'incroyable collection de grès et porcelaines de la ***donation Calmann,*** présentée à l'asiatique, de façon linéaire, qui en fait ressortir ainsi l'élégante quintessence.

Qui dit Chine dit aussi porcelaine. C'est, là encore, les Chinois qui l'ont inventée au IIIe s apr. J.-C. Elle était d'abord en grès gris, puis en grès céladon (un vert très clair), puis elle est devenue bleu et blanc à l'époque des Ming, et multicolore après le XVIIe s. Le musée abrite des pièces rarissimes du XVIe s, dont on sait qu'il ne reste aujourd'hui que 3 ou 4 exemplaires au monde !

Japon

Il trouve une place de choix à travers un déploiement de peintures, sculptures et autres objets rappelant les principales phases d'une histoire plurimillénaire. Peintures magnifiques de l'école japonaise, autre école majeure du patrimoine pictural de l'humanité. Notez que les toiles sont empreintes de plusieurs sceaux : non seulement celui de l'artiste, mais également celui de l'acquéreur (voire des acquéreurs successifs). Un tout autre rapport à l'œuvre que dans les sociétés occidentales. Belle salle encore présentant les accessoires de la ***cérémonie du thé,*** assortis d'un véritable effort de mise en scène. Admirez cet ***oiseau Garuda*** daté de 752, utilisé lors des cérémonies de consécration de la statue du grand Bouddha du Todjaii. Dans une vitrine sont exposés des objets curieux : ce sont des ***Inrö.*** Ces petites boîtes laquées étaient suspendues à la ceinture à l'aide d'un cordon de soie et un netsuke faisait contrepoids. Pourquoi ? Parce qu'autrefois les Japonais et les Japonaises portaient des kimonos sans poche. Ils transportaient leurs médicaments et leurs sceaux dans les compartiments de ces petites boîtes portatives. Comme les Chinois, les Japonais peignaient sur des bandes de soie ou papier, appelés ***kakemono*** au Japon.

Corée

Intermédiaire entre la Chine et le Japon, la Corée trouve un espace propre. À travers quelques pièces notables, dont le *Bodhisattva méditant* en bronze doré du VIe s, le département coréen prouve qu'il est l'aboutissement des mouvements artistiques en provenance de l'Inde (au rez-de-chaussée), mais surtout qu'il a su affirmer sa propre sensibilité. Magnifiques paravents calligraphiés. Voir aussi la céramique *raku* pour la cérémonie du thé.

3e et 4e étages : la rotonde

Profitez, là, de la lumière et des impressions architecturales de paquebot flagrantes à ce niveau du musée.
Le 3e étage, réservé à l'administration et aux archives photographiques, présente néanmoins une magnifique volière d'oiseaux de porcelaine provenant de la donation Carven. Des démonstrations ou animations artistiques ont parfois lieu au 4e étage, dédié aux « cartes blanches » d'artistes contemporains. Ne manquez pas la vue panoramique sur la tour Eiffel et sur Paris qu'on a depuis la rotonde.

Le musée d'Art moderne de la Ville de Paris
(plan couleur nord D2)

Jusqu'à l'automne 2019, l'entrée se situe côté Seine, au 14, av. de New-York, 75116. ☎ 01-53-67-40-00. • mam.paris.fr • Ⓜ Iéna ou Alma-Marceau ; RER C : Pont-de-l'Alma. ♿ (partiellement). Tlj sauf lun et certains j. fériés 10h-18h (22h jeu pour les expos temporaires). GRATUIT (expos temporaires payantes, réduc 18-26 ans, gratuit moins de 18 ans). Visites-conférences pour adultes, visites-animations et ateliers pour enfants.
Situé dans l'aile est du palais de Tokyo (*attention,* ne pas confondre avec le « palais de Tokyo » qui est aussi le nom du Centre d'art contemporain également abrité dans le grand bâtiment qu'est le palais de Tokyo... vous suivez ?), le bâtiment, construit à l'occasion de l'Exposition internationale des arts et techniques en 1937, est emblématique de l'architecture des années 1930.

Les collections

Dès ses origines, les donateurs, collectionneurs ou artistes ont constitué une source essentielle à l'enrichissement du musée. Ainsi, c'est au legs exceptionnel du docteur Maurice Girardin en 1953 (plus de 500 œuvres) que l'on doit les points forts de l'actuelle collection avec un ensemble important de peintures fauves, d'œuvres cubistes et de nombreuses œuvres de l'école de Paris. L'apport de ce legs sera décisif et déterminera alors les autorités parisiennes à créer en 1961 le musée d'Art moderne de la Ville de Paris. Les collections ont ensuite été enrichies au fil des décennies, et le musée compte parmi les plus grands musées d'art moderne et contemporain de l'Hexagone. Si l'accrochage varie régulièrement, on y trouve toujours les grands courants artistiques du XXe s à la scène actuelle, illustrés par des artistes majeurs de l'histoire de l'art : Picasso, Dufy, Modigliani, Derain, Picabia, Chagall, mais aussi des artistes à la pointe de l'art contemporain. À l'entrée de chaque salle, quelques explications permettent de mieux appréhender la démarche des artistes présentés et de restituer les mouvements artistiques dans leur contexte.
Indépendamment des collections permanentes (une version condensée de leurs chefs-d'œuvre est proposée jusqu'en 2019 en raison de travaux), le musée propose aussi des expositions temporaires de grande qualité autour d'artistes emblématiques du XXe s – Zao Wou-ki, Basquiat, Keith Haring, Bernard Buffet, André Derain, Karel Appel...
Le musée révèle également au public les nouvelles tendances de l'art contemporain ou de la photographie (Ron Amir, Apichatpong Weerasethakul, David Altmejd, Carol Rama...).

***Le palais de Tokyo** (plan couleur nord D2) : 13, av. du Président-Wilson, 75016. ☎ 01-47-23-54-01 ou 01-81-97-35-88. • palaisdetokyo.com • Ⓜ Iéna* *ou Alma-Marceau. ♿ (sur la majeure partie du site). Juste en face du musée précédent. Tlj sauf mar 12h-minuit. Fermé 1er janv, 1er mai et 25 déc. Entrée : 12 € ; 9 € sur présentation de ce guide ; réduc. Des médiateurs se tiennent dans les espaces d'expo pour répondre aux questions du public. Bonne programmation pour les enfants. Un espace,* Le Little Palais, *est dédié aux activités jeune public (3-12 ans) ; inscription sur le site internet à la rubrique « Ateliers jeune public et familles ». Également 2 restos, 2 salles de cinéma et une librairie.* Le palais de Tokyo est le centre d'art contemporain le plus vaste d'Europe. On y trouve de grandes expos thématiques et des monographies d'artistes jeunes ou confirmés. Ainsi la scène émergente voisine avec des artistes déjà plus reconnus. Des interventions artistiques ont également lieu tous les 12 à 18 mois sur les différents éléments architecturaux du Palais (porte, fenêtres, escaliers...). Le Palais accueille aussi de jeunes artistes en résidence, leur offrant parfois leur 1re monographie ou leur confiant le commissariat de certaines de ses expositions. Des débats sont organisés sur tous les sujets possibles, ainsi que de nombreux événements (performances, concerts, etc.).

16e

À signaler, une ***librairie*** *(☎ 01-49-52-02-04 ; ouv jusqu'à minuit !)* très pointue sur tout ce qui concerne l'art contemporain, la photographie, l'architecture, etc.

Pour manger, le resto ***Monsieur Bleu,*** au niveau du parvis bas, proposant une cuisine d'auteur et des cocktails sur mesure dans un cadre chic Art déco.

Le palais Galliera, musée de la Mode de la Ville de Paris *(plan couleur nord D2)* **:** *10, av. Pierre-Ier-de-Serbie, 75116. ☎ 01-56-52-86-00. • galliera.paris.fr • Ⓜ Iéna ou Alma-Marceau.* ***Attention, le palais est actuellement fermé pour travaux.*** Petit palais d'inspiration Renaissance construit à la fin du XIXe s et transformé en espace d'exposition. Très élégant péristyle et, à l'intérieur, hautes salles avec plafonds à fresques. Plus de 100 000 pièces sont réunies dans ce musée, ce qui le place parmi les tout 1ers du genre en Europe. Pas de collection permanente mais des expositions temporaires thématiques ou monographiques (grands noms de la couture, figures de la mode...) de très bonne qualité. Visites-conférences pour les plus grands et nombreux ateliers pour les plus petits.

Le musée Yves-Saint-Laurent *(plan couleur nord D2)* **:** *5, av. Marceau, 75016. ☎ 01-44-31-64-00. • museeyslparis.com • Ⓜ Alma-Marceau. Mar-dim 11h-18h (21h ven). Dernière entrée 45 mn avt la fermeture. Fermé lun, 1er janv, 1er mai et 25 déc. Entrée : 10 € ; réduc.* Nous voici dans cet hôtel particulier Napoléon III où fut installée de 1974 jusqu'à sa fermeture en 2002 la maison de haute couture du célèbre couturier décédé en 2008. Aujourd'hui transformé en musée, on y découvre les salons de réception, mais aussi quelques robes ou pièces emblématiques du style Saint Laurent, comme la robe Mondrian, la saharienne ou le smoking, à travers un parcours rétrospectif et des expositions temporaires. Chaque étape de la création d'une collection est expliquée par des vidéos et les fidèles du maître. Le plus émouvant reste l'atelier du créateur, laissé tel quel après son départ, où l'on entre en chuchotant.

Le musée de la Contrefaçon *(plan couleur nord B2)* **:** *16, rue de la Faisanderie, 75116. ☎ 01-56-26-14-03. • musee-contrefacon.com • Ⓜ Porte-Dauphine ; RER C : Avenue-Foch. Bus no 82 et PC. Tlj sauf dim et j. fériés 14h-17h30. En août, fermé 2 sem et ts les w-e. Visites guidées sur résa. Entrée : 6 € ; 5 € sur présentation de ce guide ; réduc ; gratuit moins de 12 ans. Parcours interactif destiné aux familles.*

Petit musée de l'Unifab (l'Union des fabricants pour la protection internationale de la propriété industrielle et artistique) abrité dans ce bel hôtel particulier (la copie conforme d'un hôtel particulier du Marais, repéré par l'ancienne propriétaire, une richissime Américaine) et à visée clairement pédagogique. Plus de 400 produits mis au regard de leur « faux », et les différents types de contrefaçons, depuis

la bête copie à l'usurpation de logo, en passant par le détournement de nom ou de packaging. Le cas le plus ancien (au IIe s av. J.-C., déjà !) : des amphores gallo-romaines de vin et leurs sceaux, vilainement copiés par des vignerons des environs d'Arles. Tout y passe : maroquinerie, parfumerie (flacons remplis de produits douteux, comme de l'urine), médicaments (inefficaces ou carrément dangereux), jouets pour enfants (non-respect des normes), montres, joaillerie, ou, plus technique, pièces automobiles et petit électroménager, avec les risques pour la sécurité qui en découlent. Dangers physiques, donc, mais aussi économiques. Également une salle consacrée à la contrefaçon dans le monde de l'art : fausses statuettes de Rodin, films piratés...
La contrefaçon menace de nombreux emplois et alimente largement l'économie souterraine. Les circuits de production et de distribution des produits sont de plus en plus souvent liés aux réseaux mafieux : pratique pour blanchir de l'argent, avec des peines encourues moins lourdes que pour d'autres trafics (armes ou drogues). Expos temporaires pour approfondir le sujet. Pour l'anecdote, c'est ici que fut tournée une partie de l'inénarrable *Grande Vadrouille.* Quant au « faisan » (rue de la Faisanderie), c'était le nom donné, en argot, à un tricheur... ; une adresse prédestinée !

Baccarat *(plan couleur nord D2)* **:** *11, pl. des États-Unis, 75116. ☎ 01-40-22-11-00. Ⓜ Boissière ou Iéna. ♿ Tlj sauf dim-lun et j. fériés 10h-18h. Entrée : 10 € ; réduc ; gratuit moins de 18 ans et pers handicapées.* Dans l'ancien hôtel particulier de Marie-Laure de Noailles, muse et mécène au XXe s d'artistes en tout genre, la célèbre manufacture de cristal a choisi d'installer sa boutique, un resto – le *Cristal Room Baccarat* – et une galerie-musée. Le tout redécoré par le maître en architecture fantasmagorique, Philippe Starck lui-même. Cet hôtel est spectaculaire. L'exposition « Baccarat, la modernité intemporelle » présente une sélection de quelque 350 pièces issues de la collection d'exception du patrimoine de la maison Baccarat. Vases, coupes, verres, candélabres dits « du tsar Nicolas II », services d'inspiration turque, et le célèbre service « Harcourt », le best-seller de la maison, créé en 1841 et commandé par le Vatican pour le pape Jean-Paul II en 1979 ! Dans la rotonde voisine, décorée d'une toile de Gérard Garouste, *Alchimie,* sur le thème des 4 éléments nécessaires à la fabrication du cristal, est exposée la paire de vases *Allégorie de l'Eau* et *Allégorie de la Terre.* Splendide ! Faites un petit tour dans la salle de bal voisine. On s'y croirait. Musique, maestro !

ET ON CHANGEA LE NOM

La place de Bitche (ville de Lorraine) coulait une existence paisible dans le 16e, près de l'avenue d'Iéna. Quand les Américains y installèrent leur représentation diplomatique, en 1881, on dut en changer le nom, bitch, *en anglais, signifiant « prostituée ». Depuis, l'endroit s'appelle paisiblement « place des États-Unis ».*

LE BOIS DE BOULOGNE

(plan couleur nord A-B1-2-3 et plan couleur sud A-B1)

• Plan *p. 491*

Sur les 856 ha, on compte plusieurs arbres bicentenaires, et une majorité de chênes. C'est Philippe Auguste qui achète à l'abbaye de Saint-Denis ce vestige de la forêt de Rouvray (de *robuterum,* « chêne »). Le nom de Boulogne, quant à lui, provient d'un hameau limitrophe dont les habitants revenaient d'un pèlerinage à Boulogne-sur-Mer – ils construiront d'ailleurs une église identique. Après la guerre de Cent Ans (la forêt était devenue un repaire de brigands), Louis XI fait reboiser le domaine et perce 2 routes, de Passy à Boulogne et de Passy au bac de Neuilly. François Ier fait construire le château de Madrid en 1528, puis édifier un mur de clôture, délimitant ainsi le parc du château. Commence alors une période de fêtes et de chasses. Henri IV tente d'y acclimater le ver à soie et plante 15 000 mûriers. Le parc, réservé aux chasses royales, est desservi par des allées droites, ponctuées de carrefours en étoile, reliant entre elles les portes de l'enceinte. Le bois devient une promenade galante et mondaine très à la mode. Au début du XVIIIe s, on s'y fait construire des folies (mot qui vient de « feuillage »), résidences élégantes dans la verdure (voir « Le parc de Bagatelle » plus loin). Les 1res montgolfières s'élèveront d'ici. La Révolution épargne peu de bâtiments, et les Prussiens, qui y campent en 1815, n'arrangent rien. En 1852, Napoléon III fait don du bois à la Ville de Paris, et Haussmann le réaménage au goût du jour (enfin, de Napoléon III, qui se piquait d'horticulture depuis son exil anglais !) : grottes, cascades, chemins sinueux, pagodes, lacs, et même un chalet suisse d'origine, entièrement remonté... Décors de rêve pour scènes pittoresques ! La Ville de Paris a ajouté aux allées cavalières et aux pistes pour cyclistes des parcours sportifs qui sont très fréquentés (la nuit aussi, mais il ne s'agit pas des mêmes sports...).

FONCTIONNAIRES CHEVALINS

Peut-être croiserez-vous la garde républicaine au détour de votre balade, qui patrouille le week-end dans les bois de Vincennes et de Boulogne. Sachez que ces chevaux ont le statut de fonctionnaire ! En cas d'agression par une tierce personne, celle-ci peut donc être poursuivie pour atteinte à agent d'État...

Le lac Inférieur ou Grand Lac (location de barques), d'une superficie de 11 ha, entoure 2 îles réunies par un pont. La plus grande abrite le café-restaurant du *Chalet des Îles* (très pittoresque, il est accessible par le bac et très prisé le week-end). Le carrefour des Cascades (1,2 km du carrefour du Bout-des-Lacs) est situé entre le lac Inférieur et le lac Supérieur ou Petit Lac.

À VOIR. À FAIRE DANS LE BOIS DE BOULOGNE

➢ Le bois de Boulogne se parcourt ***à pied,*** certains le disent. On peut faire son tour complet en randonneur pédestre de grande vertu (12 km, 4h sans les arrêts et en circuit en partant du métro Porte-Maillot). On peut aussi le traverser en 6 km (2h environ) du métro Porte-Maillot au métro Porte-d'Auteuil, par l'hippodrome et le moulin de Longchamp, la Grande Cascade et les serres d'Auteuil. Balades familiales en suivant le balisage jaune et rouge du GR de Pays. Réf. : topoguide *Paris à pied,* éd. FFRP, avec cartes.

La Fondation Louis-Vuitton *(plan couleur nord A1)* **:** *8, av. Mahatma-Gandhi, 75116. ☎ 01-40-69-96-00. • fondationlouisvuitton.fr • Ⓜ Les Sablons. Navette depuis la pl. de l'Étoile (av. de Friedland) ttes les 20 mn ; 2 € aller-retour, réservée aux visiteurs munis de billet d'entrée. Lun et mer-jeu 12h-19h, ven 12h-21h (23h 1er ven de chaque mois), sam-dim 11h-20h. Fermé mar. Entrée : 14 € ; réduc. Microvisites de 15 mn, ttes les heures. Centre de ressource documentaire accessible sur demande l'ap-m. Librairie. Resto Le Franck confié au chef Jean-Louis Nomicos (tlj sauf mar 12h-19h, sur résa le soir mer-jeu, nocturne ven-sam ; formule déj 28 €, plats 24-35 €).*

Comme à son habitude, et pour notre plus grand plaisir, Franck O. Gehry signe ici un geste architectural fort comme un gigantesque vaisseau blanc toutes voiles gonflées dehors. Impression renforcée lorsque l'on s'en approche par le bassin à déversement duquel semble émerger la structure de béton, pierre et verre. D'autres y voient la carapace d'un énorme insecte en mouvement émergeant du bois de Boulogne. Bien que le bâtiment soit imposant dans le paysage, il s'en dégage une impression de légèreté due à sa faible emprise au sol et à sa structure

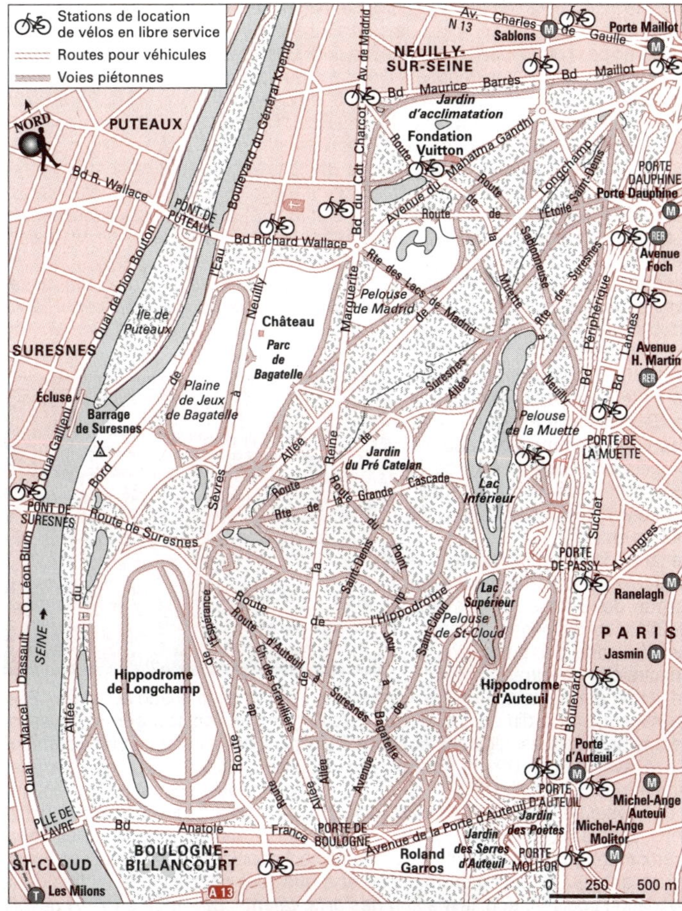

LE BOIS DE BOULOGNE

très aérienne. L'œuvre paraît presque ludique, et on ne peut s'empêcher, en voyant ce bâtiment qui ressemble à une gigantesque sculpture, de penser à ces merveilleux engins volants du dessinateur japonais Miyazaki.
L'intérieur, tout en courbe et en transparence, est presque labyrinthique par moments. On peut y découvrir, par roulement, tous les 3 mois, la collection permanente d'art contemporain de Bernard Arnault, mais aussi des expositions temporaires à caractère historique ou thématique.
Au gré des déambulations au fil des salles et des recoins, on débouche sur de grandes terrasses qui s'échelonnent sur différents niveaux et offrent une vue sur le Bois et Paris, mais surtout sur la banlieue ouest telle que l'on a rarement l'occasion de la découvrir.

Le Jardin d'acclimatation *(plan couleur nord A1)* **:** *bois de Boulogne.* *☎ 01-40-67-90-85. ● jardindacclimatation.fr ● Ⓜ Les Sablons, puis 10 mn à pied* *par la rue d'Orléans. Sinon bus nos 43, 73, 82, 93, 174, 244 et PC1. D'abord, une bonne option pour éviter de faire la queue à l'entrée : un train électrique, part ttes les 20 mn de la porte Maillot, se promène quelques dizaines de mètres dans le bois de Boulogne, puis vous dépose à l'intérieur du Jardin d'acclimatation (vraiment cher ! A/R 9,30 € ; 7,50 € tarif réduit ; entrée au jardin incluse). Tlj 10h-18h (19h sam-dim, j. fériés, pdt vac scol). Entrée : 5 € ; tarif réduit : 2,50 € ; gratuit moins de 3 ans et pers handicapées. Formule d'abonnement annuel. Demander le plan gratuit à l'entrée. Attention, la plupart des manèges et attractions sont payants : compter 2,90 € le ticket pour la majorité d'entre eux ; possibilité d'acheter un carnet de 15 tickets pour 35 € ou de 25 tickets pour 55 €. Les attractions fonctionnent tlj à partir de 10h et jusqu'à 17h, 18h ou 19h selon saison. Sachez enfin qu'il existe des distributeurs de billets à l'entrée ou au milieu du jardin et que vous pouvez acheter votre billet sur votre smartphone (coupe-file). Possibilité de pique-niquer sur place, de déjeuner ou de goûter dans l'un des restos du jardin. Attention, beaucoup de monde les w-e de grand beau temps... et, avec la Fondation Vuitton mitoyenne, autant de difficultés pour se garer !*

16e

En 1860, Napoléon III fit cadeau de ce jardin aux Parisiens sur le modèle de Hyde Park qu'il avait apprécié, comme son épouse l'Impératrice Eugénie, afin qu'ils puissent y découvrir, « acclimatées », la faune et la flore du monde entier.

Le jardin vient de connaître une véritable cure de jouvence au terme de 9 mois de travaux en 2018, qui ont permis de renouveler la moitié des attractions, et de rafraichir les autres.

ZOO HUMAIN

Dès la fin du XIXe s, au nom du principe d'acclimatation, on exhiba des indigènes : Nubiens, Lapons, Tonkinois... Les scientifiques vinrent découvrir le prétendu chaînon manquant entre le singe et l'homme évolué (le blanc, évidemment). Après 1918, il devint difficile d'exposer ces « sauvages » qui nous avaient aidés à gagner la Première Guerre mondiale.

Le Jardin d'acclimatation reste avant tout un lieu de promenade avec ses 18 ha paysagers, son jardin coréen, ses ***animaux,*** et même son ***potager*** où poussent herbes aromatiques, légumes et arbres fruitiers. C'est aussi un espace pédagogique, avec des ***ateliers originaux*** pour les enfants, et certains d'entre eux également pour les adultes *(☎ 01-40-67-99-05)* ; un ***théâtre*** pour enfants ; l'accueil d'un pays ou d'une région chaque année pour 1 mois autour de Pâques (animations, spectacles, ateliers...) ; et, bien sûr, un lieu de distraction idéal où les ***nombreux manèges*** sont un véritable enchantement pour les enfants à partir de 2 ans.

– Attenante au Jardin d'acclimatation et à quelques centaines de mètres de la Fondation Louis-Vuitton, la ***Maison des arts, talents, patrimoine LVMH*** devrait ouvrir ses portes en 2020, dans les bâtiments désaffectés de l'ancien musée national des Arts et Traditions populaires ; une sorte de « start-up culturelle et philanthropique », selon les mots de Bernard Arnault, qui abritera salle de concerts, académie des arts et des savoir-faire, ateliers d'artistes et un restaurant. À suivre !

Le parc de Bagatelle *(hors plan couleur nord par A1-2) : bois de Boulogne. ☎ 01-53-64-53-80. Ⓜ Porte-Maillot, puis bus no 244, pour entrer par la grille d'honneur, allée de Longchamp ; autre entrée par la grille de Sèvres : Ⓜ Pont-de-Neuilly, puis bus no 43. Tlj à 9h30 ; ferme selon l'heure du coucher du soleil, au plus tôt à 17h en hiver, au plus tard à 20h en été. Entrée payante mai-fin oct : 2,50 € ; tarif réduit : 1,50 € ; gratuit moins de 7 ans. Visite guidée du parc et du château avr-oct ; tarif : 8 €, réduc. Expos temporaires et manifestations grand public (rens : Paris Info Mairie, ☎ 39-75).*

Parc de 24 ha qui entra dans l'histoire au XVIIIe s comme lieu de plaisirs et de rendez-vous galants.

Quelque 10 000 rosiers issus de 1 000 variétés différentes offrent un spectacle magnifique de fin mai à fin septembre. Depuis un siècle s'y déroule tous les ans le concours international des roses nouvelles. Le jardin mérite aussi une promenade au début du printemps pour y admirer les 1 200 000 bulbes qui tapissent les grandes pelouses, et à la fin de l'été, c'est le potager décoratif que l'on peut visiter. Même en hiver, ce parc romantique demeure enchanteur grâce à la variété de ses perspectives, à la beauté de ses bassins animés par de craintives poules d'eau, de placides canards et des cygnes majestueux. La diversité des paysages y est pour beaucoup : jardins à l'anglaise, à la française, belvédère dominant les alentours, ainsi que le kiosque de l'Impératrice et les gloriettes qui émerveilleront les enfants.

C'EST UNE BAGATELLE !

Le château a été construit en 1777, en 2 mois, pour le comte d'Artois, frère de Louis XVI, suite à un pari avec la reine. Sa devise – ambiguë –, Parva sed apta, *se traduit par « Petite mais commode »... Le 1er bâtiment, construit en 1720, était considéré par son propriétaire, le maréchal d'Estrée, comme une petite chose, une babiole : « C'est une bagatelle ! » Son expression est restée.*

Près de la grille de Sèvres, aux abords d'une belle construction en brique rouge surplombée de clochetons (le restaurant du parc), on peut, aux beaux jours, faire un arrêt thé-goûter sous les frondaisons ombragées.

17e ARRONDISSEMENT
LES BATIGNOLLES

• Pour le plan du 17e arrondissement, voir le cahier couleur en fin de guide.

Le sud du 17e arrondissement ressemble un peu au 16e : mêmes immeubles cossus, même atmosphère plutôt résidentielle, mêmes villas discrètes fleuries et ceintes de hautes grilles en fer forgé. Et cela malgré la barrière automobile de l'avenue de la Grande-Armée, avec l'Arc de Triomphe et le palais des Congrès – relooké par Christian de Portzamparc – à chaque extrémité. Chic et bon goût ne font pas défaut, et la salle Pleyel est toute proche. Cette prospérité de bon aloi, on la retrouve bien sûr dans les environs du parc Monceau (qui est dans le 8e, mais la frontière, là aussi, est imperceptible). En revanche, plus au nord, on aborde le périmètre des voies de chemin de fer de la gare Saint-Lazare et « l'autre 17e »... Celui du village des Batignolles, bobo-animé, avec son square Napoléon-III, son nouveau parc Martin-Luther-King et bientôt le nouveau palais de justice, qui devrait être livré en 2018 ; et celui des Épinettes, encore populaire. C'est qu'en fait il ne faut pas parler d'un 17e, mais plutôt de 3...

Où dormir ?

Bon marché

Hôtel Viator *(plan couleur D2, **1**) : 61, rue des Moines, 75017. ☎ 01-46-27-49-81. • hotel-viator.com • Ⓜ Brochant. ♿ Doubles avec sanitaires partagés 59 € , avec douche et w-c 75 € ; petit déj 8 €.* Simple mais correct, ce petit hôtel au calme peut dépanner. Chambres sans prétention mais bien tenues, avec TV, moins lumineuses pour celles sur l'arrière (pas de vue). Pour la catégorie la plus basique, toilettes et douche extérieures. À savoir aussi, dans certaines chambres, les lits pour 2 font 120 cm de large !

Eldorado Hôtel *(plan couleur zoom, **2**) : 18, rue des Dames, 75017. ☎ 01-45-22-35-21. • eldoradohotel.fr • Ⓜ Place-de-Clichy. Résa conseillée 1 à 2 mois à l'avance. Doubles 90-130 € ; triples ; petits déj 7-12 €.* L'*Eldorado Hôtel* porte bien son nom ! Derrière une façade joliment rétro, une adresse étonnante, à la déco aussi charmante qu'hétéroclite. Les chambres, avec carrelage en damier et sol de guingois, sont toutes différentes et équipées de meubles chinés. Pas de TV ni de clim mais du cachet ! Salle de bains et toilettes sur le palier pour les chambres économiques (lavabo). Au fond du délicieux jardin intérieur, quelques chambres dans un pavillon, au calme en hiver. Aux beaux jours, *Le Bistrot des Dames* (même maison), toujours bondé, sert dans la cour. Un morceau de campagne à Paris... à prix compétitifs. Une petite perle dans son genre.

Prix moyens

Hôtel Champerret-Héliopolis *(plan couleur B2, **3**) : 13, rue d'Héliopolis, 75017. ☎ 01-47-64-92-56.*

• hotel-heliopolis.com • Ⓜ Porte-de-Champerret ; RER C : Pereire-Levallois. ♿ Doubles 108-127 € ; triples ; petit déj 9,50 €. Parking. Un petit déj/chambre offert sur présentation de ce guide. Avec ses géraniums débordant des fenêtres, ce petit hôtel au charme provincial, très calme, conserve un esprit « maison d'hôtes » qu'on adore. Les chambres, assez classiques dans l'ensemble, certaines avec un petit balcon, sont impeccablement tenues. Et l'adorable patio comme le salon lumineux ont un vrai cachet ! Une adresse conviviale doublée d'un accueil particulièrement attentionné.

Hôtel des Batignolles *(plan couleur zoom,* ***4****) : 26-28, rue des Batignolles, 75017. ☎ 01-43-87-70-40. • batignolles.com • Ⓜ Place-de-Clichy ou Rome. Doubles 120-180 € ; petit déj-buffet 12,50 €. Promos jusqu'à -50 % en basse saison.* Prix doux pour des chambres spacieuses, en retrait de la rue et donc au calme, certaines avec terrasse. Elles ont été élégamment rénovées, comme les salles de bains, impeccables et modernes. Les moins chères, mansardées, sont au 4e et dernier étage (pas d'ascenseur). Gros coup de cœur pour le bout de verdure où l'on s'installe dans de jolis fauteuils colorés dès que le soleil darde ses rayons. Personnel attentionné et disponible. Voilà qui justifie le succès de cet hôtel, situé dans le secteur le plus hype du 17e.

Hôtel Noir *(plan couleur B3,* ***5****) : 18, rue Léon-Jost, 75017. ☎ 01-46-22-60-70. • hotelnoir.fr • Ⓜ Courcelles. Doubles 160-180 € ; familiales (3-4 pers) ; bon petit déj continental 9 €. 10 % sur le prix de la chambre sauf périodes de salons sur présentation de ce guide.* Si l'hôtel porte bien son nom (sols, luminaires, déco, tout est noir ou presque), on n'y broie pas du noir pour autant, et l'ambiance y est même plutôt gaie. Joli salon-réception avec son élégante cheminée sculptée en bois et ses fauteuils club. Les 18 jolies chambres, sur rue, sont lumineuses, surtout celles en hauteur. Pour une occasion spéciale, réservez l'une des 2 chambres en duplex avec terrasse au 4e étage !

Art Hôtel Batignolles *(plan couleur zoom,* ***6****) : 110, rue Legendre, 75017. ☎ 01-58-60-32-60. • arthotelbatignolles.com • Ⓜ La Fourche. Doubles 80-250 €.* Un hôtel moderne et fonctionnel qui mise sans doute bien plus sur le confort que sur le charme... Quoique les chambres mansardées du 5e soient très jolies. Chambres de taille très convenable, parfaitement équipées. Si l'on tient compte de l'emplacement, au cœur du très vivant quartier des Batignolles et ses restos, cet hôtel s'avère une option d'un excellent rapport qualité-prix (surtout en cas de promo !). Très bon accueil.

Hôtel Cosy Monceau *(plan couleur C2,* ***7****) : 21, rue Jouffroy-d'Abbans, 75017. ☎ 01-47-63-24-42. • hotelcosymonceau.com • Ⓜ Villiers, Malesherbes ou Wagram. ♿ Doubles 89-99 € ; petit déj 8 €.* Un petit hôtel discret des années 1930. L'entrée est simple mais mignonne, et les chambres plutôt classiques (malgré des noms rock'n'roll), propres et bien équipées. Un bon rapport qualité-prix pour le quartier. On préfère celles à partir du 2e étage, plus calmes, et surtout celles qui donnent sur la petite rue à l'arrière. Accueil charmant.

Hôtel B Square *(plan couleur zoom,* ***8****) : 11, rue des Batignolles, 75017. ☎ 01-45-22-50-58. • bsquare.fr • Ⓜ Rome ou Place-de-Clichy. Doubles 90-190 € ; petit déj 11 €.* Un petit hôtel de charme doté d'une trentaine de chambres, au pied des Batignolles. Déco d'un design convenu et un peu froid à la réception, mais chambres classiques et cosy. Celles du 5e étage sur rue ont un balcon. Plus calme (mais plus sombre) côté cour. Un bon choix en période de promo.

Chic

Hôtel Duette *(plan couleur C2,* ***10****) : 64, rue de Lévis, 75017. ☎ 01-42-27-33-10. • hotelduette.com • Ⓜ Malesherbes ou Villiers. ♿ Doubles 129-200 €, petit déj 14 €.* On ne saurait rêver meilleur emplacement, dans l'une des rues les plus vivantes du 17e avec ses commerces, son marché et sa partie piétonne. Tout nouveau, tout beau et lumineux, l'hôtel a soigné l'agencement des chambres au graphisme harmonieux. Évidemment, on a le béguin pour celles donnant sur la jolie

17e

terrasse arrière, mais elles sont toutes sans exception confortables et chaleureuses, avec luminaires et mobilier contemporains. Le petit déjeuner est servi au sous-sol, dans la cave à la pierre apparente.

Hôtel Jardin de Villiers *(plan couleur zoom,* ***11****) : 18, rue Claude-Pouillet, 75017. ☎ 01-42-67-15-60. • jardindevilliers.com • Ⓜ Villiers. Doubles 140-200 €.* Dans une rue discrète, un hôtel pimpant entièrement rénové. Pas de lézard côté chambres, la literie est impeccable et tout le confort au rendez-vous (plateau de courtoisie, veilleuses, salles de bains modernes). Le bonus, c'est la terrasse fleurie et le petit déjeuner servi sous la véranda. Également une salle de sport au sous-sol.

Hôtel Splendor *(plan couleur C2,* ***12****) : 38, rue Cardinet, 75017. ☎ 01-46-22-07-73. • hotel-splendor.com • Ⓜ Malesherbes ou Wagram. ♿ Doubles 89-249 € ; petits déj 9-14 €.* Le noir, le pourpre, le mauve dominent dans ce récent hôtel de 24 chambres entièrement dédié au thème de la magie. À chaque étage sa spécialité : « Cartes à jouer », « Gérard Méliès » (le 1er réalisateur à avoir introduit le trucage dans le cinéma), « Illusion » et « Méditation ». La déco a été travaillée, et l'on s'amuse aussi bien avec les hologrammes en têtes de lit qu'avec les tours de magie, à peaufiner au salon. Chambres de très bon confort (literies parfaites, coffre, clim, machine à café...) et délicieux petit déj à base de produits frais régionaux (fruits frais pressés, fromage, charcuterie...). Excellent accueil. Bref, magique !

Hôtel Étoile Pereire *(plan couleur B2,* ***13****) : 146, bd Pereire, 75017. ☎ 01-42-67-60-00. • etoilepereire.com • Ⓜ Pereire ou Porte-de-Champerret. ♿ Doubles 99-300 € ; petit déj-buffet 15 €. Promos régulières sur le site internet de l'hôtel.* Cet hôtel séduisant, tenu au cordeau et avec le sourire, propose une vingtaine de chambres de bon confort, avec une déco personnalisée différente dans chacune. Un point commun : le calme, puisqu'elles donnent toutes sur une cour. Certaines sont agencées en duplex, comme la n° 408 avec une baignoire pour 2, qui plaira forcément aux amoureux. Avis aux gourmands, bon petit déjeuner avec des confitures artisanales aux parfums originaux qui font toute la différence !

Plus chic

Le 10 bis *(plan couleur A3,* ***15****) : 10 bis, rue du Débarcadère, 75017. ☎ 01-55-37-10-10. • le10bishotel-paris.com • Ⓜ Porte-Maillot ou Argentine. ♿ Doubles 130-400 €, petit déj inclus.* Si Katia la Rouquine ne règne plus sur ce célèbre « lieu de galanterie », encore en activité en 2012, l'esprit de la mystérieuse tenancière perdure. Et la réhabilitation en boutique-hôtel de charme n'a pas fait table rase de ce passé sulfureux. Miroirs sorcières dans les chambres chic et contemporaines, avec balcon pour celles du 2e étage, machines à café, coffre-fort, larges TV. Des objets ayant appartenu à l'ancienne prêtresse des lieux (une indic du quai des Orfèvres !) sont exposés près de la réception. Une adresse élégamment canaille !

Hôtel Tivoli *(plan couleur B3,* ***16****) : 7, rue Brey, 75017. ☎ 01-43-80-31-22. • tivolietoile.com • Ⓜ Ternes ou Charles-de-Gaulle-Étoile. Double 225 € ; petit déj-buffet 13 €. Promos sur Internet.* La déco pimpante attire le regard, et c'est mérité. Entrée accueillante où l'on s'attarde volontiers côté salon, devant le bar, et patio bien sympa pour bouquiner. Chambres classiques, salles de bains pas bien grandes. On repart sur une note positive : le délicieux petit déj.

Villa Brunel *(plan couleur A3,* ***17****) : 46, rue Brunel, 75017. ☎ 01-45-74-74-51. • villabrunel.com • Ⓜ Porte-Maillot ou Argentine. ♿ Ouv tte l'année. Doubles 100-380 € ; petit déj 15 € (inclus pour tte résa en direct par tél ou sur leur site internet).* Cet hôtel accueillant, entièrement rénové dans un style à la fois contemporain et chaleureux, propose une trentaine de chambres soignées et colorées au confort irréprochable. Une bonne adresse, d'autant que l'accueil est impeccable.

Hôtel Acacias Étoile *(plan couleur B3,* ***18****) : 11, rue des Acacias, 75017. ☎ 01-43-80-60-22. • acacias-paris-hotel.com • Ⓜ Argentine ou*

Charles-de-Gaulle-Étoile. ♿ Doubles 140-240 € ; petit déj 13 €. Promos fréquentes selon taux de remplissage. Une adresse élégante, à l'atmosphère cosy, à l'image de l'agréable déco moderne. Les chambres, pas immenses mais tout confort et joliment aménagées, présentent des configurations différentes et se situent pour la majorité d'entre elles au calme sur la jolie courette intérieure où l'on peut prendre le soleil aux beaux jours. De plus, l'accueil pro et souriant est un plaisir.

Très chic... et tendance

Hidden Hôtel *(plan couleur B3, **20**) : 28, rue de l'Arc-de-Triomphe, 75017. ☎ 01-40-55-03-57. • hidden-hotel.com • Ⓜ Ternes ou Charles-de-Gaulle-Étoile. Doubles 200-400 € ; petit déj-buffet 19 €.* Le *Hidden* cache bien son jeu. Derrière sa façade en bois brut, plus que surprenante au cœur du Paris haussmannien, on découvre un véritable nid douillet, où le design épuré et le luxe des installations s'accommodent de matériaux nobles tendance bio : pierre, ardoise, bois, et bien sûr de beaux voilages de lin autour des lits, qui créent des cocons intimes. Salle de bains ouverte très tendance ! Les amoureux seront comblés... Excellent accueil.

Hôtel Tilsitt Étoile *(plan couleur B3, **21**) : 23, rue Brey, 75017. ☎ 01-43-80-39-71. • tilsitt.com • Ⓜ Ternes ou Charles-de-Gaulle-Étoile ; RER A : Charles-de-Gaulle-Étoile. Doubles 225-250 € ; petit déj-buffet 13 €. Belles promos tte l'année sur Internet. Parking payant.* Dans une petite rue au calme, le *Tilsitt* est une adresse pleine de charme, comme on les aime. L'accueil serviable, jeune et poli, est à l'image du style à la fois classique et moderne, raffiné et coloré, de la maison. Chambres lumineuses (à l'exception de celles du rez-de-chaussée) avec lit plus ou moins large et beaux parquets. Une préférence pour celles, romantiques, des derniers étages, sous les combles, avec vue sur les jardins-terrasses voisins. Bar cosy donnant sur un patio fleuri, et plantureux petit déjeuner. Une adresse plaisante, vivante et de goût.

17e

Où manger ?

Sur le pouce

West Side Kitchen *(plan couleur A3, **30**) : 37, rue Saint-Ferdinand, 75017. ☎ 01-40-68-75-05. Ⓜ Porte-Maillot. Lun-ven 9h-15h. Congés : 3 sem en août et Noël-Jour de l'an. Sandwichs et bagels à partir de 5,90 € ; menus 9,20-13,20 €.* Une échoppe de quartier fréquentée par des salariés pris par le temps. Pour un sandwich gourmand à la mode new-yorkaise, optez pour un bagel chaud ou froid, à garnir d'ingrédients frais indiqués sur l'ardoise : pastrami, *cream cheese*, avocat... Pain au choix (bagel, club, *wrap* ou *westsider*) et plat du jour pour changer, et salades. À grignoter sur un coin de table ou à emporter.

La Table Verte *(plan couleur B3, **31**) : 6, rue Saussier-Leroy, 75017. ☎ 01-42-27-80-63. Ⓜ Ternes. Lun-sam 11h30-16h. Formules 12,50-14 € ; plats du jour et salades 8,90-11,40 €. Café offert sur présentation de ce guide.* Un resto végétarien goûteux, à deux pas de l'effervescence du marché Poncelet, pour se restaurer rapidement d'une tarte salée ou d'un plat du jour à base de produits naturels et biologiques. En dessert, quelques tartes, du fromage blanc et des gâteaux sans gluten, histoire que les gueules sucrées ne restent pas sur leur faim. En face, au nº 5, *La Petite Table* propose des formules analogues.

Bodrum *(plan couleur zoom, **43**) : 43, rue des Batignolles, 75017. Pas de tél. Ⓜ Rome. Tlj sauf dim 11h30-21h. Compter 6 € pour un döner kebab-frites ; assiettes 10,40-10,90 €.* À l'intérieur de l'étroite échoppe de 3 m². Ni tables ni chaises mais 3 Turcs très sympas, tout sourire pour vous servir. Ici, vous l'aurez compris, c'est à emporter. Ah, le bon p'tit kebab de veau, qu'on va manger au soleil, sur un banc, au square des Batignolles ! La clientèle, fidèle et nombreuse, accourt... y a qu'à voir la queue sur le trottoir ! À juste titre : selon le patron, c'est le meilleur kebab de la capitale. On vous conseille le « classique » sandwich *döner* (sauce et garniture au choix) avec frites bien sûr !

De très bon marché à bon marché

|●| ☂ ***Chez Maxence*** *(plan couleur zoom, **34**) : 52, rue Legendre, 75017. ☎ 01-47-54-04-91. Ⓜ Rome ou Villiers. Tlj 12h-14h30, 19h-22h30. Formules déj 13,90 € (en sem)-17,90 € ; carte 20-25 €.* Des Batignolles à la Bretagne, il n'y a qu'un pas avec cette excellente crêperie ! Rien de surjoué dans la déco, sobre et fraîche. La carte offre un large choix de galettes au bon goût de sarrasin, des plus classiques aux spéciales terroir ou mer (hmm, la capitaine et son haddock !). Toutes sont généreuses, croustillantes et fondantes à la fois, garnies de produits frais et bien travaillés. En dessert, les sarrasins sucrées (la caramel au beurre salé est un régal) ou les froments tiennent également leurs promesses. Merci Maxence !

|●| ☂ ***La Cantine de Quentin*** *(plan couleur B3, **35**) : 11, rue Fourcroy, 75017. ☎ 01-73-73-23-41. Ⓜ Ternes ou Pereire. Voiturier (8 €). Lun-ven 12h-15h30, plus mer-ven 19h-22h30. Congés : août. Formule déj 17 € (entrée du jour + plat du jour) ; menu 22 € ; carte env 25 €.* On y déguste de bons plats terroir de style bistronomique accompagnés d'une sélection de vins très abordables. Desserts maison à se damner, notamment le cheese-cake et le croustillant praliné-chocolat. Dans un style bistrot-boutique, avec une petite terrasse au calme pour prendre le café en fin de repas. À l'épicerie, on peut acheter vins, champagnes, foie gras, charcuterie, plats cuisinés, condiments... Un concept qui sent bon la France qu'on aime.

|●| **Brutus** *(plan couleur C-D2, **36**) : 99, rue des Dames, 75017. ☎ 09-86-53-44-00. Ⓜ Rome. Tlj sauf dim soir et lun 12h-14h30 (15h sam), 19h (19h30 sam)-23h. Formule déj 14 € ; galettes 10-14 €. Café offert sur présentation de ce guide.* Dans une salle aux volumes étudiés dans les tons blancs et bleus, éclairée par de larges baies vitrées, l'équipe majoritairement originaire de Normandie (et un peu de Bretagne) redonne ses lettres de noblesse aux crêpes et au cidre. Les galettes *kraz* (dentelles) sont confectionnées avec une touche de miel pour les rendre plus croustillantes, et les préparations tant salées que sucrées se révèlent aussi originales que délicieuses. Plus de 20 cidres à la carte : vieilli en fût de calvados, au gingembre, aux fines bulles façon champagne, du Pays basque... Les proprios en parlent comme de grands crus, en cidrologues passionnés. *NOUVEAUTÉ.*

|●| ***Le Bistrot des Cinéastes*** *(plan couleur D2, **44**) : 7, av. de Clichy, 75017. ☎ 09-67-55-40-34. Ⓜ Place-de-Clichy. Tlj dès 18h. Plats 12-20 €.* Il fallait le dégotter celui-là, bien planqué à l'étage d'un ancien cabaret devenu cinéma d'art et d'essai ! Là-haut se cache un secret jalousement gardé, un petit bistrot à l'image du quartier : coloré et bohème. La déco suit les tendances du moment. La surprise en revanche est dans l'assiette. Une cuisine teintée d'exotisme et d'originalité où se mêlent sucré et salé, aigre et doux, épices et herbes aromatiques, pour des plats savoureux et généreux à petits prix. Un conseil : piochez à la carte, partagez entre copains et arrosez le tout d'un p'tit ballon de rouge. Elle n'est pas belle la vie ? *NOUVEAUTÉ.*

|●| ☂ ***James Bún*** *(plan couleur D2, **32**) : 10, bd des Batignolles, 75017. ☎ 01-43-87-90-13. Ⓜ Place-de-Clichy. ♿ Tlj 12h-23h. Fermé 1er janv et 25 déc. Plats 11-13 € ; carte env 15 €.* Et si on s'attablait dans une cantine de quartier d'Hanoï, à deux pas de la place de Clichy ? Cuisine ouverte, étagères chargées de produits asiatiques et une poignée de tables dans un décor coloré : bienvenue dans un vrai marché couvert, avec les odeurs et les saveurs *ad hoc* ! Aux fourneaux, une équipe vietnamienne mijote des bo bun et *phô* frais et savoureux, élaborés avec des produits, d'origine France, livrés chaque matin. On a trouvé notre *street food* de haute volée dans cette cantoche fraîche et colorée.

|●| ***Cucuzza*** *(plan couleur zoom,* ***37****) : 14, rue des Moines, 75017. ☎ 01-42-28-71-75. Ⓜ Brochant. Tlj midi et soir. Formule déj en sem 17 € ; pizzas à partir de 10 € ; carte env 25 €.* Si la salle est petite (et peu éclairée), rassurez-vous, les pizzas sorties tout droit du four à l'entrée sont grandes, leur pâte est légère et généreusement garnie de fort bons produits, dont on peut avoir un aperçu dès l'entrée avec les légumes grillés à partager. À vous de choisir entre les *rossos* ou les *biancas,* à accompagner d'un vin italien bien sûr, issu de la jolie petite sélection proposée. S'il vous reste de la place, laissez-vous tenter par le tiramisù, tout à fait honorable.

|●| ***La Cantina Chic*** *(plan couleur B3,* ***38****) : 14, rue de l'Étoile, 75017. ☎ 01-43-80-41-09. Ⓜ Ternes ou Charles-de-Gaulle-Étoile. Parking Vinci dans la rue. Tlj sauf sam-dim ; service 12h-14h, 19h-21h30. Congés : 3 sem en août et 1 sem à Noël. Formules déj en sem 15,50-17,50 € ; le midi, le dessert qui accompagne un plat est à 3,50 € ; carte 25-30 €.* Un sympathique couple franco-italien est aux commandes de ce resto sobre et contemporain de cuisine bistrotière et familiale de la Botte. Une carte courte – idem côté vins –, qui change un peu toutes les semaines, sauf les *pappardelle* champignons et crème de truffe et les penne *alla sorrentina,* fidèles au poste et attendues par les habitués ! Occasionnellement un plat de viande. Le tout bien présenté par Frédéric, et servi par sa femme Lisa au déjeuner. Une escale d'un bon rapport qualité-prix ; une aubaine dans un quartier chic et cher.

|●| ***Chez Gladines*** *(plan couleur D2-3,* ***39****) : 74, bd des Batignolles, 75017. ☎ 01-55-30-08-84. Ⓜ Rome. ♿ Tlj 12h-15h, 19h-23h30. Plat 10,50 €, dessert 5 €, salades 9-12,50 € ; formule déj 13,50 €. Digestif maison offert sur présentation de ce guide.* On ne change pas une formule qui gagne. Des petits plats basques sympas, des salades gourmandes, des desserts craquants, et des petits vins du Sud-Ouest pour faire passer l'ensemble. Déco amusante, très fifties, avec bar en formica et juke-box à l'entrée. Une adresse animée au service souriant. Terrasse.

|●| ***Au Petit Chavignol*** *(plan couleur C2,* ***41****) : 78, rue de Tocqueville, 75017. ☎ 01-42-27-95-97. Ⓜ Villiers ou Malesherbes. Tlj sauf dim, lun midi et j. fériés 8h-2h. Congés : 2 sem en août. Plat du jour 13,50 € ; carte 25-35 €.* Un tonneau devant la porte et une tripotée d'habitués concentrés sur leur assiette. Les plats classiques fleurent bon le terroir : andouillette, gratin de bleu d'Auvergne, confit et magret de canard, mâchon lyonnais, charcuterie, à arroser de vins de tout l'Hexagone. Service tardif, rare dans ce coin un peu éteint. Accueil affable.

|●| ***Irène et Bernard*** *(plan couleur D1,* ***42****) : 58, rue Gauthey, 75017. ☎ 01-42-29-56-16. Ⓜ Guy-Môquet. Tlj 8h (9h dim)-2h. Plats du jour 10-14 €, tarte du jour 8,30 € ; brunch sam-dim env 16 €.* Chez *Irène et Bernard,* c'est la version jeune et décontractée du *Café des Amis.* Les habitués sont nombreux à fréquenter ce bistrot convivial au papier peint à l'anglaise, où il n'est pas rare de boire un verre au vieux comptoir central en attendant sa table. Car la carte courte à prix mini est un autre argument de poids : rien de compliqué ici, des plats tout simples et honnêtes très aimablement servis. Un vrai bon rapport qualité-prix. Tables en terrasse en été, prisées aussi pour lézarder au soleil autour d'une mousse ou d'un cocktail.

Prix moyens

|●| ***Ripaille*** *(plan couleur zoom,* ***46****) : 69, rue des Dames, 75017. ☎ 01-45-22-03-03. Ⓜ Rome. Tlj sauf sam-dim 12h-14h, 19h30-22h (22h30 ven). Congés : août et vac scol de Noël. Résa indispensable. Le midi, plat + café 12,50 € et formules 16,50-20 € (2 ou 3 plats + café) ; menus 28-34 € ; carte env 35 €. Kir offert sur présentation de ce guide.* Un nom bien rustique pour une cuisine de saison fine et inventive ! La courte carte change souvent et fait la part belle au poisson. Le plaisir est prolongé par des portions généreuses. Tous les jours, 1 ou 2 suggestions à l'ardoise. Bons vins de petits propriétaires proposés aussi à la ficelle. Accueil et service sympas. À savoir quand même, le resto est d'un format de poche, et on n'y est pas au large.

|●| ***Le Clou de Fourchette*** *(plan couleur zoom,* ***64****) : 121, rue de Rome, 75017. ☎ 01-48-88-09-97. Ⓜ Rome.*

17e

Tlj sauf dim-lun ; service 12h-14h, 19h-22h30. Congés : 3 premières sem d'août. Formules déj en sem 22-27 € ; carte env 40 €. Café offert sur présentation de ce guide. Long bar noir pour s'attabler en solo sur des chaises hautes bien rouges, et cuisine ouverte : le cadre est dans la veine bistrot moderne. La cuisine et l'accueil affichent cette généreuse simplicité qui rassure : on goûte des plats traditionnels de saison qui respirent la jovialité avec un verre de vin. En plus des suggestions à l'ardoise, huîtres, gibier en saison, viandes *a la plancha* et autres réjouissances savoureuses. Super rapport qualité-prix.

Samesa (plan couleur B3, **47**) : *13, rue Brey, 75017. ☎ 01-43-80-69-34. Ⓜ Charles-de-Gaulle-Étoile. Tlj sauf sam midi et dim ; service 12h-14h30, 19h-23h. Congés : 3 sem en août. Résa conseillée le w-e. Menus 19 € (midi), puis 27-31 € ; carte env 40 €.* Le chef, originaire des Abruzzes (*sa mesa*, « la table » en sarde), pratique une réjouissante ouverture gastronomique. Cuisine sérieuse avec d'excellents produits (pâtes fraîches, risotto, délicieuse pannacotta avec de la vraie vanille, ainsi que tiramisù et *tartufo affogato* à se damner). Très belle carte des vins. Cadre à la fois sobre et élégant.

Le Café d'Angel (plan couleur B3, **48**) : *16, rue Brey, 75017. ☎ 01-47-54-03-33. Ⓜ Charles-de-Gaulle-Étoile. Tlj sauf sam-dim et j. fériés ; service 12h-14h, 19h-22h. Congés : 4 sem en août et Noël-Jour de l'an. Menus 27-33 € ; carte env 50 €.* Le cadre rétro cache un élégant bistrot réputé parmi les gens du quartier. Une salle chaleureuse avec, en toile de fond, les fourneaux visibles derrière le bar, et une délicieuse cuisine qui revisite le terroir comme chez les grands (normal, le chef, Jean-Marc Gorsy, est un ancien du *Jules Verne*), avec un zeste de fantaisie en sus. Menus d'un remarquable rapport qualité-prix.

Le Bouchon et l'Assiette (plan couleur C2, **49**) : *127, rue Cardinet, 75017. ☎ 01-42-27-83-93. Ⓜ Malesherbes ou Brochant. Tlj sauf dim-lun 12h-14h, 19h45-22h. Formule déj 26 € ; le soir, carte 30-45 €.* Sol en béton brossé, tables de bistrot dans 2 petites salles sobrement accueillantes, plats évocateurs affichés à l'ardoise, on connaît la ritournelle. La carte, qui évolue sans cesse, est à l'image d'une cuisine pas banale. Malgré une petite attente quand il y a du monde, on apprécie une déclinaison de plats joliment revisités, dans lesquels Cécile et Clément distillent des touches de ce Pays basque auquel ils sont attachés. Carte des vins au diapason, un peu chère.

Rural (plan couleur A3, **33**) : *2, pl. de la Porte-Maillot, 75017. ☎ 01-72-69-03-03. Accès au rdc du palais des congrès ; à droite de l'entrée principale. Tlj 10h30-22h30. Attention, pas mal de monde les soirs de spectacle et sam soir, prévoir un peu d'attente. Formules 25-35 € ; planches 9-25 € ; formule goûter 12 €.* Les vacances à la montagne sont terminées depuis belle lurette et pourtant l'appel des cimes se fait toujours sentir ? Qu'à cela ne tienne, c'est la montagne qui vient à vous avec ce qu'elle a de meilleur. Dans un décor de chalet d'alpage bien reconstitué avec peaux de bêtes et mobilier en épaisses boiseries blondes, Marc Veyrat, le médiatique chef alpin au chapeau noir, propose de généreuses planches de charcutailles et fromages, des croques et salades et des plats tradi gentiment revisités, servis en cocotte. Les becs sucrés reluqueront vite ce buffet de desserts, entre recettes de montagne et de famille : ah, ce sabayon de semoule à la crème au beurre salé de la grand-mère !

Restaurant Le Clan des Jules (plan couleur zoom, **51**) : *7, rue Brochant, 75017. ☎ 01-42-29-37-62. Ⓜ Brochant. Tlj sauf lun et dim soir 19h30-22h30 plus ven-sam 12h-14h30 et dim brunch 12h-16h. Carte env 35 € ; brunch dim 24 €.* À côté du square des Batignolles, un de ces récents repaires qui a pris naturellement ancrage dans le quartier, adoubé par une clientèle qui lui ressemble : jeune, à l'aise dans ses baskets. Dans un décor assez sombre, composé d'objets chinés, on vise le cheeseburger que le bouche-à-oreille a déjà érigé en plat vedette ! Quelques suggestions à l'ardoise viennent étoffer la carte.

Le Relais de Venise – L'Entrecôte (plan couleur A3, **52**) : *271, bd*

Pereire, 75017. ☎ 01-45-74-27-97. Ⓜ Porte-Maillot. Tlj ; service 12h-14h30, 19h-23h45. Congés : juil. Pas de résa. Formule unique 28 € avec entrée + plat, servie midi et soir ; dessert env 7 €. Chèques refusés. L'entrée est facile à repérer, c'est là qu'il y a, le midi comme le soir, une file d'attente. Depuis plus de 50 ans, ce resto traditionnel, au décor de brasserie mâtiné de touches vénitiennes, propose la même formule : une salade aux noix servie d'office, suivie d'un contre-filet Porte Maillot accompagné de frites fines et croustillantes et d'une sauce, dont la recette est toujours tenue secrète. Le tout servi 2 fois. Ne demandez pas autre chose, il n'y a pas ! Desserts très classiques pour conclure. Service efficace, voire expéditif.

|●| 🍸 ***Le Bistrot des Dames*** *(plan couleur zoom,* ***53****) : 18, rue des Dames, 75017. ☎ 01-45-22-13-42. Ⓜ Place-de-Clichy. Lun-ven 12h-14h30, 19h-2h (service jusqu'à 22h30) ; w-e et en été, service continu 12h-22h30 (fermeture à 2h) ; petit déj 7h-10h. Formules déj en sem (en hiver) 18-22 € ; carte env 35 €.* Ce néobistrot (même maison que l'*EldoradoHôtel* voisin, la salle du resto sert le matin pour les petits déj) a vite trouvé grâce auprès de la clientèle bobo du quartier. Une déco à l'ancienne assez réussie et quelques jolis flacons en font une bonne adresse pour un repas convivial en salle (mais au coude-à-coude) ou dans le charmant jardinet (ouvert aux beaux jours). Cuisine maison, avec des produits de saison, mêlant recettes traditionnelles françaises avec touches espagnole et asiatique.

|●| 🍸 ***Kirane's*** *(plan couleur A3,* ***50****) : 85, av. des Ternes, 75017. ☎ 01-45-74-40-21. Ⓜ Porte-Maillot. Tlj 12h-14h15, 19h-23h15. Menus 14,50-16,50 € le midi, 34,50-39,50 € le soir.* La déco très appuyée fait illico voyager : tissus et sculptures évoquent les splendeurs de l'Inde du Nord. C'est de là que vient aussi la cuisine, goûteuse, pleine de parfums subtils. À côté d'une riche carte classique (poulet tandoori, *tikka saag* ou *vindaloo,* currys), on découvre la cuisine *dum* (à l'étuvée), une rare déclinaison de la cuisine d'Inde du Nord. En particulier le *dumpoux,* un plat où viande ou poisson cuit lentement sous une pâte permettant aux herbes de conserver leur parfum et aux épices de bien imprégner le mets.

|●| 🍸 ***Le Tourbillon*** *(plan couleur C2,* ***59****) : 116, rue des Dames, 75017. ☎ 09-83-01-10-81. Ⓜ Villiers. Tlj sauf dim-lun 12h-14h30, 19h-22h30. Congés : 3 sem en août. Formules déj 22-26 € ; carte env 35 €. Apéritif maison offert sur présentation de ce guide.* 3 salles en enfilade à la déco épurée dans lesquelles Rebecca assure le service avec efficacité. Aux fourneaux, son mari Cédric concocte une cuisine bien tournée où la légèreté est de mise. Assiettes joliment présentées et saveurs bien dosées. Un peu cher le soir toutefois.

|●| 🍸 ***Restaurant La Rucola*** *(plan couleur B2,* ***54****) : 198, bd Malesherbes, 75017. ☎ 01-44-40-04-50. Ⓜ Wagram. ♿ Tlj sauf sam midi et dim 12h-14h30, 19h30-22h30. Formules déj 19-25 € ; plats à partir de 12 € ; carte env 30 €. Apéritif maison ou digestif maison offert sur présentation de ce guide.* À deux pas de la porte d'Asnières, *La Rucola,* tenue par 2 jeunes passionnés de cuisine, abrite l'un des plus sympathiques restos italiens de la capitale. Le chef, ancien de chez *Sormani,* réinvente les régions tous les 15 jours : Pouilles, Ombrie, Campanie... pour le plus grand bonheur des habitués. Parmi les grands classiques : assortiment de charcuteries italiennes, steak de thon poêlé, carpaccio de bœuf au basilic... On y apprécie la constance de la cuisine servie dans un décor conçu par la décoratrice Stella Cadente. Et on en redemande !

De chic à plus chic

|●| ***Le 975*** *(plan couleur D1,* ***45****) : 25, rue Guy-Môquet, 75017. ☎ 09-53-75-67-71. Ⓜ Brochant. Tlj sauf sam-dim ; service 12h-14h30, 19h30-22h30. Congés : 8-28 août. Formule déj (sauf j. fériés) 17 € ; menu dégustation 5 plats 39 € ; carte env 40 €.* À la proue de 2 rues, tout en baies vitrées ponctuées par une palissade. Le cadre s'apprécie en toute transparence dès l'extérieur.

Petite cuisine ouverte précédée d'une poignée de places au comptoir (un peu dans le passage) et décor dépouillé et industriel bien dans l'air du temps. La formule déjeuner est une aubaine et laisse entrevoir le talent du chef Taiki, qui distille quelques touches nippones dans sa cuisine. Des plats délicieux et raffinés, soigneusement présentés, sans préciosité pour autant. Accueil et service pros et charmants. Jolie sélection de whiskies et de vins au verre.

Graindorge (*plan couleur B3,* **57**) : *15, rue de l'Arc-de-Triomphe, 75017. ☎ 01-47-54-00-28. Ⓜ Charles-de-Gaulle-Étoile. Tlj sauf sam midi et dim ; service 12h-13h30, 19h30-21h30. Congés : 1er-15 août. Résa conseillée en fin de sem. Menus 28-32 € le midi, 36-55 € le soir ; carte env 45 €. Digestif maison offert sur présentation de ce guide.* Décor néo-1930 assez classe. Bernard Broux est un chef inspiré. Son savoir-faire, il l'a mis au service de sa Flandre natale, dont il revisite les trésors. Waterzoï de homard aux crevettes grises d'Ostende, *potjevleesch* en terrine, voilà ce que vous pourrez, entre autres, déguster. Tout est parfaitement maîtrisé, d'une fraîcheur exceptionnelle et préparé à la commande. À la carte des vins, préférer celle des bières de Flandre, tant françaises que belges, qui, brunes, blondes ou ambrées, sont en parfaite osmose avec les plats.

Restaurant Vatel (*plan couleur zoom,* **58**) : *122, rue Nollet, 75017. ☎ 01-42-26-26-60. Ⓜ Brochant. Tlj sauf sam-dim ; dernier service 13h30 le midi et 21h le soir. Congés : de mi-juil à fin août et pdt la période de Noël. Menus 24 € le midi, 39-49 € le soir.* Ce resto d'application, lié à l'école hôtelière du même nom, se révèle une bonne escale. Salle moderne et chaleureuse sous une verrière, nappage de coton beige, sièges confortables... On se pique au jeu, d'autant que tout ça est bien bon, et ce dès le 1er menu. Ceux du soir garantissent un dessert princier : vous serez carrément cerné par 3 chariots (si, si...), soit plus d'une quinzaine de douceurs, dont l'identité vous est consciencieusement déclinée par le pâtissier. Pendant ce temps, les élèves sont notés, mais l'atmosphère n'est pas guindée.

Comme chez Maman (*plan couleur zoom,* **60**) : *5, rue des Moines, 75017. ☎ 01-42-28-89-53. Ⓜ Brochant. Tlj 12h-14h30, 19h-22h30 (23h jeu-sam). Congés : 2e et 3e sem d'août. Menus 24-36 € le midi ; carte env 50 €.* Il y a de jeunes chefs qui donnent la rassurante impression d'avoir extirpé leurs savoureuses recettes du grimoire de leurs propres mères. Pari gagné : Wim Van Gorp, qui a officié chez les plus grands à Paris et à l'étranger, propose des recettes savoureuses et traditionnelles. Les produits sont impeccables, les cuissons justes et le plaisir garanti.

Gare au Gorille (*plan couleur zoom,* **40**) : *68, rue des Dames, 75017. ☎ 01-42-94-24-02. Ⓜ Rome, Place-de-Clichy ou Villiers. Tlj sauf sam-dim 12h15-14h, 19h30-22h. Congés : 3 sem en août et 1 sem à Noël. Résa vivement conseillée. Menus midi en sem 24-29 € ; carte env 40 € (le soir, quelques petits plats à prix modérés et de gros plats de viande, compter alors 50-60 €).* Déjà, cadre fort sobre et pas d'enseigne, c'est donc qu'on mise sur la notoriété avant tout... Puis on apprend que le chef a été un élève de Passard. Bingo, sa cuisine, qui mise sur de fines associations de saveurs et des cuissons parfaites, est servie sans façon sur de vieilles tables en bois patinées. En outre, pas de titres ronflants pour les plats (seulement le nom des produits !). Tout cela plaît beaucoup aux *hipsters,* « startupeurs » et gens du quartier, qui composent la clientèle volubile et réjouie. Bon choix de vins nature et grande table conviviale au fond, dans la partie la plus lumineuse.

Coretta (*plan couleur C2,* **62**) : *151 bis, rue Cardinet, 75017. ☎ 01-42-26-55-55. Ⓜ Brochant. ♿ Tlj ; service 12h30-14h, 19h30-21h45. Formules déj en sem 27-32 € ; menu 42 €.* Un bistrot-gastro adossé au parc Clichy-Batignolles en pleine mutation. Grandes baies vitrées donnant sur rue et jardin, fourneaux ouverts sur le rez-de-chaussée (autre grande salle à l'étage), carrelages graphiques, parquets, boiseries, éclairages : tout répond à un design étudié. Même précision dans les assiettes : cuisine de marché, fine et particulièrement inventive, rehaussée d'herbes fraîches. Excellente formule déj. Service impeccable.

Fabrique de Bouchons (plan couleur zoom, **63**) : *17, rue Brochant, 75017. ☎ 01-58-59-06-47. Ⓜ Brochant. Mar-sam 12h30-14h30, 20h-22h30. Congés : dernière sem de juil-2 premières sem d'août et Noël-Jour de l'an. Formules déj 20-23 € ; carte 40-50 €.* Bonne surprise que ce resto de poche installé dans une ancienne fabrique de bouchons, dont il reste le nom et l'enseigne classée sur la façade ! Le chef, Fabien, ancien de chez Iñaki Aizpitarte, a beaucoup de talent. De ses racines asiatiques et africaines, il tire la touche exotique ; de son Madagascar natal, les épices. Son péché mignon : l'assemblage du cuit et du cru, une réussite ! En salle, service plein d'attentions. Excellent rapport qualité-prix des vins proposés.

Bars à vins

Les Domaines qui montent (plan couleur B3, **70**) : *22, rue Cardinet, 75017. ☎ 01-42-27-63-96. Ⓜ Courcelles. Tlj sauf dim ; service 12h-14h seulement (boutique ouv 10h-20h). Congés : 6-19 août. Résa vivement conseillée. « Formule du caviste » 16,60 € ; carte env 25 €. Apéritif maison ou café offert sur présentation de ce guide.* Avec sa double casquette de boutique et table d'hôtes, cette adresse conviviale réunit les amateurs de bonnes bouteilles. Le menu unique n'offre pas d'alternative, mais la cuisine de terroir ne blouse pas les épicuriens avertis. Un tour de France et de ses caves qui n'impose pas un choix entre la bourse ou le verre, puisque, ici, on consomme au prix boutique, sans droit de bouchon, et que l'on peut repartir avec sa bouteille entamée. *2 autres adresses dans Paris (9e et 11e arrondissements).*

Le Rouge et le Verre (plan couleur A3, **71**) : *33, rue Brunel, 75017. ☎ 01-45-72-69-98. Ⓜ Argentine. Tlj sauf dim 12h-20h (22h jeu-ven). Formule déj 19 € ; planche de charcuterie 8,50 € ou de fromages 11,50 €. Vins de 3 € le verre à 50 € la bouteille (voire plus pour des crus exceptionnels) ; pas de droit de bouchon.* Pour commencer, on prend place parmi les tables dispersées entre les rayonnages bien garnis et les caisses de grands crus. Ensuite, on choisit un vin à la bouteille, en pot lyonnais ou au verre parmi ces cuvées issues des domaines de petits vignerons qui « montent à Paris ». Enfin, on se sustente au choix d'une planche de charcuterie ou de fromages à l'apéro *(18h-20h – 22h jeu)* ou d'un plat souvent basque (garbure, axoa, etc.). Bons conseils sur les vins (à emporter ou à consommer sur place au même prix) et service fort sympathique.

L'Établi (plan couleur zoom, **72**) : *2, rue Lamandé, 75017. ☎ 01-44-90-05-04. Ⓜ Rome ou La Fourche. Tlj sauf sam midi, dim et lun midi ; service 12h30-14h30, 18h30-0h30. Formules déj 14-21 € ; planches 15-21 €.* Dans un joli bistrot de poche, le binôme aux commandes propose une carte simple et réussie (planche de charcuterie ou de fromages, foie gras, andouille...) pour accompagner la découverte de beaux petits flacons. Parce qu'ici c'est avant tout le vin qui est à la fête. À la fin, l'addition est quand même un poil élevée. Sous les conseils avisés, accoudé à l'épaisse table de bois, on prolonge la soirée sous les meilleurs auspices.

Où boire un thé ? Où prendre un bon 4-heures ?

Pastelaria Belem (plan couleur zoom, **80**) : *47, rue Boursault, 75017. ☎ 01-45-22-38-95. Ⓜ Rome. À deux encablures du sq. des Batignolles. Tlj sauf lun 8h-20h. Congés : août. Gâteaux et en-cas env 2-3 €.* Un salon de thé qui fait office de vitrine à l'une des rares pâtisseries portugaises de la capitale, avec ses azulejos et sa poignée de tables. Ici, on vient à toute heure pour déguster son petit noir accompagné de délicieux *pasteis de* *nata*, mais aussi les gourmandises au coco et au jaune d'œuf répondant au doux nom de *mimos de Lisboa*. Côté en-cas salés, goûter impérativement les croquettes de morue. Propreté irréprochable et accueil aimable.

Boulangerie Montgolfière *(plan couleur B2,* ***81****) : 49, rue Laugier, 75017. ☎ 09-73-28-12-75. Ⓜ Pereire. Lun-sam 7h-20h30 (20h sam). Formules 8-10 €.* Récemment installé, le boulanger maître artisan avait déjà œuvré chez Gagnaire. On comprend d'où lui vient son talent ! Délicieux pains au levain naturel et desserts succulents, comme la tarte au chocolat Valrhona, celles aux fruits de saison ou le « chou montgolfière » (crème fouettée montée au mascarpone et à la vanille de Madagascar). Dans cette *Montgolfière* où les prix ne s'envolent pas trop, quelques tables pour prendre le temps de savourer.

Pâtisserie Kevin Lacote *(plan couleur B2,* ***82****) : 78, av. de Villiers, 75017. ☎ 01-45-71-64-84. Ⓜ Wagram. Mar-dim 8h30 (9h30 w-e)-19h30 (18h30 dim). Pâtisseries à emporter 5-6 €.* Chef pâtissier doué, Kevin Lacote est passé par de prestigieuses maisons avant d'ouvrir sa pâtisserie-salon de thé. Les présentations léchées et alléchantes sont limite intimidantes, mais on a là la crème de la crème ! Les classiques revisités comme le millefeuille, la tarte au citron ou le saint-honoré à la noix de pécan sont dignes d'un travail d'orfèvre... À savourer avec un thé japonais sur les tables basses côté salon, tout en gardant un œil, à travers la baie vitrée, sur le laboratoire.

Kaffeehaus *(plan couleur B3,* ***31****) : 11, rue Poncelet, 75017. ☎ 01-42-67-07-19. Ⓜ Ternes. Mar-sam 10h-19h, dim 10h-13h. Formule déj en sem 19,90 €.* Dans l'animation de la rue piétonne, où se tient le marché, cette pâtisserie « allemande et de l'Est » regorge de douceurs moelleuses et revigorantes : forêt-noire, strudels et appétissants gâteaux d'outre-Rhin... Également des plats généreux servis au déjeuner, à déguster à l'étage, dans une salle intime et joliment décorée. Choucroute, saucisses fumées, saumon. Service gentil comme tout.

Où boire un verre ?

Le 3 Pièces Cuisine *(plan couleur C2,* ***90****) : 25, rue de Chéroy, 75017. ☎ 01-44-90-85-10. Ⓜ Rome ou Villiers. ♿ Lun-ven 8h-2h (1h lun-mar), sam 9h30-2h, dim 9h30-minuit. Demi au comptoir 2,10 € jusqu'à 20h, sinon 3,20 €. Plat du jour et café 11 € ; brunch dim et j. fériés 14,90 €.* Convivial, ludique, coloré... ce bar-resto à la déco brocante seventies se la joue annexe du salon de votre appart. C'est là que vous croiserez des amoureux autour d'un backgammon, des demoiselles accrochées à leur portable et de tendres loups en quête de compagnie. Un demi et une tarte salée ? En été, les grandes baies vitrées s'ouvrent vers la ville au moment où le village des Batignolles fait entendre tous ses bruissements...

Le Café des petits frères *(plan couleur zoom,* ***91****) : 47, rue des Batignolles, 75017. ☎ 01-42-93-84-41. Ⓜ Rome ou La Fourche. Tlj sauf mar ap-m 9h-12h30, 14h-18h (17h ven) ; pdt vac scol, ouv seulement le mat. Congés : août. À noter que les prix sont solidaires : café 0,45 € ; soda 0,80 € ; formule petit déj 1,60 €. Le Café des petits frères* est un espace ouvert à tous, convivial et culturel, favorisant la mixité sociale et générationnelle. Il est animé par des bénévoles de l'association Les petits frères des Pauvres, qui lutte depuis 1946 contre l'isolement et l'exclusion. Le cadre est simple et chaleureux : ici on discute, là on bouquine autour d'un café ou d'un verre (sans alcool).

Les Caves Populaires *(plan couleur zoom,* ***94****) : 22, rue des Dames, 75017. ☎ 01-53-04-08-32. Ⓜ Place-de-Clichy ou Rome. Tlj 8h30 (10h sam, 11h dim)-2h. Verres de vin à partir de 2,50 €, bouteilles à partir de 11 € ; bière 2,90 € ; cocktail 7 €. Planches de charcuterie et/ou de fromages 8-14 €.* Un troquet ultra-fréquenté et bon enfant du quartier des Batignolles. Quand certains ont joué la carte du néobobo, *Les Caves*

Populaires proposent leur ambiance parigote, mélangée et bruissante. Petits crus au pichet ou à la bouteille (grand choix), bières ou cocktails font le bonheur d'une clientèle d'habitués forcément conquise. Populaire, on vous dit !

Où sortir ?

Jazz-Club Étoile *(plan couleur A3,* ***96****)* **:** *Le Méridien Étoile, 81, bd Gouvion-Saint-Cyr, 75017. ☎ 01-40-68-30-42. ● jazzclub-paris.com ● Ⓜ Porte-Maillot. ♿ Ouv ts les soirs. Concerts ven-sam à 21h30. Entrée + conso à partir de 32 €, puis conso env 15 €.* Ce dinosaure de la scène jazz parisienne a vu passer les plus grands, de Fats Domino à BB King, en passant par Cab Calloway ou Dizzie Gillespie. La faune est constituée avant tout de connaisseurs, même si quelques très chic clients de l'hôtel se laissent happer par les notes résonnant jusqu'à la réception. Attention, ici on écoute religieusement (et donc en silence) les mélanges de funk, soul, R'n'B, blues, gospel, qui font la particularité du lieu. Idéal pour une soirée raffinée, mais surtout pas prétentieuse.

17e

À voir

Le cimetière des Batignolles *(plan couleur C-D1)* **:** *av. de la Porte-de-Clichy, 75017. Ⓜ Porte-de-Clichy. Entrée rue Saint-Just.* Réunit un bel éventail de célébrités, de Verlaine à André Breton en passant par Gaston Calmette (le directeur du *Figaro,* assassiné en 1914 par Mme Caillaux), sans oublier un certain Hector Formica, célèbre inventeur du revêtement du même nom. Beaucoup de Russes aussi.

➢ La ***cité des Fleurs*** *(plan couleur D1-2)* fut dessinée en 1847, entre l'avenue de Clichy et le n° 59 de la rue de La Jonquière *(Ⓜ Brochant),* avec obligation pour chaque propriétaire de planter au moins 3 arbres à fleurs dans son jardin. D'où son nom. Le résultat est tout bonnement fabuleux : les petites maisons de 2 ou 3 étages avec jardin privatif vous époustoufleront. C'est la campagne, avec des réalisations architecturales très variées ! Le calme, les petits oiseaux, les marrons qui tombent à l'automne. Enfin, le rêve !

LES BATIGNOLLES

Le village des Batignolles ne fut rattaché à Paris qu'en 1860 par un décret de Napoléon III. Ce cadeau de Nouvel An ne plut pas beaucoup aux Batignollais, qui décidèrent de garder les traditions de leur village. Là, quelques petits fermiers et de modestes artisans vivaient en compagnie de bourgeois parisiens qui y avaient établi leur résidence secondaire, l'air y étant réputé très sain. La famille de Paul Verlaine habitant au 45, rue Lemercier, le futur poète passa son enfance dans ce quartier et fit ses études au lycée Chaptal, sur le boulevard des Batignolles. Stéphane Mallarmé, surnommé le « prince des poètes », réunissait à son domicile, au n° 89 de la rue de Rome, tout près du même boulevard, l'intelligentsia parisienne de l'époque à ses mardis littéraires.

Empruntez la rue des Moines, très commerçante, et jetez un coup d'œil au ***marché couvert des Moines*** *(plan couleur zoom ; tlj sauf dim ap-m et lun 8h30-13h, 15h30-20h),* très animé le week-end.

La longue ***rue Legendre*** *(plan couleur zoom),* parallèle à la rue des Dames, une ex-voie romaine tout aussi commerçante, vous conduira à l'adorable petite ***place du Docteur-Félix-Lobligeois.*** Une vraie petite place provinciale avec une église – Sainte-Marie-des-Batignolles –, quelques arbres, des restos et de petits immeubles pas bien hauts. On adore ! Certains veinards ont leur balcon donnant sur cette verdure.

Derrière l'église, le ***square des Batignolles*** *(plan couleur zoom)*, mignon, propret et sympathique. C'est le plus grand des squares de quartier voulus par Napoléon III, et il a été agencé par Alphand, tel un jardin à l'anglaise. Tous les éléments typiques de l'esthétique paysagère de l'époque y sont rassemblés : pièce d'eau sur laquelle voguent les canards, rivière artificielle, allées tortueuses, etc. Pour les enfants, un vieux manège (avec cochons qui montent et qui descendent, et Mickey rétro sur sa moto) plaira sans doute aux moins de 4 ans. Piste de patins à roulettes et location de chevaux à pédales. Attention, le week-end, en été, c'est la foule.
Et de l'autre côté de la rue Cardinet, ça bouge ! Sur 54 ha, un véritable quartier sort de terre ! Le gigantesque chantier commencé en 2005 qui s'étend de la rue Cardinet jusqu'au périphérique est très bien avancé : la majeure partie des immeubles est achevée, tout comme le ***parc Clichy-Batignolles-Martin-Luther-King*** : voilà 10 ha de chlorophylle en plus dans le quartier. À terme, mi-2020, ce sont des locaux commerciaux, des salles de cinéma, quelque 3 400 logements (étudiants, sociaux et intermédiaires), 140 000 m² de bureaux, des équipements publics et 2 nouvelles stations de métro qui verront le jour ; sans oublier l'ouverture, toute récente, du nouveau palais de justice dessiné par Renzo Piano, architecte du Centre Pompidou, et une Cité du Théâtre où s'ajouteront au théâtre de l'Odéon déjà présent une nouvelle salle de la Comédie-Française ainsi que le Conservatoire national d'art dramatique. Attention, quartier en mutation ! À suivre de près, donc... Pour plus d'infos : *• clichy-batignolles.fr • ou sur place, 155 bis, rue Cardinet (la Maison du projet abrite une salle d'expo avec films, maquette 3D et médiateur ; ven-dim 14h-18h).*

Le BAL (plan couleur D2) **:** *6, impasse de la Défense, 75018. ☎ 01-44-70-75-50. • le-bal.fr • Ⓜ Place-de-Clichy. ♿ Mer 12h-22h, jeu-dim 12h-19h. Soirées certains jeu 20h-22h, hors expos. Fermé lun-mar. Entrée : 6 € ; réduc ; gratuit moins de 12 ans.* Au calme, à deux pas du tumulte de l'avenue de Clichy, on y accède par une impasse au pavement balisé par de petites lumières. À l'initiative – et aujourd'hui sous la présidence – de Raymond Depardon, l'ancienne salle de bal des Années folles abrite un bel espace contemporain consacré au document visuel sous toutes ses formes : photo, bien sûr, ainsi que vidéo, cinéma et nouveaux médias. Des expos temporaires essentiellement, mais pas seulement : on y trouve aussi une petite librairie sur le sujet, et un bon petit resto – le **BAL Café** *(voir la rubrique « Où manger ? » dans le 18e ; ☎ 01-44-70-75-51)* – avec une poignée de tables en terrasse qui donnent sur le jardin des Deux-Nèthes. Également des conférences et des cycles de cinéma. Une chouette escale.

LE 17e CHIC *(de l'autre côté de la voie ferrée)*

Si vous venez des Batignolles, la rue des Dames comme la rue Legendre mèneront vos pas ***rue de Lévis,*** non loin du métro Villiers. Au nº 8, on trouvait une salle de réunions politiques fréquentée par Victor Hugo, Auguste Blanqui, Gambetta, Ledru-Rollin et Louise Michel, qui habitait le quartier. Aujourd'hui, les voix des tribuns se sont tues pour faire place à celles des marchands de fruits et légumes qui ont envahi la voie piétonne dans un pittoresque marché permanent digne de la Provence, avec ses étals de fruits, de légumes et de fleurs. Très chic tout ça !

La place du Général-Catroux et l'ancien hôtel Gaillard *(plan couleur C2)* **:** *Ⓜ Malesherbes.*
Plus connue à l'époque de la Plaine Monceau sous son ancien nom de place Malesherbes, elle est bordée de beaux hôtels particuliers à l'architecture « néo », gothique ou Renaissance. Au nº 1, à l'angle de l'avenue de Villiers et du boulevard Malesherbes, voici tout simplement la reproduction de l'aile Louis XII du château de Blois ! Commandée en 1878 par Émile Gaillard, riche banquier grenoblois mais aussi élève de Chopin, la construction est achevée en 1882. C'est à Jules Février que l'on doit cet extravagant château en plein Paris. Ce superbe

édifice privé, tout de brique et de pierre, est orné de lucarnes, gargouilles, ferronneries, et de bien d'autres coquetteries décoratives... L'ensemble est surmonté d'une toiture d'ardoise. À l'intérieur, surprenant décor (comme la salle de bal ou l'escalier du Puits) composé d'éléments du XVe au XIXe s, issus de la collection de Haute Curiosité du sieur Gaillard. Cette propriété qui, depuis 1919, appartient à la *Banque de France* deviendra la Cité de l'Économie et de la Monnaie (● citeco.fr ●) début 2019. L'exposition permanente aura pour but d'initier le grand public aux notions de l'économie à travers un parcours en 6 séquences : échanges, acteurs, marchés, instabilités, régulations et, pour finir, une salle des coffres renfermant des collections de monnaies anciennes.

AVOCAT DU ROI, UN MÉTIER À RISQUES

Même si Malesherbes – ministre de Louis XVI et avocat – n'avait pas de bonnes relations avec le roi, il fut néanmoins volontaire pour le défendre. Or, non seulement il n'avait aucune chance de le sauver, mais en plus il risquait sa tête ; il fut d'ailleurs injustement condamné à mort. Depuis, en signe de deuil, les avocats parisiens n'arborent plus d'hermine blanche sur leur robe, contrairement à leurs confrères provinciaux. Ironie du sort, quelque 190 avocats sont aujourd'hui installés boulevard Malesherbes, dont l'ancien cabinet d'un certain Sarkozy.

Au centre de la place, *Sarah Bernhardt* déclame *Phèdre* devant un parterre de voitures indifférent et sous le regard d'*Alexandre Dumas,* le père des *Trois Mousquetaires,* statufié par Gustave Doré. *Alexandre Dumas fils,* créateur de *La Dame aux camélias,* leur tient compagnie. Pas bien loin, une sculpture figurant des chaînes brisées pour illustrer l'abolition de l'esclavage est dédiée au général Dumas (père du Dumas des *Trois Mousquetaires*), esclave en Haïti, qui devint le 1er général noir de France.

Le musée Jean-Jacques-Henner (plan couleur C2) **:** *43, av. de Villiers, 75017. ☎ 01-47-63-42-73. ● musee-henner.fr ● Ⓜ Malesherbes ou Monceau. ♿ Tlj sauf mar et j. fériés 11h-18h (21h 2e jeu de chaque mois). Entrée : 6 € ; réduc ; gratuit moins de 26 ans, demandeurs d'emploi et pour ts le 1er dim de chaque mois. Billet couplé avec le musée Gustave-Moreau (9 €). Visites guidées gratuites (2-3 fois/sem ; inscription sur le site). Concerts, spectacles, conférences et ateliers sont régulièrement organisés.*

La collection de Jean-Jacques Henner est présentée dans un élégant hôtel particulier de la IIIe République, qui n'est autre que l'ancien atelier d'artiste du peintre Guillaume Dubufe, auteur notamment des plafonds du « Train Bleu » à la gare de Lyon, de la salle des fêtes du palais de l'Élysée, et de la bibliothèque de la Sorbonne. Henner, d'origine alsacienne, remporte en 1858 le grand prix de Rome, qui lui permit de séjourner durant 5 ans à la prestigieuse villa Médicis. De son passage en Italie, il conserva le goût des paysages lumineux et de l'histoire. À son retour et après une période naturaliste, il devient, à partir des années 1870, un peintre reconnu et un portraitiste recherché, souvent médaillé au Salon.

Au rez-de-chaussée, avant de pénétrer dans le jardin d'hiver, une tablette tactile permet de restituer le peintre dans son contexte selon des éclairages particuliers, et présente un plan du quartier avec un pointage des artistes y ayant vécu. Au 1er étage, 3 salles retracent le parcours d'Henner : l'une dédiée à l'Alsace et ses paysages idéalisés, l'autre aux lumineux paysages d'Italie, et le salon rouge aux portraits qui ont fait la célébrité du peintre, notamment le célèbre tableau patriotique *L'Alsace, elle attend.* Remarquez le moucharabieh qui témoigne du goût de Dubufe pour l'Orient. Tandis que le 2e étage est réservé aux expositions temporaires, le dernier niveau abrite le travail en atelier du peintre : esquisses, œuvres inachevées, objets, meubles et plâtres proviennent de son atelier place Pigalle.

L'École normale de musique de Paris *(plan couleur C2)* **:** *114 bis, bd Malesherbes, 75017. ☎ 01-47-63-85-72. • ecolenormalecortot.com • Ⓜ Malesherbes. Concerts gratuits donnés par les élèves et les professeurs du conservatoire dans la fameuse salle Cortot, mar et jeu à 12h30. Également en soirée, concerts payants et master class accueillant des artistes de renom. Attention, ces concerts sont proposés en période scol, laquelle se termine début avr (début des examens).* Dernier conservatoire supérieur entièrement privé, très renommé. L'école occupe un bel hôtel particulier, construit en 1881 et classé Monument historique – tout comme sa salle de concerts, la « salle Cortot » *(78, rue Cardinet),* construite en 1929 par Auguste Perret.

La rue de Chazelles *(plan couleur B-C3)* **:** c'est au n° 25 de cette rue que s'éleva un jour une immense statue émergeant des toits. Imaginez la tête des habitants du quartier ! En fait, il s'agissait de la fameuse statue de la Liberté de Bartholdi (sculpteur également du *Lion de Belfort,* de la place Denfert-Rochereau), d'abord montée entièrement avant d'être démontée et mise en caisses pour être expédiée à New York !

Le Ceramic Hôtel *(plan couleur B3)* **:** *34, av. de Wagram, 75017. Ⓜ Ternes.* Très bel immeuble Art nouveau, construit par Lavirotte en 1904. Façade recouverte de grès.

Le château des Ternes *(plan couleur B3)* **:** *à l'angle de la rue Pierre-Demours et de la rue Bayen, 75017.* En vérité, un curieux château des XVIIe et XVIIIe s, bizarrement percé en son milieu par une rue ! Explication toute simple : son dernier propriétaire effectua une grosse opération immobilière, lotissant son parc, spéculant sur les parcelles, allant même trouer sa belle façade pour faire passer une rue.

La villa des Ternes *(plan couleur A3)* **:** *commence au 96, av. des Ternes et finit au 39, rue Guersant, 75017. Ⓜ Ternes.* Maisons et immeubles de standing érigés sur les terres de l'ancien château des Ternes à partir de 1822. Une approche des villas à la campagne assez rare dans une ville comme Paris.

18e ARRONDISSEMENT

MONTMARTRE • JULES-JOFFRIN PIGALLE • LA GOUTTE-D'OR

• Pour le plan du 18e arrondissement, voir le cahier couleur en fin de guide.

L'arrondissement, 18e du nom, mérite que l'on dépasse les clichés les plus touristiques pour le redécouvrir vraiment. Si la vue sur Paris depuis le Sacré-Cœur – et la vision du village de Montmartre et de la place du Tertre – se mérite au lever du jour, les flancs nord de la Butte s'arpentent à pied, par une nuit de pleine lune ou par temps de brouillard : extraordinaire voyage hors du temps, dans un Paris qui semble n'avoir pas changé depuis le XIXe s. Mais il y a aussi l'attachant cimetière de Montmartre, dont les célèbres occupants méritent bien une visite. De même les rues et passages avoisinants, à l'ombre de ses hauts murs. Les Abbesses, naguère enclave populaire et authentique, n'en finissent pas de jouer la carte de la modernité branchée, alors que la réputation sulfureuse de Pigalle s'est assagie et que ce quartier a aussi emprunté le chemin de la branchitude : impossible de compter sans Pigalle dans la nuit parisienne, avec toutes ses salles de spectacle, bars et boîtes à la pelle !
Quelques coins pâtissent encore de certains préjugés. C'est le cas de l'est de l'arrondissement, autour de Marx-Dormoy, qui avait mauvaise réputation. Tout proche, oublié au milieu des voies ferrées, le quartier de la Chapelle a été longtemps laissé à lui-même. Quant à Barbès et à la Goutte-d'Or, ils continuent de charrier force idées reçues.
Heureusement, les temps changent et les mentalités évoluent. Ces quartiers, pour certains éternellement populaires, pour d'autres de plus en plus *hipster,* attirent les foules, et le 18e se classe aujourd'hui parmi les arrondissements les plus courus de la capitale.

Où dormir ?

Auberges de jeunesse

Auberge de jeunesse Yves-Robert *(plan couleur D2, **1**)* **:** *20, esplanade Nathalie-Sarraute, 75018. ☎ 01-40-38-87-90. • hifrance.org • Ⓜ La Chapelle ou Marx-Dormoy. ♿ Accueil 24h/24. Lit en dortoir 4-8 pers env 27-33 €, draps fournis (mais pas les serviettes) ; double 68 € ; petit déj inclus.* Sur d'anciennes friches de la SNCF, au cœur de la ZAC Pajol, un quartier pilote en matière d'écodéveloppement. La grande halle à structure métallique entièrement rénovée et dotée de panneaux solaires est destinée à devenir la 1re centrale photovoltaïque d'Europe ! Tri de déchets, gestion de l'eau et de l'énergie, matériaux HQE : cette AJ s'inscrit dans un projet 100 % développement durable. En tout, 330 lits répartis en chambres et dortoirs fonctionnels de 2 à 6 lits (tous avec douche et lavabo mais w-c en commun pour certaines). L'ensemble est propre et compte tout ce qu'il faut pour faciliter la vie des hôtes : self à petits prix, bar avec terrasse, salon-TV, billard, baby-foot, laverie, cuisine (riquiqui), salle de spectacle où s'organisent des concerts, des rencontres avec les assos du coin, des soirées théâtre... Accueil parfait. La meilleure auberge du 18e !

Le Village Hostel *(plan couleur B3,* ***2****) : 20, rue d'Orsel, 75018. ☎ 01-42-64-22-02. • villagehostel.fr • Ⓜ Anvers. Réception 24h/24. Nuitée en dortoir 4-8 pers 23-45 €/pers ; doubles 65-139 €.* Un *backpackers* anglo-saxon superbement situé, à deux pas du Sacré-Cœur : ambiance jeune et déco festive. Chambres de 2 à 12 personnes, spacieuses et climatisées, avec douche et w-c privés pour toutes. Celles pour 3 ou 4 personnes peuvent être utilisées en dortoir ou en chambre privée avec un groupe de copains. Bon point : les voyageuses peuvent opter pour un dortoir féminin. Bonnes prestations : cuisine équipée, bar très sympa proposant pas mal de soirées à thème, et, cerise sur le gâteau, une terrasse géniale à l'étage ! Préférez l'une des chambres aux 3e et 4e étages, pour leur vue incomparable sur le Sacré-Cœur.

Plug-Inn Hostel *(plan couleur zoom,* ***4****) : 7, rue Aristide-Bruant, 75018. ☎ 01-42-58-42-58. • plug-inn.fr • Ⓜ Abbesses ou Blanche. Nuit en dortoir 3-6 pers 25-40 €/pers ; doubles 90-105 € ; petit déj compris.* Si les chambres et dortoirs font un peu grise mine, le confort reste correct pour une AJ ! Chaque dortoir possède sa propre salle de bains (serviettes et draps inclus dans le prix). Les chambres, pas bien grandes, font l'affaire si vous partez vadrouiller toute la journée, mais ne pensez pas y cocooner. D'autant que l'insonorisation fait défaut. Ambiance jeune et internationale, cuisine commune bien équipée en sous-sol et pièce à vivre sous une petite verrière dans une courette.

Hôtel Caulaincourt Square *(plan couleur A2,* ***5****) : 2, sq. Caulaincourt, 75018. ☎ 01-46-06-46-06. • caulaincourt.com • Ⓜ Lamarck-Caulaincourt. Dortoirs 3 lits 27-33 €/pers ; doubles sans ou avec w-c 60-86 € ; triples ; petit déj 7 €.* Cet hôtel économique offre un coin *hostel* qui attire une clientèle de jeunes routards venus du monde entier. Si les chambres et dortoirs se révèlent assez banals, ils sont tous équipés de douche et TV (les plus chers disposent même de w-c privés). Sympa, même si les parties communes ne sont pas bien grandes, à l'image de la cuisine riquiqui. Les sommeils légers prévoiront des boules Quiès. Mieux vaut arriver par la rue Caulaincourt, sinon il y a un sacré escalier à gravir depuis la rue Lamarck !

De bon marché à prix moyens

Hôtel Les Jardins de Montmartre *(plan couleur B2,* ***6****) : 131, rue Ordener, 75018. ☎ 01-42-52-99-00. • hoteljardinsdemontmartre.com • Ⓜ Jules-Joffrin. Doubles 79-249 € ; petit déj-buffet 14 €. Café ou boisson sans alcool offert(e) sur présentation de ce guide.* Les saisons se déclinent ici en thème et en couleurs. La quarantaine de chambres, fraîches et pimpantes, arborent tantôt des tons bleu glacé, tantôt du fushia et des coquelicots. Les supérieures donnent sur une rue plus calme, mais la propreté et le confort sont exemplaires pour toutes. On a été séduits par la végétation qui se faufile partout : de la réception aux chambres, jusqu'à la salle du petit déj. Ajoutez un accueil jovial et des tarifs franchement attractifs, vous obtenez un petit jardin secret !

Hôtel Montmartre Clignancourt *(plan couleur B3,* ***7****) : 4, rue de Clignancourt, 75018. ☎ 01-46-06-27-46. • hotelmontmartreclignancourt.com • Ⓜ Barbès-Rochechouart ou Anvers. Doubles 79-109 € ; petit déj 8 €. Parking payant. Un petit déj/chambre offert sur présentation de ce guide.* Au cœur du Barbès populaire et chatoyant, au pied de la butte Montmartre, cet hôtel offre un des meilleurs rapports qualité-prix du quartier. Régulièrement rénové, bien tenu, il propose des chambres simples mais tout à fait convenables, dans les tons clairs. Salle de petit déj pimpante, tout comme la réception, située au 1er étage (6 en tout, sans ascenseur). Accueil souriant.

Regyn's Montmartre *(plan couleur zoom,* ***9****) : 18, pl. des Abbesses, 75018. ☎ 01-42-54-45-21. • hotel-regyns-paris.com • Ⓜ Abbesses. Résa conseillée. Doubles 56-150 € ; petit déj 10 €.* On ne peut être mieux placé que sur la place des Abbesses. 22 chambres ravissantes et dotées de tout le confort moderne. La déco à l'ancienne apporte une petite touche bucolique grâce aux murs tendus de toile de Jouy bleue, rouge ou jaune. Adorable ! Depuis les 4e et 5e étages, vue exceptionnelle sur Paris et la tour Eiffel. Excellent accueil.

Hôtel Bonséjour Montmartre *(plan couleur zoom,* ***8****) : 11, rue Burq, 75018. ☎ 01-42-54-22-53. • hotel-bonsejour-montmartre.fr • Ⓜ Abbesses ou Blanche. Doubles avec lavabo ou douche 55-75 €, avec douche et w-c 89-160 € ; petit déj-buffet 10 €. Parking payant.* En plein Montmartre, l'un des hôtels aux 1ers prix les plus accessibles du quartier. Pas le grand luxe donc ! On peut même parler de confort basique, avec w-c et douche sur le palier pour les moins chères. Toutefois, la trentaine de chambres a été rénovée et les plus chères sont équipées de la douche et des w-c, et certaines sont dotées de petits balcons. Éviter celles donnant côté « cour », bien sombres et bien tristes. Ne pas se fier aux apparences tristounes de la réception, c'est une bonne affaire pour les petits budgets.

De prix moyens à chic

Mob Hôtel *(hors plan couleur par B1,* ***19****) : 4-6, rue Gambetta, 93400* ***Saint-Ouen.*** *☎ 01-47-00-70-70. • mobhotel.com • Ⓜ Garibaldi. De l'autre côté du périphérique, derrière le marché aux puces de Saint-Ouen. Chambre à partir 99 € ; petit déj-buffet 16 €.* Plusieurs catégories de chambres et un seul prix de 1 à 4 occupants. Un vrai bon plan pour les groupes de potes comme les familles venues passer le week-end à Paris. Chambres épurées, certaines avec terrasse, au confort optimal et bien équipées. Pas de TV en revanche pour favoriser la lecture. Cela tombe bien, les livres sont à disposition à l'espace librairie. Au resto, produits bio de préférence, et de saison. Et des pizzas *(12-16 €).*

Hôtel Basss *(plan couleur zoom,* ***10****) : 57, rue des Abbesses, 75018. ☎ 01-42-51-50-00. • hotel-basss.com • Ⓜ Abbesses. Doubles 90-140 €.* Situation géniale pour cet hôtel en plein cœur d'une de nos rues préférées de la capitale. Côté déco, place à un style nordique, avec des tons boisés et bleu pâle et des formes graphiques. Autant être prévenu, les 35 chambres s'avèrent assez inégales niveau confort. Certaines standard sont vraiment étriquées, avec des salles de bains riquiqui. Demandez à visiter avant de faire votre choix. Autrement, c'est un bon rapport qualité-prix pour le quartier.

Hôtel Éden-Montmartre *(plan couleur B2,* ***11****) : 90, rue Ordener, 75018. ☎ 01-42-64-61-63. • edenhotel-montmartre.com • Ⓜ Jules-Joffrin. Doubles 95-125 € ; petit déj-buffet 8,50 €. Parking payant. 10 % sur le prix de la chambre sur présentation de ce guide.* Hôtel au style classique cosy et agréable. Rénovées, les chambres offrent un confort standard. Vu la « petite » différence de prix, préférer les supérieures, plus spacieuses et avec des salles de bains plus grandes. L'accueil est aimable, attentif et très professionnel. Bon point aussi pour le petit déj-buffet bien garni.

Hôtel Lumières *(plan couleur A-B1,* ***12****) : 110, rue Damrémont, 75018. ☎ 01-42-64-25-75. • hotel-lumieres.com • Ⓜ Jules-Joffrin ou Guy-Môquet. ♿ Doubles 69-169 € (rarement jusqu'à 200 €) ; petit déj-buffet 10 €. Parking payant. Un petit déj/chambre offert sur présentation de ce guide.* Discret depuis la rue, cet hôtel au contemporain design porte bien son nom puisque sa thématique repose sur les couleurs et les jeux de lumière. La déco et l'aménagement des chambres (toutes petites mais bien conçues) restent identiques d'un étage à l'autre, les literies sont parfaites, la tenue est impeccable, et on a pensé à une foule de petits détails pour optimiser l'espace. Une bonne surprise, à l'accueil très pro.

Timhotel Montmartre *(plan couleur zoom,* ***13****) : 11, rue Ravignan (pl. Émile-Goudeau), 75018. ☎ 01-42-55-74-79. • timhotel.fr • Ⓜ Abbesses ou Pigalle. Doubles 90-200 € ; petit déj 13,50 €. Un petit déj/pers offert sur présentation de ce guide.* Sur une place adorable et romantique à souhait, un hôtel de chaîne, certes, mais qui mérite notre attention. Il a été aménagé dans un style classique et fonctionnel. Les chambres supérieures ont été rénovées dans des lignes sobres et contemporaines, tandis que les classiques affichent un look rétro (voire vieillot). Certaines chambres jouissent d'une belle vue sur la capitale et la tour Eiffel (à partir du 4e étage). Mais côté place, c'est charmant aussi ! Dans tous les cas, la situation reste hautement stratégique. Accueil très sympathique.

De chic à plus chic

Appart'hôtel Montmartre *(plan B2,* ***20****)* **:** 7-9, rue Saint-Vincent, 75018. *☎ 01-49-25-87-20. Ⓜ Anvers. • odalys-vacances.com • Parking (payant). Compter 130-210 € la nuit pour 2.* Au cœur de Montmartre, juste derrière le Sacré-Cœur, un appart hôtel rutilant. Des studios et 2 pièces (jusqu'à 4 personnes) neufs, avec kitchenette et surtout, une vue sur le Sacré-Coeur ou les toits de Paris pour certains. Vraiment réussie, la véranda qui donne sur le jardin. Au-delà, c'est le chevet du Sacré-Cœur. C'est là que se prennent les petits-déjeuners. Un emplacement décidément très privilégié... Espace bien-être (spa, hammam) en supplément.

Hôtel Montmartre mon Amour *(plan couleur B2,* ***14****)* **:** *7, rue Paul-Albert, 75018. ☎ 01-46-06-03-03. • hotelmontmartremonamour.com • Ⓜ Anvers ou Château-Rouge. Doubles 110-225 € ; petit déj 15 €.* Rouge, pourpre, noir... les couleurs de la réception donnent tout de suite le ton. Célibataires endurcis, passez votre chemin : cet hôtel est tout entier un hymne à l'amour, dont Montmartre constitue un décor idéal. Des couples célèbres – Victor Hugo et Juliette Drouet, Jean-Paul Sartre et Simone de Beauvoir, mais aussi Paul Gauguin et Tehura, sa muse polynésienne... – inspirent les couplets de cet hymne par des jeux de citations et de portraits des plus graphiques. Résultat : une décoration inspirée, un mariage solide d'hier et d'aujourd'hui. Élégant et poétique : un parti pris assumé pour des chambres cosy et un brin coquines.

Hôtel 29 Lepic *(plan couleur zoom,* ***15****)* **:** *29, rue Lepic, 75018. ☎ 01-56-55-50-04. • 29lepic.com • Ⓜ Abbesses ou Blanche. Doubles 210-250 € ; petit déj-buffet 17 € (cher !). Un petit déj/pers offert sur présentation de ce guide.* Situation on ne peut plus stratégique pour cet hôtel convivial à taille humaine. Admirez le magnifique carrelage en entrant. L'accueil charmant met tout de suite à l'aise, impression renforcée par le salon cosy et sa verrière qui s'ouvre sur un petit bout de terrasse. Très agréable. Si les chambres ne sont pas très larges, elles s'avèrent parfaitement tenues, insonorisées et décorées dans un esprit moderne chic et sobre. Bref, elles ne déçoivent pas. Coup de cœur pour la salle de petit déj, qui fait aussi bar à vins en journée. Une très bonne adresse.

Hôtel des Arts *(plan couleur zoom,* ***16****)* **:** *5, rue Tholozé, 75018. ☎ 01-46-06-30-52. • arts-hotel-paris.com • Ⓜ Blanche ou Abbesses. Doubles 110-250 € ; petit déj 12 €. Promos sur Internet. Un petit déj/chambre offert sur présentation de ce guide.* Dans une rue tranquille avec en ligne de mire, à 100 m, le *Moulin de la Galette.* Juste en face, le *Studio 28,* cinéma très sympa avec son jardin et sa décoration due à Cocteau. Chopin, Mistinguett, la Goulue, Bourvil, ici, tout rappelle les Années folles. Dans les chambres, déco classique mais confort moderne ; certaines ont un balcon. Celles dans les étages supérieurs sont plus lumineuses. Accueil souriant et professionnel.

Le Relais Montmartre *(plan couleur zoom,* ***17****)* **:** *6, rue Constance, 75018. ☎ 01-70-64-25-25. • relaismontmartre.fr • Ⓜ Abbesses ou Blanche. Doubles 229-259 € ; petit déj-buffet 15 €.* Une adresse très cosy, calme, idéale pour les amoureux de Montmartre et pour les amoureux tout court. Ambiance bucolique et charmante avec des chambres à la déco fleurie et raffinée : meubles élégants, poutres apparentes, tissus fleuris... Elles sont adorables et fraîches, d'un calme absolu. Petit déjeuner servi dans une belle cave voûtée ou dans une courette aux beaux jours. Excellentes prestations pour cet hôtel qui offre un joli air de campagne en plein Paris. Accueil charmant.

Hôtel Le Chat Noir *(plan couleur A3,* ***18****)* **:** *68, bd de Clichy, 75018. ☎ 01-42-64-15-26. • hotel-chatnoir-paris.com • Ⓜ Blanche. Doubles 115-200 € ; petit déj 15 € (cher mais avec de bons produits). Parking payant.* L'hôtel se situe à l'endroit du fameux cabaret, celui qui inspira la revue ornée du sombre matou. La déco réussie s'en inspire donc. On joue sur le célèbre théâtre des ombres avec les silhouettes des illustres personnages qui fréquentaient ce lieu mythique. Situation centrale, chambres pas trop exiguës et joliment décorées, agréable salle de petit déjeuner avec cheminée, accueil attentionné... Les budgets les plus larges s'offriront une nuit exceptionnelle dans le duplex du dernier étage, décoré d'un goût somptueux, avec vue sur *Le Moulin-Rouge* d'un côté et sur la tour Eiffel de l'autre. Les curieux pourront demander à y jeter un œil. Une adresse de qualité.

Où manger ?

Sur le pouce

Marché de l'Olive *(plan couleur D2, **31**) : 10, rue de l'Olive, 75018. Ⓜ Marx-Dormoy. Mar-ven 8h-19h30, sam 8h-19h30, dim 8h-13h.* Cette belle halle de style Baltard accueille, outre les traditionnels primeurs, charcutiers, fromagers, bouchers et poissonniers, quelques traiteurs gourmands d'ici et d'ailleurs. Saveurs sénégalaises, antillaises, italiennes (pizzas, *pasta* et *antipasti*), thailandaises, marocaines, avec un bel alignement de tajines et de couscous, mais aussi traiteur portugais et son étal de charcuterie... Dommage, seul le traiteur marocain dispose d'un coin où s'asseoir : mais il peut se prêter à la négociation si vous choisissez en dessert une petite pâtisserie orientale !

Bob's Bake Shop *(plan couleur D2, **29**) : halle Pajol, 12, esplanade Nathalie-Sarraute, 75018. ☎ 09-84-46-25-26. Ⓜ Marx-Dormoy ou La Chapelle. Tlj 8h-15h (16h w-e).* Sur la délicieuse esplanade de la halle Pajol, prenez le temps de vous installer dans ce café à la mode *US* au cadre de *diner* américain. Excellente adresse pour prendre le petit déj ou pour engloutir une généreuse pâtisserie made in America : cookies, cheesecake ou *pecan pie,* ils sont tous là ! Le midi, on peut goûter à l'un des bagels tout juste sortis du four : saumon bio, houmous, *cream cheese,* avocat... Irrésistible et sain. Bon à savoir, on propose tous les jours une recette vegan.

Il Brigante *(plan couleur B2, **37**) : 14, rue du Ruisseau, 75018. ☎ 01-44-92-72-15. Ⓜ Lamarck-Caulaincourt ou Jules-Joffrin. Tlj sauf dim midi 12h-14h30, 19h30-22h30. Résa conseillée. Pizzas 9-18 €.* Salvatore, un grand gaillard d'origine calabraise, manie la pâte à la perfection et concocte de délicieuses pizzas fines et croustillantes. Ses atouts ? Des ingrédients étonnants et 100 % italiens comme la *nduja* (mélange de porc et de poivrons), la *suppressata* (saucisson aux piments), la *scamorza* (mozzarella crémeuse), sans oublier tous les légumes qu'il importe de sa région ! Le local est minuscule ; pour manger sur place, mieux vaut réserver.

Sohan Café *(plan couleur D3, **57**) : 30, bd de la Chapelle, 75018. ☎ 01-42-40-15-66. Ⓜ La Chapelle. ♿ Tlj sauf lun-mar 10h-18h (23h ven-sam). Congés : de fin juil à mi-août. Formules déj 9-15 € ; assortiment de mezzah 12 € ; brunch dim 23 €. Café offert sur présentation de ce guide.* Un joli petit lieu à la déco gaie et acidulée pour découvrir une cuisine iranienne maison, concoctée sur place par une équipe féminine enjouée. Des salades, des sandwichs pour les budgets serrés, et toujours un plat du jour (en fait 2, puisqu'il est doublé d'une proposition végétarienne). À goûter absolument, le riz basmati safrané. Le soir, on se partage la ronde des *mezzah* aux subtilités toutes persanes ! Délicieux desserts. Prolongez la découverte : épices et artisanat iranien en vente !

Très bon marché

Chez Foucher – Mère & Fille *(plan couleur C1, **30**) : 118, rue des Poissonniers, 75018. ☎ 09-54-33-16-66. Ⓜ Marcadet-Poissonniers ou Simplon. ♿ Lun-ven 8h30-17h30 ; service 12h-14h. Congés : août. Formules déj 7,50-11,50 €. Café offert sur présentation de ce guide.* Comme à la cantine, la salle est

18e

haute de plafond, et on choisit sa tablée plateau en main. Mais, comme à la maison, le bois brut et les fleurs fraîches réchauffent l'atmosphère. Et surtout, le plat unique (à réserver impérativement ou venir tôt) dans sa grosse marmite de fonte, les belles salades ou les sandwichs sont préparés du jour, avec des produits choisis, aussi locaux que possible (même la bière vient de la Goutte-d'Or !). Mère et fille s'activent avec le sourire et proposent, toute la journée, œufs à la coque, gâteaux d'enfance et jus de fruits frais. Un bon plan que les trentenaires du quartier ont vite repéré ! Et on peut même choisir d'emporter tout ça et s'en régaler... dans sa maison à soi.

Le Myrha (plan couleur C2, **32**) : *70, rue Myrha, 75018. ☎ 09-73-21-78-43. Ⓜ Barbès-Rochechouart ou Château-Rouge. Tlj 9h-23h ; service 12h-22h30 en continu. Fermé Jour de l'an et Noël. Plat du jour 7 € ; menus 11-12 € ; brunch w-e (11h-16h) 17 €.* Au cœur de la Goutte-d'Or, une adresse à prix minis qui joue les cantoches populaires. 100 % bio, on opte pour des plats et desserts végétariens, vegan ou sans gluten (que les viandards se rassurent, le poulet fermier entre dans quelques recettes), concoctés avec des légumes de saison, des céréales, des œufs frais, et des épices pour rehausser le tout. On apprécie le cadre, lumineux et clair, avec ses tables en formica et ses plantes aux murs. Une adresse nature, de la déco à l'assiette.

Le Café d'ICI (plan couleur C2, **58**) : *19, rue Léon, 75018. 📱 06-58-96-29-52. Ⓜ Château-Rouge. Dans l'Institut des cultures d'Islam. Tlj sauf lun 8h (12h service)-19h. Congés : août. Formule déj 10 € ; plat 8 €. Couscous ven-dim. Thé à la menthe offert sur présentation de ce guide.* Oh la belle surprise que voilà ! Cachée derrière la façade ingrate de l'Institut des cultures d'Islam, une agréable cantine décorée d'affiches orientales vintage et de pochettes de disques nostalgiques. Le midi, on adore y prendre le menu du jour, qui propose des plats frais, copieux et parfumés : *harira, chorba,* tagines, pastillas, couscous... Un sympathique patio andalou, où se déroulent parfois des concerts et des spectacles, permet de prendre le soleil en sirotant un thé à la menthe accompagné d'une pâtisserie.

Bon marché

Bouillon Pigalle (plan couleur B3, **59**) : *22, bd de Clichy, 75018. ☎ 01-42-59-69-31. Ⓜ Pigalle. Tlj 12h-minuit.* Les « bouillons » sont nés à Paris au XIXe s. Qualité des plats et addition douce ont fait leur succès, jamais démenti. Aujourd'hui, la famille Moussié (avec 10 autres établissements à Paris !) reprend cette grande tradition parisienne. Sur 2 étages et avec une terrasse chauffée ouverte sur la place Pigalle. Au menu, poireau vinaigrette *(3,40 €),* agneau de 7h *(9,80 €),* bœuf bourguignon *(9,80 €)...* Que des plats qui font la réputation de notre cuisine. Quant aux desserts, on salive déjà avec la mousse au chocolat *(3,20 €)* ou le baba au rhum *(4,50 €).* Le tout fait maison. Pour le vin, c'est vous qui choisissez la quantité (on dit « à la verse »). La relève auvergnate est bien arrivée. Chapeau ! *NOUVEAUTÉ.*

Jimmy 2 Fois (plan couleur B1, **61**) : *15, rue Letort, 75018. ☎ 09-81-22-80-84. Ⓜ Jules-Joffrin. Tlj sauf lun, midi et soir. Pizzas 9-15 €.* « Et Jimmy 2 fois, parce qu'il répétait tout 2 fois. » Les fans de Scorsese et de son film *Les Affranchis* reconnaîtront ! Pour les autres, concentrez-vous plutôt sur l'excellente pizza dans votre assiette. *Formaggi, prosciutto, burrata* et autres plaisirs méditerranéens sont importés d'Italie par Valentin et Julien, les 2 potes à la tête de ce resto de quartier. De la qualité à prix fort sages, ça se fait rare dans le coin. On a adoré l'accueil souriant et le plaisir des proprios à partager leur amour de la bonne bouffe. Alors, on se répète 2 fois aussi : foncez, foncez ! *NOUVEAUTÉ.*

In Bocca al Lupo (plan couleur B2, **33**) : *14, rue Francœur, 75018. ☎ 01-42-64-57-92. Ⓜ Lamarck-Caulaincourt. Tlj sauf dim midi et lun 12h-14h30, 19h30-23h (23h30 ven-sam). Congés : août et vac scol de Noël. Pizzas 9-15 €, pâtes env 13 €.* « Wohoho, je t'aime à l'italienne ! » Véritable ode aux saveurs de la Botte, ce resto de quartier s'est forgé une solide réputation. Appétits d'oiseau, s'abstenir : ici, qualité rime avec quantité. Pizzas et pâtes sont garnies de produits frais : fromages, charcuterie et légumes confits nous font voyager. Le tout est cuisiné et servi avec beaucoup d'attention, dans une salle intimiste. Hmm, la *cucina della mamma* !

Le Ruisseau *(plan couleur B1, **34**) : 65, rue du Ruisseau, 75018. ☎ 01-42-23-31-23. Ⓜ Jules-Joffrin. Tlj sauf lun midi ; service 12h-15h, 19h30-23h (12h-23h sam-dim). Burgers 12-14 €.* Aux dires des habitués, sûrement le meilleur burger du 18e. Si vous doutez de leur objectivité, vérifiez par vous-même. Buns et frites maison, viande de haute qualité et sauces bien tournées, on empile le tout et on mord à pleines dents. Verdict : on s'en lèche encore les babines ! Salle aux tons noirs et boisés, pas bien grande, alors on se retrouve à jouer des coudes avec ses voisins. Quelques tables en terrasse aux beaux jours.

Le Colchide *(plan couleur C2, **60**) : 97, rue des Poissonniers, 75018. ☎ 09-80-94-09-68. Ⓜ Marcadet-Poissonniers. Tlj sauf dim 12h-15h, 18h-23h30. Résa conseillée. Formules déj en sem 10-15 € ; plats 8-15 € ; repas complet env 20 €.* Cette charmante famille géorgienne nous fait découvrir ses plats traditionnels dans une petite cantine aux allures de loft new-yorkais qui ne désemplit pas. *Kharcho, chanakhi* et autres plats mijotés délicieusement parfumés, *kinkhali* le vendredi (raviolis farcis) accompagné du typique pain au fromage *kachapuri* et de différents *pikhali* (caviars de légumes) à partager. Une cuisine généreuse servie avec douceur et à petits prix, de quoi se laisser tenter par un bon vin géorgien... *NOUVEAUTÉ.*

La Brasserie Thaï *(plan couleur zoom, **62**) : 5, rue Poulbot, 75018. ☎ 09-86-53-43-32. Ⓜ Abbesses. Tlj 11h30-14h30, 18h30-22h30 (service continu sam-dim et j. fériés). Menus midi en sem 9,50-15 € ; plats 9,50-17 €.* Et si on vous proposait une touche d'exotisme place du Tertre ? Caché dans une ruelle juste derrière la plus célèbre place de Paris, ce resto thaïlandais, paré de rouge et d'or, garantit une belle surprise culinaire et pécuniaire dans ce quartier plombé par les attrape-gogos. À la carte, des plats thaïlandais traditionnels savoureux dans lesquels gingembre, curry vert, piment, coriandre et citronnelle titillent les sens. En dessert, on adoucit ses papilles avec un riz gluant à la coco et sa mangue fraîche. Côté finance, on s'en sort à moins de 20-25 €, même le soir. Imbattable dans le coin ! *NOUVEAUTÉ.*

L'Assiette *(plan couleur B2, **38**) : 78, rue Labat, 75018. ☎ 01-42-59-06-63. Ⓜ Château-Rouge, Lamarck-Caulaincourt ou Jules-Joffrin. Tlj sauf dim ; service 12h-14h30, 19h30-22h30. Menus 14,50-17 € ; carte 30 € ; brunch 1er dim du mois 18 €.* Une excellente adresse de quartier, où le label « Fait maison » prend tout son sens : produits du terroir, petits producteurs et maraîchers (la plupart d'Île-de-France) sont ici à l'honneur. La clientèle de fidèles, accueillis en amis, se régale d'une bonne cuisine maison, préparée avec des produits de saison et non dénuée d'imagination à l'occasion. Service sympathique mais déco un peu tristoune.

18e

Soul Kitchen *(plan couleur B2, **40**) : 33, rue Lamarck, 75018. ☎ 01-71-37-99-95. Ⓜ Lamarck-Caulaincourt. Lun-ven 8h45-18h, sam-dim 10h-18h30. Congés : août et Noël-Jour de l'an. Formules 13,90 € en sem, 16,50 € w-e.* Cette *Soul Kitchen* a bien une âme, celle de 2 jeunes femmes qui déclinent ici avec talent et simplicité le beau, le bio et le bon ! Une vraie petite ambiance de cafet' californienne baignée de lumière et animée dès le matin. Formule du jour avec des plats « métisses » ou végétariens et de bons desserts maison. La pause petit déj ou goûter est aussi une fête : muffin, *carrot cake, key lime pie,* scones, crumble, etc. Parfois sans gluten et à se damner ! Des vins, du jus d'orange pas fraîchement pressée (bouh !), plus un large choix de thés, cafés et chocolats chauds. Un poil cher quand même (ingrédients bio obligent ?).

Trattoria Pulcinella – Piccolo Rosso *(plan couleur B2, **41**) : 2, rue Eugène-Sue, 75018. ☎ 01-42-23-78-29. Ⓜ Jules-Joffrin. Tlj sauf dim midi ; à partir de 12h le midi et de 19h15 le soir. Congés : 2 sem en août. Résa possible le soir jusqu'à 20h. Pizzas 12-18 € ; antipasti 10-20 €. Café offert sur présentation de ce guide.* On se presse midi et soir dans cette petite cantine réputée dans le quartier. La spécialité, ici, ce sont les *pizze* napolitaines. Bonne pâte bien fine et bien cuite, garniture copieuse. Quelques *antipasti,* ainsi que 3-4 plats de savoureuses *pasta* du jour. Choix restreint de desserts, mais ils sont délicieux (*cantuccio* à tomber !). La vraie bonne adresse du coin de la rue, sauf qu'il n'est pas rare d'y faire la queue en soirée... et le service du coup peut s'avérer longuet !

Le Dan Bau *(plan couleur zoom,* ***49****) : 18, rue des Trois-Frères, 75018. ☎ 01-42-62-45-59. Ⓜ Abbesses ou Anvers. Tlj 19h-23h. Résa conseillée. Menus 20-30 € ; carte env 25 €. Apéritif maison offert sur présentation de ce guide.* Simplement l'un des meilleurs restaurants vietnamiens de l'arrondissement ! On nous avait vanté la salade de papaye verte, le bo bun bœuf-citronnelle, ou encore les rouleaux de printemps... on a tout dévoré de ces petits plats fins et savoureux. Gardez un petit creux pour les délicieux desserts maison. La petite salle ne désemplit pas, preuve du succès de la maison.

La Boîte aux Lettres *(plan couleur zoom,* ***45****) : 108, rue Lepic, 75018. ☎ 01-42-51-76-84. Ⓜ Abbesses ou Lamarck-Caulaincourt. Tlj sauf dim 12h-14h30, 19h-23h. Congés : 23 déc-2 janv. Menus 15-18 € le midi sauf sam, 25-33 € le soir.* Dans la cohue des attrape-touristes qui pullulent au pied du Sacré-Cœur, voilà une chouette adresse, où s'attabler en toute confiance. Ambiance bistrot, de la déco à l'assiette, à base de bons plats traditionnels : potages, terrines, burgers, pièce du boucher, risotto... Service souriant. On regrette juste les suppléments glissés par-ci par-là dans le menu et les vapeurs de cuisine qui s'échappent en salle.

Prix moyens

B.O.U.L.O.M *(plan couleur A1-2,* ***67****) : 181, rue Ordener, 75018. ☎ 01-46-06-64-20. Ⓜ Guy-Môquet ou Jules-Joffrin. Tlj 8h-23h. Formules buffet à volonté (sans les boissons), 19 € (express en 35 mn) et 29 € au déj ; 39 € au dîner. Brunch le w-e 12h-16h. B.O.U.L.O.M* (la boulangerie où l'on mange), c'est 3 en 1, passez la superbe boulangerie, derrière laquelle se cache l'immense salle façon loft, avec ses tables d'hôtes et son buffet à volonté, puis si on veut prolonger l'aventure, on monte à l'étage boire un dernier verre. Un concept imaginé par Julien Duboué, un chef landais talentueux. Les papilles se baladent entre les excellentes terrines maison, le roulé de jambon macédoine de légumes, les plateaux de fruits de mer, les asperges landaises, le jarret de bœuf bourguignon ou la daurade en croûte de pain et l'immanquable polenta. Et, les amateurs de fromages et becs sucrés ne seront pas en reste. Seul bémol, la salle bruyante. *NOUVEAUTÉ.*

Bijou *(plan couleur B3,* ***43****) : 10, rue Dancourt, 75018. ☎ 01-42-57-47-29. Ⓜ Anvers. Tlj 12h-15h, 19h (19h30 jeu-ven)-23h. Plats 14-30 €.* Four à pizza doré, lustres rococo et mosaïques chic, ce resto a tout d'une boîte à bijoux. Il faut dire que derrière cette porte se cache une petite pépite. À la carte, des pizzas revisitées à la pâte travaillée d'une main de maître, celle du chef napolitain, *ovviamente !* Légumes, jambons et fromages méritent des éloges, mention spéciale à la *burrata* qui nous a fait fondre, littéralement. Pas étonnant que l'adresse ait été élue meilleure pizzeria au monde par un célèbre guide gastronomique italien ! Accueil souriant, tout en accent chantant. Bref, un *Bijou* précieux.

La Traversée *(plan couleur B2,* ***63****) : 2, rue Ramey, 75018. ☎ 09-54-86-79-95. Ⓜ Château-Rouge. Tlj sauf lun midi et dim. Menus déj 16-20 € ; le soir, assiettes 7-14 € (en compter 3/pers).* Un resto dans l'air du temps, où les copains du 18e se retrouvent pour partager de bons plats de saison en descendant une carafe de p'tit cru bio ou une bière parisienne. Honnête formule au déjeuner, et courte carte d'assiettes inspirées selon le marché et les saisons le soir : kefta, ravioles de légumes, *burrata,* brochette de volaille... On en pioche 2 ou 3 par personne et on picore dans l'assiette du voisin. Les papilles apprécient la touche d'exotisme du chef et les très bons desserts ! *NOUVEAUTÉ.*

Fichon (plan couleur B2, **39**) : *98, rue Marcadet, 75018. ☎ 09-70-94-52-14. Ⓜ Jules-Joffrin. Tlj sauf dim-lun 12h30-14h15, 19h30-22h30. Congés : 3 premières sem d'août. Formule déj 17 € ; le soir, carte env 35 €.* Fichtre ! Pêchons du *fish* chez *Fichon* ! La carte, qui change tous les mois, décline les saveurs de la mer en version crue (tartare ou carpaccio), en marinades (ceviche) ou en cuisson instantanée (au bouillon, au chalumeau, etc.). Une cuisine fraîche, légère et moderne, aux produits en général bien mis en valeur. Et toujours une proposition carnée et une autre végétarienne. Desserts décevants. Joli choix de vins bio ou naturels, bières artisanales et cocktails colorés. On aime le décor, style poissonnerie revisitée !

La Rallonge (plan couleur B2, **35**) : *16, rue Eugène-Sue, 75018. ☎ 01-42-59-43-24. Ⓜ Marcadet-Poissonniers ou Jules-Joffrin. Tlj sauf dim-lun 12h-14h, 19h-22h. Tapas 7-12 €, planches 10-24 € ; formules déj 16,50-20,50 € ; repas complet 30-35 €.* Gourmets du quartier et d'ailleurs se tiennent bien chaud, serrés le long du comptoir ou perchés devant des guéridons et quelques longues tablées. Raison d'un tel succès : la qualité de la cuisine proposée ici, tendance Méditerranée ou Asie revisitée, et les bons produits impeccablement travaillés. Quelques planches de fromages ou de charcuterie aussi, en format varié mais pas données. Service efficace et chaleureux.

La Part des Anges (plan couleur zoom, **36**) : *10, rue Garreau, 75018. ☎ 01-55-79-98-53. Ⓜ Abbesses, Pigalle ou Blanche. Tlj sauf dim 18h-minuit, plus le midi sam. Carte env 30 €.* Chaleureux cadre de bar à vins avec ses murs de pierre et son zinc, voilà un sympathique bistrot de quartier qui s'annonce. Cuisinés maison et copieusement servis, des entrées fraîches, des petits plats du terroir sans prétention et bien tournés, et des desserts savoureux (excellent choix de glaces artisanales). Parfois plus roboratif que gastronomique, certes, mais les saveurs sont au rendez-vous, l'ardoise suit les saisons, et les vins n'assèchent pas le porte-monnaie.

Étsi (plan couleur A2, **64**) : *23, rue Eugène-Carrière, 75018. ☎ 01-71-50-00-80. Ⓜ Lamarck-Caulaincourt. Mar-ven 19h30-22h30 ; sam 12h30-14h30, 19h30-22h30 ; dim 12h30-14h30. Mezze à partager 7-12 €.* Poussez la porte de ce bistrot aux couleurs des Cyclades pour goûter à une cuisine grecque moderne et délicate. La jeune chef, Mikaela Liaroutsos, a fait ses gammes chez Rostang ou Cyril Lignac avant d'ouvrir ici le resto de ses rêves. Les *mezze* sont d'une rare finesse et les plats marient habilement bistronomie à la Paname et saveurs de la mer Égée. *NOUVEAUTÉ.*

Montcalm (plan couleur A-B2, **44**) : *21, rue Montcalm, 75018. ☎ 01-42-58-71-35. Ⓜ Jules-Joffrin ou Lamarck-Caulaincourt. Tlj sauf sam midi et dim-lun 12h-14h30, 20h-22h30. Congés : 2 sem en août et 10 j. en fin d'année. Formules déj 16-20 € ; le soir, carte env 38 €.* Si la déco lorgne sur les années 1950, la cuisine pointe définitivement son viseur vers le futur. Les bobos trentenaires ne s'y trompent pas et se pressent ici pour profiter de la très courte carte, offrant des plats créatifs (3, pas un de plus !), travaillés avec soin. Alliances parfois déroutantes de textures et de goûts, mais le résultat est là. Alors on déguste et on s'incline, satisfait. Le chef fait tourner sa carte fréquemment, avec le souci de réinventer sa cuisine en permanence. Une prise de risque qu'on apprécie.

Le Bistrot de la Galette (plan couleur zoom, **46**) : *102 ter, rue Lepic, 75018. ☎ 01-46-06-19-65. Ⓜ Abbesses. Mar-jeu 19h-22h30 ; ven 12h-14h30, 19h-22h30 ; sam-dim 12h-22h30. Galettes ou plat du jour 14-31 €, dessert env 10 € ; formule déj en sem 18 € ; carte env 35 €.* *Le Bistrot de la Galette* propose, dans un décor de bistrot revisité, des galettes feuilletées, légères et croustillantes ; un clin d'œil à l'ancienne activité de meunerie de la Butte. Elles sont garnies de poulet fermier, de julienne de légumes, de poisson... Un feuilletage que l'on retrouve délicieusement décliné dans une bonne partie des desserts. Quelques plats du jour bistrotiers complètent la carte. Un poil cher quand même, bien que la qualité soit au rendez-vous. Accueil et service aux p'tits oignons.

La Vache et le Cuisinier *(plan couleur zoom, **48**) : 18, rue des Trois-Frères, 75018. ☎ 01-42-62-22-15. Ⓜ Anvers. Tlj 19h-23h30 (parfois plus tard). Plat env 20 € ; carte 35-40 €.* Les murs de ce charmant petit resto évoquent évidemment le célèbre film avec Fernandel, et on retrouve ce sympathique esprit dans les assiettes. Une cuisine française simple et parfaitement exécutée pour les plats, et des entrées plus créatives, plus risquées même, mais de haute volée, le tout évoluant au gré du marché et des saisons. On termine par de remarquables profiteroles, phare de la partie desserts. Une adresse de qualité, de bout en bout, qui a posé son empreinte néobistrotière dans le quartier, sourire compris.

Les Inséparables *(plan couleur B2, **51**) : 12, rue Francœur, 75018. ☎ 01-42-55-42-41. Ⓜ Lamarck-Caulaincourt. Tlj sauf dim soir et lun 12h15-14h, 19h30-22h (22h30 ven-sam). Formules déj en sem 15-18 € ; le soir, carte env 39 € ; brunch sam-dim 29 €. Café offert sur présentation de ce guide.* S'il continue comme ça, ce resto et nous allons vraiment devenir inséparables ! Dans un décor clair et reposant, on sert ici une cuisine de saison où seuls les produits frais ont leur place dans l'assiette. La carte est courte, gage de fraîcheur. Les plats, colorés et joliment travaillés, sont orchestrés et servis avec brio par une équipe tout sourire. Une excellente adresse.

Vava *(plan couleur zoom, **65**) : 42, rue Véron, 75018. ☎ 01-53-41-15-40. Ⓜ Blanche. Mar-sam 12h-14h15, 19h30-23h. Congés : 2 sem mi-août. Résa impérative. Formules déj 19-24 € ; plats 15-30 € ; carte env 45 €.* Une belle escale nichée dans une discrète petite rue du quartier des Abbesses. En poussant la porte, le regard est d'emblée attiré par la luminosité de la cuisine ouverte, qui contraste avec l'éclairage tamisé et l'atmosphère cosy – et assez sonore – du côté tables le soir. Les propositions sont comptées sur les doigts d'une main, avec juste ce qu'il faut de surprises dans les associations de saveurs, plutôt méditerranéennes. Du bien bon, servi par une présentation soignée. Accueil et service enjoués, pros et sympas. *NOUVEAUTÉ.*

Le Grand 8 *(plan couleur B2, **52**) : 8, rue Lamarck, 75018. ☎ 01-42-55-04-55. Ⓜ Lamarck-Caulaincourt ou Abbesses. Mer-ven 19h-23h30 ; sam-dim 12h-14h30, 19h-22h. Congés : août. Entrées 9-14 €, plats 18-26 €. Café offert sur présentation de ce guide.* Derrière le Sacré-Cœur, dans un des coins les moins tapageurs de Montmartre. Cadre bistrot d'une certaine sobriété, comme pour mieux mettre en valeur une cuisine de terroir subtilement revisitée. Au tableau noir, de savoureux petits plats suivant strictement marché et saisons, mitonnés avec cœur et parfois une pointe d'exotisme. Très belle carte des vins avec uniquement des vignerons produisant des vins naturels (et avec parfois des étiquettes franchement décalées). Tout ce qu'on aime ! Accueil hors pair.

Le BAL Café *(plan couleur A2-3, **53**) : 6, impasse de la Défense, 75018. ☎ 01-44-70-75-51. Ⓜ Place-de-Clichy. Mer-ven 12h-22h, sam-dim 11h-19h. Formules déj sauf dim 18-22 € ; le soir, tapas 6-9 € ; brunch sam-dim (pas de résa) à la carte seulement.* On y accède par une impasse tranquille, hors du tumulte de l'avenue de Clichy. On peut passer un certain temps au *BAL*, entre expos photos, librairie... et café-resto donc ! Cadre sobre et contemporain. Aux fourneaux, des chefs parisiens ou internationaux, en résidence, qui tournent régulièrement. Résultat, le contenu de l'assiette change souvent, c'est toujours bon, mais l'addition grimpe, elle aussi, toujours vite. Bons gâteaux pour la pause goûter et petits plats frais pour le déj. Essayez d'obtenir une table en terrasse, en face du petit jardin des Deux-Nèthes. Clientèle bobo montmartro-batignollaise.

L'Atelier Ramey *(plan couleur B2, **54**) : 23, rue Ramey, 75018. ☎ 01-42-51-04-78. Ⓜ Château-Rouge ou Jules-Joffrin. Tlj ; service 12h-15h, 19h-22h. Congés : 24 déc-1er janv. Formule déj en sem env 19 € ; le soir, menu dégustation 39 € ; carte env 45 €. Café offert sur présentation de ce guide.* Murs blancs, brique rouge, longues banquettes et chaises en zinc, un cadre tendance juste ce qu'il faut pour ce néobistrot. Cuisine ouverte et vue plongeante sur la cave à vins. C'est moderne et chaleureux à la fois, à l'image de la cuisine du chef. On se régale avec le menu dégustation, qui fleure bon les produits de terroir et de saison, finement travaillés. Également une formule déjeuner d'un excellent rapport qualité-prix. À côté, *Le Petit Atelier Ramey* propose une sélection de vins et des planches de charcuterie et de fromages.

|●| ***Seç*** *(plan couleur B2,* ***66****)* **:** *165, rue Ordener, 75018. ☎ 01-42-51-18-46. Ⓜ Jules-Joffrin. Tlj sauf dim, midi et soir. Formules déj en sem 13-16,50 € ; le soir, menu 29 € ou carte. Apéritif maison offert sur présentation de ce guide.* Souvent réduite à sa plus simple expression – le *döner kebab* –, la cuisine turque prouve ici qu'elle est aussi riche et variée. Beau choix de viandes – et quelques poissons – grillées au feu de bois, et plats en sauce accompagnés de yaourt. Bien bon, et servi avec le sourire.

De chic à plus chic

|●| ***Le Coq Rico*** *(plan couleur zoom,* ***55****)* **:** *98, rue Lepic, 75018. ☎ 01-42-59-82-89. Ⓜ Lamarck-Caulaincourt. Tlj 12h-14h30, 19h-22h30. Plat du jour 15 € le midi en sem ; carte env 50 €.* Juste en face du *Moulin de la Galette,* un chalet contemporain qui fait courir le Tout-Paris ventre à terre, malgré les côtes, dans l'espoir de trouver encore une table de libre à la cantine néochic d'Antoine Weistermann. Un restaurant tout entier dédié aux plats d'antan et aux belles volailles d'aujourd'hui. De la poule au pot au poulet de Bresse rôti à la broche, on ne se pose pas de questions existentielles, on savoure l'instant et on redemande un cornet de frites maison pour manger avec les doigts. Service chic décalé, on adore.

|●| ***L'Esquisse*** *(plan couleur B2,* ***47****)* **:** *151 bis, rue Marcadet, 75018. ☎ 01-53-41-63-04. Ⓜ Lamarck-Caulaincourt ou Jules-Joffrin. Tlj sauf dim-lun 12h-14h, 20h-22h30. Congés : août. Formules déj 18-23 € ; le soir, carte env 45 €.* Bien planquée dans ce petit coin branché-bobo juste ce qu'il faut, cette exquise *Esquisse* a bien des atouts. Cadre cosy, parquet, bancs et chaises en bois, joli comptoir ouvrant sur la cuisine. Une atmosphère chaleureuse et un accueil au diapason. L'ardoise suit les saisons et l'humeur du chef, avec de belles combinaisons qui réveillent les classiques de bistrot, revus et corrigés avec une pointe d'originalité. Détonnant ! On se laisse guider pour les vins, là aussi surprenants et toujours convaincants. Même la sélection de bières et eaux-de-vie invite au voyage... Chapeau l'artiste !

|●| ***Le Bouclard*** *(plan couleur A2,* ***56****)* **:** *1, rue Cavalotti, 75018. ☎ 01-45-22-60-01. Ⓜ Place-de-Clichy. Tlj sauf sam midi, dim et lun midi ; service 12h-14h, 18h-22h30. Menus 25 € (midi et le soir jusqu'à 19h30)-49 € ; carte env 60 €.* Un cadre rustique joliment étudié, une cuisine qui rend hommage au terroir et à la tradition, des vins judicieusement choisis que l'on consomme au compteur, voilà ce qui fait depuis une trentaine d'années le succès du bistrot de Michel Bonnemort. Le chef s'inspire des recettes de ses aïeuls et nous mijote le tout avec brio. Le menu du midi et celui pré-spectacle le soir sont d'un bon rapport qualité-prix. Passé 19h30, l'addition grimpe vite... Accueil très chaleureux.

18e

Bars à vins

|●| 🍷 ***Le Vingt Heures Vin*** *(plan couleur zoom,* ***70****)* **:** *15-17, rue Joseph-de-Maistre, 75018. ☎ 09-54-66-50-67. Ⓜ Abbesses ou Place-de-Clichy. Tlj sauf dim-lun 18h-1h. Planches 12-21 €, plats 15-23 €. Verres de vin env 5-7 € ; bouteilles à partir de 15 €.* Voilà une vraie perle dans ce quartier très touristique qui prend souvent les clients pour des gogos ! C'est un petit bar à vins, tenu par Alex, originaire du Languedoc. De très bon conseil et pas pousse-conso, il saura bien vous orienter pour découvrir des trésors méconnus parmi les quelque 170 références (grés-de-montpellier, côtes-catalanes...). La déco est fraîche et actuelle, sans être trop bobo. Pour accompagner

ces dives bouteilles, des planches de charcut' ou de fromages de belle qualité, qui peuvent aussi être achetées à emporter (comme les bouteilles). Également quelques salades et tartines. Un coup de cœur.

Au Bon Coin *(plan couleur B2, **71**) : 49, rue des Cloÿs, 75018. ☎ 01-46-06-91-36. Ⓜ Jules-Joffrin. Tlj sauf dim 12h-15h, 19h-22h30. Carte env 15 € le midi, 23 € le soir. Vin au verre env 3,50 €. Cave à vins en face.* On l'aime bien, ce bistrot à vins, ancien bougnat dans la même famille depuis les années 1930 et remis au goût du jour. Des vins judicieusement choisis accompagnent sans façon les plats à l'ardoise du midi ; la cuisine est plus recherchée le soir. Les desserts maison (crèmes, tartes aux fruits), cela va de soi, sont tout simplement excellents. Une ambiance d'habitués réjouis, la clientèle mélangée d'un authentique petit resto de quartier, des plats généreux dont les prix ont su rester sages : qui dit mieux ?

Où prendre un bon 4-heures ?

18e

Les Petits Mitrons *(plan couleur zoom, **80**) : 26, rue Lepic, 75018. ☎ 01-46-06-10-29. Ⓜ Blanche. Tlj sauf mer 7h-13h30, 15h-19h30 (en continu w-e). Parts de tartes salées ou sucrées env 3-4 €, tartes 6-8 pers 17-24 €.* Grande comme un mouchoir de poche, on passerait devant cette échoppe bleue délicieusement désuète sans s'en rendre compte. Heureusement que les gourmands agglutinés devant la vitrine éveillent notre curiosité ! Tartes aux fruits à la pâte sablée croquante et caramélisée ou tartes fondantes au chocolat, on salive devant ces recettes gourmandes façon grand-mère ; également de bons cookies pour compléter votre apport en sucres... Et de généreuses parts de tartes salées. Le tout évidemment fait maison, à emporter et à dévorer sur les marches du Sacré-Cœur. Accueil inégal, dommage.

Café Lomi *(plan couleur C2, **81**) : 3 ter, rue Marcadet, 75018. ☎ 09-80-39-56-24. Ⓜ Marcadet-Poissonniers ou Marx-Dormoy. Tlj 8h-18h (10h-19h w-e). Quiche, salade, tartine env 10 €.* Cet atelier de torréfaction, l'un des rares de Paris, fournit non seulement du café de grande qualité, mais aussi un cadre parfait pour siffler un p'tit noir entre copains ou un crème en solo. Murs béton, plancher bois, luminaires rétro-bobo style new-yorkais. Au fond, l'atelier de torréfaction est ouvert aux curieux. Prenez l'expresso La Goutte d'Or ou celui du jour, accompagné de scones, de *carrot cake* ou d'une part de cheese-cake : à se damner ! Idéal donc pour une pause goûter, mais également des quiches salées de très bonne qualité pour un déjeuner sur le pouce.

Soul Kitchen *(plan couleur B2, **40**) : 33, rue Lamarck, 75018. ☎ 01-71-37-99-95. Ⓜ Lamarck-Caulaincourt. Lun-ven 8h45-18h. Congés : août et Noël-Nouvel An.* Voir plus haut la rubrique « Où manger ? ».

La Goutte d'Or Pâtisserie *(plan couleur A2, **82**) : 183, rue Marcadet, 75018. 📱 07-60-35-10-13. Ⓜ Lamarck-Caulaincourt. Mar-sam 8h (9h sam)-13h, 14h-19h30. Pâtisseries 5-6 €.* Enfin une pâtisserie de haut vol dans le nord de Paris ! Dans cette discrète boutique, le chef Yann Menguy et son équipe façonnent des douceurs aux arômes réussis et jouent avec les textures. Hmm, c'est délicieusement crousti-fondant ! Goûtez l'acidulée tarte au citron *yuzu* ou la douce tarte vanille-pécan. Les amateurs de cacao essaieront le gâteau vedette : la Goutte d'or, belle association d'un biscuit et d'un crémeux au chocolat avec un croustillant au sarrasin. Et une poignée de tablettes de chocolat et de pâtes à tartiner pour prolonger le plaisir.

Voir aussi ***Bob's Bake Shop*** dans la rubrique « Où manger ? ».

Où boire un verre ?

Le Bar à Bulles *(plan couleur zoom, **90**) : 4 bis, cité Véron, 75018. ☎ 09-73-23-79-72. Ⓜ Blanche. Mer-ven 18h-minuit (1h jeu, 2h ven), sam*

12h-2h, dim 12h-19h. Tapas 4-13 €. Qui n'a jamais rêvé d'apercevoir les coulisses du *Moulin-Rouge* ? Caché derrière les ailes du plus célèbre moulin parisien, ce bar aux couleurs acidulées offre une pause estivale dans un Paris qui fait parfois grise mine. Sous une belle collection d'abat-jour loufoques, le cadre rétro-bobo impose son style : chaises dépareillées, profonds fauteuils pimpants, carrelage à motifs et papier peint à damier noir et blanc. Mais la pépite, c'est cette superbe terrasse en hauteur, à l'abri du bruyant boulevard de Clichy. En été, on sirote son cocktail à l'abri d'un parasol en piochant à la carte des tapas originales et fraîches (mais pas données). On se croirait à la campagne, sauf que ce moulin-là clignote !

La REcyclerie *(plan couleur B1,* ***91****) : 2, rue Belliard, 75018. ☎ 01-42-57-58-49. Ⓜ Porte-de-Clignancourt. Lun-jeu 8h-minuit, ven-sam 12h-2h, dim 11h-22h.* Entre l'agitation des puces et l'effervescence de la porte de Clignancourt, cette ancienne gare réhabilitée mérite le détour pour une jolie pause au calme. Dans une salle de plus de 500 m², les plantes se mêlent aux poutres métalliques, meubles en formica, vélo d'appartement et autres originalités. Ici se retrouvent les trentenaires branchés du 18e autour d'une bonne bière, sur les bancs alignés le long des rails de l'ancienne petite ceinture. Mais notre coin préféré, c'est la mezzanine un peu planquée avec ses énormes sièges, ses profonds canapés et ses bouquins éparpillés. D'ici, on aime espionner tout ce grand délire aux accents berlinois. À *La REcyclerie,* on peut aussi acheter des fruits et légumes de producteurs d'Île-de-France *(inscription sur • laruchequiditoui.fr •),* participer à un atelier de bricolage ou chiner de vieux vinyles. En un mot : *hipster* !

Le Hasard Ludique *(plan couleur A1,* ***102****) : 128, av. de Saint-Ouen, 75018. ☎ 01-42-28-35-91. Ⓜ Porte-de-Saint-Ouen. Mar-mer 12h-minuit, jeu-sam 12h-2h, dim 12h-22h. Congés : Noël-Jour de l'an. Concerts, soirées et spectacles env 10-15 €.* Décidément, les gares de l'ancienne Petite Ceinture ont le goût de la fête ! La dynamique équipe du *Hasard Ludique* s'est installée dans celle de l'avenue de Saint-Ouen, où on était plus habitué aux sons des klaxons qu'à ceux des guitares. La rénovation est particulièrement réussie : la salle des pas perdus accueille concerts et spectacles, le bar jaune canari satisfait les assoiffés, et la jolie véranda, avec vue imprenable sur les rails, permet de se poser tranquillement. Pour la belle saison, déballage de chaises longues sur la vaste terrasse.

Marlusse et Lapin *(plan couleur zoom,* ***92****) : 14, rue Germain-Pilon, 75018. ☎ 09-70-38-08-13. Ⓜ Abbesses ou Pigalle. Tlj 16h-2h.* Quoi de plus opportun dans le quartier de Pigalle qu'un bar aux allures d'hôtel ? Ou plus exactement d'appartement rétro, bien chaleureux, à l'image de l'accueil et des confortables canapés-lits de la chambre du fond, sur lesquels on se vautre avec plaisir ! Un amour de petit bar, qui brasse une clientèle hétéroclite venue goûter aux nombreux *shots* ou à l'absinthe. On y retourne quand, mon lapin ?

Sunset *(plan couleur B2,* ***93****) : 100, rue Ordener, 75018. ☎ 01-71-28-99-33. Ⓜ Jules-Joffrin. ♿ Tlj 9h-2h ; service 12h-14h30 (15h30 w-e), 19h30-22h30. Demi 3 € ; cocktails 8-12 €. Tapas 7-13 € ; brunch dim 23 €.* Le soleil ne se couche jamais sur ce bar à manger du 18e ! Pas étonnant, puisque c'est un Californien qui en est le proprio... On se retrouve à toute heure sur la terrasse, au comptoir ou dans la salle arrière très cosy, à la déco fifties. Que ce soit pour un café, un apéro ou un p'tit creux, *Le Sunset* est toujours d'attaque. Les petits plats savoureux, de style tapas améliorées, sont particulièrement réjouissants.

Chez Camille *(plan couleur zoom,* ***94****) : 8, rue Ravignan, 75018. ☎ 01-42-57-75-62. Ⓜ Abbesses. Tlj 18h-1h30 (minuit dim).* Happy hours *18h-20h. Fermé 24-25 déc et 31 janv-1er janv. Demi 3 € (hors* happy hour*) ; cocktail 8 € ; verres de vin 4-7 €. Shot maison offert sur présentation de ce guide.* Quelques touristes rusés se glissent parfois parmi la clientèle d'habitués, et pour cause... Perché sur la minuscule terrasse en bois de ce petit bar, on admire Paris au coucher du soleil en sirotant de bons cocktails.

Bonne ambiance, simple et authentique, qui s'échauffe à la nuit tombée sur un son résolument rock, blues et rockabilly. Soirées 45 tours et concerts acoustiques tous les dimanches.

Coq & Bock *(plan couleur B2,* ***95****) : 57-59, rue Ramey, 75018. ☎ 01-77-16-22-68. Ⓜ Jules-Joffrin ou Marcadet-Poissonniers. Tlj sauf lun 16h-1h30. Plats 5-16 € ; carte env 20 €. Digestif maison offert sur présentation de ce guide.* Les trentenaires du coin se retrouvent dans ce chaleureux pub de quartier pour siroter une bière parisienne ou un p'tit ballon de rouge nature. Oubliez les Coca Machin et les Pepsi Truc, la maison revendique des produits bien de chez nous. Accoudé au zinc ou calé autour de Germaine (la table d'hôtes), on refait le monde avec des tapas maison bien tournées ou une planche à partager. Amusant mur de photos rétro. Prenez exemple sur Chirac et levez le coude. Santé !

Les Petites Gouttes *(plan couleur D2,* ***96****) : 12, esplanade Nathalie-Sarraute, 75018. ☎ 01-42-05-20-83. Ⓜ Marx-Dormoy. ♿ Tlj 9h-2h.* Un très joli lieu installé dans la grande halle Pajol, un ancien entrepôt de la SNCF rénové pour devenir 100 % écolo. On profite de la gigantesque terrasse en été, toujours au soleil, ou du petit salon au-dessus des rails en hiver, toujours au chaud. En toute saison, on apprécie sa vaste salle meublée dans le style scandinave, son long bar et ses concerts et *DJ sets* quasi quotidiens (regardez leur site : • *lespetitesgouttes.com* •). Seul bémol : le service peut être parfois un poil débordé... On reprendrait bien une petite goutte, pas vous ?

Brasserie Barbès *(plan couleur C3,* ***97****) : 2, bd Barbès, 75018. ☎ 01-42-64-52-23. Ⓜ Barbès-Rochechouart. ♿ Tlj 8h-2h. Plats 13-20 €.* Dominant le métro, pile en face du magnifique cinéma *Louxor,* la *Brasserie Barbès* est un grand vaisseau de 4 étages. Le décor, aux touches Art déco et post-coloniales, est vraiment superbe, de la cave au toit-terrasse. Trop beau ? L'ouverture de la brasserie a fait polémique, certains trouvant l'établissement et ses tarifs trop loin de la réalité du quartier. Nous, on ne boude pas notre plaisir, entre déj rapide mais soigné, apéro dans le patio du 1er ou session danse au 2d, où l'on se croirait au sommet d'un phare, surveillant le viaduc du métro.

El Tast *(plan couleur B1-2,* ***98****) : 70, rue Duhesme, 75018. ☎ 09-50-18-02-26. Ⓜ Jules-Joffrin. Lun-ven 18h-23h ; ven-sam 12h-23h ; dim 12h-19h. Planches de charcuterie 8-25 € ; paella sur résa sam. El Tast,* c'est la rencontre improbable entre la charcuterie ibérique et les bières... parisiennes. On ne va pas vous le cacher, ce mariage incongru nous a convaincus à 100 % ! Essayez absolument la *cecina de León,* du bœuf séché ultra-fondant en provenance de Castille. Côté mousses, laissez-vous conseiller une bouteille parmi la centaine de références, qui viennent pour la plupart de la capitale et de ses environs. Pas de panique, pour les bièrophobes, la maison a une jolie carte de vins hispaniques... Olé !

La Fourmi *(plan couleur B3,* ***99****) : 74, rue des Martyrs, 75018. ☎ 01-42-64-70-35. Ⓜ Pigalle. Tlj 8h (9h sam, 10h dim)-2h (4h ven-sam).* Un ancien bistrot remis au goût du jour – murs patinés, bar en étain, chaises récupérées à droite et à gauche, lustre hérisson... – pour une clientèle Paris-Paname décidément courtisée ces temps-ci. Les libellules sont jolies, les garçons conquis et la playlist vintage comme on l'aime. On feuillette le journal, on s'échauffe au baby, on se refile le tuyau de la prochaine soirée sous un pont, dans une impasse ou sous les étoiles, et on apprécie à sa juste valeur l'accent chantant de la table voisine : « *I love Paris !* »

Le Très Particulier *(plan couleur A2,* ***100****) : 23, av. Junot, 75018. ☎ 01-53-41-81-40. Ⓜ Lamarck-Caulaincourt. Tlj 18h-2h.* Non, nous ne vous jouons pas un mauvais tour. Cette grande grille noire cache bien un bar planqué, que seuls les initiés savent dénicher. Sonnez à l'interphone et pénétrez dans cette belle impasse privée. Là, noyé dans la verdure, se dissimule un hôtel particulier au bar intimiste. Boudoir de chasse, verrière aux fauteuils de velours ou terrasse d'un romantisme exquis, le végétal règne en maître. Les consos (comme les tapas servies le soir) ne sont pas données, mais l'exception a un prix.

Kiez Biergarten *(plan couleur A1-2, **101**) : 24, rue Vauvenargues, 75018. ☎ 01-46-27-78-46. Ⓜ Guy-Môquet ou Larmack-Caulaincourt. Tlj 10h-2h. Snacks 6,50-8,50 €, plats 9,50-15 €.* Quand on a grandi dans la mythique Reeperbahn à Hambourg, pas facile de trouver un nouveau chez-soi à Paname. Avec le *Kiez* (le « quartier »), Niklas et Maxime, son acolyte (français), ont voulu recréer l'ambiance d'outre-Rhin. La sélection de pintes allemandes explore tous les styles du pays, de la *Pils* à la *Weissbier.* Pour les accompagner, une farandole de saucisses comme dans une bonne brasserie bavaroise, ou un chouette plat du jour (le midi). À l'arrière, un *Biergarten* dans la cour, avec fûts de bière et lanternes, qui s'insère au milieu des immeubles du quartier. *Prost ! Une autre adresse a ouvert sur le canal de l'Ourcq, au 90, quai de Loire, dans le 19e.*

Où sortir ? Où danser ?

L'Élysée Montmartre *(plan couleur B3, **110**) : 72, bd de Rochechouart, 75018. ☎ 01-44-92-78-00. Ⓜ Anvers. Ouv selon programmation. Prix variables selon artistes.* Ravagée par un incendie en 2011, cette célèbre salle de spectacle avait ouvert en 1807. Haut lieu des soirées montmartroises, c'est dans cette salle de bal que la Goulue a fait ses débuts en tant que danseuse de cancan. Rouvert en 2016, *L'Élysée* accueille aujourd'hui des concerts de tous horizons et a retrouvé sa splendeur d'antan.

Le Trianon *(plan couleur B3, **110**) : 80, bd de Rochechouart, 75018. ☎ 01-44-92-78-00. Ⓜ Anvers. Ouv selon programmation. Prix variables selon artistes.* Ouvert en 1894, ce théâtre a vu défiler du beau monde ! Des plus célèbres danseuses montmartroises, comme Mistinguett, à Rihanna, c'est dire si ce lieu mythique a traversé les époques ! Au programme, plusieurs fois par semaine, des concerts pop, rock, folk, d'artistes français et étrangers en vogue, mais aussi des pièces ou one-man-show. Au *Trianon,* variété rime avec qualité !

La Machine du Moulin Rouge *(plan couleur zoom, **112**) : 90, bd de Clichy, 75018. ☎ 01-53-41-88-89. Ⓜ Blanche. En général, ven-sam 23h-6h. Prix d'entrée différent selon soirées.* Ancienne *Loco, La Machine* organise des soirées déjantées où alternent live et DJs, toujours de qualité : électro, rock ou musique du monde enflamment les lieux. On avoue un petit faible pour les soirées « *We are the 90's* » ou « *Chronologic* », qui nous font revivre les meilleurs tubes, de la génération de nos parents à la nôtre. Un lieu incontournable de la nuit parisienne.

Le Moulin-Rouge *(plan couleur zoom, **112**) : 82, bd de Clichy, 75018. ☎ 01-53-09-82-82. Ⓜ Blanche. 2 possibilités : le dîner-spectacle ou le spectacle seul. Spectacle à 21h env 105-120 €, spectacle à 23h 77-117 € ; formules dîner-spectacle à partir de 174 €.* Quand on vient au *Moulin-Rouge,* on plonge dans l'Histoire de Paris avec un grand « H ». Ce moulin aux ailes scintillantes fait la renommée de la France d'Osaka à Los Angeles. Pour le côté historique, voir la rubrique « À voir ». Aujourd'hui, *Le Moulin,* c'est 100 artistes sous contrat, 1 000 costumes, 23 habilleuses, 400 perruques et postiches... En tout, 450 personnes travaillent chaque jour pour assurer que *Le Moulin* tourne bien. La revue Féerie nous émerveille par ses décors, ses mises en scène, ses prouesses artistiques et ses costumes qui sont un formidable concentré du savoir-faire français. Eh oui, ici tout est fait maison, des chaussures de cancan aux plumes d'autruche sur les coiffes ! Envoûté en pénétrant dans la salle aux décors forains, on ressort de là ébahi et subjugué. En un mot : féerique !

Au Lapin Agile *(plan couleur B2, **113**) : 22, rue des Saules, 75018. ☎ 01-46-06-85-87. Ⓜ Lamarck-Caulaincourt. « Veillée » tlj sauf lun 21h-1h. Entrée + 1 conso : 28 € (20 € pour les étudiants en sem).* Le doyen des cabarets de Montmartre. Rien n'a changé ici depuis l'époque où Brassens y chantait pour la 1re fois, où Pierre Brasseur et

Annie Girardot récitaient des poésies, où Nougaro et Caussimon en faisaient les grands soirs ! Le spectacle s'étire en douceur, en humour et en émotion jusqu'à 1h du matin ; on ne voit pas le temps passer, reprenant en chœur les refrains les plus connus. De jeunes chanteurs, vedettes de demain, font revivre les vieilles chansons françaises.

À voir

MONTMARTRE

UN PEU D'HISTOIRE

Saint Denis, 1er évêque de Paris au IIIe s, se fit couper la tête sur la Butte et celle-ci prit le nom de mont des Martyrs *(Mons Martyrum)*. De là viendrait l'origine du nom « Montmartre ». À signaler que saint Denis, lui, n'aimait pas la Butte, puisqu'il prit sa tête sous son bras pour aller se faire enterrer plus loin en un lieu appelé, évidemment, Saint-Denis par la suite.

Le futur Henri IV appréciait Montmartre car, lorsqu'il assiégea Paris, il s'installa à l'abbaye. Le Vert Galant ne faillit d'ailleurs pas à sa réputation, puisqu'il eut les meilleurs rapports possibles avec la mère supérieure. L'abbaye disparut dans la tourmente de la Révolution. Sa dernière mère supérieure, très âgée, sourde et aveugle, fut néanmoins condamnée à l'échafaud après que Fouquier-Tinville l'eut accusée d'« avoir comploté sourdement et aveuglément contre la République » !

Au début du XIXe s, la butte Montmartre se présentait donc comme une colline couverte de vergers, de vignes, de mignonnes chaumières et d'une douzaine de moulins à vent. La commune de Montmartre, créée sous la Révolution, comptait meuniers et ouvriers des carrières de gypse, qui exploitaient le sous-sol de la Butte. L'une de ses principales industries était l'extraction du plâtre ; la place Blanche a conservé, par son nom, la trace de cette activité. Puis, grâce à son charme campagnard, Montmartre se peupla vite. Conséquence des grands travaux d'Haussmann : chassée du centre de la ville, une foule d'ouvriers et de familles populaires vint à son tour s'installer sur la Butte. Les loyers y étaient moins chers, et le vin ne subissait pas l'octroi. Bref, il y faisait bon vivre.

> **ANGES GARDIENS**
>
> *Au XIXe s, en même temps que prospéraient les nombreux marchands de vin à Montmartre, se développa le métier d'ange gardien, lequel, contre trois sous et des verres à l'œil, reconduisait les clients éméchés chez eux.*

Comme les communes de Passy, Montrouge, Vaugirard, Charonne... celle de Montmartre fut annexée en 1860 à Paris.

Au XVIIIe s, la voie principale de Montmartre, la rue des Martyrs, comptait, sur 58 maisons, pas moins de 25 cabarets ! Quant à la prostitution, c'était déjà une activité florissante, si l'on en croit un rapport de police de 1767 se plaignant des « dégâts considérables que les filles, racolant dans les rues, commettent dans les blés et les seigles ».

Et puis, au début du XIXe s, on se mit à danser, et la Butte prit un air de fête pendant de longues décennies. La grande époque se situe autour des années 1880-1900.

Montmartre et la Commune de Paris

Quand l'armistice est signé le 28 janvier 1871, avec son cortège d'humiliations, la colère s'empare des Parisiens. L'Assemblée nationale, réfugiée à Bordeaux et à majorité conservatrice, veut punir la capitale rebelle et supprime la solde des gardes nationaux. Les Prussiens, dans le même temps, entrent dans Paris. L'exaspération des Parisiens est à son comble. C'est dans ce contexte que Thiers tente un coup de force en voulant s'emparer des 170 canons regroupés sur la butte Montmartre. Les Montmartrois refusent de les céder. Les soldats chargés de la mission fraternisent finalement avec la population de la Butte et arrêtent leurs officiers. Thiers et la bourgeoisie s'enfuient à Versailles. Le Comité central de la Garde nationale organise des élections municipales et, le 28 mars, le conseil élu est mis en place à l'Hôtel de Ville et prend le nom de Commune de Paris. Ainsi naît, pour 2 mois, une commune des travailleurs prenant en main ses propres affaires et dont Marx dira plus tard qu'« elle sera célébrée à jamais comme le glorieux creuset d'une société nouvelle ».

Le Montmartre des poètes, des artistes, des truands et des touristes

Montmartre resta longtemps un vrai village. Peintres, sculpteurs, poètes en firent leur terre d'élection dans les dernières années du XIXe s et jusqu'à la Grande Guerre. Renoir y vécut et y peignit abondamment. Utrillo, natif de la Butte, sut rendre dans ses toiles le caractère poétique et mélancolique des rues et places montmartroises. Sa mère, Marie-Clémentine Valadon, devint modèle pour les plus grands, avant de se révéler une talentueuse artiste peintre sous le nom de Suzanne Valadon. À *La Belle Gabrielle,* rue Saint-Vincent (aujourd'hui disparue), la patronne – dont Utrillo était amoureux – obligea ce dernier à nettoyer tous les paysages qu'il avait peints sur les murs des toilettes. Plus tard, elle s'en mordit les doigts !

UN FUNICULAIRE SANS MOTEUR

En 1900, lors de l'inauguration du funiculaire, les Parisiens eurent la surprise de constater qu'il fonctionnait à l'eau. On remplissait un réservoir de 5 m³ à chaque fois qu'il arrivait en haut, ce qui lui permettait de redescendre ensuite avec la gravité. En descendant, il entraînait l'autre cabine qui s'élevait en même temps. Ni bruit ni pollution. On installera toutefois un moteur en 1935.

C'était aussi l'époque du *Bateau-Lavoir,* cité d'artistes accrochée à la Butte, grand bâtiment baroque et branlant, qui connut tant de personnages célèbres : Max Jacob, Matisse, Braque, Apollinaire, Mac Orlan et tant d'autres. Picasso y peignit en 1907 celui de ses tableaux qui allait devenir le plus célèbre et marquer la naissance du cubisme : *Les Demoiselles d'Avignon.*

Dans le bas Montmartre, la fête battait son plein. C'était l'apogée du ***Moulin-Rouge,*** dont l'ouverture date de 1889, où les Parisiens se pressaient pour applaudir Valentin le Désossé, Nini Patte en l'Air ou la Goulue (car elle finissait les fonds de verre). Ces figures furent immortalisées par Toulouse-Lautrec, autre Montmartrois d'adoption.

Après la guerre de 1914-1918, les artistes émigrèrent à Montparnasse. Pigalle et Blanche devinrent alors un invraisemblable melting-pot de truands, de prostituées, de toute une faune de marlous mêlés aux fêtards bourgeois et touristes en goguette.

VADE RETRO SATANAS !

Le french cancan, symbole de la folie parisienne, provoqua un véritable tollé de la part des défenseurs de la morale et de l'Église. Effectivement, les danseuses n'étaient pas des oies blanches et travaillaient parfois à l'horizontale vers Pigalle. D'ailleurs, on a oublié qu'au début leurs culottes de scène étaient fendues.

Aujourd'hui, rien de tel que de sortir des sentiers battus et de s'y perdre pour découvrir qu'il y flotte encore une certaine atmosphère.

ADRESSE ET INFO UTILES

🅸 ***Montmartre Un Village – Office de tourisme*** *(plan couleur zoom)* ***:*** *21, pl. du Tertre, 75018. ☎ 01-42-62-21-21. • montmartre-guide.com • Ⓜ Abbesses. Lun-ven 10h-17h ; sam-dim 10h-13h, 14h-18h (fermé dim déc-mars). Plan-guide de la butte Montmartre offert sur présentation de ce guide.* Visites guidées possibles et d'autres à télécharger sur le site. Distribue gratuitement *La Gazette de Montmartre* (trimestriel).

– ***Funiculaire de Montmartre :*** *prix d'un ticket de métro, et inclus dans le pass Navigo.* Il permet d'accéder à Montmartre du pied de la Butte au niveau du Sacré-Cœur.

VISITE

18e

On vous le dit tout de go : laissez tomber la voiture ! D'autant que **le périmètre de la Butte est interdit aux 4 et 2-roues à moteur (sauf riverains) les dimanches et jours fériés de 11h à 18h.** Il y a un funiculaire depuis la place Suzanne-Valadon *(Ⓜ Anvers)* pour ceux que rebutent les escaliers de la Butte (ça rime !). Ou alors prenez le *Montmartrobus,* hyper pratique. Il sillonne tout Montmartre de Pigalle à Jules-Joffrin en empruntant toutes les rues intéressantes.

Nombreuses rue pavées, du relief et quelques escaliers : un peu chaotique pour les familles équipées de poussettes, mais rien d'insurmontable ; et prévoir des chaussures plates, bien sûr...

🏛🏛🏛 ***Le Sacré-Cœur*** *(plan couleur zoom)* ***:*** *☎ 01-53-41-89-00. • sacre-coeur-montmartre.com • ♿ Accès au 35, rue du Chevalier-de-La-Barre. Tlj 6h-22h30. GRATUIT. Photos interdites à l'intérieur et silence requis.*

C'est l'inévitable et énorme pâtisserie qui trône sur la Butte (et la carte postale la plus vendue !). Cette basilique résulta d'un « vœu national » exprimé par l'Église catholique pour expier les crimes de la Commune de Paris... On ne pouvait pas être plus clair. Pour savourer cette revanche, la hiérarchie catholique proposa que ce « temple national » soit bâti sur les hauteurs de Montmartre. Valeur symbolique aussi, puisque c'était à l'emplacement exact du début de la Commune que la construction devait être édifiée. La résistance à ce projet, voté par l'Assemblée nationale en 1873, fut évidemment vive, des députés radicaux (dont Clemenceau) aux écolos de l'époque, qui dénonçaient la destruction du site de Montmartre et la laideur de l'édifice. Le vainqueur du concours pour sa réalisation, Paul Abadie, était le plus conformiste et le plus pompeux des architectes d'alors. La construction, entièrement financée par des dons, dura de 1875 à... 1914. On choisit un style romano-byzantin qui rappelle la cathédrale de Périgueux, d'où l'architecte est originaire. La basilique fut édifiée avec de la pierre de Château-Landon – au sud-est de Paris –, qui blanchit sous l'effet conjoint de l'eau de pluie et du soleil !

Malgré la foule qui investit quotidiennement l'église, approchez-vous des spectaculaires mosaïques du chœur, dont les bénitiers à l'entrée donnent un avant-goût. Montez aussi dans le *dôme,* ça vaut le coup *(entrée par la gauche de l'église, à l'extérieur ; tlj 8h30-20h mai-sept, 9h-17h oct-avr ; accès : 6 €, réduc ; attention, 300 marches raides à grimper).* De là-haut, panorama circulaire admirable, qui permet de surplomber les jardins habituellement cachés par de hauts murs, le vieux cimetière et le beau chevet de Saint-Pierre.

LA PRIÈRE PERPÉTUELLE

Depuis 1885, des catholiques se relaient nuit et jour pour prier au Sacré-Cœur. Toute une organisation gère des équipes de religieux et de laïcs afin que la prière soit assurée sans discontinuité.

L'église Saint-Pierre de Montmartre (plan couleur zoom) **:** *à l'intersection des rues Saint-Éleuthère et du Mont-Cenis, 75018. À une enjambée de la pl. du Tertre.* Avec Saint-Germain-des-Prés, c'est la plus ancienne église (1134) et l'une des plus mignonnes de Paris, et le seul vestige de l'abbaye bénédictine de Montmartre fondée par la reine Adélaïde de Savoie, épouse de Louis VI le Gros. On peut voir sa pierre tombale sur le bas-côté gauche. Certaines parties sont du XIIe s, comme les murs massifs, d'autres des XVe (la nef) et XVIIe s. Elle fut érigée à l'emplacement d'un temple gallo-romain, dont 2 colonnes ornent encore, à l'intérieur, l'entrée. Jolie statue de Notre-Dame-de-Montmartre, sainte patronne des artistes, également appelée Notre-Dame-de-Beauté.

Le cimetière Saint-Pierre de Montmartre, dit « du Calvaire » : à côté de l'église, le vieux cimetière, dû à la réunion en 1801 de plusieurs cimetières, dont un mérovingien, porte bien son nom. On le devine à travers la lourde porte de bronze. Il est romantique et émouvant à souhait, mais il n'est malheureusement ouvert que... le 1er novembre ! C'est le plus petit cimetière de Paris, mais aussi le plus secret. Tombes du navigateur Bougainville et des meuniers Debray, créateurs du célèbre *Moulin de la Galette,* au milieu d'aristocrates et d'authentiques habitants du Montmartre d'autrefois. La tombe du sculpteur Pigalle a disparu pendant la Révolution. Devant l'église s'ouvre la célèbre place du Tertre.

La place du Tertre (plan couleur zoom) **:** elle existait déjà au XIVe s. Au n° 5 siégea la 1re mairie de Montmartre, en 1790. Le matin, au lever du soleil, on a l'impression de traverser une place de village. Le soir, en saison, c'est le métro à 18h. Dire que c'est un endroit touristique est d'une évidente banalité. Surdose de vendeurs de croûtes, de crayonneurs – plus ou moins talentueux, attention ! –, de portraitistes (2 peintres au mètre carré, c'est réglementé !), de bistrots chers... Et que dire de l'installation d'un *Starbucks Coffee* à 2 m de là ? Quelle tristesse ! À tel point que maintenant on visite les touristes. On peut aimer cependant cette animation, comme on peut aussi regretter que ça manque quelque peu de naturel. Noter qu'il y a 70 ans c'était déjà comme ça, comme l'écrivait Paul Yaki : « C'était, tous les soirs d'été, la kermesse, une ruée de petites folles et de riches hommes en bonne fortune... » Pas de regrets, donc.

Le musée de Montmartre et les jardins Renoir (plan couleur B2) **:** *12, rue Cortot, 75018. ☎ 01-49-25-89-39. • museedemontmartre.fr • Ⓜ Lamarck-Caulaincourt ou Anvers. Tlj 10h-18h (19h mai-août). Entrée : 9,50-12 € ; réduc ; gratuit moins de 10 ans. Expos temporaires ainsi que des ateliers animés pour les enfants ; consulter l'agenda sur le site internet.*
L'un des musées parisiens les plus charmants. Établi dans la Maison du Bel Air, l'une des plus anciennes de la Butte, datant du XVIIe s. Elle est entourée de 3 jardins récemment reconstitués selon la palette impressionniste et elle surplombe les fameuses **vignes du Clos-Montmartre.** En 1875, Auguste Renoir loua une partie de cette maison de campagne en décrépitude et y peignit plusieurs de ses chefs-d'œuvre, dont le plus connu est *Le Bal du moulin de la Galette,* que l'on peut admirer au musée d'Orsay. Nombreux sont les artistes qui s'y sont succédé : Suzanne Valadon et son fils, le peintre Maurice Utrillo, habitèrent l'atelier au 2e étage de l'hôtel Demarne ; Raoul Dufy et Émile Bernard y séjournèrent également ; sans oublier Francisque Poulbot, qui immortalisa la bouille des gosses de Montmartre, ou l'artiste grec Demetrius Galanis.
C'est l'histoire de Montmartre, de ses artistes et de la vie de bohème, qui est racontée dans ce musée.
On commence avec une vidéo introductive qui recrée l'ambiance de la Butte à travers les yeux de Suzanne Valadon. De façon permanente, on trouve des tableaux, dessins et affiches truculentes et originales signés Modigliani, Kupka, Utrillo, Steinlen et Toulouse-Lautrec, mais aussi un zinc de vieux bistrot de quartier et une grande maquette de Montmartre. Une salle est dédiée au french cancan et une autre au théâtre d'ombres qui avait fait la notoriété du cabaret du *Chat Noir.*

Par ailleurs, on peut découvrir l'***atelier-appartement de Suzanne Valadon et de Maurice Utrillo,*** tout comme l'***hôtel Demarne,*** espace d'expositions temporaires.

Dalí Paris *(plan couleur zoom)* **:** *11, rue Poulbot, 75018. ☎ 01-42-64-40-10. • daliparis.com • Ⓜ Anvers ou Abbesses. Derrière la pl. du Tertre. Tlj 10h-18h (20h juil-août). Entrée : 12 € ; réduc ; gratuit moins de 8 ans. Audioguide : 3€.* Le musée a rouvert ses portes en avril 2018, après plusieurs mois de rénovation. Le studio d'architecture Adeline Rispal a réaménagé l'ensemble de l'espace, situé en sous-sol, pour présenter la collection rassemblée par le galeriste Beniamino Levi, à qui la mezzanine à l'entrée du musée est consacrée. On peut être surpris de n'y trouver qu'une seule peinture du « génie à moustache », l'occasion de découvrir d'autres versants de son talent : une belle série de sculptures en bronze (réalisées par le maître d'après l'une de ses toiles), en cire ou en cristal de Daum ; également des gravures, lithographies et estampes, sans oublier le mobilier surréaliste dont le fameux Téléphone-Homard. Les principaux thèmes récurrents dans l'œuvre de Dalí sont évoqués : les sciences, le temps, la religion, l'amour ou encore *Alice au Pays des Merveille.* Deux espaces consacrés aux étapes de création des œuvres donnent l'occasion d'en apprendre un peu plus sur les différentes techniques d'estampe ou de cire perdue, tandis qu'un panneau résume les différents symboles daliniens, identifiables dans chacune des œuvres présentées : l'éléphant, l'œuf, la femme à tiroir, sans oublier les célèbres montres molles, symbole du temps qui passe imaginé par Dalí en contemplant… un camembert coulant !

La Halle Saint-Pierre *(plan couleur B3)* **:** *2, rue Ronsard, 75018. ☎ 01-42-58-72-89. • hallesaintpierre.org • Ⓜ Anvers ou Abbesses. ♿ Lun-ven 11h-18h, sam 11h-19h, dim 12h-18h. Fermé en août et les 1er janv, 1er mai, 14 juil et 25 déc. Entrée expo : 9 € ; tarif réduit : 7 €.* Une belle architecture de style Baltard qui abrite un musée et une galerie, une librairie dédiée aux formes autodidactes de création, un auditorium et un café. C'est dans ce cadre lumineux que sont présentées les expositions temporaires dédiées aux formes les plus inattendues de la création : art brut, art singulier, pop culture.

Petit itinéraire romantique
(plan couleur B2 et zoom)

Il est évident que Montmartre s'arpente à pied. On vous propose un parcours qui consiste, en fait, à faire le tour de Montmartre en évitant au maximum voitures et touristes. Compter 1h30 de balade pour environ 3 km de déambulation dans ces rues historiques.

➢ Départ de la ***place Jean-Marais,*** voisine de la place du Tertre. Depuis la rue du Mont-Cenis, empruntez la ***rue Saint-Rustique,*** déjà une oasis de calme juste derrière la place du Tertre. C'est la plus ancienne rue de Montmartre, sans trottoirs, avec de gros pavés et bordée de maisons provinciales. Descendez jusqu'au *Consulat,* à l'angle de la rue des Saules. Ce resto fut le lieu de rendez-vous des plus grands artistes, comme Picasso, Van Gogh, Toulouse-Lautrec et Monet. Leurs portraits ornent la façade.

➢ Prenez à droite ***rue des Saules*** et laissez-vous glisser vers la ***Maison rose,*** où vécut Utrillo. À gauche déjà, la jolie ***rue de l'Abreuvoir*** détourne vos pas, bordée par une rangée de demeures villageoises fleuries. Elle mène ***place Dalida*** (avec son buste), à l'angle de la rue Girardon et de l'allée des Brouillards. Hommage mérité à la grande chanteuse populaire qui habitait non loin, rue d'Orchampt. Yolanda Gigliotti repose au cimetière de Montmartre.

➢ L'***allée des Brouillards*** commence timidement au milieu du virage. Très étroite, bordée d'une balustrade de pierre et de pavillons. Derrière les hauts murs, que de jardins secrets ! Vous découvrirez le « château », une folie construite au XVIIIe s pour un riche aristocrate. Gérard de Nerval y avait sa maison de campagne, et l'acteur Jean-Pierre Aumont y vécut. Renoir occupa un temps un pavillon au nº 8 de l'allée.

➢ Au bout de l'allée des Brouillards, vous atteindrez le ***square Suzanne-Buisson.*** Style Art déco, tout en terrasses, avec sa rotonde en mosaïque. Bordé de quelques pavillons, avec une fontaine au milieu. Devant un tel calme, la ***statue de saint Denis*** en perd la tête tout en regardant les joueurs de boules. Sortie avenue Junot.

➢ ***L'avenue Junot :*** les Champs-Élysées de Montmartre. Les maisons les plus chères du quartier, où nombre de célébrités et d'artistes ont élu domicile. L'avenue fut percée en 1910 à travers le « maquis », un terrain parsemé d'arbres, de potagers et de basses-cours, et recouvert de baraques et cabanons en planches. Poulbot et de nombreux peintres y habitèrent. En descendant, beaux échantillons, tout du long, de l'architecture moderne et Art déco des années 1920.

➢ Au 11, avenue Junot, dans le ***hameau des Artistes,*** de gros pavillons et ateliers se dissimulent derrière un portail obstinément clos. Au nº 13 habita Poulbot, qui réalisa la frise en mosaïques de la façade. Au nº 15, maison construite par l'architecte autrichien Adolf Loos pour Tristan Tzara.

➢ Vous accéderez à la ***villa Léandre*** par le 23 bis, avenue Junot. Cossue, incroyable de tranquillité, insolente de verdure, cette villa semble défier les époques et se fixer dans un immuable instant privilégié. Max Ernst y séjourna un moment.

➢ Face à la villa Léandre, prenez la rue Simon-Dereure pour avoir le plaisir de repasser dans l'allée des Brouillards, puis les escaliers de la rue Girardon à gauche jusqu'à la ***rue Saint-Vincent,*** l'une des plus pittoresques de la Butte, chantée par tous les poètes, dont Aristide Bruant. Bordée, d'un côté, par le modeste ***cimetière Saint-Vincent*** (où sont enterrés Utrillo et Marcel Aymé), de l'autre, par un trottoir surélevé, avec rampe en fer. Aristide Bruant habita au nº 30.

VENDANGES À MONTMARTRE

À l'angle des rues Saint-Vincent et des Saules, découvrez l'un des endroits les plus charmants de Montmartre. Sur la colline dégringolent les dernières vignes de la Butte. Elles couvrirent longtemps toutes ses pentes et produisaient un petit vin appelé « picolo » (d'où le verbe « picoler »). C'est un gamay que l'on vendange début octobre, à l'occasion d'une grande fête. On compte environ 2 000 pieds de vigne, qui donnent près de 1 500 bouteilles de clos-montmartre vendues aux enchères au profit des œuvres sociales de la Butte.

Le cabaret Au Lapin Agile *(plan couleur B2) : 22, rue des Saules, 75018. ☎ 01-46-06-85-87. • au-lapin-agile.com • Ⓜ Lamarck-Caulaincourt. Veillée tlj sauf lun 21h-1h. Voir « Où sortir ? Où danser ? ».*
Une institution montmartroise. La bicoque du quartier la plus connue du monde. En 1880, le peintre André Gill décora la façade du cabaret du célèbre lapin bondissant de sa casserole. Alphonse Allais, Verlaine, Clemenceau, Renoir, Courteline, mettaient eux-mêmes le couvert, poussant de temps à autre la chansonnette. Aristide Bruant racheta la maison en 1903. Il la confia au père Frédé, un humoriste et artiste bon vivant, qui fit du cabaret le rendez-vous le plus célèbre de la bohème de Montmartre. Par jeu de mots, l'auberge était devenue le lapin « à Gill », puis « agile ».
Au Lapin Agile eut d'autres clients célèbres : Picasso, qui paya un jour ses repas avec un de ses *Arlequin* (acheté 40 millions d'euros par un grand musée américain), Apollinaire, Blaise Cendrars, Max Jacob, Poulbot...

Aujourd'hui, et tous les soirs, il est devenu le conservatoire de la chanson française (chanson, humour, poésie), et favorise aussi l'éclosion de nouveaux talents.

➢ En continuant rue Saint-Vincent, après les vignes, empruntez sur la droite la volée de marches de la ***rue du Mont-Cenis,*** qui fut longtemps la seule voie d'accès au nord de la Butte. Elle reliait l'abbaye de Montmartre à celle de Saint-Denis. Au nº 22, Berlioz habita une maison paysanne de 1834 à 1836.

FRANCHE RIGOLADE SUR LA BUTTE

Habituée du Lapin Agile, *la joyeuse bande des Roland Dorgelès, Mac Orlan and Co, fit peindre un tableau à l'âne du cabaret. Ils lui montrèrent une carotte, ce qui lui fit remuer la queue, queue à laquelle ils avaient attaché un pinceau ! Ils exposèrent ce tableau au Salon des indépendants comme exemple du courant « excessiviste ». La critique, dit-on, fut partagée ! Et* Le soleil se coucha sur l'Adriatique *fut même acheté 500 francs de l'époque par un collectionneur.*

➢ Remontez jusqu'à la place du Tertre pour rejoindre la bien moins touristique et adorable petite ***place du Calvaire*** avec 2 bancs qui n'attendent que les amoureux.

➢ Continuez sur la ***rue Poulbot*** *(plan couleur zoom),* ancienne impasse Traînée, déjà ruelle au XIVe s, musarde, campagnarde et tortueuse à souhait. Elle porte donc le nom du célèbre créateur du « gamin de Montmartre » qui orne tant de chaumières de par le monde.

➢ Empruntez la ***rue Norvins.*** Au nº 22, il y a toujours *La Folie Sandrin,* l'ancienne maison d'aliénés où venait se faire soigner Gérard de Nerval. La rue finit sur la place Marcel-Aymé, où vécut l'écrivain ; voyez l'étonnante sculpture du Passe-Muraille.

➢ Prenez à gauche la rue Girardon : vous arrivez devant le célébrissime ***Moulin de la Galette.*** Retour sur les moulins à vent de la Butte : seuls 2 d'entre eux ont survécu sur la douzaine de grands moulins que comptait Montmartre. Le moulin du Radet, juché à l'angle des rues Girardon et Lepic, date de 1717 et a plusieurs fois déménagé. Le moulin Blute-fin (de « bluter », soit tamiser la farine pour la séparer du son) a quant à lui été édifié en 1622 et n'a jamais quitté son emplacement originel. Ces 2 moulins appartenaient à une famille de meuniers, les Debray. Les 4 frères tirèrent depuis le Radet contre les Russes lors du siège de Paris en 1814 (l'un d'eux fut, selon la légende, crucifié sur les ailes). Au milieu du XIXe s, ce moulin devint l'attraction d'un fameux bal populaire, sous l'enseigne du « Moulin de la Galette », immortalisé par Renoir. Toulouse-Lautrec venait s'y encanailler avec les apaches. Très bel aperçu sur le Blute-fin depuis le 77, rue Lepic, à l'angle de la rue Tholozé.

➢ Du moulin, remontez la rue Lepic pour rejoindre la ***place Jean-Baptiste-Clément*** *(plan couleur zoom)* : du nom de l'ancien maire de Montmartre pendant la Commune de Paris, auteur d'une des plus belles chansons françaises, *Le Temps des cerises.* Écrite plus de 10 ans après la Commune, tout le monde y reconnut, à travers la métaphore des cerises, l'allusion au drapeau rouge et à l'espoir renaissant. Au milieu du square, un cerisier est planté en souvenir. Picasso vécut rue Gabrielle, au niveau de la place Jean-Baptiste-Clément.

➢ Descendez les escaliers de la petite et étroite ***rue de la Mire*** pour rejoindre la rue Ravignan. Vers la droite, en bas de celle-ci, la ***place Émile-Goudeau,*** l'une des plus charmantes de la Butte. Au nº 13, le célèbre ***Bateau-Lavoir,*** où tant d'artistes séjournèrent. Malheureusement, à peine classé, il brûla. Aujourd'hui, des ateliers modernes sans grand charme l'ont remplacé en respectant cependant l'architecture primitive : 1 étage sur la place et 3 donnant sur un joli jardin extérieur, rue Garreau. Une vitrine illuminée retrace l'histoire du *Bateau-Lavoir,* dont Max

Jacob disait qu'il était le « laboratoire central de la peinture ». Un de ses 1ers locataires fut un certain Pablo Ruiz Blasco, connu plus tard sous le nom de Picasso. Son atelier était dans un désordre effarant. Il ne changera pas. Riche et comblé sur la fin de sa vie, il continuait à dire « mon espèce de boîte à ordures » en parlant de sa somptueuse villa. C'est au *Bateau-Lavoir* que Picasso peignit les fameuses *Demoiselles d'Avignon,* qui n'étaient ni demoiselles ni d'Avignon, puisque l'artiste avait, avant tout, voulu représenter les prostituées du Barrio Chino à Barcelone. Picasso détruisit les formes, bouscula les techniques habituelles, au point que ses propres amis crurent à un canular. C'était la naissance du cubisme... D'autres locataires prestigieux furent des « passagers du *Bateau* » : Van Dongen, André Salmon, Pierre Mac Orlan, Max Jacob, Juan Gris... Sur la place, fontaine Wallace.

➢ ***La rue des Trois-Frères :*** avant de prendre à droite vers la rue Durantin, empruntez à gauche sur quelques mètres la rue des Trois-Frères. À l'angle avec la rue Androuet se trouve la célèbre épicerie où ont été tournées quelques superbes scènes du film ***Le Fabuleux Destin d'Amélie Poulain.*** Le commerçant a d'ailleurs gardé l'enseigne *Maison Collignon,* en ajoutant néanmoins « *chez Ali* ».

➢ Revenez sur vos pas vers la rue Garreau pour rejoindre la ***rue Durantin,*** où plusieurs artistes travaillent dans des boutiques sur rue, donnant l'occasion de les voir à l'œuvre. Quelques boutiques branchées de déco, bijoux, mode ont aussi élu domicile dans cette rue. Sans compter de chouettes bistrots à l'ambiance montmartroise.

18e

➢ Tournez à gauche rue Tholozé pour descendre la ***rue Lepic*** *(plan couleur zoom).* Van Gogh habita au no 54, chez son frère Théo. À l'angle de la rue Cauchois, le *Café des Deux Moulins,* devenu célèbre avec le succès du *Fabuleux Destin d'Amélie Poulain* ; depuis, ses prix et sa clientèle ont bien changé ! Ne manquez pas d'aller au no 12 boire un verre au *Lux Bar,* qui possède une superbe décoration murale de 1910, en céramique, représentant *Le Moulin-Rouge.* Presque en face, au no 9, une entrée de service en demi-coupole du *Moulin Rouge Palace.* On finit par le bas de la rue, où quelques commerces et étalages forment un marché animé.

➢ La ***place Blanche*** *(75009 ; plan couleur A3)* doit son nom aux charrettes qui transportaient le plâtre des carrières de la Butte vers les chantiers de Paris et qui, jour après jour, poudraient de blanc ses maisons.

➢ Au 65, boulevard de Clichy, immeuble abritant la petite ***chapelle Sainte-Rita,*** ouverte en 1952 par un abbé soucieux de la perdition des âmes de son quartier. Fréquenté jadis par Henry Miller et, entre autres, par quelques prostituées (sainte Rita est leur patronne), ce refuge mythique des voyous des années 1950 a inspiré Céline. Curieuse rampe en forme de serpent et décoration Belle Époque de la cage d'escalier.

HENRY MILLER AUX ENFERS

Il vivait à Paris dans un dénuement total quand son chef-d'œuvre, Tropique du Cancer, *fut publié en 1934. Ses aventures torrides lui valurent une pluie de procès pour obscénité aux USA. Il faudra attendre 1961 pour qu'il soit enfin publié dans son pays. La Cour suprême cassera ses condamnations. Père de la révolution sexuelle, il sera porté par les grands mouvements contestataires californiens.*

➢ Quelques cités discrètes s'échappent vers la Butte. En face de Sainte-Rita, au 94, boulevard de Clichy, la ***cité Véron*** s'annonce avec une belle enseigne en fer forgé. Bordée de maisons, de jardinets et d'ateliers. Jacques Prévert et Boris Vian y vécurent.
Aux nos 58-60, la ***villa des Platanes,*** une curieuse cour (fermée avec code), précédée d'un porche monumental en baroque délirant, avec colonnes et plafond de bois sculpté. Tout au fond, 2 luxueuses bâtisses avec entrées à colonnes et fronton sculpté également, précédées d'escaliers en fer à cheval.
Un peu plus loin, vers le no 48, la paisible ***cité du Midi*** conserve la façade en céramique d'anciens bains-douches. Belle maison au fond.

Le cimetière de Montmartre *(plan couleur A2)*

Entrée av. Rachel, 75018. Tlj 8h (8h30 sam, 9h dim)-17h30 (18h de mi-mars à début nov). Munissez-vous d'un plan à l'entrée.

Créé dans une ancienne carrière de plâtre, il renferme son pesant de célébrités et se révèle aussi intéressant par la beauté de ses sculptures que par l'architecture de certaines tombes. Un vrai Père-Lachaise miniature.

Dès l'entrée, avenue Rachel, tout de suite à droite, ***Sacha Guitry.*** Dans les 2 premières allées à gauche, tombe toute simple de ***Louis Jouvet*** et celle d'***Alphonsine Plessis,*** la Marguerite Gautier de *La Dame aux camélias.* Au bout de l'avenue Saint-Charles, ***Alfred de Vigny,*** puis les ***Goncourt.*** Avenue de la Croix, ***Henri Beyle,*** plus connu sous le nom de ***Stendhal.*** Dans la même allée, ***Mme Récamier, Ampère*** et ***Georges Feydeau.*** Dans la 5e division, ***Adolphe Sax*** (inventeur du saxophone, bien sûr) et le poète ***Henri Murger.*** À côté, le peintre ***Edgar Degas.*** Avenue Cordier, tombe de ***Théophile Gautier.***

18e

Avenue de Montmorency, ***Ernest Renan*** et ***Alexandre Dumas fils*** (qui repose dans une attitude très satisfaite). Pas loin, le peintre ***Fragonard.*** Avenue Berlioz, le compositeur... ***Berlioz*** (il repose entre ses 2 femmes). Ne pas manquer de rendre visite à ***Charles Fourier,*** le précurseur des communautés hippies (inventeur des phalanstères). De ***Zola,*** il ne reste que le tombeau, mais avec un beau buste, depuis qu'il a déménagé au Panthéon. Cependant, sa femme, qu'il abandonna décidément beaucoup, est toujours là ! Reste encore ***Francisque Poulbot,*** le peintre ***Greuze*** et l'explorateur des pôles, le ***docteur Charcot.*** En octobre 1984 y fut enterré ***François Truffaut.*** C'était son vœu le plus cher. En mai 1987, ce fut le tour de ***Dalida... Michel Berger*** repose à côté de sa fille Pauline et non loin de son père, ***Jean Hamburger. France Gall*** les a rejoints, en janvier 2018, sous le mausolée de verre.

PIGALLE *(plan couleur A-B3)*

➢ ***Pigalle*** *(plan couleur A-B3)* **:** ce quartier – du nom d'un grand sculpteur du XVIIIe s – a souffert d'une mauvaise réputation. Il ne manque pourtant pas de beaux immeubles : les hôtels particuliers Napoléon Ier de l'avenue Frochot, de l'avenue Trudaine et de son square. Si les boulevards de Clichy et de Rochechouart sont bordés d'innombrables sex-shops, « cabarets topless », « sexodromes » et autres « lingeries folies », il suffit de s'avancer dans les rues adjacentes, côté 9e arrondissement (Victor-Massé, de Douai, Pigalle, Duperré...), pour découvrir le Pigalle d'aujourd'hui, toujours plus branchouille. Cafés à concepts, restos monoproduits, anciens bars à hôtesses réhabilités, terrasses par dizaines... Le quartier est un incontournable de la vie parisienne pour ceux qui veulent s'encanailler, s'amuser, festoyer ! C'est aussi un quartier de salles de spectacle : *L'Élysée-Montmartre, La Cigale, Le Divan du Monde, Le Trianon* se sont tous forgé de solides réputations. Et dès qu'on s'éloigne de la place, on est tout de suite, au nord, à Montmartre et, au sud, dans le très bobo quartier de South Pigalle (SoPi...). Tout change !

RENTRER À L'ŒIL

Du temps des maisons closes, les flics de la Brigade mondaine avaient choisi, comme symbole de leur fonction, l'œil mythique arboré par les détectives privés américains de l'agence Pinkerton. Ils portaient donc une épinglette en forme d'œil au revers de la veste pour entrer discrètement dans ces lieux de débauche et observer ce qui s'y passait. De là est née l'expression « rentrer à l'œil » !

Le Moulin-Rouge *(plan couleur zoom)* **:** *82, bd de Clichy, 75018. ☎ 01-53-09-82-82. • moulinrouge.fr • Ⓜ Blanche. Dîners et spectacles ts les soirs. Voir « Où sortir ? Où danser ? ».*

Au XIXe s, les bourgeois n'hésitaient pas à se mêler à la populace pour venir s'encanailler à Montmartre. En 1889, Joseph Oller, concepteur de parcs d'attractions, eut l'idée de créer un « lieu de plaisir » destiné à recevoir une clientèle aisée. Il construisit son moulin, de couleur rouge pour qu'il soit plus voyant. C'est le 1er bâtiment de Paris éclairé à l'électricité. Café-concert, scène pour les spectacles et bal où l'on danse une sorte de polka, *Le Moulin* se forge une réputation de lieu de « lâcher prise » et de coquinerie. Jupons, levers de jambes audacieux, grand écart... cette danse osée fait cancaner le Tout-Paris. Le french cancan est né et l'on accourt de loin pour assister au spectacle.
La Goulue, Jane Avril, Mistinguett... ces danseuses deviennent des ambassadrices du *Moulin* et une foule d'artistes se pressent pour les applaudir. La Goulue introduit notamment son ami Toulouse-Lautrec, et Mistinguett demande à son ami Jean Gabin, alors un parfait inconnu, de l'accompagner sur scène.
Mais l'engouement pour les revues s'essouffle, et, en 1929, *Le Moulin-Rouge* devient le plus grand cinéma d'Europe. C'est la fin des Années folles. Si le cinéma perdure jusqu'en 1980, on y ajoute aussi une salle de concerts dès 1951, où défileront Piaf, Line Renaud, Charles Trenet et beaucoup d'autres.
Le renouveau s'opère au début des années 1960, avec la revue Frou-Frou menée par Ruggero Angeletti et Doris Haug. Cette ballerine allemande donnera son nom aux danseuses du *Moulin-Rouge,* baptisées « Doriss Girls ». La cadence reprend de plus belle. Par superstition, le nom de chaque revue (qui change environ tous les 7 ans) commence par un « F ». Aujourd'hui, Féerie fait rêver près de 900 spectateurs tous les soirs de l'année.

LA GOUTTE-D'OR

Le nom du quartier remonte au XVe s : sur ses collines dominées par des moulins poussaient des vignes produisant un bon petit vin blanc appelé « Goutte d'Or ». Le quartier, délimité par le boulevard Barbès à l'ouest, la rue Ordener au nord, le boulevard de la Chapelle au sud et la rue Stephenson à l'est, a été complètement restructuré. Aujourd'hui encore, la majorité de la population est d'origine étrangère, et 56 nationalités mêlent accents, couleurs, gestes et saveurs d'Afrique, d'Asie et d'Europe.

UN PEU D'HISTOIRE

Le quartier, comme celui de Belleville, a toujours été terre d'accueil. Plusieurs vagues d'immigration, la 1re de l'intérieur : paysans français montant à Paris, dans la 1re moitié du XIXe s, fournir à l'industrialisation triomphante leurs bras et leur sueur. Émile Zola y dénicha ses personnages de *L'Assommoir,* le lavoir de *Gervaise.* Au début du XXe s, une 1re immigration arabe, puis, dans les années 1950, ceux que les grandes usines automobiles allaient chercher au fin fond de l'Atlas et des Aurès. On se rappelle que la Goutte-d'Or fut le bastion du FLN pendant la guerre d'Algérie. Antillais et Africains se sont fixés dans le nord du quartier. Boucheries musulmanes, épiciers en gros, vendeurs de tissus, joailliers... Les sacs de couscous, bouquets d'herbes odorantes, olives ou cacahuètes se vendent par kilos. Aujourd'hui, un profond processus de restructuration est passé sur la Goutte-d'Or. Près de 50 % des immeubles ont été détruits et remplacés par des logements sociaux. Le quartier est resté populaire et multiculturel.

LA BANDE À BONNOT CHEZ SHERLOCK HOLMES

Ces anarchistes furent les 1ers à attaquer une banque – rue Ordener – en voiture. Jules Bonnot, chef du gang, fut en toute discrétion chauffeur de sir Arthur Conan Doyle. Malgré son esprit bien affûté, le célèbre écrivain ne se douta jamais de rien...

■ ***Institut des cultures de l'Islam (ICI) :*** *2 espaces, 56, rue Stephenson et 19, rue Léon, 75018.* • *institut-cultures-islam.org* • Lieu de création, de diffusion et d'échanges, l'Institut diffuse des cultures contemporaines en lien avec le monde musulman. Au menu : ateliers, expos, lecture de contes, ciné-débat, concerts... Demandez le programme !

Au hasard des pérégrinations

➢ Du métro Barbès-Rochechouart, on vous invite, en préambule, à faire une petite incursion dans le 10e, à l'angle des boulevards Barbès et Magenta, pour (re)découvrir le mythique ***cinéma Louxor – Palais du Cinéma*** restauré, à l'occasion d'une séance dans la salle Youssef-Chahine. Façade néo-égyptienne des années 1920, tout comme le décor de la salle principale.

VOUS AVEZ DIT « MERGUEZ » ?

Son étymologie vient du berbère am qui signifie « comme » et ergaz qui se traduit par « homme ». La traduction « comme un homme » se comprend aisément par la forme de la victuaille. Eh oui !

La Brasserie La Goutte d'Or *(plan couleur C3) : 28, rue de la Goutte-d'Or, 75018. ☎ 09-80-64-23-51.* • *brasserielagouttedor.com* • Ⓜ *Barbès-Rochechouart. Jeu-ven 17h-19h, sam 14h-19h.* Une brasserie artisanale au sens propre du terme. On y brasse de la bière, mais on n'en sirote pas au comptoir. À l'origine de ce projet, Thierry, qui a vécu 10 ans dans le quartier. De ces rues, qui ont donné le nom à ses bières (Myrha, Château Rouge, La Chapelle...), il a puisé les essences et les notes métissées. On aime en apprendre davantage sur cette production locale avant d'acheter sa cagette de bonnes mousses. Une chouette initiative !

➢ ***La villa Poissonnière :*** havre de calme, verdoyant et bien protégé, composé de petits bâtiments louis-philippards et de jardins, où habitait Alain Bashung. On y entre par le 42, rue de la Goutte-d'Or ou par le 41, rue Polonceau (mais il y a des codes à l'entrée...).

➢ Rue Saint-Luc, on aime bien l'***église Saint-Bernard-de-la-Chapelle.*** Bien proportionnée. Chevet néogothique et néo-Renaissance. Ravissant porche avec forêt de pinacles.

➢ Plus au nord, démarrant du boulevard Barbès juste après la rue de la Goutte-d'Or, la ***rue des Poissonniers*** et le quartier ***Château-Rouge.*** Montez cet ancien chemin par lequel la capitale était ravitaillée en poisson (plus de 10h pour arriver depuis les ports du Nord... autant dire que le poisson n'était pas bien frais !). Au nº 9, une petite surprise vous attend : derrière la banale façade se cache un magasin de chaussures (accès principal par le 34, boulevard Barbès) pas tout à fait comme les autres : l'***ancien cinéma Barbès Palace*** des années 1920 a conservé scène, balcons et décor à l'italienne !

➢ ***Le marché africain :*** on vient de loin pour faire ses courses rue des Poissonniers et ***rue Poulet.*** Épices, manioc, maïs grillé et autres produits métissés, on trouve tout pour mijoter de bons plats.
Ne ratez pas non plus le grand ***marché de Barbès*** sous le métro aérien au niveau de la station éponyme, les mercredi et samedi. Parmi les moins chers de Paris, c'est un véritable melting-pot de cultures et de saveurs.

19e ARRONDISSEMENT

LES BUTTES-CHAUMONT • LE BASSIN DE LA VILLETTE ET LE CANAL DE L'OURCQ • LE PARC DE LA VILLETTE

• Pour le plan du 19e arrondissement, voir le cahier couleur en fin de guide.

En pleine transformation, le 19e ne cesse de nous surprendre par sa capacité à rassembler les Parisiens de l'est de la capitale. Artère vivante de ce quartier encore populaire, le bassin de la Villette – avec sa jolie rotonde datant de la fin du XVIIIe s – et les branches de canal qui le prolongent, lui donnent sa physionomie si particulière, propice à la promenade au fil de l'eau. Aux beaux jours, terrasses de cafés, bistrots de quartier et péniches régalent les promeneurs. Et l'été, tout ce joyeux monde déborde sur les quais, bondés à l'heure de l'apéro.
Un peu plus loin, on retrouve les deux poumons verts de l'arrondissement : le parc des Buttes-Chaumont, paradis des familles, joggeurs et bandes de copains, et celui de la Villette, véritable cœur culturel du quartier avec la Cité des sciences, la Cité de la musique – Philharmonie de Paris, la Géode et autres salles de concerts. Bien plus discret, le promeneur curieux se plaira à flâner dans le labyrinthe de villas pourvues de jardins fleuris : la Mouzaïa. Ce coin de campagne à Paris n'a pas fini de nous charmer.
On aime cet arrondissement pour sa mixité culturelle, sa douceur de vivre le long de l'eau et l'animation surprenante qu'on y trouve jour et nuit.

Où dormir ?

Auberge de jeunesse

Auberge de jeunesse St Christopher's Paris *(plan couleur B2, **1**) : 159, rue de Crimée, 75019. ☎ 01-40-34-34-40. • st-christophers.co.uk • Ⓜ Crimée. Lit en dortoir 25-38 €/pers ; doubles sans ou avec sdb 50-90 €, petit déj compris.* Ce rejeton d'une célèbre chaîne d'auberges de jeunesse est l'un des plus aboutis. Plusieurs atouts : un beau bâtiment contemporain, un site génial sur les berges du bassin de la Villette et des prestations de qualité. Avec un resto face au canal et une terrasse au top, une salle de concerts (le week-end uniquement) et un quartier vivant tout autour pour jouer à la pétanque, boire des coups ou se promener main dans la main le long de l'eau. Côté dodo : des dortoirs de 4 à 12 places bien conçus avec lits fermés par des rideaux, lampes individuelles, casiers intégrés... c'est l'adresse idéale du voyageur, plutôt jeune et festif. On a même prévu des doubles pour les amoureux : préférez celles du dernier étage, qui offrent une superbe vue sur le canal !

Beautiful Belleville *(plan couleur B3, **2**) : 12, rue de l'Atlas, 75019. ☎ 01-44-52-80-65. • beautifulbelleville.fr • Ⓜ Belleville. Lit en dortoir 25-45 €/pers ; doubles avec sdb 80-100 €, petit déj compris.* À quelques pas des Buttes Chaumont, cet *hostel* rénové abrite des chambres fonctionnelles et propres, sans prétention. Si les parties communes (réception, petite cuisine, salon) affichent un style pimpant et moderne, la partie dodo est tout en sobriété. Des dortoirs pour 2 ou 4 personnes, avec lits superposés et salle de bains partagées, et des chambres privées au style un chouïa plus recherché. On n'y trouve pas l'ambiance festive des grosses auberges de jeunesse mais plutôt un point de chute pratique, au rapport qualité-prix parfait pour le quartier.

19e

Prix moyens

Libertel Canal Saint-Martin *(plan couleur A2, **5**) : 5, av. Secrétan, 75019. ☎ 01-42-06-62-00. • hotels-libertel.com/canal-st-martin • Ⓜ Jaurès. Doubles selon confort et saison 65-130 €.* Moderne, graphique, coloré, cet hôtel contemporain offre tout le confort espéré. En bas, le métro, les commerces et surtout le bassin de la Villette à 2 pas avec son alignement de bars, restos et terrasses. Les chambres sont claires et propres, la literie excellente et l'insonorisation plus qu'efficace ! Une belle option dans ce quartier vivant, à des prix franchement raisonnables vu les prestations.

Hôtel Paris-Villette *(plan couleur B1, **3**) : 56, rue Curial, 75019. ☎ 01-40-37-50-74. • parisvillette.com • Ⓜ Crimée. Doubles 60-80 €.* Dans un quartier vivant et populaire, un hôtel d'apparence anodine qui nous a séduits par ses prestations et son excellent rapport qualité-prix. des chambres bien rénovées, réparties sur 6 étages (desservis par un ascenseur), impeccablement tenues, parfaitement équipées. Mignonne courette fleurie donnant sur l'arrière, où l'on sert le petit déj aux beaux jours. Accueil charmant.

Hôtel Crimée *(plan couleur B2, **4**) : 188, rue de Crimée, 75019. ☎ 01-40-36-75-29. • hotelcrimee.com • Ⓜ Crimée. Doubles 85-110 €.* À deux pas du canal de l'Ourcq, du bassin de la Villette et de la Cité des sciences, un hôtel simple et classique mais confortable et aux chambres impeccables, avec clim et double vitrage. S'il ne paie pas de mine de l'extérieur, il s'en sort mieux que ses voisins de quartier vu les prix affichés. Accueil très sympathique. Une adresse efficace et fonctionnelle.

Où manger ?

De très bon marché à bon marché

Zoé Bouillon *(plan couleur B3, **20**) : 66, rue Rébeval, 75019. ☎ 01-42-02-02-83. Ⓜ Pyrénées. Tlj sauf sam soir et dim. Formules et menus 12-21 €.* Parmi les bars à soupes qui fleurissent à Paris, celui-ci est certainement l'un des plus sympathiques. Pour preuve, ses formules honnêtes, qui ne manquent pas de saveur « comme à la maison » : tous les jours, des soupes, des cakes sucrés et salés savoureux, ainsi que quelques légumes grillés, salades et sandwichs. Sans oublier bien sûr la personnalité des propriétaires du lieu, qui distillent avec humour une ambiance copain-copain.

L'Atelier Libanais *(plan couleur B3, **23**) : 91, rue de Belleville, 75019. ☎ 01-44-65-95-25. Ⓜ Pyrénées. Tlj 12h-23h (minuit ven-sam, 22h dim). Menus 6-16 € ; assortiment pour 2 env 31 €.* Loin des restos libanais au décor oriental et aux nappes en tissu, celui-ci s'inscrit dans l'air du temps, avec son mobilier rétro et sa déco acidulée. La carte reste traditionnelle avec une belle sélection de salades fraîches, pitas garnies ou beignets chauds, concoctés par un chef libanais. Les indécis opteront pour l'assiette de *mezze,* et les pressés pour la vente à emporter.

Le Krung Thep *(plan couleur B3, **30**) : 61, rue de Belleville, 75019. ☎ 01-53-19-08-46. Ⓜ Belleville. Tlj sauf lun, midi et soir. Résa et ponctualité indispensables car souvent complet. Le* *midi, plat du jour 7-10 € ; le soir, carte 25-30 €.* À l'autre bout du monde, un petit resto de quartier, et pourtant... On ne s'y installe pas facilement mais, une fois assis, place à la carte-catalogue : salade de mangue ou de fleur de bananier, soupe poulet-coco basilic, moules sautées sauce piquante ou aigre-douce, etc. Attention, c'est relevé ! Certains penseront que c'est un peu cher... peut-être, mais c'est le prix à payer pour une cuisine thaïe authentique.

Le Bastringue *(plan couleur B2,* ***11****) : 67, quai de la Seine, 75019. ☎ 01-42-09-89-27. Ⓜ Riquet ou Stalingrad. Lun-ven 9h-2h, sam 17h-2h, dim 10h-20h. Formules déj en sem 13-16 € ; plats 11-18 € le soir.* Face au canal, ce bistrot fraternel a tout pour plaire : un cadre de troquet parisien à l'ancienne mode (parquet usé, comptoir patiné, mobilier vintage...), une équipe dynamique et tout sourire au service, et des petits plats sans esbroufe qui mettent tout le monde d'accord. Évidemment, avec des produits frais et une ardoise qui change tous les jours, on comprend mieux pourquoi la maison tourne à plein régime. Mieux vaut prévoir de boire l'apéro au comptoir en attendant sa table !

Bar Fleuri *(plan couleur B3,* ***12****) : 1, rue du Plateau, 75019. ☎ 01-42-08-13-38. Ⓜ Buttes-Chaumont ou Jourdain. Tlj sauf dim 6h30-20h30 ; service midi et soir. Congés : août. Carte 10-20 €.* Voilà un petit bistrot de quartier qui reste (peut-être plus pour longtemps, hélas !) le seul témoin de l'activité qui régnait ici du temps des studios de la SFP. Ce bar date de 1920, et son décor n'a pas changé, pas plus que son nom, sûrement dû au vieux carrelage qui orne les murs. Ici, pas de carte, mais une ardoise posée devant vous. Une cuisine simple, généreuse, traditionnelle et familiale, qui fidélise une ribambelle d'habitués et les curieux attirés par cette adresse vintage. Accueil chaleureux.

Le Bellerive *(plan couleur B2,* ***16****) : 71, quai de la Seine, 75019. ☎ 01-40-36-56-77. Ⓜ Riquet ou Stalingrad. Tlj 9h-2h. Plats 13-15 €.* Ancien bistrot années 1950 dans son jus, pour une authentique cuisine de bistrot, réalisée avec talent et générosité. Excellents produits, viandes sélectionnées (ah, le délicieux rosbif de charolais et de vrais hamburgers maison), frites croustillantes, petits hors-d'œuvre inspirés (carpaccio de légumes extra). Le tout délivré avec gentillesse et sourire. Clientèle branchouille sympa 25-50 ans, atmosphère déliée... Terrasse aux beaux jours et on vous prête des boules de pétanque.

Au Cochon de Lait *(plan couleur B1,* ***17****) : 23, av. Corentin-Cariou, 75019. ☎ 01-40-36-85-84. Ⓜ Porte-de-la-Villette. Lun-ven 19h-21h. Repas 20-25 €.* Ce petit établissement de la porte de la Villette revendique sa place de dernier bistrot des anciens abattoirs, et ce malgré son décor en faux formica... Quoi qu'il en soit, coincé entre ses concurrents, il affiche une bonne humeur familiale. Bonne petite carte, à base de plats bien franchouillards : œufs mayo, magret de canard, entrecôte ou pavé de rumsteack... à engloutir avec une fournée de patates sautées ! Simplicité et efficacité côté desserts : mousse au chocolat, crème brûlée ou tarte maison. Emballé, c'est pesé !

L'Atlantide *(plan couleur B2,* ***25****) : 7, av. de Laumière, 75019. ☎ 01-42-45-09-81. Ⓜ Laumière. Ouv le soir tlj, plus le midi sam-dim. Plats 14-20 €. Café ou thé à la menthe offert sur présentation de ce guide.* On est ici dans une sorte d'ambassade de la cuisine berbère, tout en élégance et raffinement, qui contribue, avec la langue, à l'identité d'un peuple. Décor soigné d'objets authentiques, motifs géométriques des tissus et de la surprenante vaisselle. Quant à la cuisine, variée, elle se hisse bien au-dessus des sempiternels couscous : fine, savoureuse, elle surprend nos papilles point encore blasées. Service courtois et sympathique.

Au Rendez-vous de la Marine *(plan couleur B2,* ***19****) : 14, quai de la Loire, 75019. ☎ 01-42-49-33-40. Ⓜ Jaurès. Tlj sauf dim-lun ; midi et soir. Plat 14-21 €.* On se presse dans ce charmant bistrot, un ancien bougnat de plus d'un siècle. Affiches de cinéma et photos de vedettes, et hop, ça emballe tout le monde ! Ambiance bruyante, surtout le midi. Aux beaux jours, tables en terrasse, avec vue sur le bassin de la Villette. Plats copieux et abordables, d'honnête facture.

|●| ***Le Café Caché*** *(plan couleur A2,* ***18****) : 104, rue d'Aubervilliers, 75019. ☎ 01-42-05-38-40. Ⓜ Riquet. ♿ Entrée bien cachée (ce n'est pas de la blague !) à l'intérieur du 104, côté rue d'Aubervilliers. Mar-ven 9h-19h30, sam-dim 10h-20h. Repas 15-20 €.* Directement inspirée du design scandinave des années 1950-1960, cette cantine bobo arbore un mélange de bois brut et laqué de noir qui lui donne une petite touche presque chic. On s'y sustente d'une carte simple mais variée, axée sur de bons produits. Les plats de brasserie (genre cheeseburger-frites maison, croque-monsieur) côtoient les « néotapas » d'inspiration basque ou italienne. Aux beaux jours, belle terrasse dans la cour pavée.

19e

Prix moyens

|●| ***Simonetta*** *(plan couleur B2,* ***22****) : 32, quai de la Marne, 75019. ☎ 01-42-81-36-63. Ⓜ Ourcq ou Crimée. Tlj midi et soir (en continu w-e). Plats 13-18 €.* Jolie patine, déco soignée, plantes vertes aux murs et cuisines ouvertes, d'emblée, le lieu nous plaît ! Concentrons-nous sur l'assiette. Des pizzas à la pâte généreuse et aux garnitures franches, des pâtes al dente aux sauces à s'en lécher les doigts, le tout cuisiné avec de savoureux produits de la Botte. Un bémol pour les *antipasti*, un peu chiches. Mais la terrasse au bord du canal redonne le sourire. *NOUVEAUTÉ.*

|●| ***Mensae*** *(plan couleur B3,* ***24****) : 23, rue Mélingue, 75019. ☎ 01-53-19-80-98. Ⓜ Pyrénées. Tlj sauf dim-lun, midi et soir. Menus 20 € le midi, 36 € le soir ; carte env 45 €.* C'est l'histoire de 2 jeunes chefs au top, Thibault Sombardier et Kevin d'Andréa, qui ont fait le show sur M6 avant de conjuguer leurs talents. Le résultat : une belle table (*mensa* en latin) installée dans une rue calme du bouillonnant Belleville. Le cadre est résolument bistrot, en adéquation avec la carte. Courte, celle-ci propose une cuisine gourmande à base de produits de saison de belle qualité. Les légumes sont bio, les viandes goûteuses et les poissons moelleux. Les desserts raffinés concluent le repas en beauté. Les aficionados seront ravis d'apprendre que le chef a ouvert un 2e resto, ***Selae,*** dans le 13e.

|●| ***Mon Oncle le Vigneron*** *(plan couleur B3,* ***13****) : 71, rue Rébeval, 75019. ☎ 01-42-00-43-30. Ⓜ Pyrénées. Tlj sauf dim. Table d'hôtes le soir sur résa ; menu unique env 30 € (avec le vin) selon plats proposés.* Le patron a passé son enfance à Saint-Jean-de-Luz ; pour le comprendre, il suffit de regarder les assiettes qui arrivent devant les heureux convives : piperade du pays, cassoulet, confit de canard... Vous pouvez acheter conserves et vins côté épicerie, avant de vous installer dans la salle rétro comme on aime, flanquée de meubles vintage, de caisses de pinard et de plantes vertes.

|●| ***L'Escargot Bar*** *(plan couleur C3,* ***15****) : 50, rue de la Villette, 75019. ☎ 01-42-06-03-96. Ⓜ Jourdain ou Botzaris. Tlj sauf dim-lun, le soir seulement. Carte 30-35 €.* Cet *Escargot*-là sort bel et bien de sa coquille, dès la devanture en bois qu'il domine de ses antennes rigolotes. Un look de bistrot de quartier à l'ancienne, réinvesti par une clientèle bobo mais pas trop, avec une déco dans le même ton : mi-récup, mi-sophistiquée. Une belle carte alléchante, où les produits du terroir et de saison sont finement relevés par le gingembre, la grenade, le wasabi ou l'anis... au gré des inspirations du chef. En plus d'être délicieux et plutôt inventifs, les plats et les desserts sont vraiment copieux.

|●| ***Chez Valentin*** *(plan couleur B3,* ***14****) : 64, rue Rébeval, 75019. ☎ 01-42-08-12-34. Ⓜ Pyrénées. Tlj midi et soir. Le midi, menus 15-18 € ; carte env 30 €.* Ce petit resto convivial perpétue la tradition du bon gros bœuf argentin, mais pas seulement... La carte fait le grand écart entre des spécialités sud-américaines, des classiques bien français et à l'occasion quelques propositions d'influence asiatique. Bref, un gentil métissage de quartier. Bon accueil, ambiance chaleureuse (beaucoup d'habitués), salle agréable et cuisine très honnête.

Bars à vins

La Cave de Belleville *(plan couleur B3,* **30***) : 51, rue de Belleville, 75019. ☎ 01-40-34-12-95. Ⓜ Belleville ou Pyrénées. Lun-sam 10h (17h lun)-minuit, dim 11h30-18h30. Planches 10-20 €. Verre de vin env 5 €.* Prenez une épicerie-caviste, ajoutez un bar à vins, mixez le tout dans un esprit bistrot revisité en loft, le cadre est planté. Installez-vous à une table patinée et commandez une planche mixte de fromages et charcuterie bien choisis. Arrosez-la d'un vin (essentiellement bio ou naturel) pioché parmi la sélection du mois ou directement sur les étagères, moyennant un droit de bouchon ; ou un droit de capsule pour la belle sélection de bières made in Paris. Santé !

Quedubon *(plan couleur B3,* **31***) : 22, rue du Plateau, 75019. ☎ 01-42-38-18-65. Ⓜ Buttes-Chaumont. Tlj sauf sam midi et dim-lun. Menus env 15-18 € le midi ; carte 35-40 €. Quedubon...* avec un nom pareil, il faut tenir ses promesses ! Pari réussi pour ce petit néobistrot-cave à vins, à deux enjambées des Buttes-Chaumont. Sur l'ardoise, une poignée de petits plats bistrotiers et saisonniers, sans esbroufe et bien troussés, ainsi que des assiettes de fromages. Côté vins, tous naturels, on a le choix (environ 150 références). Laissez-vous guider par le sommelier ! On a aussi apprécié l'accueil souriant et décontracté, la déco contemporaine (sans être trop étudiée) et l'addition raisonnable. Que du bon, on vous dit !

19e

Où boire un verre ? Où sortir ?

Rosa Bonheur *(plan couleur B3,* **45***) : dans le parc des Buttes-Chaumont, 2, allée de la Cascade, 75019. ☎ 01-42-00-00-45. Ⓜ Botzaris. Ouv jeu-dim en hiver, tlj en été, horaires selon programmation. Quand le parc est fermé, on accède alors par la grille en face du 74, rue Botzaris.* Au milieu du parc des Buttes-Chaumont, voici une guinguette chaleureuse et branchée, qui fait briller le soleil toute l'année. Le soir venu, un vent de folie souffle sur le pavillon : on déguste alors quelques tapas accompagnées de vins naturels ou de cocktails, puis on danse frénétiquement sur des *DJ sets.* La clientèle est éclectique, et comme c'est souvent archiplein, mieux vaut arriver tôt. En été, la terrasse et le parc nous feraient presque oublier qu'on est à Paris !

Le Pavillon des Canaux *(plan couleur B2,* **50***) : 39, quai de la Loire, 75019. ☎ 01-73-71-82-90. Ⓜ Laumière ou Riquet. Lun-sam 10h-minuit (1h jeu-sam), dim 10h-22h.* Traîner dans sa baignoire, inviter une dizaine de potes à dîner, buller en terrasse, boire un coup les pieds dans l'eau... Imaginez la vie à Paris dans une maison de famille ! Planté au bord du bassin de la Villette, *Le Pavillon,* c'est chez vous mais en plus grand. Chambres, salons, cuisine et même salle de bains, chaque pièce est ouverte aux Parisiens en manque d'espace. Mobilier vintage, papier peint coloré, abat-jour loufoques et céramiques à motifs plantent un décor rétro et convivial. Parfait pour le p'tit noir du matin, un thé dans l'aprèm ou quelques bières en soirée.

Péniche Antipode *(plan couleur B2,* **47***) : face au 55, quai de la Seine, 75019. ☎ 01-40-36-89-52. 📱 06-69-09-55-10. Ⓜ Riquet. Tlj 12h-2h. Attention, la péniche lève l'ancre pdt Paris-Plage (en juil-août).* Bienvenue à bord de la péniche « polyvaillante », comme on aime dire ici ! Salle de concerts, de spectacle pour enfants ou lieu de rencontre associatif, les loupiottes multicolores de l'embarcation attirent les oiseaux de nuit à l'heure de l'apéro et les curieux en journée. On sirote ici des bières artisanales ou des thés glacés maison. Petite carte à prix serrés de soupes et tartines concoctées avec des produits issus de circuits courts. Ça rigole fort sur le pont, comme dans un petit bistrot de quartier mais les pieds dans l'eau !

Paname Brewing Company *(plan couleur B2,* **46***) : 41 bis, quai de la Loire,*

75019. ☎ *01-40-36-43-55.* Ⓜ *Laumière ou Riquet. Tlj 11h-2h.* Une terrasse flottante ! L'argument est assez alléchant pour attirer les foules. Un conseil : arrivez tôt pour y profiter des belles soirées d'été. Posée sur le canal de l'Ourcq, on découvre avec curiosité cette magnifique microbrasserie, installée les pieds dans l'eau. À défaut de place en terrasse (ou de soleil !), investissez sa vaste salle industrielle envahie par les cuves, où l'on goûte avec plaisir aux crus maison (5 bières à l'année et d'autres qui changent au fil des saisons). Rassurons les allergiques à la cervoise, la maison a une belle carte des vins et manie le shaker avec dextérité.

La Gare *(plan couleur B1,* ***53****) : 1, av. Corentin-Cariou, 75019.* Ⓜ *Corentin-Cariou Tlj 18h-2h. Happy hour 18h-19h. Bières et vins dès 3 €.* Enfin quelques notes bleues dans l'Est parisien ! Cette ancienne gare de la petite ceinture, genre friche culturelle brute de décoffrage, programme des concerts de jazz gratuits presque tous les soirs. Ambiance très conviviale, où on trinque facilement avec ses voisins entre les sets. Grande terrasse sur le parvis et jardin secret à l'arrière, pour profiter du soleil et de belles vues sur les rails désaffectés. *NOUVEAUTÉ.*

L'Atalante *(plan couleur B2,* ***52****) : 26, quai de la Marne, 75019.* ☎ *01-45-26-13-82.* Ⓜ *Crimée ou Ourcq. Tlj 10h-1h30.* Un grand bar à bières ouvert sur le canal de l'Ourcq, qui installe sa superbe terrasse à une enjambée de l'eau. Quand le ciel fait grise mine, on se rapatrie dans la vaste salle au style indus' un peu dénudé. Au comptoir, une vingtaine de pompes à bières, pour trouver et déguster sa mousse préférée, de la *pilsner* à la stout en passant par les *IPA* ou les *cask ales* à l'anglaise. Elles sont sélectionnées au gré des saisons et des coups de cœur de la maison. Le week-end, concerts de jazz en soirée. *NOUVEAUTÉ.*

Pavillon Puebla *(plan couleur B3,* ***49****) : parc des Buttes-Chaumont, av. Darcel, 75019.* ☎ *01-42-39-34-20.* Ⓜ *Buttes-Chaumont. Accès par le 29-31, rue Manin. Jeu-sam 18h-2h, dim 12h-20h.* Niché dans le très anglais parc des Buttes-Chaumont, un pavillon du XIXe s avec fonte et verrière de rigueur, qui étale sa terrasse colorée et boisée été comme hiver. De nombreux événements organisés à suivre sur leur page Facebook. Soirées déguisées, bal populaire, souper marin ou barbecue... on ne rate pas une occasion de s'y pointer en bande.

Café Odilon *(plan couleur B2,* ***51****) : 16, quai de la Marne, 75019.* ☎ *01-40-36-18-22.* Ⓜ *Crimée ou Ourcq. Mer-dim 10h-2h.* Un café chaleureux et cosy, comme le canal de l'Ourcq en a vu pousser ces dernières années. On profite de la belle terrasse au bord de l'eau, le temps de voir le pont levant en action, ou on s'installe confortablement en salle, où la déco colorée invite à la détente. Le soir, l'apéro fait honneur aux vins bio, aux pintes de bière locale et aux pizzas maison à partager avec la bande de copains.

À voir. À faire

LE QUARTIER DES BUTTES-CHAUMONT

Le parc des Buttes-Chaumont *(plan couleur B-C2-3) :* Ⓜ *Buttes-Chaumont, Botzaris ou Laumière.*
Un autre poumon de Paris. Anciennes carrières de gypse (on en tire le plâtre) dont la réputation était immense, elles ont été transformées en parc en 1867. À la tête de ce chantier, l'inévitable baron Haussmann et l'ingénieur Alphand, à qui l'on doit la quasi-totalité des parcs parisiens du XIXe s.
En plein Paris, le parc dévoile un visage imprévisible. Une véritable montagne, mélange de roche et de béton, trône au milieu. Amusant, on y accède par un pont suspendu ou par un autre en brique. Au sommet, un petit temple d'où l'on embrasse un panorama splendide. Tout autour, un lac, nourri par les eaux du canal Saint-Martin tout proche. Avec leurs cascades, leurs rigoles qui traversent les

chemins, leurs balustrades en ciment imitant les branches d'arbres, leur terrain accidenté, les Buttes-Chaumont offrent un lieu de sortie idéal pour les enfants – et ce aussi bien en hiver, quand le lac est gelé, que le reste de l'année. Et ils ne sont pas les seuls. Aux beaux jours, bandes de potes, amoureux, joggeurs ou amateurs de farniente s'y réfugient pour échapper à l'agitation parisienne.
La célèbre grotte-cascade est ouverte au public, profitez-en ! Une machinerie permettait de monter l'eau du canal et de la faire retomber en une superbe cascade.
Côté animation, il y en a pour tous les âges ! Citons, entre autres, ***Guignol-Anatole,*** qui existe depuis plus de 180 ans ! *☎ 01-40-30-97-60. • guignol-paris.com • Théâtre en plein air en bas du parc (emprunter l'entrée face à la mairie) ouv – sauf en cas de pluie – de début avr à mi-oct. Plus d'infos sur leur site internet.* Les aventures de Guignol, dès 3 ans, dans un décor d'époque. Mais aussi, pour les plus grands, ***Rosa Bonheur*** et ***Pavillon Puebla*** (voir plus haut « Où boire un verre ? Où sortir ? »), qui affichent une jolie programmation de spectacles, concerts, bals populaires, soirées...

L'église Saint-Serge *(plan couleur B2)* **:** *93, rue de Crimée, 75019. Ⓜ Laumière. Ouv seulement pdt les offices (lun-sam à 7h et 18h, dim à 10h).* Engagez-vous dans cette discrète impasse verdoyante un peu hors du temps. Au bout, ravissante église russe – anciennement un temple protestant, racheté en 1924 par l'Église orthodoxe – fort peu connue mais qui offre un réel dépaysement. Intérieur, comme souvent, splendide (beaucoup de bois peint). Atmosphère tamisée, charmante et sereine !

En haut de Belleville, il y a bien un métro Place-des-Fêtes, mais il n'y a plus de place, ni de fêtes. Et aujourd'hui, l'esplanade fait plutôt grise mine. Montez-y quand même pour le pittoresque ***regard de la Lanterne,*** à l'angle des rues Compans et Augustin-Thierry. Les regards sont des ouvrages qui permettaient l'accès aux canalisations. Construit en 1583, celui-ci constituait la tête de l'aqueduc des eaux de Belleville. 19e

Finissons sur un grand sourire : au n° 11 de la ***rue des Fêtes,*** superbe folie du XIXe s « façon XVIIe s », maison de campagne des aristos de l'époque, avec mascarons (figures sculptées), balcon et belle toiture. Au n° 13, un couloir étroit mène à l'une des dernières cités-jardins du coin. Magnifique ! Étonnant ! Une quinzaine de maisons avec des jardins exubérants de lilas, des arbres, un kiosque en bois et... un calme total. Malheureusement, un digicode ne laisse guère de chance de la voir, à moins d'un coup de bol !

Une balade attachante dans le quartier

Il subsiste à Paris des îlots de verdure qui ont résisté à la coulée de béton. Que ceux qui en doutent aillent faire la balade dans ce quartier méconnu de la capitale. Pas de monuments grandioses ou d'architectures particulières, mais plein de jardins secrets au fond desquels se nichent d'adorables pavillons, recouverts de lierre.

Les villas de la Mouzaïa *(du nom d'une gorge d'Algérie ; plan couleur C2-3)* **:** *2 km, 45 mn sans les arrêts, du métro Porte-de-Pantin ou Pré-Saint-Gervais au métro Botzaris.*
Sur les hauteurs de Chaumont et de Belleville, il fait bon se perdre à la saison des fleurs. Les ruelles ont pour noms « villas » ou « allées » et se succèdent, envahies par la glycine, le lilas, les seringas et les rosiers.
Du métro de la Porte-de-Pantin, contournez le lycée d'Alembert pour remonter les ***allées piétonnes Arthur-Honegger et Darius-Milhaud.*** Cette inspiration musicale invite à écouter les oiseaux cachés dans les haies des petits jardins ou dans les tulipiers des allées. Par les rues Goubet et d'Hautpoul, le regard plonge, en contrebas, sur l'espace vert du cimetière de la Villette. La rue Manin longe le parc des Buttes-Chaumont pour parvenir aux hauteurs de Belleville qui dominent l'est

de Paris (128,50 m). Continuez plutôt par la rue Compans jusqu'à la curieuse ***rue Miguel-Hidalgo.*** Ici, flânez dans les impasses aux noms et aux ambiances poétiques : ***villa Rimbaud, villa Paul-Verlaine, villa Claude-Monet...*** Quel dépaysement ! Les noms de Bellevue et Belleville s'expliquent par les panoramas sur Paris et les constructions basses des petites villas bâties sur les pentes recouvrant les anciennes carrières.
Au sud de la place Rhin-et-Danube, promenez-vous autour des villas qui donnent sur les *rues de l'Égalité* et *de la Liberté,* ainsi que sur la belle ***rue de Mouzaïa.*** Suivant votre humeur, vagabondez par la luxuriante villa de Bellevue, où les moulins tournaient au vent... il y a un demi-siècle. La ***villa Amalia*** est l'une des plus belles : bordée de vieux réverbères et d'arbres, c'est une enfilade de petits jardins fleuris. Dans la ***villa de Fontenay,*** les rosiers débordent sur la voie de passage et créent comme une tonnelle végétale. Dans la ***villa du Progrès,*** le progrès vous fait face, béton et grues. Contraste garanti ! Puis ***villa Émile-Loubet,*** en pente, d'un charme tout provincial, et ***villa de Bellevue,*** plus colorée, dont les toits des maisons se superposent en escalier. Idem pour la ***villa des Lilas.*** La ***villa de la Renaissance*** offre de jolies portes couvertes de lierre. Plus secrète. Perspective intéressante dans la ***villa Danube,*** elle aussi bordée de belles maisons. La ***villa Marceau*** se révèle plus cossue. Dans la ***villa Laforgue,*** au bout de l'allée, saisissement en se retournant : de la verdure à perte de vue. Mais où est donc passé Paris ? La ***villa Boërs*** donne sur le clocher de l'église. Mignon tout plein ! Les rues de Bellevue et Arthur-Rozier conduisent à la ***villa Albert-Rohida,*** qui redescend par un escalier surréaliste sur la rue de Crimée. Vous voici bientôt arrivé à l'est du parc des Buttes-Chaumont et au métro Botzaris.

LE BASSIN DE LA VILLETTE ET LE CANAL DE L'OURCQ

Le ***bassin de la Villette*** *(plan couleur A-B2)* fut creusé au début du XIXe s pour relier le canal de l'Ourcq au futur canal Saint-Martin et permettre ainsi l'acheminement des marchandises dans la capitale. Une évolution déterminante pour le développement industriel du quartier. Il sera inauguré en grande pompe en 1808, le jour anniversaire du sacre de Napoléon. Au XIXe s, il servit souvent de patinoire lors des hivers rigoureux. Les industries – ravitaillées par le canal – ont quitté les lieux après la Seconde Guerre mondiale, libérant ainsi de vastes terrains, laissant le champ libre à des programmes immobiliers pas forcément très heureux.
À l'extrémité ouest du bassin, la splendide rotonde devait abriter les services de l'octroi du mur des fermiers généraux. Achevée la veille de la Révolution française, elle ne servit jamais.
Aujourd'hui, c'est tout un quartier qui s'est transformé et attire toujours plus de curieux. La rotonde abrite maintenant un café-resto-bar-boîte et les quais de Loire et de Seine sont peuplés de cafés, restaurants et péniches. Aménagés avec brio, on y joue à la pétanque en été ou on se prélasse sur l'une des innombrables terrasses, et on étale sa nappe pour un pique-nique estival en profitant de la douceur le long de l'eau.
Dans le prolongement du bassin de la Villette, le ***canal de l'Ourcq*** connaît le même engouement et continue de se transformer en un lieu de vie agréable, où il fait bon s'extirper du chahut parisien.

– ***Balade en bateau électrique :*** *avec* ***Marin d'Eau Douce.*** *Rens : 37, quai de la Seine, bassin de la Villette, entre le cinéma* MK2 *et la passerelle de la Moselle.* ☎ *01-42-09-54-10.* • *marindeaudouce.fr* • *Fin mars-fin sept. Résa fortement conseillée. Bateaux de 5, 7 et 11 places. Compter 70-140 € pour 2h.* Après un briefing sur le fonctionnement du bateau, les manœuvres et les règles de navigation, on vogue sur le bassin de la Villette, on franchit le pont levant de Crimée et on remonte tranquillement le canal de l'Ourcq, au fil de l'eau. En partant 2h, on traverse le parc de la Villette, on dépasse les grands moulins de Pantin et le Centre national de la danse. Si vous avez une demi-journée devant vous, accostez au parc de la Bergère pour pique-niquer. Également un espace où les enfants peuvent naviguer comme de vrais matelots.

– ***Croisières au fil de l'eau :*** *avec* ***Paris-Canal.*** *Rens : 19-21, quai de la Loire, 75019. ☎ 01-42-40-29-00. • pariscanal.com • De mi-mars à mi-nov seulement. Résa indispensable par tél. Tarif : 22 € ; réduc.* 3 bateaux bien sympas, *La Guêpe Buissonnière, Le Martin-Pêcheur* et *Le Canotier,* pour descendre (ou remonter) le canal Saint-Martin en péniche ! Pourquoi ne pas prendre le temps de savourer des moments de détente, 2h30 durant, au rythme des écluses qui se remplissent ou se vident ? Le bateau relie le port de Solferino (Musée d'Orsay) au parc de la Villette. On franchit ainsi le célèbre pont de Crimée (dernier pont-levis à Paris).

– En juillet et août, Paris Plage s'installe ici. Sports nautiques (aviron, vélo-pédalo, canoë...) transats, jeux d'eau ou tyrolienne, chaque été, une multitude d'activités animent encore davantage ce quartier déjà bien vivant. Mais la grande nouveauté depuis 2017, ce sont les 4 bassins qui permettent aux Parisiens de se baigner directement dans l'eau de la Seine ! Un succès fou, arrivez tôt pour en profiter ! Plus d'infos sur *• parisinfo.com •*

Le ***pont de Crimée*** est le dernier pont-levis (et en activité !) de Paris. Il fonctionne avec de drôles de roues articulées sur des colonnes grecques à crémaillère. La société qui le construisit créa également les ascenseurs hydrauliques de la tour Eiffel. Des dates de naissance partout sur les colonnes et la belle plaque en céramique de la maisonnette à l'entrée du pont rappellent son âge plus que centenaire : 1885. Si vous passez par là quand il se lève, admirez le spectacle !

19e

Le Centquatre *(plan couleur A2) : 104, rue d'Aubervilliers, 75019. • 104.fr •* Un ensemble dédié à la création artistique contemporaine qui occupe le beau bâtiment des anciennes pompes funèbres municipales, l'ancienne « usine à deuil ». Des espaces sont offerts à la création, à la diffusion et à l'exposition de multiples disciplines, des arts plastiques aux arts du spectacle. Le 104 abrite aussi un café (bien planqué) et organise de nombreuses soirées.

LE PARC DE LA VILLETTE
(plan couleur C1-2 et plan Parc de la Villette)

• Plan *p. 545*

• lavillette.com • Ⓜ Porte-de-Pantin. Accessible aussi par le nord : Ⓜ Porte-de-la-Villette ou Corentin-Cariou.

Le parc s'étend sur 55 ha, ce qui en fait, par sa taille, le plus grand parc parisien. Il recouvre complètement l'ancien site du marché national de la viande, entre la porte de Pantin et la porte de la Villette, au confluent du canal de l'Ourcq et du canal Saint-Denis. Il comprend la ***Cité des sciences et de l'industrie,*** la ***Cité de la musique*** et la ***Grande Halle,*** le ***théâtre Paris Villette,*** le ***théâtre Tarmac,*** ainsi que le ***Zénith,*** la ***Géode,*** le sous-marin ***Argonaute,*** la salle de concerts ***Trabendo,*** la salle de spectacle et boîte de nuit ***Cabaret Sauvage,*** des pavillons d'exposition, des espaces pour les chapiteaux de cirque et de cabaret, ainsi que la nouvelle ***Philharmonie de Paris*** signée Jean Nouvel.

Vaste ensemble réalisé entre 1984 et 1997 et, disons-le, assez réussi – même s'il est un peu vieillissant par certains aspects –, tant pour le contenu des Cités que pour l'architecture des bâtiments et du parc lui-même. Sur plus de 3 km de promenades offerts aux piétons comme aux cyclistes, une dizaine de jardins à thème, à la croisée des chemins entre l'ancien et le futur, les arts et la science, la nature et la ville.

Bernard Tschumi a dessiné un parc au concept révolutionnaire : d'abord, quadrillant les 35 ha de lignes imaginaires, plan d'un vaste damier aux cases de 120 m de côté, il

planta à chaque intersection des folies : 26 édifices cubiques plus ou moins éclatés, ici augmentés d'une tourelle ou d'un escalier extérieur, là éventrés, creux – clins d'œil aux constructivistes russes. Complétant cette géométrie, 2 axes piétons traversent le parc, reliant la porte de Pantin à celle de la Villette et Paris à la banlieue (en fait, le périph') en longeant le canal de l'Ourcq : lignes d'abscisses et d'ordonnées. Puis 2 prairies, le cercle et le triangle, vastes plages vertes. Enfin, rompant l'ordre rigide, un chemin sinueux à travers les jardins des Miroirs, des Vents et des Dunes, des Bambous, des Voltiges, etc. Multiples sont les atmosphères qui se succèdent, souvent ludiques, aux essences variées, agrémentées de jeux d'eau, de sculptures.
Toujours dans le parc, de mi-juillet à fin août, ***Festival de cinéma en plein air*** *(gratuit ; programmation sur le site • villette.com •).* Les amateurs de musique électro se retrouvent, eux, en mai, lors du festival ***Villette sonique*** *(• villettesonique.com •).*

UN PEU D'HISTOIRE

Tout le quartier vécut pendant un siècle au rythme des abattoirs et du marché aux bestiaux, créés par Haussmann (encore lui !) en 1867. La nécessité d'un lieu d'abattage proche de Paris se justifiait alors par les conditions de réfrigération quasi inexistantes. Or les Parisiens étaient déjà nombreux, et les bêtes arrivaient de tout l'Hexagone. Une gare spéciale fut d'ailleurs créée. Pendant plus d'un demi-siècle, les abattoirs de la Villette, véritable ville dans la ville où résonnaient tous les patois de France, firent partie du folklore parisien à part entière. Les halles, au nombre de 3 à l'époque, pouvaient contenir jusqu'à 30 000 bêtes.

On s'aperçut trop tard – après une très coûteuse rénovation – que les techniques modernes de réfrigération et de transports n'imposaient plus d'abattre à Paris, et qu'il était plus rentable de le faire sur les lieux de production.
Aujourd'hui, le souvenir des abattoirs subsiste encore avec la Grande Halle et, aux alentours du parc, avec les quelques restos spécialisés dans la bonne viande (côté porte de Pantin) et les magasins vendant toujours du matériel de boucherie (côté porte de la Villette).

BOIRE DU SANG AUX ABATTOIRS

Jusque dans les années 1920, et dans toutes les couches sociales, on avait l'habitude d'emmener les enfants un peu pâlots aux abattoirs, pour leur faire avaler du sang de veau. On le servait encore chaud, à température de la bête récemment abattue. Et puis on découvrit les vitamines, ouf !

La Grande Halle *(plan Parc de la Villette, A-B2-3)* **:** ☎ *01-40-03-75-75 (infos et résas).* Ⓜ *Porte-de-Pantin.* L'ancienne halle aux bœufs est un bel exemple de l'architecture du XIXe s, façon Baltard. Très bien rénovée, elle a été transformée en un espace modulable d'expositions, de salons et de spectacles. Fermée par des parois de verre, abritant un volume à géométrie variable grâce à des passerelles, des cloisons et plateaux mobiles, elle présente une architecture à la fois légère et transparente, assez réussie.
– Devant la Grande Halle, une belle fontaine. Initialement placée au centre de l'actuelle place de la République, sous Napoléon Ier, pour alimenter le quartier en eau, la *fontaine aux Lions* (qui évoquent la campagne d'Égypte) fut ensuite déplacée ici pour abreuver les animaux.

Le Conservatoire national supérieur de musique et de danse de Paris *(plan Parc de la Villette, A-B3)* **:** *209, av. Jean-Jaurès, 75019.* ☎ *01-40-40-45-45.* *• conservatoiredeparis.fr •* Ⓜ *Porte-de-Pantin.* Signé Christian de Portzamparc, le bâtiment se caractérise par son toit ondoyant de tôle ondulée, ses piliers traversant des vulves de fer et les lourdes vagues qui le parcourent. Architecture

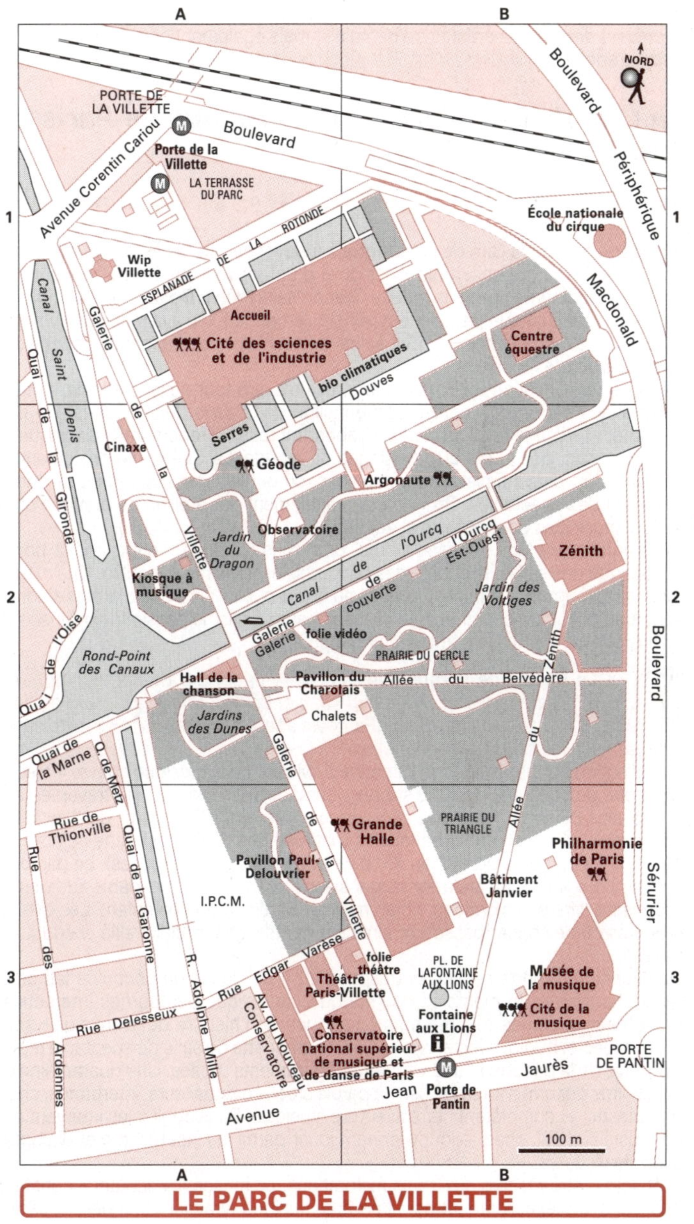

LE PARC DE LA VILLETTE

assez joyeuse, comme d'habitude. Enseignement, bien sûr, et du sérieux – c'est le creuset des grands artistes de demain –, mais également concerts, spectacles chorégraphiques.

La Cité de la musique – Philarmonie de Paris *(plan Parc de la Villette, B3)*

221, av. Jean-Jaurès, 75019. ☎ 01-44-84-44-84. • philharmoniedeparis.fr • Ⓜ Porte-de-Pantin.

Depuis 2015, la Cité de la musique est devenue Cité de la musique – Philarmonie de Paris, et l'ensemble s'est doté d'un nouveau bâtiment conçu par le prolifique architecte Jean Nouvel. La Grande salle ***Pierre Boulez*** de 2 400 places assises, à l'acoustique parfaite, est principalement dédiée à la musique symphonique. Elle est complétée par des salles de répétition, des espaces éducatifs et des espaces d'expositions.
Réalisée par Christian de Portzamparc, elle s'avère tout aussi originale, notamment avec l'énorme cylindre à dôme incliné de la *Salle des concerts*. Au programme, un voyage musical diversifié abordant tous les répertoires : classique ou contemporain, de l'opéra aux musiques du monde. La Cité abrite également un *amphithéâtre* plus intimiste, de 250 places, où ont lieu des concerts, des conférences et des spectacles. On y propose également des ateliers de pratique et de culture musicales pour enfants et adultes.
Un programme d'une richesse inouïe, pour tous les âges. Soulignons la bonne acoustique des salles, la qualité des concerts, les tarifs raisonnables. Une *médiathèque* regroupe des services destinés au grand public, ainsi que d'autres s'adressant à un public de chercheurs et d'enseignants. Enfin, le passionnant *Musée de la musique* complète l'ensemble (voir ci-après).

Le Musée de la musique : *☎ 01-44-84-44-84. ♿ Mar-ven 12h-18h, sam-dim 10h-18h. Fermé lun, 1er janv, 1er mai et 25 déc. Entrée avec audioguide : 8 € ; réduc ; gratuit moins de 26 ans. Parcours adapté pour les visiteurs handicapés (images en relief, boucles magnétiques).*
La collection permanente d'instruments du Musée de la musique couvre 4 siècles d'histoire occidentale, du XVIIe s à nos jours, et s'achève par une traversée des principales cultures musicales du monde. Créé en 1997 à partir de l'ancienne collection du Conservatoire national, constituée dès 1795, il est riche aujourd'hui de 7 000 instruments du XVIe au XXe s (dont un millier sont exposés). Le parcours est chronologique (une plate-forme par siècle), assorti d'un formidable audioguide proposant différentes options, notamment une ludique version enfant. Les extraits d'opéras ou de concertos, sobrement commentés, charment l'oreille et éduquent l'esprit.
Dans chaque grande section correspondant à un siècle, on découvre les différentes familles instrumentales de l'époque, tandis que des bornes interactives présentent quelques œuvres emblématiques de l'histoire de la musique sous forme vidéo et audio, avec en vis-à-vis une maquette de salle de spectacle représentative de la période et une vitrine des instruments utilisés. Une quarantaine de petits films documentaires laissent la parole à des compositeurs, interprètes, chefs d'orchestre, et complètent cette aventure musicale. Sans oublier les interventions de musiciens qui, chaque jour, viennent jouer parmi les instruments et dialoguer avec les visiteurs.
Bref, loin d'être réservé aux seuls mélomanes, ce musée « à écouter » constitue pour tous une excellente introduction à la musique. Vraiment une belle réussite. En avant la musique !
– ***XVIIe s :*** naissance de l'opéra dans l'Italie baroque avec la 1re œuvre presque entièrement chantée, *Orfeo* (1607) de Claudio Monteverdi. Cet Italien, arrivé à la cour de Versailles à l'âge de 14 ans comme page, a réussi à devenir son

compositeur attitré. Ne pas manquer la borne dédiée à *Alceste* de Lully, avec sa fascinante maquette de la cour de marbre du château de Versailles éclairée aux chandelles en 1674. Côté instruments, cistres, luths finement décorés dans l'ivoire, inspirés des ouds arabes, clavecins – certains étaient de véritables œuvres d'art –, violes de gambe (pourquoi gambe ? Parce qu'on en jouait en la tenant entre ses gambettes, pardi !), cornets à bouquin inspirés des cornes d'animaux, hautbois, bassons, flûtes à bec et traversière. Dans la vitrine des guitares – très appréciées à la cour de Versailles –, superbe guitare-tortue, et côté violons, les minuscules « violons-pochettes » utilisés par les maîtres à danser qui les glissaient ainsi facilement dans leur poche. Dans la vitrine de la Grande Écurie, écoutez donc le son de la trompette marine, tout à fait étonnant pour un instrument monocorde.

– ***XVIIIe s :*** l'opéra et l'apparition des 1ers concerts publics au Siècle des lumières. Saviez-vous que l'opéra était à l'origine un divertissement conçu pour le roi et qu'il devint par la suite une véritable institution en France ? Parallèlement, une amorce de vulgarisation de la musique de chambre s'étend en France et dans tous les pays d'Europe. On assiste à la consécration de Rameau – grand compositeur pour clavecin –, ou encore de Mozart, qui innove en donnant une grande autonomie aux instruments à vent ainsi qu'à la harpe. Côté instruments, on remarque qu'ils se parent de décorations, souvent inspirées par les voyages (chinoiseries et autres). Magnifiques clavecins, mandolines (de la famille des luths), vielles à roue (ce croisement entre un violon et un clavier était surnommé l'instrument des truands car joué par les jongleurs et les mendiants), orgues, pianos, harpes (un des plus vieux instruments du monde, et dont jouait très bien Marie-Antoinette), trompettes et cors, guitares. Dans la vitrine sur le verre musical, un Glassharmonica imaginé par Benjamin Franklin, l'inventeur du paratonnerre et corédacteur de la Déclaration d'indépendance des États-Unis, censé rendre fou ; le son cristallin, obtenu par le frottement des doigts mouillés d'eau et de salive sur les coupelles de verre chargées de plomb, pouvait en effet intoxiquer ceux qui en jouaient. Vous noterez qu'à cette époque les salles de spectacle disposaient d'espaces libres, sans fauteuils. Eh oui, on avait le droit d'écouter debout, et même de manger pendant les concerts !

– ***XIXe s :*** l'orchestre romantique, avec comme digne représentant l'incontournable Beethoven. Dans les familles instrumentales, on retrouve le violon, avec le célèbre fabricant italien Stradivarius, le violoncelle, l'alto et la contrebasse, qui forment le quatuor. On suit aussi l'évolution du piano carré jusqu'au piano à queue en passant par l'hexagonal, dont la forme était purement décorative (pas encore de piano droit). Le dernier piano exposé est un modèle à queue de Pleyel, utilisé par Chopin dans les dernières années de sa vie. C'est l'époque où l'on cherche à inventer de nouveaux instruments, les brevets étant une bonne source de revenus. Par exemple, l'octobasse, une gigantesque contrebasse dont il ne reste que 2 exemplaires dans le monde, voit le jour. Avec ses 3,50 m de hauteur, difficile de la rater ! Inventée par Vuillaume, elle fut présentée à l'Exposition universelle de 1855 et plébiscitée par Berlioz. Si vous l'observez attentivement, vous comprendrez sans doute la manière dont on en jouait. Et si vous séchez, rendez-vous un peu plus loin devant la vitrine consacrée à Vuillaume, un petit dessin vous éclairera, et l'audioguide aussi. À côté, la vitrine « plomberie » avec tous les modèles de sax, inventés par le Belge du même nom. Au rayon des curiosités, vous découvrirez une série d'instruments « de torture » servant, entre autres, à assouplir les doigts et à améliorer la musculation de la main. Et puis une vitrine sur le Conservatoire, créé en 1795. Désormais la musique ne s'apprend plus de père en fils, mais à travers l'enseignement d'une école.

– ***XXe s :*** le langage musical évolue en profondeur, stimulé par les progrès de la technologie. Place à la musique électronique avec de nouvelles sonorités, comme le theremin, venu de Russie et datant de 1919, qui fonctionne avec les ondes (même pas besoin de le toucher pour en jouer !), et les ondes Martenot, souvent utilisées dans les musiques de film. Très vite, on passe aux instruments du futur : studio de musique électro-acoustique, qui évoque le cockpit d'un avion, et enfin

l'ordinateur. La musique populaire du XXe s est à peine abordée, mais cette section devrait s'enrichir considérablement dans les années à venir. En attendant, 3 petites vitrines sont dédiées au jazz.
– ***Musiques du monde :*** Afrique, monde arabe, Asie, Amériques et Océanie, un vrai tour du monde sur seulement 150 m² ! Dans la partie Asie, vous ne pourrez manquer l'exceptionnel *piphat mon,* tout rouge et or, et qui ne se joue qu'à plusieurs, comme le gamelan. C'est en fait un ensemble instrumental composé de gongs et de xylophones, mais considéré comme un seul et même instrument. Également d'extraordinaires luths indiens, remarquablement ciselés et peints. Ne pas manquer enfin les 2 vidéos diffusant une musique composée uniquement avec des claquements d'eau, et une autre avec des tubes de roseau frappés sur des pierres avec les mains et les pieds. Étonnant comme c'est mélodieux !
– La Cité de la musique propose aussi des visites pour adultes et enfants ou en famille ainsi que des concerts-promenades (certains dimanches) au cours desquels musiciens, conteurs, plasticiens ou danseurs investissent le musée. Des expos temporaires complètent le programme.

19e

La Cité des sciences et de l'industrie
(plan Parc de la Villette, A1)

30, av. Corentin-Cariou, 75019. ☎ 01-40-05-80-00. • cite-sciences.fr • Ⓜ ou Ⓣ Porte-de-la-Villette. Tlj sauf lun 10h-18h (19h dim). Fermé 1er janv, 1er mai et 25 déc. Entrée : 12 € ; réduc ; gratuit moins de 2 ans. Possibilité d'acheter les billets Explora, expos enfants et Géode de manière groupée (tarifs réduits) : 2 billets 16 € ; 3 billets 24 €.
Installée dans la salle des ventes des anciens abattoirs, la Cité propose à chacun de prendre conscience des enjeux de la recherche scientifique, des investissements industriels et des progrès de la technologie. Ça a l'air sérieux comme ça, mais on fait tout ça en s'amusant ; c'est là où c'est réussi.
Le 1er défi se remarque quand on arrive devant cet immense bâtiment. D'une carcasse esseulée, l'architecte Adrien Fainsilber a construit un temple futuriste et en même temps adapté à l'homme du XXIe s. Quand on vous dit que la Cité, c'est à la fois Babel et la Grande Pyramide, croyez-nous ! Voyez les dimensions : 3 ha d'emprise au sol, 250 m de long, 150 m de large, 50 m de haut, au total 150 000 m² ! Le seul hall d'entrée mesure 100 m de long et 20 m de large. Au-dessus de votre tête : 2 immenses coupoles suspendues au toit captent la lumière du jour qui baigne le hall d'accueil.
Cette Cité n'est pas un musée comme les autres. Elle fonctionne dans un esprit créatif et novateur qu'on retrouve dans les expos temporaires traitant de l'actualité ou de tout autre sujet à travers ses conséquences économiques, sociales, artistiques... Depuis l'ouverture, elles ont abordé des thèmes aussi variés que « Les effets spéciaux dans *Star Wars* », « Les Gaulois » et « Léonard de Vinci », entre autres.
Autre particularité : c'est un lieu interactif. Entre le visiteur et l'objet, il y a échange et participation qui lui permettent de se sentir impliqué, interpellé, bref d'être acteur de sa visite et de s'interroger sur la place des sciences et techniques dans nos sociétés. La grande aventure de demain est bien commencée. Bon voyage !

Explora : *entrée 12 € ; réduc ; gratuit moins de 2 ans. Billet donnant accès aux expos permanentes et temporaires occupant les niveaux 1 et 2, dont entre autres:*
– ***Sons :*** *niveau 1.* Découvrir ce qu'est le silence, tester la finesse de son ouïe... Ici, on apprend à distinguer vacarmes et stridences de façon ludique et captivante. On peut s'essayer, par exemple, aux percussions virtuelles ou dialoguer en chuchotant dans des paraboles distantes de 17 m. On peut aussi distinguer le chant des dauphins de celui d'une otarie ou écouter le bruit du « lapin qui rêve », tout un programme ! Une expo qui intéressera aussi les visiteurs les plus jeunes.

– ***Mathématiques :*** *niveau 1. À partir de 12 ans.* Résoudre des problèmes, on pensait que cela n'arrivait qu'à l'école. On était loin d'imaginer qu'on pouvait y prendre du plaisir. On se découvre en train de relever des défis mathématiques au travers de jeux, manip', expériences et dispositifs interactifs.
– ***Objectifs Terre : la révolution des satellites :*** *niveau 1. À partir de 11 ans.* Embarquez pour une aventure spatiale et découvrez des images rares et insolites de la planète bleue, transmises par quelque 900 satellites. Des satellites très utiles qui nous renseignent sur le changement climatique, gèrent les catastrophes naturelles, préviennent les épidémies, contrôlent le trafic aérien ou, plus communément, nous indiquent notre chemin. Objectif : explorer et comprendre notre système pour mieux le protéger.
– ***Cerveau :*** *niveau 1. À partir de 12 ans.* Le cerveau humain sous l'angle des neurosciences cognitives, développé en 3 thématiques : « Qu'est-ce qu'un cerveau ? », « Le cerveau au travail » et « Le cerveau social ». Une expo neuroludique.
– ***Le grand récit de l'Univers :*** *niveau 2. À partir de 12 ans.* Ici, on enquête sur l'origine de la matière, de la lumière et de l'énergie d'abord sur Terre, puis dans le système solaire et enfin dans le vide extragalactique. C'est parti pour un voyage de 13 milliards d'années, à la rencontre de Newton, Einstein, Planck et jusqu'aux confins de l'Univers. On se sent petit tout à coup.
– ***La salle Science-Actualités, le magazine qui se visite :*** *niveau 1. À partir de 12 ans.* Toute l'actualité scientifique est présentée dans un espace moderne et bien pensé : une douzaine d'enquêtes par an sur des sujets au cœur de l'actualité scientifique, des reportages dans les labos, des interviews de chercheurs, des débats filmés, etc. 19e
– ***Solar Impulse :*** le mythique avion solaire s'est posé à la Cité des sciences ! Avec l'envergure d'un Airbus A340 mais le poids d'une voiture et la vitesse d'une mobylette, cet appareil peut voler jour et nuit comme un vélo : sans carburant, grâce à ses 4 moteurs alimentés par des panneaux solaires recouvrant ses ailes. La 2e version a réalisé le tour du monde en 2015-2016. Avec un multimédia présentant les technologies mises en œuvre pour sa réalisation, les enjeux liés au développement de la recherche dans les domaines des matériaux, de la gestion énergétique et de l'interface homme-machine... et, pour le bonheur des enfants et des plus grands, un simulateur de Solar Impulse sur Kinect (Xbox).
– ***Et aussi :*** Jeux de lumière *(niveau 2 ; à partir de 6 ans),* Transports et énergies *(niveau 1 ; à partir de 10 ans).*

Le planétarium : *☎ 01-40-05-80-00. ♿ Mar-dim, séance env ttes les heures. Entrée : inclus dans le billet Explora. À partir de 3 ans. Durée : 35 mn.* Les projections à 360° vous immergent totalement pour mieux appréhender l'infiniment grand de notre univers. Ne pas manquer cet extraordinaire voyage la tête dans les étoiles ! En alternance, des spectacles animés et commentés par les médiateurs scientifiques.

La Cité des enfants : *au niveau 0. Mar-dim 10h-18h ; 4-6 séances/j. de 1h15 env. Entrée : 12 € ; réduc ; gratuit moins de 2 ans. À partir de 2 ans ; interdit aux adultes seuls et aux enfants non accompagnés d'un adulte. Billet donnant accès à l'Argonaute + cinéma Louis-Lumière. Nombre de places limité donc résa conseillée (et payante) sur le site ● cite-sciences.fr ● Ateliers et stages « sans parents » proposés pdt vac scol et certains w-e, sur résa.* 5 000 m² réservés aux enfants. Sur 2 espaces d'exposition distincts (2-7 ans et 5-12 ans), à la pédagogie adaptée, les enfants s'initient aux sciences et techniques en jouant. 5 thématiques sont abordées, soit autant de terrains d'expérimentation que les gamins investissent et explorent ! Les jeux d'eau remportent un succès constant, sans distinction d'âge. Sinon, pendant que les grands s'initient aux métiers de la télévision dans le studio, découvrent des papillons sous la serre, se familiarisent avec des robots, les plus jeunes, équipés d'un casque, apportent leur pierre à l'édifice sur un formidable chantier, perdent leurs repères dans le labyrinthe, associent animaux et empreintes de pattes... Bref, on manipule, on gesticule autant qu'on gamberge et qu'on fourmille d'idées !

Le cinéma Louis-Lumière : *compris dans le billet Explora ou Cité des enfants (2-7 ans ou 5-12 ans). Dès 3 ans, séance tes les heures.* Projection de films d'animation et courts métrages divertissants et instructifs issus de la programmation d'universcience.

Le Carrefour numérique² : *accès libre.* Cet espace accompagne les nouvelles pratiques numériques participatives. Équipé d'un laboratoire de fabrication numérique, le Fab Lab, et d'un laboratoire de la médiation numérique, le Living Lab, le Carrefour numérique² propose des ateliers « Do it yourself » de fabrication, impression, modélisation 3D, entre autres.

L'aquarium : *au niveau - 2. GRATUIT.* Sur 250 m², plus de 200 espèces de poissons, crustacés, mollusques et végétaux du littoral méditerranéen. D'une vitrine à l'autre, le paysage montre la richesse que découvre un plongeur lorsqu'il descend du rivage jusqu'à 50 m de profondeur. Vous l'avez trouvée, la murène, près du gros mérou ?

Dans le parc

La Géode *(plan Parc de la Villette, A2) : programme et résas sur le site • lageode.fr • Tte l'année, tlj ; séances ttes les heures env 10h30-20h30 ; horaires variables le lun. Entrée : 12 € ; réduc. Billets couplés avec la Cité des sciences : 16 € les 2 billets ; 24 € les 3 billets.*

Cette boule d'acier poli vous transporte dans le futur... Elle abrite une salle de cinéma où quelques centaines de spectateurs sont emportés par l'image grâce à un écran hémisphérique de 1 000 m². Sont proposés des films d'une quarantaine de minutes, ludiques et instructifs, consacrés à l'aventure, à la science et à la nature. Ces films étant diffusés à 180° en format géant IMAX®, l'image offre au spectateur plus qu'il ne peut saisir ; quant aux documentaires projetés en 3D, ils immergent les spectateurs au cœur des images. Tout ça grâce aussi à la puissance du son (21 000 W). Plus de 30 ans après son inauguration, la Géode est toujours indémodable !

L'Argonaute *(plan Parc de la Villette, B2) : côté sud de la Cité, à côté de la Géode, niveau - 1. Tlj sauf lun 10h-17h30 (18h dim). Entrée comprise avec le billet Explora ou Cité des enfants. À partir de 3 ans.* Authentique submersible, pièce maîtresse d'un ensemble muséologique consacré à l'aventure technologique et humaine de la navigation sous-marine. Ce sous-marin, c'est l'*Argonaute,* construit à Cherbourg dans les années 1950, qui fut en son temps l'un des fleurons de la Marine nationale. Visite intéressante dans un espace très réduit : incroyable réseau de câbleries, manettes et écrans partout (radar, sonar), périscopes, exiguïté impensable et vue sur la grosse mécanique de la salle des machines. La visite est complétée par une intéressante petite expo sur l'histoire et la vie à bord des sous-marins (maquettes, fresque historique et films) et des expositions temporaires.

20e ARRONDISSEMENT

LE PÈRE-LACHAISE • CHARONNE • MÉNILMONTANT • BELLEVILLE

• Pour le plan du 20e arrondissement, voir le cahier couleur en fin de guide.

Ce 20e arrondissement, et dernier de la série, présente un intérêt majeur pour allier culture, sortie au grand air et plaisir : le cimetière du Père-Lachaise. Dernière demeure des gloires authentiques ou des réputations usurpées, des musiciens et des poètes, des peintres et des écrivains, des amants et des amoureuses, c'est un lieu romantique à souhait. Ses vieilles tombes recouvertes de mousse, ses arbres aux racines contrariées, ses anciennes inscriptions hébraïques, ses fleurs desséchées, le mur des Fédérés, témoin des massacres de la Semaine sanglante : chaque recoin de ce cimetière plus que bicentenaire ravive des émotions enfouies.
Ouvrez vos horizons, le 20e se suffit à lui-même, avec ses anciens villages qui le composent : Belleville, Ménilmontant et Charonne. Et avec ses habitants. Strates successives d'anciens maraîchers, de prolétaires montés de nos campagnes, d'immigrés italiens, portugais, espagnols, arméniens, juifs, turcs, maghrébins, africains, yougoslaves, asiatiques... Les balades, elles, se révèlent colorées et vivantes, entre ruelles secrètes et boulevards surexcités. Le vrai dépaysement, il est là. On l'observe depuis le point culminant de Paris (128 m), au niveau du no 40 de la rue du Télégraphe.

UNE VILLE D'ART... PARFOIS INSOLITE !

Bien sûr, Paris se découvre en flânant dans les rues, le nez en l'air : vénérable architecture du XVIIIe s ou au contraire ultra-contemporaine. Mais on peut s'intéresser aussi à un phénomène dans l'air du temps : le ***street art,*** qui, par l'intermédiaire de graffitis, collages ou mosaïques, s'invite sur les façades et autres éléments de l'espace urbain. Poétiques ou engagées, ces œuvres singulières, florissantes dans l'Est parisien, ont désormais fait leur entrée dans les galeries et musées parisiens. Dans le 20e, la plus belle toile s'expose en plein air, rue Dénoyez, une véritable œuvre d'art qui court tout le long de cette allée pavée et haute en couleur.

Où dormir ?

Auberge de jeunesse

The Loft Boutique Hostel & Hotel *(plan couleur A1, **1**) : 70, rue Julien-Lacroix, 75020. ☎ 01-42-02-42-02. • theloft-paris.com • Ⓜ Pyrénées ou Belleville. Lit en dortoir 3-8 pers 16-35 € ; doubles 45-150 € ; petit déj en sus.* Au cœur de Belleville, cette AJ pimpante propose des chambres privées et des dortoirs lumineux, modernes et parfaitement tenus. Tous disposent de leur propre salle de bains. Pop, cosy ou baroque, à chaque chambre son style. On adore la déco fraîche aux couleurs acidulées et les murs façon peau de vache ! La courette, flanquée de quelques tables et chaises multicolores, se révèle aussi bien agréable pour faire des rencontres. Pour le reste, on y retrouve tous les atouts d'une bonne AJ : coffre-fort dans les chambres, bar, cuisine, réception ouverte 24h/24, plans de la ville... pour visiter Paris sans stress !

Très bon marché

Centre d'hébergement Louis Lumière (plan couleur C2, **2**) : *46, rue Louis-Lumière, 75020. ☎ 01-43-61-24-51. • ligueparis.org • Ⓜ Porte-de-Bagnolet ou Porte-de-Montreuil. Tlj sauf dim et j. fériés 10h-16h. Congés : 3 sem en août. En dortoir 3-8 lits, 20,98-24,60 €/pers ; double 26,89 €/pers ; petit déj compris. Draps fournis mais pas les serviettes de toilette. CB refusées.* Un bon plan d'hébergement pas cher et fonctionnel, mais il faut être un peu chanceux, car la priorité est donnée aux groupes. Cela dit, les 68 lits répartis en chambres simples ou doubles (avec douche privée) et dortoirs de 3 ou 8 personnes (douches et w-c communs) sont plus souvent libérés les week-ends et pendant les vacances scolaires (hors été, où les centres de loisirs sont accueillis). Appeler quelques jours avant d'arriver pour connaître les disponibilités. Sur place, pas de restauration ni de cuisine à disposition. En revanche, comme le centre accueille également un espace culturel, l'accès aux pièces de théâtre programmées plusieurs fois par mois est gratuit !

20e

De bon marché à prix moyens

Hôtel de l'Union (plan couleur C3, **3**) : *65, rue des Pyrénées, 75020. ☎ 01-43-73-20-97. • hotelunion-paris.com • Ⓜ Maraîchers. Doubles à partir de 60 € ; petit déj 6,50 €. 10 % sur le prix de la chambre sur présentation de ce guide.* Jolie surprise pour cet hôtel d'une vingtaine de chambres au pied du métro (littéralement). Joli parquet, salles de bains modernes, bonne literie et déco de bois plantent un décor confortable pour des chambres bien tenues et nickel. Les moins chères partagent la salle de bains. Un studio, avec kitchenette, peut accueillir 4 personnes. Si elles ne sont pas immenses, on salue le rapport qualité-prix, vous ne trouverez pas mieux dans le quartier. Seul bémol : l'absence d'ascenseur. Le personnel, accueillant et sympa, vous montera vos valises mais les cuisses peuvent chauffer jusqu'au 6e étage.

Timhotel Nation (plan couleur B3, **4**) : *5-7, rue d'Avron, 75020. ☎ 01-43-56-29-29. • timhotel.com • Ⓜ Avron. ♿ Doubles 49-199 € ; petit déj 13,50 €.* À deux pas de la place de la Nation, dans une rue très commerçante, cette adresse ne dégage pas de charme particulier mais se révèle efficace, fonctionnelle, propre, d'un niveau de confort suffisant, et surtout d'un bon rapport qualité-prix. Les chambres *twin* donnent sur cour et sont donc plus silencieuses (certaines sont même de plain-pied sur la terrasse), pour les amateurs de calme. Pour l'anecdote, cet hôtel est un ancien cinéma indien des années 1970 !

Prix moyens

Nadaud Hôtel (plan couleur B2, **5**) : *8, rue de la Bidassoa, 75020. ☎ 01-46-36-87-79. • nadaud-hotel.com • Ⓜ Gambetta. ♿ Doubles 85-110 € ; familiales ; petits déj 8-10 € (servis seulement en chambre).* Ici, l'hôtellerie est une affaire de famille depuis plusieurs générations, alors rien d'étonnant à ce que l'on soit si bien reçu. L'établissement, avec ascenseur, est absolument impeccable. Toutes les chambres, climatisées ou ventilées, sont bien entretenues et tout confort. Joli parquet, tons bleus et chocolat et sobriété dégagent une atmosphère chaleureuse. Certaines offrent une vue exceptionnelle sur les toits de Paris.

Hôtel Paris Gambetta (plan couleur B2, **6**) : *12, av. du Père-Lachaise,*

75020. ☎ 01-47-97-76-57. • hotel parisgambetta.com • Ⓜ Gambetta. ♿ Doubles 125-145 € ; petit déj 10 €. Parking payant. Un petit déj/pers offert sur présentation de ce guide. Un 3-étoiles agréable récemment rénové. Préférez les chambres côté rue, bien plus claires. Également des studios de bon standing avec cuisine équipée. Une bonne petite adresse, calme et douillette, dans un quartier peu touristique mais agréable à parcourir. Accueil vraiment charmant, et un patron très à cheval sur la propreté.

Hôtel Palma *(plan couleur B2,* ***7****) : 77, av. Gambetta, 75020. ☎ 01-46-36-13-65. • hotelpalma.com • Ⓜ Gambetta. ♿ Doubles 89-149 € ; petit déj 11 €. Parking payant. 10 % sur le prix de la chambre sur présentation de ce guide.* Malgré l'environnement très bruyant de la place Gambetta, cet hôtel bien insonorisé tire quelques épingles de son jeu. Parquet, déco classique et moderne, salles de bains récentes, balcon au 3ᵉ étage, chambres sur l'arrière si l'on a le sommeil très léger... en 2 mots : agréable et confortable. Sans charme particulier mais très bien tenu, c'est le type même de la bonne adresse fonctionnelle.

Adagio City Aparthotel *(plan couleur B2,* ***8****) : 12, rue Bayle, 75020. ☎ 01-58-39-31-50. • adagio-city.com • Ⓜ Philippe-Auguste. ♿ Studio pour 2 pers 85-150 €, 2-pièces pour 4 pers 132-199 € ; petit déj 9 €. Parking payant.* Face au cimetière du Père-Lachaise, à l'angle de la rue du Repos, au calme, donc ! Hôtel-résidence proposant en formule hôtelière des studios fonctionnels et des 2-pièces avec un vaste salon, tous équipés d'une kitchenette et d'une salle de bains moderne. Petite cour intérieure agréable pour le petit déjeuner aux beaux jours et parking à quelques pas. Une solution économique sur la longue durée (tarifs dégressifs dès 4 nuits).

De chic à plus chic

Hôtel Comète *(plan couleur C3,* ***9****) : 14 bis, rue des Maraîchers, 75020. ☎ 01-43-72-51-96. • hotelcomete.com • Ⓜ Porte-de-Vincennes. Doubles 120-200 € ; petit déj-buffet 13 €.* Cette *Comète*-là a tout d'une pépite ! Dès le hall, murs turquoise étoilés, plafond doré parsemé de constellations et globes terrestres nous transportent dans les nuages. Les 30 chambres, simplement superbes, déclinent le même thème, arborant de chaleureux tons du brun au bleu, entre terre et ciel. Niveau confort, tout y est : minibar, machine Nespresso, literie de qualité et calme absolu. Le coin petit déj et sa déco lunaire ou le salon avec sa bibliothèque à disposition donnent des envies d'évasion. On aime aussi l'agréable courette aux beaux jours. Accueil et service parfaits.

Mama Shelter *(plan couleur B2,* ***10****) : 109, rue de Bagnolet, 75020. ☎ 01-43-48-48-48. • mamashelter.com • Ⓜ Gambetta ou Alexandre-Dumas. Doubles 79-229 € ; petit déj continental 9 €, petit déj-buffet 17 €.* Cet hôtel hype et branché, à l'architecture ultramoderne pensée par Philippe Starck, a posé ses fondations de verre et d'acier en bordure des voies ferrées désaffectées de l'ancienne petite ceinture. L'intérieur, forcément très design, est vraiment étonnant ! Plafond en ardoise pour gribouiller dessus, salon d'hôtes avec tables en verre incrustées d'écrans LCD, bar en U rétro-éclairé au mobilier surprenant et à l'ambiance *arty* très bobo. Les chambres (de la « Small Mama » à la « XL Mama ») se parent de couleurs sombres, néons, masques de cartoon transformés en luminaires, iMac, lecteur CD-DVD, carrelage immaculé pour les salles de bains high-tech... le tout dans un style chic urbain. Accueil détendu, peut-être un brin désinvolte. Fait également resto et bar (voir la rubrique « Où manger ? »).

Où manger ?

Sur le pouce

Pâtisserie-Boulangerie par Benoît Castel *(plan couleur B1,* ***20****) : 150, rue de Ménilmontant, 75020. ☎ 01-46-36-13-82. Ⓜ Pelleport ou Saint-Fargeau. Tlj sauf lun-mar 8h-20h30. Brunch-buffet w-e*

(10h30-15h – 16h dim) 29 €. Voici une jolie boulangerie contemporaine aux airs faussement rustiques. Le pâtissier Benoît Castel réinvente ici le concept de l'atelier, ouvert aux regards curieux des clients et des passants. Le week-end, on s'installe aux tables de bois brut, devant les énormes et intrigants four à bois des années 1970, pour déguster un fameux brunch : superbes viennoiseries, salades composées, mais aussi plats chauds et desserts, tout cela à volonté. Allez, tous en chœur : « Meeerciii Beeenoît ! »

De très bon marché à bon marché

Tripletta *(plan couleur A1, **35**) : 88, bd de Belleville, 75020. ☎ 01-42-54-72-80. Ⓜ Couronnes ou Belleville. Tlj 12h-14h30, 19h-23h (service continu 12h-23h w-e). Repas complet env 20 €.* Encore une pizzeria, en plus de celles installées dans ce microquartier branché ? Bah oui... mais celle-ci se distingue tout particulièrement par ses pizzas napolitaines à gros bord, son four à bois géant et son pizzaiolo... aux origines napolitaines ! Sans oublier ses produits D.O.P., une déco chaleureuse, un petit bout de terrasse aux beaux jours et un accueil tout sourire. Un vrai coin d'Italie en somme... Fait aussi vente à emporter.

Aux Petits Oignons *(plan couleur B1, **21**) : 11, rue Dupont-de-l'Eure, 75020. ☎ 01-43-64-18-86. Ⓜ Pelleport. Tlj ; service 12h-15h, 19h30 (19h ven-sam)-23h. Fermé 24-25 déc et 31 déc-1er janv. Le midi, formule et menu 11,90-17,90 € ; plats 14-20 € ; carte env 25 €.* Carrelage à damier, chaises bistrot, zinc flanqué de tabourets hauts et banquettes rouges entretiennent l'âme et le charme de cette brasserie de quartier. Les plats suivent la tradition : rillettes, saucisses au couteau et sa purée maison, bonnes viandes et desserts classiques mais efficaces comme la mousse au chocolat ou la crème renversée. De la tradition pur jus, du cadre à l'assiette.

La Petite Fabrique *(plan couleur B3, **22**) : 15, rue des Vignoles, 75020. ☎ 01-43-73-57-88. Ⓜ Avron ou Buzenval. Tlj sauf dim soir et lun midi 12h-14h30, 19h-22h30. Formule déj 17,50 € ; plat env 14 € ; repas complet env 25 € ; brunch dim 23,50 €.* Dans cette petite *Fabrique*-là, on prépare tout maison, avec des produits frais et de saison. La carte très courte et la cuisine ouverte sur la jolie salle décorée de bois et épurée confirment ce gage de qualité. Quiches, soupes, ravioles, mais aussi quelques viandes abattront vos préjugés sur le bio. Place à des assiettes colorées et généreuses et à des desserts maison gourmands. Une réussite qui fleure bon la campagne et les repas de famille. Accueil charmant en prime.

Aux Ours *(plan couleur B2, **23**) : 236, rue des Pyrénées, 75020. ☎ 01-46-36-78-76. Ⓜ Gambetta ou Pelleport. Tlj 8h-2h. Résa indispensable les soirs et w-e. Plats 12-16 € ; brunch dim 18 €.* C'est LA brasserie du 20e, celle où on défile pour le p'tit noir du matin, une pause déj entre collègues, une terrasse en amoureux ou une bonne ripaille entre potes. Burgers, salades et planches s'affichent à prix démocratiques et contentent une clientèle d'habitués. Tables à touche-touche ou grande tablée où l'on case les clients au coude-à-coude, le volume monte vite. À préférer donc avec une joyeuse bande de potes plutôt qu'en tête à tête. En un mot : vivant !

Le Bistrot du Poinçonneur *(plan couleur C1, **24**) : 229, av. Gambetta, 75020. ☎ 01-43-61-38-47. Ⓜ Porte-des-Lilas. Tlj sauf dim ; service 12h-15h, 17h-22h. Congés : août. Plat du jour 10,90 € ; formules déj en sem 13,50-15,90 € ; carte 20-25 €. Apéritif maison offert sur présentation de ce guide.* Ce charmant bistrot parisien aurait bien plu au regretté Gainsbourg quand il chantait « des p'tits trous, des p'tits trous, toujours des p'tits trous ». D'ailleurs, on y retrouve des plaques de métro et des carreaux blancs biseautés. Mais le meilleur est dans l'assiette, où une cuisine traditionnelle fait honneur à notre belle gastronomie. Ne manquez pas, le lundi soir, l'incroyable côte de bœuf de 1 kg ! Plein de vins bio ou naturels. Une adresse qui fleure bon Paris.

Primeur *(plan couleur A1, **37**) : 4, rue Lémon, 75020. ☎ 01-71-70-95-28. Ⓜ Belleville. Tlj 12h-15h, plus jeu-sam*

19h-22h. Congés : 31 juil-25 août et 23 déc-2 janv. Formules déj en sem 12-20 € ; plat du jour 12 € ; le soir, carte env 25 €. Cette ruelle piétonne et tranquille accueille une jolie petite cantine végétarienne. Un bout de salle très sobre et une coquette terrasse où le bio, le local, le veg et le vegan font la loi. Même les plus carnivores de nos lecteurs rendront les armes devant les lasagnes végétariennes, le parmentier de légumes ou le velouté de panais au cumin. Et tous les jours on se régale. *NOUVEAUTÉ.*

Le Bistrot d'Avron *(plan couleur B3,* ***38****) : 17, rue d'Avron, 75020. ☎ 01-40-09-81-58. Ⓜ Avron ou Buzenval. Tlj 7h-1h sauf dim soir. Menu midi 15 €. À la carte env 25 €.* Notre grand coup de cœur dans ce coin du 20e encore populo. Il ouvre de bonne heure pour les derniers ouvriers et offre une belle cuisine de terroir, de délicieuses charcutailles, un vrai œuf bio mayo, le cochon du moment ou une superbe pièce du boucher et son aligot. Desserts au diapason, dans une authentique et animée atmosphère de bistrot. Belle sélection de vins de petits propriétaires à prix corrects. Que demander de plus ?

Moncœur Belleville *(plan couleur A1,* ***25****) : 1, rue des Envierges, 75020. ☎ 01-43-66-38-54. Ⓜ Couronnes ou Pyrénées. Tlj (sauf lun de mi-oct à mi-mars) 8h (10h w-e)-2h ; service 12h-15h, 19h-23h. Congés : 23 déc-15 janv. Formule déj en sem 15,50 € ; carte env 25 € ; brunchs dim 15-20 €. Café offert sur présentation de ce guide.* Un bien joli cadre pour ce bistrot et sa grande terrasse prisée qui dominent le parc de Belleville et tout Paris ! Déco soignée et meubles boisés plantent un décor cosy. Côté cuisine, des plats de bistrot frais et bien tournés, de qualité constante. Bonne *pasta,* burgers généreux et tendres pièces de viande. Le week-end, on profite de la jolie programmation de concerts jazz. Quant au dimanche, place au sacro-saint brunch !

Le Zéphyr *(plan couleur A1,* ***26****) : 1, rue du Jourdain, 75020. ☎ 01-46-36-65-81. Ⓜ Jourdain. ♿ Tlj 8h30-2h. Plats du jour 12-15 € ; carte env 16-18 €.* Dans son décor Art déco de 1928 superbement conservé, *Le Zéphyr* brille d'une flamme naturelle mais modeste, dans ce quartier populaire connaissant des « faims de mois » parfois difficiles. Que les gourmets se rassurent, midi et soir on y propose en service continu une ardoise de plats maison, une sélection de vins de producteurs à prix doux et de jolis desserts. En résumé, on a rarement vu un lieu qui allie aussi bien une cuisine légère et une bonne gouaille de quartier dans un décor de cette classe !

Chez Ramona *(plan couleur A1,* ***32****) : 17, rue Ramponeau, 75020. ☎ 01-46-36-83-55. Ⓜ Belleville ou Couronnes. Tlj sauf lun ; service 20h-22h30. Paella sur commande 36,60 € pour 2 et à partir de 15,25 €/pers pour 4 ; carte env 20 €.* La salle de resto se trouve au 1er étage de cette petite épicerie encombrée, en haut d'un escalier étroit. Là, vous débarquez dans une pièce tapissée de souvenirs ibériques à 3 pesetas, royaume du kitsch spontané, en plein Belleville ! D'emblée, on vous reçoit en vous tutoyant, accueil rustique et chaleureux en même temps. L'emblématique paella maison et les plats traditionnels manquent un peu de subtilité, mais les parts sont généreuses. Une adresse dépaysante, qui confirme que Paris est une ville cosmopolite !

Prix moyens

Bistro Chantefable *(plan couleur B2,* ***27****) : 93, av. Gambetta, 75020. ☎ 01-46-36-81-76. Ⓜ Gambetta. Tlj 7h (8h dim)-minuit ; service 11h45-23h45. Carte env 30 €.* Dans une grande salle Empire couverte d'immenses miroirs et de reproductions de tableaux du début du XXe s s'affairent des serveurs habillés dans la plus pure tradition. Mais sous ses airs de grand bistrot de gare se cache un restaurant où l'on se régale d'excellents plats de viande ou d'assiettes de fruits de mer. Les produits sont frais, les plats copieux, et l'ardoise change tous les jours. La grande terrasse, chauffée en hiver, est prise d'assaut aux 1ers rayons du soleil.

Lou Tíap *(plan couleur B2,* ***28****) : 81, rue de Bagnolet, 75020. ☎ 01-43-70-77-93. Ⓜ Porte-de-Bagnolet ou Alexandre-Dumas. À l'angle de la rue de Lesseps. Tlj sauf dim-lun et mer midi. Le midi, menu du jour 20,50 € ; autre menu 36 € ; carte env 48 €. Lou Tíap,* en gascon, c'est le repas, mais aussi le moment convivial que l'on partage à table. Ce sympathique resto fait honneur à son nom. Dans une salle rustico-contemporaine avec cuisine ouverte et bénédiction de la croix occitane, on « tíape » une cuisine maison préparée avec des produits frais et l'accent du Sud-Ouest. En vedette, le cassoulet aux 4 viandes (un monument !), le cochon noir de Bigorre et le canard sous toutes ses formes. Excellent accueil. Le menu du midi est une réelle affaire. Chouette carte des vins genre « copains-paysans », servis à prix d'amis.

An Di an Di *(plan couleur A1,* ***31****) : 9, rue du Liban, 75020. ☎ 09-81-26-97-10. Ⓜ Ménilmontant. Ouv le soir mar-sam, plus le midi jeu-ven. Résa conseillée. Formules déj 16-20 € ; le soir, carte env 35 €.* « Mange, mange », disent les mamans vietnamiennes à leurs enfants. 3 compères issus de l'immigration ont ouvert ce petit bistrot à la déco minimaliste, consacré à la fusion des genres. Fournaux à découvert et courte carte croisant savamment produits et épices asiatiques avec techniques occidentales, ou vice versa. Résultat : un jumelage Hanoï-Paris enthousiasmant pour les papilles, jusqu'aux surprenants desserts. Bière Baleine à la citronnelle, brassée dans le coin, et vins au verre à prix raisonnables.

20e

Monsieur Culbuto *(plan couleur B1,* ***33****) : 294, rue des Pyrénées, 75020. ☎ 01-47-97-32-02. Ⓜ Pyrénées ou Jourdain. Tlj 7h-2h. Formule déj en sem 14 € ; plats 10-23 €. Monsieur Culbuto,* c'est plein de lieux en un : un coin boudoir tamisé pour les amoureux, de grandes tablées pour les bandes de potes affamés, un comptoir pour les soiffards ; on ajoute une déco vintage, un baby-foot et un accueil gentil comme tout... bref un beau troquet de quartier où tout ce beau monde se mélange dans la bonne humeur ! À la carte, de traditionnels plats de bistrot, parfois piqués d'une touche d'exotisme : burger, entrecôte, ceviche et tartines évoluent au fil du marché et des saisons. Un conseil : gardez un p'tit creux pour les desserts, hyper gourmands ! Une adresse chaleureuse et généreuse, bien à l'image de son quartier. *NOUVEAUTÉ.*

Le Baratin *(plan couleur A1,* ***29****) : 3, rue Jouye-Rouve, 75020. ☎ 01-43-49-39-70. Ⓜ Belleville. Tlj sauf sam midi et dim-lun ; service 12h-14h, 19h30-23h. Congés : 2 sem en fév, 2 sem en août et 2 sem en sept. Résa conseillée. Menu 19 € le midi ; carte env 38 €. Apéritif maison offert le soir sur présentation de ce guide.* Un vrai bistrot de quartier, où Raquel cuisine la simplicité et les saveurs comme personne, et en fonction du marché. Pas d'école, un art spontané, acquis par le plaisir de procurer du bonheur aux autres. Résultat, des cuissons d'une grande justesse et sans chichis, une maîtrise parfaite des jus et des produits. Pour les vins, Philippe Pinoteau, « Pinuche » pour les intimes, s'occupe de tout : ses choix sont excellents et à prix corrects.

Le Jourdain *(plan couleur A1,* ***34****) : 101, rue des Couronnes, 75020. ☎ 01-43-66-29-10. Ⓜ Pyrénées. Tlj sauf dim-lun ; service 12h-14h, 19h30-22h. Congés : 3 premières sem d'août. Menus 14,90-17,30 € midi en sem ; le soir, carte env 30 € : assiettes 5-10 €, dessert 5 €.* Une jolie découverte que ce bistrot de la mer ! Si la formule du midi, avec sa cuisine du marché, est d'un excellent rapport qualité-prix, les amateurs de saveurs iodées viendront le soir pour se régaler de petites assiettes marines pleines d'idées, fraîches et toniques, à partager entre amis. Les poissons et autres crustacés, du plus classique au plus exotique, sont déclinés en *ceviche,* tartare, mais aussi croquettes ou ravioles. Bons desserts gourmands. Vins naturels de petits producteurs que l'on vous fera gentiment goûter avant de choisir. Accueil à la fois pro et souriant. On applaudit des 2 nageoires.

Le Grand Bain *(plan couleur A1,* ***36****) : 14, rue Dénoyez, 75020. ☎ 09-83-02-72-02. Ⓜ Belleville. Tlj 19h-23h30. Résa obligatoire sur Internet jusqu'à*

20h30, puis sans résa après 21h30. Compter 25-40 €. Non, il n'y a pas que des restos chinois à Belleville ! Pour preuve, ce *Grand Bain* où l'on ne peut que vous encourager à venir vous noyer (rue Dénoyez, le jeu de mots n'est pas de nous !). Adresse bobo-*hipster,* jeune et *arty,* qui témoigne de la gentrification du quartier. Derrière sa baie vitrée, le chef, londonien, donne ses ordres en anglais et concocte des plats en petites portions, à enchaîner, à partager sur le principe des tapas et des *pintxos.* La touche british pour la créativité, associée à des bons produits bien de chez nous, donne une belle et joyeuse image de la bistronomie actuelle. Bref, une jolie cuisine dans l'air du temps.

Les Canailles – Ménilmontant *(plan couleur A2,* **30***) : 15, rue des Panoyaux, 75020. ☎ 01-43-58-45-45. Ⓜ Ménilmontant. Tlj sauf sam-dim, midi et soir. Formules 17-19 € le midi, 28-35 € le soir.* On joue ici sur la moleskine et le bois, pour renouer avec un Paris d'antan joliment léché, comme la clientèle qui vient en voisine. Les canailles, c'est du côté des assiettes qu'on les déguste : une cuisine de bistrot contemporain, qui fait la part belle aux abats et autres produits bien terroir, et qui réconcilierait tout un chacun avec la langue de bœuf ! Du fait maison sur une carte courte qui suit gentiment les saisons et ne dédaigne pas quelques pointes vers un exotisme épicé. Ça grimpe raide côté vin (canaillou, va !), mais la qualité, l'accueil et le service – au poil – font vite oublier l'addition. *NOUVEAUTÉ.*

Mama Shelter *(plan couleur B2,* **10***) : 109, rue de Bagnolet, 75020. ☎ 01-43-48-45-45. Ⓜ Gambetta ou Alexandre-Dumas. Tlj ; service 12h-15h, 19h-minuit. Résa quasi indispensable. Formules déj sauf dim 21-24 € ; carte 35-40 € ; pizzas 9-16 € ; brunch dim 42 €. Parking payant. Mama Shelter* « superStark » ! La pièce qui se joue devant vous a été mise en scène par le célèbre designer, et nul ne peut ignorer le gigantesque tableau noir au plafond, graffité à la craie de couleur. La carte se concentre sur des produits simples, des classiques revisités et des plats à partager : *burrata* tomates cerises, parmentier de confit de canard, tartare-frites, pizzas... Simple et efficace, mais pour un peu de calme et d'intimité, c'est loupé.

20e

Bar à vins

La Limite *(plan couleur B2,* **40***) : 62, rue Orfila, 75020. ☎ 01-46-36-54-80. Ⓜ Gambetta. Tlj sauf dim 17h (19h sam)-2h. Planche de fromages et charcuterie 12 €. Vins au verre à partir de 3,50 € ; demi 4,20 €.* Accueil cool, déconnade et bons petits crus : pas étonnant que les gens du quartier se raccrochent à cette bouée conviviale et se soient approprié les lieux... En outre, l'endroit se révèle chaleureux, avec son vénérable flipper, ses profonds fauteuils pour branchés fatigués et son fumoir pour les derniers addicts. Vins bien choisis et pas chers, bières artisanales, et surtout des cocktails élaborés avec amour et originalité comme sa « Fée Verte ». Une petite faim ? Planches de beaux produits de bons producteurs.

Où boire un café ? Où prendre un bon 4-heures ?

Cream *(plan couleur A1,* **50***) : 50, rue de Belleville, 75020. ☎ 09-83-66-58-43. Tlj 8h30 (9h30 w-e)-17h30. Sandwich env 7,50 €, pâtisserie env 4 €.* Voici un *coffee shop* qu'apprécieront les amateurs de bon grain. Bonne nouvelle, le café est torréfié à la vénérable Brûlerie de Belleville ! On l'accompagne de pâtisseries faites maison ou de sandwichs qu'on grignote à tout moment. Un comptoir et quelques tables pour se poser.

Le Barbouquin *(plan couleur A1,* **51***) : 1, rue Dénoyez, 75020. ☎ 09-84-32-13-21. Ⓜ Belleville. Lun-ven 9h-19h, sam-dim 10h-20h.*

Formules petit déj 6-9 €. Un bar et des bouquins : le nom parle de lui-même. Ambiance studieuse et décontractée entre bibliothèques et tables boisées. On sirote son café, une part de cake maison ou un livre d'occasion à la main. Également des quiches et bagels pour casser la croûte. Décor douillet et chaleureux, comme à la maison.

Pâtisserie-Boulangerie par Benoît Castel *(plan couleur B1, **20**) : 150, rue de Ménilmontant, 75020. ☎ 01-46-36-13-82. Ⓜ Pelleport ou Saint-Fargeau. Mer-sam 7h30 (8h sam)-20h, dim 8h-18h.* Voir plus haut la rubrique « Où manger ? ».

Où boire un verre ?

Les Pères Populaires *(plan couleur B3, **60**) : 46, rue de Buzenval, 75020. ☎ 01-43-48-49-22. Ⓜ Buzenval. Tlj 8h30 (10h w-e)-2h.* Dans un coin perdu du 20e, ce sympathique bistrot fait le plein toute la semaine. Il en faut, pourtant, du monde pour le remplir ! On s'installe au bar coloré ou dans la salle à la déco seventies avec ses tables en formica, pour bosser la journée et descendre quelques verres le soir. Bonnes planches en cas de fringale. Vivant et bouillonnant !

Le Bouillon B *(plan couleur B3, **61**) : 6, rue Planchat, 75020. ☎ 01-43-70-41-03. Ⓜ Avron ou Buzenval. Tlj 17h-2h (minuit dim). Bières pression à partir de 2,90 €. Planches 16,50 €, frites maison 4 €.* Certes, il faut le trouver ce bar, dans ce coin reculé de Paris. Mais le jeu en vaut la chandelle ! 16 pressions et une centaine de bouteilles de la meilleure bière : la belge, bien sûr. Fruitées, d'abbaye ou trappistes, à chacun sa mousse. On accompagne ces doux breuvages de cornets de frites, de burgers ou, plus surprenant, d'un copieux *welsche*, pour éviter le delirium tremens. Une découverte, une fois !

Lou Pascalou *(plan couleur A2, **63**) : 14, rue des Panoyaux, 75020. ☎ 01-46-36-78-10. Ⓜ Ménilmontant. Tlj 16h (12h ven, 15h sam-dim)-2h.* Une clientèle mélangée vient se retrouver dans ce grand café culturel un peu en retrait du boulevard de Ménilmontant. On aime ce lieu pour son atmosphère bon enfant, sa charmante terrasse qui déborde en été, ses concerts (le dimanche)... mais aussi pour ses spectacles d'improvisation, ses soirées courts-métrages et ses bœufs musicaux mensuels. Un vrai relais d'initiatives locales !

La Laverie *(plan couleur B1, **64**) : 1, rue Sorbier, 75020. ☎ 01-43-66-39-64. Ⓜ Ménilmontant. Angle 70, rue de Ménilmontant. Tlj 9h (10h w-e)-2h. Plat 10,50-12,50 €.* Tambours de lave-linge reconvertis en luminaires et paquets de lessive en appliques murales : un bon point pour la déco. On vient ici rincer non pas ses fringues, mais son gosier, à grand renfort de mousses ou de cocktails. Ambiance sixties, meubles de récup et vieux tubes dans les enceintes. Au choix : on squatte la mezzanine, le comptoir, les salles au sous-sol ou la super terrasse. On relance un cycle ?

Les Mondes Bohèmes *(plan couleur B3, **65**) : 31, rue des Vignoles, 75020. ☎ 01-43-48-69-38. Ⓜ Avron ou Buzenval. ♿ Tlj 9h-minuit.* On place ce café bohème dans notre top 10 des terrasses les plus agréables de Paris. Dans une rue calme, on s'installe sous une tonnelle recouverte de végétation : fleurs en pots suspendues, bambous et gloriette plantent un vrai coin de campagne à portée de métro. Un cadre parfait pour bosser au vert en journée, savourer un *tea time* ou boire un cocktail le soir, loin de l'agitation parisienne.

La Commune *(plan couleur A1, **66**) : 80, bd de Belleville, 75020. ☎ 01-42-55-57-61. 📱 06-66-63-57-60. Ⓜ Belleville ou Couronnes. Mar-sam 18h-1h30. Saladier de punch à partir de 11 €/pers ; cocktails à partir de 8 €.* Hommage aux communards de Montmartre ou à la commune de Belleville ? On vous laisse enquêter sur le nom choisi par cet établissement, assez unique dans le quartier. Magnifique et discrète terrasse en forme de jardin d'hiver, bar intime et luminescent : le décor est soigné. Mais la véritable

20e

raison de votre venue ici, ce sont les délicieux punchs maison, servis (à partir de 2 personnes) dans de grands saladiers clinquants, et les cocktails. Également une large sélection de rhums 100 % français (cocorico !).

Où sortir ?

La Maroquinerie *(plan couleur B1,* ***81****) : 23, rue Boyer, 75020. ☎ 01-40-33-35-05. • lamaroquinerie.fr • Ⓜ Gambetta. ♿ Bar-resto-concert ts les soirs.* Sur les hauteurs de Ménilmontant, une ancienne maroquinerie joliment reconvertie en salle de concerts et resto. On sirote son verre assis dans la cour sous le soleil, debout au comptoir ou à l'abri. Une bien belle adresse. Également une vraie salle de concerts avec une bonne programmation éclectique tendance rock et musiques actuelles.

Studio de l'Ermitage *(plan couleur B1,* ***83****) : 8, rue de l'Ermitage, 75020. ☎ 01-44-62-02-86. • studio-ermitage.com • Ⓜ Jourdain ou Ménilmontant. ♿ Congés : août. Se renseigner avt sur la programmation (voir le site internet). Entrée concerts : 10-20 €.* Ce lieu atypique et charmant, avec un joli bar et une coursive surplombant la scène, propose de nombreux concerts de jazz et musiques du monde, avec plus de 5 représentations par semaine. Qu'on y danse sur de la *cumbia,* de la musique tzigane ou africaine, la programmation est toujours de qualité.

La Bellevilloise *(plan couleur B1,* ***84****) : 19-21, rue Boyer, 75020. ☎ 01-46-36-07-07. • labellevilloise.com • Ⓜ Gambetta ou Ménilmontant. ♿ Ouv le soir mer-ven, tte la nuit ven-sam. Jazz-brunch dim 29 €.* Elle en a fait du chemin cette coopérative de l'Est parisien, ouverte aux lendemains de la Commune ! Concerts, expos, spectacles, café et resto, depuis 1877, elle porte bien son surnom de « forteresse culturelle ». On y vient aussi pour siroter un verre sur la jolie terrasse ensoleillée, pour casser la croûte au resto *La Halle aux Oliviers* ou pour danser jusqu'au matin.

20e

À voir

LE PÈRE-LACHAISE (plan couleur A-B2)

16, rue du Repos, 75020. Rens : ☎ 01-55-25-82-10. • paris.fr • Ⓜ Père-Lachaise ou Philippe-Auguste. Entrée bd de Ménilmontant, au bout de la rue de la Roquette. Tlj 8h (8h30 sam, 9h dim et j. fériés)-18h (17h30 de mi-nov à mi-mars). Conservation (bureaux) : lun-ven 8h30-12h30, 14h-17h. Aucune visite guidée organisée par la mairie, il faut contacter des guides privés. Vous trouverez gratuitement des plans généraux à la conservation. Attention, pavés disjoints et parfois un peu de relief : pas idéal avec une poussette, et encore moins en fauteuil roulant.

Reconnaissant « le droit à chaque citoyen d'être enterré quelle que soit sa race ou sa religion », Napoléon (qui interdit dès lors de se faire inhumer « intra-muros ») ordonna l'ouverture du cimetière en 1804. Jusque-là, artistes, saltimbanques, athées, suicidés... étaient privés de sépulture. Aujourd'hui, c'est une destination de promenade unique. Un fol après-midi en compagnie des morts les plus sympathiques de la terre. Tour à tour tragiques, joyeux, sinistres, ludiques, avec parfois une sacrée dose d'étrange et de sensualité (mais oui !). Quand le Père-Lachaise fut créé, les Parisiens, habitués à se faire enterrer dans et à côté des églises, marquèrent des réticences à s'expatrier ainsi hors les murs. Aussi, les autorités eurent-elles recours au marketing et organisèrent-elles, de façon très publicitaire, le transfert des restes d'illustres défunts tels que Héloïse et Abélard, Molière et La Fontaine en 1817.

N'oubliez pas que vous êtes dans un cimetière et que, si vous êtes en vadrouille, d'autres se recueillent ou participent à des cérémonies, très nombreuses, y compris le week-end.

LES VIP DU PÈRE-LACHAISE

Entrons par le boulevard de Ménilmontant, porte principale ouvrant sur le Paris d'autrefois, monument historique construit en 1820. Nous ressortirons à l'opposé, par la porte Gambetta, construite au début du XXe s pour les besoins du crématorium (le 1er de France). Et comme on veut quand même vous ménager, on vous propose 2 itinéraires différents (la superficie totale du Père-Lachaise est tout de même de 43 ha !), complémentaires l'un de l'autre.

À la découverte du jardin de Brongniart et du parc d'Alphand

Ils constituent l'ancienne colline de Charonne, partie historique du Père-Lachaise, par opposition au « plateau », la partie récente desservie par l'avenue Gambetta. Les jésuites de Paris, installés à Saint-Paul (église et couvent, actuel lycée Charlemagne), y possédaient une superbe propriété campagnarde avec vergers, potagers et bosquets. Leur chef, François de La Chaize, confesseur et conseiller de Louis XIV, s'y fit bâtir un superbe château avec l'argent du Roi-Soleil. Il y donna des fêtes somptueuses. Le domaine prit son nom actuel lorsqu'il devint cimetière de l'Est en 1804 par la volonté de Napoléon.

– Bizarrement, la tombe de ***Colette,*** l'une des 1res à gauche de l'avenue du Puits, n'est pas envahie par des chats larmoyants. En face, près d'un tombeau chinois aux dragons, une sépulture émouvante : celle d'un poète aveugle, ***René de Buxeuil,*** un royaliste dont le visage est représenté avec des yeux blancs.
– Retour dans l'avenue principale, partie piétonne, à gauche. Après ***Visconti*** contemplant son Louvre, la tombe de ***Musset*** affiche une épitaphe sous forme de poème. « Mes chers amis, quand je mourrai, plantez un saule au cimetière... » Le saule est bien là, mais il faut régulièrement le remplacer. À côté, la tombe de son ennemi : le baron ***Haussmann.*** L'ingénieur ***Le Bas*** explique, dessin à l'appui, comment il érigea l'obélisque de la Concorde. En face, les tombes de gens connus avec de belles sculptures : bustes d'***Arago*** et de ***Ledru-Rollin*** par David d'Angers. Beau gisant de ***Félix Faure,*** président de la République mort à l'Élysée dans les bras d'une courtisane (enveloppé dans le drapeau national, comme Kennedy au cimetière d'Arlington : la grandeur sacrée fait oublier les frasques conjugales).
– Au centre de l'avenue, le *monument aux morts* (1899) de Bartholomé (classé). À l'inauguration, son caractère laïque choqua plus que la nudité des statues... Le sculpteur ***Falguière,*** concurrent de Rodin, voisine avec un chef-d'œuvre de Bartholdi (statue de la Liberté) : le sergent Hoff, flanqué de la petite Alsacienne. La guerre de 1870 vient d'avoir lieu : elle est omniprésente au Père-Lachaise.
– Sur la terrasse où Balzac fait s'écrier à Rastignac contemplant Paris : « À nous 2 maintenant ! », les arbres qui ont poussé cachent heureusement les tours de la capitale. 2 grands édifices : la *chapelle* de 1822, construite grâce à un legs privé, et le mausolée de ***Thiers,*** lourd, à l'image du personnage. Une bombe, en 1971, centenaire de la Commune, est venue rappeler la tragédie des 30 000 communards, victimes de la sanglante vengeance de Thiers et des versaillais.
– Pas loin de ***Géricault*** et de son *Radeau de la Méduse,* on arrive aux chemins ***Molière*** et ***La Fontaine,*** menant évidemment à nos 2 écrivains. Sur le tombeau de La Fontaine, une fable, bien sûr !
– Par le chemin Camille-Jodan, on passe devant la ***famille Hugo*** (sauf Victor, qui est au Panthéon), non sans saluer ***Parmentier,*** son plant de pommes de terre sculpté et les tubercules que les badauds déposent par tradition. On arrive ensuite au *carré*

des maréchaux d'Empire, compagnons d'armes de Napoléon devenus – sauf Ney, fusillé pendant les Cent Jours – de grands notables de la Restauration et de la monarchie de Juillet. Beaucoup de tombes somptuaires. La plus grandiose, celle du général ***Gobert,*** magnifié par David d'Angers grâce à l'argent de son fils, bienfaiteur de l'Académie française. Pendant un siècle et demi, cette œuvre extraordinaire fera oublier qu'il rétablit l'esclavage en Guadeloupe. Au milieu de toutes ces gloires militaires, ***Richard Wallace,*** généreux Parisien d'adoption qui offrit à la capitale des dizaines de fontaines portant son nom. Son énorme chapelle, en face de ***Cambacérès*** et à côté du maréchal ***Mortier,*** tué par la machine infernale de Fieschi (1835), fait concurrence au tombeau du général ***Foy,*** adversaire de Charles X.
– Descendons les escaliers pour rejoindre le *rond-point de Casimir-Périer,* Premier ministre de Louis-Philippe, mort du choléra. Encore un énorme monument destiné à supplanter celui du général Foy, lieu de pèlerinage bonapartiste. Tout près, au milieu des compagnons de Napoléon, le philosophe positiviste ***Auguste Comte*** avec sa statue offerte par des admirateurs brésiliens, et le chanteur des Doors, mort à 27 ans, ***Jim Morrison.*** Pendant des années espace de non-droit, le lieu, surveillé par un gardien, est redevenu calme. Des concerts de guitare s'improvisent souvent autour de sa tombe.
– Promenade dans la 11e division. C'est celle des artistes et des écrivains, dans l'ancien potager des jésuites, autour de l'académicien poète ***Delille*** (tombe classée) et de ***Brongniart.*** Il y a toujours du monde devant la tombe de ***Chopin,*** sur lequel veille la charmante muse de la Musique, son cœur étant à Varsovie : pas de jaloux entre Polonais et Français pour cet artiste à la double culture. Des vandales lui cassaient malheureusement régulièrement un doigt, qu'on a maintenant cessé de réparer... Tout près, ***Pierre Desproges,*** la ***marquise de Condorcet, Bernardin de Saint-Pierre,*** et de nombreux musiciens : ***Michel Petrucciani, Boieldieu, Grétry, Bellini,*** roi du bel canto, et ***Méhul,*** l'auteur du *Chant du départ.* Sans oublier le grand acteur ***Talma*** (chemin à son nom) et, depuis 2009, le chanteur ***Alain Bashung,*** « la force tranquille du rock ».
– Descendant le chemin Méhul, on arrive près d'***Héloïse et Abélard*** désormais réunis pour l'éternité, après avoir laissé l'extraordinaire obélisque précolombien (maya, en béton !) du poète guatémaltèque Prix Nobel ***Michel Angel Asturias.*** La traversée de l'*ancien cimetière juif* (1809) montre les tombeaux du grand rabbin ***David Sinztheim,*** vénéré par les religieux, du peintre ***Pissaro,*** des ***Rothschild*** avec un double R et de la comédienne ***Rachel,*** grande amoureuse. Mais le plus étonnant est la fascinante sculpture de Préault pour ***Jacob Robles,*** *Le Silence,* qui n'a cessé d'intriguer depuis 1842.

UNE NUIT AU CAVEAU

Si vous n'avez peur de rien, que vous ne craignez ni les fantômes ni les vampires, passez une nuit chez la princesse Demidoff-Strogonoff. Difficile de manquer son mausolée, qui soutient la falaise où serpente le chemin des Chèvres. Des zibelines, des têtes de loup et des marteaux de batteurs d'or rappellent que la famille fit fortune en exploitant des mines en Asie centrale. Une légende promet, à qui viendrait vivre dans le caveau, un paquet appréciable de roubles. Une perspective qui attire parfois des candidatures folkloriques. La dernière remonte à 1983. Tentez votre chance !

PARTIE À 3

Dans la 10e division, une tombe banale où sont enterrés 3 individus : Auguste Clésinger et Rémy de Gourmont reposent avec leur maîtresse commune Berthe de Courrière. Pour ne pas outrager les bonnes mœurs, son nom n'est pas gravé. Et pourtant, elle fut la dernière à mourir. C'est donc elle qui souhaita reposer entre ses 2 amants.

– Passons dans la partie ***Alphand,*** mis à l'honneur à côté du banquier mécène ***Cernuschi*** (le musée), de ***Barrias*** et de l'homme politique ***Charles Floquet,*** pour lequel Dalou a exécuté une « République » modèle réduit de son chef-d'œuvre de la Nation. Dans ce secteur, aménagé sur d'anciennes carrières, beaucoup de belles chapelles : ***Hautoy*** (1re femme chef d'entreprise) ou l'industriel chocolatier ***Menier.*** Dans l'une d'elles, ***Marie Walewska,*** maîtresse de Napoléon, et un peu plus loin leur fils ***Alexandre,*** ministre de Napoléon III. On passe devant la plus ancienne tombe du cimetière (juin 1804).
– Superbes sculptures de marbre pour ***Cartellier*** par ses élèves, dont Rude (*La Marseillaise* de l'Arc de Triomphe). À côté, *Pietà* pour ***Cino Del Duca,*** qui fit rêver des millions de jeunes filles avec le journal *Nous deux.* Le « nègre » d'Alexandre Dumas, ***Auguste Maquet,*** conduit à un superbe ensemble : ***Balzac, Nerval, Michelet, Delacroix,*** chapelle de ***Viollet-le-Duc*** pour le demi-frère de Napoléon III... C'est le site des derniers combats de la Commune, immortalisé par les peintres et les dessinateurs : le tombeau de ***Charles Nodier,*** poète, porte les traces des balles.
– Au sommet de cette partie ancienne du Père-Lachaise, l'immense pyramide conique à l'italienne, en forme de cheminée-phare pour un commerçant-diplomate, ***Félix de Beaujour.*** C'est le plus haut monument du Père-Lachaise (20 m), sans ressemblance aucune avec un phallus, comme voudraient le faire croire certains amateurs de messes noires, inconnues au Père-Lachaise.
– L'avenue transversale en face, autrefois bordée de peupliers, coupés par les Cosaques en 1814, puis de marronniers, est la dernière grande voie du cimetière historique. ***Gilbert Bécaud*** et ses voisins (***Marie Trintignant, Sophie Daumier,*** un peu plus loin ***Mouloudji,*** proche de ***Sarah Bernhardt***), ainsi que la *chapelle Greffulhe* de 1810, 1er grand monument, la rendent très fréquentée.
En la traversant, on découvre la partie moderne du cimetière, dite « plateau » de Charonne.

En parcourant le plateau de Charonne

Aménagé en cimetière moderne par la IIIe République, cet espace n'est pas monotone, grâce à la plantation d'arbres d'alignement, parmi lesquels de magnifiques cerisiers en fleur au printemps, un très beau *jardin du Souvenir* (le 1er de France, 1985) sur lequel sont dispersées les cendres des personnes incinérées au crématorium. Enfin, les descentes rapides sur la porte de la Réunion, près du célébrissime *mur des Fédérés,* que surplombe une petite colline artificielle accueillant 4 grands mémoriaux de la Déportation. De nombreux arbres ont poussé spontanément, au milieu des tombes.
– À la charnière des 2 espaces, la tombe d'***Allan Kardec,*** philosophe fondateur du spiritisme. En face, le menhir de ***Guillaume Apollinaire.*** Un peu plus loin, ***Yves Montand*** et ***Simone Signoret,*** dans une tombe très simple.
– En face du dompteur ***Pezon,*** assis à califourchon sur son lion qui ne l'a pas dévoré, contrairement à la légende, l'*ancien cimetière musulman,* créé en 1856 à la demande de la Turquie, alliée de la France pendant la guerre de Crimée.

ESPRIT ES-TU LÀ ?

La tombe d'Allan Kardec est certainement la plus fleurie du Père-Lachaise. Né en 1804, Léon Rival prit comme pseudo Allan Kardec, son nom utilisé dans une vie antérieure lorsqu'il était druide. Père du spiritisme, il savait faire tourner les tables et entrer en contact avec les morts. Dans ses écrits, il avait prévu la Première Guerre mondiale et la baisse de l'autorité du pape. Kardec est toujours très célèbre au Brésil.

– ***Marcel Proust*** monte la garde à l'entrée, le dictateur dominicain, général président ***Rafaël Trujillo*** (assassiné par la CIA en 1961) à la sortie. Certaines célébrités, dont une reine musulmane de l'Inde, un sultan de Zanzibar, un maire de Bombay, et, à côté des peintres Fontanarosa, un lieutenant de Yasser Arafat qui est venu lui rendre visite ; des adversaires politiques qui auraient voulu plastiquer sa tombe n'ont en fait que légèrement endommagé celle de... Proust.

– Mais le tombeau le plus visité reste celui de l'écrivain iranien ***Sadegh Hedayat,*** idole de ses compatriotes, comme celui d'Ahmet Kaya est le lieu de pèlerinage des Kurdes dans la partie Alphand.

– De grandes avenues rectilignes conduisent au *mur des Fédérés.* Une simple plaque rappelle que c'est là que les derniers combattants de la Commune furent sauvagement massacrés ; dernier acte de liquidation d'un énorme espoir... Sur le même sujet, passez donc dans le square Samuel-de-Champlain, attenant au cimetière. On y découvre les silhouettes « fantômes des Fédérés » qui surgissent d'un mur : des silhouettes, contours de mains, qui expriment la détresse. Proches les uns des autres sur le parcours, les communards ***André Gill*** (*Au Lapin Agile* de Montmartre, pour ceux à qui aurait échappé ce jeu de mots sur son nom), ***Eugène Pottier,*** créateur de *L'Internationale,* et leurs compagnons politiques ***Blanqui*** et ***Victor Noir*** honorés par de superbes gisants de bronze du sculpteur Dalou. Celle de Victor Noir est sujette à polémique. Certains historiens affirment que le mythe du culte de la virilité post mortem (et bien lustrée) du jeune journaliste n'est qu'un canular d'étudiants dans les années 1960. D'autres se cramponnent à la belle légende du culte sexuel. Dans ce cas, on se sent plus proche de Mark Twain : « Quand la légende est plus belle que la vérité, j'imprime la légende. » ***Raspail,*** autre révolutionnaire célèbre enterré près de ***Casimir Périer,*** bénéficie de l'art d'Etex (somptueux adieu de sa femme défunte). Mais aussi ***Paul Lafargue,*** inoubliable auteur du *Droit à la paresse* et gendre de Karl Marx, puis ***Laura Lafarge,*** la fille de Marx justement, et ***Valéry Wroblewski,*** de nationalité polonaise, général de la Commune (ce qui rappela le caractère international de l'insurrection).

– Toujours sur le chemin du mur, le Belge ***Gramme*** (belle statue), inventeur de la dynamo, l'escroc ***Stavisky*** adossé à l'écrivain antisémite ***Drumont,*** le peintre ***Modigliani*** presque en face d'***Édith Piaf*** (famille Gassion) à la tombe toujours très fleurie, qu'elle partage avec ***Théo Sarapo*** ; Marcel Cerdan est enterré à Perpignan, tandis que la violoniste ***Ginette Neveu,*** morte avec lui dans un accident d'avion, est derrière ***Brongniart.*** Tout près repose aussi désormais ***Georges Moustaki.*** Le tombeau le plus extraordinaire reste celui d'***Oscar Wilde,*** chef-d'œuvre du sculpteur Epstein, monument classé. La pierre tombale, teintée par le rouge à lèvres des femmes, régulièrement nettoyé, est dorénavant protégée par une plaque en verre.

LE VIEUX VILLAGE DE CHARONNE

Ce village, annexé, comme Montmartre, Auteuil, Vaugirard... en 1860, est l'un des moins connus des Parisiens. Il se développa avec l'exploitation des carrières de gypse. Malgré le percement des avenues Gambetta et Belgrand, et du boulevard de Charonne, le village n'eut pas trop à souffrir des grands travaux d'Haussmann. En revanche, sa population fut cruellement décimée par la répression versaillaise en 1871. Les coups de pioche des promoteurs ont longtemps mis au jour des charniers de fédérés. On enterra des centaines de personnes dans le petit cimetière de l'église du village.

Charonne évoque un autre drame. On se souvient qu'en février 1962, au cours d'une manifestation en faveur de la paix en Algérie, la station de métro Charonne, qui se trouve plus bas dans le 11e arrondissement, fut le théâtre des exactions de la police : 9 morts, dont les noms sont discrètement rappelés pour mémoire sur une simple plaque de bronze dans les couloirs du métro.

Petite balade bucolique le nez au vent (plan couleur B-C2)

➢ Descendez au métro porte de Bagnolet, sortie « Boulevard Mortier » *(plan couleur C2).* Montez la volée de marches (80 !) de la rue du Père-Prosper-Enfantin, qui se trouve sur la droite au début de la rue Géo-Chavez, et vous voilà en pleine ***campagne à Paris.*** En haut, on découvre de croquignolettes maisons en pierre meulière ou en brique avec petits jardins fleuris et coquets balcons. Prenez à droite rue Irénée-Blanc, puis tournez à gauche rue Jules-Siegfried, et tournez de nouveau à droite rue Georges-Perec avant de descendre vers la rue Paul-Strauss. Les maisons sont toutes plus mignonnes les unes que les autres. Pour trouver une explication, descendez sur la gauche vers la place Octave-Chanute, où la rue des Montibœufs, aujourd'hui anodine, accueillait dans la 1re moitié du XIXe s une importante carrière de gypse. On construisit alors, au début du XXe s, sur les remblais, une centaine de pavillons bon marché pour les ouvriers.

➢ À gauche derrière la place, descendez la rue du Capitaine-Ferber qui mène à la ***place Édith-Piaf,*** où trône une petite statue en bronze de la Môme. Rendez-lui hommage en vous accoudant au bar *Édith Piaf,* sur la place, au son d'un « Emportés par la foule... ».

Descendez ensuite la rue Pelleport (sans grand intérêt), qui débouche sur le jardin de l'hospice Debrousse et sur le ***pavillon de l'Ermitage*** : *148, rue de Bagnolet, 75020. ☎ 01-40-24-15-95. Ⓜ Porte-de-Bagnolet. Jeu-dim 14h-17h30. Congés : de mi-déc à début mars et août. Entrée : 3 € ; 1 € sur présentation de ce guide.* Une folie Régence, un surprenant – et beau ! – petit témoin de ce que fut le domaine de Bagnolet, propriété de la duchesse d'Orléans, fille naturelle et légitimée de Louis XIV et de Mme de Montespan. Quelques peintures murales et des panneaux qui reconstituent l'histoire du bâtiment.

QUELLE CHASSE AU TRÉSOR !

C'est un jour de décembre 1761 que le duc d'Orléans organise un jeu de piste au bout duquel sa maîtresse, Étiennette Marquis, dite Marquise, doit trouver son cadeau. Au fond du parc de Bagnolet, elle arrive enfin à l'Ermitage. Beau cadeau d'anniversaire !

➢ Prenez ensuite l'étroite rue des Balkans, avant de tourner à droite sur la ***rue Vitruve,*** qui marque le début du village de Charonne. Un peu plus loin sur votre droite, empruntez le petit passage qui mène au joli square des Grès entouré par d'adorables maisons du village Saint-Blaise.

Au no 50 de la rue Vitruve (pour les fans surtout), on aura une pensée émue pour la longue dame brune, Barbara, qui habita là de 1946 à 1959 (plaque sur l'immeuble).

➢ Continuez jusqu'à la ***place des Grès,*** qui marie l'ancien et le moderne. La perspective sur l'église est l'une des plus charmantes de Paris. C'est l'heure de la pause photo ! Dans la ***rue Saint-Blaise,*** l'axe principal du vieux village depuis toujours, remarquez les jolies maisons restaurées, les pots de fleurs colorés, les pavés et les beaux lampadaires. Au no 21, des appartements nichés dans une chouette courette verdoyante, les veinards !

➢ On arrive alors sur la place Saint-Blaise, face à l'***église Saint-Germain-de-Charonne.*** On devine l'animation villageoise qui devait régner dans les boutiques le jour de marché et on entend presque le bruit des chevaux s'engageant sur les pavés de la rue Saint-Blaise. À moins qu'il ne s'agisse des balles perdues par les *Tontons flingueurs,* puisque la scène finale du film culte de Lautner, avec Blier, Blanche, Ventura, entre autres, s'est déroulée ici.

Adorable et émouvante sur son tertre, avec son petit cimetière de campagne, l'*église* est la seule, avec Saint-Pierre de Montmartre, qui possède encore le sien. Édifiée au XIIe s, reconstruite au XVe s, puis amputée au XVIIIe s de ses travées. Quelques rajouts au XIXe s en font un petit chef-d'œuvre d'asymétrie. Aujourd'hui, de l'édifice original, seul subsiste le clocher. Balade agréable dans le modeste ***cimetière.*** Quelques tombes originales avec statues et sculptures, ainsi que quelques personnalités : Robert Brasillach, romancier et poète (fusillé à la Libération pour collaboration), les fils d'André Malraux et leur mère Josette Clotis, mais aussi M. Bègue, dit le père Magloire, qui prétendait avoir été le secrétaire de Robespierre. Personne n'en croyait rien dans le village, car c'était un franc buveur, qui fut d'ailleurs enterré avec une bouteille de vin. Le long d'un mur, souvenir émouvant de nombreux fédérés, fusillés à la hâte.
De l'autre côté de la rue, le bâtiment peu esthétique est une autre église. Ne pas croire qu'à force de refuser du monde à Saint-Germain-de-Charonne on se décida à construire une autre église. Ce sont les croque-morts qui, fatigués de grimper les marches, se plaignirent à leur syndicat de leurs conditions de travail et exigèrent une église de plain-pied.

➢ Descendez ensuite la ***rue de Bagnolet,*** que Thiers fit raboter pour que les charrettes de matériaux utilisés lors de la construction de son enceinte puissent grimper la pente. Vous passez alors les rails de l'ancienne Petite Ceinture. En chemin, jetez un œil à la ***villa Godin,*** au no 85 sur la droite, bordée de jolis pavillons fleuris. Tournez à droite rue de la Réunion, qui vous mènera au ***Jardin naturel,*** où des paysagistes ont reconstitué la biodiversité d'Île-de-France. Terminez votre balade par une visite du cimetière du ***Père-Lachaise,*** dont l'entrée se trouve au bout de la rue de la Roquette.

MÉNILMONTANT

« Ménilmontant, mais oui madame. C'est là que j'ai laissé mon cœur. C'est là que je viens retrouver mon âme. Toute ma flamme, tout mon bonheur... » Charles Trenet nous chantait son amour pour ce quartier en 1938. Aujourd'hui, on le trouve toujours aussi attachant, avec ses rues escarpées, ses impasses planquées et ses grandes avenues agitées.

Une promenade dans Ménilmontant

➢ En partant du métro Père-Lachaise, engouffrez-vous dans la ***rue des Amandiers*** *(plan couleur A-B2),* qui ne présente pas grand intérêt, si ce n'est celui de fuir les avenues bruyantes. Échappez-vous *rue des Partants,* sur votre droite, pour commencer l'ascension et la découverte de ce quartier populaire parisien, qui n'en finit plus d'être réhabilité.

L'AVARICE TUE

Le 10 août 1903, un début d'incendie se propagea dans le métro à la station Ménilmontant. Les passagers ne voulaient pas quitter la rame, attendant le remboursement des tickets. On dénombra 84 morts asphyxiés ou brûlés. C'est toujours la plus grande catastrophe du métro parisien.

➢ Poursuivez courageusement la remontée pour rejoindre la ***rue Gasnier-Guy*** (ça grimpe sec !) et son minijardin partagé sur la gauche, baptisé « Papilles et Papillons ». Arrivé en haut, vous tombez sur une curieuse maison à l'architecture de faux rondins de bois en plâtre. C'est aujourd'hui une crèche. Face à vous, la ***place Martin-Nadaud*** et ses terrasses font le plein aux beaux jours. Traversez le square du Docteur-Jacques-Joseph-Grancher sur votre gauche. Parterres de fleurs et bancs offrent une jolie pause au soleil.

➢ Ressortez et continuez à monter gentiment la longue ***rue Villiers-de-L'Isle-Adam*** *(plan couleur B1-2).* Jetez un coup d'œil à droite, à la cité des Écoles, tranquille petite rue piétonne avec ses maisons préservées, ses pots de fleurs et ses arbustes sur le trottoir. Continuez puis traversez la rue des Pyrénées pour emprunter les petits escaliers en face. Continuez tout droit jusqu'à apercevoir sur la gauche, au nº 97, une belle petite maison, seule rescapée au milieu des immeubles. Tournez à gauche juste après la maison et remontez la rue Hélène-Jacubowicz (à l'environnement assez moche, reconnaissons-le).

➢ Poursuivez tout droit, à travers le ***square des Saint-Simoniens*** *(plan couleur B1),* d'où vous ressortirez, après un tour de toboggan ou une partie de ping-pong, par le passage du même nom (en face de l'entrée). Remontez pour quelques numéros la ***rue Duée*** et admirez les jolies maisons, comme aux nos 28 et 30, ou encore la ***villa Georgina*** sur votre droite. Revenez ensuite sur vos pas et redescendez la rue jusqu'aux escaliers du passage de la Duée sur votre droite. En bas, descendez la rue qui longe le square Emmi-Pikler sur la gauche, c'est la rue des Rigoles. Puis tournez à gauche pour descendre la ***rue de l'Ermitage.*** Traversez la rue des Pyrénées et descendez-la de quelques mètres.

➢ Un peu plus bas, sur la droite, la ***cité Leroy,*** avec ses lierres et ses petites maisons, est une jolie impasse agrémentée d'un petit jardin partagé entretenu avec amour et bien fleuri. Au même endroit, la ***villa de l'Ermitage*** s'apparente à un havre de paix où les habitations sont à hauteur d'homme et les courettes pleines de surprises. À savourer lentement.

20e

➢ Revenez sur vos pas et descendez jusqu'à l'angle des rues des Pyrénées et de Ménilmontant (aux nos 119-121 de la rue de Ménilmontant). Vous êtes ici au ***pavillon Carré de Baudouin,*** étonnant édifice à l'architecture palladienne construit au XVIIIe s pour servir de lieu de fêtes et de villégiature. Il abrite aujourd'hui un centre culturel, proposant expositions et conférences *(mar-sam 11h-18h ; GRATUIT).* Le tranquille jardin qui l'entoure appelle au repos.

➢ Descendez la rue de Ménilmontant jusqu'à la rue de l'Ermitage, que vous remonterez jusqu'aux pittoresques escaliers de la ruelle Fernand-Raynaud (à gauche au pied de l'immeuble nº 47 bis), que l'on descend allègrement jusqu'à la paisible ***rue des Cascades*** *(plan couleur B1).* En bas des escaliers, le célèbre ***regard Saint-Martin*** fut construit pour collecter l'eau d'une source qui jaillissait sur un terrain à forte pente juste au-dessus. Il accueille toujours l'eau qui ruisselle sur le talus.

➢ Puis on ne résiste pas à l'envie de dévaler la charmante ***rue de Savies.*** C'est ici que l'on tourna *Casque d'or* avec Simone Signoret et Serge Reggiani.

➢ Tournez à gauche et descendez la ***rue de la Mare.*** Les amoureux des décors de cinéma (et les autres !) continueront jusqu'au pont biscornu en escalier qui franchit le chemin de fer de la petite couronne.

➢ Descendez la rue jusqu'à l'***église Notre-Dame-de-la-Croix*** (bel éclairage de nuit) et ses imposants escaliers.

La ***place de Ménilmontant*** vous accueille sous des arbres feuillus avec une poignée de bancs et de petits cafés et galeries. De là, on peut rejoindre la station de métro Ménilmontant.

Heureuse transition entre Ménilmontant et Belleville, le ***musée Édith-Piaf*** *(plan couleur A2) : 5, rue Crespin-du-Gast, 75011. ☎ 01-43-55-52-72.*

NON, JE NE REGRETTE RIEN !

À 8 ans, Édith Piaf devint aveugle et recouvra la vue 4 ans après, lors d'un pèlerinage à Lisieux. À 19 ans, elle perdit sa petite fille d'une méningite. Son 1er employeur, un directeur de cabaret, fut assassiné, et elle se retrouva accusée. Enfin, elle survécut à 3 comas éthyliques.

Ⓜ *Ménilmontant. Lun-mer 13h-18h, jeu 10h-12h,* ***sur rdv seulement.*** *Fermé juin et sept. GRATUIT. Visite guidée pour groupes sur demande.* 2 petites pièces d'un appartement privé sont dédiées, depuis 1977, à la chanteuse phare de Belleville : sa célèbre robe de scène noire, ses gants et ses chaussures de taille 34, les gants de boxe de Marcel Cerdan ainsi que les Disques d'or, les portraits, les photos et les lettres de l'artiste. Les fans de Piaf archivent et conservent tout ce patrimoine dans l'espoir de voir s'ouvrir un jour un grand musée de la chanson française, où la Môme Piaf côtoierait les autres grandes voix du pays.

BELLEVILLE

Belleville est un grand village où se mêlent toutes les cultures et tous les genres : peintres et sculpteurs en quête d'inspiration, stars en mal d'intimité, artisans et vieux Bellevillois à la recherche du temps perdu. Antillais, Grecs, Espagnols, Asiatiques, Juifs et Arabes se côtoient dans une relative harmonie, et contribuent au dynamisme du quartier. Tout ce petit monde a instauré un équilibre, qu'il tient à conserver à tout prix.

Balade *(plan couleur A1)*

➢ À la sortie du métro Belleville, accoudez-vous au comptoir du grand café ***La Vielleuse,*** où quelques vieilles photos en noir et blanc nous parlent du Belleville d'autrefois. Emblématique, ce café tient debout depuis le XIXe s. Décor à l'ancienne avec vitrail au plafond, lampes-bibelots et lampadaires, on se plonge dans l'histoire du quartier.

20e

➢ Quelques mètres plus haut, au 8, ***rue de Belleville,*** 2 vieux troquets vous montrent le chemin. Entre la brasserie centenaire *Au Vieux Saumur* et le bar des années 1950 *Aux Folies,* avec sa façade style Art déco, entrez dans la ***rue Dénoyez.*** Véritable toile à ciel ouvert, cette rue est entièrement repeinte de graffitis qui vont et viennent au gré des artistes qui passent par là. Un projet de la mairie voulait tout effacer pour construire des logements sociaux. C'était sans compter sur la mobilisation et les pétitions des artistes et amoureux de cette rue, qui ont finalement sauvé cette gigantesque œuvre d'art. Prenez à gauche la ***rue Ramponeau,*** qui symbolise encore le vieux Belleville. Ces 2 rues, en reconstruction permanente, abritent bon nombre d'ateliers d'artistes, de restos juifs sépharades, de troquets animés et autres épiceries aux bonnes odeurs méditerranéennes.

➢ Continuez la rue Ramponeau jusqu'à déboucher sur la ***rue Jouye-Rouve,*** qui mène en bas du ***parc de Belleville*** *(plan couleur A1) : tlj 8h (9h w-e)-17h45 (19h mars, 20h30 avr et sept, 21h30 mai-août).* Depuis la rue Julien-Lacroix, suivez, à travers le parc, le chemin ondulant qui vous mènera à son sommet ou coupez tout droit en gravissant la flopée de marches. Petite remarque : le parc n'est pas toujours bien fréquenté, rien d'alarmant mais évitez de vous y balader seul(e) le soir. À 108 m du sol, on y découvre tout Paris sous un autre jour avec, en prime, un beau jardin en paliers. En face de vous, les 2 tours les plus célèbres de la ville : Montparnasse et Eiffel.

➢ Prenez ensuite la rue du Transvaal. Sur la droite, on ne peut malheureusement pas entrer dans la ***villa Castel*** (mais essayer quand même !), au no 16. Alors on contemple à travers la grille les croquignolettes maisons qui se succèdent avec perrons, fenêtres ouvragées ou à balustres et ferronneries. Un calme total. Au fond, on imagine le petit jardin où François Truffaut tourna une scène de *Jules et Jim.* Juste après, le discret ***passage Plantin*** transporte dans une tout autre atmosphère avec ses marches escarpées.

Remontez ensuite la rue des Couronnes sur votre gauche, jusqu'au croisement avec la ***rue de la Mare.*** La belle école Levert est face à vous. Longez-la sur la droite et montez les escaliers, puis prenez à gauche la rue des Pyrénées, que vous ne ferez que traverser avant de vous engager sur la rue Jourdain.

➢ Vous arrivez face à la belle ***église gothique Saint-Jean-Baptiste-de-Belleville*** (qui, si l'on doit être honnête, se trouve au 139, rue de Belleville, et donc dans le 19e !). Construite de 1854 à 1859, cette église présente de très beaux vitraux et peintures murales. Si vous la visitez un jour ensoleillé, notez les beaux reflets des vitraux sur les murs respectifs de la nef.

➢ 2 possibilités s'offrent alors à vous : reprendre le métro (station Jourdain) ou redescendre la rue de Belleville, qui cache, entre commerces et bazars modernes, quelques jolies courettes secrètes (notamment aux nos 149, 145, 140 en remontant et au no 40 en descendant). N'hésitez pas à tenter votre chance ou à revenir dans le quartier en mai, pendant les « Portes ouvertes de Belleville », un événement artistique d'envergure dans le quartier, au cours duquel ateliers d'artistes et arrière-cours livrent leurs secrets *(● ateliers-artistes-belleville.fr ●).* Au no 72, une plaque indique : « Sur les marches de cette maison naquit le 19 décembre 1915 dans le plus grand dénuement Édith Piaf dont la voix, plus tard, devait bouleverser le monde. » En fait, la Môme n'est pas née sur ces marches, mais à l'hôpital Tenon, rue de la Chine. Ne criez pas à l'arnaque, elle a quand même vécu dans cette maison !

➢ ***Place Fréhel,*** à l'angle avec la rue Julien-Lacroix, levez la tête sur le joli jeu de mots de l'artiste Ben. Un bar et quelques bancs publics redonnent de l'âme à cet espace. En bas de la rue, vous retrouvez le métro Belleville.

ET JUSTE DE L'AUTRE CÔTÉ DU PÉRIPH'...

Le musée des Vampires *(plan couleur C1)* **:** *14, rue Jules-David, 93260* ***Les Lilas.*** *06-20-12-28-32.* Ⓜ *Porte-des-Lilas. Tlj jour et nuit, seulement sur rdv. Entrée : 8 € (10 € en soirée), kir offert.* Voilà à coup sûr l'un des endroits les plus insolites d'Île-de-France... (oui, en fait, on a un peu triché parce qu'on n'est plus tout à fait dans Paris...). On entre ici dans l'univers incroyable de Jacques Sirgent, historien de son état, spécialiste (international) ès vampires. Il vous reçoit dans sa « maison des vampires » avec un sens évident de l'hospitalité et de la mise en scène. Plus qu'un musée, c'est un lieu d'échange, de partage. Jacques est érudit, mais c'est votre histoire qui l'intéresse... Et tel un vampire, il se nourrit de vos peurs, de vos rêves, de vos souvenirs. Intarissable, il s'attache aux légendes, conte les procès de l'Inquisition, met en évidence les liens intimes qu'entretenaient l'Église et les créatures de la nuit, etc. Rien de glauque ou de macabre ici... Jacques ne voue aucun culte aux vampires ; il n'y croit même pas ! Mais aux fantômes oui... Ce qui l'intéresse, c'est le pourquoi et le comment du mythe et de la fascination que le vampire exerce depuis toujours sur l'homme et, plus encore, sur la femme. Évidemment, avec les années, il a accumulé une collection assez hallucinante d'objets, et son salon (le « musée », en fait) prend des airs de capharnaüm gothique. Mais tout cela ne vaut qu'animé par le maître des lieux. Il organise sur demande des soirées à thème, des dîners ainsi que des visites du Père-Lachaise... Une expérience particulière qui peut plaire... ou pas !

HOMMES, CULTURE, ENVIRONNEMENT

CINÉMA

Paris et le cinéma, c'est une véritable histoire d'amour : chaque année ont lieu plus de 1 000 tournages dans la capitale ! Sacré-Cœur, quais de Seine, pont des Arts, place de la Concorde, Palais de Justice, Galerie de paléontologie, siège du parti communiste, boutique Deyrolle, autant de lieux parisiens qui sont souvent le théâtre de longs ou courts-métrages, publicités ou documentaires. La richesse culturelle et historique de Paris a accouché sur la toile certains des plus beaux films du cinéma français. Difficile de faire un choix parmi ces œuvres !

– ***Hôtel du Nord*** (Marcel Carné, 1938). Dans le petit *Hôtel du Nord,* au bord du canal Saint-Martin, un jeune couple (Jean-Pierre Aumont et Annabella) a l'intention de mettre fin à ses jours. Il croise la très pittoresque Arletty (« Atmosphère, atmosphère, est-ce que j'ai une gueule d'atmosphère ? ») et son protecteur (Louis Jouvet). Un film mythique.

– ***La Traversée de Paris*** (Claude Autan-Lara, 1956). En 1943, Martin (Bourvil), le chauffeur de taxi, et Grandgil (Jean Gabin, « Jambieeeer »), l'artiste peintre, traversent tout Paris, malgré les dangers, lestés de 4 lourdes valises. Ce film donne une certaine idée de la mentalité française sous l'Occupation.

– ***Le Fabuleux Destin d'Amélie Poulain*** (Jean-Pierre Jeunet, 2001). Un étonnant conte moderne en plein Paris. La fée Amélie (Audrey Tautou) fait des ricochets sur le canal Saint-Martin et propage le bonheur autour d'elle. On se laisse emporter dans les rues pavées de Montmartre par l'accordéon poétique de Yann Tiersen...

– ***Paris brûle-t-il ?*** (René Clément, 1966). Le récit de la libération de Paris du 8 au 25 août 1944. Jean-Paul Belmondo, Alain Delon, Kirk Douglas et Simone Signoret dans un Paris désert.

– ***Le Dernier Métro*** (François Truffaut, 1980). En septembre 1942, en pleine Occupation à Paris, Marion Steiner (Catherine Deneuve) assure la direction du théâtre Montmartre. Bernard Granger (Gérard Depardieu), un acteur, lui donne des rendez-vous curieux au café d'en face.

– ***Before Sunset*** (Richard Linklater, 2004). Après *Before Sunrise,* Jesse (Ethan Hawke) et Céline (Julie Delpy) se retrouvent par hasard à Paris, 9 ans après leur 1re et folle rencontre. Au fil des rues de Paris, de café en jardin, ils se racontent le temps perdu.

– ***Paris je t'aime*** (collectif, 2006). 18 courts-métrages composent ce film, qui sont comme autant de versions d'histoires d'amour en plein cœur de Paname. Devant les caméras d'Isabel Coixet, de Gus Van Sant, ou encore des frères Coen, une pléiade d'acteurs de toutes nationalités nous donnent à voir des amours naissantes, rêvées, fragiles, en fuite...

– ***Paris*** (Cédric Klapisch, 2008). Pierre (Romain Duris), atteint d'une maladie cardiaque dont le pronostic est incertain, pose un nouveau regard sur la vie des Parisiens qui l'entourent et qu'il observe : des commerçants, un SDF, un prof de fac... Autant d'inconnus dont les destins se croisent... ou pas, et auxquels Pierre prête des aventures, des histoires. Klapisch confronte l'éphémère et l'essentiel, la fragilité et l'éternité (de la Ville Lumière).

– ***Adèle Blanc-Sec*** (Luc Besson, 2010). Adaptant des albums du dessinateur Tardi, Besson porte à l'écran les tribulations égypto-parisiennes de l'impétueuse journaliste de la Belle Époque. Du rythme dans l'aventure, et de bien beaux effets spéciaux qui nous replongent dans le Paris d'alors.

– ***Minuit à Paris*** (Woody Allen, 2011). Superbes flash-back dans les années 1920. À l'époque, Paris « était une fête » pour les Américains et un paradis littéraire et artistique... pour nombre d'étrangers y vivant ! Des reconstitutions cocasses et émouvantes, une atmosphère magique, nimbent ce Paris insolite...
– ***Métronome*** (Lorànt Deutsch, 2012). Un téléfilm documentaire en 4 épisodes de 52 mn, tiré du livre du même nom, de Lorànt Deutsch : reconstitutions 3D, vestiges méconnus... Mon tout est rythmé et instructif !

LE DEVANT DE LA... SEINE

« Sous le pont Mirabeau coule la Seine. » Apollinaire a écrit, en 1912, le 1er poème touristique de la capitale ! Il ne mentionne pas la tour Eiffel, ni Notre-Dame, non, il évoque la Seine... Et il n'a pas tort, car c'est bien le fleuve qui confère à Paris son identité culturelle et romantique ! La ville s'est même bâtie autour de lui : avec les Gaulois d'abord, puis sous l'Empire romain, le pouvoir se concentra sur la bien nommée « île de la Cité ». Le « calme » du fleuve permit ainsi à la ville de prospérer en se la coulant douce... Plus la cité se développait, plus la Seine dessinait une frontière naturelle entre la rive droite, au nord, lieu du pouvoir et de l'argent, et la rive gauche, au sud, incarnant le monde culturel et universitaire.
À droite comme à gauche s'élèvent des monuments qui ont marqué l'histoire de Paris : tour Eiffel, Grand Palais, palais du Louvre, musée d'Orsay, Notre-Dame... 37 ponts enjambent la Seine sur 13 km, soit un tous les 350 m : le plus vieux est le Pont-Neuf ; les plus romantiques, la passerelle du Pont-des-Arts et, bien sûr, le pont Mirabeau ! 5 ponts mènent d'ailleurs à l'île Saint-Louis, modèle d'urbanisme du XVIIe s, résidence privilégiée des personnalités artistiques et politiques. Sa grande sœur, l'île de la Cité, sise au centre de la capitale, recèle des trésors architecturaux incontournables. Plus en aval, l'île aux Cygnes, totalement artificielle, accueille une réplique de la statue de la Liberté, dont le regard se tourne vers sa mère-patrie, les États-Unis.
Alors, même s'il est loin le temps des « bains de Seine », le promeneur, pas très solitaire, pourra déambuler sur ses berges, un recueil de poèmes d'Apollinaire sous le bras... « Je passais au bord de la Seine / Un livre ancien sous le bras... » (« Marie », *Alcools*).

ÉCONOMIE

L'Île-de-France et Paris en particulier occupent une place majeure dans l'économie nationale. Le chômage y est aujourd'hui moins élevé que dans le reste de l'Hexagone, et le PIB de l'Île-de-France (649,5 milliards d'euros, soit 30 % du PIB national) correspond grosso modo à celui de la Suisse. La capitale est le siège de nombreuses entreprises nationales et même internationales, assurant un rayonnement mondial à la France.
L'économie de Paris et sa région se caractérise par sa concentration et son caractère généraliste, contrairement à Londres où le secteur financier domine. Le secteur tertiaire occupe la majorité de la population active (88 %), où cadres et professions intellectuelles supérieures ont détrôné les ouvriers et employés. Plus de 43 % de la population active est cadre. Avec 44,9 millions de visiteurs chaque année à Paris et en Île-de-France, le tourisme est l'un des secteurs d'activité les plus importants pour l'économie francilienne (500 000 emplois). D'autre part, bien que les usines aient quitté Paris intra-muros, l'Île-de-France demeure la 1re région industrielle en terme d'emplois et axe tous ses efforts sur la recherche scientifique et technologique, notamment dans l'aéronautique, l'automobile et l'énergie.
L'économie parisienne a pris le XXIe s en marche et développe désormais 4 filières : les industries créatives (on est champion, entre autres, dans la création de jeux vidéo) ; le

numérique ; la mode, le stylisme et le design (on nous envie notre savoir-faire et nos petites mains de la couture dans le monde entier), ainsi que les éco-activités.
L'attractivité et le dynamisme parisiens sont renforcés par d'autres pôles économiques tels que la Défense, le plus grand quartier d'affaires européen, Roissy, la Plaine Saint-Denis et le plateau de Saclay, qui font de l'Île-de-France l'un des principaux centres d'impulsion européens. Pour consolider son statut de capitale mondiale, le projet du Grand Paris et ses 200 km de transport en commun (d'ici à 2030) reliant les banlieues entre elles et à Paris est lancé !
La Ville investit aussi dans l'« économie circulaire » pour, selon la maire Anne Hidalgo, « produire sans détruire, (...) consommer sans consumer, (...) recycler sans rejeter » (*Le Monde,* 18 septembre 2015). Une bataille locale, au niveau des quartiers et des villes de la périphérie urbaine, un vrai pari pour un Grand Paris.

ENVIRONNEMENT

Lorsqu'on pense à Paris, capitale la plus dense d'Europe, on se figure ses monuments, ses boulevards, bien moins ses espaces verts ! Et pour cause, ils ne représentent que 5,8 m² par habitant contre 45 m² à Londres ou 59 m² à Bruxelles. Les quelque 490 parcs, jardins et squares de Paris, dont les 995 ha du bois de Vincennes et presque autant pour le bois de Boulogne, accueillent une biodiversité riche. Renards, anguilles, écrevisses, chouettes hulottes, hérons, fouines, écureuils, orchidées... 2 000 espèces animales et végétales sont ainsi recensées dans Paris, et pas seulement dans les jardins, mais aussi dans la Seine, les espaces en friche, les arbres, les toits, les trottoirs, bref, à chaque coin de rue !

TERRAIN MINÉ

Selon les citadins, les déjections canines sont la 1re cause de saleté en ville. Ce sont en moyenne 16 t de crottes qui colorent chaque jour les trottoirs parisiens. Pas si anodin puisque 650 personnes chaque année tombent en glissant dessus et finissent aux urgences. Mais du pied gauche, ça porte bonheur !

Depuis 2011, un plan biodiversité a été mis en place pour sensibiliser les publics et décideurs, renforcer la protection des espaces verts et la biodiversité qu'ils abritent, mais aussi la réintroduire partout où c'est possible, notamment en prévoyant des murs ou toits végétalisés dans les nouvelles constructions. Même si on ne peut toujours pas s'y baigner, la qualité de l'eau de la Seine s'est fortement améliorée ces dernières années. Grâce à sa bonne teneur en oxygène, elle accueille de nouveau une trentaine d'espèces.
Une nouvelle dynamique est en marche, un désir de retour à la nature qui se manifeste depuis plusieurs années déjà par de petites mais nombreuses initiatives : la création de vergers bio dans les écoles, de jardins partagés ou encore de toits végétalisés, parfois consacrés au maraîchage. Malgré les apparences, une dizaine de vignes poussent encore à Paris, qui abrite pas moins de 600 ruches, sur les toits de l'Opéra, de la mairie du 4e, du Crédit Municipal, de la tour Montparnasse...
Après avoir accueilli la COP21 en 2015, Paris est résolu à montrer l'exemple en terme de développement durable en milieu urbain et s'engage lentement mais sûrement dans cette voie verte.

HISTOIRE

Nos ancêtres les Gaulois

Les 1ers habitants de ce qui devait devenir notre bonne vieille capitale furent les *Parisii.* On ne sait trop quand ils s'installèrent au bord de la Seine

ni où exactement, mais on est sûr qu'au moins 100 ans av. J.-C., peut-être 250 ans, l'île de la Cité était habitée par cette modeste peuplade de la Gaule celtique : eh oui, c'était l'époque où « Parisien » rimait avec « modeste » !
Le chef-lieu des *Parisii* était donc cette cité de *Lucotetia,* nom dont on n'a jamais percé l'origine et qui, par contraction, deviendra *Lutetia,* la Lutèce des Romains.
L'île n'est reliée alors que par 2 vétustes ponts de bois. En 3 siècles, les Romains y apportent leur savoir-faire. Ils construisent des marchés, des temples, des ponts plus solides et des rues bien droites, tracées selon un quadrillage conforme aux règles de l'urbanisme militaire en vigueur dans les camps romains. Avec, au centre, le *cardo,* un axe nord-sud, représenté par la route venant d'Orléans – actuelle rue Saint-Jacques –, et un axe ouest-est, le *decumanus,* vraisemblablement notre rue Cujas. La ville s'étend principalement sur la rive gauche, jusqu'à la montagne Sainte-Geneviève, où s'installe le forum romain.
En 360, le préfet de Gaule, Julien, devient empereur.

Les barbares débarquent

C'est au Ve s que Geneviève s'illustre en galvanisant les habitants de Paris face aux Huns. Attila ne se fit pas curé mais partit exercer ses talents ailleurs. Tout de même ! Sanctifiée depuis, Geneviève, on l'oublie souvent, est la sainte patronne de Paris. Le nom de « Paris » remplace celui de « Lutèce » à la fin du IVe s.
Au VIe s, Clovis, après avoir démoli à Soissons le dernier représentant de l'autorité romaine et la tête du guerrier qui avait brisé son vase, décide d'établir sa capitale. En 508, il choisit Paris.
Les Carolingiens ayant lâchement laissé les pirates normands piller et brûler la ville, il faut attendre la fin du IXe s et voir Eudes se faire couronner à Paris (dont il était le comte) pour que celle-ci soit enfin consacrée capitale de la France – une petite capitale, repliée dans la Cité.

Essor et expansion avec les grands rois

L'activité marchande des bateliers de la Seine va donner à la ville son essor. Leur puissante corporation serait à l'origine du blason de Paris avec son navire et sa devise : *Fluctuat nec mergitur* (« Il est battu par les flots mais ne sombre pas »). Le marché, alors situé sur l'île de la Cité, va déménager, faute de place, et s'installer pour 8 siècles au lieu-dit les Champeaux, plus connu aujourd'hui sous le nom de « Halles ».
À la fin du XIIe s, le nouveau roi, Philippe Auguste, décide de renforcer les défenses de la ville. Grande nouveauté, ce rempart de pierre flanqué de tours rondes va également englober la rive gauche. C'est là que, lassés de l'influence épiscopale sur l'enseignement, les étudiants décident de s'installer. C'est le 1er signe d'indépendance des Parisiens. Consciente de son destin, en effet, la ville jouera toujours ses propres cartes contre le pouvoir royal. Ce sera l'insurrection d'Étienne Marcel, l'adoption de la cause anglaise (ou bourguignonne) pendant la guerre de Cent Ans, puis la Fronde (qui amènera Louis XIV à résider prudemment à Saint-Germain-en-Laye), les émeutes de la Révolution, puis des 2 suivantes (1830 et 1848), enfin la Commune.

ET LES ROIS CHANGÈRENT D'EMBLÈME

Au départ, Clovis, roi des Francs, choisit l'iris comme symbole. Au fil des âges, la « fleur de Clovis » devint la « fleur de Louis ». Peu à peu, on comprit la « fleur de lys ». D'ailleurs, Louis VII fut le 1er roi de France à arborer le lys, en 1147.

En 1370, afin de s'adapter à la superficie toujours grandissante de la ville et afin de remplacer l'enceinte de Philippe Auguste, qui tombait en ruine, Charles V en fait construire une nouvelle dont le tracé correspond à celui de nos Grands

Boulevards, qui relient aujourd'hui la Bastille à la Madeleine. Dès lors, et pendant les 4 siècles suivants, l'urbanisation de Paris se fera de façon planifiée.
Henri IV réunit le Louvre au palais des Tuileries, achève le Pont-Neuf, trace les plans de la place Royale (l'actuelle place des Vosges) et de la place Dauphine, et aménage le Marais.
À la fin du XVIIe s, malgré l'absence de Louis XIV, éloigné de Paris par crainte de la Fronde, les 1res grandes places royales font leur apparition et deviennent sous Louis XV le centre de nouvelles perspectives : la place des Victoires, la place Vendôme et la place Louis-XV (noblesse oblige), devenue place de la Concorde, après s'être appelée aussi place de la Révolution en 1792 et encore place Louis-XVI en 1826, en souvenir de son exécution ici même, le 21 janvier 1793.

Les grands travaux

Loin d'être motivés par des soucis de stratégie militaire, les fermiers généraux décident la construction d'une nouvelle enceinte, imposant ainsi au trafic commercial un péage à l'entrée de la capitale (l'octroi). Les Parisiens ne sont pas longs à s'en moquer. « Le mur murant Paris rend Paris murmurant », dit-on à l'époque. Cette enceinte, datant de la fin du XVIIIe s, est la dernière construction importante avant la Révolution. Son tracé correspond à nos boulevards passant par Denfert, Nation, Belleville, Stalingrad, Barbès-Rochechouart, Anvers, Pigalle, place Blanche, place de Clichy...
Napoléon, quelque temps plus tard, apporte à la capitale les arcs de triomphe, la colonne de la place Vendôme, la Madeleine, la Bourse et quelques ponts supplémentaires sur la Seine. Il faut attendre la Restauration pour que l'éclairage au gaz, les trottoirs et la numérotation des rues fassent leur apparition.
S'il y a un personnage dont le nom devrait rester à jamais gravé dans la mémoire des Parisiens, c'est bien Haussmann (1809-1891). Ses projets d'assainissement sont de double nature. D'une part, la création de jardins, d'égouts et de réservoirs pour l'approvisionnement en eau de la capitale, ouvrages tout à fait louables, et, d'autre part, la démolition des vieux quartiers parisiens trop souvent foyers révolutionnaires. De vieilles rues étroites sont détruites et de grandes artères font leur apparition, facilitant l'action de la police et de l'artillerie contre les barricades. Entre autres, les boulevards Saint-Michel, Saint-Germain, Sébastopol, Voltaire, Diderot et Malesherbes, ainsi que ceux de Strasbourg, de Magenta, de l'Hôpital et le boulevard Haussmann. Du fait d'opérations immobilières hasardeuses et de dettes gigantesques, le baron Haussmann fut brutalement démis de ses fonctions. De nombreux travaux ne furent jamais achevés (la rue de Rennes n'atteignit heureusement jamais la Seine). La moitié des rues resta en chantier... pendant 20 ans !

La ville des plaisirs et des Parigots

Paris devient la Ville Lumière. De la Révolution au Second Empire, en 60 ans, sa population triple, passant, en gros, de 500 000 à 1,5 million d'habitants. C'est dans les 50 années suivantes que Paris acquiert son image de « capitale de la fête et des plaisirs ». La plupart des music-halls, des salles de spectacle, des théâtres sont construits de 1860 à 1910 – aujourd'hui, même reconvertis en cinémas multisalles, beaucoup ont conservé leur florissante décoration intérieure. Sa vitalité fait en même temps de Paris la capitale des arts. On vient de Russie ou d'Argentine faire la fête à Paris... Rien d'étonnant si le mythe de la Belle Époque reste aussi vivace.
À l'initiative de Thiers, une nouvelle enceinte fortifiée, se fondant quasiment avec les limites actuelles de la ville, protège partiellement Paris pendant son siège en 1871. Elle est rasée à la fin de la Première Guerre mondiale pour laisser la place aux boulevards extérieurs, appelés encore boulevards des Maréchaux. Les fortifications, les « fortifs », les « lafs » comme on disait en argot, constituent

Les Capétiens
(987-1328)

La France a connu 68 rois en 1345 ans de monarchie. Dix-sept furent prénommés Louis en référence au plus glorieux d'entre eux : Saint Louis. En moyenne, nos rois régnèrent 20 ans et eurent une longévité de 43 ans.

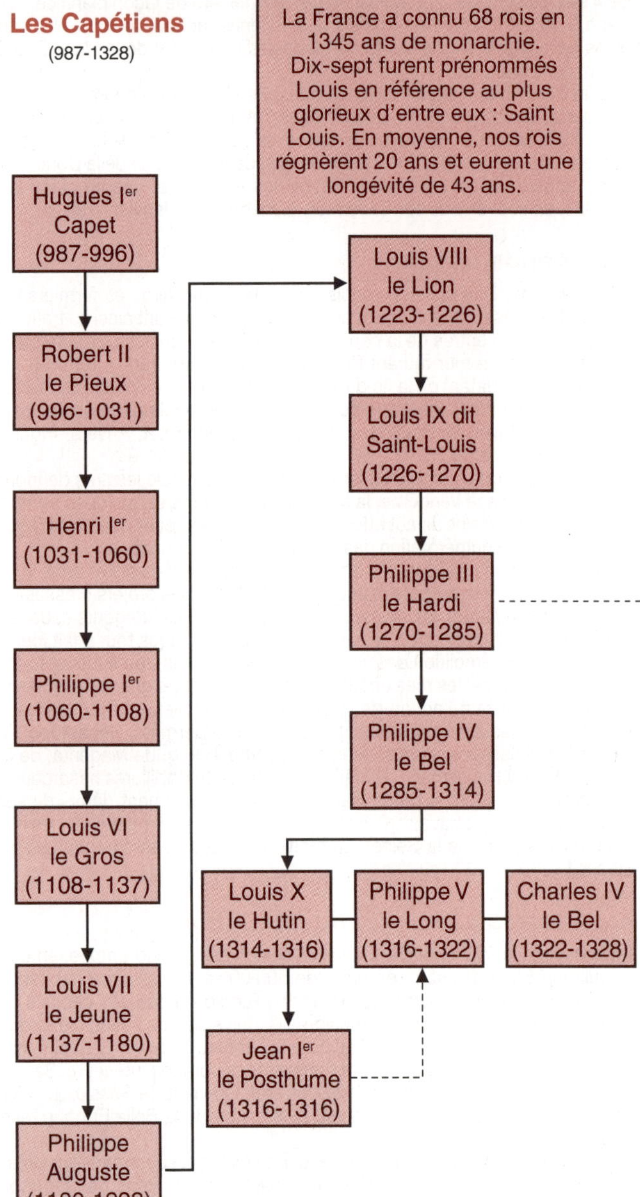

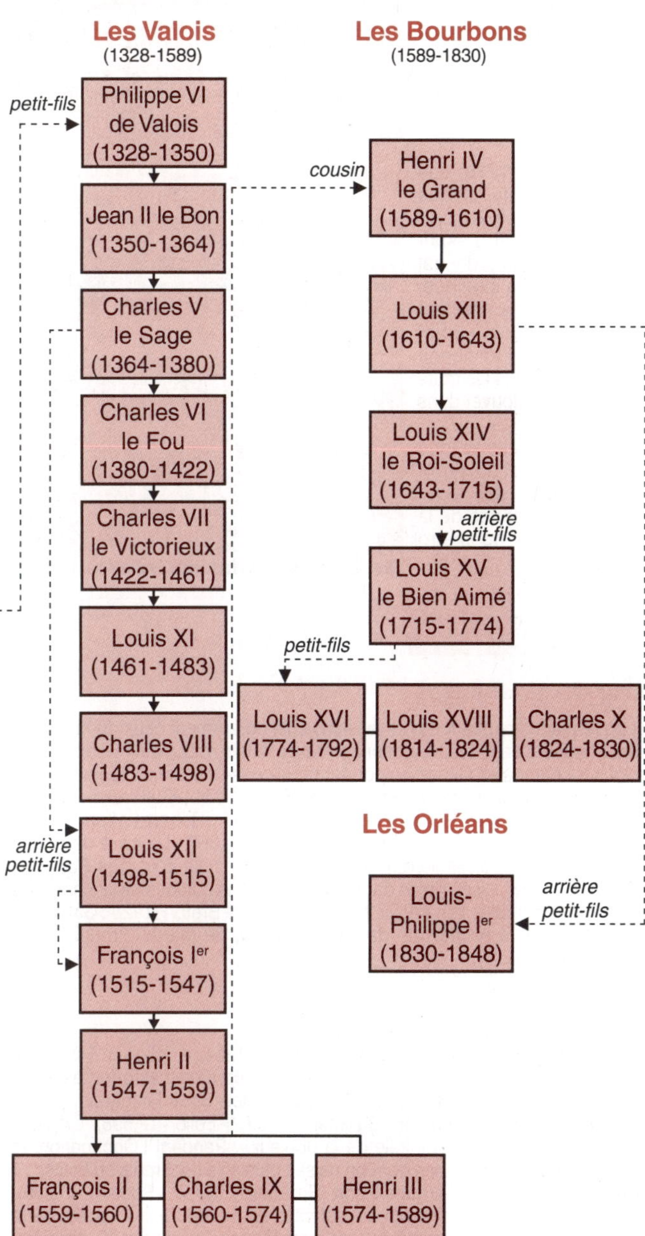
Les Valois
(1328-1589)
Les Bourbons
(1589-1830)
petit-fils
Philippe VI de Valois (1328-1350)
Jean II le Bon (1350-1364)
Charles V le Sage (1364-1380)
Charles VI le Fou (1380-1422)
Charles VII le Victorieux (1422-1461)
Louis XI (1461-1483)
Charles VIII (1483-1498)
arrière petit-fils
Louis XII (1498-1515)
François Ier (1515-1547)
Henri II (1547-1559)
François II (1559-1560)
Charles IX (1560-1574)
Henri III (1574-1589)
cousin
Henri IV le Grand (1589-1610)
Louis XIII (1610-1643)
Louis XIV le Roi-Soleil (1643-1715)
arrière petit-fils
Louis XV le Bien Aimé (1715-1774)
petit-fils
Louis XVI (1774-1792)
Louis XVIII (1814-1824)
Charles X (1824-1830)
Les Orléans
arrière petit-fils
Louis-Philippe Ier (1830-1848)

un pan entier de la mémoire collective du peuple, plutôt du bas peuple de Paris... Celle, à la limite du mythe parfois, des règlements de compte à la loyale, à coups de couteau, entre jeunes terreurs, les Peaux-Rouges, les Apaches...
Après l'armistice de 1918, une certaine fusion sociale, unique au monde, caractérise la capitale. C'est tout un état d'esprit empreint d'accordéon, de bal musette et du monde interlope, filles et maquereaux qui gravitent autour. Bref, le « milieu », mot neuf qui remplace l'ancienne pègre. À l'écran, il a pris les traits d'Arletty et de Louis Jouvet dans *Hôtel du Nord...*
Entre les 2 guerres, Paris se fond avec sa banlieue, et le Front populaire fait surgir des logements sociaux aux portes de la capitale. Le réseau du métro s'étoffe.

L'ÉTONNANTE GRÈVE DES GARÇONS DE CAFÉ

En 1907, elle dura plus de 1 mois. Pour obtenir un jour de congé hebdomadaire mais aussi pour le droit de porter la moustache. En ces temps-là, la moustache est réservée aux officiers, aux flics, aux patrons, car c'était un symbole d'autorité. Les employés et les garçons de café n'avaient évidemment pas le droit de la porter.

PANAME ?

Pourquoi Paris hérita-t-il de ce surnom si populaire au début du XXe s ? Les Parisiens avaient adopté le chapeau appelé « panama », mis à la mode par les ouvriers qui travaillaient sur le canal du même nom, et qui revinrent ensuite chez eux, à Paris. Ce couvre-chef n'a d'ailleurs jamais été fabriqué au Panama mais... en Équateur.

LIVRES DE ROUTE

Les grands classiques

Paris fut un terreau d'inspiration pour les écrivains, notamment ceux du XIXe et du XXe s. Tant d'auteurs en ont fait le décor central de leur ouvrage qu'il serait impossible de tous les énumérer. Citons-en pourtant quelques-uns, chronologiquement : ***Notre-Dame de Paris,*** du romantique Victor Hugo (1831 ; Gallimard, « Folio » n° 4849), ***Les Mystères de Paris,*** d'Eugène Sue (1844 ; Robert Laffont, « Bouquins »), ***Le Spleen de Paris,*** de Charles Baudelaire (1869 ; Le Livre de Poche n° 1179). Ou encore la colossale œuvre du naturaliste Émile Zola, ***Les Rougon-Macquart*** (1871-1893 ; disponibles dans de nombreuses éditions de poche). Plus tardivement, ne pas oublier le surréaliste ***Nadja,*** d'André Breton (1928 ; Gallimard, « Folio » n° 73), ou ***À la recherche du temps perdu,*** de Marcel Proust (1913-1927 ; Gallimard, « Folio »).

Romans

- ***Paris est une fête,*** d'Ernest Hemingway (Gallimard, 1964 ; « Folio » n° 5454). Les années 1930 à Paris, quand l'Américain n'était pas encore un mastodonte et qu'il divaguait à Montparnasse avec Gertrude Stein et Francis Scott Fitzgerald.
- ***La Place de l'Étoile,*** de Modiano (Gallimard, 1968 ; « Folio » n° 698). La place de l'Étoile est une sorte de « capitale de la douleur ». Pendant l'Occupation, le narrateur croise des personnages dont on ne sait plus s'ils sont réels ou fictifs.
- ***Les Ruines de Paris,*** de Jacques Réda (Gallimard, 1993 ; « Poésie » n° 268). Pour une fois, livre en prose de celui qui est sans aucun doute le 1er poète de la capitale. De la Butte-aux-Cailles à Passy en passant par Belleville et Montmartre, on se laisse guider sans une halte à travers les secrets et les mystères de Paris.

– ***Les Dernières Nuits de Paris,*** de Philippe Soupault (1928 ; Gallimard, « L'Imaginaire » nº 374, 1997). Énigmatique témoignage d'un dada au travers de ses planques de titi parisien et les évocations des femmes qu'il y a rencontrées.
– ***Bastille tango,*** de Jean-François Vilar (1986 ; Actes Sud, « Babel Noir » nº 318, 2013). Comme aux pires heures de la dictature, des réfugiés argentins disparaissent dans le Bastille des années 1980. Du temps où la Bastoche n'était pas encore un quartier à la mode et où l'on dansait le tango rue de Lappe. La démolition du quartier commençait à peine. Avant l'Opéra-Bastille.

Essais, ouvrages collectifs

– ***La Goutte-d'Or, quartier de France,*** de M. Goldring (2006 ; Autrement, « Frontières »). Un habitant de longue date brosse le portrait, sans catastrophisme ni idéalisme, de ce quartier, le plus métissé de la capitale. Des destins qui se croisent sans toujours se rencontrer. Un portrait critique et plein d'humanité, fondé sur des faits et des témoignages ; autant de regards sur un quartier plein de vie et de contradictions.
– ***Paris,*** de J. Green (1995 ; Fayard). Une vaste quête sans but précis en compagnie d'un amoureux de Paris. Il nous révèle l'âme de ses rues et « le silence du ciel ».
– ***Le Paris de Gainsbourg,*** de E. Leibowitch et D. Loriou (2011 ; Jacob-Duvernet). Ouvrage-balade qui retrace la vie de l'artiste à Paris. On le suit au fil des adresses qui ont jalonné son existence, sa vie amoureuse et musicale, du Lucien Ginsburg de Chaptal à celui de l'Hôtel Raphaël, en passant bien sûr par l'incontournable rue de Verneuil et la Cité internationale des arts.
– ***Dictionnaire amoureux de Paris,*** de Nicolas d'Estienne d'Orves (2015 ; Plon). Chaque entrée choisie subjectivement compose une fresque sentimentale, une ode nostalgique à la capitale adorée. L'Histoire parisienne se mêle aux histoires de l'auteur qui décrit avec humour et sincérité le Paris qu'il aime, un Paris intime.

Polars

– ***Les Enquêtes du commissaire Maigret,*** de Georges Simenon (1930-1979 ; Le Livre de Poche). Les décors de Paris sont de toutes les aventures du commissaire Maigret. Des polars noirs mais assez littéraires. Évocations inégalées du Paris glauque et infréquentable.
– ***Les Enquêtes de Nicolas Le Floch, commissaire au Châtelet,*** de Jean-François Parot (2000-2014 ; J.-C. Lattès et 10/18). Une série historico-policière comme on les aime. L'écrivain, diplomate à ses heures, est surtout spécialiste de l'histoire du Paris du XVIIIe s, qu'il nous fait aimer et connaître, au fil d'enquêtes menant des bas-fonds de la capitale aux salons de Versailles. Un régal.
– ***Mystère rue des Saints-Pères,*** de Claude Izner (2003 ; 10/18, « Grands Détectives » nº 3505). Une série très prometteuse qui nous entraîne cette fois dans le Paris de la fin du XIXe s, aux côtés d'un libraire « enquêteur » de la rue des Saints-Pères, Victor Legris. Tout un petit monde, né de l'imaginaire de 2 sœurs signant sous un pseudonyme, qui croise la route de personnages ayant existé et rendus ici plus vivants que jamais.

Paris raconté par la bande (dessinée)

Difficile de répertorier toutes les bandes dessinées qui ont eu Paris pour toile de fond, des Pieds Nickelés à Bibi Fricotin en passant par Casque d'Or, Griffu ou Nestor Burma... Bon, va falloir choisir, en privilégiant celles qui nous ont offert nos 1ers voyages dans le temps et l'espace parisien, d'Astérix à Masque rouge !
– ***Guide de Paris en bandes dessinées,*** collectif (2017 ; Petit à Petit). Un véritable petit guide culturel pour redécouvrir Paris de manière ludique à travers 30 monuments emblématiques. Les pages documentées contiennent toutes les informations utiles à la visite et de petites anecdotes à glisser autour d'un

verre, tandis que les planches de B.D. nous plongent dans l'histoire du lieu. À glisser dans son sac à dos sans hésiter !

– ***Le Cri du peuple,*** de Tardi et Vautrin (Casterman). Un grand roman populaire en 4 tomes, somptueusement mis en images et qui fait revivre le Paris de la Commune, ses joies, ses exactions, ses excès, ses amours, ses énergies refoulées.

– ***Griffu,*** de Tardi et Manchette (Casterman). La fin des années 1970, dans un Montparnasse en pleine mutation. Un bon polar à lire sourire aux lèvres, en comptant les coups sur la gueule à Griffu.

– ***Jérôme K. Jérôme Bloche,*** de Dodier et Makyo (Dupuis). De l'excellente B.D. pour petits et grands, sur fond d'aventures policières menées par un détective à binocles entouré des locataires de son vieil immeuble du 18e. Tendrement vôtre... Relire surtout *Zelda* et *Le Cœur à droite,* ode affectueuse aux sans-logis.

– ***Revoir Paris,*** de Peeters et Schuiten (Casterman). Un récit de science-fiction en 2 parties qui s'articule autour de la Ville Lumière. Kârinh, l'héroïne, est envoyée sur une planète Terre retournée à la barbarie des hommes. Le Paris qu'elle fantasme va se heurter à la réalité.

– Et une belle synthèse, ***Paris BD, la capitale redessinée,*** de T. Vandorselaer (2009 ; Éditions du Signe). À travers de nombreux extraits de B.D. judicieusement choisis, cet auteur belge nous emmène (re)découvrir Paris. Plusieurs itinéraires de balades sont ainsi proposés, avec pour guides l'Adèle Blanc-Sec de Tardi, le Michel Vaillant de Graton, l'Émilie de Magnin...

PERSONNAGES

Les personnages historiques

– ***Sainte Geneviève :*** la sainte patronne. Morte à Paris en 502 ou 512. La ville lui doit de n'avoir succombé ni aux Huns ni au découragement.

– ***Philippe Auguste :*** né à Paris en 1165, mort à Mantes en 1223. Le 1er à être appelé « roi de France » et non plus « roi des Francs ». L'inventeur de la nation française fait de Paris une capitale forte et même fortifiée (le Louvre).

Les écrivains, poètes et gens de lettres

– ***Victor Hugo*** *(1802-1885)* **:** né à Besançon par hasard, mort à Paris à 83 ans, ville à laquelle il offrit 2 de ses best-sellers, *Notre-Dame de Paris* en 1831 et *Les Misérables* en 1862 (pour le remercier, Paris en fit des comédies musicales). Poète de la république, dramaturge, révolutionnaire, homme de théâtre, grand-père, bourgeois, il fut tout cela et bien plus. Il écrivit aussi un plaidoyer contre la peine de mort qui reste d'actualité.

– ***Jacques Prévert*** *(1900-1977)* **:** poète et scénariste. Né à Neuilly, mais pas un enfant des beaux quartiers pour autant. Libertaire, voire surréaliste, mais surtout inclassable. Paris doit à cet artisan du réalisme poétique un de ses plus beaux films (tourné en studio par Marcel Carné, certes) : *Les Enfants du Paradis* ! Montand, Gréco et tant d'autres l'ont chanté.

– ***Baudelaire*** *(1821-1867)* **:** poète « maudit » né et mort à Paris, à qui l'on doit *Les Fleurs du Mal,* recueil jugé scandaleux pour l'époque. Pour les amoureux du voyage, un vers immortel : « Là, tout n'est qu'ordre et beauté, luxe, calme et volupté. »

– ***Émile Zola*** *(1840-1902)* **:** écrivain naturaliste et journaliste engagé, né et mort dans la capitale, on lui doit un roman-fleuve, *Les Rougon-Macquart,* et un article de 32 pages percutant (« J'accuse », à propos de l'affaire Dreyfus), qui l'obligea à s'exiler en Angleterre. Un article qui l'empêcha d'être immortel puisqu'il brigua 19 fois le fauteuil d'académicien, en vain.

- ***Jean-Paul Sartre*** *(1905-1980)* **:** né dans le 16e, mort dans le 14e, et entre-temps une existence consacrée à l'existentialisme, entre autres. Écrivain, philosophe, journaliste, militant, il représente à lui seul (avec quelques autres quand même) l'intellectuel engagé du XXe s qui fit parfois de grosses sorties de route.
- ***Simone de Beauvoir*** *(1908-1986)* **:** née à Paris, ville où cette philosophe, romancière et militante féministe est décédée, 78 ans plus tard, après avoir partagé la vie – mais pas toujours les idées – de son compagnon, Jean-Paul Sartre.
- ***Eugène Labiche*** *(1815-1888)* **:** dramaturge français né et mort dans la capitale, qui lui doit encore aujourd'hui ses meilleurs vaudevilles.
- ***Les Montparnos*** **:** nom donné aux artistes des Années folles qui ont fait de Montparnasse, quartier encore largement en friche, le centre de la modernité après la Première Guerre mondiale. Peintres, photographes, sculpteurs arrivaient de partout, attirés par les loyers modestes autant que par les cafés bon marché comme *Le Dôme, La Closerie des Lilas, La Coupole, Le Sélect* ou *Le Bœuf sur le Toit,* où on leur laissait occuper une table pour trois fois rien, un croquis, même, parfois. Ils s'appelaient Soutine, Foujita, Picasso, Man Ray, Juan Gris, Chagall, Apollinaire, Max Jacob...
- ***Boris Vian*** *(1920-1959)* **:** né à Ville-d'Avray, mort dans le 7e, poète, écrivain, c'était aussi un passionné de jazz, qui fréquenta le Saint-Germain-des-Prés de la grande époque et offrit à la chanson française quelques tubes immortels : *Le Déserteur, J'suis snob, La Java des bombes atomiques, Je bois...*

Les architectes

- ***Jules Hardouin-Mansart*** *(1646-1708)* **:** né à Paris, mort à Marly, ce Jules célèbre fut le 1er architecte de Louis XIV, qui lui doit ses réalisations les plus grandioses, tels Versailles, les Invalides, la place Vendôme... Pompeux ? Classique...
- ***Haussmann*** *(1809-1891)* **:** né Georges-Eugène à Paris, où il est mort baron après avoir laissé une trace visible de son passage. Paris doit à celui qui fut préfet de la Seine pendant 17 ans des destructions excessives et les percées indispensables (boulevards, avenues) voulues par Napoléon III. C'est au cimetière du Père-Lachaise qu'a été enterré cet obsédé de la ligne droite.
- ***Eugène Viollet-le-Duc*** *(1814-1879)* **:** né à Paris, il est considéré comme l'homme qui donna au patrimoine médiéval une chance de survie et un nouveau visage, pas toujours reconnu par ses successeurs. De la cathédrale de Paris à celle d'Amiens, de Carcassonne à Toulouse, il n'a cessé de susciter des polémiques de son vivant, et même après sa mort, survenue à Lausanne.
- ***Charles Garnier*** *(1825-1898)* **:** né et mort à Paris, où il gagna en 1861 le concours qui le rendit célèbre, celui de l'Opéra.
- ***Fulgence Bienvenüe*** *(1852-1936)* **:** le père du métro de Paris est décédé à 84 ans dans la ville qu'il avait bien (des)servie.
- ***Gustave Eiffel*** *(1832-1923)* **:** ingénieur ingénieux né à Dijon et mort à Paris, qui lui doit son emblème, la tour Eiffel.

Les artistes (peintres, sculpteurs, photographes, dessinateurs)

- ***Toulouse-Lautrec*** *(1864-1901)* **:** un grand peintre, malgré sa petite taille, qui a immortalisé les petites gens de Montmartre à travers croquis, peintures et affiches.
- ***Edgar Degas*** *(1834-1917)* **:** né à Paris, un peintre impressionniste pour les uns, avant-gardiste pour les autres. Le « peintre des danseuses » ne cessa de travailler qu'en 1911, lorsqu'il devint aveugle.
- Côté peinture, il faudrait encore citer les impressionnistes ***Sisley, Gauguin*** et ***Caillebotte.*** Mais aussi ***Picasso,*** qu'on ne va pas présenter, ***Man Ray,*** l'un des acteurs du mouvement surréaliste, décédé à Paris à 86 ans en 1976 et qui a fait inscrire sur sa tombe, au cimetière Montparnasse : « Détaché, mais pas indifférent »... Et bien sûr ***Modigliani,*** peintre et sculpteur mort à Paris en 1920.

– ***Robert Doisneau*** *(1912-1994)* **:** l'homme qui photographia le Paris populaire de l'après-guerre, et que Paris aima pour cela. Amoureux du noir et blanc tendrement ironique, c'est lui le passant patient à qui l'on doit le célèbre *Baiser de l'Hôtel de Ville.*
– ***Jacques Tardi* :** né en 1946, au lendemain d'une guerre qu'il dessina dans ses 1res adaptations en B.D. des *Nouveaux Mystères de Paris,* avec Nestor Burma. Mais c'est la Première Guerre mondiale qu'il ne cessera de dessiner, des aventures d'Adèle Blanc-Sec aux multiples hommages rendus aux hommes qui ont vécu l'horreur des tranchées.

Les chanteurs, acteurs, cinéastes et autres célébrités

– ***Sarah Bernhardt*** *(1844-1923)* **:** femme moderne et libre, Parisienne dans l'âme, accessoirement l'une des plus grandes actrices et amoureuses de son époque.
– ***Marie Curie*** *(1867-1934)* **:** née en Pologne, c'est à Paris qu'elle mènera ses recherches sur la radioactivité. Elle sera la 1re femme à obtenir le prix Nobel de physique et de chimie.
– ***Coco Chanel*** *(1883-1971)* **:** elle a libéré la mode pour les femmes en démocratisant le port du pantalon et des cheveux courts. Elle sera également la 1re couturière à s'adonner à l'élaboration de parfums.
– ***Édith Piaf*** *(1915-1963)* **:** un oiseau de Paris, né rue de Belleville, qui reste une des chanteuses populaires préférées des Français.
– La liste des chanteurs ayant vécu ou vivant à Paris est longue. Même sans remonter à ***Mistinguett*** et ***Maurice Chevalier. Georges Brassens*** (1921-1981), le libertaire, l'anticlérical, fit ses débuts dans les cabarets de la Butte, dans les années 1950, avant de connaître le succès à Bobino. ***Gainsbourg*** (1928-1991), né dans le 4e et mort dans le 7e, l'homme à la tête de chou, a laissé un héritage musical colossal. ***Juliette Greco*** (1927), autre figure de la vie parisienne intellectuelle et artistique d'après-guerre, lui inspirera d'ailleurs *La Javanaise...* ***Barbara,*** née à Paris en 1930 et morte à Neuilly en 1997, restera la longue dame brune de la chanson française, passée de l'Écluse au Châtelet sans s'être jamais éloignée trop de la Seine ni de la scène. ***Charles Aznavour*** (1924), autre monument de la chanson française, a beaucoup chanté Paris (*J'ai vu Paris, La Bohème,* etc.).
Parmi les chanteurs qui, depuis la fin des années 1960, ont donné à la chanson française une couleur bien à eux, entre ironie et tendresse, citons juste ***Jacques Dutronc*** et ***Françoise Hardy.*** 2 monstres sacrés sinon, dans un style très différent : ***Renaud,*** bien sûr, né à Paris en 1952, auteur-compositeur désabusé, qui s'est enfin remis à chanter pour le bonheur de tous, et ***Jean-Jacques Goldmann,*** né à Paris en 1951, plus proche de ***Maxime Le Forestier,*** né à Paris en 1949...
– Pour incarner le cinéma du Paris de l'après-guerre, quelques noms : ***Arletty,*** d'abord, actrice à la gueule d'atmosphère née à Courbevoie en 1898 et morte à Paris en 1992. Une enfant de la banlieue devenue la vedette des meilleurs films de ***Marcel Carné*** (1906-1996), réalisateur né dans le quartier des Batignolles. Des films où l'on retrouve, comme partenaires d'Arletty, l'une des grandes voix de l'époque, ***Pierre Brasseur,*** né à Paris en 1905 (et mort en 1972), et l'une des grandes gueules du cinéma français, ***Jean Gabin*** (né à Paris en 1904 et mort à Neuilly en 1976), qui terminera sa carrière quelques décennies plus tard sous la diction d'un ***Michel Audiard,*** titi parisien né en 1920 (et mort en 1985), scénariste prolifique à qui l'on doit le succès des *Tontons flingueurs,* film culte des années 1960.
– Si l'on parle réalisateurs, après Carné, un nom qui colle à l'image du Paris des années 1970, cette fois : ***François Truffaut*** (1932-1984), le réalisateur des *Quatre Cents Coups,* de *Jules et Jim,* du *Dernier Métro,* était l'icône de la Nouvelle Vague.
– Parmi les actrices actuelles incontournables : ***Catherine Deneuve,*** née en 1943, LA star du cinéma français avec ***Isabelle Adjani*** ; ***Jeanne Moreau,*** LA voix du cinéma français (1928-2017) ; et 2 autres femmes à la forte personnalité : ***Sophie Marceau*** (née en 1966) et ***Isabelle Huppert*** (née en 1953). Sans oublier, dans un registre différent, ***Josiane Balasko*** (née en 1950), actrice multicasquette, et ***Marion Cotillard*** (née en 1975), qui ne cesse de tourner depuis 15 ans.

– ***Coluche*** *(1944-1986)* **:** c'est l'histoire d'un mec né dans le 14e, humoriste et comédien, mort trop tôt, à un tournant de sa vie. *Tchao Pantin* l'avait consacré.
– ***Inès de La Fressange*** *(née en 1957)* **:** c'est l'histoire d'un mannequin de chez Chanel, dans les années 1980, devenue créatrice de mode, femme d'affaires et représentante d'un certain chic parisien dans le monde. D'ailleurs, on la surnomme « la Parisienne » à juste titre.
– ***Luc Besson*** *(né en 1959 à Paris)* **:** ambassadeur du cinéma français à l'étranger *(Le Cinquième Élément, Nikita, Lucy),* il a joliment filmé Paris avec Adèle Blanc-Sec ou Angel-A. Il a créé la Cité du Cinéma pour rivaliser avec les studios étrangers.
– ***Abd al-Malik*** *(né en 1975)* **:** c'est l'histoire, cette fois, d'un rappeur né dans le 14e sous le nom de Régis Fayette-Mikano. Tout à la fois slameur, écrivain et réalisateur, il est passé de la rage au ventre au débat social.

RESTOS À PARIS

Bistrots et jambon-beurre

Ah, Paris ! Son jambon-beurre avalé sur un coin du comptoir, ses bougnats, ses comptoirs en fer à cheval, ses terrasses sur les Grands Boulevards...
Vite et bien fait ? Sandwicheries « fraîcheur » et cantines « saines », on a tout essayé. Les restos mono-produits aussi : pizzas, bagels, naans, pancakes, *ramen,* boulettes... Les crêpes ? Elles reviennent plus que jamais à la mode, les Bretons de Paris retrouvent le sourire, les autres aussi. Les burgers ? Même les grands chefs s'y sont mis, c'est tout dire. Et les *food trucks,* un effet de mode ? (Voir plus loin.)
Dans les quartiers, les vieux caboulots continuent de célébrer l'œuf mayo. Les plats canailles sont revenus à la mode et à l'ardoise, depuis quelque temps déjà : l'andouillette, la tête de veau, le bourguignon mijoté.
Paris se la joue nostalgie. Oublié l'effet pschitt moléculaire, retour à la blanquette et aux rognons de veau. Les anciens sont contents, les jeunes aussi. Travail de mémoire autant que travail des mâchoires, désormais.
On revient à l'identité, aux valeurs sûres. Vivent les plats du jour des bistrots, et leur vin au verre (attention aux prix) ! Vivent les brasseries, leurs plats qui rassurent et leurs bières artisanales (la grande mode) qui ne se contentent plus d'accompagner les choucroutes !
Vivent donc les vieux cafés de quartier, quand ils ne sont pas repris par des Chinois !
La cuisine internationale est une bonne excuse pour faire avaler n'importe quoi. À Paris, si vous voulez voyager sans quitter la table, on peut aller très loin. Il y a quand même des quartiers plus spécialisés que d'autres, on vous les indique.

Attrapez le *truck* en route

Voilà quelque temps déjà que les *food trucks* fleurissent le long des artères parisiennes. De tradition asiatique, le concept réinterprété a débarqué des USA. L'idée, camper aux abords des marchés, au pied des bureaux ou encore à la sortie de concerts pour régaler vite et bien ! Burgers, *fish & chips,* bentos, tacos, bagels... Chaque *truck* a sa spécialité et mise généralement sur un mono-produit de qualité. Comptez 10-15 € pour une formule. *Le Camion qui fume,* la *Cantine California,* le *Breizh-Truck, Mozza and co',* le *Tooq Tooq,* ils sont une quarantaine à sillonner Paris. Au parc de Bercy, derrière la Bourse du commerce, sur le parvis de l'église Saint-Laurent (10e)... une vingtaine d'emplacements sont mis à la disposition de certains d'entre eux, triés sur le volet par la Mairie de Paris. Pour les trouver, mieux vaut suivre leur actualité Facebook, Twitter ou consulter le site internet • *tttruck.com* • qui localise leurs escales en temps réel. Un véritable phénomène urbain bobo-branché !

Une pépinière de talents

Bien sûr, il y a 105 étoilés à Paris, dont 10 3-étoilés, mais ce n'est pas forcément ce qu'on recherche. Une pépinière de jeunes chefs, ayant la trentaine et l'âme voyageuse, bousculent les traditions en réinterprétant le terroir à leur façon. Ils ont refusé l'embrigadement, choisi la liberté et le risque. Ces jeunes chefs exercent leur métier par choix, ils sont passionnés, ils expérimentent...
Ils expérimentent une nouvelle façon de travailler le cru, la vapeur, le moelleux, le croquant, nous réapprennent le vrai goût des produits et mettent en avant les producteurs. Ils ont supprimé les nappes et le service à l'ancienne, et partagent l'engouement de leur clientèle avec leurs collègues venus d'Asie, du pourtour méditerranéen ou d'Amérique du Sud pour donner un air de renouveau à la cuisine parisienne.
Tout cela s'accompagne d'un choix à la carte de vins de producteurs, de terroirs, le plus nature possible, d'ici et surtout de là-bas, où ils sont allés les goûter sur place. En jouant la carte bio, locavore, ceux qu'on a appelés les bobos ont permis de créer dans les quartiers, près des musées, sur les marchés, des tables sincères. Même si tout cela a failli se gâter, le succès aidant.

Paris a-t-il pris la grosse tête ?

Dédain de la clientèle, résa impérative 15 jours à l'avance ou, pire, plus de résa. Queues interminables ici, double service là, obligeant à se mettre à table à des horaires contraignants... On se voit offrir une carte minimaliste et une table à touche-touche avec celle du voisin. Ajoutons un service parfois déglingué qui confine à un certain laisser-aller, le bruit en salle qui interdit le tête-à-tête intimiste et un confort bistrotier qui ne baisse pas l'addition pour autant... Pas question de généraliser, mais le tableau peut faire frémir.
Nos adresses ne se fichent pas du monde, c'est l'essentiel. Il y en a pour tous les goûts, justement. On a mis en avant nos coups de cœur, comme on a poussé nos coups de gueule, heureusement. Manger à toute heure, debout, assis, au comptoir, en terrasse, mais bien, bon, goûtu, tradi, créatif, exotique... c'est possible, partout à Paris. Enfin, non, pas partout, car vous n'auriez pas besoin d'un guide sinon !

SITES INSCRITS AU PATRIMOINE MONDIAL DE L'UNESCO

Pour figurer sur la liste du Patrimoine mondial, les sites doivent avoir une valeur universelle exceptionnelle et satisfaire à au moins un des 10 critères de sélection. La protection, la gestion, l'authenticité et l'intégrité des biens sont également des considérations importantes.
Le patrimoine est l'héritage du passé dont nous profitons aujourd'hui et que nous transmettons aux générations à venir. Nos patrimoines culturel et naturel sont 2 sources irremplaçables de vie et d'inspiration. Ces sites appartiennent à tous les peuples du monde, sans tenir compte du territoire sur lequel ils sont situés. Pour plus d'informations : • *whc.unesco.org* •

– Les ***rives de la Seine*** sont partiellement classées au Patrimoine mondial de l'Unesco.

PETITS TRUCS ET ASTUCES POUR ÉVITER LES ABUS ET MAUVAISES SURPRISES

Un routard informé en vaut deux ! Pour éviter les désagréments en tous genres, il est bon de les connaître. Voici un petit vade-mecum destiné à parer aux coûts et aux coups de bambous.

Nous supprimons de nos guides les établissements qui ne répondent plus à nos critères ou abusent. La réciproque est aussi valable : tout est question de ***respect mutuel.***

À L'HÔTEL

1 – Arrhes ou acompte ? : au moment de réserver votre chambre par téléphone – par précaution, toujours confirmer par écrit (ou mail) – il n'est pas rare que l'hôtelier vous demande de verser à l'avance une certaine somme, celle-ci faisant office de garantie. Il est d'usage de parler d'arrhes et non d'acompte (en fait, la loi dispose que « sauf stipulation contraire du contrat, les sommes versées d'avance sont des arrhes »). Légalement, aucune règle n'en précise le montant. Toutefois, ne versez que des arrhes raisonnables : 25 à 30 % du prix total, sachant qu'***il s'agit d'un engagement définitif sur la réservation*** de la chambre. Cette somme ne pourra donc pas être remboursée en cas d'annulation de la réservation, sauf cas de force majeure qu'il vous faudra justifier (maladie ou accident) ou en accord avec l'hôtelier si l'annulation est faite dans des délais jugés raisonnables. Si, au contraire, l'annulation est le fait de l'hôtelier, il doit vous rembourser le double des arrhes versées. À l'inverse, l'acompte engage définitivement client et hôtelier.

2 – Subordination de vente : comme les restaurateurs, les hôteliers ont interdiction de pratiquer la subordination de vente. C'est-à-dire qu'***ils ne peuvent pas vous obliger à réserver plusieurs nuits d'hôtel si vous n'en souhaitez qu'une.*** Dans le même ordre d'idées, on ne peut vous obliger à prendre votre petit déjeuner ou vos repas dans l'hôtel ; ce principe, illégal, est néanmoins répandu dans la profession, toléré en pratique, surtout en haute saison... notamment dans les zones touristiques, où la demande est bien plus importante que l'offre ! Bien se renseigner.

3 – Les réservations en ligne : elles se sont généralisées. Par l'intermédiaire de sites commerciaux ou en direct sur les sites des hôtels, elles sont simples et rapides. Mais voilà, les promesses ne sont pas toujours tenues et l'on constate parfois des dérives, notamment via les centrales de résa telles que promos bidons, descriptifs exagérés, avis d'internautes truqués... Des hôteliers s'estiment étranglés par les commissions abusives. ***N'hésitez pas à contacter directement l'hôtel sur son site*** pour vous faire préciser le type de chambre que l'on vous a réservé (sur rue, sur jardin ?).

4 – Responsabilité en cas de vol : un hôtelier ne peut en aucun cas dégager sa responsabilité pour des objets qui auraient été volés dans la chambre d'un de ses clients, même si ces objets n'ont pas été mis au coffre. En d'autres termes, les éventuels panonceaux dégageant la responsabilité de l'hôtelier n'ont aucun fondement juridique.

5 – En cas d'annulation : si vous avez réservé une chambre (sans avoir rien versé) et que vous avez un empêchement, ***passez un coup de téléphone pour annuler***, c'est la moindre des politesses. Trop peu de gens le font, ce qui rend les hôteliers méfiants.

AU RESTO

1 – Les prix : dans les restos, ils sont libres, mais ***l'affichage est obligatoire*** à l'extérieur de l'établissement, de manière visible. Tous les menus doivent être affichés, même le moins cher. Ils doivent être identiques à ceux que l'on vous présentera à l'intérieur. Vous ne pouvez donc contester des tarifs exorbitants que s'ils ne sont pas clairement affichés.

2 – Formule ou menu ? Généralement, la formule est une proposition écourtée comprenant entrée + plat ou plat + dessert. Avec parfois un verre de vin et/ou le café. De fait, elle est moins chère que le menu, en principe complet (entrée + plat + dessert). Très souvent, les formules et les 1ers menus (les moins chers) ne sont ***servis qu'en semaine ou seulement au déjeuner,*** et plus rarement avant certaines heures (12h30 et 20h30 généralement). C'est parfaitement légal, à condition que ce soit clairement indiqué sur le panneau extérieur (parfois écrit en tout petit).
Par ailleurs, bien vérifier que le ***menu d'appel,*** le moins cher donc, est toujours présent dans la carte qu'on vous donne une fois installé. Il arrive qu'il disparaisse comme par enchantement. Il arrive aussi que la formule ne soit pas spontanément présentée avec la carte alors qu'elle existe (humm, mauvais signe…). Demandez-la, ça ne mange pas de pain.

3 – Le « fait maison » : depuis que la législation a été mise en place, pour parer au sous-vide et tout congelé, et parallèlement valoriser le travail de restaurateurs scrupuleux, le « fait maison » (logo d'une casserole surmontée d'un toit de maison avec cheminée) apparaît comme un faire-valoir évident et rassurant. Même s'il ne garantit pas le 100 % maison (la loi est un peu tordue), ni la qualité du chef ! Cela dit, ***c'est un bon début.***

4 – La carte en dit long ! Voici, foi d'enquêteur, quelques trucs très simples pour analyser un menu : tout d'abord la ***brièveté de la carte*** est un bon gage de fraîcheur ; quand les produits sont locaux et de saison, c'est encore mieux ! On peut aussi questionner le serveur. Sa franchise (ou son embarras) vous en dira long. Autre indice : si la carte n'est composée que de plats passe-partout (filets de rouget poêlés, blancs de poulet en sauce bidule, souris d'agneau…), ce n'est pas forcément bon signe.
Enfin, en dehors des zones côtières, ***on évite les poissons et fruits de mer le lundi…*** les livraisons ayant rarement lieu le week-end ! Même topo avec les desserts passe-partout : tarte Tatin, mi-cuit au chocolat, crème brûlée, panna cotta sortent soit du congélateur, soit d'une brique ! Le café gourmand remporte bien des suffrages. Il est pourtant souvent surfacturé, insipide… et certainement pas « maison ». Un bon chef n'est pas forcément un bon pâtissier. Et il a rarement le temps de préparer 36 desserts ! Sondez le terrain.

5 – Attention aux plats à suppléments. Certains menus imposent 3 suppléments pour 5 plats proposés. Cherchez l'erreur !

6 – Commande jugée insuffisante : sachez qu'il est illégal de pousser le client à la consommation.

7 – Eau : une banale carafe d'eau du robinet est ***gratuite*** à condition qu'elle accompagne un repas. Dans un bon resto, il suffit de ***demander une seule fois*** une carafe d'eau pour qu'on vous l'apporte aussitôt. On ne peut pas vous la refuser, sauf si elle est jugée impropre à la consommation par décret. La bouteille d'eau minérale doit, quant à elle, comme le vin, être ouverte devant vous. L'arnaque dans certains restos « pousse-conso » consiste à proposer d'emblée une eau minérale et de la facturer 7 €, voire plus… À la question du serveur : « …et pour l'eau, plate ou gazeuse ? », vous pouvez répondre : « une carafe, s'il vous plaît ».

8 – Vins (et autres alcools) : la marge la plus importante des restaurateurs ! Tentez les ***vins au verre.*** Mais là encore, gare au prix, parfois exorbitants eux aussi. Au-delà de 2 verres, il peut être plus intéressant de commander une bouteille. Quitte à l'emporter en fin de repas, si elle n'est pas terminée, ce qui se pratique de plus en plus. Ne pas hésiter à demander si la maison sert un ***petit vin de pays en pichet.*** On peut découvrir ainsi des petites cuvées locales et bon marché.

les ROUTARDS sur la FRANCE 2019-2020

(dates de parution sur • **routard.com** •)

Découpage de la FRANCE par le ROUTARD

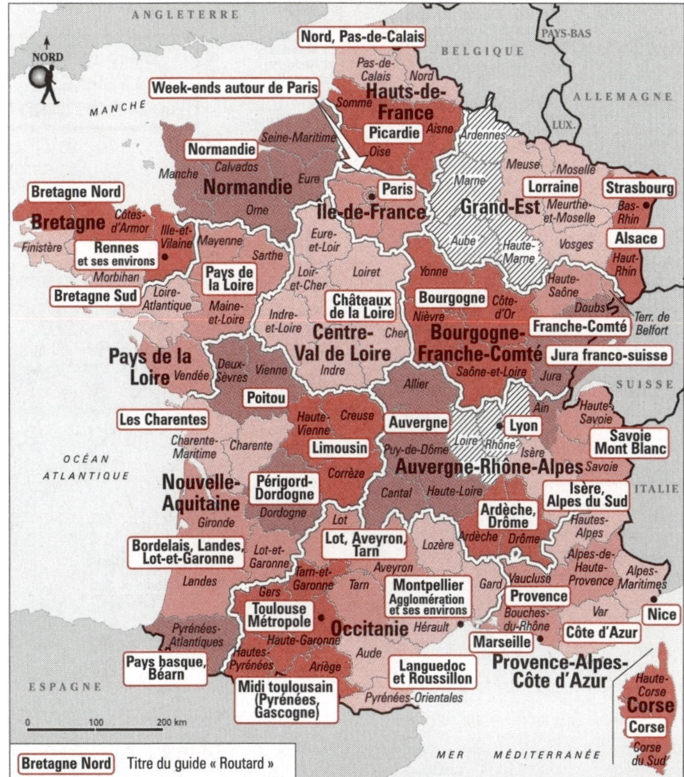

Autres guides sur la France

- Hébergements insolites en France
- Canal des 2 mers à vélo
- La Loire à Vélo
- Paris Île-de-France à vélo
- La Vélodyssée (Roscoff-Hendaye)
- Nos meilleurs campings en France
- Nos meilleures chambres d'hôtes en France
- Nos meilleurs restos en France
- Les visites d'entreprises en France

Autres guides sur Paris

- Paris
- Paris balades
- Paris exotique
- Restos et bistrots de Paris
- Le Routard des amoureux à Paris
- Week-ends autour de Paris

les ROUTARDS sur l'ÉTRANGER 2019-2020

(dates de parution sur • **routard.com** •)

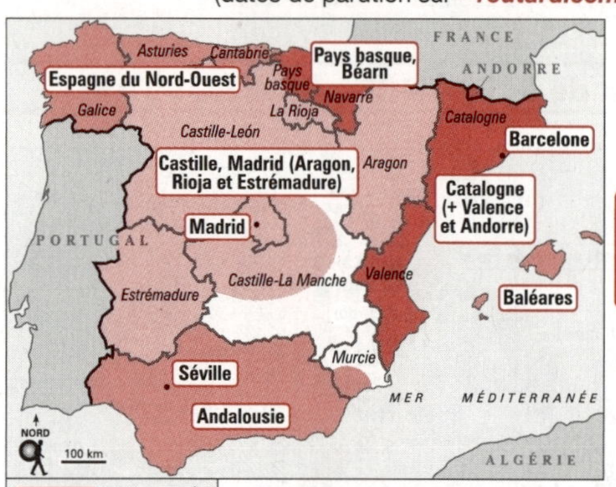

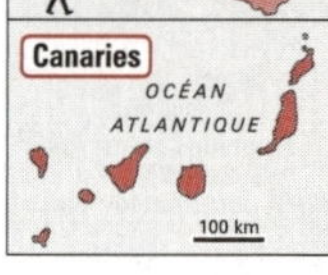

Découpage de l'ESPAGNE par le ROUTARD

Découpage de l'ITALIE par le ROUTARD

Autres pays européens

- Allemagne
- Angleterre, Pays de Galles
- Autriche
- Belgique
- Bulgarie
- Crète
- Croatie
- Danemark, Suède
- Écosse
- Finlande
- Grèce continentale
- Hongrie
- Îles grecques et Athènes
- Irlande
- Islande
- Madère
- Malte
- Norvège
- Pays baltes : Tallinn, Riga, Vilnius
- Pologne
- Portugal
- République tchèque, Slovaquie
- Roumanie
- Suisse

Villes européennes

- Amsterdam et ses environs
- Berlin
- Bruxelles
- Budapest
- Copenhague
- Dublin
- Lisbonne
- Londres
- Moscou
- Naples
- Porto
- Prague
- Saint-Pétersbourg
- Stockholm
- Vienne

les ROUTARDS sur l'ÉTRANGER 2019-2020

(dates de parution sur • *routard.com* •)

Découpage des ÉTATS-UNIS par le ROUTARD

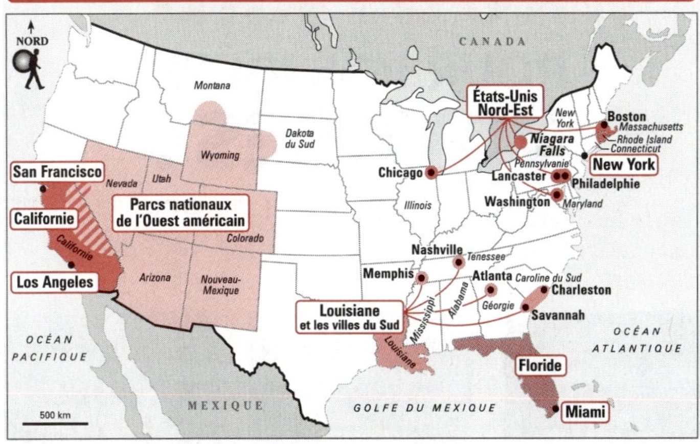

Autres pays d'Amérique

- Argentine
- Brésil
- Canada Ouest
- Chili et île de Pâques
- Colombie
- Costa Rica
- Équateur et les îles Galápagos
- Guatemala, Belize
- Mexique
- Montréal
- Pérou, Bolivie
- Québec et Ontario

Asie et Océanie

- Australie côte est + Red Centre
- Bali, Lombok
- Bangkok
- Birmanie (Myanmar)
- Cambodge, Laos
- Chine
- Hong-Kong, Macao, Canton
- Inde du Nord
- Inde du Sud
- Israël et Palestine
- Istanbul
- Jordanie
- Malaisie, Singapour
- Népal
- Shanghai
- Sri Lanka (Ceylan)
- Thaïlande
- Tokyo, Kyoto et environs
- Turquie
- Vietnam

Afrique

- Afrique du Sud
- Égypte
- Kenya, Tanzanie et Zanzibar
- Maroc
- Marrakech
- Sénégal
- Tunisie

Îles Caraïbes et océan Indien

- Cuba
- Guadeloupe, Saint-Martin, Saint-Barth
- Île Maurice, Rodrigues
- Madagascar
- Martinique
- République dominicaine (Saint-Domingue)
- Réunion

Guides de conversation

- Allemand
- Anglais
- Arabe du Maghreb
- Arabe du Proche-Orient
- Chinois
- Croate
- Espagnol
- Grec
- Italien
- Japonais
- Portugais
- Russe
- G'palémo (conversation par l'image)

Livres-photos Livres-cadeaux

- L'éphéméride du Routard (septembre 2018)
- Voyages
- Voyages : Italie (octobre 2018)
- Road Trips (40 itinéraires sur les plus belles routes du monde ; octobre 2018)
- Nos 120 coins secrets en Europe
- Les 50 voyages à faire dans sa vie
- 1 200 coups de cœur dans le monde
- 1 200 coups de cœur en France
- Nos 52 week-ends dans les plus belles villes d'Europe
- Nos 52 week-ends coups de cœur en France (octobre 2018)
- Cahier de vacances du Routard (nouveauté)

Nous tenons à remercier tout particulièrement Loup-Maëlle Besançon, Thierry Bessou, Gérard Bouchu, François Chauvin, Grégory Dalex, Fabrice Doumergue, Cédric Fischer, Carole Fouque, Guillaume Garnier, Nicolas George, Michelle Georget, David Giason, Claude Hervé-Bazin, Emmanuel Juste, Dimitri Lefèvre, Fabrice de Lestang, Romain Meynier, Éric Milet, Pierre Mitrano, Jean-Sébastien Petitdemange et Thomas Rivallain pour leur collaboration régulière.

Jean-Jacques Bordier-Chêne
Laura Charlier
Agnès Debiage
Coralie Delvigne
Jérôme Denoix
Tovi et Ahmet Diler
Clélie Dudon
Sophie Duval
Alain Fisch
Bérénice Glanger
Adrien et Clément Gloaguen
Bernard Hilaire et Pepy Frenchy Kupang
Sébastien Jauffret
Alexia Kaffès
Jacques Lemoine
Caroline Ollion
Martine Partrat
Odile Paugam et Didier Jehanno
Céline Ruaux
Prakit Saiporn
Jean-Luc et Antigone Schilling
Jean Tiffon
Caroline Vallano

Direction : Nathalie Bloch-Pujo
Contrôle de gestion : Jérôme Boulingre et Adeline Cazabat Barrere
Secrétariat : Catherine Maîtrepierre
Direction éditoriale : Hélène Firquet
Édition : Matthieu Devaux, Olga Krokhina, Gia-Quy Tran, Julie Dupré, Emmanuelle Michon, Pauline Janssens, Amélie Ramond, Margaux Lefebvre, Laura Belli-Riz, Amélie Gattepaille, Lisa Pujol et Elvire Tandjaoui
Ont également collaboré : Natacha Kotchetkova et Magali Vidal
Cartographie : Frédéric Clémençon et Aurélie Huot
Fabrication : Nathalie Lautout et Audrey Detournay
Relations presse France : COM'PROD, Fred Papet. ☎ 01-70-69-04-69.
● *info@comprod.fr* ●
Illustration : Anne-Sophie de Précourt
Direction marketing : Adrien de Bizemont, Clémence de Boisfleury et Charlotte Brou
Informatique éditoriale : Lionel Barth
Couverture : Clément Gloaguen et Seenk
Maquette intérieure : le-bureau-des-affaires-graphiques.com, Thibault Reumaux et npeg.fr
Relations presse : Martine Levens (Belgique) et Maureen Browne (Suisse)
Contact Partenariats et régie publicitaire : Florence Brunel-Jars
● *fbrunel@hachette-livre.fr* ●

INDEX DES BISTROTS, RESTOS ET BOÎTES

Les établissements suivis du logo ♿ ont un accès facilité pour les personnes handicapées.

INDEX DES BISTROTS, RESTOS ET BOÎTES

R

S

INDEX DES BISTROTS, RESTOS ET BOÎTES

INDEX DES BISTROTS, RESTOS ET BOÎTES

INDEX DES RUES, JARDINS, MUSÉES ET MONUMENTS

INDEX DES RUES, JARDINS, MUSÉES ET MONUMENTS

INDEX DES RUES, JARDINS, MUSÉES ET MONUMENTS

INDEX DES RUES, JARDINS, MUSÉES ET MONUMENTS

LISTE DES CARTES ET PLANS

Cher lecteur, côté culturel, voilà au fil des ces pages les sites et musées incontournables ou coups de cœur que nous avons choisi de développer. À ceux qui veulent prolonger la balade, nous recommandons notre *Routard Paris balades.*

Remarque importante aux hôteliers et restaurateurs

Les enquêteurs du Routard travaillent dans le plus strict anonymat. Aucune réduction, aucun avantage quelconque, aucune rétribution n'est jamais demandé en contrepartie. Face aux aigrefins, la loi autorise les hôteliers et restaurateurs à porter plainte.

Avis aux lecteurs

Le Routard, ce n'est pas comme le bon vin, il vieillit mal. On ne veut pas pousser à la consommation, mais évitez de partir avec une édition ancienne. Les modifications sont souvent importantes.

Les réductions accordées à nos lecteurs ne sont jamais demandées par nos rédacteurs afin de préserver leur indépendance. Les hôteliers et restaurateurs sont sollicités par une société de mailing, totalement indépendante de la rédaction, qui reste donc libre de ses choix. De même pour les autocollants et plaques émaillées.

Avec routard.com, choisissez, organisez, réservez et partagez vos voyages !

✓ Rejoignez la plus grande communauté francophone de voyageurs : **plusieurs millions d'internautes.**

✓ Échangez avec les routarnautes : forums, photos, avis d'hôtels.

✓ Retrouvez aussi toutes les informations actualisées pour choisir et préparer vos voyages : plus de 300 guides destinations, une centaine de dossiers pratiques et un magazine en ligne pour découvrir tous les secrets de votre destination.

✓ Enfin, comparez les offres pour organiser et réserver votre voyage au meilleur prix.

Les **Routards** *parlent aux* **Routards**

Faites-nous part de vos expériences, de vos découvertes, de vos tuyaux et de vos coups de coeur. Aidez-nous à remettre l'ouvrage à jour. Indiquez-nous les renseignements périmés. Faites profiter les autres de vos adresses nouvelles, combines géniales... On adresse un exemplaire gratuit de la prochaine édition à ceux qui nous envoient les meilleurs courriers, pour la qualité et la pertinence des informations.
Quelques conseils cependant :

– Envoyez-nous votre courrier le plus tôt possible afin que l'on puisse insérer vos tuyaux sur la prochaine édition.

– N'oubliez pas de préciser l'ouvrage que vous désirez recevoir, ainsi que votre adresse postale.

– Vérifiez que vos remarques concernent l'édition en cours et notez les pages du guide concernées par vos observations.

– Quand vous indiquez des hôtels ou des restaurants, pensez à signaler leur adresse précise et, pour les grandes villes, les moyens de transport pour y aller.
Si vous le pouvez, joignez la carte de visite de l'hôtel ou du resto décrit.
En tout état de cause, merci pour vos nombreux mails.

122, rue du Moulin-des-Prés, 75013 Paris

• *guide@routard.com* • *routard.com* •

Routard Assurance *2019*

Enrichie année après année par les retours des lecteurs, *Routard Assurance* est devenue une assurance voyage incontournable. Tout est compris : frais médicaux, assistance rapatriement, bagages, responsabilité civile... Vous avez besoin d'un médecin, d'un conseil médical ou d'une prise en charge dans un hôpital ? Appelez simplement le plateau *AVI Assistance* disponible 24h/24, leur réseau est l'un des plus complets actuellement. Vous avez eu des frais de santé en voyage ? Envoyez les factures à votre retour, *AVI* vous rembourse sous une semaine. Avant votre départ, n'hésitez pas à les appeler pour des conseils personnalisés. Et téléchargez l'appli mobile pour garder le contact avec l'assistance 24h/24 et disposer de l'un des meilleurs réseaux médicaux à travers le monde. *40, rue Washington, 75008 Paris.* ☎ *01-44-63-51-00.* • *avi-international.com* • Ⓜ *George-V.*

Édité par Hachette Livre (58, rue Jean-Bleuzen, CS 70007, 92178 Vanves Cedex, France)
Photocomposé par Jouve (rue de Monbary, 45140 Ormes, France)
Imprimé par Lego SPA Plant Lavis (via Galileo Galilei, 11, 38015 Lavis, Italie)
Achevé d'imprimer le 24 août 2018
Collection n° 15 - Édition n° 01
20/2939/1
I.S.B.N. 978-2-01-626704-2
Dépôt légal : août 2018

PAPIER À BASE DE FIBRES CERTIFIÉES

PLANS ET CARTES EN COULEURS

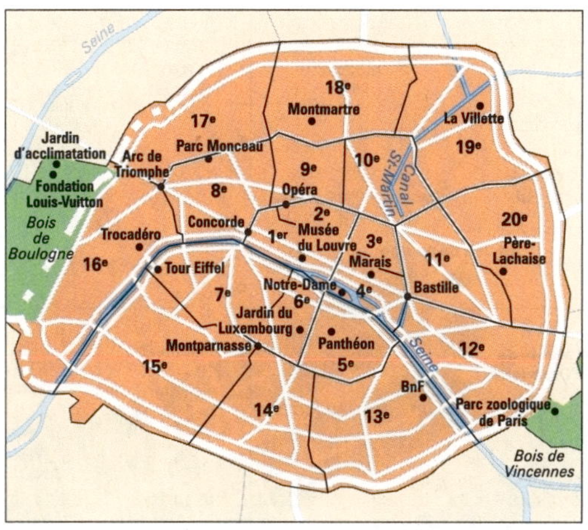

Où dormir ?

1 Auberge BVJ Paris Louvre (C2)
2 Hôtel Le Relais des Halles (D2)
3 Timhotel Le Louvre (C2)
4 Hôtel Odyssey (C1)
5 Hôtel Crayon Rouge (C2)
6 Résidence Le Petit Châtelet (D2)
7 Crayon Hôtel (C2)
8 Hôtel Londres Saint-Honoré (B1)
9 Hôtel Saint-Roch (B1)
10 Hôtel du Cygne (D2)
11 Hôtel Le Relais du Louvre (C2)
12 Snob Hotel (D2)

Où manger ?

20 Le Stube (C1)
21 Corn'R (B1)
22 Claus, La Table du Petit Déjeuner (C2)
23 Higuma (B1)
24 Au Petit Bar (B1)
25 Le Soufflé (A1)
26 Boco (B1)
27 Salon du Fromage Hisada (C1)
28 Kunitoraya (C1)
29 La Cantine des Tsars (C2)
30 Ravioli Nord-Est (D2)
31 Odette, l'Auberge Urbaine (D2)
32 Le Comptoir de Tunisie (C1)
33 Les Artizans (D2)
34 La Régalade Saint-Honoré (C2)
35 L'Absinthe (B1)
36 Au Vieux Comptoir (D2-3)
37 Champeaux (D2)
38 Joe Allen (D2)
39 La Mousson (B1)
41 La Fresque (D2)
42 Olio Pane Vino (C1)
44 Zébulon (C2)
45 Les Fines Gueules (C1)
46 Yahmi (D3)
47 Bistrot Victoires (C1)
48 Zen Restaurant (B2)
49 Nodaïwa (B2)
50 Macéo Restaurant (C1)
51 Ellsworth (C1)

Bars à vins

55 Le Rubis (B1)
57 Le Garde-Robe (C2)
58 À la Cloche des Halles (C2)
59 Willi's Wine Bar (C1)

Restaurants de nuit

65 Au Pied de Cochon (C-D2)
66 À la Tour de Montlhéry, Chez Denise (C-D2)
67 La Poule au Pot (C2)

Où boire un thé ? Où boire un chocolat ?

82 Angelina (B1)

Où prendre un bon 4-heures ?

20 Le Stube (C1)
22 Claus, l'Épicerie du Petit Déjeuner (C2)

Où boire un verre ?

88 Le Fumoir (C2)
90 Le Café Marly (B-C2)

Où sortir ?

95 Sunset & Sunside Jazz Club (D2)
97 Le Duc des Lombards (D2)
98 Baiser Salé (D2)

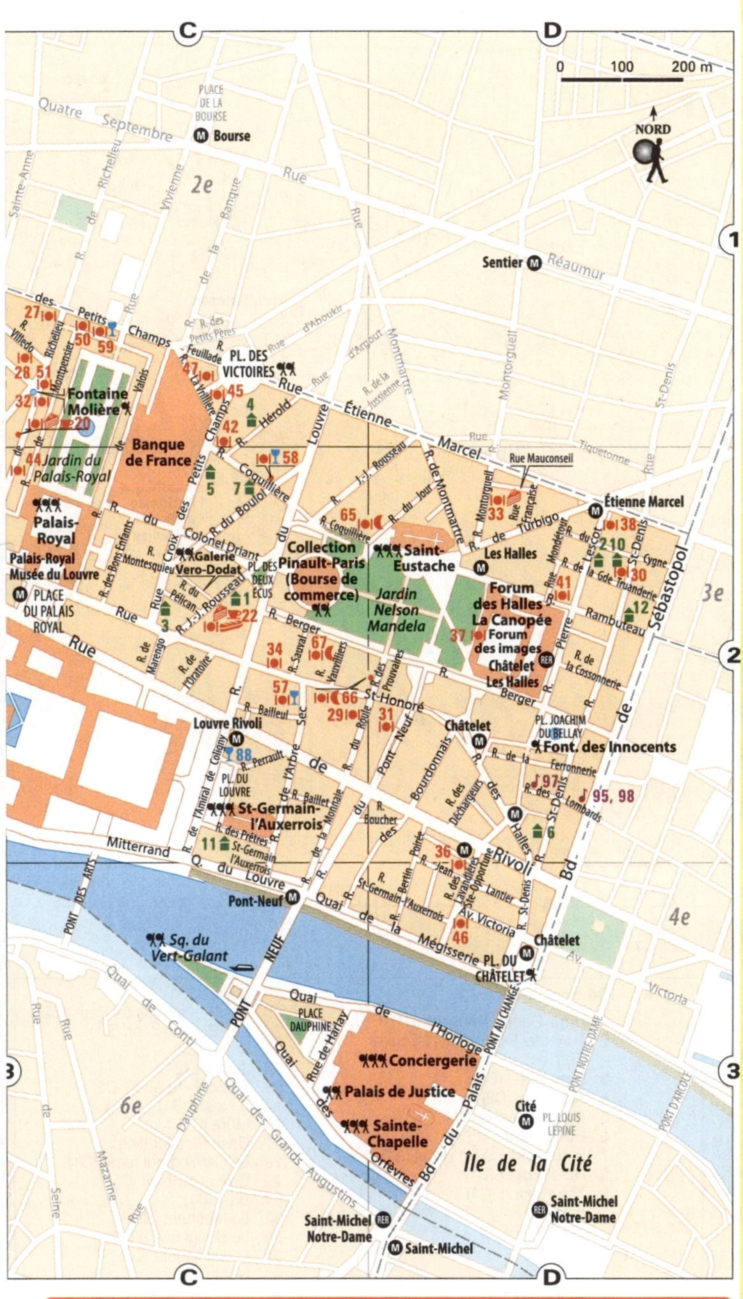

1er ARRONDISSEMENT

☗ **Où dormir ?**

1 Hôtel Bonne Nouvelle (D1)
2 Timhotel Palais-Royal-Louvre (B2)
3 Lyric Hotel (B1)
4 Appihotel (D2)
5 Hôtel Vivienne (C1)
6 Hôtel France d'Antin (A1)
7 États-Unis Opéra Hôtel (A1)
8 Hôtel Edgar (D1)
9 The Hoxton (C1)

Où manger ?

8 Edgar (D1)
15 BollyNan (C2)
16 Grillé (B1)
17 Rice & Fish (D2)
18 Joyeux (B1)
19 Les Petits Rolls de Paris (C2)
20 Les Bols de Jean (B1)
21 Blend (C2)
22 Juicerie (B1)
23 Frenchie to go (C-D2)
24 A Noste (B1)
25 Mûre (C1)
27 Casa Picaflor (D2)
28 Le Camion qui fume (C1)
29 Crêperie Bisou (C1)
30 Blün (B1)
33 Le Mesturet (B1)
34 Le Bougainville (B2)
35 Le Dénicheur (D2)
36 Noglu (C1)
37 Mémère Paulette (C2)
38 La Grille Montorgueil (C2)

2e ARRONDISSEMENT

39 Le Gavroche (B1)
40 Clasico Argentino (C1)
42 La Cevicheria (C2)
43 Pollop (C2)
44 Restaurant Circonstances (C1)
45 La Marée Jeanne (C2)
46 L'Apibo (C2)
47 Silk & Spice (C2)
48 Daroco (B2)
49 Restaurant Moderne (C1)
50 Racines (C1)
51 Brasserie Gallopin (C1)
52 Aux Lyonnais (B1)
55 La Bourse et la Vie (B2)
56 Vivre Opéra Garnier (A-B1)

Où boire un verre ?

9 Jacques' (C1)
60 Harry's Bar (A1)
61 Hero (D1)
62 Les Cariatides (D2)
63 Avek (D2)
64 Forvm Classic Bar (C2)
65 Experimental Cocktail Club (D2)
66 Lockwood (C1)
67 La Jaja (C2)
68 Mabel (C2)
69 Danico (B2)
70 Dédé la Frite (C1)
71 Le Truskel (C1)

Où sortir ? Où danser ?

80 Le Rex Club (C1)

3e ARRONDISSEMENT

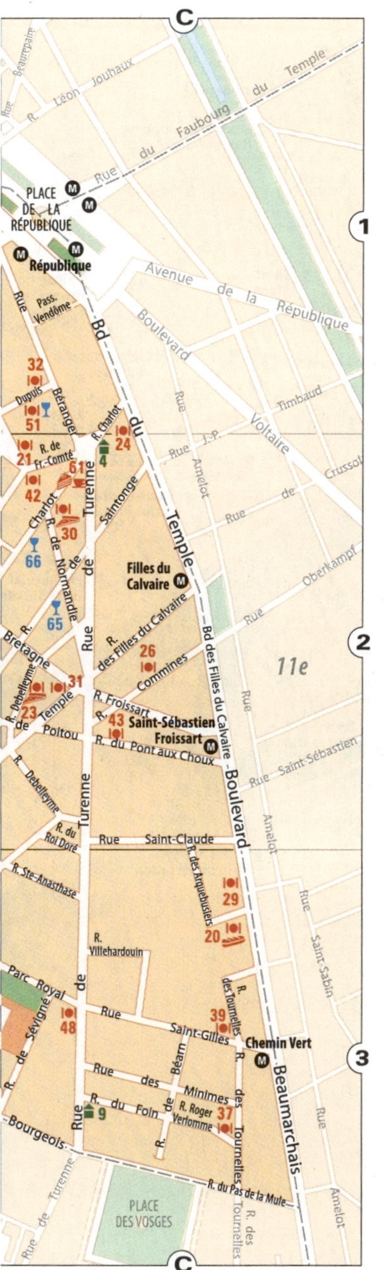

Où dormir ?

2 Hôtel de Roubaix (A1)
4 Hôtel Américain (C2)
5 Hôtel Paris France (B1)
6 Hôtel du Vieux Saule (B2)
7 Hôtel Georgette (A2)
8 Hôtel du Petit Moulin (B2)
9 Hôtel Les Tournelles (C3)
10 Austin's Arts et Métiers Hôtel (B1)
11 Hôtel École Centrale (B1)
12 Hôtel Jacques de Molay (B2)
13 Jules et Jim Hôtel (B2)

Où manger ?

17 Les stands du marché des Enfants-Rouges et Taeko (B2)
18 Breizh Café (B2)
19 The Broken Arm (B1-2)
20 Neighbours (C3)
21 Gigi (C2)
22 Saucette (A2)
23 BigLove Caffè (C2)
24 Goku Asian Canteen (C1-2)
25 Kitchen (A2)
26 Il Prezzemolo (C2)
28 Divin'Art (B1)
29 La Maison Plisson (C3)
30 La Briciola (C2)
31 Le Progrès (C2)
32 L'Aller-retour (C1)
33 Chez Nénesse (B2)
34 Elmer (B1)
35 Au Bascou (B1)
36 L'Ambassade d'Auvergne (A2)
37 Chez Janou (C3)
38 Soma (B2)
39 Les Caves de Saint-Gilles (C3)
40 Café Ineko (B2)
41 Les Enfants Rouges (B2)
42 Les Chouettes (C2)
43 Pontochoux (C2)
44 Dessance (B2)
45 Auberge Nicolas Flamel (A2)
46 Máncora Cebicheria (B1)
47 Ruisseau Burger Joint (A2)
48 Le Café des Musées (C3)

Bars à vins

50 NordMarais (B1)
51 Le Barav (C1)

Où prendre un bon 4-heures ?

60 Pâtisserie Meert (B3)
61 Jacques Genin (C2)

Où boire un verre ?

13 Bar de l'hôtel Jules et Jim (B2)
65 Candelaria (C2)
66 Little Red Door (C2)
67 Le Parisien (A1)
68 La Perle (B3)
69 Café Charlot (B2)
70 La Mina (B2)

Où sortir ? Où danser ?

75 La Gaité Lyrique (A1)
77 Maison Sage (B1)

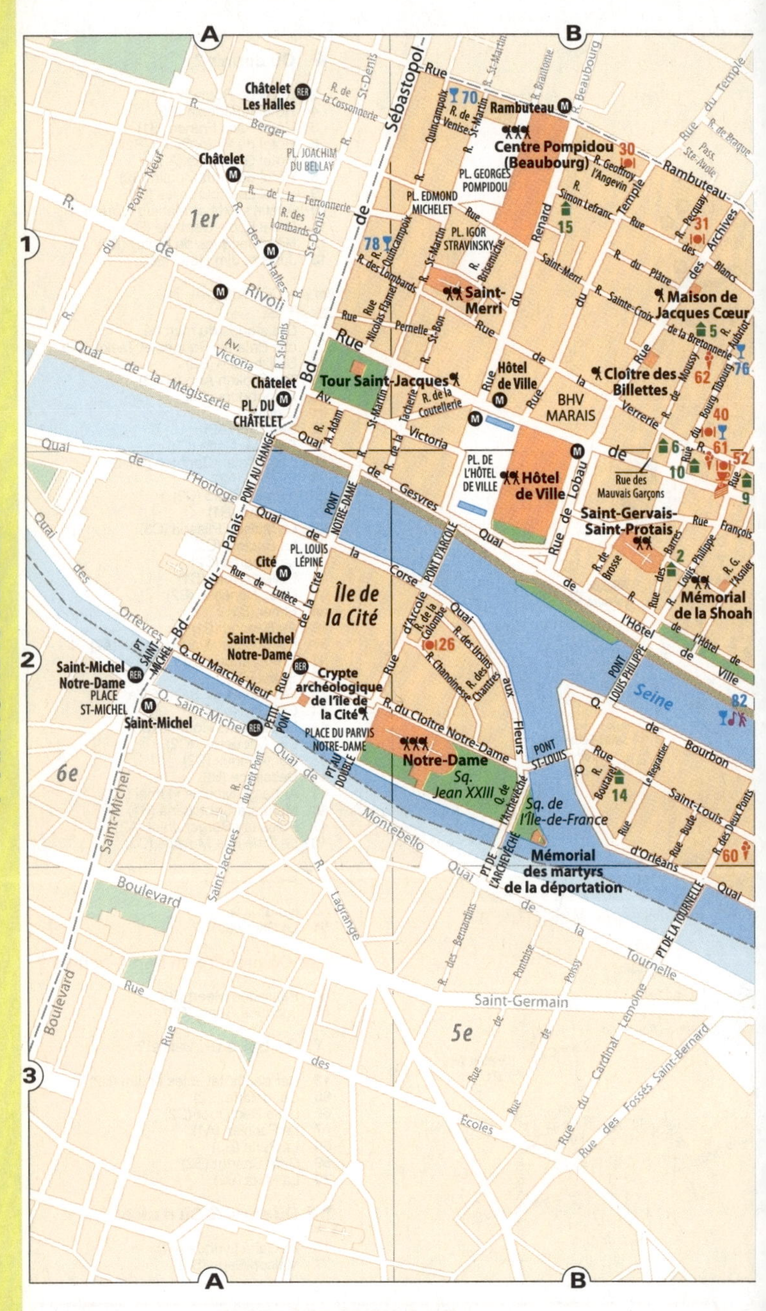

Châtelet Les Halles
Châtelet
Rambuteau
Centre Pompidou (Beaubourg)
PL. GEORGES POMPIDOU
PL. EDMOND MICHELET
PL. IGOR STRAVINSKY
Saint-Merri
Maison de Jacques Cœur
Tour Saint-Jacques
Hôtel de Ville
BHV MARAIS
Cloître des Billettes
PL. DU CHÂTELET
PL. DE L'HÔTEL DE VILLE
Rue des Mauvais Garçons
Saint-Gervais-Saint-Protais
Mémorial de la Shoah
PL. LOUIS LÉPINE
Cité
Île de la Cité
Saint-Michel Notre-Dame
PLACE ST-MICHEL
Saint-Michel
Crypte archéologique de l'île de la Cité
PLACE DU PARVIS NOTRE-DAME
Notre-Dame
Sq. Jean XXIII
Sq. de l'Île-de-France
Mémorial des martyrs de la déportation
Seine
1er
5e
6e
Bd de Sébastopol
Rue de Rivoli
Quai de la Mégisserie
Quai de l'Horloge
Quai des Orfèvres
Quai de Gesvres
Quai de la Corse
Quai aux Fleurs
Quai de l'Hôtel de Ville
Quai de Montebello
Quai de la Tournelle
Boulevard Saint-Germain
Boulevard Saint-Michel
Rue des Écoles
PONT AU CHANGE
PONT NOTRE-DAME
PONT D'ARCOLE
PONT LOUIS PHILIPPE
PONT ST-LOUIS
PT DE L'ARCHEVÊCHÉ
PT DE LA TOURNELLE
PT AU DOUBLE
PETIT PONT
PT SAINT-MICHEL
Rue Saint-Louis
Rue de Rambuteau
Rue de Lobau
Rue du Renard
Rue de la Verrerie
Rue des Archives
Rue du Temple
Rue Beaubourg
Rue des Francs-Bourgeois
Rue Saint-Jacques
Rue Lagrange
Rue du Cardinal Lemoine
Rue des Fossés Saint-Bernard
A
B
1
2
3
70
30
31
15
78
5
76
62
40
6
61
52
10
9
2
26
82
14
60

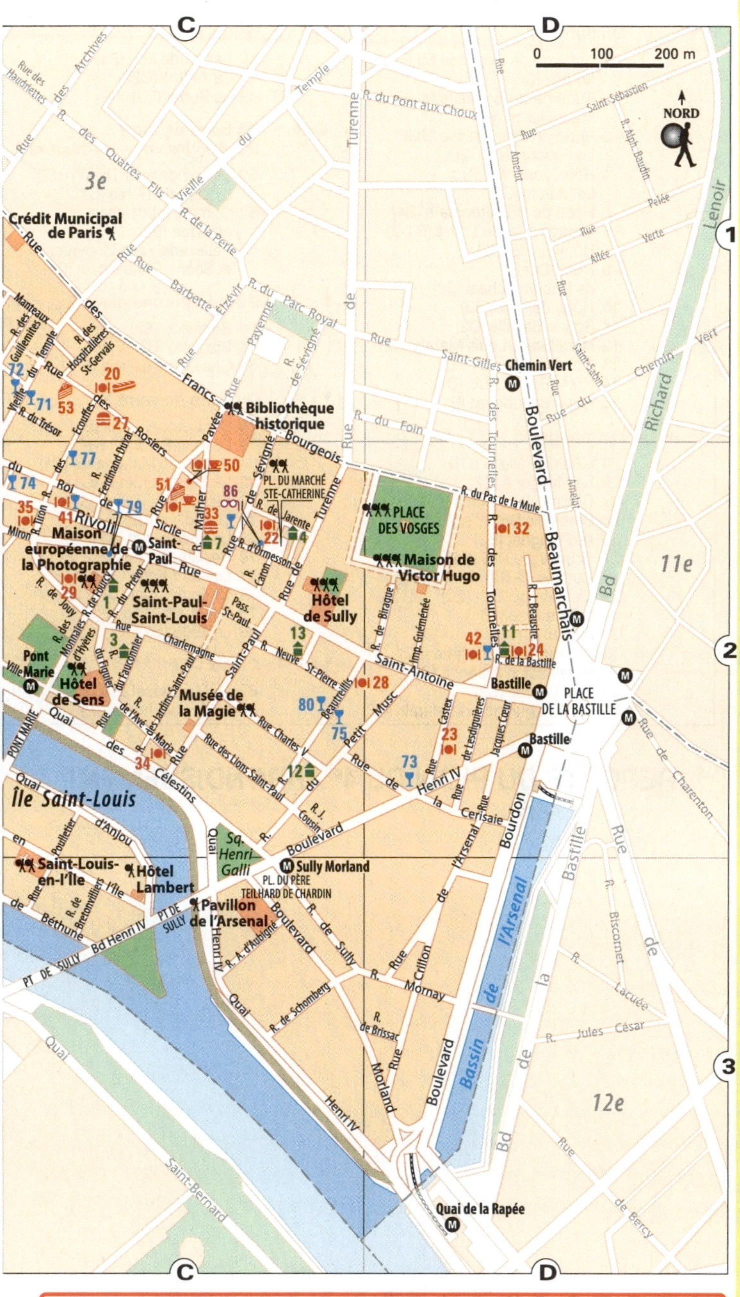

4e ARRONDISSEMENT

Où dormir ?

1 Auberge de jeunesse MIJE Fourcy (C2)
2 Auberge de jeunesse MIJE Maubuisson (B2)
3 Auberge de jeunesse MIJE Le Fauconnier (C2)
4 Hôtel Jeanne-d'Arc, Le Marais (C2)
5 Hôtel de la Bretonnerie (B1)
6 Grand Hôtel du Loiret (B1-2)
7 Hôtel Émile (C2)
9 Hôtel Caron de Beaumarchais (B2)
10 Hôtel de Nice (B2)
11 Spéria Bastille (D2)
12 Hôtel Saint-Louis Marais (C2)
13 Hôtel de Neuve (C2)
14 Hôtel Saint-Louis (B2)
15 Hôtel Beaubourg (B1)

Où manger ?

20 L'As du Fallafel (C1)
22 La Mangerie (C2)
23 Cucina Napoletana (D2)
24 Brasserie Bofinger (D2)
26 Au Bougnat (B2)
27 Schwartz's Deli (C1)
28 Homies (C-D2)
29 Le Métropolitain (C2)
30 L'Ours Blanc (B1)
31 Monjul (B1)
32 Le Bistrot de l'Oulette (D2)
33 Breakfast in America (C2)
34 Thaï Spices (C2)
35 Au Bourguignon du Marais (C2)

Bars à vins

40 Le Coude Fou (B1)
41 La Tartine (C2)
42 Le Bubar (D2)

Où boire un thé ? Où prendre un bon 4-heures ?

50 Le Loir dans la Théière (C2)
51 L'Éclair de Génie (C2)
52 Comme à Lisbonne et Tasca (B2)
53 Pâtisserie Yann Couvreur et Sacha Finkelsztajn (C1)

Où manger une glace ?

60 Berthillon (B2)
61 Pozzetto (B2)
62 Une Glace à Paris (B1)

Où boire un verre ?

70 Bar Demory Paris (B1)
71 Le Petit Fer à Cheval et L'Étoile Manquante (C1)
72 La Belle Hortense (C1)
73 Maria Loca (D2)
74 Le Stolly's (C2)
75 Le Sherry Butt (C2)
76 Résistance (B1)
77 Les 3 W Kafé (C2)
78 L'Imprévu Café (A-B1)
79 The Auld Alliance (C2)
80 Le 1905 (C2)

Où sortir ?

82 Le Marcounet (B-C2)
86 Le Double Fond (C2)

REPORTS DU PLAN DU 4e ARRONDISSEMENT

Où dormir ?

1 Young and Happy Hostel (B3)
2 Port-Royal Hôtel (B3)
3 Hôtel Marignan (zoom)
6 Hôtel du Commerce (zoom)
7 Hôtel de Senlis (A2)
8 Hôtel Best-Western Quartier Latin Panthéon (C2)
9 Hôtel des Nations Saint-Germain (C2)
10 Hôtel Design Sorbonne (A2)
11 Hôtel des Grandes Écoles (B2)
12 Hôtel du Levant (zoom)
13 Hôtel Saint-Jacques (zoom)
14 Hôtel Henri IV (zoom)
15 Hôtel Devillas (D3)
16 Hôtel Atmosphères (zoom)
17 Hôtel La Lanterne (zoom)
18 Sélect Hôtel Rive Gauche (A2)
20 The Five (B3)
21 Seven Hotel (B3)

Où manger ?

26 Filakia (C2)
27 Quartier Latin (B2)
28 Chez Gladines (B1)
29 Le Coup de Torchon (A2)
30 Le Reflet (A1)
31 La Petite Bretonne (B2)
32 Le Bar à Iode (C1)
34 Les Arènes (C2)
35 Bon Vivant (C2)
36 Crêperie Pot O'Lait (C3)
38 Restaurant Lilane (C3)
39 Kokoro (C2)
40 Au Vietnam (C3)
41 Foyer Vietnam (C3)
42 La Bête Noire (A3)
43 Han Lim (B2)
44 Hugo & Co (C2)
52 ChantAirelle (B2)
53 Les Papilles (A2)
54 El Picaflor (C2)
56 Kitchen Ter(re) (C1)
57 Chez Léna et Mimile (B3)
58 Mavrommatis, Le Restaurant (C3)
59 Le Pré Verre (zoom)

Bars à vins

60 Grains Nobles (zoom)
61 Le Porte-Pot (zoom)
62 Café de la Nouvelle Mairie (B2)
63 Au Doux Raisin (B2)
64 Cave Mavrommatis (B3)

Où boire un café ou un thé ? Où prendre un bon 4-heures ?

70 Dose, Dealer de Café (B3)
71 Le Café Maure de la mosquée de Paris (C3)
72 Shakespeare & Co Café (zoom)
73 Odette (zoom)
74 Sugar Plum (B2)

Où manger une glace ?

55 Gelati d'Alberto (B2)

Où boire un verre ?

80 Le Verre à Pied (B3)
81 La Petite (B2)
82 Le Piano Vache (B2)
83 Le Café Léa (B3)
84 Le Pantalon (A2)

Où sortir ?

90 Caveau de la Huchette (zoom)
91 La Lucha Libre (zoom)
92 Solera (A3)

REPORTS DU PLAN DU 5e ARRONDISSEMENT

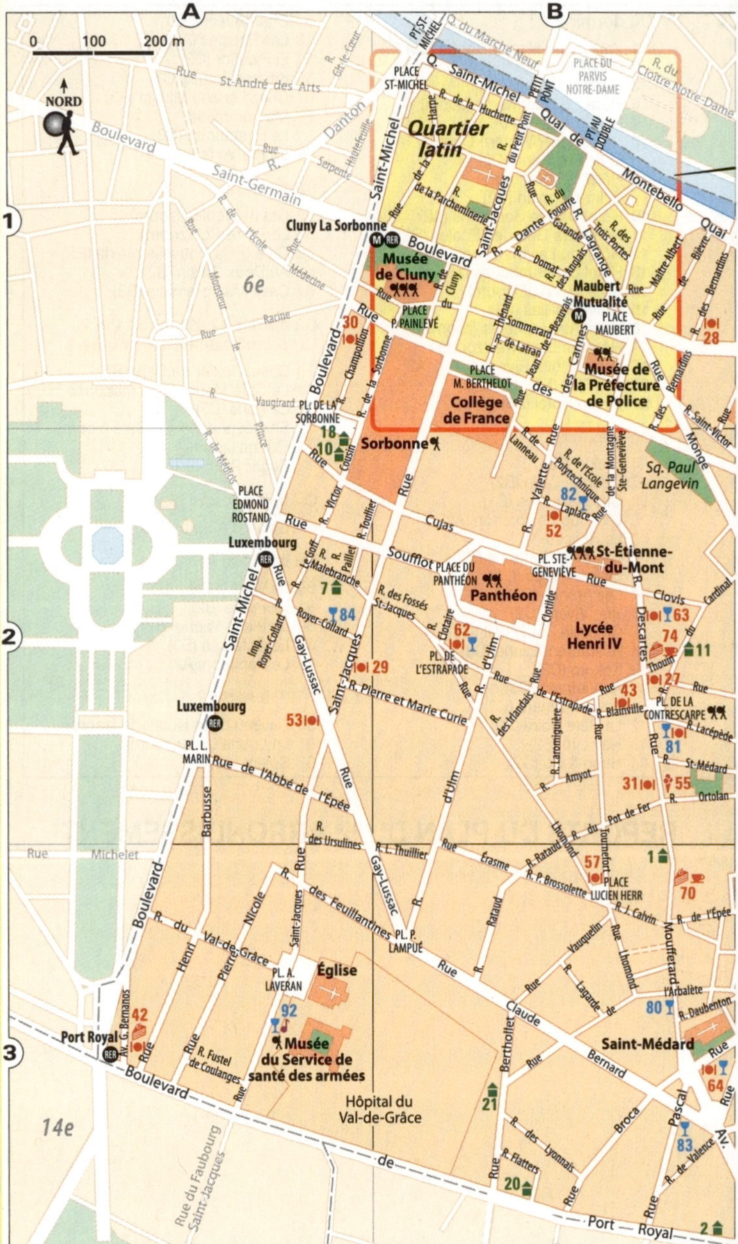
A
B
1
2
3
0
100
200 m
NORD
6e
14e
Quartier latin
Cluny La Sorbonne
Musée de Cluny
PLACE P. PAINLEVÉ
PLACE ST-MICHEL
PLACE DU PARVIS NOTRE-DAME
Maubert Mutualité
PLACE MAUBERT
Musée de la Préfecture de Police
PLACE M. BERTHELOT
Collège de France
PL. DE LA SORBONNE
Sorbonne
Sq. Paul Langevin
PLACE EDMOND ROSTAND
Luxembourg
PLACE DU PANTHÉON
Panthéon
PL. STE-GENEVIÈVE
St-Étienne-du-Mont
Lycée Henri IV
PL. DE L'ESTRAPADE
PL. DE LA CONTRESCARPE
PL. L. MARIN
PLACE LUCIEN HERR
PL. P. LAMPUÉ
PL. A. LAVERAN
Église
Musée du Service de santé des armées
Hôpital du Val-de-Grâce
Port Royal
Saint-Médard
Boulevard Saint-Germain
Boulevard Saint-Michel
Boulevard de Port Royal
Q. Saint-Michel
Quai de Montebello
Q. du Marché Neuf
Rue St-André des Arts
R. Danton
Rue Monsieur le Prince
R. de l'École de Médecine
Rue Racine
R. de Vaugirard
R. de Médicis
Rue Saint-Jacques
Rue Cujas
Rue Soufflot
Rue Gay-Lussac
R. Pierre et Marie Curie
Rue de l'Abbé de l'Épée
Rue Michelet
Rue Claude Bernard
R. du Val-de-Grâce
Rue Mouffetard
Rue Monge
Rue Clovis
R. Descartes
Rue d'Ulm
Rue de l'Estrapade
Rue Lhomond
R. du Pot de Fer
Rue Broca
Av. des Gobelins
Rue Berthollet
Rue des Feuillantines
Rue du Faubourg Saint-Jacques
Rue Henri Barbusse
R. Nicole
R. Pierre Nicole
R. Fustel de Coulanges
Av. G. Bernanos
Rue Erasme
R. P. Brossolette
R. J. Calvin
Rue Vauquelin
R. Lagarde
R. Daubenton
R. de l'Arbalète
Rue Pascal
R. de Valence
R. des Lyonnais
R. Flatters
R. des Ursulines
R. L. Thuillier
R. Rataud
R. Amyot
R. Laromiguière
R. des Irlandais
R. Blainville
R. Thouin
R. Lacépède
Rue St-Médard
R. Ortolan
R. de la Montagne Ste-Geneviève
R. de l'École Polytechnique
R. Laplace
R. Valette
R. de Lanneau
Rue des Carmes
R. Jean de Beauvais
R. de Latran
R. Sommerard
R. Thénard
R. des Bernardins
R. Saint-Victor
R. de Bièvre
R. Maître Albert
R. Lagrange
R. Galande
R. du Fouarre
R. Dante
R. des Trois Portes
R. Domat
R. des Anglais
R. de la Huchette
R. de la Harpe
R. de la Parcheminerie
R. du Petit Pont
PETIT PONT
PT AU DOUBLE
PT ST-MICHEL
R. du Cloître Notre-Dame
R. Champollion
R. de la Sorbonne
R. Cousin
R. Victor Cousin
R. Toullier
R. Le Goff
R. Malebranche
R. Paillet
R. des Fossés St-Jacques
R. Clotaire
R. Clotilde
Rue Royer-Collard
Imp. Royer-Collard
R. Cardinal Lemoine
Rue Hautefeuille
Rue Serpente
R. Gît-le-Cœur
R. de Cluny
30
28
18
10
82
52
7
84
62
63
74
11
27
29
43
81
53
31
55
1
57
70
80
42
92
64
83
21
20
2

5e ARRONDISSEMENT

A
B
1
2
3
Quartier St-Germain – zoom
100 m
Musée Eugène Delacroix
PL. DE FURSTENBERG
Rue Jacob
R. de l'Abbaye
PL. ST-GERMAIN-DES-PRÉS
St-Germain-des-Prés
Bd Saint-Germain
PL. DU QUÉBEC
R. Gozlin
PL. J. COPEAU
PL. D'ACADIE
Mabillon
Odéon
PL. H. MONDOR
CARR. DE L'ODÉON
Marché St-Germain
Rue du Four
Rue de Rennes
R. du Dragon
R. du Sabot
B. Palissy
R. des Ciseaux
R. Princesse
R. Guisarde
R. Lobineau
R. Clément
R. Montfaucon
R. des Canettes
R. du Vieux Colombier
Rue St-Sulpice
Saint-Sulpice
PLACE ST-SULPICE
R. de Buci
R. Mazarine
R. Dauphine
Pass. Dauphine
R. de Nesle
R. J. Callot
R. de Seine
R. de Tournon
R. de l'Odéon
R. des Quatre Vents
R. de l'Ancienne Comédie
R. St-André des Arts
R. Mazet
Cour du Commerce St-André
Cour de Rohan
R. Grégoire de Tours
R. de l'Échaudé
Pass. de la Pte Boucherie
Rue Bonaparte
Rue Madame
Rue St-Benoît
Seine
PONT ROYAL
PONT DU CARROUSEL
Q. Malaquais
Q. Voltaire
Rue de Lille
Rue de Verneuil
Rue de l'Université
R. du Pré aux Clercs
Rue des Saints-Pères
7e
Boulevard Saint-Germain
PL. LE CORBUSIER
R. de Sèvres
Rue de Babylone
R. Velpeau
R. Chomel
Sèvres Babylone
Hôtel Lutétia
R. du Cherche-Midi
R. Coëtlogon
R. de Mézières
Mundolingua
R. Servandoni
R. Férou
R. H. Chevalier
Rue Cassette
Rue de Vaugirard
Musée du Luxembourg
Rue Guynemer
Rue de Fleurus
Rue d'Assas
R. Jean Bart
R. Duguay Trouin
R. Huysmans
Rue Vaneau
Vaneau
Rue Rousselet
Pierre Leroux
Bd des Invalides
Rue Dupin
Rue de l'Abbé Grégoire
Rue Saint-Placide
Rue du Regard
Boulevard Raspail
Rennes
Rue de Sèvres
R. St-Romain
R. St-Jean-Baptiste de la Salle
Rue Mayet
R. Jean Ferrandi
Duroc
Boulevard du Montparnasse
Saint-Placide
R. N.-D. des Champs
Notre-Dame-des-Champs
PL. LAFUE
Rue Stanislas
R. Ste-Beuve
R. Bréa
R. Vavin
R. J. Chaplain
R. de la Gde Chaumière
Rue Notre-Dame des Champs
Musée Zadkine
Rue Auguste Comte
R. Joseph Bara
R. Le Verrier
R. de Chevreuse
R. des Champs
Rue de Montparnasse
Imp. Robiquet
R. Littré
PLACE DU 18 JUIN 1940
Montparnasse-Bienvenüe
Vavin
PL. PABLO PICASSO
Rue Delambre
R. Huyghens
Bd Edgar Quinet
Bd Raspail
Campagne-Première
Rue Boissonade
14e
15e
Rue de Vaugirard
Rue Falguière
R. de l'Arrivée
Rue du Départ
R. d'Odessa
Bd de Vaugirard
0
100
200 m
35
11
90
91
66
38
68
100
33
102
98
61
96
104
5
87
48
46
69
78
56
50
44
103
30
75
80
62
64
52
36
76
21
7
95
43
12
15
32
31
57
55
81
25
86
63
40
49
10
65
24
14
67
45
26
13
17
59
34
8
47
16
92
97
53
23
19

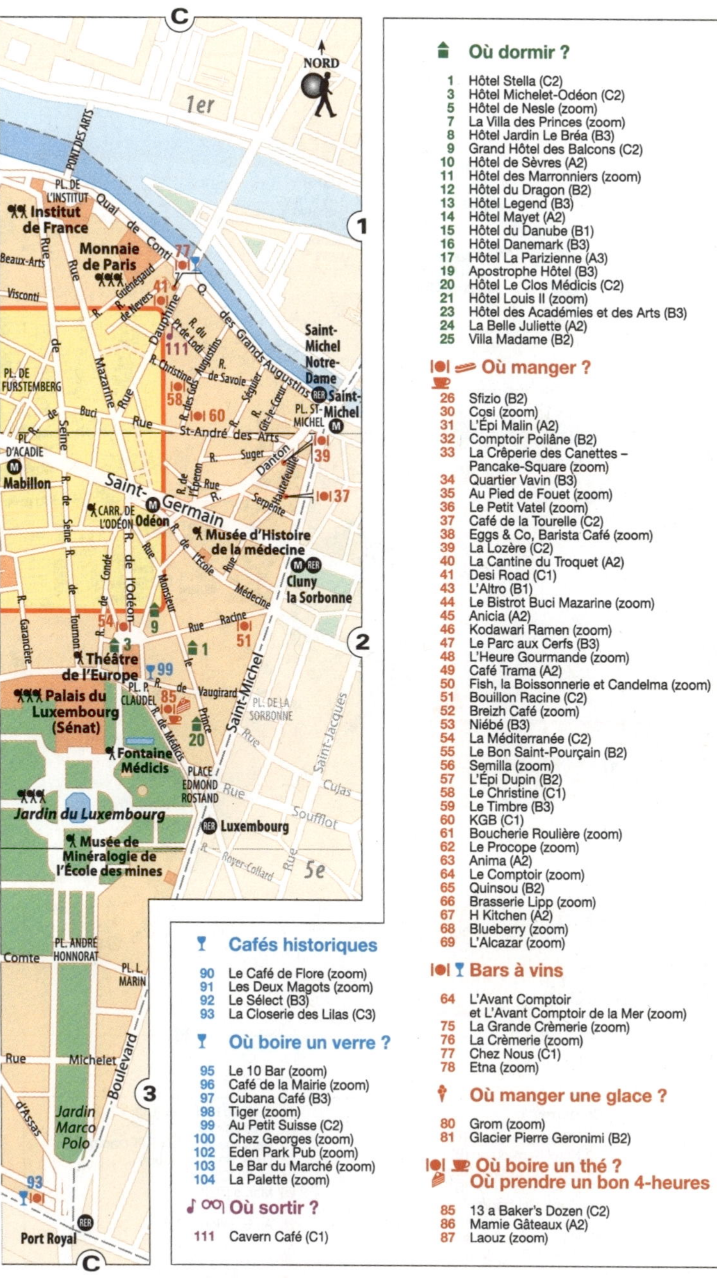

Où dormir ?

1 Hôtel Stella (C2)
3 Hôtel Michelet-Odéon (C2)
5 Hôtel de Nesle (zoom)
7 La Villa des Princes (zoom)
8 Hôtel Jardin Le Bréa (B3)
9 Grand Hôtel des Balcons (C2)
10 Hôtel de Sèvres (A2)
11 Hôtel des Marronniers (zoom)
12 Hôtel du Dragon (B2)
13 Hôtel Legend (B3)
14 Hôtel Mayet (A2)
15 Hôtel du Danube (B1)
16 Hôtel Danemark (B3)
17 Hôtel La Parizienne (A3)
19 Apostrophe Hôtel (B3)
20 Hôtel Le Clos Médicis (C2)
21 Hôtel Louis II (zoom)
23 Hôtel des Académies et des Arts (B3)
24 La Belle Juliette (A2)
25 Villa Madame (B2)

Où manger ?

26 Sfizio (B2)
30 Cosi (zoom)
31 L'Épi Malin (A2)
32 Comptoir Poilâne (B2)
33 La Crêperie des Canettes – Pancake-Square (zoom)
34 Quartier Vavin (B3)
35 Au Pied de Fouet (zoom)
36 Le Petit Vatel (zoom)
37 Café de la Tourelle (C2)
38 Eggs & Co, Barista Café (zoom)
39 La Lozère (C2)
40 La Cantine du Troquet (A2)
41 Desi Road (C1)
43 L'Altro (B1)
44 Le Bistrot Buci Mazarine (zoom)
45 Anicia (A2)
46 Kodawari Ramen (zoom)
47 Le Parc aux Cerfs (B3)
48 L'Heure Gourmande (zoom)
49 Café Trama (A2)
50 Fish, la Boissonnerie et Candelma (zoom)
51 Bouillon Racine (C2)
52 Breizh Café (zoom)
53 Niébé (B3)
54 La Méditerranée (C2)
55 Le Bon Saint-Pourçain (B2)
56 Semilla (zoom)
57 L'Épi Dupin (B2)
58 Le Christine (C1)
59 Le Timbre (B3)
60 KGB (C1)
61 Boucherie Roulière (zoom)
62 Le Procope (zoom)
63 Anima (A2)
64 Le Comptoir (zoom)
65 Quinsou (B2)
66 Brasserie Lipp (zoom)
67 H Kitchen (A2)
68 Blueberry (zoom)
69 L'Alcazar (zoom)

Bars à vins

64 L'Avant Comptoir et L'Avant Comptoir de la Mer (zoom)
75 La Grande Crèmerie (zoom)
76 La Crèmerie (zoom)
77 Chez Nous (C1)
78 Etna (zoom)

Où manger une glace ?

80 Grom (zoom)
81 Glacier Pierre Geronimi (B2)

Où boire un thé ? Où prendre un bon 4-heures

85 13 a Baker's Dozen (C2)
86 Mamie Gâteaux (A2)
87 Laouz (zoom)

Cafés historiques

90 Le Café de Flore (zoom)
91 Les Deux Magots (zoom)
92 Le Sélect (B3)
93 La Closerie des Lilas (C3)

Où boire un verre ?

95 Le 10 Bar (zoom)
96 Café de la Mairie (zoom)
97 Cubana Café (B3)
98 Tiger (zoom)
99 Au Petit Suisse (C2)
100 Chez Georges (zoom)
102 Eden Park Pub (zoom)
103 Le Bar du Marché (zoom)
104 La Palette (zoom)

Où sortir ?

111 Cavern Café (C1)

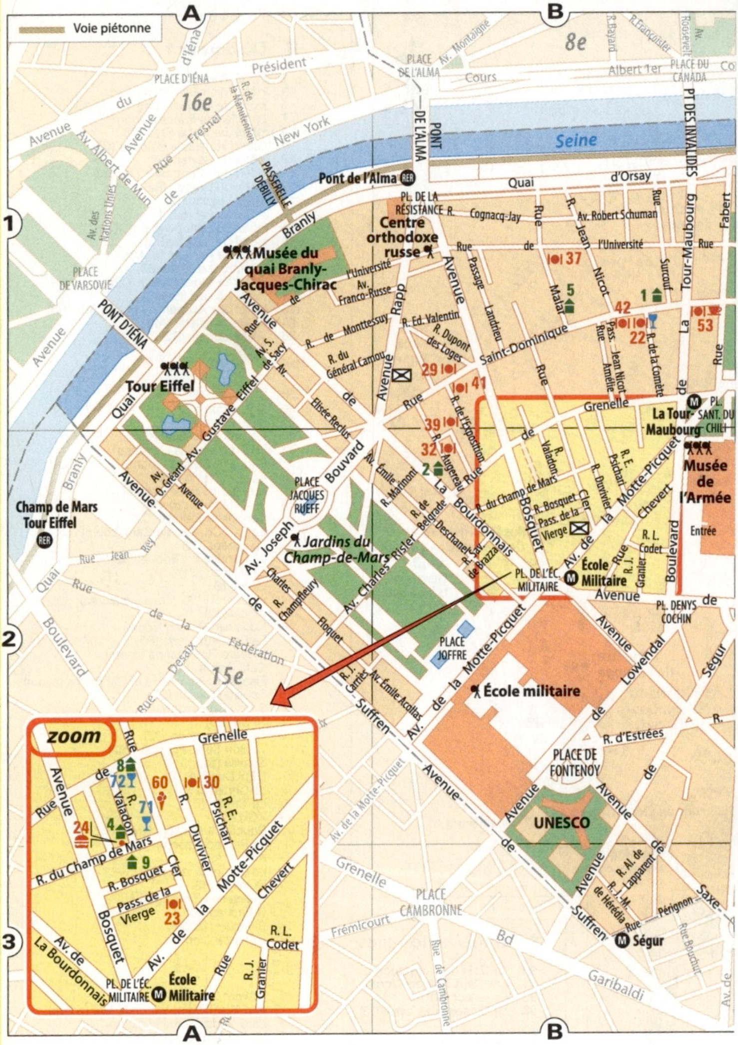

Où dormir ?

1 Hôtel Le Pavillon (B1)
2 Hôtel Kensington (B2)
4 Hôtel du Cadran (zoom)
5 Hôtel de la Tulipe (B1)
8 Cler Hotel (zoom)
9 Hôtel du Champ-de-Mars (zoom)
10 Hôtel Verneuil (D1)
12 Hôtel d'Orsay (C1)

Où manger ?

20 Stands de la Grande Épicerie de Paris (C-D2)
21 Au Pied de Fouet (C2)
22 O'Brien's (B1)
23 Bar-brasserie Aux PTT (zoom)
24 Diner Bedford (zoom)
25 Le 20 (C1)
26 Marzo (D2)
27 Al Dente (C-D2)
28 Au Babylone (C2)
29 Les Cocottes (B1)
30 Bistrot Belhara (zoom)
32 Le Café de Mars (B2)
33 Chez Graff (C2)
34 Les Soufflés du Récamier (D2)

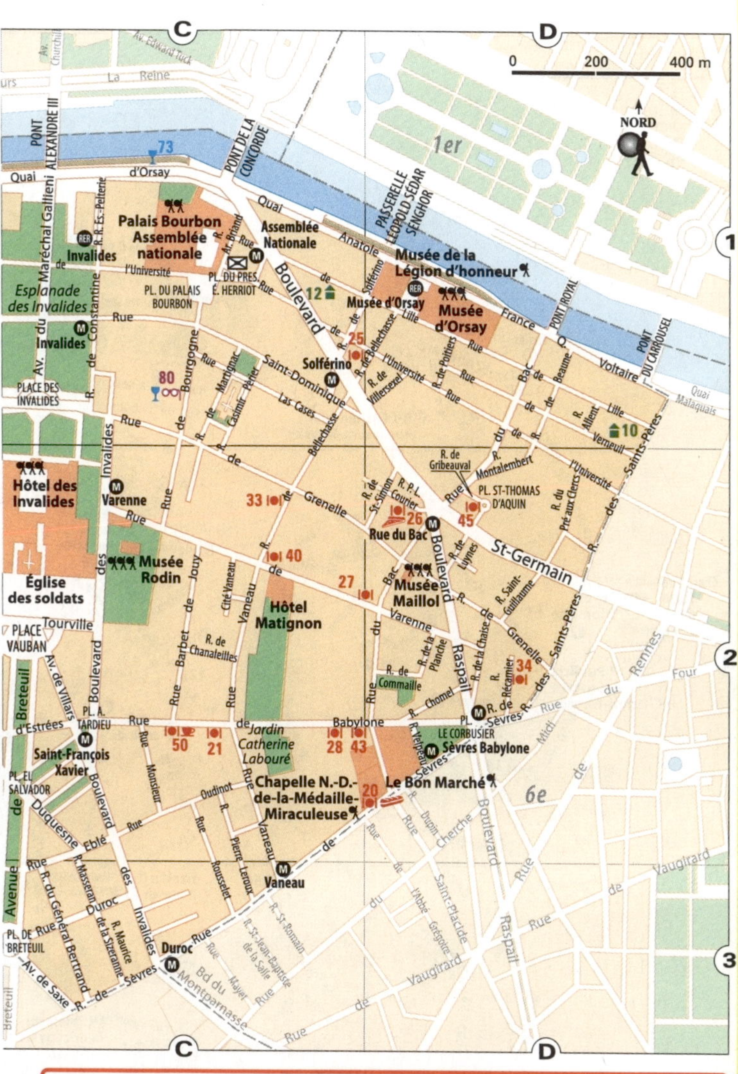

7e ARRONDISSEMENT

37 L'Affriolé (B1)
39 Pottoka (B1-2)
40 Le Petit Varenne (C2)
41 La Fontaine de Mars (B1)
42 Thoumieux (B1)
43 Marcel (C2)
45 Racines des Prés (D2)

Où boire un thé ?
Où boire un café ?
Où prendre un bon 4-heures ?

50 Coutume Café (C2)
53 Karamel (B1)

Où manger une glace ?

60 Martine Lambert (zoom)

Où boire un verre ?

22 O'Brien's (B1)
71 Le Café du Marché (zoom)
72 L'Éclair (zoom)
73 Rosa Bonheur sur Seine (C1)

Où sortir ?

80 Club des Poètes (C1)

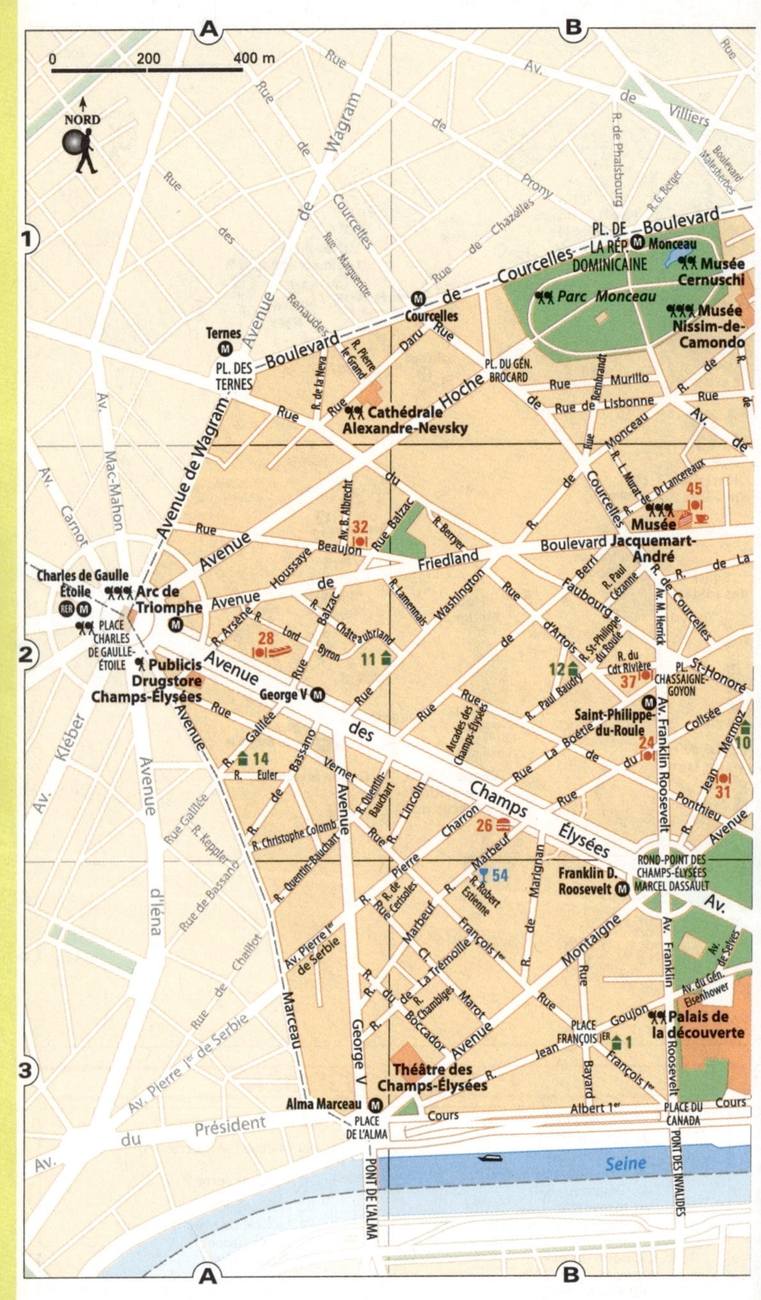

0 200 400 m
NORD
Parc Monceau
Musée Cernuschi
Musée Nissim-de-Camondo
Cathédrale Alexandre-Nevsky
Arc de Triomphe
Charles de Gaulle Étoile
PLACE CHARLES DE GAULLE-ÉTOILE
Publicis Drugstore Champs-Élysées
Musée Jacquemart-André
Franklin D. Roosevelt
ROND-POINT DES CHAMPS-ÉLYSÉES MARCEL DASSAULT
Palais de la découverte
Théâtre des Champs-Élysées
Alma Marceau
PLACE DE L'ALMA
PONT DE L'ALMA
PONT DES INVALIDES
PLACE DU CANADA
PLACE FRANÇOIS IER
Saint-Philippe-du-Roule
PL. CHASSAIGNE-GOYON
George V
Ternes
PL. DES TERNES
Courcelles
Monceau
PL. DE LA RÉP. DOMINICAINE
PL. DU GÉN. BROCARD
Avenue des Champs Élysées
Avenue de Wagram
Boulevard de Courcelles
Avenue Hoche
Avenue de Friedland
Boulevard Haussmann
Avenue Montaigne
Avenue George V
Avenue Marceau
Avenue d'Iéna
Av. Kléber
Av. Mac-Mahon
Av. Carnot
Rue du Faubourg St-Honoré
Av. Franklin Roosevelt
Seine

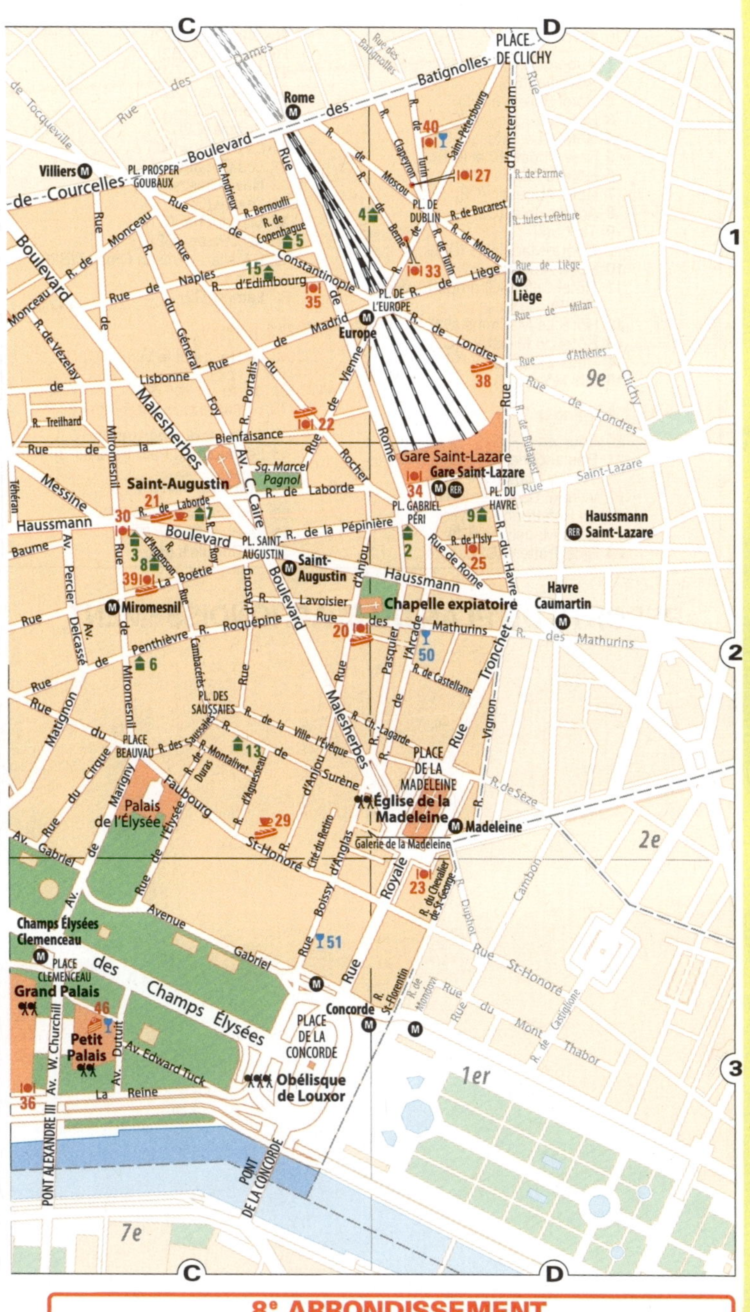
C
D
PLACE DE CLICHY
Boulevard des Batignolles
Boulevard de Courcelles
Rome
Villiers
PL. PROSPER GOUBAUX
Rue des Dames
R. de Saint-Pétersbourg
R. de Turin
R. Clapeyron
R. de Moscou
R. de Berne
PL. DE DUBLIN
R. de Bucarest
R. de Parme
R. Jules Lefebure
Rue d'Amsterdam
R. Andrieux
R. Bernoulli
R. de Copenhague
Rue de Constantinople
R. d'Edimbourg
Rue de Naples
Rue de Liège
Liège
PL. DE L'EUROPE
Europe
R. de Londres
Rue de Milan
Rue d'Athènes
9e
Rue de Madrid
Rue de Lisbonne
Rue du Général Foy
Rue Portalis
Rue du Rocher
Rue de Vienne
Rue de Rome
Rue de Clichy
Boulevard Malesherbes
R. de Monceau
R. de Vézelay
R. Treilhard
Rue de la Bienfaisance
Rue de Miromesnil
Rue de Messine
Rue de Téhéran
Saint-Augustin
Sq. Marcel Pagnol
R. de Laborde
Av. C. Caire
Gare Saint-Lazare
Rue Saint-Lazare
PL. DU HAVRE
PL. GABRIEL PÉRI
Haussmann Saint-Lazare
Boulevard Haussmann
PL. SAINT-AUGUSTIN
R. de la Pépinière
R. de l'Isly
R. du Havre
Rue de Rome
Havre Caumartin
R. d'Argenson
R. Roy
Rue La Boétie
Miromesnil
Rue Lavoisier
Chapelle expiatoire
Rue des Mathurins
Rue d'Anjou
Rue Roquépine
Av. Percier
Av. Delcassé
Rue de Penthièvre
Rue Cambacérès
Rue d'Astorg
Rue Pasquier
Rue de l'Arcade
R. de Castellane
Rue Tronchet
Rue Vignon
PL. DES SAUSSAIES
R. de la Ville l'Évêque
R. Ch.-Lagarde
Rue de Surène
Rue Matignon
Rue du Cirque
PLACE BEAUVAU
R. des Saussaies
R. Montalivet
R. de Duras
R. d'Aguesseau
PLACE DE LA MADELEINE
R. de Sèze
Église de la Madeleine
Madeleine
Galerie de la Madeleine
Palais de l'Élysée
Rue du Faubourg St-Honoré
Cité du Retiro
Rue d'Anglas
Rue Boissy
Rue Royale
R. du Chevalier de St-George
R. Duphot
Rue Cambon
2e
Av. Gabriel
Av. de Marigny
Rue de l'Élysée
Avenue Gabriel
Champs Élysées Clemenceau
PLACE CLEMENCEAU
Grand Palais
Avenue des Champs Élysées
Petit Palais
Av. W. Churchill
Av. Dutuit
Av. Edward Tuck
La Reine
PLACE DE LA CONCORDE
Concorde
Obélisque de Louxor
R. St-Florentin
R. de Mondovi
Rue St-Honoré
Rue du Mont Thabor
R. de Castiglione
1er
PONT ALEXANDRE III
PONT DE LA CONCORDE
7e
1
2
3
2
3
4
5
6
7
8
9
13
15
20
21
22
23
25
27
29
30
33
34
35
36
38
39
40
46
50
51

Où dormir ?

1 Auberge de jeunesse Adveniat (B3)
2 Hôtel Bellevue (D2)
3 Hôtel d'Argenson (C2)
4 Hôtel Cervantes (C-D1)
5 New Orient Hôtel (C1)
6 Hôtel d'Albion (C2)
7 Hôtel Augustin (C2)
8 Arioso Hotel (C2)
9 Timhotel Opéra-Madeleine (D2)
10 Hôtel Amastan (B2)
11 Hôtel Cristal-Champs-Élysées (A-B2)
12 Hôtel Le Marianne (B2)
13 Hôtel du Ministère (C2)
14 Hôtel Ekta (A2)
15 Idol Hôtel (C1)

Où manger ?

20 Sources (C-D2)
21 Boulangerie Thierry Marx (C2)
22 Vivre et Savourer (C1)
23 Le Refettorio – Foyer de la Madeleine (D3)
24 Rice Trotters (B2)
25 Chez Léon (D2)
26 Five Guys (B2)
27 Shin Jung (D1)
28 Flora Danica (A2)
29 Honor (C2)
30 Pomze (C2)
31 Le Mermoz (B2)
32 Les Cocottes (A2)
33 Neva Cuisine (D1)
34 Lazare (D2)
35 Mandoobar (C1)
36 Mini Palais (C3)
37 L'Atelier – Artisan Crêpier (B2)
38 Our (D1)
39 Lamée (C2)

Bar à vins

40 Le Rouge et le Verre (D1)

Où boire un thé ?
Où prendre un bon 4-heures ?

45 Café Jacquemart-André (B2)
46 Le Jardin du Petit Palais (C3)

Où boire un verre ?

50 The Cricketer Pub (D2)
51 Le Buddha Bar (C3)
54 Le Doobie's (B3)

REPORTS DU PLAN DU 8e ARRONDISSEMENT

Où dormir ?

1 Woodstock Hostel (C1)
4 AJ BVJ Opéra-Montmartre(B2)
5 Le Régent Montmartre (C1)
6 Hôtel des Arts (C3)
7 Astotel Joke (B1)
8 Hôtel Bienvenue (C2)
9 Hôtel Chopin (C3)
10 Hôtel Joséphine (B1)
11 Golden Hôtel (D2)
12 Hôtel Victor-Massé (B1)
13 R. Kipling (B1)
14 Hôtel Sacha (C1)
15 Hôtel Corona Rodier (C2)
18 Alba-Opéra Hôtel (C1)
19 Hôtel Panache (C3)
20 Hôtel Lorette Opéra (B2)
21 Ze Hôtel (C2)
22 Hôtel Langlois – Hôtel des Croisés (B2)
23 Le Grey Hôtel (A1)
25 Hôtel du Triangle d'Or (A3)
26 Hôtel Palm Astotel (C2)
27 Hôtel Opéra d'Antin (B2)
28 Hôtel Joyce Astotel (B2)

Où manger ?

8 Le Bien Venu (Hôtel Bienvenue ; C2)
19 Le Panache (C3)
35 Mian Fan (B2)
36 Ibrik (C2)
37 Les Pâtes Vivantes (C2)
38 Isana (C2)
39 Peco Peco (B1)
40 Picto (C2)
41 Label Ferme (C2)
42 Big Fernand (D2)
43 Cot Cot (D1)
44 Papacionu (C2)
45 Loyal (A1)
46 Medi Terra Nea (C3)
47 Hugo (D2)
48 Mersea (C3)
49 I Golosi (C3)
50 Faggio (D1)
51 Milton (C2)
52 Buvette (B1)
53 Yoom (C2)
54 Maloka (C1-2)
55 Chartier (C3)
56 Les Canailles (B2)
57 Le Garde-Temps (B1)
58 Holybol (C3)
59 Bien Élevé (C2-3)
60 La Table des Anges (C1)
61 Mamou (B3)
62 Le Pantruche (C1)
63 Léandrés (D2)
64 Pas Vu pas Pris (C2)
65 Comptoir Canailles (C1)
66 Les Fils à Maman (C3)
67 Juste (C2)
68 La Régalade Conservatoire (D3)
69 Les Diables au Thym (C3)
70 Caillebotte (C2)
71 Au Petit Riche (C3)
72 J'Go Restaurant (C3)
73 Papilles (D1)
74 Belle Maison (C1)
75 Pink Mama (B1)
76 Bouillon (C-D2)
77 Encore (C3)
78 La Tute 2, Chez Manu (C3)
79 Braisenville (C1)
80 Les Comédiens (B2)
81 Louis par Stéphane Pitré (C2)
82 Sizin (B2)
83 Sobane (C2)
84 Restaurant Détour (B2)

Bars à vins

85 Le Dit-Vin (B1)
86 Le Rouge et le Verre (C2)

Où bruncher ? Où boire un thé ?

90 Un Thé dans le Jardin (B1)
91 Aux Pipalottes Gourmandes (C-D1-2)
92 Dames de Granvelle (C2)

Où boire un verre ?

100 Dirty Dick (B1)
101 Les 36 Corneil (D2)
102 Artisan (C1)
103 Le Mansart (B1)
104 Baton Rouge (B1)
105 La Relance (B1)
107 L'Entrée des Artistes Pigalle (B1)
108 Le Glass (B1)
109 Lulu White (B1)

Où sortir ? Où danser ?

110 Le Carmen (B1)
111 Le Sans-Souci (B1)
114 Le Bus Palladium (B1)

REPORTS DU PLAN DU 9e ARRONDISSEMENT

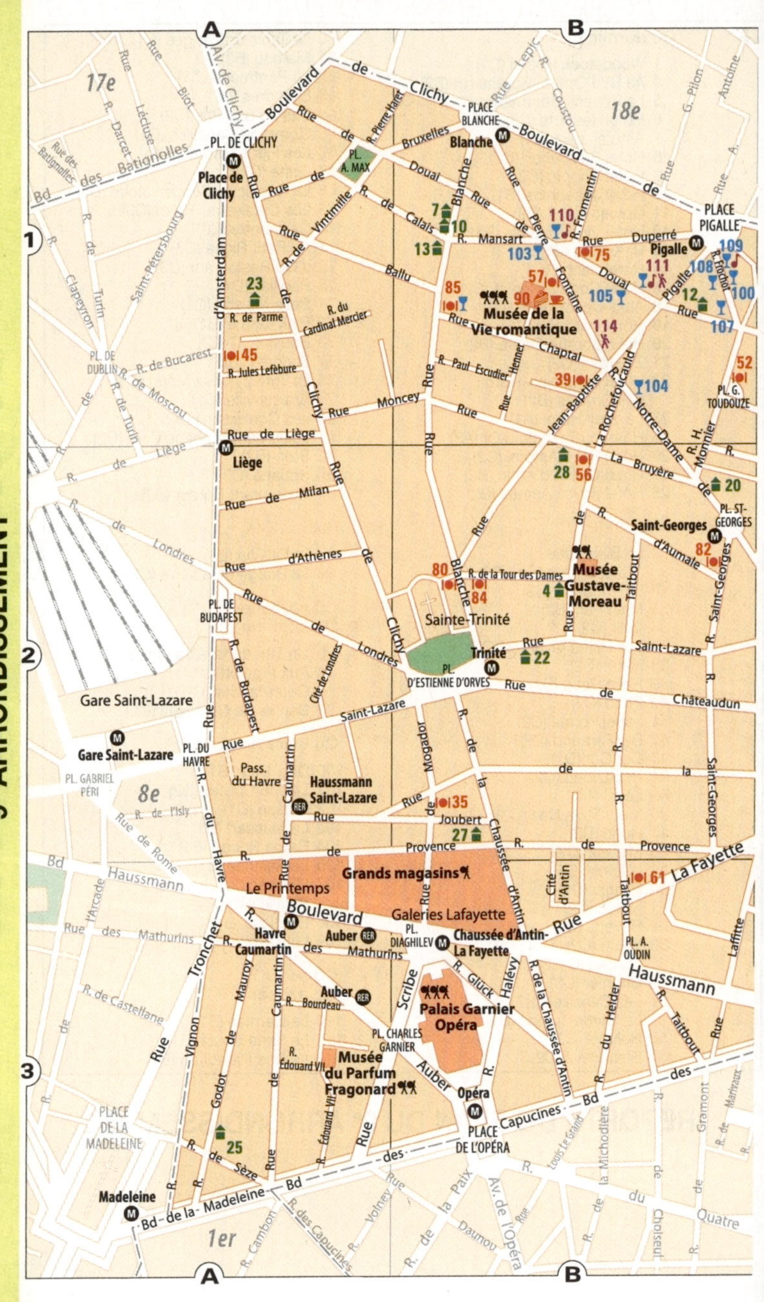
A
B
1
2
3
17e
18e
8e
1er
Boulevard de Clichy
PLACE BLANCHE
Blanche
Boulevard de Clichy
PL. DE CLICHY
Place de Clichy
Bd des Batignolles
Rue des Batignolles
Av. de Clichy
PLACE PIGALLE
Pigalle
Rue Duperré
R. Frochot
Rue Pigalle
Rue de Douai
Rue Fontaine
Rue Pierre Fontaine
R. Fromentin
R. Mansart
Rue Blanche
Rue de Calais
Rue de Vintimille
Rue Ballu
Rue de Bruxelles
R. Pierre Haret
PL. A. MAX
Rue d'Amsterdam
Rue de Clichy
R. de Parme
R. du Cardinal Mercier
R. Jules Lefèbure
Rue Moncey
Rue Chaptal
R. Paul Escudier
Rue Henner
Rue Jean-Baptiste
R. La Rochefoucauld
Rue Notre-Dame de Lorette
R. H. Monnier
PL. G. TOUDOUZE
Rue de Liège
Liège
Rue de Milan
Rue d'Athènes
Rue de Londres
Rue La Bruyère
PL. ST-GEORGES
Saint-Georges
R. d'Aumale
Rue Saint-Georges
Musée de la Vie romantique
Musée Gustave-Moreau
R. de la Tour des Dames
Sainte-Trinité
Trinité
PL. D'ESTIENNE D'ORVES
Rue Saint-Lazare
Rue de Châteaudun
Rue Taitbout
PL. DE BUDAPEST
R. de Budapest
Cité de Londres
Gare Saint-Lazare
PL. DU HAVRE
PL. GABRIEL PÉRI
Pass. du Havre
Haussmann Saint-Lazare
Rue de Mogador
R. de la Chaussée d'Antin
Rue de la Victoire
Rue Joubert
R. de Provence
Rue Caumartin
Grands magasins
Le Printemps
Galeries Lafayette
Boulevard Haussmann
Rue La Fayette
Cité d'Antin
Rue Laffitte
PL. A. OUDIN
PL. DIAGHILEV
Chaussée d'Antin-La Fayette
Havre Caumartin
Auber
Rue des Mathurins
R. de l'Isly
Rue de Rome
Bd Haussmann
R. de l'Arcade
R. de Castellane
Rue Tronchet
Rue Vignon
Rue Godot de Mauroy
R. Bourdeau
R. Édouard VII
Rue Scribe
Rue Auber
R. Glück
Rue Halévy
Palais Garnier Opéra
PL. CHARLES GARNIER
Musée du Parfum Fragonard
Opéra
PLACE DE L'OPÉRA
Bd des Capucines
R. du Helder
R. Louis Le Grand
R. de la Michodière
R. de Choiseul
R. de Gramont
R. de Marivaux
Rue du Quatre
PLACE DE LA MADELEINE
Madeleine
Bd de la Madeleine
R. de Sèze
R. Cambon
R. des Capucines
Rue Volney
R. de la Paix
Rue Daunou
Av. de l'Opéra
PL. DE DUBLIN
R. de Bucarest
R. de Moscou
R. de Turin
R. de Clapeyron
R. de Saint-Pétersbourg
Rue de Léchuse
Rue Biot
R. Darcet
Rue Lepic
R. Coustou
G. Pilon
Rue Antoine
7 10 13 23 45 85 57 90 110 75 103 111 105 109 108 12 100 107 114 39 52 104 28 56 20 82 80 84 4 22 35 27 61 25

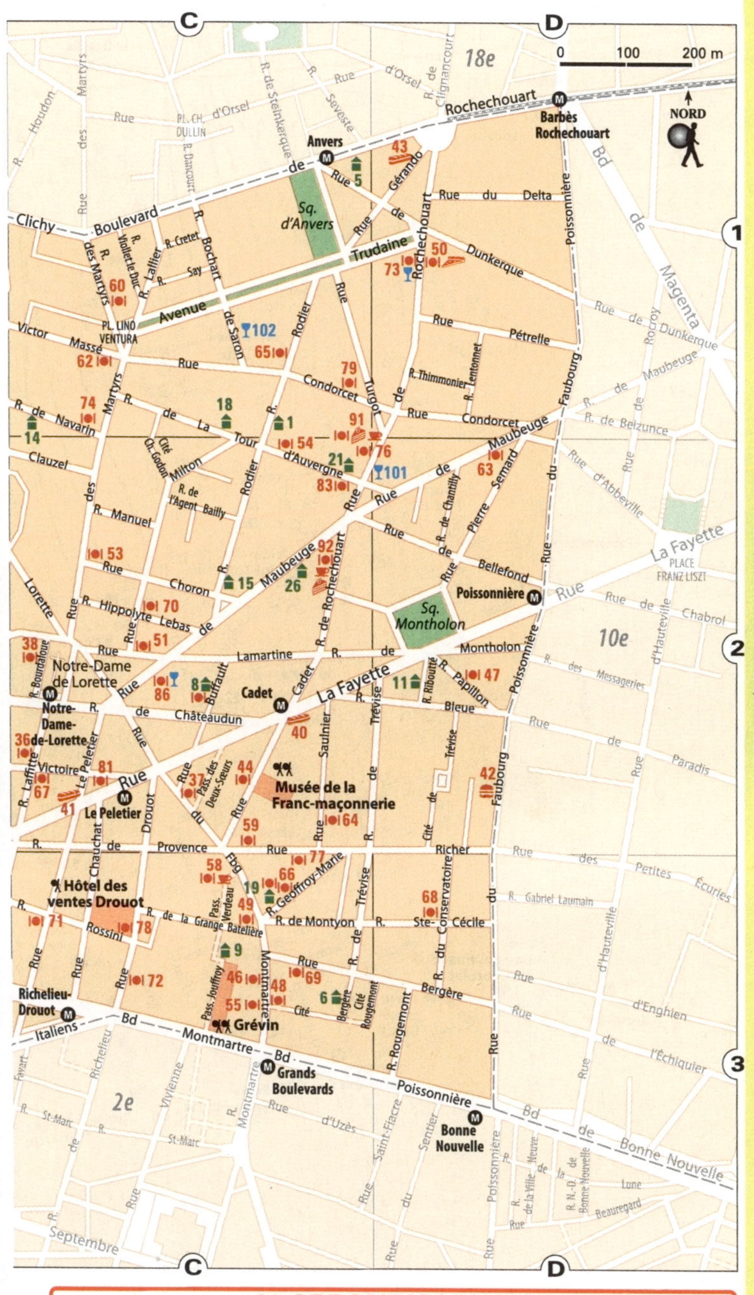

9e ARRONDISSEMENT

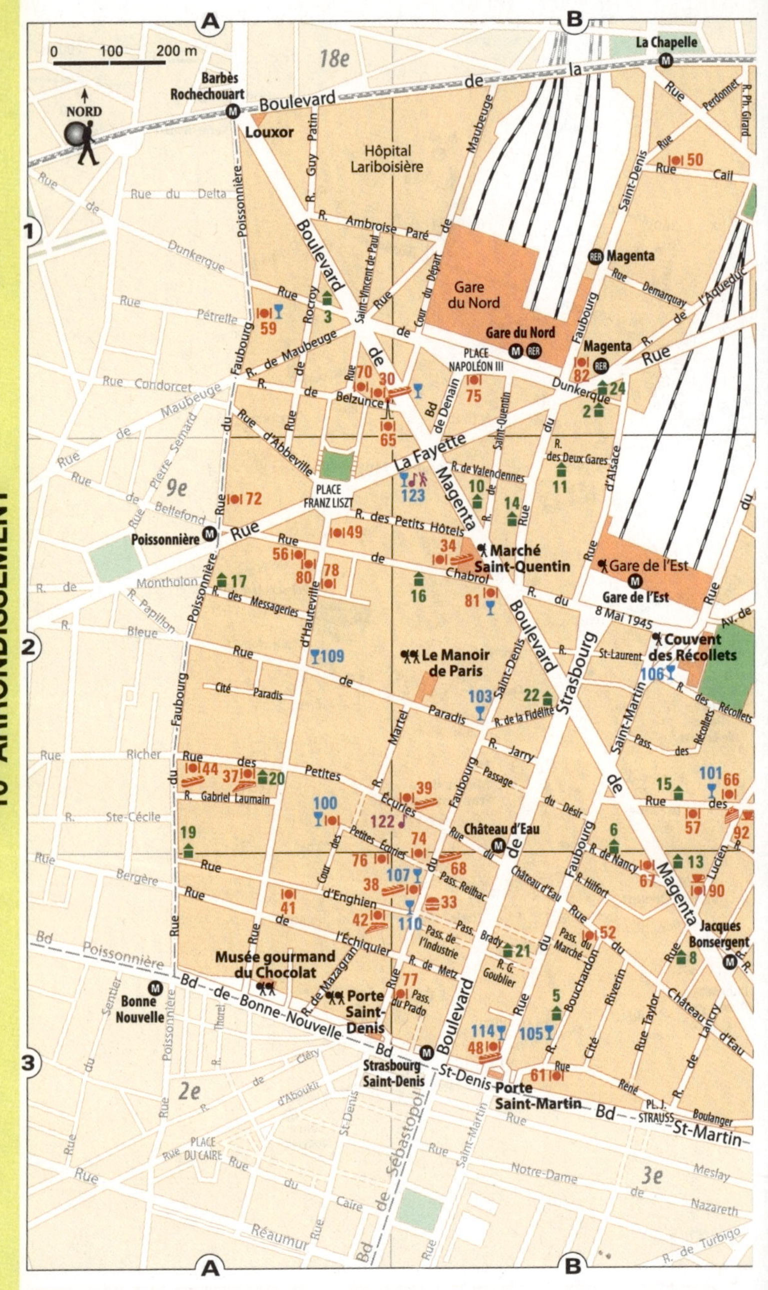

0 100 200 m
NORD
18e
9e
2e
3e
La Chapelle
Barbès Rochechouart
Louxor
Hôpital Lariboisière
Gare du Nord
Magenta
Place Napoléon III
Place Franz Liszt
Poissonnière
Marché Saint-Quentin
Gare de l'Est
Couvent des Récollets
Le Manoir de Paris
Château d'Eau
Jacques Bonsergent
Musée gourmand du Chocolat
Porte Saint-Denis
Bonne Nouvelle
Strasbourg Saint-Denis
Porte Saint-Martin
Boulevard de la Chapelle
Boulevard de Magenta
Boulevard de Strasbourg
Rue La Fayette
Bd de Bonne-Nouvelle
Bd St-Denis
Bd St-Martin
Bd Poissonnière
Bd de Sébastopol
Rue du Faubourg Poissonnière
Rue du Faubourg Saint-Denis
Rue du Faubourg Saint-Martin
Rue de Paradis
Rue de Chabrol
Rue des Petites Écuries
Rue du Château d'Eau
Rue de Dunkerque
Rue de Maubeuge
Rue d'Hauteville
Rue d'Enghien
Rue de l'Échiquier
Rue des Récollets
Rue de Lancry
Rue Lucien Sampaix
Rue René Boulanger
Pl. J. Strauss
Rue du 8 Mai 1945
Rue de Nancy
Rue Bichat
Rue Martel
Rue de Belzunce
Rue d'Abbeville
Rue de Rocroy
Rue Ambroise Paré
Rue Guy Patin
Rue des Deux Gares
Rue de Valenciennes
Rue d'Alsace
Rue Saint-Quentin
Rue de la Fidélité
Rue Jarry
Passage du Désir
Rue de Metz
Passage Brady
Passage de l'Industrie
Passage Reilhac
Passage du Prado
Rue Gabriel Laumain
Cité Paradis
Rue Bergère
Rue Richer
Rue Montholon
Rue Condorcet
Rue Pétrelle
Rue du Delta
Rue de Bellefond
Rue Pierre Semard
Rue des Messageries
Rue Bleue
Rue Ste-Cécile
Rue Bouchardon
Rue Taylor
Cité Riverin
Rue Hittorf
Rue Perdonnet
Rue Cail
Rue Demarquay
Rue de l'Aqueduc
Rue St-Laurent
Rue de Mazagran
Rue de Cléry
Rue d'Aboukir
Place du Caire
Rue du Caire
Rue Réaumur
Rue Notre-Dame de Nazareth
Rue Meslay
Rue de Turbigo
Rue Saint-Martin

Chapelle
Bd
Stalingrad
PLACE DE STALINGRAD
Av. de Flandre
Avenue Jean Jaurès
Jaurès
Louis Blanc
Château Landon
Colonel Fabien
PLACE DU COLONEL FABIEN
Belleville
Goncourt
République
PLACE DE LA RÉPUBLIQUE
Hôpital Saint-Louis
Parc Villemin
Canal Saint-Martin
La Fayette
Quai de Valmy
Quai de Jemmapes
Boulevard de la Villette
Rue du Faubourg Saint-Martin
Avenue Secrétan
Avenue Mathurin Moreau
Avenue Claude Vellefaux
Avenue Parmentier
Rue Bichat
Rue de Sambre et Meuse
Rue Juliette Dodu
Rue Vicq-d'Azir
Rue Grange aux Belles
Bd Jules Ferry
Av. de la République
Rue de la Fontaine au Roi
Rue Saint-Maur
Rue du Faubourg du Temple
R. de Belleville
19e
20e
11e

Où dormir ?

1 Generator Paris (C2)
2 Saint-Christopher Inn (B1)
3 Smart Place (A1)
4 Hôtel du Nord – Le Pari Vélo (C3)
5 Hôtel Palace (B3)
6 Hôtel Liberty (B2-3)
7 Beaurepaire Hôtel (C3)
8 District République (B3)
9 Hôtel Garden Saint-Martin (C3)
10 Hôtel de l'Europe (B2)
11 Hôtel d'Amiens (B2)
13 Hôtel Magenta 38 (B3)
14 Midnight Hotel (B2)
15 Hôtel Soft (B2)
16 Hôtel Parisiana (B2)
17 Hôtel Paris La Fayette (A2)
18 Ibis Style Hôtel (C3)
19 Hôtel d'Enghien (A2-3)
20 Hôtel Paradis (A2)
21 Best Western Hôtel Faubourg Saint-Martin (B3)
22 Hôtel Grand Amour (B2)
23 Le Citizen – Hôtel du Canal (C2)
24 Hôtel Albert Ier Paris (B1)

Où manger ?

30 La Pointe du Grouin (A-B1)
31 IMA (C3)
32 Le Petit Cambodge (C3)
33 Paris-New York (B3)
34 Les snacks du marché couvert Saint-Quentin (B2)
35 The Sunken Chip (C2)
36 Le Bichat (C3)
37 Da Graziella (A2)
38 Le Daily Syrien (B3)
39 Pancia (B2)
40 STREET Bangkok Local Food (C2)
41 Mulko (A3)
42 Mazzucco (A3)
43 Piccoli Cugini (C2)
44 Naàn (A2)
45 Couleurs Canal (C3)
46 Le Bistro des Oies (C3)
47 La Marine (C3)
48 Elaichi (B3)
49 Yafo (A2)
50 Krishna Bhavan (B1)
51 Le Chansonnier (C1)
52 Le Réveil du Xe (B3)
53 Restaurant de Bourgogne (C2)
54 At Hom's (C-D2)
55 La Cantine de Quentin (C2)
56 Le Mordant (A2)
57 La Taverne de Zhao (B2)
58 Philou (C3)
59 Les Arlots (A1)
60 Procopio Angelo (C2)
61 Zerda Café (B3)
62 Maria Luisa (C3)
63 Askini (D3)
64 Siseng (C2)
65 Chez Casimir (A-B1)
66 Les Vinaigriers (B2)
67 Da Mimmo (B3)
68 Urfa Dürüm (B2-3)
69 Two Stories (C3)
70 Chez Michel (A1)
71 Le Galopin (D2)
72 Abri (A2)
74 Gros (B2-3)
75 Terminus Nord (B1)
76 Flo (A3)
77 Julien (B3)
78 Ahipoké (A2)
79 SAaM (C2-3)
80 Ma Kitchen (A2)
81 Yikou (C1)
82 Saravanaa Bhavan (B1)
83 Le Cambodge (C3)

Bar à vins

85 La Cave à Michel (D2)

Où prendre un bon 4-heures ?

90 Le Poutch (B3)
91 Du Pain et des Idées (C3)
92 Boulangerie-pâtisserie Liberté (B2)
93 Pastelaria Don Antonia (C2)

Où boire un verre ?

100 Farago Pintxo Bar (A2)
101 Gravity Bar (B2)
102 La Sardine (D2)
103 L'Ours Bar (B2)
104 Le Renard (D2)
105 Le CopperBay (B3)
106 Café A (B2)
107 Le Syndicat (B3)
108 Le Comptoir Général (C3)
109 Le Fantôme (A2)
110 Chez Jeannette (B3)
111 Chez Prune (C3)
112 Le Floréal (D3)
113 La Patache (C3)
114 Baranaan (B3)

Où sortir ?

120 Point Éphémère (C1)
121 La Java (D3)
122 Le New Morning (A-B2)
123 La Colonie (B2)

REPORTS DU PLAN DU 10e ARRONDISSEMENT

Où dormir ?

1 Les Piaules (B1)
2 Auberge internationale des jeunes et Bastille Hostel (B3)
3 Hôtel Printania (A1)
4 Cosmos Hôtel (B1)
5 Le Métropolitain (C1)
6 La Nouvelle République (B1)
7 Hôtel Bastille de Launay (B2)
8 Hôtel Beaumarchais (A2)
9 Hôtel Hor Les Lumières (B1)
10 Hôtel Exquis (C3)
11 Hôtel du Prince Eugène (D3)
12 Le Patio Bastille (C3)
13 Hôtel Fabric (B2)
14 Hôtel L'Antoine (B3)
15 Hôtel Original Paris (B3)
16 Hôtel Gabriel (A1)
17 Hôtel Marais-Bastille (B2)
18 Eden Lodge (D2-3)
19 Maison Bréguet (B2)

Où manger ?

30 Ten Belles Bread (B2)
31 Le Bar à Soupes (B3)
32 CheZ Aline (B2)
33 Street Food Bangkok (B3)
34 Le Grand Bréguet (B2)
35 East Mamma (B3)
36 Pause Café (B3)
37 La Ravigote (C3)
38 La Cour du Faubourg (B3)
39 Le Dallery (B3)
40 Aux Bons Crus (C2)
41 Mokonuts (C3)
42 Buffet (B2)
43 Chez Mamy (C3)
44 Le Menekse (B3)
45 Café de l'Industrie (B3)
46 Clamato (C3)
47 Bistrot Paul-Bert (C3)
48 Amici Miei (B2)
49 Septime (C3)
50 Unico (C3)
51 Le Sot-l'y-laisse (D3)
52 Auberge Flora (B2)
53 Boulangerie Benoît Castel (B1)
54 Épicerie du Verre Volé (zoom)
55 Al Taglio (zoom)
56 Dong Huong (B1)
57 L'Orillon Bar (B1)
58 Krügen (B1)
59 L'Alicheur (B1)
60 Bat'un Karé (C2)
61 Melt (zoom)
62 Green House (C1)
63 Café du Coin (C2)
64 Ober Mamma (zoom)
65 Sizin (A1)
66 L'Homme Bleu (B1)
67 Café Lux (B2)
68 La Çave de l'Insolite (zoom)
69 Nhà Quê (B2)
70 B & M (zoom)
71 La Vache Acrobate (A2)
72 L'Acolyte... de l'Insolite (zoom)
73 Vantre (B1)
74 Restaurant Pierre Sang in Oberkampf (zoom)
75 Au Passage (A2)
76 Scaria (zoom)
77 Robert (B1)
78 Le Villaret (zoom)
79 Pierre Sang on Gambey (zoom)
80 Square Gardette (B2)
81 Nana (B2)
82 Patchanka (B2)

Bars à vins

90 La Cave Paul Bert (C3)
91 La Canonnière (B1)
92 La Buvette (B2)
93 Passarito (B1)
94 Les Domaines qui montent (C2)

Où boire un thé ? Où prendre un bon 4-heures ?

100 Pâtisserie et Chocolaterie de Cyril Lignac (C3)
101 La Bague de Kenza (C3)
102 Thé Troc (B1)

Où boire un verre ?

110 Le Motel (B3)
111 Moonshiner (B3)
112 Bottle Shop (B3)
113 Bluebird (C3)
114 Aux Deux Amis (zoom)
115 Les Niçois (B2)
116 La Fine Mousse (C1)
117 Le Perchoir (C1)
118 L'Impasse (B1)
119 Udo Bar (zoom)
120 Le Café Charbon (B1)
121 U.F.O. (B1)
122 Pop In (A2)

Où sortir ?

130 Le Badaboum (B3)
131 L'International (B1)
132 Gossima Ping Pong Bar (C1)
133 Bar Les 4 Éléments (A1)
134 Le Cannibale Café (B1)
135 L'Alimentation Générale (B1)
136 One More (zoom)
137 Au Chat Noir (B1)
138 Le Nouveau Casino (B1)
139 Favela Chic (A1)

REPORTS DU PLAN DU 11e ARRONDISSEMENT

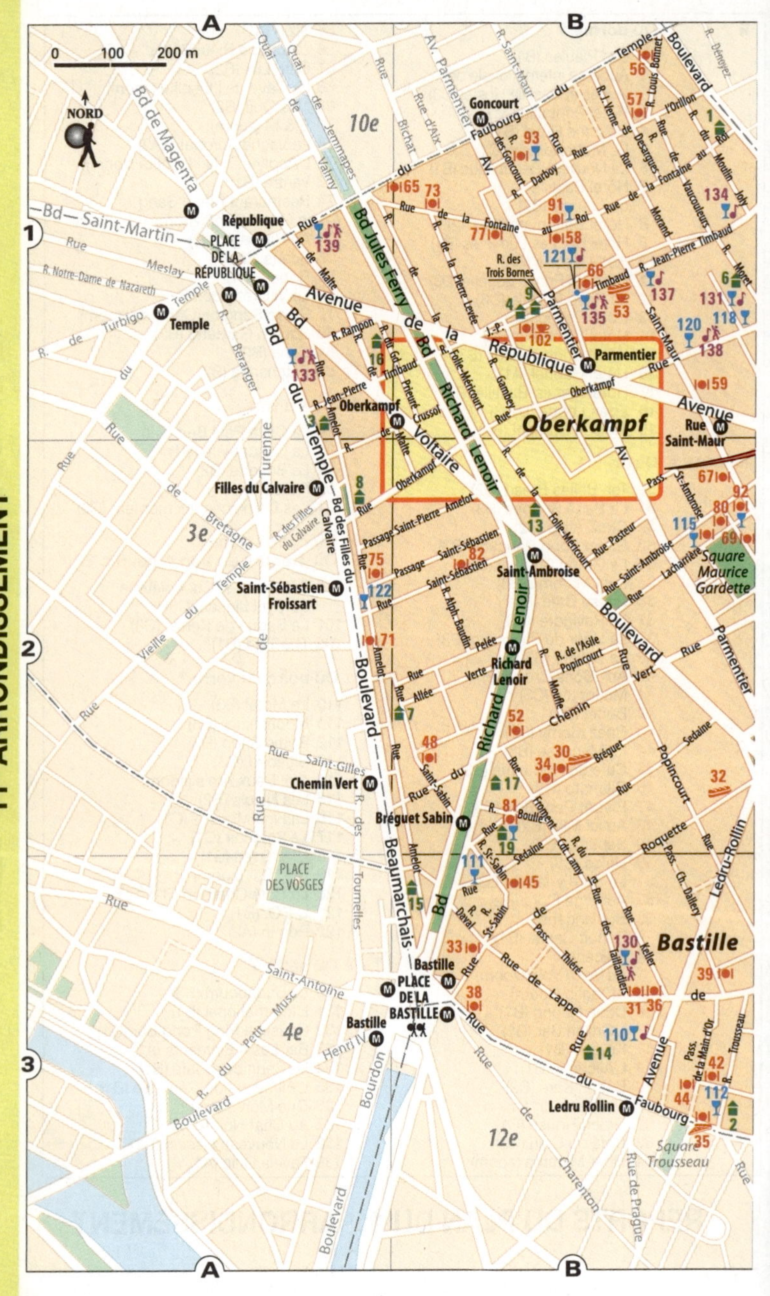

11e ARRONDISSEMENT

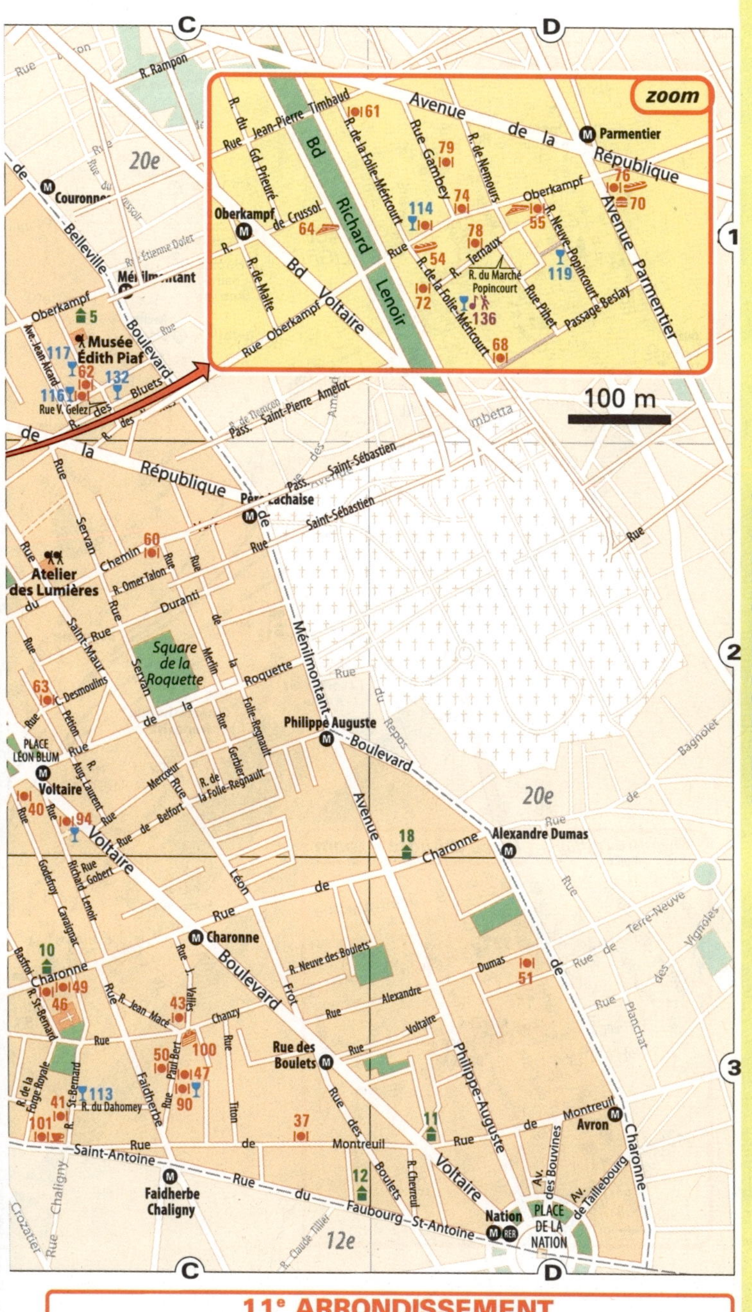

11e ARRONDISSEMENT

PLACE DE LA BASTILLE
Bastille
Opéra - Bastille
4e
11e
13e
Ledru Rollin
PLACE D'ALIGRE
Faidherbe Chaligny
Hôpital Saint-Antoine
PL. DU DOCT. A. BÉCLÈRE
Reuilly Diderot
Quai de la Rapée
Gare de Lyon
PLACE HENRI FRESNAY
Montgallet
Jardin de Reuilly
Ministère des Finances
Bercy
Dugommier
AccorHotels Arena
Cinémathèque française
Parc de Bercy
PLACE LACHAMBAUDIE
Cour Saint-Émilion
PL. DES VINS DE FRANCE
Musée des Arts forains
Seine
PONT D'AUSTERLITZ
PONT CHARLES DE GAULLE
PONT DE BERCY
PONT DE TOLBIAC
PONT NATIONAL
Rue du Faubourg Saint-Antoine
Avenue Ledru-Rollin
Boulevard Diderot
Avenue Daumesnil
Viaduc des Arts
Rue de Charenton
Rue de Lyon
Bd de la Bastille
Rue de Bercy
Bd de Bercy
Quai de Bercy
Quai d'Austerlitz
Av. Pierre Mendès-France
Quai Panhard et Levassor
Rue de Reuilly
Rue Crozatier
Rue de Prague
Rue Abel
Avenue du Charolais
Rue de Pommard
Rue J. Kessel
Rue Baron Le Roy
Av. des Terroirs de France
Place d'Aligre – zoom
Marché
PLACE D'ALIGRE
Rue Beccaria
Rue de Cotte
Rue d'Aligre
Rue Théophile Roussel
Rue Traversière
R. Emilio Castellar
Imp. Druinot
Pass. Brulon
Pass. Driancourt
Imp. Crozatier
Rue de Citeaux
R. Hector Malot
100 m

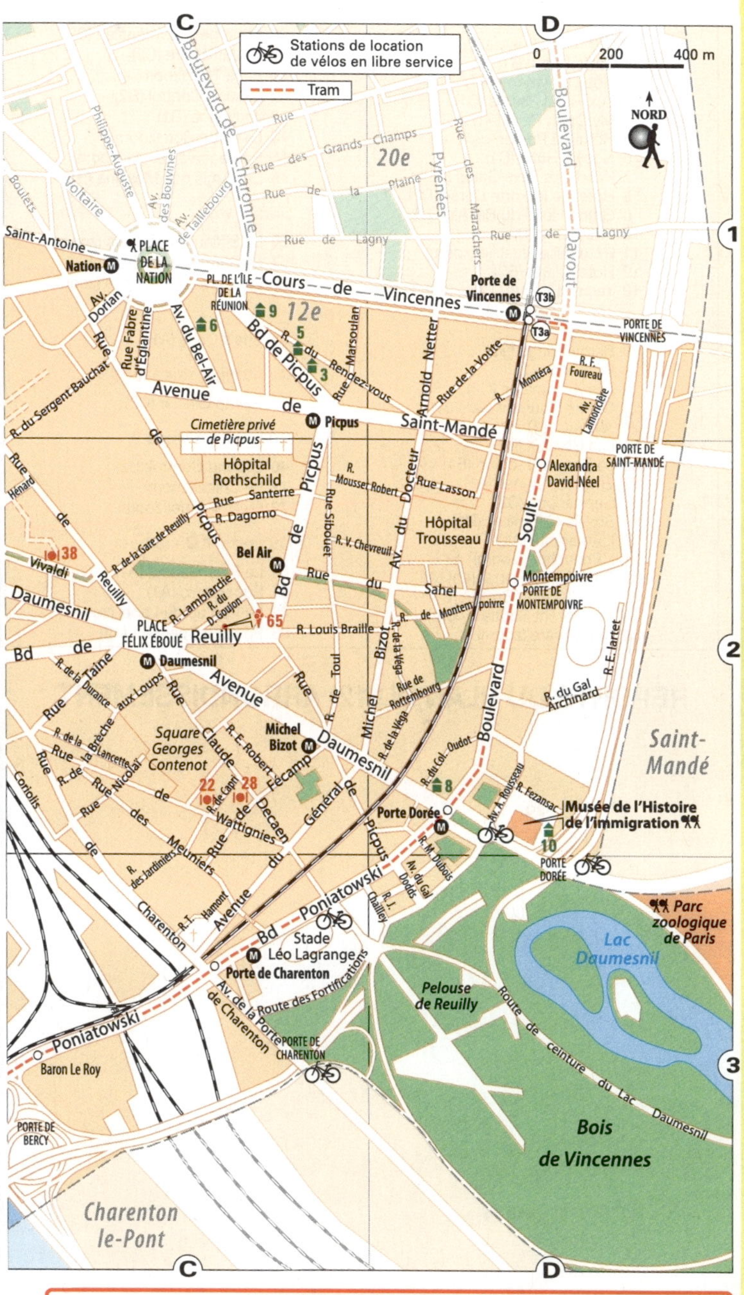

12e ARRONDISSEMENT

Où dormir ?

1 Zazie Hôtel (B1)
2 Hôtel L'Aveyron (A1)
3 Lux Hôtel Picpus (C1)
4 My Open Paris (A1)
5 Hôtel du Printemps (C1)
6 Nouvel Hôtel (C1)
7 Hôtel des Trois Gares (A1)
8 Hôtel de la Porte Dorée (D2)
9 Grand Hôtel du Bel Air (C1)
10 Motel One (D2)
11 Hôtel Albe Bastille (zoom)
12 Hôtel Claret (B2)
13 Yacht Hôtel VIP Paris (A2)

Où manger ?

20 Bercy Village (B3)
21 Pouzenc (A1)
22 Les Zygomates (C2)
23 Gentle Gourmet Café (A1)
24 Tarmac (A1)
25 Les Bombis (B1)
26 La Bonne Tradition (B1)
27 Entre les Vignes (A1)
28 Cappadoce (C2)
29 Soleils et Papilles (B1)
30 L'Amarante (A1)
31 L'Ébauchoir (zoom)
32 Café Barge Restaurant (A2)
33 À la Biche au Bois (A1)
34 Restaurant Scotta (zoom)
35 Assaporare (zoom)
37 Auberge Aveyronnaise (B2)
38 Le Janissaire (C2)
39 Paya Thaï (zoom)
40 Ground Control (B2)
42 Jouvence (B1)
43 Le Cotte Rôti (zoom)
45 Sardegna a Tavola (zoom)
46 Les Amis des Messina (B1)

Bars à vins

50 Le Siffleur de Ballons (zoom)
51 Le Baron Bouge (zoom)
52 Les Caves de Prague (zoom)

Où prendre un bon 4-heures ?

61 She's Cake (A1)

Où manger une glace ?

65 Raimo Glacier (C2)

Où boire un verre ?

40 Ground Control (B2)
71 Le China (zoom)
72 Le Troll Café (zoom)

Où sortir ? Où danser ?

80 Le Patchanama (A1)
81 Supersonic (A1)
82 Le Pop'up du Label (zoom)
83 Péniche Concrete (A2)

REPORTS DU PLAN DU 12e ARRONDISSEMENT

Où dormir ?

1 Centre international de séjour de Paris (B3)
2 Oops ! (B2)
3 Hôtel des Beaux-Arts (B2)
4 Hôtel du Roussillon (zoom)
5 Arian Hôtel (B3)
7 Hôtel Henriette (A1)
8 Hôtel des Écrivains (B2)
9 Ibis Styles Place d'Italie – Buttes-aux-Cailles (zoom)
10 Hôtel Le Vert Galant (A2)
11 Hôtel Saint-Charles (zoom)
12 Quality Suites Bercy-Bibliothèque (C2)
14 La Villa Paris (A3)
15 C.O.Q. Hôtel (B2)
16 Hôtel La Manufacture (B2)
17 Hotel Off Paris Seine (C1)
19 Grand Hôtel des Gobelins (B1)

Où manger ?

24 La Catrina (B2)
25 Pâtisserie de Saison (B3)
26 Imperial Choisy (B3)
27 Dong Tam (B3)
28 Ny Hav (B3)
29 Phó Bida Vietnam (C3)
30 Fil'o'Fromage (C2)
31 Friterie De Clercq (B2)
32 Chez Gladines (zoom)
33 Fleurs de Mai (B3)
34 Persillé (C2)
35 La Bonne Heure (zoom)
36 Hoi An (B2-3)
37 Lao Lane Xang (B2)
38 Comme au Vietnam (B2)
39 La Maison des Frigos (C2)
40 Chinatown Olympiades (B3)
41 Le Petit Pascal (A1)
42 Virgule (B2)
43 Le Wagon Restaurant du Batofar (C-D2)
44 Bangkok-Thaïland (zoom)
45 L'Hommage (B3)
46 Le Temps des Cerises (zoom)
47 Le Bambou (B2)
48 Le Lao Thaï (B2)
49 Chez Trassoudaine (B2)
50 Tempero (C2)
51 Les Cailloux (zoom)
52 Basilic & Spice (B3)
53 Cacio e... Peppe (A2)
54 Bekseju Village (B1)
55 Sukhothaï (B2)
56 La Touraine (A2)
57 La Butte aux Piafs (zoom)
58 La Félicità (C2)
59 Etchegorry (A2)
60 Restaurant EP7 (C2)
61 L'Avant-Goût (zoom)
62 L'Ourcine (A1)
63 Palais de Krishna (B2)
64 Au Petit Marguery (A1)
65 Pasta et Basta (B2)
66 Piacere (zoom)
67 La Mer de Chine (B2)
68 Le Nouveau Village Tao Tao (B2)
69 Suave (zoom)
70 Le Cam40 (A1-2)
71 Paradis Thaï (B2)
72 Comme à la Campagne (C2)
73 Sellae (B1)

Où boire un verre ?

75 La Dame de Canton (C-D2)
76 La Taverne de la Butte (zoom)
77 Wanderlust (C1)

Où sortir ? Où danser ?

43 Le Batofar (C-D2)
80 Nuits Fauves (C1)
81 Communion (C1)
83 Petit Bain (C1)

REPORTS DU PLAN DU 13e ARRONDISSEMENT

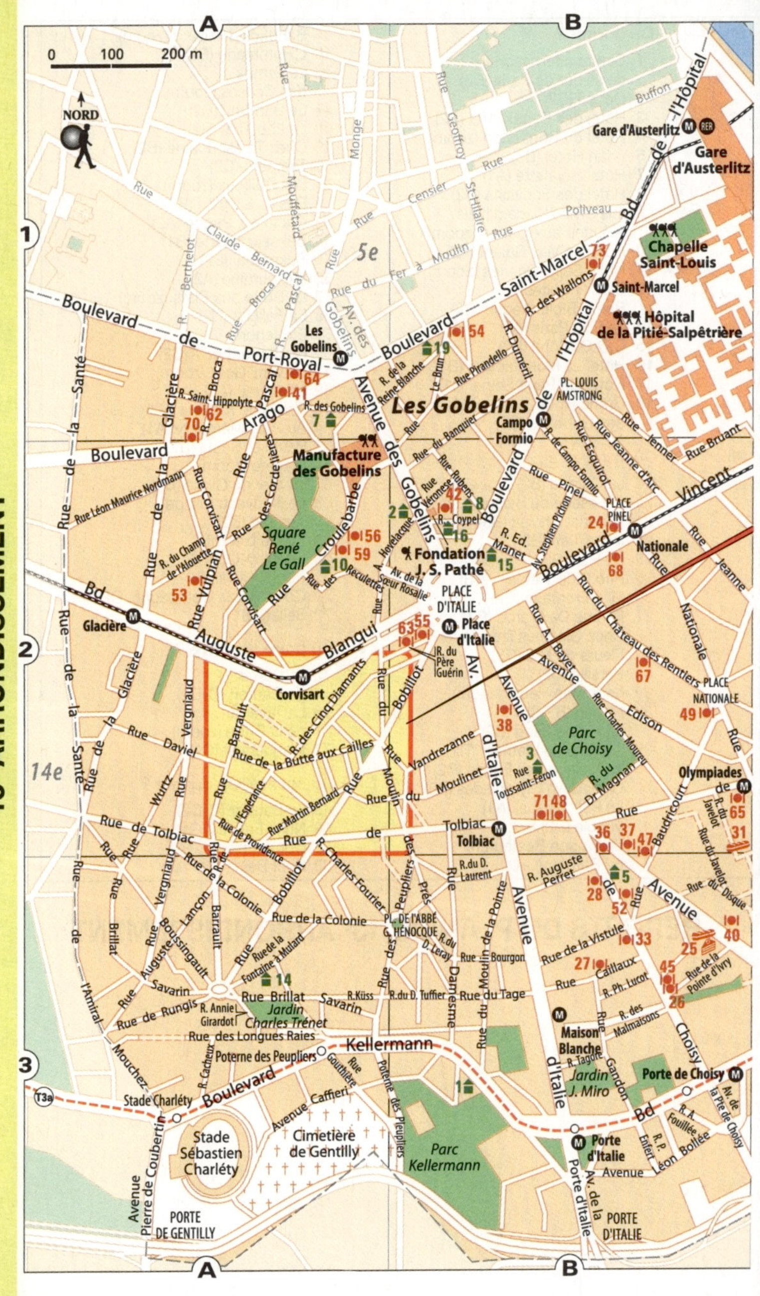

A
B
0
100
200 m
NORD
1
2
3
5e
14e
Les Gobelins
Gare d'Austerlitz
Chapelle Saint-Louis
Saint-Marcel
Hôpital de la Pitié-Salpêtrière
Les Gobelins
Campo Formio
PL. LOUIS AMSTRONG
Manufacture des Gobelins
Square René Le Gall
Fondation J.S. Pathé
PLACE D'ITALIE
Place d'Italie
PLACE PINEL
Nationale
Glacière
Corvisart
PLACE NATIONALE
Parc de Choisy
Olympiades
Tolbiac
PL. DE L'ABBÉ G. HÉNOCQUE
Maison Blanche
Jardin J. Miro
Porte de Choisy
Jardin Charles Trénet
Stade Charléty
Stade Sébastien Charléty
Cimetière de Gentilly
Parc Kellermann
Porte d'Italie
PORTE DE GENTILLY
PORTE D'ITALIE
Boulevard de Port-Royal
Boulevard Saint-Marcel
Boulevard Arago
Bd Auguste Blanqui
Boulevard Vincent
Bd de l'Hôpital
Avenue des Gobelins
Avenue d'Italie
Avenue de Choisy
Boulevard Kellermann
Rue de Tolbiac
Rue de la Santé
Rue de la Glacière
Rue de la Butte aux Cailles
Rue des Cinq Diamants
Rue Bobillot
Rue du Moulin des Prés
Rue de la Colonie
Rue Brillat Savarin
Rue des Longues Raies
Poterne des Peupliers
Avenue Caffieri
Avenue Pierre de Coubertin
Rue Mouffetard
Rue Monge
Rue Claude Bernard
Rue Pascal
Rue Broca
Rue Corvisart
Rue Vulpian
Rue Croulebarbe
Rue Nationale
Rue du Château des Rentiers
Rue Jeanne d'Arc
Rue Pinel
Rue Daviel
Rue Vergniaud
Rue Barrault
Rue Dunois
Rue Baudricourt
Rue de la Vistule
Rue Caillaux
Rue du Tage
Rue Damesme
Rue Brillat
Rue de Rungis
Rue Gandon
Avenue Edison
T3a

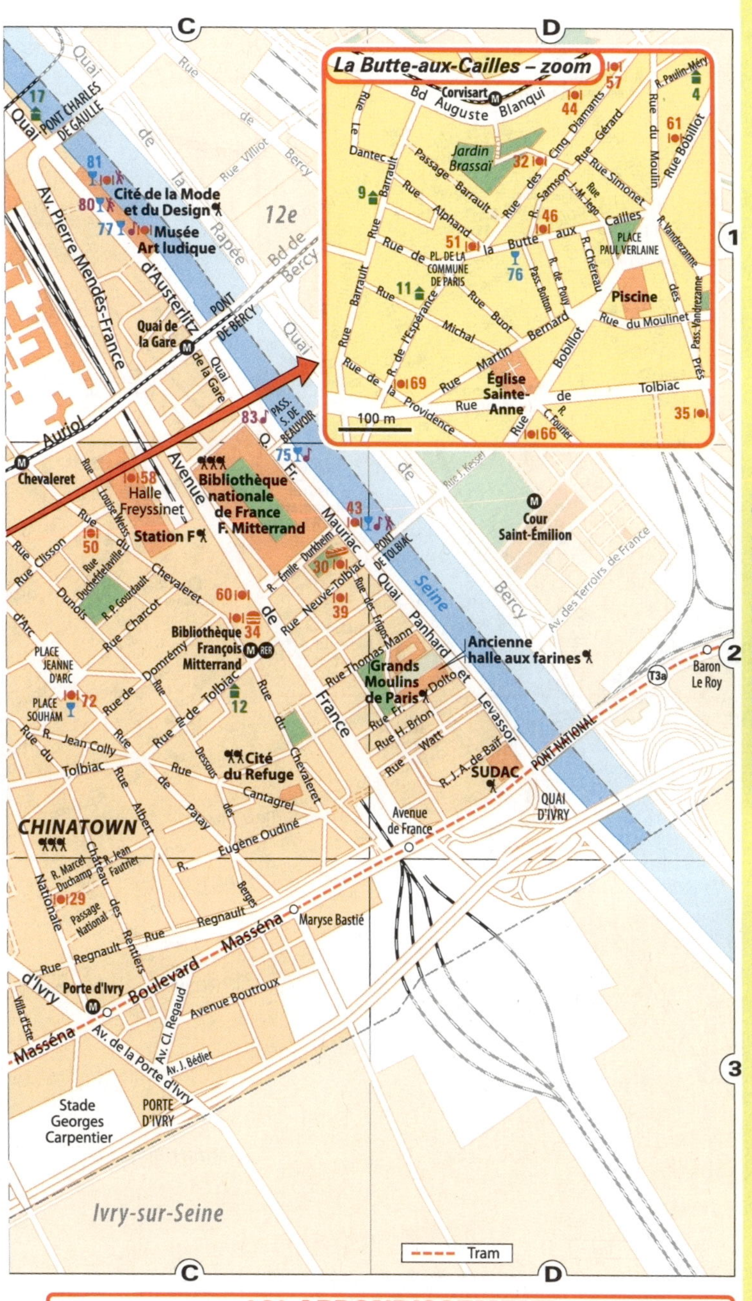

13e ARRONDISSEMENT

13e ARRONDISSEMENT

Montparnasse – zoom
100 m
Montparnasse Bienvenüe
Bd du Montparnasse
Vavin
Edgar Quinet
Rue Delambre
Boulevard Edgar Quinet
Rue du Départ
R. d'Odessa
R. du Montparnasse
R. Huyghens
Boulevard Raspail
R. L. Robert
R. Campagne-Première
Pass. d'Enfer
R. Boissonade
Raspail
Rue du Maine
R. Poinsot
R. Jolivet
Rue de la Gaîté
Rue Vandamme
Avenue du Maine
Gaîté
Rue Vercingétorix
R. Jean Zay
PL. CONSTANTIN-BRANCUSI
Cimetière du Montparnasse
Avenue du Boulevard
Avenue de l'Ouest
Avenue du Nord
Avenue de l'Est
Rue Émile Richard
Institut Giacometti
Rue Froidevaux
R. Cels
R. Fermat
R. Deparcieux
R. Roger
Rue Daguerre
Rue Gassendi
Rue Danville
Rue Lalande
Rue Boulard
Rue Liancourt
Rue Victor Schœlcher
Rue Victor Considérant
Rue Froidevaux
Denfert-Rochereau
PLACE DENFERT-ROCHEREAU
Rue R. Losserand
R. Maison Dieu
R. Asseline
R. E. Jacques
R. J. Guesde
PL. DE MORO GIAFFERI
Rue du Château
15e
R. A. Bourdelle
Boulevard Pasteur
Bd de Vaugirard
Jardin Atlantique
Rue du Cotentin
Rue André Gide
R. du Cdt Mouchotte
Rue Vercingétorix
PLACE DE CATALOGNE
PLACE DE SÉOUL
Notre-Dame du-Travail
Rue de l'Ouest
Rue Losserand
R. F. de Pressensé
Pernety
Rue Ste-Léonie
R. de Plaisance
Rue Pernety
Rue de Raymond
R. Boyer-Barret
Rue Decrès
Av. Villemain
Rue Gergovie
Rue d'Alésia
Plaisance
Rue du
Rue Pierre Larousse
Rue Jonquoy
R. Bardinet
Rue Didot
R. Jacquier
Rue de l'Abbé Carton
R. L. Morard
R. Ledion
R. G. Bruno
T3a
Bd Lefebvre
Porte de Vanves
Boulevard Brune
Didot
Boulevard
Av. de la Porte de Brancion
R. J. Bartet
Av. de la Porte de Vanves
Avenue Marc Sangnier
PORTE DE VANVES
Stade Didot
Av. G. Lafenestre
Av. Maurice d'Ocagne
Stade J. Noël
Avenue de la Porte de Châtillon
PL. DE LA PORTE DE CHÂTILLON
Jean Moulin
PORTE DE CHÂTILLON
Cimetière de Montrouge
Malakoff
Montrouge
Tram
A
B
1
2
3

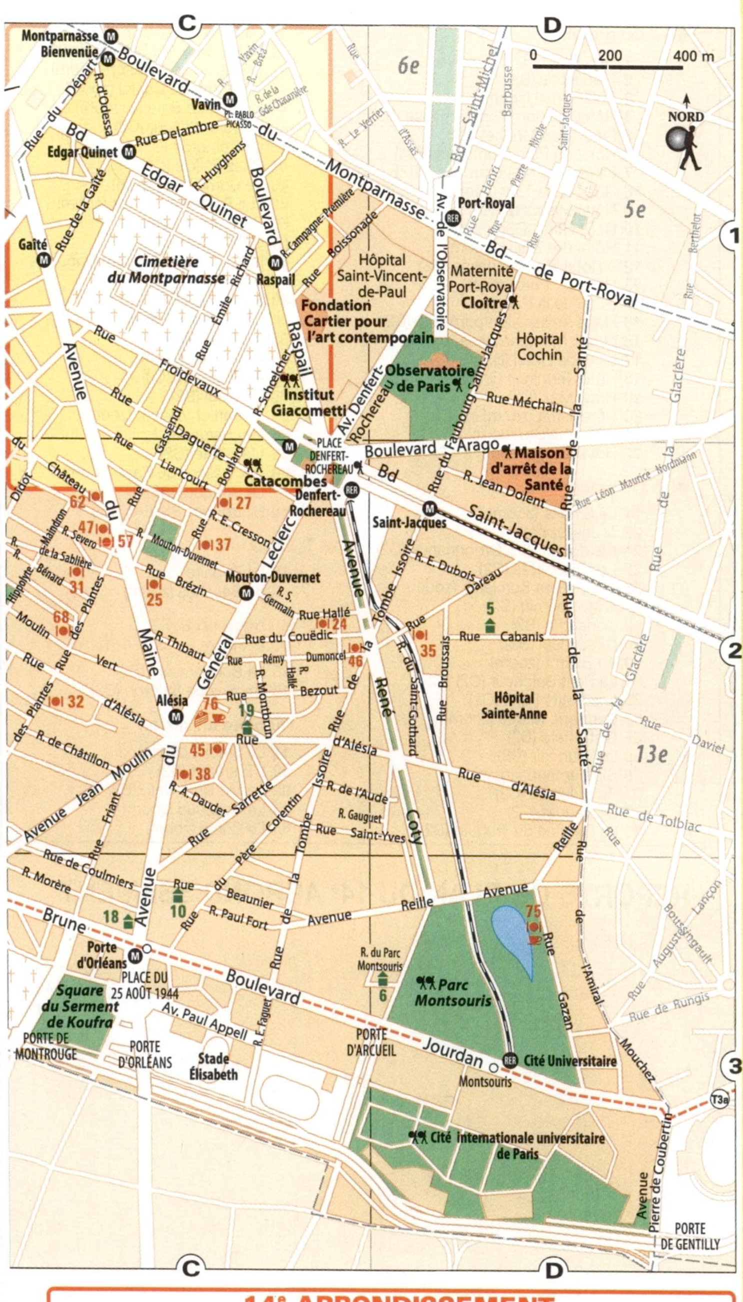

14e ARRONDISSEMENT

14e ARRONDISSEMENT

Où dormir ?

1 Bob Hotel (B2)
2 Fred Hôtel (B2)
3 Solar Hôtel (zoom)
4 Hôtel Apollon Montparnasse (B2)
5 FIAP Jean Monnet (D2)
6 Hôtel du Parc Montsouris (D3)
7 La Maison Montparnasse (B2)
8 Hôtel de la Tour (zoom)
9 Hôtel Mistral (zoom)
10 Cecil Hôtel (C3)
11 Hôtel des Bains (zoom)
12 9 Hôtel Montparnasse (B2)
13 Hôtel du Parc (zoom)
14 Hôtel de la Paix (zoom)
15 Hôtel Atelier Montparnasse (B2)
16 Lenox Montparnasse (zoom)
17 Le Fabe Hôtel (B2)
18 Hôtel Terminus Orléans (C3)
19 Hôtel Max (C2)
20 Hôtel Istria (zoom)
21 Hôtel Aiglon (zoom)
22 Hôtel Le M (zoom)

Où manger ?

11 Le Smoke (zoom)
23 Ti Jos (zoom)
24 Kakdougui et L'Ordonnance (C2)
25 Les Pipelettes (C2)
26 Les Petites Sorcières (zoom)
27 À Mi-Chemin (C2)
28 Coriandre (B2)
29 L'Essentiel (B2)
30 Au Bistrot (zoom)
31 Le Petit Baigneur (C2)
32 Les Petits Plats (C2)
33 Daguerre Marée (zoom)
34 Bistrotters (B2)
35 Le Vaudésir (D2)
36 Big Fernand (zoom)
37 Aux Plumes (C2)
38 Le Daudet (C2)
39 La Cantine du Troquet (B2)
40 La Cerisaie (zoom)
41 Mian Fan et Au Bretzel (zoom)
42 Crêperie de Quiberon (zoom)
43 Le Plomb du Cantal (zoom)
44 Enzo et La Baraka (zoom)
45 Le Verre Siffleur (C2)
46 Le Comptoir (C2)
47 Chez Félicie (C2)
48 Le Cornichon (zoom)
49 Les Petites Assiettes (zoom)
50 Chez Joy (zoom)
51 O Corcovado (zoom)
52 La Cantine du Troquet Daguerre (zoom)
53 Bistrot du Dôme (zoom)
54 La Coupole (zoom)
55 Indian House (zoom)
56 Krua Thaï (zoom)
57 Au P'tit Zinc (C2)
58 Dokkebi (B2)
59 Swann et Vincent (zoom)
61 L'Auberge de Venise (zoom)
62 L'Assiette (C2)
63 Les Délices du Pays (zoom)
67 Le Bouquet (B2)
68 Bistrot des Plantes (C2)

Bar à vins

70 Le Repaire de Bacchus (zoom)

Où boire un thé ? Où prendre un bon 4-heures ?

75 La Bonbonnière (D3)
76 Dominique Saibron (C2)

Où boire un verre ?

11 Le Smoke (zoom)
80 L'Entrepôt (B2)
82 Le Moulin à Café (B2)
83 Le Rosebud (zoom)
84 Le Dôme (zoom)

REPORTS DU PLAN DU 14e ARRONDISSEMENT

Où dormir ?

1 Aloha Hostel (C2)
2 Yooma, Urban Lodge (B1)
3 Hôtel M. Madrigal (D2)
4 Hôtel Home Moderne (C3)
5 Au Pacific Hôtel (B1)
6 Hôtel Auguste (C2)
7 Splendid Hôtel (C2)
9 Aberôtel Montparnasse (C2)
10 Hôtel Lilas Blanc (C1)
11 Hôtel de la Paix (B2)
14 Hôtel de l'Exposition-Tour Eiffel (B1)
15 Platine Hôtel (B1-2)
16 Villa Toscane (C2)
17 Hôtel Korner Montparnasse (D2)
18 Hôtel Amiral (C2)
19 Hôtel Baldi (C2)
20 Hôtel-résidence Quintinie' Square (C2)
21 Hôtel de l'Avre (C1)
22 Hôtel Amiral-Fondary (B1)
23 Hôtel Délos Vaugirard (C2)
24 Hôtel Vic Eiffel (C2)
25 Hôtel Eden (C2)
26 Hôtel Vice Versa (B2)
27 Hôtel Eiffel Blomet (C2)
28 Hôtel Okko (A3)

Où manger ?

30 La Cave de l'Os à Moelle (B2)
31 Aux Artistes (D2)
32 Le Petit Pan et Le Grand Pan (C3)
33 Croccante (D2)
34 La Table d'Hubert (A2)
35 Café Noisette (B3)
36 Le Borromée (C2)
37 Chez Eusebio (C2)
39 Erawan (C1)
42 Le P'tit Gavroche (C2)
43 La Petite Auberge (B3)
44 Le Casse-Noix (B1)
45 La Cantine du Troquet Dupleix (B1)
46 L'Intuition Gourmande (C2)
47 Le Radis Beurre (C2)
52 L'Accolade (B2)
53 Le Gastroquet (B2-3)
54 Sawadee (B2)
55 Le Volant Basque (B1)
56 Le Café du Commerce (C2)
57 Le Cappiello (C1-2)
59 L'Atelier du Parc (B3)
60 Le Vitis (D2)
61 Le Beurre Noisette (B3)
62 L'Os à Moelle (B2)
63 Afaria (B3)
64 Le Concert de Cuisine (B1)
65 Le Bélisaire (C2)

Où prendre un bon 4-heures ?

70 Pascal & Anthony (C3)

Où boire un verre ?

75 Le Bréguet (D2)
76 Le Général Beuret (C2)
77 Le Cristal (C2)
78 Au Dernier Métro (B1)
79 Guinguette La Javelle (A2)

Où sortir ?

80 Bal Blomet (ex-Bal Nègre) (C2)

REPORTS DU PLAN DU 15e ARRONDISSEMENT

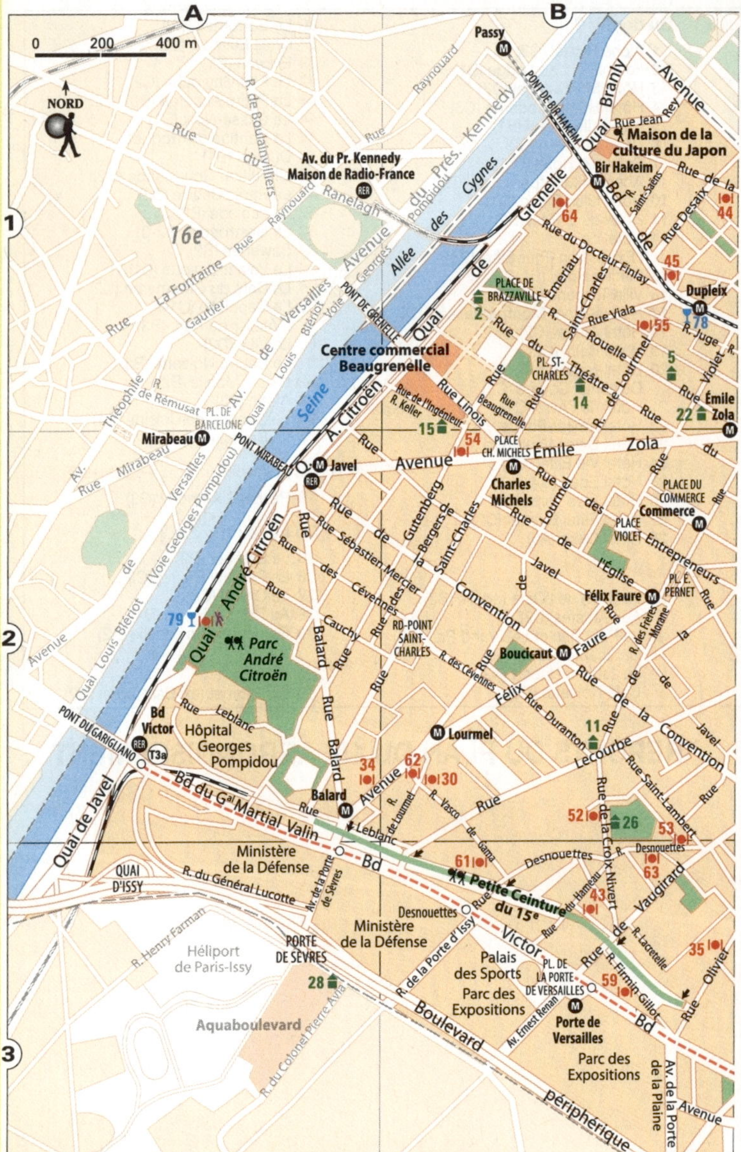

A
B
1
2
3
0
200
400 m
NORD
16e
Passy
PONT DE BIR HAKEIM
Quai Branly
Avenue
Rue Jean Rey
Maison de la culture du Japon
Bir Hakeim
Bd de Grenelle
R. Saint-Saëns
Rue de la
Rue Desaix
Av. du Pr. Kennedy
Maison de Radio-France
RER
Ranelagh
Rue
du
R. de Boulainvilliers
Rue Raynouard
Raynouard
Rue La Fontaine
Gautier
Avenue du Prés. Kennedy
Voie Georges Pompidou
Allée des Cygnes
Avenue de Versailles
Voie Georges Pompidou
Av. Louis Blériot
PONT DE GRENELLE
Seine
Quai de Grenelle
Rue du Docteur Finlay
PLACE DE BRAZZAVILLE
Rue Émeriau
Rue Saint-Charles
Rue Viala
Rue Rouelle
Dupleix
R. Juge
Rue Violet
Rue du Théâtre
R. de Lourmel
PL. ST-CHARLES
Rue Beaugrenelle
Centre commercial Beaugrenelle
Rue Linois
Rue de l'Ingénieur R. Keller
Rue Émile Zola
Théophile
R. de Rémusat
PL. DE BARCELONE
Quai
Mirabeau
PONT MIRABEAU
Rue Mirabeau
Av.
Javel
Quai A. Citroën
PLACE CH. MICHELS
Avenue Émile Zola
Charles Michels
Rue
PLACE DU COMMERCE
Commerce
PLACE VIOLET
Rue des Entrepreneurs
Rue de l'Église
PL. É. PERNET
Félix Faure
R. des Frères Morane
Rue de Javel
Rue de Javel
Rue Sébastien Mercier
Rue Gutenberg
R. des Bergers
Rue Saint-Charles
Rue de la Convention
Quai André Citroën
Rue des Cévennes
Rue Cauchy
Rue Balard
Rue des
RD-POINT SAINT-CHARLES
R. des Cévennes
Rue Félix Faure
Boucicaut
Rue Duranton
Rue Lecourbe
Rue de la Convention
Rue de Javel
Rue Saint-Lambert
Avenue
Quai Louis Blériot
(Voie Georges Pompidou)
Parc André Citroën
Rue Leblanc
Hôpital Georges Pompidou
Bd Victor
PONT DU GARIGLIANO
T3a
Lourmel
Avenue Félix Faure
R. de Lourmel
R. Vasco de Gama
Balard
Rue Leblanc
Bd du Gal Martial Valin
Quai de Javel
QUAI D'ISSY
Ministère de la Défense
R. du Général Lucotte
Av. de la Porte de Sèvres
Bd Victor
Desnouettes
Petite Ceinture du 15e
Rue du Hameau
Rue de la Croix Nivert
R. Desnouettes
Rue de Vaugirard
R. Lacretelle
R. Firmin Gillot
Rue Olivier
R. Henry Farman
Héliport de Paris-Issy
PORTE DE SÈVRES
Ministère de la Défense
R. de la Porte d'Issy
Palais des Sports
Parc des Expositions
PL. DE LA PORTE DE VERSAILLES
Av. Ernest Renan
Porte de Versailles
Aquaboulevard
R. du Colonel Pierre Avia
Boulevard périphérique
Parc des Expositions
Av. de la Porte de la Plaine
Avenue
PORTE DE LA PLAINE
Vanves
2
5
11
14
15
22
26
28
30
34
35
43
44
45
52
53
54
55
59
61
62
63
64
78
79

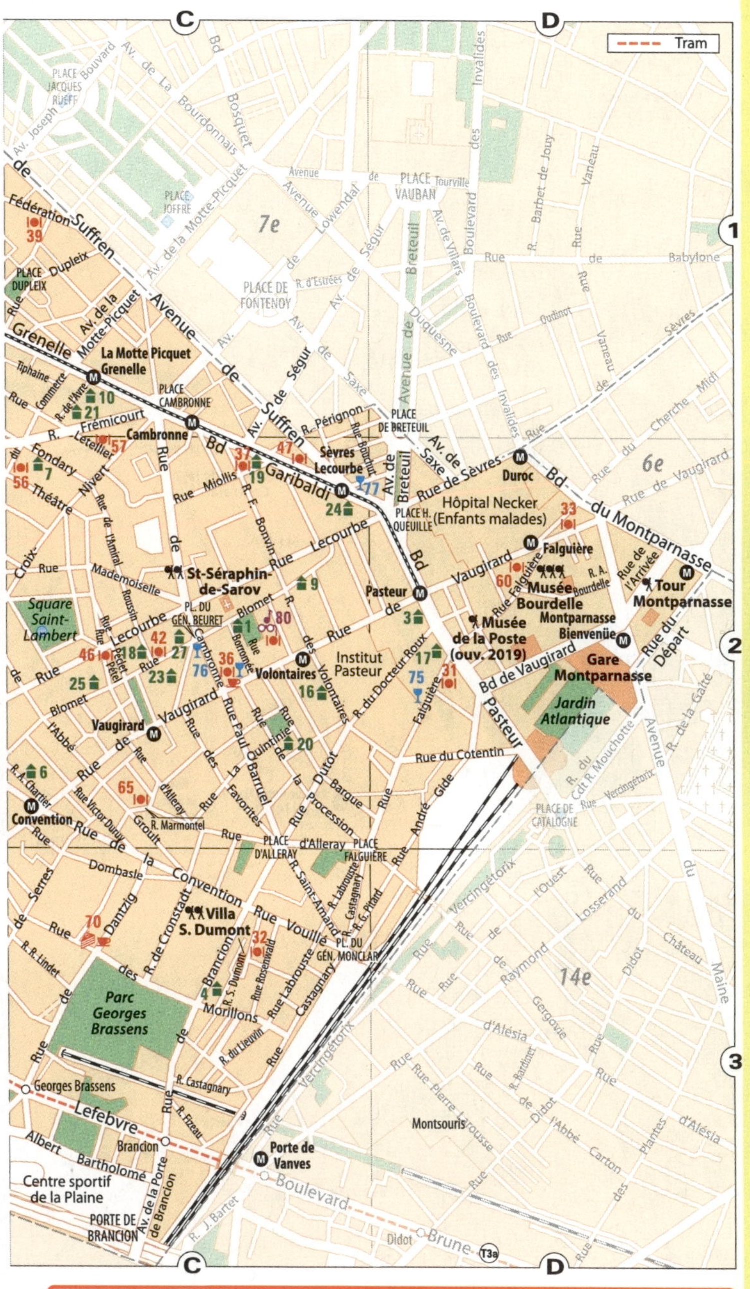

Tram
7e
6e
14e
PLACE JACQUES RUEFF
PLACE JOFFRE
PLACE VAUBAN
PLACE DE FONTENOY
PLACE DUPLEIX
PLACE CAMBRONNE
PLACE DE BRETEUIL
PLACE H. QUEUILLE
PL. DU GÉN. BEURET
PLACE D'ALLERAY
PLACE FALGUIÈRE
PL. DU GÉN. MONCLAR
PLACE DE CATALOGNE
PORTE DE BRANCION
La Motte Picquet Grenelle
Cambronne
Sèvres Lecourbe
Duroc
Falguière
Pasteur
Volontaires
Vaugirard
Convention
Montparnasse Bienvenüe
Porte de Vanves
Georges Brassens
Brancion
Didot
Montsouris
Hôpital Necker (Enfants malades)
St-Séraphin-de-Sarov
Musée Bourdelle
Musée de la Poste (ouv. 2019)
Tour Montparnasse
Gare Montparnasse
Jardin Atlantique
Institut Pasteur
Square Saint-Lambert
Villa S. Dumont
Parc Georges Brassens
Centre sportif de la Plaine
Av. de Suffren
Bd Garibaldi
Bd Pasteur
Bd de Vaugirard
Bd du Montparnasse
Rue de Vaugirard
Rue Lecourbe
Rue de la Convention
Rue de Sèvres
Rue de Babylone
Boulevard des Invalides
Avenue de Breteuil
Av. de Saxe
Av. de Ségur
Avenue de Lowendal
Avenue de Tourville
Av. de la Motte-Picquet
Av. de La Bourdonnais
Bd de Grenelle
Rue Blomet
Rue Cambronne
Rue de la Procession
Rue Dutot
Rue des Volontaires
Rue Falguière
Rue d'Alleray
Rue Vouillé
Rue Castagnary
Rue des Morillons
Rue de Dantzig
Rue Brancion
Rue du Cotentin
Rue André Gide
Rue Vercingétorix
Rue Raymond Losserand
Rue d'Alésia
Rue Didot
Avenue du Maine
Boulevard Lefebvre
Boulevard Brune
Bd Albert Bartholomé
Av. de la Porte de Brancion

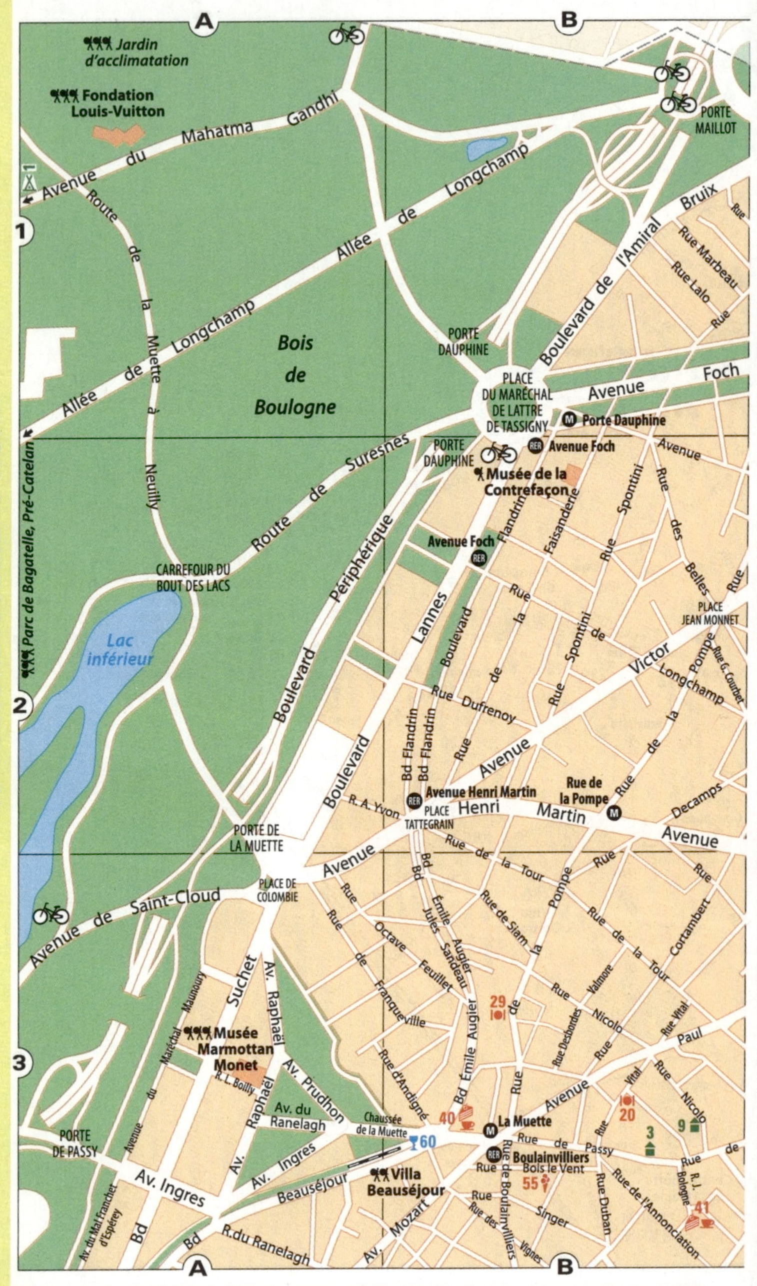
Jardin d'acclimatation
Fondation Louis-Vuitton
Avenue du Mahatma Gandhi
Route de la Muette à Neuilly
Allée de Longchamp
Bois de Boulogne
PORTE MAILLOT
PORTE DAUPHINE
Boulevard de l'Amiral Bruix
Rue Marbeau
Rue Lalo
PLACE DU MARÉCHAL DE LATTRE DE TASSIGNY
Avenue Foch
Porte Dauphine
Avenue Foch
Musée de la Contrefaçon
Route de Suresnes
Boulevard Périphérique
CARREFOUR DU BOUT DES LACS
Lac inférieur
Parc de Bagatelle, Pré-Catelan
Boulevard Lannes
Rue Spontini
Rue des Belles Feuilles
PLACE JEAN MONNET
Rue de Longchamp
Avenue Victor Hugo
Rue de la Pompe
Rue G. Courbet
Rue Dufrenoy
Bd Flandrin
Avenue Henri Martin
Rue de la Pompe
R. A. Yvon
PLACE TATTEGRAIN
Rue Decamps
PORTE DE LA MUETTE
PLACE DE COLOMBIE
Avenue de Saint-Cloud
Rue de la Tour
Rue de Siam
Rue Octave Feuillet
Rue de Franqueville
Bd Jules Sandeau
Bd Émile Augier
Rue Cortambert
Rue Nicolo
Rue Valmore
Rue Desbordes
Rue Vital
Rue Paul
Musée Marmottan Monet
R. L. Boilly
Av. Raphaël
Av. Prudhon
Av. du Ranelagh
Chaussée de la Muette
La Muette
Boulainvilliers
Rue de Passy
Rue de l'Annonciation
R. J. Bologne
Rue Bois le Vent
Rue de Boulainvilliers
Rue Duban
Rue Singer
Rue des Vignes
Villa Beauséjour
Av. Mozart
PORTE DE PASSY
Av. Ingres
Bd Suchet
Avenue du Maréchal Maunoury
Av. du Mal Franchet d'Espérey
R. du Ranelagh
Bd Beauséjour
Rue d'Andigné
29
40
60
20
3
9
55
41
A
B
1
2
3

16e ARRONDISSEMENT NORD

16e ARRONDISSEMENT NORD

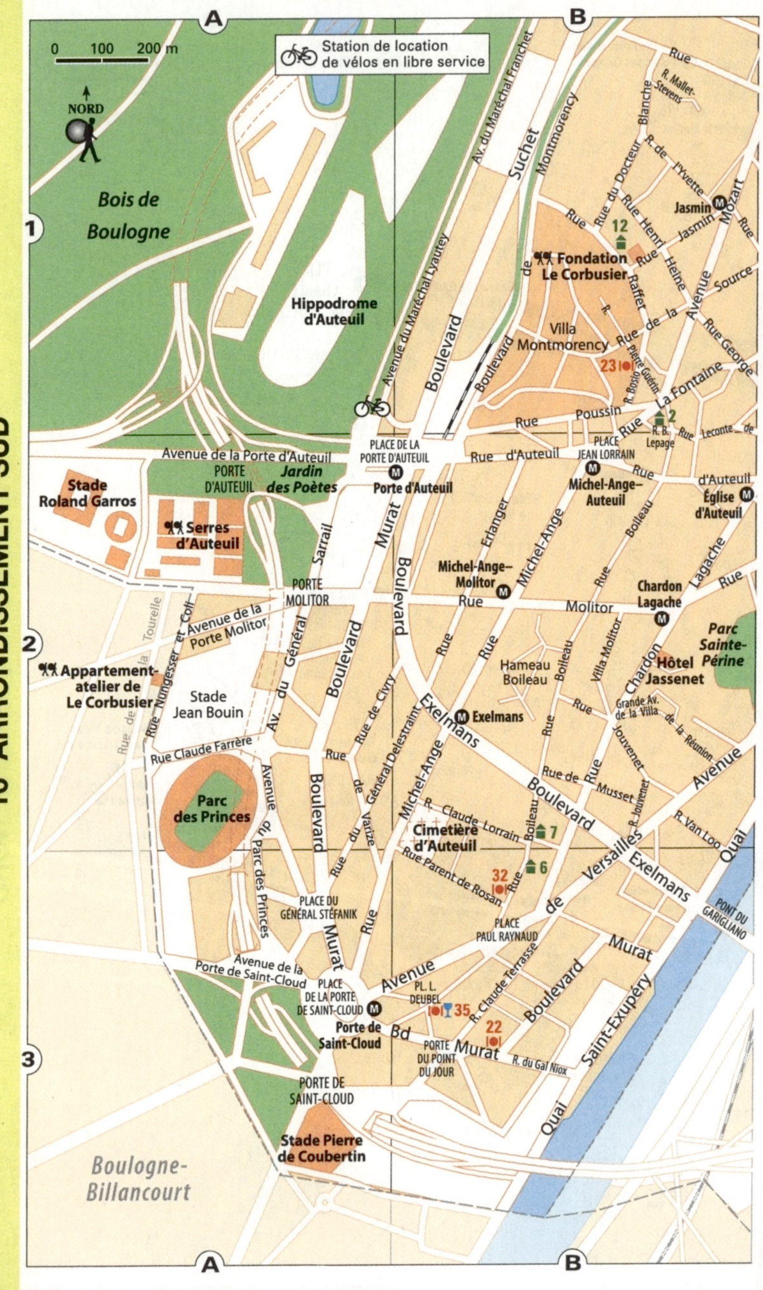

0 100 200 m
NORD
Station de location de vélos en libre service
Bois de Boulogne
Hippodrome d'Auteuil
Fondation Le Corbusier
Villa Montmorency
Avenue de la Porte d'Auteuil
PORTE D'AUTEUIL
Jardin des Poètes
PLACE DE LA PORTE D'AUTEUIL
Porte d'Auteuil
Stade Roland Garros
Serres d'Auteuil
PORTE MOLITOR
Avenue de la Porte Molitor
Appartement-atelier de Le Corbusier
Stade Jean Bouin
Rue Claude Farrère
Parc des Princes
Avenue du Parc des Princes
PLACE DU GÉNÉRAL STÉFANIK
Avenue de la Porte de Saint-Cloud
PLACE DE LA PORTE DE SAINT-CLOUD
Porte de Saint-Cloud
PORTE DE SAINT-CLOUD
Stade Pierre de Coubertin
Boulogne-Billancourt
PORTE DU POINT DU JOUR
Bd Murat
R. du Gal Niox
Quai Saint-Exupéry
PONT DU GARIGLIANO
PL. L. DEUBEL
35
22
R. Claude Terrasse
PLACE PAUL RAYNAUD
Avenue de Versailles
Boulevard Murat
Boulevard Exelmans
Cimetière d'Auteuil
R. Claude Lorrain
Rue Parent de Rosan
32
6
7
Michel-Ange-Molitor
Exelmans
Hameau Boileau
Rue Molitor
Chardon Lagache
Parc Sainte-Périne
Hôtel Jassenet
Villa Molitor
Grande Av. de la Villa de la Réunion
Rue Jouvenet
R. Jouvenet
Rue de Musset
R. Van Loo
Quai
Avenue
Michel-Ange-Auteuil
PLACE JEAN LORRAIN
Rue d'Auteuil
Église d'Auteuil
R. B. Lepage
2
Rue Poussin
Rue La Fontaine
Rue Leconte de
23
R. Bosio
Pierre Guérin
Rue de la Source
Rue George
Avenue Mozart
Jasmin
Rue Jasmin
Rue Henri Heine
Raffet
12
R. du Docteur Blanche
R. de l'Yvette
R. Mallet-Stevens
Montmorency
Boulevard Suchet
Av. du Maréchal Franchet
Avenue du Maréchal Lyautey
Boulevard Murat
Rue Sarrail
Av. du Général Sarrail
Boulevard
Rue de Civry
Rue du Général Delestraint
Rue de Varize
Rue Michel-Ange
Rue Erlanger
Boileau
Rue Lagache
Rue Nungesser et Coli
Rue de la Tourelle

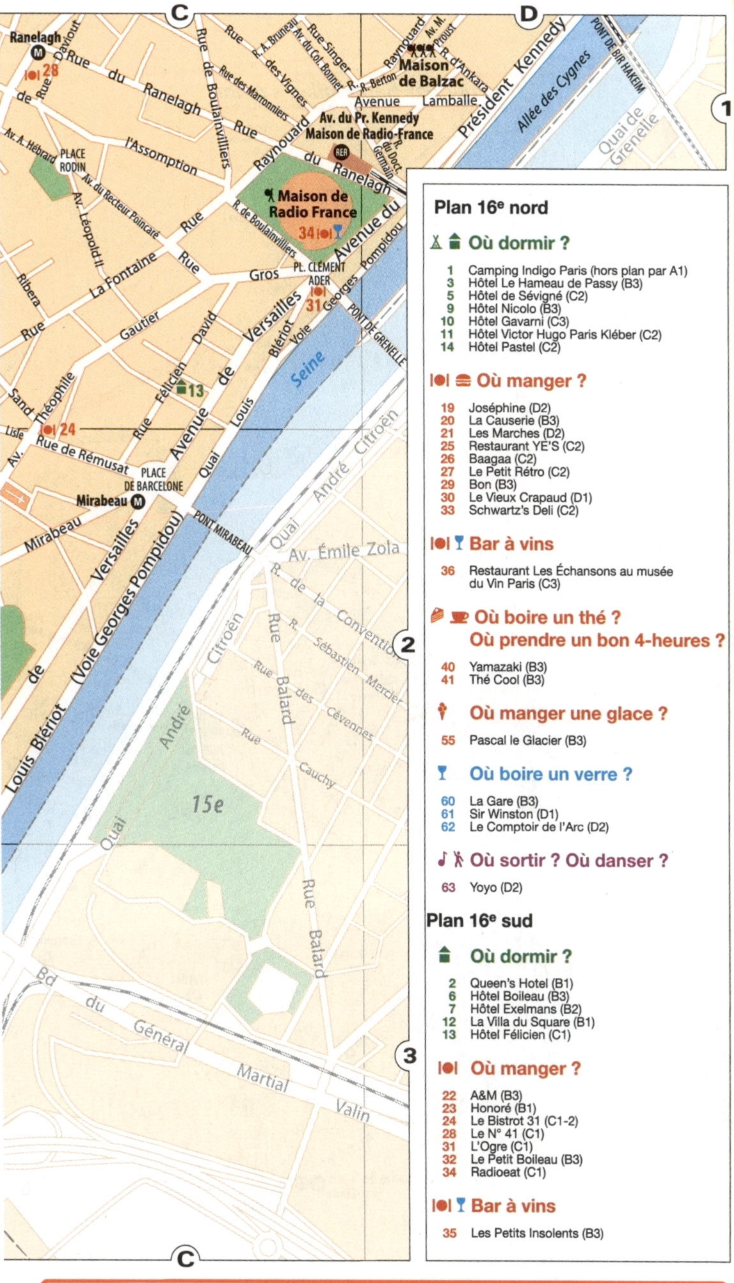

Plan 16e nord

Où dormir ?

1 Camping Indigo Paris (hors plan par A1)
3 Hôtel Le Hameau de Passy (B3)
5 Hôtel de Sévigné (C2)
9 Hôtel Nicolo (B3)
10 Hôtel Gavarni (C3)
11 Hôtel Victor Hugo Paris Kléber (C2)
14 Hôtel Pastel (C2)

Où manger ?

19 Joséphine (D2)
20 La Causerie (B3)
21 Les Marches (D2)
25 Restaurant YE'S (C2)
26 Baagaa (C2)
27 Le Petit Rétro (C2)
29 Bon (B3)
30 Le Vieux Crapaud (D1)
33 Schwartz's Deli (C2)

Bar à vins

36 Restaurant Les Échansons au musée du Vin Paris (C3)

Où boire un thé ? Où prendre un bon 4-heures ?

40 Yamazaki (B3)
41 Thé Cool (B3)

Où manger une glace ?

55 Pascal le Glacier (B3)

Où boire un verre ?

60 La Gare (B3)
61 Sir Winston (D1)
62 Le Comptoir de l'Arc (D2)

Où sortir ? Où danser ?

63 Yoyo (D2)

Plan 16e sud

Où dormir ?

2 Queen's Hotel (B1)
6 Hôtel Boileau (B3)
7 Hôtel Exelmans (B2)
12 La Villa du Square (B1)
13 Hôtel Félicien (C1)

Où manger ?

22 A&M (B3)
23 Honoré (B1)
24 Le Bistrot 31 (C1-2)
28 Le N° 41 (C1)
31 L'Ogre (C1)
32 Le Petit Boileau (B3)
34 Radioeat (C1)

Bar à vins

35 Les Petits Insolents (B3)

16e ARRONDISSEMENT SUD

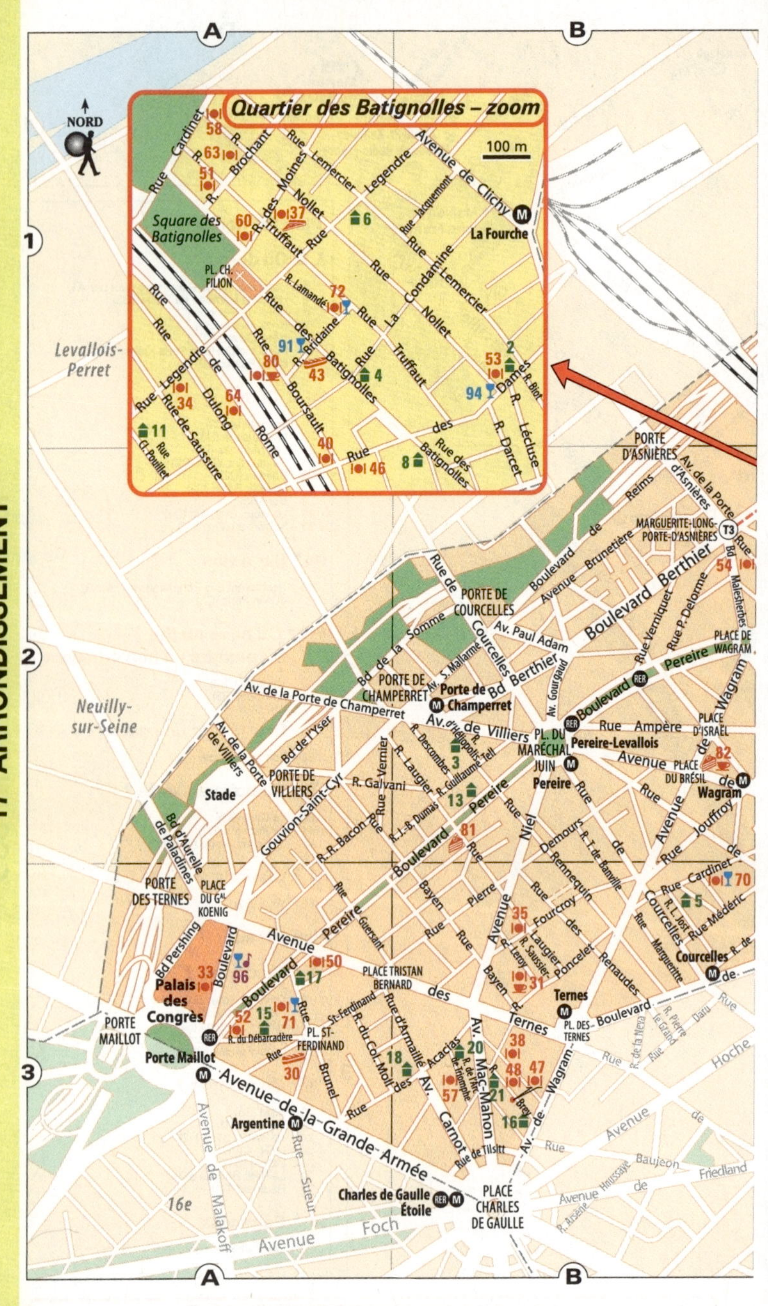

Quartier des Batignolles – zoom
100 m
NORD
Square des Batignolles
PL. CH. FILION
La Fourche
Avenue de Clichy
Rue Cardinet
R. Brochant
Rue Lemercier
Rue des Moines
R. Truffaut
Rue Nollet
Rue Legendre
Rue Jacquemont
Rue La Condamine
R. Lamandé
R. Bridaine
Rue des Batignolles
Rue de Rome
Boursault
Rue de Dulong
Rue de Saussure
Rue Cl. Pouillet
R. des Dames
R. Biot
R. Darcet
R. Lécluse
Levallois-Perret
Neuilly-sur-Seine
PORTE D'ASNIÈRES
Av. de la Porte d'Asnières
MARGUERITE-LONG PORTE-D'ASNIÈRES
T3
Boulevard de Reims
Avenue Brunetière
Boulevard Berthier
Rue de Courcelles
PORTE DE COURCELLES
Bd de la Somme
Av. Paul Adam
Av. S. Mallarmé
PORTE DE CHAMPERRET
Porte de Champerret
Av. de la Porte de Champerret
Av. de Villiers
Av. Gourgaud
Bd Berthier
PL. DU MARÉCHAL JUIN
Pereire-Levallois
Pereire
Boulevard Pereire
Rue Ampère
PLACE D'ISRAËL
PLACE DU BRÉSIL
Wagram
PLACE DE WAGRAM
Avenue de Wagram
Rue Verniquet
Rue P. Delorme
Bd Malesherbes
Bd de l'Yser
Av. de la Porte de Villiers
PORTE DE VILLIERS
Stade
Bd d'Aurelle de Paladines
R. Galvani
Rue Vernier
R. Laugier
R. Descombes
R. d'Héliopolis
R. Guillaume Tell
R. J.-B. Dumas
R. R. Bacon
Gouvion-Saint-Cyr
Rue Niel
Rue Demours
R. T. de Banville
Rue Rennequin
Rue Bayen
Rue Pierre Demours
Rue Jouffroy
Rue Cardinet
R. L. Jost
Rue Médéric
Rue Marguerite
Rue de Courcelles
Courcelles
PORTE DES TERNES
PLACE DU Gal KOENIG
Bd Pershing
Boulevard Gouvion
Palais des Congrès
PORTE MAILLOT
Porte Maillot
Avenue Pereire
Rue Guersant
PLACE TRISTAN BERNARD
Avenue des Ternes
Rue Fourcroy
Rue Laugier
Rue Poncelet
Rue des Renaudes
R. Saussier Leroy
Ternes
PL. DES TERNES
Boulevard de Courcelles
R. de la Néva
R. Pierre le Grand
Rue Daru
Avenue Hoche
Rue St-Ferdinand
PL. ST-FERDINAND
R. du Débarcadère
Rue Brunel
R. du Col-Moll
Rue d'Armaillé
Rue des Acacias
Av. Carnot
R. de l'Arc de Triomphe
Av. Mac-Mahon
R. Brey
Av. de Wagram
Rue de Tilsitt
Avenue de la Grande-Armée
Argentine
Avenue de Malakoff
Rue Sueur
Charles de Gaulle Étoile
PLACE CHARLES DE GAULLE
Avenue Foch
16e
Avenue de Friedland
Rue Beaujon
Avenue Hoche
Avenue Houssaye
R. Arsène

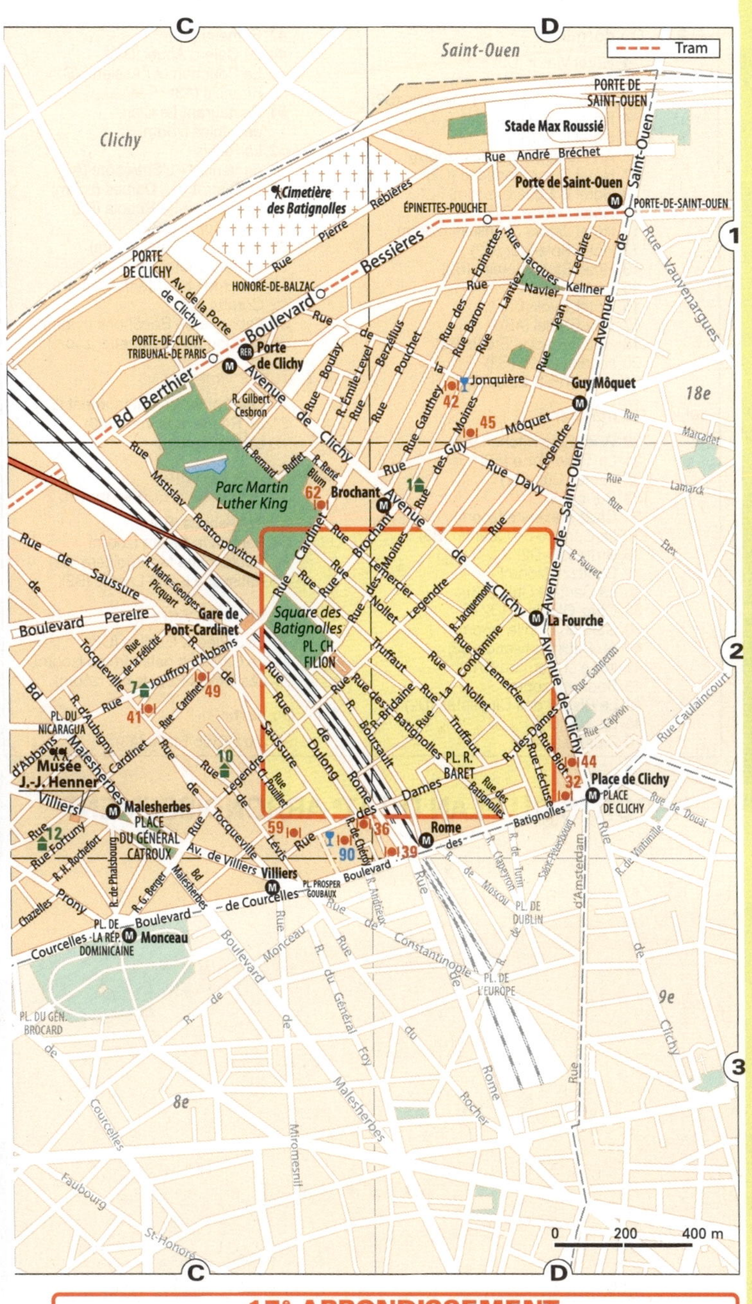

17e ARRONDISSEMENT

Où dormir ?

1 Hôtel Viator (D2)
2 Eldorado Hôtel (zoom)
3 Hôtel Champerret-Héliopolis (B2)
4 Hôtel des Batignolles (zoom)
5 Hôtel Noir (B3)
6 Art Hôtel Batignolles (zoom)
7 Hôtel Cosy Monceau (C2)
8 Hôtel B Square (zoom)
10 Hôtel Duette (C2)
11 Hôtel Jardin de Villiers (zoom)
12 Hôtel Splendor (C2)
13 Hôtel Étoile Pereire (B2)
15 Le 10 bis (A3)
16 Hôtel Tivoli (B3)
17 Villa Brunel (A3)
18 Hôtel Acacias Étoile (B3)
20 Hidden Hôtel (B3)
21 Hôtel Tilsitt Étoile (B3)

Où manger ?

30 West Side Kitchen (A3)
31 La Table Verte (B3)
32 James Bún (D2)
33 Rural (A3)
34 Chez Maxence (zoom)
35 La Cantine de Quentin (B3)
36 Brutus (C-D2)
37 Cucuzza (zoom)
38 La Cantina Chic (B3)
39 Chez Gladines (D2-3)
40 Gare au Gorille (zoom)
41 Au Petit Chavignol (C2)
42 Irène et Bernard (D1)
43 Bodrum (zoom)
44 Le Bistrot des Cinéastes (D2)
45 Le 975 (D1)
46 Ripaille (zoom)
47 Samesa (B3)
48 Le Café d'Angel (B3)
49 Le Bouchon et l'Assiette (C2)
50 Kirane's (A3)
51 Restaurant Le Clan des Jules (zoom)
52 Le Relais de Venise – L'Entrecôte (A3)
53 Le Bistrot des Dames (zoom)
54 Restaurant La Rucola (B2)
57 Graindorge (B3)
58 Restaurant Vatel (zoom)
59 Le Tourbillon (C2)
60 Comme chez Maman (zoom)
62 Coretta (C2)
63 Fabrique de Bouchons (zoom)
64 Le Clou de Fourchette (zoom)

Bars à vins

70 Les Domaines qui montent (B3)
71 Le Rouge et le Verre (A3)
72 L'Établi (zoom)

Où boire un thé ?
Où prendre un bon 4-heures ?

31 Kaffeehaus (B3)
80 Pastelaria Belem (zoom)
81 Boulangerie Montgolfière (B2)
82 Pâtisserie Kevin Lacote (B2)

Où boire un verre ?

90 Le 3 Pièces Cuisine (C2)
91 Le Café des petits frères (zoom)
94 Les Caves Populaires (zoom)

Où sortir ?

96 Jazz-Club Étoile (A3)

REPORTS DU PLAN DU 17e ARRONDISSEMENT

Où dormir ?

1 Auberge de jeunesse Yves-Robert (D2)
2 Le Village Hostel (B3)
4 Plug-Inn Hostel (zoom)
5 Hôtel Caulaincourt Square (A2)
6 Hôtel Les Jardins de Montmartre (B2)
7 Hôtel Montmartre Clignancourt (B3)
8 Hôtel Bonséjour Montmartre (zoom)
9 Regyn's Montmartre (zoom)
10 Hôtel Basss (zoom)
11 Hôtel Éden-Montmartre (B2)
12 Hôtel Lumières (A-B1)
13 Timhotel Montmartre (zoom)
14 Hôtel Montmatre mon Amour (B2)
15 Hôtel 29 Lepic (zoom)
16 Hôtel des Arts (zoom)
17 Le Relais Montmartre (zoom)
18 Hôtel Le Chat Noir (A3)
19 Mob Hôtel (hors plan par B1)
20 Apart'hôtel Montmartre (B2)

Où manger ?

29 Bob's Bake Shop (D2)
30 Chez Foucher – Mère & Fille (C1)
31 Marché de l'Olive (D2)
32 Le Myrha (C2)
33 In Bocca al Lupo (B2)
34 Le Ruisseau (B1)
35 La Rallonge (B2)
36 La Part des Anges (zoom)
37 Il Brigante (B2)
38 L'Assiette (B2)
39 Fichon (B2)
40 Soul Kitchen (B2)
41 Trattoria Pulcinella – Piccolo Rosso (B2)
43 Bijou (B3)
44 Montcalm (A-B2)
45 La Boîte aux Lettres (zoom)
46 Le Bistrot de la Galette (zoom)
47 L'Esquisse (B2)
48 La Vache et le Cuisinier (zoom)
49 Le Dan Bau (zoom)
51 Les Inséparables (B2)
52 Le Grand 8 (B2)
53 Le BAL Café (A2-3)
54 L'Atelier Ramey (B2)
55 Le Coq Rico (zoom)
56 Le Bouclard (A2)
57 Sohan Café (D3)
58 Le Café d'Ici (C2)
59 Bouillon Pigalle (B3)
60 Le Colchide (C2)
61 Jimmy 2 Fois (B1)
62 La Brasserie Thaï (zoom)
63 La Traversée (B2)
64 Étsi (A2)
65 Vava (zoom)
66 Seç (B2)
67 B.O.U.L.O.M

Bars à vins

70 Le Vingt Heures Vin (zoom)
71 Au Bon Coin (B2)

Où prendre un bon 4-heures ?

40 Soul Kitchen (B2)
80 Les Petits Mitrons (zoom)
81 Café Lomi (C2)
82 La Goutte d'Or Pâtisserie (A2)

Où boire un verre ?

90 Le Bar à Bulles (zoom)
91 La REcyclerie (B1)
92 Marlusse et Lapin (zoom)
93 Sunset (B2)
94 Chez Camille (zoom)
95 Coq & Bock (B2)
96 Les Petites Gouttes (D2)
97 Brasserie Barbès (C3)
98 El Tast (B1-2)
99 La Fourmi (B3)
100 Le Très Particulier (A2)
101 Kiez Biergarten (A1-2)
102 Le Hasard Ludique (A1)

Où sortir ? Où danser ?

110 L'Élysée Montmartre et Le Trianon (B3)
112 La Machine du Moulin Rouge et Le Moulin-Rouge (zoom)
113 Au Lapin Agile (B2)

REPORTS DU PLAN DU 18e ARRONDISSEMENT

18e ARRONDISSEMENT

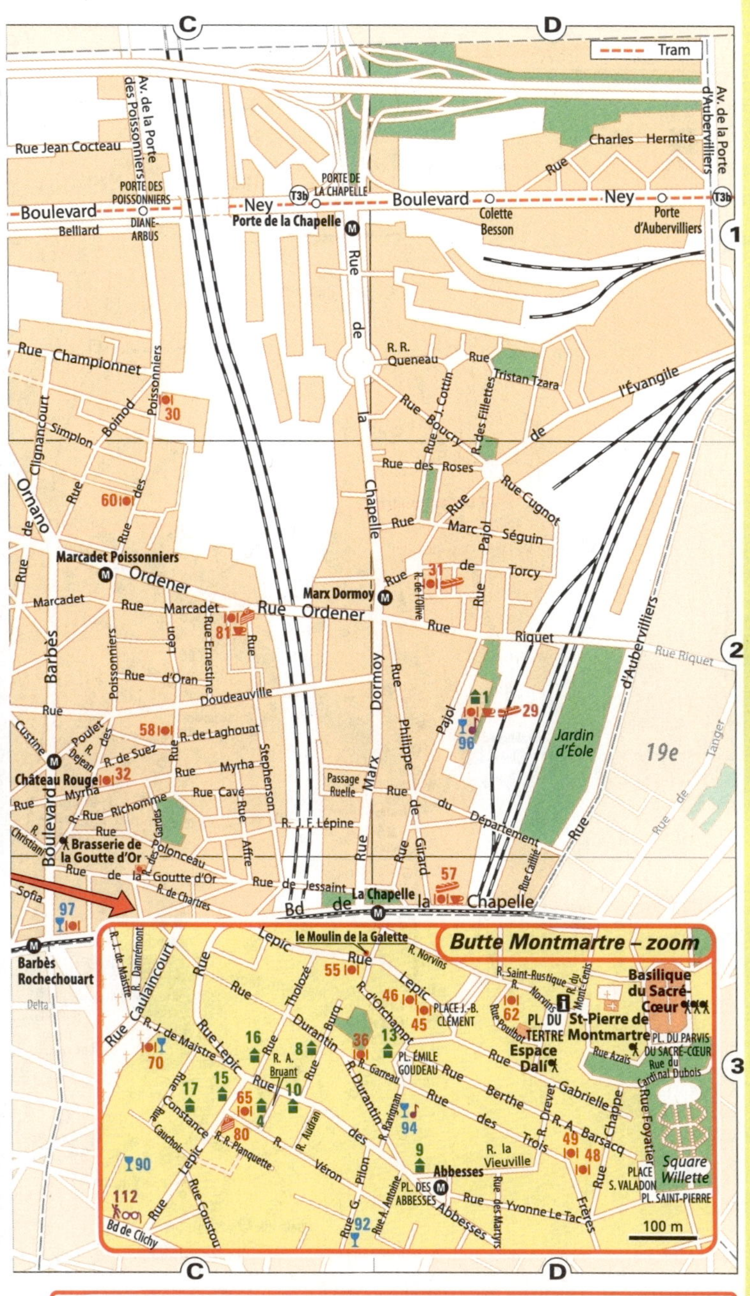

18e ARRONDISSEMENT

19e ARRONDISSEMENT

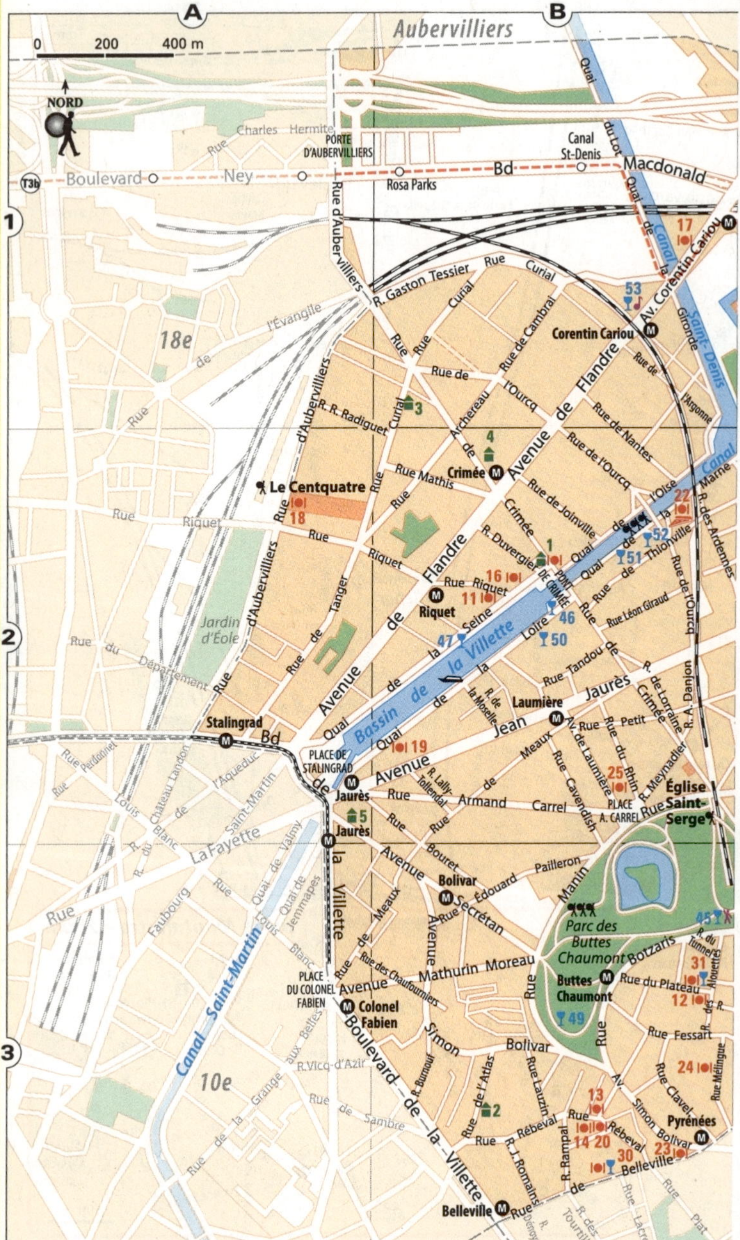

Aubervilliers

0 200 400 m

NORD

A
B
1
2
3

Rue Charles Hermite
PORTE D'AUBERVILLIERS
Canal St-Denis
T3b Boulevard Ney
Rosa Parks
Bd Macdonald
Quai du Lot
Quai de la Gironde
Canal Saint-Denis
Rue d'Aubervilliers
R. Gaston Tessier
Rue Curial
Av. Corentin Cariou
17
53
Corentin Cariou
Rue de l'Évangile
18e
Rue de Cambrai
Rue de l'Ourcq
Rue Archereau
Avenue de Flandre
Rue de l'Argonne
Rue de Nantes
Rue de l'Ourcq
R. R. Radiguet
3
4
Rue de Crimée
Crimée
Rue Mathis
Le Centquatre
18
Rue Riquet
Rue de Joinville
Quai de l'Oise
Canal de la Marne
22
R. des Ardennes
52
51
Quai de la Marne
Rue de Thionville
1
R. Duvergier
PONT DE CRIMÉE
16
Rue Riquet
11
Riquet
Rue de l'Ourcq
Rue Léon Giraud
46
Jardin d'Éole
Rue du Département
Rue de Tanger
Quai de la Seine
47
Bassin de la Villette
Quai de la Loire
50
Rue Tandou
Rue de Crimée
R. de Lorraine
R. A. Danjon
R. de la Moselle
Laumière
Avenue Jean Jaurès
Stalingrad
Bd de la Villette
Rue Petit
Rue du Rhin
PLACE DE STALINGRAD
19
Rue de Meaux
Av. de Laumière
Rue Cavendish
25
R. Meynadier
Église Saint-Serge
Rue Perdonnet
Rue Louis Blanc
Rue du Château Landon
Rue de l'Aqueduc
Rue Saint-Martin
Jaurès
R. Lally-Tollendal
Rue Armand Carrel
PLACE A. CARREL
Rue
5
Jaurès
Rue La Fayette
Quai de Valmy
Rue Bouret
Avenue
Rue Édouard Pailleron
Rue Manin
Quai de Jemmapes
Rue Louis Blanc
Rue du Faubourg
Canal Saint-Martin
Bolivar
Rue Secrétan
Parc des Buttes Chaumont
45
R. du Tunnel
Rue Botzaris
31
Buttes Chaumont
Rue du Plateau
Rue des Alouettes
12
R. des
Avenue Mathurin Moreau
Rue des Chaufourniers
PLACE DU COLONEL FABIEN
Colonel Fabien
49
Rue Fessart
Avenue Simon Bolivar
24
Rue Mélingue
Rue Clavel
R. Vicq-d'Azir
Rue de la Grange aux Belles
10e
Rue de Sambre
R. Burnouf
Rue de l'Atlas
Rue Lauzin
2
13
Rue Rébeval
14 20
Pyrénées
23
R. J. Romains
R. Rampal
30
Rue de Belleville
Rue Piat
Belleville
R. Dénoyez
R. des Tourtilles
Rue Lacroix
A
B

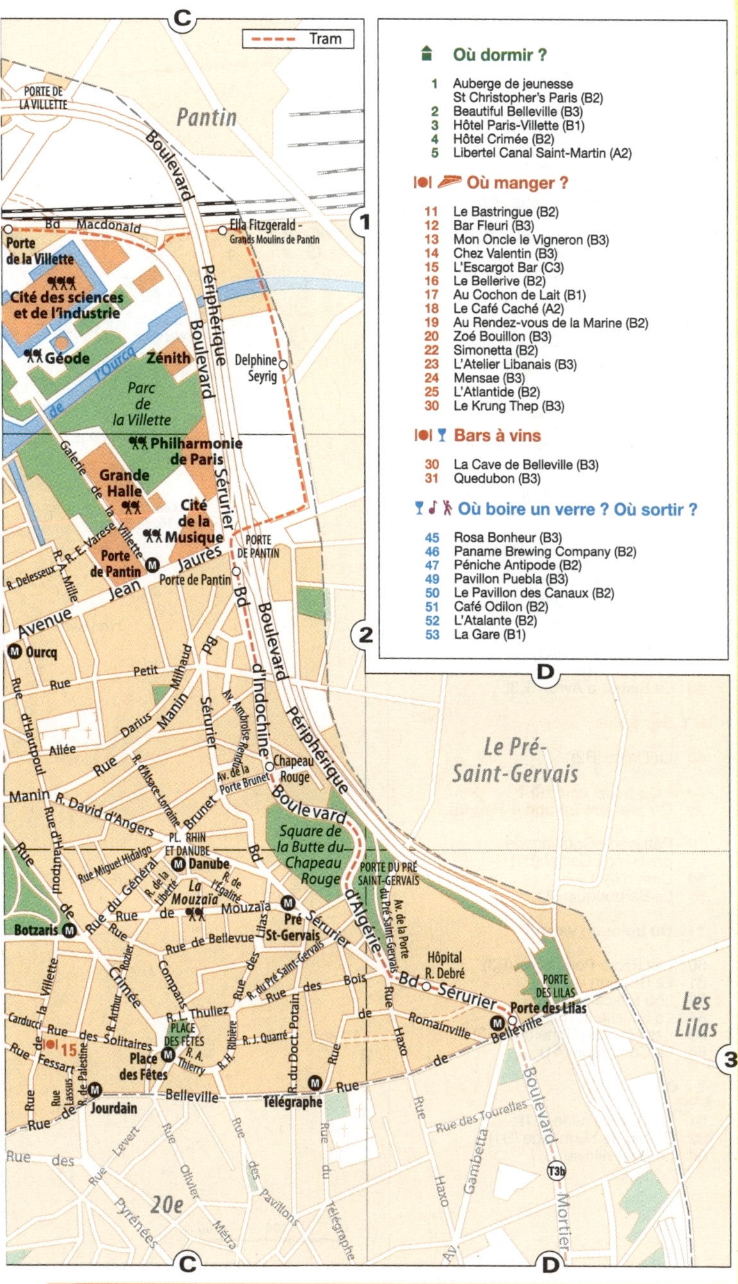

19e ARRONDISSEMENT

19e ARRONDISSEMENT

Où dormir ?

1 The Loft Boutique Hostel & Hotel (A1)
2 Centre d'hébergement Louis Lumière (C2)
3 Hôtel de l'Union (C3)
4 Timhotel Nation (B3)
5 Nadaud Hôtel (B2)
6 Hôtel Paris Gambetta (B2)
7 Hôtel Palma (B2)
8 Adagio City Aparthotel (B2)
9 Hôtel Comète (C3)
10 Mama Shelter (B2)

Où manger ?

10 Mama Shelter (B2)
20 Pâtisserie-Boulangerie par Benoît Castel (B1)
21 Aux Petits Oignons (B1)
22 La Petite Fabrique (B3)
23 Aux Ours (B2)
24 Le Bistrot du Poinçonneur (C1)
25 Moncœur Belleville (A1)
26 Le Zéphyr (A1)
27 Bistro Chantefable (B2)
28 Lou Tíap (B2)
29 Le Baratin (A1)
30 Les Canailles – Ménilmontant (A2)
31 An Di an Di (A1)
32 Chez Ramona (A1)
33 Monsieur Culbuto (B1)
34 Le Jourdain (A1)
35 Tripletta (A1)
36 Le Grand Bain (A1)
37 Primeur (A1)
38 Le Bistrot d'Avron (B3)

Bar à vins

40 La Limite (B2)

Où boire un café ? Où prendre un bon 4-heures ?

20 Pâtisserie-Boulangerie par Benoît Castel (B1)
50 Cream (A1)
51 Le Barbouquin (A1)

Où boire un verre ?

60 Les Pères Populaires (B3)
61 Le Bouillon B (B3)
63 Lou Pascalou (A2)
64 La Laverie (B1)
65 Les Mondes Bohèmes (B3)
66 La Commune (A1)

Où sortir ?

81 La Maroquinerie (B1)
83 Studio de l'Ermitage (B1)
84 La Bellevilloise (B1)

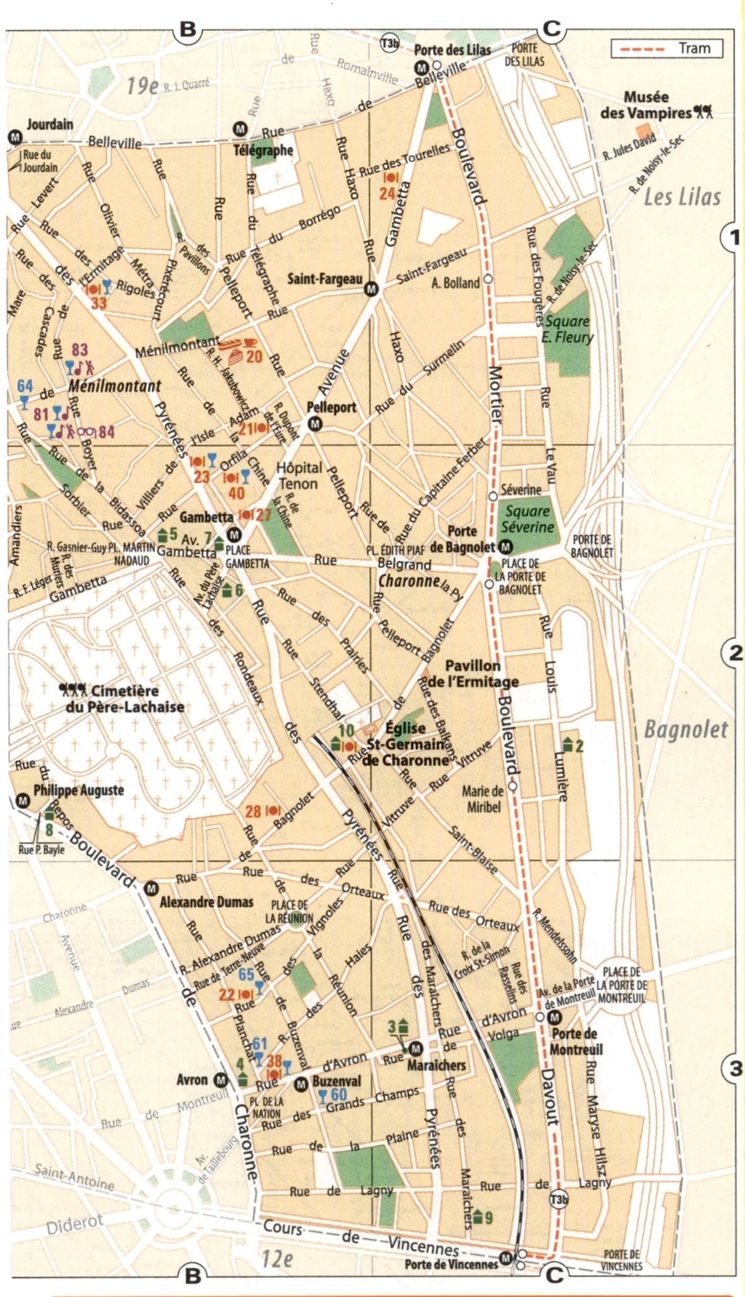

20e ARRONDISSEMENT

M RER T
Paris
RATP
ratp.fr
Légende
RER : au delà de cette limite, en direction de la banlieue, la tarification dépend de la distance. Les tickets t+ ne sont pas valables.
Correspondance
Fin de lignes en correspondance
Pôle d'échange multimodal, métro, RER, tramway
Liaison urbaine
Comptoir-Club
Pontoise
Épinay Orgemont
Le Bourget
Épinay sur-Seine
Asnières Gennevilliers Les Courtilles
Gennevilliers
Les Grésillons
Les Agnettes
Gabriel Péri
Saint-Ouen
Carrefour Pleyel
Mairie de Saint-Ouen
Garibaldi
Pont de Bezons
La Garenne Colombes
Asnières sur-Seine
Mairie de Clichy
Clichy Levallois
Porte de Clichy
Porte de Clignancourt
Pont de Levallois Bécon
Porte de Saint-Ouen
Guy Môquet
Lamarck Caulaincourt
Cergy
Poissy
St-Germain en-Laye
Anatole France
Louise Michel
Porte de Champerret
Pereire – Levallois
Pereire
Brochant
Porte d'Asnières Marguerite Long
Pont Cardinet
La Fourche
Abbesses
La Défense Grande Arche
Blanche
Pigalle
Wagram
Malesherbes
Rome
Place de Clichy
Esplanade de La Défense
Pont de Neuilly
Villiers
Liège
Saint-Georges
Les Sablons
Monceau
Trinité d'Estienne d'Orves
Notre-Dame de-Lorette
Europe
Porte Maillot
Neuilly – Porte Maillot
Courcelles
Gare Saint-Lazare
Saint-Lazare
Haussmann Saint-Lazare
Ternes
Argentine
Saint-Augustin
Chaussée d'Antin La Fayette
Richelieu Drouot
Porte Dauphine
Charles de Gaulle Étoile
Miromesnil
Avenue Foch
Saint-Philippe du-Roule
Havre Caumartin
Opéra
RoissyBus
Victor Hugo
Kléber
George V
Auber
Quatre Septembre
Franklin D. Roosevelt
Madeleine
Bourse
Boissière
Alma Marceau
Champs Élysées Clemenceau
Pyramides
Palais Royal Musée du Louvre
Louvre Rivoli
Rue de la Pompe
Iéna
Concorde
Avenue Henri Martin
Trocadéro
Tuileries
Pont de l'Alma
Invalides
Musée d'Orsay
Pont Neuf
La Tour Maubourg
Assemblée Nationale
La Muette
Passy
Boulainvilliers
Solférino
Champ de Mars Tour Eiffel
Varenne
Rue du Bac
Saint Germain des-Prés
St-Michel
Bir-Hakeim
Ranelagh
Avenue du Pdt Kennedy
École Militaire
Dupleix
Saint François Xavier
Sèvres Babylone
Mabillon
Odéon
Saint-Sulpice
La Motte Picquet Grenelle
Vaneau
Jasmin
Avenue Émile Zola
Rennes
Michel Ange Auteuil
Église d'Auteuil
Javel
Cambronne
Ségur
Duroc
St-Placide
Notre-Dame des-Champs
Porte d'Auteuil
Mirabeau
Javel André Citroën
Charles Michels
Commerce
Falguière
Montparnasse Bienvenüe
Vavin
Boulogne Jean Jaurès
Michel Ange Molitor
Chardon Lagache
Sèvres Lecourbe
Félix Faure
Pasteur
Gare Montparnasse
Edgar Quinet
Raspail
Exelmans
Boulogne Pont de St-Cloud
Pont du Garigliano
Volontaires
Gaîté
Boucicaut
Porte de St-Cloud
Lourmel
Vaugirard
Pernety
Mouton Duvernet
Marcel Sembat
Balard
Convention
Plaisance
Alésia
Billancourt
Porte de Versailles Parc des Expositions
Porte de Vanves
Porte d'Orléans
Pont de Sèvres
Issy Val de Seine
Malakoff Plateau de Vanves
Mairie de Montrouge
Corentin Celton
Malakoff Rue Étienne Dolet
Viroflay Rive Droite
Issy
Mairie d'Issy
Meudon Val-Fleury
Châtillon – Montrouge
Viroflay Rive Gauche
Chaville – Vélizy
Robinson
Versailles Château
Antony
Massy – Palaiseau
St-Quentin en-Yvelines
Saint-Rémy lès-Chevreuse

Villetaneuse Université
Creil
Garges Sarcelles
Épinay-sur-Seine
RoissyBus
Aéroport Charles de Gaulle
Guynemer
Roger Sémat
Baudelaire
Marché de St-Denis
13 Saint-Denis – Université
Théâtre Gérard Philipe
Cimetière de St-Denis
Hôpital Delafontaine
Cosmonautes
La Courneuve 6 Routes
Hôtel de Ville de La Courneuve
Dugny La Courneuve
Parc des Expositions
Aulnay sous- Bois
Pierre de Geyter
Basilique de St-Denis
Saint-Denis Porte de Paris*
La Courneuve Aubervilliers
Stade Géo André
Le Bourget
Danton
Mitry – Claye
Rougemont Chanteloup
Freinville Sevran
L'Abbaye
La Courneuve 8 Mai 1945
Maurice Lachâtre
Drancy – Avenir
Hôpital Avicenne
Gaston Roulaud
Escadrille Normandie-Niémen
La Ferme
Libération
Hôtel de Ville de Bobigny
Stade de France Saint-Denis
La Plaine Stade de France
Fort d'Aubervilliers
Aubervilliers Front Populaire*
Aubervilliers Pantin Quatre Chemins
Bondy
Bobigny Pablo Picasso
Jean Rostand
Auguste Delaune
Pont de Bondy
Petit Noisy
Chelles Gournay
Porte de la Chapelle
Simplon*
Jules Joffrin
Diane Arbus
Marcadet Poissonniers*
Colette Besson
Porte d'Aubervilliers
Marx Dormoy*
Canal St-Denis
Rosa Parks
Pantin
Pte de la Villette*
Ella Fitzgerald
Bobigny – Pantin Raymond Queneau
Corentin Cariou
Delphine Seyrig
Église de Pantin*
Funiculaire de Montmartre
Château Rouge
Barbès Rochechouart
Crimée*
Riquet
Stalingrad*
Anvers
La Chapelle
Ourcq
Hoche
Porte de Pantin
Butte du Chapeau Rouge
Pré St-Gervais
Noisy-le-Sec
Tournan
Laumière
Danube
Gare du Nord
Magenta
Jaurès*
Louis Blanc
Bolivar
Botzaris
Hôpital Robert Debré
Mairie des Lilas*
Château Landon*
Colonel Fabien*
Buttes Chaumont
Cadet
Poissonnière*
Gare de l'Est
Pyrénées
Jourdain
Place des Fêtes*
Télégraphe
Porte des Lilas
Le Peletier
Château d'Eau*
Jacques Bonsergent
Belleville
Saint-Fargeau
Adrienne Bolland
Couronnes
Strasbourg Saint-Denis
Goncourt*
Séverine
Grands Boulevards
Bonne Nouvelle
Temple
République*
Ménilmontant
Pelleport
Oberkampf*
Arts et Métiers
Réaumur Sébastopol*
Sentier
Parmentier
Père Lachaise
Gambetta*
Gallieni
Étienne Marcel
Filles du Calvaire
Rue Saint-Maur*
Porte de Bagnolet
Châtelet Les Halles
Rambuteau*
St-Sébastien Froissart
Saint-Ambroise
Philippe Auguste*
Marie de Miribel
Mairie de Montreuil
Hôtel de Ville
Richard Lenoir
Voltaire*
Croix de Chavaux*
Châtelet
Chemin Vert
Alexandre Dumas
Robespierre
Cité*
St-Paul
Bréguet Sabin
Charonne
Porte de Montreuil
Pont Marie
Maraîchers
Bastille*
Rue des Boulets
Avron
Marne-la-Vallée*
Parcs Disneyland
St-Michel Notre-Dame
Ledru-Rollin*
Buzenval
Faidherbe Chaligny
Sully Morland*
Nation
Vincennes
Cluny La Sorbonne
Porte de Vincennes*
St-Mandé*
Boissy-St-Léger*
Maubert Mutualité
Reuilly – Diderot
Alexandra David-Néel
Picpus
Cardinal Lemoine
Quai de la Rapée
Montgallet
Bérault
Gare de Lyon
Château de Vincennes*
Jussieu*
Bel-Air*
Montempoivre
Gare d'Austerlitz
Daumesnil*
Michel Bizot
Place Monge
Port-Royal
Censier Daubenton*
Saint Marcel
Dugommier
Porte Dorée
OrlyBus
Denfert Rochereau*
Les Gobelins
Bercy
Campo Formio*
Quai de la Gare*
Cour St-Émilion
Porte de Charenton
Saint-Jacques
Corvisart
Place d'Italie
Chevaleret
Liberté
Baron Le Roy
Glacière
Nationale*
Bibliothèque Fr. Mitterrand*
Charenton – Écoles
Tolbiac
Olympiades
Avenue de France
Cité Universitaire*
Maison Blanche*
Porte d'Italie
Porte de Choisy
Porte d'Ivry*
Maryse Bastié
Ivry sur-Seine
École Vétérinaire de Maisons-Alfort*
Maisons-Alfort – Stade
Stade Charléty
Poterne des Peupliers
Le Kremlin Bicêtre
Pierre et Marie Curie
Maisons-Alfort Alfortville
Maisons-Alfort Les Juilliottes
Gentilly
Villejuif Léo Lagrange
Mairie d'Ivry
Créteil – L'Échat
Laplace*
Villejuif Paul Vaillant-Couturier
Vitry sur-Seine
Créteil – Université
Arcueil – Cachan
Le Vert de Maisons
Villejuif – Louis Aragon*
Les Ardoines
Créteil – Préfecture
Créteil – Pompadour
Choisy-le-Roi
La Fraternelle
Créteil Pointe du Lac*
OrlyBus
Aéroport d'Orly
Orly Ouest
Orly Sud
Athis-Mons
Versailles – Chantiers
Dourdan
St-Martin-d'Étampes
Malesherbes
Melun

LE MÉTRO

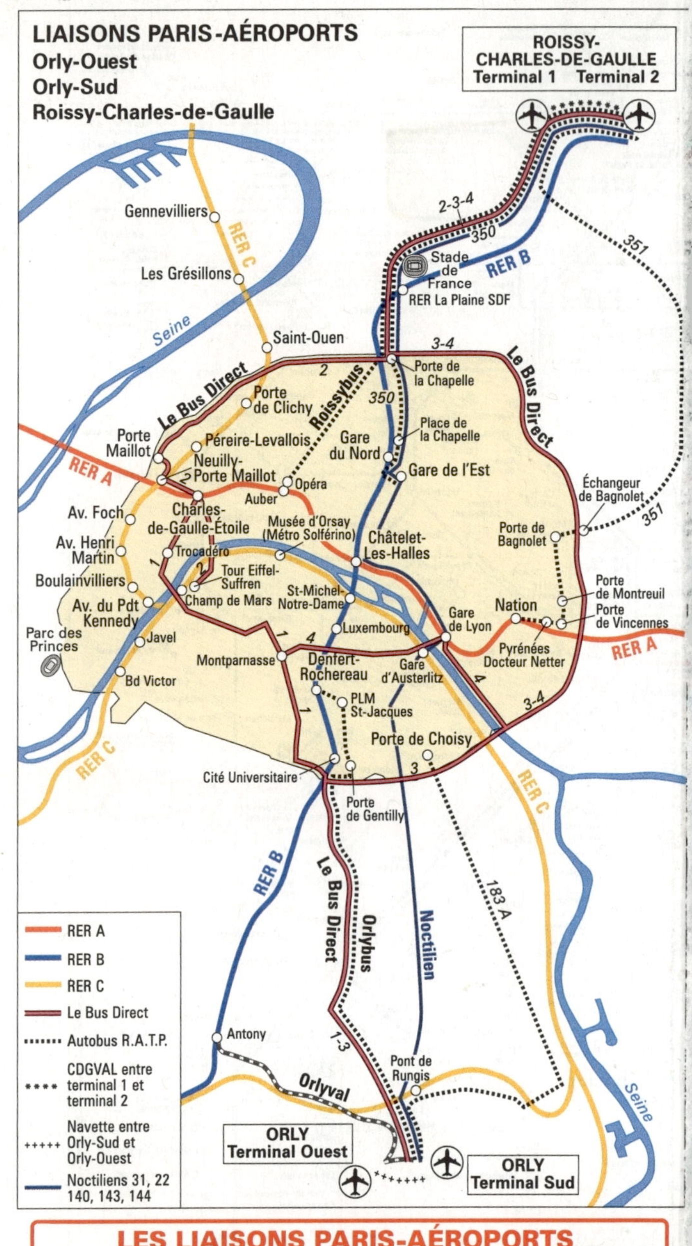

LIAISONS PARIS-AÉROPORTS
Orly-Ouest
Orly-Sud
Roissy-Charles-de-Gaulle
ROISSY-CHARLES-DE-GAULLE
Terminal 1 Terminal 2
Gennevilliers
RER C
Les Grésillons
Seine
Saint-Ouen
2-3-4
350
351
Stade de France
RER B
RER La Plaine SDF
3-4
Le Bus Direct
2
Porte de Clichy
Roissybus
Porte de la Chapelle
350
Porte Maillot
Péreire-Levallois
Gare du Nord
Place de la Chapelle
Gare de l'Est
RER A
Neuilly-Porte Maillot
Opéra
Auber
Échangeur de Bagnolet
Av. Foch
Charles-de-Gaulle-Étoile
Musée d'Orsay (Métro Solférino)
Châtelet-Les-Halles
Porte de Bagnolet
Av. Henri Martin
Trocadéro
Boulainvilliers
Tour Eiffel-Suffren
Champ de Mars
St-Michel-Notre-Dame
Porte de Montreuil
Av. du Pdt Kennedy
Gare de Lyon
Nation
Porte de Vincennes
Parc des Princes
Javel
Luxembourg
Montparnasse
Denfert-Rochereau
Gare d'Austerlitz
Pyrénées Docteur Netter
Bd Victor
PLM St-Jacques
3-4
Porte de Choisy
Cité Universitaire
Porte de Gentilly
Le Bus Direct
Orlybus
Noctilien
183 A
1-3
Antony
Pont de Rungis
Orlyval
ORLY Terminal Ouest
ORLY Terminal Sud
RER A
RER B
RER C
Le Bus Direct
Autobus R.A.T.P.
CDGVAL entre terminal 1 et terminal 2
Navette entre Orly-Sud et Orly-Ouest
Noctiliens 31, 22 140, 143, 144